Neue ökonomische Grundrisse

herausgegeben von

Rudolf Richter

ARTIBUS INGENUIS J·C·B·M· 1·8·0·1

Bernd Rudolph

Unternehmensfinanzierung und Kapitalmarkt

Mohr Siebeck

Bernd Rudolph, geboren 1944; Studium der VWL in Bonn und München; 1972 Promotion; 1978 Habilitation; Professor am Institut für Kapitalmarktforschung und Finanzierung der Universität München.

ISBN 3-16-147362-0
ISBN-13 978-3-16-147362-3

Die Deutsche Bibliothek verzeichnet diese Publikation in der Deutschen Nationalbibliographie; detaillierte bibliographische Daten sind im Internet über http://dnb.ddb.de abrufbar.

Das Buch wurde von Gulde-Druck in Tübingen auf alterungsbeständiges Werkdruckpapier gedruckt und von der Buchbinderei Held in Rottenburg gebunden.

Vorwort

Die Finanzierung von Unternehmen ist ein faszinierender Gegenstand der Forschung und Lehre. Dabei haben sich im Laufe der Zeit die Funktionen der Unternehmensfinanzierung ebenso geändert wie die Aufgaben des Finanzmanagements. Unternehmensfinanzierung ist daher keine leblose Materie, wenn auch zentrale Begriffe stabil erscheinen. In dem vorliegenden Buch werden die zentralen Instrumente und Probleme der Unternehmensfinanzierung beschrieben, indem von einer einfachen neoklassischen Sichtweise zu der heute vorherrschenden neoinstitutionalistischen Betrachtungsweise übergegangen wird.

Selbst die neoinstitutionalistische Sichtweise impliziert aber noch nicht zwingend, dass Unternehmensfinanzierung ein Gegenstand ist, der sich im Zeitablauf in vielfältiger Weise bewegt und dessen einzelne Aspekte unterschiedliche Bedeutung erlangen. Das kann nur deutlich werden, wenn die Alternativen der Unternehmensfinanzierung ebenso in den Lebenszyklus des Unternehmens wie in ihren zeitlichen Bezug gestellt werden. Die Darstellung erfolgt in diesem Buch in einem zweiten Teil nach der Einführung in die Grundlagen der Unternehmensfinanzierung im ersten Teil. Wenn der Aspekt von Lebenszyklus des Unternehmens zu einem Gliederungskriterium herangezogen wird, so gibt das Anlass, die für die einzelnen Phasen der Unternehmensentwicklung relevanten Finanzierungsalternativen und Finanzierungsinstrumente vorzustellen und zu diskutieren.

Die neoinstitutionalistische Sichtweise legt nahe, dass die Unternehmensfinanzierung vorwiegend aus einer theoretischen Perspektive beleuchtet wird. Das gelingt in einem erheblichen Umfang, wobei aber in der Finanzierungstheorie zum Teil gegensätzliche Hypothesen abgeleitet werden, so dass mit Hilfe solcher Modelle zwar alternative Interpretationen finanzwirtschaftlicher Phänomene vorgelegt und auch begründet werden können, eine umfassende Erklärung des Finanzierungsgeschehens aber letztlich nicht möglich ist. Erklärungen versuchen hier die vielfältigen empirischen Ansätze zu geben, so dass im zweiten Teil des Buches auch empirische Ansätze und Befunde vorgestellt werden, wobei aber wie im theoretischen Bereich keine Vollständigkeit der Ansätze angestrebt wird.

Finanzierungsentscheidungen führen im Zeitablauf zu unterschiedlichen Ergebnissen, die zum Teil länderspezifische Komponenten aufweisen oder für bestimmte Unternehmen oder den Einsatz bestimmter Finanzierungsinstrumente spezielle Ausprägungsformen zeigen, so dass auch aus dieser Perspektive heraus kein vollständig einheitliches Bild abgeleitet werden kann. Das Faszinierende an der Unternehmensfinanzierung besteht aber gerade darin, dass sie sich quasi als lebendes Objekt darstellt, das aus theoretischer und empirischer Perspektive in verschiedenen Aspekten beleuchtet werden kann. Blaupausen für das Finanzmanagement können daraus aber nicht abgeleitet werden.

Das vorliegende Buch ist aus Vorlesungen entstanden, die seit vielen Jahren an der Ludwig-Maximilians-Universität gehalten worden sind. Die Präsentation der theoretischen Grundlagen auf der einen Seite und der Umsetzung in die Lebensphasen des Unternehmens auf der anderen Seite schafft die Möglichkeit, auf der Basis eines Überblicks über die Gesamtmaterie einzelne Teile oder Aspekte der Unternehmensfinanzierung zu vertiefen. Die Entwicklung des Manuskripts hat dabei über die Jahre von den einschlägigen Lehrbüchern ebenso profitiert wie von vielen Vorträgen, Fachpublikationen und Aufsätzen, die in die Vorlesungsskripten eingeflossen sind.

Bei der Überarbeitung der verschiedenen Kapitel haben meine Mitarbeiter immer wieder Hand angelegt und zum Teil ihre Sichtweisen und Formulierungen eingebracht. Zu den Mitarbeitern, die direkt oder indirekt und daher auch in unterschiedlichem Umfang an der Entstehung des Manuskripts und der Vorlesungsunterlagen beteiligt waren, zählen meine derzeitigen Mitarbeiter Christian Annetzberger, Philipp Gann, Florian Haagen, Philipp Jostarndt, Albert Schaber, Julia Scholz, Marion Schulz, Beatrice von der Tann und Dr. Hannes Wagner sowie die Münchner Alumni Prof. Dr. Hans-Peter Burghof, Dr. Tanja Dresel, Dr. Alexandra Fink, Dr. Christoph Fischer, Dr. Dietmar Franzen, Dr. Robert Härtl, Dr. Sabine Henke, Dr. Bernd Hofmann, Prof. Dr. Lutz Johannig, Dr. Markus Kern, Dr. Christoph Kesy, Dr. Markus Prüher, Dr. Michael Pfennig, Prof. Dr. Klaus Schäfer, Dr. Stephan Seidenspinner und Dr. Peter Zimmermann. Besonders dankbar bin ich meinem Mitarbeiter, Herrn Dipl.-Kfm. Martin Jaron, der sich in der letzten Phase der Skripterstellung und der Überarbeitung des gesamten Manuskripts erbarmt hat und nicht nur die gesamten Korrekturarbeiten, sondern auch die Abstimmung mit dem Mohr Siebeck Verlag vorgenommen hat, und ohne dessen Hilfe das Manuskript immer noch in einer unbrauchbaren Form in verschiedenen Ordern weiter vor sich hin darben würde. Herzlichen Dank auch an Frau Wiebke Klein und Frau Susanne Müller sowie an Herrn Daniel Eisen und Frau Tanja Will für ihre Hilfe im Sekretariat bei der Überarbeitung der verschiedenen Fassungen und der Vorsorge für die Unterlegung mit Literatur. Schließlich möchte ich dem Herausgeber dieser Buchreihe, Herrn Professor Dr. Rudolf Richter, für seine Initiative, seine guten Ratschläge und seine Ermutigungen herzlichen Dank sagen.

Ich hoffe, dass sich das hier vorgelegte Buch in die Reihe der deutschen und angelsächsischen Vorlagen und Vorgänger gut einreiht und dabei die für das deutsche Finanzsystem typischen Charakteristika so hervorhebt, dass der Abstand zwischen der Theorie und Praxis der Unternehmensfinanzierung angemessen überbrückt wird.

München, den 1. Juni 2006

Bernd Rudolph

Inhaltsübersicht

Inhaltsverzeichnis

Kapitel 1

Corporate Finance und Unternehmensfinanzierung

Ziel dieses ersten Kapitels ist es, den Gegenstandsbereich von Corporate Finance und der Unternehmensfinanzierung kurz zu beschreiben und inhaltlich abzugrenzen sowie einige Verknüpfungen des Faches mit der theoretischen und empirischen Finanzmarktforschung herzustellen. Schließlich soll die Bedeutung der Erkenntnisse des Faches Corporate Finance für das praktische Finanzmanagement der Unternehmen herausgestellt werden.

Der Abgrenzung und Eingrenzung des Gegenstandsbereichs fällt dabei eine wichtige Aufgabe zu, denn "every decision that a firm makes has a corporate finance component to it, even it is called a strategic, a marketing, or an advertising decision." (DAMODARAN 2001, S. xi.) Insoweit stellt sich Corporate Finance als Kernfunktion eines Unternehmens dar, die in alle anderen Funktionsbereiche hineinwirkt, die aber umgekehrt auch als Reflex der anderen Funktionsbereiche verstanden werden muss. Dies entspricht einem weiten Verständnis von Corporate Finance, das alle Maßnahmen im Zusammenhang mit der Kapitalbeschaffung, dem Kapitaleinsatz und der Kapitalrückzahlung eines Unternehmens umfasst.

Im Vordergrund der hier vertretenen Sichtweise der Unternehmensfinanzierung steht Corporate Finance weniger als integraler Bestandteil aller Unternehmensaktivitäten als vielmehr als Bindeglied zwischen dem Unternehmen und der Außenwelt, wobei vielfach eine wichtige Rolle spielt, welche Interessen außerhalb oder innerhalb des Unternehmens von einer finanzwirtschaftlichen Entscheidung berührt werden.

Corporate Finance wird in der Literatur und in der Praxis als Begriff noch mit anderen inhaltlichen Schwerpunkten verstanden, so dass es angezeigt ist, die Verwendung des Begriffs Corporate Finance im folgenden Abschnitt 1.1 etwas auszuleuchten.

In den nachfolgenden Abschnitten 1.2 bis 1.4 werden dann in der gebotenen Kürze einige Verbindungslinien des in diesem Buch behandelten Stoffes zur Finanzierungstheorie, zur empirischen Kapitalmarktforschung und zum praxisorientierten Finanzmanagement aufgezeigt.

1.1 Corporate Finance als kapitalmarktorientierte Bankleistung und als Gesamtsicht der Unternehmensfinanzierung

1.1.1 Corporate Finance als Bankdienstleistung

Im angelsächsischen Sprachgebrauch bezeichnet Corporate Finance den gesamten ***Gegenstandsbereich der Unternehmensfinanzierung*** und schließt sogar Investitionsprobleme mit ein. “Corporate finance encompasses all of a firm’s decisions that have financial implications.” (DAMODARAN 2001, S. vii)

In ***Deutschland*** herrscht dagegen ein engeres Begriffsverständnis vor. „Der angelsächsische Begriff Corporate Finance hat sich seit den achtziger Jahren zunehmend im deutschsprachigen Raum verbreitet. Begonnen hat dies mit der Definition bestimmter, in aller Regel kapitalmarktorientierter Leistungsangebote von Kreditinstituten. Dies ging einher mit der entsprechenden Bezeichnung von Abteilungen bzw. Geschäftsbereichen. Anfänglich handelte es sich um eine Art Modernisierung tradierter Begriffe wie ‚Sekretariat‘ oder ‚Konsortialabteilung‘. Im Laufe der Zeit erweiterten sich dann aber auch signifikant die Inhalte der Leistungsangebote und damit die Aufgaben der Abteilungen und Geschäftsbereiche. Eine einheitliche Linie, abgesehen von bestimmten Grundmustern, ist bei den deutschen Kreditinstituten jedoch bis heute nicht erkennbar. Corporate-Finance-Aktivitäten werden unter dem Investment-Banking-Geschäft subsumiert, dessen Entstehen maßgeblich durch das in den USA 1933 eingeführte Trennbankenprinzip (Glass Steagall Act) gefördert wurde.“ (BILSTEIN 2001, Sp. 521)

In der Praxis und insbesondere im ***Bankbereich*** ist der ***Begriff Corporate Finance*** im Wesentlichen auf kapitalmarktorientierte Spezialfinanzierungen eingeschränkt wie beispielsweise

- Projektfinanzierungen,
- Mergers & Acquisitions und Beteiligungsfinanzierungen,
- Private Equity und Venture Capital,
- Strukturierte Finanzierungen oder
- Going Public und Initial Public Offering (IPO).

In diesem Buch wird aber wie in den angelsächsischen Lehrbüchern von einem weiten Begriffsverständnis ausgegangen und unter Corporate Finance die ***Unternehmensfinanzierung im umfassenden Sinn*** behandelt. ***Kapitalmarktbezogene Spezialfinanzierungen*** bilden unabhängig von diesem weiten Begriffsverständnis einen gewissen ***Schwerpunkt*** der Darstellungen.

1.1.2 Corporate Finance als Unternehmensfinanzierung

Wenn man das Themenfeld Corporate Finance im weiteren Sinn als Unternehmensfinanzierung versteht, dann befasst es sich zumindest mit drei wichtigen Fragenkomplexen, die in Abb. 1.1 angedeutet sind.

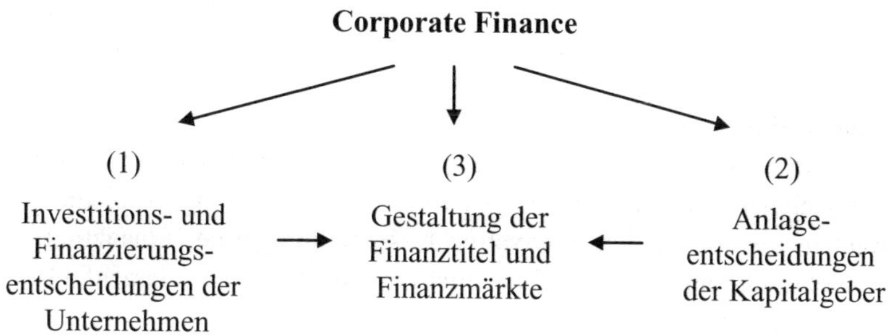

Abb. 1.1: Gegenstandsbereiche des Faches Corporate Finance

Alle drei angedeuteten Gegenstandsbereiche des Faches Corporate Finance sind unter theoretischen und empirischen wie auch im Hinblick auf die Finanzierungspraxis von Bedeutung.

- Erstens umfasst das Themenfeld Corporate Finance die ***Finanzierungsentscheidungen der Unternehmen***, die in der Regel zur Aufrechterhaltung der Liquidität des Unternehmens sowie zu ihrer rentablen Anlage auf die Investitionsentscheidungen abgestimmt sein müssen. Im Rahmen der Unternehmensfinanzierung ist beispielsweise darüber zu entscheiden, ob und wann Eigen- oder Fremdkapital aufgenommen werden soll, ob Fremdkapital mit kurzer oder längerer Laufzeit bevorzugt werden soll, ob Fremdkapital als besicherter Kredit oder als freie Linie gewählt werden soll, bei wie vielen Kapitalgebern Eigen- oder Fremdkapital bezogen werden soll usw. Diese Entscheidungen sind in vielen Fällen von den vermuteten Reaktionen der Anleger als Kapitalgeber abhängig (2) sowie von dem verfügbaren Instrumentarium und den institutionellen Emissions- und Handelsmöglichkeiten der Finanztitel (3). Bei den Finanzierungsentscheidungen der Unternehmen ist darüber hinaus wichtig zu wissen, wer (z. B. das Management) innerhalb oder außerhalb des Unternehmens (z. B. die Aktionäre) die Entscheidungen letztlich trifft, welche Informationen ihm zur Verfügung stehen und welche Interessen er vertritt.
- Zweitens müssen die Finanzierungsentscheidungen der Unternehmen die ***Anlageentscheidungen der Kapitalgeber*** im Auge behalten. Dazu müssen Vorstellungen über die Art der Anlageentscheidungen entwickelt werden. Dazu

müssen aber auch die Unternehmen den Kapitalgebern Informationen zur Verfügung stellen, die sie bei ihren Anlageentscheidungen umsetzen können.

- Drittens geht es um die ***Organisation der Finanzmärkte und die Gestaltung der Finanztitel*** als Bindeglieder zwischen dem Kapitalangebot und der Kapitalnachfrage. Finanztitel und Finanzmärkte sollten so gestaltet sein, dass die Kapital suchenden Unternehmen bei Vorliegen vorteilhafter Investitionsgelegenheiten tatsächlich das benötigte Kapital zur Verfügung gestellt bekommen. Umgekehrt sind die Finanztitel und Finanzmärkte so zu gestalten, dass den kapitalanlegenden Wirtschaftssubjekten attraktive Möglichkeiten der Kapitalanlage geboten werden können. Kapitalmarktbezogene Spezialfinanzierungen sind zum Teil komplexe Instrumente, die in vielen Fällen den Unternehmen und Anlegern neuartige Lösungen für ihre Finanzierungsprobleme anbieten können. Insoweit stellen innovative Ausgestaltungen der Finanztitel und die effiziente Organisation der Finanzmärkte ein wichtiges Themenfeld der Unternehmensfinanzierung dar.

Jenseits der breiten Fassung des Begriffs Corporate Finance werden in diesem Buch bestimmte ***Schwerpunkte*** gesetzt und ***Eingrenzungen*** vorgenommen:

- Die Finanzierung privater Wirtschaftssubjekte und ***Haushalte*** sowie ***öffentlich-rechtlicher Unternehmen*** folgt vielfach ähnlichen Regeln wie die Finanzierung privater Unternehmen. Auch viele Finanzierungsformen und Finanzierungsinstrumente im privaten und staatlichen Bereich sind den Instrumenten im Unternehmensbereich ähnlich. Allerdings gibt es auch Besonderheiten, die hier nicht behandelt werden, weil der Schwerpunkt auf der Finanzierung privater Unternehmen liegen soll.
- Corporate Finance befasst sich vorwiegend mit Fragen der ***Finanzierung von Publikumsgesellschaften***. Dies liegt auch daran, dass über Publikumsgesellschaften in der Regel mehr Informationen zur Verfügung stehen als über Familiengesellschaften und Einzelunternehmen. Es werden in diesem Buch aber auch gelegentlich die Finanzierung von Personengesellschaften und die Finanzierung nicht an der Börse notierter Kapitalgesellschaften angesprochen, für die sich in den vergangenen Jahren spezielle Märkte wie die für Venture Capital, Private Equity oder Private Debt herausgebildet haben
- Wie bereits betont, ist die Herstellung von Finanzierungsbeziehungen auch von der institutionellen ***Ausgestaltung und Kombinationsmöglichkeit der Finanztitel*** (Beteiligungstitel, Kredite, hybride Finanztitel etc.) sowie der effizienten Ausgestaltung der Finanzmärkte (Vernetzung, Informationsbereitstellung, Transaktionskosten etc.) abhängig. Diese sind ihrerseits vielfach durch staatliche Regeln (allgemeines Vertragsrecht, Aktiengesetz, Kreditwesengesetz etc.) oder im Zuge der Selbstregulierung entstandene Vorschriften geprägt wie beispielsweise durch Bilanzierungsstandards oder den Deutschen Corporate Governance Kodex. Im Weiteren muss daher auch immer wieder

auf die sich im Zeitablauf ändernden rechtlichen Rahmenbedingungen der Unternehmensfinanzierung eingegangen werden.

1.1.3 Charakteristika typischer Eigen- und Fremdkapitaltitel

Einen ersten Überblick über die im Rahmen der Unternehmensfinanzierung relevanten ***Finanztitel*** erhält man, wenn man die Begriffe Eigen- und Fremdfinanzierung – nach der Rechtsstellung der Kapitalgeber gegenüber dem finanzierten Unternehmen – und der Außen- und Innenfinanzierung – nach dem Zufluss der Mittel von den Finanzmärkten oder aus den Liefer- und Leistungsbeziehungen – klärt. ***Finanztitel*** entstehen auf der Basis von Finanzkontrakten, durch die Emission von Finanzierungstiteln durch das Unternehmen und die Einzahlung von Cashflows durch die Kapitalgeber. Alle Finanzierungstitel beinhalten mehr oder weniger risikobehaftete Anwartschaften auf zukünftige Cashflows in Form von Zinsen bei Fremdfinanzierungen oder Ausschüttungen bei Eigenfinanzierungen.

Eine erste wichtige Unterscheidung der Fremd- und der Eigenfinanzierungstitel betrifft die Rechtsstellung der Kapitalgeber gegenüber dem Unternehmen. ***Eigenkapitalgeber*** treten als Eigentümer auf, ihre Finanztitel stellen ***Beteiligungstitel*** dar. Fremdkapitalgeber treten als Gläubiger gegenüber dem Unternehmen auf, ihre Finanztitel stellen ***Forderungstitel*** dar.

- Die Inhaber der ***Forderungstitel*** haben als Gläubiger aufgrund eines Kreditvertrages oder durch gesetzliche Bestimmungen wie z. B. die Steuergesetze schuldrechtliche Ansprüche an das Unternehmen. Ihnen stehen ***kontraktbestimmte Cashflows*** zu (Zinszahlungen, Tilgungszahlungen). Sie übernehmen keine Haftung und sind bei den Unternehmensentscheidungen auch nicht mitspracheberechtigt.
- Die Inhaber der ***Beteiligungstitel*** haben aufgrund eines Gesellschaftsvertrages die Rechtsstellung von Eigentümern, Teilhabern oder Gesellschaftern. Sie haften für die Schulden des Unternehmens und erhalten einen Residualanspruch, der nach Bedienung der Ansprüche der Inhaber der Forderungstitel wirksam wird. Darüber hinaus stehen ihnen verschiedene Kontroll- und Mitspracherechte bei den Unternehmensentscheidungen zu.

Finanzierungstitel beinhalten also über die Cashflow-Ansprüche hinaus ***Informations-, Mitentscheidungs-, Mitwirkungs- und Kontrollrechte*** in den Unternehmen. Diese Rechte können beispielsweise im Gesellschaftsrecht oder Kapitalmarktrecht verankert sein, sie können aber auch vertraglich vereinbart sein oder sich aus den faktischen Verhältnissen wie z. B. der Verhandlungsmacht eines Financiers ergeben.

Finanzierungstitel können auch ***Gestaltungsrechte*** (Kündigungsrechte, Prolongationsrechte, Wandlungsrechte) beinhalten. Zum Beispiel geben Wandelschuldverschreibungen das Recht, bis zu einem bestimmten Termin gegen

Zahlung eines im Vertrag definierten bestimmten Betrages ein Gläubigerrecht in ein Beteiligungsrecht an dem emittierenden Unternehmen zu tauschen.

Finanzierungstitel können ***frei erwerbbar und veräußerbar*** sein wie z.B. Aktien. Die Veräußerung kann aber auch erschwert sein wie bei vinkulierten Aktien oder quasi unmöglich wie bei den Anteilen an Personengesellschaften. Die Veräußerbarkeit kann besonders erleichtert sein. Das ist z. B. bei vertretbaren Wertpapieren, also bei Effekten der Fall, die als börsengehandelte Wertpapiere eine hohe Liquidität aufweisen.

1.1.4 Überblick über die Finanztransaktionen

Finanztransaktionen sind finanzwirtschaftliche Vorgänge, die den Bestand oder die Zusammensetzung der Finanzierungsmittel eines Unternehmens verändern. Ihre rechtlichen Voraussetzungen, ihre Abwicklung, ihre Transaktionskosten und die typischen Vertragspartner zeigen erhebliche Unterschiede. Neben den bereits erwähnten Eigen- und Fremdfinanzierungen kann man nach der Inanspruchnahme externer oder interner Finanzierungsmittelquellen die Außen- und Innenfinanzierungen unterscheiden.

Außenfinanzierungen (externe Finanzierungen) zeichnen sich durch einen Zufluss der Finanzierungsmittel durch eine Eigen- oder Fremdkapitalaufnahme aus. Man kann unterscheiden zwischen

- ***Individualfinanzierungen,*** bei denen ein einzelnes Wirtschaftssubjekt oder sehr wenige Financiers zur Bereitstellung der Finanzierungsmittel veranlasst werden, und
- ***Marktfinanzierungen,*** bei denen die Ausgabe von Finanztiteln am Kapitalmarkt erfolgt und bei denen die Emittenten die Käufer der Titel im Allgemeinen nicht einmal kennen.

Innenfinanzierungen (interne Finanzierung) stellen sich als Zuflüsse an Finanzierungsmitteln aus dem Erlös der abgesetzten Waren und Produkte sowie der erbrachten Leistungen des Unternehmens dar. Als Ausprägungsformen der Innenfinanzierungen werden unterschieden die

- ***Selbstfinanzierung*** als Zufluss an Finanzierungsmitteln aus den Unternehmensumsätzen, soweit die Erlöse die bei der Leistungserstellung verursachten Aufwendungen übersteigen, die
- ***Abschreibungsfinanzierung,*** bei der die Finanzierungsmittel ebenfalls aus den Unternehmensumsätzen zufließen und die Abschreibungen den Liquiditätsabfluss der Mittel an den Fiskus bzw. die Anteilseigner verhindern, und die
- ***Rückstellungsfinanzierung*** als Bildung – meist langfristiger – bedingter Verbindlichkeiten, z. B. gegenüber den Arbeitnehmern des Unternehmens (Pensionsrückstellungen).

Gliedert man die Finanztransaktionen zugleich nach dem Zufluss der Mittel und der Rechtsstellung der Kapitalgeber, dann lässt sich eine allgemeine ***Systematik der Finanztransaktionen*** angeben, die auf HAX (1966) zurückgeht.

	Außenfinanzierung Zufluss externer Finanzierungsmittel	**Innenfinanzierung** Bildung von Finanzierungsmitteln im Umsatzprozess
Eigen-finanzierung	**Beteiligungs-finanzierung** a) Individualfinanzierung b) Marktfinanzierung	**Selbstfinanzierung** a) Gewinnfinanzierung b) Abschreibungs-finanzierung
Fremd-finanzierung	**Kredit-finanzierung** a) Individualfinanzierung b) Marktfinanzierung	**Rückstellungs-finanzierung** a) langfristig b) kurzfristig

Abb. 1.2: Grundschema einer Gliederung der Finanztransaktionen

Weitergehende ***Gliederungen der Finanztransaktionen*** sind sinnvoll und notwendig, um andere Charakteristika der Finanztitel bzw. der Finanztransaktionen zu betonen, und erfolgen an entsprechender Stelle im weiteren Verlauf des Buches.

Beispielsweise können nach dem Zufluss externer Mittel nationale und internationale Finanzierungen, nach der vereinbarten Laufzeit der Mittel kurz-, mittel- und langfristige Finanzierungen oder nach den verschiedenen Formen der Inanspruchnahme der Finanzintermediäre Kredit- und Kapitalmarkfinanzierungen unterschieden werden.

1.2 Corporate Finance und Finanzierungstheorie

1.2.1 Zielrichtungen der Finanzierungstheorie

Fragen der Unternehmensfinanzierung werden in diesem Buch überwiegend aus einer theoretischen Perspektive beleuchtet. Das liegt einerseits daran, dass auch einzelne Praktiker nicht auf allen Gebieten der Unternehmensfinanzierung über einschlägige und aktuelle Erfahrungen verfügen können und ein Pool von Praktikern im Allgemeinen von unterschiedlichen Begriffsbildungen und Erfahrungen ausgeht. Die Betonung der theoretischen Perspektive liegt andererseits aber auch an der Überzeugung, dass gerade in lebhaften oder turbulenten Zeiten an den Finanzmärkten, an denen immer wieder neue Instrumente und Trends aufkommen, aktuelles Wissen schnell veraltet, so dass es wichtiger ist, über ein stabiles Grundlagenwissen, mehr noch aber über ***methodische Werkzeuge*** zu verfügen, um sich selbst ein Bild von der Wirklichkeit der Unternehmensfinanzierung machen zu können. Zu den methodischen Werkzeugen gehören neben den in diesem Buch breit dargestellten Ansätzen der Finanzierungstheorie auch statistische und ökonometrische Verfahren, deren Verfahrensgrundlagen hier allerdings nicht im Einzelnen vorgestellt werden können.[1]

Die ***Finanzierungstheorie*** stellt verschiedene Zielrichtungen in den Mittelpunkt ihrer Überlegungen.

- Sie arbeitet ***deskriptiv (beschreibend)***, wenn sie das reale Geschehen an den Finanzmärkten und in den Unternehmen sowie die an den Finanzmärkten tätigen Institutionen systematisch zu erfassen, zu ordnen und zu beschreiben versucht (z. B. durch eine übersichtliche Darstellung unterschiedlicher Formen der Kreditfinanzierung). Aus einer geordneten Übersicht lassen sich wichtige Fragestellungen ableiten. So kann man beispielsweise über die Größenklassen von Unternehmen hinweg in Deutschland mit zunehmender Unternehmensgröße niedrigere Verschuldungsgrade feststellen. Hier stellt sich beispielsweise die Frage, welche Gründe für solche Unterschiede ausgemacht werden können.
- Sie ist ***positiv (erklärend)***, indem sie das reale Geschehen auf einfache Grundmodelle des menschlichen Verhaltens unter Berücksichtigung typischer Gegebenheiten an den Finanzmärkten und in den Unternehmen zurückzuführen versucht (z. B. durch Herausarbeitung der Interessenlage der Eigentümer oder des Managements eines Unternehmens an einer bestimmten Kapitalstruktur). Eine Erklärung für die divergierenden Verschuldungsgrade großer und kleiner Unternehmen könnte beispielsweise darin beruhen, dass über große Unternehmen mehr Informationen an den Finanzmärkten vorhanden sind als über kleine, so dass kleinere Unternehmen auf Bankkredite angewiesen sind, die ihnen von ihrer Hausbank zur Verfügung gestellt werden, während größeren Unternehmen auch andere Finanzierungsalternativen zur Verfügung stehen.
- Sie ist ***normativ (vorschreibend, präskriptiv)***, indem sie auf der Basis deskriptiver und positiver Befunde Empfehlungen für das unternehmerische Fi-

[1] Vgl. hierzu beispielsweise CAMPBELL / LO / MACKINLAY (1997).

nanzmanagement ableitet. So findet man beispielsweise in der Literatur zahlreiche Aufsätze, die sich mit der Frage eines optimalen Verschuldungsgrades von Unternehmen befassen. Gegebenenfalls werden in normativen Arbeiten auch Vorschläge für eine „effiziente Gestaltung von Finanzmärkten und Finanzinstitutionen" gemacht. So lautete jedenfalls der Titel eines in den Jahren von 1994 bis 2000 von der Deutschen Forschungsgemeinschaft geförderten Schwerpunktprogramms, in dem an verschiedenen Finanzierungslehrstühlen deutscher Universitäten viele Einzelprojekte zu den Funktionsbedingungen einer finanziellen Infrastruktur in einem gemeinsamen Forschungsrahmen bearbeitet wurden.

Die Finanzierungstheorie kann derzeit ***keine geschlossene positive Theorie*** der Unternehmensfinanzierung anbieten. Es besteht eine fruchtbare Konkurrenz verschiedener Annahmen, Erklärungsansätze und methodischer Vorgehensweisen, was aber letztlich nicht verwunderlich ist. Auch im alltäglichen Leben kann das konkrete Verhalten eines Menschen in der Regel in unterschiedlicher Weise gedeutet werden, weil für das Verhalten der Menschen im Allgemeinen konkurrierende Erklärungsmuster vorliegen.

Die von der Finanzierungstheorie erarbeiteten ***Hypothesen sind keineswegs alle statistisch fundiert***. Die Hypothesen spiegeln auch Wissen wider, das aus Finanznachrichten, Vertragstexten und anderen Quellen gespeist wird. Andererseits gibt es im Finanzbereich und insbesondere im Börsenbereich der Finanztitel in der Zwischenzeit eine Fülle empirischer Untersuchungen, die sich mit den in der Theorie erarbeiteten Ergebnissen und Hypothesen beschäftigen.

1.2.2 Traditionelle und moderne Betrachtungsweise

(1) Betriebswirtschaftliche Betrachtungsweisen

Aussagen zur betrieblichen Finanzwirtschaft eines Unternehmens sind wesentlich durch die eingenommene ***Betrachtungsweise*** geprägt. Darunter versteht man eine spezielle Sicht, ein ***Modell*** als konzeptionelle und typisierte Vorstellung von den Anlage-, Investitions- und Finanzierungsentscheidungen in einem Unternehmen. Es gibt eine Vielfalt unterschiedlicher Betrachtungsweisen in der Betriebswirtschaftslehre wie z. B.

- eine steuerliche Betrachtungsweise,
- eine personalwirtschaftliche Betrachtungsweise,
- eine gesamtwirtschaftliche oder branchenbezogene Betrachtungsweise und
- eine ökologische Betrachtungsweise etc.

Solche Betrachtungsweisen sollten in der Unternehmensfinanzierung keineswegs unberücksichtigt bleiben, weil in allen Bereichen die Kommunikation mit der Außenwelt des Unternehmens und damit die Rahmenbedingungen für die Unternehmensfinanzierung berührt werden. In diesem einführenden Kapitel geht es aber zunächst nur um den Grundansatz der ***finanzwirtschaftlichen*** Betrachtung.

Dabei reicht zunächst die Unterscheidung in eine „traditionelle" und in eine „moderne" Betrachtungsweise aus, die sprachlich nicht wertend gemeint sein soll. Die beiden Betrachtungsunterschiede werden im Folgenden herausgestellt, so dass typische Fragestellungen der finanzwirtschaftlichen Theoriebildung deutlich werden können (SCHMIDT / TERBERGER 1996, Kapitel 1).

(2) Elemente der traditionellen Betrachtungsweise

Bei der älteren „traditionellen" Betrachtungsweise der Unternehmensfinanzierung stehen güterwirtschaftliche Vorgänge im Vordergrund der Unternehmenstätigkeit. Investitionen und die dafür notwendigen Finanzierungen haben nur eine Hilfsfunktion für den Leistungsbereich, die Finanzierung stellt sich als fünftes Rad an einem „leistungswirtschaftlichen Wagen" dar. Das Unternehmen wird primär aus güterwirtschaftlicher Sicht betrachtet. Dementsprechend kann das Unternehmen als eigenständiges Wirtschaftssubjekt – das „Unternehmen an sich" – betrachtet werden, das eine eigenständige Zielsetzung als Rechts- und Wirtschaftssubjekt verfolgt.

Unternehmen verfolgen ***Sachziele*** wie z. B. die Herstellung von Konsum- oder Investitionsgütern zur Befriedigung von Konsumbedürfnissen der Kunden im Nahrungsmittelbereich oder die Aufrechterhaltung eines umfassenden Angebots eines Autoreparaturservice für bestimmte Kfz-Typen. Zur Erreichung der Sachziele sind Produktionsfaktoren zu beschaffen und im Rahmen der Faktorkombination einzusetzen. Die Produkte werden auf den Absatzmärkten angeboten und abgesetzt, woraus für die Unternehmen Zahlungsmittelrückflüsse entstehen. Beschaffung, Produktion und Absatz bilden den Kern eines güterwirtschaftlichen Prozesses.

Wie die nachfolgende Abbildung 1.3 andeutet, ist der ***real- oder leistungswirtschaftliche Prozess*** mit einem Güterstrom verbunden, dem ein ***Geldstrom*** entgegen fließt, und zwar von den Absatzmärkten zu den Faktormärkten.

Typisch für die traditionelle Betrachtungsweise ist der angenommene Ursache-Wirkungs-Zusammenhang, wonach der ***Güterstrom die Ursache, der Geldstrom die Folge*** ist. Die Finanzierung stellt dementsprechend nur die Voraussetzung dafür dar, dass Produktion und Absatz stattfinden können[2]. Da zwischen der Auszahlung für die Beschaffung und der Einzahlung für den

[2] Vgl. HAX (1966), S. 414. Ein prägendes Beispiel für die traditionelle Sichtweise findet man in ERICH GUTENBERGS Grundlagen der Betriebswirtschaftslehre, dessen Band 1 (Produktion) 1951, dessen Band 2 (Absatz) 1955 und dessen Band 3 (Finanzen) erst 1969 herauskam. Die Grobgliederung des Buches verdeutlicht den Ansatz Gutenbergs, dass die „finanziellen Vorgänge das Medium für den gesamtbetrieblichen Leistungsvollzug" bilden.

Absatz notwendigerweise eine Zeitspanne liegt, die finanziell überbrückt werden muss, ist es die Kernaufgabe des Finanzmanagements, das zur Durchführung der betriebsnotwendigen Investitionen erforderliche Kapital zu beschaffen.

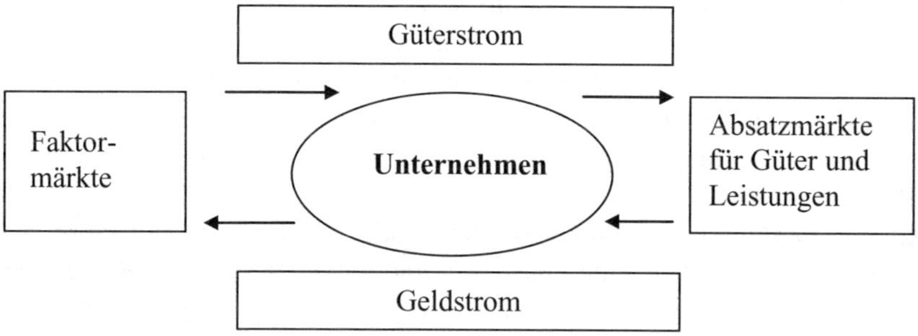

Abb. 1.3: Güterstrom und Geldstrom eines Unternehmens

Das wichtigste Defizit der traditionellen Betrachtungsweise stellt die Negierung der Tatsache dar, dass hinter einem Unternehmen Wirtschaftssubjekte stehen, die ihre eigenen Interessen verfolgen und diese mit Hilfe des Kapitaleinsatzes oder der Einbringung ihrer Leistung in das Unternehmen zu erreichen versuchen. Im Falle einer Einzelfirma ist das evident, aber auch bei Personen- und Kapitalgesellschaften sind es letztlich die Eigentümer und anderen Anspruchsinhaber, die das Schicksal des Unternehmens in ihren Händen halten und versuchen, mit Hilfe des Unternehmens ihre persönlichen Ziele zu erreichen.

(3) Elemente der modernen Betrachtungsweise

Die neuere oder moderne Betrachtungsweise der Unternehmensfinanzierung ist primär entscheidungsorientiert und will Entscheidungshilfen für ***Wirtschaftssubjekte*** geben, unter welchen Bedingungen sich das Investieren und Finanzieren lohnt. Unternehmen werden nicht mehr als Subjekte gesehen, die als Sachziele die Deckung eines spezifischen Kundenbedarfs verfolgen, sondern vielmehr als spezielle Institutionen, deren sich Wirtschaftssubjekte bedienen, um ihre subjektiven Wünsche und Zielvorstellungen zu erfüllen und ihren ***Nutzen zu maximieren***.

Darüber hinaus ist die moderne Betrachtungsweise durch ihre ***geldwirtschaftliche Orientierung*** gekennzeichnet, bei welcher der Kapitalmarkt als Messlatte für finanzwirtschaftliche Entscheidungen herangezogen wird. Entschieden wird über Aktionen mit zeitverschiedenen Vorteilen – zwischen gegenwärtiger Verfügungsgewalt und zukünftiger Verfügungsgewalt über Zahlungsmittel. Gegebenenfalls ist zwischen einer sicheren Anlage und risikobehafteten, aber im Durchschnitt höher rentierlichen Anlagen der Zahlungsmittel zu entscheiden.

Dementsprechend beziehen sich die wesentlichen Fragestellungen des modernen Ansatzes der Unternehmensfinanzierung auf die ***Bestimmung der Vorteilhaftigkeit von Investitions- und Finanzierungsmaßnahmen***. Innerhalb dieser Betrachtungsweise und der Ermittlung vorteilhafter Transaktionen gibt es zwei Richtungen, die beide in diesem Buch ausführlich behandelt werden:

a) Die ***neoklassische Richtung*** der modernen Betrachtungsweise geht weitgehend von der Annahme eines ***vollkommenen und vollständigen Kapitalmarktes*** ohne Friktionen und Transaktionskosten aus, was zur Folge hat, dass eine Bewertung von sicheren und unsicheren Zahlungsströmen auf einfache Weise beispielsweise im Rahmen eines Barwertkalküls durch entsprechendes Diskontieren der zukünftigen Einzahlungsüberschüsse möglich ist. Dabei gilt ein Kapitalmarkt als ***vollkommen***, wenn alle Preise, zu denen Zahlungsströme zu einem bestimmten Zeitpunkt gehandelt werden, für jeden Marktteilnehmer gleich hoch sind und durch die eigenen Transaktionen nicht verändert werden. Darüber hinaus gilt der Kapitalmarkt als ***vollständig***, wenn für alle Zahlungscharakteristika Marktpreise feststehen bzw. eine Bewertung möglich ist, weil der Markt arbitragefrei ist.

Alle Wirtschaftssubjekte verfügen im Prinzip über den gleichen Informationsstand. Das Unternehmen hat im Vergleich zu den Individuen die Möglichkeit, Entscheidungen über Realinvestitionen zu treffen und nach erfolgter Investition Güter zu produzieren, abzusetzen und darüber Zahlungsmittel zu generieren. Die generierten Zahlungsmittel werden nach Erfüllung der fälligen Zahlungsverpflichtungen an die Eigentümer ausgeschüttet. Wegen des gleichen Informationsstandes gibt es keine abweichenden Einschätzungen der Vorteilhaftigkeit von Entscheidungen. Alle Wirtschaftssubjekte verfolgen dieselben Interessen und kommen zu einmütigen Entscheidungen. Der gewählte Ansatz besteht dabei zunächst einmal in der Übertragung des Grundmodells der Haushaltstheorie und Theorie der Unternehmung auf einen intertemporalen Kontext, aus dem man eine ähnlich formelle Ausgestaltung wie in der mikroökonomischen Theorie erhält.

b) Die ***neoinstitutionalistische Sicht*** löst sich von der vereinfachenden Annahme homogener Informationsstände und Erwartungen und geht von der realistischen Annahme aus, dass die Wirtschaftssubjekte über unterschiedliche Informationsstände verfügen und unterschiedliche Interessen und Ziele verfolgen. Für die Unternehmensführung folgt daraus, dass die Interessen der Wirtschaftssubjekte koordiniert werden müssen, so dass Unternehmensführung im Gegensatz zur neoklassischen Theorie zu einer wichtigen und eigenständigen Aufgabe wird.

Die Unternehmensfinanzierung befasst sich auch mit den finanzwirtschaftlichen Verträgen und Institutionen zur ***Schaffung von Anreizen*** für die Wirtschaftssubjekte, ***Informationen*** bereit zu stellen, Leistungen zu erbringen oder Risiken zu übernehmen, und versucht, das finanzwirtschaftliche Verhalten von Unternehmen aus dem Zusammenspiel der Interessen der am Unternehmen Beteiligten zu erklären.

Die moderne Betrachtungsweise macht die traditionelle nicht überflüssig. Mit der Weiterentwicklung der neoklassischen Finanzierungstheorie treten sogar wieder traditionelle Fragestellungen in den Mittelpunkt des Interesses wie beispielsweise die Verknüpfungen der Finanzierungsentscheidungen mit der realwirtschaftlichen Ausrichtung der Unternehmen, die in der Branche und den Wettbewerbsverhältnissen, der Größe und Rechtsform der Unternehmen, der Produktpalette und dem Kundenkreis sowie der Kapital- oder Personalintensität zum Ausdruck kommt.

(4) Bausteine des neoinstitutionalistischen Ansatzes

Die ***neoinstitutionalistische Richtung*** weicht von der Annahme eines vollkommenen und vollständigen Kapitalmarktes insoweit ab, als bestimmte ***Informationsasymmetrien*** zwischen den Wirtschaftssubjekten berücksichtigt werden. So wird man im Allgemeinen davon ausgehen können, dass Unternehmensinsider wie Geschäftsinhaber, Manager oder Großaktionäre über mehr Informationen als externe Gläubiger, Lieferanten oder Kleinaktionäre verfügen.

In solchen Situationen ist eine Bewertung der unsicheren Zahlungsströme in aller Regel nicht mehr auf einfache Weise als Barwert der erwarteten Zahlungsmittelüberschüsse mit den am Markt bestimmten Diskontfaktoren möglich. Die ***neoinstitutionalistische Finanzierungstheorie*** befasst sich daher in einer Vielzahl von Ansätzen mit Situationen, in denen unterschiedliche Interessenlagen und Informationen durch entsprechende Vertragsbildung, durch geeignete Institutionen und gegebenenfalls bestimmte Anreizsysteme zum Vorteil aller am Markt Beteiligten zu einem brauchbaren Gesamtergebnis zusammengefügt werden können.

Als Messbasis für die Qualität der Lösung (First Best) wird auch im neoinstitutionalistischen Ansatz in der Regel das neoklassische Ergebnis herangezogen. Insoweit darf der neoklassische Ansatz keineswegs abgetan werden, sondern wird auch in diesem Buch als Basis für jede Finanzierungshypothese herangezogen (vgl. WILHELM 1991 und KÜRSTEN 1997).

Um die Vorteilhaftigkeit von Investitions- oder Finanzierungsmaßnahmen zu beurteilen, muss dabei geklärt werden,

- welche Personen die Träger der Zielsetzungen sind,
- welche Ziele im Einzelnen verfolgt werden,
- ob es Zielkonflikte gibt und wie die konfliktären Zielsetzungen aufeinander abgestimmt werden können.

Innerhalb des Unternehmens kommen als nutzenmaximierende ***Wirtschaftssubjekte*** eine ganze Reihe von Personen oder Personengruppen in Frage, wie z. B.

- die Eigentümer mit direktem Einfluss auf die Geschäftsführung,
- die Eigentümer ohne direkten Einfluss auf die Geschäftsführung,
- die Unternehmensleitung bzw. das Management,
- die Arbeitnehmer, Gläubiger, Kunden und Lieferanten,
- der Staat und die Öffentlichkeit.

Welche Perspektive dabei eingenommen wird, hängt von der betrachteten Problemstellung ab. In der Literatur zu Corporate Finance hat sich allerdings herausgebildet, dass die Perspektive des Eigentümers bzw. der Unternehmenseigner die bevorzugte ist. Davon gehen wir im nachfolgenden Kapitel ebenfalls aus.

1.3 Corporate Finance und empirische Kapitalmarktforschung

Empirische Untersuchungen zur Unternehmensfinanzierung können einerseits als Anregung genutzt werden, realitätsnahe Theorien zu entwickeln und zu testen. Sie können andererseits dazu dienen, deduktiv hergeleitete Theorien auf ihren Realitätsgehalt hin zu überprüfen. Methodisch kann insbesondere die ***Kapitalmarktforschung*** dem Anspruch einer empirischen Forschung dadurch genügen, dass sie die tatsächlichen Handlungen der Wirtschaftssubjekte durch ***Befragung***, durch ***Experimente*** und durch ***Beobachtung*** des Verhaltens oder der Verhaltensergebnisse ermittelt und analysiert.

In einem Überblick über die mit deutschen Daten in den 1980er und 1990er Jahren angefertigten empirischen Untersuchungen zur Kapitalmarktforschung unterscheiden MÖLLER und HÜFNER (2001) dabei fünf wesentliche Untersuchungsbereiche:

1. Der Entscheidungsprozess der Kapitalmarktteilnehmer (Behavioral-Finance-Ansätze, Herdenverhalten etc.),
2. die Mikrostruktur der Kapitalmärkte (Parkett- versus Computerhandel, Auktionssysteme etc.),
3. die Informationseffizienz der Kapitalmärkte (Ereignisstudien zur Kurswirkung von Unternehmensdaten etc.),
4. die Bewertung von Wertpapieren auf den Kapitalmärkten (Test des CAPM und der Optionspreismodelle etc.) und

5. die Möglichkeiten zur effizienten Gestaltung des Marktgeschehens (Insiderregulierung, Indexprodukte etc.).

Die Autoren stellen für die neunziger Jahre fest, dass sich das Forschungsgefälle auf dem Gebiet der empirischen Kapitalmarktforschung zwischen den angelsächsischen Ländern und Deutschland deutlich abgeflacht hat, dass aber weitere Anstrengungen notwendig sind, wenn wissenschaftliche Untersuchungen zu einer verbesserten Gestaltung der Kapitalmärkte beitragen sollen.[3]

Seit dieser Zeit sind für zahlreiche detaillierte Fragestellungen aus dem Bereich der Unternehmensfinanzierung tief gehende empirische Analysen vorgelegt worden, die auch komplexe Themenfelder wie die Kreditentscheidungen und Kreditbewertungen, das Emissionsverhalten der Unternehmen, Going-Private-Transaktionen, das Verhalten der Unternehmen in der Insolvenz und die Corporate Governance der Unternehmen betreffen.

1.4 Corporate Finance und Finanzmanagement der Unternehmen

Da es weder eine umfassende normative Theorie der Unternehmensfinanzierung noch eine vollständige empirische Ausleuchtung des Marktgeschehens gibt, sind im Laufe der Zeit unterschiedliche theoretische Argumentationsmuster z. B. zur Markteffizienz oder zur Relevanz der Kapitalstruktur für den Marktwert der Unternehmen herausgearbeitet worden. Die Kenntnis dieser Argumente kann auch für Praktiker von großem Nutzen sein, um sich im Dickicht alternativer Erklärungen und Empfehlungen zur Unternehmensfinanzierung zu Recht finden zu können.

Finanzmanagement beinhaltet auch die Kommunikation bzw. das Relationship Management mit vielen beteiligten Kapitalmarktteilnehmern. Die Finanzierungstheorie kann daher auch dazu beitragen, die dabei anstehenden Überlegungen zu strukturieren, kritisch zu hinterfragen, theoretisch wie empirisch zu fundieren und nach Innen und Außen kommunikationsfähiger zu machen.

Wenn die Aufgabe des Finanzmanagements im Fall des sog. neoklassischen Ansatzes, der von einem vollkommenen Kapitalmarkt ausgeht, besonders einleuchtend und fast trivial anmutet, so darf nicht vergessen werden,

---

[3] Das Aufschließen der empirischen Kapitalmarktforschung in Deutschland gegenüber dem angelsächsischen Bereich ist wesentlich einem 1989 angelaufenen Schwerpunktprogramm der Deutschen Forschungsgemeinschaft DFG zu verdanken, in dessen Rahmen mehrere Finanzdatenbanken aufgebaut und zahlreiche empirische Projekte durchgeführt werden konnten. Über die Ergebnisse der Arbeiten in diesem Schwerpunktbereich informieren BÜHLER / HAX / SCHMIDT (1993) sowie BÜHLER / HAX / SCHMIDT (1999).

dass das neoklassische Modell der Finanzierungstheorie eine unverzichtbare Voraussetzung für weiterführende Überlegungen darstellt, weil hier erstens viele Begriffe besonders klar und unmissverständlich quasi als Leitschnur für nachfolgende Überlegungen definiert werden können und zweitens deutlich wird, welche Aufgaben dem Finanzmanagement in einer idealen Welt zukommen können. Insoweit dient das neoklassische Modell ebenso der Strukturierung von Problembereichen wie die darauf aufbauenden neoinstitutionalistischen und anderen Ansätze.

Eine Vielzahl wirtschaftlicher Aktivitäten wird in Haushalten, Einzelfirmen oder Personengesellschaften durchgeführt. Wenn sich Corporate Finance vorwiegend mit der ***Finanzierung größerer wirtschaftlicher Einheiten in der Rechtsform der Aktiengesellschaft*** befasst, dann spricht die besondere öffentliche Sichtbarkeit dieser Unternehmen für diese Schwerpunktsetzung. Die Betrachtung der Aktiengesellschaft beinhaltet auch, dass typischerweise mehrere oder zahlreiche Wirtschaftssubjekte in die Organisation der wirtschaftlichen Aktivitäten des Unternehmens eingebunden sind. Unternehmen in der Rechtsform der Aktiengesellschaft sind oft sehr große und komplexe Organisationen, an deren Wertschöpfung viele Wirtschaftssubjekte wie z. B. Abnehmer, Lieferanten, Arbeitnehmer etc. beteiligt sind. Man bezeichnet diese Beteiligten auch als ***Stakeholder***.

Viele Verträge von Unternehmen mit ihren Stakeholdern sind nicht Gegenstand der Betrachtung, obwohl diese durchaus etwas mit der Unternehmensfinanzierung zu tun haben. Verzichtet beispielsweise ein Mitarbeiter auf ein höheres Gehalt in der Hoffnung, später schneller befördert zu werden, so trägt er zur Finanzierung des Unternehmens bei. Wir gehen im Allgemeinen davon aus, dass die Ansprüche der Stakeholder über den Wettbewerb vordefiniert sind, so dass der mögliche Trade-off zwischen den Ergebnisbeiträgen für die Shareholder und die anderen Stakeholdern nicht explizit untersucht wird. Können die Stakeholder von den Shareholdern ausgebeutet werden oder können sie selbst die Shareholder ausbeuten, dann müssen komplexe Zielabstimmungen vorgenommen werden. Die in diesem Buch zunächst diskutierte Zielsetzung der Maximierung des Shareholder Value ist dann jedenfalls keine unumstrittene Zielsetzung mehr.

Eine herausragende Gruppe der Stakeholder ist die der Aktionäre (***Shareholder***, ***Stockholder***, ***Equityholder***) als ***Eigentümer des Unternehmens***. Während die meisten Stakeholder in einem Vertrag fest vereinbarte Rechte und Pflichten übernehmen – z. B. für ein bestimmtes Gehalt eine bestimmte Arbeitsleistung erbringen oder zu einem bestimmten Preis ein Vorprodukt bestimmter Qualität liefern – und insoweit kontraktbestimmte Ansprüche haben, kommt den ***Eigentümern ein Residualanspruch*** zu: Alles, was nicht bereits durch die anderen Verträge vereinbart ist, liegt im Kompetenz- und Pflichtenbereich der Eigentümer. Die ***Eigentümer tragen*** insoweit zuallererst die ***Risiken und die Chancen der Unternehmensentwicklung***. In Aktiengesellschaften treffen sie aber im Allgemeinen nicht die Entscheidungen, die nicht bereits in den vorliegenden Verträgen vorformuliert sind. Diese ***Entscheidungen werden typischerweise vom Management getroffen***.

Kleine Unternehmen sind in der Regel ***eigentümerorientiert***, weil der Inhaber des Unternehmens sein Geld und seine Arbeitsleistung und Kreativität zugleich in das Unternehmen einbringt und daher auch die Verantwortung für die Unternehmensführung hat. Größere Unternehmen sind dagegen häufig als Aktiengesellschaften organisiert und stehen im Eigentum einer Vielzahl von Aktionären. Die Unternehmensführung liegt getrennt davon bei angestellten Managern – der Geschäftsführung oder dem Vorstand. Man sagt, sie sind ***managerorientiert***. Die ***Trennung von Eigentum und Verfügungsgewalt*** (separation of ownership and control) führt dazu, dass die Entscheidungen der Geschäftsführung nicht zwangsläufig im Interesse der Eigentümer getroffen werden. Viele Handlungsanreize und institutionelle Rahmenbedingungen sollen sicherstellen, dass die Unternehmensentscheidungen (Managerentscheidungen) mehr oder weniger im Interesse der Eigentümer erfolgen, so dass wirklich das Ziel der Shareholder-Wealth-Maximierung verfolgt wird.

Dass es unter idealen Bedingungen optimal ist, dieses ***Ziel der Maximierung des Marktwertes des Eigenkapitals*** zu verfolgen, wird im kommenden Kapitel gezeigt. Realiter steht das Finanzmanagement vor großen Herausforderungen, diese Zielsetzung umzusetzen. Die nachfolgenden Kapitel handeln davon, einige dieser Herausforderungen aufzuzeigen und Lösungen zu diskutieren, wie diese Herausforderungen bewältigt werden können. Wir gehen davon aus, dass die Zielsetzung des Unternehmens die Maximierung des Marktwertes des Eigenkapitals für die Aktionäre ist. ***Der Aktionär hat also ein rein finanzielles Interesse an „seinem" Unternehmen.***

So einfach die Messung des realisierten Marktwertes der Aktien eines börsennotierten Unternehmens gelingt, so schwierig ist die konkrete Verfolgung der Zielsetzung. Dazu ist zu beachten, dass der ***Marktwert der Aktien*** einerseits gleich dem Aktienkurs multipliziert mit der Anzahl ausstehender Aktien ist, was dazu führt, dass der Marktwert der Aktien während der Börsenzeit wegen der laufenden neuen Preisbildung kontinuierlich „zittert". Andererseits lässt sich der Marktwert der Aktien (in einem fundamentalen Sinn) als ***Barwert aller zukünftig den Anteilseignern zufließenden, erwarteten Dividenden und sonstigen Wertänderungen*** interpretieren, die aber, da in der Zukunft liegend, nicht beobachtbar sind. Der Barwert als „rechnerischer" Marktwert kann dann als für längere Zeit feststehende Größe betrachtet werden, sein Aussagegehalt ist aber möglicherweise gering, da die Berechnung auf einer Fülle von Annahmen aufbaut.

Das Finanzmanagement wirkt also mit seinen Entscheidungen nicht nur auf die zukünftigen Zahlungsströme des Unternehmens, sondern auch auf die

Erwartungen der Kapitalmarktteilnehmer hinsichtlich der Höhe und zeitlichen Struktur dieser Zahlungsströme ein. Da weder die zukünftige Veränderung der Zahlungsströme exakt vorhersehbar ist noch die derzeitige Veränderung der Erwartungen, sind verschiedene Strategien zur Umsetzung des Ziels der Shareholder-Value-Maximierung denkbar. Die Wissenschaft von der Unternehmensfinanzierung will und kann hier hilfreiche Denkmuster und empirische Befunde anbieten.

Lektürevorschläge zu Kapitel 1

Zum Einstieg empfiehlt sich ein Blick in das Einführungskapitel etwas anders gegliederter und gegebenenfalls auch auf ein anderes Finanzsystem ausgerichteter Lehrbücher zum Fach Corporate Finance. Dazu gehören für den deutschen Finanzmarkt FRANKE / HAX (2004) und GERKE / BANK (2003) und für den angelsächsischen BREALEY / MYERS / ALLEN (2006), GRINBLATT / TITMAN (2002) und SHAPIRO / BALBIERER (2000). Als kompakter Übersichtsbeitrag bietet sich insbesondere KÜRSTEN (2005) an, als Einführung der Unternehmensfinanzierung in die Funktionen der Unternehmen und Unternehmer PAUL / HORSCH (2002), HENKE / RUDOLPH (2002) sowie HAX (2005).

Wer eine praxisorientierte Einführung in den Stoff sucht, kann auf das Buch von WÖHE / BILSTEIN (2002) zurückgreifen, wer sich dagegen eher konzeptionelle Orientierung erhofft, auf das Lehrbuch von SCHMIDT / TERBERGER (1996). Einen Mittelweg findet man in SÜCHTING (1995) und SCHÄFER (2002).

Es gibt einige grundlegende Fachartikel und Beiträge, die die in diesem Buch gewählte und im ersten Kapitel eingeführte Konzeption des Faches Corporate Finance bzw. Unternehmensfinanzierung kompakt darstellen. Dazu zählen beispielsweise KRAHNEN (1999) und KÜRSTEN (1997). Eine Einführung in das Fach aus dem Blickwinkel der Institutionenökonomik findet man in RUDOLPH (1998) sowie in dem Kapitel zur Unternehmensfinanzierung in der Einführung in die Betriebswirtschaftslehre von NEUS (2005).

Zusammenfassung

Corporate Finance als umfassender Begriff der Unternehmensfinanzierung beinhaltet Fragestellungen, die sich mit den Investitions- und Finanzierungsentscheidungen der Unternehmen, mit den Anlageentscheidungen der Geldgeber bzw. Investoren sowie mit der Ausgestaltung der Finanzierungstitel und der Finanzmärkte befassen.

Methodisch befasst sich das Fach Corporate Finance mit einer Deskription der Finanzierungstitel, Märkte, Regulierungen und Finanzinstitutionen sowie der Entwicklung von Theorien der Unternehmensfinanzierung zur Erklärung des empirisch beobachteten Finanzierungsverhaltens.

Corporate Finance bildet eine Kernfunktion der Unternehmensführung, die in alle anderen Funktionsbereiche hineinwirkt und ihrerseits als Reflex der anderen Funktionsbereiche der Unternehmen verstanden werden muss. Dies entspricht einem weiten Verständnis von Corporate Finance, das alle Maßnahmen im Zusammenhang mit der Kapitalbeschaffung, dem Kapitaleinsatz und der Kapitalrückzahlung eines Unternehmens umfasst.

Schlüsselbegriffe

Außenfinanzierung
Corporate Finance
Eigenfinanzierung
Eigenkapital
Empirische Kapitalmarktforschung
Finanzmanagement
Finanztitel
Finanztransaktionen
Fremdfinanzierung
Fremdkapital
Innenfinanzierung
Neoinstitutionalistische Sicht
Neoklassische Sicht
Spezialfinanzierungen

Kapitel 2

Investitionsplanung und Unternehmensfinanzierung

Alle finanzwirtschaftlichen Entscheidungskalküle bauen letztlich auf der Kapitalwertmethode als grundlegendem investitionstheoretischen Ansatz auf. Dieser Ansatz ist auch die Basis für die Marktwertregel und gleichbedeutend die Maximierung des Marktwertes des Eigenkapitals (Sharholder Value) als Unternehmensziel. Zur Begründung dieser Zielsetzung werden in diesem zweiten Kapitel

- erstens die Elemente und Bezeichnungen eines einfachen ***intertemporalen Entscheidungsmodells*** der Investitionsplanung eingeführt, das die Dispositionen eines Wirtschaftssubjektes über die Verwendung seines Vermögens bzw. Einkommens im Zeitablauf zum Gegenstand hat, und
- zweitens die Funktionen und die Bedeutung der ***Existenz eines Kapitalmarktes*** für die formalen Möglichkeiten der Entscheidungsfindung eines Wirtschaftsubjektes einerseits und für die reale Wohlstandssituation der Wirtschaftssubjekte andererseits demonstriert.[1]

Insbesondere wird gezeigt, dass das intertemporale Entscheidungsproblem bei Existenz eines ***vollkommenen Kapitalmarktes*** für jedes Wirtschaftssubjekt zerlegbar und somit vereinfacht wird (***Separationstheorem***), und dass der Wohlstand aller Wirtschaftssubjekte gegenüber einer Situation, in der sie ohne Anlage- und Verschuldungsmöglichkeiten am Kapitalmarkt disponieren müssten, zunimmt oder zumindest nicht abnimmt.

Im Weiteren wird gezeigt, wie individuelle Entscheidungskalküle auf die Verhältnisse in Unternehmen übertragen werden können, bei denen nicht mehr das einzelne Wirtschaftssubjekt selbst als Eigentümerunternehmer die Vermögensdispositionen vornimmt, sondern beauftragte Manager die Investitions- und Finanzierungsentscheidungen häufig unter Berücksichtigung der Interessen zahlreicher Anteilseigner sowie anderer Kapitalgeber und Dritter zu treffen haben. Auch in diesem Fall ist die ***Maximierung des Marktwertes des Eigenkapitals (Shareholder Value)*** das geeignete Zielkriterium.

---

[1] Für weitere Anmerkungen, Herleitungen und Beweise in diesem Kapitel vgl. RUDOLPH (1983). Das vorgestellte Modell wird als FISHER-Modell bezeichnet, weil es auf den amerikanischen Nationalökonomen IRVING FISHER zurückgeht. Vgl. FISHER (1930) sowie FISHER (1906), wo erstmals das Kapitalwertkriterium vorgestellt und abgeleitet wird. Vgl. grundlegend zur Investitionsplanung auch HIRSHLEIFER (1958 und 1974).

2.1 Investitionsplanung bei vorgegebenem Vermögen

In diesem einführenden Abschnitt wird der optimale Konsum-Investitionsplan eines Wirtschaftssubjektes ohne Existenz eines Kapitalmarktes abgeleitet. Dabei ergibt sich eine von den individuellen Präferenzen des Wirtschaftssubjektes abhängige Lösung, d. h. der Investor investiert gerade so viel, dass der Produktionsmehrertrag des letzten eingesetzten Vermögensbetrages gleich der Grenzrate der Substitution zwischen heutigem und zukünftigem Konsum ist.

Eine Delegation von Investitionsentscheidungen an einen Dritten wäre in diesem Fall, in dem der Investor sein Vermögen nur „mit eigenen Mitteln" zeitlich transformieren kann, mit dem Problem behaftet, dass sich die Investitions- bzw. Produktionsentscheidungen schlecht delegieren lassen. Derjenige, an den die Entscheidung delegiert würde, müsste die speziellen Konsumpräferenzen des Wirtschaftssubjektes kennen, in dessen Auftrag er handelt, und könnte im Allgemeinen für mehrere Wirtschaftssubjekte, die eine gemeinsame Investition bzw. Produktion organisieren wollen, keine einhellig unterstützte Investitionsentscheidung herbeiführen.

2.1.1 Das Entscheidungsproblem des Investors

Betrachtet wird zunächst die ***Entscheidungssituation eines Wirtschaftssubjektes*** mit einem Planungshorizont von einer einzigen Periode. Das Wirtschaftssubjekt kann in den Perioden 0 und 1 Konsumausgaben tätigen.

Das Wirtschaftssubjekt verfügt in $t = 0$ über eine feste Anfangsausstattung mit Vermögen in Höhe von M_0, worunter man sich reale Güter (z. B. Produktionsanlagen oder landwirtschaftliche Produkte) vorstellen kann. Dem Wirtschaftssubjekt fließt darüber hinaus in $t = 1$ ein exogen gegebener Vermögensbetrag in Höhe von M_1 zu. Der Einfachheit halber kann M_1 gleich Null gesetzt werden.

Das Vermögen M_0 kann für Konsumausgaben verwendet werden, das Wirtschaftssubjekt kann aber auch einen Teil davon sparen (investieren), woraus sich in $t = 1$ (über das exogen vorgegebene Vermögen M_1 hinaus) Konsumausgabemöglichkeiten ergeben. „Gespart" werden kann in diesem Modell nicht am Kapitalmarkt, sondern nur durch „Produktion", d. h. durch **Investition** eines Teils der Güter (Lagerhaltung, Verwendung als Produktionsfaktor).

Das ***Aufteilungsproblem*** in $t = 0$ stellt sich für das Wirtschaftssubjekt wie folgt dar:

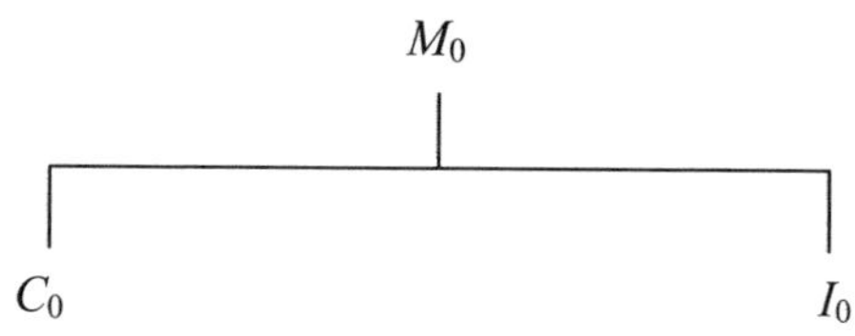

Das Wirtschaftssubjekt muss festlegen, welchen Betrag C_0 es in $t = 0$ und welchen Betrag C_1 es im Zeitpunkt $t = 1$ für Konsumausgaben verwenden will. Seine Entscheidung wird von seinen individuellen Präferenzen für Konsumausgaben in den Zeitpunkten 0 und 1 sowie von den Bedingungen abhängen, zu denen es Konsumausgabemöglichkeiten aus Zeitpunkt 0 in 1 transformieren kann.

2.1.2 Zeitliche Produktionsfunktion und Konsumnutzen

Die zeitlichen Transformationsbedingungen sind zunächst einmal ausschließlich durch die privaten Produktionsmöglichkeiten des Wirtschaftssubjektes gegeben. Analytisch werden die privaten Transformationsmöglichkeiten durch die ***zeitliche Produktionsfunktion*** (Zahlungsreihe der Investition)

$$E_1 = E_1(I_0)$$

erfasst, welche die Investitionseinzahlungen in $t = 1$ als Funktion der Investitionsauszahlungen in $t = 0$ beschreibt. In neoklassischen Modellen werden mit den Auszahlungen zunehmende Einzahlungen

$$dE_1 / dI_0 > 0 \qquad \text{(positive Grenzrendite bzw. marginale Transformationsrate der zeitlichen Produktion)}$$

und abnehmende Grenzeinzahlungen

$$d^2E_1 / dI_0^2 < 0 \qquad \text{(abnehmende Grenzrendite)}$$

unterstellt. Diese Annahmen beinhalten die typischen neoklassischen Eigenschaften einer konkaven Produktionsfunktion bzw. Realinvestitionskurve.

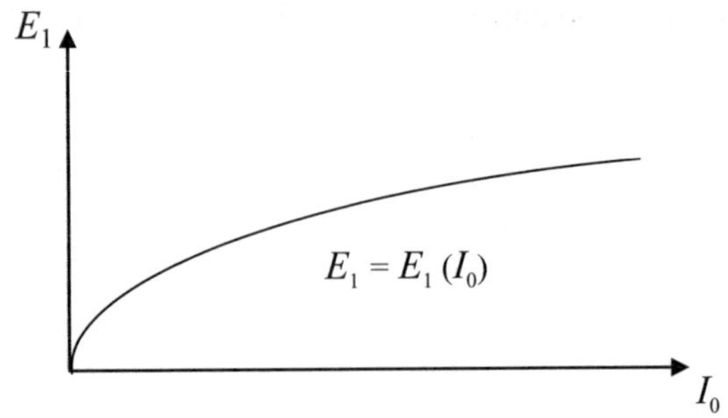

Abb. 2.1: Die zeitliche Produktionsfunktion des Investors

Unter Berücksichtigung des Verlaufs der zeitlichen Produktionsfunktion $E_1(I_0)$ sind die Konsummöglichkeiten eines Wirtschaftssubjektes in $t = 0$ durch die ***Budgetgleichung*** (1) beschrieben.

(1) $$C_0 = M_0 - I_0$$

In $t = 1$ gilt, sofern in $t = 1$ noch ein exogen gegebener Betrag M_1 zufließt, die Budgetgleichung

(2) $$\begin{aligned} C_1 &= M_1 + E_1(I_0) \\ &= M_1 + E_1(M_0 - C_0). \end{aligned}$$

C_1 ist also von der Anfangsausstattung mit Vermögen (M_0, M_1), von der Gestalt der zeitlichen Produktionsfunktion $E_1(I_0)$ und vom Konsumbetrag C_0 abhängig, den das Wirtschaftssubjekt in $t = 0$ entnimmt.[2]

Abbildung 2.2 macht zwei unterschiedliche Investitionsströme deutlich, die durch die Kombinationen (C_{01}, E_{11}) für Investor 1 und (C_{02}, E_{12}) für Investor 2 gekennzeichnet sind.

2.1.3 Intertemporale Zielsetzung des Investors

Zu maximieren ist die zeitliche (intertemporale) Konsumnutzenfunktion

(3) $$U = U(C_0, C_1) = U[C_0(I_0), C_1(I_0)]$$

[2] Prinzipiell werden in der Haushaltstheorie Konsumnutzenpräferenzen der Wirtschaftssubjekte für bestimmte Güter und Gütermengen m_{it} angenommen. Bei gegebenen Preisen kann man aber die Präferenzen für Gütermengen in den einzelnen Zeitpunkten zu Präferenzen für Konsumströme in den einzelnen Zeitpunkten aggregieren: $C_t = \sum p_{it}\, m_{it}$.

des Wirtschaftssubjektes unter Berücksichtigung der Budgetbedingung (2). Die Nutzenfunktion (3) stellt eine formale Abbildung der Konsumausgabepräferenzen des Wirtschaftssubjektes dar und beschreibt das Nutzenniveau des Wirtschaftssubjektes in Abhängigkeit von den in $t = 0$ und $t = 1$ realisierten Konsumausgaben.

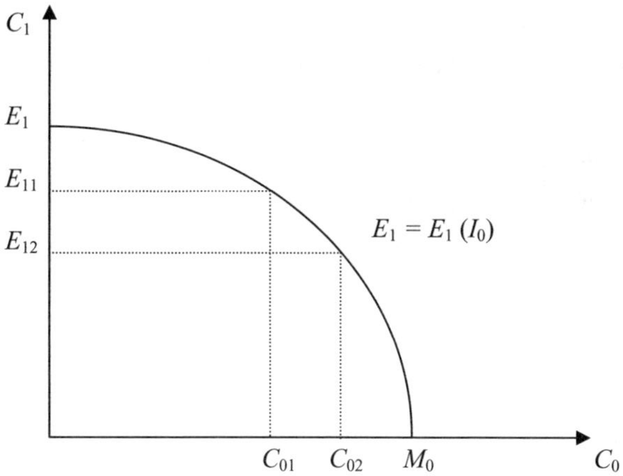

Abb. 2.2: Der realwirtschaftliche Möglichkeitsbereich des Investors

Bezüglich der Nutzenfunktion wird angenommen, dass die Präferenzen des Wirtschaftssubjektes rational sind. Präferenzen werden als rational bezeichnet, wenn sie die folgenden Anforderungen erfüllen:

- Die Präferenzordnung ist ***vollständig*** (das Wirtschaftssubjekt kann alle Konsumausgabevektoren vergleichen).
- Die Präferenzordnung ist ***transitiv*** (das Wirtschaftssubjekt zeigt keine Inkonsistenzen bei der Beurteilung der Wahlmöglichkeiten).
- Die Präferenzordnung ist ***reflexiv*** (identische Konsumausgabevektoren werden vom Wirtschaftssubjekt gleich bewertet).

Darüber hinaus wird unterstellt, dass die Konsumausgabepräferenzen besonders typische, einleuchtende Eigenschaften besitzen.

Das Wirtschaftssubjekt zieht stets einen größeren Konsumstrom einem kleineren vor, so dass eine ***positive Grenzrate der Substitution S*** zwischen dem heutigen und zukünftigen Konsum vorliegt bzw. negativ geneigte Indifferenzkurven zu beobachten sind.

Bezeichnet man den Betrag $S = \left| dC_1/dC_0 \right|$ als ***Grenzrate der Substitution***, so gilt also

$$S = \left|\frac{dC_1}{dC_0}\right| = \left(-\frac{dC_1}{dC_0}\right) = \frac{\delta U / \delta C_0}{\delta U / \delta C_1} > 0.$$

Der Ausdruck S-1 wird auch als ***zeitliche Substitutionsrate*** oder ***Zeitpräferenzrate*** bezeichnet.

Das Wirtschaftssubjekt strebt nach einer ausgeglichenen Verteilung der Konsumausgaben auf die einzelnen Zeitpunkte, was grafisch zu den streng konvexen Nutzenindifferenzkurven führt, so dass eine ***abnehmende Grenzrate der Substitution von Konsumausgaben in den beiden Zeitpunkten*** unterstellt wird. Formal bedeutet dies

$$dS / dC_0 = d\left(-\frac{dC_1}{dC_0}\right) / dC_0 < 0\,.$$

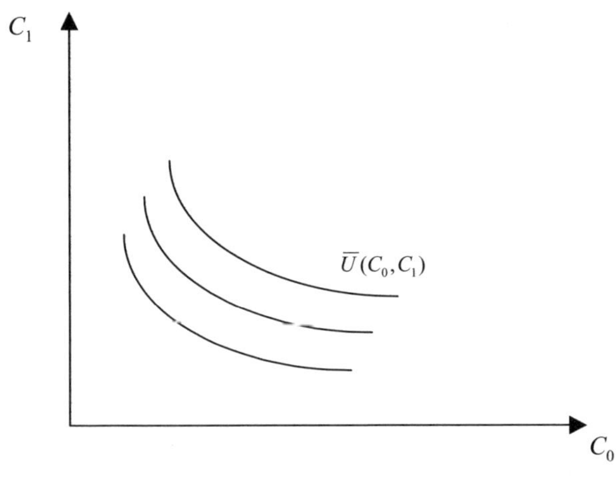

Abb. 2.3: Typische Nutzenindifferenzkurven des Investors

2.1.4 Festlegung des optimalen Investitionsprogramms

Die notwendige Bedingung für einen maximalen Konsumnutzen des Investors lautet:

$$(4) \qquad \frac{dU}{dI_0} = \frac{\delta U}{\delta C_0}\frac{\delta C_0}{\delta I_0} + \frac{\delta U}{\delta C_1}\frac{\delta C_1}{\delta I_0} = 0\,.$$

Wegen $\delta C_0 / \delta I_0 = -1$ (vgl. Gleichung (1)) sowie

$\delta C_1 / \delta I_0 = dE_1 / dI_0$ (vgl. Gleichung (2))

folgt aus (4)

$$-\frac{\delta U}{\delta C_0} + \frac{\delta U}{\delta C_1}\frac{\delta E_1}{\delta I_0} = 0$$

und somit

$$\frac{dE_1}{dI_0} = \frac{\delta U}{\delta C_0} \bigg/ \frac{\delta U}{\delta C_1} = S, \tag{5}$$

d. h. im Optimum ist die marginale Transformationsrate der Produktion gleich der Grenzrate der Substitution zwischen heutigem und zukünftigem Konsum. Im $C_1 - C_0$ – Diagramm entspricht die Steigung der Indifferenzkurve der Steigung der zeitlichen Transformationskurve und das optimale Investitionsprogramm ist dann erreicht, wenn die Bruttorendite des letzten investierten Euro-Betrages dem Verhältnis der Grenznutzen in $t = 0$ und $t = 1$ entspricht.

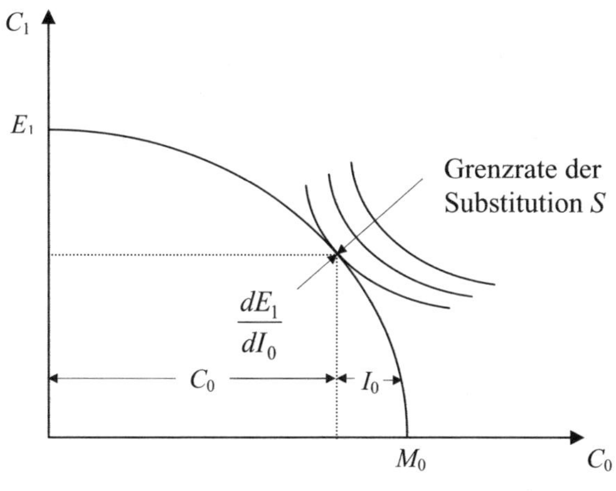

Abb. 2.4: Präferenzabhängige Lösung des Konsum-Investitionsproblems

Abbildung 2.4 stellt die präferenzabhängige Lösung des Investitionsproblems dar, die beinhaltet, dass das Wirtschaftssubjekt seine Konsummöglichkeiten auf die vorhandenen Investitionsmöglichkeiten abstimmt und umgekehrt. Investition und Konsum können nur gemeinsam optimal geplant werden.

2.2 Investitionsplanung bei vollkommenem Kapitalmarkt

In diesem Abschnitt wird der optimale Konsumausgaben – Investitionsplan eines Wirtschaftssubjektes bei vollkommenem Kapitalmarkt abgeleitet. Ergebnis ist das ***Separationstheorem***, das impliziert, dass eine Delegation der Investitionsentscheidung problemlos möglich ist, weil die optimale Investitionspolitik nicht von den speziellen Präferenzen des Wirtschaftssubjektes abhängig ist.

2.2.1 Mögliche Kapitalmarkttransaktionen

In Abwandlung der gerade beschriebenen Situation wird nun davon ausgegangen, dass das Wirtschaftssubjekt zusätzlich zu der beschriebenen Realinvestitionsgelegenheit $E_1 = E_1(I_0)$ die Möglichkeit hat, Zahlungsmittel zum gegebenen Marktzinssatz i für eine Periode anzulegen oder aufzunehmen. Der Betrag, der zum Marktzinssatz i angelegt oder aufgenommen werden soll, sei X_0, wobei $X_0 > 0$ eine Geldanlage und $X_0 < 0$ eine Verschuldung zum Zinssatz i bedeutet.

Das Wirtschaftssubjekt kann also auch einen Teil des ***in Zukunft zufließenden Vermögens „sparen"***, so dass gegebenenfalls in $t = 0$ zusätzliche Konsumausgaben möglich sind. Das zuletzt angesprochene „nachträgliche" Sparen wird üblicherweise als Aktionsmöglichkeit im Zeitpunkt $t = 0$ definiert und als Verschuldung bzw. Kreditaufnahme bezeichnet. Beide Vorgänge, Sparen und Verschulden, beinhalten ***eine zeitliche Verlagerung von Konsumausgabemöglichkeiten***. Die Richtung beider Vorgänge ist zeitlich diametral entgegengesetzt. Für Verschiebungen von Konsumausgaben auf einen späteren Zeitpunkt erhält das Wirtschaftssubjekt einen Zinsertrag, für Verschiebungen auf einen früheren Zeitpunkt muss es Zinsen bezahlen.

Ein Kapitalmarkt, an dem – bei sicheren Erwartungen – alle Wirtschaftssubjekte zu einem Einheitszinssatz und ohne Transaktionskosten soviel Zahlungsmittel anlegen oder aufnehmen können, wie es ihren Wünschen nach der Verfügbarkeit in den einzelnen Zeitpunkten und ihren Möglichkeiten zur Aufbringung notwendiger Zahlungsmittel entspricht, wird in der Investitions- und Finanzierungstheorie als ***vollkommener Kapitalmarkt*** bezeichnet.

2.2.2 Charakteristika eines vollkommenen Kapitalmarktes

Ein ***Kapitalmarkt ist vollkommen***, wenn er folgende Eigenschaften aufweist:

- Alle Marktteilnehmer können in beliebiger Höhe Kapital zum Einheitszinssatz i aufnehmen bzw. anlegen. Einheitlich heißt der Zinssatz, weil er für Geldaufnahmen und Geldanlagen identisch ist.
- Es existieren keine expliziten oder impliziten Transaktionskosten und keine Steuern.

- Alle Marktteilnehmer sind Preisnehmer, die davon ausgehen, dass sie die geltenden Preise oder Zinssätze nicht beeinflussen können.
- Der Kapitalmarkt ist kompetitiv, so dass kein Wirtschaftssubjekt, Unternehmen oder eine andere Institution Finanzmittel zu besseren Konditionen als den Marktbedingungen anlegen oder aufnehmen kann.
- Alle Marktteilnehmer haben homogene Erwartungen.

Die Annahme eines ***vollkommenen Kapitalmarktes*** ist ein Kunstgriff der theoretischen Analyse, der insbesondere zur möglichst übersichtlichen und schlüssigen Behandlung bestimmter finanzwirtschaftlicher Problemstellungen der Investitionsplanung Verwendung findet, der aber nicht selbst Gegenstand einer ökonomischen Analyse sein kann. Für viele Fragestellungen aus dem Bereich der Finanzpolitik von Unternehmen, in denen das Problem der „richtigen Finanzierung“ durch die Unterstellung eines vollkommenen Marktes obsolet würde, verbietet sich dagegen diese Annahme.

Im Übrigen gibt es Praktiker, die beispielsweise zwar die ***Kapitalwertmethode*** der Investitionsplanung als modernes Investitionsplanungsverfahren sehr schätzen, anwenden oder sogar propagieren, aber gleichzeitig die Vorstellung von einem vollkommenen Kapitalmarkt als völlig unrealistische und nicht diskussionswürdige Annahme zurückweisen. Ein wichtiges Ziel der Erörterung mehrperiodiger Investitionsentscheidungen ist es dagegen zu zeigen, welche logischen Interdependenzen zwischen der Kapitalwertmethode (und anderen finanzwirtschaftlichen Verfahren) und den unterstellten Kapitalmarktbedingungen bestehen. Insoweit können auch unrealistische Annahmen zur Klarheit über die exakten Anwendungsbedingungen eines Planungsverfahrens beitragen.

2.2.3 Festlegung des optimalen Investitionsprogramms

Wir betrachten nun die Entscheidungssituation eines Wirtschaftssubjektes, das reale Ressourcen mittels einer stetigen Transformationskurve $E_1 = E_1(I_0)$ und gleichzeitig zum herrschenden Zinssatz i Vermögen von $t = 0$ in den Zeitpunkt $t = 1$ übertragen kann. Das Wirtschaftssubjekt ist mit Zahlungsmitteln in Höhe von ZM_0 ausgestattet, gegebenenfalls fließen in $t = 1$ noch Zahlungsmittel ZM_1 hinzu.

Das Entscheidungsproblem lässt sich dann wie folgt formulieren. Zu maximieren ist die Nutzenfunktion aus Gleichung (3) unter Beachtung der Nebenbedingungen

(6) $$C_0 = ZM_0 - I_0 - X_0 \text{ und}$$

(7) $$C_1 = ZM_1 + E_1(I_0) + (1+i)X_0 .$$

Im Falle $ZM_1 = 0$ gilt:

$$C_1 = E_1(I_0) + (1+i)[ZM_0 - I_0 - C_0].$$

Die notwendigen Bedingungen für einen maximalen Nutzen des Wirtschaftssubjektes lauten nun

$$(8) \qquad \frac{dU}{dI_0} = \frac{\delta U}{\delta C_0}\frac{\delta C_0}{\delta I_0} + \frac{\delta U}{\delta C_1}\frac{\delta C_1}{\delta I_0} = 0$$

mit $dC_0 / dI_0 = -1$ wegen (6) sowie $dC_1 / dI_0 = dE_1 / dI_0$ aus (7) und

$$(9) \qquad \frac{dU}{dX_0} = \frac{\delta U}{\delta C_0}\frac{\delta C_0}{\delta X_0} + \frac{\delta U}{\delta C_1}\frac{\delta C_1}{\delta X_0} = 0$$

mit $dC_0/dX_0 = -1$ wegen (6) sowie $dC_1/dX_0 = (1+i)$ aus (7).
Aus (8) folgt

$$(10) \qquad S = \frac{dE_1}{dI_0} = \left(\frac{\delta U}{\delta C_0} \Big/ \frac{\delta U}{\delta C_1}\right)$$

und aus (9) folgt

$$(11) \qquad \left(\frac{\delta U}{\delta C_0} \Big/ \frac{\delta U}{\delta C_1}\right) = 1+i.$$

Im Optimum ist die Grenzrate der Substitution des Wirtschaftssubjektes gleich dem um 1 vergrößerten Marktzinssatz. Man bezeichnet $(1+i)$ auch als Aufzinsungsfaktor und den Kehrwert $1/(1+i)$ als ***Diskontfaktor***.

Fasst man die Ergebnisse (10) und (11) zusammen, so erhält man das für die Investitionsrechnung wichtige ***Vorteilhaftigkeitskriterium***

$$(12) \qquad \frac{dE_1}{dI_0} \geq 1+i,$$

das besagt, dass im Einperiodenfall alle Investitionen, die eine Rendite über dem Kapitalmarktzins haben, durchgeführt werden sollen, bzw. in anderer Formulierung

$$(13) \qquad \frac{dE_1}{dI_0} - 1 \geq i,$$

dass in die vorgegebenen, nach absteigender Rendite vorsortierten Investitionsprojekte solange investiert werden soll, bis die Rendite des letzten Investitionsprojektes gleich dem (mit i exogen gegebenen) Kapitalkostensatz ist. Die Marginalbedingung für die neoklassische Produktionsfunktion besagt, dass die Investitionsgelegenheiten solange zu ergreifen sind, bis der mit wachsendem Investitionsvolumen abnehmende Ertragszuwachs der Realinvestitionseinheit gleich dem exogen gegebenen Diskontfaktor ist.

Das Ergebnis impliziert das ***neoklassische Vorteilhaftigkeitskriterium***, dass alle Realinvestitionsmöglichkeiten zu ergreifen und durchzuführen sind, deren Periodenrendite größer als der exogen gegebene Zinssatz ist.

Man bezeichnet (12) gelegentlich als ***Kapitalwertkriterium*** und (13) als ***Kapitalkostenkriterium: Investiere solange, bis die Grenzrendite dem risikolosen Zinssatz entspricht***. Unter den genannten Voraussetzungen – insbesondere im Einperiodenfall – führen beide Kriterien stets zur selben Investitionsentscheidung.

2.2.4 Das Separationstheorem von FISHER

Die Gültigkeit der Optimumbedingung (11) ist für die praktische Durchführung von Investitionsrechnungen von nicht zu unterschätzender Bedeutung. ***Die optimale Investitionspolitik lässt sich nämlich bei den gegebenen Annahmen (vollkommener Kapitalmarkt) ohne Berücksichtigung der speziellen Konsumpräferenzen des Wirtschaftssubjektes festlegen***, so dass sich in diesem Fall Investitionsentscheidungen ohne Schwierigkeiten an nachgeordnete Instanzen, die nicht das gesamte Entscheidungsfeld des Unternehmens bzw. des Unternehmereigentümers kennen, delegieren lassen.

Die Entscheidung über das Realinvestitionsprogramm lässt sich bei vollkommenem Kapitalmarkt getrennt von der Konsum-Spar-Entscheidung treffen. Diese Eigenschaft der Lösung bezeichnet man als ***Separations- oder Trennungstheorem*** (von IRVING FISHER). Die grafische Darstellung dieses Theorems bezeichnet man als ***doppelte Tangentenlösung***.

Aus der grafischen Darstellung der Abb. 2.5 kann man die wesentlichen Eigenschaften der Lösung des neoklassischen Konsum-Investitionsplanungsmodells entnehmen.

- Alle Konsum- bzw. Investitionspläne innerhalb des Dreiecks $\overline{O V_0 V_1}$ sind ***realisierbar.***
- Für jeden Investor ist es optimal, die Budgetgerade möglichst weit nach rechts oben zu verschieben, also nur Konsum- und Investitionspläne durchzuführen, die auf der am weitesten nordöstlich befindlichen Budgetgeraden liegen. Auf dieser Budgetgeraden liegen alle ***effizienten*** Konsum- und Investitionspläne.
- Ein ***Konsumplan*** ist dann ***effizient***, wenn es keinen anderen Konsumplan gibt, der in einer Periode einen höheren Konsum ermöglicht, ohne in einer der anderen Perioden zu einem Minderkonsum zu führen. In der Abbildung ist Konsumplan A offensichtlich ineffizient, da Konsumplan B in t_0 einen genauso hohen Konsum ermöglicht wie A, in t_1 jedoch einen höheren. Damit ist der Nutzen des Konsumplans B konsequenterweise höher als der von A, wie an den Indifferenzkurven deutlich erkennbar ist.

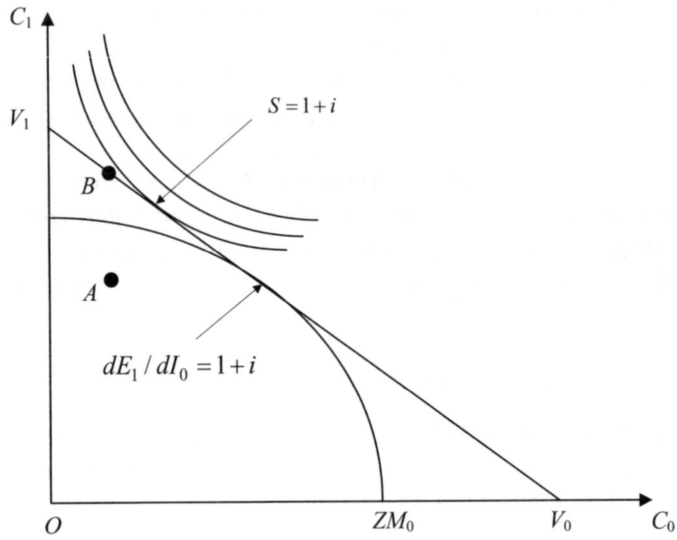

Abb. 2.5: Konsum-Investitionsplanung bei vollkommenem Kapitalmarkt

Das letzte Argument lässt sich auf alle Konsumpläne anwenden, die wie A nicht auf der ***effizienten Budgetgeraden*** bzw. ***Kapitalmarktgeraden*** liegen. Die intertemporale Budget- oder Kapitalmarktgerade, auf der auch der optimale Konsum- und Investitionsplan liegen muss, ist für alle Entscheidungsträger unabhängig von ihrer Zeitpräferenz identisch.

2.2.5 Marktwerte von Investitionsprojekten

Man kann die Frage stellen, welchen Konsum das Wirtschaftssubjekt im Zeitpunkt $t = 0$ maximal realisieren könnte, wenn es auf jeglichen Konsum im Zeitpunkt $t = 1$ verzichten würde. Die Beantwortung dieser Frage führt auf eine Definition des Begriffs des ***Marktwertes des Vermögens*** des Wirtschaftssubjektes bzw. auch die des ***Reichtums des Wirtschaftssubjektes***.

Ohne Existenz eines Kapitalmarktes ist der maximale Konsumbetrag in Periode 0 gleich der Anfangsausstattung des Wirtschaftssubjektes M_0. Erst in Periode 1 verfügbare Ressourcen, die entweder aus dem Produktionsprozess oder aus exogen gegebenen Zahlungsmittelzuströmen stammen, sind in $t = 0$ nicht für Konsumzwecke verwertbar und haben daher in $t = 0$ auch keinen Wert. Anders ist die Bewertung des Vermögens bei Annahme der Existenz eines Kapitalmarktes. In diesem Fall sind C_0 und C_1 über (6) und (7) über X_0 verbunden und man kann den Konsumbetrag C_0 über die Bedingung $C_1 = 0$ berechnen.

Bei vollkommenem Kapitalmarkt ist es sinnvoll anzunehmen, dass die Anfangsausstattung des Wirtschaftssubjektes in Form von Zahlungsmitteln vorliegt.

Wegen $C_1 = ZM_1 + E_1(I_0) + (1+i)\, X_0 = 0$ aus Gleichung (7)

gilt $$-X_0 = \frac{ZM_1}{1+i} + \frac{E_1(I_0)}{1+i}$$

und somit wegen (6)

$$C_0 = ZM_0 - I_0 - X_0 = ZM_0 - I_0 + \frac{ZM_1}{1+i} + \frac{E_1}{1+i}$$

(14) $$C_0 = \underbrace{ZM_0 + \frac{ZM_1}{1+i}}_{\text{exogen gegebener Reichtum}} + \underbrace{\left[-I_0 + \frac{E_1(I_0)}{1+i}\right]}_{\text{durch Investitionen geschaffener Reichtum}}.$$

Da die Anfangsausstattungen ZM_0 und ZM_1 exogen gegeben sind, kann der Wert von C_0 nur über die Entscheidung über die Investitionsauszahlung I_0 – und die damit bewirkte Veränderung der Investitionseinzahlung E_1 – maximiert werden. Der maximale Konsumbetrag wird realisiert, wenn der Klammerausdruck in (14) möglichst groß wird. In der Sprache der Investitionstheorie lautet diese Bedingung, dass C_0 dann maximal wird, wenn das Wirtschaftssubjekt das Investitionsprogramm mit dem höchsten Kapitalwert realisiert.

(15) $$K_0 = -I_0 + \frac{E_1(I_0)}{1+i}$$

K_0 ist also der Betrag, den der Investor bei Durchführung der Investition in Periode 0 zusätzlich konsumieren könnte, ohne seinen Konsum in Periode 1 zu mindern, d. h. K_0 lässt sich als Mehrwert an Konsummöglichkeiten interpretieren. K_0 ist der ***Kapitalwert*** der Realinvestition.

Man kann das Ergebnis der Optimierungsüberlegungen mit der in (15) gewonnenen Kapitalwertgleichung auf verschiedene Arten der Investitionsentscheidungen anwenden. Dabei unterscheidet man in der Literatur zur Investitionsplanung insbesondere ***drei Arten von Entscheidungssituationen***:

(1) ***Ja-Nein-Entscheidungen:*** Hier wird zwischen den Alternativen „Durchführung einer Investition" und „Unterlassen der Investition" unterschieden. Gleichung (15) besagt, dass die Alternative „Durchführen" gewählt werden soll, wenn K_0 positiv ist.

(2) ***Auswahlentscheidungen***: Hier soll entschieden werden, welche von mehreren sich technisch gegenseitig ausschließenden Investitionsalternativen ausgewählt werden soll. Die Investitionsalternativen schließen sich dabei – aus technischen Gründen – gegenseitig aus. So kann beispielsweise auf einem Grundstück nur die eine oder eine andere Fabrikationsstätte errichtet werden. Ein anderes Beispiel für eine Auswahlentscheidung ist eine Nutzungsdauerentscheidung, ob ein Investitionsprojekt entweder drei oder vier Jahre genutzt werden soll. Gleichung (15) besagt, dass jeweils die Alternative mit dem größten Kapitalwert zu realisieren ist.

(3) ***Programmentscheidungen***: Hier geht es nicht darum, ob eine von mehreren Investitionsalternativen durchgeführt werden soll, sondern darum, ein Investitionsprogramm aufzustellen. Gleichung (15) besagt, dass das Programm mit dem größten Kapitalwert realisiert werden soll. Das ist dann der Fall, wenn alle Investitionsprojekte mit einem positiven Kapitalwert realisiert werden. Es gilt dabei das ***Wertadditivitäts- oder Wertadditionstheorem***, wonach die Summe der Kapitalwerte der Investitionsprojekte gleich dem Kapitalwert des Investitionsprogramms ist.

In (15) ist i der ***Kalkulationszinsfuß*** zur Berechnung des Barwertes der Einzahlungsüberschüsse. Dieser Kalkulationszinsfuß ist bei vollkommenem Kapitalmarkt der Marktzinsfuß. Der maximale Kapitalwert bzw. der maximale Konsumbetrag C_0 wird durch Ableitung von (14) bzw. (15) nach I_0 bestimmt:

(16) $$\frac{dC_0}{dI_0} = \frac{dK_0}{dI_0} = -1 + \frac{dE_1/dI_0}{1+i} = 0\,.$$

Auch die Maximierung der Konsummöglichkeiten in $t = 0$ bedingt also die Gültigkeit von (12). Da eine Maximierung des Konsumnutzens eine Investitionspolitik nach dem Kapitalkosten- bzw. Kapitalwertkriterium impliziert, sind bei vollkommenem Kapitalmarkt

- Reichtumsmaximierung (Maximierung der Konsummöglichkeiten in einem Zeitpunkt) und
- Wohlstandsmaximierung (Maximierung des Konsumnutzens nach den vorgegebenen Präferenzen des Wirtschaftssubjektes)

im Hinblick auf die zu treffenden Investitionsentscheidungen völlig kompatible Zielsetzungen.

2.2.6 Erweiterungen des Kapitalwertkriteriums

Man kann den Kapitalwertkalkül bei Übertragung des diskutierten Bedingungsrahmens auf beliebig viele Perioden erweitern und erhält dann als Investitionskriterium:

(17) $$K_0 = -I_0 + \sum_{t=1}^{T} \frac{E_t}{(1+i)^t}.$$

Wird der Kapitalwert auf das Ende des Anlagezeitraums aufgezinst, so erhält man den ***Endwert der Investition***.

(18) $$K_T = K_0(1+\mathrm{i})^T$$

Da K_T bei gegebenem Kapitalmarktzins als Lineartransformation des Kapitalwertes dargestellt werden kann, gilt, dass eine Investition vorteilhaft ist, wenn ihr Endwert positiv ist. Bei sich gegenseitig ausschließenden Projekten sollte dasjenige gewählt werden, das den höchsten Vermögensendwert – zu einem bestimmten Planungshorizont T – besitzt.

Man kann den Kapitalwertkalkül auch explizit auf Investitionsprojekte erweitern, über die erst in einem späteren Zeitpunkt t^* entschieden wird. Ein positiver Kapitalwert

$$K_{t^*} = -I_{t^*} + \sum_{t=t^*+1}^{T} \frac{E_t}{(1+i)^{t-t^*}} > 0$$

in $t = t^*$ besagt, dass das Investitionsprojekt in $t = t^*$ durchgeführt werden soll. Der Wert dieser Investitionsgelegenheit in $t = t^*$ beträgt in $t = 0$

$$K_0 = \frac{K_{t^*}}{(1+i)^{t^*}}$$

und ist also der Barwert des zukünftigen Kapitalwertes der Investition.

Eine alternative auf der Kapitalwertmethode basierende Entscheidungsregel ist die auf der Basis der ***äquivalenten Annuität.*** Die äquivalente Annuität einer Zahlungsreihe ist ein konstanter Geldbetrag a, der, wenn er regelmäßig über eine bestimmte Laufzeit (von $t = 1$ bis $t = T$) anfällt, zu einem Kapitalwert führt, der mit dem der ursprünglichen Zahlungsreihe identisch ist. Gesucht ist also eine Zahl a, welche die folgende Gleichung erfüllt:

(19) $$K_0 = -I_0 + \sum_{t=1}^{T} \frac{E_t}{(1+i)^t} \stackrel{!}{=} a\sum_{t=1}^{T} \frac{1}{(1+i)^t} = a\frac{(1+i)^T - 1}{i(1+i)^T}.$$

Durch Auflösen der Gleichung (19) nach a erhält man die ***äquivalente Annuität*** einer Investition in Abhängigkeit von ihrem Kapitalwert.

(20) $$a = K_0 \frac{i(1+i)^T}{(1+i)^T - 1}$$

In (20) bezeichnet der Term hinter K_0 den ***Annuitätenfaktor***, dessen Kehrwert als ***Rentenbarwertfaktor*** bezeichnet wird. Bei Anwendung des Kriteriums der äquivalenten Annuität gilt, dass ein Projekt dann vorteilhaft ist, wenn seine äquivalente Annuität positiv ist.

Sollen mehrere sich gegenseitig ausschließende Projekte miteinander verglichen werden, so ist bei Anwendung der ***Annuitätenmethode*** darauf zu achten, dass die Laufzeiten der Annuitäten – nicht der Projekte – identisch sind, weil nur dann die Kapitalwerte mit dem gleichen Annuitätenfaktor multipliziert werden.

2.3 Unternehmensgründung und Marktwertbetrachtung

Die Komplexität des Themenfeldes Corporate Finance gebietet es zunächst, von einer ganzen Reihe von Besonderheiten zu abstrahieren, um eine Basis zur Erklärung einiger grundlegender Begriffe zu bekommen.

2.3.1 Organisation der Produktion in einem Unternehmen

Häufig müssen in einem ***Unternehmen*** Entscheidungsträger diverser Geschäftsbereiche und unterschiedlicher Hierarchiestufen über die Durchführung von Investitionsprojekten bzw. Investitionsprogrammen befinden. Es stellt sich bei solchen dezentralen Entscheidungen die Frage, ob die Realisierung der Investitionen in einem bestimmten Bereich im Interesse des Gesamtunternehmens und letztlich im Interesse der Eigentümer des Unternehmens liegt. Ein Maßstab, an dem sich die Ziele des Unternehmens orientieren sollten, ist der Marktwert des Vermögens der Eigentümer, der als Marktwert des Eigenkapitals (Shareholder Value) bezeichnet wird.

Der ***Marktwert des Eigenkapitals*** ist ein ***Maß für das Reinvermögen eines Unternehmens***. An einem vollkommenen Kapitalmarkt ist der Marktwert des Eigenkapitals ein plausibles und gut zu beobachtendes Maß. Ein Wachstum des Reinvermögens des Unternehmens ermöglicht dem Unternehmenseigner bzw. bei einer Publikumsgesellschaft den Anteilseignern des Unternehmens einen steigenden Konsumnutzen. Also kann man aufgrund des ***Additivitäts- oder Wertadditionstheorems*** aus dem positiven Vorzeichen des Kapitalwertes eines Investitionsprojektes unmittelbar schließen, dass die Durchführung dieses Projektes den Reichtum und den Nutzen der Eigentümer erhöht.

Wir betrachten zunächst ein unverschuldetes Unternehmen. Der Marktwert des Unternehmens V_0 ist in diesem Fall im Zeitpunkt der Gründung notwendigerweise gleich dem Marktwert des Eigenkapitals EK_0 und dieser gleich dem von den Anteilseignern (Gründern) eingebrachten Zahlungsmittelbetrag ZM_0. Der Marktwert des Unternehmens beträgt also

(21) $$V_0 = EK_0 = ZM_0 .$$

Nun ordnet man wie oben beim Entscheidungsproblem ohne Kapitalmarkt dem Unternehmen eine zeitliche Produktionsfunktion

(22) $$E_1 = E_1(I_0)$$

zu, d. h. die Gründer haben außer ihrer Geldeinlage noch eine Idee in Form einer Produktionsfunktion in das Unternehmen eingebracht. Das Unternehmen finanziert die Investitionsauszahlungen I_0 mit dem eingebrachten Zahlungsmittelbetrag ZM_0 und, sofern dieser Betrag nicht ausreicht, mit zusätzlichen Zahlungsmitteln in Höhe des aufgenommenen Fremdkapitals FK_0:

(23) $$I_0 = ZM_0 + FK_0 \quad \text{bzw.} \quad I_0 = EK_0 + FK_0 .$$

In $t = 1$ muss das verzinste Fremdkapital zurückgezahlt werden, so dass für die Aktionäre der Betrag

$$E_1 - (1+i)FK_0$$

zur Verfügung bleibt. Der Barwert dieses Residualbetrages dient nun zur Ableitung des Marktwertes des Eigenkapitals.

2.3.2 Kapitalwert und Marktwert des Eigenkapitals

Der ***Marktwert des Eigenkapitals*** in $t = 0$ ist der Barwert des Überschusses, der für die Aktionäre verbleibt und somit

(24) $$\begin{aligned} EK_0 &= \frac{E_1 - (1+i)FK_0}{1+i} = \frac{E_1}{1+i} - FK_0 \\ &= \frac{E_1}{1+i} - (I_0 - ZM_0) \quad = \quad ZM_0 + \left(-I_0 + \frac{E_1}{1+i} \right). \end{aligned}$$

In kompakter Schreibweise erhält man daraus den Marktwert des Eigenkapitals mit

(25) $$EK_0 = ZM_0 + K_0,$$

d. h. der ***Marktwert des Eigenkapitals*** eines Unternehmens – nach Einbringung der Produktionsfunktion als „Unternehmensidee“ – ist gleich dem von den Eigenkapitalgebern zur Verfügung gestellten Zahlungsmittelbetrag zuzüglich dem Kapitalwert des Investitionsprogramms. Die Gründer können, da sie dem Unternehmen auch die Investitionsidee überlassen haben, bei einem Unternehmensverkauf den in (25) beschriebenen Marktwert des Eigenkapitals realisieren. Gleichung (25) markiert die ***finanzwirtschaftliche Bewertung des Eigenkapitals*** eines Unternehmens, in das die bewerteten Residualansprüche der Eigentümer mit einfließen. Im Gegensatz zur Marktwertbetrachtung sind beim Bilanzansatz nur die eingezahlten bzw. realisierten Mittel als Eigenkapital auszuweisen (Vorsichtsprinzip), so dass also $EK_0 = ZM_0$ gilt.

Gleichung (25) wurde aus einem Einperiodenansatz abgeleitet und ist insoweit zu einfach angesetzt, als eine realistische Betrachtung natürlich einen mehrperiodigen Zusammenhang verlangt. Dieser kann aber ohne Komplikationen als Erweiterung des Einperiodenfalls abgeleitet werden, indem alle vorausgegangenen und nachfolgenden Zahlungen auf $t = 0$ bezogen werden. In einem ***Mehrperiodenkontext*** enthält der Zahlungsmittelbetrag ZM_0 den ***Gegenwartswert*** aller vorausgegangenen und aller zukünftigen Nettoeinzahlungen der Anteilseigner. Darüber hinaus enthält der Marktwert den Kapitalwert K_0, der bei den hier unterstellten sicheren Erwartungen gleich dem Barwert aller zukünftigen positiven Kapitalwerte zukünftiger Investitionen ist. Im hier betrachteten Fall ist dieser Kapitalwert als typische finanzwirtschaftliche Eigenkapitalkomponente von Interesse.

Identifiziert man die Kapitalwerte der zukünftigen Investitionsprojekte mit den jeweiligen Perioden, in denen sie durchgeführt werden, so kann man den laufenden Kapitalwert K_0 vom Barwert der Kapitalwerte der zukünftigen Investitionsprojekte separieren.

$$(26) \qquad EK_0 = ZM_0 + K_0 = ZM_0 + K_{00} + \frac{K_{01}}{(1+i)} + \frac{K_{02}}{(1+i)^2} + ...$$

Um diese Formel etwas griffiger zu machen, kann man die zukünftigen Kapitalwerte als Vielfache des derzeitigen Kapitalwertes in Form einer Wachstumsformel mit konstanter Wachstumsrate g ausdrücken.

$$(27) \qquad EK_0 = ZM_0 + K_0 = ZM_0 + K_{00} + \frac{K_{00}(1+g)}{(1+i)} + \frac{K_{00}(1+g)^2}{(1+i)^2} + ...$$

Daraus folgt

$$EK_0 = ZM_0 + K_0 = ZM_0 + K_{00} + \frac{1+g}{i-g} K_{00} \quad bzw.$$

(28)

$$EK_0 = ZM_0 + \frac{1+i}{i-g} K_{00}.$$

Für eine Wachstumsrate der Kapitalwerte von $g = 0$ gehen diese Formeln in die allgemeine Formel für den Barwert einer unendlichen Reihe identischer Kapitalwerte über.

2.3.3 Marktwert des Unternehmens und Kapitalstruktur

Der Marktwert eines Unternehmens ist definiert als

$$(29) \qquad V_0 = EK_0 + FK_0$$

$$= ZM_0 + K_0 + FK_0 \quad \text{wegen (25)}$$

$$= I_0 + K_0 = I_0 - I_0 + \frac{E_1}{1+i} = \frac{E_1}{1+i}.$$

Die Darstellung zeigt, dass der ***Marktwert eines Unternehmens*** gleich dem Ertragswert der Investitionen ist und damit unabhängig von der speziellen Finanzierung der Investitionen im Sinne der Realisation eines bestimmten FK_0/EK_0-Verhältnisses, d. h. es gilt:

1. Das Theorem von der ***Irrelevanz der Kapitalstruktur*** für den Marktwert des Unternehmens und

2. das Theorem von der ***Irrelevanz der Dividendenpolitik*** für den Marktwert des Unternehmens: Würde man in (24) E_1 in einen Dividendenbetrag und einen Kursbetrag zerlegen, so hätte das keinen Einfluss auf (25) und somit auch nicht auf (29).

Da das Irrelevanztheorem der Verschuldung für den Marktwert von Unternehmen für die Finanzplanung der Unternehmen von erheblicher Bedeutung ist, werden wir darauf in Kapitel 4 unter der realistischeren Annahme unsicherer Erwartungen noch einmal ausführlich zurückkommen. In den darauf folgenden Kapiteln wird es dann gelegentlich um die Erklärung und Prognose von Abweichungen von diesem Theorem gehen.

2.4 Finanzplanung bei alternativen Kapitalmarktbedingungen

2.4.1 Finanzplanung bei vollkommenem Kapitalmarkt

Man kann die im letzten Absatz vorgenommenen Ableitungen zusammenfassen und erhält einige wichtige Implikationen. Aus der Annahme eines vollkommenen Kapitalmarktes und weiteren technisch zweckmäßigen Prämissen ergeben sich folgende Aussagen.[3]

– ***Marktwertmaximierung als Basis optimaler Konsumpläne***
  Es gibt Investitionen, die zu optimalen Konsumplänen der Wirtschaftssubjekte führen. ***Die Marktwertmaximierung als präferenzfreies Investitionsziel ist***

[3] Im Grunde sind die folgenden Aussagen immer nur andere Umschreibungen oder Konsequenzen des Begriffs vollkommener Kapitalmarkt. Vgl. RUDOLPH (1983).

kompatibel mit dem Oberziel der Erreichung individuell optimaler Konsumpläne. Eine Investitionspolitik, die den Marktwert des Eigenkapitals eines Unternehmens maximiert, kommt den Interessen aller Anteilseigner entgegen (***Marktwertregel, Shareholder-Value-Maximierung***).

- ***Marktwertmaximierung im Interesse aller Anteilseigner***
  Marktwertmaximierende Entscheidungen liegen im einmütigen Interesse aller Anteilseigner (***Unanimity-Theorem***).
- ***Addierbarkeit von Marktwerten (Wertadditivität)***
  Die Summe der Marktwerte zweier Zahlungsströme ist gleich dem Wert der Summe dieser Zahlungsströme (***Wertadditivitätstheorem***).
- ***Kapitalwertregel und Investitionsplanung***
  Der Marktwert der Aktien einer Gesellschaft ist gleich der Summe der ***Kapitalwerte aller Investitionsprojekte*** einschließlich der von den Anteilseignern aufgebrachten Zahlungen (abzüglich der ausgeschütteten Dividenden). Also steigt der Marktwert des Eigenkapitals mit der Durchführung jedes Investitionsprojektes mit einem positiven Kapitalwert (***Kapitalwertregel***).
- ***Irrelevanztheorem für Finanzierungsmaßnahmen***
  Es gelten die ***Theoreme von der Irrelevanz der Kapitalstruktur- und Dividendenpolitik*** für den Marktwert der Unternehmen und den Reichtum der Aktionäre, die im folgenden Kapitel, in dem unsichere Zahlungsströme betrachtet werden, als MODIGLIANI-MILLER-Theorem bezeichnet werden. Bei sicheren Erwartungen ist der Unterschied zwischen Eigen- und Fremdkapital weitgehend definitorisch.

Zusammenfassend kann festgestellt werden, dass sich auf der Basis des vorgestellten Bewertungskonzepts die in der Unternehmenspraxis etablierte Zielsetzung der Maximierung des Shareholder Value unter bestimmten Annahmen aus einem übergeordneten Ansatz des Rationalverhaltens von Wirtschaftssubjekten auf einfache Weise ableiten lässt. Die kritische Annahme der Ableitung betrifft die des unterstellten vollkommenen Kapitalmarktes. Dagegen wird sich zeigen, dass die in diesem Kapitel getroffene Annahme sicherer Erwartungen durchaus aufgehoben werden kann, ohne dass das Resultat in grundsätzlicher Weise in Frage gestellt werden müsste.

Für die Praxis der Investitions- und Finanzplanung von Unternehmen ist natürlich die Frage von Bedeutung, ob das Bewertungskonzept seine Bedeutung ganz verliert, wenn die Annahme des vollkommenen Kapitalmarktes ganz oder in gewissem Umfang aufgehoben wird. Mit dieser Frage beschäftigt sich der nachfolgende kurze Abschnitt ebenso wie viele im weiteren Verlauf des Buchs behandelte Einzelfragen.[4]

---

[4] Vgl. zur Frage der Übertragbarkeit auch DRUKARCZYK (1999) und KOSLOWSKI (1999).

2.4.2 Finanzpolitik bei Unvollkommenheiten des Kapitalmarktes

Berücksichtigt man in den Modellansätzen der neoklassischen Finanzierungstheorie allerdings Kapitalmarktunvollkommenheiten, dann geht die Gültigkeit der abgeleiteten Vorteilhaftigkeitsregeln und Irrelevanztheoreme verloren und es lassen sich nur noch in Einzelfällen Lösungen finden, die einerseits theoretisch einwandfrei und andererseits für die Praxis von Bedeutung sind. Schon die Einbeziehung von Transaktionskosten zerstört die Gültigkeit des Separationstheorems. Die Investitionsplanung muss sich wieder an den individuellen Zielsetzungen der Wirtschaftssubjekte orientieren. Kapitalmarktunvollkommenheiten wie beispielsweise voneinander abweichende Soll- und Habenzinssätze oder Beschränkungen in den Möglichkeiten der Kapitalaufnahme führen zu Planungsproblemen, die sich bei divergierenden Zielsetzungen der Anteilseigner im Allgemeinen nicht mehr lösen lassen.

Die Bedeutung von Kapitalmarktunvollkommenheiten kann beispielsweise mit Hilfe des sog. ***HIRSHLEIFER-Modells*** gezeigt werden (vgl. HISHLEIFER 1958 und 1974). Dieses Modell wendet das oben vorgestellte FISHER-Modell auf den Fall eines beschränkten Kapitalmarktes an, der dadurch zum Ausdruck kommt, dass die Wirtschaftssubjekte für ihre Geldanlagen einen niedrigeren Zinssatz erhalten als sie bei der Geldaufnahme zahlen müssen. Damit wird erstens der Tatsache Rechnung getragen, dass die Finanzintermediäre nicht kostenlos und gewinnfrei arbeiten, und zweitens die alltägliche Erfahrung widergespiegelt, dass zwischen den Konditionen für Geldanlage- und Finanzierungsmöglichkeiten zum Teil hohe Zinsdifferenzen bestehen. In diesem Fall ist eine sog. simultane Planung erforderlich, in der in einem einheitlichen und zusammenhängenden Kalkül die optimale Investitions-, Konsum- und Finanzpolitik ermittelt werden. Die sich dabei ergebenden Schattenpreise der Restriktionen können als ***endogene Kalkulationszinsfüße*** zur Bestimmung der Vorteilhaftigkeit der Investitionsprojekte herangezogen werden. Die endogenen Kalkulationszinsfüße stehen aber erst mit dem optimalen Investitions- und Finanzierungsprogramm fest und sind kein Hilfsmittel, um Investitionsentscheidungen unabhängig von den konkreten Finanzierungsmöglichkeiten ableiten zu können.

Der in der Realität unvollkommene Kapitalmarkt wird in den ***Modellen eines unvollkommenen Kapitalmarktes*** auch durch eine andere Annahme angenähert. Als „typische" Beschreibungen eines unvollkommenen Kapitalmarktes haben sich in der Literatur neben dem beschränkten, der strikt rationierte und der schwach rationierte Kapitalmarkt herausgebildet. Als ***strikte Kapitalrationierung*** bezeichnet man die Situation, in der ein Unternehmen einen bestimmten Betrag maximal zu einem gegebenen Zinssatz beschaffen kann. Weitere Finanzierungsmittel lassen sich nicht beschaffen. Bei einer

schwachen Kapitalrationierung liegen die Finanzierungskosten umso höher, je mehr Kapital aufgenommen wird.

Die Annahme einer schwachen Kapitalrationierung liegt beispielsweise dem sog. ***DEAN-Modell eines optimalen Kapitalbudgets*** zugrunde, das das Grundmodell der simultanen Investitions- und Finanzplanung bei einem einperiodigen Planungshorizont darstellt. Bekanntlich verbietet sich im Mehrperiodenkontext eine grafische Lösung, das Problem muss formal als ***linearer Programmierungsansatz*** formuliert werden. Das ist eine Methode zur Bestimmung des Maximums einer Funktion mehrerer Variablen unter Nebenbedingungen, wobei die Zielfunktion und die Nebenbedingungen linear sind und die Nebenbedingungen als Ungleichungen formuliert werden. Als Zielwert kann man beispielsweise das Endvermögen des Investors nehmen, der durch die fortgeschriebenen Netto-Cashflows der Investitions- und Finanzierungsprojekte gebildet wird. Die Nebenbedingungen als Ungleichungen definieren sowohl für die Investitions- als auch für die Finanzierungsprojekte Ober- und Untergrenzen (Nichtnegativitätsbedingungen) der Geschäftstätigkeit.[5]

Der Ansatz kann ergänzt werden um zusätzliche Nebenbedingungen z. B. über die Verfügbarkeit von Eigenkapital oder die Ausschüttung von Dividenden in den einzelnen Perioden, um eine Nebenbedingung, die ein Mindestendvermögen im Planungshorizont sichert, oder um Ganzzahligkeitsbedingungen für die Investitionsvariablen und gegebenenfalls auch für einzelne Finanzierungsvariablen. Darüber hinaus können im sachlich technischen Bereich Interdependenzen berücksichtigt werden, dass beispielsweise ein Projekt nur durchgeführt werden kann, wenn ein anderes Projekt realisiert oder gerade nicht realisiert wird, oder wenn in einer Periode nicht alle möglichen, sondern nur eine bestimmte Anzahl von Projekten durchgeführt werden können.

Der lineare Programmierungsansatz kann prinzipiell beliebig verfeinert werden. Damit steigt allerdings auch der Komplexitätsgrad, so dass sich die Frage stellt, ob der zusätzliche Erkenntnisgewinn den zusätzlichen Aufwand rechtfertigt. Darüber hinaus muss geprüft werden, welche Funktion die Restriktionen im Finanzierungsbereich eigentlich einnehmen. Es liegt nahe, sie als Ausdruck einer Reaktion der Financiers auf die Unsicherheit ihrer Kapitalanlage zu interpretieren. Damit sind sie aber erst zu beurteilen, wenn ein Eindruck darüber besteht, welche Probleme und Lösungsansätze bei einer Investitionsplanung bei unsicheren Erwartungen gegeben sind.

Da viele in der Realität zu beobachtende Marktunvollkommenheiten als Reflex auf Unsicherheiten und Risiken gedeutet werden können, erscheint die

[5] Einfache Darstellungen des Dean-Modells im Einperiodenfall und der linearen Programmierungsansätze für den Mehrperiodenfall findet man bei SCHMIDT / TERBERGER (1996), KRUSCHWITZ (1998) und GERKE / BANK (2003).

Annahme eines unvollkommenen Kapitalmarktes bei sicheren Erwartungen technisch machbar, aber ökonomisch nicht gut begründbar. Daher soll im folgenden Kapitel 3 geklärt werden, welche Bedeutung unsichere Erwartungen für die Unternehmensbewertung und Unternehmensfinanzierung haben. Zunächst wird dabei wieder von der Annahme eines vollkommenen Kapitalmarktes ausgegangen, d. h. insbesondere eines Kapitalmarktes ohne Transaktionskosten, Steuern oder andere exogene Faktoren, die den Transaktionsfluss oder die Bewertung stören könnten. Im Weiteren werden dann Steuern und Insolvenzkosten als wichtige Transaktionskostenarten eingeführt.

Lektürevorschläge zu Kapitel 2

Das in diesem zweiten Kapitel vorgestellte Konzept der Kapitalwertsteuerung der Investitionsprojekte sowie der Marktwertbetrachtung von Unternehmen geht auf IRVING FISHER (1906, 1930 und 1932) und wird daher auch als FISHER-Modell bezeichnet. Das Modell wurde insbesondere von JACK HIRSHLEIFER (1958 und 1974) weiterentwickelt, in die Investitionstheorie eingeführt und auf den Fall eines rationierten Kapitalmarktes angewendet (sog. HIRSHLEIFER-Modell).

Die Bedeutung des Konzepts für die Investitionsplanung und die Implikationen für die Finanzpolitik werden in dem Beitrag von RUDOLPH (1983) zusammengestellt. Auch in den modernen Lehrbüchern zu Corporate Finance wie BREALEY / MYERS / ALLEN (2006), COPELAND / WESTON / SHASTRI (2005), SCHMIDT / TERBERGER (1996) ODER GERKE / BANK (2003) stellt das Konzept immer noch zu Recht die Basis für alle weiterführenden Überlegungen zur Investitions- und Finanzplanung dar. Alternative Ansätze der simultanen Investitions- und Finanzplanung bzw. Kapitalbudgetplanung werden ausführlich dargestellt in KRUSCHWITZ (1998).

Zusammenfassung

Bei Existenz eines vollkommenen Kapitalmarktes ist das intertemporale Entscheidungsproblem über die Aufteilung eines Vermögens in Konsum und Investition für jedes Wirtschaftssubjekt separierbar (Separationstheorem).

Darüber hinaus sorgt der vollkommene Kapitalmarkt dafür, dass der Wohlstand des Wirtschaftssubjektes gegenüber einer Situation, in der es ohne diese Anlage- und Verschuldungsmöglichkeiten am Kapitalmarkt disponieren müsste, steigt.

Der Individualkalkül eines Wirtschaftssubjektes kann in einfacher Weise auf die Verhältnisse in Unternehmen übertragen werden, bei denen nicht mehr das einzelne Wirtschaftssubjekt selbst als Eigentümerunternehmer die Vermögensdispositionen vornimmt, sondern beauftragte Manager die Investitions- und Finanzierungsentscheidungen häufig unter Berücksichtigung der Interessen zahlreicher Anteilseigner sowie anderer Kapitalgeber und Dritter zu treffen haben. In diesem Fall ist die Maximierung des Marktwertes des Eigenkapitals bzw. des Shareholder Value das geeignete Zielkriterium, das für alle beteiligte Wirtschaftssubjekte zu einer optimalen Lösung führt.

Schlüsselbegriffe

Annuitätenfaktor
Annuitätenmethode
Grenzrate der Substitution
Irrelevanztheorem
Kapitalbudgetplanung
Kapitalwertmethode
Konsumnutzenfunktion
Marktwert des Eigenkapitals
Marktwert des Unternehmens
Marktwertmaximierung
Separationstheorem
Shareholder Value
Transformationskurve
Vollkommener Kapitalmarkt
Wertadditionstheorem

Kapitel 3

Finanzmanagement bei technologischer Unsicherheit und vollkommenem Kapitalmarkt

In diesem Kapitel 3 werden ***einfache neoklassische Modelle*** der Bewertung von Finanztiteln bei ***unsicheren Erwartungen*** vorgestellt und diskutiert, mit deren Hilfe man die für den Fall sicherer Erwartungen erarbeiteten Ergebnisse zur Bewertung von Finanztiteln und Unternehmen auf einem vollkommenen Kapitalmarkt auf den Fall unsicherer Erwartungen übertragen kann. Unsichere Erwartungen können in verschiedener Weise erfasst werden. Hier liegt zunächst als Weiterführung des Grundmodells der Entscheidungstheorie der Umweltzustandsansatz nahe, bei dem der Entscheidungsträger davon ausgeht, dass mehrere sich gegenseitig ausschließende Umweltentwicklungen eintreten können, und er eine Vorstellung von der Wahrscheinlichkeit hat, welche Umweltentwicklung tatsächlich eintreten wird. Die Diskussion der verschiedenen Modelle wird auch zum Anlass genommen, einfache Finanztitel vorzustellen, die bei der Unternehmensfinanzierung eine Rolle spielen. Dazu werden insbesondere die Zahlungscharakteristika bzw. Cashflow-Strukturen der Finanztitel eingeführt.

Die Modelle zeigen, dass man unter geeigneten Annahmen (vollkommener und vollständiger Kapitalmarkt, ***exogen gegebene Wahrscheinlichkeitsverteilung der Umweltzustände***) die Ergebnisse der Modelle zur Bewertung von Unternehmen und Finanztiteln bei sicheren Erwartungen mit geeigneten Modifikationen nahezu vollständig auf den Fall unsicherer Erwartungen übertragen kann. Finanzpolitik bleibt ein fünftes Rad am realwirtschaftlichen Wagen der Unternehmen – die spezielle Form der Unternehmensfinanzierung schafft keinen Mehrwert – stellt keine kapitalwertpositive Investition dar.

Man spricht von neoklassischer Finanzierungstheorie, weil von den Annahmen der ***neoklassischen ökonomischen Theorie*** – beliebige Teilbarkeit von Produktionsfaktoren, sichere Erwartungen, Marktvollkommenheitsannahmen – ausgegangen wird. Die neoklassische Finanzierungstheorie legt den Grundstein für alle nachfolgenden Überlegungen, in denen einige restriktive Annahmen der neoklassischen Theorie aufgehoben werden. Die Theorie ist für jene Bereiche, in denen die Vollkommenheitsannahme zumindest approximativ gilt, auch von erheblicher praktischer Bedeutung.

Die folgende Übersicht stellt die Annahmen über Finanzierungsentscheidungen bei unsicheren Erwartungen in den weiteren Kontext von Finanzierungsentscheidungen, die in der Finanzierungstheorie ganz generell Bedeutung haben, und ordnet auf der Basis dieser Annahmen die in diesem Kapitel behandelten neoklassischen Ansätze ein.

3.1 Bewertung von Finanztiteln und Unternehmen an einem Kapitalmarkt mit risikoneutralen Anlegern (Erwartungswertansatz)

3.1.1 Barwertbildung und vollkommener Kapitalmarkt

Eine besonders einfache Methode zur Bewertung von Finanztiteln und Unternehmen ist die ***Bildung von Barwerten der Erwartungswerte der zukünftigen Cashflows*** dieser Finanztitel bzw. Unternehmen. Diese Methode macht zugleich die den nachfolgenden Modellen gemeinsame Grundidee deutlich, nämlich das ***Bewertungsprinzip der Barwertbildung***: Der Marktwert eines Finanztitels ist bei vollkommenem Kapitalmarkt auch bei unsicheren Erwartungen als Barwert der zukünftigen mit dem Finanztitel verbundenen Cashflows zu ermitteln.

In dem hier zunächst diskutierten Ansatz der Bewertung wird insoweit von dem einfachsten Fall einer solchen Bewertung ausgegangen als eine Berechnung des ***Barwertes der Erwartungswerte der zukünftigen Cashflows*** durch Diskontierung mit dem Marktzinssatz erfolgt. Die Bewertung auf der Basis der Erwartungswerte der Cashflows ist dann relevant, wenn sich alle Marktteilnehmer risikoneutral verhalten oder sehr viele Wirtschaftssubjekte am Markt teilnehmen und ein sehr kleines, aber breit diversifiziertes Portefeuille halten. ***Risikoneutralität*** impliziert, dass die Anleger Cashflows mit einem höheren Erwartungswert jenen mit einem niedrigeren Erwartungswert unabhängig von ihrem Risikogehalt immer vorziehen.[1] Andere Eigenschaften der zukünftigen unsicheren Cashflows als ihre Erwartungswerte wie zum Beispiel deren ***Streuung oder Schiefe*** bleiben ebenso ***unbeachtet*** wie möglicherweise weitergehende Eigenschaften der bewerteten Finanztitel, die diese Cashflows erzeugen (z. B. Mitwirkungsrechte bei Unternehmensentscheidungen bzw. Stimmrechte in einer Gesellschafterversammlung). Diese spielen aber auch in den anderen neoklassischen Ansätzen für die Bewertung keine Rolle.

Die Bewertung der Finanztitel erfolgt im neoklassischen Ansatz stets unter der Annahme der Existenz eines ***vollkommenen Kapitalmarktes***. Einen voll-

[1] Zu den entscheidungstheoretischen Grundlagen eines risikoneutralen Entscheidungsverhaltens vgl. die entsprechenden Abschnitte in den Lehrbüchern von BAMBERG / COENENBERG (2002) oder LAUX (2003a).

kommenen Markt gibt es natürlich in der Realität nicht. Es ist aber zunächst einmal nützlich, von verschiedenen Marktunvollkommenheiten, von denen im weiteren Verlauf des Buches einige wesentliche noch besprochen werden, zu abstrahieren, und einen für den Zweck der Bewertung in gewisser Weise idealen Kapitalmarkt zu unterstellen.

Einem ***vollkommenen Kapitalmarkt*** können folgende ***Eigenschaften*** zugeordnet werden:

- Alle Kapitalmarktteilnehmer haben gleichen ***kostenlosen Zugang*** zum Kapitalmarkt und können risikofreie Positionen zu gleichen Zinssätzen anlegen oder aufnehmen, so dass Soll- und Habenzinsen bei allen Wirtschaftssubjekten übereinstimmen. Es fallen ***keine Transaktionskosten*** an.
- Da auch ***keine Informationskosten*** anfallen, sind alle ***Kapitalmarktteilnehmer gleich gut informiert***, gehen prinzipiell von der gleichen Einteilung der Welt in Umweltzustände aus, schätzen aber die Wahrscheinlichkeitsverteilung der zukünftigen Umweltzustände nicht notwendiger Weise gleich ein.
- Die am Kapitalmarkt umlaufenden Finanztitel sind ***beliebig teilbar***, so dass von jedem Finanztitel jede gewünschte Anzahl und jeder gewünschte Anteil gekauft, gehalten, emittiert oder verkauft werden kann.
- Alle ***Kapitalmarktteilnehmer*** haben gleichen Marktzugang und betrachten die Preise der Finanztitel am Markt als von ihren eigenen Transaktionen unbeeinflusst. Die Kapitalmarktteilnehmer agieren in vollkommener Konkurrenz, das heißt, der Kapitalmarkt ist kompetitiv. Die Kapitalmarktteilnehmer verhalten sich als ***Preisnehmer*** und Mengenanpasser.
- Es ist auch sinnvoll anzunehmen, dass sich an einem vollkommenen Kapitalmarkt ***alle Marktteilnehmer rational verhalten*** und ein höheres Vermögen immer einem niedrigeren vorziehen.

Auch wenn es in der Realität keinen vollkommenen Kapitalmarkt gibt, so ist das Konzept des vollkommenen Kapitalmarktes doch geeignet, Zusammenhänge deutlich zu machen und einen Analyserahmen zu eröffnen, innerhalb dessen auch einfache quantitative Bewertungen von Unternehmen und ihren finanzwirtschaftlich relevanten Entscheidungen möglich sind. In den nachfolgenden Abschnitten dieses Kapitels 3.1 wird die risikoneutrale Bewertung anhand ***einfacher Finanztitel*** eingeführt und danach für eine zusammengefasste Palette von Finanztiteln am Beispiel der ***finanzwirtschaftlichen Bilanz*** eines Unternehmens verdeutlicht.

3.1.2 Finanztitelpreise verschiedener Cashflow-Strukturen

Im Folgenden werden einige gängige Wertpapiercharakteristika vorgestellt und es wird gezeigt, wie bei risikoneutralem Kapitalmarkt eine sehr einfache Bewertung der Titel möglich ist. Da die zunächst betrachteten Finanztitel nahezu risikofrei sind, werden die Abweichungen der berechneten von den tatsächlichen Preisen am Markt nur gering sein.

(1) Die Bewertung von Zerobonds

Der Finanztitel mit der denkbar einfachsten Cashflow-Struktur ist der ***Zerobond (Nullkuponanleihe)***. Zur Bestimmung des Wertes eines solchen Finanztitels wird zunächst davon ausgegangen, dass der zukünftige Cashflow dieses Finanztitels sicher ist. In der Realität sind nicht alle Zerobonds risikolos. Viele Zerobonds werden aber von staatlichen Stellen oder einem über jeden Zweifel erhabenen anderen Emittenten begeben, so dass es für alle Kapitalmarktteilnehmer unzweifelhaft ist, dass der Cashflow aus diesem Finanztitel bei Fälligkeit tatsächlich zufließt.

Beispiele für risikolose Zerobonds stellen am deutschen Markt insbesondere die ***Finanzierungsschätze*** der Bundesrepublik Deutschland mit Laufzeiten von 12 und 24 Monaten dar, die als Diskontpapiere emittiert werden. Bei ihrer Ausgabe wird der Nennwert mit dem jeweiligen Verkaufszinssatz abgezinst. Der Unterschied zwischen abgezinstem Ausgabebetrag und zurückgezahltem Nennwert stellt somit den Zinsertrag dar.[2]

Um den Bewertungsansatz zu verdeutlichen, betrachten wir zwei Beispielfälle. Wird am Markt ein einjähriger Finanzierungsschatz über 1.000 € mit einem Verkaufzinssatz von 4 %, also zu 960 € ausgegeben und nach einem Jahr zu 1.000 € wieder eingelöst, so ergibt das eine Rendite von

$$r_{(1)} = \frac{1.000}{960} - 1 = 4{,}1\overline{6}\,\%.$$

Wird dagegen ein zweijähriger Finanzierungsschatz über 1.000 € mit einem Nominalzinssatz von 8 % zu 920 € ausgegeben und (ohne zwischenzeitliche Zinszahlung) nach zwei Jahren zu 1.000 € wieder eingelöst, dann erzielt diese Anlage eine Rendite von

$$r_{(2)} = \sqrt{\frac{1.000}{920}} - 1 = 4{,}257...\%.$$

Der ***Bewertungsvorgang*** für Finanztitel verläuft nun formal gerade entgegengesetzt zur Renditeberechnung. Nehmen wir an, die Kapitalmarktrendite für einjährige Anlagen betrage 4,166 %. An einem vollkommenen Kapitalmarkt müssen dann alle einjährigen Finanztitel dieselbe Rendite von 4,166 % erzielen (Arbitragefreiheitsbedingung). In diesem Fall wird der Kauf- bzw. Verkaufspreis eines Finanztitels, der in einem Jahr mit 1.000 € eingelöst wird,

---

[2] Vgl. die Produktbeschreibung der Finanzierungsschätze durch die Finanzagentur der Bundesrepublik Deutschland unter http://www.deutsche-finanzagentur.de.

gerade 960 € betragen. Sinkt allerdings der Kapitalmarktzins auf 4 %, dann beträgt der Kauf- bzw. Verkaufspreis des Zerobonds 100/1,04 = 961,54 €.

Allgemein ergibt sich der Wert eines risikofreien Zerobonds mit der Laufzeit T aus

$$P_0 = \frac{Cf_T}{(1+i)^T},$$

wobei der exogen gegebene Marktzinssatz i beträgt. Für den zweijährigen Finanztitel errechnet man aus der Barwertformel bei einem Marktzinssatz i = 4 % den Marktwert $1.000/1{,}04^2$ = 924,56 €. Der Marktwert eines Zerobonds ist also der Barwert des zukünftigen Cashflows (des Einlösungsbetrages), wobei die Barwertberechnung mit dem aktuellen Marktzins erfolgt.

Das ***Prinzip der Bewertung eines sicheren Zerobonds als Barwert des zukünftigen Einlösungsbetrages*** kann auch auf den Fall eines ***unsicheren Cashflows*** übertragen werden, wenn der zukünftige Zahlungsrückfluss nicht definitiv feststeht, weil beispielsweise der Emittent bis zur Einlösung des Zerobonds zahlungsunfähig geworden sein kann. Bei der Bewertung wird nun wegen der unterstellten Risikoneutralität aller Kapitalmarktteilnehmer statt des sicheren Cashflows der Erwartungswert der ***Wahrscheinlichkeitsverteilung des Cashflows*** – ebenfalls eine sichere Größe – als Bewertungsgrundlage herangezogen und der Barwert durch Abzinsen des Erwartungswertes gebildet.

Ist i der für alle Perioden einheitliche Marktzinssatz, dann lässt sich der Barwert des Einlösungsbetrages des Cashflows Cf_T durch folgende Bewertungsformel ermitteln:

(1) $$P_0 = \frac{E(Cf_T)}{(1+i)^T}.$$

Bei risikoneutralem Kapitalmarkt ist also der Marktpreis jedes Finanztitels gleich dem Barwert des erwarteten zukünftigen Cashflows, woraus im Umkehrschluss folgt, dass am Kapitalmarkt im Gleichgewicht alle betrachteten Finanztitel eine gleich hohe erwartete Rendite in Höhe der risikofreien Verzinsung bieten müssen. Das ist zwar eine unbefriedigende Implikation, weil der Unsicherheitsgrad der Cashflows verschiedener Finanztitel bei gleichem Erwartungswert sehr unterschiedlich sein kann, folgt aber als Implikation aus dieser einfachen Annahme der Risikoneutralität.

(2) Die Bewertung von Kuponanleihen

Die häufigste Ausgestaltung festverzinslicher Wertpapiere an den Kapitalmärkten stellen nicht die von der Zahlungsstruktur her besonders einfachen Zerobonds dar, sondern die ***Kuponanleihen (Straight Bonds)*** mit jährlichen oder halbjährlichen Zins- bzw. Kuponzahlungen. Beispiele für diesen Wertpapiertyp aus dem Bereich der staatlichen Finanzierungstitel sind die fünfjährigen ***Bundesobligationen (Bobls)*** und die meist zehnjährigen ***Bundesanleihen (Bunds)*** mit jährlicher Zinsausschüttung. Da auch bei diesen Titeln praktisch kein Ausfallrisiko für die Zins- oder Tilgungszahlungen besteht, kann die Bewertung prinzipiell nach dem gleichen Muster wie die Bewertung der Zerobonds durch Barwertbildung erfolgen.

Betrachtet sei eine fünfjährige Anleihe mit einem Nominalwert von 1.000 € und einem Kupon von 4 %, deren Zahlungsstruktur wie folgt festgestellt wird:

Zahlungszeitpunkt in *t* Jahren	1	2	3	4	5
Cashflow in €	40	40	40	40	1.040

Der Barwert der dargestellten Zahlungsreihe beträgt bei einem einheitlichen Marktzinssatz von 5 %

$$P_0 = \frac{40}{1{,}05} + \frac{40}{1{,}05^2} + \frac{40}{1{,}05^3} + \frac{40}{1{,}05^4} + \frac{1.040}{1{,}05^5} = 956{,}7052\,,$$

so dass also diese Anleihe an einem vollkommenen Kapitalmarkt in $t = 0$ zu 956,71 € gekauft oder verkauft werden kann. In der Realität wird man kleinere Abweichungen erwarten müssen, weil doch Kapitalmarktunvollkommenheiten (Transaktionskosten) zu berücksichtigen sind. Im Markt für Bundestitel stellen aber die Transaktionskosten keine relevanten Größen dar, die die berechneten Werte praktisch in Frage stellen.

Läge der Marktpreis unter 956,71 €, dann würde die Nachfrage nach diesem Titel steigen, weil er für alle Kapitalmarktteilnehmer eine Rendite über dem Marktzins bietet. Die steigende Nachfrage würde dann aber zu einem Preisanstieg führen, bis der Titel schließlich wieder bei 956,71 € notieren wird. Der Grund für die Preisanpassungen sind Transaktionen, die annahmegemäß (vollkommener Kapitalmarkt) von den Marktteilnehmern ohne Behinderungen und ohne Transaktionskosten durchgeführt werden können. Die getätigten Transaktionen werden als ***Arbitragetransaktionen*** bezeichnet, sichern risikofreie Gewinnmöglichkeiten und können in verschiedenen Formen insbesondere als ***Ausgleichsarbitrage*** (gleichartige Finanztitel werden zum niedrigsten verfügbaren Preis gekauft) und als ***Differenzarbitrage*** (gleichartige Finanztitel werden auf dem Markt mit dem niedrigsten Preis gekauft und an einem anderen Markt mit einem möglichst hohen Preis verkauft) beispielsweise bei der Devisenarbitrage oder an anderen Finanzmärkten auch in der Praxis beobachtet werden.

Arbitrage bedeutet allgemein formuliert eine Transaktionsmöglichkeit, bei der ein Wirtschaftssubjekt einen sicheren Einzahlungsüberschuss erzielen kann, ohne eigene Mittel einsetzen zu müssen. Da annahmegemäß alle Kapitalmarktteilnehmer den Wert ihres Vermögens vermehren wollen, werden sich auch alle Wirtschaftssubjekte um solche Transaktionsmöglichkeiten bemühen, diese ausnutzen und damit letztlich zum Verschwinden bringen. Arbitragefrei ist ein Kapitalmarkt, wenn keine Arbitragetransaktionsmöglichkeiten mehr bestehen. Ist keine erfolgreiche Arbitrage mehr möglich, so wird der Preis des Finanztitels gerade dem Barwert der zukünftigen Cashflows entsprechen, womit am Markt ein arbitragefreier Wertansatz für den Finanztitel gefunden ist.

Wie im Fall der Zerobonds kann auch bei Kuponanleihen das ***Prinzip der Bewertung eines Finanztitels als Barwert zukünftiger Cashflows*** auf den Fall ***unsicherer Kupon- und Tilgungszahlungen*** übertragen werden, wenn also die zukünftigen Zahlungsrückflüsse der Kuponanleihe nicht definitiv feststehen. Statt der sicheren Cashflows in den einzelnen Perioden werden nun die ***Erwartungswerte der Wahrscheinlichkeitsverteilungen der zukünftigen Cashflows*** – die ebenfalls jeweils sichere Größen darstellen – zur Barwertbildung durch Abzinsen mit dem für alle Teilperioden identischen Zinssatz i herangezogen.

Für alle Finanztitel mit der stochastischen Zahlungscharakteristik Cf_1, Cf_2, Cf_T gilt die Bewertungsformel

$$(2) \qquad P_0 = \sum_{t=1}^{T} \frac{E(Cf_t)}{(1+i)^t}.$$

Gleichung (2) ist die Bewertungsgleichung der risikoneutralen Bewertung für Finanztitel mit einer beliebigen Cashflow-Struktur. Im Falle, dass die Erwartungswerte $E(Cf_t)$ für alle $t < T$ null sind und für $t = T$ der erwartete Cashflow $E(Cf_T)$ ist, folgt aus (2) die Bewertungsgleichung (1) für einen Zerobond. Im Falle der Kuponanleihe stellen die ersten T-1 Cashflows die erwarteten Zinszahlungen dar und $E(Cf_T)$ ist der erwartete Einlösungsbetrag der Anleihe im Fälligkeitszeitpunkt, der aus einer Zinszahlung und der gesamten Tilgungszahlung besteht.

Auch für Beziehung (2) gilt der bereits für die Nullkuponanleihen in Gleichung (1) formulierte Hinweis, dass wegen der risikoneutralen Bewertung im Kapitalmarktgleichgewicht alle Finanztitel eine erwartete Rendite in Höhe der risikofreien Verzinsung bieten müssen, weil Abweichungen unmittelbar

Arbitragemöglichkeiten böten, die ihrerseits zu Arbitragetransaktionen genützt würden und zu Preiskorrekturen führen müssten, bis der Marktpreis mit dem in Gleichung (2) ermittelten theoretischen Marktpreis übereinstimmt.

(3) Die Bewertung bei inhomogenen Erwartungen

Bei homogenen Erwartungen ist die Barwertformel (2) bei einer Bewertung auf der Basis der Erwartungswerte der Cashflows $E(Cf_t)$ ohne Probleme anwendbar. Geht man allerdings nicht von homogenen Erwartungen der Marktteilnehmer aus, sondern lässt bei ansonsten weiterhin vollkommenem Kapitalmarkt unterschiedliche Informationsstände der Wirtschaftssubjekte zu, dann bleibt in Formel (2) offen, durch welche Marktteilnehmer eigentlich der Erwartungswert der Cashflows geprägt wird. Am Markt können je nach Informationslage ganz unterschiedliche Vorstellungen über die zukünftigen Cashflows des Finanztitels herrschen. Jeder Marktteilnehmer wird daher seine eigenen Schätzungen in die Formel einbringen und den berechneten subjektiven Wert, soweit möglich, mit dem am Markt notierten Preis des Finanztitels vergleichen.

Der Vergleich der eigenen Wertvorstellungen mit dem aktuellen Marktpreis entspricht der in der Anlagepraxis gängigen ***Fundamentalanalyse***.[3] Diese ist insbesondere dann von Bedeutung, wenn über die zukünftigen Cashflows eines Finanztitels und das den Finanztitel emittierende Unternehmen erhebliche Unsicherheit besteht. Führt die eigene Berechnung des Barwertes auf der Basis von (2) zu einem Wertansatz unter dem aktuellen Marktpreis, dann gilt das Wertpapier für diesen Marktteilnehmer als überbewertet und wird daher auf die Verkaufsliste gesetzt. Umgekehrt nennt man ein Wertpapier mit einem berechneten Wert, der über dem aktuellen Marktpreis liegt, als unterbewertet und hält es für kaufwürdig. Die aus der Fundamentalanalyse abgeleiteten Kauf- oder Verkaufsempfehlungen führen natürlich nur dann zu sachgerechten Entscheidungen, wenn die berechneten Werte letztlich die Wirklichkeit besser beschreiben als die Marktpreise. Diese sehr elitäre Annahme für den einzelnen Anleger kann nicht für alle Marktteilnehmer gültig sein, so dass Kauf- und Verkaufsempfehlungen auf der Basis von Fundamentalanalysen nicht unproblematisch sind.

Eine vielfach von Finanzanalysten genutzte andere Möglichkeit der Abschätzung zukünftig erwarteter Cashflows ist der Rückgriff auf bereits realisierte Daten. Beispielsweise kann man bei Dividendenwerten die Dividenden-

[3] Der Fundamentalanalyse wird im Wertpapiermanagement typischerweise die Technische Analyse – insbesondere Chartanalyse – gegenübergestellt. Die Technische Analyse kann in dem hier betrachteten Kontext als Ausprägungsform der relativen Bewertung gedeutet werden, weil Preisvergleiche im Zeitablauf mit anderen Wertpapieren sowie mit Wertpapierindizes im Mittelpunkt der Betrachtung stehen.

zahlungen der vergangenen Periode als Indikator für die zukünftigen Cashflows Cf_t nehmen oder man kann etwa bei ausfallbedrohten Anleihen die vereinbarten Zins- und Tilgungszahlungen je nach dem Unsicherheitsgrad (Rating) um einen Abschlag vermindern. Mit dieser Vorgehensweise ist eine sehr einfache und theoretisch überzeugende Bewertungsmöglichkeit gegeben.

Alle ***Bewertungen nach dem Barwertprinzip*** beruhen auf einem Arbitrageansatz. Arbitrageargumente begründen neben dem Barwertprinzip aber auch eine andere Vorgehensweise der Bewertung in der Praxis, nämlich die sog. ***relative Bewertung.*** Bei dieser Bewertungsmethode wird der Wert eines Finanztitels nicht fundamental aus seinen Charakteristika abgeleitet, sondern aus einem direkten Vergleich mit anderen Vermögensgegenständen (z. B. einem Haus in ähnlicher Lage oder ähnlicher Größe) oder anderen Finanztiteln (z. B. einer anderen an der Börse notierten Aktie aus der gleichen Branche). Man spricht von einer Bewertung nach dem ***Multiplikatorenmodell (Bewertung mit Multiples)***.

3.1.3 Bewertung bei nicht flacher Zinskurve

(1) Typische Verläufe von Zinskurven

Das vorgestellte Bewertungsprinzip der Barwertbildung gilt nicht nur bei einem für alle Laufzeiten einheitlichen Marktzinssatz von beispielsweise 5 %, sondern auch bei ***laufzeitabhängigen Zinssätzen***, wenn beispielsweise Zerobonds über eine Periode zu 5 % und zur selben Zeit Zerobonds über zwei Perioden mit 6 % rentieren. In diesem Fall gelten unterschiedliche periodenspezifische Zinssätze, die durch die ***Zerobond-Spotrates*** beschrieben werden. Die Summe der zu einem bestimmten Zeitpunkt an einem Markt geltenden Zerobond-Spotrates charakterisiert die Zinsstruktur und deren grafisches Bild, das als Zinskurve bezeichnet wird.

Als ***normal*** gilt eine ***Zinskurve***, wenn längere Laufzeiten mit höheren Zinssätzen verbunden sind (steigende Zinskurve). Als ***invers*** gilt eine Zinskurve, bei der längere Laufzeiten mit niedrigeren Zinsen verbunden sind. Bei normaler Zinskurve werden die weiter in der Zukunft liegenden Cashflows mit einem höheren Zinssatz abgezinst als die früher anfallenden Cashflows. Bei inverser Zinskurve nehmen die als Diskontfaktoren verwendeten Zerobond-Spotrates mit wachsender Zeitspanne ab. Man kann also unterscheiden in

- steigende ***(normale) Zinskurven***, wenn längerfristige Anlagen mit einem höheren Zinssatz versehen sind als kurzfristige,
- fallende ***(inverse) Zinskurven***, wenn kürzerfristige Anlagen einen höheren Zinssatz erbringen als langfristige und
- ***flache Zinskurven***, wenn Anlagen aller Laufzeiten denselben Zinssatz tragen.

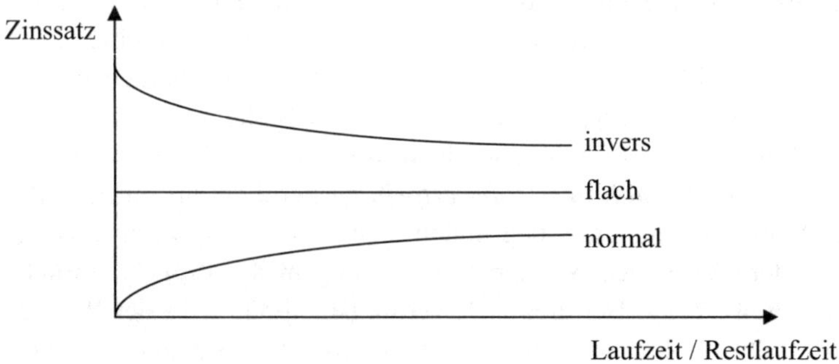

Abb. 3.1: Idealtypische Zinskurvenverläufe

Empirisch lassen sich Zusammenhänge zwischen dem Verlauf der Zinsstrukturkurven und der konjunkturellen Situation feststellen. Eine steigende Zinskurve kommt häufig bei niedrigem Zinsniveau vor, das typisch ist für niedrige Inflationsraten und mäßiges Wirtschaftswachstum. Fallende Zinskurven findet man dagegen eher bei hohen Zinsen vor einem Konjunkturrückschlag.

Neben den drei skizzierten Grundtypen von Zinskurven gibt es komplexere Strukturen, die hier aber nicht behandelt werden sollen. ***Nicht flache Zinskurven müssen kein Ausdruck von Kapitalmarktunvollkommenheiten sein.*** Bei der Bewertung von Finanztiteln kann man mit nicht flachen Zinskurven ebenso arbeiten wie mit flachen, so dass alle bisher getroffenen Aussagen über Anlagekriterien entsprechend in modifizierter Form auch für nicht flache Zinskurven gelten.[4]

(2) Laufzeitzinssätze und Terminzinssätze

Analytisch kann eine Zinsstruktur über das Spektrum der Laufzeitzinssätze oder der Terminzinssätze beschrieben werden. Man unterscheidet

den **Laufzeitzinssatz**	R_t (Zerobond-Spotrate) als Marktzinssatz für Anlagen von $\tau = 0$ bis zum Zeitpunkt $\tau = t$ ohne zwischenzeitliche Entnahmen oder Neuanlagen und
den **Terminzinssatz**	r_t (Forward Rate) für die Periode t als Marktzinssatz für Anlagen von $\tau = t$-1 bis $\tau = t$.

[4] Zum Begriff und der Darstellung einer Zinsstruktur vgl. WILHELM (2001).

Der Terminzinssatz r_t kann an einem Terminmarkt bestimmt sein (Forward Rate) oder als Zinssatz für die Periode t aus den gegenwärtigen Laufzeitzinssätzen rechnerisch bestimmt werden (***Implied Forward Rate***).

Als Fristigkeitsstruktur der Zinssätze (Terminstruktur der Zinssätze; Term Structure of Interest Rates) bezeichnet man die Menge aller in einem bestimmten Zeitpunkt geltenden effektiven Zinssätze für festverzinsliche Wertpapiere, die sich nur durch ihre Restlaufzeiten unterscheiden.[5]

(3) Implizite Berechnung der Terminzinssätze

Auch ohne Terminmarkt bzw. Terminbörse kann man die Terminzinssätze aus den Zinssätzen für längerfristige Anlagen ableiten, weil die Terminzinssätze in den längerfristigen Laufzeitzinssätzen implizit enthalten sind (Implied Forward Rates). Der langfristige Laufzeitzinssatz wird dabei als geometrisches Mittel des Zinssatzes der ersten Periode und der zukünftigen Einperiodenterminzinssätze dargestellt.

Bezeichnet $R_1 = r_1$ den Laufzeitzinssatz für die erste Periode,
R_2 den Laufzeitzinssatz für zwei Perioden,
R_3 den Laufzeitzinssatz für drei Perioden usw.,

dann gilt:

$$(1+R_2)^2 = (1+R_1)(1+r_2) \quad \text{und}$$
$$(1+R_3)^3 = (1+R_1)(1+r_2)(1+r_3),$$

d. h. allgemein

$$(1+R_t)^t = \prod_{\tau=1}^{t}(1+r_\tau)$$

und daher

$$(3) \qquad R_t = \sqrt[t]{\prod_{\tau=1}^{t}(1+r_\tau)} - 1.$$

[5] Terminzinssätze werden beispielsweise an der Eurex notiert. Die Eurex ist eine 1998 aus der Deutschen Terminbörse DTB hervorgegangene Tochtergesellschaft der Deutschen Börse, die sich auf die Entwicklung und den Handel mit Optionen und Futures spezialisiert hat. Neben Terminprodukten auf Aktien und Kapitalmarktprodukten bietet die Eurex beispielsweise Euro-Geldmarktinstrumente wie den Einmonats-Euribor-Future oder den Dreimonats-Euribor-Future an, mit deren Hilfe man sich kurzfristige Zinsen am Euro-Geldmarkt sichern kann, die erst in einem Monat bzw. in drei Monaten angelegt bzw. aufgenommen werden.

Soll der dargestellte Zusammenhang für konkrete Finanztitel verifiziert werden, so sind Nullkuponanleihen heranzuziehen, da bei diesen Titeln der Erfolg der Anlage durch die Spotrates vollständig charakterisiert ist.

Beispiel: Am Markt gelte für einjährige Zerobonds ein Zinssatz von $R_1 = r_1 = 6\,\%$ und für zweijährige Zerobonds ein Zinssatz $R_2 = 7\,\%$. Diese Konstellation impliziert einen für die zweite Periode geltenden Terminzinssatz r_2, der sich aus $(1 + R_1)\,(1 + r_2) = (1 + R_2)^2$ durch Auflösung nach r_2 errechnen lässt.

Die **Arbitrage** erzwingt nämlich, dass beide „Anlagewege" zum gleichen Endvermögen führen müssen. Daher folgt für das Beispiel

$$r_2 = \frac{(1+R_2)^2}{(1+R_1)} - 1 = \frac{1{,}07^2}{1{,}06} - 1 = 8{,}0094\ \%\,.$$

Auf der Basis der in $t = 0$ verfügbaren Informationen gelten also folgende Zinssätze:

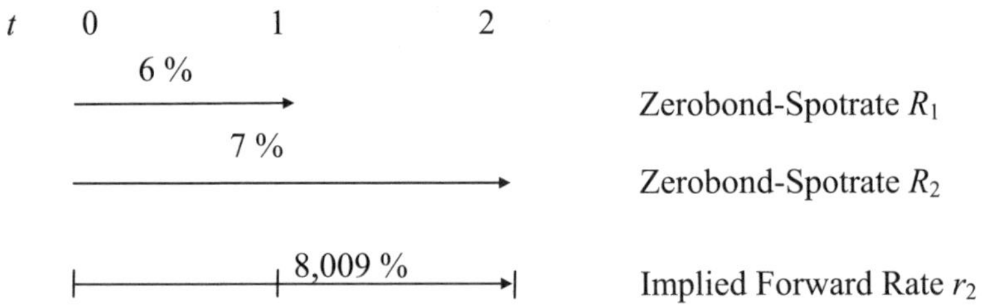

Die Bewertung ***eines Finanztitels als Barwert zukünftiger Cashflows*** kann auch ***bei nicht flacher Zinskurve*** auf den Fall ***unsicherer Cashflows*** übertragen werden, wenn wie im Fall risikobehafteter Anleihen oder bei Eigenkapitaltiteln die zukünftigen Zahlungsrückflüsse des Finanztitels nicht definitiv feststehen.

Im Falle der risikoneutralen Bewertung wird statt der sicheren Cashflows der ***Erwartungswert der Wahrscheinlichkeitsverteilung der Cashflows*** als Bewertungsgrundlage herangezogen und der Barwert P_0 durch Abzinsen der Erwartungswerte mit dem für alle Teilperioden identischen Zinssatz bzw. mit den unterschiedlichen Periodenzinssätzen berechnet. Im Fall einer nicht flachen Zinskurve für Finanztitel mit der allgemeinen Zahlungscharakteristik Cf_1, Cf_2, ... Cf_T gilt dann die Bewertungsformel

$$(4) \qquad P_0 = \sum_{t=1}^{T} \frac{E(Cf_t)}{(1+R_t)^t} = \sum_{t=1}^{T} \frac{E(Cf_t)}{\prod_{\tau=1}^{t}(1+r_\tau)}\,,$$

wobei R_t die Zerobond-Spotrates für Kapitalmarktanlagen über t Perioden und alternativ r_t die Forward Rates für die Periode t darstellen. Bei vollkommenem Kapitalmarkt müssen beide Berechnungswege zum gleichen Ergebnis führen.

3.1.4 Finanzwirtschaftliche Bilanz und Unternehmensbewertung

Neben der Bewertung einzelner Finanztitel kann das Arbitrageprinzip auf Portefeuilles von Finanzierungstiteln und auch auf Gesamtheiten von Finanzierungstiteln angewandt werden, die von den Unternehmen zur Finanzierung ihrer Investitionen emittiert werden. Dazu werden die Cashflows wie die Barwerte der Wertpapiere durch Addition zu den Cashflows bzw. Barwerten der Portefeuilles bzw. des Unternehmens aufaddiert. Eine anschauliche Darstellungsform für die Barwertzusammenstellung von Gesamtheiten von Finanzierungstiteln bei einer einperiodigen Betrachtung stellt die ***finanzwirtschaftliche Bilanz eines Unternehmens*** dar.

Im folgenden Beispiel einer finanzwirtschaftlichen Bilanz sind die zukünftigen Marktwerte der ***Vermögensgegenstände AV*** und ***UV*** als mögliche Cashflows in $t=1$ in zwei Umweltzuständen erfasst, und es sind zusätzlich die jeweiligen Erwartungswerte der zukünftigen Cashflows notiert. Natürlich ließen sich mehr als zwei Umweltzustände berücksichtigen und auch die Anzahl der betrachteten Cashflows muss nicht wie in diesem Beispiel auf zwei Vermögensobjekte begrenzt sein. Um den Grundansatz deutlich zu machen, reicht aber ein Beispiel, das nur mit zwei möglichen Umweltzuständen arbeitet. Wegen der Haftungsrangfolge der Eigen- und Fremdmittel muss man nämlich bei der Ermittlung des Wertes des Eigen- und des Fremdkapitals auf die Zahlungsströme in den beiden Umweltzuständen abstellen und kann nicht mit den Erwartungswerten arbeiten.

Die zusammengefassten Cashflows aller Vermögensgegenstände werden in den beiden Umweltzuständen wegen der gesetzlichen ***Haftungsrangfolge*** der Finanzierungsmittel zunächst den Fremdkapitalgebern und nur der verbleibende Restbetrag den Eigenkapitalgebern zugeordnet. Risikoabschläge oder ähnliche Korrekturen werden wegen der angenommenen Risikoneutralität der Marktteilnehmer nicht vorgenommen. Andere Abschläge entfallen wegen der Annahme eines vollkommenen Kapitalmarktes.

Im Beispiel der nachfolgenden Abbildung wird angenommen, dass die Fremdkapitalgeber aufgrund früher abgeschlossener Kreditverträge in $t=1$ über einen ***kontraktbestimmten Anspruch*** an das Unternehmen in Höhe von $FKA1$ = 600 verfügen. Aus den insgesamt erzielbaren Cashflows aus den Vermögensgegenständen AV und UV müssen zunächst diese Ansprüche der Fremdkapitalgeber $FKA1$ bedient werden, bevor der Restbetrag an die Eigenkapitalgeber ausgeschüttet wird. Die ***finanzwirtschaftliche Bilanz*** soll die

Marktwerte des Vermögens sowie die Marktwerte des Eigen- und Fremdkapitals bei dem vorgegebenen Fremdkapitalanspruch ausweisen.

Finanzwirtschaftliche Bilanz in $t = 1$ ($FKA1 = 600$)

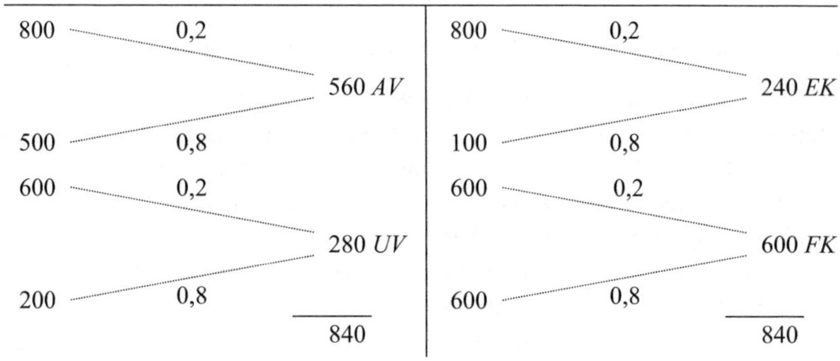

Abb. 3.2: Finanzwirtschaftliche Bilanz bei unsicheren Erwartungen

Das ***Fremdkapital*** stellt sich in dem hier betrachteten Beispiel als ***sichere*** Position dar. Unabhängig vom eintretenden Umweltzustand kann das gesamte Fremdkapital einschließlich Zinsen, nämlich $FKA1 = 600$ vollständig bedient werden. Der ***Marktwert des Fremdkapitals*** in $t = 1$ beträgt daher 600 und sein Barwert in $t = 0$ gerade $600/(1+i)$, wenn i der risikofreie Zinssatz am Kapitalmarkt ist. Der erwartete Marktwert des Eigenkapitals in $t = 1$ kann durch Differenzbildung aus dem Marktwert des Vermögens und dem Marktwert des Fremdkapitals als Differenzbetrag bestimmt werden und beträgt 240, so dass der Marktwert in $t = 0$ gerade $240/(1+i)$ beträgt.

Die ***finanzwirtschaftliche Bilanz*** stellt als marktwertorientierte Variante des ***Bilanzbildes eines Unternehmens*** eine anschauliche Form der Ableitung der Positionen der Eigen- und Fremdkapitalgeber aus den Cashflows der Vermögensgegenstände eines Unternehmens dar. Diese Darstellungsform verliert immer dann an Aussagegehalt, wenn der Wert des Unternehmens über den Wert seiner liquidierbaren Vermögensgegenstände hinausgeht, weil sich das Unternehmen nicht in der Liquidation befindet. Diese Begrenzung erscheint allerdings unkritisch, wenn unterstellt wird, dass das Unternehmen nur eine Restlebensdauer von einem Jahr aufweist, oder wenn die Verteilung der gesamten Cashflows des Unternehmens bekannt ist. Jedenfalls verdeutlicht die finanzwirtschaftliche Bilanz, wie sich aus den umweltzustandsabhängigen Cashflows des Unternehmens unter Berücksichtigung der Haftungsrangfolge die Cashflowansprüche der Eigen- und Fremdkapitalgeber ableiten lassen.

Man kann die finanzwirtschaftliche Bilanz dazu benutzen, den Einfluss einer höheren Verschuldung auf den Marktwert des Unternehmens zu untersuchen. Für diese Frage ist es im Einperiodenfall unkritisch, ob immaterielle Vermögensgegenstände bzw. der Goodwill des Unternehmens berücksichtigt werden sollen oder nicht, solange die Wertansätze des Vermögens nicht ihrerseits von der Kapitalstruktur abhängig sind.

Betrachtet sei eine Erhöhung des ausstehenden Fremdkapitals in $t=1$: *FKA*1 von 600 auf 800, so dass das Fremdkapital in einem der beiden Umweltzustände einen Ausfall zu verzeichnen hat (vgl. Abb. 3.3). Die Kalkulation der Marktwerte des Eigen- und Fremdkapitals zeigt, dass der Marktwert des Fremdkapitals gestiegen ist und das Fremdkapital nun folglich ein Ausfallrisiko trägt. Der um 200 erhöhte Anspruch der Gläubiger führt zu einer Marktwerterhöhung des Fremdkapitals in $t=1$ um 120 bei einer Verminderung des Marktwertes des Eigenkapitals um 120. Die ***Summe aus Eigen- und Fremdkapital zeigt aber unabhängig vom Verschuldungsgrad einen konstanten Wert***, nämlich den Marktwert des Unternehmens in Höhe von 840. Die Marktwerte in $t=0$ erhält man, indem man die erwarteten Cashflows in $t=1$ auf den heutigen Zeitpunkt $t=0$ abzinst.

Finanzwirtschaftliche Bilanz in $t = 1$ (*FKA* 1 = 800)

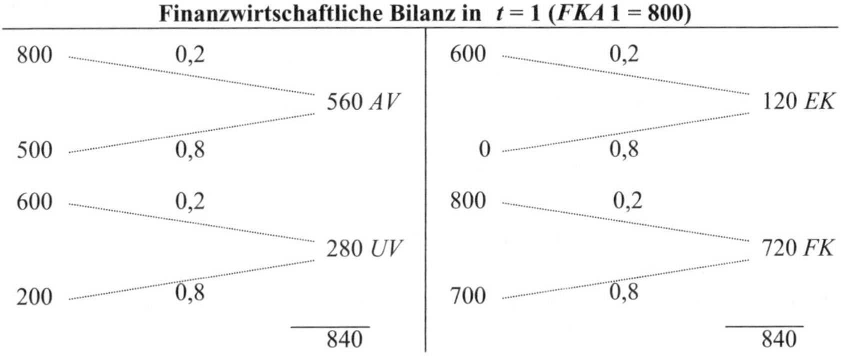

Abb. 3.3: Finanzwirtschaftliche Bilanz bei Ausfallrisiko der Kreditposition

Das Beispiel zeigt, dass sich durch die Neuverteilung der Ansprüche auf die Eigen- und Fremdkapitalgeber der ***Marktwert des Unternehmens*** von 840 insgesamt nicht verändert hat, obwohl nun das ***Fremdkapital mit einem Ausfallrisiko*** behaftet ist. Diese hier anhand der finanzwirtschaftlichen Bilanz illustrierte Überlegung entspricht im Übrigen der wichtigen Aussage des ***Irrelevanztheorems der Verschuldung*** für den Marktwert des Unternehmens bei vollkommenem Kapitalmarkt, die erstmals in der Arbeit von MODIGLIANI und MILLER (1958) auf der Basis des Risikoklassenkonzepts bewiesen wurde.[6]

3.2 Der Umweltzustands-Präferenzansatz (State-Preference-Ansatz)

3.2.1 Die Grundidee des Umweltzustands-Präferenzansatzes

Der nachfolgende Bewertungsansatz unterscheidet sich von dem gerade skizzierten Ansatz der risikoneutralen Bewertung dadurch, dass für die Kapitalmarktteilnehmer unterschiedliche Risikoeinstellungen zugelassen werden. Für den Fall, dass alle Kapitalmarktteilnehmer (zufällig) risikoneutral sind, gilt wieder das in 3.1 vorgestellte Erwartungswertmodell, das sich also als Spezialfall des jetzt vorzustellenden Umweltzustands-Präferenzansatzes darstellen lässt.

(1) Bewertung bei Risikoaversion der Anleger

Eine ***Bewertung*** unsicherer Zahlungsströme auf der Basis von Erwartungswerten der zukünftigen Cashflows stellt dann eine zu große Vereinfachung dar, wenn die Anleger das Risiko möglicher Abweichung zukünftiger Zins- und Tilgungszahlungen bzw. Dividendenzahlungen und zukünftiger Kurse von ihren erwarteten Werten bei ihrer Bewertung tatsächlich berücksichtigen. Man kann sogar davon ausgehen, dass sich viele Anleger typischerweise ausgeprägt risikoscheu verhalten, was sich darin zeigt, dass sie ihr Vermögen nicht nur in das Wertpapier mit der erwarteten höchsten Verzinsung investieren, sondern ein breit gestreutes Portefeuille von Finanztiteln halten, um ihre Vermögensanlagen zu diversifizieren. Es gilt nun, auch für diesen realistischeren Fall eines ***risikoaversen Entscheidungsverhaltens*** der Marktteilnehmer eine Bewertung der Finanztitel vorzunehmen.

Eine Schwierigkeit bei der Lösung dieses Problems besteht darin, dass der Grad der Risikoaversion darüber hinaus von Anleger zu Anleger verschieden sein dürfte und dabei die Risikoaversion des einzelnen Wirtschaftssubjektes nur schwer messbar ist. Daher wird eine direkte Bewertung kaum möglich sein, wenn mehrere bzw. sogar viele Marktteilnehmer berücksichtigt werden

[6] MODIGLIANI UND MILLER (1958) haben das Theorem der Irrelevanz der Verschuldung für den Marktwert des Unternehmens bei vollkommenem Kapitalmarkt im Rahmen des Risikoklassenkonzepts gezeigt, das hier aber nicht weiter vorgestellt wird. Kurz gesagt postuliert dieses Modell eine Wertgleichheit aller Zahlungsströme des gleichen Unsicherheitsgrades. Zwei Cashflowströme sind der gleichen Risikoklasse zugeordnet, wenn sich die zufälligen Cashflows des einen Unternehmens als vielfaches der Cashflows des anderen Unternehmens darstellen lassen.

müssen. Die Existenz und das Handeln vieler Anleger am Markt ist aber gerade eine wichtige Voraussetzung für die unterstellte Vollkommenheit des Kapitalmarktes, da sonst das Handeln der einzelnen Marktteilnehmer die Preise verändern würde. Der Umweltzustands-Präferenzansatz bietet eine einfache Möglichkeit, um für dieses Problem dennoch eine Lösung zu finden und damit trotz mangelnder Kenntnis der subjektiven Risikoaversion der Marktteilnehmer eine Bewertung vornehmen zu können.

(2) Zerlegung der Umweltentwicklung in Umweltzustände

Der Umweltzustands-Präferenzansatz unterstellt, dass sich die Umweltentwicklung in eine Reihe möglicher, sich gegenseitig ausschließender Realisationen von Umweltzuständen (States of Nature) zerlegen lässt. Man kann sich prinzipiell eine unendliche Anzahl von Umweltzuständen vorstellen, was aber die Analyse technisch etwas erschwert. Daher wird von einer endlichen Anzahl S möglicher Umweltzustände ausgegangen. Wie bei der Bewertung der Finanztitel auf Basis der Erwartungswerte der Cashflows geht auch der Umweltzustands-Präferenzansatz davon aus, dass die ***Unsicherheit in der Wirtschaft in der Unsicherheit über das Eintreten der möglichen Umweltzustände begründet*** ist. Den Marktteilnehmern ist unbekannt, welcher der denkbaren Umweltzustände s eintreten wird. Sie bilden sich aber ein Wahrscheinlichkeitsurteil über den Eintritt der Umweltzustände. Die Marktteilnehmer können ***unterschiedliche Erwartungen (Eintrittswahrscheinlichkeiten) über den Eintritt einzelner Umweltzustände*** haben. Die Umweltzustände können in unterschiedlichen zukünftigen Zeitpunkten eintreten. Davon abstrahieren wir aber im Folgenden der Einfachheit halber und gehen wie in den vorausgegangenen Ansätzen von einem Zweiperioden-Modell aus, so dass der Umweltzustand in der Periode 1 sicher bekannt und der Umweltzustand in Periode 2 noch unbekannt ist.

Die ***Wirtschaftssubjekte*** verfügen über ***hinreichende Informationen***, um die mit den gehandelten Finanzierungstiteln ***zustandsabhängigen Cashflows*** in Periode 1 verbinden zu können. Allgemein definieren ***Finanzierungstitel*** (Finanztitel, Wertpapiere) für jeden denkbaren Umweltzustand s ($s = 1, 2, ..., S$) einen bestimmten Cashflow Cf_s. Steht der Umweltzustand s fest, dann ist auch der Cashflow des Finanztitels Cf_s mit Sicherheit bekannt.

Im folgenden Beispiel wird von einer Umweltentwicklung mit vier möglichen Umweltzuständen ausgegangen. Am Kapitalmarkt werden zunächst nur die beiden Finanzierungstitel 1 und 2 gehandelt, deren Zahlungsströme Cf_{1s} und Cf_{2s} zustandsabhängig bekannt sind.

		Umweltzustand s	1	2	3	4
Finanztitel	1	Cf_{1s}	120	120	120	40
	2	Cf_{2s}	40	160	120	40

Abb. 3.4: Zustandsabhängige Cashflows der Finanztitel 1 und 2

Im Beispiel der Abbildung 3.4 kann man Finanztitel 1 als Kreditposition interpretieren, da in drei Umweltzuständen die gleichen, hohen Zahlungen erfolgen (Verzinsung und Tilgung), während im Umweltzustand 4, der für das Eintreten einer Rezession stehen könnte, nur ein Teil der Zahlung geleistet wird. Finanztitel 2 könnte eine Aktie darstellen, die je nach eingetretenem Umweltzustand eine unterschiedliche Wertentwicklung erfährt.

(3) Bewertung der Positionen mit Hilfe von Zustandspreisen

Im Rahmen des Umweltzustands-Präferenzansatzes erfolgt die Bewertung der Finanztitel mit Hilfe von **Zustandspreisen P_s**. Zustandpreise sind durch die betrachtete Transaktion nicht beeinflussbare Marktpreise, die in $t = 0$ am Kapitalmarkt für solche Cashflows bezahlt werden, die nur in einem einzigen zukünftigen Umweltzustand s gerade 1 Euro erbringen und in allen anderen Zuständen keinen Zahlungsstrom auslösen. Solche Finanztitel, die auch als **elementare Wertpapiere** bezeichnet werden, gibt es an realen Kapitalmärkten zwar nicht, sie lassen sich aber leicht konstruieren. Darüber hinaus lassen sie sich bewerten, weil sich ihre Marktpreise, wie im nachfolgenden Abschnitt 3.2.2 gezeigt wird, unter bestimmten Bedingungen aus den Marktpreisen realer Finanztitel ableiten lassen. In diesem Abschnitt wird zunächst vorausgesetzt, dass sie bereits bekannt sind. Im Beispiel sollen folgende Preise für die vier möglichen elementaren Wertpapiere gelten.

Zahlung von 1 € im Umweltzustand s	1	2	3	4
Zustandspreis P_s	0,3636...	0,2727...	0,1818...	0,0909...

Abb. 3.5: Zustandspreise der elementaren Wertpapiere

Abbildung 3.5 weist aus, dass im betrachteten Beispiel der Anspruch auf die Zahlung eines Euro in $t = 1$ im ersten Umweltzustand 36,3636... Cent und der Anspruch auf die Zahlung eines Euro im zweiten Umweltzustand 27,2727...

Cent kostet. Mit Hilfe der in der Tabelle aufgelisteten Zustandspreise kann man nun den Wert (Marktpreis) der Kreditposition 1 ebenso wie den der Aktienposition 2 der Abbildung 3.4 berechnen, indem man die bekannten Cashflows der Umweltzustände mit den in Abbildung 3.5 angegebenen Umweltzustandspreisen multipliziert und über alle Umweltzustände addiert. Auf diese Weise erhält man für den Finanztitel 1

$$P_{Finanztitel\,1} = 120 \cdot (0{,}36 + 0{,}27 + 0{,}18) + 40 \cdot 0{,}09 \qquad = 101{,}82\ €$$

und für den Preis der Aktienposition 2

$$P_{Finanztitel\,2} = 40 \cdot 0{,}36 + 160 \cdot 0{,}27 + 120 \cdot 0{,}18 + 40 \cdot 0{,}09 = \ 83{,}64\ €.$$

Bei anderen Preisen für die beiden Finanztitel würde es sich für die Marktteilnehmer lohnen, beliebig viele Titel zu kaufen (im Fall der Unterbewertung) und den Kauf durch den Verkauf der elementaren Finanztitel zu finanzieren bzw. die Finanztitel leer zu verkaufen (im Fall der Überbewertung) und den erzielten Betrag in elementare Finanztitel zu investieren. Der Kapitalmarkt ist mit den berechneten Finanztitelpreisen also ***arbitragefrei***.

3.2.2 Elementare Wertpapiere als Bewertungsgrundlage

Wie gezeigt ist es im Umweltzustands-Präferenzmodell möglich, mit Hilfe eines einfachen „Tricks“ das neoklassische Verfahren der Bewertung bei Sicherheit auf den Fall unsicherer Erwartungen zu übertragen, nämlich mit Hilfe der Zustandspreise. Diese ***Zustandspreise*** resultieren aus dem ***Konzept der elementaren, reinen oder primitiven Wertpapiere.*** Elementare Wertpapiere werden auch als ***ARROW-DEBREU-Wertpapiere*** bezeichnet, weil die beiden Nobelpreisträger ARROW und DEBREU den Umweltzustands-Präferenzansatz erstmals entwickelt und angewandt haben.

(1) Das Konzept primitiver oder elementarer Wertpapiere

Ein elementares Wertpapier zeichnet sich – wie gesagt – dadurch aus, dass im zukünftigen Umweltzustand $t = 1$ eine Zahlung von 1 Euro erfolgt, sofern ein bestimmter Zustand eintritt, und sonst keine Zahlung (ähnlich wie bei einer Lotterie). Der Preis für eine Ausschüttung von 1 Euro im Zustand 1 beträgt z. B. in dem angeführten Beispiel $P_1 = 0{,}3636$.

In diese ***Bewertung*** ist die ***Wahrscheinlichkeit*** eingegangen, mit der das Eintreten des Umweltzustandes 1 vom Markt erwartet wird, aber auch die Bewertung der Marktteilnehmer, gerade im Zustand 1 eine Zahlung von 1 Euro zu erhalten. Schließlich ist die Bewertung von der ***Zeitpräferenz*** der Marktteilnehmer für Cashflows in $t = 0$ und $t = 1$ abhängig. Die Bewertungsparameter müssen aber zur Anwendung des Ansatzes nicht bekannt sein. Bekannt sein oder berechnet werden können müssen nur die umweltzustandabhängigen Preise der elementaren Wertpapiere.

An einem ***Kapitalmarkt*** mit homogenen Erwartungen, an dem alle Marktteilnehmer ***risikoneutral*** wären, würden die aufgezinsten ***Zustandspreise*** den ***Eintrittswahrscheinlichkeiten*** für die Umweltzustände entsprechen, die sich über alle Umweltzustände zu 1 addieren. Bei der hier unterstellten ***Risikoaversion*** der Kapitalmarktteilnehmer weichen die auf $t = 1$ aufgezinsten Zustandspreise aber im Allgemeinen von den Eintrittswahrscheinlichkeiten der Umweltzustände ab.

(2) Der Wertansatz realer Wertpapiere

Bei vollkommenem Kapitalmarkt lassen sich alle ***typischen realen Finanztitel*** als ***Linearkombinationen elementarer Wertpapiere*** darstellen. Reale Wertpapiere sind durch eine bestimmte Cashflow-Struktur, d. h. eine Zahlung in jedem denkbaren Umweltzustand charakterisiert. Die Komplexität realer Wertpapiere ist unterschiedlich. Manche Wertpapiere weisen für viele Umweltzustände unterschiedliche Zahlungsströme auf (wie z. B. Eigenkapitaltitel), andere Wertpapiere bieten in jedem Umweltzustand denselben Cashflow (z. B. eine risikofreie festverzinsliche Anleihe) oder in mehreren Umweltzuständen denselben Cashflow (z. B. ein Kredit).

Der Wert eines realen Finanztitels i bestimmt sich als Summe der mit den Preisen für die elementaren Wertpapiere P_s in den einzelnen Umweltzuständen s gewichteten Cashflows Cf_{is} des Finanztitels

(5) $$P_{0i} = P_1 Cf_{i1} + P_2 Cf_{i2} + ... + P_S Cf_{iS} = \sum_{s=1}^{S} P_s Cf_{is} .$$

Wie im Fall der risikoneutralen Bewertung lassen sich die Cashflows Cf_s und Preise P_{0i} der verschiedenen Finanztitel zu den Marktwerten zusammengesetzter Finanztitel, von Portefeuilles und von Vermögensgesamtheiten (Unternehmen) linear kombinieren.

(3) Berechnung der Zustandspreise aus realen Wertpapieren

Oben wurde bereits darauf hingewiesen, dass sich die Zustandspreise gegebenenfalls aus den üblichen am Kapitalmarkt notierten Preisen ableiten lassen. Wie eine solche Ableitung erfolgen kann, sei an dem betrachteten Beispiel gezeigt. Dazu nehmen wir an, dass am Kapitalmarkt außer Finanztitel 1 und 2 noch zwei weitere linear unabhängige Finanztitel 3 mit einem Preis von 56,36 und 4 mit einem Preis von 81,82 umlaufen. Diese beiden Wertpapiere zeichnen sich durch folgende Zahlungscharakteristik aus:

		Umweltzustand s	1	2	3	4
Finanztitel	3	Cf_{3s}	80	0	140	20
	4	Cf_{4s}	70	120	120	20

Abb. 3.6: Zustandsabhängige Cashflows der Finanztitel 3 und 4

Da nun vier Finanztitel (bei vier Umweltzuständen) vorliegen, kann man die Zustandspreise P_1 bis P_4 aus dem folgenden Gleichungssystem herleiten:

$$\begin{array}{rrrrl} 120\,P_1 & +\,120\,P_2 & +\,120\,P_3 & +\,40\,P_4 & =101{,}82 \\ 40\,P_2 & +\,160\,P_2 & +\,120\,P_3 & +\,40\,P_4 & =\ \ 83{,}64 \\ 80\,P_1 & +\quad 0\,P_2 & +\,140\,P_3 & +\,20\,P_4 & =\ \ 56{,}36 \\ 70\,P_1 & +\,120\,P_2 & +\,120\,P_3 & +\,20\,P_4 & =\ \ 81{,}82. \end{array}$$

Löst man dieses Gleichungssystems, so erhält man die – in der Beispielrechnung bereits vorab bekannten und verwendeten – Zustandspreise P_s (vgl. Abb. 3.5).

Der betrachtete Kapitalmarkt ist arbitragefrei, da ein Preisvektor (P_1, P_2, P_3, P_4) mit positiven Umweltzustandspreisen existiert, bei dem das angegebene Gleichungssystem erfüllt ist.

3.2.3 Vollständigkeit des Kapitalmarktes und risikofreie Anlage

Die Unsicherheit über die zukünftigen Cashflows der Wertpapiere ist im Umweltzustands-Präferenzansatz durch die möglichen zustandabhängigen Cashflows vollständig beschrieben. Die zustandsabhängigen Cashflows der Portefeuilles der Marktteilnehmer stellen sich als Linearkombination der zustandsabhängigen Cashflows der elementaren bzw. der realen Wertpapiere dar. Für die Möglichkeit der Bewertung der Cashflows ist es entscheidend, ob der Kapitalmarkt vollständig ist oder nicht.

Der Kapitalmarkt ist ***vollständig*** (complete), wenn die Anzahl linear unabhängiger Wertpapiere gleich der Anzahl alternativer Zukunftslagen (Umweltzustände) ist. Wir nehmen an, dass es nur drei Umweltzustände gibt und am Kapitalmarkt ein risikofreies Wertpapier mit der Cashflow-Struktur (1,1,1), ein Junk Bond[7] mit (1,0,0) und eine Aktie mit der Cashflow-Struktur (0,1,1) gehandelt werden. In diesem Fall gibt es zwar 3 Umweltzustände und 3 Wertpapiere, die aber nicht unabhängig voneinander sind, so dass der Kapital-

[7] Als Junk Bond bezeichnet man eine Anleihe mit einem hohen Ausfallrisiko. Im Umweltzustands-Präferenzansatz wäre das eine Anleihe, die nicht nur in einem oder wenigen Umweltzuständen zu Verlusten führt.

markt also nicht vollständig ist und ein möglicher Zahlungsstrom (0,1,0) auf der Basis der vorliegenden Zustandspreise nicht bewertet werden kann. Nur die von umlaufenden Wertpapieren „aufgespannten" Umweltzustände haben wohldefinierte Preise in dem Sinn, dass gleiche zukünftige Cashflows in $t = 1$ gleiche Marktpreise in $t = 0$ bedingen (Arbitragefreiheitsbedingung).

Bei ***vollständigem Kapitalmarkt*** lässt sich die Unsicherheit über den Wert zukünftiger Cashflows prinzipiell eliminieren. Jedes Wirtschaftssubjekt kann nämlich sein Vermögen so auf die am Markt umlaufenden Wertpapiere aufteilen, dass ein Portefeuille mit sicherem Endvermögen (Cashflow) in $t = 1$ resultiert. Die Marktteilnehmer können aber auch jede andere Aufteilung vornehmen. Ist der Kapitalmarkt dagegen unvollständig, dann kann das Bewertungsmodell versagen. Es wird dann nämlich Finanztitel geben, denen kein Preis eindeutig zugeordnet werden kann.[8]

3.2.4 Marktwert von Finanztiteln und von Unternehmen

Kennt man die Preise der primitiven Wertpapiere, dann kann man bei vollständigem und vollkommenem Kapitalmarkt neben den Marktwerten einzelner Finanztitel auch die Marktwerte kombinierter Finanztitel als Marktwerte des Unternehmens bzw. eines Anspruchs (Eigen- und Fremdkapitaltitel) durch Gewichtung der entsprechenden Einzahlungsüberschüsse mit den Preisen für die primitiven Wertpapiere generieren. Auf diese Weise lässt sich beispielsweise der Marktwert des Unternehmens bestimmen.

Es bezeichne wieder P_s den Preis für ein elementares Wertpapier im Umweltzustand s und Cf_{is} den Cashflow des Wertpapiers i im Umweltzustand s. Stehen nun bei einem Unternehmen genau i = 1, 2, ... n Finanztitel aus, dann ist der Marktwert V_0 des Unternehmens i bestimmt durch

$$(6) \qquad V_0 = \sum_{i=1}^{n} P_{0i} = \sum_{i=1}^{n} \sum_{s=1}^{S} P_s Cf_{is}$$

Der ***Marktwert des Unternehmens*** lässt sich als mit den zustandbezogenen Preisen für die elementaren Wertpapiere gewichteten Cashflows des Unternehmens in den einzelnen Umweltzuständen ermitteln. Gleichung (6) zeigt auch, dass man die Cashflows Cf_{is} in unterschiedlicher Form verschiedenen Finanztiteln zuordnen kann, ohne dass der Wert des Unternehmens dadurch

[8] WILHELM (1983) und KÜRSTEN (1997) weisen darauf hin, dass schwächere Bedingungen als die der Vollständigkeit ausreichen, um das Bewertungsmodell anwenden zu können. Es handelt sich um die Bedingung der Kompetitivität (der exogene Kapitalmarktzins stellt für die Investoren ein Datum dar), um die „Spanning"-Bedingung (alle Zahlungsströme sind durch am Kapitalmarkt gehandelte Titel duplizierbar) und um die Informationsbedingung (die Zahlungscharakteristik aller Investitionsprojekte und Finanztitel ist den Wirtschaftssubjekten a priori bekannt).

verändert werden könnte. Unter den geltenden Bedingungen des Umweltzustands-Präferenzansatzes ist nämlich ebenfalls das Theorem von MODIGLIANI und MILLER von der ***Irrelevanz der Kapitalstruktur*** für den Marktwert des Unternehmens gültig. Gleichung (6) zeigt auch, dass der Marktwert des Unternehmens allein durch die generierten Cashflows in den einzelnen Umweltzuständen und durch die Preise der Wertpapiere in den einzelnen Umweltzuständen gegeben ist.

3.2.5 Implikationen und Beurteilung des Ansatzes

Das Umweltzustands-Präferenzmodell hat den ***Vorteil*** der Übersichtlichkeit, Klarheit und guten theoretischen Fundierung. Es ist kompatibel mit der Vorstellung von einem vollkommenen Kapitalmarkt im Gleichgewicht, an dem Transaktionskosten oder Steuern keine Rolle spielen. Das Modell hat den ***Nachteil***, dass die Preise für die primitiven Wertpapiere kein intuitives Pendant in der Realität haben, da die Einteilung der Zukunftsentwicklung in exogen vorgegebene Umweltzustände an den Märkten in dieser Form nicht wiederzufinden ist. Dementsprechend stellt sich in der Praxis auch die empirische Ermittlung der Zustandspreise als nur bedingt lösbare Aufgabe dar.

Für die Finanzierungstheorie ist die Möglichkeit relevant, mit Hilfe des State-Preference-Ansatzes zu zeigen, dass ***bei vollkommenem und vollständigem Kapitalmarkt auch bei unsicheren Erwartungen die für den Fall sicherer Erwartungen aufgelisteten Implikationen der neoklassischen Finanzierungstheorie weiterhin gelten*** (Kapitalmarktregel, Marktwertregel, Irrelevanztheoreme etc.). Darüber hinaus kann das Konzept unter bestimmten Bedingungen auch auf Situationen übertragen werden, in denen Transaktionskosten oder Steuern für das reale Geschehen an den Finanzmärkten relevant sind. Die Annahme der Vollkommenheit des Kapitalmarktes kann dementsprechend abgeschwächt werden, ohne dass der Ansatz seine Anwendbarkeit verliert.

3.3 Optionscharakter von Finanzierungstiteln und Optionsbewertung

3.3.1 Finanzierungstitel als bedingte Ansprüche

Für viele finanzwirtschaftliche Probleme ist es sinnvoll und zweckmäßig, den Optionscharakter von Finanzierungsinstrumenten zu berücksichtigen. Eine solche Betrachtungsweise gibt nicht nur einen Einblick in die besondere Struktur der Finanztitel, sondern auch eine weitere Grundlage für eine finanzwirtschaftliche Bewertung. Bereits der Umweltzustands-Präferenzansatz ging von bedingten, nämlich ***auf den Eintritt bestimmter Umweltzustände***

konditionierten Ansprüchen der Eigen- und Fremdkapitalgeber aus. Solche konditionierten Ansprüche werden in der Realität moderner Finanzmärkte insbesondere durch Optionen dargestellt. Optionen sind bedingte Termingeschäfte und erzeugen bedingte Ansprüche (***Contingent Claims***), bei denen die „Bedingung" durch ein von allen Parteien leicht beobachtbares Ereignis, also z. B. das Überschreiten einer bestimmten Kursschwelle, ausgelöst wird und nicht, wie im State-Preference-Ansatz, durch den Eintritt eines abstrakten Umweltzustandes. Theoretisch ähneln sich daher die beiden Konzepte, in der praktischen Handhabung unterscheiden sie sich deutlich.

Eine ***Option*** berechtigt den Optionskäufer, den Inhaber der Option, eine bestimmte Menge eines Basiswertes (z. B. einer Aktie oder eines Aktienindex) zu einem festgelegten Preis (Basispreis) zu erwerben (Call oder Kaufoption) bzw. zu veräußern (Put oder Verkaufsoption). Für dieses Recht zahlt der Käufer dem Verkäufer der Option eine Prämie, den Optionspreis. Optionen werden außerhalb der Börse (Over The Counter, OTC) insbesondere von Banken emittiert oder von einer Börse definiert und dort auch gehandelt. In Deutschland findet der Börsenhandel in derivativen Finanztiteln, zu denen neben den Optionen auch noch die Futures als börsengehandelte unbedingte Termingeschäfte gehören, an der Eurex statt.

Optionen werden auf Aktien, auf Währungen und insbesondere auf Zinstitel bzw. Zinssätze gehandelt. Bei einem Call auf einen Dollarbetrag erhält der Käufer das Recht, innerhalb einer bestimmten Zeit eine bestimmte Menge Dollar zu einem vereinbarten Euro-Betrag zu beziehen. Mit dieser Transaktion kann sich beispielsweise ein Importeur, der in absehbarer Zeit eine Lieferung in Dollar bezahlen muss, gegen einen Anstieg des Dollarkurses bis zum Zahlungstermin absichern, weil er bei einem solchen Anstieg den abgesicherten Dollarbetrag zum im Optionskontrakt vereinbarten Basispreis beziehen kann. Sinkt dagegen der Dollarkurs während der betrachteten Periode, dann lässt der Importeur sein Optionsrecht verfallen und kauft die Dollar zum niedrigeren Tageskurs.

Die Option ist ein ***asymmetrischer Vertrag***, der dem Käufer ein Wahlrecht einräumt, während der Verkäufer als Stillhalter nach Vereinnahmung der Prämienzahlung die Entscheidung des Käufers abwarten muss. Der ***Wert einer Option*** wird bei gegebenen Optionsbedingungen zu jedem Zeitpunkt durch den Wert des Basispapiers (Underlying Asset) bestimmt, in dem betrachteten Beispiel durch den aktuellen Dollarkurs, bei einer Option auf Aktien durch den aktuellen Aktienkurs. In einer grundlegenden Arbeit haben FISCHER BLACK und MYRON SCHOLES (1973) eine Formel entwickelt, mit der man unter gewissen idealen Voraussetzungen, die weitgehend dem Bedingungsrahmen der neoklassischen Finanzierungstheorie entsprechen, den aktuellen Wert einer Option analytisch aus den Options-Charakteristika und der Volatilität des Basistitels bestimmen kann. Heute gibt es neben dieser BLACK-

SCHOLES-Formel noch einige alternative Bewertungsansätze wie beispielsweise das Binomialmodell, von dem auch im Folgenden Gebrauch gemacht werden soll.[9]

Neben den an der Terminbörse oder Over the Counter gehandelten Optionen weisen auch andere wichtige Finanzinstrumente Eigenschaften von Contingent Claims auf, weil ihr Wert ebenfalls von „zugrundeliegenden" Werten (***Underlyings***) abhängig ist. So ist beispielsweise der Wert des Eigen- und Fremdkapitals eines Unternehmens vom Wert des Unternehmensvermögens abhängig, auf das aufgrund der Haftungsrangfolge zunächst alle Fremdkapitalgeber und danach die Eigenkapitalgeber mit ihrem Residualanspruch zurückgreifen können. Das ist bereits bei der Behandlung des Umweltzustands-Präferenzansatzes im vorangegangenen Abschnitt deutlich geworden. Nun soll auch die Übertragbarkeit des Bewertungsansatzes gezeigt werden.

Die ***Übertragung der Technik der Optionsbewertung auf die Bewertung von Eigen- und Fremdkapitaltiteln*** wurde bereits von BLACK UND SCHOLES (1973) in ihrem Beitrag zur grundlegenden Optionspreisformel angeregt. Die Autoren deuteten die Position der Eigenkapitalgeber einer Aktiengesellschaft als Kaufoption (Call) auf den Marktwert des Unternehmens mit dem Basispreis in Höhe des Fremdkapitalanspruches der Gläubiger. Liegt der Marktwert des Unternehmensvermögens über dem Fremdkapitalanspruch der Gläubiger, dann nehmen die Eigentümer ihren Anspruch wahr, zahlen die Fremdkapitalgeber aus und vereinnahmen den Rest der Cashflows. Deckt der Marktwert des Unternehmensvermögens dagegen nicht den Fremdkapitalanspruch, dann lassen sie ihre Option auf das Unternehmensvermögen verfallen.

Wegen des arithmetischen Zusammenhangs zwischen Call- und Put-Optionen und der daraus folgenden ***Put-Call-Parität***[10] lässt sich das Eigenkapital eines Unternehmens nicht nur als Call-Position, sondern auch durch eine sichere Position in Kombination mit einer Verkaufsoption (Put) darstellen. Bei vollkommenem Kapitalmarkt entsprechen sich beide Sichtweisen. Insbesondere werden unabhängig von der Call- oder der Put-Darstellung gleiche Werte für die Eigen- und Fremdkapitaltitel eines Unternehmens berechnet. Sowohl das Eigenkapital (die ausstehenden Aktien) als auch das Fremdkapital

---

[9] MYRON SCHOLES hat im Jahr 1997 nach dem Tode von FISCHER BLACK im Jahr 1995 gemeinsam mit ROBERT C. MERTON den Nobelpreis für Wirtschaftswissenschaften für seine Arbeiten zur Optionspreistheorie erhalten. MERTON hat mehr oder weniger zeitgleich mit BLACK und SCHOLES das Problem der Optionspreisbewertung gelöst und zahlreiche Erweiterungen und Anwendungen des Modells – darunter zur Bewertung von Fremdkapitaltiteln – veröffentlicht.

[10] Die Put-Call-Parität ist eine Beziehung zwischen dem Wert von Kauf- und Verkaufsoptionen, wonach der Wert eines Put dem Wert eines Call gleichen Typs entspricht abzüglich der Differenz aus dem Wertpapierkurs und dem diskontierten Basispreis.

eines Unternehmens lassen sich in dieser Interpretation als spezielle Optionen auf den Marktwert des Unternehmensvermögens darstellen.

3.3.2 Die Darstellung einfacher Finanztitel als Optionen

Betrachtet wird ein Unternehmen, das zur Finanzierung seiner Investitionen nur zwei Arten von Wertpapieren ausgibt, nämlich Anleihen in der Form von ***Zerobonds***, die zum Zeitpunkt 1 fällig werden, und Aktien. Der Marktwert V_0 des Unternehmens ist gleich dem Marktwert der Aktien EK_0 und dem Marktwert des Fremdkapitals FK_0. Für den Zeitpunkt $t = 0$ gilt also

(7) $$V_0 = EK_0 + FK_0.$$

EK_0 ist der Marktwert der Aktien, wobei der Einfachheit halber hier vorausgesetzt wird, dass auf diese Aktien vor dem Fälligkeitszeitpunkt 1 der Zerobonds keine Dividenden gezahlt werden. FK_0 ist der Marktwert der Zerobonds, für die ein Rückzahlungsbetrag F_1 (Tilgung und Zinsbetrag) vereinbart wurde, der im Zeitpunkt 1 fällig wird.

Die Bestimmung der Werte des Eigen- und Fremdkapitals folgt der typischen Bestimmung der Barwerte der Werte für das Eigen- und Fremdkapital in $t = 1$. Hier wird angenommen, dass der gesamte in $t = 1$ als Liquidationserlös realisierte Marktwert V_1 des Unternehmens zum Fälligkeitszeitpunkt der Bonds auf die Aktionäre und Fremdkapitalgeber nach der üblichen Verteilungs- bzw. Haftungsrangfolge aufgeteilt wird. Diese Aufteilung im Zeitpunkt 1 lässt sich wegen der begrenzten Haftung der Aktionäre, d. h. des Optionscharakters des Eigenkapitals wie folgt charakterisieren:

(8) $EK_1 = max\ [V_1 - F_1, 0]$ und

(9) $FK_1 = min\ [F_1, V_1]$.

Gleichung (8) setzt die Aussage um, dass die Eigenkapitalgeber auf das in $t = 1$ über die Forderung der Fremdkapitalgeber hinausgehende Residualvermögen Anspruch haben, dass sie aber, wenn dieses negativ sein sollte, nichts erhalten. Die ***Eigenkapitalposition*** kann somit als ***Kaufoption (Call) auf das Unternehmensvermögen mit dem Basispreis F_1*** interpretiert werden.

Die ***Auszahlung des Fremdkapitalanspruchs F_1*** erfolgt dann in voller Höhe, wenn der Liquidationserlös für das Unternehmensvermögen größer ist als der an die Fremdkapitalgeber zu zahlende Betrag F_1. Ist der Marktwert dagegen kleiner als der Fremdkapitalanspruch, so fällt zwar das gesamte Unternehmensvermögen an die Fremdkapitalgeber, die aber dennoch einen Verlust hinnehmen müssen, weil das Unternehmensvermögen ihren Anspruch nicht deckt. Sie erhalten also entweder den kontraktbestimmten Betrag F_1

oder im Falle der Insolvenz den gesamten Liquidationserlös des Unternehmensvermögens V_1.

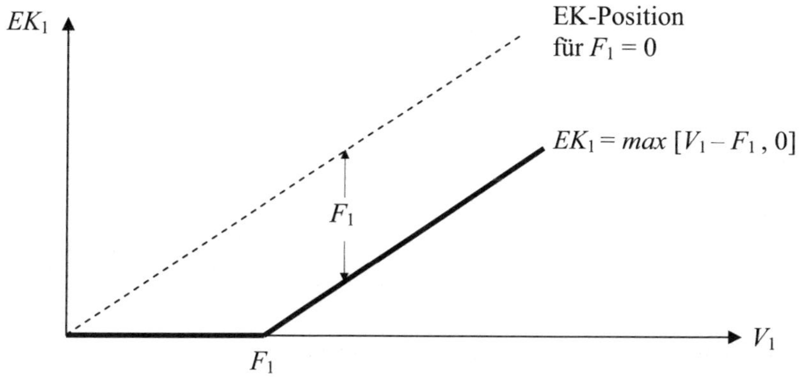

Abb. 3.7: Eigenkapitalposition eines Unternehmens

Die Fremdkapitalgeber erhalten den gesamten Marktwert V_1 der Assets, wenn deren Marktwert unter F_1 liegt. Bei einem Wert über F_1 erhalten sie dagegen nur den vereinbarten Rückzahlungsbetrag F_1. Daraus folgt, dass sich der Wert des Fremdkapitals als Differenz zwischen dem Marktwert des Unternehmens und dem Marktwert des Eigenkapitals berechnen lässt. Für den Zeitpunkt $t = 1$ gilt

(10) $$\begin{aligned} FK_1 &= V_1 - EK_1 \\ &= V_1 - max\ [V_1 - F_1, 0] \\ &= min\ [F_1, V_1] \end{aligned}$$

Der grafische Funktionsverlauf des Marktwertes des Fremdkapitals entspricht dem einer Stillhalterposition eines Gläubigers, der über den Anspruch F_1 verfügt und eine Put-Option mit dem Basispreis F_1 verkauft (vgl. Abb. 3.8).

Die Gleichungen (8) und (9) machen ebenso wie die Abb. 3.7 und Abb. 3.8 deutlich, dass die Marktwerte der Finanzierungstitel im Zeitpunkt 1 insbesondere vom Marktwert des Vermögens des Unternehmens im Zeitpunkt 1 abhängig sind. Der gemeinsame Wert der Eigen- und Fremdkapitaltitel ist wegen des unterstellten vollkommenen Kapitalmarktes stets $EK_1 + FK_1 = V_1$, wobei V_1 nicht vom Eigenkapital-Fremdkapitalverhältnis abhängig ist.

Da sich die Zahlungscharakteristika der Finanztitel als spezielle Optionspositionen darstellen lassen, liegt es auf der Hand zu versuchen, die Ansätze der Optionspreistheorie für die Bewertung der Eigen- und Fremdkapitalpositionen nutzbar zu machen.

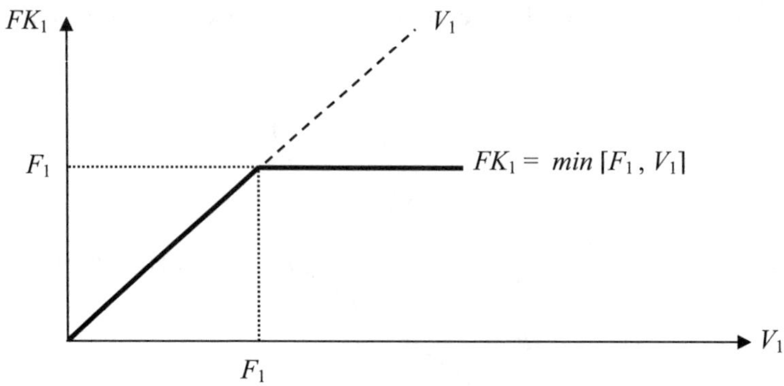

Abb. 3.8: Fremdkapitalposition eines Unternehmens

3.3.3 Grundlagen der Bewertung von Optionen

(1) Der Grundansatz der Optionsbewertung

Die Optionspreistheorie stellt ein grundlegendes finanzierungstheoretisches Konzept dar, das in den vergangenen Jahren auf zahlreiche Spielarten der Optionen angewandt worden ist. Ziel eines Optionsbewertungsmodells ist die Bestimmung eines objektiv ermittelbaren, für alle Anleger gültigen Wertes einer Option.

Bei vollkommenem Kapitalmarkt kann man Wertbeziehungen zwischen der Option und den Einflussparametern ableiten, indem man ***untere und obere Grenzen*** des Optionswertes bestimmt. So wird man davon ausgehen, dass der Wert eines Calls nicht größer sein kann als der Preis des Basistitels, und es ist ebenfalls leicht einzusehen, dass der Wert eines Call nicht kleiner als null sein kann, weil mit einer Option nur Rechte aber keine Verpflichtungen verbunden sind.[11]

Unter gewissen Annahmen kann man den Wert einer Option objektiv ermitteln. Dazu gehören insbesondere Kenntnisse über das Basisobjekt. Um den Grundgedanken der Optionsbewertung anhand eines Beispiels darzustellen, gehen wir im Folgenden davon aus, dass für eine Aktie A folgende Kursentwicklung unterstellt wird:

---

[11] Eine Übersicht über obere und untere Schranken des Optionswertes sowie über die Put-Call-Parität findet man in RUDOLPH / SCHÄFER (2005). Dort wird auch eine Einführung in das Binomialmodell gegeben, das unter bestimmten Bedingungen zu den gleichen Wertansätzen führt wie das ursprüngliche Modell von BLACK UND SCHOLES (1973) und das in seiner einfachsten Version dem nachfolgenden Beispiel als Vorlage dient.

$$S_0 = 300 \quad \begin{cases} \nearrow \; S_1 = 350 & (Z_1) \\ \searrow \; S_2 = 270 & (Z_2) \end{cases}$$

Bestimmt werden soll der ***Wert eines Calls*** auf diese Aktie mit einer Laufzeit von einer Periode und mit dem Basispreis in Höhe des derzeitigen Kurses 300.

$$C_0 = \; ? \quad \begin{cases} \nearrow \; C_1 = \; 50 & (Z_1) \\ \searrow \; C_2 = \; 0 & (Z_2) \end{cases}$$

Der ***Grundgedanke des Optionsbewertungsansatzes*** besteht nun darin, den Zusammenhang zwischen dem Wert der Option und dem Wert der Aktie auszunutzen und daher die Zahlungsstruktur des Calls so umzuformen, dass die unterstellte Zahlungsstruktur der Aktie genau dupliziert wird. Das ist wegen der angenommenen einfachen Verteilung in diesem Beispiel leicht möglich. In den „professionellen" Optionsbewertungsmodellen erfolgt die Duplikation auf dieselbe Weise, wobei allerdings die für die Aktie unterstellte Zahlungsstruktur komplexer und der Realität angepasster ist.

Man kann sich vorstellen, ein Portefeuille aus dem (zu bewertenden) Call und einer risikofreien Anlage so zu konstruieren, dass in $t = 1$ derselbe Zahlungsstrom wie jener aus der Aktie erzeugt wird.

Da die Aktie im Zustand Z_1 genau 80 Euro mehr abwirft als in Z_2, die Kaufoption aber nur 50, müssen 8/5 Kaufoptionen in das Portefeuille.

$$8/5 \;\; C_0 \quad \begin{cases} \nearrow \; 8/5 \; C_1 = \; 80 & (Z_1) \\ \searrow \; 8/5 \; C_2 = \; 0 & (Z_2) \end{cases}$$

Eine risikofreie Anlage in $t = 0$ von $270/(1+i)$ wächst mit dem Zinssatz i bis zum Zeitpunkt $t = 1$ auf genau 270. Die zusammengefasste Position ergibt:

$$8/5 \, C_0 + 270/(1+i) \quad \begin{cases} \nearrow \; 270 + 80 & = 350 \\ \searrow \; 270 + \; 0 & = 270 \end{cases}$$

An einem arbitragefreien Markt müssen der Wert dieses Portefeuilles und der Aktienkurs S_0 übereinstimmen, weil derselbe Zahlungsstrom erzeugt wird. Aus $8/5 \; C_0 + 270/(1+i) = S_0 = 300$ folgt für $i = 10\,\%$ $C_0 = 34{,}0909....$ Also muss der Wert des Call an einem vollkommenen Markt in $t = 0$ bei 34 Euro liegen.

(2) Risikoneutrale Bewertung

Es gibt im Übrigen noch den Weg, das gleiche Ergebnis über den Umweltzustands-Ansatz zu erhalten. Dazu geht man wieder von der grundlegenden Kursentwicklung aus:

$$S_1 = 350 \quad (Z_1)$$

$$S_0 = 300 \quad \begin{matrix} \nearrow \\ \searrow \end{matrix}$$

$$S_2 = 270 \quad (Z_2)$$

Da der risikofreie Zinssatz mit $i = 0{,}1$ bekannt ist, kann man die Umweltzustandspreise berechnen, mit denen der Kapitalmarkt die beiden Zahlungen versieht, um zu einem Wertansatz der Aktie von $S_0 = 300$ zu gelangen:

$$\frac{350p + 270(1-p)}{1{,}1} = 300$$

Löst man die Gleichung nach p auf, so erhält man als Umweltzustandspreis für Zahlungen im Umweltzustand Z_1 den Wert 0,75 und für Zahlungen in Z_2 den Wert 0,25. Bei risikoneutralem Kapitalmarkt ist p die Eintrittswahrscheinlichkeit des Umweltzustandes. Ist der Kapitalmarkt nicht risikoneutral, dann bezeichnet man p als ***Martingalwahrscheinlichkeit***. Jedenfalls kann man $p/(1+i)$ als Umweltzustandspreis für Cashflows im Umweltzustand Z_1 interpretieren.

Da der betrachtete Call nur im Umweltzustand Z_1 einen positiven Zahlungsmittelbetrag abwirft, kann man nun den Wert des Calls in $t = 0$ auch als Barwert der Zahlung aus dem Call im Umweltzustand Z_1 berechnen mit

$$C_0 = \frac{1}{1{,}1}\left(50 \cdot \frac{3}{4}\right) = 34{,}0909.$$

Als Ergebnis kann man festhalten, dass bei Kenntnis der Umweltzustandspreise die risikoneutrale Bewertung – auch bei einem nicht risikoneutralen Kapitalmarkt – ein sehr einfaches Verfahren zur Bestimmung des Wertes unbedingter und bedingter Finanztitel darstellt.

(3) Die allgemeine Bewertung von Finanztiteln als Contingent Claims

Da sich Eigen- und Fremdkapitaltitel eines Unternehmens als Optionen bzw. als Portefeuilles aus Optionen und sicheren Finanztiteln darstellen lassen, liegt es nahe, zu ihrer Bewertung auf die in der Optionspreistheorie entwickelten Beziehungen zur Bewertung von Put und Call zurückzugreifen. Bei der Anwendung sind dabei die für die verschiedenen Modelle typischen Annahmen zu beachten.

Im oben betrachteten Beispiel wurde von einem ***Bernoulliprozess*** der Entwicklung der Aktienkurse ausgegangen. Ein etwas komplexerer Fall liegt dann vor, wenn Bernoulliprozesse in einem Mehrperiodenkontext zu einem Binomialprozess hintereinander geschaltet werden. Schließlich ist auf den Wiener Prozess als kontinuierlicher Zufallsprozess hinzuweisen, von dem das BLACK-SCHOLES-Modell ausgeht.

Die ökonomische Idee der Bewertung ist in allen Fällen die gleiche. Es würde den Umfang dieses Kapitels sprengen, wenn die zum Teil komplexen Beziehungen hier alle abgeleitet oder angewendet würden. Hierzu sei auf die Literatur verwiesen.[12] Da das ***Binomialmodell*** im Einperiodenfall aber für verschiedene Ableitungen und Argumentationen in finanzierungstheoretischen Modellen von Bedeutung ist, seien hier noch kurz die wesentlichen Ableitungsschritte angegeben.

Das Binomialmodell unterstellt, dass der Kurs S eines Wertpapiers einem multiplikativen binomialen Prozess folgt. Dabei verändert sich der Kurs des Wertpapiers in einer Periode wie in obigem Beispiel ebenfalls angenommen um den Faktor u (up) oder den Faktor d (down).

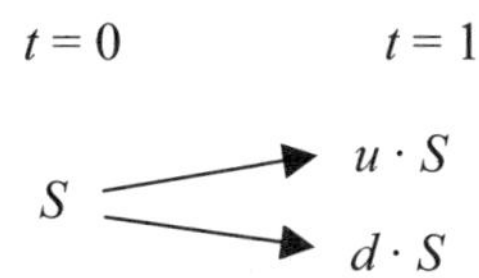

Abb. 3.9: Einperiodige Aktienkursbewegung

Ausgehend von dieser Entwicklung des Aktienkurses entwickelt sich der Wert einer Kaufoption mit dem Basispreis K wie folgt.

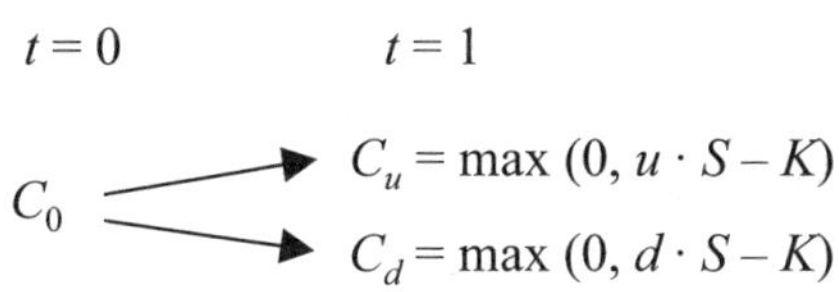

Abb. 3.10: Einperiodige Wertentwicklung der Kaufoption

Bezüglich des Kalkulationszinsfußes i bzw. des Zinsfaktors $r = 1 + i$ wird angenommen, dass er zwischen dem Wert der Faktoren u und d liegt, so dass $d < r < u$ gilt, da sonst am Markt unmittelbar Arbitragemöglichkeiten bestehen würden. Während S_0 bekannt ist, geht es darum, den Wert von C_0 aus einem ***Duplikationsportfolio*** abzuleiten. Das Duplikationsportfolio besteht aus einer bestimmten Anzahl Aktien und einer risikofreien Position zum Kal-

---

[12] Vgl. RUDOLPH / SCHÄFER (2005), Kapitel 9.

kulationszinsfuß. Die Anzahl Aktien wird mit Δ^C, der Umfang der risikofreien Anlage mit B bezeichnet. Das Duplikationsportfolio hat in $t = 0$ den Wert $\Delta^C \cdot S + B$, der sich in einer Periode wie folgt entwickelt.

$t = 0$		$t = 1$
	$\nearrow$	$\Delta^C u \cdot S + (1+i) \cdot B$
$\Delta^C \cdot S + B$		
	$\searrow$	$\Delta^C d \cdot S + (1+i) \cdot B$

Abb. 3.11: Entwicklung des Wertes des Duplikationsportfolios

Die Wertentwicklung der Kaufoption wird also genau dann dupliziert, wenn das folgende Gleichungssystem gilt:

(11) $$\Delta^C \cdot u \cdot S + r \cdot B = C_u$$

(12) $$\Delta^C \cdot d \cdot S + r \cdot B = C_d$$

Löst man Gleichung (11) und (12) nach der Anzahl der Aktien und dem Umfang der risikofreien Anlage auf, so erhält man

(13) $$\Delta^C = \frac{C_u - C_d}{(u-d) \cdot S}$$

(14) $$B = \frac{u \cdot C_d - d \cdot C_u}{(u-d) \cdot r}.$$

Ist das Duplikationsportfolio entsprechend (13) und (14) konstruiert, dann folgt für den Wert der Kaufoption in $t = 0$:

(15) $$C^E = \Delta^C \cdot S + B = \frac{1}{r}\left(\frac{r-d}{u-d} \cdot C_u + \frac{u-r}{u-d} \cdot C_d\right).$$

Setzt man die Daten des Beispiels in (1) in Gleichung (15) ein, so kann man das oben bereits abgeleitete Ergebnis bestätigen, denn es gilt:

$$C^E = \frac{1}{1{,}1}\left(\frac{1{,}1 - 270/300}{350/300 - 270/300} 50 + 0\right)$$

$$= \frac{1}{1{,}1}\left(\frac{1{,}1 - 0{,}9}{1{,}167 - 0{,}9} 50\right) = \frac{1}{1{,}1} \cdot 0{,}75 \cdot 50 = 34{,}0909.$$

(4) Die Bewertung risikobehafteter Kreditpositionen

In allen Modellen wird der Wert der Finanztitel in $t = 0$ in Abhängigkeit vom derzeitigen Marktwert der Assets und der Volatilität der Marktwertentwicklung im Zeitablauf abgeleitet. In die Optionspreisformel geht darüber hinaus die Laufzeit als Zeitkomponente sowie der risikofreie Zinssatz ein. Für eine Eigenkapitalposition lässt sich dies sehr einfach anschreiben. Bezeichnet C den Wert eines europäischen Calls und gilt im Zeitpunkt T

(16) $$EK_T = C_T,$$

dann gilt im Zeitpunkt $t = 0$

(17) $$EK_0 = C_0(V_0, F_T, i, \sigma),$$

wobei der Wert des Calls C_0 eine Funktion des derzeitigen Wertes des Unternehmensvermögens V_0, des vereinbarten Kreditrückzahlungsbetrages F_T und der Zeit bis zum Verfall der Option sowie des Marktzinssatzes i und der Standardabweichung σ der Verteilung des Unternehmenswertes ist.

Da das MODIGLIANI-MILLER-Theorem gilt, kann man den Marktwert des Fremdkapitals aus

(18) $$FK_0 = V_0 - EK_0$$

mit EK_0 aus (17) berechnen. In der Bankpraxis versucht man, diesen Ansatz zur Kalkulation von ***Risikoprämien im Kreditgeschäft*** sowie zur Bestimmung von Ausfallwahrscheinlichkeiten einzusetzen (vgl. RUDOLPH 2001a, S. 338 ff.). Mit dem Optionsansatz ist man insbesondere in der Lage, den Einfluss der Unsicherheit im Zeitablauf in eine adäquate Risikoprämie umzusetzen. Daher gewinnt der Ansatz in der Bankpraxis an Bedeutung.

Problematisch für die Anwendung erscheinen insbesondere die Möglichkeiten der Abschätzung des Marktwertes des Unternehmens. Der Marktwert des Unternehmens muss indirekt abgeleitet werden, was den Ansatz gegenüber einer Bewertung von Optionen auf börsengehandelte Finanztitel weniger attraktiv erscheinen lässt. Problematisch erscheint darüber hinaus die Verträglichkeit der Bewertungsgleichung (17) mit der Annahme einer gegebenen Investitionspolitik. Der Wert des Eigenkapitals in (17) steigt, wenn das Risiko σ vergrößert wird. Da die Eigentümer die Investitionspolitik bestimmen, liegt es nahe anzunehmen, dass die Investitionspolitik im Hinblick auf den Risikogehalt keine Konstante ist, sondern von den Eigentümern so gesteuert wird, dass das Risiko vergleichsweise groß gewählt wird, wenn das Unternehmen verschuldet ist. In diesem Fall kann es nämlich, wie im folgenden Kapitel ausführlich besprochen wird, zu einer Reichtumsverlagerung zu Lasten der Gläubiger und zugunsten der Eigentümer kommen.

3.3.4 Wandelanleihen als hybride Finanztitel

Unternehmen sind bei der Beschaffung von Finanzierungsmitteln nicht darauf beschränkt, reine Eigen- oder reine Fremdkapitaltitel zu emittieren. Sie können auch Finanzierungsinstrumente ausgeben, die kombinierte Eigenschaften von Eigen- und Fremdkapitaltiteln aufweisen und sich daher als ***hybride Finanztitel*** darstellen. Solche auch als ***Mezzanin-Instrumente*** bezeichnete Finanztitel haben in den letzten Jahren an Bedeutung gewonnen und werden in unterschiedlicher Form von kleineren Gesellschaften z. B. in der Form ***partiarischer Darlehen*** oder von Großunternehmen in der Form von ***Genussrechtskapital*** ausgegeben.[13] Mezzanin-Finanztitel können wie Kredite als buchmäßige Finanztitel vereinbart, also auch wie Anleihen emittiert und im breiten Publikum untergebracht werden.

Wichtige Beispiele für hybride Finanztitel stellen u. a. ***Wandelschuldverschreibungen*** in der Form von Wandelanleihen und Optionsanleihen dar. An dieser Stelle sollen nicht die vielfältigen Gestaltungsmöglichkeiten dieser hybriden Finanztitel behandelt werden, sondern es soll die grundlegende Cashflow-Struktur der Wandelanleihe als typisches Beispiel dieser Finanztitel durch die Herausstellung ihres Optionscharakters vorgestellt werden.

Eine ***Wandelanleihe*** ist eine Schuldverschreibung, die ihrem Inhaber das Recht gewährt, die Anleihe innerhalb einer bestimmten Frist in einem bestimmten Verhältnis bei einer bestimmten Zuzahlung in Aktien umzutauschen.[14] Die Modalitäten des Umtauschs (z. B. der zu leistenden Zuzahlung) stehen bei der Emission der Wandelanleihe bereits fest. Zur Darstellung der ***Cashflow-Struktur der Wandelanleihe*** wird ein Unternehmen betrachtet, das zur Finanzierung seiner Investitionen lediglich eine Art von Wertpapier ausgegeben hat, nämlich eine Wandelanleihe. Die Wandelanleihe kann in Periode 1 in Aktien umgewandelt werden. Zur Vereinfachung wird von Transaktionskosten und Zuzahlungen bei der Umwandlung abgesehen.

Vereinfachend wird zunächst davon ausgegangen, dass die Wandelanleihe ***nicht*** umgewandelt werden kann. Ist dies der Fall, so entspricht der Funkti-

---

[13] Ein Überblick über die unterschiedlichen Formen hybrider Finanzierungsinstrumente, ihre Einsatzmöglichkeiten und ihre Bedeutung für die Kapitalstruktur von Unternehmen gibt Abschnitt 9.2.2 dieses Buches. Dort werden auch die speziellen Charakteristika partiarischer Darlehen und von Genussrechtskapital erläutert. Zur Darstellung von Wandelanleihen als hybrides Finanzierungsinstrument vgl. SCHULZ (2004).

[14] Von der Wandelanleihe, bei der Anleihen in Aktien gewandelt werden, zu unterscheiden sind die sog. Aktienanleihen, die insoweit eine Sonderrolle einnehmen als sie keine originären Finanzierungstitel darstellen, sondern i. d. R. von Banken zur Absicherung ihres Aktienbesitzes emittiert werden. Das Umwandlungsrecht, d. h. das Recht, die Anleihe in Aktien umzuwandeln, liegt bei einer Aktienanleihe beim Emittenten, d. h. der Bank. Die Käufer der Anleihe, i. d. R. Privatanleger, übernehmen damit die Position eines Short Put. Bei der Wandelanleihe liegt dagegen das Wandlungsrecht i. d. R. allein beim Inhaber der Anleihe.

onsverlauf des Marktwertes der Anleihe exakt demjenigen des im vorausgegangen Beispiel erwähnten Fremdkapitaltitels, d. h. dem Halten einer Position eines risikolosen Zerobond und eines Short Put.

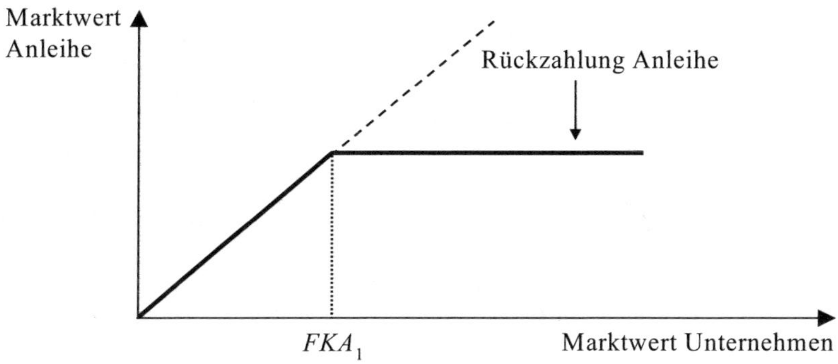

Abb. 3.12: Cashflow-Struktur einer Anleihe

Wird nun davon ausgegangen, dass die Anleihe in Periode 1 umgewandelt werden kann, so sind die Bedingungen der Umwandlung entscheidend. Die ***Umwandlungsrate*** gibt an, in welchem Verhältnis Anleihen in Aktien umgewandelt werden können. Der ***Umwandlungswert*** ist der Wert, den die Anleihe erzielen würde, wenn sie sofort umgewandelt werden müsste. Der Umwandlungswert ist somit proportional zum Unternehmenswert.

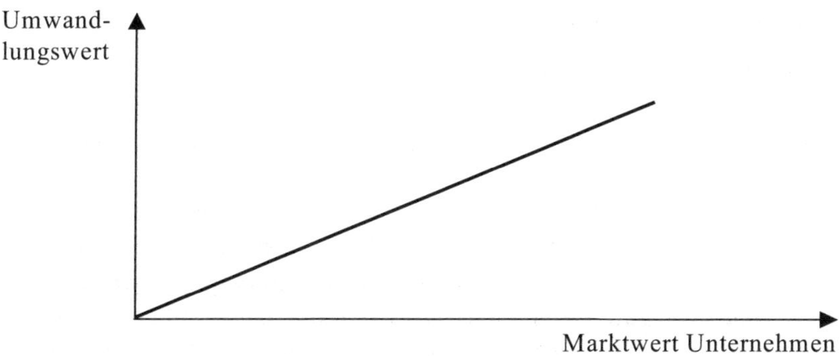

Abb. 3.13 Umwandlungswert der Anleihe

Für den Funktionsverlauf des Marktwertes der Wandelanleihe ergibt sich die in Abb. 3.14 dargestellte Struktur.

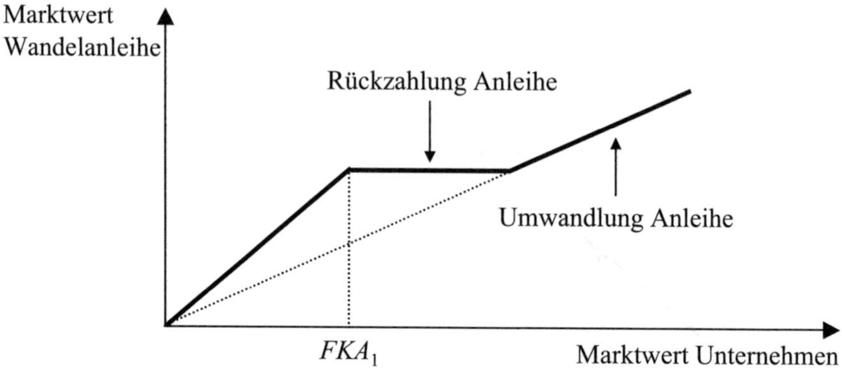

Abb. 3.14: Wertfunktion der Wandelanleihe

Liegt der Kurs einer (hypothetischen) Unternehmensaktie in Periode 1 höher als der Rückzahlungsbetrag der Anleihe, so wird das Umwandlungsrecht in Anspruch genommen. Die ***Wandelanleihe*** stellt somit die Position des Halters eines ***risikolosen Zerobonds***, eines ***Short Put mit dem Fremdkapitalanspruch der Anleihe als Basispreis*** sowie eines ***Long Call*** mit dem Umwandlungswert, der mit dem Rückzahlungsbetrag der Anleihe identisch ist, als ***Basiswert*** dar.

3.3.5 Beurteilung der Optionsdarstellung von Finanztiteln

Bei der Übertragung des Optionspreismodells auf die Bewertung von Finanzierungsmitteln werden zwei wichtige Unterschiede zwischen der Option auf eine Aktie und der (interpretierten) Option auf das Unternehmensvermögen vernachlässigt.

- Während der Inhaber der Option auf eine Aktie im Allgemeinen keinen Einfluss auf die Wertentwicklung des zugrundeliegenden Wertpapiers hat, ist es ***für die Eigenkapitalgeber eines Unternehmens geradezu typisch, Entscheidungs- und Verfügungsrechte über das Unternehmensvermögen selbst auszuüben oder an ein Management zu delegieren***, das über das Unternehmensvermögen im Interesse der Eigner verfügen sollte. Dieser Aspekt führt zu engen Grenzen der Anwendbarkeit des Optionspreismodells auf die Bewertung von Finanztiteln.

- Zweitens hat das ***Underlying als Marktwert des Unternehmens im Allgemeinen keinen isoliert beobachtbaren Marktpreis***. Der Marktpreis des Unternehmens lässt sich natürlich als Summe der Marktpreise von Eigen- und Fremdkapital ermitteln. Da aber der Marktwert des Eigenkapitals erst bestimmt werden soll, ergibt sich ein Zirkel, d. h. der Marktwert des Unternehmens müsste aus einer anderen Rechnung (z. B. über einen Analogieschluss aus einer anderen Unternehmensbewertung) vorgegeben werden.

Die Optionsdarstellung von Finanzierungstiteln kann also neue Einsichten vermitteln und bietet sich daher als nützliches Instrument zur Analyse von Finanzierungsverträgen und Finanztiteln an.

3.4 Bewertung auf Basis des Capital Asset Pricing Model CAPM

3.4.1 Die Ertrags-Risiko-Beziehung des Kapitalmarktmodells

Das bereits in den sechziger Jahren entwickelte Capital Asset Pricing Model CAPM, das in Deutschland auch einfach als ***Kapitalmarktmodell*** bezeichnet wird, leitet aus den Annahmen des ***Portfolio-Selection-Modells*** bei Existenz einer risikofreien Anlage, bei homogenen Erwartungen aller Marktteilnehmer und bei angenommenem Kapitalmarktgleichgewicht eine Ertrags-Risiko-Beziehung zwischen dem Erwartungswert der Rendite einer Aktie und ihrem Risiko im Marktportefeuille ab.[15]

(19) $$E(r_i) = r + [E(r_M) - r]\,\beta_i \quad mit \quad \beta_i = Cov(r_i, r_M) / Var(r_M)$$

Gleichung (19) besagt, dass sich an einem gleichgewichtigen Kapitalmarkt die Kurse aller Finanztitel so stellen, dass der Erwartungswert der Rendite einer Aktie $E(r_i)$ dem um eine Risikoprämie korrigierten risikofreien Zinssatz r entspricht. Die Korrektur erfolgt mit Hilfe der ***Risikoprämie des Marktes*** $[E(r_M) - r]$ und über den ***Beta-Faktor*** (β-Faktor) der Aktie i als Ausdruck des systematischen Risikos dieser Aktie. Das ***systematische Risiko*** ist das vom Anleger nicht weiter diversifizierbare Risiko, das er also unabhängig von seiner Portefeuillepolitik in jedem Fall tragen muss und das er daher mit einer Risikoprämie entgolten haben möchte.

Die Ableitung der Grundzusammenhänge an einem gleichgewichtigen Kapitalmarkt ergibt, dass der Erwartungswert der Rendite der Aktie i linear mit

[15] Der Ansatz der von HARRY M. MARKOWITZ im Jahre 1952 erstmals präsentierten Portfolio-Selection-Theorie baut auf einer Quantifizierung der Ertrags-Risiko-Charakteristika eines Wertpapierportefeuilles durch zwei Parameter auf, nämlich durch den Erwartungswert und die Varianz der Portfoliorendite. Vgl. MARKOWITZ (1959) und stellvertretend für viele Darstellungen und Ableitungen der Portfolio-Selection-Theorie SPREMANN (2000), S. 136 ff.

dem systematischen Risiko oder ***Beta-Risiko*** dieser Aktie steigt. Der Beta-Faktor enthält im Zähler die Kovarianz der Rendite der Aktie *i* mit der Marktrendite und im Nenner die Varianz der Marktrendite.[16]

Ist der Beta-Wert einer Aktie gerade 1 ($\beta_i = 1$), weil das Risiko der Aktie gerade dem Durchschnittsrisiko des Marktes entspricht, so ist auch der Erwartungswert der Rendite der Aktie *i* gleich dem Erwartungswert der Rendite des Marktportefeuilles. Ist dagegen $\beta_i > 1$, dann liegt auch der Erwartungswert der Rendite der Aktie *i* über der erwarteten Rendite des Marktportefeuilles. Das grafische Bild des linearen Zusammenhangs zwischen dem Erwartungswert und dem systematischen Risiko einer Aktie wird als ***Wertpapiermarktgerade*** (Security Market Line) bezeichnet. In Abb. 3.15 ist eine solche Wertpapiermarktgerade skizziert. Im Gleichgewicht liegen alle sich am Kapitalmarkt ergebenden Ertrags-Risiko-Kombinationen auf der Wertpapiermarktgeraden mit der Risiko-Ertrags-Beziehung in Gleichung (19).

Als ***Marktportefeuille M*** wird im Kapitalmarktmodell jenes Portefeuille definiert, das die Gesamtheit aller von den Anlegern am Kapitalmarkt in die Bewertung einbezogenen Titel umfasst. Dem theoretischen Erfordernis eines allumfassenden Marktportefeuilles kann in der Praxis nur schwer entsprochen werden, weil sich beispielsweise nicht handelbare Ansprüche oder das Humanvermögen der Wirtschaftssubjekte nur ansatzweise erfassen und bewerten lassen. In empirischen Untersuchungen und in der Unternehmenspraxis wird *M* in der Regel durch einen gängigen Aktienkursindex wie beispielsweise durch den DAX oder den EuroStoxx approximativ abgebildet und der Beta-Wert des untersuchten Finanztitels durch Regression mit dem Aktienindex ermittelt.

Zur Bestimmung des Beta-Wertes aus historischen Daten greift man dabei auf das sog. ***Marktmodell*** als empirischer (mehrperiodiger) Version des CAPM zurück. Zur Zusammenführung des CAPM und des Marktmodells geht man davon aus, dass das Marktmodell und das CAPM in jeder der betrachteten Perioden gelten und die Beta-Faktoren der Aktien zeitstabil sind, was sich aus den Annahmen des einperiodigen CAPM allerdings nicht begründen lässt. Das Marktmodell lässt sich als einfaches Regressionsmodell auffassen, mit dessen Hilfe sich die von der Marktentwicklung unabhängigen Bestandteile der Renditen der Aktien und ihre Beta-Faktoren schätzen lassen.[17]

---

[16] Das CAPM wurde unabhängig voneinander von WILLIAM F. SHARPE, von JOHN LINTNER und JAN MOSSIN entwickelt. SHARPE erhielt 1990 gemeinsam mit HARRY M. MARKOWITZ und MERTON H. MILLER den Nobelpreis für Wirtschaftswissenschaften. Eine vergleichende Darstellung der Ansätze von SHARPE, LINTNER und MOSSIN findet man in RUDOLPH (1979a), eine kompakte Ableitung des CAPM in RUDOLPH (1979b) sowie in den Lehrbüchern von FRANKE / HAX (2004), S. 387 ff. oder KRUSCHWITZ (2004), S. 169 ff.

[17] Zur Anwendung des Marktmodells und zur Schätzung der Papameter in einem Beispielsfall vgl. PODDIG / DICHTL / PETERSMEIER (2003), S. 271 ff.

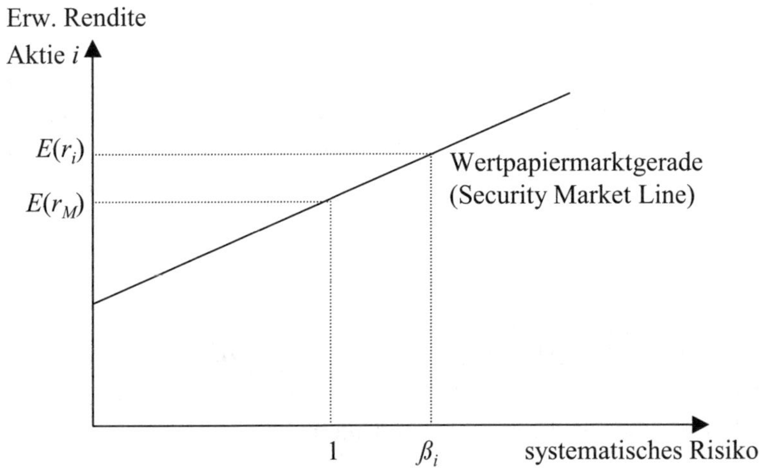

Abb. 3.15: Die Wertpapiermarktgerade des CAPM

Bei einem ausschließlich eigenfinanzierten Unternehmen kann man den in (19) ermittelten Erwartungswert der Aktienrendite als Kapitalkostensatz zur Auswahl aller Investitionsprojekte heranziehen, die das gleiche Risiko aufweisen wie das Durchschnittsrisiko des Unternehmens. Für Investitionsprojekte mit anderen Risikocharakteristika muss jeweils eine Vergleichsanlage am Kapitalmarkt mit dem gleichen β-Wert gefunden werden, deren erwartete Rendite dann den ***projektspezifischen Kapitalkostensatz*** bestimmt.[18] Der Erwartungswert der Rendite vorteilhafter Investitionsprojekte liegt zumindest auf und bei kapitalwertpositiven Projekten sogar über der in Abb. 3.15 skizzierten Wertpapiermarktgeraden.

3.4.2 Marktwert des Unternehmens und Investitionsplanung

Wenn man der Einfachheit halber davon ausgeht, dass ein ***Unternehmen ohne Fremdkapital*** arbeitet, so dass die Risk-Return-Beziehung (19) gleichermaßen für den Marktwert der Aktie und den Marktwert des Unternehmensvermögens gilt, dann kann man den in 3.4.1 dargestellten Zusammenhang auch in eine andere Form bringen, der den Zusammenhang sowohl der Unternehmensbewertung als auch einer Investitionsplanung auf der Basis des CAPM mit dem herkömmlichen Barwert- oder Kapitalwertwertkalkül deutlich macht. Überlegungen zur Unternehmensbewertung und Investitionspla-

[18] Vgl. RUDOLPH (1986).

nung bei einer Mischfinanzierung aus Eigen- und Fremdkapital werden im nachfolgenden Kapitel 4 dargestellt.

Überträgt man die Risiko-Ertrags-Beziehung des Kapitalmarktmodells auf die Bewertung von Unternehmen, die zweckmäßigerweise in absoluten Größen und nicht in relativen Größen (Renditen) vorgenommen wird, so erhält man

wegen $$r_i = \frac{V_{i1} - V_{i0}}{V_{i0}} = \frac{V_{i1}}{V_{i0}} - 1$$

und $$E(r_i) = \frac{E(V_{i1})}{V_{i0}} - 1 \quad \text{sowie} \quad Cov(r_i, r_M) = \frac{1}{V_{i0}} Cov(V_{i1}, r_M)$$

für den Marktwert eines unverschuldeten Unternehmens

$$(20) \qquad V_{i0} = \frac{1}{1+r}\left[E(V_{i1}) - [E(r_M) - r] \frac{Cov(V_{i1}, r_M)}{Var(r_M)} \right].$$

Die Bewertung mit Hilfe des CAPM geht davon aus, dass sich der Marktwert des Unternehmens als Barwert der erwarteten zukünftigen Cashflows darstellen lässt. Der erwartete zukünftige Erwartungswert wird um einen Bewertungsabschlag vermindert, der umso größer ist, je höher der Risikozusammenhang dieses Unternehmens mit dem Markt ist. Ist der Risikozusammenhang gering, so fällt auch der Risikoabschlag gering aus. Der Erwartungswert des zukünftigen Marktwertes des Eigenkapitals wird wegen der Risikoaversion der Marktteilnehmer also korrigiert, wobei sich der Korrekturfaktor β_i – zumindest für die Vergangenheit im Rahmen des Marktmodells – für jedes an der Börse notierte Unternehmen prinzipiell beobachten lässt. Insoweit stellt das CAPM einen Fortschritt gegenüber dem Umweltzustands-Präferenzmodell dar, in dem für die Umweltzustandspreise nicht ohne weiteres beobachtbare Größen am Kapitalmarkt gefunden werden können.

Das CAPM kann analog zur Formel für den Marktwert eines Unternehmens auch zur Beurteilung der Vorziehenswürdigkeit neuer Investitionsprojekte herangezogen werden. Ein Investitionsprojekt sollte nach den Regeln des CAPM durchgeführt werden, wenn der Kapitalwert des Investitionsprojektes positiv ist, d. h. wenn

$$(21) \qquad K_{0i} = -I_{0i} + \frac{1}{1+r}\left[E(e_{i1}) - [E(r_M) - r] \frac{Cov(e_{i1}, r_M)}{Var(r_M)} \right] > 0$$

gilt. Mit der Anwendung der Formel (21) sind verschiedene Probleme verbunden, auf die hier nicht weiter eingegangen werden soll. Insbesondere muss unterstellt werden, dass durch die Investition die Verteilung der Marktrendite

r_M nicht verändert wird, was bei Investitionen in kleineren Unternehmen sowie kleineren Investitionen annähernd gewährleistet sein dürfte, in allen anderen Fällen aber problematisch ist (vgl. LAUX 2006, S. 288 ff.). Wird über das Investitionsprojekt positiv entschieden, dann addiert sich der Kapitalwert der Investition in (21) zum Marktwert des Unternehmens (20).

Bei Gültigkeit des Kapitalmarktmodells können im Übrigen bei entsprechender Modifikation mit der Formel (19) auch Eigen- und Fremdkapitaltitel bewertet werden, und es kann gezeigt werden, dass das Theorem von der Irrelevanz der Kapitalstruktur für den Marktwert der Unternehmen gilt. Daraus folgt, dass auch das Investitionskriterium von der Verschuldungssituation des Unternehmens unabhängig ist. Für den Fall, dass das Marktportefeuille durch die Neuinvestition nicht verändert wird, gelten auch alle für den Fall sicherer Erwartungen herausgearbeiteten Grundaussagen der neoklassischen Finanzierungstheorie. Diese Zusammenhänge sind Gegenstand des nachfolgenden Kapitels 4.[19]

3.4.3 Informationseffizienz des Kapitalmarktes

(1) Die These von der Informationseffizienz des Kapitalmarktes

Das Kapitalmarktmodell geht von der Annahme homogener Erwartungen aller Kapitalmarktteilnehmer aus und behandelt nicht die Form der Erwartungsbildung der Kapitalmarktteilnehmer beim Eintreffen neuer Informationen. Die Annahme homogener Erwartungen lässt sich aus der Annahme eines vollkommenen Kapitalmarktes begründen, an dem allen rational handelnden Marktteilnehmern alle Informationen rasch, zuverlässig und ohne Transaktionskosten zur Verfügung stehen. Die rasche Umsetzung führt dazu, dass der Kapitalmarkt ***bewertungseffizient*** ist, weil die Marktpreise alle verfügbaren Informationen richtig widerspiegeln. An realen Kapitalmärkten muss man allerdings davon ausgehen, dass nicht alle Kapitalmarktteilnehmer über die gleichen Informationen verfügen und die Informationsbeschaffung mit erheblichen Kosten verbunden ist. Das gibt Anlass, unterschiedliche Formen der Informationseffizienz zu unterscheiden, die gleich noch näher erläutert werden.

Bei empirischen Anwendungen und Überprüfungen des CAPM muss also beachtet werden, dass die Kapitalmarktteilnehmer bei ihren Kauf- und Verkaufsentscheidungen vermutlich nicht alle von den gleichen Informationen und daher auch nicht alle von den gleichen Parameterwerten der Aktienrenditen ausgehen. In diesem Fall stellt sich die Frage nach den für eine Untersu-

---

[19] Auch bei Einwirkung der Investition auf das Marktportefeuille lässt sich eine Investitionsplanung auf der Basis des CAPM rechtfertigen. Zum Vergleich der subjektiven Nutzenmaximierung und der Marktwertmaximierung in ihren verschiedenen Ausprägungen vgl. LAUX (2006), S. 282 ff.

chung relevanten Informationen, die in die Bewertungsgleichungen eingehen sollen. Hier geht man seit FAMAS Operationalisierung des Effizienzbegriffs davon aus, dass die Bewertung auf der Basis der „wahren" bedingten Wahrscheinlichkeitsverteilungen erfolgt, so dass also die ***Marktbewertung fundamental richtig*** ist. Kursänderungen werden durch neue Informationen induziert und im Kurs adäquat abgebildet. Diese Aussagen gelten natürlich nur für die Durchschnittswerte, da die Kurse auch durch Zufallseinflüsse beeinflusst werden, die den informationsgetriebenen Kursprozess mit einem gewissen Rauschen (Noise) überlagern. An einem informationseffizienten Markt ist der ***Kurs einer Aktie stets ein unverzerrter Schätzer des fundamentalen (wahren) Wertes*** der Aktie, d. h. der aktuelle Kurs ist nicht notwendigerweise der innere Wert, gilt aber als bester Schätzer für den inneren Wert. An einem informationseffizienten Kapitalmarkt kann niemand bessere Anlageentscheidungen – als andere – aufgrund besserer, umfangreicherer oder neuerer Informationen treffen.

Die Kapitalmarkttheorie befasst sich im Rahmen der ***Markteffizienzhypothesen*** (Efficient Market Hypothesis) mit dem Problem, ob und in welchem Umfang Aktienkurse die am Kapitalmarkt verfügbaren Informationen tatsächlich vollständig und richtig widerspiegeln. Ein ***informationseffizienter Markt*** ist daher dadurch gekennzeichnet, dass die Kurse alle verfügbaren bewertungsrelevanten Informationen korrekt reflektieren. Bei der Interpretation des Begriffs der Informationseffizienz ist zu bedenken, dass die Unmöglichkeit, Kursänderungen zu prognostizieren, dann eine notwendige Implikation eines informationseffizienten Kapitalmarktes ist, wenn der Neuzugang der Informationen nicht prognostiziert werden kann. Der Umkehrschluss ist aber nicht zwingend, so dass aus der Unmöglichkeit der Kursprognose nicht notwendigerweise auf einen informationseffizienten Kapitalmarkt geschlossen werden kann.

Als hinreichende ***Voraussetzungen für die Existenz informationseffizienter Märkte*** nennt FAMA (1970) folgende Bedingungen:

- Keine Transaktionskosten,
- keine Kosten der Informationsbeschaffung,
- homogene Erwartungen der Marktteilnehmer bezüglich der momentanen Kurse und der Verteilung der zukünftigen Kurse,
- rationale Marktteilnehmer.

Wie FAMA bereits selbst feststellt, sind diese Voraussetzungen auf realen Märkten kaum anzutreffen. Gleichzeitig betont FAMA aber auch, dass es sich bei seinen Anforderungen ***nur um hinreichende, nicht aber um notwendige Bedingungen*** handelt mit der Konsequenz, dass eine Verletzung der Anforderungen nicht unmittelbar Informationsineffizienz impliziert.

FAMA hat 1970 den Stand der Forschung zur Informationseffizienz der Aktienmärkte zusammengefasst und dabei postuliert, dass an einem informationseffizienten Kapitalmarkt die ***Kurse*** für alle Finanztitel stets ***alle verfügbaren Informationen vollständig und augenblicklich widerspiegeln*** sollen. Das Postulat impliziert, dass von den Marktteilnehmern stets alle relevanten Informationen unmittelbar in Kauf- oder Verkaufsentscheidungen umgesetzt werden und dementsprechend sich das Preissystem so anpasst, dass kein Marktteilnehmer mögliche Informationsvorsprünge systematisch ausnutzen kann.

Die Begriffsbildung der Informationseffizienz bedarf aber bei der praktischen Anwendung der ***Präzisierung*** in mehrfacher Hinsicht,

- was für „Informationen" gemeint sind,
- was „verfügbare" Informationen sind (alle möglichen, denkbaren oder alle empirisch beobachtbaren),
- wer über diese Informationen verfügt und
- was die Forderung nach „vollständiger" und „augenblicklicher" Widerspiegelung exakt bedeutet?

Der Begriff der Informationseffizienz ist auch dahingehend kritisiert worden, dass eine Aussage über die Richtigkeit bzw. Exaktheit der Informationsverarbeitung fehlt. Man fordert daher heute zusätzlich, dass der Markt die Informationen auch richtig (d. h. unverzerrt) verarbeitet. Ansonsten könnte nämlich jede beliebige Verteilung der Wertpapierrenditen mit dem Effizienzbegriff vereinbar sein. Der Begriff der Informationseffizienz beinhaltet letztlich also, dass alle Marktteilnehmer rationale Erwartungen haben und alle eingehenden Informationen blitzschnell und korrekt in Kauf- und Verkaufshandlungen umsetzen. Das bedeutet, dass der Marktpreis zwar nicht zu jedem Zeitpunkt dem wahren Wert der Aktien exakt entsprechen muss, dass aber Abweichungen vom wahren Wert unverzerrt und rein zufällig sein sollten.

(2) Unterscheidung verschiedener Effizienzniveaus

Unabhängig von der speziellen Interpretation ist der Begriff der Informationseffizienz zur Herleitung empirisch testbarer Implikationen noch sehr allgemein. Es hat sich daher eine ***Dreiteilung der Effizienzthese*** hinsichtlich des Informationsumfangs eingebürgert, die je nach untersuchter Informationsmenge ***zu drei typisierten Formen der Informationseffizienz-These*** führt.

- Die ***schwache Form der Informationseffizienz*** (weak efficiency) bezieht sich ausschließlich auf Informationen aus vergangenen Kursen und Kursänderungen der Finanztitel.

  Diese Form der Informationseffizienz ist erfüllt, wenn sich die Kurse unabhängig von den Kursbewegungen der Vergangenheit verhalten und man daher aus historischen Kursreihen keine besseren Prognosen für zukünftige Kursbewegungen ableiten kann als aus dem heutigen Kurs allein. Die Gültigkeit der schwachen Form der Effizienzthese schließt also auch aus, dass Anleger aus der Auswertung von technischen Analysen bzw. Chartanalysen systematisch Überrenditen erzielen können.

- Die ***mittelstrenge Form der Informationseffizienz*** (semistrong efficiency) betrifft alle Informationen, die öffentlich zugänglich sind.
  Diese Form der Effizienz ist erfüllt, wenn in den Kursen stets bereits alle Informationen verarbeitet sind, die wie z. B. Jahresabschlussdaten allgemein zugänglich, d. h. insbesondere in der Tagespresse veröffentlicht sind. Die Gültigkeit der mittelstrengen Form der Informationseffizienzthese schließt somit aus, dass Anleger auf der Basis fundamentaler Analysen systematisch Überrenditen erzielen können.
- Die ***strenge Form der Informationseffizienz*** (strong efficiency) betrifft alle nur denkbaren Informationen.
  Wenn sich ein Kapitalmarkt durch diese stärkste Form der Informationseffizienz auszeichnet, so wäre sogar ausgeschlossen, dass man aus Insiderinformationen Überrenditen erzielen kann, weil selbst die Insiderinformationen bereits im Kurs verarbeitet sind. Wenn in Kapitel 5 Informationsasymmetrien in die Finanzierungstheorie eingeführt werden, dann ist dies unter anderem dadurch motiviert, dass der Kapitalmarkt nicht im strengen Sinne informationseffizient ist.

Für die Aktienanlage ergeben sich unterschiedliche Strategien der Informationsgewinnung, wenn der Anleger die eine oder andere Form der Informationseffizienz am Markt unterstellt. Für das Finanzmanagement ergeben sich ebenso unterschiedliche Strategien der Information des Marktes, damit die beim Management vorhandenen indiosynkratischen Kenntnisse über das Unternehmensgeschehen dem Markt in geeigneter Weise angezeigt werden.

Die ***Tests der drei Effizienzhypothesen*** lassen sich wie folgt kategorisieren:

- Die schwache Form der Effizienzform wird getestet, in dem beispielsweise geprüft wird, ob sich überdurchschnittliche Anlageerfolge realisieren lassen, wenn die Aktien im Portefeuille auf der Basis vergangener Kurs- oder Renditereihen zusammengestellt werden.
- Die mittelstrenge Form der Informationseffizienz wird getestet, indem Ereignisstudien durchgeführt werden, die deutlich machen, wie die Kursanpassung an ein ex post bekanntes Informationsereignis erfolgt.
- Tests auf die strenge Form der Informationseffizienz konzentrieren sich auf die Frage, ob Marktteilnehmer auf der Basis privater Informationen abnormale Renditen erzielen können oder nicht.

(3) Das Problem von Tests verbundener Hypothesen

Die empirische Überprüfung der Effizienzthesen muss sich ebenso wie die praktische Anwendung des Modells im Rahmen von ***Ereignisstudien*** (***Event***

Studies) mit dem Problem auseinandersetzen, dass die korrekte, unmittelbare Reaktion der Kurse auf neue Informationen nicht bekannt ist.[20] Stattdessen gibt es bestimmte Hypothesen über den Kursverlauf bzw. die Renditen der Aktien (z. B. auf der Basis des CAPM), woraus das Problem eines Tests verbundener Hypothesen (Joint-Hypothesis-Problem) resultiert: Informationseffizienz kann immer nur auf der Basis eines unterstellten Mechanismus der Wertpapierkursbildung geprüft werden, so dass mit dem Test der Informationseffizienz immer auch ein Test des zugrunde gelegten Kapitalmarktmodells verbunden ist. Das hat zur Folge, dass bei Nichtbestätigung der Testhypothese

- entweder folgt, dass das gewählte Kursbildungsmodell richtig und der Markt tatsächlich ineffizient ist,
- oder der Markt dennoch effizient ist, das Preisbildungsmodell aber falsch angenommen wurde.

Eine eindeutige Lösung des Problems der Tests verbundener Hypothesen liegt derzeit nicht vor, so dass man sich der endgültigen Beantwortung der Frage nur durch eine Vielzahl vergleichbarer Studien nähern kann.

Ein wichtiger theoretisch fundierter Einwand gegen das Konzept informationseffizienter Märkte stellt das sog. ***Informationsparadoxon*** dar. Geht man davon aus, dass die Informationsbeschaffung mit Kosten verbunden ist, dann wäre niemand bereit, solche Kosten zu tragen, da auf einem informationseffizienten Markt der Preis bereits alle verfügbaren Informationen reflektieren würde. Rationale Investoren werden daher auf eine Informationsverarbeitung verzichten. Das wiederum kann nicht zu gut informierten Märkten führen, woraus folgt, dass zumindest der statische Charakter der Informationseffizienzthesen aus theoretisch ökonomischer Perspektive kritisiert werden muss. In einer dynamischen Analyse kann man sich allerdings vorstellen, dass die Informationssuche zu Informationsvorsprüngen und diese zu kleinen Überrenditen führen, die gerade die zusätzlichen Informations- und Transaktionskosten decken.[21]

Lektürevorschläge zu Kapitel 3

Zu den in diesem Kapitel vorgestellten Grundlagen der neoklassischen Finanzierungstheorie gibt es zahlreiche nützliche Literaturhinweise, so dass die Auswahl nicht leicht fällt. Als Basislektüre ist eine Einführung in die Entscheidungstheorie zu empfehlen wie beispielsweise BAMBERG / COENENBERG (2004) oder LAUX (2003).

Die Originalbeiträge zum Umweltzustands-Präferenzansatz sind ARROW (1964) und DEBREU (1959), wobei der Aufsatz von ARROW die englische Übersetzung eines bereits 1953 veröffent-

[20] Vgl. GARZ (2004).

[21] Vgl. HELLWIG (1980).

lichten Beitrags ist. Die erste finanzwirtschaftliche Anwendung dieses Ansatzes geht auf MYERS (1968) zurück. Besonders betont wird der Ansatz in dem Lehrbuch von COPELAND und WESTON, das heute in der 4. Auflage als COPELAND / WESTON / SHASTRI (2005) vorliegt. Eine deutschsprachige Einführung und Anwendung auf finanzwirtschaftliche Fragestellungen bietet das Lehrbuch von ZIMMERMANN (1998), eine kürzere, aber dennoch ausführliche Darstellung und Gegenüberstellung mit dem CAPM die entsprechenden Abschnitte in LAUX (2006). Die Bedingungen der Zielsetzung der Marktwertmaximierung werden in WILHELM (1983) hergeleitet.

Einen Überblick über die derivativen Instrumente, ihre Anwendungsmöglichkeiten, die Rahmenbedingungen des Handels und eine Einführung in die Bewertung findet man in HULL (2002) sowie RUDOLPH / SCHÄFER (2005). Die Originalbeiträge zur Optionsbewertung sind BLACK / SCHOLES (1973) sowie MERTON (1974). Eine Auseinandersetzung mit der Anwendbarkeit des Ansatzes bei der Unternehmensbewertung findet man bei KLUG (1985) und in KRUSCHWITZ (2004). Anwendung auf die Finanzpolitik von Unternehmen in DAHLHEIM / WIELAND (2001) und Anwendungen auf den Leistungsbereich von Unternehmen in LAUX (1993).

Die Ergebnisse der Theorie der Portfolio Selection und ihrer Weiterführung zum CAPM werden in RUDOLPH (1979a, 1979b) behandelt, wo auch die Originalarbeiten vorgestellt und gegenübergestellt werden. Mit der Integration finanzierungstheoretischer Fragestellungen in das CAPM befassen sich insbesondere die Arbeiten von HAMADA (1969) und RUBINSTEIN (1973). Die Möglichkeiten der Investitionsplanung mit Hilfe des CAPM und der möglichen Widersprüche zwischen der Marktwertmaximierung der Unternehmen und der Nutzenmaximierung der Anteilseigner werden behandelt in LAUX (2006).

Zur empirischen Anwendung des CAPM im Rahmen des Marktmodells gibt es eine Fülle von Literatur. Hier sei nur verwiesen auf PODDIG / DICHTL / PETERSMEIER (2003), wo sich auch weiterführende Literaturhinweise finden. Auch zur empirischen Überprüfung der Gültigkeit des CAPM gibt es eine Fülle von Literatur. Die Verbindung der Modelle zur Finanzierungstheorie wird insbesondere herausgearbeitet bei BANK / GERKE (2005).

Zusammenfassung

Die Aussagen der neoklassischen Finanzierungstheorie bei unsicheren Erwartungen sind Ausgangspunkt aller weiterführenden finanzierungstheoretischen Ansätze und daher ein unverzichtbarer Baustein für alle nachfolgenden Überlegungen. Dementsprechend wird in diesem Kapitel ein Überblick über die verschiedenen Ansatzpunkte für eine neoklassische Modellierung der Unternehmensbewertung zur Beurteilung der Vorteilhaftigkeit der Unternehmensfinanzierung gegeben.

Die verschiedenen Modelle zeigen, dass sich unter geeigneten Annahmen (vollkommener und vollständiger Kapitalmarkt, exogen gegebene Wahrscheinlichkeitsverteilung der Umweltzustände) die Ergebnisse des Ansatzes zur Bewertung von Unternehmen und Finanztiteln bei sicheren Erwartungen mit geeigneten Modifikationen nahezu vollständig auf den Fall unsicherer Erwartungen übertragen lassen. Finanzpolitik bleibt ein fünftes Rad am realwirtschaftlichen Wagen der Unternehmen; die spezielle Form der Unternehmensfinanzierung schafft keinen Mehrwert, Wert schaffend ist allein die Durchführung kapitalwertpositiver Realinvestitionen.

- Der Bewertungsansatz auf der Basis von Erwartungswerten der zukünftigen Cashflows stellt ein sehr anschauliches und leicht rechenbares Instrument dar, um grundlegende finanzwirtschaftliche Zusammenhänge deutlich zu machen.
- Ein verallgemeinerter Ansatz der risikoneutralen Bewertung ist der Umweltzustands-Präferenzansatz, der sich insbesondere für eine Marktbewertung zukünftiger unsicherer Zahlungsströme anbietet. Der Ansatz lässt sich für einzelne Finanztitel ebenso nutzen wie zur Bewertung ganzer Unternehmen.

- Als spezielle Variante des Umweltzustands-Präferenzansatzes lässt sich der Optionsbewertungsansatz darstellen, dem in der Praxis eine größere Bedeutung zukommt als ersterem, weil sich die relevanten Umweltzustände identifizieren lassen.
- Die Portfolio-Selection-Theorie baut auf einer Quantifizierung der Ertrags-Risiko-Charakteristika eines Wertpapierportefeuilles durch zwei Parameter auf, nämlich durch den Erwartungswert und die Varianz der Portfoliorendite. Risikoscheue Anleger realisieren sog. effiziente Portefeuilles, die sich analytisch herleiten lassen Eine wichtige Ergänzung des Portfolio-Selection-Problems um die Einführung einer risikofreien Anlage stammt von TOBIN (1958) und führt auf das Separationstheorem, wonach die Bestimmung der optimalen Zusammensetzung der Aktienanlage von der Entscheidung über den optimalen Umfang der Aktienanlage getrennt werden kann.

Schlüsselbegriffe

Capital Asset Pricing Model
Contingent Claim
Finanzwirtschaftliche Bilanz
Fundamentalanalyse
Haftungsrangfolge
Informationseffizienz
Kuponanleihe
Laufzeitzinssatz
Marktmodell
Option
Optionsbewertung
Risikofreie Anlage
Risikoneutrale Bewertung
Terminzinssatz
Umweltzustands-Präferenzansatz
Wandelanleihe
Wertpapiermarktgerade
Zerobond
Zinskurven
Zustandspreis

Kapitel 4

Finanzmanagement unter Berücksichtigung von Steuern und Insolvenzkosten

Das Finanzmanagement eines Unternehmens muss sich mit einer Fülle von Fragen von strategischer und operativer Bedeutung auseinandersetzen. So muss beispielsweise entschieden werden,

- welche Arten möglicher Finanzierungsmittel prinzipiell ins Auge gefasst und welche davon ausgewählt werden sollen,
- welche Finanzierungsquellen (intern – extern, im Inland – im Ausland, viele Geldgeber – wenige Geldgeber) vorteilhaft erscheinen,
- für welchen Zeitraum die Finanzierungsmittel aufgenommen werden sollen (kurz-, mittel-, langfristig), ob sie kündbar oder nicht kündbar ausgestaltet sein sollen, wie die Preiskonditionierung (fix, variabel) erfolgen soll und schließlich
- mit wessen Hilfe die Finanzierungsmittel aufgebracht werden sollen (mit oder ohne Einschaltung von Vermittlern, Intermediären, Brokern etc.).

Die aufgeworfenen Fragen lassen sich keineswegs alle aus einem einheitlichen Theorieansatz heraus beantworten. Wichtige Aspekte können aber diskutiert werden, wenn Kapitalmarktunvollkommenheiten in die Analyse des vorausgegangenen Kapitels 3 einbezogen werden. Um in das Themenfeld einzuführen, wird sich die Diskussion in diesem Kapitel auf einige grundlegende Problemkreise konzentrieren. Speziell wird die Frage behandelt, wie das Eigenkapital-Fremdkapital-Verhältnis (der Verschuldungsgrad) gewählt werden soll, wenn die Eigentümer des Unternehmens einen möglichst hohen Marktwert ihres Vermögens realisieren wollen. Die Frage nach dem ***optimalen Verschuldungsgrad*** beleuchtet einen wichtigen Teilaspekt der Frage nach der optimalen Kapitalstruktur von Unternehmen. In diesem Kapitel werden dabei nur einfache Eigen- und Fremdkapitaltitel betrachtet. Aussagen zu differenzierteren Finanztiteln sind Gegenstand der nachfolgenden Kapitel.

Nach der Diskussion des für die Wahl der Kapitalstruktur bei vollkommenem Kapitalmarkt grundlegenden ***Irrelevanztheorems der Verschuldung*** für den Marktwert des Unternehmens und nach einer Konkretisierung der Kapitalkostenverläufe mit Hilfe des CAPM im Abschnitt 4.1 werden zwei Einflussgrößen, nämlich ***Steuern und Insolvenzkosten*** betrachtet, die einen optimalen Verschuldungsgrad begründen können. Je nach der Bedeutung der verschiedenen Kostenaspekte kann es für die Eigentümer eines Unternehmens dann vorteilhaft sein, mit einem relativ kleinen bzw. relativ hohen Eigenkapitalanteil im Unternehmen zu arbeiten. Die Einführung von Steuern erfolgt in Abschnitt 4.2, die Berücksichtigung von Insolvenzkosten in Abschnitt 4.3.

4.1 Kapitalkosten bei Eigen- und Fremdfinanzierung

4.1.1 Annahmen und Implikationen des Irrelevanztheorems

Dieser Abschnitt befasst sich noch einmal mit der bereits im vorausgegangenen Kapitel 3 angesprochenen Aussage, dass der ***Marktwert eines Unternehmens*** bei vollkommenem Kapitalmarkt ***vom Verschuldungsgrad unabhängig ist***. Das impliziert konstante durchschnittliche Kapitalkosten. Die ***Kapitalkosten*** eines Unternehmens sind Ausdruck der Renditeforderungen der Kapitalgeber eines Unternehmens und determinieren die Mindestverzinsung von Investitionsprojekten, die das gleiche durchschnittliche Risiko aufweisen wie die bereits realisierten Unternehmensinvestitionen. Durchgeführt werden sollen alle Investitionsprojekte, die eine Rendite erwarten lassen, die mindestens so hoch ist wie die von den Kapitalgebern erwartete Rendite ohne die Durchführung dieser Projekte. Man kann gleichbedeutend fordern, dass die Investitionsprojekte mindestens ihre Kapitalkosten decken sollen. Der Begriff der Kapitalkosten ersetzt bei unsicheren Erwartungen den im Fall sicherer Erwartungen benutzen Begriff des Kalkulationszinsfußes.

(1) Renditeforderungen der Kapitalgeber

Im Falle eines ausschließlich eigenfinanzierten Unternehmens geben die Renditeforderungen der Eigentümer unmittelbar die Kapitalkosten der Investitionsprojekte an. Dieser im vorausgegangenen Kapitel behandelte einfache Fall wird nun um fremdfinanzierte Projekte ergänzt. Im Fall eines mit Eigen- und Fremdmitteln arbeitenden Unternehmens definieren die durchschnittlichen Renditeforderungen aller Kapitalgeber die Mindestverzinsung der Investitionen.

Bezeichnet EK den ***Marktwert des Eigenkapitals*** und FK den ***Marktwert des Fremdkapitals*** sowie $GK = EK + FK$ den gesamten Marktwert des Unternehmens, dann sind die ***durchschnittlichen Kapitalkosten*** bzw. der Gesamtkapitalkostensatz eines Unternehmens definiert durch

$$(1) \qquad k_{GK} = k_{EK}\frac{EK}{GK} + k_{FK}\frac{FK}{GK}.$$

Die durchschnittlichen Kapitalkosten k_{GK} sind die auf das Gesamtkapital GK im Durchschnitt entfallenden Kapitalkosten. Bei der Anwendung der Formel (1) auf ein Investitionsplanungsproblem ist zu bedenken, dass sich die Renditeforderungen am konkreten Risikogehalt des Investitionsprojektes orientieren und daher die Anwendung von (1) erstens voraussetzt, dass der Risikograd des Investitionsprojektes dem durchschnittlichen Risiko des Unternehmensvermögens entspricht, und dass sich zweitens der Verschuldungsgrad nicht im Zuge der Durchführung der Investition verändert.

Nun wird im nachfolgenden Abschnitt 4.1.2 gezeigt, dass bei vollkommenem Kapitalmarkt konstante durchschnittliche Kapitalkosten zu verzeichnen sind. In diesem Fall hängt natürlich die Anwendung von (1) auf die Investitionsplanung nicht von einem gleich bleibenden Verschuldungsgrad ab. Im Fall der konstanten durchschnittlichen Kapitalkosten $k_{GK} = const.$ steigen unter der Voraussetzung niedrigerer konstanter Fremdkapitalkosten k_{FK} die Eigenkapitalkosten k_{EK} linear mit dem Verschuldungsgrad des Unternehmens.[1]

Von einem konstanten Fremdkapitalkostensatz kann man dann ausgehen, wenn das Fremdkapital risikofrei ist, was hier der Einfachheit halber unterstellt wird. Dass die durchschnittlichen Kapitalkosten über dem Fremdkapitalkostensatz liegen, ist dadurch begründet, dass das Unternehmen insgesamt nicht risikofrei arbeitet und die Anleger am Kapitalmarkt risikoscheu sind. Daher verlangen sie für ihre risikobehaftete Anlagen eine Risikoprämie über dem risikofreien Zinssatz.

Gelten die unterstellten Bedingungen sowie $k_{GK} = const. = \bar{k}_{GK}$, dann kann man (1) nach k_{EK} auflösen und erhält die lineare Beziehung

$$(2) \qquad k_{EK} = \bar{k}_{GK} + (\bar{k}_{GK} - r)\frac{FK}{EK}.$$

Mit $k_{FK} = r$ und $EK + FK = GK$, wonach die Eigenkapitalkosten k_{EK} eines Unternehmens vom Basissatz der Gesamtkapitalkosten an linear mit dem Quotienten FK/EK steigen. FK/EK ist ein Ausdruck für den Verschuldungsgrad des Unternehmens.

In Abb. 4.1 wird unterstellt, dass der Fremdkapitalkostensatz, da kein Fremdkapitalrisiko bestehen soll, gleich dem exogen gegebenen Marktzins r ist. Da das Fremdkapital risikofrei ist, das Unternehmensvermögen insgesamt aber als risikobehaftet angenommen wird, muss bei beschränkter Haftung der Eigentümer die Fremdkapitalaufnahme des Unternehmens auf einen Umfang begrenzt sein, so dass die Gläubiger kein Risiko übernehmen. Im Bereich des risikofreien Fremdkapitals steigt dann die Eigenkapitalkostenkurve bei konstanten durchschnittlichen Kapitalkosten linear mit dem Verschuldungsgrad FK/EK an.

---

[1] Dieser Effekt wird in der ex post Betrachtung realisierter Renditen auch als Hebeleffekt der Verschuldung bzw. als Leverage-Effekt bezeichnet. Aus diesem ex post Effekt kann man nicht auf die hier diskutierte ex ante Beziehung schließen, da der Hebeleffekt keine Risikobetrachtung beinhaltet.

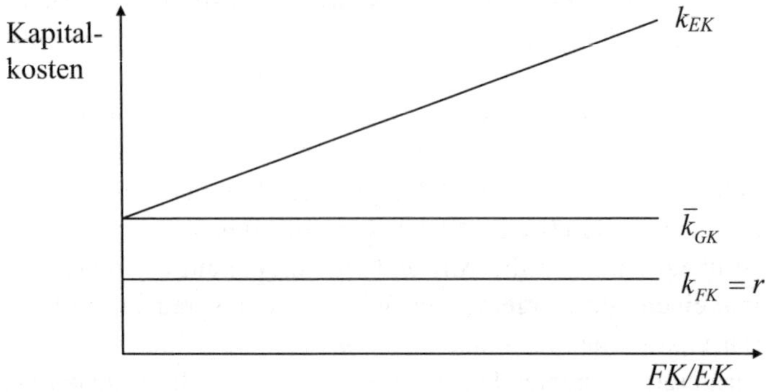

Abb. 4.1: Kapitalkostenverlauf im neoklassischen Modell

Ist der Fremdkapitalkostensatz dagegen nicht konstant, sondern steigt ab einem bestimmten Verschuldungsgrad an, weil die risikoaversen Fremdkapitalgeber wegen der relativ hohen Verschuldung die Unternehmensrisiken zumindest zum Teil mittragen müssen, dann wird sich das in weniger stark steigenden oder sogar sinkenden Eigenkapitalkostensätzen ausdrücken, weil nun ein Teil der Risiken von den Eigentümern auf die Fremdkapitalgeber verlagert wird.

Die Kapitalkostenverläufe lassen sich in diesem Fall eines steigenden Fremdkapitalkostensatzes in Abhängigkeit vom Verschuldungsgrad *FK/EK* wie in Abb. 4.2 skizzieren.

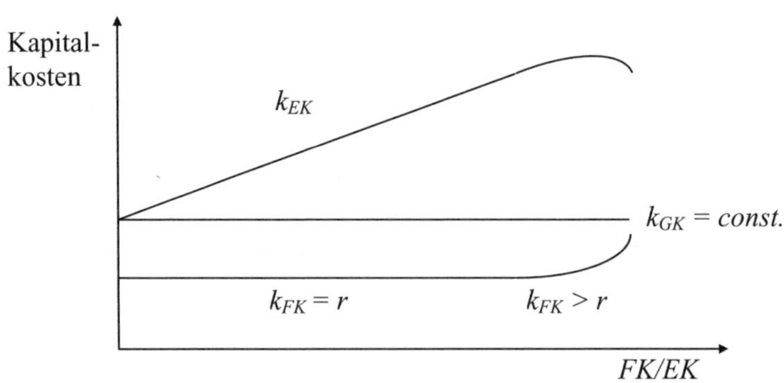

Abb. 4.2: Kapitalkostenverläufe bei risikobehaftetem Fremdkapital

Wesentlich an der Darstellung in Abb. 4.2 ist der bei vollkommenem Kapitalmarkt weiterhin konstante Gesamtkapitalkostenverlauf. Die rechts gebogenen Kapitalkostenverläufe für das Eigen- und Fremdkapital sind Ausdruck der vom Verschuldungsgrad *FK/EK* abhängigen Aufteilung der Risiken auf die Eigen- und Fremdkapitalgeber.

(2) Annahmen des Modells von MODIGLIANI und MILLER

MODIGLIANI und MILLER (1958) haben in ihrer grundlegenden Arbeit über die Kapitalkosten, den Marktwert und die Kapitalstruktur von Unternehmen erstmals einen formalen Beweis erbracht, dass die durchschnittlichen Kapitalkosten bei risikofreiem Fremdkapital unabhängig von der Kombination der Finanzierungsmittel konstant sind. In einer nachfolgenden Arbeit hat STIGLITZ (1974) gezeigt, dass die durchschnittlichen Kapitalkosten auch unabhängig von der Verteilung der Unternehmensrisiken auf die Eigen- und Fremdkapitalgeber konstant sind, wie das in Abb. 4.2 zum Ausdruck kommt.[2] Die Gültigkeit des Irrelevanztheorems der Verschuldung für den Marktwert des Unternehmens hängt also nicht von der Annahme risikofreien Fremdkapitals ab. Für praktische rechnerische Ableitungen ist die Annahme aber eine bequeme Unterstellung.

Die Arbeit von MODIGLIANI und MILLER (1958) behandelt im Kern die Frage, welche ***Mindestrendite ein risikobehaftetes Investitionsprojekt*** erbringen muss. Insbesondere wird die Frage behandelt, ob diese Mindestrendite vom Einsatz unterschiedlicher Finanzierungsmittel oder -instrumente im Unternehmen abhängig ist oder nicht. Der Ansatz führt zu dem Ergebnis, dass die Mindestrendite eines Investitionsprojektes bei vollkommenem Kapitalmarkt nicht von der Finanzierung bzw. der Kapitalstruktur, sondern nur von der Qualität des Investitionsprojektes, also seinem Risikogehalt abhängig ist. Quasi als Nebenergebnis ihrer Analyse beweisen MODIGLIANI und MILLER dabei das für die Weiterentwicklung der Finanzierungstheorie grundlegende ***Irrelevanztheorem der Verschuldung für den Marktwert der Unternehmen***. Die nachfolgende Ableitung des Theorems folgt einer „modernen" Version des MODIGLIANI-MILLER-Modells als Barwertansatz.

[2] Bei ihrem Beweis haben MODIGLIANI und MILLER die Höhe der durchschnittlichen Kapitalkosten als exogen gegeben unterstellt und im Rahmen des von ihnen verwendeten Risikoklassenkonzepts keine Aussagen darüber getroffen, wovon die Höhe der Kapitalkosten einzelner Unternehmen abhängig sein könnte. Mit Hilfe des Kapitalmarktmodells (CAPM) kann man heute konkrete Hypothesen über ihre Höhe ableiten.

4.1.2 Der Marktwert eines Unternehmens bei Fremdfinanzierung

(1) Der Marktwert eines unverschuldeten Unternehmens

Die Ableitung des Marktwertes von Unternehmen geht von folgenden Annahmen aus:

- Der Kapitalmarkt ist vollkommen, insbesondere fallen keine Transaktionskosten oder Steuern an. Alle Kapitalmarktteilnehmer verhalten sich als Mengenanpasser und beeinflussen durch ihre Transaktionen nicht die Marktpreise für Finanztitel.
- Alle Wirtschaftssubjekte und Unternehmen können sich zu einem festen Zinssatz risikofrei verschulden. Zu diesem Zinssatz können sie auch jederzeit risikofreie Anlagen in beliebigem Umfang tätigen.
- Die Unternehmen finanzieren sich ausschließlich über zwei Arten von Finanzierungsinstrumenten, nämlich über risikofreies Fremdkapital und über risikobehaftetes Eigenkapital.
- Alle Zahlungsströme stellen sich als ewige (sichere oder unsichere) Renten dar (mit im Zeitablauf identischen Verteilungen). Über die Verteilungsfunktionen haben die Marktteilnehmer übereinstimmende Vorstellungen (homogene Erwartungen).

Erzielt ein zunächst ohne Fremdkapital arbeitendes Unternehmen über eine unbegrenzte Zeitdauer einen unsicheren Zahlungsmittelüberschuss Y mit stets derselben Wahrscheinlichkeitsverteilung je Periode, dann berechnet man den Marktwert V_U des unverschuldeten Unternehmens als Barwert des erwarteten unendlichen Zahlungsstroms:[3]

$$(3) \qquad V_U = \frac{E(Y)}{k_U}.$$

In (3) gibt k_U den am Kapitalmarkt geltenden – hier exogen gegebenen – Diskontierungszinssatz für Cashflows Y eines gegebenen Unsicherheitsgrades an – die dem Risiko Y zugeordnete Renditeforderung. Bei risikoneutralem Kapitalmarkt würde $k_U = r$ gelten. Wir lassen hier die Höhe von k_U offen, gehen aber davon aus, dass in der Regel $k_U > r$ gilt, weil die Anleger am Kapitalmarkt risikoavers sind.

Der Einfachheit halber wird in Beziehung (3) unterstellt, dass der periodische Zahlungsmittelüberschuss Y zugleich den (stochastischen) Periodengewinn angibt. Eine solche Annahme stellt in einem Ansatz, der ohne Begren-

[3] Da im Folgenden von einem konkreten Wertansatz ausgegangen wird, ergibt sich der Marktwert des Unternehmens als V.

zung des Planungshorizonts arbeitet, keine zusätzliche Restriktion dar.[4] Löst man (3) nach k_U auf, so erhält man

$$(4) \qquad k_U = \frac{E(Y)}{V_U} \qquad \text{bzw.}$$

$$(5) \qquad \frac{1}{k_U} = \frac{V_U}{E(Y)}.$$

Gleichung (5) besagt, dass man, wenn man den Marktwert des Unternehmens durch den Gewinnstrom dividiert, eine aus der Finanzanalyse bekannte Kennzahl, das ***Kurs-Gewinn-Verhältnis*** bzw. die Price-Earnings-Ratio erhält. Das Kurs-Gewinn-Verhältnis stellt den reziproken Wert des Diskontierungssatzes für Zahlungsströme dar, die der gleichen Risikoklasse wie die des Unternehmens zuzuordnen sind. Kennt man k_U aus den Daten vergleichbarer Unternehmen (Unternehmen derselben Risikoklasse), dann hat man einen empirischen Hinweis zur Bestimmung des eigenen Kapitalkostensatzes.

(2) Der Marktwert eines verschuldeten Unternehmens

Nun wird angenommen, dass das Unternehmen Fremdkapital FK aufnimmt, so dass der unsichere, aber von der Finanzpolitik unabhängige Zahlungsmittelüberschuss Y in jeder Periode auf die Eigen- und Fremdkapitalgeber aufgeteilt wird. Die Fremdkapitalgeber erhalten pro Periode die kontraktbestimmten Zinsen rFK auf das ausstehende Fremdkapital FK. Die Eigenkapitalgeber erhalten die Zahlungsmittelüberschüsse nach Zinsen, also den ***residualen Einkommensstrom*** $(Y - rFK)$.

Wesentlich an dieser einfachen Formulierung des Modells ist, dass der gesamte unsichere Zahlungsmittelüberschuss Y einer Periode für eine sichere Bedienung der Fremdkapitalzinsen ausreicht. Die ***Unsicherheit des Gesamtzahlungsstroms*** „verdichtet" sich dann in dem ***unsicheren Zahlungsstrom an die Eigenkapitalgeber***. Wegen

$$(6) \qquad \underbrace{(Y - rFK)}_{\substack{Zahlung\ an \\ EK-Geber}} + \underbrace{rFK}_{\substack{Zahlung\ an \\ FK-Geber}} = \underbrace{Y}_{\substack{unsicherer \\ Zahlungsstrom}}$$

ist der Marktwert V_V eines verschuldeten Unternehmens mit dem Zahlungsstrom Y gegeben durch

[4] Wegen der Annahme eines vollkommenen Kapitalmarktes ist es auch gleichgültig, zu welchem Zeitpunkt die Zahlungsmittelüberschüsse vom Unternehmen als Dividende ausgeschüttet werden.

(7) $$V_V = \frac{E(Y)}{k_U}.$$

Daraus folgt wegen (3) die Beziehung zwischen dem Marktwert des verschuldeten und des unverschuldeten Unternehmens

(8) $$V_V = V_U,$$

wonach der Marktwert eines verschuldeten Unternehmens gleich dem Marktwert des unverschuldeten Unternehmens ist. Das ist der Inhalt des ***MODIGLIANI-MILLER-Theorems*** von der ***Irrelevanz der Verschuldung*** für den Marktwert eines Unternehmens.

Das Theorem besagt im Kern, dass die verschiedenen Financiers zwar unterschiedlich hohe Anteile am Unternehmen erwerben und auch in unterschiedlicher Weise an den Risiken des Unternehmens partizipieren können, dass aber die spezielle Verteilung der Eigentumsrechte auf die verschiedenen Gruppen von Financiers bei vollkommenem Kapitalmarkt keinen Wertzuwachs für die Eigentümer erzeugen kann.

4.2 Der Einfluss von Steuern auf die Kapitalstrukturpolitik

4.2.1 Der Marktwert des Unternehmens mit Gewinnsteuern

(1) Der Marktwert eines unverschuldeten Unternehmens

Die Überlegungen zur optimalen Kapitalstruktur von Unternehmen bei Berücksichtigung von Gewinnsteuern bauen auf den in Abschnitt 4.1.2 getroffenen Annahmen auf. Darüber hinaus wird nun angenommen, dass der Kapitalmarkt insoweit unvollkommen ist, als eine Unternehmenssteuer auf den Gewinn zu zahlen ist. Alle anderen Vollkommenheitsannahmen bleiben bestehen. Die angenommene einzige Steuerbelastung ist eine zum Periodengewinn proportionale Gewinn- bzw. Körperschaftsteuer, der nur Unternehmen unterliegen. Persönliche Steuern der Kapitalgeber fallen nicht an.

Erzielt ein zunächst ohne Fremdkapital arbeitendes Unternehmen über eine unbegrenzte Zeitdauer einen unsicheren Zahlungsmittelüberschuss Y, so berechnet man bei einem im Zeitlablauf konstanten Gewinn- bzw. Körperschaftsteuersatz s und damit periodischen Steuerzahlungen in Höhe von sY den Marktwert V_U des unverschuldeten Unternehmens als Barwert des erwarteten versteuerten Zahlungsstroms mit

(9) $$V_U = \frac{(1-s)E(Y)}{k_U}.$$

In (9) gibt k_U den am Kapitalmarkt geltenden – zunächst exogen gegebenen – Diskontierungszinssatz für Cashflows Y eines gegebenen Unsicherheitsgrades an – die dem Risiko Y beim herrschenden Steuersystem zugeordnete Renditeforderung. Die Höhe von k_U kann wieder offen bleiben, wir gehen aber davon aus, dass in der Regel $k_U > r$ gilt, weil die Anleger am Kapitalmarkt risikoavers sind. Der Einfachheit halber wird in Beziehung (9) unterstellt, dass der periodische Zahlungsmittelüberschuss Y zugleich den (stochastischen) Periodengewinn angibt, der der Besteuerung unterliegt.

(2) Der Marktwert eines verschuldeten Unternehmens

Nun wird angenommen, dass das Unternehmen Fremdkapital FK aufnimmt, so dass der unsichere, aber von der Finanzpolitik unabhängige Zahlungsmittelüberschuss Y in jeder Periode auf die Eigen- und Fremdkapitalgeber aufgeteilt werden muss.

Die Fremdkapitalgeber erhalten pro Periode die kontraktbestimmten Zinsen rFK auf das ausstehende Fremdkapital FK. Die Fremdkapitalzinsen sind steuerlich als Kosten absetzbar, so dass die jährliche Steuerzahlung des Unternehmens gerade $s \cdot (Y - rFK)$ beträgt. Die Eigenkapitalgeber erhalten die Zahlungsmittelüberschüsse nach Zinsen und Steuern, also den ***residualen Einkommensstrom*** $(1 - s)(Y - rFK)$.

Wesentlich an dieser einfachen Formulierung des Modells ist, dass der gesamte unsichere Zahlungsmittelüberschuss einer Periode für eine sichere Bedienung der Fremdkapitalzinsen ausreicht. Die ***Unsicherheit des Gesamtzahlungsstroms*** „verdichtet“ sich dann in dem ***unsicheren Zahlungsstrom an die Eigenkapitalgeber*** (und den Fiskus). Wegen[5]

$$(10) \qquad \underbrace{(1-s)(Y-rFK)}_{\substack{\text{Zahlung an}\\ \text{EK-Geber}}} + \underbrace{rFK}_{\substack{\text{Zahlung an}\\ \text{FK-Geber}}} = \underbrace{(1-s)Y}_{\substack{\text{unsicherer}\\ \text{Zahlungsstrom}}} + \underbrace{s \cdot rFK}_{\substack{\text{sicherer}\\ \text{Zahlungsstrom}}}$$

ist der Marktwert V_V des verschuldeten Unternehmens gegeben durch

$$(11) \qquad V_V = \frac{(1-s)E(Y)}{k_U} + s \cdot \frac{rFK}{r} = \frac{(1-s)E(Y)}{k_U} + sFK .$$

Aus (11) folgt die Beziehung zwischen dem Marktwert des verschuldeten und des unverschuldeten Unternehmens

[5] In MODIGLIANI / MILLER (1963) wird der Zinssatz r zur Diskontierung dieses Zahlungsstroms angesetzt, während im ursprünglichen Ansatz in MODIGLIANI / MILLER (1958) der jährliche Zinsbetrag noch mit der Kapitalisierungsrate k_U abgezinst wurde. MODIGLIANI (1988) gibt zu bedenken, dass für den ersten Ansatz, der den Steuervorteil der Verschuldung relativiert, gegenüber der korrigierten Fassung von (1963) durchaus Gesichtspunkte vorgebracht werden können, wenn man etwa wie in MILLER (1977) ein Kapitalmarktgleichgewicht nach Steuern unterstellt.

(12) $$V_V = V_U + sFK,$$

wonach der ***Marktwert eines verschuldeten Unternehmens*** gleich der Summe aus dem ***Marktwert des unverschuldeten Unternehmens und dem Marktwert der Steuerersparnis*** (Tax Shield) ist, die durch den Kostencharakter der Fremdkapitalzinsen bewirkt wird. Das Ergebnis impliziert, dass der Marktwert eines Unternehmens um so höher ist, je höher die verschuldungsbedingten Steuerersparnisse sind, so dass es unter den angegebenen Bedingungen für die Eigentümer des Unternehmens vorteilhaft ist, das Unternehmen mit einem möglichst hohen Fremdkapitalanteil arbeiten zu lassen.

Im dem Falle allerdings, in dem wegen $s = 0$ keine Steuerzahlungen anfallen, gilt statt (12) wieder (8)

$$V_V = V_U$$

und somit das ***MODIGLIANI-MILLER-Theorem*** von der ***Irrelevanz der Verschuldung*** für den Marktwert eines Unternehmens.

(3) Eigenkapitalkostenverlauf und Gewinnsteuern

Bei der Bestimmung der ***Eigenkapitalkosten*** des Unternehmens ist zu berücksichtigen, dass im betrachteten Fall der Fremdkapitalkostensatz r unabhängig vom Verschuldungsumfang gleich dem Marktzinssatz r ist. Diese Annahme ist aber nur tragfähig, wenn sich die Verschuldung des Unternehmens in einem Rahmen bewegt, der eine Partizipation der Fremdkapitalgeber an den Unternehmensrisiken ausschließt. Die Annahme einer Verschuldung zum risikofreien Fremdkapitalzins ist auch dann nicht kritisch, wenn in einzelnen Jahren der Cashflow Y zwar nicht zur Bedienung der Zinsen ausreicht, die Bedienung aber durch zeitlich später anfallende Zahlungsmittelüberschüsse sichergestellt ist.

Als **Eigenkapitalkosten** bzw. als erwartete Rendite der Eigenkapitalgeber bezeichnet man den auf den Marktwert des Eigenkapitals EK bezogenen erwarteten Zahlungsmittelüberschuss, der an die Eigenkapitalgeber ausgeschüttet wird. Im Falle des unendlichen fortlaufenden Zahlungsstroms erhält man

(13) $$k_{EK} = \frac{(1-s)[E(Y) - rFK]}{EK}.$$

Durch Umformung kann man aus Gleichung (13) die Beziehung für die Eigenkapitalkosten eines Unternehmens in Abhängigkeit vom Verschuldungsgrad FK/EK ableiten. Es gilt

$$k_{EK} = \frac{(1-s)E(Y)-(1-s)rFK}{EK} = \frac{k_U V_V - k_U sFK - (1-s)rFK}{EK}$$

$$= \frac{k_U EK + k_U FK - k_U sFK - (1-s)rFK}{EK} \quad \text{wegen } V_V = EK + FK$$

$$= k_U + \frac{(1-s)k_U FK - (1-s)rFK}{EK}.$$

Daraus erhält man schließlich

$$(14) \qquad k_{EK} = k_U + (1-s)(k_U - r)\frac{FK}{EK}.$$

Beziehung (14) kann nun genauer betrachtet werden.

- Auch bei einer unterstellten Körperschaftssteuer steigen die Eigenkapitalkosten k_{EK} für $k_U > r$ linear mit dem Verschuldungsgrad FK/EK des Unternehmens an.
- Die Linearität der Eigenkapitalkostenkurve geht also bei Berücksichtigung von Steuern nicht verloren. Nur die Steigung der Geraden ist weniger steil, weil ein Teil des Risikos nun vom Fiskus getragen wird und dementsprechend die Renditeforderungen der Eigenkapitalgeber weniger stark auf Veränderungen des Verschuldungsgrades reagieren.

(4) Der Verlauf der gewogenen durchschnittlichen Kapitalkosten

Man kann die Eigen- und die Fremdkapitalkosten eines Unternehmens zusammenfassen zu den ***gewogenen durchschnittlichen Kapitalkosten*** k_{GK}. Die durchschnittlichen Kapitalkosten sind dabei definiert als Durchschnitt der mit den Kapitalanteilen gewichteten Eigen- und Fremdkapitalkostensätzen, wobei auf der Unternehmensebene die Fremdkapitalkosten steuerlich absetzbar sind.

Die gewogenen durchschnittlichen Kapitalkosten k_{GK}, die aus dem angelsächsischen Sprachgebrauch auch als ***WACC*** (Weighted Average Cost of Capital k_W) bezeichnet werden, ergeben sich daher als

$$(15) \qquad k_{GK} = k_{EK}\frac{EK}{V_V} + (1-s)r\frac{FK}{V_V}.$$

Diese Definitionsgleichung wird nun unter Berücksichtigung der Marktwertgleichung (14) zur Bestimmung der durchschnittlichen Kapitalkosten in Abhängigkeit vom Verschuldungsgrad herangezogen. Die Umformung von (15) führt zu

$$k_{GK} = \frac{(1-s)[E(Y)-rFK]}{EK} \cdot \frac{EK}{V_V} + \frac{(1-s)rFK}{V_V}$$

$$= \frac{(1-s)E(Y)}{V_V} = \frac{k_U V_V - s\,k_U FK}{V_V}.$$

Somit gilt

(16) $$k_{GK} = k_W = WACC = k_U \left(1 - s\,\frac{FK}{V_V}\right).$$

Wie für Gleichung (14) lassen sich auch zur Interpretation von Beziehung (16) einige wichtige Fälle herausheben.

- Für $s = 0$ gilt $k_{GK} = k_U$, so dass der durchschnittliche Kapitalkostensatz vom Verschuldungsgrad unabhängig ist. Das entspricht den in Abschnitt 4.1.1 skizzierten Kapitalkostenverläufen.
- Für $FK = 0$ stimmt der durchschnittliche Kapitalkostensatz k_{GK} mit dem Kapitalkostensatz des unverschuldeten Unternehmens k_U überein.
- Für $s > 0$ nehmen die durchschnittlichen Kapitalkosten k_{GK} mit wachsender Verschuldung FK ab. Für $FK = V_V$, wenn das Unternehmen ohne Eigenkapitalanteil arbeitet – die Überschüsse aber immer noch den Eigentümern zustehen – beträgt der durchschnittliche Kapitalkostensatz $k_{GK} = k_U\,(1 - s)$.

Abbildung 4.3 verdeutlicht den Kapitalkostenverlauf für $s > 0$ und $k_U > r$.

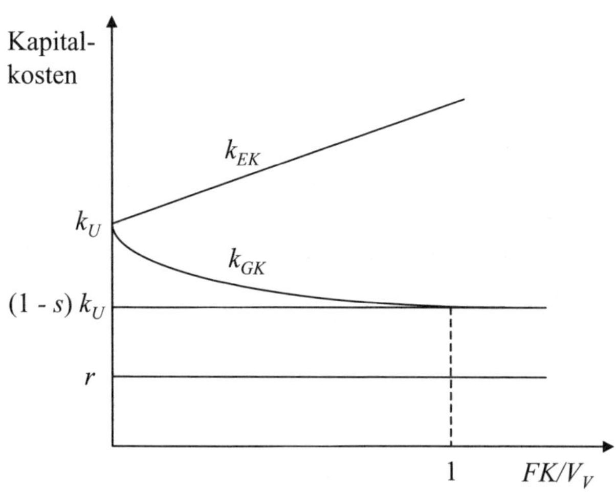

Abb. 4.3: Kapitalkostenverlauf bei Berücksichtigung einer Gewinnsteuer

Man kann die abgeleitete Beziehung (16) auch in der Form

$$(17) \qquad k_{GK} = k_U \left(1 - s\frac{FK/EK}{1+FK/EK}\right)$$

schreiben, wenn man die Abhängigkeit der Kapitalkosten vom Verschuldungsgrad *FK/EK* explizit darstellen will. Gleichung (17) zeigt, dass der durchschnittliche Kapitalkostensatz k_{GK} für steigende Verschuldungsgrade FK/V_V sinkt mit der Folge, dass Investitionsprojekte eine umso niedrigere Mindestrendite aufweisen müssen, je höher das Unternehmen verschuldet ist. Die von einem Unternehmen vorgesehene oder geplante Kapitalstruktur kann somit eine wichtige Determinante der Mindestrendite vorteilhafter Investitionsprojekte darstellen. Umgekehrt hängt die Mindestrendite der Investitionsprojekte von den steuerlichen Bedingungen ab, unter denen das Unternehmen arbeitet. Diese Abhängigkeit soll im folgenden Abschnitt thematisiert werden, in dem die angestellten Überlegungen in den Kontext des deutschen Steuersystems gestellt werden, in dem einige Besonderheiten zu beachten sind.

4.2.2 Kapitalkosten im deutschen Steuersystem

(1) Besonderheiten des deutschen Steuersystems

In Abschnitt 4.2.1 haben wir die typische Beziehung für den durchschnittlichen Kapitalkostensatz vorgestellt, wobei allerdings ein sehr einfaches Steuersystem vorausgesetzt wurde, bei dem die Unternehmen nur durch einen festen Gewinn- bzw. Körperschaftsteuersatz s belastet sind und andere Steuern nicht anfallen. Da die Fremdkapitalzinsen den Gewinn schmälern, kann man durch eine Verschuldung die steuerliche Belastung vermindern.

Bekanntlich fallen für Unternehmen in Deutschland weitere Steuern an, von denen die Gewerbesteuer am wichtigsten ist. Es soll also erstens die Abhängigkeit des Kapitalkostensatzes von der Gewerbesteuer der Unternehmen dargestellt werden. Zweitens ist zu beachten, dass die Unternehmen die Fremdkapitalzinsen bei der Ermittlung des Gewerbeertrags nur teilweise als Kosten verrechnen können. Drittens kommt Gewerbesteuerzahlungen selbst wieder ein Kostencharakter zu, so dass durch die Gewerbesteuer die Bemessungsgrundlage für die Steuerzahlungen vermindert wird. Schließlich fließen die Fremdkapitalzinsen und die ausgeschütteten Dividenden an Wirtschaftssubjekte, die ihrerseits steuerpflichtig sind, so dass zur letztendlichen Beurteilung der steuerlichen Belastungen auch persönliche Steuern auf der Kapitalgeberseite beachtet werden müssen.

Die Feinheiten des deutschen Steuersystems können hier nicht ausgebreitet und diskutiert werden. Es soll aber im nachfolgenden Abschnitt ein kurzer Einblick in wichtige Besonderheiten des deutschen Steuersystems gegeben werden, der eine Einschätzung erlaubt, ob die abgeleiteten Beziehungen im großen und ganzen auch für die deutschen Unternehmen relevant sind oder einen gänzlich anderen Ansatz erfordern.[6]

(2) Für die Kapitalstrukturplanung relevante Steuerarten

Unternehmen unterliegen der Pflicht zur Zahlung von ***Gewerbesteuer***, die auf den Gewerbeertrag entrichtet wird. Ohne Einzelheiten zu berücksichtigen, lässt sich der Gewerbeertrag in der Weise bestimmen, dass vom Periodengewinn vor Zinsen und Steuern $Y = EBIT$ (Earnings before Interest and Taxes) die Hälfte der Fremdkapitalzinsen und die Gewerbesteuer selbst abgezogen werden. Die Gewerbesteuer S_G erhält man, indem man 5 % dieser Bemessungsgrundlage mit dem Hebesatz H multipliziert und auf den Gewerbeertrag bezieht, so dass

$$S_G = 0{,}05 \cdot H \cdot (Y - 0{,}5Z - S_G) \tag{18}$$

gilt. Der Hebesatz H wird von der Gemeinde festgelegt, in der die Gewerbesteuer anfällt, wobei die Hebesätze zwischen 300 und 500 Prozent schwanken – der Hebesatz in München liegt beispielsweise bei 490 Prozent. Löst man (18) nach S_G auf, so erhält man

$$\begin{aligned} S_G &= \frac{0{,}05 \cdot H}{1 + 0{,}05 \cdot H}\left(Y - 0{,}5\, Z\right) \\ &= s_G(Y - 0{,}5\, Z). \end{aligned} \tag{19}$$

Mit $s_G = 0{,}1304$ für $H = 300\ \%$, $s_G = 0{,}1667$ für $H = 400\ \%$ und $s_G = 0{,}2$ für $H = 500\ \%$. Arbeitet ein Unternehmen ohne anrechenbare Fremdkapitalzinsen, dann beträgt die Gewerbesteuer $S_G = s_G Y$.

Die ***Körperschafsteuerbelastung*** beträgt unabhängig von der Gewinnverwendung $s_K = 25\ \%$ des Gewinns, wobei Fremdkapitalzinsen und Gewerbesteuern voll abzugsfähig sind. Daher gilt

$$S_K = s_K(Y - Z - S_G). \tag{20}$$

Für die persönliche Einkommensteuer der Wirtschaftssubjekte sind nun verschiedene Gesichtspunkte maßgeblich, die hier nicht alle aufgelistet werden sollen. Im Ergebnis resultiert aus der Fremdkapitalaufnahme der Unternehmen ein Tax Shield von:

$$\text{Tax Shield} = s_Z \cdot rFK \tag{21}$$

mit dem kombinierten Steuersatz

---

[6] Die Darstellung folgt im Wesentlichen KRUSCHWITZ (2004), S. 274 ff.

(22) $s_Z = [0{,}5 s_G + s_K(1 - 0{,}5 s_G)](1 - 0{,}5 s_E) - 0{,}5 s_E$.

Daraus folgt, dass bei einem Gewerbesteuerhebesatz von 300 % ein positives Tax Shield ab einem Einkommensteuersatz von 46 %, dass bei einem Gewerbesteuerhebesatz von H = 400 % ab einem Einkommensteuersatz von 47,5 % und bei einem Gewerbesteuerhebesatz von 500 % ein positiver Tax Shield ab einem Einkommensteuersatz von 49 % entsteht. Da aber der Einkommensteuersatz höchstens bei 42 % liegt, ist der Tax Shield derzeit in allen relevanten Fällen negativ, so dass eine Verschuldung bei den Unternehmen mit einer Wertminderung verbunden ist.

4.2.3 Kapitalkostenhypothese auf der Basis des CAPM

Wie in Kapitel 3 bereits beschrieben, postuliert das Kapitalmarktmodell CAPM unter den getroffenen Annahmen einen linearen Ertrags-Risiko-Zusammenhang zwischen dem Erwartungswert der Rendite einer Aktie und ihrem systematischen Risiko β_i:

(23) $E(r_i) = r + [E(r_M) - r]\,\beta_i$ mit $\beta_i = Cov(r_i, r_M)/Var(r_M)$.

Die mögliche Verschuldung des Unternehmens und das daraus resultierende Risiko spielt in dem Modell – zumindest explizit – keine Rolle, weil das CAPM allein auf die Eigentümerseite von Unternehmen abstellt (partielles Kapitalmarktgleichgewicht). Arbeitet ein Unternehmen allerdings mit Eigen- und Fremdkapital und soll das CAPM zur Ableitung der Mindestrendite eines Investitionsprojektes herangezogen werden, dann ist genau diese Verbindung herzustellen. Bei der Verbindung des Kapitalmarktmodells mit der Verschuldungsgrad-Diskussion stellen sich dann insbesondere zwei Fragen.

- Die erste Frage betrifft die Gültigkeit des Beweises über die ***Irrelevanz des Verschuldungsgrades*** für den Marktwert eines Unternehmens unter den Bedingungen des CAPM. HAMADA (1969) und andere Autoren haben gezeigt, dass das MODIGLIANI-MILLER-Theorem auch unter diesen Bedingungen gültig ist, so dass die in 4.1.2 hergeleiteten Beziehungen gelten.
- Die zweite Frage betrifft die Implikation des Verschuldungsgrades für die Beta-Faktoren und damit für die Eigenkapitalkosten vergleichbarer Unternehmen mit unterschiedlichem Verschuldungsgrad. Hier kann man auf der Basis des CAPM nicht nur die Linearität des Zusammenhangs zwischen Eigenkapitalkosten und Verschuldungsgrad bestätigen, sondern über die Kenntnis der β-Faktoren unterschiedlich verschuldeter Unternehmen auch konkrete ***Hinweise auf die Höhe der Kapitalkosten*** erhalten. Dies wird im Folgenden gezeigt.

Ausgangspunkt sei ein unverschuldetes Unternehmen *U*, das wie im MODIGLIANI-MILLER-Ansatz einer Gewinnsteuer mit dem Steuersatz *s* unterliegt. Dann gilt im Kapitalmarktgleichgewicht für das unverschuldete Unternehmen

$$(24)\qquad E(r_U) = k_U = \frac{(1-s)E(Y)}{V_U} = r + [E(r_M) - r]\,\beta_U$$

mit[7]

$$(25)\qquad \beta_U = \frac{Cov[(1-s)Y / V_U, r_M]}{Var(r_M)} = \frac{(1-s)}{V_U} \cdot \frac{Cov(Y, r_M)}{Var(r_M)}$$

als erwartete Gleichgewichtsrendite der Aktien des unverschuldeten Unternehmens. Nun ist der Beta-Wert der Aktien dieses Unternehmens, wenn es verschuldet ist, bei Berücksichtigung von Gewinnsteuern gegeben durch

$$(26)\qquad \begin{aligned} \beta_V &= \frac{Cov[(1-s)(Y - rFK) / EK, r_M]}{Var(r_M)} \\ &= \frac{Cov[(1-s)Y / EK, r_M]}{Var(r_M)} = \frac{(1-s)}{EK} \cdot \frac{Cov(Y, r_M)}{Var(r_M)}. \end{aligned}$$

Da das Fremdkapital sicher ist, lässt sich in (26) der Term rFK aus der Berechnung der Kovarianz herausnehmen. Die beiden Unternehmen unterscheiden sich nur durch ihren Verschuldungsgrad und nicht durch den erzielten Zahlungsstrom Y. Also müssen in (25) und (26) die Ausdrücke $Cov\ (Y,\ r_M)$ übereinstimmen. Daraus folgt $\beta_U \cdot V_U = \beta_V \cdot EK$ bzw.

$$(27)\qquad \beta_U = \beta_V\, EK/V_U$$

als ***Transformationsbeziehung*** zwischen den ***β-Faktoren verschuldeter und unverschuldeter Unternehmen*** derselben „Risikoklasse" $Cov(Y,r_M)$. Der Beta-Wert β_V stellt ein „Hebel-Beta" dar, das mit der Aktie verbunden ist. Der Beta-Wert β_U ist dagegen der β-Wert des Geschäftsrisikos des Unternehmens bzw. der β-Wert der Aktien des unverschuldeten Unternehmens. Das empirische Verschuldungs-Beta β_V kann man durch Analyse der Börsenentwicklung ermitteln, das Unternehmens-Beta β_U muss daraus durch Multiplikation mit dem Eigenkapitalanteil der Kapitalstruktur abgeleitet werden. In der Literatur findet man die Transformationsbeziehung (27) gelegentlich auch in der Form [8]

$$(28)\qquad \beta_V = [1 + (1-s)\frac{FK}{EK}]\beta_U.$$

---

[7] Es gilt nämlich allgemein $Cov(aX{+}b,Y) = a \cdot Cov(X,Y)$, wenn a und b Konstante und X und Y Zufallsvariablen sind.

[8] Vgl. COPELAND / WESTON / SHASTRI (2005), S. 576.

Es lässt sich zeigen, dass (27) und (28) nicht im Widerspruch zueinander stehen. Setzt man nämlich in (27) wegen (12) $V_U = V_V - sFK$ ein, so dass $\beta_V = (V_V - sFK)\,\beta_U/EK$ gilt, und berücksichtigt die Definition $V_V = EK + FK$, so erhält man wegen $\beta_V = [EK + (1 - s)FK]\,\beta_U/EK$ die Beziehung (28)

$$\beta_V = [1 + (1 - s)\frac{FK}{EK}]\beta_U .$$

Für ein unverschuldetes Unternehmen folgt aus dem Kapitalmarktmodell wegen (24) die Gleichgewichtsrendite der Aktien mit

(29) $$k_U = r + [E(r_M) - r]\,\beta_U .$$

Für ein verschuldetes Unternehmen erhält man dagegen als Gleichgewichtsrendite der Aktien

(30) $$k_{EK} = r + [E(r_M) - r]\,\beta_U + (1 - s)[E(r_M) - r]\,\beta_U\,\frac{FK}{EK}$$

und somit

(31) $$k_{EK} = r + [E(r_M) - r]\,\beta_V .$$

Setzt man noch die erhaltenen Werte in die Gleichung (16) für die durchschnittlichen Kapitalkosten ein, so erhält man

(32) $$k_{GK} = \left(r + \left[E(r_M) - r\right]\beta_U\right)\left(1 - s \cdot \frac{FK}{V_V}\right)$$

bzw.

(33) $$k_{GK} = \left(r + [E(r_M) - r]\frac{EK}{V_U}\,\beta_V\right)\left(1 - s\frac{FK}{V_V}\right)$$

als Ausdruck für die durchschnittlichen Kapitalkosten eines Unternehmens in Abhängigkeit vom Verschuldungsgrad und dem β-Wert des ***Operating Risk*** β_U bzw. dem ***Financial Risk*** β_V des Unternehmens.

4.3 Kapitalstrukturpolitik bei Berücksichtigung von Insolvenzkosten

4.3.1 Marktwert und Kapitalkosten bei Insolvenzkosten

(1) Entwicklung der Kapitalstrukturdiskussion

Nach der Publikation des Irrelevanztheorems von MODIGLIANI und MILLER (1958) wurde zunächst heftige Kritik an den zum Teil rigorosen Prämissen des Irrelevanztheorems geübt, bevor sich dann in der Literatur die Erkenntnis durchsetzte, dass der Beweis logisch unangreifbar ist, dass aber die empirische Relevanz des Theorems sehr wohl in Frage gestellt werden kann. Die Relevanz hängt davon ab, wie sehr die unterstellen Prämissen in der Realität verletzt sind. Rückblickend stellt MERTON H. MILLER in einem Beitrag zur 30-jährigen Geschichte des Theorems fest:

> "Scepticism about the practical force of our invariance proposition was understandable given the almost daily reports in the financial press, then as now, of spectacular increases in the values of firms after changes in capital structure. But the view that capital structure is literally irrelevant or that 'nothing matters' in corporate finance, though still sometimes attributed to us (and tracing perhaps to the very provocative way we made our points), is far from what we ever actually said about the real world applications of our theoretical propositions. Looking back now, perhaps we should have put more emphasis on the other, upbeat side of the 'nothing matters' coin: showing what doesn't matter can also show, by implication, what does."[9]

STIGLITZ (1988) vermerkt den inhaltlichen Widerspruch zwischen der desillusionierenden Botschaft des Theorems, die das Finanzmanagement bei ihrer Gültigkeit zu einem rein technischen Vorgang degradieren müsste, und seiner überaus stimulierenden Wirkung auf die Weiterentwicklung der Finanzierungstheorie. Es sei eigentlich eine Ironie, so STIGLITZ, dass eine wissenschaftliche Aussage, die darauf hinausläuft, dass man eigentlich auf die Finanzierungsseite eines Unternehmens überhaupt nicht achten muss, dass gerade eine solche Aussage die Aufmerksamkeit der Ökonomen auf das Gebiet Corporate Finance gelenkt hat.[10]

Die theoretischen Bemühungen um die Weiterentwicklung des Theorems konzentrierten sich zunächst auf die Verallgemeinerung der Beweisführung bei genereller Akzeptanz der Annahme eines vollkommenen Kapitalmarktes. So leitete beispielsweise HIRSHLEIFER (1965) das Theorem im Rahmen des Umweltzustandsansatzes mit vollkommenen und vollständigen Märkten ab. STIGLITZ (1974) zeigte darüber hinaus, dass weder die Reichtumsposition noch die Konsummöglichkeiten der Wirtschaftssubjekte durch Verschuldungsmaßnahmen der Unternehmen verändert werden (oder durch irgendeinen anderen Aspekt des unternehmerischen Finanzmanagements, z. B. die Dividendenpolitik oder das Risikomanagement).

Wird allerdings die Annahme der Vollständigkeit der Märkte aufgegeben, dann ist zur Erhaltung der MODIGLIANI-MILLER-These durch anderweitige Annahmen sicherzustellen, dass sich das Wohlstandsniveau der Wirtschaftssubjekte nicht verändert, wenn die Zeit-Zustands-Einkommen der Wirt-

---

[9] Vgl. MILLER (1988), S. 102.

[10] Vgl. STIGLITZ (1988), KRUSCHWITZ / LODOWICKS / LÖFFLER (2004).

schaftssubjekte aufgrund von Verschuldungstransaktionen der Unternehmen verändert werden.[11]

(2) Insolvenzkosten als Gegengewicht zu Steuerersparnissen

Ebenfalls weiterentwickelt wurden jene Modelle, die Steuern in den Bewertungsansatz einbeziehen, was zu dem schon von MODIGLIANI und MILLER (1963) abgeleiteten Ergebnis führt, dass eine Maximalverschuldung der Unternehmen optimal sein müsse. Da eine solche Tendenz zur extrem hohen Verschuldung aber in keinem Land unabhängig von seinem Steuersystem beobachtet werden kann, wurde nach möglichen Kosten einer zusätzlichen Verschuldung gesucht, die ein Gegengewicht zu den steuerlichen Entlastungen der Verschuldung darstellen können.

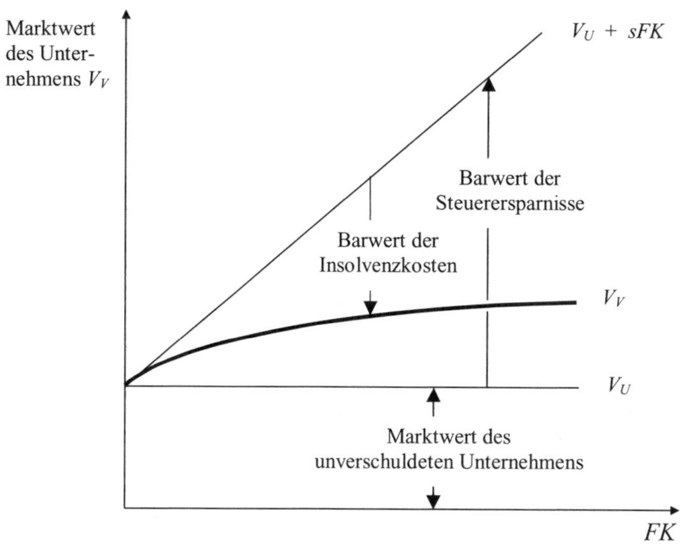

Abb. 4.4: Marktwerte, Steuern und Insolvenzkosten

Nicht das Insolvenzrisiko als solches, sondern die mit einer möglichen Insolvenz verbundenen ***Kosten*** als Mittelabflüsse für die Gesamtheit der Kapitalgeber des Unternehmens können den Steuerwirkungen, die eine Verschuldung fördern, gegenübergestellt werden. Die ***Insolvenzkosten*** hängen einerseits von der Wahrscheinlichkeit einer Insolvenzsituation ab und andererseits von

[11] Auch im Rahmen des CAPM wurden Irrelevanzbeweise vorgelegt, so erstmals von HAMADA (1969) unter der Voraussetzung eines risikofreien Fremdkapitals. RUBINSTEIN (1973) legt einen allgemeingültigen Beweis im Rahmen des Kapitalmarktmodells vor.

der Höhe der Kosten, die im Falle einer Insolvenz anfallen und damit den Unternehmenswert mindern.

Ganz im Sinne älterer klassischer Vorstellungen von einem *U*-förmigen Verlauf der Kapitalkostenkurve kann durch die Gegenüberstellung des mit wachsender Verschuldung ansteigenden Erwartungswertes der Insolvenzkosten das Gegengewicht zu den mit dem Verschuldungsgrad ebenfalls ansteigenden Steuerersparnissen gebildet werden, woraus die Existenz eines optimalen Verschuldungsgrades mit positiven Eigen- und Fremdkapitalanteilen folgt.[12]

In der **Kapitalkostendarstellung** resultieren daraus die in Abb. 4.5 dargestellten folgenden Kostenverläufe.

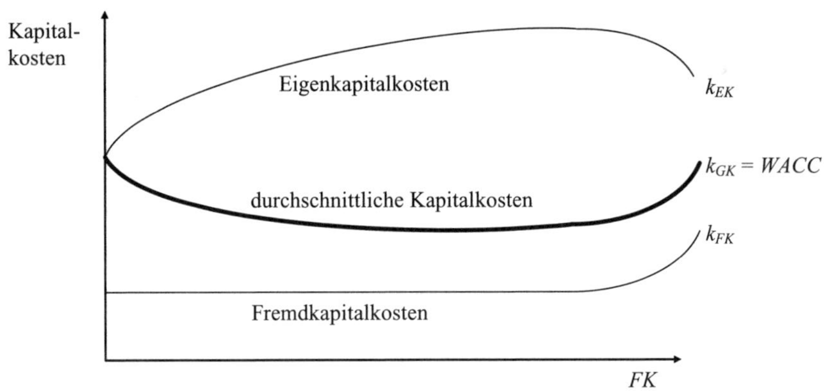

Abb. 4.5: Kapitalkostenverlauf bei Steuern und Insolvenzkosten

Die in Abb. 4.5 dargestellten Kapitalkostenverläufe weisen zwar wünschenswerte und plausible Eigenschaften auf, lassen sich aber dennoch nur beispielhaft herleiten. Bezüglich der Insolvenzkosten haben Untersuchungen gezeigt, dass die direkten Kosten (Verfahrenskosten) und die indirekten Insolvenzkosten (durch Kundenreaktionen bedingte Kosten)[13] kein ausreichendes Gegen-

[12] Vgl. zur Darstellung der traditionellen These der Relevanz der Kapitalstruktur RUDOLPH (1979a), S. 148, SCHÄFER (2002), S. 107 ff. sowie BREALEY / MYERS (2006), S. 412 ff.

[13] Indirekte Insolvenzkosten entstehen insbesondere durch Ertragsverluste, wenn das Unternehmen durch Finanzierungsprobleme an Goodwill verliert. So werden Konsumenten befürchten, dass die zukünftige Wartung und Ersatzteilbeschaffung nicht mehr möglich sind oder Garantieversprechen nicht eingehalten werden können und ihre Nachfrage senken bzw. Preisabschläge bei den Produkten durchsetzen.

gewicht zu möglichen Steuervorteilen der Verschuldung darstellen können. Bei unterstellter Rationalität der Liquidationsentscheidungen im Insolvenzfall nimmt nämlich mit wachsender Verschuldung zweifelsohne die Insolvenzwahrscheinlichkeit zu, nicht aber notwendigerweise die Wahrscheinlichkeit einer frühzeitigen oder unökonomischen Zerschlagung der verschuldeten Unternehmen. Damit sind Insolvenzkosten kaum ausreichend, um ein wirkungsvolles Gegengewicht zu den relevanten Steuervorteilen einer Fremdfinanzierung darstellen zu können.

4.3.2 Kritik und Weiterentwicklung des neoklassischen Ansatzes

In den ersten Ansätzen wurden persönliche Steuern von der Betrachtung ausgeschlossen. Dabei ist allerdings davon auszugehen, dass die Besteuerung der Anleger die in den Abschnitten 4.1 und 4.2 gewonnenen Ergebnisse verändern wird, auch wenn sie in ihrer Grundaussage erhalten bleiben.

So hat BRENNAN (1970) ein CAPM in einer Welt mit ***differenzierten persönlichen Steuern auf Dividenden- und Zinseinkünfte***[14] einerseits und Kursgewinnen andererseits abgeleitet. Wie in der Grundform des CAPM besteht im Gleichgewicht ein linearer Zusammenhang zwischen der erwarteten Rendite des Wertpapiers *i* und dem systematischen Risiko β_i. Der β-Wert selbst wird durch die Einführung von Steuern nicht verändert. Den Unterschied zwischen dem üblichen CAPM und dem von BRENNAN entwickelten CAPM machen Parameter aus, die die steuerliche Belastungsdifferenz der unterschiedlichen Einkunftsarten zum Ausdruck bringen. In diese Parameter gehen die unterschiedlichen Steuersätze und Risikoeinstellungen der Investoren ein. Aufgrund der differenzierten Besteuerung wird insbesondere die Dividendenpolitik des Unternehmens relevant für die Gleichgewichtsrendite des betrachteten Wertpapiers.

Das Steuer-CAPM sagt mithin aus, dass die Marktteilnehmer aufgrund der „Gefahr“, dass die eine Einkunftsart höher besteuert wird als die andere, eine andere Bruttorendite fordern als es die Grundform des CAPM vorhersagt.[15]

Hat das Steuersystem tatsächlich einen wesentlichen Einfluss auf die Kapitalstrukturentscheidungen der Unternehmen, dann sollten sich unterschiedliche Steuersysteme auch in länderspezifischen Kapitalstrukturen und in andersartigen Reaktionen der Aktienkurse auf die Ankündigung der Veränderung von Kapitalstrukturen niederschlagen. Die steuersystembedingten Unterschiede der Verschuldung scheinen zur Erklärung der beobachteten Kapital-

---

[14] Dass unterschiedliche Einkunftsarten differenziert besteuert werden, ist wesentlich in BRENNANS Modell: Werden alle Einkunftsarten mit einem einheitlichen Steuersatz belegt, so ergibt sich die Gleichgewichtsrendite des üblichen CAPM als korrekte Bruttorendite.

[15] Diese Bruttorendite kann – abhängig von den Parameterausprägungen – höher oder niedriger als diejenige des üblichen CAPM sein.

strukturunterschiede in den verschiedenen Ländern aber nicht auszureichen. Im Kern gibt es international vom Finanzsystem (marktorientiertes System, bankorientiertes System) abhängige typische Verschuldungsgrade ohne ins Auge springende steuerliche Abhängigkeit.

Unabhängig von dieser Überlegung ergeben Querschnittsanalysen, dass tatsächlich Unternehmen mit einem höheren geschäftsimmanenten Risiko einen im Durchschnitt niedrigeren Verschuldungsgrad aufweisen, was durch die Vermeidung erwarteter Insolvenzkosten erklärt werden kann. Gegebenenfalls sind also die Insolvenzkosten wegen einer hohen Ineffizienz der Verfahren doch so hoch, dass sie nicht vernachlässigt werden dürfen. Zu diesem Ergebnis kommt ALTMAN (1984), der erstmals die empirische Relevanz der direkten wie auch der indirekten Insolvenzkosten für die Kapitalstruktur von Unternehmen nachweist. In jüngerer Zeit zeigen ANDRADE und KAPLAN (1998), dass diese Kosten im Rahmen von Leveraged-Buy-Out-Transaktionen bei Unternehmen mit extrem hohem Verschuldungsgrad bis zu 20 % des gesamten Unternehmenswertes ausmachen.[16]

4.3.3 Strategische und taktische Kapitalstrukturpolitik

In der Literatur sind neben den Steuern und Insolvenzkosten noch andere Kapitalmarktunvollkommenheiten wie Transaktionskosten bei der Inanspruchnahme des Kapitalmarktes sowie Kapitalmarktsegmentierungen zur Erklärung einer U-förmigen Kapitalkostenkurve vorgebracht worden. Kapitalmarktsegmentierungen kennzeichnen dabei institutionelle Trennungen zwischen einzelnen Marktsegmenten, die dazu führen können, dass die Arbitrage zwischen den Teilmärkten nicht vollständig funktioniert. Das kann dazu führen, dass die Inanspruchnahme einzelner Marktsegmente für einzelne Marktteilnehmer Vorteile und für andere Marktteilnehmer Nachteile mit sich bringt.

Unter den Bedingungen positiver Transaktionskosten und Kapitalmarktsegmentierungen dürfte es für die Unternehmen im Zeitablauf schwierig sein, in einem einzigen Schritt die optimale Kapitalstruktur zu realisieren. Die Veränderungen an den Kapitalmärkten werden das Unternehmen, das gegebenenfalls im Zeitablauf auch die Risikoklasse wechselt, in eine Situation bringen, in der die jeweils optimale Anpassung an die gegebenen Verhältnisse mit sehr hohen Transaktionskosten verbunden ist. Unter diesen Voraussetzungen bietet sich für das Unternehmen eine zweistufige Vorgehensweise an, nämlich

[16] Zu ähnlichen Ergebnissen kommen OPLER / TITMAN (1993). Dabei ist zu berücksichtigen, dass vor allem die indirekten Insolvenzkosten (Cost of Financial Distress) in ihrer Art über die einfachen Transaktionskosten im neoklassischen Sinn hinausgehen. Sie sind vielmehr häufig Gegenstand von Investitionsverzerrungen aufgrund von Interessenkonflikten der beteiligten Verhandlungsparteien. Viele dieser Konflikte werden Gegenstand späterer Kapitel sein, wenn es um die neoinstitutionelle Perspektive der Finanzierungstheorie geht.

die Festlegung einer grundsätzlichen, strategischen Kapitalstruktur und die Anpassung dieser Struktur im Zeitablauf an die sich stets ändernden Bedingungen an den Märkten im Rahmen der taktischen Kapitalstrukturpolitik. Im Rahmen der taktischen Kapitalstrukturpolitik erfolgen die genaue Auswahl der Finanzierungsquellen und Finanzierungsinstrumente sowie das Timing der Aufnahme der Finanzierungsmittel. Die in den vorausgegangenen Abschnitten angestellten Überlegungen galten der Festlegung der strategischen Kapitalstruktur und nicht den taktischen Erwägungen bei der Umsetzung der Kapitalstruktur in der Praxis.

Lektürevorschläge zu Kapitel 4

Die immer noch wichtige Basis der Theorie der optimalen Kapitalstruktur bei Steuern und Insolvenzkosten sind die Irrelevanztheoreme von MODIGLIANI und MILLER (1958), die einige Erweiterungen in MILLER (1977) und STIGLITZ (1974) gefunden haben. Über die Bedeutung der Theoreme und deren Einordnung in die Entwicklung der Kapitalstrukturtheorie geben insbesondere die Beiträge von MILLER (1988), MODIGLIANI (1988) sowie STIGLITZ (1988) in einem speziellen Heft des Journal of Economic Perspectives Auskunft.

Die Auswirkungen der verschiedenen Steuern auf die Investitions- und Kapitalstrukturentscheidungen werden von MODIGLIANI und MILLER (1963), KRAUS und LITZENBERGER (1973) und ZECHNER (1989) behandelt. Da eine steuerliche Begünstigung von Fremdkapital zu einem optimalen Verschuldungsgrad führen müsste, der sich aber empirisch nicht beobachten lässt, sind Insolvenzkosten quasi als Gegengewicht eingeführt worden, welche die Verschuldung der Unternehmen begrenzen können. Die Bedeutung der direkten und indirekten Insolvenzkosten für die optimale Kapitalstruktur ist von etlichen Autoren begründet und auch in Frage gestellt worden, u. a. von HAUGEN und SENBET (1978), Warner (1977), ALTMAN (1984), OPLER und TITMAN (1993) sowie ANDRADE und KAPLAN (1998). TITMAN (1984) untersucht umgekehrt die Bedeutung der Kapitalstruktur für die Liquidationsentscheidung eines Unternehmens.

Eine spezielle Literatur befasst sich mit der Einführung von Steuern in das CAPM. Dazu gehören LÖFFLER (2002) sowie neuerdings besonders gründlich WIESE (2004) sowie JONAS, LÖFFLER und WIESE (2004).

Die in diesem Kapitel 4 behandelten Kapitalstrukturüberlegungen auf neoklassischer Basis werden auch in den einschlägigen Lehrbüchern wie BREUER (1998), COPELAND / WESTON / SHASTRI (2005), DRUKARCZYK (2003), KRUSCHWITZ (2004) oder SCHÄFER (2002) ausführlich behandelt.

Zusammenfassung

Ein optimaler Verschuldungsgrad kann bestimmt werden, wenn die Annahme des vollkommenen Kapitalmarktes fallen gelassen wird und stattdessen Kapitalmarktunvollkommenheiten in die Analyse einbezogen werden. In diesem Kapitel 4 werden einerseits steuerliche Überlegungen, die eine hohe Verschuldung nahe legen, und andererseits mögliche Insolvenzkosten, die die Verschuldung begrenzen können, vorgestellt.

Während der prinzipielle Ansatz sehr gut nachvollziehbar ist und die möglichen gegenläufigen Effekte des Tax Shield und der Insolvenzkosten sichtbar machen kann, ist eine praxisbezogene Anwendung des Ansatzes mit erheblichen Problemen versehen. Einerseits müssen vielfältige steuerliche Bedingungen erfasst werden, die sich in Deutschland als besonders komplex darstellen, andererseits gehen die erwarteten Insolvenzkosten weit über die relativ gut greifbaren Insolvenzgebühren hinaus, können aber nur schwer quantitativ abgeschätzt werden. Daraus folgt, dass sowohl auf der steuerlichen Seite als auch auf der Insolvenzkostenseite mit groben Abschätzungen gearbeitet werden muss.

Sind die steuerlichen Bedingungen und die Insolvenzkosten erst einmal abgeschätzt, dann lässt sich der Ansatz mit den Hypothesen des Kapitalmarktmodells leicht verbinden, so dass quantitative Aussagen über eine optimale Kapitalstruktur bzw. über die Veränderung des Marktwertes des Unternehmens in Abhängigkeit von der Kapitalstruktur möglich sind.

Schlüsselbegriffe

Beta-Faktoren
Eigenkapitalkosten
Einkommensteuer
Gewerbesteuer
Insolvenzkosten
Kapitalkosten
Kapitalmarktmodell
Kapitalstruktur
Körperschaftsteuer
Kurs-Gewinn-Verhältnis
Marktwert des Unternehmens
MODIGLIANI-MILLER-Theorem
Persönliche Steuern
Tax Shield
Verschuldungsgrad

Kapitel 5

Grundansätze der neoinstitutionalistischen Finanzierungstheorie

Statt Unternehmen als Orte der Produktion kann man Unternehmen auch als spezifische Institutionen verstehen, deren Ziel darin besteht, die gemeinsamen Ideen mehrerer Wirtschaftssubjekte zur Wertschaffung am Markt zu verwirklichen. Das Unternehmen wird dann als Institution verstanden, das mehrere Wirtschaftssubjekte in einem vertraglichen und sozialen Netzwerk zusammenführt und verbindet. Die Wertschaffung dient der Nutzenmehrung der beteiligten Wirtschaftssubjekte, die in das rechtliche und soziale Netzwerk des Unternehmens eingebunden sind. Diese Sichtweise ist insbesonders ***typisch für die sog. Neue Institutionenökonomik*** in der Ausprägung des Prinzipal-Agent-Ansatzes, der Gegenstand des Abschnitts 5.3 ist.

Innerhalb der in diesem Kapitel behandelten Neuen Institutionenökonomik werden drei unterschiedliche Ansätze, nämlich die Property-Rights-Analyse, die Transaktionskostenökonomik und die Prinzipal-Agent-Theorie unterschieden. Obwohl sie nicht zum etablierten Kanon des Neoinstitutionalismus gehören, werden als besondere Ausprägungen auch die Theorie unvollständiger Verträge und schließlich die Grundzüge der behavioristischen Finanzierungstheorie (Behavioral Finance) kurz vorgestellt, die für Problemstellungen aus dem Bereich Corporate Finance neuerdings von großer Bedeutung sind.

- Die Property-Rights-Analyse bzw. Theorie der Verfügungsrechte, die in gewisser Weise als allgemeine Basis für die anderen Theoriezweige verstanden werden kann, wird in Abschnitt 5.1 angesprochen.
- Der Transaktionskostenansatz wird in Abschnitt 5.2 vorgestellt, weil er für verschiedene finanzwirtschaftliche Fragestellungen Bedeutung hat und gerne als motivierendes Argumentationsmuster herangezogen wird.
- Der für viele finanzwirtschaftliche Problemstellungen relevante Prinzipal-Agent-Ansatz wird in Abschnitt 5.3 erläutert. Das nachfolgende Kapitel 6 führt dann in eine besondere Ausprägung dieses Ansatzes ein, nämlich die normative Variante der „Vertretungstheorie". Positive und normative Prinzipal-Agent-Ansätze haben die Weiterentwicklung der Finanzierungstheorie geprägt und zu grundlegenden Hypothesen für empirische Forschungen geführt.
- Während bei der Vertretungstheorie zwischen den Vertragsparteien Informationsunterschiede angenommen werden, konzentriert sich die in Abschnitt 5.4

vorgestellte Theorie unvollständiger Verträge auf Informationsasymmetrien, die zwischen den Partnern einer Finanzbeziehung auf der einen und einer dritten Partei (z. B. einem Gericht) auf der anderen Seite bestehen.

- Die in Abschnitt 5.5 eingeführten Behavioral-Finance-Ansätze wenden schließlich Erkenntnisse der deskriptiven Entscheidungstheorie auf Anlage- und Finanzierungsprobleme an und studieren die Auswirkungen bestimmter Abweichungen des Entscheidungsverhaltens der Wirtschaftssubjekte von einem unterstellten rationalen Verhalten auf Finanzentscheidungen.

5.1 Grundansätze des Neoinstitutionalismus

5.1.1 Die Beschreibung des Unternehmens als Institution

Gegenüber der neoklassischen Theorie gehen die neoinstitutionalistischen Ansätze von einem anderen Grundverständnis des Unternehmens aus.

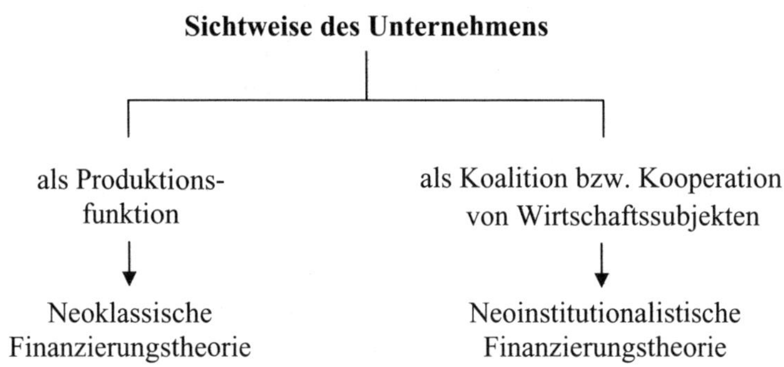

Abb. 5.1: Sichtweisen eines Unternehmens

(1) Sichtweise der neoklassischen Finanzierungstheorie

Das Unternehmen wird als ***zeitliche Produktionsfunktion*** beschrieben. Die zukünftigen Einzahlungsüberschüsse – und damit auch die Auszahlungen an die Kapitalgeber – sind i. d. R. unsicher (***technologische Unsicherheit***). Das Unternehmen ist in ***Märkte*** eingebettet, deren Inanspruchnahme keine Kosten verursacht. Ob das Unternehmen seine Transaktionen laufend mit bekannten Abnehmern und Geschäftspartnern durchführt oder einmalig mit anonymen Marktteilnehmern, spielt keine Rolle. In der Modellierung der neoklassischen Theorie verlaufen alle Arbeitsabläufe reibungslos. Alle Mitarbeiter des Unternehmens zeigen immer vollen Einsatz und verfolgen ausschließlich die vorgegebenen Unternehmensziele. Sie funktionieren quasi wie Maschinen und können daher als Teil der Produktionstechnologie beschrieben werden. Das Unternehmen als Institution spielt keine inhaltliche Rolle.

Als Konsequenz dieser Annahmen gelten bei ***vollkommenem Kapitalmarkt*** die Marktwert- und Kapitalwertregeln sowie die Irrelevanztheoreme, die für den Fall sicherer Erwartungen bereits vorgestellt worden sind. Aus diesen folgt, dass es keine Interessenkonflikte gibt, so dass Marktwertmaximierung des Unternehmens und gesamtwirtschaftliche Wohlfahrtsmaximierung unterschiedliche Ausdrücke für dieselbe Zielsetzung sind.

(2) Sichtweise der neoinstitutionalistischen Finanzierungstheorie

Die neoinstitutionalistische Finanzierungstheorie geht wie die neoklassische Finanzierungstheorie davon aus, dass die zukünftigen ***Ergebnisse*** unternehmerischen Handelns typischerweise ***unsicher*** sind. Die Wirtschaftssubjekte passen sich der Unsicherheit der Umwelt in unterschiedlicher Weise an, wobei nun aber im Gegensatz zur Neoklassik allen Wirtschaftssubjekten einzeln unterstellt wird, dass sie ihre eigenen ***persönlichen*** Ziele verfolgen.

Die ***moderne Sichtweise eines Unternehmens*** kontrastiert insoweit zum neoklassischen Modell, da nun nicht mehr dem Unternehmen „an sich", sondern den ***Wirtschaftssubjekten***, die dem Unternehmen ihr Geld, ihre Arbeitskraft oder ihre Maschinen und Gebäude zur Verfügung stellen, ein zielgerichtetes, den Nutzen maximierendes Verhalten unterstellt wird. Das ***Unternehmen als Institution*** führt diese Wirtschaftssubjekte zusammen. Die spezielle Organisation des Unternehmens als Institution kann auf die Effizienz der innerbetrieblichen Prozesse ebenso wie auf die der Marktprozesse erheblichen Einfluss nehmen. Die Wirtschaftssubjekte, die mit dem Unternehmen vertraglich verbunden sind, werden auch als ***Stakeholder*** bezeichnet.

Nach ***traditioneller Sichtweise*** wird dagegen ein Unternehmen als einheitliches Gebilde betrachtet, das einem Sachziel dient. Die Produktion hat die Aufgabe, fremden Bedarf zu decken, d. h. Haushalte, die öffentliche Hand oder andere Unternehmen mit Gütern und Dienstleistungen zu versorgen. Marketinganstrengungen können zur Steigerung des Absatzes beitragen, so dass Economies of Scale im Produktionsbereich realisiert werden können. Alle Handlungen im Unternehmen sind letztlich auf das „Unternehmensinteresse" ausgerichtet.

Im Gegensatz zur traditionellen Sichtweise des Unternehmens „an sich" ist das ***Unternehmen*** in moderner Sicht nur noch ***Mittel zum Zweck***: Die Wirtschaftssubjekte, die in einem Unternehmen kooperieren, verfolgen ihre eigenen Ziele, die sie gegebenenfalls besser erreichen, wenn sie mit anderen Wirtschaftssubjekten arbeitsteilig kooperieren, ihre Leistungen gemeinsam am Markt anbieten und die verschiedenen Arbeiten und Tätigkeiten im Unternehmen gemeinsam organisieren. Das Unternehmen verfolgt sehr wohl auch

Sachziele. Die Produktions-, Absatz- oder Personalentwicklungsziele sind aber keine Selbstzwecke, sondern werden in dieser Sichtweise als Mittel zum Zweck der ***Nutzenmaximierung der am Unternehmen beteiligten Wirtschaftssubjekte*** gesehen.

Man bezeichnet die moderne Sichtweise des Unternehmens auch als ***neoinstitutionalistischen oder neoinstitutionellen Ansatz*** im Gegensatz zur älteren Institutionenlehre, die Unternehmen, Finanzintermediäre und Finanzierungsinstrumente als vorgegebene Gebilde weitgehend theoriefrei deskriptiv beschrieben hatte.[1] Eine wichtige Aufgabe der modernen Ansätze besteht dagegen gerade darin, Institutionen als ökonomisch rationale Antworten auf Koordinations- und Motivationsprobleme zu erklären. Die Begriffe ***Neoinstitutionalismus*** und ***Neue Institutionenökonomik*** werden dabei gleichbedeutend verwendet.

Der ***Begriff der Institution*** ist allgemein gehalten und deutet auf eine Ordnung hin, die bestimmten Zwecken gewidmet ist und das Handeln der Wirtschaftssubjekte über eine längere Zeit hinweg lenkt oder beeinflusst. Institutionen reduzieren Unsicherheit und bestimmen, ökonomisch gesprochen, „die Anreizstruktur der menschlichen Gesellschaft." (RICHTER / FURUBOTN 2003, S. 7) Insbesondere kann man ***Märkte und Verträge***, aber auch ***Gesetze*** und ***Verordnungen*** bzw. ***Regulierungen*** als Institutionen verstehen. Die Ausgestaltung dieser Institutionen ist für das ökonomische Ergebnis von Bedeutung: „Institutions Matter". Im Mittelpunkt der folgenden Darstellung steht das ***Unternehmen als Institution***.[2]

Das ***Unternehmen*** stellt sich als ***Geflecht teils gesetzlicher, teils vertraglich begründeter Rechtsbeziehungen*** zwischen den Wirtschaftssubjekten als Vertragspartnern dar, die durch das Unternehmen als Institution miteinander verbunden sind.[3] Bestimmte Wirtschaftssubjekte stellen dem Unternehmen Finanzierungsmittel zur Verfügung. Den Wirtschaftssubjekten werden im Gegenzug zur Bereitstellung der Finanzierungsmittel nicht nur bestimmte Anwartschaften auf zukünftige Zahlungsströme zugesichert, sondern auch bestimmte Rechte an den im Unternehmen vorhandenen Vermögensobjekten sowie verschiedenartige ***Verfügungs- und Kontrollrechte*** zugestanden.

– ***Verfügungs- und Kontrollrechte*** können gesetzlich institutionalisiert sein wie etwa die Kontrollrechte der Aktionäre in der Hauptversammlung einer Aktiengesellschaft oder die Liquidationsrechte der Gläubiger in der Insolvenz des Schuldnerunternehmens. Kontrollrechte können aber auch vertraglich vereinbart sein, wenn beispielsweise eine Bank einen Sitz im Aufsichtsrat der Ge-

---

[1] Vgl. für eine Übersicht über die älteren Ansätze RUDOLPH (1979b).

[2] Abweichende Auffassungen vom Begriff der Institution diskutiert VOIGT (2002), S. 36 ff.

[3] Von ALCHIAN / DEMSETZ (1972) stammt die Sichtweise des Unternehmens als „Nexus of Contracts", also als Geflecht von Vertragsbeziehungen. Vgl. auch PICOT (1991).

sellschaft einnimmt, der sie eine Kreditlinie eingeräumt hat. Kontrollrechte sind wichtig, da die Wirtschaftssubjekte auch innerhalb einer Kooperationsbeziehung ihre eigenen Interessen verfolgen. Wenn nun im Rahmen einer vereinbarten Arbeitsteilung bestimmte Wirtschaftssubjekte ihre Spezialisierungsvorteile einsetzen, dann kommt es darauf an, dass sie bei ihren Aktivitäten auch über die Interessen ihrer Kooperationspartner informiert und gegebenenfalls in die Entscheidungen über das Unternehmensgeschehen eingebunden werden.

- Neben den Kontrollrechten sollen auch die im Zentrum von Finanzverträgen stehenden ***Cashflow-Rechte*** am Unternehmensergebnis die Vertragspartner zu einem Handeln im Interesse der vertraglichen Vereinbarungen anhalten. So wird ein Kapitalgeber, der an den möglichen positiven Ergebnissen seines Unternehmens beteiligt wird, zu einem riskanteren Engagement bereit sein als ein Wirtschaftssubjekt, das im Falle des Erfolgs dennoch nur eine feste Verzinsung seiner eingebrachten Mittel erhält, im Falle des Misserfolgs aber das Risiko eines Vermögensverlustes trägt.

Betrachtet man ein Unternehmen eher aus der Innensicht, so spricht man von einer ***Organisation***. Unternehmerische Organisationen sind also Institutionen mit einem „Innenleben". Zur Vermeidung einer zu hohen Komplexität können aber praktische Ansätze immer nur eine begrenzte Anzahl von Wirtschaftssubjekten betrachten. Insoweit stellen sich Unternehmen auch in den neoinstitutionalistischen Ansätzen in weiten Teilen als „Black Box" dar. Das entspricht aber keiner angestrebten Sichtweise, sondern dient der Komplexitätsreduktion.

5.1.2 Grundannahmen des Neoinstitutionalismus

Die moderne Institutionenökonomik weist einige grundlegende Elemente auf, die allen Ansätzen als ***charakteristische Merkmale*** gemeinsam sind:[4]

- Die Behandlung des einzelnen Wirtschaftssubjektes als Entscheidungsträger (***methodologischer Individualismus***) betont, dass die Menschen verschieden sind und vielfältige Präferenzen, Ziele und Ideen haben. Daher dürfen Unternehmen, der Staat oder andere Organisationen nicht als Kollektive verstanden werden, die sich so verhalten, als ob sie Einzelpersonen wären. Ökonomische Theorien müssen vielmehr am Verhalten der Einzelpersonen ansetzen, die in einem Unternehmen oder an einem Markt zusammentreffen und Entscheidungen nach ihren eigenen persönlichen Präferenzen treffen.
- Da angenommen wird, dass die Individuen stets – also auch innerhalb von Organisationen – zunächst ihre eigenen persönlichen Ziele verfolgen, benötigt

[4] Vgl. RICHTER / FURUBOTN (2003), S. 3 ff. Eine Übersicht über die grundlegenden Ansätze aus der Organisationsperspektive vermittelt das Buch von PICOT / DIETL / FRANCK (2002), S. 55 ff.

man eine Vorstellung von diesen Zielen und geht davon aus, dass diese durch ein nutzenmaximierendes Verhalten beschrieben werden können. Die Hypothese der ***Nutzenmaximierung*** wird auf die Entscheidungen aller Wirtschaftssubjekte ausgedehnt, also beispielsweise auch auf Entscheidungen der Mitarbeiter innerhalb von Unternehmen. Die Hypothese wird darüber hinaus auf alle Entscheidungen ausgedehnt, also auch auf Entscheidungen über den eigenen Arbeitseinsatz oder die Ehrlichkeit bei der Weiterleitung von Informationen.

- Finanzierungstheoretische Ansätze würden allerdings in der Regel zu komplex, wenn wirklich alle mit einem Unternehmen verbundenen Wirtschaftssubjekte einzeln betrachtet und individuell berücksichtigt würden. Daher vereinfachen die Ansätze und konzentrieren sich auf wichtige Gruppen von Entscheidungsträgern. In einem einfachen und auch in diesem Buch häufig betrachteten Fall wird die Gruppe der im Unternehmen arbeitenden und entscheidenden Mitarbeiter als das „Management" von der Gruppe der dem Unternehmen Finanzierungsmittel zur Verfügung stellenden Institutionen als die „Aktionäre" oder „Eigenkapitalgeber" bzw. die „Banken" oder „Fremdkapitalgeber" unterschieden. Das ist eine ***zweckmäßige Vereinfachung***, die aber nicht im Gegensatz zu dem prinzipiellen Ansatz des methodologischen Individualismus stehen soll.
- Alle Wirtschaftssubjekte verhalten sich ***rational.*** Ihre Präferenzen lassen sich prinzipiell vollständig beschreiben und entsprechen den typischen Anforderungen an rational handelnde Wirtschaftssubjekte. Die Annahme vollkommener individueller Rationalität wird allerdings im Transaktionskostenansatz von WILLIAMSON (1975) in die Annahme einer ***unvollkommenen individuellen Rationalität*** abgewandelt. Man kann die Annahme der unvollkommenen Rationalität mit der begrenzten menschlichen Informationsaufnahme- und Informationsverarbeitungskapazität begründen, aber auch mit Transaktionskosten, die den unbegrenzten Erwerb von Wissen und Informationen zu teuer werden lassen. Die Wirtschaftssubjekte sind dann zwar ihrer Intention nach rational, handeln aber tatsächlich wegen ihrer begrenzten Informationsverarbeitungsmöglichkeit nicht immer rational.
- Auch die im letzten Abschnitt dieses Kapitels vorgestellten ***Behavioral-Finance-Ansätze*** konzentrieren sich auf einzelne, gut definierte Abweichungen im Informations- und Entscheidungsverhalten der Wirtschaftssubjekte vom Grundmodell rationaler Entscheidungen. Auch in diesem Modellbereich kann man unterstellen, dass die Wirtschaftssubjekte prinzipiell rational handeln wollen, wegen der begrenzten Zeit und der Komplexität vieler Entscheidungsprobleme sich aber an Entscheidungsheuristiken orientieren, die nicht notwendigerweise immer zu rationalen Entscheidungen führen.
- Die Wirtschaftssubjekte verhalten sich gegebenenfalls ***opportunistisch***, weil sie ihre Ziele auch zum Schaden anderer Wirtschaftssubjekte und vielleicht

sogar durch die Inkaufnahme von Vertragsverletzungen durchzusetzen versuchen. Wirtschaftssubjekte können dazu ihre wahren Präferenzen und Absichten verbergen, Daten und Informationen verfälschen oder sogar vorsätzlich Verwirrung stiften, um ihre persönlichen Ziele zu verfolgen. Die Wirtschaftssubjekte verhalten sich auch ***strategisch***, weil sie bei der Planung ihrer Handlungen die Reaktionen der anderen Wirtschaftssubjekte antizipieren und in ihr Kalkül mit einbeziehen.

- Die Wirtschaftssubjekte leben und arbeiten in einer ***Gesellschaft***, in der jedem Mitglied der Gesellschaft bestimmte Verfügungsrechte zugeordnet sind und in dem die Wirtschaftssubjekte neue Verfügungsrechte erwerben oder erworbene Rechte verkaufen können. ***Verfügungsrechte*** umfassen das Recht, physische Güter oder geistige Leistungen zu gebrauchen und Nutzen aus ihnen zu ziehen, sowie das Recht, von anderen Personen ein bestimmtes Verhalten zu fordern. Beispielsweise kann man, wenn man über einen Markennamen oder ein Produktionsmittel verfügt, anderen Wirtschaftssubjekten den Gebrauch des Produktionsmittels oder des Markennamens verwehren. Die Verfügungsrechte in einer Wirtschaft und in den Unternehmen sind durch ***Überwachungs- und Durchsetzungssysteme (Governance Structures)*** bzw. formale und informelle Ordnungen bestimmt und gesichert. Diese basieren auf dem Rechts- und Gesellschaftssystem eines Staates und enthalten als wichtiges Element die Eigentumsordnung.

Während das neoklassische Modell der Finanzierungstheorie vereinfachend annimmt, dass beim Abschluss und der Durchsetzung von Verträgen bzw. bei der Gründung und beim Betreiben von Unternehmen keine Kosten anfallen, werden in neoinstitutionalistischen Ansätzen durchaus verschiedene Kosten der Transaktion bzw. der Koordination oder der Vertragsgestaltung und Vertragsüberwachung berücksichtigt.

Auf den ersten Blick scheint es eine harmlose und zweckmäßige Vereinfachung zu sein, wenn im neoklassischen Modell auf die Betrachtung der Transaktionskosten verzichtet wird. Die Annahme hat aber tiefgreifende Folgen. Eine der Folgen besteht darin, dass ***Institutionen im neoklassischen Ansatz keine Bedeutung*** haben. Es gibt zwar Unternehmen als Orte der Produktion, deren Rechtsform, Größe, Organisationsstruktur etc. aber irrelevant ist. Im Gegensatz dazu gehen neoinstitutionalistische Ansätze von der Existenz verschiedener Transaktionskosten aus und versuchen Aussagen über Institutionen abzuleiten, die mit möglichst geringen Transaktionskosten arbeiten und dennoch die von den Wirtschaftssubjekten verfolgten Ziele verwirklichen können. Als Institution bezeichnet man dabei ein System von Normen und Spielregeln mit dem Zweck, „das individuelle Verhalten in eine bestimmte Richtung zu steuern. Sie kann formgebunden (formal) oder formungebunden (informell) sein“. (RICHTER und FURUBOTN 2003, S. 513.)

Verschiedene Ansätze der Neuen Institutionenökonomik gehen von der Annahme aus, dass Informationen nicht nur unvollständig sind, sondern in vielen Fällen auch unter den Wirtschaftssubjekten ungleichmäßig verteilt sind (***asymmetrische Informationsverteilung***), so dass es wegen des opportunistischen Verhaltens beim Abschluss und nach dem Abschluss des Vertrages zu Koordinationsproblemen kommen kann.

5.1.3 Ausprägungsformen der Neuen Institutionenökonomik

(1) Verfügungsrechtsanalyse oder Property-Rights-Ansatz

Die Verfügungsrechts- oder Property-Rights-Analyse befasst sich mit der Untersuchung einzelner Rechte an Gütern und Leistungen und nimmt damit eine Ausdifferenzierung ökonomisch relevanter Rechte vor. ***Property Rights*** sind nämlich die mit einem Gut insgesamt verbundenen Handlungs- und Verfügungsrechte, die einem Wirtschaftssubjekt aufgrund der Rechtsordnung und der abgeschlossenen Verträge zustehen. Diese Verfügungsrechte bestimmen neben den Eigenschaften des Wirtschaftsgutes dessen Wert. Dabei kann hinsichtlich der Art der Verfügungsrechte unterschieden werden in

- das Recht, die Nutzungsart eines Wirtschaftsgutes zu bestimmen bzw. das Gut nach eigenem Geschmack zu nutzen (usus),
- das Recht, die Erträge des Wirtschaftsgutes zu realisieren (usus fructus),
- das Recht, das Wirtschaftsgut im Hinblick auf seine Form und Substanz zu verändern (abusus) und schließlich
- das Recht, das Gut zu veräußern und den Liquidationserlös zu vereinnahmen.

Wirtschaftsgüter sind im Allgemeinen für ein Wirtschaftssubjekt umso wertvoller, je mehr Rechte mit ihnen verbunden sind. Je vollständiger die Property Rights an einem Gut dem handelnden Wirtschaftssubjekt zugeordnet sind, umso effizienter wird er handeln, weil er von den Auswirkungen seines Umgangs mit dem Gut nur selbst profitiert bzw. nur selbst den Verlust trägt. Sind die Property Rights vollständig verteilt, dann kommt es unter Effizienzgesichtspunkten nicht auf die Zuordnung der Property Rights zu den einzelnen Wirtschaftsubjekten an, wenn bei der Umverteilung keine Transaktionskosten anfallen. Die Wirtschaftssubjekte können die ***optimale Allokation der Property Rights*** jeweils durch geeignete Transaktionen erreichen.

Die Bedeutung der ***verschiedenartigen Verfügungsrechte*** lässt sich auch bei Finanztiteln beobachten. Die Inhaber von Finanztiteln können im Allgemeinen die Nutzung bestimmen, indem sie die Finanztitel in ihr eigenes Depot legen oder die Papiere fremd verwalten lassen. Sie können über die Zinsen und Dividenden aus ihren Titeln verfügen, wobei dieses Verfügungsrecht durch Transaktionskosten und Steuern sehr eingeschränkt erscheint und dann sogar zu Ausweichhandlungen Anlass geben kann. Die Verfügungsberechtigten können die Finanztitel in aller Regel auch verkaufen. Im Falle von Aktien stehen dafür beispielsweise organisierte Börsen zur Verfügung. In anderen Fällen ist der Verkauf erschwert (z. B. bei Krediten und vinkulierten Namensaktien) oder nur durch eine Neuordnung der Gesellschaftsverhältnisse erreichbar (z. B. für den Komplementär einer KG). Die Inhaber der Finanztitel haben zuweilen die Möglichkeit, die Substanz ihres Anspruchs zu ändern, wenn sie wie beispielsweise bei der Wandelanleihe über das Recht verfügen, unter bestimmten Bedingungen ihren Fremdkapitalanspruch in einen Eigenkapitalanspruch umzuwandeln.

Verfügungsrechte können verdünnt sein. Erstens müssen nicht alle Rechte gemeinsam dem gleichen Wirtschaftssubjekt zugeordnet sein und zweitens können die zugeordneten Rechte gleichzeitig auf mehrere Personen verteilt sein.[5]

		Anzahl der Property-Rights-Träger	
		niedrig	hoch
Grad der Vollständigkeit der Property-Rights-Zuordnung	hoch	**Konzentrierte Property-Rights-Struktur** Bsp.: Einzelunternehmen	**Verdünnte Property-Rights-Struktur** Bsp.: Publikumsgesellschaft
	niedrig	**Verdünnte Property-Rights-Struktur** Bsp.: Stiftung	**Stark verdünnte Porperty-Rights-Struktur** Bsp.: Großverein wie ADAC

Abb. 5.2: Verdünnung von Property Rights

Das Beispiel der Publikumsgesellschaft steht für eine hohe Verdünnung der Property-Rights-Struktur, weil der einzelne Aktionär seine Kontrollrechte mit einer Vielzahl anderer Aktionäre teilen muss, so dass sein Einfluss in der Hauptversammlung verschwindend gering sein kann. Dieses Defizit führt dazu, dass sich Aktionärsvereinigungen wie z. B. die Deutsche Schutzvereinigung für Wertpapierbesitz DSW oder die Schutzgemeinschaft der Kapitalanleger SdK gebildet haben, die die Interessen der von ihnen vertretenen Ak-

---

[5] Vgl. Abbildung 5.2 bei PICOT / DIETL / FRANCK (2002), S. 56.

tionäre gemeinsam wahrnehmen wollen. Ist dagegen die Anzahl der Aktionäre gering, ist die Kontrollstruktur über die Gesellschaft sehr ausgeprägt.

Die ***Property-Rights-Analyse*** stellt auch die Frage nach den Charakteristika des ***Eigentums an einem Unternehmen*** und nach den möglichen unterschiedlichen Ausprägungsformen dieser Eigentumsrechte bei ***unterschiedlichen Rechtsformen*** von Unternehmen. Das Eigentum an einem Unternehmen besteht dabei nicht zwangsläufig im Eigentum an den Vermögensgegenständen. Selbst der private Eigentümer einer Personengesellschaft muss überhaupt kein Eigentum an den Produktionsmitteln seines Unternehmens haben, weil er sie beispielsweise alle gemietet oder zur Sicherung an die Bank übereignet haben kann. Dennoch müssen ihm wichtige Verfügungsrechte über das Unternehmensvermögen zustehen, da er sonst keine Produktion in seinem Unternehmen wirksam organisieren kann.

Während der Eigentümer eines Einzelunternehmens immer das Recht hat, das Unternehmen zu leiten oder die Leitung einem Stellvertreter (Agenten) zu überlassen, steht dem Aktionär als Eigentümer eines Unternehmens dieses Recht prinzipiell nicht zu. Dagegen kann er aber an der Wahl eines Aufsichtsrates als Kontrollorgan mitwirken, der den Vorstand dieser Gesellschaft bestellt. Ein Eigentumsrecht an einzelnen Vermögensgegenständen einer Unternehmung steht den Aktionären in keinem Fall zu.

Aus den unterschiedlichen Verfügungsrechtsstrukturen ergeben sich für die beteiligten Wirtschaftssubjekte vielfältige Anreiz- und Kontrollprobleme, die in den Property-Rights-Ansätzen thematisiert werden. Die ***Verteilung der Verfügungsrechte*** beeinflusst das Verhalten der Wirtschaftssubjekte und beeinflusst daher die gesamte Wertschöpfung. Die Property-Rights-Analyse gibt also vielfältige Hinweise auf die Effizienz finanzieller vertraglicher Beziehungen. Fragen der Verteilung von Verfügungsrechten haben für ***Finanzbeziehungen*** große Bedeutung. Fragt beispielsweise ein Wirtschaftssubjekt mit geringen eigenen Mitteln einen Kredit zur Finanzierung des Kaufs eines von ihm wegen seiner besonderen Lage ins Auge gefassten Grundstücks nach, dann wird sich die Bank als Kreditgeber danach erkundigen, über welche Rechte der Kreditnehmer am Grundstück verfügt und wie seine Planungen bezüglich des Grundstücks aussehen. Die Bank wird ihre Kreditvergabeentscheidung auch von der Verteilung der Verfügungsrechte an dem Grundstück abhängig machen und beispielsweise sehr vorsichtig oder ablehnend reagieren, wenn der Kreditnehmer zwar Eigentumsrechte am Grundstück hat, aber das Grundstück nur mit einem bestimmten Gebäudetyp bebauen darf. Dieser genehmigte Gebäudetyp wird zwar für den Käufer attraktiv erscheinen, könnte aber den Sicherungswert des Grundstücks für die Bank negativ beeinflussen, weil sich für das Grundstück am Markt im Falle der Verwertung als Sicherheit kaum andere Käufer finden lassen dürften.

5.2 Der Transaktionskostenansatz in der Finanzierungstheorie

5.2.1 Grundidee des Transaktionskostenansatzes

Während die Property-Rights-Analyse die Gestaltung und Verteilung von Verfügungsrechten in den Mittelpunkt ihrer Überlegungen stellt, bilden solche Verfügungsrechtsstrukturen im Transaktionskostenansatz nicht weiter thematisierte Randbedingungen. Der Transaktionskostenansatz geht auf Arbeiten von RONALD COASE (1937, 1960) zurück, der die Frage aufwarf, warum in einer Marktwirtschaft bestimmte Aktivitäten dem Marktmechanismus vorenthalten und innerhalb eines Unternehmens durchgeführt werden, während für andere Aktivitäten Marktlösungen gefunden werden, so dass nicht alle Produktions- oder Transaktionsaktivitäten innerhalb der Unternehmen erfolgen.

COASE macht für die häufige Überlegenheit der Organisation von Aktivitäten innerhalb von Unternehmen die ***Transaktionskosten des Marktmechanismus*** verantwortlich, die für bestimmte Aktivitäten durch eine unternehmensinterne Koordination vermieden oder vermindert werden können. Damit wird die neoklassische Annahme aufgegeben, dass der Markt als Koordinationsmechanismus kostenlos funktioniert. Zu den Transaktionskosten des Marktes zählen insbesondere

- Such- und Informationskosten,
- Verhandlungs- und Entscheidungskosten sowie
- Überwachungs- und Durchsetzungskosten.

Aus finanzwirtschaftlicher Perspektive kann man sich ein Großunternehmen vorstellen, dessen zahlreiche Geschäftsbereiche oder Abteilungen zur Finanzierung ihrer Investitionen jeweils eigenständig mit ihren jeweiligen Banken wegen eines Kredits verhandeln und auch die Verzinsung und Tilgung der Kredite in Eigenregie übernehmen wollten. Unabhängig von rechtlichen Problemen würden mit der wachsenden Anzahl an Abteilungen steigende Transaktionskosten entstehen, weil nicht der Nettofinanzbedarf des Unternehmens am Markt refinanziert würde, sondern die Summe der in den einzelnen Abteilungen festgestellten Finanzierungsdefizite. Im Gegenzug müssten die Abteilungen ihre Kapitalanlagen mit den erwirtschafteten Überschüssen selbständig tätigen und könnten dafür nur Erlössätze realisieren, die weit unter den Kostensätzen der Defizitbereiche lägen. In der Praxis übernehmen daher die Finanzabteilungen oder das ***Treasury*** in den Unternehmen zentral die Funktionen der Finanzplanung und der Kommunikation mit den Kapitalgebern und sorgen dafür, dass die extern aufgenommenen Mittel intern für jene Projekte verfügbar sind, die sich im Rahmen der Gesamtplanung des Unternehmens als vorteilhaft erweisen. Der ***interne Kapitalmarkt*** ist ein wichtiges Instrument zur Einsparung von Transaktionskosten bei unvollkommenem (externem) Kapitalmarkt.

Der ***Transaktionskostenansatz*** baut also auf der Idee auf, dass der von der neoklassischen Theorie beschriebene Güteraustausch über den Preismechanismus der Märkte nicht die einzige Institution zur Koordination wirtschaftlicher Aktivitäten darstellt. Vielmehr erfolgt auch innerhalb der Unternehmungen eine Güterallokation, und zwar vorwiegend im Zuge betrieblicher Anweisungen (***Hierarchie, Führung***). Wenn beispielsweise eine Abteilung bestimmte Vorprodukte an eine andere Abteilung pünktlich und in bestimmter Qualität zu liefern hat, obwohl der ihr zugerechnete Erfolg größer wäre, wenn sie an den Markt liefern dürfte, so muss gefragt werden, unter welchen Umständen eine ***Eigenfertigung*** im Interesse des Unternehmensganzen ist und unter welchen Bedingungen dem ***Fremdbezug*** (über den Markt) der Vorzug gegeben werden sollte.

Die bis in die 70er Jahre weitgehend unbeachtet gebliebenen Überlegungen von COASE wurden durch die Arbeiten von OLIVER WILLIAMSON (1975, 1990) weitergeführt und populär gemacht. WILLIAMSON untersucht die spezifischen Merkmale einer Transaktion hinsichtlich ihres Einflusses auf die Höhe der Transaktionskosten und kann die Determinanten der Transaktionskosten aufzeigen, die im Wesentlichen darauf Einfluss nehmen, ob Transaktionen über den Markt oder eher innerhalb einer Hierarchie durchgeführt werden sollen.[6] Im Transaktionskostenansatz von WILLIAMSON wird das ***Verhalten der Wirtschaftssubjekte*** dabei als „beschränkt" oder „eingeschränkt" rational (bounded rational) bzw. als „opportunistisch" bezeichnet. Die Wirtschaftssubjekte können nicht beliebig viele Informationen verarbeiten. Sie nützen Informationsvorsprünge aus, wenn dies zu ihrem Vorteil ist, sie täuschen gegebenenfalls sogar ihre Vertragspartner, indem sie ihnen beispielsweise Informationen vorenthalten, und sie halten sich nicht einmal notwendigerweise an vertragliche Zusagen, sofern ihnen dies nützt. Solche Verhaltensweisen können in neoklassischen Ansätzen nicht berücksichtigt oder abgebildet werden.

5.2.2 Determinanten der Transaktionskosten

(1) Verträge und Governance-Strukturen

Transaktionen erfolgen in der Regel auf der Grundlage von Verträgen, die eine Abstimmung der Rechte und Pflichten der an der Transaktion beteiligten Wirtschaftssubjekte vornehmen. Es kann sich dabei um die Umsetzung expli-

---

[6] COASE hatte die Unternehmung noch einseitig mit einer strikten „Hierarchie" und den Markt mit einfachen Kauf- und Werkverträgen gleichgesetzt. WILLIAMSON hat die Idealtypen Hierarchie und Markt durch realistischere Abstufungen ersetzt und Zwischenformen wie Joint Ventures oder Franchise-Systeme in die Betrachtung eingefügt. Vgl. hierzu PICOT / DIETL / FRANCK (2002), S. 84.

ziter (ausdrücklicher) oder impliziter (stillschweigend anerkannter) Verträge zwischen den Wirtschaftssubjekten handeln.

- Ein ***expliziter Vertrag*** ist z. B. ein ***Kreditvertrag***, in dem der Kreditbetrag und die Rückzahlungs- bzw. Verzinsungsmodalitäten genau geregelt sind.
- Wenn mit der Kreditvergabe allerdings Erwartungen über das Verhalten der Bank oder des Kreditnehmers während der Vertragslaufzeit verbunden sind, so handelt es sich um einen ***impliziten Vertrag***, wie er beispielsweise in einer ***Hausbankbeziehung*** ausgeprägt sein könnte.

Der Transaktionskostenansatz betrachtet sowohl Transaktionen auf der Basis expliziter als auch impliziter Verträge. ***Transaktionskosten*** sind in ihrer Höhe insbesondere durch die ***Eigenschaften*** der jeweiligen Transaktion, aber auch durch das Ordnungs- und Durchsetzungssystem bestimmt, in dem die Transaktionen stattfinden und durch das die Transaktionen gesichert werden. Gegenstand des Transaktionskostenansatzes sind deshalb auch rechtliche und soziale Ordnungsstrukturen, d. h. ***Governance-Strukturen***, welche die Transaktionen vor opportunistischem Verhalten der Vertragspartner schützen sollen.

Opportunistisches Verhalten ist für Vertragspartner in unterschiedlichem Ausmaß nachteilig. Der Nachteil ist besonders groß, wenn es sich um eine spezifische Leistungsbeziehung handelt, d. h. wenn ein Wechsel des Transaktionspartners entweder unmöglich oder mit sehr großen Nachteilen verbunden ist. Man spricht dann von der ***Spezifität der Transaktion***. Dabei ist der ***Grad der Spezifität*** einer Transaktion umso größer, je größer die Quasi-Rente, d. h. jener Wertverlust ist, der entsteht, wenn das erforderliche Human- und Sachvermögen nicht zur Verwirklichung der angestrebten oder vereinbarten Leistungsbeziehung eingesetzt werden kann, sondern einer anderen Verwendungsmöglichkeit zugeführt werden muss. Die Spezifität ist auch für ***Transaktionen an den Finanzmärkten*** von großer Bedeutung. Im Folgenden wird daher die Spezifität in das System der Einflussgrößen von Transaktionen eingeordnet und durch Beispiele aus finanzwirtschaftlichen Problemfeldern beleuchtet.

(2) Einflussgrößen von Transaktionen

Als wichtigste ***Einflussgrößen von Transaktionen*** werden von WILLIAMSON die Merkmale Unsicherheit, Häufigkeit und Spezifität herausgestellt, die im Folgenden kurz erläutert werden sollen.[7]

a) Bei der ***Unsicherheit*** von Transaktionen geht es nicht nur um zukünftige unsichere Ereignisse, die mehr oder weniger gut mit subjektiven oder objektiven Wahrscheinlichkeiten beschrieben werden können, so dass die

---

[7] Vgl. WILLIAMSON (1990) sowie JOST (2001b), S. 10 ff.

Grundsätze des Verhaltens bei Risiko Anwendung finden können. Es geht auch um die Unsicherheit im engeren Sinne, dass beispielsweise bestimmte zukünftige vertragsrelevante Ereignisse gegenwärtig nicht einmal benannt werden können. Es ist die Unsicherheit über die Vielzahl der denkbaren und der nicht benennbaren vertragsrelevanten Ereignisse, welche die ***Verträge über Transaktionen regelmäßig unvollständig*** macht. Die Unvollständigkeit von Verträgen legt es nahe, dass eine der Vertragsparteien die Entscheidungsgewalt für normale, noch nicht vorab definierte Ereignisse bekommt und dementsprechend auch die Verantwortung bzw. Haftung und den Residualanspruch übernimmt.

b) Die ***Häufigkeit*** von Transaktionen ist insofern von Bedeutung, als regelmäßig wiederkehrende Transaktionen eine andere vertragliche Ausgestaltung der Koordination sinnvoll machen als nur gelegentlich wiederkehrende oder einmalige Transaktionen. Börsentransaktionen zeichnen sich beispielsweise durch hohe Stückzahlen oder Volumina aus und bedürfen daher einer speziellen Transaktionsplattform für standardisierte Kontrakte. Ein Gesellschafterwechsel in einer Kommanditgesellschaft ist dagegen ein seltenes Ereignis, das in das Unternehmensgeschehen in komplexer Weise einwirken kann. Dementsprechend wird man den individuellen Vertrag mit anwaltlicher Unterstützung formulieren und keine Plattform für standardisierte Kontrakte einrichten.

Der Begriff der Häufigkeit ist im Übrigen nicht starr anzuwenden, sondern u. a. von den sich im Zeitablauf ändernden technischen Möglichkeiten der Vertragspartner abhängig zu sehen. Als Beispiel kann auf das traditionelle Kreditgeschäft der Banken im Privat- und Firmenkundengeschäft verwiesen werden, bei dem die Einmaligkeit der Transaktion im Vordergrund stand. Für Privatpersonen stellt sich eine Kreditaufnahme immer noch als seltene, für Firmen dagegen als häufige Transaktion dar. Im Zuge der Anpassung der Risikomesssysteme an die Anforderungen der Bankenaufsicht findet derzeit eine weitgehende Standardisierung des Kreditgeschäfts statt, so dass zumindest für den Sekundärmarkt am Aufbau von Transaktionsplattformen für Kreditpositionen gearbeitet wird.[8]

c) Die ***Spezifität*** der Transaktion und deren Implikationen für die Transaktionskosten stellen eine Besonderheit der Theorie von WILLIAMSON dar und verleihen ihr eine überragende Bedeutung innerhalb der Neuen Institutionenökonomik. Der Begriff der Spezifität bedeutet, dass spezialisierte Anlagen oder spezialisierte Arbeitskräfte hohe Quasi-Renten erwirtschaften, wobei allerdings alternative Verwendungen der Faktorleistungen mit erheblichen Ertragseinbußen verbunden sind. Die ***Kosten*** spezifischer Investitionen oder

---

[8] Über diese Aktivitäten wird in Kapitel 10 über Fremdfinanzierungsalternativen und Rating berichtet.

einer Ausbildung sind „***versunken***“ und lassen sich bei nicht planmäßiger Verwendung auch nicht durch ein Ausweichen in eine nächstbeste Verwendung wieder hereinholen. Der zwischen den Transaktionspartnern ausgehandelte Preis ist losgelöst von den Investitions- oder Ausbildungskosten und impliziert die Möglichkeit einer Abschöpfung der Quasi-Rente durch den Vertragspartner. Wer spezifische Investitionen durchführt, ist also leicht durch seinen Vertragspartner ausbeutbar. Andererseits ist die Spezifität ein Merkmal, das wichtige Wettbewerbvorteile generieren kann.

Die ***Spezifität*** beschreibt das Ausmaß, in dem eine Ressource auf eine bestimmte Nutzung festgelegt ist. Es lassen sich verschiedene Arten der Spezifität unterscheiden und durch Beispiele belegen.

- ***Räumliche Spezifität*** (Standortspezifität, site specificity): Investitionen der Transaktionspartner in für beide Vertragspartner günstige Standorte führen dazu, dass Lagerhaltungs- oder Transportkosten eingespart werden können, dass aber für den Investor der Zugang zu alternativen Verwendungsmöglichkeiten erschwert wird. In Finanzbeziehungen nimmt die Bedeutung der räumlichen Spezifität ab, wenn beispielsweise die Kommunikation in einer Bankfiliale durch standardisierte Kreditantragsverfahren oder den Besuch der Bankmitarbeiter im Unternehmen ersetzt wird.
- ***Physische Spezifität*** (Sachkapitalspezifität, Physical-Asset-Specificity): Sachkapitalinvestitionen in spezialisierte Maschinen erlauben einem Vertragspartner die Herstellung eines Produktes, das sich als Vorprodukt besser als andere Vorprodukte bei einem Vertragspartner der nachgelagerten Produktionsstufe eignet. Die Investition legt ihn aber auf einen bestimmten Vertragspartner fest. Die Bank muss im Rahmen ihrer Kreditwürdigkeitsprüfung die entstandene Abhängigkeit als Risikofaktor bei ihrer Kreditvergabeentscheidung berücksichtigen.
- ***Humankapitalspezifität*** (Human-Asset-Specificity): Mitarbeiterqualifikation oder spezialisierte Ausbildung sowie „learning by doing“ in der Abwicklung von Produktionstätigkeiten sowie aufgrund der Kenntnisse von Besonderheiten des Vertragspartners führen zum Erwerb idiosynkratischen Wissens, das in anderen Beschäftigungsverhältnissen weitgehend wertlos sein kann. In Finanzbeziehungen spielt die Humankapital-Spezifität zuweilen eine große Rolle, wenn Bank- und Finanzabteilungen des Unternehmens eng zusammen arbeiten und auf das gegenseitige Knowhow der Mitarbeiter angewiesen sind.
- ***Markenartikelspezifität*** (Brand-Name-Capital): Die Investitionen eines Vertragspartners in einen Werbefeldzug für ein Produkt erhalten ihren besonderen Wert in den Vertragsbeziehungen mit den Käufern des Produktes, erzeugen aber ohne diese Beziehungen keinen Nutzen. Daher eignet sich der Unternehmenswert aufgrund einer Markenartikelspezifität nicht als Sicherungsbasis für einen Kredit, kann aber für die Eigenkapitalgeber einen hohen Wertbeitrag für das Unternehmen generieren.

d) Da der ***Spezifität*** von den verschiedenen Einflussgrößen einer Transaktion die größte Bedeutung beigemessen wird, ist hier auch noch eine ***weitergehende Differenzierung*** in eine Ex-ante- und eine Ex-post-Spezifität sinnvoll:

- Von einer ***Ex-ante-Spezifität*** spricht man, wenn eine Transaktion bereits spezifische Investitionen voraussetzt (z. B. Presswerkzeuge für Karosserieteile im Fahrzeugbau; detaillierte Internetdarstellung der Aufbau- und Ablauforganisation eines Unternehmens), die den Investor in eine erhebliche Abhängigkeit vom Transaktionspartner bringen können.
- Als ***Ex-post-Spezifität*** werden Abhängigkeiten bezeichnet, wenn sich nach einem zu Beginn konkurrenzintensiven Wettbewerb um die Lieferung einer Standardleistung eine monopolartige Transaktionsbeziehung entwickelt, weil z. B. die Eigenschaften eines Vorproduktes ganz auf die Bedürfnisse des Endabnehmers zugeschnitten werden. Hier entsteht die ***Gefahr*** des ***„postcontractual opportunisms“***. Hat ein Unternehmen beispielsweise seine Wertpapieranlage bei einer Bank konzentriert, so kann der Wechsel der Bankbeziehung mit hohen Transaktionskosten verbunden sein, weil damit weit reichende organisatorische Maßnahmen verbunden sein können.

Ist eine Vertragspartei vor oder nach Abschluss eines Vertrages wegen hoher „versunkener“ Kosten in der schlechten Position, ungünstige Vertragsänderungen akzeptieren zu müssen, dann ist sie leicht erpressbar, weil sie durch die versunkenen Kosten einer Ausbeutungs- oder Beraubungsmöglichkeit (Hold up) durch den Vertragspartner ausgesetzt ist. Dieses ***Hold-up-Problem*** ist auch der Gegenstand der quantitativ ausgerichteten Theorie unvollständiger Verträge. Als ***Hold-up-Problem*** (Raubüberfall) bezeichnet man das Problem, das sich einem Wirtschaftssubjekt stellt, das Vorleistungen erbracht hat und nun schlechte Verhandlungsbedingungen akzeptieren muss und daher die aufgebrachten versunkenen Kosten (Sunk Costs) nicht mehr ganz oder gar nicht entgolten bekommt.

Ex ante gibt es häufig große, anonyme Märkte mit vielen möglichen Vertragspartnern. Ex post, wenn sich zwei Verhandlungspartner als Vertragspartner gefunden haben, greift häufig ein Lock-in-Effekt mit der Folge, dass sich die Vertragsparteien nur mit hohen Kosten aus dem Vertrag lösen können. Die nicht selten zu beobachtende ***Entwicklung von Bindungen*** in der arbeitsteiligen Aufgabenerfüllung, zu der es mit der Investition in transaktionsspezifische Aktiva oder Faktorbestände kommt, wird von WILLIAMSON als ***„fundamentale Transformation“*** bezeichnet. Fundamentale Transformation und Lock-in-Effekt beschreiben den gleichen Zusammenhang.

Die Spezifität kann z. B. bei ***Kreditgeschäften*** zunächst sehr gering sein, aber im Laufe der Zeit mit dem Aufbau eines Hausbankverhältnisses oder der wechselseitigen Einbindung des Managements der beiden Unternehmen in die

Kontrolle des anderen (wechselseitige Aufsichtsrats- und Beiratsmandate) sehr hoch werden.

5.2.3 Das optimale Transaktionsdesign

Als wichtigste Lösungsansätze für Hold-up-Probleme gelten langfristige Vertragsbeziehungen bzw. glaubwürdige vertragliche Bindungen oder die vertikale Integration mit der Herstellung hierarchischer Beziehungen. Je spezifischer, komplexer und unsicherer eine Transaktion ist, desto höhere Transaktionskosten entstehen bei einer Koordination über den Markt und umso eher sollte also die Transaktion innerhalb eines Unternehmens organisiert werden. Umgekehrt sprechen wenig spezifische, häufige Transaktionen mit geringer Komplexität und Unsicherheit für eine Marktlösung.

> „Die eher marktliche, auf dem Preismechanismus beruhende Koordination von Leistungsbeziehungen büßt ihre Überlegenheit ein, wenn potentiell opportunistisch handelnde, und zwangsläufig nur begrenzt rationale Wirtschaftsubjekte spezifische, unsichere und strategisch bedeutsame Austauschbeziehungen eingehen. In diesem Fall erweist sich die kaufvertragliche Abwicklung eines beiderseitig als gerecht empfundenen Leistungsaustausches als zu aufwendig. Die hierfür erforderliche vorwegnehmende Spezifikation und schriftliche Fixierung aller Leistungsdetails und Eventualitäten ist mit prohibitivem Ressourcenverzehr verbunden. Es ist wirtschaftlicher, wenn sich die Tauschpartner zur Abwicklung derartiger Transaktionen längerfristig aneinander binden bzw. sich integrieren. Arbeitsverträge, Unternehmensverträge etc. sind generell und langfristig wirksame Rahmenvereinbarungen, die nicht jeden einzelnen Leistungsaustausch gänzlich spezifizieren.“[9]

Für den Fall von Transaktionen mit erheblicher Unsicherheit gibt WILLIAMSON das in Abb. 5.3 wiedergegebene anschauliche Raster von Beispielen für Transaktionsarten in Abhängigkeit von der Häufigkeit und der Spezifität der Transaktion an. (Vgl. WILLIAMSON 1990, S. 82)

Übertragen auf den Finanzbereich kann man davon ausgehen, dass man beispielsweise bei der mit einer großen ***Unsicherheit*** verbundenen Gründung eines Unternehmens in der Regel keine Finanzierung über den Kapitalmarkt bewerkstelligen kann. Vielmehr werden die jungen Unternehmer versuchen, eigenes Kapital einzusetzen oder Finanzierungsmittel von Verwandten oder Bekannten zu erhalten. Darüber hinaus halten sich Venture-Capital-Gesellschaften als spezielle Finanzintermediäre bereit, auf der Basis spezifischer Informations- und Mitspracherechte stufenweise und in Abhängigkeit von den erreichten Zielmarken Eigenkapital (Venture Capital) zur Verfügung zu stellen. Bei der ***Gründung eines Unternehmens*** überwiegen also ***hierarchische Elemente*** in der Finanzierung.

---

[9] Vgl. PICOT / DIETL / FRANCK (2002), S. 81 ff.

	Investitionsmerkmale		
	Nichtspezifisch	**Gemischt**	**Hochspezifisch**
Häufigkeit – **gelegentlich**	Kauf einer Standard-ausrüstung	Kauf einer spezialgefertigten Ausrüstung	Errichtung einer Werksanlage
Häufigkeit – **wiederholt**	Kauf von Standard-material	Kauf von spezialgefertigtem Material	Standortspezifische Übertragung von Zwischenprodukten aufeinanderfolgen-der Produktions-stufen

Abb. 5.3: Beispiele für Transaktionen

Nach dem erfolgreichen ***Abschluss der Gründungsphase*** lassen sich dann leichter Fremdkapitalgeber gewinnen, die dem Unternehmen feste Kreditlinien einräumen. Darüber hinaus lässt sich die Eigenkapitalposition des Venture-Capital-Gebers durch das Eigenkapital von Aktionären im Zuge eines Going Public als ***marktliche Finanzierung*** substituieren. Schließlich werden mit zunehmendem Alter und wachsender Größe des Unternehmens regelmäßige Kreditaufnahmen und Kapitalerhöhungen quasi als Standardtransaktionen der Inanspruchnahme des Kapitalmarktes möglich. Die Unsicherheit wird durch zusätzliche Informationen und Publizität abgebaut. Die Anlage von Mitteln in Aktien mit einem liquiden Sekundärmarkt weist nur noch einen geringen Grad an Spezifität auf.

5.3 Der Prinzipal-Agent-Ansatz in der Finanzierungstheorie

5.3.1 Grundlagen und Einordnung der Vertretungstheorie

(1) Der Prinzipal-Agent-Ansatz als ökonomische Vertragstheorie

Ebenso wie der Verfügungsrechts- und der Transaktionskostenansatz kann auch der ***Prinzipal-Agent-Ansatz*** (Principal Agent Theory) der ***Neuen Institutionenökonomik*** zugerechnet werden, und zwar in der Ausprägungsform der ***ökonomischen Vertragstheorie***. Diese befasst sich mit der Analyse und Lösung von Problemen asymmetrisch verteilter Informationen zwischen den Wirtschaftssubjekten bzw. Vertragspartnern, die eine gemeinsame Transaktion durchführen oder einen Vertrag abschließen wollen, dabei aber unterschiedliche Interessen vertreten. Dabei spielt es im Gegensatz zum Transaktionskostenansatz keine Rolle, ob die Wirtschaftssubjekte in einer Marktbeziehung oder hierarchischen Beziehung zueinander stehen. Die Transaktionskosten werden im Gegensatz zum Transaktionskostenansatz nicht modelliert, sondern sind das Ergebnis des Vertrags zur Lösung oder Abmilderung der negativen Effekte der asymmetrischen Informationsverteilung.

Die ***ökonomische Vertragstheorie*** lässt sich in zwei Theoriezweige gliedern. Der erste Theoriezweig befasst sich mit Situationen, in denen zwischen den Parteien eines Vertrages eine asymmetrische Informationsverteilung vorliegt. Dieser Theoriezweig wird als ***Vertretungstheorie*** und im Folgenden auch als Prinzipal-Agent-Ansatz bezeichnet.[10] Der zweite Theoriezweig geht davon aus, dass die Vertragspartner über die relevanten Sachverhalte gleichmäßig informiert sind, dass aber eine dritte Partei schlechter informiert ist. Dieser Theoriezweig wird als Theorie unvollständiger Verträge bzw. als Theorie relationaler Verträge bezeichnet und hat seine Bedeutung insbesondere bei längerfristigen Vertragsbeziehungen. Wichtige Bausteine und Ergebnisse dieses Theoriezweigs, der sich auch als quantitative Weiterführung des Transaktionskostenansatzes von WILLIAMSON verstehen lässt, werden im nachfolgenden Abschnitt 5.4 vorgestellt.

Eine Gliederung der ökonomischen Vertragstheorien zeigt also das folgende Bild, von dem in diesem Abschnitt 5.3 die Vertretungstheorie bzw. Prinzipal-Agent-Theorie behandelt wird, während der folgende Abschnitt 5.4 der Theorie unvollständiger Verträge gewidmet ist.

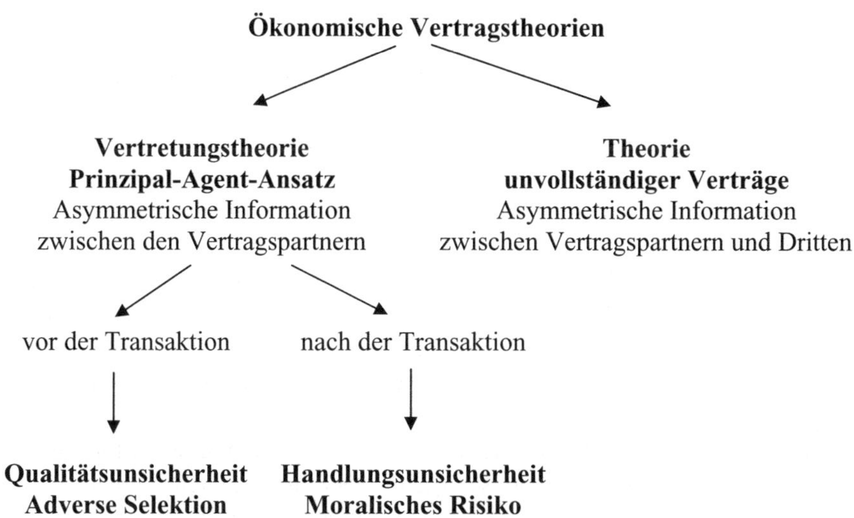

Abb. 5.4: Gliederung der ökonomischen Vertragstheorien

[10] Vgl. RICHTER / FURUBOTN (2003), S. 41.

Wie in allen Varianten der Neuen Institutionenökonomik stehen die Wirtschaftssubjekte auch in der Vertretungstheorie zur Ausnutzung der Vorteile der Arbeitsteilung und Spezialisierung untereinander in vertraglichen Kooperations- und Delegationsbeziehungen. Im Allgemeinen wird im Prinzipal-Agent-Ansatz streng rationales Verhalten aller beteiligten Wirtschaftssubjekte bzw. Vertragspartner unterstellt. Insoweit stellt sich der Prinzipal-Agent-Ansatz auch als Ausprägungsform der ***Spieltheorie*** dar, die sich mit Entscheidungsproblemen befasst, bei denen die beteiligten Parteien bei unterschiedlichen Informationsständen miteinander interagieren und bei denen die erreichbaren Ergebnisse von den Entscheidungen der Parteien abhängig sind.[11]

(2) Positive und normative Vertretungstheorie

Die Vertretungstheorie kann sich entweder überwiegend einer verbalen Analyse bedienen (positiver Prinzipal-Agent-Ansatz) oder formaler Methoden (normativer Prinzipal-Agent-Ansatz).

- Der ***positive Prinzipal-Agent-Ansatz*** macht Vorschläge für institutionelle Arrangements zur Lösung der Probleme, die aus der asymmetrischen Informationsverteilung für ein Vertragsverhältnis resultieren. So wird ein Unternehmen z. B. dadurch, dass es einer Bank als Kreditgeber einen Sitz in seinem Aufsichtsrat einräumt, die bestehende Informationsasymmetrie und damit die Gefahr vermindern, dass die Bank auf Änderungen der Geschäftspolitik negativ reagiert.
- Der ***normative Prinzipal-Agent-Ansatz*** leitet dagegen mit Hilfe formaler Kalküle ***Anreizsysteme*** für das Management ab. Die Manager sollen dabei einerseits durch die Erfolgsbeteiligung einen möglichst großen Arbeitsanreiz erhalten und andererseits durch eine zu ausgeprägte Risikobeteiligung nicht wieder demotiviert werden. Anreizkompatible Vergütungssysteme lassen sich aus quantitativen modelltheoretischen Überlegungen unter Vorgabe der spezifischen Eigenheiten der Vertretungsbeziehung ableiten.

Die Prinzipal-Agent-Ansätze lassen sich, wie in Abbildung 5.4 angedeutet, weiter dahingehend gliedern, ob die Informationsasymmetrie zwischen den Vertragsparteien ***vor*** Abschluss des Vertrages bzw. der Transaktion (Qualitätsunsicherheit/adverse Selektion) oder ***nach*** dem Abschluss entsteht (Handlungsunsicherheit/moralisches Risiko).

Eine weitergehende Unterscheidung der nachvertraglichen Informationsasymmetrie in Informationsvorsprünge, die sich aus eigenem unbeobachtbarem Tun (Hidden Action) oder aus unbeobachtbar neu zufließenden Informationen (Hidden Information) ergeben, ist möglich, wird hier aber nicht weiter

---

[11] Vgl. zur Einbettung des Prinzipal-Agent-Ansatzes in die Spieltheorie HOLLER / ILLING (2003) sowie JOST (2001c).

verfolgt, zumal die Verwendung der Begriffe „Hidden Action", „Hidden Information" und „Hidden Characteristics" in der Literatur nicht einheitlich erfolgt.[12]

5.3.2 Adverse Selektion und moralisches Risiko

(1) Lösungsalternativen für Probleme der adversen Selektion

In Modellen der Negativauslese (adverse Selektion) ist der Prinzipal die uninformierte bzw. schlechter informierte Partei, die zugleich die Vertragsgestaltung vorschlägt. Würde der Agent die Vertragsgestaltung vorschlagen, so wären dadurch gegebenenfalls bereits Informationen über den Typ des Agenten übertragen worden.

Eine Negativauslese entsteht bei asymmetrischer Informationsverteilung durch die mangelnde Unterscheidbarkeit der Charakteristika verschiedener Vertragspartner bzw. Vertragsgegenstände aus der Sicht des Prinzipals. Ein rationaler Prinzipal wird, wenn er die positiven oder negativen Eigenschaften des Vertragsgegenstands nicht beurteilen kann, seine Zahlungsbereitschaft am Nutzen des Erwartungswertes der Eigenschaften bemessen. Werden, wie im berühmten Lemons-Beispiel von AKERLOF (1970), auf einem Markt Gebrauchtwagen angeboten, deren individuelle Qualität zwar den Verkäufern, nicht jedoch den Käufern bekannt ist, so werden rationale Käufer nur einen Kaufpreis bieten, der ihrer Zahlungsbereitschaft für die durchschnittlich erwartete Qualität eines Gebrauchtwagens entspricht. Wenn dieser Kaufpreis nun geringer ist als der Wert der Fahrzeuge mit hoher Qualität, so werden sich die Verkäufer dieser hochwertigen Gebrauchtwagen vom Markt zurückziehen. Es erfolgt eine Negativauslese, eine adverse Selektion, weil die schlechten Qualitäten die guten Qualitäten verdrängen, so dass am Markt nur noch schlechte Qualitäten, die Lemons (Zitronen) übrig bleiben. Eine Fortsetzung dieses Prozesses führt zu einem ***Marktversagen*** bzw. zum Zusammenbruch des Marktes.[13]

Sowohl der Käufer als schlechter informierter Marktteilnehmer als auch der besser informierte Verkäufer einer überdurchschnittlichen Qualität haben

---

[12] Vgl. KRÄKEL (2004), S. 23, Fußnote 33. Man kann den Hidden-Action-Fall des moralischen Risikos, der die Unmöglichkeit der Kontrolle der Arbeitsleistung des Agenten durch den Prinzipal beschreibt, weil die Informationsasymmetrie auf durch den Agenten selbst hervorgerufenen Handlungen beruht, von dem Hidden-Information-Fall unterscheiden, dass der Agent nach Vertragsabschluss bessere Informationen über eigene Charakteristika oder entscheidungsrelevante exogene Daten erhält. Die Begriffe Hidden Action und Hidden Information gehen dabei auf ARROW (1985) zurück. In der Literatur hat bislang vor allem der Hidden-Action-Fall Bedeutung erlangt und der Fall der Hidden Information demgegenüber weniger Beachtung gefunden.

[13] Eine Darstellung des Zitronen-Beispiels von AKERLOF (1970) findet man in RICHTER / FURUBOTN (2003), S. 258 ff.

ein Interesse an der ***Reduzierung der Informationsasymmetrie***. Der Verkäufer einer überdurchschnittlichen Qualität bekommt nämlich nicht den fairen Preis seiner Ware und zieht sich daher vom Markt zurück und der Käufer bekommt nur noch schlechte Qualitäten. Mögliche Maßnahmen zum Abbau der vorvertraglichen Informationsasymmetrie sind insbesondere der ***Aufbau von Reputation*** durch den Verkäufer, was aber nur über eine längere Zeitspanne hinweg zu bewerkstelligen ist, indem die schlechter informierten Käufer immer wieder von der hohen Qualität der Vertragserfüllung durch eigene Anschauung überzeugt werden. Auch ***Qualitätsstandards*** können das Vertrauen der Käufer stärken, wenn sie aus Vergleichsfällen wie z. B. bei einem aufgebauten Markennamen glaubwürdige Qualitätsinformationen ableiten können.[14] Aber auch diese Maßnahme ist erst längerfristig wirksam. Als naheliegende weitere Möglichkeit zur Verringerung eines adversen Selektionsproblems gilt die ***Einschaltung spezialisierter Dritter***, z. B. einer Rating-Agentur zur Qualitätsfeststellung der Verbindlichkeiten eines Unternehmens oder einer erstklassigen Emissionsbank beim Gang eines Unternehmens an die Börse.

Als kurzfristig wirksame Maßnahme kann vom Verkäufer einer Ware ein Signal gegeben werden, das dessen hohe Qualität belegt oder glaubhaft macht. Ein solches Signal kann beispielsweise in einem verbindlichen Garantieversprechen bestehen, bei Qualitätsmängeln eine Entschädigungszahlung zu leisten. Mit einem solchen glaubhaften Versprechen kann die Qualitätsunsicherheit für den Käufer vermindert werden, weil sich die Verkäufer einer schlechten Ware ein solches Garantieversprechen nicht leisten können. Als Signal für eine überdurchschnittliche Qualität gelten neben Garantien Zeugnisse und Referenzen.[15] Das Signalisieren (***Signaling***) muss, wenn es am Markt überzeugen soll, für Marktteilnehmer mit einer schlechten Qualität mit höheren Kosten verbunden sein als für solche mit einer guten Qualität, so dass die gute Qualität am Markt auch tatsächlich bestätigt wird. In der finanzwirtschaftlichen Literatur diskutierte typische Anwendungen der Verminderung von Qualitätsunsicherheit durch Signalisierung betreffen die Dividendenpolitik (hohe Dividendenzahlungen als Signal für ertragstarke Unter-

---

[14] Wirksame Reputationsmechanismen sind auch von dem Marktumfeld abhängig, in dem Reputation aufgebaut werden soll. Vgl. beispielsweise zu den Möglichkeiten des Aufbaus von Reputation auf Internet-Marktplattformen OCKENFELS (2003).

[15] Das erste Signalisierungsbeispiel stammt von SPENCE (1973) für den Arbeitsmarkt, in dem der Ausbildung von Arbeitnehmern die Funktion eines Marktsignals gegeben wird, wobei die Ausbildungskosten für weniger produktive Arbeitnehmer höher sind als für produktivere, so dass sich die Ausbildung nur für die produktivere Gruppe lohnt. Zur spieltheoretischen Behandlung von Signaling- und Screening-Modellen vgl. KREPS / SOBEL (1994). Es zeigt sich dabei, dass die aus der spieltheoretischen Perspektive wichtige unterschiedliche Zugreihenfolge des Prinzipals und des Agenten auf das Ergebnis entscheidenden Einfluss hat.

nehmen) oder das Underpricing beim Börsengang (niedriger Emissionskurs als Signal für eine Unhabhängigkeit der zukünftigen Unternehmensentwicklung vom Erlös des Börsengangs).

Maßnahmen zum Abbau der Informationsasymmetrie, die von der schlechter informierten Vertragsseite ausgehen, werden als Selbstselektion, Selbstinformation oder Filterung (***Screening***) bezeichnet. Dabei bietet die nicht informierte Partei der besser informierten Partei mehrere Verträge an, aus denen die besser informierte Partei einen auswählt und damit über die eigene Qualität informiert. Verschieden hohe Selbstbeteiligungen bei Versicherungsverträgen oder die verschiedenen Möglichkeiten der Stellung von Kreditsicherheiten können vom schlechter informierten Vertragspartner als Sortierkriterium genutzt werden.

(2) Lösungsmöglichkeiten für Probleme des moralischen Risikos

Als ***moralisches Risiko*** (Moral Hazard) bezeichnet man eine Situation, in der die Vertragsparteien bei Vertragsabschluss zwar über einen gleichen Informationsstand verfügen, nach Vertragsabschluss aber eine Partei einen Informationsvorsprung erhält. Das ist typischerweise dann der Fall, wenn eine Partei, der Agent, Handlungen vornimmt oder Entscheidungen trifft, die die andere Partei, der Prinzipal, nicht direkt beobachten kann. Der Begriff des moralischen Risikos entstammt aus dem Versicherungsgeschäft und beschreibt dort die Situation, in der der Versicherer nicht beobachten oder kontrollieren kann, ob ein Versicherter den zur Vermeidung eines Schadens an der versicherten Sache notwendigen sorgfältigen Umgang mit der Sache auch tatsächlich leistet (bei einer Autoversicherung beispielsweise die Einhaltung von Geschwindigkeitsbegrenzungen oder anderen Regeln einer defensiven Fahrweise). Aus diesem Grund wird die Versicherung mit dem Versicherten einen ***Selbstbehalt*** vereinbaren, so dass für den Autofahrer das Eigeninteresse am sorgfältigen Umgang mit der Sache erhalten bleibt. Die Versicherung als Prinzipal kann auch durch eine genaue Kontrolle und Überwachung des Agenten (***Monitoring***), also z. B. durch ein Fahrtenbuch oder regelmäßige Inspektionspflichten das moralische Risiko zu verringern versuchen. Zum Abbau von Handlungsunsicherheit kann schließlich auch eine geeignete Bindung des Agenten an den Prinzipal beitragen (***Bonding***). So kann beispielsweise der Autofahrer eine Geschwindigkeitsregelanlage (Tempomat) einbauen lassen und sich zu dessen Nutzung vertraglich verpflichten (***Commitment***), um den sorgfältigen Umgang mit dem PKW leichter kontrollierbar zu machen.

Im Fall des moralischen Risikos kann der Prinzipal die Handlungen des Agenten bzw. den Umweltzustand, durch den die Handlungen des Agenten beeinflusst werden, typischerweise nicht beobachten, weil doch der Agent gerade im Auftrag des Prinzipals als Spezialist, als Anwalt, Arzt, Lehrer oder als anderweitiger Fachmann tätig werden soll. Im Rahmen vieler Vertragsbeziehungen, in denen der Prinzipal eine Aufgabe an einen Agenten delegiert, hat der Prinzipal prinzipiell wenig oder keine Möglichkeiten, die Handlungen oder Entscheidungen des Agenten zu beobachten oder zu beurteilen.

Ein Prinzipal-Agent-Problem tritt aber nicht schon dann auf, wenn Informationen asymmetrisch verteilt sind. Dazu kommen muss eine unterschiedliche Interessenslage der beteiligten Parteien. Daher ist die Erbringung einer vertraglich vereinbarten Arbeitsleistung durch einen Agenten eine Situation, in der typischerweise ein moralisches Risiko entsteht. Hier besteht nämlich ein natürlicher Zielkonflikt zwischen den Vertragsparteien dergestalt, dass der Agent die Neigung hat, ein niedrigeres als das für den Prinzipal optimale Anstrengungsniveau zu wählen, da mit der größeren Anstrengung für ihn ein größeres Arbeitsleid verbunden ist. Ein Anwalt muss seinen Arbeitseinsatz für einen Prinzipal begrenzen, wenn er noch andere Aufträge bearbeiten will; ein Chirurg muss auch neuen Mitarbeitern die Chance einer Einarbeitung geben, damit sein Ärzteteam auch in der Zukunft leistungsfähig bleibt.

Wäre der Arbeitseinsatz des Agenten beobachtbar, so könnte der Prinzipal das Arbeitsleid des Agenten durch eine entsprechende Belohnung ausgleichen, so dass der Agent das für den Prinzipal optimale Anstrengungsniveau erbringen würde. Schwierige Anreizprobleme entstehen aber insbesondere dann, wenn das Ergebnis der Anstrengung des Agenten auch vom Eintreten unbeeinflussbarer Umweltzustände abhängig ist, so dass der Prinzipal aus dem Ergebnis nicht mehr unmittelbar auf die Arbeitsleistung des Agenten zurückschließen kann. Hängt also das Ergebnis der Arbeit des Agenten nicht nur von seiner Anstrengung selbst, sondern auch von nicht beobachtbaren Einflussfaktoren ab und ist die tatsächliche Anstrengung des Agenten nicht beobachtbar, so entsteht ein ***Anreizproblem***, das dadurch zu lösen versucht wird, dass die Interessen des Prinzipals und des Agenten durch ein geeignetes ***Anreizschema*** miteinander verbunden werden.

Anreizschemata müssen, wie im folgenden Kapitel 6 noch im Einzelnen gezeigt wird, zwei Bedingungen erfüllen. Zum einen muss ein Anreizschema anreizkompatibel sein (***Anreizkompatibilitätsbedingung***), so dass der erwartete Nutzen des Agenten mit seinem Anstrengungsniveau nicht fällt, sondern wächst. Zum anderen muss die ***Partizipationsbedingung*** des Agenten erfüllt sein, so dass der erwartete Nutzen des Agenten bei Annahme des Vertrags mindestens so groß ist wie bei einer Ablehnung des Vertrags. Eine zentrale Rolle bei der Lösung des Moral-Hazard-Problems nimmt daher das Design sog. ***anreizkompatibler Verträge*** ein.

Aufgabe modelltheoretischer Überlegungen ist es, für die verschiedenen Prinzipal-Agent-Probleme Vertragsdesigns zu finden bzw. zu entwerfen, die die insgesamt für den Prinzipal anfallenden ***Agency-Kosten*** aus der Eindämmung bzw. Vermeidung der Kosten der Qualitäts- und Handlungsunsicherheit möglichst minimieren.[16] Dabei wird man in der Praxis versuchen, qualitative Instrumente wie das Monitoring und Bonding mit quantitativen Instrumenten wie dem Abschluss eines Anreizvertrages sinnvoll zu kombinieren.

(3) Modellklassifikation der asymmetrischen Informationsverteilung

Abbildung 5.5 fasst die typischen Situationen vor- und nachvertraglicher Unsicherheit sowie ihre typischen Lösungsmöglichkeiten schaubildlich noch einmal zusammen.

5.4 Die Theorie unvollständiger Verträge

5.4.1 Die quantitative Ausprägung des Transaktionskostenansatzes

In realen Finanzbeziehungen sind Verträge überwiegend in der Weise unvollständig, als dass die Rechte der Kapitalgeber und Kapitalnehmer nicht für alle denkbaren Umweltzustände präzise festgelegt sind. Einerseits gibt es gerade bei längerfristigen Verträgen eine Fülle von Umweltentwicklungen, die sich wegen ihrer Komplexität nicht vollständig und eindeutig beschreiben lassen, so dass auch keine daran anknüpfenden Verhaltensvorschriften formuliert werden können. Andererseits würde die Konditionierung der Rechte auf alle denkbaren Umweltentwicklungen mit sehr hohen Transaktionskosten verbunden sein.

Wenn nun während der Laufzeit des Vertrages immer wieder Situationen entstehen, für die im Vertrag noch keine verbindlichen Folgehandlungen vorgesehen sind, dann muss der Vertrag zumindest in Teilen neu verhandelt werden. Da solche Verhandlungen mit hohen Transaktionskosten verbunden sein können, da immer wieder die unterschiedlichen Interessenlagen der Vertragsparteien berücksichtigt werden müssen, ist es zweckmäßig, einen Vertrag zu schließen, der nur für bestimmte Umweltentwicklungen genau festlegt, was die Vertragsparteien zu tun haben, und für alle übrigen Umweltentwicklungen auf eine solche Festlegung verzichtet. Stattdessen wird einem der Vertragspartner für diese Situationen das ***residuale Kontrollrecht*** in der Weise eingeräumt, dass alle verbleibenden Entscheidungsspielräume diesem Vertragspartner zustehen. Eine solche Zuordnung von Kontrollrechten lässt sich als ***Verfügungsrechtsstruktur (Governance Structure)*** im Sinne des Transaktionskostenansatzes interpretieren.

---

[16] Agency-Kosten werden als Differenz zwischen der bei asymmetrischer Informationsverteilung erreichbaren optimalen Lösung und der bei vollständiger bzw. symmetrischer Information möglichen Lösung gemessen.

Asymmetrische Informationsverteilung zwischen Prinzipal und Agent

vor Vertragsabschluss (Qualitätsunsicherheit)	**nach Vertragsabschluss (Handlungsunsicherheit)**
Agent hat vor Vertragsabschluss Informationsvorsprung oder verfügt über unbekannte Eigenschaften und Fähigkeiten	**Prinzipal kann Handlungen des Agenten bzw. den Umweltzustand, von dem die Handlung des Agenten abhängt, nicht beobachten**
Für beide Parteien günstige Verträge kommen nicht zustande: **Adverse Selektion**	Agent nutzt Handlungsspielraum zu seinem Vorteil aus: **Moralisches Risiko**
Negativauslese schädigt die Marktteilnehmer und kann zum Marktzusammenbruch führen	Reduktion des Arbeitseinsatzes, Konsum am Arbeitsplatz, Risikovermeidung zu Lasten des Prinzipals
Lösungsmöglichkeiten:	**Lösungsmöglichkeiten:**
Prinzipal sammelt Informationen über Agenten und legt dem Agenten differenzierte Verträge vor **(Screening, Selbstselektion)**	Reduktion der Agency-Kosten durch effiziente **Informations- und Kontrollsysteme** oder **Anreizverträge**
	Monitoring durch Prinzipal
Agent legt Zeugnisse vor und verbreitet glaubwürdige Informationen durch **Signaling**	**Commitment, Reporting und Bonding durch Agent**
Reputation	**Reputation**

Abb. 5.5: Adverse Selektion und moralisches Risiko

Auf unvollkommenen Märkten hat die ***Verfügungsrechtsstruktur Einfluss auf die Unternehmenspolitik*** und diese wiederum auf den Marktwert des Unternehmens.[17] Unterschiedliche Finanzverträge können dann als den Marktwert des Unternehmens beeinflussende unterschiedliche Zuordnungen residualer Kontrollrechte interpretiert werden. So liegen beispielsweise im laufenden Geschäftsbetrieb (Going Concern) eines Unternehmens die Kontrollrechte üblicherweise bei den Eigentümern, gehen aber mit der Eröffnung eines Insolvenzverfahrens auf die Gläubiger über. Bei Kreditverträgen verbleiben die Kontrollrechte über das Unternehmensvermögen beim Kreditnehmer. Werden bestimmte Vermögensgegenstände an den Gläubiger als Sicherheit abgetreten, so kann die Entscheidungsgewalt des Unternehmens über diese Vermögensobjekte im Sicherungsvertrag eingeschränkt werden.

5.4.2 Unvollständige Verträge in Finanzbeziehungen

Die erstmals von GROSSMAN und HART (1986) zu einer Theorie des Eigentums formalisierte ***Theorie unvollständiger Verträge (Incomplete Contracts Theory)*** konzentriert sich auf Probleme der Wiederverhandlung von Verträgen im Zeitablauf. Die Betrachtung von ***Informations- und Einwirkungsrechten*** in den verschiedenen Stadien der Unternehmensentwicklung bzw. der Vertragslaufzeit ist der wesentliche Unterschied der Theorie unvollständiger Verträge zur Prinzipal-Agent-Theorie, in der unterschiedliche Finanztitel im Wesentlichen durch unterschiedliche Cashflow-Strukturen und die daraus resultierende Risikoallokation beschrieben werden, von der während der Vertragsdauer bestimmte Anreizwirkungen auf die Vertragsbeteiligten ausgehen. Wiederverhandlungen sind möglich und notwendig, weil das Verhalten der Vertragsparteien beim Abschluss des Vertrages nicht für jeden denkbaren zukünftigen Umweltzustand eindeutig festgelegt worden ist.

Wenn es für die Parteien einer Finanzbeziehung vorteilhaft sein kann, dass Teile des Finanzierungsvertrages im Laufe der Zeit neu ausgehandelt werden, weil im ursprünglichen Vertrag nicht alle Eventualitäten der Vertragsbeziehung berücksichtigt werden konnten, dann stellt sich erstens die Frage, unter welchen Bedingungen ein wiederverhandelter Vertrag zu einer besseren Aufteilung der Rechte und Pflichten führt als der ursprüngliche Vertrag. Zweitens stellt sich die Frage, wie ein möglicherweise entstehender Kooperationsgewinn zwischen den Verhandlungspartnern aufgeteilt wird. Eine bessere Aufteilung von Rechten und Pflichten ist häufig deshalb möglich, weil seit Vertragsbeginn zusätzliche Informationen über die Umweltentwicklung und das Verhalten der Vertragsparteien vorliegen. Die Aufteilung eines Kooperationsgewinns wird u. a. von der Verhandlungsmacht der Vertragspartner in der

---

[17] Vgl. WINKENS (2000), S. 7.

jeweiligen Umweltsituation abhängen, aber auch von Fairnessgesichtspunkten bestimmt sein.

Die entstehenden Probleme für Finanzbeziehungen resultieren daraus, dass ***Ex-ante- und Ex-post-Effizienz*** auseinander fallen können. Während es beispielsweise ex ante sinnvoll sein kann, über eine harte Insolvenzklausel im Kreditvertrag eine Kreditbeziehung präzise zu konditionieren, so dass der Kreditnehmer alle seine Entscheidungen in einer Weise trifft, dass die Wahrscheinlichkeit für eine Kreditrückzahlung möglichst groß ist, kann es ex post, wenn es also dennoch zu einer Insolvenz kommt, für beide Vertragspartner vorteilhaft sein, einer Aufweichung der Vertragsbeziehungen zuzustimmen. Gegebenenfalls kann es auch für die Bank als Kreditgeber vorteilhaft sein, einer Tilgungsaussetzung oder sogar einem teilweisen Schuldenerlass zuzustimmen.

Sofern diese Ex-post-Nachgiebigkeit des Kreditgebers vom Kreditnehmer aber bereits bei Vertragsabschluss antizipiert wird, verliert der Vertrag seine disziplinierende Wirkung. „Ex-ante- und Ex-post-Wirkungen einer Wiederverhandlung können daher gemessen am Ergebnis einer Vertragsbeziehung ohne Wiederverhandlungsmöglichkeit sowohl ein positives als auch ein negatives Vorzeichen aufweisen."[18] Da die Vertragspartner das ***Ergebnis einer eventuellen Wiederverhandlung*** bereits bei Vertragsbeginn antizipieren, werden sie ihre zukünftig erwartete Verhandlungsmacht bei der Festlegung der Vertragsbedingungen im anfänglichen Finanzierungsvertrag berücksichtigen. Die Überlegungen der Vertragspartner in Finanzbeziehungen, sich im Hinblick auf ihre zukünftig erwartete Verhandlungsmacht bereits bei Vertragsbeginn gut zu positionieren, sind in der Finanzierungstheorie noch nicht weit ausgebaut und bedürfen daher noch weiterer modellhafter Untersuchungen.

Ein wichtiger Zweck langfristiger Verträge ist die ***Vermeidung von Opportunismus nach Vertragsabschluss***, zu dem es dadurch kommen kann, dass die Gerichte oder andere Dritte keinen Einblick in die Erfüllung vertraglicher Verpflichtungen haben oder haben sollen und einzelne Vertragspartner dies ausnutzen können. Im Zentrum der Überlegungen der Theorie unvollständiger Verträge stehen jedenfalls ***beziehungsspezifische Investitionen***, die dadurch gekennzeichnet sind, dass ihre Früchte jedenfalls in vollem Umfang nur innerhalb der Beziehung geerntet werden können. Vorleistungen können aber vom Vertragspartner ausgebeutet werden, wenn die Verträge nicht durch entsprechende Klauseln gesichert sind. Die Theorie unvollständiger Verträge befasst sich dementsprechend mit der optimalen Gestaltung von Verträgen im Zeitablauf.

---

[18] Vgl. BURGHOF (2004), S. 22.

5.5 Behavioral-Finance-Ansätze und Unternehmensfinanzierung

5.5.1 Ausgangspunkte der Behavioral-Finance-Forschung

(1) Abweichungen vom rationalen Entscheidungsverhalten

In der neoklassischen Finanzierungstheorie wird ebenso wie in der neoinstitutionalistischen Finanzierungstheorie in der Ausprägung der Prinzipal-Agent-Theorie konsequent unterstellt, dass alle Wirtschaftssubjekte ihre Entscheidungen über Investitions- und Finanzierungsmaßnahmen in einer Weise treffen, die jenen des in der Wirtschaftstheorie vielfach unterstellten „homo oeconomicus" entsprechen. Bei gegebenen Erwartungen maximieren beispielsweise die Aktionäre als Eigentümer des Unternehmens den Erwartungswert des Risikonutzens über ihr Vermögen im Planungshorizont bzw. über ihre Rendite im Anlagezeitraum. Gegebenenfalls revidieren sie auf der Basis neuer Informationen ihre Erwartungen, passen ihre Risikoaversion einer überraschend auftretenden Änderung der Vermögenslage an und tätigen zu unterschiedlichen Zeitpunkten vor dem Planungshorizont Neuanlagen oder Entnahmen aus ihrem Portfolio.[19] Alle notwendigen Anpassungen vollziehen sich dabei annahmegemäß in rationaler Weise und bei vollkommenem Kapitalmarkt ohne Friktionen und ohne Transaktionskosten.

Ergebnisse ***psychologischer Forschungen*** sprechen wie alltägliche Beobachtungen dafür, dass das tatsächliche Entscheidungsverhalten vieler Wirtschaftssubjekte und somit auch vieler Anleger am Kapitalmarkt den Annahmen der Portfolio- und Kapitalmarkttheorie keineswegs in allen Punkten folgt. Vielmehr gibt es bemerkenswerte Abweichungen im Entscheidungsverhalten der Anleger, die nicht nur als gelegentliche „Ausrutscher" aufgefasst werden können. Die Forschungen zur Behavioristischen Finanzierungstheorie (Behavioral Finance) versuchen, auf der Basis beobachteten und objektiv aufgezeichneten Verhaltens von Wirtschaftssubjekten die entdeckten „Anomalien" im Verhalten der Wirtschaftssubjekte systematisch zu erfassen und die Konsequenzen für die Anlageentscheidungen der Investoren und die Finanzentscheidungen der Unternehmen herauszuarbeiten.

---

[19] Wenn auch nicht allen Kapitalmarktteilnehmern dieses Verhalten unterstellt werden muss, so doch der großen Mehrzahl, damit jene Investoren, die letztlich das Ergebnis der betrachteten Entscheidungen herbeiführen, rational entscheiden und die zustande gekommenen Preise dieser rationalen Vorgehensweise entsprechen. Solange noch Arbitragemöglichkeiten durch nicht rationale Entscheidungen einzelner Wirtschaftssubjekte an den Märkten verbleiben, wird es Akteure geben, die ein rationales Kapitalmarktgleichgewicht erzwingen. Das setzt voraus, dass die rationalen Akteure weniger restringiert entscheiden können und die typischen Gewinner von Transaktionen mit den nicht rationalen Akteuren sind.

Als ***Behaviorismus*** bezeichnet man dabei eine von WATSON[20] begründete psychologische Schule in den USA, die an dem beobachteten Verhalten der Menschen ansetzt. Einer der Ausgangspunkte der Behavioral-Finance-Forschung waren beobachtete Anomalien an den Finanzmärkten, die nicht auf ein rationales Verhalten der Akteure zurückgeführt werden konnten.

(2) Kursanomalien als systematische Erscheinungen

In Kapitel 3 wurde das Konzept eines ***informationseffizienten Kapitalmarktes*** vorgestellt, der dadurch gekennzeichnet ist, dass die Kurse der Finanztitel stets alle am Kapitalmarkt verfügbaren bewertungsrelevanten Informationen korrekt reflektieren. Die Treiber möglicher Kursänderungen sind aus diesem Blickwinkel neue Informationen, von denen unterstellt wird, dass sie soweit nicht bereits antizipiert und daher in den Kursen verarbeitet, überraschend eintreffen. Die Informationseffizienz impliziert, dass es unmöglich ist, Kursänderungen zu prognostizieren. An einem informationseffizienten Markt ist der ***Kurs einer Aktie*** stets ein ***unverzerrter Schätzer des fundamentalen Wertes einer Aktie***, so dass auch der an der Börse festgestellte Kurs einer Aktie jeweils als bester Schätzer des inneren Wertes der Aktie gilt.

Ausgangspunkte empirischer Untersuchungen der Informationseffizienz von Märkten sind üblicherweise die ***schwache*** und die ***mittelstrenge*** Form der ***Effizienzthese***. Hier kamen in den siebziger Jahren zahlreiche Untersuchungen zu dem Ergebnis, dass die Aktienmärkte in den USA oder auch in Deutschland als informationseffizient bezeichnet werden können.[21]

Die ersten deutlichen Anhaltspunkte, dass Aktienmärkte auch im schwachen und mittelstrengen Sinn Informationsineffizienzen aufweisen, kamen aus dem Bereich der schwachen Effizienzthese und stellten ***saisonale Anomalien*** fest. Zu diesen zählen

- der ***Wochenendeffekt*** (Day of the Week- oder Monday Effect), der besagt, dass die Wochenanfangsrenditen an den Aktienmärkten durchschnittlich niedriger ausfallen als die Renditen der anderen Tage der Woche, und
- der ***Januareffekt*** (Turn of the Year Effect), der postuliert, dass die durchschnittlichen Renditen der Aktien im Januar höher sind als in den anderen Monaten des Jahres.

Beide Saisonalitäten sind für den US-amerikanischen Markt, aber auch für deutsche Aktien untersucht worden mit dem Ergebnis, dass die ***genannten Effekte offenbar nicht nur zufällige Erscheinungen darstellen***, dass sie aber je nach untersuchtem Zeitraum und dem betrachteten Marktsegment in unter-

---

[20] Das Hauptwerk von JOHN B. WATSON (1878-1958) heißt Behaviorism (1924), sein grundlegender Beitrag „Psychology as the Behaviorist Views it" stammt aus dem Jahr 1913.

[21] Vgl. FAMA (1970), FAMA (1991) sowie SPREMANN (2002), S. 399 ff. Die Effizienzthesen werden in diesem Buch in Kapitel 3.4.3 vorgestellt.

schiedlicher Weise ausgeprägt sind. Saisoneffekte widersprechen der Informationseffizienzthese ebenso wie die ***fundamentalen Renditeanomalien***, die postulieren, dass neben dem Beta-Faktor der Aktie bestimmte Kennzahlen (z. B. ein hohes Marktwert-Buchwert-Verhältnis) eine hohe Erklärungskraft für die durchschnittliche Rendite einer Aktie besitzen oder dass deren Erklärungskraft jene des Beta-Faktors sogar deutlich übersteigt.[22] Es überrascht daher nicht, dass in der Praxis Versuche unternommen worden sind, die entstehenden Überrenditen durch geeignete Portefeuillebildung auszunutzen und durch Fondsangebote auch eine Auswertbarkeit für Privatanleger zu ermöglichen.

Die ***Anomalienforschung*** zeigt nun, dass die Hypothese von der Informationseffizienz des Kapitalmarktes streng genommen empirisch nicht bestätigt werden kann.[23] Dieser Befund hat seit einigen Jahren Anlass für konzeptionell neue Ansätze zur Erklärung der Aktienkurse bzw. Aktienrenditen gegeben. Diese Ansätze bezweifeln das in der Portfoliotheorie unterstellte strenge rationale Verhalten der Anleger und versuchen, das Anlage- und Informationsverhalten auf der Annahme begrenzt rationaler Entscheidungen und begrenzt rationalen Informationsverhaltens zu begründen.

Die ***Ansätze zur Behavioral-Finance-Forschung*** versuchen, bei Anlegern vermutete oder entdeckte ***Verhaltensanomalien*** als Grundlage zur Erklärung der Anomalien an den Kapitalmärkten heranzuziehen. Abweichungen vom Rationalverhalten beziehen sich insbesondere auf das ***Informationsverhalten*** und das ***Entscheidungsverhalten*** der Wirtschaftssubjekte. Dazu kann ein weites Spektrum von Hypothesen aufgestellt und untersucht werden. Beispielsweise könnte man bei einem nachgewiesenen Einfluss des Wetters auf die Stimmung der Wirtschaftssubjekte auch einen Einfluss auf deren Entscheidungsverhalten postulieren und fragen, ob ein Zusammenhang zwischen der Witterung bzw. einer Wetteränderung und dem Kursverlauf von Aktien besteht. Bei Kapitalanlageentscheidungen könnte es, um ein anderes Beispiel anzudeuten, einen Einfluss der Anzahl der ins Auge gefassten Asset-Klassen bezüglich der Vermögensaufteilung auf die einzelnen Klassen geben.

An der Universität Mannheim besteht seit 1997 ein von der Deutschen Forschungsgemeinschaft finanzierter Sonderforschungsbereich, an dem Betriebswirte, Volkswirte, Psychologen und Sozialwissenschaftler zusammenarbeiten. Der SFB befasst sich mit den theoretischen Grundlagen, der empirischen Analyse und der ökonomischen Anwendung des Verhaltens von Wirt-

---

[22] Vgl. FAMA / FRENCH (1992) und FAMA / FRENCH (1996).

[23] Anderer Meinung ist SCHNEIDER (2005), der nicht ausschließen will, dass die Anomalien ein typisches Ergebnis eines Data-Mining-Prozesses sind.

schaftssubjekten, soweit dieses Verhalten nicht mit dem Standardansatz der Erwartungsnutzenmaximierung beschrieben werden kann.[24]

5.5.2 Verhaltensanomalien als Basis des Behavioral-Finance-Konzepts

(1) Abweichungen vom Erwartungsnutzenkonzept

Die Portefeuille- und Kapitalmarkttheorie gehen von zwei grundlegenden Annahmen aus, die von den Behavioral Finance Ansätzen modifiziert werden:

- Die Annahme, dass sich die Wirtschaftssubjekte am Kapitalmarkt bei ihren Entscheidungen ausschließlich am Prinzip der ***Erwartungsnutzenmaximierung*** orientieren, wird dahingehend modifiziert, dass gewisse durch Experimente nachgewiesene Abweichungen im Entscheidungsverhalten der Anleger unterstellt und modelliert werden.
- Die Annahme, dass die Kapitalmarktteilnehmer über vergleichbare, unverzerrte Erwartungen über die zukünftige Kapitalmarktentwicklung verfügen, wird in der Weise modifiziert, dass psychologisch fundierte ***abweichende Erwartungsbildungsmuster*** unterstellt und im Hinblick auf ihre Implikationen untersucht werden.

Verletzungen der Postulate rationalen Entscheidens sind seit langem bekannt und werden auch in der entscheidungstheoretischen Literatur aufgegriffen.[25] Neben den Verstößen gegen die Axiome der Erwartungsnutzentheorie werden in der experimentellen Forschung auch Verhaltenweisen nachgewiesen, die zeigen, dass Informationen bei Entscheidungen unter Unsicherheit systematisch falsch verarbeitet werden. Im Gegensatz zur präskriptiven Entscheidungstheorie, die der Portfolio Selection und der Kapitalmarkttheorie zugrunde liegt, versucht die ***deskriptive Entscheidungstheorie*** das tatsächliche – zumeist intuitive – Entscheidungsverhalten von Menschen abzubilden (Behavioral Decision Theory). Behavioral-Finance-Ansätze bauen entweder systematisch auf den Erkenntnissen der deskriptiven Entscheidungstheorie auf oder greifen ein typisches nachgewiesenes Verhaltensmuster von Wirtschaftssubjekten auf und untersuchen die daraus folgenden Konsequenzen.

(2) Entscheidungsheuristiken

Entscheidungsträger verwenden vor allem dann, wenn sie in komplexen Situationen rasch entscheiden müssen, gewisse ***Heuristiken*** als Vereinfachungsregeln. In der Literatur sind verschiedene typische Verhaltensweisen herausgearbeitet worden, die Heuristiken als Abweichungen vom Rationalverhalten

---

[24] Vgl. zum Forschungsprogramm und den zahlreichen Forschungsberichten die Homepage des Sonderforschungsbereichs: www.sfb504.uni-mannheim.de.

[25] Vgl. EISENFÜHR / WEBER (1999).

begründen und für die Anlageentscheidungen am Kapitalmarkt von Bedeutung sind.

Auf einer ***Repräsentativ-Heuristik*** beruht beispielsweise die Fehleinschätzung bei Spielern, dass sich die Wahrscheinlichkeit für ein Ereignis bei unabhängigen Ziehungen dann verbessert, wenn das Ereignis längere Zeit nicht vorgekommen ist, also z. B. beim Roulette eine Rotfolge in den Augen des Spielers die Wahrscheinlichkeit vergrößert, dass als nächstes Ergebnis schwarz gezogen wird (Gambler's Fallacy). In Experimenten, in denen den Anlegern bekannt ist, dass sich die Aktienkurse ähnlich dem Wurf einer Münze zufällig verändern, also keinerlei Regelmäßigkeiten zu erwarten sind, entwickeln die Spieler diese Vorstellung, auf deren Basis man erklären kann, dass Anleger häufig jene Aktien verkaufen, mit denen sie Geld gewonnen haben, weil sie den „ausgenutzten Trend" für „statistisch erschöpft" halten, und umgekehrt jene Aktien kaufen, die im Kurs gefallen sind.

Die ***Verfügbarkeits-Heuristik*** geht auf KAHNEMAN und TVERSKY (1979) zurück, die beobachtet haben, dass die Wahrscheinlichkeit für den Eintritt eines nicht gut vorhersehbaren Ereignisses umso höher eingeschätzt wird, je verfügbarer hierfür sprechende Informationen sind. Je konkreter, auffälliger oder aktueller eine Information ist, umso verfügbarer ist sie und umso stärker wird sie zur Beurteilung einer Situation genutzt. Am Aktienmarkt kann sich die geschilderte Urteilsvereinfachung durch Überreaktionen auf neue Nachrichten bemerkbar machen. Die Verfügbarkeitsheuristik verringert dadurch Komplexität, dass bestimmte Informationen vernachlässigt werden. So berücksichtigen beispielsweise Anleger die Gefahr eines sehr großen Kursverfalls vermutlich dann nicht, wenn sie keine verfügbare Erinnerung an einen Crash haben.

Als ***Verankerungs-Heuristik*** bezeichnet man die Neigung von Entscheidungsträgern, eine gegebene Situation als stabile Ausgangslage für die zukünftige Entwicklung zu betrachten. Ohne neue Informationen ist der bestehende Aktienkurs der naheliegende Anker, an den man sich zuletzt erinnert. Bei komplizierten Rechenaufgaben zeigt sich, dass das geschätzte Ergebnis vom Anfangswert (Anker) beeinflusst wird. „Der Hang von Anlegern, sich daran zu orientierten, begünstigt die Kontinuität der Kurse. Andere mögliche Anhaltspunkte sind ältere Kurse, an die man sich erinnert; die Neigung, sich an länger zurückliegenden Kursen zu orientieren, kann zum Teil für eine Trendwende bei einzelnen Aktien verantwortlich sein. Ein anderer Anker ist der nächste Meilenstein in einem wichtigen Index wie etwa dem Dow Jones, die nächste runde Zahl, und dieser Hang kann ungewöhnliche Kursentwicklungen nach sich ziehen."[26]

---

[26] Vgl. SHILLER (2000), S. 161.

Kahneman und Tversky benutzen in einem Experiment ein großes Rad, wie es bei TV-Shows als Glücksrad eingesetzt wird. Nach dem Drehen bleibt es bei einer beliebigen Zahl zwischen 1 und 100 stehen, wobei die Wahrscheinlichkeit für jede Ziffer zwischen 1 und 100 gerade 1/100 ist. Versuchspersonen sollen nun Fragen beantworten, wie z. B. die prozentuale Vertretung afrikanischer Länder in den Vereinten Nationen ist. Dazu sollen sie zunächst angeben, ob die Zahl über oder unter der soeben am Glücksrad gezogenen Zahl liegt, bevor sie die Antwort geben. Viele Experimente zeigen, dass die Antworten wesentlich von der gezogenen Zufallszahl auf dem Glücksrad beeinflusst werden. Führt die Drehung des Glücksrads in einem Experiment beispielsweise zur Zahl 10, so wird der mittlere Prozentsatz afrikanischer Nationen auf 25 geschätzt, hält es dagegen bei 65, so wird eine größere Zahl, also beispielsweise 45 als mittlerer Prozentsatz genannt. Das Experiment erscheint besonders interessant, weil den Versuchspersonen im Prinzip bekannt ist, dass die gezogenen Zahlen auf bloßem Zufall beruhen und daher keinerlei Bedeutung für die Antwort haben.[27]

Normativ geht man davon aus, dass die Schätzung von Wahrscheinlichkeiten unabhängig von der Präsentation bzw. dem Prozess der Schema- oder Mustererkennung (***Framing***) eines Ereignisses sein sollte. In der Realität fallen die Wahrscheinlichkeitsurteile aber häufig umso höher aus, je stärker Ereignisse unterteilt werden. Splitting-Effekte weisen Ähnlichkeiten zu der Verfügbarkeits- und Verankerungs-Heuristik auf und können sich auf unterschiedliche Sachverhalte beziehen.

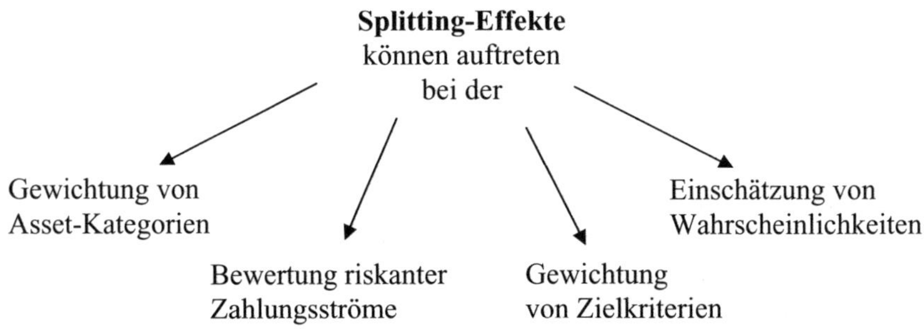

Abb. 5.6: Splitting-Effekte

Als typisches Beispiel für das Auftreten eines Splitting-Effekts gelten Anlageentscheidungen, bei denen dem Investor eine Menge von Anlagekategorien (Assets) vorgegeben wird. Der Anteil des insgesamt in Aktien in-

---

27 Vgl. Tversky / Kahnemann (1974).

vestierten Vermögens wächst signifikant, wenn statt zwei Kategorien (Aktien und Renten) drei Kategorien (deutsche Aktien, ausländische Aktien und Renten) zur Verfügung stehen. Die Aufspaltung der Kategorie Aktien in Unterkategorien erhöht somit die Gewichtung der Aktien im Portefeuille, obwohl die Einschätzungen unverändert bleiben.

(3) Ambiguitätsaversion und Overconfidence-Effekte

Behavioral-Finance-Ansätze bauen nicht nur auf Entscheidungsheuristiken, sondern auch auf beobachteten Besonderheiten bei der Informationsbeschaffung und Informationsauswertung auf. Ein typisches Beispiel stellt die Einstellung gegenüber unbekannten Lotterien dar. Bei der Bewertung einer unsicheren Alternative kann sich der Entscheider über die subjektiven Wahrscheinlichkeiten für das Eintreten der einzelnen Konsequenzen unterschiedlich sicher sein. So besteht z. B. kaum Unsicherheit darüber, dass die Wahrscheinlichkeit für die „Zahl" beim Werfen einer Münze 50 % beträgt. Beim Ziehen einer Kugel aus einer unbekannten Urne mit roten und schwarzen Bällen muss ohne konkrete Zusatzinformation ebenfalls von einer Wahrscheinlichkeit von 50 % für Rot ausgegangen werden. Über diese Wahrscheinlichkeitseinschätzung ist sich der Entscheider jedoch unsicher. Man spricht von einer ***ambiguitätsbehafteten Lotterie***. Individuen sind im Allgemeinen ***ambiguitätsscheu*** und finden eine stärker ambiguitätsbehaftete Lotterie weniger attraktiv, auch wenn sich die Wahrscheinlichkeiten und Konsequenzen der Lotterien nicht unterscheiden. Mit Hilfe des Konzepts der Ambiguitätsaversion lässt sich der sog. ***Home Bias*** im Portfoliomanagement erklären, der besagt, dass Anleger entgegen den rationalen Entscheidungsvorgaben der Portfoliotheorie deutliche Gewichtsverzerrungen zugunsten des jeweiligen Heimatstandorts realisieren und somit kein effizientes Portefeuille im Sinne der Theorie aufweisen.

In gewisser Weise gleichgerichtet zur Ambiguitätsaversion, nun aber auf eine vermeintliche Sicherheit gerichtet, wirken ***Overconfidence-Effekte***, wonach Entscheidungsträger häufig ihr eigenes Wissen oder ihre eigenen Fähigkeiten überschätzen. Bekannt sind die Antworten auf die Frage an Autofahrer, wie sie ihr Fahrkönnen einschätzen und in vielen Befragungen ein Großteil der Autofahrer (zumindest über 30 %) angibt, er sei unter den 30 % Besten. Im Finanzmarktkontext gehen Investoren beispielsweise von einer zu engen Bandbreite ihrer Prognosen aus. Das korrespondiert mit der Beobachtung, dass Befragte von viel zu engen Intervallen für ihre Aussagen ausgehen, wenn sie ihre Einschätzung einer nicht bekannten Information (Länge des Nil, Kurs der BMW-Aktie in drei Wochen) formulieren. Als Erklärung des Effekts wird darauf hingewiesen, dass Entscheider oft einer ‚Kontrollillusion' unterliegen und die Qualität ihrer eigenen Einschätzung einer Sache überschätzen.

Der gut gesicherte Overconfidence-Effekt wird aus zwei Verzerrungen (Biases) in der Wahrnehmung abgeleitet: Zum einen neigen Menschen offenbar dazu, gute Ergebnisse (z. B. ihrer Vermögensanlagen) ihren eigenen besonderen Fähigkeiten zuzuschreiben, schlechte Ergebnisse dagegen den besonderen Umständen, d. h. der nicht beeinflussbaren Umweltentwicklung. Infolge dieses „***Self Attribution Bias***" wächst die Overconfidence der Marktteilnehmer im Laufe der Zeit unbegründet an. Zum anderen glauben viele Menschen, die Entwicklung in der Vergangenheit vorab besser vorausgesagt zu haben als dies objektiv der Fall war. Auf Grund dieses „***Hindsight Bias***" nehmen diese Menschen an, auch die zukünftigen Entwicklungen besser einschätzen zu können als sie dies tatsächlich können.

Eine typische Anwendung des Overconfidence-Effekts im Finanzbereich vermutet man in den sehr großen ***Handelsvolumina*** an den Börsen, die sich aus abweichenden rationalen Erwartungen oder Veränderungen in der Risikoeinstellung oder der Vermögenssituation der Anleger kaum erklären lassen. Sofern dagegen die Kapitalmarktteilnehmer ihre eigenen Einschätzungen überschätzen, werden sie ihre Handelsaktivitäten forcieren. Eine andere Anwendung kann man in den ***aktiven Portfoliostrategien*** sehen. Empirische Untersuchungen weisen – auch wegen der höheren Transaktionskosten – für aktiv gemanagte Portefeuilles niedrigere Portefeuillerenditen als für passive aus. Dennoch erfreuen sich aktiv gemanagte Portefeuilles einer großen Beliebtheit. Dieses Verhalten kann darauf zurückzuführen sein, dass der einzelne Investor für sich selbst auf Dauer eine bessere Prognosequalität reklamiert als er dem Markt zugesteht.[28]

(4) Grundlagen der Prospect-Theorie

Eine wichtige und durch psychologische Forschungen ebenfalls gut untermauerte Verhaltensauffälligkeit bei Entscheidungen ist der ***Dispositionseffekt***. Man versteht darunter die Tendenz von Anlegern, im Gewinnbereich befindliche Aktien vergleichsweise früh, verlustbehaftete Aktien dagegen sehr spät zu verkaufen.[29] Als Begründung für den Dispositionseffekt kann auf die von KAHNEMAN und TVERSKY (1979) entwickelte ***Prospect-Theorie*** verwiesen werden, die vom üblichen Erwartungsnutzenmodell rationaler Wirtschaftssubjekte in wichtigen Punkten abweicht, indem sie beispielsweise eine Gewinn-Verlust-Asymmetrie impliziert.

Nach den Annahmen der Prospect-Theorie[30] bewerten Entscheidungsträger die riskanten Alternativen in Form von Gewinnen und Verlusten relativ zu

---

[28] Vgl. weitere Beispiele bei GLASER / LANGER / WEBER (2005).

[29] Der Begriff Dispositionseffekt (Disposition to sell winners too early and ride losers too long) wurde von SHEFRIN und STATMAN (1985) eingeführt.

[30] Unter einem Prospect kann man sich eine einfache Lotterie vorstellen.

einem ***Referenzpunkt*** (typischerweise bei Null), wobei sie sich im Gewinnbereich risikoscheu (konkav) und im Verlustbereich risikofreudig (konvex) verhalten.[31] Da Verluste stärker empfunden werden als gleich hohe Gewinne, verläuft die sog. ***Wertfunktion*** des Entscheidungsträgers im Bereich der Verluste steiler als im Gewinnbereich.

Die Referenzpunktbestimmung erfolgt im Rahmen der ***Editierungsphase*** des Entscheidungsprozesses, in der die verfügbaren Informationen aufbereitet, zum Teil vereinfacht und zu einem ***Decision Frame*** verdichtet werden. In der anschließenden ***Evaluationsphase*** erfolgt dann die Bewertung der Ergebnisse und ihrer Eintrittswahrscheinlichkeiten.

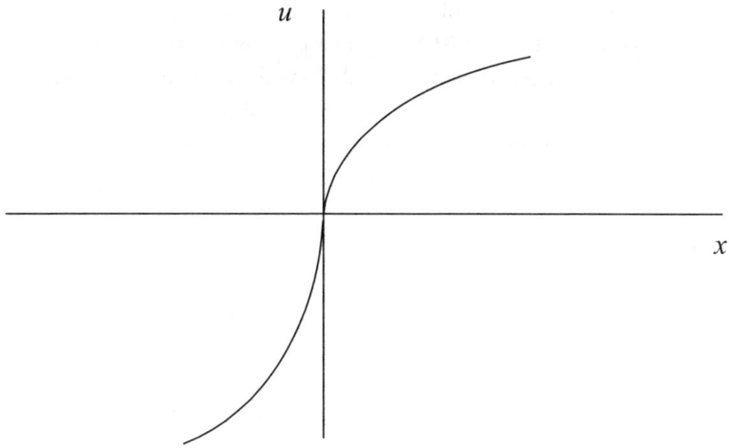

Abb. 5.7: Typische S-förmige Wertfunktion der Prospect-Theorie

Die beiden folgenden Lotterien eines von KAHNEMAN und TVERSKY durchgeführten Experiments können einen wichtigen Baustein ihrer Theorie verdeutlichen:[32]

– Beim Vergleich einer Lotterie, die mit 80 % Wahrscheinlichkeit 4.000 und mit 20 % Wahrscheinlichkeit 0 ausschüttet (Erwartungswert der Ausschüttung ist 3.200), mit einer sicheren Zahlung von 3.000 entschieden sich 80 % der Teilnehmer an einem Experiment zugunsten der sicheren Zahlung und zeigten damit Risikoaversion.

---

[31] Vgl. zu den Grundlagen und zur Herleitung der Prospect-Theorie sowie zu alternativen oder ergänzenden Theorieansätzen wie beispielsweise den Disappointment-Theorien und den Regret-Theorien das Lehrbuch von EISENFÜHR / WEBER (1999), S. 376-396 sowie FISCHER (2004), S. 126 ff.

[32] Vgl. NÖTH (2003), S. 112.

- Beim Vergleich einer Lotterie, bei der mit 80 % Wahrscheinlichkeit ein Verlust von 4.000 und mit 20 % Wahrscheinlichkeit kein Verlust realisiert wird (Erwartungswert der Ausschüttung beträgt -3.200), mit einem sicheren Verlust in Höhe von 3.000 entschieden sich lediglich 8 % der Teilnehmer für den sicheren Verlust. Die Teilnehmer zeigten demnach risikofreudiges Entscheidungsverhalten.

Der Ansatz der Wertfunktion erfolgt in der Regel je Vermögensobjekt bzw. je Asset-Klasse in Form sog. „***mentaler Konten***“ mit der Folge, dass Entscheidungen nur innerhalb des betrachteten Umfeldes optimiert werden. Das widerspricht der Asset-Integration-Hypothese des rationalen Erwartungsnutzenkonzepts, wonach die Nutzenwirkung einer Entscheidung immer am Gesamtvermögen bzw. der Gesamtrendite ansetzt.

Die Realisierung von Gewinnen löst Stolz, das Erzielen von Verlusten Enttäuschung aus. Gewinne werden daher möglichst rasch realisiert, um den Erfolg wirklich zu realisieren, umsetzen und erleben zu können. Die Umsetzung der Verluste wird dagegen möglichst verzögert in der Hoffnung, die Enttäuschung doch noch zu vermeiden. Entscheidungsträger wollen also typischerweise im Rückblick „richtig“ entschieden haben und geben nicht gern zu, dass sie nicht richtig entschieden haben. Daher bestätigen sie ihren erfolgreichen Kauf durch eine frühzeitige Gewinnmitnahme und halten an ihrem nicht erfolgreichen Kauf fest, um nicht die Niederlage einer Fehlentscheidung für sich selbst oder ihren Auftraggeber eingestehen zu müssen.

Zur empirischen Überprüfung des Dispositionseffekts hat ODEAN (1998) insgesamt 10.000 Depots eines amerikanischen Discount Brokers zufällig ausgewählt und im Zeitablauf den Anteil realisierter Gewinne ermittelt, indem die Anzahl der innerhalb eines Tages realisierten Gewinne zur Anzahl möglicher Gewinne ins Verhältnis gesetzt wurde. Ebenfalls wurde der Anteil realisierter Verluste als Verhältnis der Anzahl realisierter Verluste zur Anzahl möglicher Verluste in der Grundgesamtheit der Aktien mit einem Kursverfall bestimmt. Unterliegen Anleger einem Dispositionseffekt, so sollte der Anteil realisierter Gewinne den Anteil realisierter Verluste nachhaltig übersteigen. In der Studie von ODEAN beträgt der durchschnittliche Anteil realisierter Gewinne 24 %, der durchschnittliche Anteil realisierter Verluste 15 %, was die Gültigkeit des Dispositionseffekts bestätigt.[33]

BARBERIS und HUANG (2001) unterstellen ein Verhalten der Investoren, das sich in vielen Experimenten und empirischen Studien als realistische Beschreibung des menschlichen Verhaltens am Aktienmarkt herausgestellt hat. Dabei bewerten die Anleger bei einem Engagement nicht ihr Gesamtvermögen, sondern ihre Gewinne und Verluste bezüglich eines Referenzpunktes. Häufig wird von den Anlegern der Kaufkurs einer Aktie als Referenzpunkt

---

[33] Vgl. ODEAN (1998) und VOSSMANN / WEBER (1999).

wahrgenommen. Ein Kurs von 1.200 € wird bei einem Kaufkurs von 1.000 € als Gewinn von 200 € wahrgenommen, ein Kurs von 800 € dagegen als Verlust von 200 €. Außerdem nehmen die Autoren an, dass die Anleger die referenzpunktabhängige Evaluierung auf der Ebene der einzelnen Aktie vornehmen.

Steigt nun der Kurs einer Aktie über den Kaufkurs, so wird dies von den Anlegern als Gewinn wahrgenommen. Die Autoren nehmen darüber hinaus an, dass die Investoren Aktien, die in der Vergangenheit hohe Kurssteigerungen aufgewiesen haben und damit aus der Sicht der Investoren im Gewinnbereich notierte (***Growth-Aktien***) als weniger risikoreich wahrnehmen als es eine rationale Bewertung erfordern würde. Die Anleger verlangen daher bei Growth Aktien eine geringere Entschädigung für das eingegangene Risiko als es fundamental gerechtfertigt wäre. Die mit Growth-Aktien am Markt erzielbare Rendite ist damit im Vergleich zu dem tatsächlichen Risiko der Growth-Aktien zu niedrig. Genau das Gegenteil tritt bei ***Value-Aktien*** ein. Diese Aktien werden, wenn sie aus der Sicht des Investors im Verlustbereich notieren, zu einem überhöhten, fundamental nicht zu rechtfertigenden Risiko wahrgenommen. Die Risikoprämie und damit auch die Rendite, welche die Investoren fordern, erscheinen höher als fundamental gerechtfertigt.

(5) Herdenverhalten und Informationskaskaden

Während die dargestellten Phänomene des Behavioral-Finance-Ansatzes ein vom Erwartungsnutzenmodell abweichendes durchschnittliches Verhalten der Anleger unterstellen, befassen sich Ansätze zum ***Herdenverhalten*** (Herding) bzw. zur Entstehung von ***Informationskaskaden*** mit der ***Interaktion vieler Anleger im Informations- und Entscheidungsprozess***. Dabei muss man davon ausgehen, dass die den Anlegern zugänglichen Informationen nicht gleich verteilt sind, sondern dass Informationsvorsprünge einzelner Marktteilnehmer bestehen. An der Ausnutzung der Informationsvorsprünge durch andere Teilnehmer wollen viele Anleger partizipieren und richten daher ihr Verhalten bewusst oder unbewusst am Verhalten anderer Marktteilnehmer aus. Ein solcher interaktiver Prozess kann zu einem ***gleichgerichteten Verhalten*** führen, das man als Veränderung des Verhaltens, der Meinung oder der Erwartungen eines Anlegers als Reaktion auf Informationen bezeichnen kann, die dem Anleger von anderen Anlegern zugehen.

Interaktive Prozesse können allerdings auch dadurch entstehen, dass sich Marktteilnehmer bei ihren Kauf- und Verkaufsentscheidungen an den vermeintlichen Informationen anderer Marktteilnehmer orientieren. Sog. ***Noise Trader*** handeln nicht auf der Basis von Informationen, sondern auf der Basis eines empfangenen Pseudo-Signals. Ein solches Signal kann dadurch entstehen, dass einer der Marktteilnehmer zur Beschaffung von Liquidität bestimmte Aktien verkauft und diese Transaktion von anderen Marktteilnehmern beobachtet und als negatives Signal über die verkauften Wertpapiere interpretiert wird.

Ein gleichgerichtetes Handeln vieler Marktteilnehmer kann man als Reaktion auf einen Zufluss an Informationen erwarten, auf die dann viele Marktteilnehmer in ähnlicher Weise zu reagieren versuchen. Unter ***Herding*** versteht man aber etwas anderes, nämlich die Orientierung einzelner Marktteilnehmer an den Entscheidungen bzw. dem Verhalten anderer Marktteilnehmer. Herdenverhalten ist also nicht einfach nur ein Verhalten mehrerer Investoren in die gleiche Richtung bzw. ein positiv korreliertes Verhalten, sondern ein aufeinander bezogenes Verhalten der Anleger. Man kann Herding als spezielle Ausprägungsform eines Noise Trading verstehen.[34]

Private und institutionelle Anlegergruppen in Finanzmärkten können einem Herdenverhalten unterliegen. Die Interaktion kann sowohl durch ***mentale Prozesse*** – Ähnlichkeit in der Interpretation von Informationen – als auch durch (pekuniäre) ***Anreize*** oder ***Vorschriften*** (Rechnungslegung) hervorgerufen werden. Man kann ein nicht rationales Herding, das durch fehlerhafte Erwartungsbildung bei einzelnen Wirtschaftssubjekten entsteht, von einem rationalen Herding unterscheiden, bei dem die individuelle Rationalität durch externe Effekte dennoch zu einer Verzerrung der Wertpapierkurse führt.

In der Literatur haben sich **verschiedene Modellvorstellungen** für ein Herdenverhalten und die daraus möglicherweise entstehenden Preisverzerrungen herausgebildet:

- ***Informationsakquisition***: Beispielsweise suchen Fondsmanager nur dann nach neuen Informationen, wenn andere dies auch tun.
- ***Agency-Probleme***: Hier geht es um Anreiz und Kontrolle der Leistung von Fondsmanagern auf der Basis externer Maßstäbe wie z. B. eines Aktienindex als ***Benchmark.*** Hinsichtlich der Entwicklung dieser Benchmark erfolgt eine Vernachlässigung eigener, auch privater Informationen. „Thus an unprofitable decision is not as bad for reputation when others make the same mistake" konstatieren SCHARFSTEIN und STEIN.[35] KEYNES weist bereits darauf hin, dass "worldly wisdom teaches that it is better for reputation to fail conventionally than to succeed unconventionally". (KEYNES 1936, S. 158)
- Das ***Informationskaskadenmodell*** basiert auf der Annahme, dass Informationen über beobachtbare frühere Entscheidungen von Investoren (Konkurrenten) höher eingeschätzt werden als eigene (private) Informationen.

---

[34] Vgl. MENKHOFF / RÖCKEMANN (1994), S. 282.

[35] Vgl. SCHARFSTEIN / STEIN (1990), S. 466.

- Die ***Erwartungsbildung*** der Investoren, die nicht (vollständig) über die fundamentalen Informationen verfügen, hängt hauptsächlich vom Verhalten und den Erwartungen der anderen Anleger ab. Diese Situation hatte bereits KEYNES (1936) in seinem Beispiel eines ***Beauty Contest*** beschrieben.
- Als positives ***Feedback-Trading*** bezeichnet man das Verhalten institutioneller Investoren, durch Käufe von Gewinneraktien und Verkäufe von Verliereraktien (Momentum Investment) zu einem weiteren Abweichen der Aktienkurse von ihrem fundamentalen Wert beizutragen.

Für den amerikanischen Aktienmarkt ist festgestellt worden, dass die von der großen Mehrheit der Anleger nachgefragten Aktien – gemessen als Handelsvolumen – eine geringere Rendite und eine höhere Volatilität als die übrigen Aktien aufweisen. Der Hinweis auf kollektive Störungen im Informations- und Preisbildungsprozess macht deutlich, dass Anomalien an den Finanzmärkten verschiedene Ursachen haben können. Diese Anomalien können nicht nur durch ein nicht rationales Entscheidungsverhalten einzelner oder vieler Marktteilnehmer verursacht worden sein. Daher müssen sich Behavioral-Finance-Ansätze auch gegenüber alternativen Erklärungsversuchen für Marktphänomene behaupten.

5.5.3 Behavioral Finance und Unternehmensfinanzierung

(1) Behavioral Finance und Dividendenpolitik

Die ganz überwiegende Zahl von Beiträgen zur Behavioral Finance wendet die Annahme einer beschränkten Rationalität der Wirtschaftssubjekte auf die Portfoliozusammenstellung von Anlegern und die Preisbildung auf Aktienmärkten an. Die Konsequenz eines solchen Verhaltens für die Finanzpolitik von Unternehmen ist dagegen nur selten Untersuchungsgegenstand.

Es gibt allerdings einen neuen Beitrag von BREUER und HARTMANN (2003), der die Konsequenzen der Annahme begrenzter Rationalität für die Finanzpolitik und hier insbesondere für die ***Dividendenpolitik der Unternehmen*** untersucht. Der Ansatz stützt sich auf das Konzept getrennter mentaler Konten für Vermögensänderungen durch Dividendenzahlungen und durch Aktienkursänderungen. Darüber hinaus wird Verlustaversion im Sinne eines ausgeprägten Strebens nach Vermeidung der Unterschreitung bestimmter Dividenden- und Aktienkursreferenzpunkte unterstellt. „Orientieren sich nun Dividendenreferenzpunkte von Aktionären an Dividendenzahlungen zeitlich nahe liegender vergangener Dividendentermine, während Aktienkursreferenzpunkte möglicherweise durch weiter zurückliegende und folglich entsprechend niedrige historische (Einstands-)Kurse gekennzeichnet sind, dann liegt der Schluss auf einen Anreiz der Unternehmensleitung zur Stabilisierung des

Dividendensatzes im Zeitablauf bei gleichzeitiger Inkaufnahme von Aktienkursschwankungen unmittelbar nahe."[36]

Neben dem Nachweis einer Tendenz zur Dividendenstabilisierung macht der Beitrag deutlich, dass es nicht einfach ist, auf der Basis populärer und einleuchtender Verhaltensmuster eine schlüssige Argumentation aufzubauen. So benötigt man beispielsweise zum Nachweis der Dividendenkonstanz noch eine ganze Reihe „nachgeschobener" Argumente.

(2) Manageroptimismus und Unternehmensfinanzierung

HEATON (2002) unterstellt in einem Modell eine einzige „Irrationalität", nämlich einen Hang zum Überoptimismus der Manager, der sich daraus erklären lässt, dass Wirtschaftssubjekte Ergebnisse dann optimistischer einschätzen, wenn sie einerseits glauben, diese Ergebnisse selbst kontrollieren zu können und andererseits auch gewisse Verpflichtungen zu ihrer Realisierung eingegangen sind.

Der Ansatz von HEATON bezieht sich auf die finanzwirtschaftliche Beurteilung des Free Cashflow, über den im Kern zwei unterschiedliche Hypothesen bestehen. Einerseits werden die hohen Agency-Kosten betont, die mit einem Free Cashflow und der Erweiterung des diskretionären Spielraums der Manager einhergeht. Andererseits wird auf die positiven Effekte einer geringeren Abhängigkeit von den misstrauischen Kapitalmarktteilnehmern hingewiesen, die eine Emission als schlechte Nachricht für ein überbewertetes Unternehmen interpretieren.

Bei unterstelltem ***Überoptimismus der Manager*** können beide Sichtweisen in einem einzigen Ansatz verdeutlicht werden, so dass es einen Trade-Off zwischen einem Über- und einem Unterinvestitionsproblem gibt, ohne dass die typische asymmetrische Informationsverteilung oder die Existenz von Agency-Kosten angenommen werden müssten. Der Überoptimismus führt nämlich die Manager zu der Erkenntnis, dass das Unternehmen (trotz effizienten Kapitalmarktes) unterbewertet ist, so dass eine Präferenz für Innenfinanzierung besteht. Sofern das Unternehmen keinen Free Cashflow aufweist, werden die Manager einige Projekte nicht realisieren, weil sie davon ausgehen, dass die Kapitalaufnahmemöglichkeiten zu unvorteilhaft sind. Ein Free Cashflow ist für sie also wertvoll und lässt die Umsetzung der als vorteilhaft erkannten Projekte zu.

Bei vorhandenem Free Cashflow können allerdings die Manager auch Projekte realisieren, die nur in ihrer überoptimistischen Sicht als vorteilhaft erscheinen. In dieser Situation ist Free Cashflow schädlich, weil er die Notwendigkeit für das Management vermindert, sich an die externen Kapitalmarkt-

---

[36] Vgl. BREUER / HARTMANN (2003), S. 344. Vgl. diesen Beitrag ebenfalls zu einer kritischen Würdigung des Ansatzes.

teilnehmer zu wenden. Die Überoptimismushypothese der Manager kann also den Nutzen und die Kosten eines Free Cashflow mit zwei Variablen verbinden: dem Grad an Überoptimismus der Manager einerseits und den verfügbaren kapitalwertpositiven Investitionsprojekten andererseits. Das Zusammenspiel beider Annahmen kann somit das gleiche Resultat generieren wie die aus der Prinzipal-Agent-Theorie gewonnen Erkenntnisse der Qualitäts- und Verhaltensunsicherheit.

(3) Behavioral-Finance-Ansätze und Finanzierungstheorie

THALER (1999) hat den Stand der Arbeiten im Gebiet der Behavioral Finance zusammengefasst und festgestellt, dass dieses Arbeitsgebiet in der Finanzierungstheorie nicht mehr grundsätzlich abgelehnt wird. Wenn der Forschungsansatz aber in die Finanzierungstheorie integriert wird, so verschwindet auch das Besondere an diesem Forschungsfeld. In der Zukunft wird man dementsprechend ganz selbstverständlich verhaltenswissenschaftliche Elemente in den ökonomischen Theoriekasten der Unternehmensfinanzierung und des Portfolio-Managements aufnehmen. Da die Forschungen erst am Anfang stehen, ist eine Beurteilung der Behavioral-Finance-Ansätze noch schwierig.

> "The lesson from the literature surveyed here, and the list of varied behavioral phenomena, is not that 'anything can happen' in financial markets. Indeed, while the behavioral theories have much latitude for interpretation, when they are combined with observations about behavior in financial markets, they allow us to develop theories that do have some restrictive implications. Moreover, conventional efficient markets theory is not completely out the window. .... There is, for example, virtually no Friday the thirteenth effect. Investors apparently aren't that foolish. ... Heeding the lessons of the behavioral research surveyed here is not going to be simple and easy for financial researchers. Doing research that is sensitive to lessons from behavioral research does not mean entirely abandoning research in the conventional expected utility framework. The expected utility framework can be a workhorse for some sensible research, if it is used appropriately. It can also be a starting point, a point of comparison from which to frame other theories."[37]

Wenn auch die Einschätzung von THALER stimmt, dass psychologische Elemente übliche Bestandteile ökonomischer Modellbildung sein können, so muss dennoch auf eine sparsame Anwendung dieser Ansätze in der Finanzierungstheorie geachtet werden, damit nicht „zu schnell“ die Annahme eines rationalen Entscheidungsverhaltens zugunsten einer nicht mehr kontrollierbaren Mischung von Behavioral-Finance-Ansätzen aufgegeben wird.

[37] Vgl. SHILLER (1997), S. 27.

Lektürevorschläge zu Kapitel 5

Dieses Kapitel ist der Übersicht über die Ansätze der neoinstitutionalistischen Finanzierungstheorie gewidmet, so dass die Lektürevorschläge die verschiedenen hier zusammengestellten Bausteine betreffen. Das Werk, das einen umfassenden Überblick über die verschiedenen Ansätze vermittelt, ist RICHTER / FURUBOTN (2003). PICOT (1991) gibt einen einführenden Überblick. Die Bücher von KRÄKEL (2004), PICOT / DIETL / FRANCK (2002), SCHWEIZER (1999) und VOIGT (2002) diskutieren die Ansätze der Neuen Institutionenökonomik ohne finanzwirtschaftliche Schwerpunktbildung. Bezüglich der Originalarbeiten sei verwiesen auf AKERLOF (1970), ALCHIAN / DEMSETZ (1972), ARROW (1985), COASE 1937, 1960), HART (1995), HART / MOORE (1990), SPENCE (1973), STIGLITZ / WEISS (1981) sowie WILLIAMSON (1975, 1990).

Die Beiträge von JOST (2001a, 2001b und 2001c) verweisen auf die drei von PETER-J. JOST herausgegebenen Sammelbände zur Prinzipal-Agent-Theorie, zum Transaktionskostenansatz und zur Spieltheorie, die einerseits jeweils umfassende Überblicke über den Gesamtstoff und andererseits spezifische Beiträge zur Unternehmensfinanzierung wie HARTMANN-WENDELS (2001) und NEUS (2001) und zur Corporate Governance von Unternehmen (PICOT und SCHULLER 2001) enthalten. Da in diesem Buch dem in Abschnitt 5.3 vorgestellten Prinzipal-Agent-Ansatz die größte Beachtung geschenkt wird, sei hierzu noch auf FRANKE (1993) sowie SPREMANN (1990) verwiesen. Finanzwirtschaftliche Anwendungen der in Abschnitt 5.4 vorgestellten Theorie unvollständiger Verträge findet man in BURGHOF (2002), KRAHNEN (1991) SPICHER (1997) sowie Winkens (2000).

Zu den in Abschnitt 5.5 eingeführten Behavioral-Finance-Ansätzen gibt es in der Zwischenzeit eine Fülle theoretischer und empirischer Arbeiten, so dass hier nur auf einige wenige verwiesen werden kann. Einführend zu empfehlen sind BARBERIS / THALER (2003), BEHAVIORAL FINANCE GROUP (2000), BREUER / STOTZ (2004). GERKE / ARNETH (2001), GLASER / NÖTH / WEBER (2004), GOLDBERG / VON NITSCH (2000), OEHLER (2002), SHILLER (2003) sowie WEBER / BEHAVIORAL FINANCE GROUP (1999). Spezifische finanzwirtschaftliche Anwendungen findet man in AUGUST / SCHIRECK (2000), BREUER / HARTMANN (2003), HEATON (2002), SCHNEIDER (2005) und UNSER (1999).

Ein wichtiger Anwendungsbereich der Behavioral-Finance-Ansätze betrifft die Erforschung der sog. Kurs- oder Renditeanomalien, zu denen DEBONDT / THALER (1989), LEROY (1989), SAMUELSON (1965) und SHILLER (1981) wichtige Vorarbeiten geleistet haben. Für den deutschen Kapitalmarkt sei verwiesen auf SATTLER (1994), SCHNEIDER (2005) sowie WALLMEIER (2000) und für spezielle Anlagestrategien und Besonderheiten des deutschen Marktes auf GLASER / WEBER (2001), MOERSCHEN / SCHIERECK (2003), SCHIERECK / DEBOND / WEBER (1999), SCHIERECK / WEBER (1995) sowie VOSSMANN / WEBER (1999).

Zusammenfassung

Nach neoinstitutionalistischer Sicht gründen Wirtschaftsubjekte ein Unternehmen, um gemeinsame Ideen dadurch umzusetzen, dass die Innovationskraft und die Kenntnisse bestimmter Wirtschaftssubjekte (z. B. Manager und Unternehmensberater), der Arbeitseinsatz von Mitarbeitern (z. B. der Manager und Angestellten), die Vorleistungen von Lieferanten und das Geld der Eigentümer, Lieferanten und Banken zielgerichtet und gebündelt zum Nutzen der beteiligten Wirtschaftssubjekte eingesetzt werden. Die Faktorkombination soll möglichst effizient erfolgen, womit sich im Unternehmen verschiedene Entscheidungsträger beschäftigen.

Den Entscheidungsträgern werden Handlungsspielräume eingeräumt, damit sie eigenständig, flexibel und rasch auf neu eintreffende Informationen reagieren können. Dabei kann es zu Koordinationsproblemen kommen, wenn die dezentral getroffenen Entscheidungen zu Eingriffen in die Handlungsspielräume anderer Entscheidungsträger führen. Unternehmen benötigen also Informations- und Koordinationsmechanismen, um mögliche Konflikte im Unternehmen zu vermeiden und ein den übergeordneten Unternehmenszielen dienendes Zusammenspiel aller Entscheidungen und Aktivitäten zu erreichen.

Die in diesem Kapitel beschriebenen Grundansätze der neoinstitutionalistischen Finanzierungstheorie greifen diese Problemstellung auf und beschreiben Unternehmen und die sie umgebenden Märkte als Institutionen, mit deren Hilfe rationale Wirtschaftssubjekte ihre Ziele verfolgen. In den weitergehenden Ansätzen zur Behavioral Finance werden auch Irrationalitäten im Entscheidungsverhalten der Wirtschaftssubjekte berücksichtigt.

Die angesprochenen Ansätze sind zum Teil unabhängig voneinander über einen längeren Zeitraum entwickelt worden. Dementsprechend verfolgen sie zum Teil unterschiedliche Zielsetzungen und arbeiten mit unterschiedlichen Annahmen und Begriffen. Alle Arbeiten gehen aber von der grundlegenden Erkenntnis aus, dass die Schaffung und Nutzung von Institutionen und Organisationen den Einsatz realer Ressourcen erfordern und mit Transaktions- oder Koordinationskosten verbunden sind. Transaktionskosten, Verfügungsrechte und Vertragsbeziehungen sind das Grundthema der Beiträge zur Neuen Institutionenökonomik.

Schlüsselbegriffe

Adverse Selektion
Behavioral Finance
Entscheidungsanomalien
Entscheidungsheuristiken
Herding
Hold-up-Problem
Informationskaskaden
Kurs- und Renditeanomalien
Moral Hazard
Neoinsitutionalismus
Prinzipal-Agent-Ansatz
Property Rights
Prospect-Theorie
Spezifität
Theorie der Verfügungsrechte
Theorie unvollständiger Verträge
Transaktionskostenansatz
Vertragstheorie

Kapitel 6

Der Prinzipal-Agent-Ansatz in der Unternehmensfinanzierung

Der Prinzipal-Agent-Ansatz hat, wie im vorangegangenen Kapitel bereits angedeutet, für die moderne Finanzierungstheorie eine zentrale Bedeutung. Im Gegensatz zu den Finanzierungsfragen, die in der neoklassischen Perspektive behandelt werden, liegt der Schwerpunkt der Analyse in der Agency-Theorie nicht auf der einzelnen Transaktion selbst, sondern auf den ***Beziehungen zwischen*** den an einer Finanzierung ***beteiligten Wirtschaftssubjekten***, also dem Unternehmen, seinen Managern, Eigentümern und Gläubigern.

In diesem Kapitel steht die Analyse unterschiedlicher Informationsverteilungen und Interessenlagen zwischen den an einem Finanzierungsvertrag beteiligten Entscheidungsträgern und deren Auswirkungen auf die Finanzierungs- und Investitionsentscheidungen der Unternehmen im Vordergrund. Die zu untersuchenden Beziehungen befassen sich mit den bei asymmetrischer Informationsverteilung auftretenden ***Gemeinsamkeiten und Konflikten zwischen Agenten und Prinzipalen***, insbesondere zwischen

- Schuldnern und Gläubigern,
- Managern und Eigentümern,
- Alt-Aktionären und Neu-Aktionären sowie
- Unternehmen und ihren Konkurrenten am Markt,

wobei die besser informierte Partei die Rolle des Agenten und die schlechter informierte Partei die des Prinzipals einnimmt. Es kann vorkommen, dass in einem Finanzierungsvertrag eine Vertragspartei die Rolle des Prinzipals bezüglich eines bestimmten Sachverhalts hat und bezüglich eines anderen Sachverhalts die andere Partei als Prinzipal zu behandeln ist. So kennt beispielsweise ein Unternehmen als Agent seine Produktionsabläufe besser als die Hausbank, die ihrerseits gegebenenfalls bessere Kenntnisse über die Finanzkraft relevanter Mitwettbewerber des Unternehmens hat und sich somit bezüglich dieses Aspekts des Unternehmens in der Rolle des Agenten befindet.

Das Zusammenspiel möglicher Konflikte aus verschiedenartigen und wechselseitigen Prinzipal-Agent-Beziehungen wird wegen der steigenden Komplexität der Modelle im Folgenden aber nicht untersucht. Es geht vielmehr darum, eine spezielle Problematik herauszuarbeiten, so dass jede Situation sozusagen exemplarisch isoliert betrachtet wird. Das entspricht auch dem üblichen Untersuchungsdesign neoinstitutionalistischer Ansätze, die nicht beabsichtigen, ein Gesamtbild der Finanzbeziehungen zu modellieren, sondern eine typische Konfliktsituation zu isolieren und Vorschläge für eine Lösung zu entwickeln.

Die Erkenntnisse der Neoklassik verlieren bei einer Prinzipal-Agent-Analyse im Neoinstitutionalismus nicht unbedingt an Bedeutung. Sie dienen nun aber vorwiegend als Vergleichsmaßstab (***First-Best-Lösung***) für die aus der Agency-Perspektive heraus abgeleiteten Ergebnisse. Dabei kann deutlich werden, inwieweit Qualitäts- und Verhaltensunsicherheiten als Formen der vor- bzw. nachvertraglichen Informationsasymmetrie zwischen den beteiligten Parteien eine Abweichung von der effizienten Allokation aus der Neoklassik bewirken.[1]

Die erzielten Ergebnisse können aufgrund der eingeführten Friktionen häufig „nur" ***Second-Best-Lösungen*** darstellen, über deren Güte anhand des verbleibenden Verlustes zur (imaginären) First-Best-Allokation entschieden wird. Die nicht vermeidbaren Wohlfahrtsverluste werden als ***Agency-Kosten*** bezeichnet. Unter bestimmten Bedingungen kann im Einzelfall allerdings auch einmal die First-Best-Lösung implementiert werden.

Der Suche nach geeigneten Mechanismen zur Minderung der Informationsasymmetrie und damit zur Minimierung der Agency-Kosten kommt in diesem Zusammenhang eine wesentliche Bedeutung zu:

- Im Falle der ***Qualitätsunsicherheit*** eignen sich hierzu insbesondere ***Signaling- und Screening-Mechanismen***, bei denen entweder die besser informierte oder die schlechter informierte Partei aktiv zur Informationsharmonisierung beiträgt.
- Für den Fall der ***Verhaltensunsicherheit*** erweisen sich ***Kontrollaktivitäten und Vertragsinstrumente*** zur Anreizsteuerung und Interessenharmonisierung als hilfreich.

Auf beide Formen der Konfliktlösung wird in diesem Kapitel eingegangen, das in den Abschnitten 6.1 und 6.2 die Probleme der Qualitäts- und Verhaltensunsicherheit beleuchtet und in Abschnitt 6.3 ein einfaches Modell vorstellt, mit dessen Hilfe sich optimale Anreizmechanismen auch quantitativ ableiten lassen. Dieses Modell kann dazu genutzt werden, die elementaren Zahlungscharakteristika von Eigenkapital- und Fremdkapitaltiteln aus der Perspektive der Anreizgestaltung herauszuarbeiten. In Abschnitt 6.2.4 wird eine ausführliche Darstellung des für die Diskussion in der Finanzierungstheorie besonders bedeutsamen Modells von JENSEN und MECKLING eingefügt.

---

[1] Vgl. WILHELM (1991).

6.1 Finanzierungsprobleme bei Qualitätsunsicherheit

6.1.1 Qualitätsunsicherheit als vorvertragliche Unsicherheit

Vorvertragliche Unsicherheit in Finanzbeziehungen bedeutet, dass zwischen dem Kapitalgeber und dem Kapitalnehmer vor Abschluss des Vertrages bzw. vor Durchführung der Finanztransaktion ***Informationsdifferenzen über relevante Merkmale des Vertragspartners (Qualität, Fähigkeiten, Kreditwürdigkeit etc.)*** bestehen. Im neoklassischen Modell besteht für die Transaktionspartner entweder vollkommene Sicherheit oder technologische Unsicherheit, so dass beide Vertragspartner über die Merkmale des Vertragspartners und den Ausgang eines Vertrages gleichmäßig uninformiert sind, weil beide sozusagen gleichermaßen auf den Eintritt des zufällig eintretenden Umweltzustandes warten.

Nun wird die realistischere Situation behandelt, dass einer der Vertragspartner über einen Informationsvorsprung verfügt, wobei die Vermutung nahe liegt, dass der Geldgeber weniger über den Empfänger des Geldes bzw. über dessen Kreditwürdigkeit, Innovationsfähigkeit oder Managementfähigkeit weiß als dieser selbst. Im Falle einer ***Kreditfinanzierung*** wird beispielsweise der Kreditnehmer seine Kreditwürdigkeit selbst besser beurteilen können als die kreditgebende Bank. ***Qualitätsunsicherheit*** (***Hidden Characteristics***) als ex ante Ausprägungsform der ***asymmetrischen Informationsverteilung*** vor Vertragsabschluss kommt dann darin zum Ausdruck, dass die Bank als Kreditgeber die Wahrscheinlichkeitsverteilung des Rückzahlungsstroms nicht so präzise einschätzen kann wie der Kreditnehmer selbst.[2]

Das Informationsdefizit des Geldgebers als Financier wird dazu führen, dass er misstrauisch ist und für den in Aussicht gestellten zukünftigen Zahlungsstrom in Form von Tilgungen, Zinsen oder Dividenden entweder weniger bezahlen wird als in dem Fall, in dem er vollständig oder besser informiert ist, oder dass er versuchen wird, das Informationsdefizit abzubauen. Ein solcher Abbau wird allerdings kaum ohne zusätzliche Kosten möglich sein.

Ein anderes Beispiel für eine vorvertragliche Unsicherheit stellt die Berufung und Einstellung eines Managers als Vorstand einer AG dar, der die Führung eines Unternehmens übernehmen soll und somit als Agent für die Aktio-

---

[2] Dabei soll es gleichgültig sein, ob der Kreditnehmer seinen Informationsvorsprung bereits vor Abschluss des Kreditvertrages besitzt – diese Situation wird in der Literatur üblicherweise als adverse Selektion bezeichnet und auf das Vorliegen von Hidden Characteristics gestützt – oder ob er im Laufe des Kreditvertrages neue Informationen über eigene Charakteristika oder entscheidungsrelevante Zustände exklusiv erhält (Hidden Information). Wir unterscheiden nicht zwischen Hidden Characteristics und Hidden Information und ordnen sprachlich beiden Situationen den Begriff der Qualitätsunsicherheit zu. Zu verschiedenen Abgrenzungen der Begriffe Hidden Characteristics und Hidden Information vgl. KRÄKEL (1999), S. 23, Fußnote 33.

näre, die in diesem Fall die Prinzipale sind, tätig werden soll. Die Führungsqualität des Managers kann vom Aufsichtsrat – in Vertretung der Aktionäre – in der Regel nur schwer eingeschätzt werden. Viel diskutiert worden ist in der Finanzierungstheorie auch der Fall, dass die etablierten Eigentümer eines Unternehmens (Altaktionäre) über einen Informationsvorsprung gegenüber den möglichen Käufern junger Aktien (Neuaktionäre) verfügen und die Anteile an die neuen Eigentümer daher nur mit einem Abschlag verkauft werden können.

Es stellt sich die Frage, welche Auswirkungen Qualitätsunsicherheiten auf Kreditbeziehungen oder auf Beziehungen der Aktionäre zum Management ihres Unternehmens oder auf die Beziehungen zwischen den Alt- und Neuaktionären einer Gesellschaft haben und wie die auftretenden Probleme der asymmetrischen Informationsverteilung abgemildert oder gelöst werden können. Die nachfolgenden Abschnitte sollen exemplarisch finanzwirtschaftliche Instrumente vorstellen, die zum Abbau vorvertraglicher Informationsprobleme beitragen können.

6.1.2 Unsicherheit über die Bonität von Kreditnehmern

(1) Kreditwürdigkeitsrisiken am Kreditmarkt

Qualitätsunsicherheit als ex ante Ausprägungsform der ***asymmetrischen Informationsverteilung*** vor Vertragsabschluss bedeutet am Kreditmarkt, dass die Banken die Wahrscheinlichkeitsverteilung des Rückzahlungsstroms der Zins- und Tilgungszahlungen weniger gut einschätzen können als die Kreditnehmer selbst. Diese Situation wird hier anhand eines einfachen Beispiels modelliert.

Als spezialisierte und professionelle Kapitalgeber sollten die Banken die verschiedenen stochastischen Eigenschaften des durchschnittlichen Rückzahlungsverhaltens ihrer Kreditnehmer kennen, wie etwa die Abhängigkeit der Kreditwürdigkeit vom Konjunkturzyklus oder der Branche des Kreditnehmers. Die Banken können diese Abhängigkeit aber im Allgemeinen nicht einzelnen Wirtschaftssubjekten zuordnen und müssen daher mit Durchschnittswerten kalkulieren.[3] Für die Bank besteht ***Unsicherheit über die spezifische Qualität einzelner Kreditnehmer***.

Vereinfachend wird von einem ***Kreditmarkt*** ausgegangen, an dem es nur zwei Typen von Kreditnehmern gibt:

Typ *GKR* (***gutes Kreditrisiko***) ist zweifelsfrei in der Lage, einen an ihn in $t = 0$ vergebenen Kredit K in $t = 1$ einschließlich Zinsen vollständig zurückzuzahlen.

Typ *SKR* (***schlechtes Kreditrisiko***) ist nur mit der Wahrscheinlichkeit p in der Lage, den vereinbarten Zins- und Tilgungsbetrag zu leisten.

---

[3] Vgl. zur folgenden Darstellung BREUER (1998), S. 121 ff.

Mit der Gegenwahrscheinlichkeit 1-*p* ist er dazu nicht in der Lage und damit insolvent. Der Einfachheit halber wird unterstellt, dass ein insolventer Kreditnehmer überhaupt nichts zurückzahlt, so dass der Wiedergewinnungssatz bzw. die Eintreibungs- oder Wiedergewinnungsrate ***(Recovery Rate)*** für den Kreditgeber gleich Null ist.

Die Bank als Kreditgeber kennt aus ihrer langjährigen Geschäftserfahrung die relative Häufigkeit der Kreditnehmertypen *GKR* und *SKR* in ihrem Kreditportefeuille und geht davon aus, dass diese Verteilung auch in der Zukunft Gültigkeit behält. Die Bank ist aber nicht in der Lage, einen einzelnen auf sie zukommenden neuen Kreditnehmer als *GKR*- oder *SKR*-Typ zu identifizieren. Alle Kreditnehmer der Bank fragen im Übrigen den gleichen Kreditbetrag *K* nach, so dass auch die Höhe des Kreditbetrages keinen Anhaltspunkt zur Differenzierung der Kreditnehmer erbringen kann.

Die Bank verhält sich risikoneutral und bestimmt den Kreditzinssatz unter Wettbewerbsbedingungen so, dass sie im Durchschnitt keine Verluste erleidet, aber auch keinen Gewinn macht.

(2) Poolinggleichgewicht auf dem Kreditmarkt

Da die Bank annahmegemäß ***gute und schlechte Kreditnehmer nicht voneinander unterscheiden*** kann, wird sie alle gleich behandeln und daher insbesondere von allen Kreditnehmern den gleichen Zinssatz *z* fordern. Geschäftspolitisch kann man sich diese Vorgehensweise so vorstellen, dass die Bank in ihrer Schalterhalle eine Offerte macht, Kredite in Höhe von *K* mit einem Zinssatz *z* an alle nachfragenden Kunden zu vergeben. Die zufällig in der Bank eintreffenden möglichen Kreditnehmer können dieses Angebot annehmen oder ablehnen (Take-it-or-leave-it-Offer). Die Offerte soll sowohl für gute als auch für schlechte Kreditnehmer prinzipiell akzeptabel sein.

Ist der Anteil der guten Kreditrisiken an der Menge aller Kreditnehmer gerade $P(GKR) = q$ und der Anteil der schlechten Kreditrisiken $P(SKR) = 1- q$ und beträgt der risikolose Kapitalmarktzins als Refinanzierungs- oder Anlageopportunität *i*, dann muss der vereinbarte Zinssatz z der Bedingung

$$Kq(1+z)+K(1-q)p(1+z)=K(1+i)$$

genügen. Aus dieser Bedingung errechnet man den Wettbewerbszinssatz *z* mit:

$$(1) \qquad z=\frac{1+i}{p+q-pq}-1.$$

Der in (1) berechnete Zinssatz *z* ist der von allen Kreditnehmern einheitlich geforderte Kreditzinssatz. In dem betrachteten Fall kalkuliert die Bank also eine positive Prämie $P = z - i$ zum Ausgleich des Ausfallrisikos, um zu erreichen, dass die Anlage im Kreditgeschäft zu derselben Durchschnittsverzinsung führt wie die Anlage zum risikofreien Zins. Die beschriebene Situation, in der alle Kreditnehmer die gleichen Konditionen erhalten, wird als gepoolter Markt bezeichnet. Im ***Poolinggleichgewicht*** wird nicht zwischen einzelnen Kreditnehmertypen differenziert.

Für die beschriebene Poollösung ist einschränkend festzustellen, dass die guten Kreditnehmer (die selbst wissen, dass sie zur Gruppe der guten Kreditnehmer gehören) kein Interesse daran haben dürften, den berechneten Zinsaufschlag zu bezahlen, da sie in jedem Fall Zinsen und Kreditbetrag vollständig zurückzahlen werden und damit den Kreditgebern eine risikolose Anlagemöglichkeit bieten. Sie werden folglich versuchen, den Kreditmarkt der Bank zu verlassen um an einer anderen Stelle einen Kredit zum Zinssatz i aufzunehmen. Wenn aber die guten Kreditnehmer das Angebot der Bank meiden, gibt es einen ***adversen Selektionseffekt***, der so weit führen kann, dass es zu einem ***Marktversagen*** bzw. Marktzusammenbruch kommt, weil nur noch die schlechtesten Qualitäten am Markt verbleiben.[4] Wenn die Bank nämlich nur noch Kredite an schlechte Kreditnehmer vergibt, so wird sie nach einer gewissen Lernphase, in der sie ihre Wahrscheinlichkeitsverteilung für GKR und SKR an die Neusortierung der Kreditnehmer anpasst, auch die Zinsforderung anpassen. Bleiben alle guten Kreditrisiken weg, dann muss wegen $q = 0$ und folglich $Kp(1 + z_{SKR}) = K(1 + i)$ der Kreditzinssatz neu festgesetzt werden auf:

$$z_{SKR} = \frac{1+i}{p} - 1.$$

Wenn den guten Kreditnehmern eine Kreditaufnahme zum Zinssatz i auch an anderer Stelle nicht ohne weiteres möglich ist, können sie alternativ versuchen, eine Methode zu entwickeln, den Kreditgebern ihre besondere Kreditwürdigkeit zu signalisieren. Gelingt dies, so stellt sich ein separierendes Marktgleichgewicht ein, in dem gute Kreditnehmer nur den risikolosen Kapitalmarktzins i zahlen müssen. Auf diese Möglichkeit der Signalisierung wird im folgenden Abschnitt eingegangen.

(3) Separierendes Kreditmarktgleichgewicht

Damit sich ein Marktgleichgewicht einstellen kann, in dem gute Kreditnehmer anders behandelt werden als schlechte Kreditnehmer, müssen die guten

---

[4] Die Herleitung eines möglichen Marktversagens steht im Mittelpunkt des ersten Beitrags zur vorvertraglichen Informationsasymmetrie (Qualitätsunsicherheit) von AKERLOF (1970) am Beispiel des Marktes für Gebrauchtwagen (Market for Lemons), an dem die Verkäufer besser informiert sind als die möglichen Käufer.

Kreditnehmer den Banken ihre besondere Kreditwürdigkeit glaubwürdig übermitteln können. Die einfache Behauptung, man gehöre zur Gruppe der guten Kreditnehmer, kann dabei nicht ausreichen, da diese Behauptung in gleicher Weise von schlechten Kreditnehmern aufgestellt werden kann.

In ***Signaling-Modellen*** wird untersucht, unter welchen Voraussetzungen der besser informierte Vertragspartner – hier der Kreditnehmer – Signale gibt, aus denen der andere Vertragspartner auf seine besondere Qualität schließen kann. Dabei können prinzipiell drei Arten von Signalen unterschieden werden:[5]

- ***Kostenverursachende Signale*** sind immer dann glaubwürdig, wenn die Kosten, die den informierten Vertragspartnern bei einer Signalisierung besonderer Qualität entstehen würden, so ausfallen, dass ein falsches Signaling für Vertragspartner niedriger Qualität nicht lohnend ist. Beispielsweise könnte ein wohlhabender und damit kreditwürdiger Kreditantragsteller seinen bereits vorhandenen PKW als Sicherheit für einen gewünschten Kredit anbieten, während ein weniger wohlhabender Antragsteller einen solchen PKW vor der Übereignung erst beschaffen müsste, was seine zukünftigen Konsummöglichkeiten so einschränken würde, dass er auf die Aufnahme eines Kredits verzichten wird. Außerdem könnte ein kreditwürdiger Antragsteller, um die Behauptung seiner Kreditwürdigkeit glaubhaft zu machen, seiner Bank auch das Rating einer Ratingagentur präsentieren. Ratingagenturen werden u. U. nämlich besser in der Lage sein, die Kreditwürdigkeit des Antragstellers einzuschätzen, als die Bank selbst.
- ***Kostenlose Signale*** können ebenfalls glaubwürdig sein, und zwar dann, wenn ein falsches Signaling durch Vertragspartner niedriger Qualität zu Marktreaktionen führen würde, die für den Signalgeber nachteilig sind.
- Schließlich kann der besser informierte Vertragspartner seine Qualität durch die ***Wahl eines Vertrages*** der ihm von der anderen Vertragspartei im Menü angebotenen Verträge offenbaren. Im Gegensatz zu den übrigen Formen des Signaling geht hier die Initiative zur Trennung der informierten Vertragsparteien vom schlechter informierten Vertragspartner aus, der das Vertragsmenü gestaltet. Als Beispiel kann man sich ein Vertragsmenü mit verschieden hohen offerierten Kreditvolumina vorstellen, von denen der Kreditwürdige das kleinere Volumen mit einem vergleichsweise niedrigeren Zinssatz wählt, während der nicht kreditwürdige Kreditnehmer die Alternative mit dem höchsten Kreditvolumen und dem höheren Zinssatz wählt, weil er gar nicht ernsthaft an die Rückzahlung des Kredits denkt. In der Literatur hat es sich jedoch eingebürgert, einen Abbau vorvertraglicher Informationsasymmetrien, soweit er von dem schlechter informierten Vertragspartner ausgeht, als Screening zu

[5] Vgl. FRANKE / HAX (2004), S. 424.

bezeichnen.[6] Als Signaling-Modelle werden dagegen im engeren Sinne nur diejenigen Signalisierungsmechanismen angesehen, in denen die besser informierte Vertragsseite die Initiative zum Abbau der Informationsasymmetrie ergreift.

Wenn aus dem Verhalten der Vertragspartner im Gleichgewicht eindeutig auf ihre jeweilige Qualität bzw. ihren Typ geschlossen werden kann, nennt man das Gleichgewicht ***separierend.*** Ob dabei die Separation über einen Signaling- oder einen Screening-Mechanismus erfolgt, ist für die Gleichgewichtsbedingungen unerheblich. Im hier betrachteten Beispiel wird angenommen, dass gute Kreditnehmer sich zu einem Preis $c(GKR)$ – als Bruchteil des Kreditbetrages – dem Markt als besonders kreditwürdig präsentieren können, während gleiches für schlechte Kreditnehmer nur zu einem Preis $c(SKR) > c(GKR)$ möglich ist.[7]

Ein separierendes Gleichgewicht, in dem die Finanzierungskonditionen Qualitätsunterschiede der Kreditnehmer reflektieren, stellt sich ein, wenn die beiden folgenden Gleichgewichtsbedingungen (2) und (3) erfüllt sind:

(2) $$c(GKR) < z(SKR) - i$$

(3) $$c(SKR) > p(z(SKR) - i).$$

Bedingung (2) besagt dabei, dass die Kosten, die einem guten Kreditnehmer durch die Signalisierung seiner besonderen Qualität entstehen, den Zinsvorteil, der ihm aus seinen Signaling-Aktivitäten entsteht, nicht überschreiten dürfen. Der Zinsvorteil ist gegeben durch die Differenz aus $z(SKR)$, dem Zinssatz, den der Kreditnehmer zahlen müsste, würde er auf ein Signaling verzichten und von der Bank daher für Typ *SKR* gehalten, und aus i, dem risikolosen Zinssatz, den die Bank dem Kreditnehmer abverlangt, sobald sie seine besondere Qualität erkennt. Bedingung (3) stellt gleichzeitig sicher, dass die Kosten, die einem schlechten Kreditnehmer durch die Vortäuschung einer guten Qualität entstünden, den durch eine solche Vortäuschung erlangbaren Zinsvorteil übersteigen. Dieser Zinsvorteil ergibt sich wiederum aus der Differenz zwischen $z(SKR)$ und i, der hier noch mit p, der Wahrscheinlichkeit, dass der schlechte Kreditnehmer überhaupt in der Lage ist, die vereinbarten Zins- und Tilgungsbeträge zu leisten, gewichtet werden muss. Mit einer Wahrscheinlichkeit von $(1-p)$ zahlen schlechte Kreditnehmer nämlich unabhängig von potentiellen Signalisierungsaktivitäten ohnehin keine Zinsen.

---

[6] Die Pioniere dieser Forschungsrichtung sind JOSEPH STIGLITZ und MICHAEL SPENCE, die gemeinsam mit GEORGE AKERLOF für ihre Ergebnisse im Jahre 2001 mit dem Nobelpreis ausgezeichnet wurden.

[7] Die Annahme $c(SKR) > c(GKR)$ erweist sich bei näherer Betrachtung der im Folgenden dargestellten Gleichgewichtsbedingungen aber als nicht notwendig.

Grundsätzlich ist es denkbar, dass für gegebene Parameterwerte sowohl ein stabiles separierendes Gleichgewicht als auch ein stabiles gepooltes Gleichgewicht existiert. Ein Poolinggleichgewicht ergibt sich, wenn zusätzlich zu den beiden oben genannten Gleichgewichtsbedingungen die folgende Bedingung (4) gilt:

(4) $$c(GKR) > z - i$$

Dann nämlich ist es für einen guten Kreditnehmer, der sich in einem Marktgleichgewicht mit einem von allen Kreditnehmern einheitlich geforderten Zinssatz z wiederfindet, nicht vorteilhaft, dieses ***Poolinggleichgewicht*** in ein ***separierendes Gleichgewicht*** zu überführen. Die dabei anfallenden Kosten würden den ihm entstehenden Zinsvorteil übersteigen. Ob sich in einem solchen Fall, in dem beide Gleichgewichte stabil sind, am Markt ein separierendes oder ein Poolinggleichgewicht einstellt, bleibt unbestimmt.

Die genannten Modellparameter, die – außer in dem eben dargestellten Ausnahmefall – eindeutig bestimmen, was für ein Gleichgewicht sich am Markt einstellt, müssen im Zeitablauf nicht stabil bleiben. Als Beispiel für eine zeitliche Instabilität kann der Fortschritt in der Screening-Technologie in Form der Bonitätsanalyse von Unternehmen angeführt werden. Da die Kreditinstitute in der Vergangenheit keine sachgerechte Trennung von bonitätsmäßig unterschiedlichen Unternehmen als Kreditnehmer vornehmen konnten, erfolgte die Preisstellung mehr oder weniger einheitlich nach der durchschnittlichen Kreditnehmerqualität. Dies führte letztendlich, da die unter Risikogesichtspunkten guten Kreditnehmer an die Anleihemärkte mit einer stärkeren Differenzierung der Konditionen ausweichen konnten, zu einer Qualitätsverschlechterung der Kreditportefeuilles der Banken.

Im Zuge der Etablierung ***externer*** und ***interner Ratings*** für Kredite werden nun zunehmend differenzierte Risikoprämien in den Zinssätzen verrechnet (separierendes Gleichgewicht), so dass eine adverse Selektion in der Zukunft verhindert werden kann. In Kapitel 10 wird im Rahmen der Behandlung der Fremdfinanzierung der Unternehmen und der Ratingtechnik dieser Sachverhalt weiter ausgeleuchtet. Dabei wird auch nochmals gefragt, welche Maßnahmen in der Praxis als ***glaubwürdige Trennsignale*** für verschiedene Gruppen von Kreditnehmern in Frage kommen. Hier bestehen vielfältige Möglichkeiten, von denen einige bereits angedeutet worden sind. Bei privaten Kreditnehmern können so insbesondere wertvolles Eigentum, ein fester Arbeitsplatz und eine gute Einbindung in ein soziales Gefüge als Trennungsmerkmal gewertet werden, weil solche Charakteristika ein mögliches „Untertauchen" des Kreditnehmers, um sich seinen Verpflichtungen zu entziehen, sehr unattraktiv machen. Unternehmen können sich dagegen durch das Einhalten bestimmter Bilanzrelationen von ihren schwächeren Konkurrenten absetzen, wenn man davon ausgehen kann, dass es für gute bzw. gut geführte Unternehmen leichter ist, bestimmte Bilanzrelationen einzuhalten als für schlechter geführte oder positionierte Unternehmen. Viele weitere in der Kreditwürdigkeitsprüfung oder im Ratingprozess verarbeitete Informationen sollen die Trennbarkeit von Kreditnehmergruppen auf ähnliche Weise bewerkstelligen.

6.1.3 Unsicherheit über den Wert junger Aktien

Manager werden eingestellt, damit sie einerseits ihr spezielles Know-how und ihre Führungsqualitäten in das Unternehmen einbringen können und andererseits ihre Arbeitskraft möglichst umfassend dem Unternehmen zur Verfügung stellen. Diese Aufgabenzuordnung führt dazu, dass die Manager über das Geschehen im Unternehmen wesentlich besser informiert sind als Außenstehende. Zu diesen Außenstehenden zählen auch die Aktionäre als Eigentümer des Unternehmens. Aus der Trennung von Eigentum und Entscheidungsbefugnis folgt eine Qualitätsunsicherheit über die wirtschaftliche Lage des Unternehmens für die schlechter informierten Aktionäre als Outsider:

- ***Manager*** haben als ***Unternehmensinsider*** und ihrer damit verbundenen Einbindung in das operative Geschäft einen besseren Informationsstand z. B. über die Marktreife von Produktprototypen oder die Gewinnerwartungen des laufenden Jahres. Diese Informationen sind bewertungsrelevant, jedoch aufgrund des Informationsdefizits der Investoren noch nicht oder nicht vollständig in den Marktwert des Unternehmens eingeflossen (Hidden Characteristics).[8]
- Eine direkte ***Kommunikation*** dieser ***Insiderinformation der Manager*** nach außen ist in vielen Fällen nicht möglich, da sie unbelegt nicht glaubwürdig sein wird und, sofern sie doch durch Fakten belegt werden würde, beispielsweise Wettbewerber auf den Plan rufen kann und damit den Wert der Information vernichten kann. Viele für die Bewertung von Unternehmen nützliche Informationen sind kaum oder gar nicht quantifizierbar oder glaubwürdig vermittelbar.

Wie im Beispiel des Kreditmarktes setzen auch Signaling-Modelle zur Kapitalmarktfinanzierung bei Qualitätsunsicherheit an dieser Schwierigkeit der direkten Kapitalmarktkommunikation an. Es wird unterstellt, dass Manager, die als Insider private Informationen über die wirtschaftliche Lage des Unternehmens oder seine Investitionsmöglichkeiten besitzen, durch bestimmte (Finanzierungs-) Entscheidungen diese Informationen dem Kapitalmarkt indirekt zukommen lassen können. Die Investoren am Kapitalmarkt interpretieren

---

[8] Das neoklassische Modell geht davon aus, dass der Markt die Verteilungsfunktion der zukünftigen Cashflows des Unternehmens objektiv kennt. Ist diese Annahme aber nicht erfüllt, d. h. kennt der Markt diesen Zahlungsstrom in Wirklichkeit nicht, sondern geht von einer bestimmten Verteilungsannahme für diesen Zahlungsstrom aus, dann kann es sein, dass diese Annahme von der Kapitalstruktur des Unternehmens abhängig ist.

dann diese Entscheidungen als Signal für den „wahren" Unternehmenswert und werden im Rahmen der Informationsverarbeitung die neuen Informationen in den Aktienkurs der Unternehmung einfließen lassen. Funktioniert dieser Mechanismus, dann besteht für ein Unternehmen, dessen Manager die Aktien für unterbewertet halten, ein Anreiz, durch geeignete Signale die Einschätzung der Unterbewertung an den Markt zu kommunizieren. Wenn darüber hinaus diese Signale mit Kosten verbunden sind, so dass sie sich nur für die „guten" Unternehmen lohnen, dann können sie zu einem separierenden Gleichgewicht auf dem Aktienmarkt mit jeweils fairer Bewertung für Unternehmen unterschiedlicher Qualität führen.

Wegweisende formale Analysen finanzwirtschaftlicher Signaling-Aktivitäten stellen die Arbeiten von ROSS (1977) sowie MILLER und ROCK (1985) dar. Die beiden ersteren Arbeiten beschäftigen sich mit der Dividendenpolitik der Unternehmen. Sie zeigen, dass bei einem Informationsvorsprung der Manager über den „wahren" Unternehmenswert bzw. die zukünftigen Unternehmensgewinne die Irrelevanz der Ausschüttungsentscheidungen von Unternehmen für das Vermögen der Aktionäre nicht mehr gilt. Stattdessen können Dividendenentscheidungen als glaubwürdige Signale ertragsstarker Unternehmen zur Überwindung von Fehlbewertungen und einer Sicherstellung optimaler Investitionsmöglichkeiten dienen.

MYERS und MAJLUF (1984) befassen sich mit der Emission junger Aktien und zeigen, dass im Allgemeinen dieser Vorgang als schlechte Nachricht gewertet werden muss. Damit liefern sie auf der Basis der vorausgegangenen Überlegung eine konsistente formale Begründung für die in der Praxis häufig zu beobachtenden negativen Kursreaktionen auf Ankündigungen von Kapitalerhöhungen. Sie zeigen anhand ihres Modells, dass die neuen Aktionäre den Anreiz besser informierter Manager, nur überbewertete Aktien zu emittieren, antizipieren. Die Ankündigung eines solchen Vorhabens veranlasst sie zu einer Korrektur ihrer Einschätzungen über den Wert des Unternehmens nach unten. In dem Moment, indem es „guten" Unternehmen nicht gelingt, ihren Typus ex ante zu kommunizieren, werden diese von einer Außenfinanzierung aus Angst eines jetzt ungerechtfertigten Preisabschlages absehen und der Markt für Eigenkapitalerhöhungen droht zusammenzubrechen.

Aufbauend auf diesen Erkenntnissen formuliert MYERS (1984) die ***Hackordnungshypothese (Pecking Order Theory)***, wonach Manager ein Interesse haben, Finanztransaktionen mit möglichst geringer Kapitalmarktwirkung durchzuführen, um sich vor deren negativen Reaktionen zu schützen. Demnach würde immer eine Innen- einer Außenfinanzierung vorgezogen, und für den Fall, dass die internen Mittel zur Durchführung der (kapitalwertpositiven) Investitionsprojekte nicht ausreichen, würden (relativ) risikolose Fremdkapitaltitel aufgrund ihrer geringeren Informationssensitivität vor den (relativ) riskanten Eigenkapitaltiteln emittiert.

6.1.4 Qualitätsunsicherheit der Konkurrenten und Kunden

Nachfolgende Überlegungen stellen insbesondere auf **Brancheneffekte** der Kapitalstruktur ab und sollen deutlich machen, dass auch die Finanzstruktur, neben den klassischen Marktinstrumenten Preis, Menge, Forschung und Entwicklung als strategische Variable der Unternehmensleitung betrachtet werden kann. Dabei wird wieder davon ausgegangen, dass das Management eines Unternehmens über die eigene Geschäftsstrategie sowie die Stärken und Schwächen des eigenen Unternehmens besser informiert ist als die Konkurrenz. In diesem Fall kann es sinnvoll sein, den anderen Unternehmen Anhaltspunkte für die eigene Geschäftsstrategie zu signalisieren, um teure Machtkämpfe oder Fehleinschätzungen des Unternehmensverhaltens zu vermeiden. Beispielsweise könnte man signalisieren, dass sich das Unternehmen aus einem bestimmten Absatzbereich in keinem Fall zurückziehen wird. Die Ankündigung einer solchen Strategie muss aber nicht unbedingt glaubwürdig sein. Daher werden finanzpolitische Maßnahmen als Signale benutzt, mit deren Hilfe man am Markt den Konkurrenten glaubwürdige Signale übermitteln kann.

Beispielsweise kann ein ***Unternehmen an einem Oligopolmarkt*** durch einen vergleichsweise ***hohen Verschuldungsgrad*** signalisieren, dass es eine besonders ***aggressive Marktpolitik*** – hoher Output und niedrige Preise – verfolgen wird. Das Unternehmen hat sich nämlich wegen des sichtbar hohen Verschuldungsgrades unter den Druck gestellt, einen hohen Cashflow generieren zu müssen. Dazu passt, dass man auf Oligopolmärkten mit wenigen großen Anbietern häufig feststellen kann, dass die Unternehmen dazu tendieren, mit einem höheren Fremdkapitalanteil zu arbeiten als monopolistische Unternehmen oder Unternehmen an freien Konkurrenzmärkten. Umgekehrt wird beobachtet, dass mit zunehmender Anzahl der Konkurrenten am Markt eine Abnahme des Verschuldungsgrades der Gesellschaften einhergeht.[9]

Eine weitere Art der Informationsübermittlung durch finanzpolitische Maßnahmen zur Verminderung von Qualitätsunsicherheit kann gegenüber den Kunden eines Unternehmens angezeigt sein, denen mit einem niedrigen Verschuldungsgrad eine ausgeprägte und ***langfristige Servicebereitschaft*** für die verkauften Produkte signalisiert werden. Ein vergleichsweise niedriger Verschuldungsgrad kann zwar für die Anteilseigner zunächst nachteilig erscheinen, für die Kunden des Unternehmens aber wegen der niedrigen Insolvenzgefahr attraktiv, so dass sie die niedrige Insolvenzwahrscheinlichkeit mit einem hohen Preis der Produkte „belohnen“. Dies kann dann trotz des vergleichsweise ungünstigen Verschuldungsgrades netto zu einer Werterhöhung des Unternehmens beitragen.

---

[9] Vgl. NEUBERGER (1989), SCHUHMACHER (2002).

6.2 Finanzierungsprobleme bei Verhaltensunsicherheit

6.2.1 Verhaltensunsicherheit als nachvertragliche Unsicherheit

Der Begriff ***Moral Hazard*** entstammt der Versicherungspraxis. Dort bezeichnet Moral Hazard das zusätzliche Schadensrisiko, das einer Versicherung dadurch entsteht, dass der Versicherte nach Abschluss eines Versicherungsvertrages in seiner Sorgfalt im Umgang mit dem versicherten Gegenstand nachlässt und dadurch das Schadensrisiko ex post erhöht. So kann das Sicherheitsverhalten eines gut versicherten Autofahrers nachlassen, weil er für seine Schäden nicht mehr selbst aufkommen muss. Das Problem für die Versicherung besteht darin, dass sie im Einzelfall nicht kontrollieren kann, wie sich der Versicherte nach Abschluss des Vertrages verhält (nachvertragliche asymmetrische Informationsverteilung) und ob tatsächlich eine nachlassende Sorgfalt vorliegt.

Für die Diskussion ist es im Übrigen zweckmäßig, den Fall der nachvertraglichen von dem der vorvertraglichen Unsicherheit zu trennen, obwohl beide Fälle in der Realität vermutlich häufig zusammen auftreten. Versicherungsnehmer unterscheiden sich in ihrem Risikoverhalten bereits vor Vertragsabschluss (Qualitätsunsicherheit). Betrachtet wird nun aber nur die mögliche Änderung des Verhaltens nach Vertragsabschluss.

Eine vergleichbare Verhaltenproblematik wie im Versicherungsbereich kann man auch im Finanzbereich feststellen. Dabei können alle erwähnten Prinzipal-Agent-Beziehungen zwischen Eigentümern und Managern, Gläubigern und Schuldnern sowie Minderheits- und Mehrheitsaktionären im Fokus stehen, wobei sich die Änderung des Verhaltens aber nicht auf die Sorgfalt im Umgang mit Sachen bezieht.[10] Vielmehr wird vom Agenten nach Vertragsabschluss eine Aktion bevorzugt, die für den Prinzipal eher nachteilig ist. Der Agent A wählt eine Handlung, deren finanzielles Ergebnis auf das Vermögen des Prinzipals einwirkt, und verfolgt dabei die Maximierung seines eigenen Nutzens unabhängig davon, ob dies auch zu einem Nutzenmaximum des Prinzipals führt.

Während die Versicherungspraxis das Verhalten des Versicherungsnehmers dadurch zu beeinflussen sucht, dass eine anteilige Übernahme des Schadens durch den Versicherungsnehmer vereinbart wird (Selbstbehalt), erfolgt die Beeinflussung in der Unternehmensfinanzierung ***ex ante*** insbesondere durch ***Anreizverträge*** (vertraglich vereinbarte Anreizinstrumente) und ***ex post*** durch geeignete ***Kontrollinstrumente*** (z. B. durch formale Rechnungslegungen oder Berichte). Im folgenden Abschnitt werden neben den aus einer

---

[10] Als wegweisende Arbeit gilt die von JENSEN / MECKLING (1976), in der die Gefahr der Verhaltensunsicherheit in der Manager-Eigentümer-Beziehung sowie der Gläubiger-Schuldner-Beziehung untersucht wird (vgl. Abschnitt 6.2.4).

nachvertraglichen asymmetrischen Informationsverteilung resultierenden Finanzierungsproblemen auch einige finanzwirtschaftliche Möglichkeiten der Verhaltensbeeinflussung vorgestellt.

6.2.2 Unsicherheit über das Verhalten von Kreditnehmern

(1) Risikoumverteilung zu Lasten der Unternehmensgläubiger

Interessenkonflikte zwischen den Eigen- und Fremdkapitalgebern können beispielsweise dann bedeutsam werden, wenn eine hohe Verschuldung für die Eigentümer eines Unternehmens einen Anreiz zur Durchführung stark risikobehafteter Investitionsprojekte gibt (Risk Shifting). Die Optionsdarstellung der Eigenkapitalposition in Kapitel 3.3 hat gezeigt, dass der Wert der Eigenkapitalposition an einer Gesellschaft mit Haftungsbeschränkung (AG, GmbH) c. p. mit dem Risiko steigt. Mögliche hohe positive Ergebnisse kommen nämlich den Eigenkapitalgebern zugute, während Fehlschläge der Investition und somit Verluste schnell auf die Fremdkapitalposition durchschlagen, so dass also eine Risikoumverteilung erfolgt.[11] Es kann demzufolge ein Anreiz für Unternehmensmanager bestehen, risikobehaftete Investitionen zum Vorteil ihrer Eigentümer durchzuführen, ohne dass es sich um kapitalwertpositive Projekte handelt.

Die Möglichkeit von ***Reichtumsverschiebungen*** sei am Beispiel des Interessengegensatzes zwischen Gläubiger und Eigentümer ***bei Investitionsentscheidungen*** gezeigt, wodurch die Besserstellung der Eigentümer bewirkt wird. Instrumente zur Beseitigung oder Verminderung der Delegationsprobleme liegen nicht ohne weiteres auf der Hand. Daher können die ausführlicheren Beispiele auch Anlass geben, nach speziellen Lösungen zu suchen. Zur Vereinfachung und zur Isolierung der nachfolgenden Überlegungen gelte, dass keine Steuern und keine Konkurskosten zu berücksichtigen sind. Es wird aber risikobehaftetes Fremdkapital unterstellt. Die Manager handeln ausschließlich im Interesse der Aktionäre, so dass keine möglichen Interessengegensätze zwischen dem Management und den Eigentümern berücksichtigt werden müssen.

Ein relativ hoch verschuldetes Unternehmen hat in $t = 0$ Verbindlichkeiten, die in $t = 1$ mit einem Betrag von 660 zu verzinsen und vollständig zu tilgen sind. Der Marktzinssatz beträgt 10 %. In $t = 1$ wird das Unternehmen über einen Zahlungsmittelbestand ZM (sichere Anlage) in Höhe von 55 verfügen.

---

[11] Das Problem kann natürlich nur entstehen, wenn nicht alle Marktteilnehmer dasselbe Portefeuille (Marktportefeuille) halten, in dem alle Eigen- und Fremdkapitaltitel entsprechend ihren Marktwertanteilen enthalten sind, und daher eine vollkommene Interessenharmonie besteht. Es kann auch nur dann entstehen, wenn das Verhalten des Agenten nicht beobachtet werden kann bzw. nicht von Dritten verifizierbar ist.

Das sonstige Vermögen AV des Unternehmen wird mit 20 % Wahrscheinlichkeit den Wert 1100 annehmen und mit der Gegenwahrscheinlichkeit von 80 % den Wert null. Die in Marktwerten angeschriebene Bilanz des Unternehmens in $t = 1$ (vor Feststellung des Umweltzustandes) lässt sich dann wie folgt darstellen:

Marktwertebilanz in $t = 1$ (Fremdkapitalanspruch 660)

ZM	55	176	FK
AV	220	99	EK
	275	275	

Der Wert des Fremdkapitals in $t = 1$ ergibt sich aus

$$FK = 660 \cdot 0{,}2 + 55 \cdot 0{,}8 = 176,$$

da der Anspruch der Gläubiger in $t = 1$ gerade 660 beträgt. Dieser Betrag wird bei Eintritt des günstigen Umweltzustandes ganz an die Gläubiger abgeführt. Bei Eintritt des ungünstigen Umweltzustandes haben die Gläubiger nur den Zugriff auf den noch vorhandenen sicheren Zahlungsmittelbetrag $ZM = 55$.

Bei einem Marktzinssatz von 10 % zeigt die Marktwertebilanz des Unternehmens in $t = 0$ folgendes Bild:

Marktwertebilanz in $t = 0$

ZM	50	160	FK
AV	200	90	EK
	250	250	

Die in der Marktwertebilanz in $t = 0$ notierten Beträge resultieren aus der Marktwertebilanz in $t = 1$ dadurch, dass alle Werte mit dem Marktzins auf

$t = 0$ abgezinst werden. Die Möglichkeit dazu resultiert aus der Annahme eines risikoneutralen Kapitalmarktes.

Dem Unternehmen bietet sich nun in $t = 0$ noch die folgende Investitionsgelegenheit, wobei die für den Erfolg relevanten Umweltzustände mit jenen identisch sein sollen, die für die Beschreibung der Entwicklung des AV verwendet wurden.

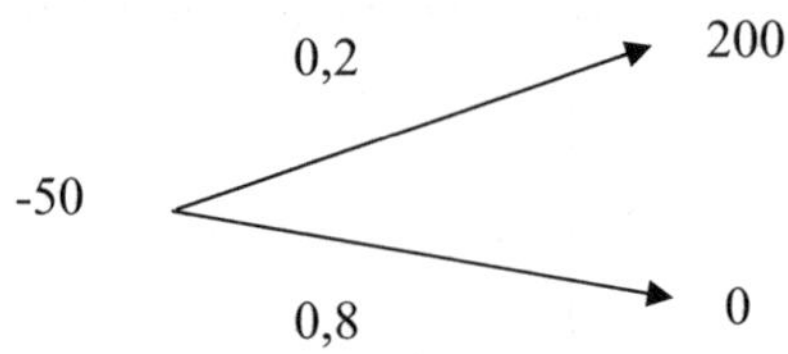

Der ***Erwartungswert des Kapitalwertes*** dieser Investition ist wegen

$$-50 + \frac{0{,}2 \cdot 200}{1{,}1} = -13{,}64 < 0$$

negativ, so dass nach der Kapitalwertregel keine positive Investitionsentscheidung erfolgen sollte. Dennoch erscheint die Investition für die Anteilseigner des Unternehmens in dieser Situation vorteilhaft. Die Bilanz der Marktwerte in $t = 1$ zeigt nämlich bei Vornahme der Investition folgendes Bild:

Marktwertebilanz in $t = 1$

I	40	132	FK
AV	220	128	EK
	260	260	

Die nach dem Kapitalwertkriterium unvorteilhafte Investition führt zu einer Umverteilung der Risiken zu Lasten der Gläubiger, die mit einer Steigerung des Marktwertes des Eigenkapitals verbunden ist, so dass das Investitionsprojekt im Interesse der Anteilseigner also durchzuführen wäre.

(2) Das Unterinvestitionsproblem

Wie MYERS (1977) gezeigt hat, kann für die Eigentümer einer verschuldeten Gesellschaft (Debt Overhang) auch ein Anreiz bestehen, eine nach dem Kapitalwertkriterium vorteilhafte Investitionen nicht durchzuführen, weil damit nur die Qualität der Gläubigerposition, nicht aber ihre eigene Position verbessert würde. „The firm financed with risky debt will, in some states of nature, pass up valuable investment opportunities – opportunities which could make a positive net contribution to the market value of the firm.“[12] Dieses so entstehende Unterinvestitionsproblem für vergleichsweise risikoarme Investitionen ist besonders ausgeprägt in Unternehmen, deren Marktwert hauptsächlich von zukünftigen Wachstumschancen abhängt und damit noch keine reale Haftungsgrundlage für die Fremdkapitalgeber bildet. Mit einer neuen, wenig risikobehafteten Realinvestition würde es zu einer Reichtumsverschiebung zu Gunsten der Gläubiger und damit zu Lasten der Eigentümer kommen, die die Möglichkeit haben, einen Marktwertverlust ihrer eigenen Position durch Unterlassen des Investitionsprojektes zu vermeiden.

(3) Einige Schlussfolgerungen für die Finanzpolitik

Aus dem ersten Beispiel – und seiner Umkehrung im Fall weniger risikobehafteter Investitionen im zweiten Beispiel – lassen sich einige Schlussfolgerungen für die Finanzierungspolitik verschuldeter Unternehmen ziehen:

1. Die ***begrenzt haftenden Anteilseigner verschuldeter Unternehmen*** können auch dann von steigenden Unternehmensrisiken profitieren, wenn diese nicht mit erwarteten Ertragssteigerungen verbunden sind. Maßgeblich hierfür sind die asymmetrische Verteilung der Gewinne und Verluste auf die Gläubiger und Eigentümer sowie die Haftungsbeschränkung der Eigentümer. Wenn das Unternehmen floriert, werden den Gläubigern nur die ihnen zustehenden Ansprüche ausbezahlt, während die Gewinne uneingeschränkt den Eigentümern zufallen. Wenn das Unternehmen dagegen hohe Verluste erleidet, müssen auch die Gläubiger einen Teil davon tragen. Den Extremfall stellt ein Unternehmen ganz ohne Eigenkapital dar – das Eigenkapital wurde beispielsweise durch vorausgegangene Verluste ganz aufgezehrt. Jedes neue Investitionsprojekt bringt in diesem Fall für die Anteilseigner ausschließlich Chancen und keine Risiken, weil sie bereits ihren Kapitaleinsatz ganz verloren haben und daher wegen ihrer beschränkten Haftung nicht noch mehr verlieren können (Gamble for Resurrection).

2. Manager, die im Interesse der Aktionäre ihrer Gesellschaft handeln, begünstigen die Durchführung riskanter Investitionen. Sie realisieren gegebenenfalls sogar riskante ***Projekte mit negativem Kapitalwert***, wenn der ***Umver-***

---

[12] Vgl. MYERS (1977), S. 149.

teilungseffekt zugunsten der Aktionäre den Kapitalwertverlust überkompensiert.

3. Wenig riskante Investitionen werden dagegen gemieden. Es werden gegebenenfalls sogar Projekte mit positivem Kapitalwert nicht durchgeführt, wenn sie einen geringen Risikogehalt aufweisen oder ihre ***diversifizierende Wirkung*** zu einer ***Reichtumsverschiebung*** zu Gunsten der Gläubiger und damit zu Lasten der Eigentümer führen würde.

4. Da der Marktwert des Unternehmens von der Investitionspolitik abhängt und die Investitionspolitik ihrerseits von der Kapitalstruktur des Unternehmens, hängt auch der Marktwert des Unternehmens von seiner Kapitalstruktur ab. Das ***MODIGLIANI-MILLER-Theorem verliert*** also – über die Veränderbarkeit der Investitionspolitik – seine ***Gültigkeit***.

5. Die Gläubiger werden vermutlich den diskutierten Effekt antizipieren und versuchen, sich dagegen zu schützen. Das gibt Anlass zu vielfältigen finanzwirtschaftlichen ***Institutionen*** zum Schutz der Kapitalgeber wie beispielsweise Ausschüttungsbegrenzungen oder Kreditsicherheiten.[13] Ausschüttungsbegrenzungen sind insbesondere in Kreditverträgen in den angelsächsischen Ländern zu beobachten, während in Deutschland Ausschüttungsbegrenzungen weitgehend gesetzlich verankert sind. Dafür werden häufig Kreditsicherungsvereinbarungen getroffen.

6. Branchen, in denen wie bei öffentlichen ***Versorgungsunternehmen***, bei ***Kreditinstituten*** und bei anderen ***Unternehmen in reifen Branchen*** mit geringem Wachstum das „Asset Substitution Problem" weniger ausgeprägt ist und deren Unternehmenswert weniger von zukünftigen Investitionen (Growth Opportunities) abhängt, müssten dementsprechend c. p. einen ***höheren Verschuldungsgrad*** aufweisen. Das Risiko von Reichtumsverschiebungen und die daraus erwachsenden Kosten sind im Zweifel bei wachsenden Unternehmen größer, weil hier ein größerer Spielraum bei der Festlegung der Investitionspolitik besteht.

6.2.3 Unsicherheit über das Verhalten von Managern

Bislang wurden alle Beispiele für vor- und nachvertragliche Unsicherheit aus dem Beziehungsgeflecht der Kapitalgeber und Kapitalnehmer gewählt, wobei diese auch durch ihre Manager vertreten werden konnten, die ausschließlich im Interesse der Prinzipale handelten. Diese Interessensharmonie muss aber in dieser Form nicht bestehen. Die Beziehungen zwischen den Eigentümern und den Managern eines Unternehmens stehen unter der Zielsetzung, dass die Eigentümer als Prinzipale die Manager als Agenten beauftragen, das Unternehmen zu führen und den Wert des Unternehmens für die Eigentümer zu

---

[13] Vgl. SMITH / WARNER (1979), RUDOLPH (1984a) sowie neuerdings BIGUS / LANGER / SCHIERECK (2005).

erhöhen. Beide Parteien werden in dieser Beziehung dabei ihren jeweiligen komparativen Vorteil ausnutzen. Die Eigentümer verfügen über das notwendige Kapital und die Bereitschaft, unternehmerische Risiken zu tragen, jedoch nicht notwendigerweise auch über das unternehmerische Know-how. Demgegenüber besitzen Manager die besonderen Qualifikationen zur Wahrnehmung der Exekutivfunktionen, in der Regel aber nicht das zur Durchführung der Investitionen erforderliche Kapital.

Trotz der Vorteile der Arbeitsteilung besteht für die Eigentümer das Risiko, dass die Manager nicht immer alles in ihrer Macht stehende unternehmen, um den Unternehmenswert für die Anteilseigner zu erhöhen. ***Interessendivergenzen*** zwischen den Eigentümern und Managern eines Unternehmens entstehen im Wesentlichen deshalb, weil die Manager nicht Volleigentümer ihrer Gesellschaft sind, so dass sie zwar die mit dem Erfolg des Unternehmens verbundenen Kosten (Anstrengungen) voll tragen, ihnen aber die Erträge des Unternehmens nur teilweise und gegebenenfalls unabhängig von ihrem beruflichen Einsatz zufließen. Weil Manager darüber hinaus zumeist einen ***Informationsvorsprung*** gegenüber den außenstehenden und oft atomisierten Eigentümern haben, fällt ihnen automatisch ein teilweise beachtlicher Handlungsspielraum zu, der es ihnen ermöglicht, ihre Interessen entgegen den Zielsetzungen der Eigentümer zu verfolgen.

Im Folgenden werden vier typische Arten von Anreizproblemen zwischen den Managern und Aktionären unterschieden, die aus der Prinzipal-Agent-Beziehung zwischen Aktionären und Managern resultieren.

(1) Das Leistungsanreizproblem

Wenn Manager sich voll und ganz der Führung ihres Unternehmens widmen und damit persönlich ein erhebliches ***Arbeitsleid*** auf sich nehmen, so wird ihnen dennoch nur ein Bruchteil des erwirtschafteten Mehrwertes zufließen, weil sie nicht die Eigentümer des Unternehmens sind. Da die Anteilseigner die Führungsaufgabe und den Einsatz des Managements nicht voll überblicken können, besteht daher für die Manager ein Anreiz zur Senkung ihrer Leistung (***Minimal Effort***). Der mangelnde Leistungsanreiz kann sich auf die Sorgfalt bei der Auswahl und Umsetzung von Investitionsprojekten, aber auch auf die Aufgaben bei der Führung der Mitarbeiter beziehen. Zumindest teilweise werden die Aktionäre nicht in der Lage sein, die Leistungen der Manager zu kontrollieren.

In der Praxis kann man bei Managern kaum eine generelle Leistungsverweigerung feststellen. Es kommt aber häufig vor, dass sie ihre Energie und Zeit unternehmensfremden Aufgaben für andere Unternehmen (Aufsichtsrats- und Beiratstätigkeiten) oder allgemeingesellschaftlichen Institutionen (Clubs) widmen. Man kann dem Leistungsanreizproblem begegnen, indem man die

Manager am Ergebnis der Geschäftstätigkeit beteiligt und ihnen einen erheblichen ***Eigenkapitalanteil*** oder eine ***ergebnisabhängige Vergütung*** zukommen lässt. In diesem Fall internalisiert man die externen Effekte der Leistungsminderung wieder.

(2) Das Dienstverbrauchsproblem

Bei diesem Problem geht es darum, dass Manager ihre eigenen Ziele dadurch verfolgen, dass sie sich einen Teil der erwirtschafteten Erträge durch einen hohen ***Konsum am Arbeitplatz (Dienstverbrauch, Fringe Benefits, Perquisites, Perks)*** aneignen. Manager neigen auch in der Praxis zu einem erheblichen Verbrauch an Unternehmensressourcen für ihre persönlichen Ziele (Dienstreisen, Büroausstattung, Dienstwagen, karitative Betätigungen). Dieser Konsum an Ressourcen geht zu Lasten der Shareholder.

Da Prestige und Macht des Managements eng an die Größe des Unternehmens gekoppelt sind und Gehälter häufig stärker durch die Höhe der Bilanzsumme bzw. des Umsatzes beeinflusst werden als durch die Profitabilität des Unternehmens,[14] besteht für die Unternehmensleitung außerdem ein Anreiz, ihre Entscheidungen auf die Maximierung der Firmengröße abzustellen (***Empire Building***) und so eine Vernichtung wertvoller Unternehmensressourcen zu verursachen. “Managers have incentives to cause their firms to grow beyond the optimal size. Growth increases managers’ power by increasing the resources under their control”.[15]

Das Problem für die Eigentümer besteht grundsätzlich darin, Anreize für die Manager zu schaffen, dass diese ihre Arbeitskraft wirklich zur Erreichung der Ziele der Aktionäre einsetzen und ihren Dienstverbrauch möglichst in Grenzen halten. Da die Neigung des Managements zum Dienstverbrauch und zur Minimierung des Arbeitseinsatzes vermutlich umso ausgeprägter ist, je geringer die Kapitalbeteiligung an der Unternehmung ist, kann man über einen höheren Eigenkapitalanteil bzw. über ein Aktienoptionsprogramm den Anreiz für ein schädliches Verhalten vermindern. Je höher nämlich der Kapitalanteil des Managements am Unternehmen ist, umso mehr würde sich das Management selbst mit seiner Politik schädigen. Diese Möglichkeit wird aber an anderer Stelle besprochen.

Die Aktionäre könnten den Managern den Dienstverbrauch auch in Rechnung stellen. Wegen der angenommenen asymmetrischen Informationsverteilung und der umfassenden Entscheidungsbefugnisse des Managements können die Manager ihre Entscheidungen aber geheim halten (Hidden Action), so dass eine Disziplinierung zumindest nur teilweise gelingen wird.

---

[14] MURPHY (1985) legte erste empirische Belege für diese Hypothese vor.

[15] Vgl. JENSEN (1986), S. 323.

Eine andere Möglichkeit besteht darin, persönliche Ausgaben einem strengen Budgetierungssystem zu unterwerfen, das allerdings schnell demotivierend wirken kann. Eine eher indirekte Methode der Disziplinierung des Managements hinsichtlich der Begrenzung des Dienstverbrauchs könnte in der Vorgabe einer bestimmten Kapitalstruktur bestehen, nämlich einen möglichst geringen Eigenkapitalanteil, d. h. einen möglichst hohen Verschuldungsgrad vorzuschreiben.

JENSEN (1986) zeigt, dass das Konfliktpotential umso größer ist, je mehr finanziellen Spielraum (Free Cashflow) das Unternehmen für Investitionen hat. Es wäre für die Aktionäre besser, wenn das Management die über die verfügbaren attraktiven Investitionsprojekte hinausgehenden finanziellen Reserven ausschütten würde, anstatt die Mittel in zweifelhafte Vorhaben zu investieren. "Conflicts of interest between shareholders and managers over payout policies are especially severe when the organization generates substantial free cash flow. The problem is how to motivate managers to disgorge the cash rather than investing it at below the cost of capital or wasting it on organizational inefficiencies."[16]

Der Managerkonsum kann über die Vorgabe einer hohen (kurzfristigen) Verschuldung immer dann eng begrenzt werden, wenn die notwendige Rückzahlung der Kredite dem Management nur noch einen geringen Handlungsspielraum bei der „Konsumentnahme" aus seinem Unternehmen einräumt und das Management alle Anstrengungen unternehmen muss, die Rückzahlungsbeträge für das fällig werdende Fremdkapital in der vorgegebenen Zeit zu erwirtschaften. Umgekehrt gilt es zu bedenken, dass *ein **hoher Eigenkapitalanteil*** auch positive Auswirkungen hat. Die Karriere eines Managers ist in der Regel beendet, wenn das von ihm geführte Unternehmen ***insolvent*** wird. Die Wahrscheinlichkeit einer solchen Situation kann durch eine hohe Eigenkapitalquote vermindert werden, die zugleich die Bonität des Unternehmens steigert und somit dem Zugang zu Fremdkapital erleichtert.[17] Das Management kann auch aus anderen Gründen ein Interesse an einem hohen Eigenkapitalanteil haben, weil es beispielsweise die dadurch generierte ***finanzielle Unabhängigkeit*** benötigt, um Akquisitionen oder stark risikobehaftete Investitionen zu finanzieren. Umgekehrt begünstigt ein hoher Eigenkapitalanteil die Realisierung der Managerziele, weil das Eigenkapital als „Ruhekissen" für das Management wirken kann. Schlechte Ergebnisse können mit dem Hinweis auf eine allgemein schlechte wirtschaftliche Lage leicht entschuldigt werden.

Die verschiedenen Effekte eines hohen oder niedrigen Eigenkapitalanteils zeigen, dass man nicht ohne weiteres argumentieren kann, ein hoher oder niedriger Verschuldungsgrad sei wertsteigernd oder wertvernichtend. Die

---

[16] Vgl. JENSEN (1986), S. 324.

[17] Vgl. FRANKE (1993), Sp. 44 ff.

Vorteilhaftigkeit eines bestimmten Verschuldungsgrades hängt von den Optionen des Unternehmens im real- und finanzwirtschaftlichen Bereich ab – strategische Investitionen, Abhängigkeit von der Kapitalmarktsituation etc.

Als ***Empfehlung*** ergibt sich, in Unternehmen mit einem hohen Free Cashflow eine überdurchschnittlich hohe kurzfristige Verschuldung anzustreben.[18] Verbietet sich eine hohe Verschuldung oder erscheint aus anderen Gründen eine hohe Verschuldung unzweckmäßig (Akquisitionsstrategien, hohes Zinsänderungsrisiko etc.), dann ist die Anreizsteuerung über die Kapitalstruktur unzweckmäßig. Man wird die Manager in diesem Fall doch selbst am Eigenkapital des Unternehmens beteiligen müssen. Das kann über ein Aktienoptionsprogramm erfolgen. Im Extremfall erfolgt sogar ein Going Private in der Form eines Management Buy-Out (MBO).

(3) Das Risikopräferenzproblem

Aus der Portfoliotheorie ist bekannt, dass Diversifikation unsystematische Risiken vernichten kann. Manager können prinzipiell einen großen Teil ihres Vermögens, den man als Humankapital bezeichnet, nicht diversifizieren. Gerät ihr Unternehmen in finanzielle Schwierigkeiten, so wird das einen erheblich negativen Einfluss auf ihre Vermögensposition ausüben.

Manager werden daher eine geringe Risikotoleranz aufweisen und versuchen, eine risikoarme Geschäftspolitik durchzusetzen, auch wenn dies nicht im Interesse der Shareholder des Unternehmens liegt. Im Allgemeinen wird es für die Aktionäre nicht möglich sein, den Einfluss der besonderen Risikoeinstellung des Managements auf Investitionsentscheidungen zu identifizieren.

Die ***Manager*** werden eine Neigung ***zu Risikovermeidungsstrategien*** entwickeln:[19]

- Sie werden in Geschäftsfelder diversifizieren, die außerhalb der eigentlichen Kernkompetenzen liegen,
- sie werden bestehende Produktlinien ausbauen, anstatt Investitionen in risikoreichere, aber innovative Produkte mit hohem Marktpotential zu tätigen,
- sie werden den Verschuldungsgrad reduzieren und die damit verbundenen Steuervorteile aufgeben und
- sie werden auf die Ausschüttung von Dividenden verzichten und eine Reinvestition der Mittel in unterdurchschnittlich profitable Projekte bevorzugen.

Während die beiden bisher diskutierten Anreizprobleme mit einer umfassenden Beteiligung der Manager an dem Unternehmensergebnis gemildert werden können, ist im Fall des Risikopräferenzproblems eine vollständige Beteiligung der Manager am Ergebnis kontraproduktiv. Wegen der mangelnden

---

[18] Vgl. JENSEN (1986).

[19] Vgl. HOMMEL / PRITSCH (2001), S. 11.

Diversifizierbarkeit ihres Humankapitals werden sie ihre Risikotoleranz immer weiter senken, je stärker sie durch die mit dem Belohnungssystem verbundene Risikoübernahme von dem Unternehmensrisiko tangiert werden.

(4) Das Zeitpräferenzproblem

Die Ansprüche der Aktionäre erstrecken sich auf alle zukünftigen Einzahlungsüberschüsse, indessen erhalten die Manager jedoch im Regelfall nur während der Dauer ihrer Anstellung eine ergebnisabhängige Vergütung. In diesem Fall besteht die Gefahr, dass die Manager kurzfristige Strategien durchsetzen, die auf einen schnellen Ergebnisbeitrag abzielen, an den ihre ergebnisabhängigen Zahlungen geknüpft sind.

Empirisch wurde ein negativer Zusammenhang zwischen den Forschungs- und Entwicklungsaufwendungen und der verbleibenden Zeit bis zur Pensionsgrenze der verantwortlichen Manager nachgewiesen.

(5) Schlussfolgerungen für die Finanzpolitik der Unternehmen

Prinzipal-Agent-Probleme zwischen den Eigentümern eines Unternehmens und dem Management sind insbesondere bei börsennotierten Aktiengesellschaften von großer Bedeutung. Da die Informationsvorsprünge und Interessendivergenzen unterschiedliche Ausprägungen zeigen, ist es sinnvoll, diese separat zu betrachten, aber dann in ein Gesamtkonzept der Beziehungen einzubetten.

- Die Überwindung eines möglichen Arbeitsleids der Manager dürfte in der Praxis kein herausragendes Problem darstellen. Manager gelten als hochmotiviert und eher als „Workaholics". Wenn dem Management eine Mitbeteiligung oder ergebnisabhängige Vergütung gewährt wird, dann geht es eher darum, die Risikoaversion der Manager abzubauen, so dass eine für die Eigentümer des Unternehmens akzeptable Risikopolitik verfolgt wird.
- Die Frage der Eingrenzung des Dienstverbrauchs kann sehr wohl bedeutsam sein, wenn der Begriff breit definiert wird und darunter auch Spezialisierungen des Unternehmens auf die Vorlieben des Managements gemeint sind – Steckenpferdreiten, Empire Building etc. Eine Ausweitung der Verschuldung kann einem exzessiven Dienstverbrauch entgegenwirken.
- Der Informationsvorsprung des Managements ist ein wesentlicher Grund dafür, dass Führungsentscheidungen an professionelle Manager delegiert werden. Finanzwirtschaftliche Instrumente sollten diesen Informationsvorsprung akzeptieren und nicht konterkarieren.

6.2.4 Modellanalyse der Manager-Eigentümer-Beziehung

JENSEN und MECKLING setzen sich in ihrer Arbeit aus dem Jahr 1976 nacheinander mit zwei die Finanzierungsbedingungen eines Unternehmens beeinflussenden Verhaltensunsicherheitsproblemen auseinander: Ein erstes Modell beschäftigt sich mit dem aus Kapitel 6.2.3 bekannten Dienstverbrauchsproblem, welches aus der Unsicherheit der Unternehmenseigentümer über das Verhalten der Unternehmensmanager resultiert. In einem zweiten Modell wird die aus der Unsicherheit der Fremdkapitalgeber über das Verhalten der Kreditnehmer resultierende Gefahr der Risikoumverteilung zu Lasten der Unternehmensgläubiger thematisiert.

Da die in diesem zweiten Modell entwickelte Argumentation schon in Kapitel 6.2.2 erläutert wurde, werden sich die folgenden Ausführungen mit Ausnahme des sechsten Abschnittes ausschließlich mit dem ersten Modell beschäftigen. Bei diesem handelt es sich um ein statisches Moral-Hazard-Modell, in dem jedoch die Unmöglichkeit, den Agenten auf ein bestimmtes Verhalten festzulegen, nicht – wie in der formalen Prinzipal-Agent-Literatur allgemein üblich – mit dem stochastischen Charakter der beobachtbaren Outputgrößen begründet wird und auch anderweitig nicht expliziert wird. Die Darstellung des Modells geht aus von der „First-Best"-Situation eines 100 %ig im Eigentum seines Managers stehenden Unternehmens, von der dann auf die Betrachtung der Konsequenzen einer partiellen Finanzierung durch externe Eigenkapitalgeber übergegangen wird. Während die Unternehmensgröße zunächst als fix erachtet wird, wird später dem Manager auch die Entscheidung über das Investitionsniveau überlassen.

(1) Der Volleigentümer-Manager

Im Modell von JENSEN und MECKLING wird der im Eigentum des geschäftsführenden Managers stehende Unternehmensanteil durch $\alpha \varepsilon [0;1]$ beschrieben. Ein 100 %iger Eigentümer-Manager hält sämtliche Anteile eines von ihm geführten Unternehmens $(\alpha = 1)$. Da Eigentümer- und Managerfunktionen somit in einer einzigen Person vereint sind, können sich an dieser Stelle keine Agency-Probleme manifestieren. Der ***Fall des 100 %igen Eigentümer-Managers*** wird daher als ***Referenz*** zur Bestimmung der bei einer Abweichung von $\alpha = 1$ möglicherweise anfallenden Agency-Kosten herangezogen.

Mit der Unternehmensführungsaufgabe des Eigentümer-Managers verbunden ist die Entscheidung über die Höhe seines Dienstverbrauchs bzw. seines Konsums, die sog. ***Fringe Benefits*** *F*, in den Worten von JENSEN und MECKLING. Dass es, wenn ein Manager gleichzeitig 100 %iger Eigentümer des von ihm geführten Unternehmens ist, kein Dienstverbrauchsproblem im oben geschilderten Sinne geben kann, heißt nicht, dass es in einem solchen Fall zu keinerlei Dienstverbrauch kommt. Obwohl ein 100 %iger Eigentümer-

Manager die den Wert seines Unternehmens mindernden Kosten seines Fringe-Benefit-Konsums vollständig selbst zu tragen hat, ist es durchaus möglich, dass sein Nutzengewinn aus einem positiven Dienstverbrauch den mit diesen Kosten verbundenen Nutzenverlust übersteigt.

Abbildung 6.1 zeigt die möglichen Kombinationen von Unternehmenswert V und konsumierten Fringe Benefits F in Form der Budgetgeraden $V = V(I,F=0) - F$. $V(I,F=0)$ stellt den Unternehmenswert V dar, der unter der Annahme eines exogenen, d. h. durch den Manager nicht beeinflussbaren Investitionsniveaus I bei einem vollständigen Verzicht des Managers auf den Konsum von Fringe Benefits erreicht wird. Eine Erhöhung der konsumierten Fringe Benefits F um eine Einheit ist jeweils mit einem entsprechenden Rückgang des Unternehmenswertes V verbunden, die Steigung der Budgetgeraden beträgt also –1. Unter dieser Budgetbedingung maximiert der 100 %ige Eigentümer-Manager seinen Nutzen über V und F durch Wahl des positiven Dienstverbrauchniveaus F_{EM}^*, welches durch den Tangentialpunkt einer seiner Indifferenzkurven mit der Budgetgeraden gegebenen ist.

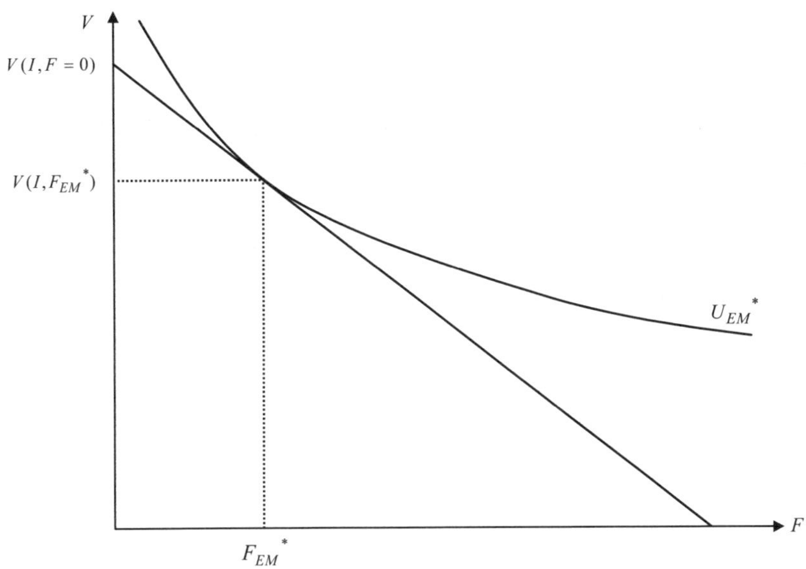

Abb. 6.1: Unternehmenswert im Fall des Volleigentümer-Managers

(2) Beteiligung externer naiver Eigenkapitalgeber

Wenn der Eigentümer-Manager eines Unternehmens nicht über das notwendige Kapital zur Verwirklichung seiner Investitionspläne verfügt, so kann er durch Verkauf einer Unternehmensbeteiligung von $(1-\alpha)$ nicht an der Unternehmensführung partizipierende, sog. „externe“ Eigenkapitalgeber an der Unternehmensfinanzierung beteiligen. Gleiches gilt, wenn er sein Vermögensportfolio, in dem sein Anspruch gegenüber dem von ihm geführten Unternehmen möglicherweise einen hohen Stellenwert einnimmt, stärker diversifizieren möchte.

Dass die in die Unternehmensfinanzierung einbezogenen externen Kapitalgeber nicht an der Unternehmensführung partizipieren, folglich der Manager die Führung des Unternehmens weiterhin vollständig kontrolliert, wird hier zunächst dadurch sichergestellt, dass mit den verkauften Eigenkapitaltiteln keinerlei Stimmrechte gewährt werden – unter Punkt (6) werden die externen Kapitalgeber zwar in gewissem Maße zu einem Eingriff in die Unternehmensführung des Managers berechtigt, ihr Eingriff ist dann jedoch mit Kosten verbunden.

Für den Eigentümer-Manager scheint eine Ausschaltung der externen Kapitalgeber aus der Unternehmensführung auf den ersten Blick deswegen interessant, da er so weiterhin ungehindert Fringe Benefits konsumieren kann, obwohl ein Teil der mit seinem Fringe-Benefit-Konsum verbundenen Kosten nun nicht mehr zu seinen eigenen Lasten, sondern zu Lasten der externen Kapitalgeber geht. Dienstverbrauchsaktivitäten des Managers lassen sich, da nicht von Dritten verifizierbar, nämlich oft auch dann nicht vertraglich beschränken, wenn sie für externe Kapitalgeber beobachtbar oder direkt aus dem Unternehmens-Cashflow ermittelbar sind. Ist dies nicht der Fall, ist eine vertragliche Regelung ohnehin nicht möglich. Und selbst in Fällen, in denen ein Verbot von Dienstverbrauchsaktivitäten per Vertrag durchaus umsetzbar wäre, wird häufig darauf verzichtet, um demotivierende Effekte einer zu strengen Budgetierung zu vermeiden.

Naive Kapitalmarktteilnehmer kaufen eine Unternehmensbeteiligung von $(1-\alpha)$ an einem zuvor 100 %ig im Eigentum des Eigentümer-Managers stehenden Unternehmen mit Blick auf dessen Wert vor der Transaktion zu einem Preis von $(1-\alpha)\,V(I,F_{EM}^{*})$. Sie berücksichtigen dabei nicht, dass sich für den Eigentümer-Manager durch den Verkauf der Unternehmensbeteiligung das Nutzenoptimierungskalkül über Unternehmenswert und Fringe Benefits ändert. Da der Eigentümer-Manager jetzt nur noch einen Teil α des durch den Konsum von Fringe Benefits verursachten Unternehmenswertverlustes trägt, beschreibt eine neue Gerade mit Steigung $-\alpha$ den monetären Trade-Off zwischen dem Wert des ihm verbliebenen Unternehmensanteils αV und dem Wert der von ihm konsumierten Fringe Benefits F. Die bekannte Budgetgerade wird von dieser neuen Trade-Off-Gerade im Punkt $\{V(I,F_{EM}^{*});\ F_{EM}^{*}\}$ geschnitten (Abbildung 6.2).

Würde der Eigentümer-Manager nämlich nach wie vor Fringe Benefits in Höhe von F_{EM}^* konsumieren, entspräche der Wert seines Vermögens nach der Transaktion, welches sich aus dem von externen Kapitalgebern gezahlten Kaufpreis $(1-\alpha)\,V(I,F_{EM}^*)$ und dem sich bei diesem Dienstverbrauch ergebenden Wert des in seinen Händen verbliebenen Unternehmensanteils $\alpha V(I,F_{EM}^*)$ zusammensetzen würde, seinem Vermögen vor der Transaktion, das ja durch $V(I,F_{EM}^*)$ gegebenen ist. Tatsächlich ist jedoch das Dienstverbrauchsniveau F_{EM}^* für den Eigentümer-Manager nach Verkauf der Unternehmensbeteiligung nicht mehr optimal. Er maximiert seinen Nutzen nun auf einem Dienstverbrauchsniveau $F_\alpha^{naiv*} > F_{EM}^*$, das durch den Tangentialpunkt $\{(1-\alpha)\,V(I,F_{EM}^*) + \alpha V(I,F_\alpha^{naiv*});\ F_\alpha^{naiv*}\}$ einer seiner Indifferenzkurven mit der neuen Trade-Off-Gerade gegeben ist. Der Unternehmenswert sinkt auf $V(I,F_\alpha^{naiv*})$, d. h. deutlich unter sein Niveau im Ausgangsfall. Der von den naiven Kapitalmarktteilnehmern für einen Unternehmensanteil von $(1-\alpha)$ gezahlte Preis $(1-\alpha)\,V(I,F_{EM}^*)$ erweist sich damit im nach hinein als völlig überhöht.

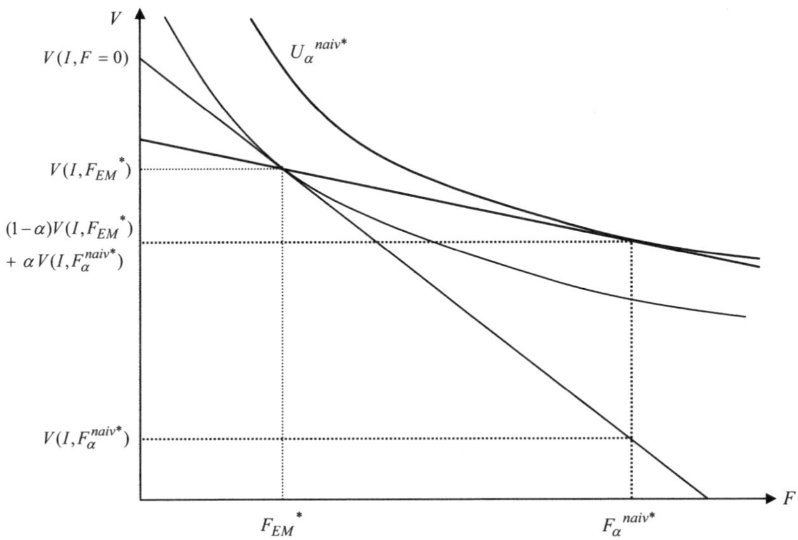

Abb. 6.2: Unternehmenswerte bei naiven externen Eigenkapitalgebern

(3) Beteiligung externer rationaler Eigenkapitalgeber

Rationale Kapitalmarktteilnehmer werden die durch den Verkauf der Unternehmensbeteiligung verstärkte Neigung des Eigentümer-Managers zum Konsum von Fringe Benefits antizipieren und kaufen den ihnen angebotenen Unternehmensanteil daher nicht für $(1-\alpha)\ V(I,F_{EM}^{*})$, sondern zu einem entsprechend niedrigeren Preis. Die den monetären Trade-Off des Managers zwischen dem Wert des ihm verbliebenen Unternehmensanteils αV und dem Wert der von ihm konsumierten Fringe Benefits F beschreibende Gerade verläuft daher nicht mehr durch Punkt $\{V(I,F_{EM}^{*});\ F_{EM}^{*}\}$, sondern weiter „südlich". Im in Abbildung 6.3 wiedergegebenen Gleichgewicht liegt der Berührungspunkt $\{V(I,F_{\alpha}^{*});\ F_{\alpha}^{*}\}$ dieser Geraden mit einer der Indifferenzkurven des Eigentümer-Managers genau auf der Budgetgeraden $V = V(I, F = 0) - F$. Läge $\{V(I,F_{\alpha}^{*});\ F_{\alpha}^{*}\}$ unterhalb der Budgetgeraden, würde der Eigentümer-Manager den Unternehmensanteil $(1-\alpha)$ nämlich unter Wert verkaufen, läge $\{V(I,F_{\alpha}^{*});\ F_{\alpha}^{*}\}$ dagegen oberhalb der Budgetgeraden würden die externen Kapitalgeber für den erstandenen Unternehmensanteil zuviel zahlen.

Die Nutzeneinbußen des Managers bei Verkauf einer Unternehmensbeteiligung von $(1-\alpha)$, als Differenz zwischen den Nutzenniveaus U_{EM}^{*} und U_{α}^{*} stellen die eigentlichen Agency-Kosten aus der Trennung von Eigentum und Kontrolle der Unternehmensführung dar. Sie werden bestimmt durch den auf einem rationalen Kapitalmarkt vollständig von dem verkaufenden Manager getragenen Unternehmenswertverlust $V(I,F_{EM}^{*}) - V(I,F_{\alpha}^{*})$ als Quelle seines Nutzenverlustes und dem mit einem Nutzenzugewinn verbundenen Anstieg seines Dienstverbrauchs von F_{EM}^{*} auf F_{α}^{*}. In ihrem Modell benennen JENSEN und MECKLING mit dem Begriff Agency-Kosten jedoch ausschließlich die monetäre Veränderung des Unternehmenswertes $V(I,F_{EM}^{*}) - V(I,F_{\alpha}^{*})$.

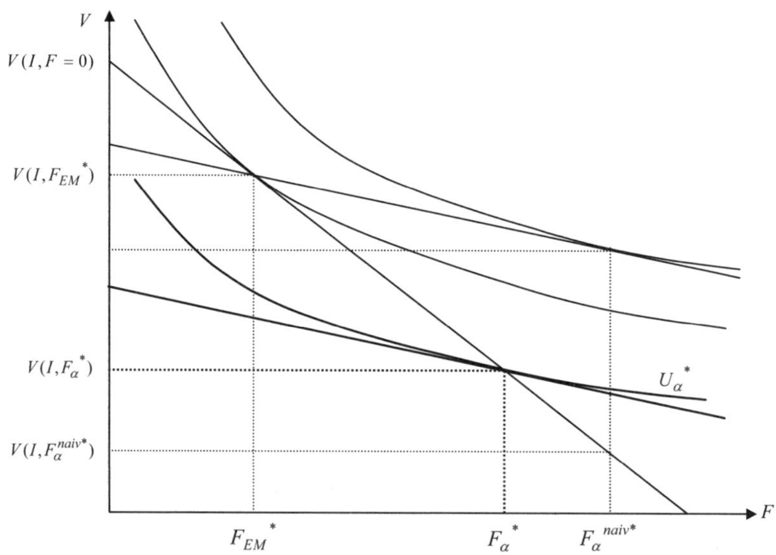

Abb. 6.3: Unternehmenswerte bei rationalen externen Eigenkapitalgebern

(4) Optimale Unternehmensgröße

Im Folgenden soll der Eigentümer-Manager im Rahmen seiner Unternehmensführungsaufgabe nicht nur über die Höhe seines Dienstverbrauchs, sondern auch über das bisher als exogen betrachtete Investitionsniveau I des Unternehmens bestimmen. Wie die sich anschließenden Betrachtungen zeigen, erweist sich seine Investitionsentscheidung dabei als abhängig von seinen Finanzierungsoptionen – Finanzierung aus eigenem Vermögen versus Finanzierung durch externe Kapitalgeber.

Es wird angenommen, der Eigentümer-Manager verfüge über eine auf beliebige Investitionsniveaus skalierbare konkave Investitionstechnologie. Der Pfad OC in Abbildung 6.4 beschreibt die – bei alternativen Investitionsniveaus I – aus Sicht eines 100 %igen Eigentümer-Managers nutzenoptimalen Kombinationen $\{V(I,F_{EM}^*);F_{EM}^*(I)\}$. Da die Nutzenfunktion des Eigentümer-Managers nicht näher spezifiziert worden ist, ist die Form dieses Pfades hier willkürlich. Der Eigentümer-Manager maximiert seinen Nutzen durch Wahl des den Unternehmenswert bei gegebenem Dienstverbrauch F maximierenden Investitionsniveaus I^*, auf dem der Grenzerlös aus einer zusätzlichen Investitionseinheit genau ihren (konstanten) Finanzierungskosten entspricht.

Voraussetzung dafür, dass die durch den Pfad OC beschriebenen Kombinationen aus V und F erreicht werden können, ist jedoch, dass das Anfangsvermögen W_0 des Eigentümer-Managers jeweils größer gleich I ist, er die Investition also auf jeden Fall ohne Rückgriff auf externe Kapitalgeber finanzieren kann.

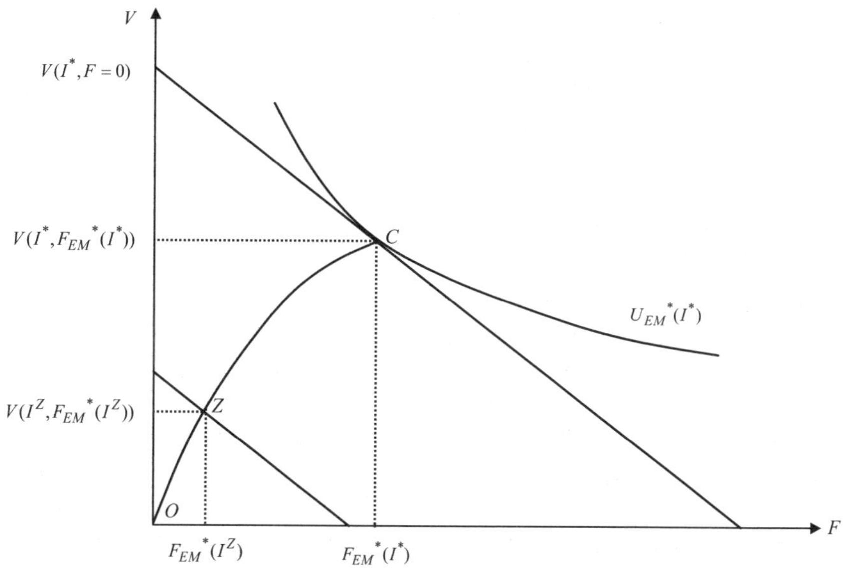

Abb. 6.4: Unternehmenswerte bei variierenden Investitionsniveaus

Wenn bei $W_0 < I$ eine Investition auf dem Niveau I nur bei Verkauf einer Unternehmensbeteiligung an externe Kapitalmarktteilnehmer möglich ist, kommt es auf diesem Investitionsniveau zu einem, gegenüber dem Referenzfall einer 100 %igen Finanzierung durch den Eigentümer-Manager, erhöhten Dienstverbrauch, d. h. es fallen Agency-Kosten an. Der Pfad *OZDL* in Abbildung 6.5 beschreibt die bei alternativen Investitionsniveaus eines Eigentümer-Managers mit einem Anfangsvermögen in Höhe von $W_0 = I^Z$ aus dessen Sicht nutzenoptimalen Kombinationen von $V(I,F)$ und F. Investitionen von $I > I^Z$ sind mit einer Aufnahme von externem Eigenkapital verbunden. Ab $I = I^Z$ sinkt die dem Manager nach der Finanzierung von I verbleibende Unternehmensbeteiligung α mit jeder weiteren Investitionseinheit. Die Agency-Kosten $V(I,F_{EM}^*(I)) - V(I,F_\alpha^*(I))$ steigen entsprechend. Irgendwann übersteigt die mit einer Aufnahme von weiterem Kapital verbundene Steigerung der Agency-Kosten die durch Investition des aufgenommenen Kapitals erreichbare Unternehmenswertsteigerung. Bei weiterer Investition sinkt der Unternehmenswert. Möglicherweise wird I dennoch weiter erhöht, da der über das Investitionsvolumen entscheidende Eigentümer-Manager nicht den Unternehmenswert, sondern seinen eigenen Nutzen maximiert. Dieser Nutzen wird auch durch seinen bei weiterer Kapitalaufnahme zunächst weiter steigenden Konsum von Fringe Benefits bestimmt. Sein Nutzenmaximum ist in dem Punkt erreicht, in dem eine seiner Indifferenzkurven den Pfad *OZDL* tangiert. In Abbildung 6.5 ist dies Punkt $D=\{V(I^{opt},F_\alpha^*(I^{opt});F_\alpha^*(I^{opt})\}$. Es lässt sich zeigen, dass I^{opt} immer kleiner als I^* ist, die Vermögensbeschränkung des Eigentümer-Managers führt also zu Unterinvestition. Die durch die Notwendigkeit eines Rückgriffs auf externe Kapitalgeber resultierenden Agency-Kosten sind bei endogenem I gegeben durch die Nutzeneinbuße $U_{EM}^*(I^*) - U_\alpha^*(I^{opt})$ bzw. den monetären Unterschied zwischen $V(I^*,F_{EM}^*(I^*))$ und $V(I^{opt},F_\alpha^*(I^{opt}))$, der sich aus den unterschiedlichen Investitionsniveaus und dem unterschiedlich hohen Dienstverbrauch ergibt.

(5) Einschränkung der Agency-Kosten durch Monitoring und Bonding

Kontrollrechte (Monitoring-Rechte) wie bspw. Informationsrechte und Mitentscheidungsrechte erlauben externen Kapitalgebern, die Dienstverbrauchsmöglichkeiten eines Unternehmensmanagers einzuschränken und so den durch Konsum von Fringe Benefits verursachten Verlust des Unternehmenswertes, im Folgenden als Residual Loss bezeichnet, zu reduzieren. Die Ausübung von Kontrollrechten ist jedoch mit Kosten verbunden. Diese sind, ebenso wie der Residual Loss selbst, i. d. R. vom Eigentümer-Manager zu tragen. Externe Kapitalgeber antizipieren die ihnen entstehenden Kontrollkosten nämlich und berücksichtigen diese bei der Bestimmung des Preises, den sie für einen Finanzierungstitel des kontrollierten Unternehmens zu zahlen bereit sind.

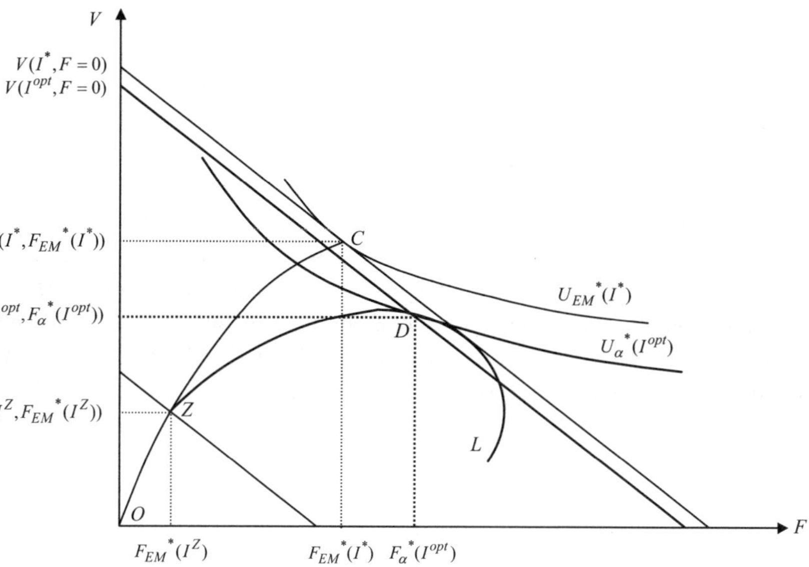

Abb. 6.5: Unternehmenswerte bei externen Eigenkapitalgebern

Der Residual Loss aus einer Finanzierung durch externe Kapitalgeber kann des Weiteren durch eine glaubwürdige Selbstbindung (Bonding) des Eigentümer-Managers an einen gemäßigten Dienstverbrauch eingeschränkt werden. Vor diesem Hintergrund stimmen Unternehmensmanager möglicherweise bestimmten vertraglichen Einschränkungen ihrer Entscheidungsmacht zu oder unterwerfen sich freiwillig Berichtspflichten und Kontrollen – z. B. geprüfter und veröffentlichter Jahresabschluss mit weitergehenden Angaben über das Unternehmen. Dabei entstehende Kosten werden direkt aus dem Unternehmensvermögen gezahlt, also wiederum vom Eigentümer-Manager getragen.

Durch Gewährung von Kontrollrechten an externe Kapitalgeber sowie durch Selbstbindungsmaßnahmen versucht der Eigentümer-Manager die aus der externen Finanzierung insgesamt entstehenden und von ihm zu tragenden Agency-Kosten als Summe von Residual Loss, Kontrollkosten und Selbstbindungskosten zu minimieren. Im Folgenden wird gezeigt, wie genau er dabei bspw. das optimale Niveau der gewährten Kontrollrechte bestimmen kann, wobei die Möglichkeit ergänzender Selbstbindungsmaßnahmen der Einfachheit halber vernachlässigt wird. Theoretisch können Kontroll- und Selbstbindungsmaßnahmen in der Modellanalyse aber identisch behandelt werden.

Im Gegensatz zum vorigen Abschnitt wird hier wieder von einem exogenen, d. h. durch den Manager nicht beeinflussbaren Investitionsniveaus I ausgegangen. Monitoring-Aktivitäten sind mit Kosten in Höhe von 1 pro Monitoring-Einheit verbunden. Die Auswirkung der Kontrollausübung auf den Dienstverbrauch F des Managers, in Abhängigkeit von der Anzahl der Monitoring-Einheiten M, ist charakterisiert durch die Funktion $F(M)$ mit $\delta F/\delta M<0$ und $\delta F^2/\delta M^2>0$, d. h. der Grenzertrag aus einer zusätzlichen Monitoring-Einheit sinkt mit zunehmendem Kontrollniveau.

Bei Berücksichtigung der Möglichkeit der Gewährung von Kontrollrechten ergibt sich die in Abbildung 6.6 dargestellte Trade-Off-Kurve $V=V(I,F=0) - F_\alpha^M - M$ (mit F_α^M als Dienstverbrauchsniveau eines einen Unternehmensanteil α haltenden Unternehmensmanagers bei einem Kontrollniveau M), die, ausgehend von der gleichgewichtigen Kombination auf einem Markt ohne Kontrollmöglichkeiten, nun alternativ realisierbare Kombinationen von Unternehmenswert V und Fringe Benefits F beschreibt. Die aus Sicht des Eigentümer-Managers optimale Kombination $\{V(I,F_\alpha^{M*});F_\alpha^{M*}\}$ wird durch den Tangentialpunkt zwischen der neuen Trade-Off-Kurve und einer seiner Indifferenzkurven beschrieben und impliziert ein Kontrollniveau von M^* Einheiten. Ob dieses Kontrollniveau implementiert werden kann, hängt jedoch davon ab, ob es auch aus Sicht der externen Aktionäre vorteilhaft ist. Diese müssen die Kontrollmaßnahmen nämlich durchführen, und werden dies nur genau so lange tun, wie $(1-\alpha)(\delta F/\delta M)-1\geq 0$, wie also der ihnen zukommende Grenzwert aus einer weiteren Monitoring-Einheit in Höhe von $(1-\alpha)$ mal der erzielten Unternehmenswertsteigerung die Kosten dieser Monitoring-Einheit übersteigt.

Optimal ist aus Sicht der externen Kapitalgeber das Kontrollniveau, auf dem gilt: $(1-\alpha)(\delta F/\delta M)-1=0$. Liegt dieses Kontrollniveau unter M^*, lässt sich M^* auf keinen Fall implementieren; liegt es dagegen über M^*, so kann M^* immer dann implementiert werden, wenn es dem Eigentümer-Manager gelingt, die den externen Kapitalgebern gewährten Kontrollrechte auf ein Niveau M^* zu beschränken. Jedoch auch wenn sich die aus Sicht des Eigentümer-Managers optimale Kombination $\{V(I,F_\alpha^{M*});F_\alpha^{M*}\}$ als nicht implementierbar erweist, bleibt es für diesen vorteilhaft, den externen Kapitalgebern Kontrollrechte zu gewähren, solange er unter deren Kontrolleinwirkung ein höheres Nutzenniveau erreichen kann als ohne Kontrolle.

Bei einem gleichgewichtigen Kontrollniveau von M^* zahlen externe Kapitalgeber für ihren Anteil $(1-\alpha)$ einen Preis in Höhe von $(1-\alpha)(V(I,F_\alpha^{M*})+M^*)$ $-M^*$. Die Agency-Kosten aus der Finanzierung durch externe Kapitalgeber sind in einem solchen Fall gegeben durch den aus $F_\alpha^{M*}-F_{EM}^*+M^*$ resultierenden Unternehmenswertverlust.

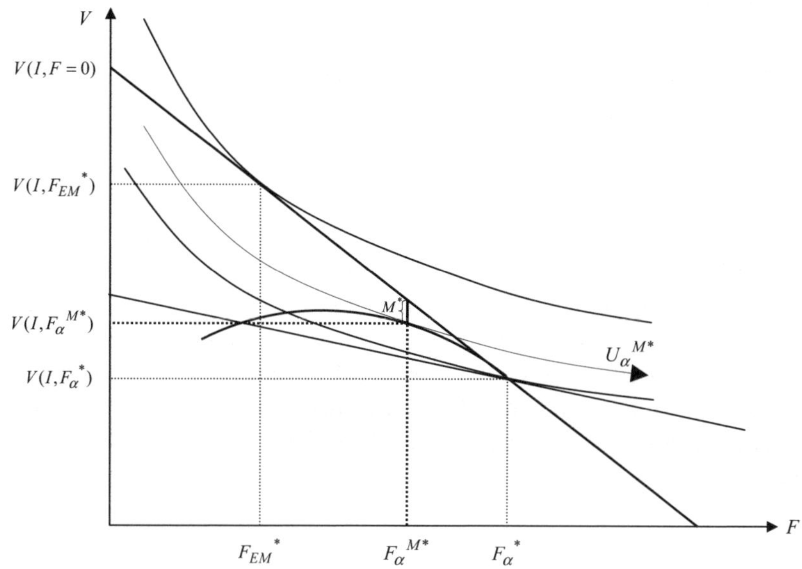

Abb. 6.6: Unternehmenswerte bei Monitoring

(6) Das Risikoanreizproblem bei Fremdfinanzierung

Mit Blick auf die bei einer Finanzierung durch externes Eigenkapital entstehenden Agency-Kosten erscheint die Frage naheliegend, warum, wenn das Vermögen I^Z, das ein Eigentümer-Manager in sein Unternehmen investieren kann bzw. möchte, die optimale Investitionsausgabe I^* nicht deckt, die Differenz zwischen I^* und I^Z nicht kreditfinanziert wird. Dieser Frage gehen auch JENSEN und MECKLING nach. Sie zeigen, dass wie schon in Kapitel 6.2.2 erläutert auch eine Finanzierung durch externes Fremdkapital mit Agency-Kosten verbunden sein kann. Aufgrund der Asymmetrie von Eigen- und Fremdkapitalansprüchen besteht für die Eigentümer verschuldeter Unternehmen nämlich ein Anreiz zur Durchführung stark risikobehafteter Investitionsprojekte: Überdurchschnittliche Gewinne aus solchen Projekten kommen voll den Eigenkapitalgebern zugute, während Fehlschläge auf die Fremdkapitalposition durchschlagen. Daher kann durch Steigerung des Risikogehalts des Unternehmensvermögens Reichtum von Fremdkapitalgebern zu Eigentümern verschoben werden, meist unter Inkaufnahme ineffizienter Investitionsentscheidungen. Die Ineffizienz solcher Investitionsentscheidungen ist den Kosten der Finanzierung durch externes Fremdkapital zuzurechnen.

6.3 Das Anreizmodell des Prinzipal-Agent-Ansatzes

6.3.1 Entwicklung und Formulierung des Standardmodells

(1) Zielsetzung des Anreizmodells

Zur vollständigen Lösung oder zumindest Milderung der in den vorangegangenen Abschnitten behandelten Agency-Konflikte hat die Literatur im Laufe der Zeit eine Reihe von Ansätzen entwickelt, die mittlerweile auch Anwendung in der Praxis gefunden haben und dort Einsichten in wichtige Zusammenhänge vermitteln können. Zur Überwindung der Gefahr einer adversen Selektion im Falle der vorvertraglichen Informationsasymmetrie werden dabei insbesondere ***Signaling-*** und ***Screening-Mechanismen*** vorgeschlagen. Für den Fall der nachvertraglichen Verhaltensunsicherheit hat die normative Agency-Theorie ein ***Anreizmodell*** entwickelt, welches hier gesondert vorgestellt werden soll. Es zeigt formal, wie durch ein bestimmtes Vertragsdesign eine Interessenharmonisierung zwischen Prinzipal und Agent und somit eine Lösung des Moral-Hazard-Problems erreicht werden kann.

Im Kern geht es darum, dass der Prinzipal versuchen wird, dem Agenten, der wegen seines Informationsvorsprungs notwendigerweise über einen großen Handlungsspielraum verfügt, einen ***Anreiz*** zu geben, seine ***Aktivitäten möglichst an den Interessen des Prinzipals auszurichten***. Dazu wird ihm eine Prämie bzw. Belohnung gewährt, die von seinen getroffenen Entscheidungen oder von seinen Anstrengungen abhängt. In vielen Fällen sind diese Aktivitäten vom Prinzipal nicht beobachtbar. Dann liegt es nahe, dass der Prinzipal den Agenten am festgestellten finanziellen Ergebnis seiner Handlungen und Entscheidungen beteiligt. Die Anreizsteuerung honoriert also nicht den Input, sondern den Output.[20]

Bei der modellhaften Behandlung der Anreizsteuerung kann danach differenziert werden, ob der Agent nur auf den Erwartungswert des Ergebnisses und / oder auch auf den Risikogehalt Einfluss nehmen kann. Schließlich kann es sein, dass der Agent die gesamte Wahrscheinlichkeitsverteilung des Ergebnisses durch seinen Arbeitseinsatz oder seine Entscheidungen verändern kann.

Eine modellierende Darstellung der Anreizsteuerung ist möglich, wenn eine Reihe spezifischer Annahmen gemacht wird. In diesem Abschnitt wird zunächst ein allgemeiner Ansatz vorgestellt, das sog. ***Standardmodell***. Auf

---

[20] Verfügt der Agent über keinen Entscheidungsspielraum, dann hat der Anreizvertrag nur die Aufgabe einer Teilungsregel für das finanzielle Kooperationsergebnis. Aus der vereinbarten Aufteilung entstehen Aufteilungsansprüche und ggf. Zahlungsverpflichtungen der Kooperationspartner. Aufgabe des Teilungsvertrages ist eine möglichst pareto-effiziente Risikoteilung, so dass kein Vertragspartner durch eine Umverteilung des Risikos besser gestellt werden kann, ohne dass der andere Partner schlechter gestellt wird.

diesem Modell aufbauend wird im nachfolgenden Abschnitt ein leicht lösbarer Ansatz – das LEN-Modell – mit allerdings sehr speziellen Annahmen besprochen.[21]

(2) Zielsetzung des Prinzipals

Der Prinzipal verfolgt als Ziel die Maximierung des Erwartungswertes seines Risikonutzens. Dieses Ziel soll mit Hilfe einer Aktivität erreicht werden, bei der die relevanten Entscheidungen an einen Agenten delegiert werden. Da der Agent ebenfalls seine persönliche Zielsetzung verfolgt und den Erwartungswert seines Risikonutzens maximiert, muss der Prinzipal P bei seinem Belohnungsangebot an den Agenten dessen Zielsetzung kennen und in geeigneter Weise berücksichtigen.

Das vom Arbeitseinsatz bzw. einer Entscheidung a des Agenten A und dem eintretenden Umweltzustand bzw. einem Störterm θ abhängige (Brutto-) ***Ergebnis*** der Aktivität des Agenten ist

(1) $$x = x\,(a,\theta) = a + \theta$$

und kann ex post ohne Kosten vom Prinzipal P beobachtet werden. P kann aber die Realisation der Störgröße θ nicht beobachten und daher auch nicht von dem Ergebnis x auf das Anstrengungsniveau bzw. die Entscheidung a zurückschließen (Hidden Action).

Es wird angenommen, dass das Ergebnis x bei gegebenem Umweltzustand vom Arbeitseinsatz a positiv beeinflusst wird, so dass das Ergebnis wegen $x'(a) > 0$ bei gegebenem Umweltzustand θ mit dem Arbeitseinsatz ansteigt. P und A gehen ex ante von derselben Wahrscheinlichkeitsverteilung der Zufallsgröße θ aus. Zur Bestimmung des optimalen Prämiensystems z wird unterstellt, dass die Risikonutzenfunktion und die Arbeitsleidfunktion des Agenten dem Prinzipal bekannt sind.

Die ***Prämienzahlung*** z (Belohnung, Vergütung) des A richtet sich nach dem erzielten Ergebnis x, so dass die ***Prämienfunktion***

(2) $$z = z\,(x)$$

lautet. Das dem Prinzipal nach Realisierung von x und der Zahlung der Prämie verbleibende ***Nettoergebnis*** y beträgt

(3) $$y = x - z\,(x).$$

Da als Zielsetzung unterstellt wird, dass der Prinzipal den Erwartungswert seines Risikonutzens maximiert, lautet dessen Zielfunktion

(4) $$max\ E[U_P(y)] = max\ E[U_P[x - z(x)]]\ .$$

[21] Vgl. SPREMANN (1989) sowie FRANKE / HAX (2004), S. 441 ff.

Der vom Nettoergebnis y abhängige Erwartungswert des Risikonutzens des Prinzipals hängt vom Ergebnis x ab, das seinerseits von dem unter der Kontrolle des Agenten stehenden Aktivitätsniveaus a abhängig ist. P kann also sein Ziel der Maximierung des Erwartungswertes seines Risikonutzens nur indirekt erreichen, und zwar nur über die Motivation des Agenten, das richtige Aktivitätsniveau a zu wählen, das dann gemeinsam mit der von beiden Parteien nicht beeinflussbaren Zufallsgröße θ zu dem Ergebnis x führt.

Da das Ergebnis x vom Aktivitätsniveau a des Agenten und dem eingetretenen Umweltzustand θ abhängig ist, kann man die Zielfunktion (4) auch in ausführlicher Form schreiben als

(5) $$max\, E[U_P(y)] = max\, E[U_P[x(a,\theta) - z(x(a,\theta))]]\,.$$

Der Prinzipal kann über das Aktivitätsniveau a nicht direkt entscheiden, sondern nur indirekt über die Vorgabe einer geeigneten Prämienfunktion z. Dabei verfolgt P das Ziel, den Erwartungswert des Risikonutzens durch Wahl eines Prämiensystems z zu maximieren, bei dem der Agent möglichst in seinem Interesse entscheidet. Bei der Ermittlung des Optimums wird für den Prinzipal und den Agenten unterstellt, dass die jeweiligen Grenznutzen der zufließenden Ergebnisbeiträge positiv sind.

(3) Anreizverträglichkeits- und Partizipationsbedingung des Agenten

Ein geeignetes Prämiensystem z muss zum einen so konstruiert sein, dass der Agent, wenn er den Erwartungswert seines Risikonutzens maximiert, ein Aktivitätsniveau wählt, das zugleich den Erwartungswert des Risikonutzens des Prinzipals maximiert (Anreizverträglichkeitsbedingung). Zum anderen muss das Prämiensystem die Anforderung erfüllen, dass der Agent als Kooperationspartner gewonnen wird, weil der ihm zufließende Nutzen ein bestimmtes vorgegebenes Mindestniveau nicht unterschreitet (Partizipations-, Kooperations- oder Teilnahmebedingung).

Bezieht sich die Festlegung des Aktivitätsniveaus a auf den Arbeitseinsatz (Effort) des Agenten, dann wird vereinfachend angenommen, dass die Nutzenfunktion des A bezüglich der Entlohnungs- und Arbeitsleidkomponente separierbar ist, so dass $U_A(z,a) = V_A(z) - K(a)$ gilt, wobei $V_A(z)$ die Risikonutzenfunktion des Agenten aus der Entlohnung bezeichnet und $K(a)$ das Geldäquivalent des „Arbeitsleides“.[22]

Nach der Annahme des Vertrages $z = z(x)$ wählt nun der Agent sein Aktivitätsniveau (Arbeitseinsatz) a so, dass bei gegebener Prämienfunktion z der Erwartungswert seines Risikonutzens maximiert wird:

---

[22] In einer anderweitigen Interpretation des Aktivitätsniveaus ohne Arbeitsleid könnte a eine Aktivitätsvariable bezeichnen, mit der der Agent auch eigene Ziele außerhalb der Zielsetzung des Prinzipals verfolgt.

(6) $a^* \; \varepsilon \; \arg\, max\, E[U_A(z,a), a] \;=\; \arg\, max\, E[V_A[z(x(a,\theta))] - K(a)].$

Die ***Partizipationsbedingung*** fordert, dass der Erwartungswert des Risikonutzens des Managers A nicht unter einen exogen gegebenen Erwartungswert des ***Reservationsnutzens*** $E[U_A]_{min} = U_{Amin}$ fallen darf, damit der Agent in die Kooperation einwilligt. Daraus folgt die Bedingung:

(7) $E[V_A[z(x(a^*, \theta))] - K(a^*)] \;\geq\; U_{Amin}.$

Zusammenfassend lässt sich die zeitliche Struktur des Hidden-Action-Problems wie folgt darstellen:

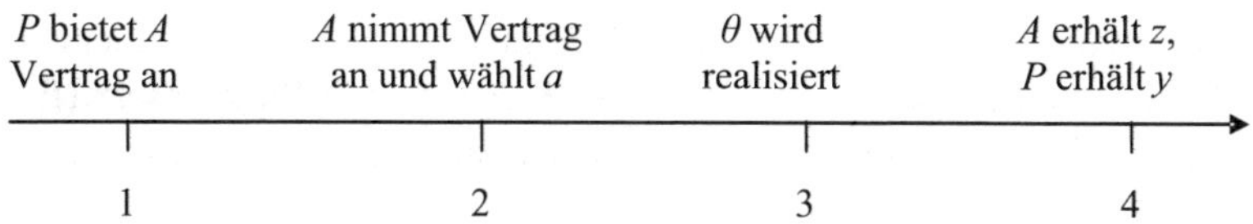

Die Zeitstruktur des Modells ist insoweit von großer Bedeutung als die erarbeitete Lösung von der speziell unterstellen Informations- und Handlungsstruktur abhängig ist.

(4) Alternative Formulierung und Lösung des Standardmodells

In der Realität muss der Anreizvertrag nicht notwendigerweise von P formuliert und dem A vorgelegt werden, der ihn dann annimmt oder ablehnt. Alternativ kann man sich auch vorstellen, dass die aktivere Partei A den Vertrag entwirft und dem P vorlegt, der dann zustimmen oder ablehnen kann. An die Stelle der Nebenbedingung (7) würde dann

(7′) $E[U_P(y)] \;=\; E[U_P[x(a^*,\theta) - z(x(a^*,\theta))]] \geq U_{Pmin}.$

treten, damit der Reservationsnutzen des Prinzipals nicht unterschritten wird. Die zweite Vertragsvariante kann zu einer unterschiedlichen Lösung führen, weil die passive Partei immer nur ihren Reservationsnutzen erreichen kann. Die aktive Partei kann dagegen einen Nutzenzuwachs realisieren.

Das in der einen oder anderen Weise formulierte ***Standardmodell ist allerdings in allgemeiner Form nicht lösbar*** und daher auch nur schwer einer weitergehenden Analyse zugänglich, die weitergehende Einsichten in die Struktur der Lösung vermitteln kann. Wenn aber der Verlauf der Nutzenfunktionen des Managers und des Eigentümers sowie die Wahrscheinlichkeitsverteilung der Ergebnisse in Abhängigkeit vom Aktivitätsniveau des Managers in geeigneter Weise spezifiziert werden, dann lässt sich in bestimmten Fällen eine explizite Lösung ableiten, die auch intuitiv plausibel ist.[23] Die einfachste

---

[23] Vgl. zu den generellen Möglichkeiten der Lösung DEMOUGIN / JOST (2001).

Lösung wird mit dem von SPREMANN (1989) entwickelten LEN-Modell erreicht, das von sehr einfachen, aber für einen ersten Einblick keineswegs ganz unplausiblen Bedingungen ausgeht.[24]

6.3.2 LEN-Modell und Unternehmensfinanzierung

(1) Annahmen des LEN-Modells

Das LEN-Modell („Linear Exponential Normal Model") ist ein einfach lösbarer Fall des Standardproblems der Agency-Theorie mit folgenden drei Eigenschaften:

(L) Das dem Agenten A angebotene Belohnungsschema z besteht aus einer ***linear*** vom Ergebnis x abhängigen Vergütung $z(x) = B+bx$. Dabei bedeutet B ein Fixum (festes Gehalt) und b ($0 \leq b \leq 1$) den Prämiensatz (Erfolgsprämie). Der Erwartungswert und die Varianz der Vergütung betragen $E(z) = B+bE(x)$ und $Var(z) = b^2 Var(x)$.

(E) Der Agent hat eine exponentielle Risikonutzenfunktion $V_A = -e^{-r(z-K(a))}$ mit dem Risikoaversionskoeffizienten $r = const. > 0$, d. h. der **Agent** zeigt eine **konstante absolute Risikoaversion**. Zur Ableitung einer analytischen Lösung wird eine konkrete Funktion $K(a) = a^2$ angenommen, die das Arbeitsleid des Agenten in monetären Einheiten ausdrückt und mit wachsender Anstrengung überproportional steigt. Im Gegensatz zu dem risikoaversen Agenten A verhält sich der Prinzipal P risikoneutral, so dass $U_P = E[x-z]$ gilt.

(N) Das Ergebnis x des Arbeitseinsatzes des A ist eine lineare Funktion der Arbeitsanstrengung a und eines stochastischen Störterms θ. Die Ergebnisse sind **normalverteilt** mit $E(\theta) = 0$ und $Var(\theta) = \sigma^2$, so dass sich das Ergebnis als $x = x(a,\theta) = a+\theta$ mit $E(x) = a$ und $Var(x) = \sigma^2$ schreiben lässt. P kann das Ergebnis x beobachten, aber nicht beurteilen, welchen Anteil die Arbeitsanstrengung und die Zufallsvariable an diesem Ergebnis haben.

Bei normalverteilten Ergebnissen führt die exponentielle Risikonutzenfunktion $V_A = -e^{-r(z-K(a))}$ mit $r > 0$ auf den Nutzenerwartungswert:

$$E(V_A) = V_A(SE) = E(z - a^2) - \frac{rVar(z)}{2}.$$

Der Nutzenerwartungswert wird maximiert, wenn das ***Sicherheitsäquivalent*** (*SE*) maximiert wird.

(8) $$SE = E(z - a^2) - \frac{rVar(z)}{2}$$

[24] Vgl. auch FRANKE / HAX (2004), S. 441 ff. sowie KRÄKEL (2004), S. 36 ff.

Die spezielle Zielfunktion des Agenten A lautet folglich:

(9) $$Max\,[\,E(z) - \tfrac{1}{2}rVar(z) - a^2\,] = [\,B+ba - \tfrac{1}{2}rb^2\sigma^2 - a^2\,].$$

Schließlich darf der Erwartungswert des Nutzens beim optimalen Arbeitseinsatz a^* den Reservationsnutzen des Agenten nicht unterschreiten (***Partizipationsbedingung***), so dass

(10) $$V_A(B + ba^* - \tfrac{1}{2}rb^2\sigma^2 - a^{*2}) \geq U(V_{Amin}) \text{ bzw.}$$
$$B + ba^* - \tfrac{1}{2}rb^2\sigma^2 - a^{*2} \geq V_{Amin}$$

gilt mit $U(V_{Amin})$ als Reservationsnutzen und V_{Amin} als Reservationsvermögen des Agenten.

Zusammenfassend kann das ***LEN-Modell*** damit aus drei Beziehungen zusammengestellt werden: Erstens aus dem zu maximierenden ***Nutzenerwartungswert des risikoneutralen Prinzipals*** im Hinblick auf das lineare ***Anreizschema*** $z=B+bx$, zweitens durch die Berücksichtigung der ***Anreizkompatibilitätsbedingung***, dass die den Nutzen des Agenten maximierende Aktion auch den Risikonutzen des Prinzipals maximiert, und drittens aus der ***Partizipationsbedingung***, dass der Agent nicht unter ein durch seine externen Opportunitäten vorgegebenes Nutzenniveau fallen darf.

2) Lösung und Interpretation des LEN-Modells

Aus der Ableitung von (9) nach a ergibt sich wegen $E'(U_A)= b-2a=0$ im ersten Schritt die ***Reaktionsfunktion des Agenten***:

(11) $$a^* = b/2\,.$$

Im zweiten Schritt wählt der Prinzipal das Prämiensystem z, bei dem der Agent gerade seinen Reservationsnutzen U_{Amin} erreicht, so dass die Nebenbedingung (10) bindend wird. Daraus erhält man das notwendige Fixum für den Agenten.

(12) $$B+ba^* - \frac{1}{2}rb^2\sigma^2 - a^{*2} = B + \frac{b^2}{2} - \frac{1}{2}rb^2\sigma^2 - \frac{b^2}{4}$$
$$= B + \frac{b^2(1-2r\sigma^2)}{4} = V_{Amin}.$$

Gleichung (12) zeigt, dass das Fixum B nur reduziert werden kann, wenn der Agent einen kleinen Risikoaversionskoeffizienten r besitzt und / oder die Varianz σ^2 der Ergebnisse sehr klein ist, d. h. für $2r\sigma^2 < 1$. Sind dagegen der Risikoaversionskoeffizient und / oder das Risiko groß, d. h. gilt $2r\sigma^2 > 1$, dann erfordert ein steigender Prämiensatz b zugleich ein steigendes Fixum. Dieses zunächst überraschende Resultat folgt daraus, dass der Agent auch an negativen Ergebnissen beteiligt wird.

Als Erwartungswert des Nettoergebnisses y des Prinzipals erhält man

$$\begin{aligned} E(U_P) &= E(x-z) = a^* - B - ba^* \\ &= \tfrac{1}{2}b(1-b) - V_{A\min} + \tfrac{1}{4}b^2(1-2r\sigma^2) \end{aligned}$$

und somit das optimale Prämiensystem

(13) $b^* = \dfrac{1}{1+2r\sigma^2}$ mit dem vom Reservationsnutzen abhängigen Fixum

$$B^* = V_{A\min} - \frac{1-2r\sigma^2}{4(1+2r\sigma^2)^2}\,.$$

Der Prämiensatz schwankt im Optimum zwischen 0 – der Agent trägt, da das Risiko oder seine Risikoaversion sehr hoch sind, kein Risiko – und 1 – der Agent trägt, da das Risiko niedrig oder er risikoneutral ist, das gesamte Risiko. Ansonsten ist (13) der Ausdruck der Gegenläufigkeit der Anreizwirkung und der Risikoverteilung: Je größer die Risikoaversion r und je größer das Risko σ^2 sind, um so kleiner ist der Prämiensatz b. Das optimale Aktivitätsniveau

(14) $$a^* = \frac{1}{2(1+2r\sigma^2)}$$

sinkt mit größer werdender Risikoaversion r und größer werdender Unsicherheit σ^2. Der Nutzen des risikoneutralen Prinzipals ist:

(15) $$E(U_P) = E(x\text{-}z) = a^* - B - ba^* = \frac{1}{4(1+2r\sigma^2)} - V_{A\min}\,.$$

Aus (15) folgt für den Prinzipal ein umso höher Nutzen, je geringer der Risikoaversionskoeffizient r des Agenten ist. Der Prinzipal wird also von zwei Agenten c. p. immer jenen mit der geringeren Risikoaversion bevorzugen. Der Prinzipal wird die Prämie reduzieren und den Fixanteil der Belohnung steigern, wenn der Risikoaversionskoeffizient und / oder die Varianz steigen.

Für $\sigma^2 = 0$, wenn also das Ergebnis der Aktion sicher ist, oder für $r = 0$, wenn der Agent keine Risikoaversion zeigt, ergibt sich als optimales Anreizsystem $B = V_{Amin} - 1/4$; $b = 1$, d. h. in diesem Fall wird der Agent den gesamten erzeugten Mehrwert abschöpfen, aber auch das gesamte Risiko tragen. Wegen $a^* = b/2$ gilt dann der optimale Arbeitseinsatz $a = 1/2$.

Das letzte Ergebnis (Arbeitseinsatz $a = 1/2$) würde im Übrigen auch gelten, wenn keine asymmetrische Informationsverteilung herrschte. Daher betragen die – vom Prinzipal zu tragenden – ***Agency-Kosten*** aus dem Moral-Hazard-Problem:

$$E[U_P]_{First\ Best} - E[U_P]_{Second\ Best} = \frac{1}{4} - \frac{1}{4(1+2r\sigma^2)} = \frac{r\sigma^2}{2(1+2r\sigma^2)}.$$

Die Agency-Kosten steigen – für die als vernünftig unterstellten kleinen Werte von r und σ^2 – mit steigender Risikoaversion und steigendem Risiko an und gehen gegen Null, wenn der Agent risikoneutral entscheidet.

(3) Implikationen des Agency-Modells für die Finanzierungstheorie

Das LEN-Modell kann dazu genutzt werden, elementare Charakteristika von Eigen- und Fremdkapitaltiteln (bzw. von Entlohnungsschemata) aus der Perspektive des Hidden-Action-Modells zu beleuchten. Wenn ein Unternehmer über den Zugang zu einem vorteilhaften unsicheren Investitionsprojekt verfügt, so kann er dies durch die Aufnahme von Eigen- oder Fremdkapital finanzieren. Man kann den Kapitalgeber als Prinzipal und den Unternehmer / Manager als Agent behandeln.[25] Dazu kann man annehmen, dass der Unternehmer die Prämie

$$z(x) = B + bx,$$

erhält, wobei $b = 0$ den Fall andeutet, in dem der Manager nur ein Fixum erhält, während der Prinzipal das Residualergebnis abschöpft und daher als Eigenkapitalgeber interpretiert werden kann. Im Fall $b=1$ erhält der Unternehmer das gesamte Ergebnis seiner Tätigkeit. In diesem Fall muss er ein Fixum abführen, das sich als Zahlung an einen Fremdkapitalgeber interpretieren lässt.

Wenn ein Investor also einen Manager als Agenten zur Durchführung eines Investitionsprojektes beauftragen will, der das Investitionsergebnis durch seinen Arbeitseinsatz positiv beeinflusst, dann zeigt die Lösung des LEN-Modells, wie die vertragliche Aufteilung des Ergebnisses durch eine bestimmte Kapitalstruktur bzw. durch die Zuteilung von Eigenkapitaltiteln von der Risikoeinstellung der beiden Parteien und dem Risiko des Investitionsprojektes bestimmt wird. Ein risikoneutraler Manager als Agent wird den gesamten erfolgabhängigen Eigenkapitalanteil übernehmen, so dass alle Anreizprobleme gelöst sind. Ein risikoscheuer Agent wird dagegen auch ein Fixum verlangen. Je höher das Investitionsrisiko ist, umso höher muss die Risikoprämie für die stärker risikoaverse Partei angesetzt werden, wobei sich die Aufteilung der Eigen- und Fremdkapitalanteile an dem Grad ihrer Risikoaversion und der Bedeutung der Anreizkomponente orientiert.

Die optimale ***Aufteilung der Vergütung der Parteien*** wird darüber hinaus durch den Reservationsnutzen des Managers als Agent sowie durch dessen Arbeitsleid bestimmt. In der Realität müssen aber noch andere Einflussfakto-

---

[25] Vgl. FRANKE / HAX (2004), S. 441 ff.

ren berücksichtigt werden, weil beispielsweise die Zahlungsfähigkeit beider Parteien sichergestellt sein muss. Anreizkompatible Vergütungsschemata sind in den letzten Jahren insbesondere bei der Zuteilung von Aktien bzw. Aktienoptionen an das Management von Publikumsgesellschaften auch in der Praxis kontrovers diskutiert worden. Hintergrund der Diskussion waren jene Probleme, die u. a. gerade bei der Darstellung des Hidden-Action-Modells angesprochen wurden. Da aber in der Realität die Prämissen des Grundmodells nicht erfüllt sind, verbieten sich unkritische Übertragungen der Lösung. Einige Überlegungen zu solchen praxisorientierten Lösungen sind Gegenstand des nachfolgenden Abschnitts.

6.3.3 Die aktienkursbezogene Vergütung des Managements

(1) Grundlagen aktienkursbezogener Vergütungsprogramme

Unternehmen lassen sich, wie wir gesehen haben, als ***Institutionen*** zur Verwirklichung einer gemeinsamen Idee bzw. vieler Ideen, Erfindungen und Geschäftskonzepte durch mehrere Wirtschaftssubjekte zur Wertschaffung am Markt verstehen. Die Umsetzung der Ideen erfolgt durch die geschickte und zielgerichtete Kombination der Innovationskraft und der Kenntnisse technischer und ökonomischer Führungskräfte, des Arbeitseinsatzes der verschiedenen Mitarbeiter und Lieferanten sowie des Vermögenseinsatzes der Eigentümer, der Zulieferer und der Banken. Geschickt heißt, dass sich das Unternehmen im Markt- oder Produktionsbereich, bei der Produktgestaltung, beim Service oder an anderer Stelle einen strategischen Vorteil gegenüber den Konkurrenten erarbeiten kann, der die Durchführung kapitalwertpositiver Investitionsprojekte ermöglicht. Dazu müssen alle im Unternehmen tätigen Personen motiviert sein, die im Unternehmen entwickelten Ideen und Geschäftskonzepte mit großer Anstrengung umzusetzen, und eine den Zielen der Eigentümer entsprechende Risikoposition einnehmen.

Die auf das Management zukommenden Entscheidungsprobleme sind bei ***vollkommenem Kapitalmarkt*** prinzipiell leicht zu handhaben. Sie werden dadurch gelöst, dass den Investitionsprojekten Kapitalwerte zugeordnet werden und jene Projekte realisiert werden, die einen positiven Kapitalwert haben. Genau in Höhe dieser positiven Kapitalwerte steigt durch die jeweilige Investitionsentscheidung das Vermögen der Eigentümer. Die anderen Beteiligten, die Stakeholder, stellen sich durch die Realisierung des Investitionsprojektes zumindest nicht schlechter, wenn ihr kontraktbestimmter Erfolg durch die Investition nicht gefährdet ist. In einer solchen Modellwelt bei vollkommenem Kapitalmarkt lässt sich allerdings genau genommen das Management durch einen Computer ersetzen, der den Kapitalwertkalkül beherrscht. Es gibt kein Problem eines innovativen, aber möglicherweise eigensüchtigen oder risikoscheuen Managerverhaltens, weil das Verhalten des Managements im Modell prädeterminiert ist. Manager maximieren in der neoklassischen Modellwelt stets den Shareholder Value und damit den Nutzen der Anteilseigner.

Bei ***unvollkommenem Kapitalmarkt***, wenn Transaktionskosten anfallen, Kapitalrestriktionen die Durchführung von Investitionsprojekten beschränken und eine steuerliche Ungleichbehandlung einzelne Finanzierungsarten begünstigt oder benachteiligt, hat das zu lösende Auswahlproblem dagegen häufig keine eindeutige oder für alle Beteiligten überlegene Lösung. Die gegebenenfalls konfliktären Zielsetzungen der Anteilseigner, Gläubiger, Mitarbeiter, Lieferanten und des Managements lassen sich nicht zu einem einmütig unterstützten Investitions- und Aktionsprogramm zusammenfügen. Dieses Problem besteht auch dann, wenn sich das Management den Zielen der übrigen Beteiligten in geradezu idealer Weise unterordnen würde. Kapitalmarktunvollkommenheiten geben daher umgekehrt Anlass zu der Vermutung, dass die ***Manager*** in einem solchen Kontext auch eine ***eigenständige Rolle als Zielgeber*** einnehmen.

Die Rolle des Managements gewinnt dann noch an Bedeutung, wenn zur neueren ***neoinstitutionalistischen Sichtweise*** übergegangen wird, in der das Unternehmen als Geflecht teils gesetzlicher, teils vertraglich begründeter Rechtsbeziehungen zwischen verschiedenen Partnern verstanden wird. Typisch sind bei dieser Betrachtungsweise Informationsvorsprünge der Manager gegenüber den Kapitalgebern hinsichtlich ihrer eigenen Qualität als Manager, hinsichtlich ihrer persönlichen Zielsetzungen und bezüglich der Qualität und des Risikogehalts der durchgeführten Investitionsprojekte. Die Informationsvorsprünge erregen das Misstrauen der Kapitalgeber, das nur mit geeigneten vertrauensbildenden Maßnahmen und unter Aufbringung von Kosten abgebaut werden kann.

Anstellungs- oder Arbeitsverträge mit dem Management von Unternehmen sind notwendigerweise ***unvollständige Verträge***. Die Aktionäre gehen mit dem Management einer Gesellschaft eine vertragliche Beziehung ein, die in Deutschland auch durch das Aktiengesetz vorstrukturiert ist. Der Vorstandsvertrag enthält die Details. Aus der Vertragsperspektive wird dem Management ein erheblicher diskretionärer Handlungsspielraum für ein kreatives, zielgerichtetes und Wert schaffendes Handeln eingeräumt. Der verfügbare Handlungsspielraum impliziert, dass das Management auch über einen erheblichen Spielraum für eigennütziges, Risiken vermeidendes, sich einigelndes, unproduktives oder verschwenderisches Verhalten verfügt und darüber hinaus in der Lage ist, ein solches Verhalten durch die Fülle der sich überlagernden Aktivitäten vor den Eigentümern verstecken zu können. Die im Rahmen der Publikumsaktiengesellschaft bestehende Trennung von Eigentum und Kontrolle erweist sich ebenso als zweckmäßiges Vehikel zur professionellen Führung des Unternehmens als auch als Gefahr, dass Dispositionen des Managements im Unternehmen zu Lasten der Eigentümer und anderer Stakeholder des Unternehmens getroffen werden. Diese Gefahren lassen sich auch durch die vorgestellten Mittel des Signaling, Screening und Monitoring nicht vollständig oder vielfach nur unter Inkaufnahme hoher Kosten beseitigen.

„Strong Managers, Weak Owners" (ROE 1996) bei Publikumsgesellschaften sind insoweit problematisch, als sich Manager unter dem Deckmantel notwendiger Eigenständigkeit und der Erfordernisse des Wettbewerbs um die Realisierung ihrer eigenen Ziele kümmern können. Also muss es darauf ankommen, den Anteilseignern, der Unternehmensleitung sowie den zwischengeschalteten Stimmrechtsmittlern im Rahmen der Kapitalmarktorganisation die richtigen Verfügungsrechte zuzuweisen (WENGER 2001). Die richtige Zuordnung der Verfügungsrechte ist dabei umso schwerwiegender, je zersplitterter der Anteilsbesitz ist, weil es dann für die einzelnen Eigentümer ökonomisch keinen Anreiz gibt, ihre Eigentumsrechte auch durchzusetzen.

Konzepte der ***erfolgsabhängigen Managervergütung*** gehen davon aus, dass Monitoring-Aktivitäten und andere Sanktionsmechanismen den diskretionären Handlungsspielraum des Managements nicht hinreichend beschränken können. Nach der ***Interessenharmonisierungs-Hypothese*** kann aber im Rahmen eines geeigneten erfolgsabhängigen Vergütungsschema durch die Anreizwirkung der Handlungsspielraum so umgeformt werden, dass das Management, wenn es seine eigenen Ziele verfolgt, quasi zwangsläufig auch im Interesse der Aktionäre handelt. Mögliche Ineffizienzen, die ohne ein solches Anreizsystem ausschließlich zu Lasten der Aktionäre gingen, werden im Entscheidungsprozess des Managements dann zumindest teilweise internalisiert und damit ausgeschaltet. ***Erfolgsabhängige Vergütungsprogramme für Manager*** können in diesem Fall ein wichtiges Vehikel der Anreizsteuerung darstellen, um die im Zentrum der Agency-Theorie stehenden Probleme der Verhaltensunsicherheit zu mindern bzw. zu lösen.

Anreizsysteme für Manager sollen verschiedenen Anforderungen genügen, wie beispielsweise für die Aktionäre als Prinzipale transparent sein. Anreizsysteme sollen darüber hinaus den ***Konflikt von Anreizsetzung und Risikoteilung*** lösen helfen, wie er im vorausgegangenen Kapitel diskutiert wurde, und zu einem Ausgleich der Zielsetzungen der Motivation des Managers und der Risikoteilung zwischen den Eigentümern als Prinzipalen und den Managern als Agenten führen. Die ***praktische Umsetzung*** eines Anreizsystems kann durch ein Schema erfolgen, das an der Kursänderung, d. h. an der Änderung des Shareholder Value für die Aktionäre ansetzt. Die Umsetzung erfolgt aber in der Praxis vielfach auch auf der Basis von Größen, die dem Rechnungswesen des Unternehmens entnommen werden. Beide Arten von Bezugsgrößen haben ihre Vor- und Nachteile.[26] In den vergangenen Jahren haben ***aktien-***

---

[26] Vgl. WAGENHOFER (1999).

kursbezogene Vergütungsprogramme eine große Popularität erfahren. Daher werden in den folgenden Abschnitten einige ***wichtige Charakteristika, Varianten*** sowie ***Vor- und Nachteile*** dieser Vergütungsprogramme diskutiert. Erfolgsabhängige Vergütungsprogramme werden teilweise auch für breite Mitarbeiterschichten aufgesetzt, die hier aber nicht betrachtet werden. Nur hinsichtlich einer Anreizbildung für die obere Führungsschicht sind aktienkursbasierte Vergütungsschemata sinnvoll, da nur zwischen deren Entscheidungen und der Kursentwicklung ein Zusammenhang vermutet werden kann.

(2) Klassifikation aktienkursbezogener Vergütungsprogramme

In den USA ist die Übereignung von Eigenkapitalanteilen des eigenen Unternehmens (***Stock-based Compensation***) eine seit langem verbreitete Form der Vergütung von Führungskräften bzw. der Bindung der Führungskräfte an das Unternehmen durch „goldene Handschellen" (Golden Handcuffs).[27] Die Ausgabe von Aktien oder Aktienoptionen (***Stock Options***) stellt in Deutschland erst seit Mitte der neunziger Jahre ein gängiges Instrument der erfolgsabhängigen Verfügung dar. Aktienoptionsprogramme zielen auf den gleichen Tatbestand der vom Begünstigten positiv beeinflussten Entwicklung des Marktwertes des Eigenkapitals (Sharholder Value) wie die Übereignung von Eigenkapitaltiteln, zeigen aber einige Unterschiede. So erhält das Management im Rahmen eines Aktienoptionsprogramms Kaufoptionen (Calls) auf die Aktien des Unternehmens und damit das Recht, zu einem zukünftigen Zeitpunkt die Aktien zu einem im Programm vorab definierten Basispreis kaufen zu können. Der Manager wird die Option nur dann ausüben, wenn der aktuelle Börsenkurs höher ist als der Basiskurs, und andernfalls die Option verfallen lassen. Der Manager als Inhaber einer Kaufoption auf Aktien seines Unternehmens partizipiert also an einer Kurssteigerung, nicht aber wie der Inhaber einer Aktie auch an einem möglichen Wertverfall der Aktien. Darüber hinaus erwirbt das Management als Inhaber der Optionen im Gegensatz zum Aktionär keine Mitgliedschaftsrechte, so dass ihm auch kein Stimmrecht auf der Hauptversammlung der Gesellschaft zusteht.

Unter den ***aktienkursbezogenen Vergütungsprogrammen*** lassen sich also Programme ohne und mit Optionscharakter unterscheiden.[28] Bei den Aktienbeteiligungsprogrammen haben sich insbesondere zwei Spielarten durchgesetzt.

---

[27] In Deutschland seit langem etabliert ist die Ausgabe von Belegschaftsaktien, in den USA die Durchführung sog. Employee Share Ownership Programs. Solche Programme verfolgen eine Bindungswirkung und häufig nur sehr indirekt eine Anreizwirkung, weil sie beispielsweise sehr weit unter der Belegschaft gestreut sind und daher kaum ein Zusammenhang zwischen den Handlungen der Begünstigten und dem Ergebnis gesehen werden kann.

[28] Vgl. GILLENKIRCH (2004).

- Im Rahmen eines ***Stock Purchase Agreements*** erhält das Management die Möglichkeit, Aktien des eigenen Unternehmens zu einem besonders günstigen Kurs zu erwerben. Ein günstiger, bezuschusster Einstieg in das eigene Unternehmen wird dem Management häufig im Gründungsstadium (Founder Stocks) des Unternehmens oder bei einem Management Buy-Out angeboten.
- Bei der Ausgabe von ***Performance Shares*** werden an die Ausgaben oder den Wiederverkauf der Aktien durch das Management als Erwerber zusätzliche Bedingungen wie das Erreichen bestimmter Unternehmensziele (z. B. Gewinn pro Aktie) geknüpft, um die Vergütung gezielt auf die idiosynkratischen Erfolgsfaktoren auszurichten und vom allgemeinen Marktumfeld zu lösen.

Alternativ oder ergänzend zu den direkten Beteiligungen werden Vergütungsformen konstruiert, bei denen dem Management unter bestimmten Bedingungen Anteile an der von ihm geleiteten Gesellschaft verschafft werden.

- Im Rahmen von ***Aktienoptions-Vergütungsprogrammen (Executive Stock Incentive Options)*** werden den Führungskräften im Gegensatz zu den vorher genannten Programmen keine Aktien, sondern Optionen auf Aktien des eigenen Unternehmens zugeteilt. Diese berechtigen das Management, innerhalb eines bestimmten Zeitraums eine gewisse Anzahl Aktien des eigenen Unternehmens gegen Zahlung eines bestimmten Basispreises zu erwerben.[29]
- Man unterscheidet die Zuteilung von ***festen Optionen*** (fixed Options), wenn der Basiskurs bereits bei der Zuteilung festgelegt ist, von der Zuteilung ***variabler oder bedingter Optionen*** (Variable Options), bei denen im Zeitpunkt der Auflegung des Programms noch nicht feststeht, wie viele Optionen der Manager letztlich erhält oder wie hoch der Basiskurs ist. So kann die Anzahl der zugeteilten Optionen vom Erreichen bestimmter Ziele abhängig gemacht werden.

Bei ***Stock Appreciaton Rights (SARs)*** erhält der begünstigte Manager am Ausübungstag keine Aktien, sondern den positiven Differenzbetrag zwischen dem aktuellen Kurs der Aktie und einem vordefinierten Referenzkurs (Basispreis). Der Manager partizipiert also an einer Kurssteigerung (Stock Appreci-

[29] Spezifische Ausgestaltungsmerkmale der Optionen führen in den USA zu der wichtigen Unterscheidung in Non-Qualified Stock Options und den nicht schon bei der bevorzugten Zuteilung oder Ausübung zu versteuernden Qualified Stock Options (Incentive Stock Options). Hier erfolgt ein steuerwirksamer Einkommensstrom erst bei einem vorteilhaften Verkauf der Anteile. Damit ein Stock-Option-Programm als „Qualified" eingestuft wird, muss es bestimmte Voraussetzungen erfüllen. Zu diesen Voraussetzungen zählt, dass die Laufzeit der Option zehn Jahre nicht überschreiten darf, der Basispreis nicht unterhalb des Aktienkurses am Ausgabetag der Option gewählt wird, der Begünstigte seine Option mindestens zwei Jahre und die nach Ausübung der Option erworbenen Aktien mindestens ein Jahr hält sowie die Option nur im Falle des Todes des Begünstigten übertragen werden darf. Vgl. WENGER / KASERER / KNOLL (1999).

ation).[30] Ein wesentlicher Vorteil der SARs ist darin zu sehen, dass der ***Kapitalverwässerungseffekt*** realer Zuteilungen oder Optionen aufgrund des Bezugsrechtsausschlusses für die Altaktionäre vermieden wird. SARs werden gelegentlich auch in Kombination mit Optionen ausgegeben, bei denen die Finanzierung des Basispreises zum Bezug der Aktien über die Realisation des Gewinns aus den SARs erfolgt.

Aktienkursbezogene Vergütungsprogramme weisen den Vorteil auf, dass sie an Erfolgsgrößen anknüpfen, die sich am Kapitalmarkt bilden, und unmittelbar eine Vermögensmehrung bei den Aktionären mit einem Zusatzertrag des Managements verbinden können. Ob diese Verbindung wirklich gelingt, hängt wesentlich von der speziellen Ausgestaltung des Programms ab. So hängt, wenn man von der Grundaussage des CAPM ausgeht, nur der unsystematische Teil der Kursbewegung oder Renditeentwicklung einer Aktie von der Managementleistung ab, während die systematische Komponente die Abhängigkeit von der Kursbewegung des Marktes beschreibt. Insoweit lässt sich die Kursbewegung im Allgemeinen nicht unmittelbar als Maßstab für die Leistung des Managements heranziehen.

(3) Alternative Erfolgsziele als Bezugsgrößen der Vergütung

Aktienoptionsprogramme müssen, wenn eine enge Verknüpfung von Managementleistung und Kursänderung gewährleistet werden soll, bestimmte Ausstattungsmerkmale aufweisen, die bei der ökonomischen Beurteilung der Qualität des Programms von großer Bedeutung sind.[31]

- Wenn die Ausübung der Optionen an ein ***absolutes Performanceziel*** geknüpft wird, so dass der Aktienkurs bis zum Ausübungszeitpunkt um einen bestimmten Mindestprozentsatz gestiegen sein muss, so wird der Auslöser auch betätigt, wenn der Aktienkurs einem allgemeinen Kursanstieg an der Börse folgt, ohne dass eine besondere Leistung des Managements erkennbar wird. Optionsprogramme auf der Basis absoluter Ausübungsschwellen sind also nicht anreizkompatibel. Keine Anreizgesichtspunkte sind insbesondere hinter Aktienoptionen zu vermuten, deren Basiskurs nahe am herrschenden Aktienkurs liegt, die also mehr oder weniger „at the money" ausgegeben werden.
- Bei der Vorgabe eines ***relativen Performanceziels*** muss die Wertentwicklung des Unternehmens über der Wertentwicklung eines vorgegebenen Vergleichsindex liegen, so dass möglichst nur die idiosynkratische Wertentwicklung honoriert wird. In diesem Fall ist die Auswahl des Index für die Beurteilung der Anreizwirkung von großer Bedeutung. Je breiter der Index, umso weniger ist zu erwarten, dass Kursabweichungen von der Indexentwicklung ein Ausdruck

[30] Man spricht generell von Performance Units, wenn die Begünstigten das Recht auf eine kursabhängige Zahlung oder Zuteilung von Aktien erwerben.

[31] Vgl. zum Folgendem WINTER (2003), S. 347 f.

der idiosynkratischen, d. h. der vom Management beeinflussten Entwicklung sind. Je enger der Index (z. B. Branchenindex), umso mehr kann sich in der Differenz die Managementleistung widerspiegeln. Ein enger Index kann aber aus Kapitalmarktsicht – zu geringe Diversifikation, zu geringe Liquidität – problematisch sein, weil er gar nicht das systematische Risiko der Branche widerspiegelt.

– Bei der zusätzlichen ***Vorgabe rechnungswesenorientierter Performanceziele*** müssen bestimmte Kennzahlen des Rechnungswesens vorgegebene Zielwerte übertreffen, bis die zugeteilten Optionen ausgeübt werden dürfen. Die zusätzliche Berücksichtigung rechnungswesenorientierter Größen kann vermeiden helfen, dass systematische Kursänderungen oder Kursmanipulationen eine Vergütung induzieren. Gelegentlich hängt auch die Anzahl der verfügbaren aktienkursbezogenen Optionen davon ab, ob bzw. in welchem Umfang einzelne rechnungswesenorientierten Erfolgsziele erreicht werden.

Bei den in Deutschland eingeführten Optionsprogrammen überwiegen die ***absoluten Performanceziele*** (z. B. Aktienkurssteigerung um mehr als 8 %), obwohl die alleinige Verwendung eines absoluten Performanceziels die Trennung von systematischer und unsystematischer Kursbewegung außer Acht lässt. Bei den zu beobachtenden ***Mischformen*** spielen vor allem Kombinationen aus absoluten und relativen Performancezielen eine Rolle, bei denen unterstellt werden kann, dass nur bei positiver Gesamtentwicklung des Unternehmens und einem erheblichen Einsatz des Managements die doppelten Hürden übersprungen werden können. Bei den Programmen mit einer relativen Performancekomponente besteht die Indexanbindung allerdings häufig nur hinsichtlich der ***Ausübungshürde Basiskurs***, so dass der Bezugskurs für die Optionen immer noch konstant bleibt. Eine empirische Erhebung der Erfolgsziele deutscher Optionsprogramme kommt zu dem Ergebnis, dass ein Großteil mit suboptimalen Zielen operiert. „Die verwendeten Erfolgsziele können sich zumindest ganz überwiegend nicht auf eine echte Wertorientierung berufen."[32]

Diese negative Einschätzung der Kultur der Ausgestaltung aktienkursbezogener Vergütungssysteme muss allerdings berücksichtigen, dass die Alternative eines vollständigen Wegfalls solcher Anreize noch problematischer erscheint.

Die in Deutschland seit Mitte der 90er Jahre aufgelegten aktienkursbezogenen Vergütungsprogramme mussten darüber hinaus berücksichtigen, dass bei der Vergütung der Führungskräfte einige grundlegende rechtliche Vorga-

---

[32] Vgl. WINTER (2003), S. 349. Vgl. zu einer weitergehenden Beurteilung auch hinsichtlich der Transparenzanforderungen und der Beachtung insiderrechtlicher Vorgaben die Studie der Union Investment. Vgl. die empirische Studie der Union Investment vom 8. Aug. 2005 unter http://unternehmen.union-investment.de.

ben zu beachten sind, weil die Vergütungsschemata mit den bestehenden Gesetzen vereinbar sein müssen (vgl. §§ 134, 138 BGB). In § 87 AktG sind darüber hinaus die Grundsätze ordnungsgemäßer Vergütung von Vorstandsmitgliedern festgeschrieben, die fordern, dass die Gesamtbezüge der Vorstandsmitglieder in einem angemessenen Verhältnis zu ihren Aufgaben und zur Lage der Gesellschaft stehen müssen.[33] § 86 AktG erwähnt ausdrücklich den ***Gewinn als mögliche Bezugsgröße*** einer leistungsabhängigen Vergütung. Eine Anknüpfung beispielsweise an den Aktienkurs oder die gezahlte Dividende des Unternehmens wird nicht angesprochen und ist damit auch nicht ausgeschlossen. Aus den §§ 86 ff. AktG lässt sich allerdings ableiten, dass Vorstandsvergütungen nicht in ihrer Gesamtheit an den Aktienkurs der Gesellschaft gebunden sein dürfen.[34]

Um die nach einer Ausübung der Aktienoptionen entstandenen Ansprüche der Führungskräfte zu bedienen, hat die Gesellschaft grundsätzlich die Möglichkeit, die Unternehmensaktien entweder über eine ***Kapitalerhöhung*** oder über den ***Rückkauf eigener Aktien*** am Kapitalmarkt bereitzustellen.[35] In der Zwischenzeit ist klar gestellt, dass die Begünstigten von ihren Rechten Gebrauch machen können, ohne Gefahr zu laufen, wegen eines Insidervergehens belangt zu werden.

(4) Probleme und Defizite der Managementvergütungsprogramme

Aus dem Ansatz der Prinzipal-Agent-Theorie wird häufig die Hypothese abgeleitet, dass Unternehmen, bei denen das Management über einen hohen Eigenkapitalanteil oder über einen geeigneten Vergütungsmechanismus verfügt, der an die Wertsteigerung des Eigenkapitals gekoppelt ist, im Durchschnitt erfolgreicher und profitabler arbeiten sollten als Unternehmen ohne Kapitalanteile des Managements oder ein entsprechendes Anreizsystem. Die empirischen Befunde können allerdings ***keinen gesicherten Nachweis*** dafür erbringen, dass der Einsatz erfolgsorientierter Vergütungssysteme „den Unterneh-

---

[33] Es ist daher fraglich, ob die in den USA zum Teil zu beobachtenden extrem hohen Managervergütungen durch das deutsche Aktiengesetz überhaupt gedeckt wären.

[34] Zur Problematik des kaufmännischen Gewinns als Bezugsgröße für Managervergütungen vgl. bereits LAUX (1975).

[35] Die bedingte Kapitalerhöhung ist durch die Änderungen des am 1. Mai 1998 in Kraft getretenen Gesetzes zur Kontrolle und Transparenz im Unternehmensbereich (KonTraG) nach § 192 AktG nunmehr ausdrücklich zur Gewährung von Bezugsrechten an Arbeitnehmer und Mitglieder der Geschäftsleitung der Gesellschaft oder eines verbundenen Unternehmens zulässig. Auch der Erwerb eigener Aktien durch das Unternehmen ist durch das KonTraG möglich geworden. Der neu eingeführte § 72 Abs. 3 Satz 2 AktG ermöglicht es der Gesellschaft, aufgrund eines Beschlusses der Hauptversammlung für einen Zeitraum von 18 Monaten eigene Aktien zu erwerben. Weiter legt die Hauptversammlung den Anteil am Grundkapital, der 10 % nicht übersteigen darf, sowie den höchsten und niedrigsten Wert des Rückkaufs fest.

menserfolg signifikant positiv beeinflusst. Die fehlende empirische Evidenz positiver Effekte kann aufgrund massiver Methodenprobleme jedoch nicht als Beweis der Unbrauchbarkeit erfolgsorientierter Vergütungssysteme interpretiert werden."[36] Andererseits geben sie Anlass, über die theoretischen Grundlagen solcher Vergütungssysteme nachzudenken.[37]

Darüber hinaus kann nicht davon ausgegangen werden, dass eine Interessenharmonisierung zwischen Managern und Kapitalgebern ausschließlich über ***monetäre Anreize*** erfolgen kann und erfolgen sollte. Andere implizite Faktoren wie die persönlichen ***Karrieremöglichkeiten*** oder das ***Prestige*** und soziale Ansehen können für Führungskräfte von ebenso hoher Bedeutung sein und die Mängel finanzieller Anreizprogramme vermeiden. Es besteht sogar die Gefahr, dass monetäre Anreizvergütungen als extrinsische Faktoren die intrinsische Motivation von Wirtschaftssubjekten ganz oder teilweise zerstören.[38]

Ein weiterer großer Nachteil aktienkursbezogener Vergütungsmodelle kann darin gesehen werden, dass sie voraussetzen, dass die ***Aktienkurse unverzerrte Schätzer*** der inneren Werte der Aktien darstellen. Wenn diese Voraussetzung nicht erfüllt ist, kann die angestrebte Interessenharmonisierung verzerrt und, wie in den Bilanzierungsskandalen um Enron und WorldCom offenkundig wurde, das Management beispielsweise durch Vergütungsschemata mit Fehlanreizen zu Lasten der Aktionäre versehen sein. In einer Studie für den amerikanischen Markt findet YERMACK (1997), dass Manager sich auffällig oft ihre Aktienoptionen vor der Bekanntgabe positiver Unternehmensnachrichten gewähren lassen und bei schlechten Nachrichten ihre Entlohnungsformen lieber erst verhandeln, wenn der Informationseffekt am Markt bereits verpufft ist. Diese Beobachtung deutet darauf hin, dass Manager leicht nur gelegentlich versuchen, die Kursentwicklung zu manipulieren oder aber zumindest ihren Informationsvorsprung bei der Verhandlung der Kompensationspakete auszunutzen.

Damit stellt sich aber die Form der Managervergütung nicht nur als Möglichkeit zur ***Lösung des Agency-Problems*** dar, sondern wird selbst ein ***Bestandteil des Agency-Problems***.[39] Dies insbesondere deshalb, weil das Management selbst die Ausgestaltung der Anreizprogramme vornimmt oder sie

---

[36] Vgl. WINTER (2001), S. 535.

[37] Vgl. KÜRSTEN (2001) und GILLENKIRCH (2001). KÜRSTEN weist insbesondere darauf hin, dass bei der Zuordnung von Eigenkapitalanteilen und Optionen die Anfangsausstattung der Manager und damit deren bereits vorhandene Risikoposition berücksichtigt werden muss.

[38] Vgl. FREY / OSTERLOH (2000). GIBBONS und MURPHY (1992) entwickeln ein Anreizmodel, welches diese zusätzlichen Faktoren zu integrieren versucht, dessen Implementierung aber in der Praxis zu erheblichen Schwierigkeiten führen dürfte.

[39] Vgl. BEBCHUK / FRIED (2003).

zumindest wesentlich mit beeinflusst. In diesem Zusammenhang argumentieren SHLEIFER und VISHNY (1997), dass die Mängel der Interessenharmonisierung besonders ausgeprägt sind, wenn die Entlohnungspakete mit einem verhältnismäßig schwachen Aufsichtsrat ohne kontrollierende Einzelinvestoren verhandelt werden. Die Autoren heben dementsprechend die ***Eigentümerstruktur*** des Unternehmens als wichtigen Einflussfaktor eines Anreizsystems hervor. SAUTNER und WEBER (2005) weisen für die DAX 30, Euro Stoxx 50 und Stoxx 50 Unternehmen nach, dass bei zerstreuter Anteilseignerstruktur und geringer Abhängigkeit vom amerikanischen Kapitalmarkt vergleichsweise ineffiziente Aktienoptionsprogramme emittiert werden, wobei dieser Effekt unterstützt wird, wenn der Aufsichtsrat der Unternehmen von Personen geprägt wird, die dem Unternehmen nahe stehen. Offenbar spielt die in Kapitel 14 noch ausführlicher vorgestellte Ausprägung der ***Governance-Struktur*** der Unternehmen eine wichtige Rolle, wenn für das Management eines Unternehmens die richtigen Anreize gesetzt werden.

Andere Einflussfaktoren auf die Wirksamkeit von Aktienoptionsplänen können jene Bedingungen darstellen, die generell zu einer Disziplinierung des Managements beitragen wie der ***Markt für Unternehmenskontrolle*** (market for corporate control)[40] oder der ***Markt für Manager***.[41] ADAMS (2003) weist beispielsweise für Gesellschaften ohne offenkundige Kontrollaktionäre eine „Ausbeutungsoffenheit" nach, die er am Beispiel eines Vergütungsexzesses der DaimlerChrysler AG vorführt.[42]

Dennoch können erfolgsabhängige Vergütungsschemata einen wichtigen Governance-Mechanismus in der Unternehmung darstellen. Aus den verfügbaren Fallstudien und dem empirischen Befund folgt aber, dass im Einzelnen geprüft werden muss, ob ein Vergütungsprogramm als wirksamer Anreizvertrag gewertet werden kann oder eher eine bequeme Form der Gehaltserhö-

---

[40] Der Begriff des Marktes für Unternehmenskontrolle geht auf MANNE (1965) zurück, dessen Konzept von drei Annahmen ausgeht: Die Unternehmenskontrolle ist ein selbständiger Vermögenswert, Unternehmensübernahmen können Ausdruck eines funktionierenden Marktes für Unternehmenskontrolle sein und der Mechanismus des Marktes für Unternehmenskontrolle funktioniert nur, wenn eine hohe positive Korrelation zwischen einer erfolgreichen Unternehmensführung und dem Aktienkurs des betreffenden Unternehmens gegeben ist.

[41] Vgl. ALCHIAN (1984).

[42] ADAMS (2003) weist vergleichend auf die BMW AG mit einem kontrollierenden Großaktionär hin. In diesem Unternehmen sind beispielsweise überhaupt keine Aktienoptionsprogramme bekannt, ohne dass sich in der Qualität des Managements oder den Unternehmensentscheidungen gegenüber DaimlerChrysler augenscheinliche Defizite bemerkbar machen. Im Juli 2003 wurde bekannt, dass DaimlerChrysler sein Optionsprogramm inhaltlich überprüfen will. Der in Kapitel 12 näher beleuchtete Markt für Unternehmenskontrolle gilt in Deutschland als nicht sehr effizient und auch der Markt für Manager scheint wegen der netzwerkartigen Verbindung der Manager als Vorstände und Aufsichtsräte kein wesentliches Korrektiv darzustellen.

hung für die Führungskräfte darstellt. Die sinnvolle Weiterentwicklung aktienkursbezogener Vergütungssysteme kann sich dabei auf Ergänzungen des klassischen Optionsrechts um Elemente ***exotischer Optionen*** stützen. Die Vielfalt der möglichen Konstruktionsbestandteile unterstreicht die Vermutung, dass hier ein breites Instrumentarium zur Verfügung steht, um rechtzeitig und wirksam mögliche Fehlanreize und ein dadurch bedingtes, die Aktionäre schädigendes Verhalten durch entsprechende Variationen der Programmparameter zu vermeiden.[43]

In der Unternehmenspraxis ist in den letzten Jahren eine ***sinkende Beliebtheit*** von Stock-Option-Programmen festzustellen. Diese resultiert u. a. daraus, dass viele Programme immer noch mangelhaft ausgestaltet sind und in der Öffentlichkeit kritisiert werden. Ein vielleicht noch wichtigerer Grund dafür, dass Optionsprogramme heruntergefahren oder ganz gestoppt werden, ist auch darin zu sehen, dass die ausgegebenen Optionen ab 2006 zum Zeitpunkt der Ausgabe als Aufwendungen verbucht werden müssen und dementsprechend bei der Ausgabe das Ergebnis belasten.[44] Bei hoher Transparenz durch Offenlegung der Vorstandsgehälter und Ergebnisbelastung der Vergütung scheint die Attraktivität aktienkursbezogener Vergütungsprogramme für das Management deutlich abzunehmen, so dass viele Unternehmen wieder zu traditionellen gewinnbezogenen Tantiemen übergehen und die Leistungsvergütung von der Gewinnentwicklung des Unternehmens oder der Gesamtkapitalrendite abhängig machen. Dann geht allerdings der Bezug zu einer Shareholder-Value-Orientierung mehr oder weniger wieder verloren.

Lektürevorschläge zu Kapitel 6

Fragen der Bewältigung der Probleme, die aus der Qualitäts- und Verhaltensunsicherheit resultieren, sind Gegenstand des Lehrbuchs von BREUER (1998) im Rahmen der Finanzierungstheorie ebenso wie des Lehrbuchs von KRÄKEL (1999) im Rahmen der Organisationstheorie. Die Lehrbücher greifen auf die wichtigsten Originalarbeiten zurück wie die von AKERLOF (1970), ALCHIAN (1984), JENSEN und MECKLING (1976), MYERS (1977), MYERS / MAJLUF (1994) und ROSS (1974).

Der Prinzipal-Agent-Ansatz wird ausführlich und grundlegend dargestellt in DEMOUGIN / JOST (2001), FRANKE (1993), MILGROM und ROBERTS (1992) sowie SPREMANN (1989). Die enge Verbindung zur neoklassischen Finanzierungstheorie arbeitet WILHELM (1991) heraus.

Mit den theoretischen Gesichtspunkten bei der Beurteilung aktienkursbezogener Vergütungsprogramme für das Management beschäftigen sich HOMMEL / PRITSCH (2001), GILLENKIRCH (2004), GÖX (2004), LAUX (1998) und MAYER / PFEIFFER / REICHEL (2005). Eine Gegenüberstellung des emprisichen Befundes mit dem theoretischen Anspruch bringen JENSEN / MURPHY (1990) für den amerikanischen und WINTER (2001) für den deutschen Markt. ADAM (2003) ergänzt den Befund in Deutschland mit einer lehrreichen Fallstudie. RUDOLPH / SCHÄFER (2000)

---

43 Vgl. RUDOLPH / SCHÄFER (2000).

44 Vgl. PELLENS / CRASSELT (2004), S. 113 ff.

stellen exotische Optionen zusammen, mit deren Hilfe sich die Anreizziele umsetzen lassen. BEBCHUK / FRIED (2003), WENGER / KASERER / KNOLL (1999) sowie WINTER (2003) befassen sich mit der Frage, ob Aktienoptionsprogramme Anreizprobleme lösen helfen oder selbst ein zu lösendes Problem darstellen.

Zusammenfassung

Die spezielle Informationsverteilung und die besonderen Interessen der an einem Finanzierungsvertrag beteiligten Entscheidungsträger beeinflussen die Finanzierungs- und Investitionsentscheidungen der Unternehmen. Die in diesem Kapitel 6 diskutierten Ansätze zur Lösung von Finanzierungsproblemen bei Qualitäts- und Verhaltensunsicherheit weisen teilweise aber auch einen starken Bezug zu anderen Teilbereichen der Betriebswirtschaftslehre auf, so beispielsweise zur Organisationstheorie.

In der Finanzierungstheorie werden insbesondere die möglichen Interessengegensätze zwischen den Schuldnern und Gläubigern, den Managern und Eigentümern, den Alt-Aktionären und Neu-Aktionären sowie den Unternehmen und ihren Mitbewerbern am Markt behandelt, wobei die besser informierte Partei die Rolle des Agenten und die schlechter informierte Partei die des Prinzipals einnimmt.

Die Erkenntnisse der Neoklassik verlieren bei einer Prinzipal-Agent-Analyse im Neoinstitutionalismus nicht an Bedeutung. Sie dienen nun aber vorwiegend als Vergleichsmaßstab (First-Best-Lösung) für die aus der Agency-Perspektive heraus abgeleiteten Ergebnisse. Dabei wird deutlich, inwieweit Qualitäts- und Verhaltensunsicherheiten als Formen der vor- bzw. nachvertraglichen Informationsasymmetrie zwischen den beteiligten Parteien eine Abweichung von der effizienten Allokation aus dem neoklassischen Ansatz bewirken.

Der Suche nach geeigneten Mechanismen zur Minderung der negativen Folgen der Informationsasymmetrie und damit zur Minimierung der Agency-Kosten kommt in diesem Zusammenhang eine wesentliche Bedeutung zu. Im Falle der Qualitätsunsicherheit eignen sich hierzu insbesondere Signaling- und Screening-Mechanismen, bei denen entweder die besser informierte oder die schlechter informierte Partei aktiv zum Abbau von Informationsasymmetrien beitragen. Für den Fall der Verhaltensunsicherheit erweisen sich Kontrollaktivitäten und Vertragsinstrumente zur Anreizsteuerung und Interessenharmonisierung als hilfreich.

Management-Vergütungsprogramme können Anreize für eine an den Zielen der Unternehmenseigentümer orientierten Geschäftspolitik geben. Die Untersuchung der in der Praxis umgesetzten Management-Vergütungsprogramme offenbart allerdings erhebliche Defizite und im Zuge der öffentlichen Kritik der Programme eine nachlassende Popularität in der Praxis der Unternehmen.

Schlüsselbegriffe

Aktienkursbezogene Vergütung
Anreizmodelle
Anreizbedingung / Anreizverträglichkeitsbedingung
Dienstverbrauchsproblem (JENSEN / MECKLING)
Qualitätsunsicherheit
Leistungsanreizproblem
LEN-Modell
Partizipationsbedingung / Kooperationsbedingung
Risikopräferenzproblem
Stock Options
Unterinvestitionsproblem
Verhaltensunsicherheit
Zeitpräferenzproblem

Kapitel 7

Die Finanzierung junger Unternehmen: Venture Capital

Die unzureichenden Finanzierungsmöglichkeiten junger innovativer Unternehmen sind ein seit langem bekanntes ***Problem des Finanzmarktes in Deutschland***. Obwohl zur Lösung dieses Problems vielfältige banken-, steuer-, gesellschafts- und börsenrechtliche Reformvorschläge vorgelegt und zum Teil auch durchgeführt worden sind, weist der deutsche Markt im Vergleich zu den Märkten in den USA und Großbritannien immer noch Defizite auf.

Die Finanzierungsprobleme junger Unternehmer sind darauf zurückzuführen, dass die Banken nicht bereit oder in der Lage sind, innovative Gründungen mit Krediten zu finanzieren. Aufgrund der noch ***fehlenden materiellen Vermögensgegenstände*** als mögliche Kreditsicherheit, der ***nicht ausreichenden Informationsbasis*** und der ***hohen Risiken*** sind die jungen Unternehmen daher auf Beteiligungskapital angewiesen. Aber auf den Märkten für Beteiligungskapital finden sie wegen der ausgeprägten asymmetrischen Informationsverteilung ebenfalls keine Mittel, die ihnen die Gründung und Weiterführung eines Unternehmens ermöglichen könnten. Offenbar sind weder die herkömmlichen Bankfinanzierungen noch die etablierten Beteiligungsfinanzierung in der Lage, die Probleme einer Gründungsfinanzierung effizient zu lösen. Damit sind aber Gründungsvorgänge auf Fälle beschränkt, in denen zufällig die eigenen Mittel des Entrepreneurs bzw. die Mittel der Freunde und Verwandten für den Start zunächst ausreichen (GERKE 1993, GERKE / BANK 1999).

Das amerikanische Finanzsystem hat als Lösungskonzept für die Probleme der Gründungsfinanzierung schon vor vielen Jahren die ***Finanzierung mit Venture Capital*** entwickelt. Diese Finanzierungsform ist insbesondere im Zusammenhang mit dem großen Erfolg der jungen Hochtechnologieunternehmen im Silicon Valley in Kalifornien populär geworden. HANS N. WEILER von der Stanford University berichtet sehr anschaulich die Begebenheit, dass Ende der dreißiger Jahre der Prorektor der Stanford University FREDERICH EMMONS TERMAN zweien seiner Studenten, nämlich WILLIAM HEWLETT und DAVID PACKARD, ein paar hundert Dollar vorschoss, damit diese sich in einer alten Garage in Palo Alto eine Elektronik-Wertstatt einrichten konnten. Diese Garage, die heute unter Denkmalschutz steht, wurde zur Keimzelle der Firma Hewlett-Packard.

Die Universität verfügte im Übrigen im Santa Clara Valley noch über große Ländereien, auf denen nach dem Krieg TERMAN 1951 den Stanford Industrial Park für neu gegründete Unternehmen errichtete. Hier begannen die Erfolgsgeschichten von Unternehmen wie Apple, Cisco, Google und Oracle, die alle mit dem Phänomen Silicon Valley verbunden sind.[1] ***Silicon Valley*** wurde als idealer Standort für innovative Unternehmen aus dem Hightechbereich bekannt und darüber hinaus zum Inbegriff für eine besonders erfolgreiche Form des Wettbewerbs und der Kooperation zwischen Wissenschaft und Praxis.[2]

Von der Finanzierung der jungen Unternehmen mit Venture Capital und den diese Finanzierungsform bereitstellenden ***Venture-Capital-Gesellschaften*** werden heute auch in Deutschland wichtige Hilfestellungen beim Aufbau innovativer Wachstumsunternehmen erwartet, die zur Keimzelle für weitere Industrieansiedlungen werden können. Daher wird in diesem Kapitel die ***Idee und Technik der Finanzierung mit Venture Capital*** ausführlich vorgestellt. Durch Hinweise auf theoretische Ansätze ebenso wie durch die Beschreibung institutioneller Details der Vertragsgestaltung wird gezeigt, warum von dieser Finanzierungsform ein Beitrag zur Lösung des Problems der Versorgung junger innovativer Unternehmen mit Finanzierungsmitteln erwartet werden kann.[3]

In Abschnitt 7.1 werden dazu die wesentlichen Charakteristika der Finanzierung mit Venture Capital herausgearbeitet und jenen der üblichen Unternehmensfinanzierung gegenübergestellt. Darüber hinaus erfolgt eine Abgrenzung zur ***Private-Equity-Finanzierung***, die eine andere besondere Art der Beteiligungsfinanzierung von Unternehmen darstellt. In Abschnitt 7.2 werden dann die vertraglichen Beziehungen zwischen den Venture-Capital-Gesellschaften als spezialisierten Finanzintermediären und den Kapitalgebern oder Investoren einerseits und den jungen Unternehmen bzw. Unternehmern andererseits analysiert. Schließlich wird in Abschnitt 7.3 auf Besonderheiten des sog. ***Corporate Venture Capital*** hingewiesen, welches den jungen Unternehmen von etablierten Großunternehmen zur Verfügung gestellt werden kann.

---

[1] Vgl. WEILER (2005).

[2] Vgl. insbesondere die ökonomische und soziologische Analyse von SAXENIAN (1996).

[3] Vgl. TYKVOVÁ (2003).

7.1 Charakteristika der Eigenkapitalfinanzierung junger Unternehmen

7.1.1 Die Märkte für Venture Capital und Private Equity

(1) Venture Capital als aktive Beteiligung an jungen Unternehmen

Als ***Venture Capital (VC)*** bezeichnet man Finanzierungsmittel, die von einer spezialisierten ***Venture-Capital-Gesellschaft (VCG)*** einem neu gegründeten oder noch sehr jungen Unternehmen mit großen Wachstumschancen für eine ***begrenzte Zeit*** als ***aktives Eigen- oder Beteiligungskapital*** zur Verfügung gestellt werden.

- Die Finanzierung erfolgt in Form von ***Beteiligungskapital bzw. eigenkapitalähnlichen Mitteln (Mezzanin-Kapital)***. Venture Capital bietet also keine neuartigen Konstruktionsbestandteile jenseits des Charakters als Beteiligungskapital, sondern resultiert aus der Einbindung etablierter Finanzierungsinstrumente (GmbH-Anteile, stille Beteiligungen, Genussscheine etc.) in ein ***umfassendes vertragliches Arrangement*** der VC-Finanzierung.
- Das bereitgestellte Kapital wird als ***aktives Eigenkapital (Smart Money)*** bezeichnet, weil die VCG über die Bereitstellung der Finanzierungsmittel hinaus üblicherweise zusätzliche ***Management-, Beratungs- und Serviceleistungen*** anbietet. Die ***Finanzierungsverträge*** der VC-Gesellschaften mit ihren Beteiligungsunternehmen beinhalten komplexe ***Nebenabreden***, die einerseits die zu erbringenden Leistungen der VCG spezifizieren und andererseits der VCG umfassende ***Kontroll- und Mitentscheidungsrechte*** bei dem Beteiligungsunternehmen einräumen, die so weit reichen können, dass sie sogar den Gründer (Entrepreneur) entlassen oder das Management des jungen Unternehmens ablösen können.
- Im Beteiligungsvertrag ist auch festgelegt, unter welchen Bedingungen dem Beteiligungsunternehmen im Lauf der Vertragsbeziehung neues Beteiligungskapital zufließt. Das Konzept der ***Stufenfinanzierung*** setzt auf einer Prognose an, wann die zugeflossenen Mittel vom Unternehmen verbraucht sind und unter welchen Bedingungen dann neue Mittel zur Verfügung gestellt werden. Zwischen der VCG und dem Beteiligungsunternehmen wird jedenfalls keine unbefristete Geschäftsbeziehung vereinbart oder wie bei einer Kreditbeziehung angestrebt, sondern es werden möglichst für alle wesentlichen Umweltentwicklungen die beiderseits geltenden Rechte und Pflichten festgeschrieben. Ein Finanzierungssystem, das den Mechanismus der Beziehungsdauer betonte, würde dagegen für junge Unternehmen eine Benachteiligung darstellen (HARHOFF 1998, S. 248). Diese Nachteile sollen durch eine VC-Finanzierung aber gerade überwunden werden.
- Wegen der ***sehr hohen Risiken***, die mit dem Aufbau von Unternehmen verbunden sind, müssen von den VC-Gesellschaften trotz sorgfältiger Prüfung

und Kontrolle der Engagements viele Beteiligungen im Lauf der Zeit mit Verlust abgeschrieben werden. Eine VCG muss daher ihren Erfolg aus vergleichsweise wenigen positiv verlaufenden Engagements erwirtschaften. Da die VC-Gesellschaften ihrerseits ihren Geldgebern eine attraktive Anlagemöglichkeit ihrer Mittel anbieten müssen, benötigen sie aus den erfolgreichen Beteiligungen ***hohe Erfolgsbeiträge***, die nur aus der Investition der Mittel in hoch profitable, schnell wachsende Unternehmen realisiert werden können.

Neben dem Begriff ***Venture Capital*** werden in der Praxis Begriffe wie ***Risiko-, Wagnis-*** oder **Chancenkapital** verwendet, die auf die besonders hohen Risiken und Chancen einer Beteiligung an jungen innovativen Unternehmen abstellen, sich aber letztlich nicht durchsetzen konnten. Gelegentlich kann man als Übersetzung für Venture Capital auch den Begriff ***Innovationskapital*** finden. Dieser Begriff ist jedoch zu allgemein, weil typische VC-Finanzierungen nicht zur Deckung des innovationsbedingten Kapitalbedarfs etablierter Unternehmen dienen.

(2) Private Equity als Beteiligung ohne Börsennotiz

Neben dem Begriff ***Venture Capital (VC)*** ist heute vielfach der Begriff ***Private Equity (PE)*** getreten. In Abhängigkeit von der zugrunde liegenden definitorischen Abgrenzung werden beide Begriffe entweder synonym oder in strenger Abgrenzung voneinander verwendet:

- In den ***USA*** dient der Begriff ***Private Equity*** als Oberbegriff für alle ***zeitlich befristeten Eigenkapitalanlagen in nicht börsennotierte Unternehmen***, also in Venture Capital, in Buy-outs, in Turnaround-Finanzierungen und in Distressed Firms. Bei dieser Sichtweise kann man VC als spezielles Segment des Marktes für Private Equity interpretieren.[4] Der Begriff Private Equity umfasst damit nicht nur Eigenkapitalinvestitionen in junge Wachstumsunternehmen, sondern alle befristeten Anlagen in ***nicht börsennotierte Unternehmen***.[5] Private Equity steht dann dem Begriff Public Equity für Anteile (Aktien) an öffentlich gehandelten Gesellschaften gegenüber.
- In ***Deutschland*** und in anderen europäischen Ländern findet man im Gegensatz zu den USA häufig eine ***Gleichsetzung der Begriffe Private Equity und Venture Capital***. Das liegt u. a. an den lange Zeit unterentwickelten Anlagen der deutschen VC-Gesellschaften in wirklich junge Wachstumsunternehmen. Stattdessen investierten die VC-Gesellschaften weitgehend in nicht mehr ganz

---

[4] In den genannten Fällen werden die Beteiligungsmittel in Fonds gesammelt, die dann zur Finanzierung von jungen Unternehmen (Venture Capital), von Unternehmenskäufen (Buy-outs), von Unternehmensrestrukturierungen (Turnaround) und zur Finanzierung insolventer Unternehmen mit Überlebenschancen zur Verfügung gestellt werden.

[5] Nach Angaben der National Venture Capital Association in den USA wird der Begriff Private Equity gelegentlich auch exklusiv für Anlagen in Buy-out-Fonds verwendet.

junge Unternehmen, bezeichneten sich aber dennoch als VC-Gesellschaften. „Substantively, United States funds are more heavily invested in early-stage ventures and high-technology industries, while German venture capital provides primarily later-stage financing in lower-technology industries.“ (BLACK / GILSON 1998, S. 246) Diese Aussage trifft für die derzeitige Situation der Branche immer noch zu.

(3) Wichtige Institutionen der Private-Equity-Branche

Die Unternehmen, die Venture Capital bzw. Private Equity bereitstellen, sind in verschiedenen ***Verbänden*** auf nationaler und internationaler Ebene organisiert.[6] Die Verbände verfolgen u. a. das Ziel, möglichst gute Rahmenbedingungen für Beteiligungskapital zu schaffen und den Erfahrungsaustausch zwischen den Mitgliedern zu fördern. Bei näherer Betrachtung des VC-Marktes fällt die enge Verbindung zwischen VC einerseits und den Technologieunternehmen und Innovationen andererseits auf. Wenn sich prinzipiell auch alle möglichen neuen Produkte und Ideen zur VC-Finanzierung anbieten, so haben sich doch gewisse ***Hochtechnologiebereiche*** der Innovationen als Kapitalnehmer herauskristallisiert (sog. ***Venture-Branchen***). Zu diesen Bereichen zählen die Telekommunikation, die Mikroelektronik einschließlich Softwareentwicklung und Anwendung in der industriellen Produktion, die Biotechnologie, die Technologien zur Energiegewinnung und Energieeinsparung, die medizinische Technik sowie die Sicherheitstechnik. Den Venture-Branchen wird von Marktteilnehmern ein besonders hohes Wachstumspotenzial zugeschrieben.[7]

In Deutschland spielt im Gegensatz zum amerikanischen Markt die ***öffentliche Hand*** eine wesentliche Rolle bei der Finanzierung junger Unternehmen. Die öffentliche Hand stellt ihre Mittel über ihre zentrale Förderbank (z. B. die KfW-Bankengruppe mit ihrer Mittelstandsbank und dem Technologie-Beteiligungsprogramm) oder die Landesbanken für Aufbaufinanzierung als Co-Investoren der VC-Gesellschaften zur Verfügung. Die große Bedeutung der öffentlichen Hand in Deutschland spricht dafür, dass sich die in den USA

---

[6] Der europäische Dachverband aller in dem betrachteten Segment arbeitenden Unternehmen ist die European Private Equity and Venture Capital Association (EVCA), der deutsche Verband der Bundesverband deutscher Kapitalbeteiligungsgesellschaften – German Venture Capital Association (BVK) und der entsprechende Verband in den USA die National Venture Capital Association (NVCA).

[7] Gleichzeitig geht von der Existenz eines funktionsfähigen VC-Marktes offenbar auch eine belebende Wirkung auf die Innovationstätigkeit aus. So weist eine empirische Studie in den USA nach, dass Unternehmen mit Venture Capital vergleichsweise mehr Patente halten als andere Unternehmen und dass diese Patente auch in der Literatur häufiger genannt werden (wertvoller sind) als die Patente vergleichbarer Unternehmen ohne Venture Capital. Vgl. KORTUM / LERNER (2000). Zu den besonderen Wert schaffenden Eigenschaften einer VC-Finanzierung für das Beteiligungsunternehmen vgl. HELLMANN / PURI (2002).

erarbeiteten Erkenntnisse über Erfolgsfaktoren von Gründungen und VC-Finanzierungen nicht ohne weiteres auf die Verhältnisse in Deutschland übertragen lassen.

7.1.2 Venture Capital im Lebenszyklus der Unternehmensentwicklung

(1) Lebenszyklus und Finanzierungserfordernisse

VC-Finanzierungen und Private Equity lassen sich dem typischen zeitlichen Entwicklungszyklus des Kapitalbedarfs junger Unternehmen angepasst darstellen. Die Darstellung geht von typischen Problemen der Unternehmensentwicklung und darauf abgestimmten Finanzierungsmitteln zur Lösung oder teilweisen Lösung dieser Probleme aus.

Wenn man davon ausgehen kann, dass ein Kapitaleinsatz in den zeitlich früh liegenden Phasen eines Unternehmens ***risikobehafteter*** ist als in den späteren Phasen, in denen sich der mögliche Erfolg der Innovation bereits deutlicher abzeichnet, dann bestehen insbesondere in der frühen Entwicklungsphase des Unternehmens für die Geldgeber große ***Prüfungs- und Kontrollerfordernisse.*** Einerseits müssen sie sich über die Gründungsidee, die Kompetenz des Gründers, die Realisierungsmöglichkeiten und die Marktchancen ein fundiertes Bild machen. Andererseits müssen sie beobachten, ob sich die geplante Innovation wie vorhergesagt entwickelt. Darüber hinaus müssen sie kontrollieren, ob der Unternehmensgründer sein Projekt mit vollem Einsatz geschickt und engagiert verfolgt.

Die Prüfungs- und Kontrollerfordernisse sind weniger ausgeprägt, wenn sich der Gründer in der frühen Phase seines Projektes selbst finanziell engagiert. Häufig stehen den jungen Gründern aber keine entsprechenden Mittel zur Verfügung, so dass das Kapital mehr oder weniger ganz von externen Kapitalgebern bereitgestellt werden muss.

Abbildung 7.1 verdeutlicht den ***typischen Phasenverlauf*** der Entwicklung eines jungen Unternehmens, das wegen hoher Anfangsinvestitionen zunächst mit ***Verlusten*** und ***negativen Cashflows*** startet, zum Ende der sog. Early-Stage-Phase aber bei einer günstigen Unternehmensentwicklung in die Gewinnzone kommt und mit positiven Cashflows arbeitet. Für die Kapitalgeber muss es bei der Finanzierung der jungen Unternehmen darauf ankommen, an der nachfolgenden Phase der Cashflow-Generierung und Gewinnerwirtschaftung mit hohen Anteilen zu partizipieren, um einen Anreiz zur Übernahme der hohen Risiken bei der Finanzierung der Verlustphase des Unternehmens zu haben.

Im folgenden Abschnitt werden die verschiedenen Unternehmens- und Finanzierungsphasen sowie die in den einzelnen Phasen zu bewältigenden Anreiz- und Kontrollprobleme und die passenden Finanzierungsverträge charakterisiert.

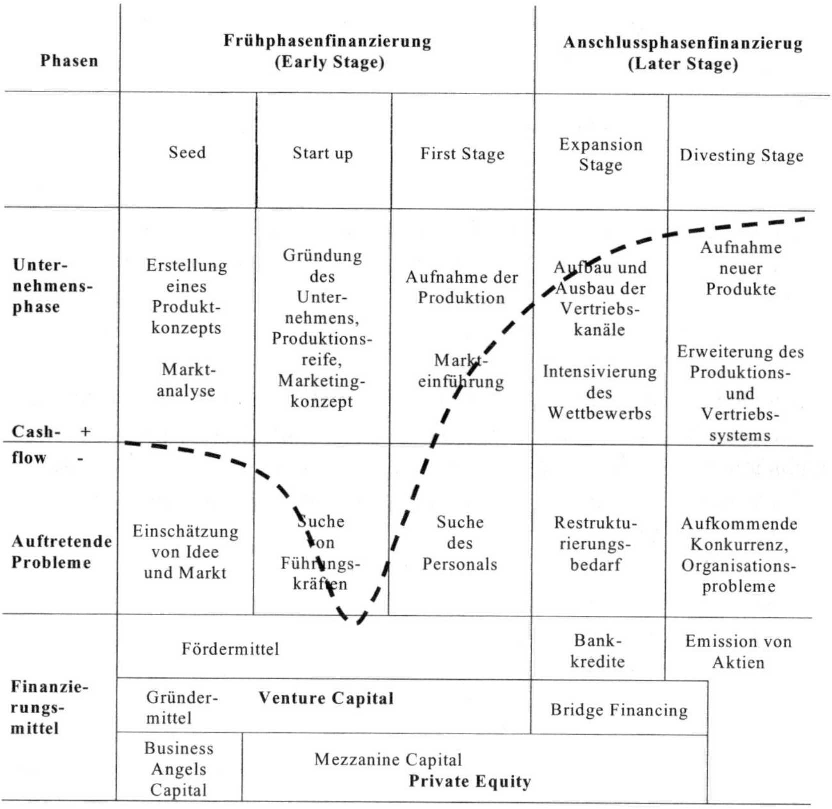

Abb. 7.1: Finanzierungsphasen im Cashflow-Zyklus junger Unternehmen

(2) Besonderheiten der Frühphasenfinanzierung

Man kann die Finanzierungsphasen eines jungen Unternehmens in eine Frühphase (Early Stage) und die danach einsetzenden Anschlussphasen (Later Stage) unterteilen, die bereits den Übergang zur Finanzierung etablierter Unternehmen anzeigt. Die Frühphasenfinanzierung lässt sich weiter in die Seed-, die Start-up- und die First-Stage-Phase unterteilen, die Anschlussphasenfinanzierung in die Expansion- und Divesting-Phase.

Das ***Seed Financing*** (Samenfinanzierung) betrifft die ***frühe Early-Stage-Phase*** des beginnenden Lebenszyklus eines Unternehmens, in dem die Produktidee entwickelt und das Produktkonzept erarbeitet werden. Marktanalysen und die Umsetzung der Idee in einen Prototyp erfordern hohe Beträge für Investitionen, ohne dass bereits Cashflows generiert werden können. Die ***Finanzierung*** der Investitionen erfolgt in dieser Phase am zweckmäßigsten zumindest teilweise durch den bzw. die ***Gründer*** selbst. Wenn sich der Gründer mit eigenen Mitteln an das Unternehmen bindet, können Qualitäts- und Verhaltensunsicherheiten für die externen Kapitalgeber abgebaut werden. Die Bewertung der Erfolgschancen eines Projektes durch außenstehende Kapitalgeber ist daher auch vom Eigenbeitrag des Gründers abhängig.

In vielen Fällen scheitert der Eigenbeitrag allerdings daran, dass der Entrepreneur als ***Gründer nicht über die notwendigen Finanzierungsmittel*** verfügt und nur sein Humankapital einsetzen kann. Ein externer Kapitalgeber wird daher die Qualität des Gründers und seinen Arbeitseinsatz intensiv kontrollieren wollen. Darüber hinaus muss er sich davor schützen, dass der junge Unternehmer ihn mit dem Hinweis erpresst, er habe nichts zu verlieren, der Investor aber seinen gesamten Einsatz, wenn er sich nicht weiterhin an der Finanzierung beteilige. Der Erfolg des Venture-Capital-Marktes ist daher davon abhängig, ob sich Vertragsmuster und Institutionen entwickeln lassen, die die Probleme der asymmetrischen Informationsverteilung und die Anreizprobleme effizient lösen können.

Als attraktive Möglichkeit für die Frühphase hat sich die Einschaltung sog. ***Business Angels*** herausgebildet. Bei Business Angels handelt es sich um vermögende Privatpersonen, die junge Unternehmensgründer beim Aufbau des eigenen Unternehmens sowohl finanziell (Finanzierungs-Angels) als auch durch ihr Know-how (Berater-Angels) unterstützen und ihre unternehmerische Erfahrung und ihre Kontakte (Unternehmer-Angels) in das junge Unternehmen einbringen. Business Angels gehören dem ***informellen Venture-Capital-Markt*** an, an dem den jungen Unternehmen die Mittel von Privatpersonen ohne Zwischenschaltung der VC-Gesellschaften zur Verfügung gestellt werden. In Deutschland bedienen sich die Business Angels zu ihrer eigenen Information und zur Beteiligungsvermittlung eines eigens für diesen Bereich betriebenen Netzwerks BAND (Business Angels Netzwerk Deutschland e.V.). Der Verein koordiniert regionale Netzwerke, die Business Angels und Entrepreneurs zusammenbringen wollen.[8]

Der zweite Abschnitt der Early-Stage-Phase bezieht sich auf die Finanzierung des eigentlichen ***Gründungsvorgangs*** des Unternehmens und wird als ***Start up-Financing*** bezeichnet. In diesem Entwicklungsabschnitt hat das Unternehmen bereits seine Geschäftstätigkeit aufgenommen, kann aber seine innovativen Produkte noch nicht vermarkten, so dass immer noch keine positiven Cashflows zu verzeichnen sind. Neben einem Business Angel kann gegebenenfalls auch schon eine VCG Ansprechpartner für eine Bereitstellung der Mittel sein.

Der letzte Abschnitt der Frühphasenfinanzierung betrifft das ***First Stage*** der Aufnahme der ***Produktion*** sowie der ***Markteinführung*** des neuen Pro-

---

[8] Vgl. die Informationen unter: http://www.business-angels.de.

dukts. Die Finanzierung dieser Phase stellt das ***klassische Betätigungsfeld*** einer VCG dar, die gegebenenfalls das Engagement eines Business Angels ablöst.[9] Neben den Mitteln der VC-Gesellschaften tragen in diesem Stadium häufig auch Fördermittel der öffentlichen Hand zur Finanzierung des jungen Unternehmens bei.

(3) Die Finanzierung der späteren Unternehmensentwicklung

Die Anschlussphasen der Finanzierung der späteren Unternehmensentwicklung lassen sich zum einen in die Expansionsphase und zum anderen aus der Sicht der VC-Gesellschaft in die Desinvestitionsphase gliedern.

Falls das neue Produkt am Markt die erhofften Absatzerwartungen erfüllen kann, sind im Rahmen der ***Expansion-Stage-Finanzierung*** die Mittel für das ***Wachstum*** des jungen Unternehmens aufzubringen, wenn beispielsweise zusätzliche Mitarbeiter eingestellt und bezahlt, Vorratslager angelegt und gegebenenfalls auch Zahlungsziele gewährt werden müssen.

Mit dem Erreichen der Gewinnzone und den ersten Cashflow-Überschüssen kommt neben der Zuführung neuer Beteiligungsmittel nun auch ***Fremdkapital*** in Form von Bank- oder Lieferantenkrediten als Finanzierungsquelle in Frage. Damit sind zahlreiche institutionelle Finanzierungshindernisse abgebaut, so dass der spezielle Charakter der VC-Finanzierung mehr und mehr verloren geht. Die VC-Gesellschaften versuchen in dieser Desinvestitionsphase, ihre Beteiligung gewinnbringend aufzulösen oder zu veräußern. Sofern weiteres Beteiligungskapital aufgebracht werden muss, stellt dies nun nicht mehr Venture Capital, wohl aber noch Private Equity dar.

Zur Ablösung ihrer Beteiligungen und zur Realisierung ihrer Beteiligungserträge streben die VC-Gesellschaften bei erfolgreichen Neugründungen häufig einen Verkauf der Beteiligung an das breite Publikum im Rahmen eines ***Initial Public Offering IPO*** und die nachfolgende Einführung der Aktien an der Börse an. Daher sind die jungen Unternehmen vielfach vorher bereits als Aktiengesellschaften gegründet worden.

Benötigt das Unternehmen zur Vorbereitung des Börsengangs zur Verbesserung der Eigenkapitalquote noch zusätzliche Eigenmittel, so wird gegebenenfalls noch ein ***Bridge Financing*** *als* ***Überbrückungsfinanzierung*** arrangiert. Der Verkauf der Beteiligung an das breite Publikum erscheint besonders attraktiv, weil sich auf diese Weise in der Regel eine besonders hohe Wertsteigerung realisieren lässt. Die Publikumsaktionäre verfügen im Gegensatz zu anderen Aufkäufern über keine Verhandlungsmacht, bringen sehr unterschiedliche Informationen in den Bewertungsprozess ein, beurteilen das Risiko des jungen Unternehmens im Rahmen ihrer diversifizierten Portefeuil-

---

[9] In statistischen Datenreihen wird dieser Abschnitt, da er von der Gründungsfinanzierung nur schwer zu unterscheiden ist, häufig nicht mehr isoliert.

leanlagen und begrüßen es, wenn der Gründer noch mit einer qualifizierten Beteiligung in seiner Gesellschaft engagiert bleibt.

Die Bestrebungen, den ***Börsenzugang*** für kleinere und mittlere Unternehmen durch die Schaffung eines eigenen Börsensegments zu erleichtern, hatten in der zweiten Hälfte der neunziger Jahre zur Eröffnung des ***Neuen Marktes der Deutschen Börse*** in Frankfurt, des Prädikatsmarktes der Bayerischen Börse oder des Mittelstandsmarktes Bremen geführt. Auf europäischer Ebene hat man mit der Gründung der EASDAQ versucht, an die Erfolge der amerikanischen Börse für Technologiewerte ***NASDAQ*** anzuknüpfen. In der anschließenden Baissephase an der Börse sind viele dieser Aktivitäten zurückgefahren worden oder sogar zum Erliegen gekommen.[10]

Ob der Gang an die Börse erfolgreich ist und sich für die VC-Gesellschaft beim Verkauf der Beteiligung die erhofften Wertsteigerungen realisieren lassen, hängt nicht nur vom ökonomischen Erfolg des jungen Unternehmens, sondern auch von der jeweiligen Verfassung des Kapitalmarktes ab. So hat es zu Beginn des Jahrhunderts nach dem Zusammenbruch des Neuen Marktes in Deutschland quasi keine Börsengänge mehr gegeben. Daher mussten die VC-Gesellschaften verstärkt die ***anderen Exitkanäle*** in Anspruch nehmen, das Buy-Back der Beteiligung durch den Unternehmer, den Trade Sale an einen Aufkäufer des Unternehmens oder ein Secondary Purchase an eine weitere VC-Gesellschaft.[11] Das Fehlen des attraktiven Exitkanals Börsengang hat auch dazu geführt, dass sich die VC-Gesellschaften in Deutschland in den letzten Jahren wieder verstärkt der Finanzierung späterer Unternehmensphasen gewidmet haben.

(4) Empirische Verteilung der Mittel auf die Finanzierungsphasen

Während der Bundesverband deutscher Kapitalbeteiligungsgesellschaften BVK für 2001 noch ca. 41 % Finanzierungen im Early-Stage-Bereich meldet, ist dieser Anteil bis 2004 auf 33 % zurückgegangen. Die folgende Tabelle stellt die Entwicklung der Bruttoinvestitionen nach Finanzierungsphasen für 1996, 2001 und 2004 gegenüber. Die Gegenüberstellung zeigt auch, dass der geringere Anteil der Frühphasenfinanzierung auch noch auf ein geringeres Gesamtvolumen entfällt.[12]

---

[10] Zu den institutionellen Besonderheiten des neuen Marktes sowie den Motiven des Börsengangs am Neuen Markt vgl. FISCHER (2002). Die Frage nach möglichen Konstruktionsfehlern des Neuen Marktes lässt sich nicht leicht beantworten. Die formalen Kriterien für den Neuen Markt waren sicher nicht unterentwickelt. Vgl. RUDOLPH (2001b). Es gibt allerdings Hinweise darauf, dass die „Spielregeln" des Neuen Marktes nicht immer eingehalten wurden. Vgl. hierzu BALLWIESER (2001).

[11] Vgl. Abschnitt 7.2 dieses Kapitels sowie FRANZKE / GROHS / LAUX (2004).

[12] Quelle: Bundesverband Deutscher Kapitalbeteiligungsgesellschaften / German Venture Capital Association, www.bvk-ev.de, Jahresstatistik 2004.

	1996		2001		2004	
Finanzierungsphase	**Mio. €**	**in %**	**Mio. €**	**in %**	**Mio. €**	**in %**
Seed	34,3	7,3	172,1	6,2	21,9	2,0
Start up	52,7	11,2	982,2	35,3	331,6	30,7
Expansion	333,9	70.9	1.376,2	49,5	611,9	56,7
Replacement Capital	-	-	73,7	2,6	92,5	8,6
Turnaround	38,3	8,1	75,6	2,7	12,7	1,2
Bridge	11,8	2,5	102,6	3,7	8,8	0,8
Summe	**471,0**	**100,0**	**2.782,4**	**100,0**	**1.079,4**	**100,0**

Abb. 7.2: Bruttoinvestitionen in Venture Capital nach Finanzierungsphasen

Der Bundesverband Deutscher Kapitalbeteiligungsgesellschaften macht darauf aufmerksam, dass sich seit den 90er Jahren deutliche ***Strukturänderungen*** im Markt vollzogen haben. Erstens weist der Early-Stage-Bereich im Zuge der Euphorie über die „New Economy" bis zum Jahre 2000 ein hohes Wachstum auf, um danach ebenso starke Verluste zu verzeichnen. Zweitens nimmt die Bedeutung der Expansionsfinanzierungen seit den 90er Jahren kontinuierlich ab und drittens dominieren seit 2001 die in der Abbildung 7.2 nicht enthaltenen ***Buy-out-Finanzierungen*** die Mittelanlagen der Kapitalbeteiligungsgesellschaften.[13]

7.2 Venture-Capital-Gesellschaften als spezialisierte Finanzintermediäre

In diesem Abschnitt sollen die herausgestellten Besonderheiten der VC-Finanzierung aus theoretischer Perspektive beleuchtet und um einige weitere wichtige Aspekte ergänzt werden.

7.2.1 Intermediationsfunktionen der Venture-Capital-Gesellschaften

Venture Capital ist das Produkt bzw. die Leistung von ***VC-Gesellschaften*** als ***spezialisierte Finanzintermediäre***, die anstelle einer unmittelbaren Kapitalüberlassung der Investoren an das junge Unternehmen eine mittelbare, ver-

[13] Die im Abschnitt 12.4 noch im Einzelnen vorgestellten Buy-out-Finanzierungen dienen dem Erwerb bzw. der Übernahme des Unternehmens durch einen oder mehrere Manager (Management Buy-out MBO). Handelt es sich um externe Manager, so spricht man von einem Management Buy-in (MBI). Beim Einsatz hoher Fremdmittel spricht man von einem Leveraged Buy-out (LBO). Buy-outs können für die VC-Gesellschaften eine Form des Exits aus ihrer Beteiligung darstellen.

mittelte Überlassung des Kapitals über die VC-Gesellschaft treten lassen. Zu den etablierten Finanzintermediären gehören die ***Kreditinstitute***, die bei der Kreditfinanzierung besondere Transformationsleistungen erbringen. Die Kreditinstitute übernehmen als Intermediationsleistungen die Funktionen der Losgrößentransformation, der Risikentransformation, der Fristentransformation und der Informationstransformation, d. h. sie verändern durch ihren Selbsteintritt die Qualität der Finanzbeziehung zwischen den Kapitalgebern und den Kapitalnehmern.[14] Bis auf die Fristentransformation übernehmen auch die VC-Gesellschaften diese Funktionen, so dass die Frage entsteht, warum die Beteiligungsfinanzierung junger Unternehmen nicht von den Banken angeboten wird und warum VC-Gesellschaften gerade nicht auch die Funktion der Fristentransformation übernehmen.

Da die Einschaltung von Finanzintermediären ***Transaktionskosten*** verursacht, stellt sich darüber hinaus die grundsätzliche Frage, warum es überhaupt spezialisierte VC-Gesellschaften gibt, die sich trotz der entstehenden Transaktionskosten vorteilhaft in die Finanzbeziehungen zwischen die Investoren und die jungen Beteiligungsunternehmen einschalten. Die jungen Unternehmen könnten sich das benötigte Kapital auch direkt bei den Finanzinvestoren – wie dies ja bei den Business Angels der Fall ist – oder bei den Kreditinstituten besorgen. Mögliche Antworten auf diese Fragen setzen einen Einblick in die Besonderheiten der Finanzierung junger Wachstumsunternehmen voraus, von denen einige wichtige im Folgenden zusammengestellt werden sollen.

(1) Besonderheiten der Finanzierung junger Wachstumsunternehmen

Bei ***vollkommenem Kapitalmarkt*** wären speziell konstruierte VC-Finanzierungen ebenso obsolet wie alle intermedierten Finanzbeziehungen. Das vergleichsweise hohe Risiko junger Technologieunternehmen würde sich in entsprechend hohen Kapitalkosten (Risikoprämien) niederschlagen.[15] Die jungen Unternehmen und erfolgversprechenden Entrepreneure würden die benötigten Mittel zu fairen Konditionen am Kapitalmarkt in Form von Eigen- oder Fremdkapital erhalten. Bei vollkommenem Kapitalmarkt wären VC-Gesellschaften als Finanzintermediäre überflüssig.

Die Existenz von Finanzintermediären an ***unvollkommenen Märkten*** wird üblicherweise über die von ihnen erbrachten Transformationsleistungen, also die Fristen-, Losgrößen-, Risiken- und Informationstransformation gerechtfertigt. Durch die ungleiche Verteilung des Wissens vor und während der Kapi-

---

[14] Vgl. HARTMANN-WENDELS / PFINGSTEN / WEBER (2004), S. 108 ff.

[15] Sofern das Unternehmen wirklich innovative Produkte an den Markt bringt, deren Ergebnisse mit dem Markt nicht korrelieren, könnte entsprechend den Hypothesen des Kapitalmarktmodells (CAPM) wegen eines niedrigen Beta-Wertes sogar mit einer vergleichsweise niedrigen Risikoprämie gerechnet werden.

talüberlassung entstehen bei jungen Unternehmen besonders ausgeprägte Informations- und Anreizprobleme, die letztlich sogar zu einem Marktversagen bei der Finanzierung junger Unternehmen führen können. In der Realität waren die Kreditinstitute als etablierte Finanzintermediäre und die in den sechziger und siebziger Jahren zunächst gegründeten VC-Gesellschaften tatsächlich aus unterschiedlichen Gründen bis Mitte der neunziger Jahre kaum in der Lage, die besonderen Probleme einer Finanzierung solcher junger Wachstumsunternehmen zu lösen (WEITNAUER 2001, S. 27 ff.). Die Finanzierung innovativer Investitionsprojekte und junger Unternehmen ist wegen der ausgeprägten asymmetrischen Informationsverteilung nämlich in besonderem Maße von den Problemen der ***Qualitäts- und Verhaltensunsicherheit*** betroffen. In der folgenden Abbildung 7.3 sind typische Risiken einer VC-Finanzierung nach Risikofaktoren gegliedert zusammengestellt.[16]

<table>
<tr><th>Zuordnung der Risikofaktoren</th><th>Risiken der Seed- und Start up-Phase</th><th>Risiken der Expansions- und Bridge-Phase</th></tr>
<tr><td rowspan="2">Marktbezogene Risikofaktoren</td><td colspan="2">– Marktpotenzial, Marktentwicklung
– Konjunktur- und Branchenentwicklung
– Wettbewerbssituation
– ggf. Länderrisiko</td></tr>
<tr><td></td><td>– Produktakzeptanz
– neue Wettbewerber</td></tr>
<tr><td rowspan="2">Geschäftsbezogene Risikofaktoren</td><td colspan="2">– Produktionskosten (Wettbewerbsfähigkeit)
– Managementressourcen (Fach- und Personalkompetenz)</td></tr>
<tr><td>– F&E (Ergebnisse, Zeitplan, Budget)</td><td>– Umsatz und Marktanteil
– Organisation, Controlling</td></tr>
<tr><td rowspan="2">Finanzierungsbezogene Risikofaktoren</td><td colspan="2">– Insolvenz
– Zinsänderungsrisiko</td></tr>
<tr><td>– Budgetrisiko (Nachfinanzierung)</td><td>– Kaufinteresse bei Desinvestition</td></tr>
</table>

Abb. 7.3: Typische Risiken im Rahmen einer VC-Finanzierung

Die besondere Risikolage junger Unternehmen und die daraus resultierenden erheblichen Risiken für die VCG haben mehrere Gründe (RUDOLPH / FISCHER 2000):

---

[16] Quelle: SCHEFCZYK (2000), S. 137.

- Der Innovator bzw. Entrepreneur verfügt zunächst nur über eine ***Idee***, die mögliche Kapitalgeber im Hinblick auf ihre Erfolgschancen und Risiken außerordentlich ***schwer bewerten*** können. Die Risiken, die mit der Finanzierung innovativer Projekte verbunden sind, lassen sich dabei wie in Abb. 7.3 ordnen, nämlich in marktbezogene, geschäftsbezogene und finanzbezogene Risikofaktoren (SCHEFCZYK 2000, S. 137).
- Da das junge Unternehmen üblicherweise erst kurze Zeit am Markt ist, liegen noch ***keine Unternehmensdaten*** der vergangenen Entwicklung vor. Solange sich die Produkte noch in der Entwicklung befinden, gibt es auch von der Marktseite her kaum Anhaltspunkte für eine fundierte Beurteilung der Qualität des Unternehmens und seines Managements (hohes Schätzrisiko).
- Da Innovationen zunächst ausschließlich als ***projektspezifisches Wissen*** entstehen und die in Hochtechnologie-Unternehmen getätigten Investitionen einen ***hohen Spezifitätsgrad*** aufweisen, bestehen nur geringe Veräußerungs- und Besicherungsmöglichkeiten für die Kapitalgeber.
- Aufgrund der Komplexität der Gründungssituation junger Unternehmen und des sich schnell wandelnden Umfelds technologischer Innovationen sind ***bedeutende Unvollständigkeiten der Finanzierungsverträge*** unvermeidlich. Die Erstellung hinreichend vollständiger Verträge, die alle relevanten Umweltzustände mit einbezögen, wäre mit prohibitiv hohen Informations- und Kontrollkosten verbunden.

Man könnte nun annehmen, dass sich die angedeuteten Probleme der asymmetrischen Informationsverteilung durch eine umfassende Information potentieller Kapitalgeber überwinden ließen. Die ***ausführliche und breite Information*** vieler Kapitalgeber wäre aber einerseits nicht unbedingt glaubwürdig und würde andererseits dazu führen, dass die Information von den Marktteilnehmern, die sie einschätzen können, aufgegriffen wird, so dass die Innovation bekannt, unentgeltlich ***kopiert*** und damit entwertet würde und dass dadurch diese Lösung auch für die Kapitalgeber kontraproduktiv wäre.

Die Informationen, die typischerweise in den Businessplan eines jungen Unternehmens einfließen, dürfen also nicht zu umfassend und konkret sein. Der ***Businessplan*** ist vielmehr ein Dokument, das die Realisierungsstrategie der Unternehmensziele mit den wesentlichen Voraussetzungen, Planungen und Maßnahmen mit einem bestimmten Zeithorizont darlegt. Der Plan geht von der Unternehmensbeschreibung aus und kennzeichnet die wesentlichen Umsatzträger, den Markt und die Wettbewerbssituation sowie die vorgesehenen operativen Schritte und Marketingmaßnahmen. Schließlich gibt der Businessplan Informationen zum Management des Unternehmens und beinhaltet eine Finanz- und Ergebnisplanung. Ein nicht spezialisierter Kapitalmarktanleger wird die im Businessplan enthaltenen Informationen kaum vollständig beurteilen können, weil ihm weitergehende Informationen über die Technologie, die Marktentwicklungen und die Konkurrenzsituation fehlen.

Zur Lösung der angesprochenen ***Informationsprobleme*** und zur Vermeidung eines Marktversagens bieten VC-Gesellschaften ein ganzes ***Bündel von Leistungen*** an, mit dem sie versuchen, mehrere bzw. alle mit der Finanzierung verbundenen Funktionen zu übernehmen, also neben der eigentlichen Finanzierungsfunktion auch die im nachfolgenden Abschnitt beschriebene Bewertungs- und Auswahlfunktion sowie die Betreuungs- und Fungibilisierungsfunktion.

(2) Funktionen der VC-Gesellschaften als Finanzintermediäre

Wesentliche Funktionen der VC-Gesellschaften lassen sich der folgenden **Selbstdarstellung des Verbandes der amerikanischen VC-Gesellschaften** entnehmen.

> "The typical person-on-the-street depiction of a venture capitalist is that of a wealthy financier who wants to fund start-up companies. The perception is that a person who develops a brand new change-the-world invention needs capital; thus, if they can't get capital from a bank or from their own pockets, they enlist the help of a venture capitalist. In truth, venture capital and private equity firms are pools of capital, typically organized as a limited partnership, that invest in companies that represent the opportunity for a high rate of return within five to seven years. The venture capitalist may look at several hundred investment opportunities before investing in only a few selected companies with favourable investment opportunities. Far from being simply passive financiers, venture capitalists foster growth in companies through their involvement in the management, strategic marketing and planning of their investee companies. They are entrepreneurs first and financiers second."[17]

Die meisten Venture-Capital-Gesellschaften versuchen, mehrere oder sogar möglichst alle mit der Finanzierung junger Unternehmen verbundenen Funktionen zu übernehmen, wie sie in dem Zitat der National Venture Capital Association zum Ausdruck kommen, und die entsprechenden Leistungen anzubieten.

- Die ***Finanzierungsfunktion*** besteht darin, die zur Ingangsetzung und Durchführung des jungen Unternehmens erforderlichen Finanzierungsmittel im erforderlichen Umfang rechtzeitig und für den benötigten Zeitraum bereitzustellen.
- Die Übernahme der ***Bewertungs- und Auswahlfunktionen*** erfordert von der VCG eine Beurteilung der geplanten Projekte und des daraus abgeleiteten Businessplans sowie die Einschätzung der die Projekte und das Gesamtunternehmen tragenden Personen. Zur Vorbereitung der Projektbewertung und der Persönlichkeitsbeurteilung des Unternehmers werden insbesondere Checklisten verwendet, die im Gegensatz zur Vorgehensweise der Kreditwürdigkeitsprüfung der Kreditinstitute einen deutlich stärkeren Zukunftsbezug aufweisen

---

[17] Auszug aus der Internet-Präsentation der US-amerikanischen National Venture Capital Association über „The Venture Capital Industry", in: www.nvca.org v. 28. 5. 2002.

und weniger auf die materiellen und bilanzierten Vermögensgegenstände des Unternehmens abstellen.

- Die ***Monitoring- bzw. Kontrollfunktionen*** stellen eine Besonderheit der VC-Gesellschaften dar, die von anderen Finanzintermediären kaum wahrgenommen werden kann. Das Monitoring kann so weit gehen, dass der Unternehmensleitung auf Initiative der VCG ein zusätzlicher Manager zugeordnet wird. Gegebenenfalls hat die VCG sogar die Möglichkeit, ein nicht geeignetes Management auszutauschen.
- Die ***Betreuungsfunktion*** erfordert eine besondere Expertise, um beispielsweise den Übergang vom Gründungsunternehmen zum etablierten Unternehmen überbrücken zu helfen und den Mangel des Unternehmensgründers an Erfahrung so lange auszugleichen und zu ergänzen, bis dieser hinreichend qualifiziert ist oder sich im Zuge des Börsengangs ein professionelles Management zulegt. Insoweit wird Venture Capital mit Recht auch als **Smart Money** bezeichnet.
- Mit der ***Fungibilisierungs-*** bzw. ***Exitfunktion*** ist schließlich gemeint, dass die VCG auf einen Wertzuwachs ihrer Beteiligung setzt und daher die gehaltenen Anteile nach einer erfolgreichen Anlaufphase des jungen Unternehmens zu einem möglichst hohen Preis am Kapitalmarkt abgeben will. Der hohe angestrebte Emissionserlös rechtfertigt sich nicht nur aus dem hohen Risiko des Investments, sondern auch daraus, dass die VCG während der Vertragslaufzeit auf laufende Ausschüttungen und Tilgungsleistungen verzichtet.

Mit der detaillierten Analyse und möglichen Lösungen der Agency-Konflikte und Hold-up-Probleme beschäftigen sich zahlreiche ***Ansätze und Arbeiten der Finanzierungstheorie***. Die Zielsetzung dieser theoretischen Arbeiten ist es dabei, typische beobachtbare Charakteristika der VC-Finanzierung in einen ***kontrakttheoretischen Modellrahmen*** einzubetten.[18]

7.2.2 Der Prozess der Venture-Capital-Finanzierung

(1) Der Venture-Capital-Zyklus

Zur Erfüllung der im vorangegangenen Abschnitt beschriebenen Funktionen wird die Venture-Captal-Finanzierung im Rahmen eines Prozesses organisiert, der auch als ***Venture Capital Cycle*** bezeichnet wird. Aus der Sicht der Investoren verläuft der **Prozess** in verschiedenen Stufen bzw. in einem Kreislauf mit sich wiederholenden Phasen und umfasst die Aktivitäten der VCG vom ersten ***Fundraising*** über die Auswahl- und Investitionsphase bis zur Auszahlung der Kapitalzuwächse an die Investoren nach erfolgreicher Veräußerung der Beteiligung. Der Erfolg bei der Beendigung der Beteiligungsphase

---

[18] Vgl. für einen breiten Überblick TYKVOVÁ (2000) sowie BASCHA (2001) und NATHUSIUS (2001) und DENIS (2004).

und die Ausschüttung der erwirtschafteten Überschüsse an die Kapitalgeber stützen die Reputation der VCG und sind die Grundlage für deren Fähigkeit, neue Fondsmittel für weitere Finanzierungen einzuwerben.

Der ***Venture-Capital-Zyklus*** lässt sich im Einzelnen wie folgt charakterisieren (vgl. GOMPERS / LERNER 1999 sowie BETSCH / GROH / SCHMIDT 2000):

- In der Phase der ***Kapitalakquisition und Fondsbildung (Raising of Funds)*** werden durch die VCG Anlagemittel bei institutionellen Anlegern, insbesondere bei Pensionsfonds und Versicherungen, aber auch bei vermögenden Privatpersonen eingeworben und ein sog. ***VC-Fonds*** aufgelegt. Die von den VC-Fonds investierten Mittel werden durch Mittel der industriellen Investoren, der öffentlichen Hand und der Business Angels ergänzt (vgl. Abb. 7.4).

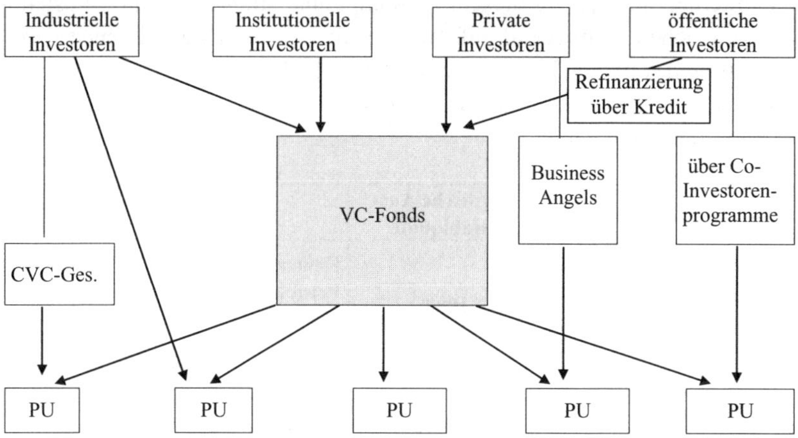

Abb. 7.4: Kapitalflüsse an die Portfoliounternehmen

- Die anschließende Phase der ***Beteiligungsakquisition (Deal Generation)*** dient der Informationsbeschaffung über mögliche Beteiligungsunternehmen. Diese Phase setzt einen ausreichenden ***Deal Flow*** voraus, den die VC-Gesellschaften bei hoher Reputation und ihrer Einbindung in ein Netzwerk befreundeter Beteiligungsgesellschaften generieren können. Als Deal Flow wird also der Strom von Projektvorschlägen bezeichnet, der die VC-Gesellschaft erreicht. Die Generierung erfolgt auf der Basis eines von der VCG aufgebauten Netzwerkes durch Initiativanfragen der jungen Unternehmen oder durch aktive Suche der VCG.
- Die ***Prüfung der Investitionsobjekte (Screening)***[19] erfolgt in einem mehrstufigen Prozess. Nach einer Vorprüfung anhand der eingehenden Businesspläne,

[19] Der Screening-Begriff ist hier nicht nur im Sinne einer Selbstselektion, sondern im allgemeineren Verständnis einer Prüfung zu verstehen.

bei der etwa 70 – 75 % aussortiert werden, kommt es zu einer ersten Kontaktaufnahme. Bei positivem Ergebnis werden Verhandlungen mit dem möglichen Beteiligungskandidaten aufgenommen, die auf der Due Diligence basieren.

- Im Rahmen der ***Due Diligence*** – Prüfung mit gebührender Sorgfalt – werden die rechtlichen und steuerlichen Voraussetzungen sowie die finanzielle Situation und das Marktumfeld des jungen Unternehmens geprüft. Der Prozess wird in der Regel weiter heruntergebrochen. Man spricht von der Legal Due Diligence, der Insurance Due Diligence, der Management Due Diligence, der Financial Due Diligence etc. Da die Durchführung der Prozesse mit hohen Kosten verbunden ist, wird ein Vorgriffsrecht (***Letter of Intent***) der prüfenden Gesellschaft vereinbart. Dieses Recht ermöglicht es, die bei einem Rücktritt des Unternehmens bis zu diesem Zeitpunkt angefallenen Prüfungskosten geltend zu machen. Aufbauend auf den Ergebnissen der Due Diligence wird die ***Bewertung*** des jungen Unternehmens durchgeführt.
- Ein idealtypischer Prozess der Beteiligungswürdigkeitsprüfung lässt sich dabei wie folgt darstellen:[20]

Schritt	Typische Auswahlquote	Inhalte
Eingang eines Geschäftsplans / Beteiligungsantrag	**100 %**	Kontaktaufnahme durch potenzielle Portfoliounternehmen oder durch Dritte vermittelte Anträge; Zuordnung zu Branchenmanagern
Vorprüfung der Eckdaten	**25 %**	Kurzbewertung anhand des Geschäftsplans, ggf. Anforderung weiterer Unterlagen
Hauptprüfung	**8 %**	Persönlicher Kontakt mit dem Unternehmer, Feinprüfung, z. T. Unterzeichnung eines Letter of Intent
Beteiligungsverhandlung	**3 %**	Abgabe eines Investment Proposals durch VC-Gesellschaft Verhandlung wichtiger Vertragskonditionen
Abschluss des Beteiligungsvertrages und Beginn der Kooperation		

Abb. 7.5: Idealtypischer Prozess der Beteiligungswürdigkeitsprüfung

[20] Darstellung in Anlehnung an SCHEFCZYK (2000), S. 26. Die genannten Prozentsätze variieren je nach Wirtschafslage nicht unbeträchtlich. Vgl. auch SCHULER (2002), S. 259.

- Die ***Beteiligungsverhandlung (Contracting, Approval and Structuring)*** dient der Festlegung der Konditionen der Beteiligung, des Beteiligungsumfangs sowie der Finanzierungsmodalitäten. Der abzuschließende Vertrag legt detailliert die Cashflow-Struktur und die Governance-Struktur fest sowie das Anreizschema für das Management und die Belegschaft.
- In der ***Phase nach der Investition (Post Investment Activities)*** bleiben VCG und das junge Unternehmen in engem Kontakt, wobei die VCG aktiv an der Steuerung des jungen Unternehmens teilnimmt. Die Aktivitäten des Managements des jungen Unternehmens werden überwacht (***Monitoring***). Im Extremfall kann in die Kompetenzen des Managements des jungen Unternehmens eingegriffen und dieses u. U. sogar abgesetzt und durch ein neues Team ersetzt werden. Der Erfolg des Unternehmens ist auch davon abhängig, dass die zugesagten ***Beratungs- und Unterstützungsleistungen*** der VCG im Bereich der Finanzierung, des Marketing oder der gesamten Unternehmensstrategie erbracht werden.
- Zum ***Ausstieg*** bzw. zur ***Desinvestition (Exit)*** stehen der VCG verschiedene Wege offen, die im nachfolgenden Abschnitt beschrieben werden.

(2) Exit-Kanäle für Venture-Capital-Finanzierungen

Die Rückzahlung der bereitgestellten Beteiligungsmittel ist nicht die typische Form des Ausstiegs der VC-Gesellschaft aus dem Beteiligungsunternehmen. Vielmehr wird angestrebt, die Beteiligung nach Vertragsende zu veräußern.

- Der Gang an die Börse im Zuge eines ***Initial Public Offering (IPO)*** gilt bei gutem Kapitalmarktumfeld als attraktivste Ausstiegsvariante, weil hier für die VCG regelmäßig der höchste Wertzuwachs realisiert werden kann.[21] Der Gang an die Börse setzt allerdings ein Umfeld voraus, das die Inanspruchnahme des Emissionsmarktes für Aktien überhaupt zulässt.
- Gegebenenfalls beteiligt sich die VCG an dem Börsengang und stößt ihre Kapitalbeteiligung einige Zeit später nach ***Ablauf der Lock-up-Periode*** ab.
- Der Verkauf der Beteiligung an ein drittes Unternehmen (***Trade Sale***) kann eine attraktive Ausstiegsmöglichkeit sein, kann aber auch zu Problemen mit dem Management des Portfoliounternehmens führen, wenn es seine Selbständigkeit aufgeben muss.
- Der Verkauf der Beteiligung im Zuge eines ***Secondary Purchase*** erfolgt an eine andere Beteiligungsgesellschaft oder an einen Finanzinvestor und wird insbesondere dann ins Auge gefasst, wenn sonst die vorgesehene Anlagedauer der Beteiligung überschritten wird.

---

[21] Ein IPO bedeutet nicht notwendigerweise einen sofortigen und vollständigen Ausstieg der VCG aus ihrer Beteiligung. Zu den Gründen für eine frühe oder spätere Abgabe der Beteiligung an den Markt nach einem Initial Public Offering vgl. NEUS / WALZ (2002) und zur Bedeutung der Börsenentwicklung WALZ (2005).

– Der Rückkauf der Anteile (***Buy-Back***) durch das Portfoliounternehmen bzw. dessen Management, d. h. den ursprünglichen Entrepreneur, ist eine mögliche Variante für erfolgreiche Gründungen, wenn die Kapitalmarktsituation für einen Börsengang ungünstig ist.
– Die Beteiligung muss abgeschrieben werden, wenn sich die Geschäftsidee als nicht erfolgreich erweist und keine weiteren Mittel gewährt werden.

Insbesondere in Phasen boomender Kapitalmärkte zählt der Gang an die Börse zu den bevorzugten Exit-Varianten. Altaktionäre müssen allerdings im Falle eines Initial Public Offering (IPO) berücksichtigen, dass sie während der Lock-up-Periode, die für gewöhnlich sechs Monate beträgt, keine weiteren Anteile veräußern dürfen. Nach Ablauf der Lock-up-Periode ist davon auszugehen, dass sich die VC-Gesellschaften relativ bald von ihren Anteilen trennen. Damit entfallen auch die Kontroll- und die Unterstützungsfunktionen der VC-Gesellschaften.[22]

Die Untersuchung der Auswirkungen des Exits auf die Kurse der finanzierten Unternehmen stützt die These von dem raschen Kontrollausstieg der VCG nach dem Börsengang. Bei der Analyse der Kursentwicklung der erstmaligen Börsengänge, die im Zeitraum 1997 bis 2001 am Neuen Markt stattgefunden haben, zeigt sich zum einen während der Lock-up-Periode eine überlegene Performance bei jenen Unternehmen, die vor dem IPO durch Venture Capital finanziert wurden. Nach Ablauf der Lock-up-Periode verschlechterte sich die Performance der VC-finanzierten Unternehmen allerdings signifikant. Zum anderen kann festgestellt werden, dass das Handelsvolumen der VC-finanzierten Unternehmen nach Ablauf der Lock-up-Periode weit über dem der Unternehmen ohne VC-Finanzierung liegt. Die Annahme, dass die VC-Gesellschaften sich nach Ablauf des Veräußerungsverbots von ihren Anteilen rasch trennen, kann damit bestätigt werden (KRAUS / BURGHOF 2003).

Trotz der intensiven Auswahl- und Kontrollphasen sind ***hohe Ausfallquoten*** und dementsprechend hohe Abschreibungen zu verzeichnen. Für 2004 berichtet der Bundesverband deutscher Kapitalbeteiligungsgesellschaften, dass von der Gesamtsumme von 1.023 Mio. € immerhin 400 Mio. € bzw. fast 40 Prozent als Verluste abgeschrieben wurden. Abb. 7.6 zeigt auch, dass die Desinvestitionen durch ein IPO mit 61 Mio. € die Desinvestitionen nach vorausgegangenem IPO (25 Mio. €) wieder übertroffen haben. Der Trade Sale übertrifft mit 205 Mio. € den Buy-Back in der Form der Rückzahlung stiller Beteiligungen und Gesellschafterdarlehen, der sich auf 149 Mio. € beläuft.

Der Bundesverband deutscher Kapitalbeteiligungsgesellschaften erhebt regelmäßig die Inanspruchnahme der ***Exit-Kanäle*** durch seine Mitglieder.[23]

---

[22] Vgl. zum Timing des Börsengangs NEUS / WALZ (2002).

[23] Quelle: Bundesverband deutscher Kapitalbeteiligungsgesellschaften. Die Daten für 2004 lassen sich wegen eines Wechsels der Begriffe nicht ganz vollständig mit jenen des Jahres 1996 vergleichen.

Exit-Kanäle	**1996 Mio. €**	**in %**	**2001 Mio. €**	**in %**	**2004 Mio. €**	**in %**
Buy-Back	150	57	333	18,0	149	14,5
Trade Sale	81	30	379	20,4	205	20,0
Secondary Purchase	9	3	146	7,9	31	3,1
IPO	24	9	7	0,4	61	6,0
Verkauf nach Ablauf Lock-up-Periode			138	7,5	25	2,4
Abschreibung			674	36,3	400	39,1
Sonstige	2	1	178	9,5	91	8,9
Summe	**266**	**100**	**1.855**	**100**	**1.023**	**100**

Abb. 7.6: Zeitabhängigkeit der Exit-Kanäle von Venture-Capital-Gesellschaften

7.2.3 Die Beziehungen zu den Beteiligungsunternehmen

(1) Charakteristika der Finanzierungskontrakte

Hinsichtlich der Ausgestaltung der Finanzierungsverträge können ***komplexe Kontrakte*** zwischen den Financiers und den jungen Unternehmen sowie eine über die reine Finanzierung hinausgehende Vereinbarung wie beispielsweise die Managementberatung der Portfoliounternehmen durch den Kapitalgeber beobachtet werden.

- VC-finanzierte Unternehmen haben typischerweise ein ***hohes Wachstumspotenzial***, verfügen also über wertvolle Realoptionen und einen hohen Anteil intangibler Kapitalgüter am Unternehmenswert. Das erschwert die Projektauswahl sowie das Monitoring der Gesellschaften und setzt für eine effiziente Anlagepolitik eine entsprechende Spezialisierung der VC-Gesellschaften voraus. Zum Abbau von Informationsasymmetrien werden die VC-Gesellschaften häufig in das Aufsichtsgremium oder sogar in die Geschäftsleitung des Beteiligungsunternehmens eingebunden. Zudem kommt es im Rahmen einer möglichen ***Syndizierung*** zur Zusammenführung des spezifischen Know-hows mehrerer VC-Gesellschaften, die ihre besonderen Kenntnisse und Erfahrungen in der Bewertung der Portfoliounternehmen einbringen können (LERNER 1994, S. 17).
- Auch eine im VC-Finanzierungsvertrag vereinbarte hohe ***erfolgsabhängige Gehaltskomponente*** für den ***Entrepreneur*** oder das Management kann dazu geeignet sein, gute Gründer zu selektieren (Screening), da nur diese ein solches Vertragsdesign akzeptieren werden. Im Allgemeinen wird man aber eine hohe performanceabhängige Gehaltskomponente vereinbaren, um nachvertragliche Anreizprobleme zu lösen. Nach Abschluss des Finanzierungsvertrages und Auszahlung der Mittel an die Gesellschaft muss die VCG nämlich

damit rechnen, dass der Entrepreneur seinen Arbeitseinsatz reduziert, um beispielsweise andere ihn interessierende Projekte weiter voranzutreiben oder um sich auf persönliche wissenschaftliche oder technische Erfolge zu konzentrieren. Da der Arbeitseinsatz des Gründers für die VCG nicht beobachtbar ist und dieser den negativen Nutzen einer Konzentration seiner Tätigkeit auf das mit der VCG vereinbarte Projekt allein trägt, sollte er möglichst weitgehend am Projekterfolg partizipieren. Andererseits mutet man ihm damit auch eine sehr hohe Risikobereitschaft zu.

- Es wurde bereits darauf hingewiesen, dass Finanzierungsverträge über Venture Capital häufig durch die Konditionierung ***der Cashflow***- und der ***Kontrollrechte*** der Financiers auf bestimmte ***Meilensteine*** gekennzeichnet sind. Auf die Meilensteine abgestellt sind einerseits die typischen Finanzierungsrunden der ***Stufenfinanzierung***, die im nachfolgenden Abschnitt ausführlich behandelt wird, und andererseits die ***Verteilung der Kontrollrechte*** auf den Gründer und die VC-Geber. So lassen sich vor allem in den USA die VC-Gesellschaften nicht selten sogar die Möglichkeit einräumen, das bestehende Management des jungen Unternehmens zu ersetzen, wenn das junge Unternehmen in der vorgegebenen Zeit zu keinem finanziellen Erfolg geführt wird.
- Obwohl der ***Auswahlprozess*** der VC-Gesellschaften äußerst selektiv ist, wird der Wert der in den Fonds zusammengefassten Beteiligungen von einer sehr geringen Zahl von Beteiligungen mit einem hohen Ertragspotenzial bestimmt. Nur zehn bis zwanzig Prozent der Portfoliounternehmen zählen zu den sogenannten ***„high flyers“***, die restlichen zu den ***„living deads“*** bzw. den Totalverlusten. Unter „living deads“ versteht man dabei Kapitalanlagen, die weder klar zu den Rendite- bzw. Cashflow-Trägern des Portefeuilles noch zu den abzuschreibenden Investments gerechnet werden können.[24]
- Eine VCG wird versuchen, sich von den Beteiligungen, die vermutlich kaum noch zu einem Erfolg geführt werden können, zu trennen. Daher wird der Gründer eines solchen Unternehmens vermutlich versuchen, diesen Tatbestand möglichst lange vor der VCG und der Öffentlichkeit zu verbergen, oder er wird gegebenenfalls sogar versuchen, über die Durchführung besonders riskanter Projekte sein Unternehmen mit einer kleinen Wahrscheinlichkeit doch noch zu retten (Gambling for Resurrection).[25] Zur Verminderung solcher Gefahren bietet sich für die VCG die Vereinbarung zusätzlicher Informations- und Kontrollrechte an.

Zum Schutz des Beteiligungskapitals der VCG stehen also prinzipiell zwei Mechanismen zur Verfügung. Einerseits kann die VCG von vornherein ***in die Führung des jungen Unternehmens miteinbezogen*** werden, so dass sie unmittelbar und regelmäßig ihre Interessen vertreten kann. Dem steht ein relativ

---

[24] Vgl. RUHNKA / FELDMAN / DEAN (1992).

[25] Vgl. GEBHARDT / SCHMIDT (2002), S. 243.

hoher spezifischer Informations- und Überwachungsaufwand entgegen, der im Übrigen leichter zu tragen ist, wenn durch ***Syndizierungen*** die Last der Mitarbeit auf die Schultern verschiedener Kapitalgeber verteilt wird. Andererseits bietet sich zum Schutz der VCG eine ***Beschränkung der Dauer der Bindung an das Unternehmen*** an. So können die Vertragspartner vorsehen, dass die VCG ihre Mittel nach relativ kurzer Zeit von drei bis fünf Jahren wieder aus dem Unternehmen abziehen kann. Die kurze Bindungsdauer verringert für die VCG das Risiko. Das Bewertungsproblem beim Rückzug oder beim Verkauf der Beteiligung wird dadurch aber nicht aufgehoben. Aus der Sicht des jungen Unternehmens birgt dieser Mechanismus zum Schutz der VCG die Gefahr, dass die Existenz des Entrepreneurs in Frage gestellt wird, wenn die Mittel aus dem Unternehmen abgezogen werden.[26]

In der Praxis wird von beiden genannten Schutzmechanismen Gebrauch gemacht. Die VC-Gesellschaften lassen sich erhebliche ***Mitspracherechte*** einräumen, vereinbaren eine zeitlich beschränkte Kapitalüberlassung und verabreden mit den Beteiligungsunternehmen eine ***Stufenfinanzierung:*** „The most important mechanism for controlling the venture is staging the infusion of capital."[27] Die in das Konzept der Stufenfinanzierung eingebundene Drohung, sich einer nachfolgenden Finanzierungsrunde zu verweigern und den Vertrag nicht fortzuführen, erzeugt für das junge Unternehmen einen starken Druck, die im Businessplan vereinbarten Ziele zu erreichen. Die Drohung ist umso wirkungsvoller, je weniger „outside options" dem jungen Unternehmer offen stehen. Das ist insbesondere dann der Fall, wenn eine Weiterfinanzierung durch andere Investoren gar nicht oder nur zu deutlich höheren Kosten möglich ist.[28]

(2) Anreizprobleme der Gründungsfinanzierung

Die ***ökonomische Analyse*** von VC-Verträgen zielt auf die Erklärung der typischen Gestaltungselemente wie beispielsweise den bereits angesprochenen Cashflow- und Kontrollrechten, der Stufenfinanzierung und der Syndizierung von VC-Engagements.

Da Finanzierungskontrakte im VC-Bereich auffällig häufig durch die Konditionierung der ***Cashflow- und Kontrollrechte*** der Financiers auf bestimmte ***Meilensteine*** gekennzeichnet und solche Konditionierungen in herkömmlichen Finanzierungsverträgen nicht oder nur sehr selten zu finden sind, beschäftigen sich Modellanalysen mit den Vor- und Nachteilen der Konditionie-

---

[26] Vgl. Wissenschaftlicher Beirat beim Bundesministerium für Wirtschaft (1997).

[27] Vgl. SAHLMAN (1990), S. 506.

[28] Mit dem Konzept der Stufenfinanzierung sind allerdings auch Nachteile verbunden, weil sie den Unternehmer zur Verfolgung kurzfristiger Ziele und zum Schönen von Kennzahlen zum Nachweis der Erfüllung des Businessplans anhalten kann.

rung (ADMATI / PFLEIDERER 1994). Cashflow- und Kontrollrechte, die noch um Liquidationsrechte ergänzt werden können, müssen hinsichtlich der Unternehmensentwicklung dabei nicht identisch konditioniert sein. Üblicherweise nehmen aber die Kontrollrechte der VCG mit wachsendem Erfolg der jungen Unternehmen und mit wachsender Beteiligungsdauer ab. Zeigt das junge Unternehmen dagegen nur mäßigen Erfolg, dann erhält die VC-Gesellschaft möglicherweise sogar die vollständige Kontrolle (KAPLAN / STRÖMBERG 2003). Auf die Milestones abgestellt ist die typische Technik der ***Stufenfinanzierung* (*Capital Staging*)** und der zumindest in den USA häufige damit verbundene ***Einsatz von Wandelschuldverschreibungen*** oder wandelbaren Vorzugsaktien, mit dem u. a. der Anreiz zum Window Dressing bei der Stufenfinanzierung vermindert werden kann (BASCHA 2001).[29]

Bei der ***Syndizierung*** bzw. dem ***Co-Venturing*** schließen sich mehrere VC-Gesellschaften zu einem Konsortium zusammen, um die Finanzierungsmittel gemeinsam bereit zu stellen. Die Organisation des Finanzierungsablaufs wie auch die Betreuung wird in erster Linie vom Lead Investor übernommen, der auch den größten Finanzierungsanteil übernimmt. Die Gesellschaften erreichen über die Syndizierung eine Streuung ihrer Portefeuillerisiken und können sich zugleich auf das Management einzelner Beteiligungen spezialisieren (LERNER 1994).

Leider gibt es bislang ***nur wenige aussagekräftige empirische Untersuchungen***, mit denen die Hypothesen der vertragstheoretischen Literatur zur VC-Finanzierung in den institutionellen Details geprüft werden können. Daher wird sich die Forschung in der Zukunft verstärkt der Zusammenführung empirischer Daten zu den Charakteristika der Unternehmen (Gründerteam, wissenschaftliches Personal, Standort, Branche etc.), den ***intellektuellen Schutzrechten*** (z. B. dem Bestand an erteilten Patenten oder an Patentanmeldungen) und den ***finanziellen Ressourcen*** bzw. den in Finanzierungskontrakten zugesagten Ressourcen widmen. Mit Hilfe dieser Daten könnte der Einfluss der einzelnen Faktoren auf die Gestaltung von Finanzierungskontrakten und den Erfolg der Portfoliounternehmen bestimmt werden.

In Abbildung 7.7 werden einige der typischen Probleme der asymmetrischen Informationsverteilung zwischen Entrepreneur und VCG den in der Praxis anzutreffenden typischen Gestaltungselementen gegenübergestellt (FINK 2003, S. 154). Die Darstellung der Funktionen macht deutlich, mit welchen speziellen Gestaltungsmitteln die besonderen Probleme der Finanzierung junger Unternehmen gelöst werden sollen. Diese Mittel weichen deutlich von jenen ab, die beispielsweise von den Banken bei der Erfüllung ihrer Intermediärsfunktionen im Kreditgeschäft übernommen werden.[30]

---

[29] Vgl. zu den möglichen Fehlanreizen einer Stufenfinanzierung BIGUS (2002).

[30] Die Funktionen der Banken im Kreditgeschäft sind Gegenstand des Kapitels 10.

	Stufen-finanzierung	**Cashflow-Rechte**	**Kontrollrechte**	**Syndizierung**
Moral Hazard des Entrepreneurs	Abbau von Moral Hazard, sofern opportunistisches Verhalten die Unterstützung der VCG in späteren Phasen gefährdet.	Abbau von Moral Hazard, sofern Interessensangleichung zwischen den Parteien gelingt.	Abbau von Moral Hazard, wenn opportunistisches Verhalten Eingriffe durch die VCG hervorruft, die dem Entrepreneur schaden.	Abbau von Moral Hazard, wenn Informationsvorsprung des Entrepreneurs durch Einbindung weiterer Investoren verringert wird.
Moral Hazard der VC-Gesellschaft	Verschärfung der Moral-Hazard-Problematik, wenn VCG ihren Nutzen durch opportunistische Ausübung der Abbruchoption erhöhen kann.	Abbau von Moral Hazard, wenn Angleichung der Interessen zwischen den Parteien gelingt.	Verschärfung der Moral-Hazard-Problematik, wenn VCG Kontrollrechte nutzen kann, um Eigennutzen zu Lasten des Entrepreneurs zu steigern.	Abbau von Moral Hazard, wenn Informationsvorsprung der VCG durch Einbindung weiterer Investoren verringert wird.
Anreizprobleme des Entrepreneurs aufgrund unvollständiger Verträge	Abbau des Hold-up-Problems, wenn Verhandlungsmacht des Entrepreneurs reduziert wird.	Abbau des Hold-up-Problems, wenn Angleichung der Interessen der Parteien gelingt.	Abbau des Hold-up-Problems, wenn Handlungsspielraum des Entrepreneurs eingeschränkt wird.	Abbau des Hold-up-Problems, wenn Nachverhandlungsgewinne auf mehrere Parteien verteilt werden.
Anreizprobleme der VC-Gesellschaft aufgrund unvollständiger Verträge	Verschärfung der Hold-up-Problematik, wenn Verhandlungsmacht der VCG ausgebaut wird.	Abbau der Hold-up-Problematik, wenn Angleichung der Interessen zwischen den Parteien gelingt.	Verschärfung der Hold-up-Problematik, wenn Verhandlungsmacht der VCG ausgebaut wird.	Abbau der Hold-up-Problematik, wenn Abhängigkeit des Entrepreneurs von VCG reduziert wird.

Abb. 7.7: Anreizwirkungen ausgewählter Elemente des VC-Vertrages

(3) Anreizsteuerung durch wandelbare Vorzugsaktien

Ein häufig empfohlenes Instrument bei der Finanzierung junger Unternehmen ist der Einsatz wandelbarer Finanzierungstitel. Am häufigsten wird dabei auf in Stammaktien ***wandelbare Vorzugsaktien (Convertible Preferred Stocks)*** verwiesen, die der VC-Geber erhält. Der Gründer bekommt dagegen normale Stammaktien. Finanzieren VC-Gesellschafen die jungen Unternehmen mit wandelbaren Vorzugsaktien, so erhalten sie zusätzlich zu ihrem regulären Stimmrecht einen bevorrechtigten Dividendenanspruch, der meist nicht sofort ausgezahlt wird, sondern sich langfristig akkumuliert.[31] Dieser Anspruch berechtigt die VCG, einen festgelegten Gewinnanteil für sich zu beanspruchen, bevor der restliche Gewinn an die Stammaktionäre ausgeschüttet wird. Hat die VCG auch nach Ausschüttung ihres Gewinnanteils noch Anrecht auf einen Anteil am Ergebnis, so spricht man von ***Participating Preferreds Stocks***.

Wandelbare Vorzugsaktien können mit dem Erreichen eines vorab festgelegten Ereignisses wie z. B. das Erreichen eines Meilensteins oder eines Initial Public Offering in Stammaktien ***(Common Shares)*** eingetauscht werden. Die Umtauschbedingungen (Conversion Rights) können auch so gestaltet sein, dass ein Umtausch in das Ermessen der VC-Gesellschaft gestellt wird. Von zentraler Bedeutung beim Einsatz wandelbarer Vorzugsaktien ist das ***Umtauschverhältnis***, das zu Beginn der Finanzierung in der Regel auf 1:1 festgesetzt wird. Dieses Konversionsverhältnis kann im Zeitablauf beispielsweise bei Erreichen eines Meilensteins verändert werden.[32]

Aus Abb. 7.8 wird deutlich, dass wandelbare Vorzugsaktien in ihrer Zahlungsstruktur zunächst einem Fremdkapitaltitel entsprechen, weil sie in der Insolvenz vor den Stammaktien bedient werden und normales Fremdkapital nicht verfügbar ist. Nach erfolgter Wandlung stellen sie aber Eigenkapital dar. Eine Konversion der Vorzugsaktien in Stammaktien lohnt sich für die VCG, wenn der Marktwert V des Unternehmens den Konvertierungspunkt C überschreitet.[33]

In den USA ist die Umsetzung des in der Theorie empfohlenen Einsatzes von wandelbaren Vorzugsaktien am weitesten fortgeschritten. KAPLAN / STRÖMBERG (2003) zeigen in einer Untersuchung des amerikanischen Marktes, dass der überwiegende Teil der untersuchten Investments zumindest teilweise mit wandelbaren Vorzugsaktien finanziert wird, wobei allerdings in weniger als einem Drittel der Fälle ausschließlich wandelbare Vorzugsaktien eingesetzt werden.

---

[31] Vgl. BASCHA (2001), S. 26.

[32] Vgl. BAUMS / MÖLLER (2000), S. 21.

[33] Vgl. RUDOLPH / HAAGEN (2006).

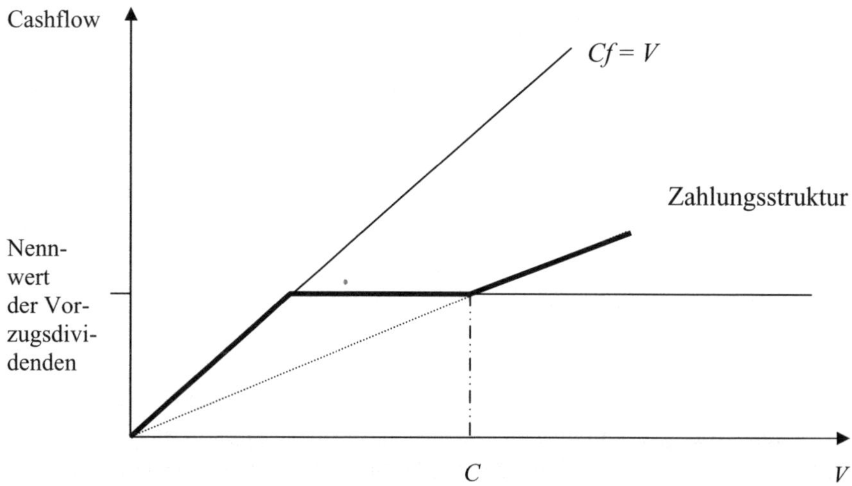

Abb. 7.8: Zahlungsstruktur einer wandelbaren Vorzugsaktie

Für Europa zeigt SCHWIENBACHER (2002) dagegen eine durchschnittliche Verwendung wandelbarer Titel von lediglich 20 %, wobei er als Ursache für den geringeren Einsatz die im Vergleich zu den USA hier weniger liquiden Märkte für den Verkauf von Portfoliounternehmen sieht. In Deutschland spielen Convertibles bei der Finanzierung junger Unternehmen nur eine untergeordnete Rolle. In einer Befragung von VC-Gesellschaften nach den durchschnittlich verwendeten Finanzierungstiteln ermitteln BASCHA und WALZ (2002), dass gerade einmal in gut 10 % der Fälle konvertierbare Titel verwendet werden. Die Mehrheit der Investments findet als stille Beteiligung statt, wobei über ein Drittel zumindest zum Teil auf diese Weise finanziert werden.[34]

Offensichtlich bevorzugen VC-Gesellschaften in Deutschland andere Finanzierungsinstrumente als amerikanische Gesellschaften. Insbesondere spielt in Deutschland die ***stille Beteiligung*** eine überragende Rolle, so dass zum Verständnis der heimischen VC-Industrie eine genauere Betrachtung dieses Finanzierungsinstrumentes notwendig erscheint. Das deutsche Recht unterscheidet zwischen der ***typischen*** und der ***atypischen stillen Beteiligung***.[35] Der VC-Geber stellt dem Unternehmen Eigenkapital zur Verfügung, ohne dabei selbst direkt Anteile zu übernehmen. Damit erwirbt er ein Recht auf Beteiligung am Gewinn. Mit Beendigung der stillen Beteiligung bekommt der stille Gesellschafter den eingezahlten Betrag wieder zurückerstattet. Bei der typischen stillen Beteiligung wird meistens eine Beteiligung am Verlust ausge-

[34] Vgl. BASCHA / WALZ (2002), S. 15.

[35] Die Regelungen zu stillen Beteiligung finden sich in den §§ 230-237 HGB.

schlossen, bei der atypischen stillen Gesellschaft ist dagegen eine Partizipation am Unternehmenswert vorgesehen. Aus diesem Grund ähnelt eine typische stille Beteiligung eher einem Fremdkapitalanteil, während eine atypische stille Beteiligung eher einem Eigenkapitaltitel entspricht.[36]

Als besonderer Vorteil der stillen Beteiligung kann der hohe Grad der Flexibilität bei der Gestaltung von Nebenabreden gesehen werden. Diese ermöglichen es, auf die jeweilige Vertragssituation zugeschnittene Lösungen zu generieren, wobei Zahlungsströme von den jeweiligen Umweltzuständen abhängig gemacht werden können, um so weitere Anreize zu setzen. Entscheidend für einen effizienten Einsatz als Finanzierungsinstrument ist die genaue Ausgestaltung der Beteiligungsform.

Die weite ***Verbreitung der stillen Beteiligung*** in Deutschland scheint auf den ersten Blick verwunderlich, da konvertierbare Titel in der theoretisch orientierten Literatur eine so dominante Stellung zur Anreizsteuerung einnehmen. Der Einsatz wandelbarer Wertpapiere setzt nach deutschem Recht aber voraus, dass das Portfoliounternehmen als AG oder als Kommanditgesellschaft auf Aktien geführt wird. Da die meisten Unternehmen in Deutschland aber als GmbH gegründet werden, stellt sich die Frage des Einsatzes wandelbarer Vorzugsaktien gar nicht.

Im Rahmen der Finanzierung durch stille Beteiligungen ist es möglich, diese Finanzierungsform durch unterschiedlichste Nebenabreden so zu gestalten, dass deren Charakteristika bezüglich der Aufteilung der ***Kontroll- und Cashflow-Rechte*** annähernd denen wandelbarer Wertpapiere entsprechen.[37] Die **Monitoring- und Kontrollrechte** stiller Beteiligungen stimmen nahezu mit denen eines konvertierbaren Titels überein.

- Ein stiller Gesellschafter hat gesetzlich nur das Recht auf Einsichtnahme des Jahresabschlusses und der Unterlagen, die zu dessen Überprüfung notwendig sind. Dagegen besitzen die Inhaber wandelbarer Vorzugsaktien bzw. Anleihen zunächst ***keine Einblicks- oder Kontrollrechte***, die aber im Zuge der Wandlung aufleben.
- Die stille Beteiligung bietet auch ein hohes Maß an Flexibilität bei der Gestaltung von ***Vertragsnebenabreden***, so dass die in den USA üblichen Klauseln auch in Deutschland vereinbart werden können. Die Bandbreite reicht von Zustimmungsvorbehalten bei einer Änderung der Geschäftspolitik über die Gewährung von Weisungsrechten gegenüber der Geschäftsleitung bis zum Recht, Geschäftsführungsbefugnisse zu übernehmen.
- Im Falle einer Insolvenz werden die ***Kontrollrechte*** auf den Insolvenzverwalter übertragen, der die Interessen der Investoren vertritt. Auch hier gibt es

---

[36] Vgl. FINK (2003), S. 138.

[37] Vgl. STEIN (2005), S. 55 f., RUDOLPH / HAAGEN (2006), S. 345.

kaum Unterschiede zwischen einer stillen Beteiligung und den typischen wandelbaren Finanzierungstiteln.

Auch bezüglich der ***Cashflow-Rechte*** stiller Beteiligungen lassen sich große Ähnlichkeiten zu den wandelbaren Vorzugsaktien feststellen. Grundsätzlich ist der stille Gesellschafter stets zu einem Teil am Gewinn beteiligt, wobei eine Verlustbeteiligung vertraglich ausgeschlossen werden kann. Der Gewinn muss nicht ausgeschüttet werden, sondern kann kumuliert bei einem Aussteigen des Investors fällig werden. Beim Verkauf einer stillen Beteiligung erhält der Investor wie bei einer Wandelanleihe seine Einlage zuzüglich angefallener Zinsen zurück. In der Regel wird eine Beteiligung an der Wertsteigerung des Unternehmens vereinbart. Im Falle einer Insolvenz haben stille Gesellschafter einen nachrangigen Rückzahlungsanspruch gegenüber den Fremdkapitalgebern, werden aber vor den Eigenkapitalgebern befriedigt.

Insgesamt zeigt sich, dass die in Deutschland typische Finanzierungsform der stillen Beteiligung nahezu vollständig in der Lage ist, die Monitoring-, Kontroll- und Anreizstruktur sowohl einer normalen wandelbaren Vorzugsaktien als auch einer teilhabenden wandelbaren Vorzugsaktie zu replizieren.

7.2.4 Die Beziehungen zu den Fondsinvestoren

Bislang wurden Besonderheiten des Finanzierungsvertrages betrachtet, der zwischen den VC-Gesellschaften und den jungen Unternehmen abgeschlossen wird, die das Beteiligungskapital zur Finanzierung ihrer Investitionen und des Geschäftsbetriebs benötigen. Die VC-Gesellschaften stehen aber, sofern sie nicht über genügend Eigenmittel verfügen, ihrerseits ebenfalls vor dem Problem, sich Finanzierungsmittel zu beschaffen, die sie dann an ihre Portfoliounternehmen weiterreichen können. Im Folgenden werden daher die Probleme der Mittelbeschaffung der VC-Gesellschaften und die hier erarbeiteten Lösungen vorgestellt.

(1) Die Konstruktion typischer Venture-Capital-Fonds

Finanzierungen junger Unternehmen erfolgen typischerweise über eine ***indirekte Beteiligung*** der Investoren.[38] Zu unterscheiden sind hierbei projektorientierte Beteiligungen für Einzelprojekte von fondsorientierten Beteiligungen über VC-Gesellschaften. Bei ***projektorientierten Beteiligungen*** wird eine Beteiligungsgesellschaft für ein einzelnes zu finanzierendes Unternehmen gebildet. Bei ***fondsorientierten Beteiligungen*** erfolgt eine Risikodiversifika-

[38] Nach einem anderen Konzept, das z. B. bei Investcorp umgesetzt wird, investieren die VC-Gesellschaften zunächst ihre eigenen Mittel und geben nach einiger Zeit Mehrheitsbeteiligungen an einzelnen Engagements ab.

tion, weil Beteiligungen an mehreren jungen Unternehmen erworben werden. Das ist der Regelfall.

Ein ***VC-Fonds*** ist eine von einer VCG gebildete und gemanagte Vermögensmasse zur Realisierung einer ***gepoolten Anlage von Mitteln Dritter in Eigenkapitaltitel*** bzw. eigenkapitalähnliche Titel junger Unternehmen. Diese Titel selbst sind nicht börsennotiert, weil auch das junge kapitalnehmende Unternehmen noch nicht börsenfähig ist. Viele VC-Gesellschaften investieren nur fremde Mittel, andere sind auch mit ihrem eigenen Vermögen engagiert.[39]

Anders als bei den projektorientierten Beteiligungen stehen bei den typischen VC-Fonds die zu finanzierenden jungen Unternehmen bei der Einwerbung der Mittel noch nicht vollständig fest. Im Extremfall spricht man von einem „***Blind Pool***“. Da der Blind Pool für externe Anleger erhebliche Risiken hinsichtlich der Kapitalverwendung in sich birgt, werden zur Erleichterung der Akquisition von Mitteln einzelne wesentliche Beteiligungen bereits bei der Gründung des Fonds festgelegt und ggf. auch festgeschrieben. Darüber hinaus versuchen insbesondere junge VC-Gesellschaften zur Erhöhung ihrer Reputation, ihre früheren Beteiligungen vor der Neuauflage eines Fonds möglichst frühzeitig erfolgreich zu veräußern, um ein Signal über ihre besondere Qualität zu geben. Diese Politik schlägt sich in einer durchschnittlich kürzeren Beteiligungsdauer bei jungen VC-Gesellschaften nieder (***Grandstanding***).[40]

Bei den fondsorientierten Ansätzen kann zwischen einem direkten Management des Fonds und einem ***indirekten Management*** durch Dritte im Rahmen eines Geschäftsbesorgungsvertrages unterschieden werden. Beim indirekten Management wird eine Managementgesellschaft gegen Gebühr und eine mögliche Gewinnbeteiligung mit der Verwaltung des Fonds beauftragt. Angestrebt wird in der Regel ein ***direktes Management***, so dass das Management mit dem Erfolg des Fonds identifiziert werden kann.

---

[39] Den VC-Fonds vergleichbar konstruiert sind Private-Equity-Fonds. Für die Anlagemöglichkeiten der Privatanleger mit kleineren Anlagebeträgen werden insbesondere Dachfonds mit Mindestengagements von 15.000 € bis 30.000 € aufgelegt. Die Dachfonds investieren in ca. 10 bis 20 Direktbeteiligungsfonds und können dabei eine erhebliche Diversifikationswirkung erzielen. In der Regel teilen sie ihre Fondsmittel auf Beteiligungen in etablierte Unternehmen und eine Quote von beispielsweise 30 % in VC-Fonds auf. Zu den Grundlagen der Asset Allocation der Investoren in Private Equity und VC-Gesellschaften vgl. TAUSEND (2006), S. 47 ff.

[40] In einer Arbeit von TYKVOVÁ (2003) werden alle Neuemissionen am Neuen Markt betrachtet, bei denen die emittierten neuen Aktien aus dem Bestand von VC-Gesellschaften stammen, wobei nach dem unterschiedlichen Umfang der Liquidation der Beteiligung unterschieden wird. Die Analyse ergibt, dass die deutschen Gesellschaften ein geringeres Alter aufweisen als die ausländischen VC-Gesellschaften. Nach der „Grandstanding“-Hypothese bringen die VC-Gesellschaften ihre Beteiligungsunternehmen umso früher an die Börse, je jünger sie selbst sind, um ihre Reputation zu steigern und damit neue Fondsmittel gewinnen zu können. Das beobachtete Verhalten bestätigt diese Hypothese.

(2) Charakteristika der Fondskontrakte

In der Prinzipal-Agent-Theorie gelten ***anreizkompatible Vergütungsstrukturen*** als wichtiges Instrument zur Gestaltung von Kooperationsvereinbarungen. Darüber hinaus können solche Vergütungsstrukturen die Selbstselektion qualifizierter und leistungsfähiger Agenten stärken. Es fragt sich nun, wie das Management des Fonds einer VCG vergütet werden soll. Die Manager der VC-Gesellschaften bringen in der Regel nur einen Bruchteil der von den Investoren angelegten Mittel auf, erhalten jedoch einen beträchtlichen Anteil der Erträge.

Das ***Vergütungssystem*** zwischen dem Investor als Prinzipal und der VC-Gesellschaft als Agent besteht in der Regel aus einer ***fixen Managementgebühr*** (***Management Fee***) und einer ***variablen Gewinnbeteiligung*** (***Carried Interest***).

- Die ***Management Fee*** wird unabhängig von der Leistung des Fondsmanagements als prozentualer Anspruch auf das gezeichnete Fondskapital gezahlt und liegt in einer Größenordnung von etwa 2,5 % pro Jahr.
- Die ***variable Gewinnbeteiligung*** greift, wenn die VCG die vorgegebene Hurdle Rate erreicht hat.[41] Die Gewinnbeteiligung bewirkt allerdings aufgrund ihres Optionscharakters einen Anreiz zur Erhöhung des Risikos. Dieser Anreiz kann dadurch kompensiert werden, dass die VCG einen Eigenanteil am Fonds hält, das Management sich also selbst finanziell engagiert.

Spezielle **Vertragsklauseln** dienen dazu, das Investitionsverhalten und die Aktivitäten der VCG im Sinne der Investoren im Vorfeld festzulegen bzw. einzuschränken. Die Vertragsklauseln lassen sich dabei in drei Klassen einteilen:[42]

1. Vertragsklauseln zur ***Regelung des allgemeinen Fondsmanagements:*** Einschränkung der Höhe der Investments in einzelne Beteiligungsunternehmen; Einschränkung zusätzlicher Fremdkapitalfinanzierung; Einschränkung der Kapitalzuflüsse aus Fondsmitteln in vorhergehende oder später aufgelegte Fonds derselben Managementgesellschaft etc.

2. Vertragsklauseln zur ***Regelung der Aktivitäten und Verhaltensweisen der VC-Gesellschaft und der Fondsmanager:*** Einschränkung der Möglichkeiten des Fondsmanagements zur Anlage persönlicher Mittel; Restriktionen bei der Beteiligung der Fondsmanager an Unternehmen außerhalb des Fonds etc.

---

[41] Bis zur Erreichung der Mindestverzinsung fließen alle Gewinne an die Investoren, danach (Catch-up-Periode) ausschließlich an die VC-Gesellschaft, bis diese ihren durch den Carried Interest festgelegten Gewinnanteil erhalten hat. Alle weiteren Veräußerungserlöse werden im festgelegten Verhältnis zwischen Investoren und VC-Gesellschaft (z. B. 80 zu 20) aufgeteilt.

[42] Vgl. GOMPERS / LERNER (1996) sowie FEINENDEGEN / SCHMIDT / WAHRENBURG (2002).

3. Vertragsklauseln zur ***Regelung der Portfolioinvestments im Einzelnen:*** Einschränkung der Anlage von Fondsmitteln in andere Anlageprodukte als VC; Einschränkung der Möglichkeit der Investition in andere VC-Fonds; Einschränkung von Fondsbeteiligungen an Unternehmen, bei denen ein wirtschaftliches Interesse des Fondsmanagers vorliegt.

Die konkrete Gestaltung der Verträge hängt natürlich auch von der Machtbalance zwischen den Investoren und den VC-Gebern ab und diese wiederum vom Kapitalmarktumfeld und der Wettbewerbssituation der VC-Gesellschaften.

7.2.5 Institutionelle Struktur der Venture-Capital-Industrie

(1) Typen von Venture-Capital-Gesellschaften

Eine nähere Betrachtung der verschiedenen VC-Gesellschaften in Deutschland zeigt, dass diese in verschiedener Hinsicht in unterschiedlicher Form auftreten.[43]

Ein wichtiges ***Unterscheidungskriterium*** sind zunächst die ***rechtlichen Fondsstrukturen***, die in Deutschland verfügbar sind. Die Anleger können sich an einer ***Gesellschaft mit beschränkter Haftung*** (GmbH) beteiligen, wobei als besondere Ausgestaltung häufig auch stille Beteiligungen erworben werden können (kapitalistische VC-Gesellschaft; geschlossener Fonds). Daneben besteht die Möglichkeit der Beteiligung an einer ***GmbH & Co. KG*** mit der Möglichkeit, dass die Kommanditanteile an Dritte weitergereicht werden können (mitunternehmerische VC-Gesellschaft; geschlossener Fonds).

Möglich ist auch die Anlage der Mittel bei einer ***Unternehmensbeteiligungsgesellschaft (UBG)***, die den Vorschriften des ***Gesetzes über Unternehmensbeteiligungsgesellschaften (UBGG)*** unterworfen ist. Unterschieden wird zwischen zwei Arten von Unternehmensbeteiligungsgesellschaften (VOLLMER 1998):

- Die ***offene Unternehmensbeteiligungsgesellschaft*** mit Beschränkungen in der Gesellschafterstruktur (maximale Beteiligungsquote eines Einzelgesellschafters von nicht mehr als 40 Prozent) und relativ freier Anlagepolitik, und
- die ***integrierte Unternehmensbeteiligungsgesellschaft*** ohne Auflagen in der Gesellschafterstruktur, aber strikteren Anlagegrenzen (Haltefrist für den Erwerb von Mehrheitsbeteiligungen statt 8 Jahre von 1 Jahr).

Schließlich stehen Spezialfonds im Sinne des Investmentgesetzes (InvG) sowie ***Investmentaktiengesellschaften*** als Anlagevehikel zur Verfügung. Auch Fondskonstruktionen außerhalb dieser gesetzlich geregelten Anlagen sind möglich.

---

[43] Einen Überblick über die VC- und IPO-Tätigkeit seit der Währungsreform in der BRD geben FRANZKE / GROHS / LAUX (2003), die im Hinblick auf verschiedene Entwicklungsphasen die Veränderungen der institutionellen Rahmenbedingungen und anderer hemmender oder treibender Faktoren des Marktes identifizieren.

Die GmbH oder GmbH & Co. KG bildet in Deutschland die häufigste Form einer Fondstruktur und ist insbesondere dann attraktiv, wenn eine kleine Gruppe professioneller Anleger angesprochen werden soll. Die Rolle des ***Komplementärs* (*General Partner*)** übernimmt dabei die Verwaltungsgesellschaft (GmbH), die Investoren halten dagegen ihre Anteile als ***Kommanditisten* (*Limited Partner*)**. Eine Ausdehnung des Investorenkreises auf viele Anleger setzt die Umwandlung der GmbH oder GmbH & Co KG in eine Aktiengesellschaft voraus.[44] Die vertragliche Beziehung zwischen den Anlegern und der VCG ist durch einen ***Gesellschaftsvertrag*** (Partnership Agreement) geregelt.

In der Regel werden zwei Gesellschaften gegründet. In die **Fondsgesellschaft** werden die eingeworbenen Beteiligungsmittel eingebracht, die dann zum Erwerb der gewünschten Beteiligungen dienen. Daneben wird zur Führung der Fondsgesellschaft eine ***Managementgesellschaft*** gegründet. Die Managementgesellschaft, in die auch die Vergütung fließt, kann auch mehrere Fondsgesellschaften betreuen.

Ein wichtiges Unterscheidungsmerkmal der VC-Gesellschaften besteht hinsichtlich ihrer Eigentümerstruktur. Man kann ***Captive-Gesellschaften***, die von einem Mehrheitseigentümer (z. B. einem Kreditinstitut oder einer Versicherung) betrieben werden, von **Semi-Captive-Gesellschaften** unterscheiden, die in der Hand eines überschaubaren feststehenden Eigentümerkreises sind. Schließlich gibt es ***unabhängige Gesellschaften***, die sich über den Markt refinanzieren.

Als weiteres Gliederungskriterium für VG-Gesellschaften können die wesentlichen ***Finanzierungsquellen*** der Gesellschaften herangezogen werden. Während die meisten Gesellschaften auf VC-Fonds zurückgreifen (unabhängige Kapitalbeteiligungsgesellschaften), stehen ***öffentlichen Kapitalbeteiligungsgesellschaften öffentliche Mittel*** zur Verfügung und Captive-Gesellschaften in der Regel Anlagemittel des Eigentümers.

(2) Spezialisierungsgrad der VC-Gesellschaften

Ein wichtiges Unterscheidungsmerkmal für ***VC-Gesellschaften*** besteht in der Ausrichtung ihrer Möglichkeiten, einen ***Mehrwert*** für die Portfoliounternehmen zu erarbeiten. Diese Möglichkeiten richten sich insbesondere nach dem Angebot zusätzlicher Beratungsleistungen und Hilfestellungen. Nach ihrer Bedeutung geordnet findet man hier vor allem:

- Hilfe bei weiteren Finanzierungsrunden,
- Mitwirkung bei der strategischen Führung und operativen Planung,
- Rekrutierung von Mitunternehmern,

[44] Die Anteile von Aktiengesellschaften können an einer Börse gehandelt werden. Ein Beispiel ist die Deutsche Beteiligungs-Gesellschaft AG.

– Einbringung möglicher Kunden und Netzwerkpartner.

Nach der Intensität der Unterstützungsleistungen kann man ***aktive, halbaktive und passive Fonds*** unterscheiden. Die Intensität korreliert in der Regel mit der Lebensphase des Beteiligungsunternehmens. Während ganz junge Unternehmen fast immer das Engagement eines aktiven Fonds erforderlich machen, kann man sich in der Reifephase auf passive oder semipassive Mandate beschränken.

Die Differenzierungen deuten an, dass sich VC-Gesellschaften hinsichtlich ihrer ***geschäftspolitischen Ausrichtung*** bzw. ihrem ***strategischen Investmentfokus*** (Branchen, Technologien, Regionen und Finanzierungsphasen) unterscheiden. Hieraus lässt sich ***der Spezialisierungs- bzw. Diversifikationsgrad*** der VC-Gesellschaften ableiten, von der die ***Sektorenkompetenz*** der VCG abhängig ist.[45] Die in Abb. 7.9 genannten „Allrounder" bilden „Balanced Fonds", also Fonds ohne einen speziellen Fokus, während die Spezialisten ihre Anlagen in einer Branche oder wenigen Sektoren konzentrieren.

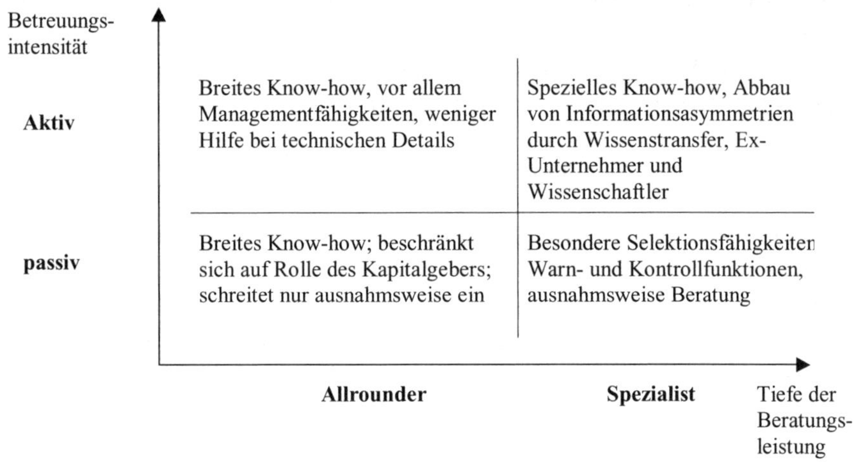

Abb. 7.9: Segmentierung der Beratungsleistungen von VC-Gesellschaften

Wichtige ***Typisierungskriterien von VC-Gesellschaften*** sowie die damit verbundenen Vorteile und Probleme sind in Abb. 7.10 zusammengefasst.[46]

---

[45] Vgl. zum Diversifikations- und Spezialisierungsgrad der VC-Gesellschaftten WEBER (2003) und zur Segmentierung der Beratungsleistungen RUDOLPH / HAAGEN (2004), S. 7.

[46] Vgl. SCHEFCZYK (2000), S. 137. Corporate Venture Capital ist Gegenstand des nachfolgenden Abschnitts 7.3.

Kriterium Typ	Strategischer Investmentfokus	Finanzierungsphase und Finanzierungsquelle	mögliche Vor- und Nachteile
Öffentliche Beteiligungs-gesellschaft	(Regionale) Wirtschaftsförderung	Seed- bzw. Start-up-Phase Öffentliche Mittel	+ relativ geringe Finanzierungskosten + geringe Verwässerung der Eigentümerrechte des Gründers - begrenzte Verfügbarkeit +/- oft stille Gesellschaft
Branchen-VC-Gesellschaft	Beteiligung an Unternehmen einer bestimmten Branche	Sämtliche Phasen VC-Fonds	+ Bereitstellung nicht finanzieller Managementunterstützung in mehr oder weniger großem Umfang + für gewöhnlich große Beträge finanzierbar - relativ hohe Finanzierungskosten - starke Verwässerung der Eigentümerrechte des Gründers
Allphasen-VC-Gesellschaft	Beteiligung an Unternehmen mit hohem Wertpotenzial	Sämtliche Phasen VC-Fonds	
Spätphasen-VC-Gesellschaft	Beteiligung an Unternehmen in reifen Phasen	Spätphasen (Expansion, Bridge, Replacement, MBO / MBI, Turnaround) VC-Fonds	
Frühphasen-VC-Gesellschaft	Beteiligung an jungen Unternehmen mit sehr hohem Wachstums-potenzial	Frühphasen (Seed, Start up, First Stage) VC-Fonds	
Corporate-VC-Gesellschaft	Finanzierung unternehmensrelevanter Technologien , Ausgründungen, Spin-offs	Frühphasen, Expansionsphase vorwiegend unternehmenseigene Fonds	+ strategische Partnerschaft + z. T. geringere Finanzierungskosten als bei VC-Gesellschaft - u. U. Einschränkung des Handlungsspielraums
Business Angel	Beteiligung an jungen Unternehmen mit sehr hohem Wertpotenzial	Seed-Phase Privatvermögen	+ relativ niedrige Finanzierungskosten - in Deutschland noch nicht sehr weit verbreitet

Abb. 7.10: Typen von VC-Gesellschaften mit wesentlichen Eigenschaften

7.3 Wagniskapital von Großunternehmen: Corporate Venture Capital

7.3.1 Charakteristika und Anreizprobleme des Finanzierungsvertrages

Als ***Corporate Venture Capital (CVC)*** bezeichnet man die befristete Bereitstellung von Eigenkapital für junge innovative Unternehmen durch etablierte Großunternehmen. Diese engagieren sich direkt im Rahmen eines CVC-Programms oder über eine Tochtergesellschaft als Beteiligungsgeber. Das Mutterunternehmen kann eine rechtlich selbständige CVC-Gesellschaft gründen, die ihre Kapitalbasis allein oder zumindest zu einem großen Teil bei der Muttergesellschaft findet, darüber hinaus aber gegenüber dem Konzernmanagement über eine gewisse Eigenständigkeit verfügt (indirektes CVC). Die Aktivitäten können aber auch durch eine spezielle Abteilung bzw. Gruppe im Großunternehmen direkt gesteuert werden (direktes CVC).

Die nachfolgende Abbildung zeigt die typische Struktur des Corporate Venture Capital, wobei hier von einer ausgegliederten CVC-Gesellschaft ausgegangen wird (WITT / BRACHTENDORF 2001, S. 2).

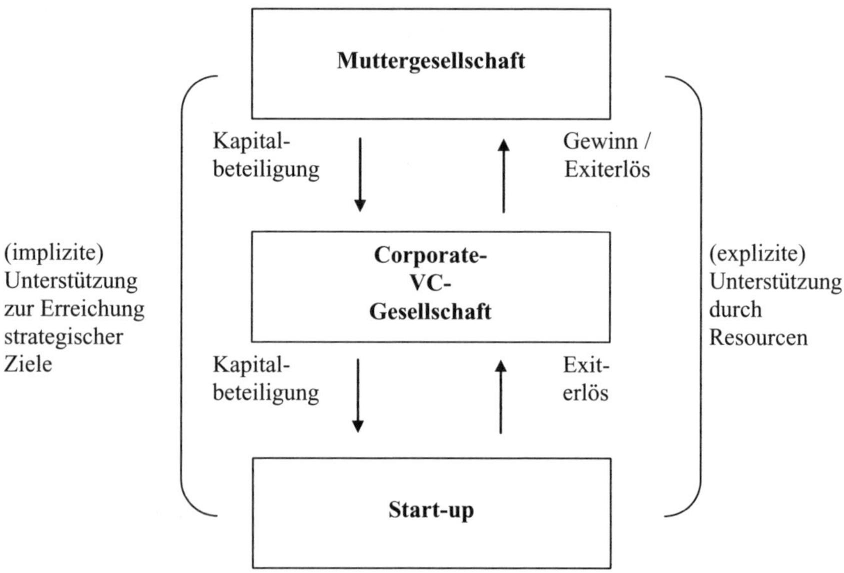

Abb. 7.11: Typische Struktur des Corporate Venturing

CVC zeichnet sich zunächst einmal durch die gleichen Charakteristika aus wie normales Venture Capital, d. h. es handelt sich um ***aktives und zeitlich***

befristetes Eigenkapital mit den typischen Informations-, Kontroll- und Mitspracherechten des Beteiligungsgebers.

Das wesentliche ***neue Merkmal*** des Corporate Venture Capital besteht darin, dass der Kapitalgeber nicht nur finanzielle, sondern insbesondere ***strategische Ziele*** verfolgt. Zu diesen Zielen zählen die Erschließung neuer Märkte und der Zugang zu neuem Wissen, also zu neuen Technologien und Verfahren (***Window on New Technology***) und neuen Geschäftsmodellen (***Window on New Business Models***). Gegebenenfalls werden noch weitere strategische Nebenziele verfolgt, wenn beispielsweise auf die Veränderung der Unternehmenskultur des Corporate Investors hingewirkt werden soll, um gründungswilligen Mitarbeitern eine Chance zur Selbständigkeit zu eröffnen, oder wenn das Innovationspotential des jungen Unternehmens zur Verstärkung der eigenen Aktivitäten im Forschungs- und Entwicklungsbereich genutzt werden soll. Im Kern wird Corporate Venture Capital jedenfalls als Teil des betrieblichen Innovationsmanagements der Muttergesellschaft begriffen (RÖPER 2004).

Umgekehrt soll das junge Unternehmen nicht nur von den zufließenden finanziellen Mitteln, sondern auch von den besonderen Ressourcen, Fähigkeiten und Verbindungen des Großunternehmens profitieren. Die ***Leistungen des Beteiligungsgebers*** betreffen beispielsweise die Bereitstellung von Büroeinrichtungen und Räumen, die gemeinsame Nutzung von F&E-Einrichtungen, die Unterstützung des jungen Unternehmens durch Know-how in verschiedenen Gebieten, die Rekrutierung von Mitarbeitern und schließlich die mögliche Perspektive für eine Exit-Alternative des Entrepreneurs.

7.3.2 Spezielle Vertragselemente im Corporate Venturing

Kooperationen zwischen jungen, innovativen Unternehmen und Großunternehmen im Rahmen einer CVC-Verbindung sind mit speziellen Risiken und divergierenden Zielsetzungen belastet. Insbesondere werden regelmäßig die strategischen Ziele, die beide Unternehmen mit ihrer Kooperation verfolgen, voneinander abweichen. Die spezifischen Kontrollerfordernisse und Anreizprobleme müssen dann durch vor- und nachvertraglich wirkende Instrumente eingegrenzt, abgemildert oder gelöst werden.

Einerseits ist der Corporate Investor weitgehend mit den gleichen Problemen konfrontiert wie eine normale VC-Gesellschaft. Speziell im Falle des Corporate Venturing muss der Entrepreneur nun aber nicht mehr, wie im Fall der reinen VC-Finanzierung, zur Maximierung des Wertes des eigenen Unternehmens motiviert werden – die VCG verfolgt im Zweifel reine finanzielle Ziele. Maximiert werden soll nun der Gesamtnutzen, der sich aus der Kooperation ergibt. Neben der Steigerung des Wertes des jungen Unternehmens sollen folglich auch die strategischen Ziele des Investors erreicht werden.

Umgekehrt müssen auch die nicht finanziellen Ziele des Entrepreneurs berücksichtigt werden. Um sich bereits vor Vertragsabschluss vor einer Ausbeutung durch den Corporate Investor zu schützen, kann der Entrepreneur auf gesetzliche Schutzrechte wie Patente, Gebrauchsmuster oder Urheberrechte zurückgreifen. Zudem wird sich der Entrepreneur über den Corporate Investor eingehend informieren, um bereits im Vorfeld der Kooperation mögliche Anreizprobleme beim Corporate Investor zu entdecken. Ferner kann sich der Entrepreneur durch den Abschluss von Vertraulichkeitserklärungen schützen.

Die im Zuge der Vertragsgestaltung eingesetzten Schutzmechanismen sind weitgehend vergleichbar mit den Vertragselementen, auf die auch bei einer VC-Finanzierung zurückgegriffen wird. Eingesetzt werden insbesondere folgende Elemente:

- Durch die ***Stufenfinanzierung*** werden auch beim Corporate Venturing nachfolgende Finanzierungstranchen vom Erreichen bestimmter Meilensteine abhängig gemacht. Es steigt damit aber die Gefahr eines Rückzugs durch den Corporate Investor, sobald dieser seine strategischen Ziele (z. B. Wissensakquisition) realisiert hat.
- Durch die ***Verteilung der Kontrollrechte*** kann sich der Corporate Investor vor einem Hold-up durch den Entrepreneur schützen, der nach Vertragsabschluss die Muttergesellschaft mit der Drohung zu erpressen versucht, dass er aus der Kooperation aussteigen könnte. Auf den Entrepreneur können die Kontrollrechte je nach Möglichkeiten der individuellen Nutzenmaximierung eine positive, u. U. aber auch eine negative Anreizwirkung haben. Zudem steigt durch die Kontrollrechte die Verhandlungsmacht des Corporate Investors, so dass sich dessen Möglichkeiten verbessern, den Entrepreneur auszubeuten.

Wie auch bei einer VC-Finanzierung wird das Risiko einer Fehlbewertung für den Beteiligungsgeber durch eine ***Syndizierung*** vermindert. Zugleich kommt durch einen weiteren Investor ein neuer Monitor hinzu. Damit sinkt die Gefahr eines opportunistischen Verhaltens des Entrepreneurs. Ebenso wird ein mögliches Fehlverhalten des Corporate Investors (z. B. ein vertragswidriger Wissenstransfer („Ideenklau“)) eingeschränkt, sofern der zusätzliche Investor dieses Verhalten beobachten kann, und der Corporate Investor dadurch um seine Reputation fürchten muss.

Lektürevorschläge zu Kapitel 7

Zum Thema Venture Capital und Private Equity gibt es eine ganze Reihe umfassender Monographien und Übersichtsartikel wie beispielsweise BARTLETT (1999) und GOMPERS / LERNER (1999) für die USA oder LEOPOLD / FROMMANN (1998) SCHEFCZYK (2000), SCHULZ (2000) und WEITNAUER (2001), die viele Details dieses Marktes ansprechen und zum Teil auch in die theoretischen Ansätze einführen.

Kompaktere Darstellungen findet man in Übersichtsaufsätzen und Stichwortbeiträgen zu diesem Thema wie beispielsweise in ACHLEITNER / FINGERLE (2003), FRANZKE / GROHS / LAUX (2003), FROMMANN (1995), GERKE (2001), GRUBER / HARHOFF / TAUSEND (2003), KAUFMANN / KOKALJ (1995), RUDOLPH (2000b, 2001b). Die Literatur spiegelt auch die im Zeitablauf unterschiedlichen Schwerpunkte der Diskussion wider. Einen frühen Hinweis auf die Bedeutung von Venture Capital findet man bei RUDOLPH (1984b).

Die theoriebezogenen Beiträge befassen sich vorwiegend mit Fragen der Anreizgestaltung und der Instrumente zur Umsetzung der gewählten Anreizschemata wie ADMATI / PFLEIDERER (1994), BASCHA (2001), BURGHOF / RUDOLPH (1998), HELLMANN (2004), KAPLAN / STRÖMBERG (2001), NEUS (1995) und SCHMIDT (1999, 2003) oder empirisch wie KAPLAN / STRÖMBERG (2003) und STEIN (2005).

Die speziellen Charakteristika und Probleme des deutschen Marktes werden zum Teil vergleichend mit dem US-amerikanischen Markt behandelt von BASCHA / WALZ (2002), BAUMS / MÖLLER (2000) und BECKER / HELLMANN (2002).

Die Literatur befasst sich auch mit speziellen Fragen wie beispielsweise den Funktionen der Business Angels wie NITTKA / STICKEL (1999) oder dem Corporate Venture Capital wie FINK (2003), LORENZ / SELIGER (2000), SCHÜPPEN / EHLERMANN (2000) und RÖPER (2004). Mit Bewertungsansätzen für Wachstumsunternehmen befasst sich der Beitrag von RUDOLF / WITT (2002), mit der Selektion von CV-Fonds durch institutionelle Investoren die Arbeit von TAUSEND (2006).

Zusammenfassung

Auf dem Markt für Venture Capital wird jungen Unternehmen mit hohen Wachstumschancen und Risiken Mittel zur Finanzierung ihrer Gründung und ihres ersten Wachstums zur Verfügung gestellt.

Zu diesem Zweck werden Finanzintermediäre mit unterschiedlicher, strategischer Ausrichtung und unterschiedlichen Spezialisierungsgraden gegründet, die ihre Mittel in großen Tranchen bei wohlhabenden Privatpersonen und institutionellen Anlegern aufnehmen, in einem Fonds zusammenfassen und für eine bestimmte Zeit den jungen Unternehmen als Beteiligungskapital zur Verfügung stellen. Zugleich übernehmen diese VC-Gesellschaften bei den Portfoliounternehmen Unterstützungs-, Service- und Kontrollfunktionen.

VC-Finanzierungsverträge werden formuliert, dass eine Vielzahl auftretender Interessenkonflikte und Anreizprobleme vermindert, abgebaut oder sogar ganz vermieden werden können.

Auch die Verträge der Investoren mit den VC-Gesellschaften weisen Besonderheiten auf, die darauf ausgerichtet sind, Informationsasymmetrien zwischen den Vertragsparteien abzubauen und den Investoren einen ausreichenden Schutz vor Anlagerisiken zukommen zu lassen.

Corporate Venture Capital zeichnet sich dadurch aus, dass nicht nur wie bei Venture-Capital-Finanzierungen Renditeziele der Investoren verfolgt werden, sondern nun auch strategische Ziele des industriellen Investors.

Schlüsselbegriffe

Cashflow-Rechte
Corporate Venture Capital
Due Diligence
Exit-Alternativen
Finanzintermediäre
Frühphasenfinanzierung
Kontrollrechte
Private Equity
Stille Beteiligungen
Stufenfinanzierung
Syndizierung
Venture Capital
Venture Capital Cycle
Venture-Capital-Fonds
Venture-Capital-Gesellschaften
Venture-Capital-Zyklus
Vorzugsaktie, wandelbare

Kapitel 8

Eigenkapitalbeschaffung über die Börse und Emissionspolitik

Nach der erfolgreichen Gründung und Etablierung eines Unternehmens wächst der Kapitalbedarf, der durch die Zuführung neuer Eigen- und Fremdmittel gedeckt werden muss. In diesem Kapitel geht es um die Möglichkeiten der Beschaffung von Eigenkapital, während die Fremdfinanzierung Gegenstand des Kapitels 10 ist.

In diesem Kapitel 8 sollen nach einer Charakterisierung der Ziele und Motive des Going Public von Unternehmen in Abschnitt 8.1 die verschiedenen Handlungsalternativen aufgezeigt werden, die sich den Unternehmen bei der Emission von Aktien bieten. Danach geht es in Abschnitt 8.2 um die Frage der Preisfindung und Preisbildung sowie um Überlegungen, die Zusammensetzung des zukünftigen Aktionärskreises des Unternehmens zu beeinflussen.

Der Gang an die Börse bedeutet in der Regel keine einmalige Eigenkapitalzufuhr, sondern kann bei einem erfolgreich wachsenden Unternehmen als Auftakt einer regelmäßigen Inanspruchnahme des Kapitalmarktes betrachtet werden. Daher werden in Abschnitt 8.3 die Instrumente vorgestellt, die Unternehmen bei einer im Zeitablauf mehrmaligen Inanspruchnahme des Kapitalmarktes einsetzen können und über die im Rahmen der Emissionspolitik der Gesellschaft befunden werden muss. Schließlich werden einige Gesichtspunkte diskutiert, die kurz- und langfristig den Erfolg eines Going Public und Being Public bestimmen.

Die meisten Unternehmen in Deutschland beschaffen sich allerdings Eigenmittel nicht über die Emission von Aktien, sondern im privaten Bereich über die nicht organisierten Teile des Kapitalmarktes oder über spezielle Beteiligungsgesellschaften. Diese wenig transparenten Möglichkeiten der Eigenkapitalbeschaffung mit ihren vielfältigen Spielarten, Usancen und Marktteilnehmern bleiben, soweit sie nicht bereits im vorausgegangenen Kapitel als Beschaffung von Private Equity behandelt wurden, insgesamt unberücksichtigt. Über die vielfältigen, z. T. sehr kleinen privaten Märkte, die teilweise zu direkten, aber auch zu intermedierten Finanzverbindungen führen, gibt es nur wenige gesicherte Quellen und Daten, so dass sich die Darstellung auf die transparenten Segmente des Kapitalmarktes bezieht.

Dafür werden aber in Abschnitt 8.4 einige Besonderheiten der Konzernfinanzierung angesprochen. Konzerne zeichnen sich u. a. durch weitergehende

Möglichkeiten der Zuordnung von Eigenkapital zu einzelnen Geschäftseinheiten aus als einfache Gesellschaften in der Form von Einzelunternehmen. Da viele Gesellschaften in Deutschland als Konzerngesellschaften gesteuert werden, ist ein Blick auf die Vor- und Nachteile einer Finanzierung von Unternehmen im Konzernverbund von besonderem Interesse.

8.1 Der Gang an die Börse als Finanzierungsalternative

8.1.1 Begriff und Bedeutung des Going Public

(1) Kapitalbeschaffungsmöglichkeiten von Aktiengesellschaften

Die in der Mitte des 19. Jahrhunderts in Deutschland einsetzende Industrialisierung führte zu einem hohen Kapitalbedarf, den die Unternehmen durch die Schaffung und Inanspruchnahme der Rechtsform der Aktiengesellschaft und ihrer besonderen Kapitalbeschaffungsmöglichkeiten decken konnten. So stieg im Zeitraum von 1886 bis 1925 die Zahl der Aktiengesellschaften in Deutschland ganz bemerkenswert von 2.400 auf über 13.000 Unternehmen. Mit dem Höchststand von 1925 ging dann allerdings die Anzahl der Aktiengesellschaften nach und nach wieder zurück (ZACHARIAS 2000, S. 45 ff.). Das Wachstum des Nominalkapitals der Gesellschaften führte zu markanten Unterschieden zwischen den Großunternehmen in der Rechtsform der Aktiengesellschaft, die ihre finanziellen Mittel über die Börsen beschaffen konnten, und den kleinen und mittelständischen Unternehmen, denen dieser Weg versperrt war. Letztere wurden als Personengesellschaften oder als GmbHs geführt und waren bei Außenfinanzierungsmaßnahmen mehr oder weniger auf die Kreditfinanzierungen der Banken angewiesen.

Die Anzahl der Aktiengesellschaften in Deutschland erreichte dann 1983 mit nur noch 2.122 Gesellschaften einen historischen Tiefstand, zumal von diesen Unternehmen lediglich 442 Gesellschaften börsennotiert waren. Erst Mitte der achtziger Jahre war hinsichtlich der Anzahl der Aktiengesellschaften eine Trendwende zu verzeichnen. Für 1990 werden 2.685, für 1994 einschließlich der neuen Länder bereits 3.527 Aktiengesellschaften gezählt. Danach setzt geradezu ein Boom von Neugründungen ein und die Zahl der Aktiengesellschaften einschließlich der Kommanditgesellschaften auf Aktien steigt bis 2002 auf 14.814 und im August 2003 schließlich auf 15.176 Gesellschaften (DAI Factbook 2003, S. 01-1). Die beachtliche Zunahme der Unternehmen in der Rechtsform der Aktiengesellschaften darf allerdings nicht darüber hinweg täuschen, dass es sich dabei zahlenmäßig nicht einmal um ein

Prozent aller Unternehmen in Deutschland handelt.[1] Die Aktiengesellschaft ist in Deutschland immer noch die Gesellschaftsform für die von der Anzahl her vergleichsweise unbedeutende Gruppe der Großunternehmen.

Das ***Going Public***, der ***Gang an die Börse*** wurde Ende der neunziger Jahre zu einem markanten Schlagwort der deutschen Finanzmarktentwicklung. Auch die Anzahl börsennotierter Gesellschaften stieg stark an. Während für 1990 noch 776 börsennotierte Gesellschaften genannt werden, verdoppelte sich diese Zahl auf einen (vorläufigen) Höchststand von 1.075 im Jahre 2001. Seit dem Platzen der „Blase" an den Aktienmärkten Mitte 2000 ist allerdings das IPO-Geschäft zeitweise fast ganz zum Erliegen gekommen und muss in den kommenden Jahren erst wieder aufgebaut werden.[2] Diese Entwicklung folgt dem von IBBOTSON / JAFFE (1975) beschriebenen Phänomen einer ***zyklischen Entwicklung des Gangs an die Börse***, wonach sich Phasen, in denen die Unternehmen quasi an die Börse drängen (Hot Issue Market) mit Phasen abwechseln, an denen die Emissionstätigkeit mehr oder weniger zum Erliegen kommt und die Beschaffung von Beteiligungskapital über die Börse für viele Unternehmen zu einem Problem wird.

(2) Zum Begriff des Gangs an die Börse bzw. des Going Public

Die Begriffe Going Public, Gang an die Börse und Initial Public Offering werden häufig synonym gebraucht. Der Begriff des Going Public kann aber auch umfassend im Sinne der gesamten Vorbereitung – z. B. der Umwandlung der Gesellschaft in eine AG – bis hin zur Börseneinführung verstanden werden, während der Begriff des Initial Public Offering (IPO) auf den eigentlichen Prozess der Emission und die Zulassung zum Wertpapierhandel an der Börse abstellt. Als ***Emission*** bezeichnet man die Ausgabe und den Absatz von Wertpapieren im Publikum. Um die anschließende Handelbarkeit an der Börse zu ermöglichen, ist die Emission regelmäßig mit einer ***Börseneinführung*** der Titel verbunden. Darunter versteht man die ***Zulassung der Aktien zum Börsenhandel***. Die Zulassung zum Börsenhandel ist staatlich reguliert und durch die Usancen der Emissionsintermediäre geprägt. Daher werden im Folgenden auch wichtige gesetzliche Vorgaben und Regelungen des Gangs an die Börse vorgestellt.

---

[1] Ende 1999 wurden in Deutschland neben 4.030 Aktiengesellschaften immerhin 530.208 Gesellschaften mit beschränkter Haftung, 1.417 Kommanditgesellschaften, 74.286 GmbH & Co KGs und 16.940 Offene Handelsgesellschaften gezählt. Vgl. DAI Factbook 2003, S. 01-2-a.

[2] Der Deutsche Aktienindex DAX zog von ca. 4.000 Punkten ausgehend seit dem Herbst 1998 auf 8.000 Punkte im Frühjahr 2000 an, um dann bis zum Frühjahr 2003 auf 2.300 Punkten abzustürzen, was einen Verlust von ca. 70 Prozent des Wertes in drei Jahren bedeutete.

Bei der Entscheidung eines bislang durch wenige Kapitalgeber finanzierten Unternehmens für den Gang an die Börse sind die relativen Vorteile einer Gesellschaft am Markt (Publikumsgesellschaft) gegenüber einer Gesellschaft abzuwägen, die von wenigen Anteilseignern (privat) gehalten wird und deren Anteile dementsprechend kein Gegenstand des Börsenhandels sind. Ein Börsengang ist aus der Sicht der Eigentümer dann vorteilhaft, wenn der für die Alteigentümer mit dem Börsengang erzielte Nutzen die mit der Transaktion und der anschließenden Börsennotierung direkt und indirekt verbundenen Kosten übersteigt. Da nicht nur der Börsengang, sondern auch ein möglicher späterer Rückzug von der Börse (Going Private) mit Kosten verbunden sind, spielen bei der Going-Public-Entscheidung längerfristige Überlegungen eine Rolle.

Das finanzielle ***Ziel eines Gangs an die Börse*** ist die Beschaffung von Zahlungsmitteln bei einer großen Anzahl von Aktionären durch die Emission von Aktien. Das beschaffte Kapital fließt entweder im Zuge einer Kapitalerhöhung ganz an die Gesellschaft oder zugleich auch an die derzeitigen Inhaber der Gesellschaft, wenn diese einen Teil ihrer Aktien an den Markt abgeben.[3] Bei den meisten der in Deutschland neu an die Börse gehenden Unternehmen liegt das Eigentum bei den Unternehmern bzw. ihren Familien. Eigentümer einer an die Börse gebrachten Gesellschaft kann aber auch eine Muttergesellschaft sein, die ihre Tochter im Zuge eines „Spin-Offs" bzw. „Carve-Outs" an die Börse bringt. Beispiele für solche Equity Carve-Outs sind die von Siemens an die Börse gebrachte Infineon AG und die von der Telekom an die Börse gebrachte t-online.

Im vorangegangenen Kapitel ist bereits darauf hingewiesen worden, dass der Gang an die Börse im Zuge der Platzierung bereits im Bestand befindlicher Aktien insbesondere bei der Portfoliobeteiligung von Venture-Capital-Gesellschaften eine Rolle spielt, die für ihr Engagement bei einem jungen Unternehmen einen vorteilhaften Exit-Kanal suchen. Dies zeigt, dass die Möglichkeiten der späteren Emission von Aktien bereits bei der ursprünglichen Aufbringung der Mittel beim Aufbau des Unternehmens von Bedeutung sein können.

8.1.2 Formale und materielle Voraussetzungen des Börsengangs

Der Gang an die Börse ist an eine Fülle rechtlicher Voraussetzungen und Vorschriften gebunden. Während Finanzierungsverträge im Allgemeinen im Rah-

---

[3] Die verkaufenden Altaktionäre vereinbaren i. d. R. mit der Börse eine Lock-up-Periode, in der sie für den verbleibenden Teil der Aktien in ein Veräußerungsverbot einwilligen. Dieses dient dem Schutz der neuen Investoren, die sicher gehen wollen, dass die Firmengründer den Börsengang nicht dazu nutzen, „neben ihren Geschäftsanteilen auch ihre unternehmerische Verantwortung abzugeben", vgl. NOWAK / GROPP (2002).

men der Rechtsordnung frei gestaltet werden können, gibt es für die Ausgestaltung der Beteiligungsfinanzierung von Aktiengesellschaften genaue Vorgaben, die überwiegend einen Schutz der Anleger bewirken sollen. Wichtige Vorschriften über Aktiengesellschaften, die möglichen Ausgestaltungsformen von Aktien und die Vorschriften sowie Usancen bei ihrer Emission werden im Folgenden kurz dargestellt.

(1) Formale Voraussetzungen eines Gangs an die Börse

Eine Emission von Aktien setzt zunächst einmal voraus, dass das Unternehmen in der Rechtsform einer Aktiengesellschaft AG (bzw. einer KGaA) geführt wird.

Die Bedeutung der Rechtsform der Aktiengesellschaft für die Organisation von Großunternehmen und die Möglichkeit der Kapitalanlage für viele Kleinanleger haben dazu geführt, dass die Aktiengesellschaft im Vergleich zu anderen Gesellschaftsformen eine große Regelungsdichte aufweist. Die gesetzlichen Bestimmungen sollen u. a. unsolide Gründungen und im laufenden Geschäftsbetrieb Vermögensverschiebungen zu Lasten der Kleinaktionäre verhindern helfen. Noch weitergehend sind die Regelwerke für börsennotierte Aktiengesellschaften, weil hier auch noch über das Aktienrecht hinausgehende wertpapierrechtliche und börsenrechtliche Vorschriften greifen.

Die Bestrebungen, missbräuchliche Gründungen zu vermeiden, spiegeln sich insoweit im Aktiengesetz wider, in dem über 30 Paragraphen (§§ 23-53 AktG) den Ablauf und die Voraussetzungen der Gründung regeln. Die folgenden Stichworte über die gesetzlichen Bestimmungen, die zugleich den mit dem ***Gründungsvorgang*** verbundenen Ablaufprozess umreißen, verdeutlichen die große Regelungsdichte. Die Vorschriften des Aktiengesetzes ordnen sich entlang der Prozessschritte der ***Gründung einer Aktiengesellschaft*** in Anforderungen an

1. die ***Feststellung der Satzung*** der Gesellschaft (§ 23 AktG),
2. die ***Übernahme der Aktien durch die Gründer*** (§ 29 AktG),
3. die ***Bestellung*** des ersten ***Aufsichtsrats und des Vorstands*** der Gesellschaft sowie ***des ersten Abschlussprüfers*** (§ 30 AktG),
4. die ***Erstattung des Gründungsberichts*** durch die Gründer (§ 32 AktG),
5. die ***Gründungsprüfung*** durch die Mitglieder des Vorstands und des Aufsichtsrats sowie einen Gründungsprüfer (§ 33 AktG),
6. die ***Einzahlung*** der eingeforderten Einlage durch die Aktionäre (§ 54 AktG),
7. die ***Anmeldung*** der Gesellschaft zur Eintragung in das Handelsregister (§ 36 AktG),
8. die ***Prüfung*** der ordnungsgemäßen Errichtung und Anmeldung der Gesellschaft durch das Gericht (§ 38 AktG) und

9. die Inhalte der ***Eintragung der Gesellschaft in das Handelsregister*** (§ 39 AktG).

Mit der Eintragung der Gesellschaft in das Handelsregister ist der Gründungsvorgang abgeschlossen und die Gesellschaft kann ihre Geschäftstätigkeit aufnehmen. Dabei hat die Gesellschaft eine Vielzahl aktienrechtlicher Vorschriften der Organisationsgestaltung, der Publizität und der Einwirkungen auf die Eigenkapitalposition der Aktionäre zu beachten.

(2) Kapitalmarkt- und Börsenreife

Abgesehen von den rechtlichen Voraussetzungen an die Aktiengesellschaften müssen die Unternehmen weiteren Anforderungen genügen, wenn ihre Aktien an einer deutschen oder ausländischen Börse zum Handel zugelassen werden sollen. Die ***Zugangsbedingungen zum Börsenhandel*** sind teilweise kodifiziert – z. B. im Börsengesetz und in den Börsenordnungen. So muss die Zulassungsstelle einer Börse die Zulassung verweigern, wenn keine ausreichende Streuung der Aktien im Markt erwartet werden kann. Die Zugangsbedingungen stellen sich teilweise aber auch als eine von den Emissionsbanken je nach Marktsituation errichtete zusätzliche Marktzugangsbeschränkung dar, die dazu dienen soll, möglichst nur solchen Unternehmen den Kapitalmarkt zu erschließen, bei denen sich mit hinreichend großer Wahrscheinlichkeit ein Erfolg des Börsengangs und des nachfolgenden „Being Public" einstellen wird. So verlangen die Emissionsbanken regelmäßig, dass die IPO-Kandidaten bereits positive Cashflow- und Gewinnziffern ausweisen können.

Neben positiven Cashflow- und Gewinnziffern werden typischerweise weitere Anforderungen gestellt, bis man von der ***Kapitalmarkt- oder Börsenreife*** eines Unternehmens spricht. Dazu zählen beispielsweise[4]

- eine ausreichende Unternehmensgröße mit einem für den späteren Börsengang ausreichenden Platzierungsvolumen,
- eine absehbare positive Umsatz- und Ertragsentwicklung mit entsprechendem zukünftigem Ausschüttungspotential sowie
- organisatorische Voraussetzungen im Sinne eines für die Anleger überschaubaren und transparenten Unternehmensaufbaus (Corporate Clarity) sowie klaren Leitungs- und Governance-Strukturen.

Die ***Börsenreife*** beinhaltet also qualitative und quantitative Merkmale der Werthaltigkeit des Unternehmens, die im Rahmen einer genaueren Überprüfung (Due Diligence) der Gesellschaft durch die Emissionsbanken festgestellt wird. Die Börsenreife wird aber nicht durch die Zulassungsstelle der Börse geprüft. Diese kann die Zulassung nicht verweigern, wenn die börsenrecht-

[4] Eine Einteilung in objektive und subjektive Kriterien der Börsenreife findet man bei SERFLING / PAPE / KRESSIN (1999).

lichen Voraussetzungen, also die Zulassungsbedingungen nachgewiesen worden sind. Die ***Zulassungsbedingungen*** können auch von dem Börsensegment abhängig sein, in dem die Aktien gehandelt und notiert werden sollen. Diese Bedingungen werden in Abschnitt 8.2.2 noch genauer vorgestellt.

Von den strengen Anforderungen an die Börsenreife der Unternehmen wurde während der Boomphase des Neuen Marktes Ende der 90er Jahre offenbar in etlichen Fällen abgesehen. Da die Anforderungen an die Börsenreife nicht fixiert, sondern auch durch das Kapitalmarktumfeld geprägt sind, liegt es nahe, dass die Anforderungen mit steigendem allgemeinem Kursniveau und reger allgemeiner Emissionstätigkeit zurückgehen, um dafür im Gegenzug bei schwierigem Kapitalmarktumfeld, also bei niedrigem Kursniveau und geringer Nachfrage nach Aktien wieder zu steigen. Dies setzt einen besonderen ***Börsenzyklus*** in Gang, der sich wiederum als Treiber oder als Bremsklotz für weitere Aktienemissionen herausstellen kann.

8.1.3 Motive und Zielsetzungen eines Gangs an die Börse

(1) Nutzen und mögliche Vorteile eines Going Public

Das Going Public von Unternehmen ist auf die Beschaffung von Beteiligungskapital bei einem breiten Anlegerkreis gerichtet, wobei die Gesellschafter und das Management der Gesellschaft verschiedene Motive und Nebenabsichten verfolgen können.

- Die bisherigen Eigentümer (Altaktionäre) können die Absicht verfolgen, durch die Veräußerung ihrer Beteiligung eine diversifizierte Vermögensstruktur zu realisieren, die nicht mehr von den spezifischen Risiken ihres Einzelengagements geprägt ist (***Diversifikation*** der Portfolios der Alteigentümer).
- Durch den Gang an die Börse werden die illiquiden Eigenkapitaltitel der Gründer, VC-Gesellschaften oder Private-Equity-Investoren *in* ***liquide Anlagen*** transformiert. Wegen des nun erzielbaren Portfolioeffekts vermindert sich die Bedeutung des idiosynkratischen Risikos, so dass bei den Eigenkapitaltiteln ein erheblicher Wertzuwachs realisiert werden kann (Diversifikation der Portfolios der neuen Eigentümer und Wertzuwachs).
- Der Gang an die Börse und der damit einhergehende Informationszufluss an die Kapitalmarktteilnehmer können dem Unternehmen nachfolgende ***Mittelaufnahmen erleichtern helfen*** (z. B. Kapitalerhöhungen).
- Der Mittelzufluss aus dem Initial Public Offering kann die Rückzahlung von Krediten oder Gesellschafterdarlehen erleichtern und auf diese Weise zum ***Abbau möglicher Abhängigkeiten*** von Banken und anderen Kapitalgebern genutzt werden.
- Die ***Börsenpräsenz*** kann zu einer Erweiterung der verfügbaren Finanzierungsalternativen genutzt werden – z. B. für eine Ausgabe von Wandelschuldverschreibungen.

- Die Umwandlung einer Personengesellschaft in eine Aktiengesellschaft kann dazu genutzt werden, eine ***Verselbständigung der Gesellschaft*** voranzutreiben und damit die direkte Einflussnahme einzelner Gesellschafter zugunsten der Arbeitsteilung der Organe der AG (Vorstand, Aufsichtsrat, Hauptversammlung) zurückzudrängen.
- Mit dem Börsengang kann auch das Ziel verfolgt werden, dass das Management der Gesellschaft bei der Beurteilung von Unternehmensstrategien und Investitionsvorhaben die ***Informationsfunktion*** der an der Börse notierten Kurse nutzt. Die Kursentwicklung kann für eine an den Interessen der Eigentümer orientierte, erfolgsabhängige ***Vergütung*** des Vorstands und der leitenden Mitarbeiter genutzt werden, die auf eine Gleichrichtung der Interessen von Aktionären und Entscheidungsträgern gerichtet ist. Die Kapitalmarktsignale können also zu internen Anreiz- und Steuerungszwecken genutzt werden.
- Mit dem Going Public wird häufig auch die Absicht einer allgemeinen Imageverbesserung und ***Steigerung des Bekanntheitsgrades*** der Gesellschaft an den Produkt- und Faktormärkten verfolgt.

Die Aufzählung kann einen Eindruck von den vielfältigen Motiven vermitteln, die mit einem Gang an die Börse verbunden sein können. Ein wichtiger ***Treiber für den Gang an die Börse*** ist der erzielbare monetäre ***Wertzuwachs***, der aus der hohen Liquidität der an der Börse notierten Titel resultiert. Einen Eindruck von dem durchschnittlich erzielten Wertzuwachs eines Gangs an die Börse kann man beispielsweise erhalten, wenn man wie in Abb. 8.1 die durchschnittlichen Emissionskurse von Aktienemissionen betrachtet, die alternativ bei notierten und nicht an der Börse notierten Gesellschaften in der Vergangenheit realisiert worden sind.

Der ***Vergleich der durchschnittlichen Emissionskurse*** börsen- und nicht börsennotierter Gesellschaften zeigt, dass der Liquiditätszufluss pro Aktie bei börsennotierten Gesellschaften ein Vielfaches des Betrages ausmacht, der bei einem nicht börsennotierten Unternehmen bei einer Kapitalerhöhung zu verzeichnen ist. Die nicht notierten Gesellschaften werden i. d. R. von nur wenigen Eigentümern gehalten, die über ein vergleichsweise gering diversifiziertes Portefeuille verfügen und daher ihre Beteiligung niedriger bewerten als die vielen Aktionäre börsennotierter Gesellschaften, die das Risiko ihrer Anlagen im Portefeuilleverbund diversifizieren. Darüber hinaus ist die Verhandlungsmacht der wenigen Eigenkapitalgeber gegenüber dem Management nicht börsennotierter Gesellschaften größer als die Verhandlungsmacht der Aktionäre einer Publikumsgesellschaft, die mehr oder weniger den „Marktpreis" der emittierten Aktien zahlen muss.

Wenn man unterstellen kann, dass die Eigenkapitalpositionen börsennotierter und nicht börsennotierter Aktiengesellschaften vergleichbare Qualitätsmerkmale aufweisen, dann kann man die in Abb. 8.1 zusammengestellten stark divergierenden Emissionskurse von notierten und nicht notierten Gesellschaften als Hinweise auf die Wertunterschiede deuten, die aus der Handelbarkeit von Aktien und deren Bedeutung in diversifizierten Portefeuilles resultieren. Die ***Liquidität*** stellt sich somit als beeindruckender ***Werttreiber börsennotierter Aktien*** heraus.

	Aktienemissionen inländischer Emittenten in Deutschland			
	Börsennotierte Gesellschaften		**Nicht börsennotierte Gesellsch.**	
	Nominalwert in Mio. €	durchschn. Emissionskurs	Nominalwert in Mio. €	durchschn. Emissionskurs
1984	656	321 %	874	126 %
1994	1.926	667 %	1.201	173 %
1995	1.406	625 %	1.608	204 %
1996	2.546	580 %	1.723	159 %
1997	1.043	922 %	1.088	163 %
1998	1.724	1.309 %	1.386	172 %
1999	3.372	930 %	3.249	143 %
2000	1.442	1.298 %	2.178	184 %
2001	1.762	452 %	6.224	154 %
2002	592	510 %	3.718	167 %
2003	1.487	822 %	2.996	153 %

Abb. 8.1: Vergleich der Emissionskurse börsen- und nicht börsennotierter Unternehmen (Quelle: DAI-Factbook 2004)

(2) Kosten und mögliche Nachteile eines Going Public

Den positiven Mittelzuflüssen und hohen Emissionskursen sind die bei einem Börsengang anfallenden beachtlichen Börseneinführungskosten gegenüberzustellen. Zu diesen rechnen als direkte ***Kosten***:

- Die Kosten eines Wechsels der Rechtsform in die einer Aktiengesellschaft sowie die laufenden Informations- und Publizitätskosten, die mit der Rechtsform der Aktiengesellschaft verbunden sind,
- die Provisionen für den Absatz (Selling Fee), die Übernahme der Aktien durch die Emissionsbanken (Underwriting Fee) und die Führung des Konsortiums (Managing Fee),
- die an die Börse zu zahlenden Börsenzulassungsprovisionen und Börsenzulassungsgebühren,
- die während des Emissionsprozesses anfallenden Präsentationskosten und Kosten für Public-Relations-Maßnahmen, insbesondere Pressekonferenzen und Anzeigenkampagnen,

– die nach dem Börsengang periodisch anfallenden Kosten für Aktionärsmitteilungen, Finanzanzeigen, Hauptversammlungen, Zahlstellenprovisionen für Dividendenzahlungen, Ad-hoc-Mitteilungen etc.

Neben den direkten Kosten entstehen als indirekte Kosten eines Going Public die ***Opportunitätskosten des Underpricing***, dass der Emissionserlös letztlich doch unter dem am Markt erzielbaren Betrag liegt. Diese Kosten werden in 8.2.6 noch ausführlich behandelt. Zu den indirekten Kosten kann man auch die Kosten der mit dem Going Public verbundenen erweiterten Publizitätspflichten zählen, die beispielsweise aus dem Verlust an Vertraulichkeit resultieren und zu negativen Wettbewerbseffekten führen können.

Je nach Ausgestaltung des Gangs an die Börse wird im Übrigen für die Altaktionäre ein ***Kontrollverlust*** entstehen, weil die Inhaber ihren Aktienbestand an den Markt abgeben und damit der Gründer, die VC-Gesellschaft oder andere Großaktionäre an Einfluss verlieren. Mit der wachsenden Selbständigkeit des Managements können Interessendivergenzen relevant werden, die für die Anleger zu Agency-Kosten führen. Die Frage der optimalen Kontrollstruktur der Gesellschaft wird in Kapitel 14 wieder aufgegriffen.

Viele Gesellschafter fürchten auch die Folgepflichten einer Zulassung, deren Verletzungen zu Sanktionen und Schadensersatzforderungen führen können. Schließlich kann es für die Unternehmen von Nachteil sein, wenn sie zu umfangreichen Informationen im Rahmen der Rechnungslegung und anderer Publizitätspflichten gezwungen sind und damit Wettbewerbsnachteile an den Realgütermärkten verbunden sein können.

8.1.4 Empirische testbare Hypothesen zur Erklärung des Going Public

(1) Theorien zur Erklärung des Going Public

Die spezifischen Vor- und Nachteile eines Börsengangs lassen sich allenfalls für einzelne Unternehmen identifizieren und quantifizieren. Aus den diversen Vor- und Nachteilen für verschiedene Unternehmen lassen sich darüber hinaus aber auch generelle Hypothesen ableiten, welche Unternehmen mit größerer Wahrscheinlichkeit als andere Unternehmen Vorteile aus einem Börsengang ziehen und daher vermutlich auch häufiger an die Börse gehen. Diese Hypothesen sind empirisch testbar und auch verschiedentlich unter alternativen Bedingungsrahmen überprüft worden, so dass heute Erkenntnisse darüber vorliegen, welche Vorteile in der Praxis im Durchschnitt als Treiber eines Gangs an die Börse gelten können.

Zur Einordnung solcher Hypothesen unterscheiden RITTER UND WELCH (2002) zwei unterschiedliche Theorierichtungen zur Erklärung des Going Public, die beide davon ausgehen, dass es Zeiträume gibt, die sich in besonderer Weise für ein Going Public anbieten.

- ***Lebenszyklustheorien*** postulieren, dass es im Lebenszyklus von Unternehmen Zeitpunkte gibt, in denen sich ein Börsengang als besonders interessante Handlungsmöglichkeit darstellt. Aus der Analyse der Venture-Capital-Finanzierung ist bekannt, dass eine solche Gelegenheit insbesondere jener Zeitpunkt ist, in dem die VC-Gesellschaft einen attraktiven Exit-Kanal für ihr Engagement sucht. Zu diesem Zeitpunkt sucht der Entrepreneur durch eine breite Streuung der Eigentumsanteile an seiner Gesellschaft einen hohen Verkaufserlös für die Anteile an seiner Gesellschaft zu realisieren und zugleich einen hohen eigenen Kontrollanteil aufzubauen.
- ***Market-Timing-Theorien*** stellen nicht auf das emittierende Unternehmen, sondern auf die Kapitalmarktverhältnisse ab und postulieren, dass ein Börsengang insbesondere dann ins Auge gefasst wird, wenn der Kapitalmarkt eine aus dem Blickwinkel der informierten Investoren hohe oder sogar zu hohe Bewertung der Aktien der Gesellschaft vornimmt. Eine andere Version dieses Arguments geht davon aus, dass die Gesellschaften „Geleitzugemissionen" bevorzugen, d. h. Emissionszeitpunkte wählen, in denen auch andere attraktive Gesellschaften an den Markt gehen. Die Marktteilnehmer sind dann bereits positiv gestimmt und „warten" auf die Ankündigung neuer Emissionen, so dass sich positive Signaleffekte leichter übermitteln lassen. Entsprechende Marktzyklen, in denen sich „heiße" und „kalte" Phasen für Börsengänge abwechseln, sind Gegenstand früher empirischer Untersuchungen von IBBOTSON UND JAFFE (1975), RITTER (1984) und IBBOTSON, SINDELAR UND RITTER (1988). THEISSEN (2002) weist auf den empirischen Zusammenhang hin, dass das jährliche Emissionsvolumen zu einer Prognose der zukünftigen Marktentwicklung genutzt werden kann, was darauf hindeutet, dass die Emittenten ein „Timing" ihrer Aktienemissionen in der Weise betreiben, dass Emissionen tendenziell dann erfolgen, wenn der Markt Aktien überbewertet.

Der erste wichtige empirische Test dieser Theorien stammt von PAGANO / PANETTA / ZINGALES (1998) für italienische Unternehmen.[5] Die Autoren stellen fest, dass große Unternehmen in Branchen mit hohem Marktwert-Buchwert-Verhältnissen zu einem Going Public neigen und dass solche Unternehmen nicht etwa große Beträge investieren, also Wachstum finanzieren wollen, sondern eine ausreichende Eigenkapitalbasis suchen, nachdem sie zuvor bereits hohe Anschaffungsauszahlungen für Investitionen getätigt haben. Dieses Ergebnis von PAGANO / PANETTE / ZINGALES steht im Gegensatz zu den Befunden für Börsengänge in den USA von MIKKELSON / PARTCH / SHAH (1997), wonach neue gelistete Unternehmen nicht vor, sondern nach

[5] Die Bedeutung ausgewählter firmenspezifischer Merkmale für die Wahrscheinlichkeit des Börsenganges eines Unternehmens wird von PAGANO / PANETTA / ZINGALES (1998) mit Hilfe eines Probit-Modells und eines italienischen Datensatzes aus den Jahren 1982 bis 1992 untersucht.

dem Börsengang hohe Investitionsvolumina aufweisen.[6] Darüber hinaus wird deutlich, dass ein Börsengang auch zur Nutzung eines „Window of Opportunity“ dient, wenn Unternehmen gute Kapitalmarktverhältnisse für ihre Emission nutzen. Schließlich nutzen die bisherigen Unternehmenseigner den Gang an die Börse zur Veränderung der Kontrollstruktur.

Auch der Einfluss der Profitabilität der Unternehmen auf die ***Wahrscheinlichkeit eines Börsengangs*** wird analysiert. Ein negativer Einfluss wäre dadurch zu erklären, dass profitablere Unternehmen sich in stärkerem Maße Mittel durch Innenfinanzierungsmaßnahmen beschaffen können, ein positiver Einfluss beispielsweise dadurch, dass die Unternehmen eine durch ihre Profitabilität ausgelöste optimistische Einschätzung der Kapitalmarktteilnehmer für eine günstige Finanzierung über die Börse ausnutzen können.

Bei einem Vergleich des deutschen Marktes mit den italienischen Daten verwendet FISCHER (2002, S. 140 ff.) Daten des Neuen Marktes und zeigt für den untersuchten Zeitraum, dass die Wahrscheinlichkeit für einen Börsengang steigt,

- wenn von der Gesellschaft in den Vorperioden hohe Beträge investiert worden sind,
- wenn das Unternehmen zuvor mit einer hohen Wachstumsrate gewachsen ist,
- wenn das Unternehmen einen hohen Anteil an immateriellen Vermögensgegenständen in der Bilanz ausweist,
- wenn das Unternehmen hohe Investitionen in Forschung und Entwicklung vorgenommen hat und
- wenn es profitabel arbeitet.

Dagegen hat die realisierte Kapitalstruktur keine messbaren Auswirkungen auf die Wahrscheinlichkeit des Börsengangs einer Gesellschaft.[7]

RITTER und WELCH (2002) fassen die von ihnen in einer Übersicht zusammengestellten Befunde dahingehend zusammen, dass Unternehmen offenbar dann an die Börse gehen, wenn die ***Kapitalmarktverhältnisse attraktiv*** erscheinen, dass sie diese Entscheidung aber nur unter der Voraussetzung treffen, dass sie sich bereits in einer ***fortgeschrittenen Phase ihres Lebenszyklus befinden***.[8]

---

[6] Europäische Börsengänge unterscheiden sich unter anderem von U.S.-Unternehmen durch ein erheblich höheres Unternehmensalter. Vgl. RITTER (2003).

[7] Zur Performance der Börsengänge am Neuen Markt vgl. GERKE / FLEISCHER (2001) sowie HUNGER (2001) und SCHIERECK / WAGNER (2002).

[8] Auch BOEHMER und LJUNGQVIST (2004) kommen zu dem Ergebnis, dass günstigere Bedingungen in der Gesamtwirtschaft und höhere Aktienkurse in der Branche die Wahrscheinlichkeit eines Börsengangs erhöhen.

(2) Alternative Erklärungsansätze der Informationsproduktion

SUBRAHMANYAM und TITMAN (1999) stellen die interessante Hypothese auf, dass externe und interne Financiers unterschiedliche Typen von Informationen produzieren. Bei den internen Financiers fallen beispielsweise bei der aktiven Suche und Verarbeitung von Daten über Produktions- oder Absatzverhältnisse ihrer Beteiligungsunternehmen beachtliche Kosten an. Die Vielzahl externer Financiers dagegen trägt ***beiläufig*** und damit ohne zurechenbare Kosten ***Informationen als Nebeneffekt*** anderer Aktivitäten zusammen, die für die Bewertung der Beteiligungsunternehmen nützlich sind.

Der Vorteil einer internen Finanzierung besteht darin, dass Informationen nicht mehrfach produziert werden müssen. Der Vorteil einer externen Finanzierung besteht im Gegensatz dazu darin, dass die verstreuten Informationen von geringer Präzision durch die große Anzahl der Produzenten letztlich doch vergleichsweise genau im Marktpreis widergespiegelt werden, so dass dieser Marktpreis den Informationsstand einer Vielzahl von Marktteilnehmern repräsentiert. Die Wahrscheinlichkeit eines Börsengangs sollte aus dieser Perspektive daher umso höher sein,

- je größer die Anzahl der Investoren ist, die beiläufige Informationen erhalten (d. h. je größer die Anzahl der Marktteilnehmer ist),
- je größer die Varianz dieser beiläufigen Informationssignale ist (d. h. je inhomogener die Gruppe der Financiers ist),
- je geringer die Präzision der kostspieligen Signale ist und
- je geringer die Informationsbeschaffungskosten der kostspieligen Signale sind.

Der Modellansatz von SUBRAHMANYAM und TITMAN (1999) prognostiziert also insbesondere eine hohe Wahrscheinlichkeit für den Börsengang innovativer Wachstumsunternehmen, die in neue Produkte und Märkte investieren. Das war eine zur Boomzeit des Neuen Marktes einleuchtende Hypothese.

ALLEN und GALE (1999) entwickeln ein ähnliches Modell, in dem sie zeigen, dass auch ein unterschiedlicher Erfahrungshorizont der Anleger zu einer nützlichen Meinungsvielfalt führen kann. Der Vorteil einer intermedierten Finanzierung durch die Einsparung von Informationskosten, der durch die Delegation der Anlageentscheidung entsteht, löst sich bei großer Meinungsvielfalt der Anleger auf, da die Anleger davon ausgehen müssen, dass die Anlageentscheidungen des Intermediärs nicht ihrer eigenen Einschätzung entsprechen. Danach sollte die Wahrscheinlichkeit für einen Börsengang umso höher sein,

- je unterschiedlicher die a priori Einschätzungen der Marktteilnehmer sind,
- je risikobehafteter das zu finanzierende Unternehmen ist und
- je geringer die Kosten der Informationsbeschaffung sind.

Als Konsequenz sollten also auch aus der Sicht dieses Modells insbesondere innovative Wachstumsunternehmen an die Börse gehen und an der Börse bleiben, da radikale Innovationen eine große Meinungsvielfalt implizieren, einen hohen Risikogehalt aufweisen und über die Unternehmen nur wenig objektive Informationen zur Relativierung der subjektiven Einschätzungen am Markt vorhanden sind.

8.1.5 Equity Carve-Outs und Spin-Offs

(1) Der Equity Carve-Out als partieller Gang an die Börse

Eine spezielle Variante des Gangs an die Börse ist der ***Equity Carve-Out***, der in der Börseneinführung der Aktien der Tochtergesellschaft eines Unternehmens besteht, wobei die Mutter in der Regel zunächst die Stimmenmehrheit in der Hauptversammlung der Tochtergesellschaft behält. Man spricht bei einem Equity Carve-Out daher auch von einem ***partiellen Initial Public Offering.*** Die Ausgabe der Aktien an das Publikum beschränkt sich auf 10 % bis 30 % der ausstehenden Aktien der Tochtergesellschaft, die daher im wesentlichen Einflussbereich der Muttergesellschaft verbleibt. Das Emissionsverfahren selbst folgt den üblichen Regeln der Emission von Aktien, wie sie in den nachfolgenden Abschnitten besprochen werden (vgl. OBERMEIER 1993).

Ein ***Equity Carve-Out*** besteht also in der Ausgabe eines Minderheitsanteils von Aktien an einer Gesellschaft an das Publikum, die bislang vollständig von einer Muttergesellschaft gehalten wurde. Es handelt sich um eine spezielle Form der ***Konzernfinanzierung***, bei der der Wert der ausgegliederten Geschäftseinheit innerhalb eines Konzerns am Kapitalmarkt festgestellt wird, was der ***Corporate Clarity*** der Muttergesellschaft wie des Tochterunternehmens und der Auflösung eines „Conglomerate Discounts“ dienen kann. Die Beseitigung bzw. Verringerung der Informationsasymmetrien kann zu einer Senkung der Kapitalkosten bei der Muttergesellschaft führen.[9]

Aus der Sicht der Konzernmütter werden Carve-Outs insbesondere durch die Zielsetzungen der Restrukturierung des Konzerns, der Schaffung einer eigenständigen Kapitalmarktadresse und der Effizienzsteigerung der Tochter motiviert (ARBEITSKREIS „FINANZIERUNG“ 2003, S. 522). Equity Carve-Outs können somit als eine spezielle ***Form des Corporate Restructuring*** verstanden werden (vgl. ACHLEITNER und WAHL 2003). Die aus dem Equity Carve-Out zufließenden Mittel werden in der Regel auf die Mutter und auf die Tochtergesellschaft verteilt.

SCHIPPER und SMITH (1986) haben erstmals Untersuchungen zu den ***Kursreaktionen*** solcher Transaktionen angestellt und sind dabei zu dem Ergebnis

[9] Einige weitere Besonderheiten der Konzernfinanzierung werden in Abschnitt 8.4 dargestellt.

gekommen, dass Ankündigungen von Equity Carve-Outs mit durchschnittlich positiven Aktienkursreaktionen verbunden sind. Kursreaktionen auf die Ankündigung von Kapitalmaßnahmen, die im Rahmen von ***Ereignisstudien*** (***Event Studies***) gemessen werden, gelten als Indiz dafür, ob solche Maßnahmen im Interesse der Aktionäre liegen oder nicht. Praktiker weisen zwar darauf hin, dass Carve-Outs häufig nur zu kurzfristigen und beschränkten Kurseffekten führen, wenn nicht ein vollständiges Placement in einem zweiten Schritt abzusehen ist oder vermutet werden kann.[10] Dem stehen jedoch Ergebnisse entgegen, die eine gegenüber unabhängigen Börsengängen auch dauerhaft signifikant höhere Kursperformance von Carve-Outs feststellen.[11] In jedem Falle sind Carve-Out-Transaktionen überwiegend nur der erste Schritt einer späteren vollständigen Abgabe der Mehrheit des Mutterunternehmens oder einer Reakquisition (KLEIN / ROSENFELD /BERANEK (1991) und WAGNER (2004)).Unabhängig von den Erwartungen der Marktteilnehmer bezüglich der weitergehenden Unternehmensentwicklung hängt die Kursreaktion auch davon ab, welchen Grad an Selbständigkeit die Marktteilnehmer dem neuen Management der Tochtergesellschaft unterstellen.

Empirische Untersuchungen für den deutschen Markt kommen ebenfalls überwiegend zu positiven kurzfristigen Ergebnissen. MATHESIUS (2003) stellt fest, dass der Markt die öffentliche Bekanntgabe der Entscheidung und die damit verbundenen Veränderungen in der Konzernstruktur zunächst offenbar als „gute Nachricht“ aufnimmt und in einem neuen höheren Kurs verarbeitet. Die Kurssteigerung wird dann allerdings vielfach im Zuge der Durchführung der Transaktion nach unten ausgeglichen. Längerfristig weisen die Aktien aus Equity Carve-Outs ebenso negative abnormale Renditeentwicklungen und sinkende Markt- zu Buchwert-Kennzahlen auf wie Initial Public Offerings selbständiger Unternehmen. WAGNER (2004, 2005) stellt fest, dass der Gang an die Börse in beiden Fällen möglichst dann erfolgt, wenn die Unternehmen überdurchschnittlich hoch bewertet sind (Market Timing Hypothese).

(2) Alternativen von Unternehmensspaltungen

Eine weitere Form der Veränderung der Kapitalstruktur bei einer Tochtergesellschaft ist der ***Spin-Off***, bei dem die bei der Muttergesellschaft liegenden Anteile an einer Aktiengesellschaft als Tochtergesellschaft an die Aktionäre

---

[10] Untersuchungen von J. P. Morgan zufolge lag der durchschnittliche marktbereinigte Kursanstieg der Aktien 60 Tage nach der Ankündigung eines Carve-Out bei lediglich 4 %. Vgl. CLAUS LÖWE, Vortrag Kapitalmarkt-Kolloquium 17.6.1997. Zur Messung der Kursreaktionen vgl. PELLENS (1993).

[11] VIJH (1999) stellt für ein Sample von 628 U.S.-Carve-Outs im Zeitraum 1981–1995 keine signifikante Unterperformance der Unternehmen gegenüber vergleichbaren Unternehmen fest. Gegenüber der signifikanten Unterperformance unabhängiger Börsengänge scheinen Carve-Outs demnach eine bessere Kursentwicklung aufzuweisen.

der Muttergesellschaft ausgegeben werden und dadurch aus dem ursprünglichen Mutterunternehmen durch „Realteilung" zwei Gesellschaften in der Hand der Altaktionäre entstehen. Der wesentliche Unterschied zu einem Carve-Out besteht darin, dass bei einem Spin-Off zunächst keine neuen Aktionäre angesprochen werden, da die Altaktionäre anteilig die neu emittierten Aktien erhalten. Das heißt auch, dass dem Mutterunternehmen im Gegensatz zum Equity Carve-Out durch diese Transaktion keine neuen Mittel zufließen. Empirische Untersuchungen zeigen, dass Ankündigungen von Spin-Offs mit deutlichen Kurssteigerungen verbunden sind. Mit der Übertragung der Anteile an die Aktionäre wird in der Regel die Börsennotiz der an die Aktionäre der Muttergesellschaft ausgegebenen Aktien aufgenommen.

Seit dem ***Umwandlungsgesetz*** von 1995 gibt es in Deutschland drei Formen von Unternehmensspaltungen, nämlich die Unternehmensaufspaltung, die Unternehmensabspaltung und die Unternehmensausgliederung.

- ***Unternehmensauf- und Abspaltungen*** werden in den USA als ***Spin-Offs*** bezeichnet. Durch eine Auf- oder Abspaltung des Unternehmens in mehrere unabhängige Unternehmen kann es zu einer stärkeren Wettbewerbsorientierung aufgrund einer „Entschlackung" der Struktur und einer stärkeren Konzentration auf das Kerngeschäft kommen. Die Altaktionäre erhalten, wie gerade beschrieben, direkt Aktien der ab- oder aufgespaltenen Unternehmensteile.
- Beim ***Sell-Off*** erfolgt die Unternehmensspaltung durch den Verkauf der abgespaltenen Unternehmensteile an ein anderes Unternehmen. ***Ausgliederungen*** stellen in der Regel eine Vorstufe zu einem solchen Sell-Off dar. Zunächst besitzt aber die ausgliedernde Gesellschaft weiterhin die Verfügungsgewalt über den ausgegliederten Unternehmensteil. Die Anteile der neuen Rechtsträger gehen auf die spaltende Gesellschaft über und nicht auf ihre Anteilseigner (BAUMS 1994). Insoweit betrifft diese Form der Restrukturierung die Anteilseigner der Muttergesellschaft nur am Rande.

BÜHNER (1998) geht in einer empirischen Untersuchung der Frage nach, ob die ***Unternehmensspaltung*** generell ein geeignetes Instrument zur Steigerung des Börsenwertes diversifizierter Unternehmen ist oder ob sie nur eine Option unter mehreren darstellt, um den Unternehmenswert zu steigern. Dabei wird in der Spaltung ein Unternehmensvorgang gesehen, der sicherstellt, dass die Teilbereichsleitungen eines diversifizierten Unternehmens vor und nach der Spaltung (mehr) im Eigentümerinteresse handeln. Dies gilt für die Spaltungsform der Ausgliederung, den Sell-Off, nur begrenzt. Da das ausgegliederte Unternehmen im Eigentum der (Konzern-) Obergesellschaft verbleibt, sichert diese Form zwar einerseits die Verbundwirkung, schützt aber andererseits nicht vor verdeckten Eingriffen der Unternehmensleitung der Obergesellschaft zu Lasten des ausgegliederten Teilbereichs. Zur Untersuchung der

Kapitalmarktreaktion auf Unternehmensspaltungen werden von BÜHNER (1998) vier Hypothesen hergeleitet:

1. Unternehmen mit gemischter Aufgabenstruktur profitieren von einer Spaltung durch verringerte Kosten der Innovation.
2. Unternehmen, die breit diversifiziert sind, profitieren von einer Spaltung durch verringerte Kosten der Diversifikation.
3. Unternehmen, deren Aktienbesitz breit gestreut ist, profitieren von einer Spaltung durch leistungsfähige Marktanreize und -informationen.
4. Unternehmen, die Teile ihrer geschäftlichen Aktivitäten ausgliedern, profitieren von einer Spaltung weniger als Unternehmen, die Teile ihrer geschäftlichen Aktivitäten ab- oder aufspalten.

In der ***empirischen Studie*** untersucht BÜHNER internationale Unternehmensspaltungen der Jahre 1992 bis 1997 und bildet dazu eine Stichprobe von 34 Unternehmensspaltungen, bei denen die spaltenden Unternehmen börsennotiert sind und die Spaltung öffentlich angekündigt und als solche auch bezeichnet ist. Gemessen werden die Reaktionen des Aktienmarktes auf die Spaltungsankündigungen über einen Zeitraum von 20 Tagen vor und nach der Ankündigung. Das relativ lange Bewertungsfenster wird gewählt, da es sich bei Spaltungsvorgängen um grundlegende Neupositionierungen von Unternehmen handelt, deren Planung Zeit braucht (BÜHNER 1998, S. 821). Als Methode wird eine Ereignisstudie gewählt, die die kumulierte abnormale Rendite in dem untersuchten Zeitraum misst.

Als Ergebnis wird für die gemeinsame Stichprobe festgestellt, dass die Ankündigung der ***Unternehmensspaltung*** bei den Stichprobenunternehmen zu ***signifikant positiven Kursreaktionen*** führt.[12] In einer weitergehenden Untersuchung wird ***nach der Spaltungsform*** differenziert. Danach führt die Bekanntgabe der Spaltung in Abhängigkeit von der Spaltungsform zu unterschiedlichen Kursreaktionen. Während die Ankündigung von Auf- oder Abspaltungen deutlich positiv bewertet wird, führt die Bekanntgabe einer Ausgliederung (Verkauf eines Teilbereiches) am Ankündigungstag und im kurzfristigen Ankündigungszeitraum sogar zu einer leicht negativen abnormalen Rendite. Diese Beobachtungen bestätigen frühere Untersuchungsergebnisse von ROSENFELD (1984), der für die Ankündigung von Spin-Offs im Vergleich zu Sell-Offs deutlichere Aktienmarktreaktionen in positiver Richtung feststellen konnte.

[12] Vgl. zu einer breiten Übersicht über die empirischen Befunde sowie zur Abwägung der Vorteile externer und interner Kapitalmärkte KASERER / BÜHNER (2003) und zu den Kursreaktionen auf eine Börseneinführung von Tochtergesellschaften KASERER /AHLERS (2000).

(3) Exkurs: Ereignisstudien

Um die kurzfristigen Kurswirkungen von Kapitalmaßnahmen, wichtigen externen Ereignissen und anderen Unternehmensentscheidungen richtig bewerten zu können, müssen die Erwartungen der Marktteilnehmer als Grundlage der Preisbildung an der Börse berücksichtigt werden. Die Erwartungen der Marktteilnehmer können die zukünftige wirtschaftliche Markt-, Branchen- und Unternehmensentwicklung betreffen, sind aber leider nicht bekannt oder unmittelbar messbar.[13]

Eine Kursreaktion auf eine neue Information am Kapitalmarkt wird darüber hinaus vermutlich nicht immer erst dann eintreten, wenn eine offizielle Meldung und das kursrelevante Ereignis beispielsweise im Zuge einer Ad-hoc-Mitteilung erfolgt, sondern bereits dann, wenn die Wahrscheinlichkeit einer Meldung oder des Tatbestandes im Urteil der Marktteilnehmer signifikant gewachsen ist. Wenn also Informationen bekannt werden, die die Marktteilnehmer nicht absolut überraschen, sondern denen beispielsweise Gerüchte oder Vermutungen vorausgegangen sind, dann kann die Kursanpassung bei Bekanntgabe der Tatsache größtenteils bereits abgeschlossen sein.

Ein solcher Fall wird in Abb. 8.2 als vorlaufende Kursreaktion bezeichnet. Umgekehrt kann es Informationen geben, deren Bedeutung für die Kursentwicklung vom Markt erst spät erkannt wird, so dass eine verzögerte Reaktion auf das Ereignis zu verzeichnen ist.

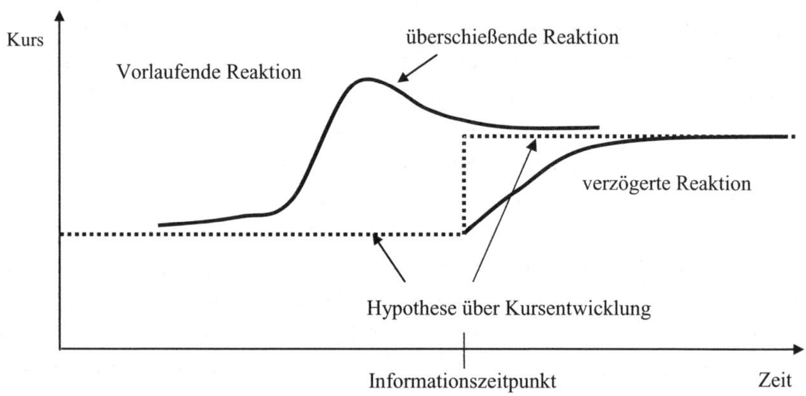

Abb. 8.2: Kursanpassung an informationsrelevante Ereignisse

[13] Vgl. KACKINLEY (1997).

Ob an einem Aktienmarkt vorlaufende oder verzögerte Kursreaktionen bei der Bekanntgabe wichtiger Informationen zu beobachten sind, hängt von der Informationseffizienz des Marktes und der Erwartungsbildung der Marktteilnehmer ab. Auf einem effizienten Kapitalmarkt führen ***Ad-hoc-Mitteilungen*** nur dann zu Kursänderungen, wenn die Marktteilnehmer die Informationen tatsächlich als kursrelevant erachten und die Nachricht von den vorherigen Erwartungen abweicht. Es kommt dann in der Regel zu einer sehr schnellen Kursanpassung.[14]

Ist der Kapitalmarkt weniger informationseffizient, dann kann die Veröffentlichung bewertungsrelevanter Informationen zu einer verzögerten Kursanpassung führen. So stellt RÖDER (2000) bei Nebenwerten eine verzögerte Informationsverarbeitung fest. Bei negativen Meldungsinhalten ist selbst am dritten Handelstag nach Bekanntgabe die Informationsverarbeitung noch nicht abgeschlossen.

Bei der Kursuntersuchung von Ad-hoc-Mitteilungen kommt der Operationalisierung der ***Investorenerwartung*** eine große Bedeutung zu. Die zuverlässigste Methode zur Schätzung der Markterwartungen wäre, die Marktteilnehmer direkt zu befragen, wie dies beispielsweise am Rentenmarkt von Bloomberg im Vorfeld von Ankündigungen über gesamtwirtschaftliche Daten geschieht. Es liegt aber für Ad-hoc-Meldungen am Aktienmarkt keine Studie vor, in der eine solche Ermittlung der Markterwartung vorgenommen wird. Im Gegensatz zu den Rentenmärkten betreffen die Markterwartungen an den Aktienmärkten eine Vielzahl diffuser und wenig strukturierter Informationen.

Ein weiteres Problem für praktische Untersuchungen besteht darin, dass Ad-hoc-Meldungen häufig mehrere Informationen zugleich beinhalten, die zum Teil gegenläufige oder vernachlässigbare Kurseffekte nach sich ziehen können. Für eine einzelne Ad-hoc-Meldung lässt sich in einer statistischen Analyse aber nur die Gesamtwirkung ermitteln, ob nämlich die Ad-hoc-Mitteilung mit einer bestimmten Wahrscheinlichkeit eine Kursreaktion ausgelöst hat oder nicht.

RÖDER (2000) untersucht im Rahmen einer multiplen Regression die gemeinsame Wirkung verschiedener Merkmale für eine Vielzahl von Ad-hoc-Mitteilungen. Dabei zeigt sich, dass Meldungen zum Jahresbericht und zur Dividendenhöhe von nicht DAX-Unternehmen einen überdurchschnittlichen signifikanten Kurseffekt ausüben. Meldungen über Zwischenberichte – den Umsatz und Gewinn betreffend – bleiben dagegen in seiner Analyse ohne signifikanten Einfluss. Dass Umsatz- und Gewinnangaben ohne signifikanten Kurseffekt bleiben, kann damit erklärt werden, dass an den Börsen Erwartun-

---

[14] Einführungen in die technische Durchführung von Ereignisstudien und die entsprechenden statistischen Tests bieten Kapitel 4 in CAMPELL / LO / MACKINLAY (1997), MACKINLAY (1997) und SALINGER (1992).

gen über die zukünftigen Unternehmenserfolge gebildet werden, die eher z. B. an Auftragseingängen oder zukünftigen Wachstumsangaben anknüpfen. Informationen über die vergangene Geschäftsentwicklung (z. B. Angaben über vergangene Umsätze und Gewinne) sind dagegen kaum noch Grundlage für die Bewertung.

Bei der Bewertung der ***Kursreaktionen von Ad-hoc-Mitteilungen*** ist zu beachten, dass solche Mitteilungen keineswegs die einzigen Meldungen sind, die am Aktienmarkt verarbeitet werden. Informationsquellen sind neben Analystenreports und Zeitungsmeldungen auch Gespräche der Marktteilnehmer untereinander sowie mit den Mitarbeitern des Unternehmens und mit den Mitarbeitern seiner Lieferanten und Abnehmer. Der Gerüchtehintergrund wird also durch eine Vielzahl nicht verifizierbarer Informationen am Kapitalmarkt gebildet.

Die Marktteilnehmer setzen bei ihren Kauf- und Verkaufsentscheidungen darüber hinaus keineswegs immer nur ihre Einschätzung des einzelnen Unternehmens um. So werden viele Kauf- und Verkaufsentscheidungen durch Liquiditätsanforderungen beeinflusst. Anleger geben Verkaufsorders in den Markt, wenn sie Geld benötigen, oder sie treffen Asset-Allocation-Entscheidungen und verändern dann den Anteil von Aktien in ihrem Portefeuille, der sich auf ein bestimmtes Marktsegment bezieht. Die Entscheidung über das Absenken oder Aufstocken des Engagements in einem Marktsegment wird dann mit Hilfe eines zufällig ausgewählten Aktienwertes umgesetzt. Kauf- und Verkaufsentscheidungen am Aktienmarkt sind also keineswegs immer informationsgetrieben.

Zusammenfassend ist festzuhalten, dass Ad-hoc-Meldungen grundsätzlich zur Kursbeeinflussung geeignet sind, dass die Kurse aber tatsächlich nur durch sehr wenige Mitteilungen verändert werden. Das mitteilende Unternehmen kann i.d.R. nicht wissen, ob es durch die Ad-hoc-Mitteilung tatsächlich zu einer Kursbeeinflussung kommen wird, da dafür die Investorenerwartungen bekannt sein müssten. Diese Erwartungen werden aber durch eine Vielzahl von Informationen und Einschätzungen gebildet. Analystenreports stellen nur eine Informationsquelle von mehreren dar. Zudem muss berücksichtigt werden, dass Kauf- und Verkaufsentscheidungen nicht nur auf Basis von Unternehmensinformationen, sondern auch aufgrund von unternehmensunabhängigen Liquiditäts- und Asset-Allocation-Entscheidungen getroffen werden. Schließlich ist die eindeutige Zuordnung einer Kursreaktion auf eine bestimmte Meldung in einer Ad-hoc-Mitteilung mit mehreren Informationen nicht möglich.

8.2 Handlungsalternativen bei der Emission junger Aktien

8.2.1 Ausgestaltungsformen der ausgegebenen Aktien

Die bei einem Going Public ausgegebenen Aktien verkörpern neben ihrem Beteiligungsanteil die Mitgliedschaftsrechte an einer Aktiengesellschaft. Die einzelnen Aktien stellen Bruchteile am Grundkapital der Gesellschaft dar, das als gesetzliches Mindesteigenkapital in der Bilanz gesondert ausgewiesen wird. Das Aktiengesetz unterscheidet verschiedene Arten von Aktien. Die nachfolgende Übersicht zeigt, dass die von den Unternehmen emittierten Aktien unterschiedliche Ausprägungsformen aufweisen.

Alternativen der Ausstattung der Aktien nach		
den Übertragungsmöglichkeiten	**der Art der Mitgliedschaftsrechte**	**der Anteilsquotenorientierung**
– Inhaberaktien – Namensaktien – Vinkulierte Namensaktien	– Stammaktien – Vorzugsaktien	– Nennwertaktien – Nennwertlose Aktien (Quotenaktien)

Abb. 8.3: Ausgestaltungsformen von Aktien

Die Gesellschaft muss die Art der ausgegebenen Aktien in der Satzung festlegen, ist aber im Übrigen grundsätzlich frei in der Wahl der Übertragungsmöglichkeit, der Art der Mitgliedschaftsrechte und der Anteilsquotenorientierung. Die Ausprägungsform kann auch ein wertbeeinflussender Faktor der Aktien sein.

(1) Charakterisierung der Aktien nach den Übertragungsmöglichkeiten

Sind Aktien als ***Inhaberpapiere*** ausgestaltet, so bleiben die Eigentümer den Gesellschaften prinzipiell unbekannt, so dass der Vorstand der Aktiengesellschaft auch von der Verteilung der breit gestreuten Papiere, d. h. vom ***Aktionärskreis*** regelmäßig nur vage Vorstellungen hat. Eine an den Zielen der Shareholder orientierte Politik ist in diesen Fällen daher nur indirekt über die allgemeine Antizipation von Kursreaktionen auf Unternehmensentscheidungen möglich.

Bei ***Namensaktien*** sind die Aktionäre dagegen im ***Aktienbuch*** der Gesellschaft eingetragen und daher weitgehend bekannt. Während Namensaktien wegen des umständlichen Eintragungserfordernisses bis vor wenigen Jahren bei börsennotierten Gesellschaften kaum zu finden waren, wurden sie in jüngerer Zeit durch die Einführung ***elektronisch geführter Aktienbücher (Aktienregister) populär.*** Die elektronische Führung eines Aktienbuches begünstigt die Namensaktie, weil die Übertragungsmöglichkeiten gegenüber der Inhaberaktie nicht mehr eingeschränkt sind, die Gesellschaften aber mehr oder weniger weitreichende Kenntnisse über ihren Aktionärskreis erlangen und damit eine intensive Kommunikation mit den Aktionären möglich ist (***Investor Relations***). Die in das Aktienregister eingetragenen Daten (Name, Anschrift und Geburtsdatum des Aktionärs sowie ggf. Stückzahl, Aktiennummern und Nennbetrag) ermöglichen es dem Unternehmen, seine Anteilseiger zu identifizieren und direkt anzusprechen und in die Zielfindung einzubeziehen. Leider sind in vielen Fällen wichtige Aktionäre nur indirekt über Drittadressen im Aktienbuch enthalten.[15]

Durch das ***elektronische Aktienbuch*** ist nicht nur die Gesellschaft selbst in der Lage, sich über die aktuelle Aktionärsstruktur zu informieren. Auch opponierende Aktionärsvertreter oder mögliche Interessenten für eine Übernahme der Gesellschaft können die Inhaber der Aktien schneller erreichen und informieren. Wegen der grundsätzlich möglichen Einsicht in das Aktienbuch durch Dritte wird das elektronische Aktienbuch daher nicht von allen Gesellschaften positiv bewertet.

Vinkulierte Namensaktien sind bezüglich ihrer Übertragungsmöglichkeit im Verhältnis zu den üblichen Namensaktien erheblichen Einschränkungen unterworfen, weil ein Wechsel des Eigentümers an die Zustimmung bestimmter Organe der Aktiengesellschaft (des Vorstandes bzw. des Vorstandes und des Aufsichtsrates oder sogar der Hauptversammlung) gebunden ist. Mit der Ausgabe vinkulierter Namensaktien soll in der Regel der Eigentümerkreis der Gesellschaft festgeschrieben und geschlossen gehalten werden (z. B. Beschränkung des Aktionärskreises auf inländische Aktionäre oder auf öffentlich rechtliche Institutionen als Eigentümer). Heute spielen vinkulierte Namensaktien gelegentlich dann eine Rolle, wenn Konkurrenzunternehmen der Eintritt in den Eigentümerkreis und damit der Zugang zu wettbewerbsrelevanten Informationen erschwert werden soll.

---

[15] Details zur Geschichte und den Vorteilen der Namensaktie findet man in dem Sammelband von VON ROSEN / SEIFERT (2000) sowie bei VON ROSEN (2001). Bei Namensaktien besteht im Übrigen die Möglichkeit, dass die Aktionäre ihre Einlage nicht vollständig leisten. Die ausstehenden Einlagen sind in der Bilanz der Gesellschaft aktivisch als Forderungen auszuweisen. Die Übertragung von Namensaktien erfolgt nicht mehr wie früher durch Indossament, sondern durch einfache Umbuchung eines Miteigentumsanteils an der Globalurkunde.

(2) Einteilung der Aktien nach der Art der Mitgliedschaftsrechte

Nach der speziellen Ausprägung der Mitgliedschaftsrechte unterscheidet das Aktienrecht Stamm- und Vorzugsaktien als ***Aktiengattungen***. Die Mitgliedschaftsrechte aus einer ***Stammaktie*** können in Vermögens- und Verwaltungsrechte unterteilt werden, die in ihrem Kern im Aktiengesetz festgeschrieben sind. Bei den ***Vermögensrechten*** der Aktionäre handelt es sich um

- das Dividendenrecht (Recht auf einen Gewinnanteil),
- das Recht auf einen Anteil am Liquidationserlös und
- das Bezugsrecht auf junge Aktien bzw. auf Wandelschuldverschreibungen, Gewinnschuldverschreibungen und Genussrechte (§ 221 (4) AktG).

Diese Vermögensrechte sind innerhalb der einzelnen Aktiengattungen immer gleich. Die ***Verwaltungsrechte*** beziehen sich auf

- das Recht zur Teilnahme an der Hauptversammlung,
- das Stimmrecht auf der Hauptversammlung (§ 134 AktG),
- das Auskunfts- bzw. Informationsrecht (§ 131 AktG) und
- das Kontrollrecht durch eine mögliche Blockade von HV-Beschlüssen.

Den Aktionären steht also eine ganze Palette von Rechten zu, von denen sie Gebrauch machen können. Die Lästigkeit der Ausübung der Rechte führt in der Praxis allerdings dazu, dass die Aktionäre von ihren Verwaltungsrechten häufig keinen Gebrauch machen. Es gibt daher Überlegungen – wie beispielsweise der Online-Zugang zur Hauptversammlung oder die Einräumung spezieller Vergünstigungen –, Kleinaktionären und institutionellen Investoren die Ausübung ihrer Mitgliedschaftsrechte zu erleichtern bzw. schmackhaft zu machen.

Durch die Ausgabe von ***Vorzugsaktien, die in Abschnitt 9.2.2 (2) noch näher charakterisiert werden,*** können bestimmten Aktionären besondere Vorteile gegenüber den Stammaktionären eingeräumt werden. Am häufigsten sind Begünstigungen hinsichtlich

- der Gewinnverteilung,
- der Ausübung des Stimmrechts oder
- der Verteilung des Liquidationserlöses

zu beobachten. Im Gegensatz zu den absoluten Vorzugsaktien, die gegenüber den Stammaktien ausschließlich monetäre oder nicht monetäre Vorteile gewähren, gibt es auch Vorzugsaktien mit Vorteilen und bestimmten Nachteilen (relative Vorzugsaktien). Dazu gehören beispielsweise die in § 139 (1) AktG behandelten ***stimmrechtslosen Vorzugsaktien,*** die mit einem nachzuzahlenden Vorzug bei der Verteilung des Gewinns ausgestattet sind, für die aber das Stimmrecht ausgeschlossen ist.[16] Mehrstimmrechtsaktien sind

---

[16] Da Vorzugsaktien andere Rechte verbriefen als Stammaktien, kann man sie auch zu den im nachfolgenden Kapitel behandelten Mezzanin-Titeln rechnen. Während der Markt für

dagegen seit dem KonTraG nicht mehr gestattet und in der Zwischenzeit bedeutungslos.[17]

(3) Einteilung der Aktien nach der Anteilsquotenorientierung

Aktiengesellschaften verfügen über ein festes Stamm- oder Grundkapital, auf das sich die ausgegebenen Eigenkapitaltitel beziehen. Bei ***Nennwertaktien*** entspricht die Summe der Nennwerte aller ausgegebenen Aktien dem Grundkapital der Gesellschaft. Der Nennwert jeder Aktie muss mindestens 1 Euro oder ein Vielfaches davon betragen. Die Höhe des Grundkapitals und der Nennwert der Aktien sind in der Satzung festgelegt und in das Handelsregister eingetragen. Bei einer Ausgabe der Aktien über dem Nennwert (Über-Pari-Emission) wird der ***Ausgabeaufschlag***, das Agio, in die Kapitalrücklagen der Bilanz eingestellt und darf dann nicht mehr ausgeschüttet werden.

Eine ***Stückaktie***, die auch als ***unechte nennwertlose Aktie*** bezeichnet werden kann, verkörpert einen Anteil am Grundkapital einer Aktiengesellschaft, lautet aber weder auf den Nennwert noch auf eine bestimmte Quote.[18] Der Anteil kann dadurch ermittelt werden, dass das Grundkapital durch die Anzahl der ausgegebenen Aktien geteilt und damit ein rechnerischer Nennwert bestimmt wird. Dabei darf nach § 8 (3) AktG der auf die einzelne Aktie entfallende Nennwert wie bei einer normalen Nennwertaktie 1 Euro nicht unterschreiten. Der Gesetzgeber möchte mit dieser Regelung die Ausgabe von Penny-Stocks verhindern, die die Anleger wegen ihres geringen Marktwertes dazu verleiten könnten, das Anlagerisiko zu unterschätzen.

Stückaktien sind erst seit dem 1. 4. 1998 in Deutschland zulässig. Insbesondere die Einführung des Euro hat der Stückaktie in Deutschland zum Durchbruch verholfen, weil die Glättung des umgerechneten Grundkapitals u. a. auch durch die Umwandlung der Nennwertaktien in Stückaktien erfolgen konnte. Aus diesem Grunde haben bereits im Laufe des Jahres 1998 viele Aktiengesellschaften die Umwandlung der bis dahin allein zulässigen Nennwertaktien in Stückaktien auf ihren Hauptversammlungen beschließen lassen.

Stückaktien weisen gegenüber den Nennwertaktien gewisse Vorteile bei der Administration von Kapitalveränderungen auf. So kann z. B. eine Kapi-

---

Mezzanin-Finanzierungen in Deutschland derzeit sehr populär ist, geht die Bedeutung der Vorzugsaktien zurück.

[17] Das am 1.5.1998 in Kraft getretene Gesetz zur Kontrolle und Transparenz im Unternehmensbereich KonTraG hat das Aktiengesetz in vielfacher Weise verändert. So wurde neben dem Abbau der Stimmrechtsdifferenzierung die Arbeit des Aufsichtsrats und die Qualität der Abschlussprüfung verbessert.

[18] Bei einer Quotenaktie bzw. echten nennwertlosen Aktie ist in der Urkunde der Anteil am Grundkapital der Aktiengesellschaft (z. B. 1/50.000) angegeben, so dass die Summe aller Anteile eins ergeben muss. Quotenaktien sind in Deutschland nicht zulässig.

talerhöhung aus Gesellschaftsmitteln durch eine einfache Erhöhung des Grundkapitals ohne die Ausgabe neuer Aktien durchgeführt werden.

(4) Die Festlegung der Höhe des Grundkapitals

Das ***Mindestgrundkapital einer Aktiengesellschaft*** beträgt 50.000 Euro. Gibt die Gesellschaft Nennwertaktien aus, so entspricht die Grundkapitalziffer der Summe der Nennbeträge aller Aktien. Bei der Ausgabe nennwertloser Aktien bildet das Grundkapital die vorgegebene Größe, aus der sich durch Division durch die Anzahl der ausgegebenen Aktien der auf die einzelne Aktie entfallende Anteil am Grundkapital ableitet. Abgesehen von der Vorschrift des § 7 AktG gibt es keine gesetzlichen Vorschriften über die Höhe des Grundkapitals. Daher stellt sich die Frage nach der aus ökonomischer Perspektive anzusetzenden Höhe der Grundkapitalziffer.[19]

Die Frage nach der optimalen oder zumindest angemessenen Höhe der Grundkapitalziffer hängt eng mit der Frage nach der ökonomischen Funktion von Nennwertaktien zusammen. Während früher dem Nennbetrag eine ***Gläubigerschutzfunktion*** zugeordnet wurde, wird eine solche Funktion heute bestritten, da Aktiengesellschaften ihren Gläubigern mit ihrem gesamten Vermögen und keineswegs mit einer „abstrakten und formellen" Rechengröße haften (vgl. insbes. BURGHOF 1998, S. 502 mit Verweisen auf die Literatur). EIDENMÜLLER / ENGERT (2005) begründen die Gläubigerschutzfunktion nun neu dahingehend, dass das gesetzliche Nennkapital das anfänglich eingezahlte Eigenkapital gegen Ausschüttungen sichert und damit sowohl einen Konflikt zwischen Eigen- und Fremdkapitalgebern als auch einen innerhalb der Gruppe der Gläubiger bewältigen hilft.

BURGHOF (1998) weist ganz ähnlich auf die Funktion der Grundkapitalziffer als Konfliktentschärfungsregel hin. Diese Funktionsbestimmung der Nennkapitalziffer kann aus dem Verbot der Unterpari-Emission in § 9 AktG abgeleitet werden, wonach der Ausgabekurs einer Aktie ihren Nennbetrag nicht unterschreiten darf. Ein gesetzlich vorgeschriebener Mindestemissionskurs hat insbesondere dann Bedeutung, wenn sich das Unternehmen in einer kritischen wirtschaftlichen Situation befindet, in der eine Zuführung neuen Eigenkapitals erforderlich ist. Gerade in einer solchen Situation ist es für die Eigenkapitalgeber wenig attraktiv, sich an einer Kapitalerhöhung zu beteiligen, weil die der Gesellschaft zufließenden Zahlungsmittel in erster Linie die Haftungsmasse stärken, die zunächst den Gläubigern zur Verfügung steht. In vielen Fällen werden sich daher die Aktionäre nur dann mit zusätzlichen Mitteln engagieren, wenn auch die Gläubiger zu Zugeständnissen – beispielswei-

---

[19] Diese Frage ist auch in der Praxis von erheblichem Interesse, weil die englische „Private Company Limited by Shares" ohne eine Nennkapitalziffer auskommt.

se eine Herabsetzung ihrer Forderungen – bereit sind, so dass ihr Vermögenstransfer mehr oder weniger wieder ausgeglichen wird.

Der Nennwert einer Aktie kann dabei als eine Art ***Preisuntergrenze*** interpretiert werden, unter die ein Management den Wert der Aktien nicht fallen lassen darf, wenn es ohne eine vorherige Kapitalherabsetzung von den Aktionären zusätzliche Einlagen aus einer Kapitalerhöhung einfordern will. Insoweit begrenzt die vorgegebene Höhe der Grundkapitalziffer den Handlungsspielraum des Managements für zukünftige Emissionsentscheidungen.

8.2.2 Gesichtspunkte zur Wahl des Börsensegments

(1) Grundaufbau der Börsensegmente

Beim Gang an die Börse treten über die Bestimmung der Ausstattungsmerkmale der Aktien dann weitere Entscheidungsprobleme auf, wenn es die Absicht der Gesellschaft ist, für ihre Eigenkapitalanteile einen Sekundärmarkt zu eröffnen, an dem laufend ein Marktpreis für die umlaufenden Anteile festgestellt wird. Traditionelle Träger des Sekundärmarktes für Aktien sind die Wertpapierbörsen, die i. d. R. mehrere Börsensegmente mit unterschiedlichen Zugangsbedingungen und Transaktionseigenschaften organisieren. Im ***Börsengesetz*** sind unterschiedliche Börsensegmente vorgesehen, nämlich der Amtliche Markt und der Geregelte Markt. Darüber hinaus gibt es an allen Börsen ein Freiverkehrssegment, das auf privatrechtlicher Ebene organisiert wird und für das die strengen Anforderungen an die gesetzlichen Segmente nicht gelten. Der Freiverkehr, der nur von der Handelsüberwachungsstelle der Börse kontrolliert wird, ist nach der Anzahl der Emittenten das mit Abstand größte Marktsegment.

Die Börsen als für das Handelsgeschehen an den Sekundärmärkten spezialisierte Finanzintermediäre sind frei, im Hinblick auf die Handelserfordernisse weitergehende Unterteilungen der Segmente vorzunehmen und entsprechende Zulassungsbedingungen und Veröffentlichungsvorschriften zu erlassen.[20]

Für den Emittenten richtet sich die ***Wahl eines speziellen Börsensegments*** an diesen Erfordernissen aus, kann aber auch als Signal für die Qualität des eigenen Unternehmens genutzt werden. Die folgende Tabelle gibt eine Übersicht über die Börsensegmente im Aktienbereich der Frankfurter Wertpapierbörse.[21] Auch andere regionale Börsenplätze wie die in Stuttgart oder Mün-

---

[20] Vgl. die Begründung dieses Organisationsrahmens in HOPT / RUDOLPH / BAUM (1997) und die Umsetzung ins Börsenrecht im Zuge des 4. Finanzmarktförderungsgesetzes von 2002.

[21] Die Frankfurter Wertpapierbörse bietet im Wesentlichen zwei Handelsplattformen an. Im vollelektronischen Handelssystem Xetra und im Parketthandel werden jeweils ca. 6000

chen haben neben den oder innerhalb der gesetzlichen Segmente des Amtlichen Marktes und des Geregelten Marktes weitere Marktsegmente definiert.

	Amtlicher Markt	**Geregelter Markt**	**Freiverkehr**
Zulassungsvoraussetzungen (Auswahl)			
Rechtliche Basis	Gesetzlich	Gesetzlich	Freiverkehrs-richtlinien
Mindestalter	3 Jahre	-	-
Emissions-volumen	1,25 Mio. € Kurswert	250 T. € Nominalwert	-
Streubesitzanteil	25 %	-	-
Aktiengattung	Stamm- oder Vorzugsaktien	Stamm- oder Vorzugsaktien	Stamm- oder Vorzugsaktien
Haltepflicht Alteigentümer	-	-	-
Designated Sponsor	-	-	-
Veröffentlichungspflichten			
Jahres-abschlüsse	Ja	Ja	Nein
Zwischen-berichte	Halbjahres-berichte	Halbjahres-berichte	Nein
Übernahme-kodex	Empfohlen	Empfohlen	Empfohlen

Abb. 8.4: Voraussetzungen und Pflichten wichtiger Börsensegmente

Die an der Frankfurter Wertpapierbörse notierten Aktien sind seit dem 1. Januar 2003 einem der beiden Segmente ***General Standard*** und ***Prime Standard*** zugeordnet. Ende 2004 notierten in Frankfurt 350 Unternehmen im Prime Standard und 469 Unternehmen im General Standard. Von den ehemaligen Unternehmen des Neuen Marktes[22] hatten sich rund zwei Drittel für den

Aktien gehandelt. Die meisten Aktien gehören dem Freiverkehrssegment an. Im Herbst 2005 waren das über 5700 Werte.

[22] Der Neue Markt war ein 1997 von der Deutschen Börse geschaffenes und in der Boomphase der neunziger Jahre überaus erfolgreiches Börsensegment für junge Wachstumsunternehmen, das mit dem amerikanischen Vorbild – der NASDAQ – ebenso konkurrierte wie mit den anderen nationalen Wachstumsmärkten. Mit dem Zusammenbruch des Aktienbooms zu Beginn des Jahrhunderts brach auch der Neue Markt ein und wurde von der Deutschen Börse Mitte 2003 wieder eingestellt. Wichtige Elemente der Zulassungsvoraussetzungen und Folgepflichten der heute bestehenden Segmente orientieren sich aber an den damals am Neuen Markt eingeführten Standards. Seit Oktober 2005 hat die Deutsche Börse den Freiverkehr neu positioniert und in diesem Segment den Entry Standard für kleinere und

Prime Standard entschieden und ein Drittel für den General Standard. Im Lauf der Zeit sind etliche Unternehmen vom Prime Standard in den General Standard gewechselt.

Im ***General Standard*** gelten die Anforderungen des Gesetzgebers für den Amtlichen Markt und den Geregelten Markt. Wesentliche gesetzliche Regelanforderungen des Amtlichen und Geregelten Marktes sind, wie Abb. 8.4 zeigt,

- die Veröffentlichung des Jahresberichts und der Zwischenberichte sowie die Verpflichtung zu
- Ad-hoc-Mitteilungen nach § 15 WpHG, [23]
- die Anwendung Internationaler Rechnungslegungsstandards (IFRS/IAS oder US-GAAP).

Die Börse empfiehlt den General Standard für Unternehmen, die ***nationale Investoren*** ansprechen und ein kostengünstiges Listing suchen. Mit der Zulassung der Aktien zum Amtlichen Markt oder Geregelten Markt erfolgt automatisch die Aufnahme in den General Standard.

Im Gegensatz zum General Standard soll der ***Prime Standard*** auf die Bedürfnisse von Unternehmen zugeschnitten sein, die sich gegenüber ***internationalen Investoren*** positionieren wollen. Im Prime Standard müssen die Emittenten daher über das Maß des General Standard hinausgehende international übliche Transparenzanforderungen erfüllen. Zu diesen zusätzlichen Transparenzanforderungen zählen

- die Veröffentlichung der Quartalsberichte sowie der Ad-hoc-Mitteilungen in deutscher und englischer Sprache,
- die Anwendung internationaler Rechnungslegungsstandards nach International Accounting Standards (IAS) bzw. International Financial Reporting Standards (IFRS) oder nach den US-Generally Accepted Accounting Principles (US-GAAP),
- die Veröffentlichung eines Unternehmenskalenders mit den wichtigsten Terminen und die Durchführung von mindestens einer Analystenkonferenz pro Jahr.

Die ***Zulassung zum Prime Standard*** erfolgt auf Antrag des Emittenten durch die Zulassungsstelle der Börse. Unternehmen im Prime Standard können je nach ihrer Zuordnung in einen Index der Deutschen Börse – DAX, MDAX, TecDAX oder SDAX – aufgenommen werden (DEUTSCHE BÖRSE 2003).

---

mittlere Unternehmen – als Initiative zur Schaffung einer IPO-Plattform für junge Unternehmen eröffnet.

[23] Durch das Anlegerschutzverbesserungsgesetz (AnSVG) vom 28.10.2004 ist die Pflicht zur Ad-hoc-Publizität neu definiert und im Vergleich zur vorherigen Rechtslage inhaltlich und zeitlich ausgeweitet worden.

- Der DAX ist der Bluechip-Index der Deutschen Börse und fasst die Performance der 30 hinsichtlich Orderbuchumsatz und Marktkapitalisierung größten deutschen Unternehmen zusammen.
- Der 50 Werte umfassende MDAX schließt unterhalb des DAX an und misst die Performance der mittelgroßen Unternehmen (Mid-Caps).
- Der TecDAX umfasst 30 mittelgroße Unternehmen aus der Technologie-Branche.
- Der SDAX ist der Index für kleine und mittlere Unternehmen (Small-Caps) und umfasst 50 Werte.

Die Aufnahme einer Aktie in einen populären Index steigert im Allgemeinen die Liquidität der ausgegebenen Aktien und stellt in diesem Fall auch einen positiven Faktor bei der Bewertung der Aktien dar. Zur höheren Liquidität trägt nicht nur die erhöhte Aufmerksamkeit der Analysten und des Publikums bei, sondern auch die bessere Möglichkeit für die Portfoliomanager, die Anlagerisiken präzise zu steuern, weil auf diese Indizes Termininstrumente der Derivatebörse Eurex ausrichtet sind.[24]

8.2.3 Emissionsverfahren und Emissionsprozess

(1) Emissionsbegriff und Emissionsarten

Der Begriff ***Emission*** stammt vom lateinischen „emittere" (ausschicken oder aussenden) und umfasst die ***Ausgabe und Platzierung*** von Wertpapieren im Publikum. Das ***Emissionsverfahren*** bestimmt die Risikoverteilung zwischen dem Emittenten und den Emissionshäusern (dem Emissionskonsortium), das ***Platzierungsverfahren*** die Unterbringung der Aktien beim Publikum, die Art des Vertriebs und die Form der Preisbildung.[25]

Aktienemissionen zählen in der Regel zu den ***Einmalemissionen*** im Gegensatz zu den ***Daueremissionen*** des Bundes und der Realkreditinstitute, die mit einer gewissen Regelmäßigkeit Emissionen vornehmen und Bundesanleihen, Pfandbriefe, Kommunalobligationen oder Bankschuldverschreibungen begeben. ***Einmalemissionen*** von Aktien erfolgen auf der Basis einer von der Hauptversammlung beschlossenen Kapitalerhöhung typischerweise gegen Einlagen durch Ausgabe neuer (junger) Aktien (§§ 182-191 AktG).

Erfolgt die Emission im Rahmen des Going Public einer Gesellschaft, so spricht man von einem ***Initial Public Offering (IPO)***. Als ***IPO light*** – speziell bei kleineren Unternehmen – wird die direkte Notierungsaufnahme im

---

[24] Vgl. RUDOLPH / SCHÄFER (2005), S. 55 ff.

[25] Der Emission neuer Aktien muss immer ein gültiger Hauptversammlungsbeschluss zugrunde liegen, weil Rechte der Alteigentümer tangiert werden. Die Ausgabe von Schuldverschreibungen bedarf eines solchen Beschlusses nicht. Dafür musste früher eine Genehmigung des Bundesfinanzministeriums eingeholt werden. Heute ist dieses Genehmigungsverfahren abgeschafft, es gibt nur noch informelle Emissionskalender.

Freiverkehr statt einer kostenintensiven, prospektpflichtigen Neuemission bezeichnet. Bestand dagegen vor der Emission bereits ein Börsenhandel, dann spricht man von einem ***Seasoned Equity Offering (SEO)***. Eine ***Kapitalerhöhung*** wird nach § 185 AktG durchgeführt, indem die neuen Aktien übernommen (gezeichnet) werden. Das Aktiengesetz geht dabei von der Vorstellung aus, dass die neuen Aktien von den Aktionären in kleinen Einzelbeträgen gezeichnet werden. In diesem Fall trägt aber die Aktiengesellschaft das Risiko, dass der beschlossene Erhöhungsbetrag beim Publikum nicht voll untergebracht werden kann.

Die Wirklichkeit sieht daher anders aus: Die neuen Aktien werden von einem ***Bankenkonsortium*** übernommen und den Aktionären zum Bezug angeboten. Das Aktiengesetz trägt dieser Übung in § 186 (5) Rechnung, in dem die Übernahme der neuen Aktien durch ein Kreditinstitut dann nicht als Ausschluss des Bezugsrechts gilt, wenn das Kreditinstitut die Verpflichtung übernommen hat, die neuen Aktien den Aktionären zum Bezug anzubieten. Auf diese Weise bleibt den Aktionären das ihnen in § 186 (1) AktG eingeräumte gesetzliche ***Bezugsrecht*** erhalten.

Nach der Art der ***Einschaltung von Finanzintermediären*** in den Emissionsvorgang unterscheidet man die Fremd- von der Selbstemission.

- Bei der ***Selbstemission*** (Direktplatzierung, Eigenemission) führt der Emittent die Begebung und Platzierung der Wertpapiere in eigener Verantwortung durch. Er übernimmt das Emissionsrisiko und alle anfallenden Arbeitsschritte wie z. B. die Information der Marktteilnehmer, die Abrechnung der Kaufaufträge und die effektive Lieferung der Wertpapiere. Die Selbstemission eignet sich nicht für Emittenten, die den Kapitalmarkt nur gelegentlich in Anspruch nehmen und daher keine Vertriebsschiene aufgebaut haben.[26]
- ***Fremdemissionen*** sind dadurch gekennzeichnet, dass sich der Emittent eines oder mehrerer Kreditinstitute bzw. eines ***Emissionskonsortiums*** bedient. Die Leistungen des Konsortiums umfassen die Übernahme des Emissionsrisikos, die Bereitstellung des Vertriebskanals sowie technischer und juristischer Dienstleistungen. Bei weniger bekannten Emittenten übernimmt das Konsortium darüber hinaus eine Zertifizierungsfunktion und verschafft dadurch dem Unternehmen die für die Kapitalmarktinanspruchnahme notwendige Reputation.

Eine ***Emission von Aktien*** ist bei nahezu allen Gesellschaften mit so erheblichen Informationsvorsprüngen des Emittenten bzw. des veräußernden alten Inhabers verbunden, dass zur Abmilderung der Probleme der asymmetrischen

---

[26] Das Verfahren der Selbstemission wird in Deutschland von Kreditinstituten, insbesondere von Landesbanken und Realkreditinstituten bei Daueremissionen angewendet. Selbstemissionen nehmen aber auch Konzerntöchter in der Rechtsform einer AG vor, wenn die Muttergesellschaft die neuen Aktien aus einer Kapitalerhöhung übernimmt. Schließlich findet man die Selbstemission bei Private Placements.

Informationsverteilung ***Finanzintermediäre eingeschaltet*** werden, also eine Fremdemission erfolgt und darüber hinaus ein weitgehend standardisiertes Vorgehen bei der Platzierung eingehalten wird.

(2) Aufgaben und Zusammensetzung eines Emissionskonsortiums

Fremdemissionen werden üblicherweise von einem ***Bankenkonsortium*** als Emissionsbegleiter durchgeführt, das in der Rechtsform einer Gesellschaft Bürgerlichen Rechts arbeitet und die Übernahme, die Platzierung und die Börseneinführung der Aktien des Emittenten durchführt. Damit sind im Wesentlichen drei ***Funktionen des Emissionskonsortiums*** verbunden.

- Das ***Management der Kapitalmarkttransaktion***: Zur erfolgreichen Abwicklung der Transaktion muss das Konsortium eine Vielzahl von Aufgaben erledigen, die von der Erarbeitung und Pflege des Zeitplans über die Analyse der Verträge und Finanzkennzahlen bis zur Erstellung der für die Transaktion notwendigen Dokumente reichen. Zum Management der Transaktion zählen in der Regel auch die Beantragung der Börsenzulassung und die Erstellung des Börsenzulassungsprospekts.
- Das Marketing und die ***Platzierung der Aktien***: Ziel der Emission ist die Platzierung der Aktien bei den Anlegern. Dafür muss das Konsortium auf potentielle Investoren zugehen und sie in Zusammenarbeit mit dem Management der Gesellschaft von einer Kapitalanlage in die Aktien der Gesellschaft überzeugen. Die verschiedenen Verfahren und Techniken der Platzierung werden in Abschnitt 8.3.2 beschrieben.
- Die ***Übernahme des Platzierungsrisikos***: Je nach Ausgestaltung der Transaktion verpflichtet sich das Bankenkonsortium, die Aktien zu einem Mindestpreis von der Gesellschaft bzw. den Aktionären zu übernehmen. Daraus resultiert ein Platzierungsrisiko, falls der Emissionskurs oder das Platzierungsvolumen anschließend am Markt nicht durchsetzbar sind. Die Höhe des Risikos, das auf eine einzelne Bank innerhalb des Konsortiums zukommt, hängt von der ***Underwriting-Quote*** der betreffenden Bank ab, die üblicherweise dem Anteil am Platzierungsvolumen entspricht. Bei Eintritt des Risikos nehmen die Emissionsbanken die emittierten Aktien in ihr eigenes Portfolio und versuchen, die Anteile zu einem späteren Zeitpunkt am Markt an die Investoren abzugeben.

Die Mitglieder des Emissionskonsortiums können sich an einzelnen oder allen übernommenen Aufgaben beteiligen. Für die ***Zusammensetzung des Konsortiums*** sind die Platzierungskraft der Banken, eine eventuelle Hausbankfunktion beim Emittenten, Gesichtspunkte der Reziprozität bei den Konsortialmitgliedern oder auch regionale Gesichtspunkte ausschlaggebend.

Das Konsortium steht unter der Leitung des ***Konsortialführers*** (Lead Manager), der die Koordination des Emissionsvorgangs verantwortet, die Angebots- und Platzierungsstruktur feststellt und die wesentlichen Servicefunktionen – Bewertung, Equity Story, Due Diligence, Research Reports, Road Show, Nachmarkt – übernimmt. In der Regel fasst der Konsortialführer als „Bookrunner" auch die im Laufe des Verfahrens eingehenden Kaufaufträge in einem Orderbuch zusammen. Gegebenenfalls wird der Konsortialführer, der nach einem Auswahlverfahren (Beauty Contest) mandatiert wird, von weiteren Koordinatoren (Lead Group) unterstützt.

(3) Verteilung des Platzierungsrisikos

Banken, die dem Emittenten das Platzierungsrisiko abnehmen, erwerben das Eigentum an den Wertpapieren mit dem Ziel, Käufer für die Aktien zu finden. In der Regel garantieren sie dem Emittenten, die Aktien über dem Übernahmekurs zu verkaufen. Sofern ihnen dies nicht gelingt, übernehmen sie die Aktien in den eigenen Bestand (Underwriting-Funktion). Wird dem Emittenten das gesamte Absatzrisiko abgenommen, so spricht man von einem ***Übernahmekonsortium***. Der Emittent erhält den Gesamtgegenwert seiner Emission in Abhängigkeit vom erzielten Ausgabekurs sowie der vereinbarten Provisionen und Gebühren.

Im Gegensatz zum Übernahmekonsortium übernehmen beim ***Begebungskonsortium***, das auch als Verkaufs- oder Platzierungskonsortium bezeichnet wird, die Banken nur den Vertrieb der neuen Aktien. Das ***Platzierungsrisiko*** verbleibt dagegen beim Emittenten, der auch das Liquiditätsrisiko trägt, dass er den Gegenwert der Emission erst nach einem mehr oder weniger langen Zeitraum erhält. Das Konsortium tritt als Kommissionär, als Makler oder auf der Basis eines Geschäftsbesorgungsvertrages auf und verkauft die Wertpapiere für Rechnung des Emittenten auf ***Best-Effort-Basis***.

Als ***Garantiekonsortium*** bezeichnet man schließlich ein Konsortium, das sich verpflichtet, die bei einer Begebung nicht abgesetzten Wertpapiere zu einem vorher festgesetzten Kurs zu übernehmen. Das Konsortium gibt also eine bedingte Zusage ab, die als Stand by Contract bezeichnet wird. Eine selbständige Garantieübernahme ist natürlich nur dann sinnvoll, wenn das Konsortium nicht bereits die Aktien als Übernahmekonsortium übernommen hat.

Die in Deutschland übliche Art der Konsortialbildung ist das ***kombinierte Übernahme- und Begebungskonsortium (Einheitskonsortium)***, bei dem die Banken dem Emittenten aufgrund eines Übernahmevertrages die Aktien en bloc abnehmen, den Gesamtwert der Emission unmittelbar zur Verfügung stellen und anschließend die übernommenen Wertpapiere im Publikum platzieren. Man spricht hierbei auch von einem ***Firm Commitment Contract***. Gegebenenfalls nicht absetzbare Aktien werden vom Konsortium zunächst selbst übernommen, um dann im Laufe der Zeit an den Markt abgegeben zu werden.

(4) Die Organisation des Emissionsprozesses

Bei der Beschreibung der verschiedenen Varianten der Ausgestaltung des Emissionsvorgangs sind bereits verschiedene Funktionen und Aufgaben angesprochen worden, die sich auch aus einer Prozesssicht darstellen und in sechs ***Phasen*** einteilen lassen (THEISSEN 2002):

1. Im ***Vorfeld der Emission*** geht es hauptsächlich darum, die Börsenfähigkeit und Börsenreife des Unternehmens zu prüfen (***Due Diligence***).[27] Dadurch sollen die Voraussetzungen für eine erfolgreiche Platzierung der Aktien geschaffen werden. Hierzu gehören die ***Prüfung der Kapitalmarkt- oder Börsenreife***, die Erarbeitung und die Vorlage eines überzeugenden Geschäftskonzepts sowie die Sicherstellung eines zeitnahen Rechnungswesens und die Implementierung leistungsfähiger interner Steuerungssysteme quasi als Vorbedingung einer erfolgreichen Emission. Die dem Kapitalmarkt kommunizierte Unternehmensstrategie bezeichnet man dabei als ***Equity Story***.
2. Im Rahmen der ***Pre-Marketing-Phase*** wird das Unternehmen den Research-Spezialisten der institutionellen Investoren präsentiert, um das Zeichnungsinteresse und die Zahlungsbereitschaft der institutionellen Anleger auszuloten. Durch geeignete Marketing-Maßnahmen soll zudem der Bekanntheitsgrad des Unternehmens erhöht und das Interesse potentieller Zeichner geweckt werden. Am Ende der Pre-Marketing-Phase entwickelt der Konsortialführer eine Vorstellung von dem Emissionskurs, der dann mit dem Emittenten weiter ausgehandelt wird.
3. Im nächsten Schritt erfolgt die Bekanntgabe der Zeichnungsfrist und der im Konsortialvertrag festgeschriebenen Konditionen. Ebenso erfolgt die ***Veröffentlichung des Emissionsprospekts***, in dem umfangreiche Informationen über das Unternehmen (Jahresabschlüsse, Prognose, Hinweise auf besondere Risiken u. v. m.) sowie die Details der Emission dokumentiert sind. Für die Richtigkeit der Angaben haftet – im Außenverhältnis – auch die Emissionsbank (***Prospekthaftung***).
4. Danach findet der eigentliche ***Verkauf der Aktien*** statt (Marketing-Phase). Dazu werden Roadshows für institutionelle Investoren veranstaltet, in denen die Investoren von den Qualitäten des Unternehmens überzeugt werden sollen. Der Verkauf erfolgt, indem (private und institutionelle) Anleger ihre Zeichnungsaufträge erteilen, wonach sie die Aktien zu bestimmten Konditionen übernehmen wollen.
5. Nach dem Ende der Zeichnungsfrist wird im Rahmen eines der in Abschnitt 8.3.5 beschriebenen Verfahren der ***endgültige Emissionspreis*** festge-

[27] In der Praxis wird die Unternehmensprüfung in spezielle Teilprüfungen unterteilt, wobei die Financial Due Diligence, die Business Due Diligence und die Legal Due Diligence die größte Bedeutung haben. Due Diligence (angemessene Sorgfalt) bezeichnet die schriftlich dokumentierte Beurteilung des Unternehmens und seiner Risiken.

legt. Im Fall einer Überzeichnung wird im Rahmen des ***Zuteilungsverfahrens*** bestimmt, welche Anleger wie viele Aktien erhalten.

6. Nach Abschluss der Emission führen die Emissionsbanken je nach Marktentwicklung ***Kurspflegeaktivitäten*** durch, so dass die Aktionäre von der Kursentwicklung nach dem Börsengang nicht auffällig enttäuscht sind. In dieser Phase wird die Emissionsbank üblicherweise auch die Funktion eines ***Betreuers*** (Designated Sponsor) an der Börse wahrnehmen, der sich verpflichtet, jederzeit in einem gewissen Umfang zum Kauf oder Verkauf von Aktien im Rahmen der Kurspflege zur Verfügung zu stehen.

Der hier nur kurz skizzierte ***Prozessablauf*** eines Emissionsvorgangs ist natürlich nicht fest vorgegeben, sondern stellt nur eine gewisse Leitlinie dar, die noch im Detail ausgefüllt werden muss. Bei kleineren und mittleren Unternehmen als Emittenten kann dazu die Beratung durch einen speziellen Finanzdienstleister zweckmäßig sein, den ***Emissionsberater***. Dieser soll den Emittenten bei der Vorbereitung des Börsengangs unterstützen. Die von einem Emissionsberater zusammengestellten und geprüften Unterlagen werden typischerweise in einem ***Factbook*** zusammengefasst.

8.2.4 Informationsbereitstellung für die Anleger

(1) Öffentliches Angebot und Zulassung zum Börsenhandel

Bei der Emission von Wertpapieren muss der Emittent den Anlegern hinreichende Informationen zur Verfügung stellen, damit sich diese ein Bild von den Zukunftsaussichten und Risiken ihres Engagements machen und auf dieser Basis eine Bewertung und Entscheidung über die Anlage treffen können. Der Umfang der zur Verfügung gestellten Informationen könnte grundsätzlich frei zwischen den Vertragsparteien ausgehandelt werden, die Initiative zur Information vom Emittenten (Signaling) oder von den Anlegern (Screening) ausgehen.

Bei öffentlichen Angeboten und bei der Zulassung von Wertpapieren zum Börsenhandel legt allerdings die Rechtsordnung den Mindestumfang der Informationspflichten fest und versucht auf diese Weise, die Anleger in gewissem Umfang vor unseriösen oder undurchsichtigen Anlagen zu schützen. Das wichtigste Informationsmedium einer Emission ist der ***Prospekt***. Nach der Erstellung und Veröffentlichung des Prospekts werden insbesondere über die laufende Rechnungslegung und Finanzberichterstattung sowie die Ad-hoc-Mitteilungen Informationen an die Anleger kommuniziert. Diese werden weiter unten in (3) näher beschrieben.

Aus rechtlicher Sicht kann man zwei Arten von Prospekten unterscheiden. Erstens muss immer dann ein ***Wertpapierverkaufsprospekt*** erstellt und veröffentlicht werden, wenn Wertpapiere erstmals im Inland öffentlich angeboten werden, die nicht bereits zum Börsenhandel zugelassen sind (§ 1 Wertpapierverkaufsprospektgesetz). Diese Verpflichtung gilt unabhängig davon, ob später noch die Zulassung zum Börsenhandel beantragt wird oder nicht. Zweitens ist immer dann ein Prospekt zu erstellen, wenn die Zulassung eines Wertpapiers zum Amtlichen Markt beantragt wird (***Börsenzulassungsprospekt***). Dieser Prospekt muss den Bestimmungen der Börsenzulassungs-Verordnung genügen. Werden Wertpapiere zunächst öffentlich angeboten und dann erst zugelassen, kann allerdings der ***Verkaufsprospekt zugleich als Zulassungsprospekt*** erstellt und veröffentlicht werden.

Die Europäische Union arbeitet seit mehreren Jahren an einem ***Europäischen Pass für Wertpapieremittenten***, so dass nach der Genehmigung des Prospekts durch die Behörde eines Mitgliedsstaats der Prospekt überall in der EU akzeptiert wird und somit Wertpapierangebote und Zulassungen auch in anderen Mitgliedstaaten möglich sind, ohne dass in diesen eine erneute Genehmigung erforderlich wird. Das ***Forum of European Securities Commissions (FESCO)*** hat unabhängig davon ein Konsultationspapier mit dem Titel „European Passport for Issuers“ vorgelegt, das vorsieht, Wertpapierprospekte in ein emittentenbezogenes Rahmendokument und ein emissionsbezogenes Dokument zu unterteilen. Ziel ist ebenfalls die Schaffung eines ***Europapasses für grenzüberschreitende Wertpapieremissionen***.

Die Europäische Kommission schlägt vor, die Vorschriften zu Emissionsprospekten und Börsenprospekten zu vereinheitlichen und durch eine einheitliche Prospektrichtlinie zu regeln, an der sich dann die nationalen Prospektregeln ausrichten.[28] In Deutschland ist die EU-Prospektrichtlinie durch das am 1.7.2003 in Kraft getretene ***Wertpapierprospektgesetz*** bereits umgesetzt worden.

Mit Umsetzung der **EU-Prospektrichtlinie** durch das Prospektrichtlinie-Umsetzungsgesetz vom 22.06.2005 haben sich weitreichende Änderungen hinsichtlich der Zulassungsvoraussetzungen ergeben. Während nach bisherigem Recht Wertpapierverkaufs- und Börsenzulassungsprospekte unterschieden wurden, ermöglicht das zum 01.07.2005 in Kraft getretene Wertpapierprospektgesetz (WpPG) eine Vereinheitlichung der Anforderungen. Diese bedeutet, dass die inhaltlichen Anforderungen an Wertpapierverkaufs- sowie Börsenzulassungsprospekte nunmehr grundsätzlich identisch sind – die bisherige ***Zweiteilung der Prospekte erübrigt sich*** daher.

---

[28] Die europäische Prospektrichtlinie wurde von der Europäischen Kommission im Mai 2001 und überarbeitet im November 2001 vorgelegt und im Juli 2003 vom Europäischen Parlament angenommen. Die Richtlinie unterwirft Prospekte für öffentliche Angebote und Prospekte für die Zulassung zum Handel an einem Geregelten Markt – das sind in Deutschland der Amtliche Handel, der Geregelte Markt und die Eurex – grundsätzlich der gleichen Regelung. Zu Einzelheiten vgl. LENZ und VON KOPP-COLOMB (2001) sowie CRÜWELL (2003).

Mit der EU-Prospektrichtlinie ist zugleich der ***Europäische Pass für Wertpapieremittenten*** eingeführt worden. Das grenzüberschreitende Angebot und die Zulassung von Wertpapieren durch vollständig harmonisierte Prospektanforderungen dürften zukünftig somit erleichtert sein.[29]

(2) Prospekterfordernisse und Going-Public-Grundsätze

Bei der Beantragung einer Börsenzulassung muss der Emittent seinem Antrag einen ***Prospekt*** beifügen, der alle Angaben enthalten soll, welche die Anleger benötigen, um sich ein möglichst vollständiges und zutreffendes Urteil über den Emittenten und die von ihm angebotenen Aktien ableiten zu können. Die für eine Zulassung zum Amtlichen Markt geforderten Inhalte sind in der Börsenzulassungs-Verordnung (§§ 13 ff. BörsZulV) aufgelistet. Nach § 13 BörsZulV muss der Prospekt „über die tatsächlichen und rechtlichen Verhältnisse, die für die Beurteilung der zuzulassenden Wertpapiere wesentlich sind, Auskunft geben und richtig und vollständig sein."

In §§ 15 ff. BörsZulV sind die allgemeinen und besonderen Angaben über Aktien aufgelistet, die der Prospekt enthalten muss. Danach muss der ***Börsenzulassungsprospekt*** u. a. Angaben enthalten über

- die zuzulassenden Wertpapiere (z. B. Gesamtbetrag der Emission, Beschlüsse und HV-Ermächtigungen),
- die Rechtspersönlichkeit des Emittenten (z. B. Firma, Sitz, Gegenstand und Geschäftstätigkeit des Unternehmens),
- über die Vermögens-, Finanz- und Ertragslage und deren Prüfung (z. B. Jahresabschlussprüfung, Bestätigungsvermerk),
- die Geschäftsführungs- und Aufsichtsorgane sowie
- die mit den Aktien verbundenen Stimm- und Gewinnbeteiligungsrechte etc.

Der Prospekt wird vom Emittenten und mindestens einem Kreditinstitut unterschrieben und veröffentlicht. Bei der Zulassung zum Geregelten Markt tritt an die Stelle des Prospekts der Unternehmensbericht, der weniger Informationen enthält als der Prospekt im Amtlichen Markt.

Zur Vereinheitlichung der Darstellungen im Prospekt und zur leichteren Nutzung als Informations- und Entscheidungsgrundlage für die Anleger hat die ***Deutsche Börse*** eigene ***Going-Public-Grundsätze*** mit formellen und materiellen Gestaltungsvorgaben herausgegeben, deren Einhaltung im Prospekt zum Ausdruck gebracht wird. Zu den formellen Vorgaben gehören Leitlinien für die Gestaltung des Deckblatts, für die Schriftgröße und für die Gliederung des Prospekts. Die materiellen Gestaltungsvorgaben beziehen sich auf die

---

[29] Vgl. FRANKE / ROSEN (2006).

Darstellung der Risikofaktoren sowie auf zukunftsgerichtete Aussagen und Angaben über die Geschäftsführungsorgane.[30]

Sind die zur Beurteilung einer Neuemission notwendigen Informationen einmal am Markt, dann soll eine gewisse ***informationelle Ruhephase*** eintreten. So verpflichten sich die an einer Aktienemission beteiligten Konsortialbanken freiwillig, ab dem Zeitpunkt von zwei Wochen vor dem öffentlichen Angebot bis zum Ablauf der Stabilisierungsfrist, 30 Kalendertage nach der Notierungsaufnahme der Aktien, keine emissionsbezogenen Unternehmensstudien (Research Reports) über den Emittenten zu verteilen. Diese sog. ***Blackout-Periode*** soll einen gleichen Informationszugang privater und institutioneller Anleger sichern helfen, so dass alle Marktteilnehmer bei der Bewertung der Aktien während der Anlaufphase des Handels auf der gleichen Informationsbasis aufbauen. Danach wird den institutionellen Anlegern wieder ein Informationsvorsprung über die Auswertung der Research-Reports der Analysten erlaubt.

(3) Die Pflichten zur fortlaufenden Publizität

Man kann die Publizitätspflichten der an der Börse notierten Gesellschaften in die Zulassungspublizität und die fortlaufende Publizität unterteilen. Die ***fortlaufende Publizität*** bezieht sich auf die regelmäßige Veröffentlichung des Jahresabschlusses, des Lageberichts sowie der Zwischenberichte, die dem Publikum unverzüglich nach ihrer Feststellung zur Verfügung gestellt werden müssen. Neben dieser ***Regelpublizität*** besteht seit dem Inkrafttreten der Regelungen zur ***Ad-hoc-Publizität*** nach § 15 Wertpapierhandelsgesetz (WpHG) eine weitergehende situationsbezogene Publizität, durch die der sog. ***Bereichsöffentlichkeit*** – darunter versteht man alle professionellen Marktteilnehmer – alle kursrelevanten Tatsachen unverzüglich bekannt gegeben werden müssen.[31] Der Ad-hoc-Publizitätspflicht unterliegen nach den Vorschriften des Wertpapierhandelsgesetzes

- neue Tatsachen im Tätigkeitsbereich des Emittenten,
- die noch nicht öffentlich bekannt sind und
- die wegen ihrer Auswirkungen auf die Vermögens- oder Finanzlage oder auf den allgemeinen Geschäftsverlauf geeignet sind,
- den Kurs zu beeinflussen.

---

[30] Vgl. DEUTSCHE BÖRSE (Hrsg.): Going Public-Grundsätze in der Fassung vom 15. Juli 2002.

[31] Vgl. FEINENDEGEN / NOWAK (2001). Die Autoren stellen das Konzept eines Gesamtkommunikationssystems für die Regelpublizität und die Ad-hoc-Publizität vor. Zur institutionellen Ausgestaltung der Ad-hoc-Publizität vgl. LEIS / NOWAK (2000), zur Bedeutung für die Insider-Regulierung vgl. RUDOLPH (1994).

Die ***Bereichsöffentlichkeit*** wird über die Ad-hoc-Mitteilung durch eine Anzeige in einem überregionalen Börsenpflichtblatt oder über ein elektronisches Informationssystem hergestellt. Im Juli 2005 hat die Bundesanstalt für Finanzdienstleistungsaufsicht BaFin einen ***Emittentenleitfaden*** herausgegeben, an Hand dessen sich die Emittenten über ihre Pflichten hinsichtlich des Insiderrechts, der Ad-hoc-Publizität, der Führung von Insider-Verzeichnissen und des Verbots der Marktmanipulation informieren können.

8.2.5 Platzierung und Zuteilung der Aktien

(1) Übersicht über die Platzierungsverfahren

Unter der ***Platzierung*** oder Begebung versteht man die Unterbringung von Wertpapieren beim Publikum. Man unterscheidet freie Emissionen und Bezugsrechtsemissionen und im Rahmen der freien Emissionen wiederum unterschiedliche Formen, die der öffentlichen Platzierung, der Privatplatzierung und der Platzierung über die Börse. Die Platzierungsverfahren haben für die Emission von Aktien, Anleihen und Wandelschuldverschreibungen Bedeutung. In diesem Kapitel steht die Emission von Aktien im Vordergrund, die Verfahren kommen aber auch mit entsprechender Anpassung bei der Emission der in den nachfolgenden Kapiteln beschriebenen Finanztitel zum Zuge.

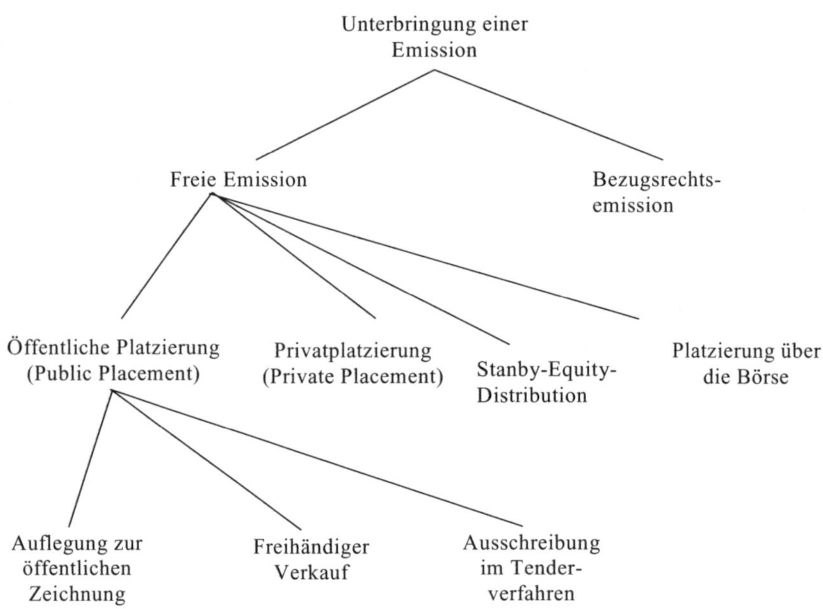

Abb. 8.5: Übersicht über die Platzierungsverfahren

Eine in Deutschland für alle Wertpapiere unübliche Methode ist die ***Platzierung über die Börse***. Der Emittent führt dabei die Emission an der Börse ein und versucht, die Papiere sukzessive zu Börsenkursen zu verkaufen. Die Methode hat eine gewisse Bedeutung für die bis dahin nicht untergebrachten Reste eines freihändigen Verkaufs oder einer Auflegung zur öffentlichen Zeichnung, wird aber als eigenständiges Verfahren nicht genutzt. Unüblich sind bislang auch ***Equity-Line-Finanzierungen***, bei denen der Emittent gegenüber einem Anleger das Recht erwirbt, im Rahmen von Ziehungen (Draw Downs) neue Aktien aus genehmigtem Kapital oder eigene Aktien zuzuteilen.

(2) Privatplatzierungen

Als ***Privatplatzierung*** (Private Placement) bezeichnet man die Unterbringung der Aktien bei einem überschaubaren Kreis von Anlegern. Da kein Börsenhandel oder ein Börsenhandel im Freiverkehrssegment („Börsengang light") vorgesehen ist, unterliegt die Privatplatzierung auch keinen Zulassungsanforderungen oder speziellen Vorschriften über die laufende Publizität. Unabhängig davon wird auch eine Privatplatzierung nur dann Erfolg haben können, wenn den Anlegern am Markt im Zeitpunkt der Platzierung und danach grundlegende Informationen zur Verfügung stehen.

Die Privatplatzierung spielt auch für Unternehmen eine Rolle, die ihre Aktien am amerikanischen Markt platzieren wollen. Dabei gelten für die verschiedenen Formen der Platzierung von Aktien am US-Kapitalmarkt detaillierte Vorschriften. Grundsätzlich ist in den USA jede Emission von Wertpapieren bei der US-Wertpapieraufsichtsbehörde, der ***Securities and Exchange Commission SEC*** zu registrieren. Mit dieser Registrierung sind kostenintensive Offenlegungspflichten für den Emittenten und streng sanktionierte Verhaltensregeln für alle an der Emission beteiligten Marktteilnehmer verbunden, so dass sich ein „Registered Public Offering" für ausländische Emittenten sehr aufwändig gestaltet. Die wesentliche Ausnahme von dieser Grundregel ist das ***Private Placement.*** [32]

In Deutschland wird eine Privatplatzierung gelegentlich anlässlich eines ***Delisting*** von der Börse im Zuge eines ***Going Private*** vorgenommen, nachdem ein Rückzug von der Börse in Betracht gezogen worden ist, sofern die Entwicklung des Aktienkurses nicht den Erwartungen entspricht. Im Übrigen hat die Privatplatzierung insbesondere bei der Emission eigenkapitalnaher

---

[32] Der amerikanische Investor kauft nicht direkt die deutschen Aktien, sondern entsprechende American Depository Receipst (ADRs), welche die ausländischen Aktien quasi zu amerikanischen Wertpapieren machen. American Depository Receipts sind auf US-$ lautende Anteilscheine an einer Vielzahl oder einem Bruchteil von bei einer US-Depotbank hinterlegten Aktien eines ausländischen Unternehmens. Vgl. STANGER (1998).

Titel und von Mezzanin-Kapital – z. B. stille Gesellschaftereinlagen oder Genussrechtskapital – Bedeutung.

(3) Auflegungen zur öffentlichen Zeichnung (Subskription)

Ein früher gelegentlich eingesetztes Platzierungsverfahren ist die Auflegung von Wertpapieren zur öffentlichen Zeichnung, die mit der Veröffentlichung eines Zeichnungsangebotes beginnt, in dem Angaben zu der betreffenden Emission einschließlich des Ausgabekurses sowie der Zeichnungsfrist enthalten sind. Innerhalb der Zeichnungsfrist kann sich der Anleger als Käufer vormerken lassen. Das Emissionskonsortium behält sich den vorzeitigen Schluss der Zeichnung vor, wenn die eingegangenen Zeichnungen das Emissionsvolumen erreicht oder überschritten haben. Überschreiten die Zeichnungsaufträge das Emissionsvolumen (Überzeichnung), so findet eine Repartierung statt. Versucht ein Anleger eine beschränkte Zuteilung zu antizipieren, indem er Zeichnungen über seinen Kaufwunsch hinaus einreicht, so spricht man von einer ***Konzertzeichnung***. Wird die Emission jedoch nicht überzeichnet, so trägt der betreffende Anleger bei einer Konzertzeichnung das Risiko, dass ihm der gesamte Betrag seiner überhöhten Zeichnung abgerechnet wird.

(4) Freihändiger Verkauf

Beim freihändigen Verkauf als Platzierungsverfahren wird ein Verkaufsangebot zu einem festgelegten Preis (Festpreisverfahren, Fixed-Price-Methode) veröffentlicht, auf dessen Basis die Anleger Kaufaufträge erteilen können. Der zu zahlende Preis wird zwischen dem Konsortialführer und dem Emittenten vereinbart. Die Kaufaufträge werden üblicherweise in der Reihenfolge ihres Einganges bedient, ohne dass sich die Kreditinstitute an diese Reihenfolge oder eine bestimmte Emissionsfrist halten müssen. Die Kreditinstitute legen zumeist vorab die in (6) angesprochenen Zuteilungsregeln fest. Sofern nach Ablauf der Zeichnungsfrist die Emission noch nicht untergebracht ist, übernehmen die Konsortialbanken die Aktien zunächst in den eigenen Bestand, um sie dann im Laufe der Zeit noch über die Börse bei den Anlegern unterzubringen.

(5) Ausschreibung im Tenderverfahren

Charakteristikum des Tenderverfahrens ist eine öffentliche oder beschränkte Ausschreibung der Emission, zu der das Publikum oder ein vom Emittenten bestimmter Teil des Publikums Gebote abgeben kann. Die Bietung kann sich grundsätzlich auf alle Merkmale einer Emission beziehen. Typischerweise wird das Tenderverfahren bei Rentenwerten angewandt und nicht bei Aktienemissionen. Dann bezieht sich das Angebot auf die Bietung des Zinses (Zinstender) und/oder des Volumens (Mengentender). In der Regel werden Mindestgebote sowie die Form der Bietungskurse festgelegt. Im Allgemeinen sind auch Gebote ohne Angabe eines Bietungskurses (sog. Billigst-Gebote) zulässig. Immer wieder werden Vorschläge gemacht, auch zur Emission von Aktien Auktionen einzusetzen. Dazu gibt es neue Ansätze, die sich darum bemühen, den Informationsgehalt von Ausschreibungen zu verbessern, damit Auktionen auch bei der Emission von Aktien an Bedeutung gewinnen.

(6) Zuteilungsregeln für Aktien

Als Zuteilung bezeichnet man die letztendliche Annahme und Erfüllung der Kaufangebote der Anleger. Die Zuteilung wirft nur dann Probleme auf, wenn Angebot und Nachfrage zum Emissionskurs nicht übereinstimmen, weil zum Emissionskurs ein Nachfrageüberhang besteht und die Konsortialbanken festlegen müssen, welche Nachfrager bzw. Anleger in welchem Umfang bedient werden. Die Verfahren der Zuteilung von Aktien bei Neuemissionen sind in der Vergangenheit verschiedentlich als „unfair" kritisiert worden, weil einzelnen Anlegern offenbar von den Emissionsbanken höhere Zuteilungsquoten zugebilligt worden sind als anderen Anlegern. Viele Anhaltspunkte sprechen dafür, dass Anleger bei Zuteilungen tatsächlich ***ungleich behandelt*** werden.

- So wird häufig vor Beginn der Zeichnungsfrist schon festgelegt, welchen Anteil private und institutionelle Investoren erhalten sollen und wie die Aufteilung auf die Konsortialbanken erfolgt. In der Regel haben danach Kunden des Konsortialführers bessere Zuteilungschancen als Kunden anderer Banken.
- „Friends- and Family"-Programme bestimmen, dass vom Emittenten benannte Personen und Unternehmen eine bevorrechtigte Zuteilung erhalten. Der Umfang solcher Programme für Mitarbeiter oder Geschäftspartner des Emittenten wird dabei vom Emittenten festgelegt.
- Kapitalanlagegesellschaften, die zum Konzern oder Verbund der konsortialführenden Bank gehören, erhalten häufig größere Zuteilungen.
- Geklagt wurde in der Boomzeit der 90er Jahre auch über die Bevorzugung einzelner privater Anleger.

Die ***Börsen-Sachverständigenkommission*** BSK beim Bundesministerium der Finanzen hat als Reaktion darauf die am 1.7.2000 in Kraft getretenen „***Grundsätze für die Zuteilung von Aktienemissionen an Privatanleger***" beschlossen,[33] in deren Artikel 12 es heißt, dass die Zuteilung an Privatanleger

[33] Börsen-Sachverständigenkommission beim Bundesministerium der Finanzen (Hrsg.): Grundsätze für die Zuteilung von Aktienemissionen an Privatanleger vom 7.6.2000. Die Grundsätze enthalten Empfehlungen für die Zuteilung bei Aktienemissionen, in deren Rahmen Aktien in Deutschland Privatanlegern öffentlich zum Kauf angeboten werden.

im Falle der Überzeichnung einem bestimmten Verfahren bzw. einer Kombination von Verfahren zu entsprechen hat. Genannt werden das Losverfahren, die Zuteilung nach der Ordergröße, die Zuteilung anhand einer bestimmten Quote, die Zuteilung nach dem Zeitpunkt des Eingangs des Kaufangebots und eine Auswahl nach anderen sachgerechten Kriterien. Die wesentliche Anforderung besteht darin, dass das angewandte ***Zuteilungsverfahren vorab bekannt*** gegeben wird.

Die BSK-Grundsätze regeln nicht die insgesamt auf private und institutionelle Anleger entfallenden Zuteilungen und auch nicht die Zuteilungen innerhalb der Gruppe institutioneller Anleger. Die Grundsätze beziehen sich ausschließlich auf die Zuteilung der Aktien auf die Kunden der einzelnen Institute und daher auch nicht auf eine mögliche Gleichbehandlung von Privatkunden verschiedener Institute. Formal stellen die Grundsätze der Börsen-Sachverständigenkommission nur ***Verhaltensempfehlungen*** dar. Allerdings hat die Bundesanstalt für Finanzdienstleistungsaufsicht BaFin angekündigt, die Grundsätze als Konkretisierung der Wohlverhaltenspflichten von Intermediären gemäß § 31 des Wertpapierhandelsgesetzes WpHG zu betrachten und deren Einhaltung zu überprüfen. Materiell bedeuten die BSK-Grundsätze keine wesentliche Beschränkung der Zuteilungsfreiheit.

Die Frage, ob im Hinblick auf die Zielsetzung einer am Shareholder Value orientierten Geschäftspolitik eine ***optimale Zuteilungsregel*** existiert und ob regulatorische Eingriffe notwendig sind, ist anhand verschiedener Kriterien zu beantworten. Immerhin könnte der Emittent den Emissionspreis bewusst zu niedrig ansetzen, um einen Teil der Aktien an Anleger zu verkaufen, die nicht die höchste Zahlungsbereitschaft aufweisen. Dadurch könnte ein Anreiz für Anleger mit höherer Zahlungsbereitschaft bestehen, die Aktien am Sekundärmarkt zu erwerben mit der Folge positiver Auswirkungen auf die Liquidität am Sekundärmarkt. Sofern es eine optimale Aktionärsstruktur gibt (z. B. geringe Anzahl größerer Anteilseigner, sonst breite Streuung), könnte darüber hinaus ein diskretionärer Spielraum bei der Zuteilung auch als Mittel zur Umsetzung einer optimalen Aktionärsstruktur genutzt werden.

Anhand eines Modells, das einen Ansatz von ROCK (1986) weiterentwickelt, zeigt THEISSEN (2001), dass eine ***Ungleichbehandlung verschiedener Anlegergruppen das Underpricing vergrößern kann***. Wenn der Emissionspreis so gewählt wird, dass die uninformierten Kunden im Durchschnitt keine Verluste erleiden, dann heißt das, dass die nicht informierten und zugleich nicht bevorzugten Anleger den Preis bestimmen. In der empirischen Untersuchung wird von THEISSEN (2001) dokumentiert, dass die Ungleichbehandlung der Anleger ein empirisch relevantes Phänomen ist, und dass sich darüber hinaus Hinweise finden lassen, dass eine bevorzugte Zuteilung an bestimmte Anlegergruppen tatsächlich mit einem größeren Underpricing einhergeht. Da ein höheres Underpricing für den Emittenten nachteilig ist, legen die Ergebnisse der Untersuchung nahe, dass der Emittent im eigenen Interesse für eine Gleichbehandlung aller Anleger sorgen sollte.

(7) Zielsetzungen des Platzierungs- und Zuteilungsverfahrens

Die Wahl des Platzierungsverfahrens muss sich an den Zielen ausrichten, die der Emittent mit einem Initial Public Offering verfolgt. Hinsichtlich dieser Zielsetzungen sind in verschiedenen Studien die wichtigsten Motive der Emittenten bei der Wahl des Platzierungsverfahrens eruiert worden. Dabei sind häufig die generellen Ziele des Going Public und nicht die speziellen Zielsetzungen des Platzierungsverfahrens erfragt worden. Dementsprechend lässt sich anhand erhobener Zielvorstellungen die Vorteilhaftigkeit eines Platzierungsverfahren nur eingeschränkt beurteilen.

Immerhin kann man aus der Diskussion entnehmen, dass die Emittenten drei ***unterschiedliche Zielsetzungen*** verbinden:

- Erstens verfolgen sie ein Erlösziel, wonach die Emission einen möglichst hohen Cashflow liefern soll. Die ***Zielsetzung der Erlösmaximierung*** wird dadurch zu erreichen versucht, dass die Kaufbereitschaft der Anleger ausgelotet und dann eine Preis-Mengenkombination angestrebt wird, die zu einem möglichst großen Emissionserlös führt. Dabei sind allerdings Risikogesichtspunkte zu berücksichtigen, weil sich die Bank ihre Risikoübernahme vergüten lassen und damit den Erlös des Emittenten schmälern wird. Verzichtet aber der Emittent auf die Garantiefunktion des Emissionskonsortiums durch die Wahl eines Best Effort Contracts, dann muss er das Platzierungsrisiko selbst tragen und verhindert damit gegebenenfalls ex post die Zielsetzung eines möglichst hohen Emissionserlöses.
- Zweitens versuchen die Emittenten, eine ***positive Gesamteinschätzung*** ihrer Aktien zu untermauern, damit die Anleger auch nach erfolgter Emission noch eine positive zukünftige Kursentwicklung erwarten.
- Die dritte Teilzielsetzung liegt in der Realisierung einer bestimmten ***Allokation der Aktien*** im Publikum, wobei einerseits auf eine ***breite Streuung*** der Aktien abgestellt wird, welche die Zielsetzung der Erlösmaximierung unterstützt, weil die Kaufbereitschaft der Aktionäre abgeschöpft wird. Andererseits besteht ein etwas abweichendes Motiv darin, eine ***dauerhafte Platzierung*** zu erreichen, indem Anleger bevorzugt werden, bei denen ein rascher Wiederverkauf unwahrscheinlich ist. Insbesondere soll die Zuteilung an sog. „Flipper" vermieden werden, die ihre zugeteilten Stücke so schnell wie möglich wieder zu Kasse machen wollen. Die Allokation kann schließlich auch darauf abzielen, bestimmte Aktionäre oder Aktionärsgruppen als ***Kontrollaktionäre*** zu gewinnen.

8.2.6 Verfahren der Emissionspreisbildung

Die in diesem Abschnitt diskutierte Entscheidung für ein bestimmtes Preisbildungsverfahren hängt mit der Wahl eines bestimmten Platzierungsverfahrens eng zusammen, so dass in der Regel über beide gemeinsam zu entscheiden ist (BENVENISTE / SPINDT 1989, BAUMEISTER / WERKMEISTER 2001). Die wichtigsten Preisbildungsverfahren sind das Festpreisverfahren, das Bookbuilding-Verfahren und das Auktionsverfahren.

(1) Festpreisverfahren

Beim Festpreisverfahren (Fixed Price Method) setzen der Emittent und das Konsortium (bzw. der Konsortialführer) mit der Veröffentlichung des Verkaufsangebots den Emissionspreis fest. Diese Vorgehensweise stellte bis Mitte der neunziger Jahre das typische und häufigste Preisbildungsverfahren für Aktien am deutschen Markt dar. Ansatzpunkte der Fixierung des Festpreises waren und sind dabei die ***Verfahren der Unternehmensbewertung*** (Substanzwerte, Ertragswerte, Discounted Cashflows), das Kurs-Gewinn-Verhältnis vergleichbarer Aktien oder bestimmte Multiplikatoren (Multiples), mit deren Hilfe bestimmte typische Kennziffern auf den geschätzten Unternehmens- bzw. Aktienwert hochgerechnet werden (vgl. unter (4)).

Der Emissionspreis *wird als* ***Festpreis*** zwischen der Bank und dem Emittenten vereinbart und typischerweise ***unter dem vermuteten Gleichgewichtspreis*** angesetzt, so dass das Risiko eines Angebotsüberhangs möglichst klein und das Risiko des Konsortiums, auf der Emission „sitzen zu bleiben", begrenzt ist. Häufige bzw. sogar regelmäßige Konsequenz dieser Vorgehensweise ist eine ***Überzeichnung*** der Emission. Das Verfahren führt zu vergleichsweise hohen durchschnittlichen Emissionsrenditen jener Anleger, die bei der Zuteilung berücksichtigt werden (Underpricing). Dadurch entsteht das im vorhergehenden Kapitel bereits angesprochene ***Rationierungs- bzw. Zuteilungsproblem***.

Wenn ein möglichst hoher Emissionserlös angestrebt wird und der Ausgabekurs in der Nähe des Gleichgewichtspreises liegen soll, setzt das Verfahren eine gute Abschätzbarkeit der Zeichnungsnachfrage und Zahlungsbereitschaft voraus. Diese Voraussetzung erscheint insbesondere bei einer überschaubaren Anzahl institutioneller Anleger als mögliche Zielgruppe, d. h. z. B. bei einer Privatplatzierung erfüllt zu sein, während die breite Streuung der Aktien im Publikum bei volatilem Aktienmarkt mit erheblichen Risiken verbunden ist. Daher ist zu Recht nach Alternativen zu diesem Festpreisverfahren gesucht worden.

(2) Das Bookbuilding-Verfahren

Das ***Bookbuilding*** stellt in gewisser Weise den Rahmen für ein einheitliches ***Preisbildungs- und Platzierungsverfahren*** dar und ist seit langem vor allem in den angelsächsischen Märkten verbreitet. In Deutschland wurde es erst in den neunziger Jahren zunächst bei internationalen Platzierungen und danach allmählich bei allen Aktienemissionen eingesetzt, so dass es das Festpreisverfahren weitgehend verdrängt hat. Das Bookbuilding-Verfahren bietet sich für alle Aktienplatzierungen ohne Bezugsrecht an, also für Erstemissionen, für Folgeemissionen ohne Bezugsrecht und bei der Umplatzierung von Aktien aus den Beständen eines Altaktionärs.

Beim Bookbuilding-Verfahren wird am Ende der vorbereitenden Pre-Marketing-Phase vom Emittenten und dem Konsortium gemeinsam eine ***Preisspanne*** festgesetzt und öffentlich bekannt gemacht. Auf der Basis dieser Preisspanne werden die Anleger angesprochen und zur Zeichnung angeregt. In der unmittelbar anschließenden Marketing-Phase stellen der Emittent und die Emissionshäuser den interessierten Anlegern das Unternehmen und die Emissionsbedingungen detailliert vor (Road Show). Danach wird ein Bietungszeitraum (Order-Taking-Phase) von bis zu 10 Tagen angesetzt, in dem die Investoren ihre Kaufwünsche mitteilen können. In den Emissionsbedingungen kann festgelegt sein, dass frühe oder volumenstarke Gebote Vergünstigungen (z. B. höhere Zuteilungen) erhalten, um einen Anreiz zu bieten, das Interesse während der Bookbuilding-Phase auch früh zu artikulieren und damit andere Kaufinteressenten anzuregen.[34]

Der Konsortialführer erfasst als ***Bookrunner*** die Zeichnungsaufträge in einem Orderbuch und erhält aus dieser Aufstellung einen Überblick über die artikulierte Nachfrage. Ähnlich wie im Festpreisverfahren wird eine gewisse Überzeichnung der Emission angestrebt, damit Freiheitsgrade bei der Zuteilung der Aktien entstehen und für den „After-Market" noch Nachfrage vermutet werden kann. Nach Abschluss der Bookbuilding-Periode schließt der Bookrunner das Orderbuch (Closing) und legt zusammen mit dem Emittenten auf der Basis der vorliegenden Gebote das exakte Emissionsvolumen, den Emissionskurs und die Zuteilung fest. Im Rahmen des Bookbuilding-Verfahrens hat das Konsortium im Vergleich zum Festpreisverfahren größere Freiheitsgrade bei der Zuteilung der neuen Aktien. Durch die Möglichkeit der ***Anpassung der Bookbuilding-Spanne*** nach unten oder oben kann darüber hinaus während der Order-Taking-Phase noch eine preisliche Flexibilisierung erreicht werden. Eine Spannenerhöhung bietet sich bei einer erwarteten gro-

---

[34] Darüber hinaus kann eine größere gezeigte Nachfrage auch mit einem höheren „Underpricing" belohnt werden. Vgl. zur „Information Revelation Theory of Bookbuilding" RITTER / WELCH (2002), S. 13.

ßen Überzeichnung an, umgekehrt wird eine Spannenabsenkung bei schwacher Nachfrage vorgenommen.

Durch das beim Bookbuilding typische zweistufige Verfahren der ***Emissionspreisbestimmung*** – zunächst nur Festsetzung der Spanne, danach Festsetzung des Emissionskurses – ist das Underwriting-Risiko für die Emissionsbanken gegenüber dem Festpreisverfahren herabgesetzt. Die Transparenz der Nachfrage ermöglicht eine Bevorzugung langfristig orientierter Anleger bei der Zuteilung, so dass auch eine stabile Kursentwicklung begünstigt wird. Die Preisfestsetzung führt dennoch wie beim Festpreisverfahren im Allgemeinen zu einem Underpricing, weil der Kurs unter dem vermutetem Gleichgewichtskurs angesetzt wird, so dass eine Überzeichnung erfolgt. Man kann aber beobachten, dass das ***Underpricing*** durchschnittlich geringer als beim Festpreisverfahren ist und die eintägigen Emissionsrenditen bis zur ersten Notiz geringere Schwankungen aufweisen (KASERER / KEMPF 1995).

Im Laufe der Zeit haben sich gewisse ***Weiterentwicklungen und Neuerungen im Bookbuilding-Verfahren*** hinsichtlich des Mengenangebots sowie der Preisgestaltung durchgesetzt. Besonders wichtig ist dabei die ***Einräumung einer Zeichnungsreserve (Greenshoe)***, die eine mengenmäßige Anpassung der Emission an die Nachfrage ermöglicht.[35] Dazu wird ein über das angekündigte Emissionsvolumen hinausgehendes Kontingent an Aktien vorgehalten, das die Emissionsbanken bei hoher Nachfrage zusätzlich platzieren können. Der Greenshoe beinhaltet also für die Emissionsbanken eine Option, zusätzliche Aktien an den Markt bringen zu können. Damit kann u. a. ein kurzfristiger unerwünschter Kursanstieg gebremst werden. Üblicherweise ist ein Greenshoe so ausgestaltet, dass die Emissionsbanken

- innerhalb von 30–45 Tagen nach Ende der Zeichnungsfrist
- zusätzliche Aktien im Umfang von 10–15 % des Platzierungsvolumens
- zum gleichen Preis wie die bereits emittierten Aktien erwerben können.

Technisch werden die Aktien beispielsweise durch die Konsortialbanken bei der Zuteilung „leerverkauft". Anschließend decken sich die Emissionsbanken dann beim Emittenten mit den neuen Aktien ein, sofern nicht innerhalb einer bestimmten Frist (z. B. von 30 Tagen) die Aktien über die Börse zur Kursstabilisierung zurückgekauft werden (CARLS / HAUTEN 2002, S. 336).[36]

---

[35] Die erste Emission, bei der eine entsprechende vertragliche Vereinbarung getroffen wurde, war die der Green Shoe Manufacturing Corporation in 1963. Zu Einzelheiten vgl. TERSTEGE (2002), S. 238-239.

[36] Den umgekehrten Weg ist die HypoVereinsbank beim Börsengang der Bank Austria in einem schwierigen Börsenumfeld Mitte 2003 gegangen. Die Bank verkaufte 38 Millionen BA-Aktien und behielt sich zugleich das Recht vor, bei fallenden Kursen bis zu fünf Millionen Stück zurückzukaufen, um dadurch einen möglicherweise fallenden Kurs der BA-Aktien zu stabilisieren.

Eine andere Neuerung des Bookbuilding besteht darin, dass der Konsortialführer im Einvernehmen mit dem Emittenten den Konsortialmitgliedern Aktien zur freien Verfügung zuweisen kann. Die Höhe dieser sog. ***Free Retention*** beträgt in der Regel zwischen 2 und 5 Prozent des Emissionsvolumens, über die institutionelle wie private Anleger bedient werden können. Gegebenenfalls gibt der Konsortialführer den Instituten gewisse Vorgaben zur Verteilung der Free Retention, so dass beispielsweise in diesem Rahmen nur institutionelle Investoren zum Zuge kommen.

Bei der Preisgestaltung hat sich die Tendenz entwickelt, ohne konkrete Preisvorstellungen in die Roadshow zu gehen bzw. einen Prospekt ohne Preisspanne zu veröffentlichen – sog. ***accelerated Bookbuilding, decoupled Bookbuilding***. Dieses Verfahren wird gelegentlich als überlegen angesehen, einen fairen und den wahren Marktbedingungen entsprechenden Emissionspreis festzulegen. Gleichwohl wird kritisiert, dass so das Unternehmen stärker von kurzfristigen Marktstimmungen abhängig sein könnte oder das Management stark unter Rechtfertigungsdruck auf der Roadshow geraten könnte.

(3) Auktionsverfahren

Bei den in Deutschland bislang bei ***Aktienemissionen noch unüblichen Auktionsverfahren*** erfolgt die Preisbildung ohne Vorgabe einer Preisspanne aufgrund der verbindlichen Kaufgebote der Anleger und des vorgegebenen Emissionsvolumens, so dass zum Emissionspreis die Emission gerade untergebracht wird. Das Auktionsverfahren ermöglicht die Ermittlung eines besonders marktnahen Emissionskurses, setzt aber zur Erreichung eines realistischen Emissionskurses voraus, dass sich die Anleger vor der Abgabe ihrer Gebote intensiv mit der wirtschaftlichen Situation und Perspektive der Neuemission auseinandersetzen. Es gibt Überlegungen und Experimente mit kombinierten Auktionsformen, die die Informationen der Anleger besser ausnutzen und umsetzen sollen als bisher.[37]

Die Käufer geben während der Zeichnungsfrist ihre verbindlichen limitierten Zeichnungsaufträge ab, wobei auch mehrere unterschiedlich limitierte Gebote abgegeben werden können. Nach Beendigung der Zeichnungsfrist werden die Kaufgebote vom Konsortialführer nach fallenden Preisgeboten sortiert. Die Zuteilung erfolgt dann in dieser Reihung, bis das Platzierungsvolumen untergebracht ist, so dass also eigentlich keine Überzeichnung erfolgen kann und dementsprechend der Spielraum des Konsortiums bei der Zuteilung sehr begrenzt ist bzw. entfällt. Ideales Ergebnis des Bieterverfahrens ist eine ***Markträumung zum Gleichgewichtskurs***.

---

[37] Ein Modell einer möglichen Doppelauktion zur Extraktion der bei den Zeichnern vorhandenen Informationen wird entwickelt und beschrieben von GIMPEL (2004).

Der Emissionskurs entspricht typischerweise dem niedrigsten Kurs, zu dem gerade noch Kaufgebote berücksichtigt werden. Das Gebot für die letzte zugeteilte Aktie wird nach dem ***holländischen Auktionsverfahren*** (Uniform Price Auction) dann als ***Einheitspreis*** für sämtliche zum Zuge gekommenen Aktienzuteilungen festgesetzt. Das Verfahren wurde in Deutschland beispielsweise beim Börsengang der Trius AG im Jahr 2000 angewendet.

Im Gegensatz zum alternativ möglichen ***amerikanischen Auktionsverfahren*** (Discriminatory Auction), bei dem die Aktien zum jeweiligen Gebot der Nachfrager zugeteilt werden, schöpft das holländische Verfahren nicht die gesamte erzielbare Rente ab, erhöht aber die Nachvollziehbarkeit der Transaktion und signalisiert zugleich die Einschätzung eines weiteren Kurssteigerungspotentials.

(4) Methoden zur Ermittlung des Unternehmenswertes

Bislang wurde offen gelassen, wie die Emissionsbanken bzw. die Emittenten ihre Preisvorstellungen entwickeln, die sie dem Festpreisverfahren bzw. der Festsetzung der Preisspanne beim Bookbuilding-Verfahren zugrunde legen. Ebenso wurden noch keine Überlegungen angesprochen, die die möglichen Zeichner der Aktien anstellen, wenn sie über ein ihnen vorliegendes Zeichnungsgebot entscheiden. Eine wichtige Komponente der Überlegungen beider Seiten ist die Abschätzung des sog. ***„inneren Wertes" der Aktie***, von dem man bei informationseffizientem Kapitalmarkt annehmen kann, dass die tatsächlichen Kurse an der Börse genau um diesen Wert herum streuen. Für die Parteien gilt, dass das Unternehmen die Aktien nicht unter dem inneren Wert emittieren – innerer Wert als Preisuntergrenze – und die Anleger die Aktien nicht über dem inneren Wert zeichnen werden – innerer Wert als Preisobergrenze. Da zur Abschätzung des inneren oder fundamentalen Wertes einer Aktie unterschiedliche Verfahren zur Verfügung stehen, lässt sich kein von allen Marktteilnehmern anerkannter innerer Wert ermitteln. Der Kurs, der sich letztendlich am Markt bildet, hängt daher nicht nur von den verschiedenen Methoden zur Bestimmung des inneren Wertes ab, sondern auch von den Informationen und Einschätzungen der Marktteilnehmer über die Informationen und das Verhalten der anderen Marktteilnehmer.

Unternehmensbewertungen dienen jedenfalls der Abschätzung des ***inneren Wertes der Aktien*** und spielen daher beim Abgleich der Interessen von Käufer und Verkäufer eine erhebliche Rolle (DRUKARCZYK 2003). Da bei Initial Public Offerings (IPOs) bislang keine Marktbewertung der Aktien vorliegt, stellen berechnete innere oder fundamentale Werte wichtige Anhaltspunkte für die Preisbildung der Aktien dar. Grundsätzlich gibt es bei der Unternehmensbewertung zwei methodische Verfahrenswege, um den inneren oder fundamentalen Wert zu ermitteln, die einfachere Multiplikatormethode (Direct

Comparison Approach) und das Barwertverfahren bzw. die Discounted-Cashflow-Methode (DCF-Verfahren).[38]

a) Multiplikatorverfahren

Bei dieser indirekten Methode der Wertfindung werden die Emittenten mit bereits börsennotierten Gesellschaften hinsichtlich wichtiger ***Kennzahlen*** und der strategischen Positionierung verglichen und mit Hilfe spezifischer Multiplikatoren der Branche oder von Vergleichsunternehmen bewertet. Dabei wird das Unternehmen verschiedenen möglichst ähnlichen Unternehmen gegenübergestellt (***Similar Public Company Method***) oder als Vergleichsmaßstab der Emissionspreis zeitlich naheliegender IPOs herangezogen (***Initial Public Offering Method***). Beispielsweise wird der Wert durch Multiplikation des Jahresüberschusses für das laufende oder nächste Geschäftsjahr mit einem Kurs-Gewinn-Verhältnis (KGV) der Vergleichsunternehmen ermittelt. Dieser Wert wird dann als Indikator für den geforderten oder höchstens zu zahlenden Emissionskurs herangezogen.

b) Discounted-Cashflow-Verfahren

Die heute überwiegend anerkannte Methode der Unternehmensbewertung ist das Discounted-Cashflow-Verfahren, das allerdings in ***unterschiedlichen Varianten*** angewendet wird, die sich hauptsächlich hinsichtlich des Ansatzes des Kapitalisierungszinssatzes und der steuerlichen Bedingungen unterscheiden.[39] Die prognostizierten frei verfügbaren Einzahlungsüberschüsse (Free Cashflow) werden mit Hilfe eines geeigneten Kalkulationszinsfußes diskontiert. Dabei werden die zukünftigen freien Cashflows aus dem Geschäftsplan der Gesellschaft abgeleitet – und können natürlich auch in unterschiedlicher Höhe angesetzt werden. Das Discounted-Cashflow-Verfahren ist gegenüber dem Multiplikatorverfahren komplexer und erfordert die Darlegung der Annahmen, auf denen die Prognosewerte beruhen.

Bei jungen Firmen ist das für etablierte Unternehmen bzw. Branchen häufig angewandte Multiplikatorverfahren meist nicht anwendbar. Daher kommt der Discounted-Cashflow-Methode in diesem Fall immer die größere Bedeutung zu. Die Planungssicherheit wird verbessert, wenn der Geschäftsplan einer fundierten Plausibilitätsprüfung bzw. einem ***Due Diligence Review*** durch einen unabhängigen Sachverständigen unterzogen wird. Weitere Transparenz wird erreicht, wenn der Geschäftsplan um Best-, Base- und Worst-Case-

---

[38] Vgl. BALLWIESER (1999, 2003), BILSTEIN (1999), BÖCKING / NOWAK (1999), NOWAK (2003) sowie WAGNER / JONAS / BALLWIESER / TSCHÖPEL (2004).

[39] Einen praxisorientierten Überblick findet man bei BILSTEIN (1999), Grundsätze zur Durchführung von Unternehmensbewertungen bei WAGNER / JONAS / BALLWIESER / TSCHÖPEL (2004).

Szenarien ergänzt wird. Dazu sind allerdings komplexe Geschäftsplanmodelle notwendig, um die Folgewirkungen einer veränderten Geschäftsentwicklung darzustellen.

8.2.7 Theorie und Empirie des Underpricing-Phänomens

Das von STOLL und CURLEY (1970) sowie IBBOTSON (1975) entdeckte und statistisch nachgewiesene Phänomen, dass der Emissionspreis von Aktien durchschnittlich niedriger ist als der mit der Aufnahme des Börsenhandels festgestellte erste Börsenkurs (abnormale positive Ersttags- oder Emissionsrendite) ist in der Zwischenzeit für viele in- und ausländische Märkte dokumentiert worden. Eine ***positive Emissionsrendite*** erscheint für die Zeichner der Aktien erfreulich, erhöht aber für die Gesellschaft die ***Emissionskosten***, weil der Emissionserlös für die Alteigentümer oder die Gesellschaft höher ausgefallen wäre, wenn die Emission zum höheren ersten Börsenkurs erfolgt wäre.

Aus dem Blickwinkel der Gesellschaft bzw. der Alteigentümer spricht man von einem ***Underpricing***. Die Alteigentümer haben „Geld auf dem Tisch gelassen“[40], das nun von den Zeichnern der Aktien gegebenenfalls bereits am ersten Handelstag wieder realisiert werden kann. Der häufige Kampf um eine möglichst hohe Zuteilung vieler Nachfrager in einem „Hot Issue Market“ (RITTER 1984) ist insoweit auch ein Kampf um die als quasi sicher erwarteten hohen ***Zeichnungsrenditen*** jener Anleger, die sich einen Anteil an einer Emission sichern können.

Es stellt sich die Frage, wie sich das ***Phänomen des Underpricing***, das so offensichtlich den Interessen der Altaktionäre und zum Teil des Managements zuwiderläuft, erklären lässt. Wegen der Bedeutung des Phänomens haben sich zahlreiche theoretische und empirische Arbeiten dieser Frage angenommen, und es sind verschiedene Erklärungsansätze entwickelt worden, von denen einige wenige im Folgenden kurz vorgestellt werden sollen. Die Erklärungsansätze modellieren insbesondere die unterschiedlichen Interessen und Informationsstände der drei typischen an einer Emission beteiligten Parteien, das sind der Emittent, die Emissionsbanken und die Anleger.

Die Emissionsbanken und Anleger bilden in sich keine homogenen Einheiten, so dass man von den Mitgliedern der Gruppen auch nicht ohne weiteres annehmen kann, dass sie über den gleichen Informationsstand verfügen und die gleichen Interessen verfolgen. Einige Emissionsbanken können über einen systematischen Informationsvorsprung verfügen und auch bei den Investoren kann es Anleger geben, die besser informiert sind als andere. Solche weitergehenden Differenzierungen werden aber im Folgenden nicht beachtet.

---

[40] Vgl. die aktuelle Übersicht: Money Left on the Table in IPOs, von JAY RITTER auf dessen Homepage: http://bear.cba.ufl.edu/ritter/pbritter.htm.

(1) Die Irrelevanz des Emissionskurses in der neoklassischen Theorie

Die Schwierigkeiten, die mit einer theoretischen Erklärung des Underpricing-Phänomens verbunden sind, rühren daher, dass es nicht mit einem neoklassischen Wettbewerbsgleichgewicht vereinbart werden kann. An einem vollkommenen Kapitalmarkt, an dem alle Marktteilnehmer über denselben Informationsstand verfügen, kann es im Einzelfall zwar zu Abweichungen zwischen dem Emissionspreis und dem ersten Sekundärmarktpreis kommen. Im Durchschnitt müssten diese Abweichungen aber null sein. Die Emission erfolgt, wie oben unterstellt, zu ihrem inneren Wert. Diese Überlegung zeigt, dass es über die neoklassische Modellwelt hinausgehender Annahmen bedarf, um das Underpricing-Phänomen als Ergebnis eines rationalen Wettbewerbsgleichgewichts zu erklären.

(2) Ad-hoc-Ansätze zur Erklärung des Underpricing

Eine nahe liegende Erklärung für das Underpricing-Phänomen, die auch der vorausgegangenen Darstellung institutioneller Regelungen zum Teil zugrunde lag, bietet die ***Monopol- oder Marktmachthypothese***, die das Underpricing mit der besonderen Marktmacht der emissionsbegleitenden Investmenthäuser erklärt: Wegen des Absatzrisikos sind die Banken an einer reibungslosen und deswegen „billigen“ Emission interessiert und profitieren daher von einem Underpricing, wenn die vom Emissionserfolg abhängige Vergütung zu gering ist. Sofern Emissionsvorgänge gewinnbringende Geschäftsabschlüsse sind, wird man allerdings als Gegenargument einwenden, dass dadurch solange neue Konkurrenten auf den Markt drängen werden, bis das Emissionsgeschäft die damit verbundenen Grenzkosten der Emissionsbank gerade noch deckt und somit das Unternehmen das Risiko der Emissionsbanken kompensiert. Dieser Marktautomatismus könnte nur dann verhindert werden, wenn es wirksame Eintrittsbarrieren für Emissionsbanken gibt. Für den deutschen Markt konnte man lange Zeit von der Gültigkeit dieser Hypothese ausgehen. Erst in der Boomphase des Neuen Marktes Ende der neunziger Jahre sind auch andere Emissionsbegleiter als die großen Kreditinstitute in Funktion getreten.

Eine andere Hypothese geht von einer ***spekulativen Kursbildung*** am Markt für Erstemissionen aus. Eine modellanalytische Begründung dafür findet sich in dem Beitrag von WELCH (1992). Hintergrund dieser Überlegung ist die Feststellung einiger Untersuchungen, dass die Renditen von Erstemissionen über einen längeren Zeitraum signifikant negativ sind. Da sich allerdings kaum vernünftige Gründe für ein solches Verhalten finden lassen, ist diese Hypothese wenig befriedigend.

Jüngere amerikanische Arbeiten untersuchen die Frage, ob das Underpricing möglicherweise nur eine ***Folge kursstützender Aktivitäten*** der Emissionsbanken in den ersten Handelstagen ist. Geht man davon aus, dass die

Emissionshäuser negative Kursentwicklungen verhindern möchten, können solche ***Kurspflegemaßnahmen*** die durchschnittliche Zeichnungsrendite erhöhen. Die Hypothese könnte die in praktisch allen empirischen Untersuchungen festgestellte linkssteile Verteilung der Zeichnungsrenditen erklären, die darin zum Ausdruck kommt, dass der Mittelwert höher ist als der Median.[41]

(3) Underpricing und asymmetrische Informationsverteilung

Es gibt eine Vielzahl theoretischer Modelle, die das Underpricing-Phänomen als Ergebnis einer asymmetrischen Informationsverteilung erklären. Gemeinsam ist diesen Ansätzen, dass sie von der Existenz einer Gruppe besser informierter Insider ausgehen, die eine präzisere Vorstellung vom „wahren" Wert des Unternehmens bzw. der emittierten Aktien haben als die übrigen Marktteilnehmer. Der Hauptunterschied zwischen den Modellen besteht darin, dass sie jeweils bei einer anderen Gruppe der an der Erstemission beteiligten Akteure (Anleger, Emittent und Emissionshäuser) einen Informationsvorteil unterstellen. Die Annahme asymmetrischer Informationsverteilungen kann das Underpricing als Bestandteil eines Gleichgewichtes auf dem Markt für Erstemissionen erklären.

a) Informationsvorteile beim Emittenten

Geht man davon aus, dass die emittierenden Unternehmen bzw. deren Management gegenüber den Anlegern über einen Informationsvorsprung bei der Einschätzung der Qualität des eigenen Unternehmens verfügen, dann wird im Falle von Unternehmen mit hoher Qualität ein Interesse an der weiten Verbreitung dieser Information bestehen. Die Kenntnis des Marktes von der überdurchschnittlichen Qualität des Unternehmens wird nämlich den Emissionserlös über den Durchschnittserlös des Marktes hinaus verbessern. Die „schlechten" Unternehmen profitieren dagegen davon, wenn ihnen vom Markt die Durchschnittsqualität aller Emittenten zugebilligt wird, so dass sie kein besonderes Interesse zeigen werden, zusätzliche Informationen in den Markt zu geben.

Wenn die „guten" Unternehmen nun versuchen, dem Markt ihre hohe Qualität zu signalisieren, dann können sie das beispielsweise dadurch tun, dass sie ihre Emission zu einem vergleichsweise niedrigen Kurs anbieten und somit viel „Geld auf dem Tisch lassen", was sich für die schlechten Unternehmen nicht lohnen würde. Da die guten Unternehmen weniger als die schlechten auf einen hohen Emissionserlös angewiesen sind, ist für sie die Vorgabe eines niedrigen Kurses mit geringeren Kosten verbunden als für die schlechten. Für

---

[41] KASERER / KEMPF (1995) finden für den deutschen Markt keine Hinweise, dass das Underpricing-Phänomen allein auf Kurspflegemaßnahmen zurückgehen könnte.

die guten Unternehmen kann sich der niedrige Emissionskurs dann lohnen, wenn sich dadurch die Bedingungen für zukünftige Emissionen verbessern, weil die bessere Einschätzung des Unternehmens zu einer höheren Bewertung führt. Ausgehend von dieser Überlegung haben mehrere Autoren die Idee modelliert, dass die Emittenten die Höhe des ***Underpricing als Signal für die Zukunftsaussichten*** ihres Unternehmens einsetzen, wobei im Gleichgewicht ein höheres Underpricing eine höhere Unternehmensqualität signalisiert. Als mehr oder weniger gleichwertiges Signal kann auch ein geringes Emissionsvolumen genutzt werden (ALLEN / FAULHABER 1989, KASERER / KEMPF 1995).

b) Informationsvorteile bei einzelnen Anlegern

Die zweite Gruppe von Ansätzen, die das Underpricing als Folge asymmetrisch verteilter Informationen erklären, geht auf ein Modell von ROCK (1986) zurück, das von systematischen Informationsvorteilen bei einer mehr oder weniger kleinen Gruppe informierter Investoren ausgeht, während alle anderen Anleger sowie die Emittenten und Emissionshäuser über keinen Informationsvorsprung verfügen und daher alle Emissionen mit einer durchschnittlichen Qualität einschätzen. Der Informationsvorteil kann beispielsweise in einer besseren Kenntnis der Marktnachfrage nach den neuen Aktien oder in fundierten fundamentalen Daten bestehen. Der Emissionskurs wird vom Emittenten so festgelegt, dass voraussichtlich keine Über- oder Unterbewertung auftritt. Aus dem Blickwinkel der besser informierten Anleger geht aber das Unternehmen von einer Fehleinschätzung aus.

- Die uninformierten Anleger zeichnen jede Emission, um in den Genuss der durchschnittlich interessanten Emissionsrendite zu gelangen. Die informierten Anleger fragen allerdings nur die unterbewerteten Emissionen nach, weil sie über die schlechte Qualität der überbewerteten Aktien informiert sind. Somit erhält die erste Gruppe der uninformierten Anleger bei der Zuteilung alle Emissionen, die informierten Anleger aber nur die unterbewerteten.
- Würden nun die Erstemissionen im Durchschnitt ohne ein Underpricing, also zum mittleren fundmentalen Wert emittiert, so wäre die erwartete Zeichnungsrendite der Uninformierten negativ. Da sich aber kein rationaler Anleger auf Dauer an einem „Spiel" mit negativer Gewinnerwartung beteiligt, wäre der Rückzug dieser Anlegergruppe aus dem Markt für Erstemissionen unvermeidlich.
- Da die Gruppe der informierten Anleger nicht groß genug ist, um alle vorteilhaften Emissionen zu zeichnen, und die Emittenten sowie die Emissionshäuser keinen Informationsvorsprung haben, garantiert nur die Beteiligung der uniformierten Anleger an allen Emissionen, dass die Emissionen vollständig gezeichnet werden. Folglich muss der durchschnittliche Emissionspreis so

weit abgesenkt werden, dass die erwartete Zeichnungsrendite der uninformierten Anleger zumindest null beträgt. Daraus folgt, dass das Underpricing in diesem Markt als Gleichgewicht verstanden werden kann.

c) Bewertung der Modelle

Die Fülle der Hypothesen zum Underpricing (vgl. THIES 2000, S. 117 ff.) wirft ein Licht auf vielfältige Fragen, die im Zusammenhang mit der Bewertung von Neuemissionen auftauchen, führt aber auch dazu, dass sich bislang kein Erklärungsmuster in der theoretischen oder praktischen Argumentation letztendlich durchsetzen konnte. Auch die empirische Forschung hat zu keiner abschließenden Klärung geführt. „Trotz der großen Zahl empirischer Untersuchungen ist abschließend zu konstatieren, dass eine zufriedenstellende Erklärung für das Underpricing bei Erstemissionen noch immer nicht gefunden wurde." (THEISSEN 2002, S. 216) Damit kann auch die interessante Frage nicht beantwortet werden, welches der Verfahren zur Bestimmung des Börsenwertes die Preisbildung besser trifft und umgekehrt, ob der Emissionskurs oder die Erstnotiz einen besseren Schätzer für den fundamentalen Wert der Aktien des neuen Unternehmens darstellen. RITTER und WELCH (2002, S. 27) halten sogar die in der Finanzierungstheorie populären Modelle, die auf einer asymmetrischen Informationsverteilung aufbauen, für insgesamt überbewertet. „In our view there is no single dominant theoretical cause for underpricing".

8.3 Emissionspolitik börsennotierter Gesellschaften

Neben den in der Finanzierungstheorie stark beachteten Initial Public Offerings (IPOs) spielen an den Aktienmärkten die in der Finanzierungstheorie weniger beachteten, aber vom Emissionsvolumen in vielen Jahren bedeutenderen Seasoned Equity Offerings (SEOs) eine wichtige Rolle.[42] Seasoned Equity Offerings beziehen sich auf Aktienemissionen auf Grund von Kapitalerhöhungen der Gesellschaften, aber auch auf Umplatzierungen von Aktien aus dem Portfolio von Großaktionären. Im folgenden Abschnitt 8.3.1 unterstellen wir den Fall der Neuplatzierung auf der Grundlage einer Kapitalerhöhung der Gesellschaft. Der Emittent muss dabei über die Form der

[42] Für 1990 werden beispielsweise in Deutschland 13 Mrd. US-$ Kapitalerhöhungen und nur 2 Mrd. $ Neuemissionen gemeldet, für das Jahr 2000 dagegen nur 2,5 Mrd. US-$ Kapitalerhöhungen bei immerhin 23,3 Mrd. US-$ Neuemissionen. Im Jahr 2000 mit 142 Neuemissionen spielten dabei die großen Neuemissionen der Deutschen Post, von t-online und Infineon eine herausragende Rolle. Vgl. DAI – Factbook 2003.

Kapitalerhöhung befinden und auch festlegen, in welcher Weise die Altaktionäre an der Emission partizipieren sollen.

8.3.1 Entscheidungen über die Form der Kapitalerhöhung

(1) Überblick über die Kapitalerhöhungsformen des Aktiengesetzes

Aktiengesellschaften können sich nicht nur im Zuge des Gangs an die Börse, sondern auch im Laufe der Zeit danach in regelmäßigen oder unregelmäßigen Abständen durch die Emission von Aktien zusätzliche Eigenmittel beschaffen. Formal stellt das Aktienrecht hierzu drei Mechanismen zur Verfügung. Eine mit der Zuführung neuer Mittel verbundene Kapitalerhöhung (effektive Kapitalerhöhung) kann erfolgen als

- ***ordentliche Kapitalerhöhung*** bzw. ***Kapitalerhöhung gegen Einlagen*** durch Ausgabe junger Aktien gegen Zahlung des Emissionspreises nach §§ 182-191 AktG, wobei im Einzelfall die Zahlung des Emissionspreises durch die Einbringung einer Sacheinlage substituiert werden kann,
- ***bedingte Kapitalerhöhung*** nach §§ 192-201 AktG, bei der insbesondere Nichtaktionären das Recht zum Bezug neuer Aktien eingeräumt wird, und die erst wirksam wird, wenn bestimmte Bedingungen eingetreten sind, so z. B. bei der Umwandlung von Wandelschuldverschreibungen in Aktien, im Zuge von Unternehmenstransaktionen oder bei der Ausgabe von Belegschaftsaktien,
- ***genehmigte Kapitalerhöhung*** nach §§ 202-206 AktG, wenn der Vorstand eine Ermächtigung zur Durchführung einer Kapitalerhöhung in einem bestimmten Umfang – maximal 50 % des bestehenden Grundkapitals – für einen Zeitraum von höchstens 5 Jahren erhält. Der Vorstand kann dann den Zeitpunkt und die Bedingungen der Kapitalerhöhung mit Zustimmung des Aufsichtsrates auch ohne erneute Billigung der Hauptversammlung festlegen.

Jede Form der Kapitalerhöhung erfordert die Zustimmung der Hauptversammlung mit mindestens drei Viertel des bei der Beschlussfassung vertretenen Grundkapitals. Die Hauptversammlung kann auch eine Kombination aus verschiedenen Kapitalerhöhungsarten beschließen.

Neben den genannten drei Mechanismen der Kapitalerhöhung sieht das deutsche Aktienrecht noch die nachfolgend in (3) beschriebene ***Kapitalerhöhung aus Gesellschaftsmitteln (nominelle Kapitalerhöhung)*** nach §§ 207-220 AktG vor, die durch eine Umwandlung offener Rücklagen (Kapitalrücklagen oder Gewinnrücklagen) in Grundkapital erfolgt, wobei neue Aktien (Berichtigungsaktien oder Gratisaktien) ausgegeben werden, ohne dass der Gesellschaft neue Zahlungsmittel zufließen. Die Berichtigungsaktien werden kostenlos an die Altaktionäre im Verhältnis ihrer bisherigen Anteile ausgegeben.

Bei der ordentlichen Kapitalerhöhung kann man die bisherigen Aktionäre nicht zwingen, nun auch die neuen Aktien im Verhältnis ihres bisherigen Anteilsbesitzes zu übernehmen. Man möchte aber andererseits den bisherigen Aktionären die Gelegenheit geben, an der Kapitalerhöhung im Verhältnis ihres Anteils zu partizipieren. Diese Zielsetzung wird durch die in Deutschland übliche Kapitalerhöhung mit gesetzlichem Bezugsrecht der Altaktionäre umgesetzt.

(2) Die Bezugsrechtskapitalerhöhung mit Zuführung neuer Mittel

Das Aktienrecht bestimmt in § 186 (1) AktG, dass den Aktionären grundsätzlich das Recht einzuräumen ist, die jungen Aktien aus einer Kapitalerhöhung bevorrechtigt gemäß ihrem bisherigen Anteil am Grundkapital zu beziehen (***gesetzliches Bezugsrecht***).[43] Das Bezugsrecht wird eingeräumt, um die Aktionäre vor einer Verwässerung ihres Kapital- und Stimmrechtsanteils zu schützen und ihnen den Wertverlust bei der Ausgabe junger Aktien unter dem aktuellen Börsenkurs auszugleichen.

Das Bezugsrecht beinhaltet keine Bezugspflicht und stellt insoweit für die Altaktionäre eine ***Option*** dar. Die Aktionäre sind nur dann bereit, die ihnen angebotenen jungen Aktien zu übernehmen, wenn der Bezugskurs den Börsenkurs nicht überschreitet. Da zwischen dem Zeitpunkt der Festlegung und Bekanntgabe des Bezugskurses und dem Ende der Bezugsfrist ein gewisser Zeitraum liegt und sich der Börsenkurs während dieses Zeitraums verändern kann, wird bei der ***Festsetzung des Bezugskurses*** üblicherweise ein Abschlag vom aktuellen Kurs vorgenommen, damit der Börsenkurs möglichst nicht unter den Emissionskurs sinkt. Dies führt bei volatilen Märkten dazu, dass der Emissionskurs in der Praxis gelegentlich nur bei 50 % des aktuellen Kurses angesetzt wird. Häufig wird ein so niedriger Emissionskurs auch als Geschenk an die Altaktionäre interpretiert. Die Höhe des vermeintlichen Geschenks wird dabei durch den Wert der den Aktionären zustehenden Bezugsrechte indiziert. Die nachfolgenden Überlegungen machen allerdings deutlich, dass der Wert der Bezugsrechte bei vollkommenem Kapitalmarkt ausschließlich den Wertverlust der alten Aktien aufgrund des für die jungen Aktien so niedrig angesetzten Emissionskurses ausgleicht, so dass die Interpretation eines niedrigen Emissionskurses als Geschenk haltlos ist.

Werden die jungen Aktien, die den alten Aktien prinzipiell gleichberechtigt sind, zu einem Kurs unter dem aktuellen Börsenkurs ausgegeben, dann fließen der Gesellschaft je neuer Aktie weniger Zahlungsmittel zu als bisher an Vermögenswerten auf eine alte Aktie entfällt (***Kapitalverwässerung***), so

---

[43] Entsprechendes gilt grundsätzlich bei der Schaffung eines genehmigten Kapitals (§ 203 (1) AktG) sowie bei der Ausgabe von Wandel-, Options- und Gewinnschuldverschreibungen und bei Genussrechten (§ 221 (4) AktG).

dass der Kurs der bisherigen Aktien sinkt. Diese Kurssenkung bewirkt nur dann keine Verschlechterung der Vermögensposition der Aktionäre, wenn ihnen ein ***Bezugsrecht*** eingeräumt wird, das diesen Wertverlust ausgleicht.

Die folgenden Überlegungen verdeutlichen die ***Bewertung eines Bezugsrechts*** auf der Basis einer Aktienbewertung sowie die Konstanz des Vermögens der Aktionäre bei einer Kapitalerhöhung mit Bezugsrecht (vgl. PRÜHER 2000, S. 32 f.). Dabei wird davon ausgegangen, dass das Unternehmen über eine ***kapitalwertpositive Investitionsgelegenheit*** verfügt, die durch die Aufnahme neuen Eigenkapitals finanziert werden soll.

Betrachtet wird ein ausschließlich eigenfinanziertes Unternehmen, das aus seiner Investitionstätigkeit unendlich lange periodenkonstante Einzahlungsüberschüsse (Cashflows) Cf erwarten lässt, die an die Aktionäre als Dividende ausgeschüttet werden, so dass der Aktienkurs dieses Unternehmens zu Beginn

$$P = \frac{Cf}{a \cdot k},$$

beträgt, wobei a die Anzahl der ausstehenden Aktien und k den für das Risiko der Gesellschaft adäquaten Kapitalkostensatz bezeichnet.

In der Periode $t = 0$ bietet sich dem Untenehmen nun ein kapitalwertpositives Investitionsprojekt mit demselben Risikogehalt wie das bereits im Unternehmen befindliche Vermögen, das eine Investition von I_0 erfordert und unendlich lange anfallende, periodenkonstante Überschüsse von ΔCf erwarten lässt. Das Projekt hat einen Kapitalwert von $K_0 = \Delta Cf/k - I_0 > 0$. Verfügen alle Marktteilnehmer über diese Information, so steigt der Kurs der Aktie auf

$$P_0 = \frac{1}{a}\left(\frac{Cf}{k} + \frac{\Delta Cf}{k} - I_0\right).$$

Die Existenz des vorteilhaften Projektes im Unternehmen führt zu einer Steigerung des Marktwertes der Aktien in Höhe des positiven Projektkapitalwertes. Nun wird unterstellt, dass das Projekt ausschließlich durch die Ausgabe junger Aktien finanziert werden soll. Dazu emittiert das Unternehmen n neue Aktien zu einem Emissionskurs $P_E \leq P_0$, der gerade so bestimmt wird, dass die Bedingung

$$E = I_0 = n \cdot P_E$$

erfüllt ist, so dass also der Emissionserlös E gerade die Investitionsauszahlung I_0 deckt. Im Zuge der Durchführung der Kapitalerhöhung steigt der Marktwert des gesamten Vermögens um den Betrag der zufließenden Zahlungsmittel. Der vergrößerte Marktwert verteilt sich jedoch auf eine größere Zahl umlaufender Aktien. Somit beträgt der Aktienkurs in der anschließenden Periode $t = 1$ nach der Kapitalerhöhung und der Finanzierung des Investitionsprojektes

$$P_1 = \frac{1}{a+n}\left(\frac{Cf}{k} + \frac{\Delta Cf}{k}\right).$$

Für den Fall, dass P_E gerade in Höhe von P_0 angesetzt worden wäre, folgt für den Kurs der Aktie nach der Kapitalerhöhung wegen

$$(a+n)P_1 = \frac{Cf + \Delta Cf}{K} - I_0 + I_0 = a\left(\frac{Cf + \Delta Cf}{a \cdot K} - \frac{I_0}{a}\right) + I_0 = aP_0 + nP_0 = (a+n)P_0$$

$P_1 = P_0$, so dass der Aktienkurs nach der Kapitalerhöhung P_1 in diesem Fall dem Marktpreis der alten Aktien zum Ankündigungszeitpunkt der Kapitalerhöhung entsprechen würde.

Wenn aber – wie in der Realität üblich – der Emissionskurs P_E mit einem Abschlag vom aktuellen Börsenkurs P_0 zum Ankündigungszeitpunkt festgesetzt wird, so dass $P_E < P_0$ gilt, dann stellt sich in $t = 1$ mit der Durchführung der Kapitalerhöhung ein ***Mischkurs*** von

$$P_1 = \frac{a \cdot P_0 + n \cdot P_E}{a+n} < P_0$$

ein. Der neue Kurs als Mischkurs des alten Kurses und des Emissionskurses ist dabei umso niedriger, je niedriger der Emissionskurs relativ zum Börsenkurs festgesetzt wird. Für den üblichen Emissionskurs unterhalb des aktuellen Kurses $P_E < P_0$ findet also eine Kapitalverwässerung dergestalt statt, dass sich der Wert der alten Aktien und damit der Vermögensposition der Altaktionäre verschlechtert.

Die Verschlechterung der Vermögensposition wird vermieden, wenn den Altaktionären im Rahmen der Kapitalerhöhung ein angemessenes Bezugsrecht auf die neu emittierten Aktien gewährt wird. Sind zur Zeichnung einer jungen Aktie $a : n$ Bezugsrechte erforderlich, so ergibt sich der rechnerische Wert eines Bezugsrechts als Wertabschlag als

$$P_B = \frac{P_1 - P_E}{a/n} = \frac{n}{a+n}(P_0 - P_E).$$

Das Vermögen des Inhabers einer alten Aktie beträgt nach der Durchführung der Kapitalerhöhung somit

$$P_1 + P_B = \frac{a \cdot P_0 + n \cdot P_E}{a+n} + \frac{n}{a+n}(P_0 - P_E) = P_0 .$$

Der Wert der Vermögensposition der Altaktionäre hat sich also im Zuge der Kapitalerhöhung nicht verändert, und zwar unabhängig davon, wie der Bezugskurs festgesetzt wurde und ob der Aktionär von seinem Bezugsrecht Gebrauch macht. Macht der Aktionär von seinem Bezugsrecht Gebrauch, dann bleibt seine relative Vermögensposition am Unternehmen unverändert. Beim Verkauf des Bezugsrechts ändert sich dagegen die Struktur seines Vermögens, da er durch den Verzicht auf den Bezug der jungen Aktien einen Teil seines Aktienvermögens liquidiert.

Da der Inhaber der Aktien bei einer Kapitalerhöhung von seinem ***Bezugsrecht*** keinen Gebrauch machen muss, kommt dem Bezugsrecht ein ***Optionscharakter*** zu. Typischerweise notiert dabei die Option weit im Geld und hat eine sehr kurze Restlaufzeit. Daher weichen der innere Wert des Bezugsrechts und der Marktwert des Bezugsrechts kaum voneinander ab (KRUSCHWITZ 1986). Umgekehrt sollte daher eine Bewertung des Bezugsrechts als Option erfolgen, wenn das Bezugsrecht „at the money" notiert. Darüber hinaus kann eine Optionsbewertung des Bezugsrechts bei einer hohen Volatilität des Aktienkurses angezeigt sein (KRUSCHWITZ 1986, RÖDER / DORFLEITNER 2001).

(3) Die Kapitalerhöhung aus Gesellschaftsmitteln

Seit der sog. ‚Kleinen Aktienrechtsreform' von 1959 wird die Ausgabe junger Aktien im Rahmen einer Kapitalerhöhung aus Gesellschaftsmitteln nicht mehr als steuerpflichtige Dividendenzahlung, sondern als eine steuerlich neutrale Transaktion behandelt. Damit wird der Tatsache Rechnung getragen, dass die Ausgabe der Berichtigungsaktien bzw. „Gratisaktien" zu keinem Vermögenszufluss bei den Inhabern führt. In der Folge haben deutsche Unternehmen in beachtlichem Umfang von der Ausgabe von Berichtigungsaktien zur Erhöhung des Grundkapitals Gebrauch gemacht.

Kapitalerhöhungen aus Gesellschaftsmitteln erscheinen ebenso wie die eng verwandten Aktiensplits, bei denen die Zahl der Aktien durch Herabsetzung des Nennwertes der ausstehenden Aktien erhöht wird, zunächst als rein buchtechnische Vorgänge ohne reale wirtschaftliche Bedeutung. Eine solche Kapitalerhöhung besteht gemäß § 207 (1) AktG in einer Umwandlung von Kapitalrücklagen oder Gewinnrücklagen in Grundkapital. Ganz überwiegend wählen deutsche Unternehmen die Auflösung von Gewinnrücklagen.

Die ***Irrelevanz einer Kapitalerhöhung aus Gesellschaftsmitteln für den Wert eines Unternehmens*** und die Vermögensposition der Anteilseigner sind bei vollkommenem Kapitalmarkt evident. Es gehört aber zum Erfahrungswissen der Börsianer, dass die Ankündigung einer solchen Transaktion im Allgemeinen eine positive Kursreaktion auslöst. Es fragt sich daher, ob die finanzwirtschaftliche Theorie diese Kursreaktion erklären kann.

Die in den USA unter dem Oberbegriff „Distributions" zusammengefassten ***Stock Dividends und Stock Splits*** waren schon früh ein bevorzugter Untersuchungsgegenstand der empirischen Kapitalmarktforschung. In einer ersten und besonders oft zitierten Untersuchung zeigten FAMA / FISHER / JENSEN / ROLL (1969) hohe kumulierte Überrenditen in den 30 Monaten vor einem Aktiensplit, die sich nach dem Ereignistag nicht fortsetzten.

Die ***Kapitalerhöhung aus Gesellschaftsmitteln*** ist auch in der deutschen Literatur und in der Praxis nicht unbeachtet geblieben, wobei folgende Gründe für eine positive Kursreaktion betont werden:

1. Die mit einer Kapitalerhöhung aus Gesellschaftsmitteln einhergehende Kurssenkung erleichtert die Portefeuille-Bildung insbesondere der Kleinaktionäre und erhöht somit die Handelbarkeit der Aktien. Diese Liquiditätshypothese spricht für eine positive Kursreaktion der Aktien.
2. Die Umwandlung von Rücklagen in Grundkapital kann den Selbstfinanzierungsspielraum des Vorstands gem. § 58 (2) AktG (Verwendung des Jahresüberschusses) erhöhen. Diese Selbstfinanzierungshypothese dürfte eher für eine negative Kursreaktion sprechen.
3. Die Umwandlung von Gewinnrücklagen in Grundkapital unterwirft diese Beträge einer dauerhaften Ausschüttungssperre. Auch diese Gläubigersicherungshypothese sollte eher mit einer negativen Kursreaktion verknüpft sein.
4. Eine Kapitalerhöhung aus Gesellschaftsmitteln kann als Signal für günstige Gewinnerwartungen bzw. zukünftig höhere Dividenden eingesetzt werden, wenn das Unternehmen eine konstante Dividendenpolitik glaubhaft machen kann. Diese Signalhypothese spricht für einen Kursanstieg.
5. Eine Kapitalerhöhung aus Gesellschaftsmitteln kann zu einer Neubewertung der zukünftigen Gewinne bzw. Cashflows durch die Analysten führen. Die Gültigkeit dieser Attention-Triggering-Hypothese kann mit einem Kursanstieg oder einem Kursrückgang verbunden sein.

Die empirische Untersuchung von GEBHARDT / ENTRUP / HEIDEN (1994) bestätigt für den deutschen Markt im Zeitraum von 1980 bis 1990 das Erfahrungswissen der Börsianer, dass die Ankündigung einer Kapitalerhöhung aus Gesellschaftsmitteln im Durchschnitt mit einer positiven Kursreaktion verbunden ist. Merkwürdigerweise gibt es aber noch Kursreaktionen zum Zeitpunkt der Durchführung der Kapitalerhöhung aus Gesellschaftsmitteln und bemerkenswert erscheint auch, dass nach der Durchführung der Transaktion eine Phase negativer Überrenditen beginnt.

8.3.2 Bezugsrechtsemissionen und Bezugsrechtsausschluss

(1) Funktionen des gesetzlichen Bezugsrechts

§ 186 AktG räumt prinzipiell jedem Aktionär bei Kapitalerhöhungen ein gesetzliches Bezugsrecht auf neue Aktien ein, wonach er zur ***Vermeidung einer Verwässerung seines Kapitalanteils*** Anspruch auf den seinem Anteil am bisherigen Grundkapital entsprechenden Teil der neu emittierten Aktien hat. Das gesetzliche Bezugsrecht gilt als elementarer Bestandteil der Mitgliedschaftsrechte der Aktionäre. Seine ***Bedeutung*** wird insbesondere gesehen

- in der Wahrung der relativen Stimmkraft der Anteile, weil ansonsten beispielsweise der Verlust einer Sperrminorität[44] oder positiver Minderheitsrechte[45] hingenommen werden müsste,
- in der Erhaltung des Dividenden- und Liquidationsanteils an den gesamten ausgeschütteten Mitteln und
- in der Beibehaltung des Wertes des Aktienbesitzes, weil das Bezugsrecht genau den Wertverfall der Aktie bei einem unter dem aktuellen Kurs angesetzten Emissionskurs ausgleicht.

Da das Bezugsrecht im Gesetz zwingend vorgeschrieben ist, kann es auch nicht durch die Satzung ausgeschlossen werden. Das Gesetz ermöglicht allerdings die ***Möglichkeit des vollständigen oder teilweisen Bezugsrechtsausschlusses im Einzelfall*** durch die Hauptversammlung, sofern einige formelle Voraussetzungen gegeben sind, die in §186 (3), Satz 1-3 AktG genannt sind:

- Der Ausschluss des Bezugsrechts muss mit dem Kapitalerhöhungsbeschluss der Hauptversammlung mit einer Dreiviertelmehrheit des bei der Beschlussfassung vertretenen Grundkapitals erfolgen.
- Der Vorstand muss den beabsichtigten Ausschluss ausdrücklich ankündigen und einen schriftlichen Bericht über den Grund für den Bezugsrechtsauschluss vorlegen.

Ein typischer Bezugsrechtsausschluss wird beispielsweise dann vorgenommen, wenn den Belegschaftsangehörigen junge Aktien aus einer Kapitalerhöhung angeboten werden sollen, weil die neuen Zieleigentümer gerade nicht dem bisherigen Anlegerkreis entsprechen sollen.

Nicht als Ausschluss des gesetzlichen Bezugsrechts wird es angesehen, wenn den Aktionären zur Vereinfachung der Emission der jungen Aktien ein mittelbares Bezugsrecht eingeräumt wird, bei dem die jungen Aktien von einem Konsortium mit der Verpflichtung übernommen werden, sie den Aktionären zu den festgelegten Bedingungen anzubieten. Inhaltlich bleibt in diesem Fall der Fremdemission durch die Konsortialbanken die Idee des Bezugsrechts für die alten Aktionäre erhalten.

KÜBLER (1993) vertritt die Auffassung, dass der durch die Rechtsprechung perfektionierte Aktionärsschutz, wonach die Gesellschaft nachweisen muss, dass ihr Interesse am Ausschluss des Bezugsrechts das der Aktionäre an seiner Erhaltung überwiegt, bei zersplittertem Beteiligungsbesitz überzogen ist

---

[44] Beispielweise kann ein Aktionär, der über 25 % der Stimmen hält, sämtliche Satzungsänderungen blockieren, die einer qualifizierten Mehrheit bedürfen.

[45] Beispielsweise ist auf Verlangen einer Minderheit eine Hauptversammlung einzuberufen, wobei die Minderheitsaktionäre über mindestens 20 % des Grundkapitals verfügen müssen.

und daher zumindest bei der Kapitalerhöhung einer börsennotierten Aktiengesellschaft zum laufenden Kurswert kein besonderes Schutzbedürfnis vorliegt.

(2) Vereinfachter Ausschluss des Bezugsrechts

Bezugsrechtsemissionen verursachen vergleichsweise hohe Transaktionskosten, sind bei volatilen Börsenkursen mit einem erheblichen Emissionsrisiko verbunden und verursachen wegen ihrer aufwendigen technischen Abwicklung hohe Transaktionskosten. Diese Bedingungen haben dazu geführt, dass in der Regel ein Vorlauf von bis zu 50 Tagen erforderlich ist, bis die aufgenommenen Mittel dem Unternehmen tatsächlich zur Verfügung stehen. Hier hat das ***Gesetz für kleine Aktiengesellschaften und zur Deregulierung des Aktienrechts*** vom 9.8.1994 Abhilfe geschaffen. Das Gesetz, das die Rechtsform der AG für den Mittelstand attraktiver machen und insbesondere den Börsengang möglichst vieler Unternehmen erleichtern sollte, sieht eine ***Neuregelung der Rechtslage zum Ausschluss des gesetzlichen Bezugsrechts*** und damit eine Flexibilisierung der für den Bezugsrechtsausschluss geltenden Rechtslage vor.

§ 186 (3) Satz 4 lautet nun: „Ein Ausschluss des Bezugsrechts ist insbesondere dann zulässig, wenn die Kapitalerhöhung gegen Bareinlagen zehn von Hundert des Grundkapitals nicht übersteigt und der Ausgabebetrag den Börsenpreis nicht wesentlich unterschreitet." Seit in Kraft treten des Gesetzes gibt es also die Möglichkeit des ***Ausschlusses des gesetzlichen Bezugsrechts*** der Aktionäre unter zwei Voraussetzungen:

- Der Ausgabepreis muss nahe am Börsenkurs der alten Aktien liegen, wobei „nahe" nicht mehr als 3 bis 5 % Abweichung bedeutet.
- Das Grundkapital wird maximal um 10 % erhöht.

Als Grund für die sinnvolle Möglichkeit des Bezugsrechtsausschlusses unter bestimmten Bedingungen werden genannt von KÜBLER (1993) genannt:

- Die ***Vermeidung administrativer Kosten*** (Unterrichtung der Aktionäre, Entscheidungskosten der Aktionäre, Ausgabe der Aktien gegen Entrichtung des Bezugspreises etc.),
- der ***Zeitaufwand*** (insbesondere bei Aktien, die zunächst den Aktionären im Inland angeboten werden müssen, aber letztlich den Zugang zu den Auslandskapitalmärkten eröffnen sollen), und
- der ***Funktionsverlust des Bezugsrechts***, weil das Recht eines Kleinaktionärs so gering ist, dass es kaum noch verwässert werden kann und die Verwässerung umso geringer ist, je näher der Bezugskurs beim Aktienkurs liegt. Diese Annäherung ist nun seinerseits möglich, weil die Zeitspanne bis zur Ausgabe der neuen Aktien verkürzt wird und damit das Platzierungsrisiko sinkt.

Bei bezugsrechtslosen Emissionen besteht darüber hinaus die Möglichkeit eines öffentlichen Verkaufsangebots. Ein wichtiger Aspekt ist auch die Möglichkeit der Unterbringung der Aktien bei gezielt angesprochenen institutionellen Anlegern. Dadurch wird es der Gesellschaft und deren Management möglich, die Aktionärsstruktur der Gesellschaft mitzugestalten – z. B. Auslandsquote, Quote institutioneller Anleger, Fondsquote.

Das gesetzliche Bezugsrecht bleibt für Barkapitalerhöhungen, die über die Grenze von 10 Prozent hinausgehen, wie auch für Sachkapitalerhöhungen, in Kraft. In der Praxis findet man häufig Kapitalerhöhungen, bei denen ein bestimmter Teil des Emissionsvolumens frei am Markt platziert wird – bis zu 10 % des Grundkapitals – und der verbleibende Teil den Aktionären zum Bezug angeboten wird.

(3) Ankündigungseffekte von Kapitalerhöhungen

Empirische Untersuchungen zeigen, dass mit Kapitalerhöhungen ohne Bezugsrecht, wie sie in den USA üblich sind, typischerweise Kursminderungen verbunden sind. Am deutschen Markt ist diese Tendenz dagegen lange Zeit nicht zu beobachten gewesen. Vielmehr wurden hier Kapitalerhöhungen im Durchschnitt sogar mit einem geringen Kursaufschlag honoriert (vgl. BRAKMANN 1993, PADBERG 1995, BOLLINGER 1999). Als Erklärung für diesen divergierenden Befund kann man darauf hinweisen, dass in Deutschland bis Mitte der neunziger Jahre zumindest fast alle und danach viele Emissionen mit einem ***Bezugsrecht*** versehen waren. Im Gegensatz zu den Aktionären in den USA konnten die Aktionäre in Deutschland also ihre Portefeuilles entgegen der Annahme des Modells entsprechend ihren Präferenzen anpassen. Im Zeitraum nach 1994 wurden unterschiedliche Kursreaktionen beobachtet, je nachdem, ob das gesetzliche Bezugsrecht bei der Kapitalerhöhung beibehalten oder ausgeschlossen worden ist.

Bei der Untersuchung der Kursreaktionen auf die Ankündigung von Kapitalerhöhungen werden in der Literatur überwiegend adverse Reaktionen festgestellt. Dabei betreffen die Studien häufig den amerikanischen Markt. In Deutschland beziehen sich die Untersuchungen über die Kursreaktionen bei Seasoned Equity Offerings auf Bezugsrechtsemissionen, bei denen allerdings positive abnormale Renditen festgestellt werden. BRAKMANN (1993) ermittelt für seine Stichprobe ordentlicher Kapitalerhöhungen eine abnormale Rendite von 1,1 % und bei genehmigten Kapitalerhöhungen von 1 %.

Die ***positiven Kursreaktionen*** stehen im Widerspruch zu den Beobachtungen für den amerikanischen Kapitalmarkt. Das Bezugsrecht gleicht den Informationsnachteil des Marktes gegenüber dem Management aus. Auch hohe Bezugskurse werden ebenso wie hohe Bezugsverhältnisse vom Markt dann als positives Signal aufgenommen, wenn mit einer gleich bleibenden Ausschüttungspolitik gerechnet werden kann (THIES 2000, S. 233).

8.3.3 Aktienemission bei Informationsvorteilen des Managements

Stehen einem Unternehmen nicht genügend interne Mittel zur Durchführung von Investitionsprojekten zur Verfügung, dann müssen die Mittel am Kapitalmarkt beschafft werden. Dabei kann es zu einer typischen Situation asymmetrischer Informationsverteilung kommen, nämlich einem Informationsvorsprung des Managements des Unternehmens vor seinen externen Investoren. Das Management verfügt natürlicherweise über private Informationen bezüglich der Investitionsprojekte des Unternehmens, weil es die Planung dieser Investitionsprojekte selber vorangetrieben hat. Wenn sich das Unternehmen nun an den Kapitalmarkt wendet, um Mittel aufzunehmen, so sollte man annehmen, dass es sich dabei für die Kapitalmarktteilnehmer um eine positive Nachricht handelt, die den Marktwert der Aktien steigen lässt. MYERS und MAJLUF (1984) zeigen nun aber in einem viel beachteten Modell, dass das Gegenteil zutrifft. Eine ***Kapitalerhöhung*** stellt nämlich für den Kapitalmarkt unter bestimmten Bedingungen regelmäßig eine ***schlechte Nachricht*** (Bad News) dar. Einen tiefer gehenden Einblick in die Gründe für dieses Ergebnis sowie mögliche Lösungsmöglichkeiten gibt die nachfolgende Darstellung des Modells von MYERS und MAJLUF (1984).

(1) Das Modell von MYERS und MAJLUF

Um die Interessenkonflikte zwischen dem Management und den externen Investoren in einem einfachen Ansatz behandeln zu können, wird von einem Unternehmen ausgegangen, das zur Finanzierung eines Investitionsprojektes neue Aktien emittieren möchte und sich dabei an einen neuen Aktionärskreis wendet. Es handelt sich also nicht um eine für den deutschen Aktienmarkt typische Bezugsrechtsemission, bei der den Altaktionären das Recht eingeräumt wird, ihren Kapitalanteil stabil zu halten, sondern um eine Beschaffung von Eigenkapital bei neuen Investoren. Darüber hinaus wird zunächst ausgeschlossen, dass sich das Unternehmen über Fremdmittel finanzieren kann.

Realistischerweise geht das Modell davon aus, dass das Management die Unternehmenslage und zukünftige Unternehmensentwicklung besser beurteilen kann als die potentiellen neuen Eigenkapitalgeber. Das Management agiert ganz im Sinne der derzeitigen Aktionäre (Altaktionäre), so dass also ein Manager-Eigentümer-Konflikt ausgeschlossen wird.[46] Da die Altaktionäre und das Management ein Interesse daran haben, für die neu ausgegebenen Aktien den höchstmöglichen Zahlungsmittelzufluss zu erzielen, sollen die Wertpapiere zu einem möglichst hohen Kurs emittiert werden.

---

[46] Diese Annahme entspricht der unterstellten Zielsetzung des Unternehmens und ist insbesondere dann berechtigt, wenn das Management selbst Miteigentümer des Unternehmens ist und sich nicht selbst an der Kapitalerhöhung beteiligt.

Die potentiellen Käufer werden allerdings diese Absicht des Emittenten durchschauen, so dass ein adverses Selektionsproblem entsteht. Die Käufer reduzieren in der Folge den Preis, den sie für die Wertpapiere zu zahlen bereit sind und vermindern damit die Nachfrage nach neuen Aktien. Falls dadurch der Emissionskurs unter ein für die Altaktionäre akzeptables Niveau fällt, verzichten diese auf die Kapitalaufnahme mit der Folge, dass Investitionsprojekte trotz positiven Kapitalwertes nicht durchgeführt werden. Das Unternehmen ist mit einem ***Unterinvestitionsproblem*** konfrontiert, das MYERS und MAJLUF (1984) in ihrem Modell aufzeigen. Darüber hinaus entwickeln sie Vorschläge, wie die entstandene Ineffizienz durch die Wahl einer geeigneten Finanzpolitik abgemildert oder aufgehoben werden kann.

(2) Die Investitions- und Emissionsalternativen des Unternehmens

MYERS und MAJLUF bauen ihre Überlegungen auf einer Beispielrechnung auf, welche die Ineffizienz einer Entscheidung bei einem Informationsvorsprung des Managements gegenüber den Aktionären deutlich macht.

In der von den Autoren betrachteten Situation bietet sich einem Unternehmen eine kapitalwertpositive Investitionsmöglichkeit, die im Zeitpunkt $t = 0$ einen Kapitaleinsatz in Höhe von I erfordert. Das Unternehmen verfügt über eine Kassenreserve in Höhe von S (Financial Slack). Diese Reserve reicht aber zur Finanzierung des Projekts nicht aus, so dass das Unternehmen noch Finanzierungsmittel beschaffen und daher neue Aktien mit einem Emissionsvolumen in Höhe von $E = I - S$ emittieren muss. Die Möglichkeit einer Fremdfinanzierung wird später betrachtet, zunächst arbeitet das Unternehmen aber nur mit Eigenkapital. Es wird ein risikoneutraler Kapitalmarkt angenommen, d. h. alle Marktwerte entsprechen den Barwerten der Erwartungswerte der zukünftigen Cashflows der Positionen.

Der Wert des bereits bestehenden Vermögens des Unternehmens ist eine Zufallsvariable $\tilde{A}$ mit dem Erwartungswert $\bar{A} = E(\tilde{A})$. Da das Unternehmen nicht verschuldet und der Kapitalmarkt annahmegemäß risikoneutral ist, bildet dieser Wert $\bar{A}$ auch den ***Marktwert des Eigenkapitals***. Die Manager des Unternehmens kennen zum Zeitpunkt der Investitions- und Finanzierungsentscheidung die Realisation a der Zufallsvariable $\tilde{A}$, so dass aus der Insiderperspektive des Managements der Wert der Aktien a beträgt. Das vom Management in Betracht gezogene Investitionsvorhaben hat einen Kapitalwert in Höhe von b. Den Anlegern am Kapitalmarkt ist aber dieser Kapitalwert ebenfalls nicht bekannt, weil sie den eingetretenen Umweltzustand nicht kennen, sondern nur die Verteilung der Zufallsvariablen $\widetilde{B}$ mit dem Erwartungswert $\overline{B} = E(\widetilde{B})$.

Für die Konkretisierungen a und b gilt, dass sie nicht negativ sind. Wäre a negativ, dann wäre es optimal, das Unternehmen zu liquidieren. Wäre b negativ, so würde das Unternehmen die Investition in jedem Fall unterlassen. In dem gewählten Modellrahmen kennt also das Management die Realisationen a und b der Zufallsvariablen $\tilde{A}$ und $\tilde{B}$ vor der Durchführung der Transaktion (Investition und Emission), während die Anleger am Markt den Wert dieser Größen erst später erfahren oder erschließen können. Zunächst sind nur der Kassenbestand S und das Emissionsvolumen E allgemein beobachtbar. Darüber hinaus wird angenommen, dass dem Kapitalmarkt die Wahrscheinlichkeitsverteilung der Zufallsvariablen $\tilde{A}$ und $\tilde{B}$ bekannt ist.

Das Management handelt annahmegemäß im Interesse der derzeitigen Aktionäre (Altaktionäre) und berücksichtigt dabei seine Kenntnisse des inneren Wertes des Vermögens und der Investitionsgelegenheit. Somit wird das Management das Ziel verfolgen, den ***inneren Wert*** der bereits umlaufenden Aktien V^{Alt} zu ***maximieren***.

Der innere Wert ist auch jener Wert, der sich am Markt einstellen würde, wenn alle Anleger über die Insiderinformationen des Managements verfügten. In der Praxis stimmt aber der Marktwert der Aktien nicht mit dem inneren Wert V^{Alt} überein, weil die Aktionäre am Kapitalmarkt die Realisation der Größen a und b nicht kennen. Sofern keine Eigenkapitalaufnahme stattfindet, ist der innere Wert des Vermögens der Altaktionäre V^{Alt} in $t = 0$ gleich dem bereits investierten Vermögen a und dem Kassenbestand S, also $V^{Alt} = a + S$.

(3) Eine nahe liegende Irrtumslösung

Zur Konkretisierung des Beispiels wird nun angenommen, dass es nur zwei Umweltzustände S_1 und S_2 gibt, die beide mit der gleichen Wahrscheinlichkeit eintreten. Das Management hat einen Informationsvorsprung und weiß bereits in $t = 0$, welcher der beiden Umweltzustände eingetreten ist. Die Anleger am Kapitalmarkt kennen aber den eingetretenen Umweltzustand erst in $t = 1$ und orientieren sich daher in $t = 0$ noch an den Erwartungswerten von $\tilde{A}$ und $\tilde{B}$. Vereinfachend wird zunächst davon ausgegangen, dass das Unternehmen über keine Kassenreserve verfügt, so dass zunächst $S = 0$ gilt.

Die möglichen inneren Werte des bereits bestehenden Vermögens und der neuen Investitionsgelegenheit weisen die folgende Verteilung auf:

	S_1 (0,5)	S_2 (0,5)	Erwartungswert
Vorhandenes Vermögen A	$a = 150$	$a = 50$	100
Kapitalwert B des Investitionsprojektes	$b = 20$	$b = 10$	15
Gesamtwert	170	60	115

Das Investitionsprojekt erfordert eine Anfangsauszahlung in Höhe von I = 100. Dieser Betrag muss über die Neuemission von Aktien am Markt aufgebracht werden. Nun stellt sich die Frage, ob das Management im Sinne der Altaktionäre das Investitionsprojekt durchführen soll oder nicht.

Es ist nützlich, zunächst eine naive Lösung bzw. ***Irrtumslösung*** zu betrachten, dass nämlich das Management die Emission und das Investitionsprojekt ohne Berücksichtigung des Insiderwissens bzw. unabhängig davon durchführt, ob ein vorteilhafter Umweltzustand eingetreten ist oder nicht. In diesem Fall wäre der Marktwert der Aktien des Unternehmens nach Durchführung der Investition und der Emission $P' = 100 + 15 = 115$.

Nun wird aber die Situation betrachtet, dass das Management von seinem Informationsvorsprung Gebrauch macht. In Umweltzustand S_1 beträgt wegen $E = I$ der ***Wert*** des Unternehmens einschließlich der durch die Emission zugeflossenen Mittel

$$V(S_1) = V^{Alt} + V^{Neu} = (a + b + E) = (150 + 20 + 100) = 270\,.$$

Der ***Marktwert der Aktien*** in Periode 0 ist $P' + E$, wobei der Marktwert der alten Aktien P' ist und der Marktwert der Neuemission E. Daher gilt für den ***inneren Wert der alten und neuen Aktien***:

$$V^{Alt} = \frac{P'}{P'+E} \cdot V(S_1) = \frac{115}{215} \cdot 270 = 144{,}42 \quad \text{und}$$

$$V^{Neu} = \frac{E}{P'+E} \cdot V(S_1) = \frac{100}{215} \cdot 270 = 125{,}58.$$

In Umweltzustand S_2 gilt entsprechend

$$V(S_2) = V^{Alt} + V^{Neu} = (a + b + E) = (50 + 10 + 100) = 160$$

und der innere Wert der alten und neuen Aktien ist nun

$$V^{Alt} = \frac{P'}{P'+E} \cdot V(S_2) = \frac{115}{215} \cdot 160 = 85{,}58 \quad \text{und}$$

$$V^{Neu} = \frac{E}{P'+E} \cdot V(S_2) = \frac{100}{215} \cdot 160 = 74{,}42.$$

Sowohl die alten als auch die neuen Aktien sind von den Anlegern, die beide Umweltzustände für gleich wahrscheinlich halten, also aus externer Sicht, ***fair bewertet***. Es gilt nämlich

$$P' = (144{,}42 + 85{,}58) / 2 = 115$$

und

$$E = (125{,}58 + 74{,}42) / 2 = 100.$$

Da das Unternehmen in beiden Umweltzuständen neue Aktien emittiert, können die alten und neuen Anleger den eingetretenen Umweltzustand nicht aus den Finanzierungsentscheidungen des Managements erschließen.

Sofern Umweltzustand S_1 eintritt, profitieren die neuen Anleger, bei denen der Marktwert der Emission von 100 einen inneren Wert von 125,58 erzeugt, und es verlieren die alten Aktionäre, die die neuen Aktionäre mit einem für den eingetretenen Umweltzustand zu niedrigen Kurs am inneren Wert ihres Unternehmens beteiligen und deren Marktwert daher von 170 um 25,58 auf 144,42 zurückfällt. Umgekehrt zahlen die neuen Aktionäre im eingetretenen Umweltzustand S_2 zuviel für die Emission, deren innerer Wert nicht 100, sondern nur 74,42 beträgt.

Die geschilderte Situation ist offensichtlich als ***Irrtumslösung*** zu kennzeichnen, da angenommen wurde, dass das Management im Interesse der Altaktionäre agiert und in diesem Fall im Umweltzustand S_1 auf die Investition verzichten sollte. Die Bezeichnung als Irrtumslösung wird klar, wenn man – wie im folgenden Abschnitt (4) – aus dem Kenntnisstand des Managements die erzielbaren inneren Werte für die Altaktionäre bei einer geeigneten Anpassung der Entscheidung an die Marktsituation betrachtet.

(4) Die Investitionsentscheidung bei Ausnutzung des Insiderwissens

In der folgenden Tabelle sind noch einmal die inneren Werte der alten Aktien in Abhängigkeit vom eingetretenen Umweltzustand zusammengestellt.

	Emission und Investition ($E = 100$)	Keine Emission und Investition ($E = 0$)
V^{Alt} in S_1	144,42	**150**
V^{Alt} in S_2	**85,58**	50

In Kenntnis der eingetragenen inneren Werte ergibt sich, dass es für die Altaktionäre die optimale Strategie ist, die Investition nur in Umweltzustand S_2 zu realisieren. In Umweltzustand S_1 würde nämlich der Marktwert der alten Aktien sinken, wenn investiert und emittiert wird.

Sofern allerdings diese Strategie am Kapitalmarkt bekannt ist, dann wird mit der Entscheidung über die Emission ein Signal an den Markt gegeben, dass der Umweltzustand S_2 eingetreten ist. Kennt der Markt aber den eingetretenen Umweltzustand, dann wird der Marktwert der Aktien vor Emission auf den „wahren“ Wert von 60 fallen. Der innere Wert der alten Aktien beträgt also in Abhängigkeit von dem eingetretenen Umweltzustand im Gleichgewicht:

	Emission und Investition ($E = 100$)	Keine Emission und Investition ($E = 0$)
V^{Alt} in S_1		150
V^{Alt} in S_2	85,58	

Als Ergebnis erhält man, dass das Unternehmen bei vorhandenem Insiderwissen des Managements in Umweltzustand S_1 eine Investitionsgelegenheit mit positivem Kapitalwert nicht durchführt. Der Marktwert des Unternehmens ist $P' = 60$ in S_2 und $P = 150$ in S_1. Der erwatete innere Wert für die alten Aktionäre beträgt demnach (150 + 60) / 2 = 105. Daraus resultiert ex ante ein Marktwertverlust in Höhe von 10 gegenüber dem ursprünglich berechneten Marktwert des Unternehmens einschließlich des Investitionsprojektes von 115. Die neuen Aktionäre zeichnen die Emission von 100 und partizipieren am Marktwert des Unternehmens mit 100.

Die Entscheidung des Unternehmens, zu emittieren und zu investieren oder die Transaktion zu unterlassen, hängt natürlich von den konkreten Ausprägungen der inneren Werte von *a* und *b* ab. So könnte man sich auch Ausprägungen von *a* und *b* vorstellen, bei denen in beiden Umweltzuständen eine Investition lohnt. Geht man beispielsweise von dem folgenden Beispiel aus, dann wird das Unternehmen die Investition in jedem Fall durchführen.

	S_1 (0,5)	S_2 (0,5)	Erwartungswert
Vorhandenes Vermögen *A*	$a = 150$	$a = 50$	100
Kapitalwert *B* des Investitionsprojektes	$b = 100$	$b = 10$	55
Gesamtwert	250	60	155

Auch in diesem Fall müsste das Unternehmen die neuen Aktien zu einem zu günstigen Kurs emittieren. Da die Aktien aber in beiden Umweltzuständen emittiert werden, enthält die Investitionsentscheidung für die Marktteilnehmer kein Signal über den eingetretenen Umweltzustand und der Marktwert der Aktien betrüge $P' = 155$.

(5) Die Bedeutung des Kassenbestandes

Es kann nun der im ursprünglichen Beispiel zunächst ausgeschlossene Fall betrachtet werden, dass das Unternehmen über einen positiven Kassenbestand *S* (Financial Slack) verfügt. Konkret wird angenommen, dass dieser Kassenbestand $S = 100$ beträgt. In diesem Fall kann das neue Investitionsprojekt durchgeführt werden, ohne dass das Unternehmen Aktien emittieren muss. Die Marktwerte für die Altaktionäre betragen nun:

	Investition ($E = 100$)	Keine Investition ($E = 0$)
V^{Alt} in S_1	170	150
V^{Alt} in S_2	60	50

Das Unternehmen investiert also in beiden Umweltzuständen und der ex ante Wert des Unternehmens beträgt 115. Dieser Wert liegt um 10 höher als in dem betrachteten Fall, in dem das Management über Insiderwissen verfügt und den weniger gut informierten Kapitalmarkt in Anspruch nehmen muss. Der „Wert" der Kassenreserve beträgt also in diesem Fall 10. Die Modellrechnung zeigt, dass zunächst unproduktiv erscheinende ***Liquiditätsreserven*** von Unternehmen unter strategischen Gesichtspunkten einen ***positiven Wert*** darstellen können.

(6) Ein verallgemeinerter Modellansatz

Durch eine Verallgemeinerung der Beispielrechnung kann die allgemeine Bedeutung des Kassenbestandes S herausgearbeitet werden. Dazu wird angenommen, dass der Kassenbestand zwischen 0 und I liegt und die Höhe des Emissionsvolumens E in Abhängigkeit von dem vorgegebenen Kassenbestand variiert werden kann. Sofern das Management kein Eigenkapital emittiert und auch nicht investiert wird, ist der innere Wert des Vermögens der Altaktionäre V^{Alt} in $t = 0$ gleich dem Kassenbestand S und dem inneren Wert des bereits investierten Vermögens a

(1) $$V^{Alt}(E=0)=S+a\,.$$

Wird nun Eigenkapital in Höhe von E aufgenommen und das Investitionsprojekt I durchgeführt, dann beträgt der innere Wert V^{Alt} der alten Aktien in t = 0 nach Bekanntgabe der Investitions- und Finanzierungsmaßnahme

(2) $$V^{Alt}(E=I-S)=\frac{P'}{P'+E}(E+S+b+a).$$

In (2) bezeichnet P' den Marktwert der alten Aktien bei Emission und $P'/(P'+E)$ den Anteil, der den Altaktionären nach der Emission verbleibt. Handelt das Management im Interesse der Altaktionäre, dann wir es nur dann neue Aktien emittieren, wenn

$$V^{Alt}(E=I-S)\geq V^{Alt}(E=0)$$

gilt. Diese Bedingung kann man in unterschiedlicher Weise konkretisieren. Die Autoren selbst formulieren:

$$\frac{P'}{P'+E}(E+b) \geq \frac{E}{P'+E}(S+a),$$

d. h. der Vermögenszuwachs für die alten Aktionäre muss größer sein als der Anteil an dem bestehenden Kapitalwert (und des Kassenbestandes), der an die neuen Aktionäre fließt. Der Marktwert *P'* der alten Aktien muss demzufolge

(3) $$P' \geq \frac{S+a}{E+b} \cdot E$$

betragen. Im Augenblick der Investitionsentscheidung sind *a* und *b* dem Management bekannt, so dass man die möglichen Kombinationen der Werte von *a* und *b* in solche teilen kann, bei denen investiert wird, und in solche, bei denen das Management von einer Investition und Emission absieht.

Offenbar ist die Ungleichung (3) umso eher erfüllt, je kleiner *a* und je größer *b* ist. Je höher der Ertrag des Investitionsprojekts *b* ist, desto mehr vergrößert sich das Vermögen der Altaktionäre durch eine Emission und Investition. Gleiches gilt für das bereits existierende Vermögen *a*. Je kleiner dieses ist, desto attraktiver ist der Preis *P*, den Investoren für die neuen Aktien zu zahlen bereit sind und desto größer wird das Vermögen der Altaktionäre.

Ob eine Emission durchgeführt wird oder nicht, hängt also von der Verteilung der Parameter *a* und *b* ab. Abbildung 8.6 verdeutlicht diesen Zusammenhang.

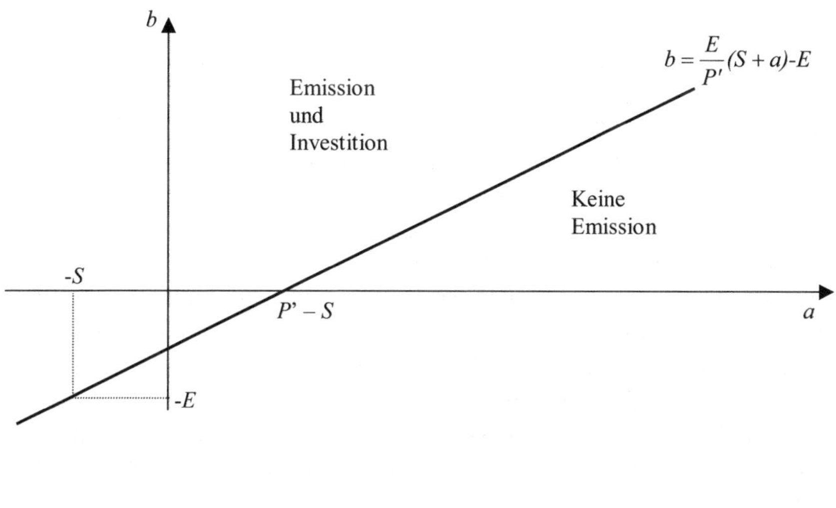

Abb. 8.6: Emissionsentscheidung eines Unternehmens

Auf der nach rechts ansteigenden Geraden ist das Unternehmen gerade indifferent zwischen der Durchführung der Emission und der Nichtdurchführung. Der Bereich oberhalb der Geraden zeigt Kombinationen der Werte von *a* und *b*, bei denen das Unternehmen Aktien emittiert und das Investitionsprojekt durchführt. Im Bereich unterhalb der Geraden nehmen *a* und *b* aber Werte an, welche die Eigenkapitalaufnahme für die Altaktionäre unattraktiv machen. Für die Altaktionäre ist es in diesem Bereich vorteilhaft, das Investitionsprojekt mit dem positiven Kapitalwert *b* nicht zu realisieren und keine Emission durchzuführen. Bei dieser würden die neuen Aktionäre nämlich nicht den inneren Wert des bereits vorhandenen Marktwertes bezahlen. Es liegt ein ***Unterinvestitionsproblem*** vor.

Je höher allerdings *b* ist, umso mehr profitieren die alten Aktionäre von der Investition und umso attraktiver wird eine Emission. Je höher der Emissionsbetrag *E* ist, umso tiefer liegt die Trenngerade und umso kleiner wird der Bereich, in dem eine Emission unvorteilhaft ist. Je höher der Emissionsbetrag ist, umso steiler wird andererseits die Trenngerade und vergrößert damit in Abhängigkeit von *S* und *a* den Bereich, in dem keine Emission stattfindet. Je größer *S* wird, umso kleiner fällt *E* aus und umso kleiner wird dementsprechend der Bereich, in dem eine Emission unterbleibt. Im Übrigen verschwindet das Unterinvestitionsproblem, wenn für den Markt keine Unsicherheit mehr über den Wert der vorhandenen Assets oder über den Kapitalwert des neuen Projektes besteht. Ist nämlich eine der beiden Größen dem Markt bekannt, dann wird immer investiert, wenn der Kapitalwert des Projektes positiv ist.

Das ***Ergebnis*** der Analyse zeigt, dass die Entscheidung des Managements, eine Kapitalerhöhung vorzunehmen, regelmäßig zu einer Kurssenkung führt. Das Argument, mit einer Emission sei für den Kapitalmarkt die Information verbunden, dass das Unternehmen eine kapitalwertpositive Investition gefunden habe und daher sein Marktwert steigen müsse, trägt nicht. Nur wenn der Kapitalmarkt nicht in Anspruch genommen werden muss, weil das Unternehmen über genügend ***Kassenreserven*** verfügt, schlägt sich der ***positive Kapitalwerteffekt*** im positiven Marktwerteffekt ganz nieder. Das Unternehmen profitiert von einer „an sich" wertlosen Kassenreserve.

Eine wichtige Prämisse dieses Ergebnisses besteht darin, dass die Emission bei neuen Aktionären untergebracht wird und das Management ausschließlich im Interesse der Altaktionäre handelt. Partizipieren dagegen die alten Aktionäre nach den Bestimmungen des Aktienrechts an den neuen Aktien (gesetzliches Bezugsrecht), dann sind die alten und neuen Aktionäre identisch und es kann sich kein adverses Selektionsproblem ergeben. Nur bei einer Emission ohne Bezugsrecht der Altaktionäre entsteht der geschilderte Interessenkonflikt, dass die alten Aktionäre von den neuen Aktionären keinen vollen Ausgleich für die neu gezeichneten Aktien erhalten. Aus der Modellanalyse folgt also, dass hinsichtlich ihrer Kurswirkung zwischen ***Bezugsrechtsemissionen*** und der Emission von Aktien bei Ausschluss des Bezugsrechts unterschieden werden muss.

(7) Die Situation bei zusätzlicher Fremdkapitalaufnahme

Die vorangegangene Darstellung hat sich auf die Möglichkeit der Eigenkapitalaufnahme bezogen. Kann das Unternehmen alternativ risikofreies Fremdkapital zur Finanzierung der Investitionsgelegenheit emittieren, dann erfolgt diese Emission ohne Kursabschlag. Die Möglichkeit der Emission risikofreien Fremdkapitals wirkt wie ein positiver Kassenbestand, so dass auch das Unterinvestitionsproblem verschwindet.

Hat das Unternehmen dagegen nur die Möglichkeit, risikobehaftetes Fremdkapital aufzunehmen, so kommt das Unterinvestitionsproblem wieder zum Tragen. MYERS und MAJLUF zeigen aber, dass das Problem gegenüber der reinen Eigenfinanzierung entschärft ist (MYERS / MAJLUF 1984, S. 207 f.). Als Konsequenz dieser Argumentation sollten Unternehmen interne Finanzierungsalternativen bevorzugen, da in diesem Fall das Unterinvestitionsproblem reduziert bzw. vermieden werden kann. Falls sie dennoch auf externe Kapitalquellen zurückgreifen müssen, sollten sie möglichst Fremdkapital dem Eigenkapital vorziehen.

8.3.4 Perspektiven einer längerfristigen Emissionspolitik

Ein wichtiges Forschungsfeld der Ökonomen besteht in der Untersuchung der längerfristigen Kursentwicklung neu gegründeter Unternehmen in den Jahren nach dem Börsengang. Bei informationseffizientem Kapitalmarkt sollte die Kursentwicklung nicht prognostizierbar sein, so dass sich die jungen Aktien nach erfolgtem Börsengang in vergleichbarer Weise wie bereits länger umlaufende Aktien entwickeln. Die Hoffnungen der neuen Aktionäre beim Börsengang richten sich häufig sogar auf eine überdurchschnittliche Kursentwicklung. Aus der empirischen Forschung gibt es allerdings Hinweise darauf, dass Börsenneulinge häufig eine unterdurchschnittliche Performance aufweisen (BÖRGMANN 2001). Es gibt außerdem Indizien dafür, dass Neuemissionen längerfristig weniger erfolgreich sind als die Aktien etablierter Gesellschaften. So stellen LOUGHRAN und RITTER (1995) beispielsweise eine unterdurchschnittliche Renditeentwicklung von IPOs über einen Zeitraum von fünf Jahren nach erfolgter Emission fest und bezeichnen dies als „New Issues Puzzle". Unabhängig von dieser Durchschnittsbetrachtung lassen sich verschiedene Untersuchungen auf besondere Faktoren der betrachteten Unternehmen finden. So weisen SCHIERECK und WAGNER (2002) einen positiven Zusammenhang zwischen dem längerfristigen Börsenerfolg und der Reputation der Konsortialbanken nach, die die Emission begleitet haben.

THIES (2000) hat für Deutschland alle IPO-Emissionen im Zeitraum von 1977 bis 1995 hinsichtlich ihrer Renditeentwicklung in den nachfolgenden 36 Monaten untersucht. Für diesen Zeitraum ergab sich eine deutlich positive Rendite von ca. 20 % für drei Jahre. Diese Rendite lag allerdings deutlich unter der Rendite einer Anlage der Mittel während des jeweiligen Vergleichzeitraums in den DAX. Der Autor zeigt, dass insbesondere jene Unternehmen negative Ergebnisse beisteuern, die in dem fraglichen Zeitraum Folgeemissionen durchgeführt haben. Verkürzt man die Halteperiode, so ergeben sich wieder andere Effekte. So zeigen GERKE und FLEISCHER (2001) für die Emissionen am Neuen Markt, dass es keine optimale Strategie war, die Aktien am ersten Handelstag sofort wieder abzustoßen, da sich bei Haltedauern von sechs bzw. zwölf Monaten höhere Renditen hätten erzielen lassen.

Eine andere empirische Untersuchung für den deutschen Markt stammt von BURKHARDT (2003), die Daten von 527 Bezugsrechtsemissionen deutscher Industrie- und Handelsunternehmen im Zeitraum von 1974 bis 1994 auswertet. Die Untersuchung ergibt als branchenbereinigte Buy-and-Hold-Rendite einen Durchschnittswert von minus 12,9 %. Die Unterperformance steht im Widerspruch zu der durchschnittlich positiven Kursreaktionen auf die Ankündigung der Bezugsrechtsemissionen, weil die Interpretation von Bezugsrechtsemissionen als Signal für eine anlegerfreundliche Geschäftspolitik in Frage gestellt ist.

8.4 Besonderheiten der Konzernfinanzierung

Da die Eigenkapitalbeschaffung über die Börse für Unternehmen, die in einem Konzernverbund arbeiten, einige Besonderheiten aufweist, soll der letzte Abschnitt dieses Kapitels dazu genutzt werden, auf diese Besonderheiten der Konzernfinanzierung hinzuweisen. Dazu wird in Abschnitt 8.4.1 zunächst der Konzern als spezifische Organisationsform kurz charakterisiert, bevor in Abschnitt 8.4.2 insbesondere die Eigenkapitalbeschaffung im Konzern diskutiert wird.

8.4.1 Der Konzern als Organisationseinheit

(1) Der Konzern als hybride Koordinationsform

Konzerne lassen sich als Mischformen der reinen Koordinationsmechanismen Markt und Hierarchie im Sinne des Transaktionskostenansatzes verstehen (KALLFASS 1991). Während ein Unternehmen in seiner internen Organisation durch das Element der Hierarchie charakterisiert ist, hat ein Konzern als ***wirtschaftliche Einheit rechtlich selbständiger Unternehmen*** explizit auch Elemente einer Koordination über die Märkte integriert. Dem Markgeschehen nachgebildete Koordinationsaktivitäten findet man natürlich ansatzweise auch bei Unternehmen mit einer Sparten- oder Geschäftsbereichsorganisation. Im Unterschied zu rechtlich unselbständigen Geschäftsbereichen treten Tochtergesellschaften eines Konzerns aber im Außenverhältnis an den Produktmärkten, Faktormärkten oder Finanzmärkten als selbständige Marktpartner auf. ***Konzerne*** stellen insoweit ***hybride Gebilde*** dar, bei denen das „Mischungsverhältnis zwischen Markt und Organisation ... nicht ein für allemal festliegt, sondern nach strategischen Gesichtspunkten variiert werden kann." (TEUBNER 1989, S. 171).[47]

Man kann zwischenbetriebliche Organisationsformen anhand der Integrationsrichtung in vertikale, horizontale und laterale Strukturen unterscheiden und Konzernunternehmen bezüglich ihrer ***Integrationsrichtung*** einer dieser Strukturen zuordnen. Konzernunternehmen können vor- und nachgelagerte Wertschöpfungsstufen, gleiche Wertschöpfungsstufen oder unterschiedliche Wertschöpfungsketten in sich vereinen. Konzernunternehmen können auf bestimmte Produkte, Kunden oder Regionen ausgerichtet bzw. nach Funktionen oder im Hinblick auf die Organisation betrieblicher Prozesse spezialisiert sein. Die Verteilung der Entscheidungs- und Weisungsbefugnisse unterliegt nur der Maxime, dass eine einheitliche Leitung bzw. eine ***wirtschaftliche Einheit*** vorliegt und somit der Konzern eine bestimmte Mindesthierarchie aufweist. (PICOT / DIETL / FRANCK 2002, S. 325 ff.) Die ***Einheitlichkeit der Leitung*** kann über Kapitalbeteiligungen, aber auch durch Franchise-Verträge oder durch langfristige Lieferverpflichtungen abgesichert sein.

Die meisten Konzerne sind ***Unterordnungskonzerne***, wobei im ***Stammhauskonzern*** die Konzernobergesellschaft selbst einen Teil der Produktion übernimmt und am Markt präsent ist, während sich im ***Holdingkonzern*** die Konzernobergesellschaft auf die Leitung des Konzerns beschränkt.[48] Neben dem Unterordnungskonzern findet man gelegentlich den Gleichordnungskonzern (THEISEN 2000).

Konzerne entstehen vor allem durch

- eine Ausgliederung oder Abspaltung von Teilbereichen oder durch die Aufspaltung des Unternehmens in mehrere rechtlich selbständige Unternehmen,
- durch die Gründung von Tochterunternehmen,
- durch den Erwerb von Mehrheitsbeteiligungen an bestehenden Unternehmen und

[47] Vgl. auch KIRCHNER 1984 und 1997, ORDELHEIDE 1986 sowie LUTTER / SCHEFFLER / SCHNEIDER 1998.

[48] Zu weiteren Differenzierungen und zur Abgrenzung der Begriffe Holding und Konzern vgl. LUTTER (2004), S. 10 ff., zur Führung der Beteiligungsunternehmen BINDER (1994).

– im Falle des Gleichordnungskonzerns durch den vertraglichen Zusammenschluss mehrerer rechtlich selbständiger Unternehmen unter einer einheitlichen Leitung.

Die ***Konzernfinanzierung***, die organisatorisch mehr oder weniger dezentral ausgestaltet sein kann, gilt als originäre Führungsaufgabe der Konzernleitung. Bei einer ***dezentralen Organisation*** beschränkt sich die Konzernleitung auf bestimmte Entscheidungen wie die über die Gewinnverwendung der Tochtergesellschaften und größere Investitionen. Darüber hinaus wird sie im Rahmen ihres Finanzmanagements versuchen, die konzernweiten Verfügungsrahmen von Kreditlinien aufeinander abzustimmen, Konditionenvorteile bei Finanztransaktionen zu realisieren und gegebenenfalls zur Erleichterung der Finanztransaktionen der Tochtergesellschaften Kreditsicherheiten, Konzernbürgschaften oder Patronatserklärungen bereitzustellen. Demgegenüber wird die Konzernleitung bei ***zentralisierter Organisation der Konzernfinanzierung*** möglichst alle externen und internen Finanztransaktionen des Konzerns steuern, wozu insbesondere ein ***zentrales Cash Management*** gehört. Die Kreditaufnahme und externe Eigenkapitalbeschaffung erfolgt in diesem Fall durchweg durch die Obergesellschaft oder eine besondere Finanzierungsgesellschaft, welche die aufgenommenen Mittel über den ***internen Kapitalmarkt*** an die Konzernunternehmen weiterleitet.[49]

(2) Motive und Konsequenzen der Konzernbildung

Schließen sich Unternehmen unter einer einheitlichen Leitung zusammen und fragt man nach den Gründen für dieses Vorgehen, so wird fast immer auf die beabsichtigte Erzielung von ***Synergieeffekten*** verwiesen. Gemeint ist damit die Realisierung von Vorteilen, die sich aus der engen Zusammenarbeit bislang getrennt operierender Unternehmen oder Betriebseinheiten ergeben. Für eine finanzwirtschaftliche Beurteilung der Vor- und Nachteile einer Konzernfinanzierung sind die Motive der Konzernbildung von erheblicher Bedeutung.

a) Synergieeffekte im leistungswirtschaftlichen Bereich

Im ***Beschaffungsbereich*** können aus der Bündelung und Koordination der Nachfrage der einzelnen Konzerngesellschaften nach bestimmten Vorprodukten in einer zentralen Beschaffungsstelle positive Synergieeffekte entstehen. So kann der gemeinschaftliche Erwerb größerer Einkaufsmengen die Verhandlungsmacht stärken, womit sich hohe Mengenrabatte oder andere Preis- und Konditionsverbesserungen durchsetzen lassen. Die Gewährung der

---

[49] Zum Cash Management im Konzern vgl. BOETTGER (1995) sowie SCHEFFLER (1992). Zu den Besonderheiten interner Kapitalmärkte für die Unternehmenssteuerung vgl. GERTNER / SCHARFSTEIN / STEIN (1994).

Vorteile durch Lieferanten wird auch durch die Senkung der Transaktionskosten begünstigt, weil die Verhandlungskosten und die Kosten des Vertragsabschlusses nur einmal anfallen.

Positive Synergieeffekte im ***Produktionsbereich*** können sich beispielsweise aus der Auslastung bisher freier Kapazitäten ergeben, aus der Senkung der laufenden Betriebskosten durch Anpassung der Betriebsgröße im Hinblick auf die im Leistungsprozess notwendigen Tätigkeiten oder aus der Umstrukturierung der Fertigungsprogramme sowie der gemeinsamen Nutzung von technischem Know-how. Synergien im Produktionsbereich führen vielfach zu einer Degression der Stückkosten durch größere Produktionsvolumen (economies of scale) bzw. zur kostengünstigeren Produktion von Gütern durch die gemeinsame Nutzung von Produktionsfaktoren (economies of scope).

Im ***Absatzbereich*** können Synergievorteile durch die Zusammenfassung der Marketing- und Vertriebsaktivitäten etwa in Form zentraler Werbe- oder Marketingabteilungen erzielt werden. Darüber hinaus kann durch die gemeinsame Werbung mit dem Markennamen einer Gesellschaft dessen positives Image auf die Produkte anderer Konzerngesellschaften übertragen werden. Im Vertrieb ermöglicht die gemeinsame Nutzung von Außendienst, Vertriebswegen oder Niederlassungen die Einsparung von Kosten bei der Lagerhaltung oder im Transport.

b) Nutzung von Synergieeffekten im finanzwirtschaftlichen Bereich

Vorteile einer dezentralen oder zentral organisierten Konzernfinanzierung können sich bei der Kapitalbeschaffung dadurch ergeben, dass bestimmte ***Transaktionskosten gesenkt*** werden können. Konzerngesellschaften können gegebenenfalls zu günstigeren Bedingungen Fremdkapital beschaffen als in dem Fall, in dem sie isoliert die Märkte beanspruchen. Konzernfinanzierungen können dann als spezielle Instrumente zur Ausnutzung bzw. zum Abbau von Kapitalmarktunvollkommenheiten interpretiert werden.

Ein wichtiger Vorteil der zentral organisierten Konzernfinanzierung besteht in der Möglichkeit des konzerninternen ***Liquiditätsausgleichs***. Durch die konzernweite Koordination der Mittelströme in einer zentralen Finanzabteilung können im Sinne eines ***internen Kapitalmarktes*** freie Mittel einzelner Konzerngesellschaften zum Ausgleich finanzieller Engpässe anderer Konzerngesellschaften eingesetzt werden. Damit lässt sich eine Senkung der gesamten Liquiditätsreserve gegenüber der Situation bei wirtschaftlicher Selbständigkeit erreichen, so dass Mittel eingespart werden oder zusätzliche Mittel für Investitionszwecke zur Verfügung stehen. Die Konzernfinanzierung ermöglicht es auch, Finanzierungsmittel auf den verschiedenen Konzernstufen je nach Bedarf als Eigenkapital oder Fremdkapital zu verwenden und dementsprechend möglichen Anforderungen an Finanzkennzahlen besser zu genügen (Vgl. den nachfolgenden Abschnitt 8.4.2 (2)).

c) Haftungsbeschränkung durch Konzernbildung

Neben den Synergien im leistungs- und finanzwirtschaftlichen Bereich können mit der Konzernbildung weitere Vorteile verbunden sein, auf die hier nur kurz verwiesen werden kann. Dazu zählen insbesondere mögliche Vorteile bei der Besteuerung der Unternehmen, wenn beispielsweise Gewinne und Verluste einzelner Konzerngesellschaften miteinander verrechnet werden können und daraus niedrigere Steuerzahlungen als bei getrennter Abrechnung resultieren.

Andere Vorteile können sich daraus ergeben, dass die Konzerngesellschaften rechtlich selbständig bleiben und dadurch eine Begrenzung von Haftungstatbeständen auf einzelne Teilbereiche des Konzerns möglich wird. So können beispielsweise besonders riskante Investitionsprojekte realisiert werden, die bei positiver Geschäftsentwicklung hohe Gewinne, bei negativer Entwicklung aber hohe Verluste erwarten lassen. Bei der Durchführung solcher Projekte durch eine Tochtergesellschaft mit beschränkter Haftung können die möglichen Gewinne vom Konzern vereinnahmt werden, während mögliche Verluste auf das in die Tochtergesellschaft eingebrachte Kapital begrenzt werden. Das Verlustrisiko schlägt dann weder auf die Konzernobergesellschaft noch auf andere Konzerngesellschaften in voller Höhe durch. Die ***Beschränkung von Haftungsrisiken*** wird vielfach als bedeutender Vorteil einer Konzernorganisation angesehen.

8.4.2 Eigenkapitalbeschaffung im Konzern

(1) Finanzierungsmittel und Finanztransaktionen

Finanztransaktionen wurden als finanzwirtschaftliche Vorgänge eingeführt, die den Bestand oder die Zusammensetzung der Finanzierungsmittel der Unternehmen verändern. Ihre rechtlichen Voraussetzungen, ihre Abwicklung, ihre Transaktionskosten und die typischen Vertragspartner weisen erhebliche Unterschiede auf. Eine weitere Differenzierung lässt sich vornehmen, wenn Finanzierungsvorgänge im Konzern betrachtet werden.

Als ***Außenfinanzierung*** bzw. externe Finanzierung wurde oben in Kapitel 1 der Zufluss an Finanzierungsmitteln über die Finanzmärkte bezeichnet, wenn bei Individualfinanzierungen ein einzelnes oder wenige Wirtschaftssubjekte zur Bereitstellung der Finanzierungsmittel veranlasst werden und bei einer typischen Marktfinanzierung die Ausgabe von Finanztiteln am anonymen Kapitalmarkt erfolgt. Nun kann man noch die ***konzerninterne*** von der ***konzernexternen Außenfinanzierung*** unterscheiden, die beide mit einem

Zufluss von Beteiligungstiteln oder Kreditmitteln bei einzelnen Konzerngesellschaften verbunden sein können. Während bei der konzernexternen Finanzierung der Mittelzufluss die Gesamtmittel des Konzerns erhöht, werden bei der konzerninternen Finanzierung die Finanzverflechtungen zwischen den Konzerngesellschaften weiter ausgebaut. Mittelanlagen und Mittelaufnahmen folgen in diesem Fall der Transaktionen innerhalb des Konzernverbunds anderen Regeln als Transaktionen, die über die Märkte ausgeführt werden.

Als ***Innenfinanzierung*** oder interne Finanzierung wurde der Finanzierungsmittelzufluss aus dem Erlös abgesetzter Waren und erbrachter Leistungen des Unternehmens bezeichnet und dabei die Selbstfinanzierung, die Abschreibungsfinanzierung und die Rückstellungsfinanzierung unterschieden. Auch hinsichtlich der Innenfinanzierung kann man interne und externe Vorgänge unterscheiden, wobei die internen insbesondere dadurch gesteuert werden können, dass die Absatz- und Beschaffungspreise konzerninterner Lieferungen und Leistungen zur ***Allokation von Überschüssen*** bei bestimmten Konzerngesellschaften herangezogen werden.

Es gibt eine große ***Vielfalt von Gestaltungsmöglichkeiten*** der Eigen- und Fremdfinanzierungen sowie Zwischenformen wie Mezzanin-Kapital, die Gegenstand des nachfolgenden Kapitels 9 sind, die sich nicht ohne weiteres den Kategorien Beteiligungs- oder Forderungstitel zuordnen lassen. Der dort diskutierte zwiespältige Charakter von Finanztransaktionen im Konzern gilt im Übrigen auch für Außen- und Innenfinanzierungen, wenn beispielsweise von einem Vertragspartner gegen einen Know-how-Transfer eine Maschine unter dem Marktpreis gegen Zahlungsziel geliefert wird (RUDOLPH 1998a).

Da Finanzierungstitel auch gesetzliche oder vertraglich vereinbarte ***Informations-, Mitentscheidungs-, Mitwirkungs- und Kontrollrechte*** beinhalten, lassen sich innerhalb der Konzernfinanzierung auch die Zuordnungen dieser Rechte zu den verschiedenen Verfügungsberechtigten verändern.

(2) Konzernspezifische Finanzierungsvorgänge

Die Klassifikation der Finanzierungsvorgänge zeigt, dass sich im Konzern als wirtschaftliche Einheit rechtlich selbständiger Unternehmen im Vergleich zu rechtlich und wirtschaftlich eigenständigen Einzelunternehmen ebenso wie im Vergleich zu einem einzigen rechtlich einheitlichen Unternehmen zusätzliche Gestaltungsmöglichkeiten der Finanzierung ergeben können. Darüber hinaus können nun aber noch die Mittel einer Konzerngesellschaft einer anderen Konzerngesellschaft als Eigen- oder Fremdkapital zur Verfügung gestellt werden, was als ***Durchleitungseffekt*** bezeichnet wird. Die daraus folgende mögliche Veränderung des Charakters der Finanzierungsmittel beispielsweise als Eigen- oder Fremdkapital wird als ***Metamorphoseneffekt*** bezeichnet (SCHNEIDER 1984).

Bei reinen Finanzierungs-Tochtergesellschaften kann beispielsweise das der Tochter zur Verfügung gestellte Eigenkapital der Konzernmutter in Form von Krediten wieder zurückfließen. Die externe Verschuldung der Tochter ist dann geringer als die Verschuldung der Mutter bei der Tochter. Eine solche Umwandlung von Eigen- in Fremdkapital reduziert die Eigenkapitalquote im Einzelabschluss, nicht aber im Konzernabschluss.

Im Zuge von Mittelrückführungen muss entschieden werden, ob Gewinne bei den Tochtergesellschaften thesauriert oder an die Mutter weitergeleitet werden sollen. Darüber hinaus ist zu entscheiden, ob eine Rücklagenbildung bei Tochterunternehmen zur Selbstfinanzierung im Konzern genutzt werden soll, so dass die für die Gesellschafter des Mutterunternehmens verfügbaren Mittel reduziert bleiben. Weil die Entscheidung über die Ansammlung von Rücklagen in den Tochterunternehmen typischerweise über eine Verlagerung der Entscheidungskompetenzen zum Vorstand der Obergesellschaft durchgesetzt wird, spricht man auch von einem ***Tresoreffekt***.

Die Unterscheidungen zwischen externer und interner Finanzierung und zwischen Eigen- und Fremdkapital erhalten im Konzern also eine andere Qualität. Eine aus Sicht des einzelnen Konzernunternehmens als extern qualifizierte Finanzierung kann aus Konzernsicht eine interne Finanzierung darstellen und umgekehrt. Das Eigenkapital einer Tochter kann aus Konzernsicht durch das Mutterunternehmen mit Fremdkapital refinanziert sein. In mehrstufigen Konzernen können ***Eigenkapitalpyramiden*** aufgebaut werden, indem die Muttergesellschaft ihre Einlage bei der Tochter als Eigenkapital deklariert. Auf diese Weise lässt sich Eigenkapital auch mehrfach als Grundlage für eine Fremdkapitalaufnahme verwenden und somit eine ***Kreditpyramide*** aufbauen (SCHIERENBECK 1980). Die Finanzierungsmittel können also auch über externe und interne Fremdfinanzierungen bereitgestellt werden (CHOWDHRY / NANDA 1994, KÜHBACHER 1993).

(3) Kompetenzverschiebungen im Konzern

Konzernbildungen bewirken über die genannten Synergien und Haftungsbeschränkungen hinaus auch die Möglichkeit von ***Kompetenzverschiebungen*** zwischen den Anteilseignern und dem Leitungsorgan des Mutterunternehmens und damit zur Neudefinition von Prinzipal-Agent-Beziehungen. Aus der ***Sicht des Managements*** lässt sich im Zuge der Konzernbildung die strenge ***aktienrechtliche Verfügungsstruktur*** in verschiedener Hinsicht ***auflösen*** bzw. aufweichen. Wenn empirische Untersuchungen von Unternehmensübernahmen zu dem Ergebnis kommen, dass Konzernbildungen trotz der herausgestellten Synergien häufig nicht mit positiven Kursreaktionen verbunden sind, so kann dieser Befund u. a. dadurch erklärt werden, dass die Marktteilnehmer die Erhöhung des Entscheidungsspielraums des Managements negativ bewerten.

So liegt beispielsweise die Entscheidung über eine ***Kapitalerhöhung*** einer Aktiengesellschaft bei der Hauptversammlung, die nach § 182 AktG ihren Beschluss mit einer Mehrheit von drei Viertel des vertretenen Grundkapitals treffen muss. Der Beschluss über den Erwerb einer Mehrheitsbeteiligung oder eine Konzernbildung wird dagegen nicht von der Hauptversammlung, sondern als organisatorische Maßnahmen von der Geschäftsführung, also dem Management der Muttergesellschaft getroffen. Daher kann der Vorstand einer Muttergesellschaft auch über die im Zuge eines Equity Carve-Outs vorgesehene Einführung von Aktien der Tochtergesellschaft an der Börse entscheiden.[50] Dabei kann die Platzierung der Aktien auch bei konzernfremden Aktionären erfolgen, womit eine Kapitalverwässerung für die Aktionäre der Muttergesellschaft einhergeht, ohne dass dies der Hauptversammlung der Aktionäre der Muttergesellschaft zur Entscheidung vorgelegt wird. Ein anderer Beispielfall betrifft mögliche Gewinnverlagerungen auf Tochtergesellschaften, die die Ausschüttungsrechte der Anteilseigner der Konzernobergesellschaft vermindern und zugleich den Handlungsspielraum des Konzernvorstands vergrößern (Vgl. EBENROTH 1988 sowie VOLLMER 1991).

Konzernstrukturen können darüber hinaus die ***Informationsasymmetrie*** zwischen den Eigentümern, den Gläubigern und dem Management bei allen Konzernunternehmen ***verändern***. Die Neuverteilung von Informationen kann sogar ein wesentliches Motiv für die Konzernbildung sein. Ein wesentlicher Vorteil einer Kapitalallokation durch eine Konzernzentrale gegenüber einer Allokation durch den Markt besteht in der Möglichkeit, die Informationsasymmetrie zu mildern. Der Kapitalmarkt ist nämlich bei der Bewertung von Investitionsalternativen auf die Informationen angewiesen, die das Unternehmen nach außen vermitteln kann. Die Informationsmöglichkeiten der Konzernzentrale beschränken sich aber nicht auf die dem Kapitalmarkt zur Verfügung gestellten Informationen, sondern können weitere interne Daten umfassen. So kann es vorkommen, dass die Risiken der Investitionspolitik einer Tochtergesellschaft – z. B. bei wenig stabilem politischem Umfeld einer Auslandsinvestition – nur schwer abschätzbar sind. Wenn nun diese Risiken im begrenzten Rahmen einer Tochtergesellschaft gemanagt und sichtbar gemacht werden, kann dies die ***Corporate Clarity*** des Gesamtkonzerns erhöhen und damit zu einer Marktwertsteigerung bei der Konzernobergesellschaft beitragen.[51]

---

[50] Vgl. Abschnitt 8.1.5.

[51] Zu einigen speziellen Möglichkeiten von Anreizsystemen im Konzernverbund vgl. KOCH / KRAHNEN / TERBERGER (1995).

(4) Rechtliche Rahmenbedingungen der Konzernfinanzierung

Da die Zahlungsansprüche der Gläubiger dann höheren Ausfallrisiken ausgesetzt sind, wenn die Eigenkapitalgeber nur mit ihrer Kapitaleinlage und nicht mit ihrem gesamten Vermögen haften, unterliegen Kapitalgesellschaften besonderen ***Vorschriften für eine Mindesteigenkapitalausstattung***. Für die Eigentümer eines Unternehmens besteht grundsätzlich ein Anreiz, den Gläubigern durch Reichtumsverschiebungen nach Vertragsabschluss ein höheres Risiko zuzuordnen, indem beispielsweise Mittel an die Eigentümer ausgeschüttet oder Kapitalrückzahlungen vorgenommen und die entsprechenden Mittel durch Substitution von Eigen- durch Fremdkapital aufgebracht werden. Daher gibt es gesetzliche Vorschriften, welche die Zahlungen an die Eigenkapitalgeber in Form von Dividenden oder Kapitalrückzahlungen auf einen für die Gläubiger akzeptablen Betrag begrenzen sollen. Auch das grundsätzliche Verbot des Erwerbs eigener Aktien beruht auf dem Ziel der ***Verhinderung solcher Reichtumsverschiebungen***.

Die rechtlichen Rahmenbedingungen betreffen nicht nur den Schutz der Gläubiger, sondern auch den Schutz der Kleinaktionäre. Die Notwendigkeit einer besonderen Regelung des ***Minderheitenschutzes im Konzern*** ergibt sich daraus, dass den aktienrechtlichen Regelungen das Leitbild der Gesellschaft mit weit gestreutem Aktienbesitz zugrunde liegt, Konzernstrukturen aber gerade durch die Konzentration des Anteilsbesitzes bei einer übergeordneten Konzerngesellschaft gekennzeichnet sind. Entsprechend dem Konzept der einheitlichen Leitung wird die Geschäftsführung einer Konzerngesellschaft primär die Zielsetzungen der Konzernmutter verfolgen. Ein überwiegend an den Interessen der herrschenden Gesellschaft (bzw. dem sog. Konzerninteresse) ausgerichtetes Management der Gesellschaft setzt die Minderheitsaktionäre der Gefahr aus, dass ihre Vermögensinteressen verletzt werden.[52] Die Schutzinteressen der Minderheitsaktionäre müssen mit den Interessen zur Durchführung effizienter Transaktionen in Einklang gebracht werden, so dass beispielsweise Cash-Pool-Systeme im Konzern etabliert werden können, ohne dass die Rechtspositionen einzelner Aktionäre in Mitleidenschaft gezogen werden.[53]

---

[52] Zur ökonomischen Analyse des Minderheitenschutzes im Konzern vgl. PRANTL (1994) oder SCHENK (1997), zur ökonomischen Analyse des Gläubigerschutzes im Konzern vgl. DEBUS (1990), SCHANZE (1991), NOLL (1992) und GEIGER (1993), und zur ökonomischen Analyse des Schutzes der Aktionäre der Muttergesellschaft vgl. PELLENS (1994).

[53] Bei Zero-Balancing-Verfahren werden Zahlungsmittelüberschüsse und -defizite der Konzerngesellschaften ausgeglichen. Zur rechtlichen Problematik, dass Kredite an Konzerngesellschaften nicht zu Lasten des Stamm- oder Grundkapitals der Überschusseinheiten im Konzern geleistet werden dürfen, sowie zu den Möglichkeiten der Etablierung effizienter Cash-Pool-Verträge vgl. BIEGEL / EILMANN (2005).

Nicht nur die Gläubiger und die Minderheitsaktionäre der Tochtergesellschaften in Konzernen sind von den besonderen Konstruktionen der Konzernorganisationen und Haftungsbeschränkungen betroffen, sondern auch die Minderheitsaktionäre der Muttergesellschaften. Für diese sind sinnvolle Schutzvorschriften nicht leicht zu formulieren. Insbesondere können die verfolgten Schutzziele nicht über regulierende Kapitalstrukturvorgaben oder eine Verlagerung der Entscheidungskompetenzen zur Vorsteuerung der Kapitalstruktur verwirklicht werden. Daher können auch ebenso wenig wie im Einzelunternehmen sinnvolle generelle Grundsätze für die gegebenenfalls sogar gerichtlich überprüfbare Ordnungsmäßigkeit der Konzernfinanzierung entwickelt werden (RUDOLPH 1998a).

Lektürevorschläge zu Kapitel 8

Einführende Darstellungen des Gangs an die Börse findet man in DEUTSCHE BÖRSE (2003) sowie LEVEN (2001) und SCHLITT / SMITH / WERLEN (2002), detaillierte Angaben zur Börseneinführung bei ZACHARIAS (2000).

Über die aktuellen Handlungsalternativen bei der Emission junger Aktien gibt es eine Fülle von Spezialliteratur, die teilweise im Text des Abschnitts 8.2 angesprochen wird, aber keine umfassende Darstellung. Zur Emissionspolitik etablierter Unternehmen kann auf die Arbeit von PRÜHER (2000) hingewiesen werden.

Eine breite Übersicht über die Methoden und Ansätze der Unternehmensbewertung bietet das Buch von BALLWIESER (2004). Zusammenfassende Darstellungen des Konzernmanagements und der Konzernfinanzierung findet man insbesondere in SCHEFFLER (1992) und THEISEN (2000).

Zusammenfassung

Ein Gang an die Börse ist nicht nur für Venture-Capital-Gesellschaften eine attraktive Möglichkeit, ihre Eigenkapitalposition zu einem hohen Preis an eine Vielzahl von Aktionären zu verkaufen. Der Gang an die Börse wird bei günstigen Kapitalmarktbedingungen auch von etablierten Gesellschaften angestrebt und führt häufig nicht nur bei den Eigentümern, sondern auch bei dem Beteiligungsunternehmen selbst zu einem Zahlungsmittelzufluss.

Es gibt verschiedene Verfahren der Bestimmung des Preises, zu dem die jungen Aktien den Kapitalmarktteilnehmern angeboten werden sollen. Die instrumentellen Mittel, mit denen der Gang an die Börse vorbereitet wird, damit das Initial Public Offering (IPO) zu einem Erfolg wird, hängen mit dem gewählten Preisbildungsmodell eng zusammen.

Die meisten Unternehmen in Deutschland beschaffen sich Eigenmittel nicht über die Emission von Aktien, sondern im privaten Bereich über die nicht organisierten Teile des Kapitalmarktes bzw. über spezielle Beteiligungsgesellschaften. Diese Möglichkeiten der Eigenkapitalbeschaffung mit ihren vielfältigen Spielarten, Usancen und Marktteilnehmern sind wenig transparent.

Konzerne haben sich u. a. weitergehende Möglichkeiten der Zuordnung von Eigenkapital zu einzelnen Geschäftseinheiten als einfache Gesellschaften. Da viele Gesellschaften in Deutschland als Konzerngesellschaften gesteuert werden, ist ein Blick auf die Vor- und Nachteile einer Finanzierung von Unternehmen im Konzernverbund von Interesse.

Schlüsselbegriffe

Aktienarten
Bezugsrecht
Börsensegmente
Börsenzulassungsprospekt
Bookbuilding
Carve-Out
Einheitskonsortium
Emissionspolitik
Ereignisstudie
Going Public
Initial Public Offering
IPO light
Kapitalerhöhung
Konzernfinanzierung
Seasoned Public Offering
Spin-Off
Underpricing
Underwriting

Kapitel 9

Mezzanin-Finanzierungen im Rahmen der Kapitalstrukturpolitik von Unternehmen

Bei vollkommenem Kapitalmarkt ist die von den Unternehmen realisierte Kapitalstruktur für den Marktwert irrelevant. Einen vollkommenen Kapitalmarkt gibt es aber in der Realität nicht. Daher sind in der Literatur zahlreiche Marktunvollkommenheiten hinsichtlich ihres möglichen Einflusses auf den Marktwert von Unternehmen analysiert worden. Sind die Informationen zwischen den am Finanzierungsprozess beteiligten Wirtschaftssubjekten nicht gleich verteilt, so sind Finanzierungsentscheidungen auch durch die Interessenkonflikte der verschiedenen Parteien geprägt und können daher entsprechend ihrer Wirkung auch den Marktwert des Eigenkapitals verändern. Die Prinzipal-Agent-Theorie beschäftigt sich mit den Möglichkeiten zur Überwindung und Lösung solcher Interessenkonflikte und schlägt zu diesem Zweck geeignete Prüfungshandlungen, Anreizschemata und Kontrollmechanismen vor. Es zeigt sich dabei, dass auch die Wahl einer bestimmten Kapitalstruktur bestimmte Interessenkonflikte verschärfen oder entschärfen und dementsprechend den Shareholder Value beeinflussen kann.

In der Literatur ist die optimale Gestaltung der Kapitalstruktur zur Lösung von Agency-Konflikten eingehend analysiert worden. In Abschnitt 9.1 dieses Kapitels werden einige wichtige Ansätze und Modelle zur Kapitalstrukturgestaltung vorgestellt und es wird gezeigt, dass der kombinierte Einsatz von Eigen- und Fremdkapital zum Abbau informationsbedingter Ineffizienzen beitragen kann.

Neben einfachen Eigen- und Fremdkapitaltiteln sind am Kapitalmarkt heute vielfältige komplexe Finanzierungsformen anzutreffen. Daher bleiben die Überlegungen in diesem Kapitel nicht auf reine Fremdkapital- und Eigenkapitalinstrumente beschränkt, sondern werden auf sog. Mezzanin-Finanzinstrumente mit gemischtem Eigen- und Fremdkapitalcharakter ausgedehnt. Dazu werden im Abschnitt 9.2 dieses Kapitels wichtige Charakteristika mezzaniner Finanztitel und deren Eignung für spezielle Finanzierungssituationen vorgestellt. Da Agency-Kosten bereits durch eine optimale Eigen- und Fremdkapitalaufteilung gesenkt werden können, erscheinen Mezzanin-Instrumente auf den ersten Blick redundant. Es werden daher in Abschnitt 9.3 Überlegungen vorgestellt, die im Sinne der normativen Agency-Theorie eine theoretische Rechtfertigung für die zusätzliche Existenz von Mezzanin-Finanzierungen liefern. Schließlich wird noch auf einige Besonderheiten des Einsatzes von Mezzanin-Kapital in der Praxis eingegangen.

9.1 Die Kapitalstruktur als Instrument zur Lösung von Interessenkonflikten

In Kapitel 4 wurde gezeigt, dass der Wert eines Unternehmens von der gewählten Kapitalstruktur dann abhängig ist, wenn der Kapitalmarkt durch Unvollkommenheiten gekennzeichnet ist, also beispielsweise durch Steuern oder Insolvenzkosten. Die Finanzpolitik ist dann durch das Streben geprägt, die Folgen der Wertvernichtung durch Kapitalmarktunvollkommenheiten für die Financiers des Unternehmens möglichst gering zu halten. Umgesetzt werden kann dieses Streben durch eine möglichst weitgehende Ausnutzung möglicher Steuerspareffekte der Fremdfinanzierung. Angestrebt werden muss aber auch die möglichst weitgehende Vermeidung von Insolvenzkosten in ihren unterschiedlichen Ausprägungsformen.

Die Wahl der Kapitalstruktur kann auch das Ergebnis von Überlegungen sein, Interessenkonflikte zu begrenzen, die insbesondere zwischen den Eigentümern, den Fremdkapitalgebern und den Managern eines Unternehmens im Hinblick auf die Unternehmenspolitik bestehen und den Marktwert vermindern können. Dieses Kapitel 9 beschäftigt sich vorwiegend mit der Planung der Kapitalstruktur im Hinblick auf die Lösung solcher Interessenkonflikte.

9.1.1 Agency- oder Delegationskosten des Eigen- und Fremdkapitals

Der neoinstitutionalistischen Sichtweise von Unternehmen entsprechend können Kapitalstrukturentscheidungen auf die Annahme einer asymmetrischen Informationsverteilung zwischen den Kapitalanbietern (Investoren, Aktionären, Gläubigern) und den Unternehmen (bzw. ihrem Management) gestützt werden. Eine asymmetrische Informationsverteilung bewirkt über die am Markt bei gleichem Informationsstand sich einstellenden Finanzierungskosten hinaus anfallende ***Agency- bzw. Delegationskosten***, die mit der Eigen- und mit der Fremdfinanzierung verbunden sein können. Das Ziel der Minimierung dieser Agency-Kosten kann auch dann eine bestimmte Kapitalstruktur als günstig erscheinen lassen, wenn keine Steuern oder Insolvenzkosten anfallen bzw. andere Transaktionshemmnisse berücksichtigt werden müssen. Angestrebt wird hinsichtlich der Beeinflussung möglicher Interessenkonflikte eine Kapitalstruktur, die mit möglichst geringen durchschnittlichen Kapitalkosten verbunden ist.

Die nachfolgende Abbildung 9.1 verdeutlicht das Zusammenspiel möglicher Agency-Kosten des Eigen- und Fremdkapitals.

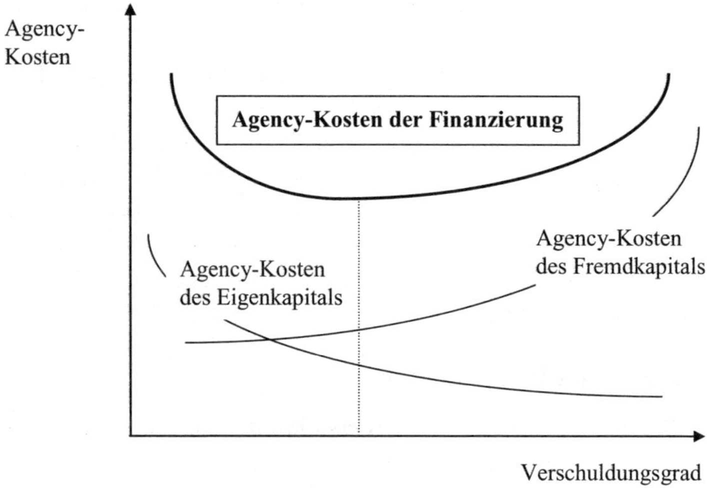

Abb. 9.1: Agency-Kosten des Eigen- und Fremdkapitals

(1) Agency-Kosten des Eigenkapitals

Agency- oder Delegationskosten des Eigenkapitals entstehen beispielsweise dadurch, dass die Eigentümer der Unternehmen – wie exemplarisch am Fall der Publikumsaktiengesellschaften deutlich wird – ihre Entscheidungs- und Verfügungsrechte weitgehend auf Manager übertragen, die dadurch allerdings über diskretionäre Entscheidungsspielräume verfügen, die sie ohne entsprechende Gegenmaßnahmen mit dem Ziel der Erreichung ihrer eigenen persönlichen Ziele ausnutzen können. Je höher der Anteil des Eigenkapitals in der Kapitalstruktur ist, umso höher sind die Agency-Kosten, während mit steigendem Verschuldungsgrad diese Agency-Kosten des Eigenkapitals zurückgehen. Ein wesentlicher Grund für diesen Rückgang kann darin gesehen werden, dass der Entscheidungsspielraum des Managements eingeschränkt wird, wenn es über weniger Mittel des Unternehmens verfügen kann, weil es das Fremdkapital vertragsgemäß verzinsen und tilgen muss.

Schon allein, weil die Manager im Hinblick auf ihre Managementaktivitäten keinen der Vermögensanlage im Marktportefeuille vergleichbaren Diversifikationseffekt realisieren können, werden ihre Interessen mit den Interessen der Kapitalgeber ihrer Gesellschaft nicht übereinstimmen. Darüber hinaus können die Manager eine Neigung entwickeln, vorzugsweise Aktivitäten zu entfalten und zu unterstützen, mit denen sie sich persönlich profilieren können und an denen sie persönlich partizipieren, auch wenn die Eigentümer mit einer anderen Ausrichtung der Geschäftspolitik besser bedient wären. All diese Aktivitäten werden dem Management mit einem hohen Eigenkapitalpolster erleichtert.

Damit nun das Management einer Gesellschaft dennoch möglichst im Interesse der Eigentümer handelt, können gesetzliche, statuarische und vertragliche Anreiz- und Überwachungsmechanismen installiert werden, die allerdings ihrerseits zu Monitoring-Kosten und Bonding-Kosten führen. Man kann sich demnach in Abhängigkeit vom speziellen Design der Anreiz- und Überwachungsmechanismen in einem Unternehmen unterschiedliche Verläufe der Eigenkapitalkostenkurve in Abb. 9.1 vorstellen, die aber alle von links oben nach rechts unten fallend verlaufen.

(2) Agency-Kosten des Fremdkapitals

Agency- oder Delegationskosten des Fremdkapitals entstehen, weil die Gläubiger dem Unternehmen Vermögensbeträge überlassen, ohne dessen Qualität genau zu kennen, und das schuldnerische Unternehmen die spezifische Verwendung dieser Beträge vornehmen kann, ohne dass die Gläubiger letztendlich diese Verwendung verhindern können. Mit der Bereitstellung von Fremdkapital sind also Qualitäts- und Verhaltensunsicherheiten verbunden, die dadurch entstehen, dass das Unternehmen weniger kreditwürdig als angenommen sein kann und dass die Eigentümer bzw. die Manager zu einer vergleichsweise risikoreichen Geschäftspolitik überwechseln können, an deren positiven Ergebnissen die Gläubiger wegen der bereits vertraglich vereinbarten festen Verzinsung nicht partizipieren, deren mögliche negative Ergebnisse aber von ihnen mitgetragen werden müssen.

Das führt dazu, dass auch im Fremdkapitalbereich entweder entsprechende Überwachungs- und Bindungsinstrumente eingeführt werden müssen – Kreditsicherheiten, Negativklauseln, Restriktionen für Bilanzkennzahlen und Ausschüttungen – oder auf das Fremdkapital über den üblichen Zinssatz hinaus eine dem Risiko entsprechende Risikoprämie gezahlt wird, die den Wert des Eigenkapitals belastet. Die Risikoprämie kann dabei noch insoweit kontraproduktiv wirken als sie den Anreiz steigern kann, die Unternehmensposition noch riskanter zu gestalten. In jedem Fall steigen die Agency-Kosten des Fremdkapitals, wie in Abb. 9.1 dargestellt, mit wachsendem Verschuldungsgrad. Auch bei den Agency-Kosten des Fremdkapitals kann man sich dabei unterschiedliche Kostenverläufe vorstellen, die von den speziellen Prüfungs-, Anreiz- und Kontrollvereinbarungen der Fremdkapitalgeber mit dem Unternehmen abhängig sind.

Auf die von den Unternehmen realisierten Kapitalstrukturen wirken unterschiedliche ***Delegationskosten des Eigen- und Fremdkapitals*** ein, die sich auch wegen ihrer wechselseitigen Abhängigkeiten nur schwer quantifizieren lassen. Daraus folgt, dass es ausgeschlossen sein dürfte, einen einzelwirtschaftlich optimalen Verschuldungsgrad von Unternehmen als generelle Norm zu quantifizieren. Die Planung einer optimalen Kapitalstruktur wird dadurch erschwert, dass das Eigenkapital-Fremdkapital-Verhältnis seinerseits auf die Verteilung der Cashflow-Ansprüche und die Verteilung der Entscheidungskompetenzen einwirkt.

- Die Kapitalstruktur determiniert erstens die ***Aufteilung der zukünftig erwirtschafteten Cashflows auf die verschiedenen Financiers***, die entweder als Festbetrags-Anspruchsberechtigte (Fixed Income Claimants) oder als Residual-Anspruchsberechtigte (Residual Claimants) an den erwirtschafteten Cashflows partizipieren. Daher weichen auch ihre Vorteilhaftigkeitskalküle bei der Investitionsplanung voneinander ab. Sind die Manager selbst Eigentümer oder hängt ihre Entlohnung wesentlich vom Marktwert des Eigenkapitals ab, dann hat die Kapitalstruktur auch bei Publikumsgesellschaften direkten Einfluss auf die Handlungsanreize des Managements.
- Die Kapitalstruktur beeinflusst zweitens das ***Entscheidungsfeld des Managements in den verschiedenen zukünftigen Umweltzuständen***. Zum einen beeinflusst die Kapitalstruktur die Verfügungsfreiheit des Managements gegenüber den Eigentümern, weil entweder Zins- oder Dividendenzahlungen geleistet werden und diese vom Management in unterschiedlichem Umfang beeinflusst werden können. Zum anderen legt die Kapitalstruktur fest, in welchen Umweltzuständen die Entscheidungsrechte des Managements auf dritte Wirtschaftssubjekte übergehen, weil beispielsweise in der Insolvenz des Unternehmens ein Übergang der Entscheidungsbefugnisse auf den Insolvenzverwalter bzw. die Gläubiger des Unternehmens gesetzlich erzwungen wird.

Da die wichtigsten Einflussmöglichkeiten der Eigen- und Fremdfinanzierung auf die Unternehmenspolitik bereits bei der Einführung des Prinzipal-Agent-Ansatzes in Kapitel 5 und 6 diskutiert worden sind, kann sich die folgende Darstellung auf spezifische Überlegungen zur Kapitalstruktur beschränken.

9.1.2 Die Kapitalstruktur als Signalisierungsinstrument

(1) Informationsübermittlung durch das Management

Auf den ersten Blick klingt die These erstaunlich, dass die Wahl der Kapitalstruktur als Vehikel zur Übermittlung privater Informationen verstanden und eingesetzt werden kann. Nach dieser These kann und sollte nämlich die Entscheidung, Eigenkapital oder Fremdkapital in die Kapitalstruktur aufzunehmen, auch davon abhängen, welche Informationen die Entscheidungsträger den Märkten übermitteln möchten. Basis solcher Überlegungen ist die Annahme eines Informationsvorsprungs des Managements, wonach die Manager mit privaten Informationen über ihr Unternehmen ausgestattet sind und einen Anreiz besitzen, bestimmte Informationen an die Anleger und Gläubiger zu kommunizieren. Aufgrund der bekannten Interessenlagen aller Beteiligten wird dies dem Management auf direktem Wege aber kaum gelingen. Die angestrebte Steigerung des Aktienkurses durch die öffentliche Bekanntgabe privater Informationen zu erreichen, würde nämlich auch jeder andere Manager verfolgen, ohne dass der Markt die richtigen und falschen Signale voneinander wirksam trennen könnte. Daher muss sich das Management auf die Übermittlung ganz bestimmter Signale konzentrieren.

Die erste umfassende Analyse dieser Problemstellung liefert ROSS (1977), in dessen Modell das Management den am Markt nicht bekannten „richtigen" Wert des Unternehmens kennt, persönlich aber aus dieser Kenntnis keinen Arbitragevorteil ziehen kann. Wenn die Managerentlohnung positiv mit dem Marktwert des Unternehmens verknüpft ist und negativ mit der Konkurswahrscheinlichkeit korreliert, dann kann der Verschuldungsgrad den „richtigen" Gesamtwert des Unternehmens signalisieren, weil kein Anreiz besteht, den Markt zu einer Überbewertung der Aktien zu veranlassen. Im Modell von ROSS führt diese Politik zu dem Ergebnis, dass ein höherer Verschuldungsgrad dazu genutzt werden kann, die ***optimistische Einschätzung der Zukunftsaussichten*** des Unternehmens durch das Management dem Markt glaubwürdig zu kommunizieren.

Die Kapitalstruktur kann auch als Mittel zur glaubhaften ***Übermittlung der Risikoausprägung*** eines Unternehmens genutzt werden. Bekanntlich steigt der Wert des Eigenkapitals c. p. bei gleich bleibender Ertragserwartung mit zunehmendem Risiko der Investitionsprojekte (vgl. Kapitel 5.3.2). Ex ante ist Eigenkapital deshalb ein teures Finanzinstrument für risikoreiche Unternehmen, weshalb diese versuchen werden, sich über Fremdkapital zu finanzieren. Gegenteiliges gilt für Unternehmen mit weniger volatilen Einzahlungsüberschüssen. Die Fremdkapitalaufnahme ist für diese Firmen weniger lohnend, da der Wert des Fremdkapitals mit der Sicherheit der durchgeführten Investitionsprojekte ansteigt. Aus dieser Argumentation kann man ableiten, dass riskante Unternehmen einen vergleichsweise hohen Fremdkapitalanteil präferieren. In Kenntnis dieses Sachverhalts kann die Wahl des Finanzierungstitels dem Markt die Einschätzung des Unternehmensrisikos durch das Management signalisieren (HEIDER 2002).

(2) Pecking Order und Kapitalstruktur

In Kapitel 8 wurde im Abschnitt 8.3.3 das Modell von MYERS und MAJLUF (1984) vorgestellt. Das in der Beispielrechnung und in allgemeiner Form dargestellte Unterinvestitionsproblem tritt umso deutlicher zutage, je risikobehafteter die emittierten Titel sind. In diesem Fall kann es nämlich zu einem bedeutenden Risikotransfer zwischen den alten und neuen Financiers kommen. Die geringsten Probleme entstehen bei einer Finanzierung über die vorhandenen Finanzreserven. Problematischer ist die Aufnahme risikobehafteten Fremdkapitals, und besonders kritisch zu beurteilen ist die Aufnahme von Eigenkapital durch die Emission junger Aktien.

Im Anschluss an das Modell von MYERS und MAJLUF folgt aus dieser Abschichtung des Problems eine ***Rangfolge der Vorziehenswürdigkeit von Finanzierungsmaßnahmen***, die in der Literatur als ***Hackordnungshypothese (Pecking Order Theory)*** bezeichnet wird. Nach dieser Regel sollten Manager bei der Unternehmensfinanzierung nach folgenden Prinzipien handeln:

1. Soweit möglich sollten zur Finanzierung von Investitionen interne Finanzierungsmittel herangezogen werden (Präferenz für ***Innenfinanzierung***).

2. ***Dividendenzahlungen*** an die Aktionäre sollten im Zeitablauf möglichst konstant gehalten werden. Im Einzelfall darüber hinausgehende erwirtschaftete Kassenüberschüsse sollten zur Verminderung des Fremdkapitals oder zum Aufbau von Finanzreserven genutzt werden, Kassendefizite sollten durch die Auflösung von Reserven oder eine risikofreie Schuldenaufnahme gedeckt werden, so dass keine Signale an den Kapitalmarkt gegeben werden.

3. Müssen darüber hinaus externe Finanzierungsmittel beschafft werden, so sollte dies in der ***Reihenfolge abnehmender Sicherheit*** der zukünftigen Cashflows erfolgen, also zunächst durch sicher zu bedienendes Fremdkapital, dann durch Bankkredite oder Anleihen, danach durch hybride Titel (Mezzanin-Kapital) und erst zuletzt durch die Emission neuer Aktien.

Die Hackordnungshypothese weist ***keine zwingenden Implikationen für eine optimale Kapitalstruktur*** auf. Am Beginn und am Ende der Hackordnungsreihenfolge findet sich der Einsatz von Eigenkapital, wenn auch in unterschiedlicher Form als Innenfinanzierung am Anfang und als Aktienemission am Ende. Das spricht dafür, dass die ***realisierten Eigenkapitalpositionen*** etablierter Unternehmen als ***Ergebnis*** einer langen Zeitreihe von ***Zuführungen und Zurückführungen*** eigener Mittel gedeutet werden müssen und die in den typischen statischen Kapitalstrukturmodellen diskutierten Trade-Offs eine vergleichsweise untergeordnete Rolle spielen. In den ***statischen Kapitalstrukturmodellen*** werden zwar die Agency-Kosten des Eigen- und Fremdkapitals ausbalanciert, das errechnete Optimum kann aber ohne zusätzliche Kosten (der adversen Selektion) realisiert werden. Dagegen weist die Pecking-Order-Theorie darauf hin, dass Veränderungen der Kapitalstruktur mit hohen adversen Selektionseffekten belastet sein können.

9.1.3 Kapitalstruktur und Beeinflussung des Managerverhaltens

(1) Leistungsanreiz- und Dienstverbrauchsprobleme

Verschiedene Ansätze zur Optimierung der Kapitalstruktur unter informationsökonomischen Gesichtspunkten betrachten die Kapitalstruktur nicht als Instrument zur Informationsübermittlung, sondern als Instrument, das den ***Handlungsspielraum des Managements*** in einer für die Aktionäre vorteilhaften Weise beschneiden kann. Dieser Interpretation folgt auch der grundlegende Beitrag von JENSEN und MECKLING (1976), der erstmals den Konflikt zwischen den Financiers eines Unternehmens als den Prinzipalen und den Managern als den Agenten in einem geschlossenen theoretischen Modell behandelt. Dieser Ansatz ist für die Finanzierungstheorie von solch großer Bedeutung, dass er bereits in Kapitel 6 in einiger Ausführlichkeit dargestellt und diskutiert worden ist.

Aus dem betrachteten Konflikt zwischen Eigentümern und Managern resultieren Agency-Kosten, die JENSEN und MECKLING in drei Arten unterteilen,

- die ***Monitoring-Kosten des Prinzipals***, die er aufwendet, um die Aktivitäten des Managements einzuschränken und zu kontrollieren,
- die ***Bonding-Kosten des Agenten***, die das Management auf sich nimmt, um sein Verhalten für die außenstehenden Eigentümer glaubwürdig festzulegen, zu binden,
- und den ***Residual Loss*** aus einem weiterhin ineffizienten Verhalten des Agenten.

Das Problem besteht darin, dass die Manager ihren Nutzen nicht aus einer Vergrößerung des Marktwertes des Unternehmens ziehen wie die Eigentümer, sondern aus dem, was sie als Dienstverbrauch (Fringe Benefits) aus dem Unternehmen ziehen können. Wenn ihnen die Eigentümer Mittel zur Finanzierung von Investitionen zur Verfügung stellen, dann werden sie versuchen, diese Mittel auch für ihre persönlichen Ziele umzulenken. Werden die Manager aber teilweise an dem Unternehmen beteiligt, dann sieht ihr Entscheidungskalkül anders aus, weil sie mit ihrem Dienstverbrauch den Wert ihres Eigenkapitalanteils schädigen. Daher profitieren auch die übrigen Aktionäre von einer Beteiligung des Managements an den Unternehmensergebnissen.

Nach Vertragsabschluss können also zwischen den am Unternehmen beteiligten Parteien Moral-Hazard-Probleme auftreten. Leistungsanreiz- sowie Dienstverbrauchsprobleme seitens des Managements führen zu einem Unternehmenswertverlust. Wie JENSEN und MECKLING (1976) zeigen, kann der Agency-Konflikt durch eine ***Unternehmensbeteiligung des Managements*** gemindert werden.

Der resultierende Unternehmenswertverlust wird umso kleiner, je größer der Anteil ist, den das Management selbst am Unternehmen hält. Relativ gesehen wird der Residualanspruch aus diesem Anteil umso größer, je höher der Fremdkapitalanteil ist. Durch eine optimale Aufteilung des Fremd- und Eigenkapitals kann der Moral-Hazard-Konflikt also eingeschränkt und der Unternehmenswertverlust eingegrenzt werden. Die Wahl der Kapitalstruktur – Anteil der Insider und Outsider am Eigenkapital – dient in diesem Fall der Disziplinierung des Managements.

In ähnlicher Weise argumentiert JENSEN (1986) im Rahmen seiner ***Free-Cashflow-These***, dass ein hoher Fremdkapitalanteil dazu führt, dass das Management in einen harten geschäftspolitischen Kurs gezwungen wird und keinen großen Spielraum mehr hat, seine eigenen Ziele durchzusetzen. Diese Einsicht wird insbesondere bei Leveraged Buy-Outs auch geschäftspolitisch ausgenutzt, wenn mit Hilfe dieser Transaktionen hohe Marktwertgewinne realisiert werden.

(2) Risikoanreize für das Management

Durch das von JENSEN und MECKLING vorgeschlagene Manager-Eigentümer-Konstrukt wird der Moral-Hazard-Konflikt allerdings lediglich verlagert. Da der Manager als Entscheidungsträger im Unternehmen nun gleichzeitig Eigenkapitalgeber ist, agiert er wieder auch im Interesse der übrigen Aktionäre. Für diese besteht prinzipiell der Anreiz, Investitionsprojekte mit hohem Risiko durchzuführen, da der Wert des Eigenkapitals positiv mit einer Risikoerhöhung korreliert. Antizipieren Fremdkapitalgeber diese Risikoanreize seitens der Aktionäre, werden sie eine höhere Prämie für die Kapitalüberlassung fordern. Dadurch werden die Agency-Kosten wieder auf die Eigenkapitalgeber übergewälzt.

BARNEA, HAUGEN und SENBET (1980) führen eine formale Analyse des Risikoanreizproblems durch und zeigen, wie durch die ***Verkürzung der Laufzeit des Fremdkapitals*** – ein anderer Aspekt der Kapitalstruktur – die Agency-Kosten reduziert werden können. Ist der Rückzahlungszeitpunkt des Fremdkapitals der Entscheidung zur Durchführung eines riskanten Investitionsprojektes zeitlich nachgelagert, so können Fremdkapitalgeber auf die Entscheidung keinen Einfluss nehmen. Diese obliegt den Aktionären alleine, die entgegen den Fremdkapitalgebern eine hohe Volatilität der Cashflows präferieren.

Das Risikoanreizproblem kann umgangen werden, wenn der Fälligkeitszeitpunkt vor die Investitionsentscheidung gelegt wird. Folglich gewährleistet eine hohe Variabilität der Laufzeiten ein flexibles Mitspracherecht der Gläubiger. Unterschiedliche Laufzeiten innerhalb der Kapitalstruktur können deshalb als implizites Kontrollsystem aufgefasst werden.

Daneben können aber auch explizite Kontrollmechanismen schon beim Abschluss des Finanzkontraktes berücksichtigt werden. Für solche Vertragsklauseln kommen beispielsweise spezifische Investitionsverbote, Vorschriften über die Auszahlung von Dividenden, Einschränkungen bei der zukünftigen Kapitalaufnahme oder Bestimmungen bezüglich der Höhe des Working Capitals in Betracht.

Die hier vorgestellten Ansätze zur Lösung der informationsökonomischen Konflikte zeigen auf, wie durch die Wahl einer geeigneten Kapitalstruktur Agency-Kosten vermindert werden können. Dabei beschränken sich die Analysen keineswegs auf eine dichotome Unterscheidung zwischen reinem Eigenkapital und reinem Fremdkapital, sondern ziehen auch internes und externes Eigenkapital sowie unterschiedliche Laufzeiten von Fremdkapital in die Betrachtung mit ein. Die vielfältigen Gestaltungsmöglichkeiten machen deutlich, dass ein gezielter Einsatz von Eigen- und Fremdkapital informationsökonomische Ineffizienzen im Prinzip bereinigen kann.

9.1.4 Marktwerteffekte von Kapitalstrukturentscheidungen

HARRIS und RAVIV (1991) teilen im Hinblick auf die verschiedenen Einflussmöglichkeiten die Kapitalstruktureffekte in zwei Kategorien ein. Erstens kann die Kapitalstruktur zur Lösung bzw. Minderung von Ineffizienzen beitragen, die aufgrund vorvertraglicher asymmetrischer Informationsverteilung der Parteien entstehen. Zweitens kann die Kapitalstruktur aber auch dazu dienen, Interessenskonflikte zwischen verschiedenen an einem Unternehmen beteiligten Gruppen zu eliminieren. Darunter können Konflikte zwischen dem Management und den externen Investoren fallen, wie das Leistungsanreiz- und das Dienstverbrauchsproblem, aber auch zwischen den unterschiedlichen externen Investoren, worunter der Risikoanreizkonflikt subsumiert werden kann.

Die frühen empirischen Untersuchungen zur optimalen Kapitalstruktur am amerikanischen Markt betrafen zunächst reine Kapitalstrukturveränderungen bei unverändertem Kapitalvolumen. Bei diesen „Debt-for-Equity" oder „Equity-for-Debt Exchange Offers" werden sowohl Stamm- und Vorzugsaktien als auch wandelbares Fremdkapital betrachtet. BESSLER und THIES (2001, S. 15) fassen die Ergebnisse der empirischen Untersuchungen dahingehend zusammen, dass eigenkapitalerhöhende Transaktionen (Equity-for-Debt Exchange Offers) im Durchschnitt zu Kursrückgängen und umgekehrt den Verschuldungsgrad erhöhende Transaktionen zu einem durchschnittlichen Ansteigen der Kurse führen.

Zur Erklärung der gegensätzlichen Kursreaktionen sind in den vorausgegangenen Abschnitten verschiedene Hypothesen vorgestellt und diskutiert worden, die neben der Wechselbeziehung zwischen der Kapitalstruktur, den Steuereffekten und den Insolvenzkosten auch die ***Agency-Kosten*** betrachten. Die Gesamtheit dieser Untersuchungen macht deutlich, dass diese Kosten

„nicht die primäre Ursache der Marktwertänderungen bei Finanzierungsentscheidungen sind. Stattdessen sind Informationseffekte von größerer Bedeutung.“ (BESSLER / THIES 2001, S. 17)

9.2 Mezzanin-Finanzierungen durch Emission hybrider Instrumente

9.2.1 Charakteristika typischer Mezzanin-Finanzierungsinstrumente

Mezzanin-Kapital ist ein Oberbegriff für verschiedenartige Finanzierungsformen, die Merkmale des Eigenkapitals und des Fremdkapitals in verschiedener Weise vereinigen. Der Begriff Mezzanin stammt aus der Architektur und bezeichnet die Zwischenetage zwischen zwei Hauptstockwerken. Im übertragenen Sinne steht auch das Mezzanin-Kapital zwischen dem Eigen- und dem Fremdkapital. In der Praxis wird es gelegentlich als Fremdkapital mit Merkmalen des Eigenkapitals bezeichnet, weil es bilanziell und steuerlich häufig wie Fremdkapital behandelt wird. Aus ökonomischer Perspektive wird es aber häufig als ***Eigenkapitalsurrogat*** klassifiziert, das allerdings zeitlich befristet ist und keine oder sehr eingeschränkte Kontroll- oder Mitspracherechte der Inhaber verbrieft.

(1) Ausgestaltungsformen der Mezzanin-Finanzierungsinstrumente

Die Nachrangigkeit des Mezzanin-Kapitals gegenüber dem übrigen Fremdkapital bewirkt, dass das Risiko des Mezzanin-Kapitals über dem des Fremdkapitals und unter dem des Eigenkapitals liegt. Daher übersteigen auch die Renditeforderungen der Mezzanin-Financiers jene der Fremdkapitalgeber, was sich in einem höheren Zinsanspruch (***Interest Kicker***) und / oder in einer zusätzlichen Prämie in Form einer Beteiligung am Unternehmenserfolg bzw. mit der Option auf den Erwerb von Gesellschaftsanteilen (***Equity Kicker***) äußern kann (LINK 2002, S. 8).

Da die Renditeforderungen allerdings unter denen für die üblichen Eigenkapitaltitel liegen, wird Mezzanin-Kapital auch als „billiges“ Eigenkapital bezeichnet. Man spricht von ***strukturiertem Kapital***, weil Mezzanin-Finanzierungen typischerweise im Hinblick auf einzelne Merkmale des Eigen- oder Fremdkapitals speziell zugeschnitten sind. Insbesondere werden unterschiedliche Abhängigkeiten von der Ertragssituation und dem Anfall der Cashflows des kapitalaufnehmenden Unternehmens vereinbart. So kommt es beispielsweise vor, dass die periodischen, dem Durchschnittszins am Markt angepassten Zinszahlungen durch eine ertragsabhängige Zahlung bei Fälligkeit ergänzt wird, die während der Laufzeit des Titels zu keiner Zusatzbelastung der Liquidität führt.

Mezzanin-Finanzierungsinstrumente können, da sie bei den Unternehmen bislang über das allgemeine Vertragsrecht hinaus keinen gesetzlichen Anforderungen genügen müssen, im Hinblick auf die Laufzeit, den Verzinsungsanspruch oder die Tilgungsmodalitäten sehr vielfältig und flexibel ausgestaltet sein. So gibt es kurzfristige Titel mit Laufzeiten von vier bis zehn Jahren einerseits und im Einzelfall sogar unbefristetes Mezzanin-Kapital andererseits. Einige Instrumente betonen die Merkmale des Fremdkapitals, bei anderen treten die Merkmale des Eigenkapitals stärker in den Vordergrund. Unterschiedliche rechtliche Rahmenbedingungen in den einzelnen Ländern bewirken darüber hinaus eine große Vielfalt der Ausprägungsformen von Mezzanin-Kapital.[1]

(2) Spektrum der Mezzanin-Finanzierungsinstrumente

Zu den ***fremdkapitalbezogenen Mezzanin-Instrumenten*** (Debt Mezzanine Capital / Senior Mezzanine / Smart Loans) mit einem ***Interest Kicker*** zählen in Deutschland insbesondere nachrangige Darlehen, Verkäuferdarlehen und typische stille Beteiligungen. Atypische stille Beteiligungen, Partiarische Darlehen und Genussscheine können dagegen als Beispiele für ***eigenkapitalbezogene Mezzanin-Instrumente*** (Equity Mezzanine Capital / Junior Mezzanine / Sweet Equity) genannt werden, die häufig mit einem Equity Kicker ausgestattet sind.[2] Schließlich gehören zu den Mezzanin-Instrumenten alle Finanzierungsformen wie Wandel- und Optionsanleihen, bei denen die Inhaber innerhalb der Laufzeit von einer Fremdkapitalposition in die Position des Inhabers eines Eigenkapitaltitels wechseln können (***Hybride Finanztitel***).[3]

Die nachfolgende Abb. 9.2 gibt eine Einordnung der verschiedenen Mezzanin-Instrumente hinsichtlich ihrer Risiko-Rendite-Charakteristika, die zeigt, wie die verschiedenen Ausprägungsformen des Mezzanin-Kapitals zwischen dem „billigen" Fremdkapital und dem „teuren" Eigenkapital positioniert sind.[4]

---

[1] Vgl. NELLES / KLUSEMANN (2003), STURGESS / LEEN (1991).

[2] In der Literatur werden oft auch Vorzugsaktien den hybriden Finanzierungsformen zugerechnet, weil Vorzugsaktien regelmäßig einen Stimmrechtsnachteil und häufig einen Liquidationsnachteil aufweisen. Vgl. MÜLLER (2002), S. 20 sowie RUDOLPH / FINK (2002).

[3] MÜLLER (2002), S. 21, bezeichnet diese Instrumente als hybrides Fremdkapital bzw. Mezzanin-Kapital im engeren Sinne. Abhängig von der Wahrscheinlichkeit der Wandlung kann dann hybrides Kapital ex ante als eigen- bzw. fremdkapitalähnlich betrachtet werden. Eigenkapitalähnlich sind insbesondere Wandelanleihen mit Wandlungspflicht wie die 1997 von der Daimler Benz AG emittierte Wandelanleihe von 1997 / 2002 mit Pflichtwandlung am Ende der Laufzeit. Bei dieser Anleihe erfolgt die Rückzahlung nicht durch Kassenmittel, sondern durch den Umtausch des Nennbetrages in Aktien.

[4] In Anlehnung an LINK (2002), S. 18.

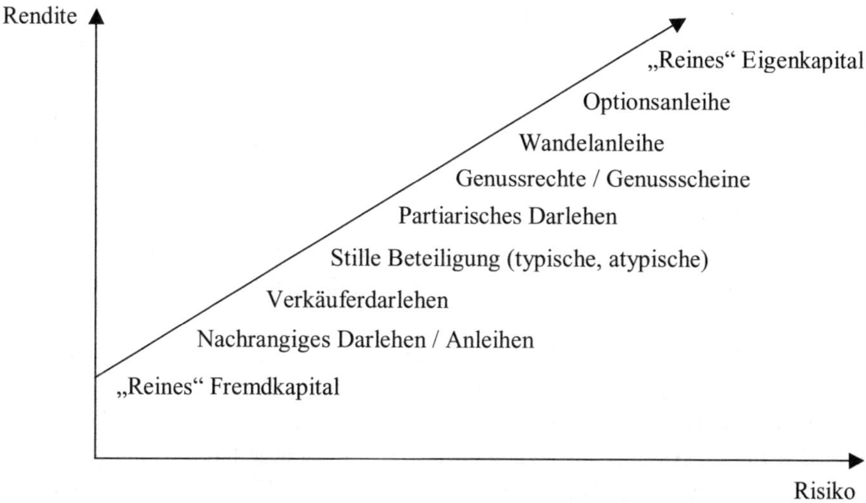

Abb. 9.2: Rendite-Risiko-Struktur von Mezzanin-Instrumenten

Typisch für mezzanine Finanzierungsinstrumente sind diverse ***Zusatzvereinbarungen oder Covenants*** im Finanzierungsvertrag, die sich beispielsweise auf die Einhaltung bestimmter Cashflow- oder Bilanzziffern beziehen. Die Berücksichtigung solcher Zusatzvereinbarungen würde die Darstellung der Abbildung 9.3 weiter aufgliedern. Gemeinsame Merkmale aller Mezzanin-Instrumente sind

- die wertbezogene Vergütungsform als Teilhabe am Gewinn, an Wertsteigerungen oder an den Cashflows des emittierenden Unternehmens,
- die Gläubigerstellung in der Insolvenz des Unternehmens, wobei eine Nachrangigkeit der mezzaninen Forderungen gegenüber dem „normalen“ Fremdkapital besteht, und
- der Ausschluss der üblichen Kontroll- und Mitspracherechte „normaler“ Anteilseigner.

Mezzanin-Kapital wurde in den USA zwar bereits in den 60er Jahren eingesetzt, fand aber erst in den 80er Jahren eine weitere Verbreitung, als es vornehmlich als Finanzierungsinstrument für Unternehmenskäufe im Rahmen von Management Buy-Outs (MBO) oder Management Buy-Ins (MBI) eingesetzt wurde. Zur gleichen Zeit entwickelte sich dort auch ein Markt für High Yield Bonds bzw. Junk Bonds, der ebenfalls zur Finanzierung von Leveraged Buy-Outs und unfreundlichen Übernahmen beitrug. Dieses bis heute noch vor allem in den USA verbreitete Finanzierungsinstrument nimmt wie das Mezzanin-Kapital eine Zwitterstellung zwischen dem Eigen- und dem Fremdkapital ein.

Junk Bonds sind erstens durch einen überdurchschnittlich hohen Risikogehalt gekennzeichnet und richten zweitens die Tilgungszahlungen maßgeblich an der zukünftigen wirtschaftlichen Entwicklung des Emittenten aus. Daher wird in den USA häufig nicht zwischen Mezzanin-Kapital und Junk Bonds unterschieden. Im Gegensatz zu Mezzanin-Kapital wird allerdings das Risiko von Junk Bonds lediglich durch eine deutlich über dem risikofreien Zins liegende Zinsvereinbarung abgegolten. Von der Aktienkursentwicklung oder der Gewinnsituation abhängige Zins- oder Tilgungszahlungen werden bei Junk Bonds nicht vereinbart. Junk Bonds gehören also zu den fremdkapitalbezogenen Mezzanin-Instrumenten.

Der deutsche Finanzmarkt hat eine viel längere Tradition bei den Mezzanin-Titeln als der amerikanische Markt. Allerdings zeichnen sich die Instrumente am amerikanischen Markt entsprechend der abweichenden Entwicklung des Finanzsystems überwiegend durch ihre Handelbarkeit aus und sind deshalb populärer (vgl. RUDOLPH / FISCHER 2000, S. 371 ff.). Darüber hinaus hat sich der Begriff Mezzanin-Kapital in Deutschland erst in den letzten Jahren eingebürgert.

9.2.2 Private und öffentliche Mezzanin-Finanzierungsinstrumente

Eine hinsichtlich der Marktfähigkeit der Mezzanin-Titel wichtige Gliederung der Mezzanin-Instrumente ist die in buchmäßige und kapitalmarktorientierte Instrumente. ***Kapitalmarktorientierte Instrumente (Public Mezzanine)*** können sowohl öffentlich als auch privat platziert werden. Im Gegensatz zu kapitalmarktorientierten Finanztiteln sind buchmäßige ***Mezzanin-Finanzierungen (Private Mezzanine)*** typischerweise individuell auf die unternehmensspezifischen Bedürfnisse bzw. auf die Bedürfnisse einzelner Investoren zugeschnitten. Da diese Titel in der Regel kleinere Volumina aufweisen und für Einzelfälle maßgeschneidert sind, existiert für sie kein organisierter Sekundärmarkt.

Buchmäßige Mezzanin-Finanzierungen werden in der Zukunft auch als Reaktion auf die Eigenkapitalanforderungen an die Kreditinstitute im Rahmen des Basel II-Regelwerks für Mittelstandsfinanzierungen Bedeutung erlangen, da sie das ***Rating*** der Banken für ihre risikobehafteten Kredite verbessern helfen und somit die regulatorischen Kapitalanforderungen senken können (NELLES / KLUSEMANN 2003).

(1) Nicht handelbare Instrumente: Privates Mezzanin-Kapital

a) ***Nachrangige Darlehen (Junior Debt, Subordinated Debt)*** sind ungesicherte Darlehen, die dadurch gekennzeichnet sind, dass die Zahlungsansprüche der Darlehensgeber im Insolvenzfall hinter denen der „normalen" Fremdkapitalgeber zurücktreten, wohl aber vor denen der Eigenkapitalgeber bedient werden. Die Inhaber nachrangiger Darlehen erhalten keine Zahlungen aus der

Masse, so lange nicht die Forderungen der sonstigen, vorrangigen Fremdkapitalgeber vollständig bedient sind. Ist das der Fall, so stehen ihnen alle Mittel aus der Masse zu bis ihre Forderungen erfüllt sind. Aus Sicht der übrigen Fremdkapitalgeber wird damit die Haftungsbasis verbreitert. Zugleich steigt aber aufgrund des erhöhten Risikos, das die Gläubiger der nachrangigen Fremdmittel übernehmen, deren Renditeforderung.

b) ***Partiarische Darlehen*** stellen sich als Kredite mit einer gewinnabhängigen Verzinsungskomponente dar. Neben einer festen Zinszahlung wird dabei in der Regel eine Gewinnbeteiligung vereinbart. Trotz der Gewinnbeteiligung begründet das partiarische Darlehen kein Gesellschafterverhältnis. Es wird als Verbindlichkeit verbucht, ist rechtlich gesehen Fremdkapital und partizipiert in der Insolvenz des Unternehmens wie die anderen Fremdkapitalansprüche am Liquidationserlös des Unternehmens.

c) Dem partiarischen Darlehen ähnlich sind die Konstruktionselemente ***stiller Beteiligungen***, bei denen allerdings nicht wie bei den partiarischen Darlehen die Verlustbeteiligung ausgeschlossen ist. Stille Beteiligungen werden von Investoren gewählt, die einerseits Geld oder andere Vermögenswerte mit Beteiligungscharakter in eine Gesellschaft einbringen und am wirtschaftlichen Erfolg des Unternehmens partizipieren wollen, andererseits aber nach außen nicht als Eigentümer in Erscheinung treten möchten. Bei der in den §§ 230 bis 237 HGB geregelten stillen Gesellschaft handelt es sich um keine besondere Rechtsform, sondern um eine Beteiligungsmöglichkeit bei Unternehmen aller Gesellschaftsformen.

Die Konzeption der stillen Beteiligung ist flexibel gestaltbar. So kann die Gewinnbeteiligung neben eine fixe Zinszahlung treten. Eine Verlustbeteiligung kann ganz oder teilweise ausgeschlossen werden und zusätzlich können dem Investor Mitspracherechte eingeräumt werden. Die Rückzahlung kann in einem Betrag oder in Ratenzahlungen vereinbart sein. Die Financiers machen ihre Forderungen in der Insolvenz des Unternehmens gemeinsam mit den übrigen Fremdkapitalgebern geltend.

Je nach Ausgestaltung der stillen Beteiligung wird der Eigen- oder der Fremdkapitalcharakter des Mezzanin-Instruments stärker betont. Insbesondere sind innerhalb dieser Kategorie die typische stille Beteiligung und die atypische stille Beteiligung zu unterscheiden:

- Bei der ***typischen stillen Beteiligung*** beschränken sich die Gesellschafterrechte auf die Gewinnbeteiligung.
- Der ***atypische stille Gesellschafter*** partizipiert dagegen durch eine Beteiligung an den offenen und stillen Reserven der Gesellschaft sowie an Verlus-

ten. Ihm kommt daher eher der Status eines Mitunternehmers zu. Steuerlich wird die atypische stille Beteiligung daher dem Eigenkapital zugeordnet.[5]

Der Übergang von der typischen zur atypischen stillen Beteiligung ist fließend. Je mehr der Beteiligte in die Rolle des Mitunternehmers hineingenommen wird, umso eher ist sie als atypisch einzustufen. Wesentliche Kriterien sind dabei

- der Umfang der Mitwirkungsrechte,
- die definitive Vereinbarung einer Teilnahme am Verlust und
- der Partizipationsgrad des stillen Gesellschafters an der Entwicklung des Unternehmenswertes.

d) ***Verkäuferdarlehen*** (Vendor Loans) werden insbesondere zur Akquisitionsfinanzierung und bei Leveraged Buy-Outs (LBOs) eingesetzt. Die Darlehen entstehen durch eine Stundung des Kaufpreises durch den Verkäufer in der Form eines Darlehens über einen Teil des Kaufpreises. Verkäuferdarlehen können mit einem Equity Kicker ausgestattet sein, durch den der Verkäufer noch an der zukünftigen positiven Entwicklung der Gesellschaft partizipieren kann. Bei dieser „Earn-out"-Konstruktion bleibt der Verkäufer über einen befristeten Zeitraum Minderheitsbeteiligter des Unternehmens. Die Ausgestaltung kann ähnlich dem Partiarischen Darlehen beispielsweise durch eine Festzinszahlung und eine von der Unternehmensentwicklung abhängige Prämienzahlung erfolgen. Zusätzlich kann die Abtretbarkeit des Verkäuferdarlehens vertraglich vereinbart werden, so dass auch in diesem Fall eine gewisse Marktgängigkeit erreicht werden kann.[6]

e) ***Genussrechte***, für die es keine Legaldefinition gibt und die auch gesetzlich nicht geregelt sind, können in buchmäßiger Form oder als Wertpapiere ausgestaltet sein. Sind Genussrechte als Kapitalmarktpapiere ausgestaltet, dann werden sie als Genussscheine bezeichnet. Genussscheine unterliegen wie alle Genussrechte keinen speziellen rechtlichen Restriktionen, so dass selbst innerhalb dieser Gruppe der mezzaninen Titel eine große Gestaltungsvielfalt besteht. Bei den Genussscheinen als Kapitalmarktpapiere findet man allerdings häufig gewisse Standardausstattungen, die zur Erhöhung der Liquidität beitragen sollen. In ihren sonstigen Charakteristika ähneln die nicht handelbaren Genussrechte den im folgenden Abschnitt vorgestellten Genussscheinen.

---

[5] Im Sinne einer engen Auslegung von Mezzanin-Kapital schließen GERETH / SCHULTE (1992, S. 76) vor diesem Hintergrund die atypische stille Beteiligung als Mezzanin-Instrument aus.

[6] Ein besonderes Problem bei der Akquisitionsfinanzierung und speziell bei LBOs liegt in der Aufbringung des Kaufpreises seitens des Käufers. Daher kann davon ausgegangen werden, dass die Motivation des ehemaligen Eigentümers bei der Gewährung eines Verkäuferdarlehens eher die Realisation des Kaufpreises als die Gewährung eines Darlehens ist. Vgl. MÜLLER (2002), S. 231.

(2) Kapitalmarktorientierte Instrumente: Öffentliches Mezzanin-Kapitel

Kapitalmarktorientierte Instrumente sind in der Regel Gegenstand des Börsenhandels und zeichnen sich daher im Vergleich zu den privaten Finanzierungstiteln durch eine höhere Liquidität aus.

a) ***Genussscheine*** sind Wertpapiere mit in der Regel begrenzter Laufzeit, die je nach Ausstattung mehr oder weniger den Charakter des Eigenkapitals oder des Fremdkapitals betonen. In der Regel verbriefen Genussscheine neben einer Basisverzinsung das Recht auf Teilhabe an einer jährlichen Ausschüttung aus dem Bilanzgewinn des Emittenten. Entsteht kein Bilanzgewinn, so entfällt die Ausschüttung. Gegebenenfalls partizipieren die Genussscheininhaber an nachfolgenden Ausschüttungen vorrangig. Am Ende der Laufzeit hat der Genussscheininhaber Anspruch auf die Rückzahlung des Kapitals zum Nennwert (vgl. DZ BANK 2003 sowie RUDOLPH / FINK 2002, S. 1565). Eine Verlustbeteiligung ist ebenso denkbarer Bestandteil eines Genussscheinkontraktes wie der Rangrücktritt in der Insolvenz.[7] Zusätzlich zu den genannten Rechten kann ein Genussschein diverse Bezugs-, Umtausch- oder Wandelgenussrechte beinhalten.[8] Der Genussscheininhaber hat gesellschaftsrechtlich immer die Stellung eines Gläubigers und somit keine Mitgliedschaftsrechte.

b) ***Nachrangige Anleihen*** entsprechen hinsichtlich ihrer Zahlungscharakteristik den nachrangigen Darlehen, sind aber handelbar und in vielen Fällen sogar börsennotiert. Sie spielen insbesondere als Refinanzierungsinstrumente der Kreditinstitute eine große Rolle, weil sie je nach ihrer Ausstattung den entsprechenden Bestandteilen des regulatorischen Ergänzungskapitals zugerechnet werden können. Die Geschäftstätigkeit der Kreditinstitute wird also wesentlich durch die Möglichkeiten der Kapitalunterlegung der eingegangenen Risiken limitiert, wobei ein Teil der Kapitalunterlegung eben auch durch nachrangige Verbindlichkeiten dargestellt werden kann.

c) ***Gewinnschuldverschreibungen*** sind Anleihen, die ihren Inhabern neben den Gläubigerrechten eine Verzinsung bieten, die zumindest teilweise an den Unternehmenserfolg und in der Regel an die ausgeschüttete Dividende gekoppelt ist. Eine Verlustbeteiligung ist allerdings ausgeschlossen. Die Emission setzt nach § 221 AktG wie die Emission von Genussrechten, bei denen die Rechte der Gläubiger mit Gewinnanteilen von Aktionären in Verbindung gebracht werden, einen Beschluss der Hauptversammlung voraus. Gewinn-

---

[7] Daher kann auch Genussrechtskapital unter wohl definierten Bedingungen als Kern- oder Ergänzungskapital der Kreditinstitute anerkannt werden. Vgl. BELLAVITE-HÖVERMANN et al. (2001), S. 100.

[8] Auf diese Weise kann ein dem Angelsächsischen angepasstes „payment-in-kind"-Finanzierungsinstrument konstruiert werden. Diese Instrumente entsprechen aufgezinsten Schuldtiteln, welche über einen bestimmten Zeitraum keine laufenden Zahlungen seitens des Schuldners erfordern. Vgl. GERETH / SCHULTE (1992), S. 97.

schuldverschreibungen werden auch in der Form von Equity-Linked Zero Bonds emittiert, bei denen die gewinnabhängigen Zinszahlungen dem Investor erst mit der Tilgung am Ende der Laufzeit zufließen.

d) Ein besonderes mezzanines Finanzierungsinstrument, das an das „normale“ Eigenkapital nah heranreicht, stellt die Vorzugsaktie dar. ***Vorzugsaktien*** gewähren einer Gruppe von Aktionären besondere Vorrechte gegenüber den Rechten der Stammaktionäre. Der entsprechende Bestandteil des Grundkapitals ist ebenso als Eigenkapital einzuordnen wie der den Stammaktionären zustehende Kapitalanteil. Dennoch wird das Kapital der Vorzugsaktionäre als Mezzanin-Kapital eingestuft, da die Kontroll- und Mitspracherechte der Vorzugsaktionäre in der Regel erheblich eingeschränkt sind.

– Nach Art des Vorzugs unterscheidet man ***Dividendenvorzugsaktien, Liquidationsvorzugsaktien*** und die in Deutschland mit der Umsetzung des KonTraG abgeschafften ***Stimmrechtsvorzugsaktien*** (Mehrstimmrechtsaktien).[9]
– Vorzüge können zusätzliche Rechte gewähren (***absolute Vorzüge***), diese Bevorzugung ist aber typischerweise mit Einschränkungen anderer Rechte gegenüber den Stammaktien verbunden (***relative Vorzüge***). Die Einschränkung anderer Rechte kann so gravierend sein, dass trotz der Vorzüge gegenüber den Stammaktien eine Wertminderung zu verzeichnen ist, so dass der Kurs von Vorzugsaktien durchaus unter dem der Stammaktien liegen kann.[10]

Typische Vorzugsaktien in Deutschland bieten Ansprüche auf – im Vergleich zu den Stammaktien – höhere Zahlungsüberschüsse (***Dividendenvorzugsaktien***) und sind bezüglich des Stimmrechts minderausgestattet (***stimmrechtslose Vorzugsaktien***), stellen also relative Vorzüge dar. Da solche stimmrechtslosen Dividendenvorzugsaktien häufig unter den Stammaktien notieren, wird dem Stimmrecht in der Literatur ein erheblicher Wert zugeordnet. Da Vorzugsaktien häufig keinen so breiten Markt haben wie die Stammaktien, besteht eine andere Erklärungsmöglichkeit für den niedrigeren Kurs auch in der geringeren Liquidität der Vorzugsaktien. Je höher der Anteil der Vorzugsaktien am Gesamtkapital ist, umso geringer scheint die Stimmrechtsprämie zu sein. Diese steigt allerdings, wenn die Wahrscheinlichkeit einer Übernahme der Gesellschaft steigt.

---

[9] Historisch betrachtet wurden Mehrstimmrechtsaktien in Deutschland insbesondere in den Jahren 1920 bis 1923 eingeführt, damit die Kommunen bei ihren Energiegesellschaften nach dem Verlust ihrer Kapitalmehrheit zumindest die Stimmrechtmehrheit behalten konnten. Danach waren Mehrstimmrechtsaktien überwiegend ein Vehikel, um einer Stimmrechtsmehrheit ausländischer Aktionäre vorzubeugen. Das 1998 in Kraft getretene Gesetz zur Kontrolle und Transparenz im Unternehmensbereich (KonTraG) hat Mehrfachstimmrechte und Höchststimmrechte für nicht mehr zulässig erklärt (vgl. § 12 (2) AktG).

[10] Diverse Untersuchungen weisen positive Stimmrechtsprämien nach. Vgl. KRUSE / BERG / WEBER (1993). Vgl. zur Mehrfachstimmrechtsaktie auch VOGL-MÜHLHAUS (1998).

(3) Hybride Finanzierungsinstrumente: Wandelschuldverschreibungen

a) ***Wandelanleihen*** (Convertible Bonds) bestehen aus zwei Komponenten, aus einer Schuldverschreibung und dem Recht, die Anleihe nach Ablauf einer Frist in Aktien (zumeist) des begebenden Unternehmens umzutauschen, d.h. zu wandeln.[11] Die Risikoverteilung einer Wandelanleihe beinhaltet somit die Verzinsung der Schuldverschreibung und den von der Kursentwicklung der Aktien abhängigen Wert des Wandlungsrechts. Abhängig von der Gewichtung dieser Komponenten steht der Fremdkapitalcharakter oder der Eigenkapitalcharakter im Vordergrund. Die spezifische Einordnung hängt somit von der Ausgestaltung der Kontraktelemente ab, also den Konditionen der Schuldvereinbarung (Zins, Laufzeit, etc.) und den Konditionen der Wandlung (Konversionspreis, Konversionsverhältnis, etc.). Hinsichtlich der Wandlungsbedingungen sind unterschiedliche Konstrukte denkbar. So können bestimmte Wandlungsfristen vereinbart oder die Wandlungsmöglichkeit an das Erzielen bestimmter Unternehmenskennzahlen gebunden werden.

Der ***Wert einer Wandelanleihe*** hängt insbesondere vom vorgegebenen Konversionsverhältnis ab.[12]

Liegt der Kurs einer (hypothetischen) Unternehmensaktie höher als der Rückzahlungsbetrag der Anleihe, so wird das Umwandlungsrecht in Anspruch genommen. Die ***Wandelanleihe*** kann daher als zusammengesetzte Position betrachtet werden, nämlich als Position des Anlegers in risikofreie Zerobonds und als Position eines Short Put mit dem Fremdkapitalanspruch der Anleihe als Basispreis sowie der Position eines Long Call mit dem Rückzahlungsbetrag der Anleihe (Konversionswert) als Basiswert.

Häufig sind ***Wandelanleihen mit einem Call*** ausgestattet, der dem Unternehmen das Recht einräumt, den Bond zu kündigen (Callable Convertible). Der Inhaber kann dann entweder sofort wandeln oder eine Ausgleichszahlung in Höhe des Callpreises einfordern. Abwandlungen des Grundtyps der Wandelanleihe stellen Zero Coupon Convertibles und Equity-Linked Zero Bonds mit Convertible Rights bzw. Discount Convertibles dar. Dabei werden anstelle der normalen Anleihen Gewinnschuldverschreibungen, Zero Bonds, Equity-Linked Zero Bonds etc. oder andere niedrig verzinsliche Anleihen mit Wandlungsrechten versehen.

Eine weitere spezielle Ausprägung ist die ***Zwangs- oder Pflichtwandelanleihe*** (Mandatory Convertible Bond), die zum Fälligkeitszeitpunkt automa-

---

[11] Zur Zahlungsstruktur einer Wandelanleihe vgl. Kapitel 3. Das Wandlungsrecht wird sich in der Regel auf junge Aktien aus einer bedingten Kapitalerhöhung, kann sich aber auch auf alte Aktien im Bestand des Emittenten oder der Emissionsbank beziehen.

[12] Vgl. auch die ausführlichere Herleitung in Kapitel 3 Abschnitt 3.3.5. Zur Analyse von Wandelanleihen vgl. BRENNAN / SCHWARTZ (1980, 1988).

tisch in Aktien umgewandelt wird, ohne dass dem Inhaber noch ein Wahlrecht zukommt. Die Anleihe beinhaltet bei Fälligkeit keine Option mehr, sondern wird automatisch und unabhängig vom Aktienkurs in Eigenkapital konvertiert, so dass der Emittent in keinem Fall eine Tilgung der Anleihe und den Abfluss von Cashflows befürchten muss.[13]

Gelegentlich wird die Auffassung vertreten, die Popularität von Wandelanleihen würde in Deutschland in der Zukunft noch wachsen. Für diese These sprechen einige Gründe.

- Da in Deutschland traditionell eine enge Beziehung zwischen den Banken und Industrieunternehmen bestand, wurde bisher die Bankfinanzierung als wichtigstes Finanzierungsmittel eingesetzt. Die derzeitige Strukturkrise im Bankbereich und die Vorbereitungen auf Basel II lassen allerdings eine Abkehr von diesem traditionellen Relationship Banking und den Übergang zu einem eher kapitalmarktorientierten Finanzierungssystem erwarten, in dessen Rahmen das ***Transaction Banking*** an Bedeutung gewinnen wird.[14] Gleichzeitig erscheint vielen Finanzmanagern bei niedrigem Kursniveau eine direkte Eigenkapitalemission unattraktiv. Durch die zeitliche Verschiebung der (beschlossenen) Eigenkapitalaufnahme auf einen späteren Termin bietet die Konstruktion der Wandelanleihe einen Ausweg aus dieser Situation, wenn der Kapitalmarkt die Emission der Wandelanleihe bereits als Zeichen einer Stärkung der Eigenkapitalbasis anerkennt.
- Ein weiterer Grund für die wachsende Bedeutung der Wandelanleihe könnte aus dem Trend zum Abbau der Kapitalbeteiligungen innerhalb der Industrie resultieren (NOLTE / NOLTING 2002). Die sog. ***Umtauschanleihe*** als Sonderform der Wandelanleihe kann dabei ein geeignetes Instrument zur frühzeitigen Realisierung der Liquidität aus einer solchen Transaktion darstellen. Bei einer solchen Umtauschanleihe wird die Anleihe nicht in Aktien des emittierenden Unternehmens gewandelt, sondern in Aktien eines anderen Unternehmens, das häufig allerdings vorab schon benannt wird. Mit Hilfe dieser Konstruktion können bei steigenden Kursen Beteiligungen an anderen Unternehmen abgebaut und an den Markt weitergegeben werden.

In der Zwischenzeit sind die Konstruktionsmerkmale der Wandelanleihe mit der Emission sog. ***Reverse Convertibles*** (***Aktienanleihen, Equity-Linked Bonds***) auch quasi auf den Kopf gestellt worden. Statt des Anlegers hat bei diesen Papieren der ***Emittent*** ein ***Wahlrecht***. Dieses besteht in der Option, die Tilgung einer von ihm emittierten Anleihe bei Fälligkeit in bar oder durch

---

[13] Zur Ausgestaltung, Bewertung und den Aktienkursreaktionen auf die Emission von Pflichtwandelanleihen vgl. KOZIOL / SAUERBIER (2005). Zu anderen Ausgestaltungsmöglichkeiten der Wandelanleihen wie beispielsweise den Puttable Convertibles oder Step-up Convertibles vgl. MÜLLER (2002).

[14] Vgl. ausführlich Kapitel 14.

eine vorab bestimmte Anzahl an Aktien einer bestimmten Gesellschaft vorzunehmen.

Statt des für die Wandelanleihe typischen niedrigen Nominalzinses sind bei den Aktienanleihen in der Regel deutlich höhere als die Marktzinsen vereinbart. Es gibt aber auch Konstruktionen, in denen gar keine Zinszahlungen vorgesehen sind (Zero-Coupon Reverse Convertibles, Diskontzertifikate). Neben einfachen Reverse Convertibles werden auch Multi Reverse Convertibles emittiert, bei denen die Rückzahlung in einer von mehreren verfügbaren Aktienarten erfolgt.[15]

b) ***Optionsanleihen*** (Aktienoptionsanleihen, Bonds with Warrant) stellen eine besondere Form der Schuldverschreibung dar, die über die Schuldrechte hinaus mit der Option für den Inhaber (Bezugsrecht) ausgestattet ist, innerhalb einer bestimmten Frist (Optionsfrist) eine bestimmte Anzahl von Aktien des emittierenden Unternehmens zu einem im voraus festgelegten Kurs (Bezugspreis) zu beziehen. Die Optionsanleihe zeigt große Ähnlichkeiten zur Wandelanleihe, weil sie sich ebenfalls aus der Kombination einer Schuldverschreibung mit einer Option auf die Aktien des Emittenten zusammensetzt. Das Unterscheidungsmerkmal zur Wandelanleihe ist die Trennung des Optionsscheins von der Schuldverschreibung und die damit gegebene getrennte Handelbarkeit der beiden Rechte. Es besteht also kein Anspruch, Fremdkapital in Eigenkapital umzuwandeln, sondern neben den Anspruch aus der Schuldverschreibung tritt das Recht auf Bezug von Aktien dazu. Wie bei der Wandelanleihe setzt die Emission einer Optionsanleihe einen Hauptversammlungsbeschluss über eine bedingte Kapitalerhöhung voraus. Aktienrechtlich zählen sowohl Wandelanleihen als auch Optionsanleihen zu den in § 221 AktG definierten ***Wandelschuldverschreibungen***, bei denen den Gläubigern, ein Wandlungs- oder Bezugsrecht eingeräumt wird (PETERHANS 1994).

Die Optionsanleihe weist typischerweise einen niedrigen Zinssatz auf und bietet stattdessen das Bezugsrecht. Das Bezugsrecht als Option wird kurz nach der Emission von der Anleihe getrennt. ***Anleihen und Warrants*** (Optionsscheine) ***werden dann getrennt gehandelt.*** Im Gegensatz zur Wandelanleihe geht auch nach einer Ausübung des Optionsrechts die Anleihe nicht unter. Diese behält den Charakter einer (niedrig verzinslichen) Unternehmensanleihe. Der einer Optionsanleihe beigegebene ***Optionsschein oder Warrant*** ist ein Finanztitel, der dem Inhaber das Recht einräumt, eine vorgegebene Anzahl von Aktien des Emittenten zu einem im voraus festgelegten Kurs zu beziehen, so dass ein Warrant eine Call Option auf die vom Emittenten ausgegebenen Aktien darstellt.[16]

---

[15] Zur Bewertung von Aktienanleihen vgl. WILKENS / RÖDER (2003).

[16] Ursprünglich war der Warrant an Primäremissionen (Sweetener) für Anleihen (Optionsanleihe), z. T. auch für Vorzugsaktien und Erstemissionen von Aktien gebunden. Opti-

c) ***Wandelbare Vorzugsaktien*** sind in Deutschland bislang nicht emittierte, aber aus theoretischer Perspektive interessante Finanzierungsinstrumente. In den USA werden sogar sehr viele Finanzierungsverträge von Venture-Capital-Gesellschaften mit jungen Gründungsunternehmen auf der Basis wandelbarer Vorzugsaktien abgeschlossen (vgl. KAPLAN / STRÖMBERG 2003). Die Vorzugsaktionäre erhalten dabei einen ***bevorrechtigten Dividendenanspruch***, der aber nicht regelmäßig ausgezahlt, sondern längerfristig ***akkumuliert*** wird. Im Liquidationsfall genießen die Halter der wandelbaren Vorzugsaktien ein ***Liquidationsprivileg*** und bekommen vor allen anderen Anspruchsberechtigten den Nennwert der Vorzugsaktien einschließlich der akkumulierten Dividenden ausgezahlt.

Wandelbare Vorzugsaktien werden dann aufgelöst, wenn sie zu einem vorher festgelegten Preis an das Unternehmen zurückgegeben werden. Für einen solchen Buy-Back gibt es zwei Möglichkeiten. Entweder erfolgt die Wandlung auf Verlangen des Unternehmers oder verpflichtend nach dem Ablauf einer bestimmten Zeitspanne. Für den Fall des Zeitablaufs wird die Vereinbarung getroffen, dass das Unternehmen über eine gewisse Zeitspanne hinweg aus einem Teil der erwirtschafteten Überschüsse Rücklagen bildet, um nach Ablauf der Frist in der Lage zu sein, die Vorzugsaktien auch tatsächlich zurückkaufen zu können (Sinking Fund Redemption). Eine Nichterfüllung dieser Vereinbarung zur Rücklagenbildung wie auch andere bestimmte verifizierbare negative Ereignisse führen dazu, dass die Vorzugsaktionäre besondere Stimmrechte erhalten, die ihnen die Übernahme der Unternehmenskontrolle ermöglichen (BASCHA 2001, S. 27). Es gilt zu überlegen, ob nicht solche konditionierten Finanztitel auch in die deutsche Finanzierungspraxis eingeführt werden können.

9.2.3 Anlässe für Mezzanin-Finanzierungen in der Praxis

Die Finanzierungstheorie hat sich mit der Rationalität von Mezzanin-Finanzierungen dahingehend auseinandergesetzt, als untersucht worden ist, ob es nicht spezielle Unternehmen gibt oder Unternehmen in speziellen Situa-

---

onsscheine beziehen sich heute aber vielfach nicht auf eigene Aktien aus einem bedingten Kapital, sondern auf bereits umlaufende Aktien anderer Gesellschaften. Dementsprechend werden solche Optionsscheine häufig von Banken ausgegeben. Man bezeichnet sie auch als synthetische Optionsanleihen und rechnet sie zu den strukturierten Anleihen.

Optionsscheine werden an Börsen gehandelt, und zwar im amtlichen Handel, im geregelten Markt oder im Freiverkehr. Optionsscheine, die nur im Telefonhandel – also ohne Börsennotiz – gehandelt werden, bergen ein erhebliches Liquiditätsrisiko in sich. Die Entwicklung des Optionsscheinmarktes, der in seiner Vielfalt kaum noch zu überschauen ist, kann noch in keiner Weise als abgeschlossen angesehen werden. Eine breite Beschreibung des Marktes für strukturierte Produkte findet man in TOLLE / HUTTER / RÜTHEMANN / WOHLWEND (2005).

tionen in ihrem Lebenszyklus, in dem sich mezzanine Finanzierungen in besonderer Weise anbieten. In der Praxis wird nämlich darauf Aufmerksam gemacht, dass sich insbesondere kritische Situationen im Leben der Unternehmen für eine Finanzierung mit diversen mezzaninen Titeln anbieten. Einige dieser Situationen werden im folgenden Abschnitt dargestellt. Dabei wird keine Vollständigkeit angestrebt, sondern exemplarisch aufgezeigt, welche positiven Wirkungen mit dem Einsatz von Mezzanin-Finanztitel erzielt werden können.

(1) Typische Vorteile der Mezzanin-Finanzierung

Die Verwendung von Mezzanin-Kapital bietet nach Meinung der Praxis verschiedene Vorteile (ELKEMANN-REUSCH / ZICKENROTT 2000, S. 113):

- Die ***Verbesserung der Bilanzstruktur*** (durch Zurechnung zum Eigenkapital) kann zu einer besseren Bewertung durch Banken und Ratingagenturen – für die Kreditseite – oder durch Anleger und Analysten – für die Eigenkapitalseite – führen und damit eine Kapitalmarktunvollkommenheit ausgleichen, die durch schematische oder regulativ geprägte Bewertungen zustande kommen kann. Mezzanin-Kapital wird insbesondere auf das geänderte Kreditvergabeverhalten der Banken im Zuge der Vorbereitung auf Basel II empfohlen.
- Der ***Kreditspielraum*** bei den „normalen" Fremdkapitalgebern wird durch Mezzanin-Kapital nicht eingeengt, weil den neuen mezzaninen Gläubigern keine Kreditsicherheiten zur Verfügung gestellt werden.
- Durch die Ausgabe von Mezzanin-Finanztiteln erfolgt keine Verwässerung der ***Anteilsstruktur*** der Altgesellschafter.
- Die Anlage mezzaniner Finanztitel kann im Einzelfall ohne eine ***Unternehmensbewertung*** erfolgen, die bei einer Emission von Eigenkapitaltiteln notwendig wäre, aber neben hohen Transaktionskosten ein erhebliches Konfliktpotential gegenüber den Altaktionären oder dem Management aufbauen würde.
- Schließlich wird auf die große Flexibilität in der Produktgestaltung entsprechend den individuellen Erfordernissen hingewiesen.

Die genannten Vorteile betreffen insbesondere kleine und mittlere Unternehmen, weshalb dort auch das vorwiegende Einsatzfeld der Mezzanin-Finanzierungen gesehen wird (DÖRSCHER / HINZ 2003, S. 606).

(2) Anwendungsbeispiele für Mezzanin-Finanzierungsformen

Mezzanin-Kapital wird in den USA insbesondere in dem traditionellen Anwendungsbereich der Akquisitionsfinanzierung eingesetzt, wenn beispielsweise bei einem Management Buy-Out (MBO) dem Management nicht genügend Eigenmittel zur Aufbringung des Kaufpreises zur Verfügung stehen.

MBO-Transaktionen zeichnen sich erstens dadurch aus, dass die üblichen für die Bewertung der Ratingagenturen wesentlichen Verschuldungskennzahlen überzogen werden und durch den Einsatz mezzaniner Titel verbessert werden können.[17] Zweitens ist es gerade der Sinn eines MBO, dass die Manager möglichst die alleinigen Eigentumsrechte erwerben und damit das Konfliktpotential abgebaut werden soll, das bei einem bis dahin verwässerten Eigentum der Manager aufgebaut worden ist. An der erfolgreichen Entwicklung des Unternehmens partizipierendes Mezzanin-Kapital kann dagegen die Finanzierungslücke schließen, ohne dass das Management die neu erworbene Unternehmenskontrolle wieder aufgeben muss.

Eine ähnliche Entwicklung wie in den USA fand nur in Großbritannien statt, wo die Mezzanin-Finanzierung hauptsächlich durch dort ansässige amerikanische Firmen eingeführt wurde (PRATT / CROWE 1995, S. 371). In Kontinentaleuropa ist erst seit 1996 ein starker Anstieg der MBOs zu beobachten.

Generell kann beim ***Gesellschafterwechsel*** Mezzanin-Kapital eine günstige Finanzierungsalternative bieten. Oft reichen die verfügbaren Reserven nicht aus, um den ausscheidenden Gesellschafter abzufinden. Darüber hinaus reduziert sich die Haftungsbasis bei Ausscheiden des Gesellschafters, wodurch die Kreditsicherheiten abnehmen. Diese Konfliktsituation kann durch die Übernahme der Gesellschafteranteile durch Mezzanin-Kapitalgeber in Verbindung mit einer Earn-Out-Konstruktion gelöst werden. Die Rückzahlung des Mezzanin-Kapitals erfolgt dann abschnittsweise über die zukünftigen Cashflows, wobei die Anteile nach und nach zurückerworben werden.

Neben der Buy-Out-Finanzierung bzw. der Finanzierung des Gesellschafterwechsels wird Mezzanin-Kapital von jungen, sich gut entwickelnden Unternehmen zur ***Wachstumsfinanzierung*** nachgefragt. Sofern das Wachstum eines Unternehmens nicht über Kreditinstitute finanziert werden kann, weil nicht genügend Einzahlungsüberschüsse generiert werden oder materielle Vermögensgegenstände als Kreditsicherheit vorhanden sind, muss die Finanzierung über Eigenmittel oder Mezzanin-Kapital erfolgen.

Die Emission von Eigenkapital kann mit hohen Kosten verbunden sein, die Einräumung weitreichender Informations- und Kontrollrechte erforderlich machen oder die Ansprüche der Altgesellschafter wesentlich verwässern. In diesem Fall ist zu prüfen, ob nicht eine Mezzanin-Finanzierung eine geeignete Finanzierungsform darstellt, für die zwar eine erfolgsabhängige Vergütung ausbezahlt wird, aber keine wesentlichen Mitspracherechte eingeräumt werden. Die mangelnden Kontrollmöglichkeiten haben zur Folge, dass die Mezzanin-Investoren vor ihrer Anlage das Unternehmen detailliert analysieren und dessen Planungsrechnungen im Hinblick auf seine Plausibilität besonders sorgfältig überprüfen (Due Diligence) und diese Tätigkeit gegebenenfalls an

[17] Man spricht dann auch von einem Leveraged Buy-Out (LBO).

spezialisierte Intermediäre wie Mezzanin-Fonds übertragen (DÖRSCHER / HINZ 2003).

Eine ***Brückenfinanzierung*** (Bridge Financing) dient dazu, den Kapitalbedarf vor einem Börsengang zu decken. Auch hier bietet sich Mezzanin-Kapital als Finanzierungsform an. Ein speziell zu diesem Zweck eingesetztes Instrument ist die ***Going-Public-Anleihe***, die eine Option auf den ***Bezug von Aktien im Falle eines Börsengangs*** beinhaltet.[18] Die Option ermöglicht einen geringen Nominalzins und ist daher Cashflow sparend. Wird die Option zum Zeitpunkt des IPOs ausgeübt, so erhält der Inhaber auch bei Überzeichnung die im Kontrakt benannte Menge an Aktien. Erfolgt kein Börsengang oder verzichtet der Emittent auf sein Optionsrecht, so erhält er eine Rückzahlung inklusive eines Agios, das ihn für die geringeren Zinszahlungen entschädigen soll.

Weitere Anwendungsfelder von Mezzanin-Finanzierungen sind **Sanierungen**. Bei ***Turn-around-Finanzierungen*** wird der niedrigere Kupon für den Anleger mit der Aussicht verbunden, dass er bei erfolgreicher Sanierung des Unternehmens einen attraktiven Anteil an dem Unternehmen beziehen kann.[19]

Auch bei der ***Projektfinanzierung*** müssen die Forderungen der Kapitalgeber aus potentiellen, dem Investitionszeitpunkt nachgelagerten Cashflows bedient werden. Das Projektfinanzierungsvorhaben stellt eine isolierte, sich selbst finanzierende Einheit dar, so dass ein Rückgriff auf die Investoren bei Zahlungsausfall nicht möglich ist. Typischerweise werden auch die Vermögensgegenstände durch das Finanzierungsvorhaben selbst erst geschaffen. Durch Rangvereinbarungen und die Kombination fixer und gewinnabhängiger Verzinsungsstrukturen kann Mezzanin-Kapital optimal auf die Rendite-Risiko-Charakteristika der jeweiligen Projektfinanzierung abgestimmt werden.[20]

(3) Mezzanin-Finanzierungen als Venture Capital

Schließlich ist auf ein Anwendungsfeld von Mezzanin-Kapital hinzuweisen, das in Deutschland offenbar noch nicht oder wenig erschlossen ist, am amerikanischen Markt für Venture Capital aber intensiv genutzt wird, nämlich der Einsatz hybrider Finanztitel bei ***Venture-Capital-Finanzierungen***. So zeigt GOMPERS (1993) in einem Modell, dass der Übergang von einer Mischfinanzierung zur Verwendung hybrider Finanzierungsinstrumente eine größere Selektionsfähigkeit der guten von den schlechten Unternehmen ermöglicht.

[18] Darüber hinaus kann die Going-Public-Anleihe auch zur Übernahmefinanzierung eingesetzt werden. Vgl. LINK (2002), S. 24.

[19] Vgl. Abschnitt 13.3 in Kapitel 13.

[20] Vgl. GERETH / SCHULTE (1992), S. 126–127. Zur Konstruktion von Projektfinanzierungen vgl. BACKHAUS / KÖHL (2001) sowie RUDOLPH (1998b).

Hier bieten sich Wandelanleihen an, die im Vergleich zu Mischfinanzierungen bei gleicher Anreizwirkung eine bessere Selektionsfunktion besitzen, weil damit die fähigeren Unternehmer bereit sind, eine höhere Kreditkomponente zu akzeptieren als bei einer Mischfinanzierung aus Aktien und Krediten. Trotz hoher Kreditforderungen kann eine Erhöhung des Projektrisikos verhindert werden, weil die Venture-Capital-Gesellschaft durch die Konversion im guten Zustand sehr viel stärker am Projektertrag beteiligt wird als bei einer Mischfinanzierung (SCHMIDT 1999, 2003 sowie BASCHA 2001).

Wandelschuldverschreibungen können auch die Funktion stärken, bei einem Misserfolg einen rechtzeitigen Projektabbruch zu unterstützen. Bekanntlich ist für Venture-Capital-Finanzierungen eine Stufenfinanzierung (Staging) vorteilhaft, so dass das neue Unternehmen immer nur so viel Mittel erhält, bis die nächste überprüfbare Hürde im Entwicklungsprozess übersprungen ist oder bis die Investoren neue Informationen über die Erfolgschancen des Projekts erhalten. Da der junge Unternehmer in der Regel ein starkes Interesse an der Fortsetzung des Projekts hat, besteht bei ihm eine Neigung, das Signal zu manipulieren, so dass er an der neuen Finanzierungsrunde partizipieren kann. CORNELLI und YOSHA (2002) haben in einem Modell gezeigt, dass die Verwendung hybrider Finanzierungsinstrumente dieses Problem beseitigen kann, indem man einen Teil ihres Kreditanspruchs in einen Aktienanteil umtauschen kann.[21]

(4) Organisation des Marktes für Mezzanin-Kapital

Traditionell basieren in Deutschland stille Beteiligungen und andere Zwischenformen der Finanzierung auf privaten Vereinbarungen einzelner Vertragspartner. Genussrechte der Kreditinstitute lassen sich bei öffentlich rechtlichen Instituten und Genossenschaftsbanken am Schalter zeichnen, kapitalmarktorientierte Instrumente werden wie die entsprechenden Eigen- und Fremdkapitaltitel auf der Basis eines Prospektes öffentlich begeben. Absatzerfolge am amerikanischen Markt und die gestiegene Nachfrage der Unternehmen nach solchen Finanzierungsmitteln haben andere Organisationsformen der Bereitstellung von Mezzanin-Kapital erforderlich gemacht.

Zum einen benötigen institutionelle Anleger eine Zuordnung zu einzelnen ***Asset-Klassen***, was eine gewisse Normierung erforderlich macht. In der Praxis spricht man beispielsweise von „Senior Mezz" – und meint damit Nachranganleihen mit einem relativen hohen, aber festen Zins –, „Traditional Senior Mezz with Equity Kicker" und „Junior Mezz" – worunter man beispielsweise Vorzugsaktien verstehen kann – und nimmt damit in griffiger Form die

[21] Vgl. CORNELLI / YOSHA (1997), BASCHA (2001) und GEBHARDT / SCHMIDT (2002).

bereits erwähnte Einordnung im Hinblick auf die Nähe zum Eigen- oder Fremdkapital auf.

Zum anderen bietet es sich für die nicht an einer Börse notierten Finanzierungstitel an, das Management der Anlage einem Fonds zu übertragen, der ähnlich wie ein Private-Equity-Fonds von einer Fondsgesellschaft konzipiert, vermarktet und gemanagt wird. Die Managementgesellschaft prüft die Beteiligungen und nimmt die mit den Titeln gegebenenfalls verbundenen Informations- und Kontrollrechte wahr. Die Konstruktion von ***Mezzanin-Fonds*** bietet den Anlegern erstens den Vorteil, dass sie ohne große eigene Personalkapazität ein gut diversifiziertes Portefeuille von Mezzanin-Titeln halten können.[22] Darüber hinaus ist es den Anlegern auf diesem Wege auch möglich, grenzüberschreitende Anlagen zu tätigen.

9.3 Spezielle Motive für den Einsatz von Mezzanin-Kapital

In der Finanzierungstheorie ist untersucht worden, ob sich nicht durch den Einsatz mezzaniner Finanztitel die Kapitalkosten eines Unternehmens senken lassen. Niedrige Kapitalkosten sind natürlich nur dann möglich, wenn der Kapitalmarkt nicht vollkommen ist. Dementsprechend befasst sich die Finanzierungstheorie mit der Herausarbeitung jener Kapitalmarktunvollkommenheiten, deren Auswirkungen durch den Einsatz mezzaniner Finanztitel, aber nicht durch die Kombination „normaler“ Eigen- und Fremdkapitaltitel gemildert werden können. Spricht beispielsweise die steuerliche Situation eines Unternehmens für eine möglichst weitgehende Verschuldung, verweigern aber die Gläubiger wegen eines ungünstigen Ratings einen entsprechenden Kredit oder belasten ihn mit hohen Zinsforderungen, dann kann man gegebenenfalls Investoren finden, die steuerlich wie Fremdkapital wirkendes Mezzanin-Kapital zur Verfügung stellen, das aber wie Eigenkapital wirkt, weil es gegenüber dem bestehenden Kapitalblock nachrangig bedient wird.

Im folgenden Abschnitt sollen einige Überlegungen der Literatur zur Ausnutzung solcher Kapitalmarktunvollkommenheiten vorgestellt werden.

Die unterschiedliche Ausstattung der verschiedenen Mezzanin-Instrumente sorgt dafür, dass keine generellen Aussagen über die Attraktivität von Mezzanin-Finanzierungen, sondern höchstens Aussagen zu speziellen konkreten Instrumenten vorgenommen werden können. Die Literatur hat dabei in ihren

---

[22] Vgl. auch den Vorschlag der KfW-Bankengruppe zur Auflegung eines 10 bis 12 Jahre laufenden MBG-Mezzanin-Fonds durch mittelständische Beteiligungsgesellschaften, in die auch Garantien der KfW und anderer Garantiegeber einfließen können, in: KfW, Abschlussbericht der Arbeitsgruppe „Eigenkapital für den breiten Mittelstand“ unter Leitung der KfW, Frankfurt a. M. Jan. 2003.

Analysen insbesondere die Wandelanleihe als besonders interessantes Instrument herausgegriffen.

Die Wandelanleihe soll auch hier stellvertretend herausgegriffen werden, zumal sie über ihre speziellen Ausstattungsmerkmale ein breites Spektrum von Charakteristika zwischen „Equity-Like“ und „Debt-Like“ abdeckt, das die Breite der Mezzanin-Finanzierungen zwischen dem Eigenkapital und dem Fremdkapital widerspiegeln kann (vgl. THIES 2000, S. 317).

Merkmal	**„Equity-Like“**	**„Debt-Like“**
Wandlung	Wandlungspflicht	Wandlungsrecht
Wandlungsverhältnis	deutlich höher	deutlich geringer
Bezugskurs	eher geringer	eher höher
Erwartete Laufzeit bis zur vorteilhaften Wandlung	eher kürzer	eher länger
„Time to Call“ (Call Protection Period)	deutlich länger	deutlich kürzer
„Face Value“	deutlich höher	deutlicher geringer
Zeit bis zur „Forced Conversion“	deutlich kürzer	deutlich länger
Laufzeit	eher kürzer	eher länger
Kupon	eher geringer	eher höher

Abb. 9.3: Einordnung der Ausstattungsmerkmale von Wandelanleihen

Auch in diesem Abschnitt wird keine Vollständigkeit angestrebt, sondern lediglich exemplarisch die positiven Wirkungen, die mit dem Einsatz mezzaniner Finanzinstrumente verbunden sind, aufgezeigt.

9.3.1 Mezzanin-Kapital als Eigenkapitalsubstitut

Der Einsatz von Mezzanin-Kapital kann gegebenenfalls die mit einer asymmetrischen Informationsverteilung zwischen dem Management einer Gesellschaft und seinen Financiers auftretenden Agency-Probleme reduzieren helfen. Im Sinne der Hackordnungshypothese (Pecking Order Theory) stehen Mezzanin-Finanztitel zwischen der zu bevorzugenden Emission möglichst risikofreien Fremdkapitals und der wegen ihrer adversen Kurswirkungen möglichst zu vermeidenden Finanzierung durch die Emission von Eigenkapitaltiteln im breiten Publikum. Da durch das adverse Selektionsproblem direktes Eigenkapital unattraktiv wird, zeigt STEIN (1992) anhand eines formalen

Modells, wie Mezzanin-Kapital den indirekten Zugang zu Eigenkapital ermöglicht. Dazu trifft er aufbauend auf dem in Abschnitt 9.3.1 dargestellten Modell von MYERS / MAJLUF genauere Annahmen über die Verteilung der Parameter a, dem existierenden Vermögen des Unternehmens, und b, dem Kapitalwert des Investitionsprojekts, wovon das Unterinvestitionsproblem abhängt. Das Modell von STEIN (1992) wird im Folgenden näher erläutert.

(1) Modellrahmen und Gleichgewichtssituation

In Steins Modell wird der Zeitrahmen aus der MYERS / MAJLUF – Analyse um eine Periode erweitert. Die Realisation der Cashflows aus dem Investitionsprojekt tritt nun erst zum Zeitpunkt $t = 2$ ein, wobei b und a einen hohen Wert X_h oder einen niedrigen Wert X_n annehmen können.[23] Für die Größe von X gilt $X_h > I > X_n$. Außerdem wird zwischen Firmen guter, mittlerer und schlechter Qualität unterschieden, wobei die Differenzierung in der ex ante Eintrittswahrscheinlichkeit von X liegt.

Gute Unternehmen realisieren X_h mit Sicherheit, mittlere mit der Wahrscheinlichkeit p und schlechte mit der Wahrscheinlichkeit q, mit $1 > p > q$. Die Qualität der Unternehmung ist zunächst nur dem Management bekannt. Neben der Möglichkeit Eigenkapital oder Fremdkapital aufzunehmen, besteht auch die Option, eine mit einem Call verknüpfte Wandelanleihe zu emittieren. Das Konversionsverhältnis entspricht einem Anteil am Eigenkapital des Unternehmens in Höhe von[24]

$$(1) \qquad \frac{I}{pX_h + (1-p)X_n}.$$

Nimmt das Unternehmen hingegen Fremdkapital zum Wert $F > X_n$ auf, so wird es im Falle des Zahlungsausfalls in $t = 2$ mit exogen gegebenen Kosten in Höhe von c konfrontiert.

Zum Zeitpunkt $t = 1$ geschieht Folgendes:

- Die private Information des Managements über den Firmentyp wird öffentlich.
- Der Wert der schlechten Firmen wird öffentlich. Mit Wahrscheinlichkeit $(1 - z)$ wird die schlechte Firma zu einer mittleren, d. h. X_h tritt mit der Wahrscheinlichkeit p ein. Mit der Gegenwahrscheinlichkeit z beträgt die Wahrscheinlichkeit eines hohen Cashflows in $t = 2$ Null.
- Die Wandelanleihe ist kündbar zu einem Preis in Höhe des Konversionsverhältnisses K, mit $X_n < K < I$, wobei die Kündigung durch Ausübung des Calls erreicht wird.

---

[23] Die Höhe von a hängt auch von b ab. Tritt also b_h ein, so folgt gleichzeitig a_h und umgekehrt, so dass beide Parameter unter X_h bzw. X_n subsumiert werden können.

[24] Der Diskontfaktor wird vernachlässigt, den Agenten Risikoneutralität unterstellt.

Wenn nun die Kosten für ein Unternehmen in einer finanziellen Notlage hoch genug sind, nämlich $c > I - X_L$, resultiert ein ***separierendes Gleichgewicht*** der Form:

- Gute Unternehmen nehmen Fremdkapital zum Nennwert I auf und investieren.
- Schlechte Firmen emittieren Eigenkapital in Höhe von $\frac{I}{qX_h + (1-q)X_n}$ und tätigen ihre Investition.
- Mittlere Unternehmen emittieren eine Wandelanleihe und investieren.

Dieses Gleichgewicht stellt sich genau dann ein, falls es sich für kein Unternehmen lohnt, das jeweils andere zu imitieren, was nachfolgend gezeigt wird.

(2) Die Sicht der Unternehmen schlechter Qualität

Zuerst wird untersucht, ob es sich für ein schlechtes Unternehmen lohnt, durch die Emission einer Wandelanleihe ein Unternehmen mittlerer Qualität nachzuahmen. Im relevanten Umweltzustand, der mit Wahrscheinlichkeit z eintritt, beträgt der Cashflow X_n. Daher entspricht der Wert, den Investoren bei Konversion der Wandelanleihe erhalten:

(2) $$\frac{I}{pX_h + (1-p)X_n} \cdot X_n < X_n .$$

Wegen $X_n < K$ ist für Investoren eine Konversion nicht lohnend.

Das Vermögen im Unternehmen X_n reicht aber ebenfalls nicht aus, um den Rückzahlungsbetrag K aufzubringen, so dass auch das Unternehmen sein Kündigungsrecht nicht ausüben wird. In $t = 2$ verbleibt daher eine Rückzahlungsverpflichtung in Höhe von F. Da $X_n < F$ kann auch diese Zahlung nicht geleistet werden und das Unternehmen muss die Kosten des Zahlungsausfalls in Höhe von $c \cdot z$ tragen.

Dennoch besteht auch die Möglichkeit, dass der Zustand $(1 - z)$ eintritt und sich die Perspektiven des schlechten Unternehmens verbessern. Insgesamt betrachtet ist die Unsicherheit über die Cashflows aber zu groß für die Financiers, als dass sie die Anleihe wandeln würden. In $t = 1$, wenn bekannt wird, dass das Unternehmen von schlechter Qualität ist, ist damit gleichzeitig das Wissen verbunden, dass sich dieses Unternehmen sogar noch weiter verschlechtern kann, nämlich im Zustand z. Das bedeutet also, dass der Umweltzustand des niedrigen Cashflows bei Unternehmen schlechter Qualität sehr viel wahrscheinlicher ist als bei Unternehmen mittlerer Qualität, weshalb die Investoren von einer Konversion absehen werden.

Möglicherweise lohnt es sich für das schlechte Unternehmen trotzdem, eine Wandelanleihe zu emittieren. Nämlich dann, wenn der Preis der

Wandelanleihe den Investitionsbedarf so weit übersteigt, dass auch die Kosten des Zahlungsausfalls gedeckt sind. Der Wert der Wandelanleihe in $t = 1$ entspricht

$$(3) \qquad (1-z)\,I + zX_n .$$

Da damit lediglich Kapital in Höhe von I aufgenommen wird, ist das Finanzinstrument in Höhe von $z(I - X_n)$ überteuert. Die Wandelanleihe wird vom Unternehmen nur dann ausgegeben, wenn dieser zusätzliche Betrag die Insolvenzkosten deckt, d. h. $z(I - X_n) > cz$, also $c < I - X_n$ gilt. Da diese Bedingung annahmegemäß ausgeschlossen ist, kommt in dem Modell von STEIN die Emission einer Wandelanleihe für Unternehmen schlechter Qualität nicht in Betracht.

Die gleiche Argumentationskette führt zu dem Ergebnis, dass das Unternehmen schlechter Qualität kein Fremdkapital aufnimmt. Der Wert des Fremdkapitals zum Emissionszeitpunkt beträgt

$$(4) \qquad qI + (1-q)X_n.$$

Es liegt eine Auszahlung in Höhe von $(1 - q)(I - X_n)$ vor. Fremdkapital ist nur attraktiv, wenn $(1 - q)(I - X_n) > cz$, d. h. $c < I - X_n$ gilt. Folglich wird das Unternehmen auch kein Fremdkapital aufnehmen.

Um die Insolvenzkosten zu vermeiden, verbleibt nur die Möglichkeit, Eigenkapital in Höhe von

$$(5) \qquad \frac{I}{qX_h + (1-q)X_n}$$

zu emittieren und den Unternehmenswertverlust bei Emissionsankündigung in Kauf zu nehmen.

(3) Die Sicht der Unternehmen mittlerer und guter Qualität

Ein Unternehmen mittlerer Qualität wird eine fair bewertete Wandelanleihe begeben, da der Konversionswert in $t = 1$ immer I beträgt.[25] Damit ist der Konversionswert größer als K, so dass eine Wandlung mit Sicherheit erfolgt und das Unternehmen die Kosten des Zahlungsausfalls c in jedem Fall umgehen kann. Eine Emission von Eigenkapital ist für Unternehmen mittlerer Qualität unattraktiv, da diese Finanzmittel aus ihrer Sicht unterbewertet sind.[26]

---

[25] Dies folgt aus $\frac{I}{pX_h + (1-p)X_n} \cdot (pX_h + (1-p)X_n) = I$.

[26] Dieser Fall entspricht dem von MYERS / MAJLUF (1984) behandelten Fall der Unterinvestition.

Eine Fremdkapitalaufnahme ist aus dem gleichen Grund nicht lohnenswert, weshalb Unternehmen schlechter Qualität kein Fremdkapital aufnehmen.[27]

(4) Ergebnis der Modellbetrachtung

Im vorgestellten Fall stellt sich ein separierendes Gleichgewicht ein, in dem keines der betrachteten Unternehmen die Kosten eines möglichen Zahlungsausfalls trägt. Die Finanzierung über eine kündbare Wandelanleihe ist dabei speziell für Unternehmen mittlerer Qualität von Vorteil. Für diese ist ein direkter Zugriff auf Eigenkapital aufgrund des adversen Selektionsproblems nicht lohnend und ohne die Verfügbarkeit des hybriden Finanzinstruments würden diese Unternehmen von einer Investition absehen. Durch die Ausgabe der kündbaren Wandelanleihe wird es Unternehmen mittlerer Qualität jedoch ermöglicht, Eigenkapital mit einer zeitlichen Verzögerung in ihre Kapitalstruktur aufzunehmen.[28]

BRENNAN / SCHWARTZ (1988) betonen in ihrer Modellanalyse einen etwas anderen Aspekt als STEIN (1992), indem sie argumentieren, dass bei der Ausgabe von Wandelanleihen das Unternehmensrisiko vom Wert der ausstehenden Wandelanleihen abgekoppelt werden kann.[29] Bei einer Finanzierungsstruktur, die sowohl eine Kreditkomponente als auch eine Aktienoption beinhaltet, ist der Erwartungswert der Auszahlungsansprüche für die Investoren weniger sensibel bezüglich kleiner Schwankungen im Risikoprofil des Unternehmens als bei einer reinen Aktien- und / oder Kreditfinanzierung. Zwar reduziert sich der Wert der risikobehafteten Anleihekomponente, wenn das Unternehmensrisiko steigt. Zugleich steigt aber der Wert der beigefügten Option. In der Summe ergibt sich in etwa ein risikoneutraler Gesamteffekt, der der oben vorgenommenen Einordnung der Wandelanleihe in die Hackordnung der Finanzierungsalternativen entspricht (THIES 2000, S. 313).

Unternehmen sollten also umso eher eine Finanzierung über die Emission von Wandelanleihen ins Auge fassen, je größer die Informationsasymmetrie gegenüber den potentiellen Anlegern bei der Einschätzung des Unternehmensrisikos ist. BRENNAN / KRAUS (1987) zeigen, dass es durch die Verwendung von Wandelanleihen unter bestimmten Voraussetzungen zu einem vollständigen Signalgleichgewicht kommen kann.

---

[27] Mit dem Unterschied, dass hier die Parameter q und p ausgetauscht werden.

[28] Diverse empirische Untersuchungen bestätigten die Motivation der Unternehmen zu einer zeitlich rückverlagerten Eigenkapitalbeschaffung als wichtigen Grund für die Ausgabe von Wandelanleihen. Vgl. BRIGHAM (1966) oder BROMAN (1963). Diese Motivation wird bei der Emission einer Zwangswandelanleihe besonders deutlich.

[29] Zur Bewertung von Mezzanin-Kapital vgl. BRENNAN / SCHWARTZ (1980).

9.3.2 Risikoanreizkompatible Finanzierung zur Kapitalkostenreduktion

(1) Mezzanin-Kapital zur Reduktion von Kontrollkosten

In der Finanzierungstheorie sind nicht nur Modelle entwickelt worden, die den Einsatz von Wandelanleihen zur Lösung vorvertraglicher Informationsprobleme erklären. Vielmehr gibt es zahlreiche Ansätze, die nachvertragliche Informationsasymmetrien (Moral Hazard) wie den Risikoanreizkonflikt, das Dienstverbrauchsproblem und die Tendenz zum Empire Building als Ausgangspunkt zur Erklärung der Vorteilhaftigkeit des Einsatzes von Wandelanleihen nehmen. So weist beispielsweise ISAGAWA (2000) die Rationalität der Emission einer Wandelschuldverschreibung über verschiedene Eigenkapital-Fremdkapitalstrukturen zur Begrenzung des Opportunismus der Manager nach. In seinem Modell wird dem Management unterstellt, es verfolge eine Tendenz zum Empire Building und versuche zugleich, jedes Insolvenzrisiko des Unternehmens möglichst zu vermeiden. In diesem Fall ergibt sich bei niedrigem Verschuldungsgrad ein ***Überinvestitionsproblem*** und umgekehrt bei hohem Verschuldungsgrad eine ***Unterinvestitionssituation***. Die Wandlungsmöglichkeit der Schuldverschreibung bei der Emission einer Wandelanleihe kann nun den Verschuldungsgrad umweltzustandsabhängig so steuern, dass Überinvestitionen und Unterinvestitionen vermieden werden können. Eine solche vom Verhalten des Managements abhängige Kontrolle erscheint durch den kombinierten Einsatz einfacher Eigen- und Fremdkapitaltitel nicht möglich.

(2) Mezzanin-Kapital zur Lösung des Risikoanreizproblems

MAYERS (1998) beschäftigt sich in seinem Modell mit dem Risikoanreizproblem in der Form der Tendenz des Managements zur Überinvestition und regt zur Lösung des Problems eine zeitliche Synchronisation von Finanz- und Realoptionen an. Bei der Fremdkapitalaufnahme könnte beispielsweise die Laufzeit der Kredite so angesetzt werden, dass sie gerade vor einer neu zu entscheidenden Investition fällig werden und sich das Unternehmen daher zur Finanzierung an den Kapitalmarkt wenden müsste. Mit der Aufnahme neuen Eigenkapitals in einer solchen Situation wären aber erhebliche direkte und indirekte Kosten verbunden. MAYERS zeigt, dass Wandelanleihen diese Kosten vermeiden und dennoch eine Lösung des Risikoanreizproblems bewirken können.

Bei der Ausgabe der Wandelanleihe müsste diese dann so konstruiert werden, dass sie kurz vor der Finanzierung des neuen Investitionsvorhabens fällig wird. Gleichzeitig wird der Basispreis der mit der Wandelanleihe verbundenen Option an den Kapitalwert des Investitionsprojektes gebunden. Die Option ist zum Emissionszeitpunkt aus dem Geld und geht ins Geld, wenn bekannt wird, dass der Kapitalwert der Investition positiv ist. Sollte der Kapitalwert eine bestimmte Schwelle übersteigen, so wird die Wandlungsoption in Anspruch genommen. Das Eigenkapital verbleibt somit im Unternehmen, ohne zusätzliche Emissionskosten zu verursachen.

Sollte der Kapitalwert nicht hoch genug sein, dann werden die Inhaber der Wandelanleihe diese nicht konvertieren. Das Fremdkapital wird fällig und muss zurückgezahlt werden. Auf diese Weise kann das ***Überinvestitionsproblem kontrolliert*** werden. Die zustandsabhängige Allokation der Kontrollrechte kann nur durch eine Emission von Wandelanleihen, nicht aber durch eine Kombination von Eigen- und Fremdkapital erreicht werden.

Ein weiterer finanzierungstheoretischer Ansatz von GREEN (1984) erklärt die Funktion von Wandelanleihen ebenfalls durch die Fähigkeit zur Lösung verschiedener Moral-Hazard-Probleme. Sofern ein Unternehmen keine Möglichkeit hat, eine anstehende Investition über die Ausgabe neuer Aktien zu finanzieren, ist die Emission von Wandelanleihen gegenüber der Kreditfinanzierung zu bevorzugen, weil der Wert der Wandeloption mit dem Projektrisiko steigt und damit die bewusste Erhöhung des Risikos für die Unternehmen unattraktiver ist als bei einer reinen Kreditfinanzierung (vgl. BASCHA 2001, S. 317).

(3) Hybrides Kapital zur Lösung multipler Agency-Konflikte

Informationsökonomische Ineffizienzen treten oft nicht isoliert auf. Vielmehr ist davon auszugehen, dass verschiedene Agency-Probleme zugleich auftreten. Eine anreizkompatible Finanzierung ist dann durch eine Mischung aus Eigen- und Fremdkapital nicht gewährleistet.

Das Modell von GOMPERS (1993) baut auf dem Modell von GREEN (1984) zur Lösung eines Risikoanreizproblems auf und erweitert es um ein Problem ***adverser Selektion***. Auch bei der Verknüpfung verschiedener Agency-Probleme gelingt es, unter bestimmten Annahmen die Vorteilhaftigkeit der Wandelanleihe gegenüber einer Mischfinanzierung durch Eigen- und Fremdkapital zu begründen.

Außerdem können durch einen zusätzlichen Einsatz von Wandelanleihen neben einer Mischfinanzierung aus Eigen- und Fremdkapital zustandsabhängige Finanzierungsstrukturen geschaffen werden, um einen Interessenausgleich der Parteien zu erreichen. Diese Problematik greifen BARNEA / HAUGEN / SENBET (1985, S. 103) auf und zeigen, wie durch den Einsatz hybrider Finanzkontrakte das ***Dienstverbrauchsproblem und das Risikoanreizproblem*** gelöst werden können. Die Autoren argumentieren, dass durch eine Kombination aus Wandelanleihe und Management-Call-Optionen diese beiden Agency-Probleme simultan gelöst werden können. Falls noch zusätzlich Probleme der asymmetrischen Informationsverteilung auftreten, könnten diese ebenfalls durch die Ausgabe einer mit der Wandelanleihe verknüpften Call-Option gelöst werden.

9.3.3 Kapitalmarktreaktionen auf Emissionsankündigungen

Aufgrund des weiter entwickelten Marktes und der höheren Verbreitung von Mezzanin-Instrumenten in den USA beziehen sich die meisten empirischen Untersuchungen auf diesen Markt. Eine Vielzahl von Untersuchungen beschäftigt sich mit der Aktienkursreaktion zum Ankündigungszeitpunkt der Emission eines Finanztitels. Gemäß der ***Hackordnungshypothese*** müsste die Aktienkursreduktion bei der Emission reiner Eigenkapitaltitel am größten sein, weniger groß bei der Emission von Mezzanin-Finanztiteln und am kleinsten bei der Emission risikofreien Fremdkapitals.

Der Großteil der empirischen Analysen bestätigt dieses Ergebnis der Finanzierungstheorie.[30] Während bei der Emission von Fremdkapital meist kein oder nur ein vernachlässigbar kleiner Rückgang des Kurses zu verzeichnen ist, fällt die durchschnittliche Kursreaktion bei der Emission von Mezzanin-Kapital im Allgemeinen deutlich negativ aus. Dies spricht dafür, dass der Eigenkapitalkomponente des Finanztitels aus dem Blickwinkel der Anleger eine erhebliche Bedeutung zukommt und bestätigt außerdem die These von STEIN (1992), dass Mezzanin-Kapital zur zeitlich verzögerten Eigenkapitalaufnahme benutzt wird.[31]

Die von ENTRUP (1995) durchgeführte Untersuchung der Kapitalmarktreaktionen auf die Ausgabe von Optionsanleihen am deutschen Kapitalmarkt liefert ein anderes Bild. Es zeigt sich, dass die Kurse durchschnittlich positiv auf die Emission von Optionsanleihen reagieren. Vor allem die Unternehmensgröße und das Bezugsrechtsverfahren können dabei als wesentliche Einflussfaktoren identifiziert werden. Besonders für kleine Unternehmen und Börsenneulinge scheint die Ausgabe von Optionsanleihen lohnenswert, da eine signifikant positive Kapitalmarktreaktion ausgemacht werden kann. Als Erklärung lassen sich verschiedene Hinweise geben. So führt die Emission einer Optionsanleihe beispielsweise wegen des notierten Optionsscheins zu einem zusätzlichen Eintrag auf dem Kurszettel, so dass Anreize entstehen, Informationen über dieses Unternehmen zu produzieren. Ebenso scheint eine Emission im Bezugsrechtsverfahren vom Kapitalmarkt sehr positiv beurteilt zu werden.

Abschließend bleibt festzustellen, dass die empirischen Ergebnisse der angelsächsischen Literatur am deutschen Kapitalmarkt in vielen Punkten nicht

---

[30] Vgl. beispielsweise ECKBO (1985), MIKKELSON / PARTCH (1985) und PILOTTE (1992).

[31] Einige Untersuchungen stellen den Wertpapiertyp als Determinante der Aktienkursreaktion in Frage. So stellt PILOTTE (1992, S. 393) fest, dass der Firmentyp für die Kapitalmarktreaktion ausschlaggebend ist.

bestätigt sind und daher auch entsprechende Empfehlungen für die Praxis nicht einfach übertragen werden dürfen. Ob sich die Kapitalmarktreaktionen in Deutschland im Zuge der weiteren Verbreitung von Mezzanin-Kapital und der zunehmenden Gewohnheit, das Bezugsrecht für die Altaktionäre auszuschließen, an den US-amerikanischen Markt angleichen werden, bleibt abzuwarten.

Lektürevorschläge zu Kapitel 9

Alle neueren Überlegungen zur Kapitalstrukturplanung von Unternehmen gehen von den Irrelevanztheoremen von MODIGLIANI und MILLER (1968) bei vollkommenem Kapitalmarkt aus, die man in einer modernen Form in unterschiedlichen Varianten – insbesondere unterer verschiedenen steuerlichen Bedingungen – in dem Lehrbuch von COPELAND / WESTON / SHASTRI (2005) wieder findet. Andere übergreifende Darstellungen der modernen Kapitalstrukturtheorie, die die Agency-Kosten der Finanzierung mit berücksichtigen, findet man in BARNEA / HAUGEN / SENBET (1985), BESSLER / THIES (2001), HARRIS / RAVIV (1991) und LAUX (1996). In welcher Weise Kapitalstrukturpolitik auf den Marktwert der Unternehmen einwirkt, ist natürlich auch eine empirische Frage, die beispielsweise in den Arbeiten von JUNG / WACHTLER (2001), KRUSE / BERG / WEBER (1993), PADBERG (1995) und THIES (2000) in unterschiedlichem Kontext angesprochen wird.

Seit einigen Jahren machen Finanzierungsinstrumente auf sich aufmerksam, die zwischen dem Eigen- und Fremdkapital angesiedelt sind. Darstellungen dieser Mezzanin-Instrumente findet man in BREUER / HARTMANN (2003a, 2003b), DÖRSCHER / HINZ (2003), GERETH / SCHULTE (1992), LINK (2002), MÜLLER (2003), RUDOLPH / FINK (2002) und RUDOLPH (2004). Auch die Ausgabe von Mezzanin Finanztiteln wird von Kursreaktionen begleitet, die beispielsweise untersucht werden von ENTRUP (1995), GEBHARDT / ENTRUP (1993) und KOZIOL / SAUERBIER (2005).

Zusammenfassung

Die Wahl der Kapitalstruktur eines Unternehmens kann Agency-Konflikte erzeugen, aber auch lösen helfen. Die Ansätze und Modelle zur Kapitalstrukturgestaltung geben Empfehlungen für eine optimale Kapitalstruktur, die die Agency-Kosten minimieren soll. Dabei zeigt sich, dass der kombinierte Einsatz von Eigen- und Fremdkapital zum Abbau informationsbedingter Ineffizienzen beitragen kann.

Neben einfachen Eigen- und Fremdkapitaltiteln sind am Kapitalmarkt heute vielfältige komplexe Finanzierungsformen in der Form von Mezzanin-Kapital anzutreffen. Da Agency-Kosten bereits durch eine optimale Eigen- und Fremdkapitalaufteilung gesenkt werden können, erscheinen Mezzanin-Instrumente auf den ersten Blick redundant. Dennoch kann man zeigen, dass es finanzwirtschaftliche Situationen gibt, in denen der Einsatz von Mezzanin-Kapital auch theoretisch gerechtfertigt werden kann. Beim Einsatz von Mezzanin-Kapital in der Praxis sind einige Besonderheiten zu beachten.

Schlüsselbegriffe

Agency-Kosten des Eigenkapitals
Agency-Kosten des Fremdkapitals
Genussscheine
Gewinnschuldverschreibungen
Hackordnungshypothese
Hybrides Kapital
Junk Bonds
Kapitalkosten
Kapitalstrukturpolitik
Mezzanin-Finanzierungen
Mezzanin-Fonds
Nachrangige Anleihen
Nachrangige Darlehen
Optionsanleihen
Pecking Order Theory
Stille Beteiligung
Vorzugsaktien
Wandelbare Vorzugsaktien

Kapitel 10

Fremdfinanzierungsalternativen und Rating

An einem vollkommenen Kapitalmarkt sind die Struktur des Fremdkapitals und die spezielle Ausgestaltung der Fremdkapitaltitel für den Marktwert des Fremdkapitals und somit auch für den Marktwert des Unternehmens irrelevant.[1] Die spezielle Ausgestaltung der Fremdkapitaltitel verändert nur den Risikogehalt und den Wert der Einzelpositionen der verschiedenen Gläubiger, nicht aber den Marktwert des Fremdkapitals insgesamt. Unterschiedliche Finanzierungstechniken und Fremdfinanzierungsinstrumente bewirken keine Veränderung der Gesamtkosten des Fremdkapitals. Erhält ein Gläubiger beispielsweise durch eine Kreditsicherheit eine bessere Position, dann geht diese Verbesserung zu Lasten der Positionen anderer Gläubiger, ohne dass die Gesamtposition der Gläubiger verändert würde. Bei vollkommenem Kapitalmarkt gibt es für die Unternehmen kein Liquiditätsproblem. Jedes Unternehmen erhält stets genau jene Mittel, die zur Durchführung aller kapitalwertpositiven Investitionsprojekte erforderlich sind. Das Unternehmen muss dafür eine risikoadäquate Verzinsung anbieten und vergüten, welche die mit dem Kapitaleinsatz verbundenen Risiken ausgleicht (Risikoprämienmodell). Diese Anforderung gilt im Übrigen für Fremdkapitalfinanzierungen ebenso wie für Beteiligungsfinanzierungen. Es gibt keine Friktionen am Kapitalmarkt, so dass die Unternehmen allein im Hinblick auf ihr leistungswirtschaftliches Risiko- und Ertragsprofil gesteuert werden können.

Kapitalmarktunvollkommenheiten erzeugen Transaktionskosten und können bei den Unternehmen zu Liquiditätsproblemen führen, wenn Zahlungsmittel nicht rechtzeitig zur Begleichung fälliger Verbindlichkeiten zur Verfügung stehen. Dies kann zur Begünstigung bestimmter Kreditformen oder einzelner Kreditgeber führen, wenn dadurch die Gefahr einer Zahlungsunfähigkeit vermindert werden kann. Bestimmte Kredite – z. B. Lieferantenkredite oder gebundene Finanzkredite – können bei unvollkommenem Kapitalmarkt aus steuerlichen Gründen oder im Insolvenzverfahren begünstigt sein und damit andere Kredite im Vorteilhaftigkeitsvergleich dominieren. Andere Kredite können dadurch attraktiv sein, dass durch ihre Inanspruchnahme die vergleichsweise günstigen Konditionen eines öffentlich geförderten Marktsegmentes ausgenutzt werden können. Schließlich kann es sein, dass Kreditmärk-

---

[1] Das folgt aus dem Theorem von MODIGLIANI / MILLER (1958), wonach der Marktwert eines Unternehmens von seiner Kapitalstruktur unabhängig ist. Dann muss auch der Marktwert des Fremdkapitals von der Fremdkapitalstruktur unabhängig sein.

te im Hinblick auf unterschiedliche rechtliche oder ökonomische Merkmale segmentiert sind. Die Segmentierung kann für einzelne Kreditnehmer zu einer Präferenz für ein bestimmtes Teilsegment führen, weil dort im Hinblick auf das Unternehmen besonders vorteilhafte Kreditmöglichkeiten bestehen. Wenn beispielsweise wegen unterschiedlich hoher Transaktionskosten oder institutioneller Begrenzungen der Fremdkapitalaufnahme die Märkte für kurzfristiges und langfristiges Fremdkapital segmentiert sind, dann werden die Kreditbedingungen für kurz- und langfristiges Fremdkapital nicht nur den besonderen Risikogehalt der Finanztitel widerspiegeln, sondern auch die institutionellen Charakteristika dieser Märkte.

Da Kapitalmarktunvollkommenheiten ihren sichtbaren Ausdruck in verschiedenen, im Laufe der Zeit innerhalb eines Finanzsystems entstandenen Kreditbedingungen, Usancen und rechtlichen Begrenzungen finden, ist es in diesem Kapitel erforderlich, auf einschlägige rechtliche ***Vorschriften und aufsichtsrechtliche Rahmenbedingungen für das Kreditgeschäft*** hinzuweisen. Diese haben sich in jüngster Zeit durch die Aktivitäten des Baseler Ausschusses für Bankenaufsicht auf vielfältige und zum Teil für die Banken dramatische Weise geändert, worüber Abschnitt 10.2.3 dieses Kapitels informiert. Jedenfalls unterliegt das Kreditgeschäft der Banken einer speziellen Regulierung, so dass solche Fremdkapitalpositionen einen anderen Hintergrund aufweisen als Verbindlichkeiten gegenüber Lieferanten oder Finanzierungsgesellschaften ohne Bankstatus.

Bei der Vorbereitung ihrer ***Fremdfinanzierungsentscheidungen*** werden die Unternehmen von einer Analyse der für sie relevanten Bedingungen an den Bank- und Finanzmärkten ausgehen und insoweit die für sie wichtigen Kapitalmarktunvollkommenheiten in Form der angebotenen unterschiedlichen Finanztitel zur Kenntnis nehmen. Auf der Basis dieser Analyse wird sich dann das Finanzmanagement eines Unternehmens mit der Frage beschäftigen, wie es auf die herrschenden Bedingungen und Angebote der Banken optimal reagieren kann. Die Optimalität wird dabei nicht nur im Hinblick auf die Kosten der Finanzierung, sondern auch auf andere Charakteristika der Finanztitel wie beispielsweise die Verfügbarkeit der Mittel im Zeitablauf, die Informations- und Einspruchsrechte der einzelnen Gläubiger oder die Möglichkeiten geprüft, im Falle unvorhergesehner Entwicklungen mit den Gläubigern in erneute Verhandlungen über die Weiterführung oder Erweiterung des Kredits eintreten zu können.

In den nachfolgenden Abschnitten 10.1 und 10.2 werden die wesentlichen Merkmale einzelner Kreditformen und die Art der Bereitstellung der Kreditmittel vorgestellt, bevor in Abschnitt 10.3 intensiver der Frage nach den Vor- und Nachteilen einer Anleihefinanzierung gegenüber einer Kreditfinanzierung nachgegangen wird.

10.1 Unternehmensfinanzierung mit Fremdkapital

10.1.1 Tilgungsstruktur und Konditionen des Fremdkapitals

(1) Deckung des Finanzbedarfs und Lieferantenkredite

Die Fremdkapitalaufnahme eines Unternehmens kann in unterschiedlichen Formen bei unterschiedlichen Institutionen und mit verschiedenartigen Verzinsungs- und Tilgungsmodalitäten erfolgen. In den nachfolgenden Abschnitten werden wichtige Charakteristika von Bankkrediten und Anleihen als Fremdkapitalalternativen kurz vorgestellt. Dabei ist zu beachten, dass andere Formen der Fremdfinanzierung wie beispielsweise die Fremdfinanzierung durch Lieferantenkredite keineswegs unbedeutend sind.

Die Deutsche Bundesbank weist beispielsweise in ihrem Bericht über die ersten Ergebnisse der Unternehmensbilanzstatistik für das Jahr 2000 folgende Durchschnittswerte der aufgenommenen Finanzierungsmittel über alle Wirtschaftsbereiche und alle Rechtsformen der Unternehmen in Deutschland aus.

Finanzierungsverhältnisse deutscher Unternehmen im Jahre 2000			
	in %		in %
Sach- vermögen	47,9 %	Eigenmittel	17,2 %
Forderungs- vermögen	51,7 %	Kurzfristige Verbindlichkeiten	
		– bei Kreditinstituten	9,6 %
		– aus Lieferungen und Leistungen	12,8 %
		– sonstige	24,2 %
		Langfristige Verbindlichkeiten	16,1 %
Sonstige	0,4 %		
		– Rückstellungen	20,1 %
Bilanzsumme in Mrd. €	2.150,0		2.150,0

Abb. 10.1: Anteile verschiedener Verbindlichkeiten an der Bilanzsumme

Die Übersicht der Bundesbank macht deutlich, dass zumindest im kurzfristigen Bereich der Anteil der Bankkredite an den Verbindlichkeiten keineswegs den Hauptanteil des Fremdkapitals der Unternehmen ausmacht. Der Anteil wird durch die Verbindlichkeiten aus Lieferungen und Leistungen gegenüber anderen Unternehmen übertroffen.

Lieferantenkredite werden im Rahmen von Absatzfinanzierungen von Unternehmen gewährt, wenn der Lieferant auf die unmittelbare Begleichung seiner Rechnung verzichtet und dem Käufer ein Zahlungsziel von beispielsweise drei Monaten einräumt. Lieferantenkredite können als ***Zessionskredite*** bei den Banken refinanziert werden, indem die Forderungen an die Bank abgetreten und in gewissem Umfang beliehen werden. Lieferantenkredite können auch an eine ***Factoringgesellschaft*** verkauft werden, die ihrerseits neben der Servicefunktion – Übernahme der Buchhaltung und des Mahnwesens etc. – und der Inkassofunktion – Eintreibung der Forderung bei Fälligkeit – das Risiko der Einbringlichkeit der Forderung übernehmen kann (Delkrederefunktion). Lieferantenkredite haben eine besondere Bedeutung im ***Exportkreditgeschäft***, weil dort in vielen Fällen bei den ausländischen Importeuren weitergehende Kapitalmarktunvollkommenheiten als im Inland bestehen, die dazu Anlass geben, die Finanzierung des ausländischen Importeurs durch eine Partizipationsmöglichkeit an den heimischen Finanzierungsmöglichkeiten zu unterstützen.

Kundenanzahlungen (Beschaffungskredite) stellen sich als Kredite der Abnehmer von Waren an den Lieferanten dar. Über die Kundenanzahlung will man aber auch die Vertragstreue des Kunden ökonomisch unterlegen und auf diese Weise die Kosten einer möglichen Wiederverhandlung für den Kunden erhöhen.

Lieferantenkredite und Kundenanzahlungen „kleben" im Gegensatz zum Bankkredit an einem Grundgeschäft. Man kann die Anleihefinanzierung als „Public Debt" und den Bankkredit als „Private Debt" klassifizieren, zu dem neben dem Bankkredit noch das „Private Debt" der institutionellen Investoren außerhalb des Bankensektors gehört (z. B. der Versicherungsunternehmen sowie das „Informal Private Debt" wie z. B. Privatdarlehen (ACHLEITNER / WAHL 2004, S. 44).

(2) Tilgungsstruktur und Zahlungscharakteristik von Krediten

Fremdfinanzierungsverträge können im Hinblick auf die Zeitpunkte, zu denen Tilgungen erfolgen, unterschiedlich ausgestattet sein. Unterschieden werden kann zwischen vertraglich festgelegten Tilgungsstrukturen insbesondere in der Form

- ***gesamtfälliger Darlehen***, bei denen der Kredit zu einem festen Termin mit einer einzigen Zahlung zurückgezahlt wird,
- ***Ratendarlehen***, bei denen – neben der Zahlung der vereinbarten Zinsen – bis zum Ende des Vertragslaufzeit gleichbleibende Tilgungsbeträge vereinbart sind und

- ***Annuitätendarlehen***, bei denen der Schuldner jährlich oder monatlich gleiche Beträge leistet, wobei im Zeitablauf zunächst die Zins- und mit wachsender Tilgung die Tilgungsbeiträge dominieren.

Daneben gibt es freibleibende Strukturen der Tilgungsvereinbarungen, die insbesondere für Kontokorrentkredite bzw. laufende Konten typisch sind. Während Kredite mit offener Tilgungsstruktur in der Regel kurzfristigen Charakter haben, ist bei den Krediten mit fester Tilgungsstruktur zugleich die ***Fristigkeit*** exakt festgelegt.

Ein kurzfristig schwankender Kapitalbedarf resultiert häufig aus im Zeitablauf sich ändernden Beständen des Umlaufvermögens wie Vorräte oder Forderungen. Die Schwankungen der Bestände des Umlaufvermögens können unvorhersehbar sein, wenn beispielsweise ein Lagerbestand überraschend nicht abgesetzt werden kann. Sie können aber auch gut voraussehbar und insbesondere saisonaler Natur sein, wenn beispielsweise an die Mitarbeiter zu einem festen Termin Weihnachts- oder Urlaubsgeldzahlungen erfolgen. Eine wichtige Aufgabe des Finanzmanagements besteht im Rahmen des Working Capital Managements in der Prognose und Deckung des Kapitalbedarfs für solche Fälle.

Der Kapitalbedarf wird häufig in grober Form nach dem Bilanzbild der Aktiva in Kapitalbedürfnisse für liquide Mittel (Sicherheitsbestände), für Forderungen, für Fertig- und Halberzeugnisse sowie für Material und für das Anlagevermögen (Investitionen) gegliedert. Wenn auch Spezialzurechnungen einzelner Finanzierungsmittel zu einzelnen Aktiva unzulässig sind, weil immer alle Finanzierungsmittel die Gesamtheit der Auszahlungen für die Aktiva decken, so ergeben sich doch aus der Qualität der Aktiva Hinweise auf deren Liquidität. Wird zur Vermeidung der Notwendigkeit einer Überbrückung von Liquiditätsanspannungen ein gewisses ***Matching der Fälligkeiten*** der Verbindlichkeiten mit der Selbstliquidationsperiode von Aktiva angestrebt, so orientiert sich an dieser Qualität der Aktiva das Fälligkeitsprofil der Passiva.

Stochastische Schwankungen der Zahlungsmittelerfordernisse können sich bei allen Aktiva ergeben. Sie werden durch das Zahlungsverhalten der Kunden, die Bestellmengen der Unternehmen, die Liefertermine der Lieferanten, Schwankungen im Produktionsvolumen und im Absatz beeinflusst. Stochastische Schwankungen des Kapitalbedarfs können insbesondere durch Kreditformen bewältigt werden, deren Umfang und Bereitstellung mit dem Kapitalbedarf korreliert ist.

Die Unternehmen versuchen vielfach, eine zur geplanten Investition ***fristenkongruente Laufzeit der Fremdmittel*** zu vereinbaren, so dass parallel zum Zeitraum des Kapitalbedarfs auch die Mittel bereitstehen. Bei vollkommenem Kapitalmarkt ist eine fristenkongruente Finanzierung ohne Bedeutung, bei Unvollkommenheiten kann mit Hilfe einer solchen Strategie das Refinanzierungsrisiko begrenzt werden, dass gerade im Zeitpunkt einer unvorhergesehenen Liquiditätsknappheit die Kapitalmarktbedingungen besonders ungünstig sind.

(3) Konditionengestaltung von Bankkrediten

Neben der Tilgungsstruktur ist bei der Fremdfinanzierung auch die spezifische Art der Verzinsung festzulegen. Die ***Zinsbindungsfrist*** der aufgenommenen Mittel bestimmt in Relation zu den Kapitalfreisetzungen der Investitionen das eingegangene Zinsrisiko für das Unternehmen. So besteht für das Finanzmanagement bei einer Fremdfinanzierung nach Ablauf der Zinsbindungsfrist das Risiko, die Anschlussfinanzierung zu gestiegenen Zinsen vornehmen zu müssen. Im Gegenzug ergibt sich natürlich die Chance, bei gesunkenen Zinsen einen niedrigeren Zinssatz vereinbaren zu können.

Ob die Wahl einer bestimmten ***Zinsbindungsfrist*** einen Einfluss auf den Marktwert des Fremdkapitals hat, hängt davon ab, ob der Markt für Fremdkapitaltitel vollkommen ist oder nicht. Hier sind wegen des möglichen Umschichtungsbedarfs Transaktionskosten von Bedeutung, insbesondere aber Möglichkeiten, Kapitalmarktunvollkommenheiten auszunutzen, die wesentlich auf die Zinsgestaltung im kurz- und längerfristigen Bereich einwirken. Die vielfältigen Zinsrisiken bei Unternehmensfinanzierungen zeigen, dass Zinsrisiken auch bei fristenkongruenter Finanzierung der Aktiva entstehen können. Fristenkongruente Finanzierungen bieten dem Unternehmen nur den Vorteil einer festen Kalkulationsgrundlage.

Stehen dem Fremdkapital Finanzanlagen als Unternehmensaktiva gegenüber, so kann die Ausrichtung der Zinsbindungsfrist der Fremdkapitaltitel an der durchschnittlichen Bindungsdauer der zinssensitiven Aktiva erfolgen. Beispielsweise könnte die Abstimmung im Rahmen einer ***Immunisierungsstrategie*** erfolgen. Jedenfalls kann die Festlegung einer solchen Strategie mit dem Zinsrisikomanagement bei Finanzintermediären als weitgehend vergleichbar betrachtet werden.

Aber auch nichtfinanzielle Unternehmensaktiva können unter Umständen auf Zinssatzänderungen mit einer Änderung des Marktwertes reagieren. Ist z. B. der operative Gewinn positiv mit dem allgemeinen Zinsniveau korreliert, so dass er im konjunkturellen Aufschwung (Abschwung) mit steigendem (sinkendem) Zinsniveau steigt (sinkt), dann kann durch den Einsatz variabel verzinslicher Kredite den zinsänderungsbedingten Rentabilitätsschwankungen entgegengewirkt werden. Die mit dem allgemeinen Zinsniveau ansteigenden Zinszahlungen der variabel verzinslichen Fremdkapitalpositionen (Floating Rate Notes, Roll-Over-Kredite) kompensieren den erhöhten Gewinn bei steigendem Zinsniveau. Umgekehrt kann das Unternehmen bei einem operativen Gewinn, der mit steigendem Zinsniveau sinkt, sog. Bull/Reverse Floating Rate Notes (Yield Curve Notes) begeben, die das Gesamtergebnis nivellieren.

Bei ***Bull / Reverse Floating Rate Notes*** steigt der Kupon, wenn der Referenzzinssatz fällt und vice versa. Der Kupon ergibt sich dabei aus einem fixierten Höchstzinssatz abzüglich dem vereinbarten Geldmarktsatz. Mit steigendem Referenzzins werden die Zinszahlungen aus einem solchen Titel niedriger. So kann der durch das ansteigende Zinsniveau ausgelöste Gewinnrückgang teilweise kompensiert werden.

Die unterschiedliche ***Zinssensitivität der Unternehmensaktiva*** verschiedener Branchen könnte vor diesem Hintergrund zu branchenspezifischen Zinsbindungsfristen bzw. Ausstattungsmerkmalen des Fremdkapitalportefeuilles führen. Unternehmen mit einem hohen Anteil zinssensitiver Aktiva bzw. zinsabhängiger operativer Gewinne werden bestrebt sein, Zinsrisiken durch Marktzinsänderungen weitgehend durch die Wahl einer variablen Verzinsung der Schulden abzusichern.

Unternehmen, deren Aktiva bzw. operative Gewinne von Marktzinsänderungen unabhängig sind, werden sich gegenüber Auswirkungen potentieller Zinssteigerungen durch besondere Ausstattungsmerkmale wie Caps oder Collars absichern, weil der Abschluss einer variablen Verzinsung eine suboptimale Festlegung in Zeiten wechselnder Marktzinsen bedeuten würde.

Kapitalmarktunvollkommenheiten können auch aus einer laufzeitabhängigen Wahrnehmung des Risikos entstehen. So neigen Gläubiger dazu, das Bonitätsrisiko bei einer kurzfristigen Kapitalüberlassung vergleichsweise zu unter- und bei einer längerfristigen Kreditvergabe vergleichsweise zu überschätzen. Das kann zu Verzerrungen in der Risikostruktur der Zinssätze führen.

Darüber hinaus steigt mit wachsender Kreditüberlassungsdauer das Verlangen der Kreditgeber nach ***Kontroll- und Einwirkungsrechten***. Solche Rechte können bei den Banken als den Kreditgebern mit aufsichtsrechtlichen Begünstigungen und damit niedrigeren Zinserfordernissen ausgestattet sein. Darüber hinaus bestehen die Gläubiger bei langfristigen Krediten häufig auf ***Kreditsicherheiten***, deren Verwaltung allerdings mit zusätzlichen Kosten verbunden ist.[2]

(4) Anreizstruktur des Fremdkapitals

Fremdkapital stellt sich als zeitlich befristetes und insoweit nicht auf die jeweilige wirtschaftliche Situation des kreditnehmenden Unternehmens konditioniertes Kapital dar. Prinzipiell ist keine Beteiligung am leistungswirtschaftlichen Risiko des finanzierten Unternehmens vorgesehen. Dieser Grundsatz wird nur dann durchbrochen, wenn das Unternehmen zahlungsunfähig wird oder das Unternehmensvermögen nicht mehr ausreicht, um alle Verbindlich-

---

[2] Eine umfassende, über die hier zusammengestellten Faktoren hinausgehende Analyse der Konditionengestaltung, die auch die absatzpolitischen Komponenten berücksichtigt, bietet KRÜMMEL (1964).

keiten zu befriedigen. Bis zum möglichen Eintritt solcher Ereignisse werden den Fremdkapitalgebern gewisse Informations-, aber i. d. R. keine besonderen Kontroll- oder gar Mitspracherechte eingeräumt. Tritt allerdings der Fall ein, dass das Fremdkapital nicht mehr ganz bedient werden kann, weil das Unternehmen insolvent ist, dann geht die Entscheidungsgewalt über das Unternehmensvermögen auf die Fremdkapitalgeber bzw. auf den Insolvenzverwalter über. Dieser Kontrollwechsel ist im Insolvenzrecht verankert.

Da das Finanzmanagement die Gefahr, dass das Unternehmen insolvent wird und die Entscheidungsbefugnisse der Eigentümer bzw. des Managements auf die Fremdkapitalgeber übergehen, vermeiden will, gilt die pünktliche Bedienung der Verbindlichkeiten als zwingende Restriktion der Finanz- und Geschäftspolitik. Fremdkapital kann daher als Finanzierungsform dargestellt werden, die insbesondere über das Insolvenzrecht eine stark ***disziplinierende Wirkung*** auf die Geschäftspolitik des Unternehmens ausübt. Fremdkapital verkörpert im Vergleich zu dem Residualanspruch der Eigenkapitalgeber einen unbedingten Festbetragsanspruch, wodurch der Handlungsspielraum der Eigentümer bzw. des Managements zur Durchführung auszahlungswirksamer Transaktionen stark eingeschränkt wird.

Die Einschränkung des Handlungsspielraums resultiert im Wesentlichen daraus, dass die Rechtsordnung den Fremdkapitalgebern die Möglichkeit gibt, bei Nichteinhaltung der vertraglich vereinbarten Zahlungen im Rahmen der Zwangsvollstreckung oder der Insolvenz juristische und d. h. ***staatlich sanktionierte Maßnahmen*** mit dem Ziel einer Liquidation des Unternehmens bzw. von Teilen des Unternehmensvermögens einzuleiten. Aufgrund dieser besonderen Eigenschaft des Fremdkapitals kann eine Fremdkapitalaufnahme u. U. sogar als ***positives Signal*** für außenstehende Eigenkapitalgeber wirken, dass die Unternehmensleitung besondere Anstrengungen zur Steigerung der Rentabilität unternehmen wird.

(5) Exkurs: Zins- und Währungsswaps

Zinsswaps sind vertragliche Vereinbarungen, bei denen die Vertragspartner untereinander Zinszahlungsforderungen (Asset Swaps) oder überwiegend Zinszahlungsverpflichtungen (Liability Swaps) ohne Transfer des zugrundeliegenden Kapitals austauschen. Mit Hilfe von Swaps können die Unternehmen Kapitalmarktunvollkommenheiten dahingehend ausnutzen, dass sie Finanzierungsmittel in jenen Finanzmarktsegmenten aufnehmen können, an denen sie über komparative Vorteile verfügen, um diese dann hinsichtlich der Zinsbindungsfristen in Finanzierungsmittel zu tauschen, die sie im Hinblick auf die Zinsbindungsfrist präferieren.

a) Grundstruktur und Gestaltungsalternativen von Swapgeschäften

Der ***einfache Zinsswap*** (Plain Vanilla Swap) beinhaltet den Austausch von Zinszahlungsverpflichtungen (Festsatz gegen variablen Satz vice versa) auf einen bestimmten Kapitalbetrag, ohne dass die Vertragspartner die Finanzierungsmittel selbst austauschen würden. Die variablen Zahlungen werden regelmäßig an einen Referenzzinssatz geknüpft, üblicherweise an den 3- oder 6-Monats-LIBOR-Satz. Am $-Markt gibt es aber auch andere Referenzzinssätze wie die Prime Rate, die Sätze für Treasury Bills oder die Sätze für Commercial Papers. Ein sog. ***Basisswap*** entspricht dem Zinswap mit der Besonderheit, dass zwischen verschiedenen variablen Zinssätzen getauscht wird, also z. B. eine Prime-Rate-Verbindlichkeit gegen eine 6 Monats-Euribor-Verbindlichkeit.[3]

Durch einen Zinsswap können die beteiligten Parteien ihre Zinskosten reduzieren. Im Fall der Abbildungen 10.2 und 10.3 würde A beispielsweise eine Festsatzanleihe zu 7 % emittieren und die Mittel mit einem Spread von 0,2 % weitergeben. B könnte einen Kredit zu L (LIBOR) + 1 % aufnehmen und die Mittel zu 7,5 % weitergeben. Danach könnten die Vertragspartner die Zinsen tauschen.

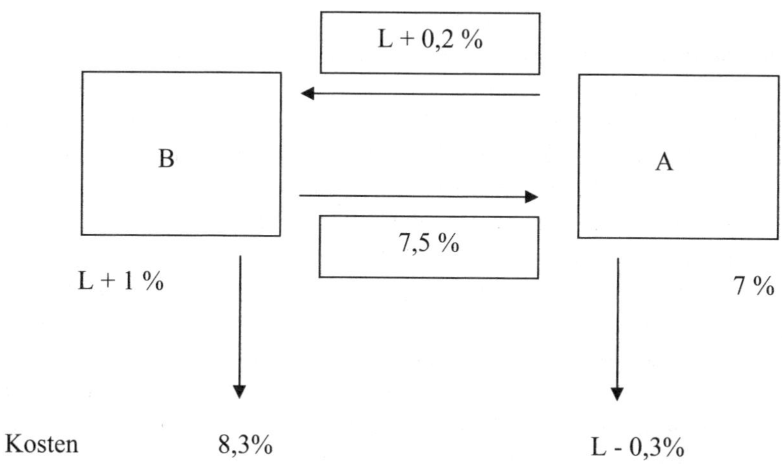

Abb. 10.2: Konstruktion eines Zinsswap

[3] Vgl. die ausführliche Behandlung des Zinsswaps in RUDOLPH / SCHÄFER (2005), S. 115 ff.

Fallen die getauschten Zahlungsströme in verschiedenen Währungen an, dann spricht man von einem ***Währungsswap*** – wobei hier häufig feste Zinszahlungen in beide Richtungen getauscht werden.

Swaps zählen zu den Termingeschäften, weil bereits heute Konditionen für Finanztransaktionen festgelegt werden, die erst in der Zukunft erfolgen. Zinsswaps werden üblicherweise für Zeiträume zwischen zwei und zehn Jahren vereinbart, wobei aber auch Swaps mit einer Laufzeit bis zu 30 Jahren bekannt sind. Es gibt Standardverträge der ISDA (International Swap Dealers Association), die die Transaktionskosten dadurch senken, dass sie die Vertragsrisiken reduzieren.

Wegen ihrer Popularität und vielfältigen Einsatzmöglichkeiten sind Swaps in der Zwischenzeit auch in verschiedenen Abwandlungen entwickelt worden. Man spricht dabei von Swaps der zweiten Generation. Während Plain Vanilla Swaps zur Absicherung des Zinsniveaus geeignet sind, kann mit Hilfe von Swaps der sog. zweiten Generation häufig ein Management der Zinskurve erfolgen.

- Als ***Extendable Swap*** bezeichnet man einen prolongierbaren Swap, bei dem ein Swappartner das Recht hat, über die ursprüngliche Vertragslaufzeit hinaus den Swap zu den ursprünglichen Swapkonditionen zu verlängern.
- Ein ***Callable Swap*** ist ein kündbarer Swap mit dem Recht des Empfängers des Festzinssatzes, den Swap zu kündigen.
- Ein ***Step up Swap*** ist ein stufenweise (ansteigender) Swap, bei dem also das Volumen im Zeitablauf erhöht wird.
- Als ***Swaption*** bezeichnet man schließlich eine Option auf einen Swap, wobei der Käufer der Swaption das Recht hat, innerhalb einer vereinbarten Frist zu den vereinbarten Konditionen einen Zinsswap durchzuführen.

Seit ihrer Einführung zu Beginn der 80er Jahre haben sich Zinsswaps zum dominierenden Instrument an den OTC-Märkten für zinsbezogene derivative Produkte entwickelt. Vorläufer waren sog. Parallelkredite, die sich Konzerneinheiten verschiedener Nationalität gegenseitig zur Umgehung von Kapitalverkehrsbeschränkungen einräumten. Der 1981 vereinbarte IBM-Weltbank-Swap gilt als erster bedeutender Swap an den Finanzmärkten. 1982 wurde der erste große DM-Zinsswap der Deutschen Bank Luxemburg aufgelegt. 1985 erklärte die Deutsche Bundesbank Zins- und Währungsswaps in Verbindung mit DM-Auslandsanleihen für zulässig. Seitdem sind Swaps ein Standardinstrument im inländischen Finanzmanagement.

b) Erklärungsansätze für den Markterfolg von Zinsswaps

Mit Zinsswaps lassen sich die Zahlungsströme vieler Assets und Liabilities im Hinblick auf ihre Verzinsung verändern. Wird beispielsweise eine Festzinsanleihe mit einer bestimmten Laufzeit zum Ansatzpunkt eines Swaps genommen, so dass die Festzinszahlungen in variable Zinsen getauscht werden, so wird die Duration der zusammengefassten Position entscheidend vermindert. Umgekehrt kann die niedrige Duration einer Floating Rate Note verlängert werden, wenn die variabel vereinbarten Zinszahlungen in Festzinszahlungen getauscht werden.

Die große Verbreitung der Zinsswaps lässt sich also mit dem Hinweis auf die Einsatzmöglichkeiten für das Hedgen, eine Spekulation und Arbitragetransaktionen erklären. In der Literatur hat man aber noch einen weiteren Erklärungsansatz für den Markterfolg von Zinsswaps entwickelt, die Übertragung des ***Theorems der komparativen Kostenvorteile*** im internationalen Handel von RICARDO. Danach ist ein internationaler Handel nicht nur dann lohnend, wenn Länder sich auf Güter spezialisieren, bei denen sie absolute Kostenvorteile haben, sondern auch dann, wenn nur komparative Kostenvorteile bestehen. Bei komparativen Kostenvorteilen der Swap-Partner in den jeweiligen Märkten eröffnet der Swap den beteiligten Parteien eine Arbitragemöglichkeit zur Reduktion ihrer Finanzierungskosten (Liability Swap). Diese beruht im Allgemeinen darauf, dass an den Finanzmärkten über die Renditedifferenzierung zwischen Schuldnern erster und nachrangiger Bonität bei zinsvariabler Verschuldung eine geringere Risikoprämie als bei Festsatzverschuldung verlangt wird (laufzeitabhängige Risikoprämie). Das Unternehmen der besseren Bonität verfügt über absolute Kostenvorteile bei einer zinsvariablen wie bei einer Festsatzfinanzierung. Das Unternehmen der schlechteren Bonität muss demgegenüber den Quality Spread als Bonitätsaufschlag zahlen. Dieser nimmt mit wachsender Laufzeit zu.[4]

In welchem Verhältnis die bei einem Swap auftretenden „Arbitragegewinne“ aufgeteilt werden, ist eine Frage der Markt- und Machtverhältnisse. Ausgangspunkt der Arbitragemöglichkeiten sind Marktsegmentierungen und Unvollkommenheiten der Kapitalmärkte. Auf die Dauer müssten allerdings die Kosten für Emittenten hoher Bonität wegen der erhöhten Nachfrage zunehmen, für Unternehmen niedrigerer Bonität dagegen abnehmen. Empirisch lässt sich die Verringerung der Quality Spreads nachweisen, was aber das Wachstum der Swapmärkte bislang nicht bremsen konnte. Daher reichen die Arbitrageerklärungen nicht aus.

Bei Unternehmen, die ihre Investitionspolitik leicht ändern können, sind die Agency-Kosten des Fremdkapitals dann am niedrigsten, wenn kurzfristiges Kapital zur Verfügung gestellt wird, dessen Konditionen leicht den Risiken angepasst werden können. Benötigt das Unternehmen aber langfristige Mittel, dann kann es vorteilhaft sein, dennoch eine zinsvariable Finanzierung vorzunehmen und die Art der Zinsbelastung am Markt zu tauschen.

---

[4] Vgl. ARNOLD / BURG (1987).

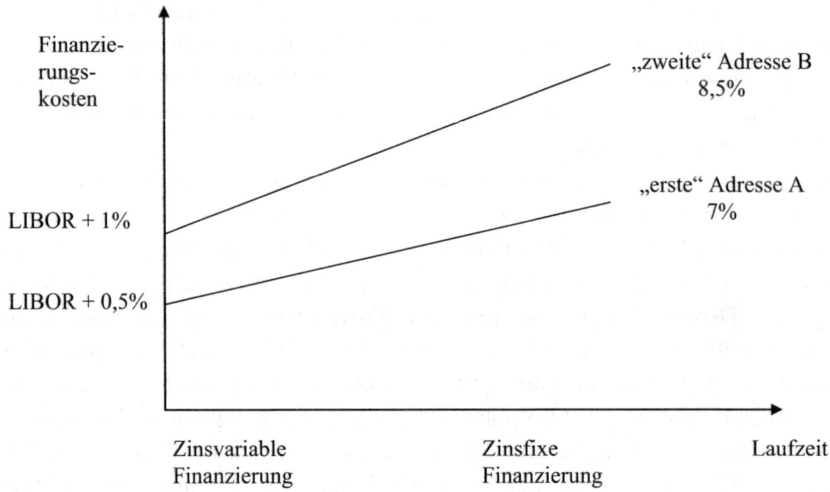

Abb. 10.3: Relative Zinsvorteile von Parteien unterschiedlicher Bonität

Weitere Erklärungen für den Markterfolg von Zinsswaps sind steuerliche (Gewerbesteuer) und institutionelle Restriktionen des Marktzugangs, die mit Hilfe der Swapmärkte überwunden werden können.

10.1.2 Kurz- und langfristige Kreditfinanzierungen

Für die ***Klassifikation der Kreditarten*** spielt einerseits die Fristigkeit eine Rolle und andererseits spielt eine Rolle, ob sie verbrieft und somit handelbar sind oder ob sie unverbrieft, d. h. in „Buchform“ ausgestaltet sind. Klassifikation bedeutet dabei keine logische oder theoretisch fundierte Gliederung, sondern eine nach bestimmten Charakteristika vorgenommene Zerlegung, die allerdings in der Praxis ihre Entsprechung findet, weil die in der Gliederung genannten Kreditarten eine weitgehend feste institutionelle Form gefunden haben. In der Praxis spricht man von unterschiedlichen Märkten, die durch unterschiedliche Usancen und Praktiken gekennzeichnet sind.

Eine typische Klassifizierung der Kreditfinanzierungen nach ihrer Fristigkeit unterscheidet kurzfristige Kredite mit einer Laufzeit von unter einem Jahr, mittelfristige Kredite mit einer Laufzeit von einem bis unter vier Jahren sowie langfristige Kredite mit einer Laufzeit von über vier Jahren. In der Praxis finden sich auch andere Abgrenzungen, wobei für die individuelle Finanz- und Liquiditätsplanung eines Unternehmens die konkreten Laufzeiten von Bedeutung sind, die in Form der voraussehbaren Zahlungsstruktur zeitpunktgenau aufgenommen werden.

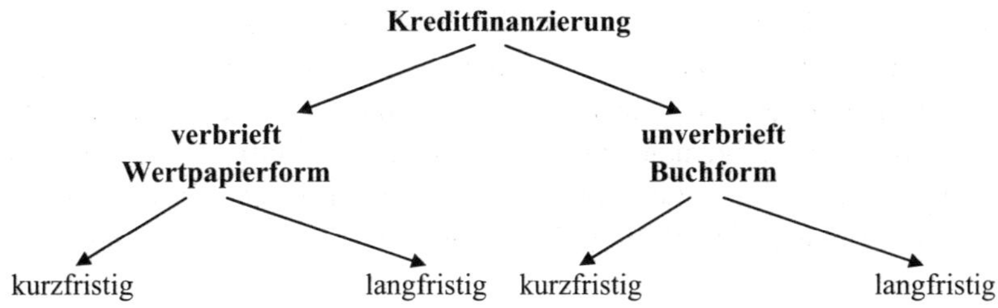

Abb. 10.4: Verbriefte und unverbriefte Kreditforderungen

(1) Verbriefte kurz- und mittelfristige Kredite der Unternehmen

Große Unternehmen können insbesondere dann, wenn sie über ein ausreichendes ***Rating*** verfügen, kurz- und mittelfristige Mittelaufnahmen unter weitgehender Aussparung der Banken als Kapitalgeber direkt am Geld- und Kapitalmarkt realisieren. Die Kreditaufnahme erfolgt dabei im Rahmen langfristiger, zum Teil zeitlich nicht begrenzter Rahmenprogramme (Fazilitäten), die durch kurzfristige Emissionen revolvierend in Anspruch genommen werden können. Beispielsweise wird ein ***Medium-Term-Note-Programm*** durch einen Prospekt dokumentiert und von der Börse genehmigt. Aus dem Programm können flexibel einzelne Tranchen gezogen werden, wodurch die Dokumentation einzelner Emissionen entfällt. Das Platzierungsrisiko liegt bei den Underwriter-Banken, die sich zur Übernahme bestimmter Teile der Emission mit dem Ziel verpflichten, die Papiere bei ausgewählten Investoren weiterzuplatzieren.

Bei einem ***Commercial Paper*** (CP) handelt es sich um ein kurzfristiges unbesichertes Inhaberpapier auf Diskontbasis, dessen Laufzeit zwischen sieben Tagen und zwei Jahren liegt. Das Commercial Paper wird im Rahmen einer langfristigen Linie (Commercial-Paper-Programm) emittiert, die es erlaubt, die im Zeitablauf jeweils benötigten Mittel durch eine fortlaufende (revolvierende) Emission von Commercial Paper – oder den eng verwandten Euronotes – aufzunehmen. Die Paper bzw. Notes können mit einem festen (Fixed Rate) oder variablen Zinssatz (Floating Rate), als Zerobonds (Discounted Notes) oder als strukturierte Titel (Structured Notes) emittiert werden.

Während Commercial Paper in den USA bereits in den 60er Jahren verbreitet waren, sind sie in Deutschland erst mit der Abschaffung der Börsenumsatzsteuer zum 1. Januar 1991 aufgelegt worden. Die Entwicklung des Commercial-Paper-Marktes entspricht dem ***Trend zur Securitization*** von Forderungsrechten, die auf diesem Weg handelbar werden und bei Investoren platziert werden können. Emittenten sind in der Regel große Industrieunternehmen mit hoher Bonität, wobei es sich in der Regel um Daueremissionen handelt. Der Finanzierungsbedarf der Emittenten ist daher typischerweise wiederkehrend und liegt dann im kurzfristigen Laufzeitbereich. Die Kosten orientieren sich an den Geldmarktsätzen. Bonitätsunterschiede der Emittenten werden durch einen vom Rating abhängigen unterschiedlichen Spread deutlich.

Seit Beginn der neunziger Jahre nehmen deutsche Unternehmen auch vermehrt den Markt für ***Medium Term Notes*** in Anspruch, bei dem die Schuldverschreibungen wie bei den CPs auf der Grundlage eines Emissionsprogramms begeben werden. Der Programmcharakter gestattet es dem Emittenten, unter Einhaltung einer sehr kurzen Vorlaufzeit Teilschuldverschreibungen zu emittieren, so dass also statt eines großen Anleihebetrages kleinere Beträge auf kontinuierlicher Basis oder in kürzeren Zeitabständen bei den Investoren untergebracht werden können. MTN-Programme werden in der Unternehmensfinanzierung vor allem eingesetzt, um eine Finanzierungslücke zwischen dem Commercial-Paper-Markt mit kurzen Laufzeiten und dem Anleihemarkt mit Laufzeiten von 5 Jahren und darüber zu schließen.

(2) Unverbriefte kurz- und mittelfristige Kredite

Bei den unverbrieften Krediten kann man zwischen jenen unterscheiden, die von den Kreditinstituten oder anderen Kapitalsammelstellen vergeben werden, und jenen, die quasi im Zuge des Umsatzprozesses des Unternehmens vereinbart werden.

Während ***Kontokorrentkredite*** durch die Einräumung einer (besicherten oder unbesicherten) Kreditlinie entstehen und typischerweise bis zur ***Kreditlinie*** je nach den Tageserfordernissen ausgeschöpft werden, handelt es sich bei ***Lombardkrediten*** um die Bereitstellung von Mitteln gegen die Verpfändung von Wertpapieren. Der heute kaum noch übliche **Diskontkredit** basiert auf Wechselforderungen des Unternehmens, die bei der Bank im Rahmen einer Kreditlinie zum Diskont eingereicht werden. Schließlich können Forderungen nicht nur zur Unterlegung eines Kredits (Zessionskredit) eingesetzt werden, sondern auch ohne Regress an eine ***Factoring Gesellschaft*** verkauft werden.

Für die genannten sog. ***Betriebsmittelkredite*** werden von der Bank mit dem Kreditnehmer feste ***Kreditlinien*** vereinbart. Kreditlinien müssen nicht notwendigerweise einen festen Euro-Betrag benennen, sondern können auch eine feste Relation beispielsweise zu einem bestimmten Teil des Umlaufvermögens definieren (***Borrowing Base***). In diesem Fall steigt mit beispielsweise zyklisch steigenden Forderungen auch die Kreditlinie und fällt wieder, wenn das Unternehmen nachfragebedingt sein Umlaufvermögen zurückführt.

(3) Langfristige Kreditfinanzierung

Auch bei den Instrumenten der langfristigen Kreditfinanzierung lassen sich, wie die folgende Übersicht zeigt, verbriefte und unverbriefte Formen unterscheiden.

Langfristige Kreditfinanzierung

Verbriefte Kredite (in Wertpapierform)	Unverbriefte Kredite (in Buchform)
– Industrieanleihen (Corporate Bonds) – Floating Rate Notes – Zerobonds – Andere innovative Formen (z.B. ABS)	– Schuldscheindarlehen – Bankdarlehen – Andere Sonderformen (z.B. Leasing)

Abb. 10.5: Verbriefte und unverbriefte langfristige Kreditforderungen

Wichtiges Gegenstück zur verbrieften Beteiligungsfinanzierung in Aktien ist die verbriefte Kreditfinanzierung in Form von ***Anleihen*** (Industrieobligation, Corporate Bond). Es handelt sich dabei rechtlich um ein langfristiges verzinsliches Darlehen, das über die Emission von Wertpapieren bei einer Vielzahl von Gläubigern aufgenommen wird. Die Anleihezeichner als Kreditgeber sind durch die Börsennotiz jederzeit in der Lage, die Anleihe zum Tageskurs zu verkaufen. Dieser Kurs richtet sich bei gegebener Ausstattung der Anleihe nach der Zinssituation am Markt und nach dem Rating als Ausdruck der Kreditwürdigkeit des Schuldners.

Während Industrieanleihen typischerweise einen festen Kupon tragen, verbriefen ***Floating Rate Notes*** (FRN) einen variablen Zinsanspruch des Inhabers, der periodisch an die Zinssituation des Kapitalmarktes angepasst wird. Dementsprechend sind Kursschwankungen nicht das Spiegelbild der aktuellen Zinsentwicklung, sondern eines veränderten Ratings des Kreditnehmers.

Zerobonds verzichten ganz auf periodische Zinszahlungen während der Laufzeit. Diese werden vielmehr in einem einzigen Betrag zeitgleich mit der Tilgung des Darlehens vom Unternehmen gezahlt.

In der Übersicht erwähnt werden auch ***Asset Backed Securities*** (ABS), die ihren Wert aus bestimmten Aktiva (Assets) beziehen, welche den Cashflowstrom der ausgegebenen Wertpapiere (Securities) erzeugen und besichern (Backed). Die Assets werden vom Unternehmen in eine eigens gegründete Gesellschaft, ein Special Purpose Vehicle (SPV) eingebracht, die die Cashflows an die Inhaber der ABS in unveränderter Form (Pass Through) oder strukturiert (Pay Through) durchleitet.[5]

Bei den unbesicherten Formen sind ***Schuldscheindarlehen*** die traditionellen Instrumente der mittel- bis langfristigen Kreditfinanzierung, die bei Kapitalsammelstellen wie z. B. Versicherungen aufgenommen werden. Für die Darlehensnehmer sind Schuldscheindarlehen individuell angepasste Großkredite mit anleiheähnlichen Ausstattungsmerkmalen. Die Gewährung erfolgt gegen Schuldschein oder Schuldurkunde. In dem Maße, in dem den Unternehmen weder verbriefte Formen der langfristigen Kreditfinanzierung noch der Schuldscheinmarkt offen stehen, sind sie bei der langfristigen Fremdfinanzierung auf entsprechende ***Bankdarlehen*** angewiesen. Schließlich haben die Unternehmen auch das ***Leasing*** als Finanzierungsalternative in Betracht zu ziehen.

10.1.3 Leasing als Fremdfinanzierungsalternative

(1) Leasing als spezieller Mietvertrag

Die Bezeichnung Leasing hat sich für spezielle Finanzierungsformen für Investitionen und Gebrauchsgüter durchgesetzt, bei denen über ein Mietverhältnis die ***Nutzung der Leasingobjekte*** vereinbart wird. Dabei wird der Leasingnehmer als Mieter in unterschiedlicher Weise an den Chancen und Risiken einer Wertänderung des Wirtschaftsgutes beteiligt. Insbesondere stehen dem ***Leasingnehmer***, der eine periodische Zahlung zu leisten hat, die durch die Nutzung des Objektes erwirtschafteten Cashflows zu. Dafür übernimmt er regelmäßig die Verpflichtung, bei der Nutzung entstandene Schäden auszugleichen.

Leasing wurde bereits Ende des 19. Jahrhunderts in den USA entwickelt und in den fünfziger Jahren des 20. Jahrhunderts durch spezialisierte Leasinggesellschaften popularisiert. Seit Beginn der sechziger Jahre wird Leasing auch in Deutschland durch bankunabhängige Leasinggesellschaften angeboten. Im Lauf der Zeit haben sich auch die Hersteller (Herstellerleasing) und die Kreditinstitute diesem Geschäft zugewandt. Den Schwerpunkt des Lea-

---

[5] Vgl. hierzu ausführlich Abschnitt 10.3.2.

singgeschäfts stellt das Leasing mit gewerblichen Leasingnehmern dar, daneben spielt das Kfz-Leasinggeschäft für Unternehmen und Private eine große Rolle.

Kern eines Leasingvertrages ist die Verpflichtung des ***Leasinggebers***, das Wirtschaftsgut dem Leasingnehmer gegen Zahlung einer Monatsrate (Leasingrate) für eine begrenzte Zeitdauer zur Nutzung zu überlassen. Über das reine Mietverhältnis hinaus beinhaltet der Leasingvertrag weitere Vertragselemente, die für traditionelle Mietverträge untypisch sind. Dazu zählen Vereinbarungen über die Verteilung der Risiken bei einem Wertverfall des Objektes sowie das Angebot des Leasinggebers, Service- oder Wartungsleistungen zu übernehmen. Gegebenenfalls erhält der Leasingnehmer auch eine Kauf- oder Mietverlängerungsoption.

(2) Finanzierungs-Leasing und Operating Leasing

Bei vielen Leasingverträgen sind mit der Nutzungsinanspruchnahme Finanzierungs- und Investitionselemente verbunden (Finanzierungs-Leasing). Nicht den Finanzierungsalternativen zugerechnet wird das ***Operate-Leasing***, bei dem das Mietverhältnis auf eine verhältnismäßig kurze Frist angelegt ist und auch eine kurzfristige Kündigung möglich ist, so dass das Investitionsrisiko beim Leasinggeber verbleibt. Dieser trägt auch die Gefahr des Untergangs, des Diebstahls, der Beschädigung oder technischer Defekte sowie der technischen Veralterung.

Das ***Finanzierungs-Leasing*** weist einige typische Merkmale auf:

- So sind die Verträge in der Regel für eine längere Zeitspanne für beide Seiten unkündbar. In der Praxis liegt diese sog. ***Grundmietzeit*** zwischen 60 bis 80 % der betriebsgewöhnlichen Nutzungsdauer.
- Leasingverträge sind so ausgestaltet, dass die Anschaffungs- oder Herstellungskosten des Objektes, die Zinskosten und die laufenden Verwaltungskosten des Leasinggebers insgesamt durch die Anfangszahlung, die laufenden Leasingraten und die Zahlungen bei Beendigung des Leasingvertrages abgedeckt sind. Der Leasingvertrag bringt dem Leasinggeber also üblicherweise in dem Sinne die ***volle Amortisation*** des Objektes, dass der Barwert aller dem Leasinggeber vereinbarungsgemäß zufließenden Einzahlungen abzüglich etwaiger laufender Auszahlungen für Verwaltungsaktivitäten etc. mindestens den von dem Leasingunternehmen zu leistenden Anschaffungsauszahlungen entspricht. Dies gilt unabhängig von der Unterscheidung in Voll- und Teilamortisationsverträge.
- Die ***Risiken des Leasingobjektes*** werden für die Dauer des Leasingvertrages durch entsprechende Vertragsklauseln weitgehend auf den Leasingnehmer abgewälzt. Dieser wird beispielsweise verpflichtet, auf eigene Kosten eventuell auftretende Defekte zu beheben oder entsprechende Objektversicherungen

abzuschließen. Häufig bieten die Leasinggeber allerdings trotzdem ergänzende Service- und Wartungsverträge an, ohne dass man dies jedoch als ein zwingendes Merkmal des Finanzierungsleasings ansehen kann.

(3) Vertragstypen des Leasing

Um den speziellen Bedürfnissen der Leasinggeber und Leasingnehmer gerecht zu werden, haben sich im Lauf der Zeit verschiedene Grundformen des Leasing herausgebildet, die je nach Art des Leasingobjekts die Kündbarkeit des Vertrages, die rechtliche Stellung des Leasing-Gebers und die Übernahme bestimmter Dienstleistungen betreffen.[6]

Abhängig vom Umfang der Amortisation des Leasingobjektes während der Grundmietzeit und entsprechend den auf steuerlichen Aspekten basierenden Leasingerlassen wird das Finanzierungsleasing unterteilt in Voll- und Teilamortisationsverträge. Bei ***Vollamortisationsverträgen*** decken die während der Grundmietzeit zu entrichtenden Leasingraten des Leasingnehmers die Anschaffungs- oder Herstellungskosten sowie sämtliche Aufwendungen des Leasinggebers. Bei Beendigung des Vertragsverhältnisses am Ende der Grundmietzeit fällt das Leasingobjekt an den Leasinggeber zurück, es sei denn, der Leasingnehmer übt seine eventuell bestehende ***Kaufoption oder Verlängerungsoption*** aus. Vollamortisationsverträge sind vor allem dann sinnvoll, wenn die Leasinggegenstände wie beispielsweise Kopiergeräte schnell an Wert verlieren.

Bei ***Teilamortisationsverträgen*** (Non full pay out) decken die in der Grundmietzeit zu entrichtenden Leasingraten dagegen nur teilweise die Kosten des Leasinggebers. Zur Sicherung des nicht amortisierten Teils werden für beide Vertragsparteien spezielle Absicherungen vereinbart wie beispielsweise ein Andienungsrecht des Leasinggebers oder eine Mehrerlösbeteiligung oder ein Kündigungsrecht des Leasingnehmers.

Entsprechend dem jeweiligen geschäftlichen Schwerpunkt haben sich spezialisierte Leasinggesellschaften für das ***kurz- und mittelfristige Mobilien-Leasing*** und für das ***langfristige Immobilien-Leasinggeschäft*** entwickelt. Mobilien-Leasinggesellschaften finanzieren ihre Aktivitäten durch die Aufnahme kurz- und mittelfristiger Gelder am Bankenmarkt, während Immobilien-Leasinggesellschaften regelmäßig langfristige Mittel nachfragen.

(4) Ökonomische Analyse des Leasing als Finanzierungsalternative

Während Leasing bei vollkommenem Kapitalmarkt natürlich keinen Mehrwert schaffen kann, können steuerliche Erwägungen für einen Leasingvertrag

[6] Die Leasingbranche ist natürlich auch von den Regelungen der Bankenaufsicht betroffen. Vgl. hierzu HARTMANN-WENDELS / WINTER (2003).

sprechen. Die Beiträge, die zeigen wollen, dass Leasing ein durch mögliche Steuerersparnisse getriebenes Geschäft ist, können aber keine überzeugende Argumentation liefern. Auch der Hinweis darauf, dass Leasingverträge im Vergleich zu Kreditverträgen den Ausweis langfristiger Verbindlichkeiten vermeiden helfen, ergibt keine überzeugende Erklärung, zumal mögliche Bilanzierungsvorteile systemabhängig sind. Daher stützt man heute die Begründung für eine mögliche Vorteilhaftigkeit von Leasingverträgen auf den Transaktionskostenansatz oder die Prinzipal-Agent-Theorie.[7]

a) Analyse des Leasing im Licht der Transaktionskosten-Theorie

Leasing kann als Mischform zwischen den beiden typischen Koordinationsformen des Transaktionskostenansatzes charakterisiert werden, also zwischen dem Markt und der Hierarchie. Zwar liegt beim Leasing der Schwerpunkt in der Nutzung des Marktmechanismus, doch wird die bei isoliertem Markttausch typischerweise anfallende Vielzahl von Marktvorgängen in der Leasinggesellschaft internalisiert, indem sie die Koordination verschiedener Funktionen übernimmt.

Versteht man die ökonomischen Organisationsformen als Beherrschungs- und Überwachungssysteme, so lassen sich Leasingvertragswerke als langfristig angelegte unvollständige Verträge kennzeichnen.[8] Zur Festlegung des für den Leasingvertrag effizienten Beherrschungs- und Überwachungssystems, das sowohl die Verifizierbarkeit als auch die Durchsetzbarkeit des langfristig ausgerichteten, unvollständigen Vertrages sicherstellt, muss die Spezifität des Leasingobjektes identifiziert werden. Leasingobjekte weisen ganz unterschiedliche ***Spezifitätsgrade*** auf.

- So weist das Leasing privater Kraftfahrzeuge oder gängiger Kommunikationssysteme nur eine geringe Spezifität auf.
- Spezialleasingverträge richten sich dagegen typischerweise auf hochspezifische Objekte und werden sogar häufig durch eine Lösung ersetzt, die eine vertikale Integration (Hierarchie) präferiert.
- Finanzierungs-Leasingverträge richten sich üblicherweise auf ***Leasingobjekte mit einer mittleren Spezifität***. Dies impliziert eine eingeschränkte alternative Verwendungsfähigkeit der Leasingobjekte. Als Beispiel kann auf speziell für ein bestimmtes Unternehmen errichtete Betriebsgebäude oder Anlagen verwiesen werden wie auch auf einen angemieteten Fuhrpark einschließlich der im Rahmen des Leasingvertrages abgeschlossenen Zusatzdienstleistungen.

Als effiziente Beherrschungs- und Überwachungssysteme bieten sich insbesondere zwei- und dreiseitige Systeme an: Zweiseitige Beherrschungs- und

---

[7] Vgl. HARTMANN-WENDELS / WINTER (2005), KRAHNEN (1990, 1991), NEUS (1991) und WILHELM (1985).

[8] Vgl. die Transaktionskostenanalyse bei BÜSCHGEN (1996).

Überwachungssysteme bewirken eine transaktionsspezifische zweiseitige Kontrolle, die sich in vertraglich vereinbarten Anpassungsmechanismen konkretisiert. Eine dreiseitige Kontrolle bedient sich häufig einer Drittpartei zur Beurteilung der Vertragserfüllung. Beherrschungs- und Überwachungssysteme beinhalten für die Vertragsparteien Anreize zur Aufrechterhaltung der Vertragsbeziehung bis zum Vertragsablauf, wobei zur Senkung der Transaktionskosten häufig nicht standardisierte Vertragsregelungen mit dem Ziel der Erzielung glaubhafter Vertragstreue eingesetzt werden.

b) Analyse des Leasing aus der Perspektive der Agency-Theorie

Leasingverträge zeichnen sich durch ein Geflecht von Prinzipal-Agent-Beziehungen aus. Zur Einordnung bietet sich eine Einteilung der Probleme in die Probleme bei der Objekterstellung sowie bei der Objektnutzung und bei der Objektverwertung an.[9]

- ***Agency-Probleme bei der Objekterstellung*** ergeben sich, wenn der Leasinggeber in die Erstellung des Leasingobjektes eingebunden ist (Immobilienleasing, Herstellerleasing) und der Leasingnehmer die Leasinggesellschaft mit der Erstellung eines Leasingobjektes beauftragt. Die Leasinggesellschaft weist hier einen Informationsvorsprung gegenüber dem Leasingnehmer auf, der auf einem spezifischen Wissen über die Preis- oder Qualitätseigenschaften des Leasingobjektes basiert. Hieraus resultiert für den Leasingnehmer die Gefahr einer Verschleierung wesentlicher Eigenschaften des Transaktionsgegenstandes, die im Leasingbereich insbesondere die Beschaffenheit des Leasinggutes hinsichtlich versteckter Qualitätsmängel des Leasingobjektes betreffen.
- ***Agency-Probleme bei der Objektnutzung*** betreffen insbesondere das Verhalten des Leasingnehmers, das der Leasinggeber nicht kennt und auch nicht ohne weiteres beobachten kann. So besteht für den Leasinggeber das Risiko einer übermäßigen Beanspruchung oder eines nicht sachgerechten Einsatzes des Leasingobjektes durch den Leasingnehmer. Ein weiteres Problem betrifft das Bonitätsrisiko des Leasingnehmers als Gefahr einer mangelnden Zahlungswilligkeit oder auch Zahlungsfähigkeit des Leasingnehmers. Darüber hinaus trägt der Leasinggeber das Risiko einer außerordentlichen, nicht von der Leasinggesellschaft zu vertretenden Vertragsauflösung.
- ***Agency-Probleme bei der Objektverwertung*** werden dadurch weitgehend vermieden, dass dem Leasinggeber ein Aussonderungsrecht zusteht, so dass er im Insolvenzfall ohne weitere Kosten das Leasingobjekt verwerten kann. „Das Recht zur Aussonderung versetzt den Leasinggeber in die Lage, lukrative Investitionen in das Verwertungs-Know-how zu tätigen und auf diese Weise eine ökonomische Verwertungskompetenz aufzubauen. Infolgedessen re-

[9] Vgl. NEUS (1991).

sultieren für beide Vertragparteien Vorteile. Zum einen erzielt der Leasinggeber höhere Verwertungserlöse als die Kreditinstitute und zum anderen können diese Erlöse über niedrigere Risikoprämien in den Leasingraten an den Leasingnehmer weitergegeben werden, so dass dieser im Nicht-Insolvenzfall größere Überschüsse als bei einer Kreditfinanzierung realisieren kann.“ (Hartmann-Wendels / Winter 2005, S. 288).

Die besondere Verwertungskompetenz der Leasinggesellschaften spielt nicht nur in der möglichen Insolvenz des Leasingnehmers eine Rolle, sondern auch bei Kündigungen bzw. der Ausübung spezieller Optionen nach Ablauf der Grundmietzeit. Auch hier kann die Leasinggesellschaft im Vergleich zu einer Bank oder zum Leasingnehmer selbst über ein spezielles Wissen verfügen, das den Wertbeitrag eines Leasingvertrags erklären kann. Leasing ist stärker am Objekt orientiert als Bankkredite, so dass eine nicht erstklassige Bonität des Leasingnehmers eher durch ein werthaltiges Objekt kompensiert werden kann. Das Ausfallrisiko der Leasinggesellschaft ist nämlich weitgehend unabhängig von der Höhe der Verbindlichkeiten des Leasingnehmers. Somit ist Leasing vor allem auch für kleinere, wachstumsorientierte Unternehmen mit einem geringen Cashflow interessant.[10]

10.1.4 Fremdfinanzierung über die Banken oder den Markt

(1) Bankkredit oder Anleihefinanzierung

Die Frage, ob ein Unternehmen seinen Fremdfinanzierungsbedarf eher über Bankkredite oder über Anleiheemissionen decken sollte, stellt sich für viele kleinere oder mittelgroße Unternehmen nicht, da ihnen der Zugang zu den Anleihemärkten verwehrt ist oder weil die fixen Transaktionskosten einer solchen Finanzierungsmaßnahme zu hoch sind. Größere Unternehmen können und müssen dagegen entscheiden, ob sie beide Fremdkapitalmärkte in Anspruch nehmen wollen, und wenn ja in welchem ökonomischen Umfeld und in welchem Ausmaß. Die Zinskonditionen einer Anleihefinanzierung stellen sich dabei als günstiger dar als die Kreditkonditionen der Banken.

Die Entscheidung zwischen Anleihe- und Bankkreditfinanzierung kann aus transaktionskostenökonomischem Blickwinkel betrachtet werden, wenn Anleihe- und Bankkreditfinanzierungen als alternative Koordinationsformen zwischen Kapitalgebern und Kapitalnehmern aufgefasst werden. Dabei muss eine Anleihefinanzierung, da sie viele Gläubiger als Vertragspartner umfasst, festere Regeln aufweisen als eine Bankfinanzierung, die im Lauf der Zeit nachverhandelt und bei neu eintreffenden Informationen leichter angepasst werden kann. Bankkreditverträge können also nachträglich im Wege der

[10] Vgl. Hartmann-Wendels / Winter (2005), S. 290.

Wiederverhandlung abgeändert werden, während diese Möglichkeit im Fall einer Anleihefinanzierung stark erschwert ist.

(2) Empirische Bedeutung der markt- und bankorientierten Finanzierung

Den größten Anteil an der Außenfinanzierung deutscher Unternehmen haben Kredite von Banken. Unternehmensanleihen und kurzfristigere festverzinsliche Papiere spielen demgegenüber eine ganz untergeordnete Rolle. Diesen Sachverhalt untermauern die Zahlen der Deutschen Bundesbank aus ihrer gesamtwirtschaftlichen Finanzierungsrechnung, nach deren Berechnungen die Kredite von Banken und Bausparkassen an Unternehmen des nichtfinanziellen Sektors bis 2000 regelmäßig am stärksten zur Außen-Fremdfinanzierung der Unternehmen beigetragen haben. Seitdem ist allerdings der Anteil der Bankkredite deutlich zurückgegangen.[11]

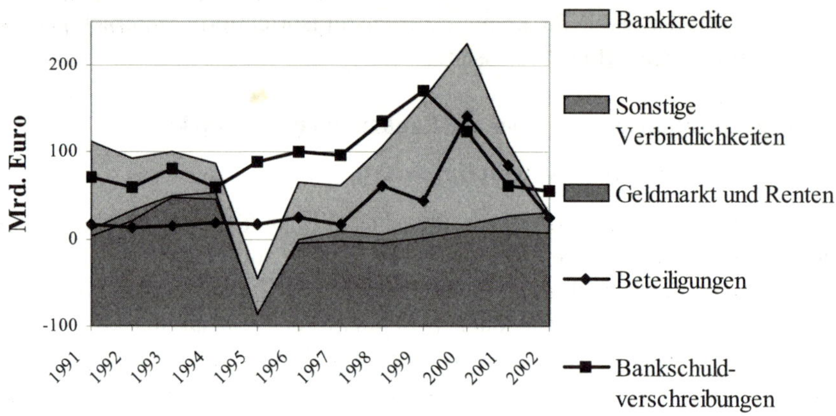

1991 bis 1994 unter Einschluss der Finanzierungsaktivitäten der Treuhandanstalt, 1995 einschließlich der Übernahme der Treuhandschulden durch den Erblastentilgungsfonds. Quelle: DEUTSCHE BUNDESBANK.

Abb. 10.6: Fremdkapitalformen bei Unternehmen des nichtfinanziellen Sektors

Nachrichtlich sind in der Abbildung 10.6 auch die Einzahlungen aus Aktienemissionen und die durch Emission von Bankschuldverschreibungen am Kapitalmarkt aufgebrachten Netto-Volumina angegeben. Die Zahlen verdeutlichen den großen Beitrag der Bankschuldverschreibungen zur Finanzierung der deutschen Wirtschaft und des Staates. Aktienemissionen spielen demge-

[11] Vgl. zu den nachfolgenden Angaben und Grafiken BURGHOF / PAUL / RUDOLPH (2005), S. 11 f.

genüber keine bedeutende Rolle und zeigten nur während der Börsenhausse Ende des letzten Jahrhunderts bedeutende Zuwächse.

Der Eindruck, dass der Bankkredit eine überragende Rolle bei der Fremdfinanzierung der deutschen Wirtschaft einnimmt, wird verstärkt, wenn man nicht die jährlichen Veränderungen, sondern die Bestände an Verbindlichkeiten deutscher Unternehmen betrachtet.

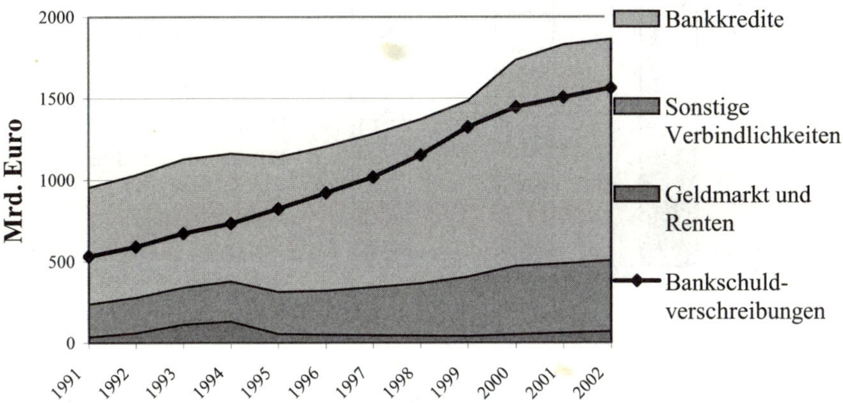

1991 bis 1994 unter Einschluss der Verpflichtungen der Treuhandanstalt
Quelle: DEUTSCHE BUNDESBANK (2003; 2004)

Abb. 10.7: Verbindlichkeiten der Unternehmen des nichtfinanziellen Sektors

Der Anteil der Bankkredite an der gesamten Fremdfinanzierung machte zu Beginn der 90er Jahre immerhin 70 % aus und steigerte sich in den Folgejahren kontinuierlich. Die Entwicklung des Bestandes an von Kreditinstituten emittierten Schuldverschreibungen folgt in einem bemerkenswertem Gleichschritt, allerdings mit einer deutlich stärken Wachstumsrate. Die Daten sprechen dafür, dass die Bedeutung der intermedierten Finanzierung in Deutschland eher zu- und nicht etwa, wie vielfach vermutet wird, abnimmt.

Betrachtet man die Bilanzen der Unternehmen, so ergeben sich hinsichtlich der Bedeutung des Fremdkapitals und darunter wiederum der Bankkredite starke Unterschiede hinsichtlich der verschiedenen Sektoren der Wirtschaft, aber auch hinsichtlich der Rechtsform und der Unternehmensgröße. Aus den Verhältniszahlen der Bilanzanalyse der Deutschen Bundesbank für Unternehmen unterschiedlicher Größe ergibt sich etwa, dass der Anteil der Verbindlichkeiten gegenüber Banken am Gesamtkapital zwischen 40 % für sehr kleine und etwa 7,5 % für große Unternehmen liegt.

Wenn sich insgesamt also die Bedeutung der Bankfinanzierung auch nicht verringert hat, so hat sie doch für einzelne Unternehmen eine sehr unterschiedliche Bedeutung. Das spricht für die Vermutung, dass die Funktionen der Banken sich in Abhängigkeit vom Unternehmenstyp wandeln.

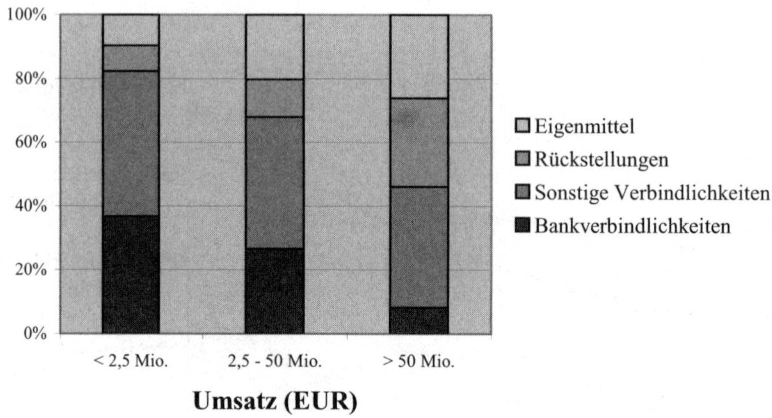

Abb. 10.8: Kapitalstruktur deutscher Unternehmen nach Unternehmensgröße

10.2 Fremdfinanzierung als Kreditfinanzierung der Banken

10.2.1 Kreditvergabe, Rating und Zinsforderungen

(1) Neugeschäftsprozess und Bestandsverwaltung

Kreditinstitute stellen einer Vielzahl von Kreditnehmern Zahlungsmittel zur Durchführung von Investitionen und zur Aufrechterhaltung des laufenden Geschäftsbetriebs zur Verfügung. Dabei haben die Kreditnehmer ganz unterschiedliche Bedürfnisse und Präferenzen hinsichtlich der Laufzeit, der Zinsgestaltung, der Höhe der Kredite sowie der Tilgungsmodalitäten. Die Kreditinstitute werden zur Kostenbegrenzung, aber auch, weil sie nur bei einer begrenzten Auswahl an Kundensegmenten mit Erfolg das Kreditgeschäft betreiben können, einen möglichst effizienten Prozess der Kreditvergabe gestalten.

In der Praxis wird der Kreditvergabeprozess häufig in einen Prozess für neue Kreditanträge und einen für bereits vergebene Kredite unterschieden.

- Der ***Neugeschäftsprozess*** beginnt in der Regel mit einer Kundenanfrage und einer ersten Beratung durch die Bank, der sich eine Kreditwürdigkeits- und Kreditfähigkeitsprüfung anschließt. Nach erfolgter erfolgreicher Prüfung wird dem Kreditnehmer dann ein Angebot für einen Kreditvertrag unterbreitet, das die Ergebnisse der Kreditprüfungen widerspiegelt. So werden die eingeforderten Kreditsicherheiten und die im geforderten Zinssatz enthaltene Risikoprämie wesentlich vom Ergebnis der Kreditprüfung abhängig sein. Der Prozess der Kreditvergabe endet mit der Auszahlung des Kreditbetrages.

- Im Rahmen der ***Bestandsverwaltung der Kredite*** erfolgt ein regelmäßiges Monitoring des Kreditnehmers. Bei Auffälligkeiten in der Kreditüberwachung oder Unregelmäßigkeiten in der Verzinsung und Tilgung der Kredite wird die Bank den Kreditnehmer mahnen und gegebenenfalls den Kredit sogar kündigen. Es kann aber auch sein, dass der Kreditvertrag neu ausgehandelt wird und die Kreditlinie je nach der Entscheidung der Bank gekürzt oder sogar erhöht wird.

Da der Kreditprozess nicht nur die Kosten der Banken tangiert, sondern auch das im Kreditportefeuille enthaltene Risiko, hat sich auch die Bankenaufsicht dem Thema des Kreditprozesses gewidmet. Der Baseler Ausschuss für Bankenaufsicht hat im September 2000 „Principles for the Management of Credit Risk“ formuliert, die deutsche Bankenaufsicht auf dieser Basis im Dezember 2002 „***Mindestanforderungen an das Kreditgeschäft der Kreditinstitute***“ (MaK) veröffentlicht, die qualitative Standards an die Organisation des Kreditgeschäfts definieren. Eine wichtige Forderung dieser Mindestanforderungen ist die aufbauorganisatorische Trennung der Bereiche „Markt“ und „Marktfolge“. Danach darf die Kreditvergabeentscheidung in einer Bank nicht allein durch den Marktbereich als Initiator des Geschäfts erfolgen. Vielmehr muss die Entscheidung durch ein marktunabhängiges Votum des Kreditrisiko-Controllings bestätigt werden. Eine andere Bestimmung der Mindestanforderungen sieht vor, dass Kreditinstitute Frühwarnsysteme aufbauen müssen, die eine sich verschlechternde Bonität einzelner Kreditnehmer frühzeitig erkennen können und als Basis für geeignete Maßnahmen der Kreditinstitute dienen.[12]

(2) Individuelle Kreditwürdigkeitsprüfung und Rating

Unternehmen müssen, wenn sie Kredit erhalten wollen, kreditwürdig sein. Die Bank als Kreditgeber muss zu der Überzeugung gekommen sein, dass sie den ausstehenden Kreditbetrag einschließlich der vereinbarten Zinsen zum vereinbarten Termin mit hinreichend hoher Wahrscheinlichkeit zurück erhalten wird. ***Kreditwürdigkeit*** stellt allerdings kein direkt beobachtbares Merkmal des Kreditnehmers dar, sondern muss vom Kreditgeber oder einem Drit-

[12] Vgl. DEUTSCHE BUNDESBANK (2003a). Eine ausführliche Beschreibung der Anforderungen an den Kreditvergabeprozess findet man im Leitfaden zum Kreditrisiko: Kreditvergabeprozess und Kreditrisikomanagement der Österreichischen Nationalbank und der Finanzmarktaufsicht. Die MaK sind mit dem Rundscheiben der BaFin vom 20.12.2005 in den Mindestanforderungen an das Risikomanagement MaRisk aufgegangen (vgl. dort BTO1). Die MaRisk sind auf den Internetseiten der BaFin abrufbar.

ten aus unterschiedlichen Informationsquellen im Zuge eines ***Screening-Prozesses*** abgeschätzt werden, wofür verschiedene Verfahren zur Verfügung stehen. Die Unternehmen müssen sich bei der Vorbereitung einer Fremdkapitalaufnahme den Modalitäten dieser Verfahren stellen.

Während früher der Prozess der Kreditwürdigkeitsprüfung bzw. Bonitätsprüfung von Bank zu Bank unterschiedlich organisiert war und das Kreditwürdigkeitsurteil einer Bank weitgehend auf dem individuellen Expertenwissen eines Kreditsachbearbeiters aufbaute, werden heute Kreditausfallrisiken zunehmend durch ein ***Rating*** im Zuge eines strukturierten, formalisierten und transparenten Prozesses abgeschätzt. Die Prozesse zur Ableitung der Ratingurteile und die zugrunde liegenden Bonitätsmerkmale weisen einen weitgehend übereinstimmenden Rahmen auf. Dennoch haben sich verschiedene Muster und Verfahren im Detail herausgebildet, die zur Ableitung des Kreditwürdigkeitsurteils führen. Für die Unternehmen stellen die Bonitätsurteile wichtige Determinanten ihrer Kreditbeschaffungsmöglichkeiten dar, weil sowohl der Umfang der zur Verfügung stehenden Kreditmittel als auch die vereinbarten Zinssätze durch das Rating beeinflusst werden.[13]

Interne Ratings der Banken werden als Maßgrößen der Kreditwürdigkeit üblicherweise nicht veröffentlicht und auch nicht mit den Unternehmen erörtert – sie dienen bankinternen und aufsichtlichen Zwecken. Die Abdeckung der Unternehmen mit den internen Ratings der Banken nimmt im Zeitablauf immer mehr zu. ***Externe Ratings*** der Ratingagenturen werden dagegen publiziert und haben insbesondere den Zweck, den Investoren auf den Kapitalmärkten eine Entscheidungsgrundlage für ihre Anlage zu geben. Am deutschen Kapitalmarkt verfügen nur große und damit relativ wenige Unternehmen über ein externes Rating.

Externe und interne Ratings der Kreditnehmer haben mit der Neuausrichtung des Regulierungsrahmens der Kreditinstitute im Zuge des Neuen Baseler Akkords (Basel II) einen erheblichen Bedeutungszuwachs erfahren. Während nämlich in der bestehenden aufsichtlichen Risikobegrenzung der Banken eine pauschale, nur nach vorgegebenen Kreditnehmergruppen (Staat, Banken, Unternehmen) differenzierte Eigenkapitalunterlegung vorgesehen ist, erfolgt unter dem Regime von Basel II eine stärker nach dem Risikogehalt differenzierte Eigenkapitalunterlegung, die durch externe bzw. interne Ratings begründet sein muss. Aus der Ratingkategorie eines Kredits werden die für die Berechnung der Eigenkapitalunterlegung notwendigen Parameter abgeleitet, die dann ihrerseits die Eigenkapitalunterlegung der Kredite bestimmen.

---

[13] Zu den ökonomischen Anforderungen an Ratings vgl. DVFA-KOMMISSION RATING STANDARDS (2001), ELSAS / KRAHNEN (2001), HÖSE / HUSCHENS (2003), KRÄMER (2003), KRAHNEN (2001), KRAHNEN / WEBER (2001), SCHWAIGER (2003).

(3) Ratingkategorien und Risikoscores

Rating kann als Prozess der Bewertung eines Unternehmens unter Bonitätsgesichtspunkten oder als ***Ergebnis*** der Bewertung quasi als Zensur oder Note verstanden werden. Bewertet bzw. zensiert wird der Risikogehalt eines Kreditnehmers (borrower rating) oder eines bestimmten Kreditengagements (facility rating).[14] Ergebnis des Ratingprozesses ist die Zuordnung möglichst jeden Kreditnehmers oder jeden einzelnen Kredits zu einer bestimmten ***Ausfallrisikoklasse*** bzw. ***Ratingkategorie***.

Die Ratingagentur Standard & Poor's unterscheidet beispielsweise im Emissionsrating (Issue Credit Rating) als aktueller Meinung über die Kreditwürdigkeit eines Schuldner in Bezug auf eine bestimmte **Obligation** die folgenden Ratingkategorien:

AAA Die Fähigkeiten des Schuldners, seine finanziellen Verpflichtungen bezüglich dieser Obligation zu erfüllen, ist außergewöhnlich gut.

AA Die Fähigkeit des Schuldners, seine finanziellen Verpflichtungen bezüglich dieser Obligation zu erfüllen, ist sehr gut.

A Die Fähigkeit des Schuldners, seine finanziellen Verpflichtungen bezüglich dieser Obligation zu erfüllen, ist gut.

BBB Die festverzinslichen Wertpapiere weisen angemessene Schutzmerkmale auf. Jedoch ist es eher wahrscheinlich, dass nachteilige wirtschaftliche Bedingungen oder Veränderungen der äußeren Umstände zu einer verminderten Fähigkeit des Schuldners führen, seine finanziellen Verpflichtungen bezüglich dieser Obligation zu erfüllen.

BB Die festverzinslichen Wertpapiere sind weniger anfällig für Zahlungsverzug als andere als spekulativ eingestufte Emissionen. Es bestehen jedoch größere Unsicherheitsfaktoren oder Risiken aufgrund von nachteiligen geschäftlichen, finanziellen oder wirtschaftlichen Bedingungen.

B Die festverzinslichen Wertpapiere sind stärker anfällig für Zahlungsverzug als Obligationen mit einem BB-Rating.

CCC Die festverzinslichen Wertpapiere sind derzeit anfällig für Zahlungsverzug.

CC Festverzinsliche Wertpapiere sind derzeit stark anfällig für Zahlungsverzug.

C Obwohl ein Konkursantrag gestellt oder ähnliche Maßnahmen ergriffen wurden, werden die Zahlungen in Bezug auf die Obligation weiterhin geleistet.

D Die festverzinslichen Wertpapiere sind in Zahlungsverzug.

Die Ratings von AA bis CCC können durch Hinzufügen von Plus- oder Minuszeichen modifiziert werden, um die relative Stellung innerhalb der Haup-

[14] Im Emissionsgeschäft spricht man von Emissionsratings (Issue Credit Ratings) und Emittentenratings (Issuer Credit Ratings).

tratingkategorie zu verdeutlichen.[15] Andere Ratingagenturen wie Moody's oder Fitch gehen von vergleichbaren, aber nicht ganz übereinstimmenden Definitionen der Ratings aus. Die Klasseneinteilungen der bekannten externen Ratings sind alle veröffentlicht – eingebürgert haben sich insbesondere Buchstabengruppierungen. Die internen Klasseneinteilungen der deutschen Banken sind unterschiedlich skaliert und werden nicht in Buchstaben, sondern in Zahlen ausgedrückt. Man findet beispielsweise die Zahlen von 1 bis 18 beim Sparkassen-Rating oder die Zahlen 1 bis 8 beim Gemeinschafts-Rating der privaten Banken.

Es stellt sich die Frage, wie die Ratingagenturen zu ihrer ***Risikoeinstufung in eine Ratingkategorie*** kommen. Im Detail ist dies ein Geschäftsgeheimnis der Ratingagenturen, im Grundansatz erfolgt aber jedes Rating in einem strukturierten Ratingprozess, der sich verkürzt wie folgt darstellen lässt:

In einem ersten Schritt werden verschiedene bonitätsrelevante quantitative und qualitative Kriterien (Bilanzkennzahlen, Markteinschätzungen, Auswertungen von Interviews etc.) ermittelt und in ein Schema eingetragen. Den einzelnen Angaben in diesem Schema sind Gewichtungsfaktoren zugeordnet, so dass man alle Informationen zu einem umfassenden ***Risikoscore*** zusammenfassen kann.[16] Im zweiten Schritt werden dann verschiedene Kredite mit dicht beieinander liegenden Risikoscores zu einer ***Ausfallrisikoklasse bzw. Ratingkategorie*** zusammengefasst. Die Kredite dieser Klasse erhalten auch bei etwas unterschiedlichen Risikoscores dasselbe Rating. Kreditnehmer mit dem gleichen Rating können sich daher durchaus hinsichtlich ihrer Kreditwürdigkeit etwas unterscheiden, werden aber für bankaufsichtliche Zwecke als mit der gleichen Ausfallwahrscheinlichkeit behaftet behandelt.

Die auf einem Scoringsystem basierenden Ratingverfahren lassen sich anhand ihrer Kriterienkataloge, Beurteilungsskalen und Aggregationsvorschriften und dabei insbesondere durch die Wahl der Gewichtungsfaktoren unterscheiden. Es werden sowohl harte (quantitative) als auch weiche (häufig qualitative) ***Beurteilungskriterien*** herangezogen. Beispiele für quantitative Kriterien sind Kennzahlen aus dem Jahresabschluss (Rentabilität, Kapitalstruktur etc.), Beispiele für qualitative Kriterien sind die Managementqualität oder die Wettbewerbsposition des Unternehmens.[17] Quantitative Ratingsysteme basieren methodisch auf Regressionsmodellen, auf Probit- oder Logitanalysen, auf Diskriminanzanalysen, auf computergestützten Expertensystemen, auf Verfahren der Mustererkennung oder auf Künstlichen Neuronalen Netzen.

---

[15] Vgl. Standard & Poor's Definitionen für Emissions- und Emittentenratings Juni 2001.

[16] Zur Bestimmung der Gewichte bei der Auswertung der Informationen aus den Jahresabschlüssen oder anderen Quellen werden häufig statistische Verfahren wie die Diskriminanzanalyse verwendet.

[17] Der Baseler Ausschuss hat Mindestanforderungen formuliert, welche Faktoren bzw. Risikoindikatoren mindestens berücksichtigt werden sollten. Vgl. EWERT / SZCZESNY (2002).

(4) Schätzung von Ausfallwahrscheinlichkeiten

Für eine quantitative Analyse des ***Risikogehalts eines Kreditportefeuilles*** bietet das Rating der Kreditnehmer bzw. Kredite aus Anlegersicht noch nicht die gewünschte umfassende Information.[18] Auch die Bankenaufsicht hat einen weitergehenden Informationsbedarf als die Kenntnis der jeweiligen Ratingkategorie. Nach den Vorstellungen des Baseler Ausschusses für Bankenaufsicht werden die Banken in Zukunft ihre Kreditengagements entweder aufgrund eines externen Ratings oder mit Hilfe der einem internen Rating zugeordneten ***Ausfallwahrscheinlichkeit*** in einer verfeinerten Messmethode mit Eigenkapital unterlegen müssen.

Zur Bestimmung der Ausfallwahrscheinlichkeit (Probability of Default *PD*) eines Kreditnehmers bzw. eines Kredits muss die Ausfallwahrscheinlichkeit der Kreditnehmer in jener Risikokategorie geschätzt werden, in die der Kreditnehmer bzw. der Kredit aufgrund seines Scorewertes eingestuft wurde. Der neue Baseler Akkord verlangt von den Banken im Rahmen der internen Ratingansätze eine solche Schätzung der Ausfallwahrscheinlichkeiten *PD* für jeden Kreditnehmer bzw. jeden Kredit. Die Ausfallwahrscheinlichkeiten werden also nicht individuell für jeden Schuldner einzeln geschätzt, sondern durch die Zuordnung des Schuldners zu einer bestimmten Risikogruppe (Ratingklasse), für die eine Ausfallwahrscheinlichkeit bestimmt worden ist.

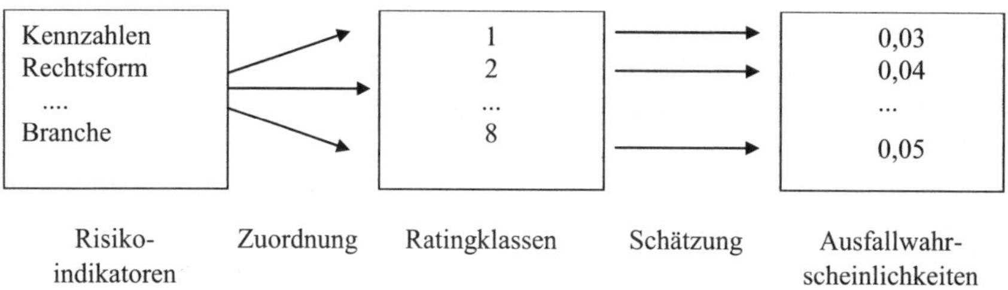

Abb. 10.9: Zuordnung der Ausfallwahrscheinlichkeiten

Die einfachste Methode zur Bestimmung der Ausfallwahrscheinlichkeit einer Ratingkategorie ist das ***Quoten- oder Mittelwertmodell***, bei dem die relative Häufigkeit von Kreditausfällen in dieser Risikokategorie (Ratingklasse) bezogen auf alle Schuldner in dieser Risikokategorie in einem längeren Zeit-

[18] Die Einbeziehung einzelner Kreditpositionen in die Kreditportfolio-Betrachtung ist Gegenstand der sog. Kreditportfoliomodelle. Vgl. hierzu Huschens / Loracek-Junge (2002), Huschens / Vogl (2002), Knapp (2002) und Overbeck (1999).

raum als Schätzer für die Ausfallwahrscheinlichkeit herangezogen wird. Diese Häufigkeit wird als Ausfallquote oder Ausfallrate bezeichnet.

Ist I die Anzahl der Kreditnehmer in einer Ratingklasse und werden die Ausfälle d_{it} über T Jahre erhoben, dann wird die Ausfallquote definiert als

$$(1) \qquad FD = \sum_{i=1}^{I} \sum_{t=1}^{T} d_{it} / N$$

wobei N die Anzahl der Beobachtungen des Schätzdatensatzes über T Perioden ist. Die Ausfallquote FD (frequency of default) kann als ***Schätzer für die Ausfallwahrscheinlichkeit*** gelten, wenn die Ausfallwahrscheinlichkeiten im Zeitablauf konstant sind, so dass die gemessenen Ausfallquoten im Zeitablauf um die Ausfallwahrscheinlichkeit herum schwanken.[19] Die Probleme, die sich der Bank bei der Festlegung der Ausfallrisikoklassen stellen, resultieren erstens daraus, dass die Kreditausfälle d_{it} im Vergleich zu den Beobachtungen seltene Ereignisse darstellen und daher die Ausfallquoten sehr klein sind.[20] Zweitens sprechen viele Gründe dafür, dass die Ausfallwahrscheinlichkeiten im Zeitablauf z. B. wegen zyklischer Schwankungen nicht konstant sind, so dass sich für lange Datenreihen allenfalls durchschnittliche Ausfallwahrscheinlichkeiten schätzen lassen. Schließlich kann drittens in typischen Kreditportefeuilles nicht davon ausgegangen werden, dass keine Abhängigkeiten zwischen den Kreditausfällen bestehen. In diesem Fall ist auch bei gut diversifizierten Portefeuilles die Ausfallquote kein konsistenter Schätzer mehr für die Ausfallwahrscheinlichkeit.[21]

Zur konsistenten Berechnung der Ausfallquoten muss im Übrigen eine zweckmäßige ***Definition des Ausfallereignisses*** vorgegeben sein. Hier hat der Baseler Ausschuss zumindest für bankaufsichtliche Zwecke festgelegt, dass ein Kredit dann als ausgefallen gilt, wenn der Kreditnehmer mit seinen Zahlungsverpflichtungen mehr als 90 Tage in Verzug ist oder es wahrscheinlich ist, dass er seinen Zahlungsverpflichtungen ganz oder teilweise nicht nachkommt. Als Ausfall kann aber auch betrachtet werden, wenn ein ***Kreditereignis (Credit Event)*** eintritt, so dass eine Abschreibung oder Wertberichtigung des Kredits vorgenommen werden muss, die Betreuung des Kredits durch eine Spezialgruppe (Workout Group) der Bank übernommen wird oder die Reorganisation bzw. eine kriseninduzierte Engagementsänderung durch die Bank erfolgt. Schließlich tritt immer dann ein Ausfallereignis ein, wenn

---

[19] Vgl. Teil 1 der Serie zur Bestimmung von Ausfallwahrscheinlichkeiten bei WEHRSPOHN (2002). WEHRSPOHN stellt in der weiteren Artikelserie noch andere, anspruchsvollere Verfahren zur Bestimmung von Ausfallwahrscheinlichkeiten vor. Vgl. hierzu auch SCHEULE (2003).

[20] Vgl. RAUHMEIER (2003), S. 41. Der Baseler Ausschuss hat eine Untergrenze für die Ausfallwahrscheinlichkeiten von 0,03% vorgegeben.

[21] Vgl. HÖSE / HUSCHENS (2002) sowie HUSCHENS / LOCAREK-JUNGE (2002).

ein formelles Insolvenzverfahren gegen den Kreditnehmer eingeleitet wurde.[22]

(5) Alternative Ansätze zur Bestimmung der Ausfallwahrscheinlichkeiten

In der Literatur unterscheidet man zwei prinzipiell unterschiedliche Vorgehensweisen zur Schätzung von Ausfallwahrscheinlichkeiten, nämlich marktbasierte Ansätze und statistische Ansätze.[23]

Statistische Ansätze werten eine Fülle von Kennzahlen und Expertenwissen aus, die eine Antwort auf die Frage geben sollen, wie häufig Kreditausfälle zu erwarten sind. Dahinter steht keine explizite Theorie zur Erklärung der Kreditverluste. Die ausgewählten Kennzahlen und sonstigen Informationen stehen allerdings häufig in einem plausiblen ökonomischen Zusammenhang mit der Ausfallwahrscheinlichkeit eines Kredits.

Marktbasierte Ansätze bauen auf dem sog. MERTON-Modell, d. h. einem optionspreistheoretischen Ansatz auf und leiten die Ausfallwahrscheinlichkeit von Krediten aus dem Verhalten von Aktienkursen ab.[24] Dabei wird eine Kreditposition, wie in Kapitel 3 (Abschnitt 3.3) ausführlich beschrieben, aus einer risikofreien Anlage (des Fremdkapitalanspruchs bei Fälligkeit) und der Stillhalterposition eines Puts auf den Marktwert des Unternehmens mit dem Nominalwert des Fremdkapitals als Ausübungspreis modelliert. Die Ausfallwahrscheinlichkeit PD fällt mit steigendem Aktienkurs und steigt mit wachsender Volatilität des Aktienkurses sowie mit steigendem Verschuldungsgrad des kreditnehmenden Unternehmens (RUDOLPH 2001a). Das Ausfallereignis wird in diesem Ansatz endogenisiert, weil ein Kreditausfall immer dann eintritt, wenn das Fremdkapital den Wert der Assets eines Unternehmens übersteigt. Unterstellt man eine Normalverteilung des Wertes der Unternehmens-Assets V_T am Risikohorizont, so kann aus dem Erwartungswert dieser Assets $EW(V_T)$ und der Volatilität $\sigma(V_T)$ der Asset Values die Wahrscheinlichkeit abgeleitet werden, dass der Unternehmenswert in T unter die ausstehenden Verbindlichkeiten F des Unternehmens fällt und damit das Default Event eintritt.

Bezeichnet man die Ausfallwahrscheinlichkeit in diesem Modell als Expected Default Frequency ***EDF***, so ergibt sich der in der folgenden Abbildung dargestellte Zusammenhang.

---

[22] Vgl. BASELER AUSSCHUSS FÜR BANKENAUFSICHT (2003), S. 93-94 und HOFMANN / PLUTO (2005).

[23] Vgl. EWERT / SZCZESNY (2002) und KAISER / SZCZESNY (2003).

[24] Vgl. MERTON (1974).

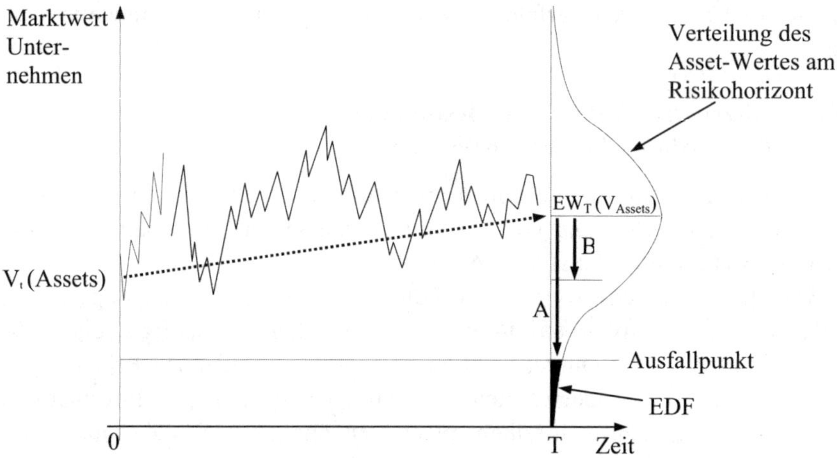

Abb. 10.10: Ableitung der Expected Default Frequency (EDF)

Der „Distance-to-Default"-Ansatz (***DTD***) zur Bestimmung der Ausfallwahrscheinlichkeit eines Kredits betrachtet den (erwarteten) Abstand des Wertes der Unternehmens-Assets zum Ausfallpunkt *F* und setzt ihn zur Standardabweichung der Asset Values ins Verhältnis. Bezogen auf die obige Abbildung berechnet sich also die *DTD* aus:

(2) $$DTD = \frac{abs.\ Abstand\ zum\ Ausfallpunkt\ (F)}{\sigma} = \frac{"A"}{"B"}.$$

Dem berechneten Abstand *DTD* kann man eine Ausfallwahrscheinlichkeit zuordnen, wie dies beispielsweise in Kreditportfoliomodellen auf Basis empirischer Zusammenhänge geschieht (OVERBECK 1999).

(6) Differenzierte Ratingkategorien und Ratingsysteme

Beim Rating sollten so viele Ratingklassen gebildet werden, dass eine ausreichende ***Trennschärfe*** der Kredite erreicht wird, so dass nicht beispielsweise mehr oder weniger alle Kreditnehmer in eine einzige Risikokategorie fallen. Der Baseler Ausschuss fordert für ein internes Rating mindestens sieben Ratingklassen für nicht ausgefallene Kreditnehmer und eine Klasse für ausgefallene Kredite.[25] Darüber hinaus fordert der Ausschuss, dass eine Mindeststreuung des Kreditnehmerportefeuilles auf die spezifizierten Ratingklassen erreicht wird. Danach sollen nicht mehr als 30 Prozent aller Exposures in einer einzigen Klasse liegen. Diese Forderung ist für spezialisierte Banken nicht

[25] Vgl. BASELER AUSSCHUSS FÜR BANKENAUFSICHT (2003), S. 83 und HOFMANN / PLUTO (2005).

ganz unproblematisch. Es kann ja sein, das eine Bank sich aus unterschiedlichen Gründen bemüht, ein mehr oder weniger qualitativ homogenes Kreditportefeuille zu realisieren, so dass die große Anzahl an Ratingkategorien „aufgesetzt" wirken kann. Andererseits gibt es im Hinblick auf die Erfordernisse der Eigenkapitalunterlegung einen Anreiz zur Bildung zahlreicher Ratingklassen. Dies resultiert aus der konkaven Form der vom Baseler Ausschuss vorgegebenen, die aufsichtlichen Eigenkapitalanforderungen bestimmenden Risikogewichtungskurve.[26]

Es kann zweckmäßig sein, für unterschiedliche Kreditnehmergruppen unterschiedliche Ausfallereignisse oder unterschiedliche Methoden der Feststellung der Ausfallwahrscheinlichkeit festzulegen. Den Bedarf an unterschiedlichen Vorgehensweisen für unterschiedliche Auslöser von Kreditrisiken kann man verdeutlichen, wenn man auf die Risikodeterminanten von Staatskrediten (makroökonomische und politische Faktoren) einerseits oder von Krediten an Unternehmen (Risiko der Investitionsprojekte, Managementfähigkeit etc.) andererseits hinweist. Auch im Zuge der neuen bankaufsichtlichen Regelungen des Kreditgeschäfts der Banken durch Basel II ist von alternativen Verfahrensweisen für verschiedene Kreditnehmergruppen ausgegangen worden, wofür der Begriff Ratingsystem geprägt wurde.

Der Begriff ***Ratingsystem*** umfasst dabei alle Methoden, Prozesse, Kontrollen, Datenerhebungen und DV-Systeme, die zur Bestimmung von Kreditrisiken, zur Zuweisung interner Ratings und zur Quantifizierung von Ausfall und Verlustschäden dienen.[27]

Banken sollten so viele unterschiedliche Ratingsysteme haben wie notwendig und zugleich so wenige wie möglich. Die Entscheidung für ein bestimmtes Ratingsystem sollte transparent gemacht werden.[28] Dementsprechend ist auch der Baseler *IRB*-Ansatz aufgebaut. Dort werden explizit die Bereiche

- Unternehmen (Corporates),
- Privatkunden (Retail),
- Interbank (Bank),
- Staatskredite (Sovereign),
- Eigenkapital (Equity) und
- Projektfinanzierung (Project Finance)

unterschieden und mit unterschiedlichen Vorschriften und Regelungen unterlegt.

---

[26] Vgl. JANKOWITSCH / PICHLER / SCHWAIGER (2003), die von der Granularität eines Ratingsystems sprechen.

[27] Vgl. BASELER AUSSCHUSS FÜR BANKENAUFSICHT (2003), S. 81 (§ 356).

[28] Vgl. ELSAS / KRAHNEN (2001), S. 299.

(7) Zinsforderungen der Banken

In der Vergangenheit haben die Kreditinstitute vielfach die von ihnen übernommenen Kreditrisiken nur auf qualitativer Basis geschätzt und sich daraus ein Urteil über die Kreditwürdigkeit und die Höhe der eingeräumten Kreditlinie gebildet, was zu einer vergleichsweise einheitlichen Preisstellung für alle Kredite geführt hat. Kreditzinsen sind vielfach als Standardsätze oder einzeln kalkuliert im Hinblick auf die Gesamtleistungsabnahme der Kreditnehmer berechnet worden, so dass jedenfalls die dem Kreditnehmer in Rechnung gestellten Zinsen in gewissem Umfang von dem erwarteten oder unerwarteten Verlust aus der Kreditposition aus diesem Kredit unabhängig angesetzt wurden.

Die mangelnde Kalkulation des Kreditrisikos und die daraus resultierende ***Durchschnittspreisstellung*** haben dazu geführt, dass die guten, also bonitätsmäßig einwandfreien Kreditnehmer die schlechten Kreditnehmer subventioniert haben, die keinen risikoadäquaten Zins bezahlen mussten. Mit der Erkenntnis der relativ überzogenen Zinsbelastung der bonitätsmäßig überdurchschnittlichen Kreditnehmer haben diese den Kreditmarkt häufig verlassen und sind an die Anleihemärkte oder alternative Finanzierungsmöglichkeiten ausgewichen. Das hat in den Kreditportefeuilles der Banken zu einem ***adversen Selektionseffekt*** geführt, der die Durchschnittsqualität der Kreditportefeuilles der Banken gesenkt hat. Die neuen Eigenkapitalregeln im Baseler Akkord werden nun auch dazu dienen, ein risikoadäquates Pricing der Kredite vorzunehmen und damit dem adversen Selektionsprozess vorzubeugen.

Es ist vielfach vermutet worden, dass in der Vergangenheit die weniger insolvenzanfälligen Großunternehmen die insolvenzanfälligeren Mittelstandsunternehmen subventionieren mussten, so dass mit der Einführung von Basel II für die kleinen und mittleren Unternehmen eine deutliche Verschlechterung der Konditionen zu erwarten sei. Dieser Gefahr ist im neuen Baseler Akkord aber dadurch vorgebeugt worden, dass für Kredite an kleine und mittlere Unternehmen gegenüber den Großunternehmen die Eigenkapitalanforderungen deutlich gesenkt worden sind. Als Grund für diese im politischen Bereich lange geforderte Vorgehensweise lässt sich anführen, dass ein Mittelstandsportefeuille einen höheren Grad an Diversifikation (bzw. Granularität) aufweist als ein Portefeuille von Großkrediten. Da nun aber die Mindesteigenkapitalanforderungen von Basel II nicht – wie theoretisch erforderlich – an dem Portefeuillerisiko, sondern an den Einzelrisiken ansetzen, lassen sich die Gewichtsabsenkungen für die kleinen und mittleren Kredite insoweit rechtfertigen, als sie einen impliziten Ausgleich für die größeren Diversifikationsmöglichkeiten durch ein Portefeuille von Mittelstandskrediten darstellen können.

(8) Zinsforderungen und Fremdkapitalkosten

Eine betriebswirtschaftliche Kalkulation von Kreditzinssätzen setzt in der Regel an den zum Kreditvergabezeitpunkt geltenden Geld- oder Kapitalmarktzinssätzen an und berücksichtigt darüber hinaus die sog. Betriebkosten, die Standardrisikokosten sowie die Eigenkapitalkosten der Kreditvergabe.

Der Geld- oder Kapitalmarktzinssatz beschreibt die Opportunitätskosten einer alternativen Mittelverwendung (Opportunitätsprinzip) oder die Zinskosten der Refinanzierung (Kompensationsprinzip). Der Betriebskostensatz reflektiert die Faktornutzung im Betriebsbereich. Der Standardrisikokostensatz soll das für einen gegebenen Zeithorizont erwartete Kreditausfallrisiko (erwarteter Verlust) abdecken. Schließlich ist der Eigenkapitalkostensatz zu berücksichtigen, weil Banken Eigenkapital als Puffer für unerwartete Verluste vorhalten müssen.

Auch aus theoretischen Überlegungen ergeben sich Anhaltspunkte, dass kleinere Unternehmungen bei der Kreditfinanzierung gegenüber größeren benachteiligt sind. Kleinere Unternehmen haben ein geringeres Potential zur Verminderung der Insolvenzwahrscheinlichkeit, was sich vor allem im Hinblick auf die Eigenkapitalbeschaffung und die Risikominderung bemerkbar macht. Man kann von einer a priori stärker ausgeprägten Informationsasymmetrie zwischen Unternehmer und Kreditgeber ausgehen.[29]

Wenn die Zinsforderungen der Banken mit der Bonitätseinstufung des Unternehmens korrelieren, dann ist es für ein Unternehmen wichtig, eine möglichst optimale Bonitätseinstufung zu erreichen. Dabei kann das realisierte Rating besser als das „wahre" Rating sein. In diesem Fall kann das Unternehmen mit Fremdkapitalkosten arbeiten, die keine risikoadäquate Bonitätsprämie enthalten, so dass es u. U. sogar vorteilhaft sein könnte, den Fremdkapitalanteil hochzufahren, um die „Überbewertung" am Markt zu realisieren. Das realisierte Rating kann auch schlechter sein als es dem „wahren" Bonitätszustand entsprechen würde. Das ist die typische Ausgangssituation für ein ***Rating Advisory***, welches das Unternehmen dabei unterstützen soll, sich bestmöglich auf einen Ratingprozess vorzubereiten, um eine bessere Ratingeinstufung zu erzielen. So wie es im Eigenkapitalbereich notwendig ist, die Anleger am Kapitalmarkt sachgerecht zu informieren, hat auch die Kommunikation mit den Ratingagenturen bzw. den Banken beim internen Rating in der Zwischenzeit einen hohen Stellenwert.

---

[29] Vgl. NEUS (1991). Vgl. zur Bedeutung des Ratings für die Unternehmensfinanzierung auch UHRIG-HOMBURG (2001) sowie STEINER / STARBATTY (2003).

(9) Zur Informationseffizienz von Ratings

Es stellt sich die Frage, ob die Veröffentlichung externer Ratings für die Märkte eine Information darstellt, die für sie wertvoll ist. Das Rating von Ratingagenturen stützt sich generell auf veröffentlichte Daten, so dass eigentlich nicht erwartet werden kann, dass durch das Rating Insiderinformationen in die Märkte transportiert werden. Während bei vollkommenem Kapitalmarkt ein Rating überflüssig ist, werden die Anleger bei Kapitalmarktunvollkommenheiten wie beispielsweise Informationskosten keinen vollkommenen Informationsstand anstreben mit dem Ergebnis, dass ***Ratingagenturen Spezialisierungsvorteile*** realisieren können, indem sie den großen Strom täglich neu an die Märkte fließender Informationen bündeln und auswerten und dann die Veröffentlichung eines Ratings für den Kapitalmarkt eine neue Information darstellen kann. Ratingänderungen sind allerdings vergleichsweise selten, zumal Ratingagenturen die Tendenz haben, Unternehmen möglichst unabhängig von der jeweiligen konjunkturellen Situation der Wirtschaft zu bewerten (Rating Through the Cycle).

Die ***Information-Content-Hypothese*** besagt entsprechend obiger Argumentation, dass bei der Veröffentlichung von Ratings signifikante Kursreaktionen bei den betroffenen Anleihen zu erwarten sind. Die ***Neglected-Firm-Hypothese*** postuliert, dass Veröffentlichungen von Ratingänderungen insbesondere dann Kursreaktionen auslösen, wenn die Informationen durch eine zu geringe Beachtung der Papiere durch die Analysten noch nicht im Markt sind. Je größer dagegen die Anzahl der Analysten oder potentiellen Investoren einer Anleihe ist, desto höher ist auch die bonitätsbezogene Informationsverfügbarkeit am Markt und umso geringer der zu erwartende Informationsnutzen von Ratings. Hinsichtlich der Informationsverarbeitungs-Geschwindigkeit kann vermutet werden, dass bei intensiv analysierten Unternehmen bereits vor der Bekanntgabe der Ratingänderung eine Antizipation des Ereignisses durch den Markt eintritt, wodurch dann die Veröffentlichung lediglich die Markterwartungen bestätigt. Bei vernachlässigten Unternehmen kann dagegen davon ausgegangen werden, dass vor der Bekanntgabe keine signifikanten Kursbewegungen stattfinden, während am Ankündigungstag und den Folgetagen die Verarbeitung der Information erfolgt.

Nach der ***Market-Anticipation-Hypothese*** ist der Informationswert von Ratings davon abhängig, wie die augenblickliche Informationsverfassung des Gesamtmarktes ist. Ist die aktuelle Informationsunsicherheit hoch, dann stellen Ratings wichtige Informationen über das Bonitätsrisiko zu niedrigen Kosten dar und sollten zu starken Kursreaktionen führen. In einem weniger unsicheren Markt sind die Anleger dagegen in der Lage, aus anderen Quellen ausreichende Informationen zu erhalten und die Bonitätsbewertung entsprechend ohne Ratings zutreffend zu antizipieren.

Bei nicht informationseffizienten Kapitalmärkten gibt es im Übrigen weitergehende Probleme, die daraus resultieren, dass Gläubigerbeziehungen durch eine Vielzahl von Agency-Problemen gekennzeichnet sind, die durch ein Rating vermindert werden können. Einerseits entstehen durch die Einschaltung einer Ratingagentur als Informationsintermediär neue Agency-Probleme wie beispielsweise das Hidden-Action-Problem, das dadurch entsteht, dass die Ratingagenturen ihre Informationssammlungspflichten vernachlässigen. Andererseits können die Ratingagenturen erkennen, dass ihr Zukunftserfolg von ihrer ***Reputation*** abhängt. Bei unterstellter Risikoaversion der Anleger am Kapitalmarkt können die Ratingagenturen davon ausgehen, dass ihre Reputation stärker von ihrer Fähigkeit abhängt, negative Entwicklungen im Gegensatz zu positiven Entwicklungen aufzudecken. Die Ratingagentur erwartet einen größeren Reputationsverlust bei einem fälschlicherweise zu hohen Rating als bei einem fälschlicherweise zu niedrigen Rating. In ihrem Streben nach maximalem Reputationsaufbau können die Ratingagenturen daher im eigenen Interesse geneigt sein, ein systematisches „Underrating" zu betreiben.

Nach der Hypothese asymmetrischer Verlustfunktionen ist daher ein stärkerer Kurseffekt bei Downgrades und Watchlistings mit negativen Implikationen zu erwarten, während der Kurseffekt bei Upgrades und Watchlistings mit positiven Implikationen signifikant schwächer ausgeprägt sein sollte oder vollständig verschwindet.[30]

(10) Die Bedeutung von Hausbankbeziehungen

Für den deutschen Finanzmarkt sind Hausbanken als primäre Kreditgeber der Unternehmen typisch, die über einen Informationsvorsprung gegenüber den Konkurrenzbanken verfügen, eine langfristige Beziehung aufbauen und eine „besondere Verantwortung" in Krisensituationen des Kreditnehmers tragen.[31] Die fast weltweite Besonderheit der Hausbankbeziehungen hat zu Forschungen Anlass gegeben, das deutsche bankdominierte Finanzsystem mit dem kapitalmarktorientierten angelsächsischen Finanzsystemen zu vergleichen.

ELSAS (2001) hat die „besondere Verantwortung" von Hausbanken als ***Versicherungsfunktion*** beschrieben und ökonomisch fundiert. Danach kann eine Hausbankbeziehung spieltheoretisch als langfristiger impliziter Vertrag zwischen einer Bank und einem Kreditnehmer interpretiert werden, der zu einer starken Bindung und einem durch Monopolmacht gekennzeichneten Abhängigkeitsverhältnis der Vertragsparteien führt. Dieses Verhältnis bietet einerseits Vorteile in Form effizienterer Entscheidungen über die Verlänge-

---

[30] Vgl. hierzu und weiteren Hypothese (z. B. Doppelzertifizierungshypothese, Realibilitätshypothese) HEINKE (1998), S. 230 ff.

[31] Vgl. ELSAS (2001), S. 2.

rung von Kreditverträgen und der Möglichkeit einer intertemporalen Vertragsgestaltung. Andererseits kann die Bindung des Kreditnehmers aber auch Kosten in Form des Hold-up-Problems verursachen. Empirisch lässt sich der Hausbankstatus einer Bank mit einem systematisch von Normalbanken abweichenden Kreditmanagement nachweisen, das insbesondere durch eine abweichende Vertragsgestaltung und ein differenziertes Verhalten in der Krise der Kreditnehmer zum Ausdruck kommt.

Ob Hausbankbeziehungen lohnend sind, hängt von der Höhe der dadurch vermeidbaren residualen Verluste ab, die ihrerseits maßgeblich von der Stabilität des wirtschaftlichen Umfeldes des Unternehmens abhängig sind. „Je stärker und schneller sich wichtige Umweltparameter des Unternehmens ändern, desto schwieriger wird es sein, durch einen festgelegten Satz von Regeln das Verhalten des Managements sowie den optimalen Zeitpunkt zur Liquidation des Unternehmens optimal festzulegen. Für junge Unternehmen in innovativen, sich schnell wandelnden Branchen ist deshalb die Bankkreditfinanzierung die günstigere Finanzierungsquelle. Für reife Unternehmen, die in einem stabilen äußeren Umfeld agieren, ist dagegen die Anleihefinanzierung vorteilhafter."[32]

10.2.2 Risikoanalyse von Einzelkrediten und Kreditportfolios

(1) Erwarteter Verlust (Expected Loss) eines Kredits

Neben der Ausfallwahrscheinlichkeit spielt bei der Einschätzung der von einer Bank übernommenen Kreditrisiken auch die Höhe der Kreditausfälle eine Rolle. Diese hängt einerseits von der Inanspruchnahme des Kredits im Zeitpunkt des Ausfalls ab (Exposure at Default *EAD*) und andererseits von der Höhe des Verlustes beim Eintritt eines Kreditereignisses (Loss Given Default *LGD*).

Der „im Risiko stehende" ***Kreditbetrag EAD*** ist bei vielen Krediten und Anleihen als Nominalbetrag der Ausleihung einschließlich Zinsen leicht zu bestimmen. Bei eingeräumten Kreditlinien muss er aber für jenen Zeitpunkt geschätzt werden, in dem der Kreditausfall erwartet wird. Die ***Verlustquote LGD*** als ausgefallener Anteil der Bankforderung ist davon abhängig, welchen Betrag die Bank durch die Verwertung der ihr zur Verfügung stehenden Sicherheiten oder im Zuge des Insolvenzverfahrens erwirtschaften kann. Sie stellt das Komplement zur Wiedereinbringungsquote, der Recovery Rate *RR* dar, so dass $LGD = 1\text{-}RR$ gilt. Der erwartete Verlust *EL* einer Kreditposition kann nun für jeden Zeithorizont bestimmt werden, also beispielsweise für ein Jahr. In dem Fall, in dem *EAD* und *LGD* als deterministische Größen behandelt werden können, berechnet sich der *EL* aus

[32] Vgl. WAHRENBURG (1992), S. 173-174.

(3) $$EL = EAD \cdot LGD \cdot PD.$$

Kann man nicht davon ausgehen, dass das erwartete Exposure und die Verlustquote sichere Größen sind, sondern stochastische Größen, dann müssen weitergehende Überlegungen angestellt werden. Insbesondere muss bei der Berechnung des erwarteten Verlustes berücksichtigt werden, ob die Einflussgrößen des Verlustes voneinander unabhängig sind. Sind beispielsweise die Höhe des Verlustes beim Ausfall des Kredits und die Ausfallwahrscheinlichkeit positiv korreliert, dann bestimmt sich der erwartete Verlust aus

(4) $$EL = EAD \cdot E(LGD \cdot D) = EAD\left[ELGD \cdot PD + Cov(LGD, PD)\right]$$

In (4) bezeichnet *ELGD* den Erwartungswert des Verlustes bei Ausfall und *D* die Ausfallvariable mit

(5) $$D = \begin{cases} 0 & \text{, falls der Kreditnehmer nicht ausfällt} \\ 1 & \text{, falls der Kreditnehmer ausfällt.} \end{cases}$$

PD ist also definiert als $PD = P(D{=}1)$ und *Cov* (*LGD*, *D*) gibt den Risikozusammenhang zwischen dem Ausfall des Kredits und der Höhe des Verlustes an. Weitergehende Überlegungen müssen angestellt werden, wenn zusätzlich die Höhe der Kreditinanspruchnahme *EAD* eine Zufallsvariable darstellt.

(2) Unerwarteter Verlust (Unexpected Loss) einer Kreditposition

Der erwartete Verlust entspricht jenem Betrag, der im Durchschnitt über viele gleichartige Forderungen verloren geht. Der tatsächliche Verlust bei einer einzelnen Forderung wird allerdings regelmäßig von diesem Wert abweichen. Beispielsweise fallen die allermeisten Kredite überhaupt nicht aus, so dass die Beobachtung der Ausfallrate bei einem einzelnen Kredit ein müßiges Unterfangen ist, wenn man daraus auf einen Erwartungswert schließen will. Andererseits übersteigt ein einzelner tatsächlicher Kreditausfall regelmäßig den dem Kredit zugerechneten Erwartungswert des Verlustes um ein Vielfaches. Als Risikomaß für ausfallgefährdete Forderungen wird daher der sogenannte unerwartete Verlust herangezogen. Dieser stellt ein Maß für die Schwankungen der eintretenden Verluste um ihren erwarteten Wert dar.

Quantifiziert werden diese Schwankungen um den Mittelwert bei einzelnen Forderungen üblicherweise durch die Standardabweichung der Verluste. Unter der Voraussetzung, dass *EAD* und *LGD* wieder bekannt und deterministisch sind, lässt sich die Standardabweichung der Verluste aus

(6) $$UL = \sigma_L^2 = EAD \cdot LGD\sqrt{(1 - PD)PD}$$

berechnen. Während bei der Betrachtung ***einzelner Kredite*** der ***erwartete Verlust EL*** im Vordergrund steht, hat der ***unerwartete Verlust*** *UL* für die

Beurteilung der Risikolage eines Kreditportefeuilles die größere Bedeutung. In der Portefeuillebildung wird man auch, weil die Verlustverteilung typischerweise nicht symmetrisch um den Erwartungswert ist, den unerwarteten Verlust noch durch andere Maßzahlen als die Standardabweichung, beispielsweise durch den Value at Risk des Kreditportefeuilles beschreiben.[33]

In der nachfolgenden Abbildung[34] ist eine typisierte Verlustverteilung eines Kreditportefeuilles angegeben, wobei der Value at Risk VaR mit einem Konfidenzniveau von 99,9 % angegeben ist. Das bedeutet, dass eine Wahrscheinlichkeit i. H. von 0,1 % dafür besteht, dass der Verlust des Kreditportfolios größer ist als ***VaR***.

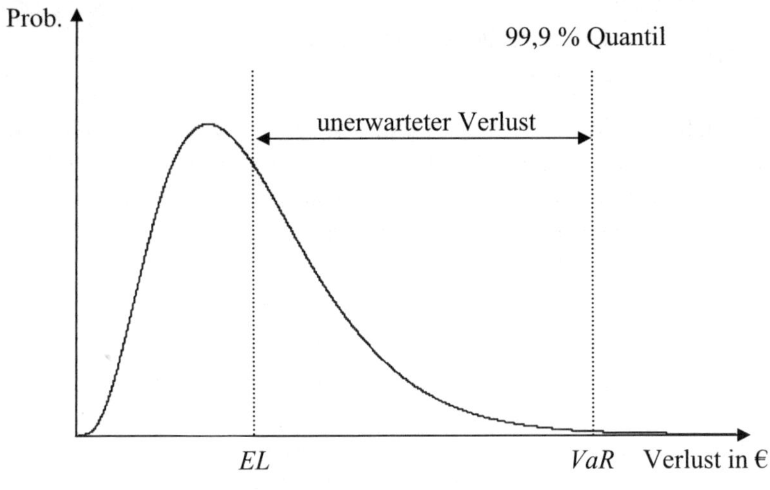

Abb. 10.11: Value-at-Risk (VaR) als Maß für das Kreditportfolio-Risiko

Die Bestimmungen des neuen Baseler Akkords (Basel II) sehen in dem auf internen Ratings basierenden IRB-Ansatz – der allerdings von der Eigenkapitalunterlegung einzelner Kreditrisiken ausgeht – vor, dass die Banken nach einer bestimmten Formel zur Deckung des unerwarteten Verlustes aus jeder Kreditposition Eigenkapital in adäquater Höhe vorhalten müssen. In diese Formel zur Bestimmung des regulativen Eigenkapitals geht die von der Bank

---

[33] Zur Messung und zum Management von Kreditrisiken vgl. SAUNDERS / ALLEN (2002) sowie FELSENHEIMER / GISDAKIS / ZAISER (2006). Abbildung in Anlehnung an HOFMANN (2005), S. 7.

[34] Abbildung in Anlehnung an HOFMANN (2005), S. 7.

gemessene Wahrscheinlichkeit des Kreditausfalls *PD* ein. Für die Basisversion des IRB-Ansatzes legt die Bankenaufsicht normierte Größen für *LGD* (45 %) und *EAD* fest, während diese Größen beim fortgeschrittenen IRB-Ansatz von der Bank individuell geschätzt werden.

(3) Ausfallabhängige und marktpreisabhängige Betrachtung

Risiken aus Einzelkrediten können ***ausfallabhängig (Default Mode)*** oder ***marktpreisabhängig*** **(*Mark-to-Market Mode*)** betrachtet werden. Bei der hier bislang angestellten ausfallabhängigen Betrachtung werden im einfachsten Fall nur die beiden Ereignisse „Kredit fällt aus“ und „Kredit fällt nicht aus“ gegenübergestellt. Diese Ereignisse können allerdings mit im Zeitablauf unterschiedlichen Eintrittswahrscheinlichkeiten versehen sein. Wanderungsbewegungen von Eintrittswahrscheinlichkeiten kann man mit Hilfe von ***Migrationsmatrizen*** quantitativ darstellen. Ein Verlust entsteht erst dann, wenn ein Kredit ausgefallen ist. Ein Wertverlust des Kredits tritt aber auch dann ein, wenn der Kreditnehmer in eine niedrigere Ratingkategorie herabgestuft wird, sofern die Ausfallwahrscheinlichkeit für diesen Kredit gestiegen ist.

Bei einer marktpreisabhängigen Betrachtung wird über die ausfallabhängige Betrachtung hinaus berücksichtigt, dass der Wert der Kreditposition auch von den Angebots- und Nachfragebedingungen am Markt für Kreditrisiken und von der aktuellen Zinssituation abhängig ist. Verluste oder Gewinne aus einem Engagement werden als Differenz zwischen der marktgerechten Bewertung zu Beginn und am Ende einer Periode gemessen. Der Wert einer Kreditposition kann sich in diesem Fall also auch dann ändern, wenn sich die Ausfallwahrscheinlichkeit für den Kredit gar nicht geändert hat. Ein Kreditverlust kann bei dieser Sichtweise also beispielsweise bei einer Verschlechterung der Schuldnerbonität, aber auch bei einer Verbesserung der Konditionen für Alternativanlagen auftreten.[35]

10.2.3 Aufsichtliche Rahmenbedingungen des Kreditgeschäfts

Kreditinstitute unterliegen weltweit besonderen strengen Regulierungen, die auf das Entscheidungsverhalten der Banken bei der Kreditvergabe Einfluss nehmen. Die ***Notwendigkeit einer Bankenaufsicht*** wird aus unterschiedlichen Perspektiven heraus begründet. Häufig wird aber betont, dass die aus der besonderen Bedeutung des Bankensektors für die Wirtschaft entstehenden ***externen Effekte*** von Bankinsolvenzen durch bankaufsichtliche Vorschriften begrenzt werden sollen. Als weiterer wichtiger Grund für eine staatliche Regulierung und Beaufsichtigung der Banken gilt die aus der ***asymmetrischen***

---

[35] Vgl. hierzu und zu weiteren Klassifizierungen von Kreditportfoliomodellen KNAPP (2002).

Informationsverteilung resultierende besondere Vertrauensempfindlichkeit des Bankgeschäfts und die Gefahr eines ***Bankruns***, der zu Dominoeffekten, einem Systemrisiko bzw. einem Zusammenbruch der Finanzmärkte mit weitreichenden negativen Folgen für die Gesamtwirtschaft führen kann.

Die Gefahren eines Runs auf die Schalter der Banken lassen sich nicht über einzelwirtschaftliche Maßnahmen begrenzen, sondern nur durch staatliche Vorkehrungen und damit zusammenhängend nur durch eine letzte Verantwortung des Staates für die Funktionsfähigkeit des Bankensystems.[36]

Zur konkreten ***Ausgestaltung der Bankenaufsicht*** stehen den Bankaufsichtsbehörden unterschiedliche Instrumente zur Verfügung. ***Präventive Maßnahmen*** (Prudential Supervision) sollen die Wahrscheinlichkeit einer Bankinsolvenz vermindern bzw. eine Krise des Bankensystems unwahrscheinlich machen. Zu den präventiven Maßnahmen zählen auch Vorschriften, die die Kreditrisiken im Hinblick auf das zur Verfügung stehende Eigenkapital der Banken begrenzen. ***Protektive Maßnahmen*** (Protective Supervision) setzen dagegen erst bei Eintritt einer Bankinsolvenz oder konkreten Insolvenzgefahr ein und sollen die Einleger oder andere Marktteilnehmer vor Verlusten im Falle der Insolvenz ihrer Bank schützen. Einlagen- oder Institutssicherungssysteme zur Stärkung des Vertrauens der Einleger sind ebenso Elemente des Sicherheitsnetzes wie die implizite Funktion der Zentralbanken als „Lender of Last Resort".

International werden bankaufsichtliche Vorschriften im sog. ***Baseler Ausschuss für Bankenaufsicht*** abgestimmt.[37] Die vom Baseler Ausschuss verabschiedeten Vorgaben fließen dann in die Regulierungen der Europäischen Gemeinschaft und in die nationalen Aufsichtsrechte ein, in Deutschland beispielsweise in die Bestimmungen des Gesetzes über das Kreditwesen (KWG) und darauf aufbauende Richtlinien und Rundschreiben der Bundesanstalt für Finanzdienstleistungsaufsicht. Seit einigen Jahren wird an einem neuen Base-

---

[36] Vgl. BURGHOF / RUDOLPH (1996).

[37] Der Baseler Ausschuss wurde Ende 1974 im Gefolge der Insolvenz des Bankhauses I. D. Herstatt als Komitee für Bankenregulierung und Aufsichtspraktiken durch die Zentralbankpräsidenten der G-10-Staaten bei der Bank für Internationalen Zahlungsausgleich BIZ gegründet und nach seinem ersten Vorsitzenden auch Cooke-Kommission genannt. Der heute als Baseler Ausschuss für Bankenaufsicht (Basel Committee on Banking Supervision) bezeichnete Ausschuss hat sich seitdem als weltweit akzeptiertes Forum für eine internationale Kooperation im Aufsichtsbereich der Kreditinstitute etabliert. In den frühen 80er Jahren stellte der Ausschuss fest, dass die Eigenkapitalquoten der großen internationalen Banken gerade zu einer Zeit rückläufig waren, als die internationalen Risiken wegen der hohen Verschuldung vieler Staaten angewachsen waren. Diese Beobachtung war der Ausgangspunkt für eine Initiative, die im Juli 1988 zum Baseler Eigenkapitalstandard bzw. Eigenkapitalakkord führte. Der Akkord, der im Laufe der Zeit an die Aufsichtsmöglichkeiten und Aufsichtserfordernisse jeweils angepasst werden sollte, postulierte die Einführung einer Mindesteigenkapitalausstattung der Banken von 8 Prozent. Mit den im Folgenden skizzierten Regeln von Basel II erfolgt derzeit eine grundlegende Reform der Regulierung.

ler Akkord (Basel II) gearbeitet, der auf eine ***Weiterentwicklung der bankaufsichtlichen Instrumente*** zielt. Zu diesen Instrumenten zählen neben den ***Eigenkapitalnormen*** die Zulassungserfordernisse für den Geschäftsbetrieb, zahlreiche Diversifikations- und Risikozerfällungsgebote, Publizitätsvorschriften und Meldegebote sowie organisatorische Regelungen und Vorgaben.

In Deutschland wird das Kreditgeschäft der Banken insbesondere durch den ***Grundsatz I über das Eigenkapital und die Liquidität der Kreditinstitute*** tangiert. Dieser Grundsatz forderte früher, dass die Banken nicht mehr als das 18fache des haftenden Eigenkapitals an Krediten herauslegen durften. Da sich im Laufe der Zeit der Quotient aus dem Eigenkapital und den Krediten als unbefriedigend erwiesen hat, weil die von der Bank eingegangenen Risiken zu undifferenziert betrachtet und erfasst werden, wurde im Baseler Akkord von 1988 festgelegt, dass die Banken Risikoklassen bilden sollten, für die klassenbezogene Risikogewichte vorgegeben wurden.[38] Im Kern begrenzt derzeit die Bankenaufsicht entsprechend den Vorgaben des Baseler Akkords von 1988 die nach einem festen Schema „berechneten“ Risiken einer Bank auf das 12,5fache des nach bestimmten Standards berechneten Eigenkapitals (regulatorisches Eigenkapital) der Bank. Die derzeitige Überarbeitung des Baseler Akkords führte im Juni 1999 zu einem ersten Entwurf für ein neues Regelwerk, das seitdem als Basel II diskutiert wird. Im Mai 2003 wurde eine abschließende Konsultationsphase eröffnet, die im Frühjahr 2004 zu einer endgültigen Formulierung der Eigenkapitalvereinbarung geführt hat. Der neue Baseler Akkord (Basel II) soll bis Ende 2006 möglichst weltweit umgesetzt sein. Die Neuregelung befasst sich in ihrem formalen Kern mit einem neuen Schema zur ***Risikomessung im Kreditbereich*** der Banken. Mit der Neuformulierung des Akkords verfolgt der Baseler Ausschuss dabei aber weitergehende Ziele.[39]

Die für nach dem jetzigen Regulierungsvorschlag für jeden ***Einzelkredit*** relevante ***Formel zur Ermittlung des Mindesteigenkapitalbetrages (regulatorisches Kapital)*** lautet:

$$\begin{bmatrix}\text{Bankaufsichtliche}\\ \text{Eigenkapitalanforderung}\end{bmatrix} = \begin{bmatrix}\text{Kredit-}\\ \text{betrag}\end{bmatrix} \cdot \begin{bmatrix}\text{Risikogewicht}\\ \text{des Kredits}\end{bmatrix} \cdot 8\,\%$$

[38] Die Umrechnung des 12,5fachen in den Prozentanteil des Kreditvolumens bzw. der Aktiva führt auf die heute geforderte 8%ige Eigenkapitalunterlegung. Die Definition des Eigenkapitals umfasst dabei unterschiedliche Größen und enthält mindestens zur Hälfte sog. Kernkapital.

[39] Vgl. DEUTSCHE BUNDESBANK (2004) sowie HOFMANN / PLUTO (2005). Verschiedene Aspekte der neuen Eigenkapitalregulierung und ihrer Auswirkungen auf die Unternehmensfinanzierung werden diskutiert in GOEBEL (2003), GRUNERT / KLEFF / NORDEN / WEBER (2002), HARTMANN-WENDELS / GRUNDKE / SPÖRK (2003) und PAUL / STEIN (2002).

Das bankaufsichtlich als Risikodeckungsgrundlage für einen Kredit vorzuhaltende Eigenkapital der Banken ergibt sich also aus dem ausstehenden Kreditbetrag, dem diesem Kredit beigelegten Risikogewicht und einem allgemeinen Unterlegungssatz bzw. ***Solvabilitätskoeffizienten von 8 %***. Insbesondere zur Bestimmung des Risikogewichts stellt die Bankenaufsicht drei Verfahrensalternativen zur Wahl, die von den Banken alternativ angewendet werden können, um ihre Kreditrisiken zu messen und damit das regulatorische Eigenkapital zu bestimmen:

- den Standardansatz (Standardised Approach) und
- den Internal Ratings Based Approach (IRB-Approach), wobei dieser unterteilt ist in
  - den IRB-Basisansatz (Foundation Approach) und
  - den Fortgeschrittenen IRB-Ansatz (Advanced Approach).

Alle drei Messtechniken setzen an den Einzelpositionen des Kreditgeschäfts an. Während der Standardansatz der herkömmlichen Regulierung des Kreditgeschäfts noch sehr nahe kommt und keiner besonderen Erfüllung zusätzlicher Anforderungen bedarf, müssen sich die Kreditinstitute für die ***IRB-Ansätze in besonderer Weise qualifizieren***, d. h. sie dürfen diese Methoden nur mit Zustimmung der Bankenaufsicht anwenden, wenn diese sich davon überzeugt hat, dass die Bank über hinreichende Modellerfahrungen, Datenbasen, Fachkräfte und Kontrollmechanismen verfügt.

10.2.4 Formen und Motive der Kreditbesicherung

(1) Gliederung der Kreditsicherheiten

Bankkredite können in vielfältiger Weise besichert werden. Kreditsicherheiten sollen die Banken oder andere Kreditgeber in die Lage versetzen, mögliche Verluste im Falle eines drohenden Ausfalls der Forderung durch den Rückgriff auf die vereinbarten Sicherheiten auszugleichen. Dadurch wird die Position des Kreditgebers gestärkt, sein Ausfallrisiko gemindert. Die lange Tradition der Kreditbesicherung hat dazu geführt, dass es eine ganze Reihe gesetzlich geregelter Kreditsicherungsverträge gibt wie z. B. die Grundschuld oder die Hypothek. Daneben sind aber auch in der Praxis Sicherungsrechte entwickelt worden wie z. B. der Eigentumsvorbehalt. Kreditsicherheiten werden häufig in Personal- und Sachsicherheiten unterschieden und dann beispielsweise wie in Abb. 10.12 gegliedert.

Während bei Personensicherheiten die Haftungsmasse für den Kreditgeber dadurch vergrößert wird, dass er auch auf das Vermögen eines Dritten zugreifen darf, beziehen sich die Sachsicherheiten auf das Vermögen des Schuldners. Nun haftet der Schuldner seiner Bank stets mit seinem gesamten Vermögen, so dass durch Kreditsicherheiten keine zusätzliche Haftungsmasse entsteht.

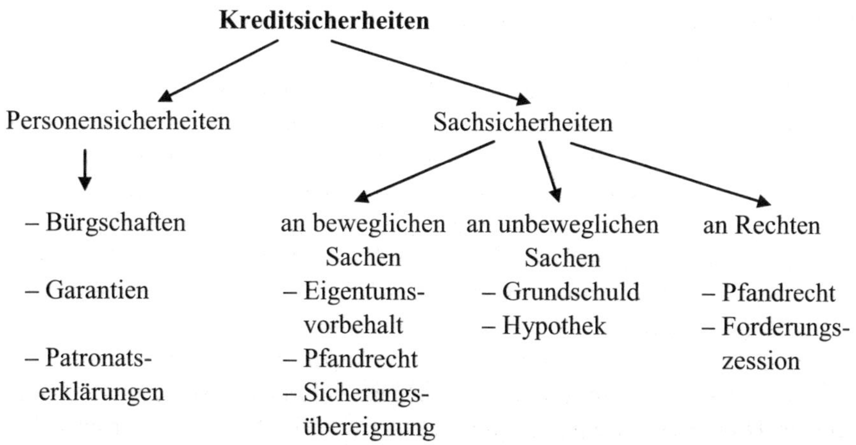

Abb. 10.12: Überblick über die rechtsgeschäftlichen Kreditsicherheiten

Bei der im BGB (§ 765) geregelten ***Bürgschaft*** übernimmt ein drittes Wirtschaftssubjekt, der Bürge, gegenüber dem Kreditgeber die Verpflichtung, für die Erfüllung der Verbindlichkeiten des Kreditnehmers einzustehen. Eine solche Bürgschaft kann auch für eine Wechselverpflichtung eingegangen werden. Bei der nicht gesetzlich geregelten, aber ökonomisch in weitem Umfang vergleichbaren ***Garantie***, verpflichtet sich dieses dritte Wirtschaftssubjekt, einen durch die mögliche Nichterfüllung eines Kreditvertrages eingetretenen Schaden auszugleichen. ***Patronatserklärungen*** werden in der Regel nicht von natürlichen Personen, sondern von Muttergesellschaften, also von juristischen Gesellschaften abgegeben, wenn die Mutter eine Zusage gibt, für die Verpflichtungen ihrer Tochtergesellschaft einzustehen, wenn diese nicht in der Lage sein sollte, ihren Verpflichtungen nachzukommen. Der wirtschaftliche Wert der Personensicherheiten richtet sich neben den im Vertrag definierten Verpflichtungen nach der Kreditwürdigkeit der dritten Partei, welche die zusätzliche Verpflichtung eingeht.

(2) Der Wert von Kreditsicherheiten bei vollkommenem Kapitalmarkt

Sachsicherheiten entstehen dadurch, dass ein bestimmter Vermögensgegenstand eines Wirtschaftssubjektes einem bestimmten Gläubiger in der Weise zugeordnet wird, dass dieser im Falle der Insolvenz des Schuldners ein Recht der Verwertung vor den übrigen Gläubigern eingeräumt bekommt. Sachsicherheiten dienen also der Neuordnung der Verteilung des Liquidationserlöses des Schuldnervermögens und führen nicht zu einem Zufluss zusätzlichen Vermögens im Insolvenzfall.

Fließt kein zusätzliches Vermögen im Insolvenzfall zu, dann ist fraglich, welchen Nutzen die Kreditbesicherung haben kann. Dabei muss man davon ausgehen, dass bei der Bestellung der Kreditsicherheiten Transaktionskosten entstehen, die durch einen erkennbaren Vorteil ausgeglichen werden müssen, wenn die Transaktion vorteilhaft sein soll. Geht man von der Annahme eines vollkommenen Kapitalmarktes ohne Transaktionskosten aus, dann kann man zeigen, dass die Besicherungspolitik eines Unternehmens für seinen Marktwert irrelevant ist (RUDOLPH 1984a).

In einer Beispielrechnung gehen wir von einem Unternehmen aus, das zwei Investitionsprojekte mit Anschaffungsauszahlungen von jeweils 50 und damit in Höhe von zusammen 100 realisieren will. Die Investitionsprojekte erbringen in $t = 1$ folgende Liquidationserlöse:

Umweltzustand (Prob) Liquidationserlös	s_1 (0,3)	s_2 (0,4)	s_3 (0,3)	Erwartungswert
X	60	60	60	60
Y	28	105	72	72
$X+Y$	88	165	132	132

Das Unternehmen nimmt nun bei den Banken A und B jeweils einen Kredit auf, der mit $T_A = 55$ und $T_B = 55$ in $t = 1$ zu tilgen ist. Der Marktzins für sichere Anlagen sei $r = 0{,}1$.

Der Kapitalmarkt ist risikoneutral, so dass die Bewertung aller Vermögenspositionen in der Weise erfolgt, dass der Erwartungswert des Positionsergebnisses mit dem sicheren Zinssatz r auf $t = 0$ diskontiert wird. In diesem Fall lässt sich der Marktwert der Forderungen der Banken A und B wie folgt berechnen:

$$FK_A = FK_B = \frac{1}{1{,}1}\left(0{,}3 \cdot 88 + 0{,}7 \cdot 110\right)/2 = 47$$

und der Marktwert des gesamten Fremdkapitals somit

$$FK_0 = FK_A + FK_B = 94.$$

Bei vollkommenem Wettbewerb am Kreditmarkt stellen die Banken A und B dem Unternehmen in $t = 0$ also insgesamt 94 zur Verfügung. Besitzt das Unternehmen kein Vermögen aus früheren Aktivitäten, dann beträgt der Marktwert des Eigenkapitals nach der Durchführung der Investitionen

$$EK_0 = \frac{1}{1{,}1}(0{,}4 \cdot 55 + 0{,}3 \cdot 22) = 26$$

und der Marktwert des Unternehmens beträgt

$$V_0 = EK_0 + FK_0 = 26 + 94 = 120.$$

Die berechneten Marktwerte beziehen sich auf einen vollkommenen Kapitalmarkt, an dem zwei Banken ohne Kreditbesicherung Kredite in Höhe des Barwertes der zukünftigen Tilgungsleistungen des Kreditnehmers ausreichen.

Wenn man nun davon ausgeht, dass der Bank A zur Sicherung ihrer Forderung T_A der Vermögensgegenstand mit dem Liquidationserlös X abgetreten wurde, dann ändert sich der Marktwert des Fremdkapitals nicht und daher auch nicht der Wert des Unternehmens. Die Kreditsicherheit für A bedeutet, dass sich die Bank A in dem Falle, in dem das gesamte Unternehmensvermögen nicht zur Deckung aller Verbindlichkeiten ausreicht, bis zum ausstehenden Betrag 55 aus der Verwertung von X vorab befriedigen kann. Ein Mehrerlös aus X fällt in die Haftungsmasse des Unternehmens zurück und steht der Bank B zur Verfügung.

Da die Kreditposition der Bank A unter diesen Umständen sicher ist, gilt

$$FK_A = \frac{55}{1{,}1} = 50.$$

Die Bank B muss im Umweltzustand s_1 das Absonderungsrecht der Bank A berücksichtigen. Der Marktwert ihrer Forderung beträgt daher nur noch

$$FK_B = \frac{1}{1{,}1}(0{,}3 \cdot 33 + 0{,}7 \cdot 55) = 44.$$

Wegen

$$FK_0 = FK_A + FK_B = 50 + 44 = 94$$

hat sich der Marktwert des gesamten Fremdkapitals nicht geändert, d. h. gemeinsam stellen A und B denselben Betrag wie im Fall ohne Kreditbesicherung zur Verfügung. Es hat allerdings eine Umverteilung des Risikos von der Bank A auf die Bank B stattgefunden, die den Wert der Position A verbessert und jenen der Bank B um den gleichen Wert vermindert hat.

(3) Kreditbesicherung bei unvollständigem Kapitalmarkt

Die Irrelevanz der Besicherung für den Marktwert des Fremdkapitals geht verloren, wenn der Kapitalmarkt insoweit unvollständig ist, als nicht alle Unternehmensverbindlichkeiten einer Marktbewertung unterliegen, wie das beispielsweise der Fall ist, wenn das Unternehmen bestimmte Verpflichtungen zur Steuerzahlung hat oder Insolvenzkosten anfallen. In diesem Fall kann das Unternehmen den Marktwert seines Fremdkapitals und damit auch den Marktwert des Unternehmens maximieren, wenn es den Unternehmensgläubigern mit am Markt bewerteten Forderungen möglichst alle Vermögensgegenstände als Sicherheit überlässt, also das Risiko eines Verlustes ganz auf die nicht am Markt bewerteten Verpflichtungen abwälzt.

Um diesen Zusammenhang zeigen zu können, muss man berücksichtigen, dass im Schuldnerkonkurs nach den Massekosten und Masseschulden vorrangig gewisse bevorrechtigte Forderungen – ausstehende Löhne, Sozialplanverpflichtungen, Steuern – zu befriedigen sind, die üblicherweise einen Marktwert von Null haben, da sie nicht bewertet sind und somit in die Berechnung des Marktwertes des Unternehmens nicht eingehen.

Ordnet nun das Unternehmen seine Vermögensobjekte jenen Gläubigern als Sicherheit zu, deren Forderungen am Kapitalmarkt bewertet werden, dann werden diese Marktforderungen vor die in der Insolvenz gesetzlich bevorrechtigten Forderungen gerückt. Dieses Vorgehen erhöht den Marktwert des bewerteten Fremdkapitals und damit den Marktwert des Unternehmens. Das lässt sich an dem oben diskutierten Beispiel zeigen, in dem wir jetzt zunächst annehmen, dass eine Steuerforderung den Marktwert des Unternehmens schmälert.[40]

Wir nehmen für das oben diskutierte Beispiel an, dass den Forderungen T_A und T_B der Banken Steuerforderungen $U = 33$ im Rang vorgehen, d. h. im Falle der Insolvenz vor den Banken befriedigt werden. In diesem Fall betragen die Marktwerte der Forderungen der Banken A und B

$$FK_A = FK_B = \frac{1}{2 \cdot 1{,}1}\left(0{,}3(88-33)+0{,}4 \cdot 110+0{,}3(132-33)\right)=41,$$

so dass der Marktwert des gesamten Fremdkapitals

$$FK_0 = FK_A + FK_B = 82$$

beträgt und entsprechend der Marktwert des Eigenkapitals nach Durchführung der Investitionen

$$EK_0 = \frac{1}{1{,}1}0{,}4\left(165-33-110\right)=8.$$

Der Marktwert des Unternehmens beträgt also

$$V_0 = EK_0 + FK_0 = 8+82=90$$

---

[40] Vgl. zum Folgenden RUDOLPH (1984a).

und liegt somit um genau 30 (Barwert von 33) unter dem Marktwert des Unternehmens ohne die Steuerforderungen, da die Steuerforderungen im Rang vorgehen und somit in dem hier betrachteten Beispiel sicher sind.

Die Bank A erhalte nun wieder zur Sicherung ihrer Forderung T_A den Vermögensgegenstand mit dem Liquidationserlös X abgetreten. Da die Kreditposition nun wieder sicher ist, gilt

$$FK_A = \frac{55}{1,1} = 50.$$

Die Bank B ohne Kreditsicherheiten muss die bessere Rangstelle der Steuerforderung U berücksichtigen, so dass der Marktwert ihrer Forderung

$$FK_B = \frac{1}{1,1}\left(0,4 \cdot 55 + 0,3(132 - 55 - 33)\right) = 32$$

beträgt und der Marktwert des gesamten Fremdkapitals also

$$FK_0 = FK_A + FK_B = 50 + 32 = 82$$

ist. Durch die teilweise Besicherung der Forderungen hat sich der Marktwert des Fremdkapitals nicht geändert, da die Umverteilung der Risiken zugunsten von A ausschließlich zulasten von B erfolgt. In einem weitergehenden Schritt kann man nun aber annehmen, dass die Bank A zur Sicherung ihrer Forderung den Vermögensgegenstand mit dem Liquidationserlös X erhält und die Bank B jenen mit dem Liquidationserlös Y. In diesem Fall ergibt sich für das Fremdkapital eine Marktwertsteigerung, denn es gilt nun

$$FK_A = \frac{55}{1,1} = 50 \qquad \text{und}$$

$$FK_B = \frac{1}{1,1}(0,3 \cdot 28 + 0,7 \cdot 55) = 42,64,$$

so dass der Marktwert des Fremdkapitals

$$FK_0 = FK_A + FK_B = 50 + 42,64 = 92,64$$

beträgt. Der Marktwert des Eigenkapitals ist unverändert 8 und der Marktwert des Unternehmens

$$V_0 = EK_0 + FK_0 = 8 + 92,64 = 100,64.$$

Gegenüber der Situation, in der die Banken keine besicherten Forderungen besaßen, und gegenüber dem Teilbesicherungsfall hat sich also der Marktwert des Unternehmens durch die Vereinbarung der Kreditsicherheiten erhöht, weil dadurch die gesetzlich verankerte Vorrangstellung der Steuerforderungen wieder rückgängig gemacht werden konnte.

Gegebenenfalls ist es möglich, dass die Bank *B* auch noch ein zweitrangiges Verwertungsrecht an *X* erhält. In diesem Fall der Vollbesicherungspolitik könnte der Marktwert des Fremdkapitals sogar auf 94 gesteigert werden. Die Vollbesicherungspolitik wäre in der Realität allerdings wegen des totalen Dispositionsverlustes der Unternehmensleitung mit extrem hohen Transaktionskosten verbunden.

(4) Sicherheiten zu Verminderung von Problemen der adversen Selektion

Kreditnehmer können durch das Angebot, bestimmte Vermögensgegenstände als Kreditsicherheiten zur Verfügung zu stellen, ihre Kreditwürdigkeit signalisieren. Der Verwertungserlös einer Kreditsicherheit ist in vielen Fällen besser einschätzbar als die Cashflows, die ein Unternehmen in der Zukunft erwirtschaften und aus denen es seine Kreditverpflichtungen bedienen kann. Banken ziehen sich daher sehr häufig aus der Finanzierung von Unternehmen zurück, die keine Sicherheiten zur Verfügung stellen können. Daraus kann man schließen, dass in diesem Fall mit der Vereinbarung von Kreditsicherheiten keine Umverteilung von Risiken vorgenommen werden soll, sondern dass die Kreditsicherheiten vielmehr als Vehikel genutzt werden, für die Kreditinstitute eine zuverlässige Prognosegrundlage zur Einschätzung der Kreditwürdigkeit zu erhalten.

(5) Kreditsicherheiten zur Verminderung von Moral Hazard

Als Moral Hazard bezeichnet man das Verteilungsrisiko, dass die Position eines Financiers durch nachträgliche Entscheidungen des finanzierten Unternehmens verschlechtert wird. Das im Rahmen der Fremdfinanzierung diskutierte Moral-Hazard-Problem ergibt sich daraus, dass der Marktwert der Fremdkapitalpositionen durch von den Gläubigern nicht antizipierte zukünftige Unternehmensentscheidungen sinkt. Dazu rechnen beispielsweise die folgenden Risiken.

- ***Das Risiko der Änderung der Ausschüttungspolitik*** resultiert daraus, dass eine durch Neukreditaufnahme finanzierte Ausschüttung zu wachsenden Risiken für die Altgläubiger führt, da haftendes gegen nicht haftendes Kapital substituiert wird. Dieses ***Verteilungsrisiko lässt sich durch Kreditsicherheiten kaum begrenzen***. Wirksamer sind hier eher Wohlverhaltensabsprachen – in der strengsten Form Kreditvertragsklauseln –, die die Grundzüge der Ausschüttungspolitik festlegen. Die durch die Liquidation bereits investierten Unternehmensvermögens finanzierte Ausschüttung führt i. d. R. zu wachsenden Risiken für die Altgläubiger, da risikofreies Vermögen (Kasse) abfließt und somit das Risiko des Restvermögens relativ zunimmt. Auch diese Art des Verteilungsrisikos lässt sich durch Kreditbesicherung nur schwer begrenzen, da sonst die liquiden Anlagen der Dispositionsmöglichkeit der Unternehmensleitung entzogen werden müssten.

- ***Das Risiko der Änderung der Kreditpolitik*** resultiert daraus, dass vorzeitige Kredittilgungen und nachträgliche Bestellungen von Kreditsicherheiten gegenüber einzelnen Gläubigern die Position der übrigen Gläubiger verschlechtert. Das ***Verteilungsrisiko lässt sich*** im Falle der nachträglichen Kreditverstärkung durch Kreditsicherheiten bzw. durch Negativklauseln ***begrenzen***, die „Ausschüttung" von Vermögen an andere Gläubiger zur vorzeitigen Kredittilgung kaum.
- ***Das Risiko der Änderung der Investitionspolitik*** führt dazu, dass die Unternehmensleitung die Durchführung risikoreicher Projekte mit dem Ziel einer Marktwertsteigerung des Eigenkapitals begünstigen kann. Das Umschwenken auf risikoreichere Projekte erhöht zwar die Konkurswahrscheinlichkeit, bei gleichem Erwartungswert des Ergebnisses werden aber in jenen Umweltzuständen höhere Ergebnisse erzielt, in denen kein Konkurs eintritt. Diese höheren Ergebnisse fließen den Anteilseignern zu. Diese ***bedeutsamste Variante des Verteilungsrisikos lässt sich durch Kreditbesicherung*** – zur Festschreibung der einmal eingeschlagenen Investitionspolitik – ***wirksam begrenzen***.

10.3 Fremdfinanzierung als Anleihefinanzierung über den Markt

Bankkredite, Lieferantenkredite und die Kredite der institutionellen Investoren außerhalb des Bankensektors (z. B. der Versicherungen) werden als „Private Debt" bezeichnet im Gegensatz zum „Public Debt" der Anleihefinanzierung, mit der wir uns in diesem Abschnitt befassen. Die Anleihefinanzierung im Unternehmenssektor erfolgt über die Emission von Corporate Bonds.

10.3.1 Die Emission von Corporate Bonds

Seit Beginn der neunziger Jahre haben die deutschen Großunternehmen sich vermehrt Mittel über die Anleihemärkte beschafft. Hintergrund war das 1. Finanzmarktförderungsgesetz, das die Emissionsgenehmigung abgeschafft und damit den Weg für die Unternehmen geöffnet hat, sich ohne langwieriges Genehmigungsverfahren an den Märkten Finanzmittel zu beschaffen.

Eine weitere Belebung hat der Markt für Corporate Bonds durch die Einführung des Euro erhalten, weil die Anleger Unternehmensanleihen einer Währung als neue Asset-Klasse entdeckt haben. Trotz der hohen Wachstumsraten steckt der Markt für Unternehmensanleihen in Europa noch in den Kinderschuhen. Über die Hälfte des weltweiten Marktes für Unternehmensanleihen werden von amerikanischen Unternehmen emittiert und nur knapp 10 % kommen aus Europa. Innerhalb des Euro-Raums wird der Markt fast zur Hälfte durch französische Anleihen geprägt, während Deutschland nur mit einem Anteil von 5 % partizipiert. Innerhalb des weltweiten Marktes für Corporate Bonds spielen also deutsche Emittenten nur eine ganz untergeordnete Rolle.[41]

10.3.2 Asset Backed Securities und Kreditderivate

(1) Securitisation an den Primär- und Sekundärmärkten

Als ***Securitisation*** wird der Trend zur Verbriefung von Finanzierungstiteln bezeichnet, der die Beobachtung beschreibt, dass an den Finanzmärkten immer häufiger buchmäßige Finanzierungen (insbesondere Kredite) durch Finanzierungen in Form von Wertpapieren substituiert werden.

Der Substitutionsprozess ist an den ***Primärmärkten*** zu beobachten, wenn früher in Kreditform oder als nicht handelbare Beteiligungstitel aufgenommene Mittel nun zunehmend auf die Emission handelbarer Forderungen oder Eigenkapitalanteile gerichtet werden – so etwa bei der Emission von Commercial Paper oder Corporate Bonds, die anstelle von Kreditvertrags-Abschlüssen emittiert werden, oder wie das beispielsweise im Trend zum Going Public bei der Eigenkapitalfinanzierung über ein Initial Public Offering (IPO) zum Ausdruck kommt, wo früher eher der privat gehaltene Komplementär- oder GmbH-Anteil angestrebt worden wäre.

Der Substitutionsprozess wird aber insbesondere auch an den Sekundärmärkten beobachtet, wenn zunächst in Buchform vorliegende Kredit- oder Beteiligungsbeziehungen in eine handelbare Form umgegossen werden, so dass nach der Ausgabe sog. ***Asset Backed Securities*** nun in Wertpapierform gekleidete Kredit- oder Beteiligungsbeziehungen vorliegen. In gewissem Umfang kann auch eine Securitisation über handelbare Finanztitel erfolgen, die auf den Transfer bestimmter Bestandteile buchmäßiger Kreditforderungen gerichtet ist, nämlich deren Risikogehalt. So ist beispielsweise der Markt für ***Kreditderivate*** darauf ausgerichtet, bestimmte mit einer Forderung verbundene Risiken weiterreichen zu können ohne einen Transfer der zugrunde liegenden Forderung. Der Zahlungsstrom von Kreditderivaten in Form von Credit Default Linked Notes oder einfach Credit Linked Notes hängt davon ab, ob während der Laufzeit der Anleihe mit der Buchforderung als Underlying ein Default Event, ein Ausfallereignis, eintritt.

---

[41] Vgl. zur Einordnung des Marktes für Corporate Bonds in den Rentenmarkt KESY (2004).

Der im Zuge der Securitisation erfolgende Substitutionsprozess kann hinsichtlich der Art und des Umfangs der Einschaltung von Finanzintermediären gekennzeichnet werden. Im Allgemeinen ist eine Securitisation mit einer ***Disintermediation*** verbunden, weil die indirekte Beziehung Geldgeber – Bank – Geldnehmer auf eine direkte Beziehung Geldgeber – Geldnehmer verkürzt wird, wobei die Bank ihre Funktion als Institution zur Risikentransformation aufgibt.

Die Begriffe Securitisation und Disintermediation sind aber nicht gleichzusetzen, weil beispielsweise Finanzintermediäre auch Asset Backed Securities als die typischen Produkte einer Securitisation in ihren eigenen Bestand an handelbaren Assets aufnehmen können, so dass sich nur die Form der Finanztitel in den Büchern der Finanzintermediäre verändert. Aus unbeweglichen, illiquiden Finanztiteln werden in diesem Fall über verschiedene Wege der Securitisation fungible und möglichst liquide Wertpapapiere.

(2) Securitisation und Finanzsystem

Die Zusammenführung von Kapitalangebot und Kapitalnachfrage erfolgt in entwickelten Volkswirtschaften im Wesentlichen über zwei konzeptionell unterschiedliche Formen von Finanzsystemen.

- ***Bankorientierte Finanzsysteme*** präferieren bilaterale Bankfinanzierungen in der überwiegenden Form von Kreditfinanzierungen gegenüber den Kapitalmarktfinanzierungen, wie dies beispielsweise in Deutschland oder Italien der Fall ist. Bankorientierte Systeme neigen zu unterentwickelten Kapitalmärkten, gelten gelegentlich aber als längerfristig orientiert als die stark Performance betonten marktorientierten Systeme.
- In ***marktorientierten Finanzsystemen*** wie z. B. in England oder den USA spielen dagegen Kapitalmarktfinanzierungen eine stärkere Rolle, während Bankfinanzierungen weniger bedeutsam sind. Die Funktion der Investmentbanken in den marktorientierten Systemen ist stärker transaktionsorientiert, während die Funktion der Universalbanken im bankorientierten System mehr am Aufbau und der Pflege einer Kreditbeziehung (Relationship Banking) orientiert ist.

Der Unterschied zwischen den bank- und marktorientierten Finanzsystemen liegt weniger in den zum Einsatz kommenden Finanzierungsformen (Eigen- und Fremdkapitaltitel) als vielmehr in den typischen Vertragsbedingungen. Während bei ***Bankfinanzierungen*** die Kapitalnehmer und Kapitalgeber die ***Vertragsbedingungen individuell aushandeln***, werden bei ***Kapitalmarktfinanzierungen*** die von den Emittenten als Kapitalnehmer vorformulierten Vertragsbedingungen und Konditionen von einer Vielzahl von Kapitalgebern als gegeben angesehen. Vergleichbare Unterschiede ergeben sich auch während der Vertragslaufzeit, weil Kreditverträge auch während ihrer Laufzeit an wechselnde Umfeldbedingungen angepasst werden können, wenn beispielsweise ein zusätzlicher Kapitalbedarf entsteht oder eine Krisensituation die Verzögerung der Rückzahlung des Kredits erforderlich macht. Umschuldungsmaßnahmen bei Kapitalmarktfinanzierungen müssen dagegen in der Regel auf Neuverhandlungen verzichten, das Hinauszögern fälliger Zins- oder Tilgungsverpflichtungen ist mit einem erheblichen Reputationsverlust verbunden.

Seit den achtziger Jahren hat in Ländern mit bankorientierten Systemen die Finanzierung über organisierte Märkte gegenüber der Finanzierung über Kreditinstitute an Bedeutung gewonnen, so dass mit dem ***Trend zur Securitisation*** auch eine gewisse Systemtransformation einhergeht. In einigen Ländern mit bankorientiertem System hat auch die zentrale Stellung der Banken als Finanzintermediäre an Bedeutung verloren. Andere Finanzdienstleister haben diese Stellung eingenommen, indem sie den Wertschöpfungsprozess aufgebrochen und sich auf einzelne Teile dieses Prozesses, z. B. das Rating spezialisiert haben. Diese Entwicklungen werden in Kapitel 14 noch weitergehend betrachtet.[42]

Der Trend zur Securitisation ist teilweise durch strenge ***Regulierungen*** der Finanzintermediäre angeregt und gefördert worden. Wenn beispielsweise die Kreditvergabe und das Halten der Kredite als Assets der Kreditinstitute durch staatliche Eigenkapitalunterlegungsvorschriften verteuert wird, so wird man als Reaktion versuchen, diese Assets außerhalb des Bankenapparates zu platzieren, um die Einwerbung teuren regulatorischen Kapitals zu vermeiden. Anlass für die Securitisation ist in diesem Fall das Ziel einer Regulierungsarbitrage. Ob mit der Auslagerung von Kreditforderungen auf Wirtschaftssubjekte, die keinen gesetzlichen Eigenkapitalanforderungen unterliegen, die Stabilität des Finanzsystems letztlich gefördert wird, ist sehr fraglich. Die Bankenaufsicht tut sich daher schwer, eine Securitisation an den Sekundärmärkten in vollem Umfang als die Eigenkapitalanforderungen mindernde Transaktionen anzuerkennen.

(3) Asset Backed Securities

Finanztransaktionen sind finanzwirtschaftliche Vorgänge, die den Bestand oder die Zusammensetzung der Finanzierungsmittel verändern. Ihre rechtlichen Voraussetzungen, ihre Abwicklung, die dabei anfallenden Transaktionskosten und die typischen Vertragspartner weisen erhebliche Unterschiede im Detail auf. ***Asset Backed Securities ABS*** als augenfälliger Ausdruck der Securitisation sind das Ergebnis von Finanztransaktionen, bei denen ein Kreditinstitut oder ein anderes Unternehmen Teile seines Forderungsbestandes an

---

[42] Vgl. zum Trend der Verbriefung sowie zu den Ursachen und Wirkungen dieses Trends PAUL (1994).

eine eigens für diese Transaktion gegründete Zweckgesellschaft veräußert. Die Zweckgesellschaft refinanziert sich ihrerseits durch die Emission von Wertpapieren, die als Asset Backed Securities bezeichnet werden. Da die Zweckgesellschaft den Forderungspool als einzigen wesentlichen Vermögensgegenstand besitzt, haftet den Inhabern der Wertpapiere nur der Pool. Der Pool stellt dementsprechend nicht wie beispielsweise bei Pfandbriefen eine zusätzliche Sicherheit dar.

Die Zahlungsansprüche an Asset Backed Securities werden durch einen Pool von Forderungen (Assets) gedeckt, die auf eine ***Zweckgesellschaft*** (Special Purpose Vehicle) übertragen worden sind und den Inhabern der Wertpapiere als Haftungsgrundlage dienen. Ansprüche gegen den Originator, also das Unternehmen, das die Forderungen in den Pool eingebracht hat, bestehen nicht. Die auf die Zweckgesellschaft übertragenen Forderungen stehen von Begin an fest oder werden im Zeitablauf revolvierend eingebracht. Die Anleger erhalten über die im Pool enthaltenen Forderungen nur zusammenfassende Informationen und häufig keine Hinweise auf einzelne Kreditnehmer. Es ist daher erforderlich, dass den Anlegern zum Abbau des Informationsdefizits andere Informationen über die Qualität des Forderungspools zur Verfügung gestellt werden. Dazu werden einerseits regelmäßige Anlegerreports erstellt und andererseits Bonitätsurteile der Ratingagenturen eingeholt.

Asset Backed Securities können je nach den verwendeten Aktiva in Mortgage Backed Securities, d. h. durch Hypothekenforderungen besicherte Wertpapiere, und in sonstige ABS unterschieden werden. Sonstige ABS sind durch Kreditkartenforderungen, Leasingforderungen oder andere Industrie- oder Handelskredite unterlegt. Mortgage Backed Securities (MBS) stellen sozusagen die Urform der Asset Backed Securities dar, weil 1970 in den USA in dieser Form die erste Emission erfolgte. Zum Aufbau eines Sekundärmarktes für Hypothekenforderungen hatte die Government National Mortgage Association (Ginnie Mae) Forderungen aus Hypothekendarlehen aufgekauft und auf deren Grundlage Wertpapiere emittiert. Andere öffentlich rechtliche Institutionen wie die Federal Home Loan Mortgage Corporation (Freddie Mac) folgten. 1983 entwickelte Freddie Mac erstmals mit den ***Collateralized Mortgage Obligations (CMO)*** eine Konstruktion, bei der die von den Kreditnehmern zurückfließenden Zahlungsströme nicht direkt an die Inhaber der Mortgage Backed Securities durchgeleitet (***Pass Through Structure***), sondern einem Management unterworfen werden (***Pay Through Structure***). Damit war es möglich, die unterschiedlichen Risiko- und Liquiditätsvorstellungen der Anleger zu berücksichtigen.

(4) Collateralized Loan Obligations

Im Gegensatz zu den herkömmlichen ABS-Transaktionen werden in ***Collateralized Loan Obligations CLO*** Zahlungsansprüche aus einem Pool inhomogener Unternehmenskredite verbrieft. Das führt zu weitergehenden Problemen der asymmetrischen Informationsverteilung, die durch spezielle Vorkehrungen behoben oder abgemildert werden müssen. Collateralized Loan Obligations gehören zur Gruppe der ***Collateral Debt Obligations CDO***, welche die Collateral Bond Obligations und die Collateral Loan Obligations umfassen. Dabei sind aber nur die Collateral Loan Obligations Ausdruck der Securitisation, weil nur in diesem Fall ein Pool von Buchforderungen in handelbare Wertpapiere transformiert wird. Dass dabei gegenüber der ursprünglichen Kreditbeziehung eine Neuverteilung der Risiken erfolgt, haben die Collateral Loan Obligations allerdings mit den Collateral Bond Obligations gemein.[43]

Collateral Loan Obligations sind strukturierte Finanztransaktionen, bei denen Bankkreditforderungen als Besicherung für geratete Schuldtitel dienen und dementsprechend treuhänderisch verwahrt und verwaltet werden. Typisch ist die Verbriefung in Tranchen unterschiedlichen Risikogehalts, d. h. die Realisierung einer Durchlaufstruktur (Pay Through Structure). Dabei wird die ranghöchste Tranche zuerst bedient, danach die rangniedrigeren Mezzanin-Tranchen und letztlich die sog. Equity-Tranche (***Subordinations- oder Wasserfallprinzip***).

Die ***Equity-Tranche*** fängt im Falle von Zahlungsschwierigkeiten zunächst alle Verluste auf (First Loss Piece), da sie als erste nicht bedient wird und somit auch ein niedrigeres Rating erhält als die übrigen Tranchen. Danach schlagen mögliche Verluste sukzessive auch auf die vorrangigen Tranchen durch. Vielfach wird bei der Equity-Tranche sogar auf ein Rating verzichtet. In vielen Fällen kann es sich als zweckmäßig erweisen, dass das veräußernde Kreditinstitut die rangniedrigste Tranche in ihren eigenen Bestand nimmt und damit an möglichen Verlusten ihres verbrieften Kreditpools selbst teilnimmt. Die Strukturierung wird möglichst so vorgenommen, dass der Marktwert der Emission möglichst groß wird und die Tranchen je nach ihrem Risikogehalt an Anleger mit unterschiedlicher Risikopräferenz und unterschiedlichem Informationsbedürfnis veräußert werden.

Die Verbriefung von Krediten erlaubt es, einerseits die Vorteile einer Kapitalmarktfinanzierung in Anspruch zu nehmen und andererseits den Banken eine ihrer wichtigsten Aufgaben zu belassen, nämlich die Selektion und Überwachung der Kreditnehmer. Durch den teilweisen Verbleib des Kreditri-

---

[43] Vgl. zur Bedeutung der Risikotransferinstrumente für die Unternehmensfinanzierung RUDOLPH (2005b) und zu den Möglichkeiten, die neuen Risikotrasnferinstrumente auch im Bereich des Mezzanin-Kapitals einzusetzen, RUDOLPH (2005a).

sikos in den Büchern der Banken haben diese auch weiterhin einen Anreiz zur Überwachung ihrer Kreditnehmer.

(5) Kreditderivate

Bei Kreditderivaten wird die Auszahlung im Gegensatz zu herkömmlichen derivativen Finanzinstrumenten nicht an die Marktrisiken eines Referenzaktivums, sondern an dessen Kreditrisiko gekoppelt. Da das Kreditrisiko so von der zugrundeliegenden Kreditposition und den mit ihr verbundenen Zinsänderungs- und sonstigen Marktrisiken separiert werden kann, erlauben Kreditderivate ein Aufschnüren des Basisinstrumentes mit dem Ziel einer Neubündelung und Weitergabe des Kreditrisikos.[44]

Auch bei Kreditderivaten bilden Optionen, Forwards bzw. Futures sowie Swaps die Basisbausteine aller Konstruktionen. Mögliche Referenzaktiva sind Anleihen und Kredite oder synthetische Kreditrisikopositionen, bspw. ein Counterparty Exposure oder ein Index. Gemäß einer Marktumfrage der British Bankers' Association können unter den zahlreichen Ausprägungsvarianten von Kreditderivaten Credit Default Swaps, Total Return Swaps und Credit Default Linked Notes als die derzeit wichtigsten Grundformen identifiziert werden. Allerdings gewinnen auch andere Strukturen, insbesondere Credit-Spread-Produkte und Basket-Konstruktionen, zunehmend an Bedeutung.

Bei ***Credit-Default-Produkten*** ist die Auszahlung vom Eintritt eines Ausfalls (Default) beim Referenzaktivum abhängig. Zumeist wird ein Credit-Default-Produkt so strukturiert, dass der Sicherungsnehmer gegen Zahlung einer einmaligen oder periodischen Prämie den Anspruch auf Zahlung eines Ausgleichsbetrages im Falle eines Defaults erwirbt. Diese Konstruktion bezeichnet man in der Regel als Credit Default Swap, häufig aber auch als Credit Default Option, da strittig ist, ob es sich um eine Option oder einen Swap handelt.

Im Mittelpunkt der vertraglichen Gestaltung des ***Credit Default Swap*** steht die Abgrenzung des Default und die Definition der Ausgleichszahlung. Um den Ausfall des Referenzaktivums möglichst lückenlos abzudecken, werden in der Regel mehrere Kreditereignisse (Credit Events) miteinbezogen, z. B. die Eröffnung eines Konkursverfahrens, die Zahlungsunfähigkeit, die Nichteinlösung einer fälligen Zahlungsverpflichtung oder eine Herabstufung des Ratings. Als Ausgleichszahlung kann im Rahmen eines Cash Settlement die Differenz zwischen dem Nominalbetrag des Basiswertes und seinem nach dem Ausfall gültigen Marktwert oder ein fixer Prozentsatz des Nominalbetrages vereinbart werden. Eine Alternative ist die Zahlung des Nominalwertes gegen Lieferung des Basiswertes. Zu beachten ist, dass der Transfer des Aus-

---

[44] Vgl. insbesondere BURGHOF / HENKE (2005), BURGHOF / HENKE / RUDOLPH (1998), J. P. MORGAN (1999) sowie zur Bewertung LÄGER (2001).

fallrisikos bei Abschluss eines Credit Default Swaps lediglich in Höhe des vereinbarten Betrages und für die vertraglich vereinbarten Kreditereignisse wirksam ist.

Bei einem ***Total Return Swap*** ist die Auszahlung direkt an die Wertveränderung des Referenzaktivums gekoppelt und somit unabhängig vom Eintreten bestimmter Kreditereignisse. Gegen Zahlung von synthetischen Refinanzierungskosten in Form eines zumeist variablen Zinssatzes leitet der Sicherungsnehmer die gesamten wirtschaftlichen Erträge des Referenztitels, d. h. Kupons und Marktwertänderungen, an den Sicherungsgeber weiter. Bei Eintritt eines vertraglich vereinbarten Ausfallereignisses wird der Swap mit einer abschließenden Ausgleichszahlung vorzeitig abgewickelt. Der Kreditrisikokäufer übernimmt mithin eine synthetische Position im Underlying. In Abhängigkeit davon, ob ein Zinsswap in den Total Return Swap integriert ist, werden nur das Bonitätsänderungsrisiko des Schuldners des Basiswertes oder zusätzlich auch mit dem Referenztitel verbundene Zinsrisiken transferiert.

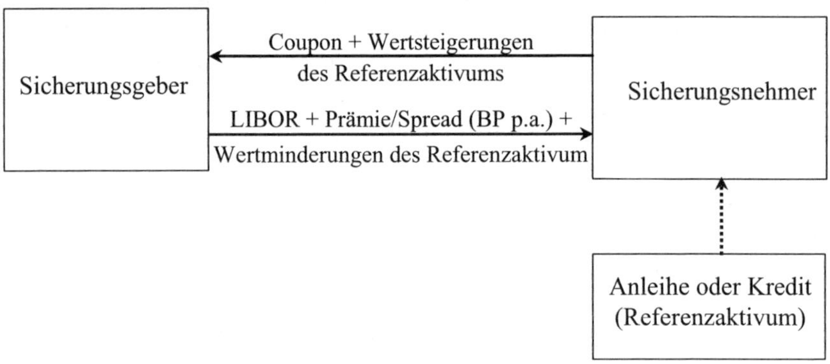

Abb. 10.13: Total Return Swap

Bei ***Credit-Spread-Produkten*** knüpft die Auszahlung an den Credit Spread eines Referenztitels, der als Zinsspanne zwischen dem kreditrisikobehafteten Referenztitel und einer quasi risikolosen Benchmark – bei ansonsten gleichen Konditionen und gleicher Laufzeit – oder als Aufschlag auf einen entsprechenden LIBOR-Satz ermittelt wird. Eine Ausweitung des Credit Spreads entspricht hier einer Verschlechterung der Kreditqualität des Referenzschuldners.

Kreditderivate können mit Anleihen zu bilanzwirksamen strukturierten Wertpapieren verknüpft werden. Die einfachste Form einer sog. **Credit Linked Note** ist die Kombination eines Credit Default Swaps mit einer Schuldverschreibung. Die Tilgung der vom Sicherungsnehmer emittierten Anleihe ist abhängig vom Ausfall des Referenzaktivums. Tritt kein Default ein, so wird die Anleihe regulär zum Nominalbetrag zurückgezahlt. Bei Default hat der Sicherungsgeber die Wertminderung des Referenzaktivums in vereinbarter Höhe zu tragen und erhält demzufolge lediglich einen um Wertverluste des Referenztitels verminderten Tilgungsbetrag.[45]

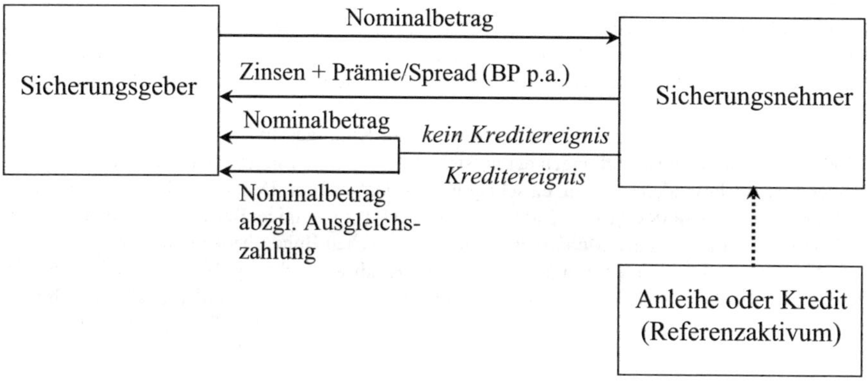

Abb. 10.14: Credit Linked Note

Die Abgrenzung von ***Basket-Produkten*** gegenüber anderen Kreditderivaten basiert nicht auf der Unterscheidung nach unterschiedlichen Kreditrisikomessgrößen (Credit Default versus Total Return versus Credit Spread) und nach der Bilanzwirksamkeit der Instrumente (Kreditderivate versus Credit Linked Notes), sondern auf einer weiteren Systematisierungsebene. Basket-Produkte beziehen sich nicht auf ein einzelnes Underlying, sondern auf einen ganzen Korb ausgewählter Referenztitel. Die Auszahlung eines Basket-Kreditderivates kann entweder proportional an das Kreditrisiko aller Titel des Baskets (Green-Bottle-Strukturen) oder an den ersten Ausfall einer der im Korb enthaltenen Kreditpositionen (First-to-Default-Strukturen) geknüpft werden. Basket-Konstrukte haben ebenso wie Index-Kreditderivate eine besondere Bedeutung für das Kreditportfoliomanagement, da man durch geeignete Gestaltung dieser Produkte die mit dem Transfer von Kreditrisiken verbundenen Anreiz- und Informationsprobleme vermindern kann.

[45] Die Darstellung der Credit Linked Note ist stark vereinfacht, um die grundlegenden Zusammenhänge zu verdeutlichen. In der Regel wird – ähnlich wie bei Asset Backed Securities – ein Special Purpose Vehicle zwischen Investoren und Sicherungsnehmer geschaltet. Zur Gestaltung von Credit-Linked-Note-Emissionen und ihren Vorteilen im Vergleich zu Kreditderivaten vgl. bspw. J. P. MORGAN (1999).

Lektürevorschläge zu Kapitel 10

Eine Beschreibung der Struktur der Kreditmärkte sowie der relevanten Trends an diesen Märkten findet man in BURGHOF / PAUL / RUDOLPH (2005). Die Besonderheiten der Hausbankbeziehung für die Kreditfinanzierung der Unternehmen werden herausgearbeitet in ELSAS (2001, 2005) und ELSAS / KRAHNEN (2004). Praktische Aspekte des Leasinggeschäfts werden in zahlreichen Publikationen herausgearbeitet, so beispielsweise in FEINEN (2001), einen Überblick über theoretische Ansätze zur Erklärung des Leasinggeschäfts findet man in HARTMANN-WENDELS / WINTER (2005). WAHRENBURG (1991) und WIENDIECK (1992) setzen sich mit den Vor- und Nachteilen einer Kreditfinanzierung über Banken gegenüber einer Finanzierung über die Emission von Anleihen auseinander. Besonderheiten der Anleihemärkte werden analysiert in HEINKE (1998) sowie KESY (2004).

Einen Überblick über das Risikomanagement im Kreditgeschäft bieten SCHILLER / TYTKO (2001), übersichtliche Darstellungen der aufsichtlichen Anforderungen an das Kreditmanagement findet man insbesondere in den einschlägigen Aufsätzen der Deutschen Bundesbank, so in DEUTSCHE BUNDESBANK (1999, 2003a, 2003b, 2004), um einige Beispiele aus einer ganzen Palette von Beiträgen in den Monatsberichten der Deutschen Bundesbank zu nennen.

Die statistischen Probleme und Konzepte zur Kreditwürdigkeitsprüfung, zu Schätzung der Kreditausfallrisiken sowie zur Portfoliosteuerung im Kreditgeschäft werden ausführlich behandelt in SCHEULE (2003) und HUSCHENS / LORACEK-JUNGE (2002). Der Einsatz von Ratingsystemen ist Gegenstand der Überlegungen von KRAHNEN / WEBER (2001) sowie NORDEN / WEBER (2005).

Eine Einführung in die neuen Märkte für den Handel von Kreditrisiken findet man in BURGHOF / HENKE (2005) sowie KRAHNEN (2005).

Zusammenfassung

Fremdkapital wird den Unternehmen von verschiedenen Kreditgebern zur Verfügung gestellt. Auf einer buchmäßigen Beziehung bauen das Kreditgeschäft der Banken und die Kreditierungen der Lieferanten oder Leasinggesellschaften auf. Die Unternehmen sind aber auch in der Lage, sich kurzfristig über Commmercial Paper oder langfristig am Anleihemarkt (Corporate Bonds) Fremdmittel zu beschaffen.

In den letzten Jahren haben sich bei den Kreditgebern neue Techniken zur Beurteilung der Kreditwürdigkeit von Unternehmen sowie zur Steuerung ihrer Kreditrisiken herausgebildet, die ihren Reflex in den Fremdfinanzierungsentscheidungen der Unternehmen finden. Dabei sind vielfältige regulatorische Einflüsse zu beachten, die auch zu einer Besser- oder Schlechterstellung einzelner Kreditnehmergruppen gegenüber einer nicht regulierten Situation führen können.

Die strenge Regulierung und die Notwendigkeit der Eigenkapitalunterlegung der Kreditrisiken der Banken haben Anstöße zur Weiterentwicklung der Märkte für den Transfer von Kreditrisiken gegeben, die in der Zwischenzeit zu neuartigen Produkten wie beispielsweise den Collateralized Loan Obligations geführt haben, bei denen die Tranchierung der Asset Backed Securities die Emission von Wertpapieren mit unterschiedlichen Risikocharakteristika ermöglicht.

Schlüsselbegriffe

Asset Backed Securities
Ausfallwahrscheinlichkeit
Basel II
Collateralized Loan Obligations
Corporate Bonds
Erwarteter Verlust
Kreditrisiko
Kreditderivate
Kreditportfoliomodelle
Kreditsicherheiten
Leasing
Rating
Rating-Effizienz
Ratingsystem
Unerwarteter Verlust
Value at Risk
Zinsswap

Kapitel 11

Dividendenpolitik und Kapitalrückzahlungen

Schüttet ein Unternehmen heute Zahlungsmittel an seine Anteilseigner aus, dann wird dadurch c. p. deren Anwartschaft auf zukünftige Ausschüttungen verkleinert. Andererseits wird der zunächst unsichere Ausschüttungsanspruch durch die Transaktion ein für die Anteilseigner sicherer Betrag, über den sie frei verfügen können und für den sie nach neuen, vielleicht attraktiveren Anlagemöglichkeiten als in dem ausschüttenden Unternehmen suchen können. Ohne Ausschüttung bleiben die Mittel weiterhin im Unternehmen gebunden und damit in der Verfügungsgewalt des Managements. Also stellt sich die Frage, mit welcher Zielsetzung über die Cashflows im Unternehmen durch das Management und die Eigentümer entschieden werden sollte. Die Antwort auf diese Frage hängt auch von den speziellen Beziehungen zwischen den Eigentümern und dem Management ab.

Bei ***Personengesellschaften*** bestimmen die einzelnen Gesellschafter, die im Allgemeinen auch die Geschäftsführungsbefugnisse haben, weitgehend selbst, wie viel sie ausschütten oder thesaurieren wollen – man spricht von einer Entnahme. Bei ***Entnahmen*** geht die Initiative prinzipiell von dem Empfänger der Zahlungsmittel aus, der zugleich die Management- und die Eigentümerfunktion im Unternehmen innehat.

Bei ***Kapitalgesellschaften*** setzt man begrifflich an der zahlenden Institution an und spricht von ***Ausschüttung***. Gegenstand finanzierungstheoretischer Überlegungen sind insbesondere die Entscheidungen über die Ausschüttungen von Aktiengesellschaften in Form von ***Dividendenzahlungen***, wenn das Management und die Aktionäre gegebenenfalls unterschiedliche Interessen verfolgen. Modelle zur Begründung dieser Entscheidung wollen die Frage nach der ***optimalen Dividendenpolitik*** eines Unternehmens beantworten. Bislang gibt es kein geschlossenes Modell, das den Anspruch erheben könnte, die Dividendenpolitik in einem umfassenden Sinne zu optimieren. Die in der Literatur entwickelten Modelle leiten aber jeweils wichtige Teilaspekte einer optimalen Politik ab.

Üblicherweise wird mit dem Begriff der Ausschüttung ***die Ausschüttung von Gewinnen*** verbunden (Gewinnverwendung). Materiell ausgeschüttet werden kann aber natürlich kein Gewinn. Ausgeschüttet werden können stets nur Zahlungsmittel. Insbesondere gesetzliche Vorschriften wie beispielsweise die ***Ausschüttungssperre*** des § 58 (5) AktG, die festsetzt, dass vor Auflösung der Gesellschaft nur der Bilanzgewinn an die Aktionäre verteilt werden darf, begrenzen aber die Ausschüttung solcher Zahlungsmittel. Die für Aktiengesellschaften typische Begrenzung der Ausschüttung auf den Gewinn stellt natürlich nur dann eine zwingende Restriktion dar, wenn auch die ***Vorschriften zur Ermittlung des Gewinns*** gesetzlich fixiert sind. Diese Vorschriften sind Gegenstand des Bilanzrechts.[1]

Als ***Dividenden*** bezeichnet man die an die Aktionäre ausgezahlten Gewinnanteile einer Aktiengesellschaft. Die Höhe der Dividende wird in der Regel auf Vorschlag des Vorstands und Aufsichtsrats von der Hauptversammlung beschlossen. Die Auszahlung der Dividenden nehmen die Banken als Zahlstellen vor. Der Tag, an dem die Dividende bezahlt wird, ist regelmäßig der Börsentag nach dem Hauptversammlungstermin. An diesem Tag erfolgt auch der sog. ***Dividendenabschlag*** als Kursminderung der Aktie. Im Kursblatt der Börse findet man dann neben dem Kurs den Zusatz ex Dividende, der besagt, dass sich die Notierung nun ohne Dividende versteht.

In den USA waren Dividendenzahlungen bis Mitte der achtziger Jahre die einzige Form, Zahlungen an die Aktionäre zu leisten. Danach sind zahlreiche Unternehmen dazu übergegangen, auch andere Instrumente zu nutzen, um Zahlungsmittel an die Anteilseigner auszuschütten. Insbesondere ist es seit dieser Zeit zu ***Aktienrückkäufen*** gekommen, die seit geraumer Zeit auch in Deutschland als Instrument zur Auskehrung von Zahlungsmitteln an die Aktionäre genutzt werden. Zahlungen an die Anteileigner können schließlich auch im Zuge von ***Kapitalherabsetzungen*** erfolgen.

Kapitel 11 handelt von den Entscheidungen, Zahlungsmittel von der Gesellschaft an die Anteilseigner zurückfließen zu lassen. Das sind bei den Aktiengesellschaften Dividendenzahlungen und die anderen Formen der Ausschüttung von Zahlungsmitteln an die Aktionäre. In Abschnitt 11.1 werden Dividendenentscheidungen von Aktiengesellschaften unter alternativen Bedingungsrahmen betrachtet. Auf dieser Basis werden empirische Befunde über die Dividendenpolitik der Unternehmen zusammengestellt. Abschnitt 11.2 beschäftigt sich mit den grundlegenden rechtlichen Vorschriften der Dividendenentscheidungen bei Aktiengesellschaften, wobei diese aus einem kurzen historischen Abriss hergeleitet werden. Kapitalherabsetzungen und Aktienrückkäufe sind Gegenstand der Überlegungen in Abschnitt 11.3. Die vereinfachte Form der Kapitalherabsetzung zum Ausgleich von Verlusten wird hier entsprechend der aktienrechtlichen Gliederung mitbehandelt, obwohl sie nicht mit Zahlungsrückflüssen an die Aktionäre verbunden ist.

---

[1] Die diesbezüglichen Ansatz- und Bewertungsvorschriften können hier nicht vertieft werden. Vgl. hierzu BAETGE / KIRSCH / THIELE (2003).

11.1 Entscheidungen über die Dividendenpolitik von Unternehmen

11.1.1 Dividendenpolitik bei gegebenem Investitionsprogramm

(1) Dividendenpolitik bei sicheren Erwartungen

In Kapitel 2 wurde bereits gezeigt, dass bei vollkommenem Kapitalmarkt und sicheren Erwartungen der Marktwert eines Unternehmens allein durch den Barwert der Cashflows bestimmt wird, die in der Zukunft aus den Realinvestitionen des Unternehmens generiert werden. Die Art der Finanzierung des Investitionsprogramms ist für den Marktwert des Unternehmens irrelevant. Ob die kapitalwertpositiven Investitionsprojekte durch das Einbehalten der Cashflows früherer Investitionsprojekte oder neue Mittel finanziert werden, spielt für die Höhe des Marktwertes des Unternehmens keine Rolle.

Formal lässt sich dieser Zusammenhang anhand des Zwei-Zeitpunkte-Modells zeigen, das davon ausgeht, dass die Gesellschaft in $t = 1$ liquidiert wird. Es sei

E_1	der bei gegebener Investitionspolitik feststehende Liquidationserlös des Unternehmensvermögens in $t = 1$,
I_0	die Investitionsauszahlung in $t = 0$,
FK_0	der zum Marktzins i aufgenommene Fremdkapitalbetrag,
ZM_0	der von den Eigenkapitalgebern in $t = 0$ eingezahlte Kapitalbetrag.

Sind die Zahlungsströme durch diese Angaben vollständig beschrieben, dann gilt für den in $t = 0$ und $t = 1$ insgesamt fließenden Zahlungsstrom $[D_0, D_1]$ zwischen dem Unternehmen und seinen Anteileignern

(1) $D_0 = ZM_0 + FK_0 - I_0$ und

(2) $D_1 = E_1 - (1+i)\, FK_0.$

In (1) kann sich D_0 als positive Größe (Ausschüttung) oder als negative Größe (Emissionserlös als Kapitalzufuhr) darstellen. Der Marktwert der Aktien vor der Dividendenzahlung bzw. vor der Kapitalerhöhung beträgt

$$(3) \qquad EK_0 = D_0 + \frac{D_1}{1+i}$$

$$= ZM_0 + FK_0 - I_0 + \frac{E_1 - (1+i)FK}{1+i}$$

$$= ZM_0 - I_0 + \frac{E_1}{1+i} = ZM_0 + K_0.$$

In (3) ist K_0 der Kapitalwert der durchgeführten Investitionsprojekte. Dieser Kapitalwert wird in ganzer Höhe dem Vermögen der Anteilseigner zugerechnet. Die Vermögensposition der Anteilseigner wird von der Entscheidung über die Verteilung der Ausschüttung auf die Zeitpunkte $t = 0$ und $t = 1$ nicht berührt. Die Terme D_0 und D_1 erscheinen nicht in der letzten Bewertungsgleichung nicht mehr. Gleichung (3) stimmt mit Formel (25) in Kapitel 2 überein und kann wie in Kapital 2 auch in einen Mehrperiodenkontext übertragen werden.

In der Literatur findet man häufig ***Bewertungsgleichungen für den Marktwert der Aktien*** einer Gesellschaft in Abhängigkeit vom Wachstum der Dividenden. So berechnet beispielsweise DAMODARAN (2002, S. 323) den Marktwert einer Aktie aus der Wachstumsformel

$$(4) \qquad \frac{EK_0}{n} = \frac{D_1}{i-g}$$

mit der in $t = 1$ erwarteten Dividende $D_1 = (1+g)D_0$ und der (unendlichen) Wachstumsrate g der Dividenden. PAGÈS (1999, S. 2) gibt den Marktwert einer Aktie im Wachstumsmodell mit

$$(5) \qquad \frac{EK_0}{n} = \frac{1+g}{i-g} D_0$$

an. In beiden Formeln werden die Marktwerte der Aktien nach Dividendenzahlung in $t = 0$ berechnet, so dass die Marktwerte mit jenen in Gleichung (28) des Kapitels 2 übereinstimmen.

Aus den in der Literatur vielfach verwendeten Wachstumsformeln (4) und (5) darf nicht auf eine Abhängigkeit der Marktwerte von der speziellen Ausschüttungspolitik der Gesellschaften geschlossen werden. Ausgeschüttet werden langfristig ausschließlich die jährlichen Überschüsse, die über die Realisierung kapitalwertpositiver Investitionen erwirtschaftet werden. Das wird in Formel (3) und in den entsprechenden Beziehungen im Mehrperiodenkontext klarer herausgestellt als in (4) oder (5).

Bei unsicheren Erwartungen wird in der Regel D_1 als Erwartungswert der Dividendenzahlung und i als Eigenkapitalkostensatz interpretiert. Darüber hinaus gilt, dass Wachstumsraten g, deren Höhe sich der Höhe der Kapitalkosten i nähert, zu einer rechnerischen Explosion der Eigenkapitalwerte führen, weshalb die Realitätsnähe der angesetzten Wachstumsraten sorgfältig geprüft werden muss. Im Übrigen haben auch solche Erwartungswerte für die Dividendenzahlungen ihr Fundament in den kapitalwertpositiven Investitionsprojekten der Unternehmen.

GORDON[2] hat eine von der dargestellten Irrelevanz scheinbar abweichende Position entwickelt. Sein Ansatz lässt keine externe Aufnahme von Finanzierungsmitteln zu, bindet die Ausschüttung an den laufenden Gewinn und postuliert rentierliche Erweiterungsinvestitionen in Höhe der einbehaltenen Mittel. Als Ergebnis erhält er in seinem Modell einen mit der Thesaurierungsquote wachsenden Marktwert des Eigenkapitals. Das Ergebnis folgt allerdings aus der Möglichkeit des Unternehmens, gerade nur die einbehaltenen Mittel mit einer gleich bleibenden Investitionsrendite immer wieder neu anzulegen. Bei vollkommenem Kapitalmarkt könnten diese Investitionen auch durch andere Finanzierungsmaßnahmen als die Einbehaltung von Mitteln finanziert werden.

Jedenfalls kann man den Marktwerteffekt im GORDON-Modell nicht der spezifischen Ausschüttungspolitik zurechnen, sondern muss ihn in Abhängigkeit von einer Kapitalmarktunvollkommenheit sehen, die die Investitionspolitik prägt. Insoweit macht das Modell deutlich, dass bei unvollkommenem Kapitalmarkt die Dividendenpolitik insbesondere dann Bedeutung haben kann, wenn von ihr die Investitionsentscheidungen des Unternehmens abhängig sind.

(2) Dividendenpolitik bei unsicheren Erwartungen

Bei ***technologischer Unsicherheit*** und ***vollkommenem Kapitalmarkt*** gelten vergleichbare Aussagen über Wertzusammenhänge im Unternehmen wie bei sicheren Erwartungen. Die sichere Dividendenzahlung in $t = 0$ muss gegen unsichere Zahlungen in der Zukunft abgewogen werden. Sind die Märkte vollkommen und vollständig, dann gibt es immer die Möglichkeit des Verkaufs zukünftiger Cashflows zu ihrem Barwert und die Anlage der Mittel in $t = 0$ zur Erzielung der gewünschten umweltzustandsabhängigen Cashflows in der Zukunft. Daher spielt der Zeitpunkt, zu dem den Anteilseignern die ihnen zustehenden Zahlungsströme zufließen, für den Wert ihrer Position keine Rolle. Bei vollkommenem Kapitalmarkt und technologischer Unsicherheit hat die Dividendenpolitik des Unternehmens keinen Einfluss auf den Marktwert des Unternehmens und den Reichtum der Aktionäre. Die Dividendenpolitik ist irrelevant.[3]

Bei gegebenen Investitionsentscheidungen führt eine höhere Dividende, die durch die Aufnahme von zusätzlichem Kapital finanziert wird, nur zu einer zeitlichen Verlagerung der Ansprüche der Aktionäre an das Unternehmensvermögen. Ob die Investitionen durch einbehaltene Gewinne finanziert werden oder ob Gewinne ausgeschüttet und Mittel über Neuemissionen von

---

[2] Vgl. GORDON (1962). Die im GORDON-Modell unterstellt konstante, über dem Kapitalmarktzins liegende deterministische Investitionsrendite erscheint auf Dauer kaum realistisch.

[3] Vgl. BREUER (2001), ALLEN / MICHAELY (2004), HARTMANN-WENDELS (1986).

Aktien beschafft werden, hat auf die Vermögensposition der Aktionäre keinen Einfluss. Der Zufluss durch die Dividendenzahlung wird durch entsprechende Kurseinbußen der Aktien, umgekehrt der Abfluss bei einer möglichen Kapitaleinlage durch eine entsprechende Wertsteigerung der Aktien genau kompensiert. Der für die Bewertung relevante Cashflow des Unternehmens und daher auch der Marktwert des Unternehmens bleiben davon unberührt.

(3) Die Berücksichtigung von Transaktionskosten

Die Annahmen eines vollkommenen Kapitalmarktes werden in der Finanzierungspraxis nicht erfüllt, was dazu führt, „dass das Irrelevanztheorem in der Praxis als irrelevant angesehen werden muss." (PELLENS / GASSEN / RICHARD 2003, S. 312) Es gibt verschiedene reale Gegebenheiten einer Verletzung der Annahmen: Transaktionskosten und Steuern sowie asymmetrisch verteilte Informationen wie auch die möglicherweise begrenzte Rationalität der Wirtschaftssubjekte.

Sind bei der Ausschüttungsentscheidung ***Transaktionskosten*** zu berücksichtigen, dann hängt deren Entscheidungsrelevanz von den Restriktionen und alternativen Handlungsmöglichkeiten des Unternehmens bzw. seiner Anteilseigner ab. Demnach kann es beispielsweise, sofern Mittel für Neuinvestitionen benötigt werden, nicht optimal sein, einerseits Dividenden auszuschütten – was mit Transaktionskosten verbunden ist – und zugleich Zahlungsmittel über die Neuemission von Aktien zu beschaffen – was ebenfalls mit Transaktionskosten verbunden ist. Die Thesaurierung ist die mit den niedrigsten expliziten Transaktionskosten verbundene Strategie, so dass sich eine „Schütt aus, hol zurück"-Politik unter dem alleinigen Gesichtspunkt der Transaktionskosten verbietet. Es müssen aber andere Kapitalmarktunvollkommenheiten mit gegenläufigen Effekten dazu kommen, damit sich eine solche Politik als vorteilhaft erweisen kann.[4]

11.1.2 Steuerliche Bestimmungsfaktoren der Dividendenpolitik

In Deutschland ist 2001 die Dividendenbesteuerung bei privaten Anlegern durch das „Gesetz zur Senkung der Steuersätze und zur Reform der Unternehmensbesteuerung (Steuersenkungsgesetz)" grundlegend neu geregelt worden. Seitdem wird bei den Kapitalgesellschaften auf der Unternehmensebene Körperschaftsteuer erhoben. Diese ist mit dem Steuersenkungsgesetz von 40 % für die einbehaltenen und 30 % für die ausgeschütteten Gewinne auf

---

[4] Bei einer „Schütt aus, hol zurück"-Politik wird die Dividendenzahlung mit einer Kapitalerhöhung verbunden, so dass die ausgeschütteten Zahlungsmittel dem Unternehmen direkt wieder zugeleitet werden.

einen einheitlichen ***Körperschaftsteuersatz von 25 % des Gewinns*** abgesenkt worden.

Auf der Ebene der Anteilseigner ist mit dem Steuersenkungsgesetz das körperschaftsteuerliche Anrechnungsverfahren abgeschafft und ein ***Halbeinkünfteverfahren*** eingeführt worden.[5] Während die Aktionäre im Falle der Nichtausschüttung der Gewinne keine weiteren Steuern zahlen, fällt bei einer Gewinnausschüttung auf der Anteilseignerebene die halbe Einkommensteuer an, so dass die Aktionäre die Hälfte der erhaltenen Dividendenbeträge als Einkommen (Einkünfte aus Kapitalvermögen) mit ihrem persönlichen Steuersatz versteuern müssen (§ 23 (1) Körperschaftsteuergesetz KStG).[6] Je nach dem persönlichen Steuersatz der Aktionäre ergibt sich eine Gesamtsteuerbelastung zwischen 25 % und 40,75 %.[7]

Als Folge dieser Neuregelung ist im Vergleich zum früheren Anrechnungsverfahren bei vielen Aktionären eine Mehrbelastung der Gewinnausschüttung gegenüber der Thesaurierung der Gewinne zu verzeichnen.[8] Das Halbeinkünfteverfahren kann somit eine Präferenz für die Thesaurierung von Gewinnen auslösen und im Kapitalmarktgleichgewicht bei höheren Ausschüttungen eine höhere Renditeerwartung vor persönlichen Steuern erzeugen (BRENNAN 1970).

Ist umgekehrt für den Großteil der Aktionäre ein persönlicher Steuersatz von über 40 % relevant, dann wird die Gewinnausschüttung attraktiver. PELLENS / GASSEN / RICHARD (2003) ermitteln allerdings im Rahmen einer 2002 durchgeführten Befragung bei 100 Unternehmensvertretern, dass die Unter-

---

[5] Vor der Neuregelung von 2001 galt in Deutschland das körperschaftsteuerliche Anrechnungsverfahren, bei dem im Falle der Ausschüttung die Körperschaftsteuer bei der persönlichen Einkommensteuer des Anteilseigners angerechnet wurde. Zu einer Mehrbelastung kam es dann, wenn der persönliche Einkommensteuersatz über dem Körperschaftsteuersatz für einbehaltene Gewinne lag. Im gegenteiligen Fall kam es durch die Gewinnausschüttung zu einer Minderung der Gesamtsteuerbelastung. Das Anrechnungsverfahren hatte Anlass gegeben zu einem sog. Dividenden-Stripping, das von ausländischen Anlegern vorgenommen wurde, die die gezahlte Körperschaftsteuer nicht auf ihre persönliche Einkommensteuer anrechnen konnten. Nicht anrechnungsberechtigte ausländische Aktionäre verkauften vor dem Dividendentermin ihre Aktien an einen Inländer, der sich die Körperschaftsteuer anrechnen ließ und kauften sie (z. T. mit einem vorab festgelegten Kurs) wieder zurück. Diese Praxis sollte durch die Neuregelung abgestellt werden.

[6] Die Bestimmungen zum Übergang auf das Halbeinkünfteverfahren findet man in den §§ 36 bis 40 KStG. In der obigen Darstellung sind der Solidaritätszuschlag, die Kirchensteuer und die 20 %ige Kapitalertragsteuer auf die Bruttobardividende beim Anleger nicht berücksichtigt.

[7] Der persönliche Einkommensteuersatz schwankt zwischen 0 % und 42 %, so dass die Gesamtsteuerbelastung wegen $s_{kst}+0{,}5s_{est}(1-s_{kst})$ zwischen 25 % und 40,75 % liegt. Vgl. SCHEFFLER (2004), S. 45.

[8] Die Mehrbelastung besteht für alle Einkommensteuersätze unter 40 %. Für Einkommensteuersätze über 40 % bis 42 % ergibt sich gegenüber dem Anrechnungsverfahren eine Minderbelastung. Vgl. SCHEFFLER (2004), S. 52.

nehmen im Durchschnitt keinen Anlass sehen, ihre Dividendenpolitik zu überdenken. Von den wenigen Unternehmen, die ihre Ausschüttungspolitik an das neue Steuersystem anpassen wollen, planen erstaunlicherweise die meisten sogar eine höhere Dividendenausschüttung.

Die Ausschüttungspolitik kann für die Vermögensposition der Aktionäre also dann relevant sein, wenn die steuerlichen Wirkungen berücksichtigt werden. Zeichnen sich die Aktionäre durch unterschiedliche Einkommensteuersätze aus, so dass Aktionäre mit einem hohen Steuersatz eine hohe Ausschüttung und Aktionäre mit einem geringeren Steuersatz die Thesaurierung vorziehen, dann können sich zur Minimierung der steuerlichen Belastungen ***Aktionärs-Klientele*** bilden. Aktionäre mit hohen Steuersätzen investieren in die Aktien von Unternehmen mit hohen Ausschüttungen, niedrig besteuerte Aktionäre investieren in Aktien mit niedrigen Ausschüttungen. Wenn ein Unternehmen nur Aktionäre haben sollte, deren marginaler Einkommensteuersatz niedriger als 40 % ist, dann wäre unter steuerlichen Gesichtspunkten die volle Thesaurierung der Gewinne optimal, so dass die zusätzlich zur Körperschaftsteuer anfallende Einkommensteuer vermieden wird. Die mit einer Thesaurierung möglicherweise verbundenen Kursgewinne sind nämlich nicht zu versteuern, wenn die Aktien über die Spekulationsfrist hinaus gehalten werden.[9]

Die Unternehmen können also mit ihrer Dividendenpolitik einen bestimmten Aktionärskreis ansprechen (***Klientel-Effekt der Ausschüttungspolitik***). Hat sich eine bestimmte Klientel als steuerlich typischer Aktionär herausgebildet, dann kann eine Änderung der Ausschüttungspolitik u. U. zu einer Änderung des Aktionärskreises führen. Wenn keine weitergehenden Ziele bezüglich des Aktionärskreises verfolgt werden, dann werden die Transaktionskosten jede Änderung der Ausschüttungspolitik als nachteilig erscheinen lassen, so dass aus steuerlicher Sicht eine ***Konstanz der Dividendenpolitik*** vorteilhaft erscheint.

11.1.3 Dividendenpolitik bei asymmetrischer Informationsverteilung

Die Gültigkeit der These von der Irrelevanz der Dividendenpolitik für den Marktwert des Unternehmens ist auch bei asymmetrischer Informationsverteilung in Frage zu stellen, da die Höhe der Ausschüttung Einfluss darauf haben kann, wie die Aktionäre die Qualität des Unternehmens und das Verhalten des Managements einschätzen.

---

[9] Veräußerungsgewinne sind bei Privatanlegern derzeit dann steuerfrei, wenn sie nach einer Spekulationsfrist von einem Jahr realisiert werden.

(1) Dividendenpolitik bei Qualitätsunsicherheit

Als ***Signaleffekt der Dividende*** bezeichnet man die Beobachtung, dass die Ankündigung einer Erhöhung des Dividendensatzes häufig zu einer nachhaltigen Kurssteigerung führt. Die Kurssteigerung wird daraus erklärt, dass das besser informierte Management dem Kapitalmarkt mit dieser Entscheidung indirekt mitteilt, dass es von besseren Ertragsaussichten ausgeht als der Markt. Eine Ausschüttungserhöhung wird von den Aktionären dann als Signal für eine bessere als bisher unterstellte Geschäftslage interpretiert. Der Kurs wird allerdings nur dann sein Niveau beibehalten, wenn das Signal „wahr" ist, so dass nicht später eine Revision der Erwartungen erfolgen muss. Der ***Dividendenpolitik*** (der Unternehmensleitung) kommt in diesem Fall eine die ***Erwartungsbildung*** der Kapitalmarktteilnehmer beeinflussende Funktion zu. Diese Überlegung ist Gegenstand der ***Signaling-Modelle der Ausschüttungspolitik***.

Als Beispiel für ein solches Modell eines ***Signalgleichgewichts*** kann der Ansatz von BHATTACHARYA (1979) gelten, bei dem die Manager den Wert ihres Unternehmens über ihre Dividendenpolitik den Anlegern mitteilen. Die Manager des Unternehmens kennen die wirkliche Gewinnsituation ihres Unternehmens. Der Markt kann dagegen die Unternehmen nicht unterscheiden und kennt nur die gemeinsame Wahrscheinlichkeitsverteilung der Gewinnsituation aller Unternehmen. Die Manager können nun über die Höhe der Dividendenzahlung die tatsächliche Qualität ihres Unternehmens signalisieren. Eine höhere Dividende ist ein Zeichen für eine höhere Qualität und führt dementsprechend zu einer Kurssteigerung. Falls sich danach herausstellen sollte, dass es sich um ein Fehlsignal gehandelt hat, fallen beim Unternehmen Transaktionskosten an, die beispielsweise wegen der notwendigen Aufnahme zusätzlicher Finanzierungsmittel entstehen. Da bei den Unternehmen besserer Qualität dieses Problem nicht entsteht, werden im Gleichgewicht nur die Unternehmen mit hoher Qualität ein entsprechendes Signal aussenden, während die Unternehmen mit geringerer Qualität auf höhere Dividendenzahlungen verzichten.

(2) Dividendenpolitik bei Verhaltensunsicherheit

Dividendenzahlungen können einerseits zu Reichtumsverschiebungen von den Gläubigern hin zu den Eigenkapitalgebern des Unternehmens führen und damit Agency-Kosten verursachen. Diese können im Zuge einer vorsichtigen Ausschüttungspolitik vermieden oder zumindest gesenkt werden, wenn die Gläubiger ihre Vermögensposition durch die Zahlungen an die Aktionäre nicht bedroht sehen müssen.

Hohe Dividendenzahlungen können andererseits den ***Handlungsspielraum des Managements*** beim Konsum von Fringe Benefits ***einschränken*** und insoweit ebenfalls Ageny-Kosten vermeiden helfen. Im Vergleich zur Aufnahme von Fremdkapital und den damit entstehenden Zins- und Tilgungsverpflichtungen fehlt es allerdings den Ausschüttungen an Bindungskraft, so dass vertraglich vereinbarte Zins- und Tilgungsverpflichtungen das Free-Cashflow-Problem vermutlich besser lösen können als eine großzügige Dividendenpolitik. Unternehmen mit einem hohen Verschuldungsgrad, von dem bereits eine disziplinierende Wirkung ausgeht, können also eine geringere Dividendenquote wählen. Vergleichsweise geringe Dividendenzahlungen können auch bei Unternehmen erwartet werden, bei denen andere Disziplinierungsmechanismen greifen wie beispielsweise die Existenz eines kontrollierenden Großaktionärs, der den Handlungsspielraum des Managements begrenzt.

Hohe und niedrige Dividendenzahlungen können also mit Agency-Kosten verbunden sein oder Agency-Kosten vermeiden helfen, so dass sich eine allgemeine Empfehlung kaum ableiten lässt. Darüber hinaus sind die auftretenden Agency-Kosten auch von den anderen Parametern der Finanzpolitik des Unternehmens abhängig. Da die übrigen Instrumente der Finanzpolitik aber ebenfalls mit Agency-Kosten verbunden sind, kann auch der Dividendenpolitik eine hohe Bedeutung bei der Begrenzung der Agency-Kosten zukommen.

(3) Dividendenpolitik bei beschränkter Kapitalgeber-Rationalität

Auf einem Behavioral-Finance-Argument basiert eine Idee zur Begründung der Vorteilhaftigkeit einer ***Politik stabiler Dividenden***. Der Ansatz stellt auf die Führung unterschiedlicher mentaler Konten für Änderungen der Vermögenssituation durch Dividendenzahlungen und durch Aktienkursänderungen ab, wobei die Aktionäre das Unterschreiten bestimmter Dividenden- und Kursreferenzpunkte vermeiden wollen. „Orientieren sich nun Dividendenreferenzpunkte von Aktionären an Dividendenzahlungen zeitlich nahe liegender vergangener Dividendentermine, während Aktienkursreferenzpunkte möglicherweise durch weiter zurückliegende und folglich entsprechend niedrige historische (Einstands-)Kurse gekennzeichnet sind, dann liegt der Schluss auf einen Anreiz der Unternehmensleitung zur Stabilisierung des Dividendensatzes im Zeitablauf bei gleichzeitiger Inkaufnahme von Aktienkursschwankungen unmittelbar nahe." (BREUER / HARTMANN 2003, S. 344)

PELLENS, GASSEN und RICHARD (2003) machen darüber hinaus auf die Möglichkeit des „Mental Accounting" aufmerksam, dass die Aktionäre einen Zustrom an Zahlungsmitteln, der aus einem Verkauf von Aktien resultiert, anders einschätzen könnten als einen gleich hohen Zahlungsmittelzustrom, den sie aus Dividendenzahlungen empfangen. Darüber hinaus könnten die Aktionäre den regelmäßigen Empfang von Zahlungen aus Gründen der damit verbundenen Selbstkontrolle positiver einschätzen als den möglichen gelegentlichen Verkauf von Aktien.

11.1.4 Kapitalmarktreaktionen auf Dividendenentscheidungen

Die vorgestellten theoretischen Überlegungen lassen eine ganze Reihe von Fragen offen. Insbesondere können die bekannten Signaling-Modelle nicht erklären, warum eine starke Tendenz zu konstanten Dividenden besteht und warum Dividendenzahlungen einem Aktienrückkauf vorgezogen werden. Dies hat zu Verfeinerungen der Modellbildung und zu Ansätzen geführt, die Teilaspekte der Ausschüttungsentscheidung thematisieren (ELLERMANN 2003, S. 62 ff.).

Die theoretischen Überlegungen legen es nahe anzunehmen, dass die Dividendenzahlungen einerseits ein erhebliches Beharrungsvermögen aufweisen und andererseits positiv mit den Jahresüberschüssen der Unternehmen korrelieren. Mit dem genauen Zusammenhang haben sich zahlreiche empirische Studien beschäftigt, von denen hier nur einige wichtige angesprochen werden können. Aus ihnen lassen sich Anhaltspunkte für die Gestaltung der Dividendenpolitik herleiten.

(1) Empirische Bestimmungsfaktoren für Dividendenzahlungen

Für die USA stellte bereits LINTNER (1956) in einer empirischen Studie fest, dass die gemeinsame Bewegung der Dividenden und Gewinne durch drei Muster gekennzeichnet ist (vgl. auch BESSLER / ELLERMANN 2004).

- Erstens definieren die Manager von Unternehmen eine längerfristige Mindestdividende im Sinne einer Zielausschüttungsquote (Target Payout Ratio), indem sie festlegen, welchen Anteil der jährlichen Gewinne sie langfristig ausschütten wollen.
- Zweitens ändern die Manager diese langfristig verfolgte Politik möglichst nur dann, wenn sie davon ausgehen, dass die Gewinne längerfristig und nachhaltig ein anderes, möglichst höheres Niveau erreicht haben und sie daher das Gefühl haben können, dass die neue Zielausschüttungsquote stabil bleiben kann.
- Drittens wird die Frage der Veränderung des Dividendensatzes vom Management als wichtiger empfunden als die Frage nach der absoluten Höhe der Dividende.

LINTNER überprüfte dieses aus vergleichsweise wenigen Interviews abgeleitete ***Verhaltensprofil*** anhand eines Tests der folgenden Gleichung

$$(6) \qquad \Delta Div_{i,t} = a_i + c_i(Div^*_{i,t} - Div_{i,t-1}) + e_{i,t},$$

an einer sehr großen Stichprobe von Unternehmen. In (6) bezeichnet ΔDiv die Veränderung der Dividende gegenüber der Vorperiode, a eine Konstante,

Div^* den Zieldividendensatz als Prozentsatz des Periodengewinns, c einen Faktor, der die Geschwindigkeit angibt, mit der die Abweichung der Vorjahresdividende von der Zieldividende abgebaut wird, und e eine normalverteilte Störvariable. Das Modell konnte 85 % der jährlichen Veränderungen der Dividenden erklären, wobei die durchschnittliche Anpassungsgeschwindigkeit bei 30 % pro Jahr lag und die Zieldividende bei 50 % der Jahresgewinne. Bemerkenswerterweise weisen die Dividendenänderungen keine Abhängigkeit von der Investitions- und Finanzpolitik des Unternehmens auf. Das Modell führt allerdings keine Begründung an, warum es für Unternehmen sinnvoll sein könnte, gerade die beschriebene Dividendenpolitik zu verfolgen.

In empirischen Untersuchungen konnte ein zeitlicher Vorlauf der Gewinne vor der Dividendenentwicklung identifiziert und damit die Hypothesen LINTNERS bestätigt werden. Neuere Untersuchung kommen für den amerikanischen Markt zu vergleichbaren Ergebnissen, wobei zusätzlich beobachtet wird, dass die Manager eine Dividendenkürzung möglichst in jedem Fall vermeiden wollen und daher auch im Vorfeld mögliche Dividendenerhöhungen nur sehr zögerlich vornehmen, damit nicht zeitlich nachfolgend Anpassungen vorgenommen werden müssen (COPELAND / WESTON / SHASTRI 2005, S. 662).

Aus dem von LINTNER (1956) gewonnenen Bild folgt auch, dass Unternehmen es vermeiden, im Zeitablauf ständig wechselnde Dividendensätze anzukündigen, weil das Management eine Glättung der Dividendenzahlungen im Zeitablauf anstrebt.[10] Das gilt insbesondere für den amerikanischen Markt, an dem Quartalsdividenden gezahlt werden, deren Höhe als „sticky“ gilt. Die Dividendenkontinuität resultiert zum einen aus der Tendenz, den Dividendensatz nur zu erhöhen, wenn der neue Dividendensatz nachhaltig beibehalten werden kann, und zum anderen aus der Vermeidung des Signals, das mit der Ankündigung einhergehen kann, dass die Dividende gesenkt werden muss. Daraus folgt, dass im Zeitablauf in der Regel die meisten Unternehmen ihren Dividendensatz beibehalten, dass im Durchschnitt weniger Unternehmen ihre Quote erhöhen und dass noch weniger ihre Quote verkleinern. Dieses Muster lässt sich auch auf den deutschen Markt übertragen, in dem die Dividendenzahlungen allerdings jährlich erfolgen.

Zusammenfassend lässt sich feststellen, dass die Dividendenentwicklung im Zeitablauf weniger volatil ist als die Gewinnentwicklung. Die Gesellschaften erhöhen nur dann die Dividende, wenn sie relativ sicher sind, dass sie den erhöhten Dividendensatz auch längerfristig beibehalten können.

---

[10] Gelegentlich werden bei deutschen Unternehmen beispielsweise in Jubiläumsjahren Zusatzdividenden ausgezahlt, wobei die Bezeichnung des Zusatzes als Bonuszahlung deutlich machen soll, dass nicht geplant ist, die Höhe der Zusatzdividende in der Zukunft beizubehalten.

(2) Dividendenentwicklung im Lebenszyklus des Unternehmens

Das Modell von LINTNER (1956) arbeitete mit einem Zieldividendensatz, bei dem sich die Frage stellt, wovon dessen Höhe abhängig sein könnte. Hier bietet sich die Erklärung an, dass die Entwicklung der Zieldividende dem Lebenszyklus des Unternehmens folgt.

Bei der Vorstellung der Finanzierung junger Unternehmen durch Venture Capital war bereits das Lebenszykluskonzept eines Unternehmens thematisiert worden. Danach durchläuft eine erfolgreiche Neugründung einige Jahre des stürmischen Wachstums, um danach in eine ruhigere Entwicklung, in eine Stagnationsphase und gegebenenfalls sogar in eine Schrumpfungsphase einzutreten. Betrachtet man nun die ***Entwicklung der Dividendenhöhe im Lebenszyklus*** eines Unternehmens, dann liegt die Hypothese nahe, dass junge Unternehmen mit einer hohen Wachstumsrate eine vergleichsweise niedrige Ausschüttung aufweisen, während reife Unternehmen mit einer niedrigen Wachstumsrate dazu tendieren, einen höheren Anteil ihrer Gewinne als Dividenden auszuschütten. So gelten in der Praxis Unternehmen aus den Bereichen Rohstoff, Chemie, Maschinenbau und Fertigung als vergleichsweise dividendenfreudig, während im Technologiesektor vergleichsweise niedrige Ausschüttungen zu beobachten sind.

Diese Lebenszyklushypothese der Dividendenhöhe macht noch einmal deutlich, dass die Treiber der Dividendenzahlungen die kapitalwertpositiven Investitionsprojekte sind. Während junge Unternehmen oft Schwierigkeiten haben, bei den gegebenen Kapitalrestriktionen alle sich bietenden Investitionsgelegenheiten auch durchzuführen, entsteht bei den reiferen Unternehmen leicht ein „Free Cashflow", der im Interesse der Anteilseigner zu erhöhten Dividendenzahlungen genutzt wird.

(3) Der Informationsgehalt von Dividendenankündigungen

GERKE, OERKE und SENTNER (1997) haben mit Hilfe von Ereignisstudien den Informationsgehalt von Dividendenankündigungen auf dem deutschen Aktienmarkt von Januar 1987 bis Juli 1994 untersucht und festgestellt, dass erstens bei konstanten Dividenden keine signifikanten abnormalen Renditen beobachtet werden können, dass zweitens Dividendenerhöhungen eine Kurserhöhung und drittens Dividendensenkungen und insbesondere Dividendenausfälle eine Abwärtsbewegung nach sich ziehen. Die Autoren kommen zu dem Ergebnis, dass die Kursverläufe die Signaling-Hypothese und die Free-Cashflow-Hypothese stützen. Ein vermuteter Zusammenhang zwischen der Höhe der Dividendenveränderung und der Stärke der Marktreaktion konnte nicht bestätigt werden.

11.2 Rechtsrahmen und Umsetzung der Dividendenpolitik von Unternehmen

Unabhängig von der konkreten Ausgestaltung der Dividendenpolitik müssen die gesetzlichen Rahmenbedingungen bei der Festlegung der Dividende beachtet werden. Diese unterscheiden sich von Land zu Land und haben sich im Laufe der Zeit erheblich geändert. Wenn im folgenden Exkurs 11.2.1 ein kurzer Überblick über die Entwicklung des Aktienrechts gegeben wird, bevor dann in 11.2.2 die heutigen aktienrechtlichen Anforderungen an die Dividendenpolitik vorgestellt werden, so soll dieser Exkurs insbesondere die Unterschiede im Verständnis und in der Kompetenzverteilung von Dividendenentscheidungen beleuchten. Der Exkurs orientiert sich wesentlich an SCHÜTTE (1995).

11.2.1 Exkurs: Entwicklungslinien der Regulierung der Dividendenpolitik

Die ***Kolonialkompanien des 15. und 16. Jh. in England und Holland***, die als Vorläufer der heutigen Aktiengesellschaften angesehen werden können, kannten das Problem einer Ausschüttungsregelung noch nicht, da es sich um Gelegenheitsgesellschaften handelte, die nur ***auf begrenzte Dauer***, etwa zur Durchführung einer Seereise ins Leben gerufen wurden. Daher wurde auch nicht zwischen ausschüttungsfähigem Gewinn und erhaltungsbedürftigem Kapitalstock unterschieden. Erst ab Mitte des 17. Jh. war beispielsweise die Englisch-Ostindische Kompanie auf Dauer angelegt.

Im Verlauf der Entwicklung zu einer Verstetigung der Gesellschaften kommt dann aber der Regulierung der Ausschüttung eine wachsende Bedeutung zu, um das Grundkapital der Gesellschaft aufrecht zu erhalten. Dazu ist ***eine Rechnungslegung nach kaufmännischen Grundsätzen*** als Grundlage der Dividendenausschüttungen erforderlich. Später finden sich in manchen Kompanien zusätzlich Vorschriften, nach denen ein Teil des Gewinns als ***Reservefonds*** zurückzuhalten ist, z. B. der Gewinn der ersten drei Jahre.

Vor dem Hintergrund der Prinzipal-Agent-Theorie ist auf ein charakteristisches Merkmal der ersten Gesellschaften hinzuweisen, nämlich den ***starken Einfluss der Hauptpartizipanten***, also der Gesellschafter mit den größten Kapitalanteilen, in deren Händen die Verwaltung und Beschlussfassung lag. Die Hauptpartizipanten waren häufig zugleich Direktoren, die durch das Herauf- oder Herabsetzen der Dividendenzahlungen die Kurse der Aktien steigen oder sinken lassen konnten und damit eine „manipulierbare" Grundlage für ihre eigenen Kauf- oder Verkaufsentscheidungen hatten. Die Kleinaktionäre hatten nur Anspruch auf Kapital und Dividende, aber keine weiteren Mitwirkungsrechte, teilweise nicht einmal ein Fragerecht.

In Deutschland entstanden Handelskompanien erst später als in England und Holland, was auf den mangelnden Zugang zum Meer, die Schwäche der Zentralgewalt des Reiches, aber auch auf die Abneigung der Hansestädte gegen Kapitalgesellschaften zurückgeführt werden kann. Noch 1720 verbot der Rat der Stadt Hamburg – auch unter dem Eindruck des Schwindels des Schotten John Law in Paris um die Mississippi-Kompanie – die Gründung einer Assekuranzkompanie auf Aktien, weil er darin nur einen Vorwand sah, Aktienhandel zu betreiben. Höchstes Willensbildungsorgan wurde bei allen Kompanien ***die Generalversammlung der Hauptpartizipanten***, die regelmäßig und gelegentlich auch wochenlang zusammentrat. Bis zum Erlass des ersten Preußischen Aktiengesetzes 1843 wurden in Preußen 32 Aktiengesellschaften gegründet.

Das ***Preußische Aktiengesetz von 1843*** lehnte sich an den französischen Code de Commerce an und regelte die innere Verfassung der Aktiengesellschaft daher nicht allgemeinverbindlich. Das ***Allgemeine Deutsche Handelsgesetzbuch*** in seiner ursprünglichen Form von 1861 (ADHGB) bestimmte für Dividendenentscheidungen in § 216 (2), dass jeder Aktionär nur einen Anspruch auf den „reinen Gewinn" habe. Die Höhe des Gewinns bestimmte sich aus der Bilanz, die der Vorstand den Aktionären nach Schluss eines Geschäftsjahres vorlegen musste. Dabei gab es zunächst keine verbindlichen Bewertungsregeln, so dass ***der Vorstand über die Bilanzansätze die Gewinnverwendung leicht steuern konnte***. Diese Gewinnverwendungsregelung wurde in das ***Aktiengesetz von 1884*** unverändert übernommen und ging auch mit kleinen sprachlichen Änderungen in das Handelsgesetzbuch von 1897, das ***HGB*** ein.

Die ***Aktienrechtsreform von 1937*** brachte mit § 125 AktG eine Änderung des Kompetenzgefüges, wonach wie heute in der Regel ***Vorstand und Aufsichtsrat den Jahresabschluss*** feststellen. Gleichzeitig blieb die Vorschrift bestehen, dass die Aktionäre nur Anspruch auf den aus der Jahresbilanz ergebenen Reingewinn hätten. Damit konnte die Verwaltung den maximal für eine Ausschüttung überhaupt verwendbaren Betrag festlegen.

Die Entscheidung der Hauptversammlung über die Gewinnverwendung erstreckte sich nur auf den nach Abzug der Rücklagen verbleibenden Gewinn. Weitgehend Einigkeit bestand auch darüber, dass die Gesellschaft nicht nur und in erster Linie dem Nutzen der Aktionäre dienen sollte. Die Leitung der Gesellschaft „wurde dem Vorstand in eigener Verantwortung aufgegeben, und zwar ausgerichtet am Wohl des Betriebs, seiner Gefolgschaft und dem gemeinen Nutzen von Volk und Reich." (SCHÜTTE 1995, S. 35)

Die Ausschüttungsregelungen blieben bis zur ***Aktienrechtsreform von 1965*** in Kraft, nachdem schon in der ***kleinen Aktienrechtsreform 1959*** Vorschriften über die Gliederung der Gewinn- und Verlustrechnung sowie die Behandlung von Gratisaktien eingeführt worden waren. In der Diskussion hatte die Arbeit von KRONSTEIN und CLAUSSEN (1960) erheblichen Einfluss, die auf der Basis eines Rechtsvergleichs mit den USA den Zusammenhang zwischen Publizität und Kompetenz zur Gewinnverwendung in den Vordergrund der Betrachtung stellte. Ihr eigener Lösungsvorschlag basierte auf ***dem Prinzip der „gläsernen, aber verschlossenen Taschen“***, wonach in erster Linie Publizität erforderlich sei, um eine wirksame Kontrolle der Unternehmensleitung durch die Aktionäre zu gewährleisten. Dagegen sei die Verwaltung durch ihre Qualifikation besser als die Hauptversammlung geeignet, über die Gewinnverwendung zu beschließen. Diese Regelung trifft cum grano salis auch für die heutige Praxis der Dividendenentscheidungen zu.

11.2.2 Aktienrechtliche Anforderungen an die Dividendenpolitik

(1) Ausschüttungsobergrenzen

Im Gegensatz zu Einzelunternehmen und Personenhandelsgesellschaften ist bei Kapitalgesellschaften die Gewinnverwendung gesetzlichen und gegebenenfalls statuarischen Ausschüttungsrestriktionen unterworfen (BAETGE / KIRSCH / THIELE 2003, S. 90). So müssen Aktiengesellschaften jährlich bestimmte Beträge aus dem Jahresergebnis in die gesetzlichen Rücklagen einstellen. Die durch Gesetz oder Satzung zwangsweise den Rücklagen zuzuführenden Beträge stehen bis zu ihrer ebenfalls gesetzlich reglementierten Auflösung nicht für Ausschüttungszwecke zu Verfügung. Lediglich der verbleibende Betrag kann an die Eigner ausgeschüttet werden.

In § 58 (4) AktG heißt es: „Aktionäre haben Anspruch auf den Bilanzgewinn, soweit er nicht nach Gesetz oder Satzung, durch Hauptversammlungsbeschluss oder aufgrund eines Gewinnverwendungsbeschlusses von der Verteilung unter die Aktionäre ausgeschlossen ist.“ Aktiengesellschaften sind also bei der Höhe der Ausschüttung an den mit dem Jahresabschluss ermittelten „Bilanzgewinn“ gebunden. Die Beschränkung des Ausschüttungsbetrages ist vor allem durch die begrenzte Haftung der Kapitalgesellschaften begründet, damit auf diese Weise ein Mindesthaftungskapital erhalten bleibt.

(2) Die Mindestausschüttung

Eine Mindestausschüttung wird dadurch gewährleistet, dass die Hauptversammlung über die Verwendung des Bilanzgewinns beschließt (Beschlusskompetenz der Hauptversammlung über die Verwendung des Bilanzgewinns nach § 119 (1) Nr. 2 sowie § 174 (1) AktG). Allerdings ist nach § 174 (1) Satz 2 AktG ***die Hauptversammlung bei ihrem Beschluss an den festgestellten Jahresabschluss gebunden***.

Der ***Jahresabschluss*** wird nun aber in der Regel vom Vorstand und Aufsichtsrat festgestellt:

- Billigt nach § 172, Satz 1 AktG der Aufsichtsrat den Jahresabschluss, so ist dieser festgestellt, sofern nicht Vorstand und Aufsichtsrat beschließen, die Feststellung des Jahresabschlusses der Hauptversammlung zu überlassen.
- Haben Vorstand und Aufsichtsrat nach § 173 (1) Satz 1 AktG beschlossen, die Feststellung des Jahresabschlusses der Hauptversammlung zu überlassen oder hat der Aufsichtsrat den Jahresabschluss nicht gebilligt, so stellt die Hauptversammlung den Jahresabschluss fest.

Da der Jahresabschluss vom Vorstand und Aufsichtsrat festgestellt wird, ist die Kompetenz der Hauptversammlung von der Bilanzpolitik der Verwaltung abhängig. Die Kompetenzverteilung kommt in drei Punkten zum Ausdruck.

- Erstens beeinflusst der Vorstand über die Bilanzansatz-Entscheidungen und ***Bewertungsansätze*** die Höhe des Jahresüberschusses im Rahmen der Bilanzpolitik.
- Zweitens können die beiden Organe Vorstand und Aufsichtsrat einvernehmlich ***die Hälfte des Jahresüberschusses in die Gewinnrücklagen*** einstellen, so dass der Bilanzgewinn entsprechend reduziert und dieser Teil der Verwendungskompetenz der HV entzogen wird.
- Drittens kann schließlich nach § 58 (2) AktG die ***Satzung die Quote von 50 Prozent noch erhöhen***, solange die anderen Gewinnrücklagen die Hälfte des Grundkapitals nicht übersteigen.

In der Literatur wird vielfach gefordert, die Rechte der Hauptversammlung gegenüber dem Vorstand zu stärken, d. h. die Gewinnverwendungsrechte der Verwaltung zu beschneiden. PFAFF (1989) hat allerdings gezeigt, dass man damit in der Tat einen möglichen Überinvestitionseffekt – der Vorstand maximiert zur Tantiemeerhöhung den Gewinn – verhindern könnte. Gleichzeitig würde aber eine zu hohe Gewinnausschüttung einen Unterinvestitionseffekt zu Lasten der Gläubiger begünstigen, weshalb die Beibehaltung der bisherigen Regelung empfohlen wird.

11.2.3 Umsetzung der Dividendenpolitik in der Praxis

Als ***Dividendenpolitik*** bezeichnet man eine Vorausplanung zukünftiger Dividendenentscheidungen, beispielsweise 25 bis 30 Prozent des jeweiligen Jahresüberschusses als Dividende auszuschütten. Mit einer positiven Ergebnisentwicklung sind dann für die Aktionäre voraussichtlich steigende Dividendenzahlungen verbunden.

Wenn man die Abhängigkeit der Dividendenzahlungen von der Gewinnsituation des Unternehmens und von anderen Faktoren untersuchen oder festlegen will, dann kann man von verschiedenen Kennzahlen ausgehen, die die Dividendenentwicklung im Zeitablauf beschreiben.

Am einfachsten ist es, die ***absolute Höhe der Dividenden*** zu betrachten und diese als Geldbetrag oder in Prozent des Nominalwertes der Aktie darzustellen. Der ***Dividendensatz*** wird aber vom Anleger bei einer Renditeanalyse in Relation zum Kurs des Papiers beurteilt.

Das führt bereits zu der zweiten Möglichkeit, der sog. ***Dividendenrendite*** als Quotient aus der Dividende und dem Aktienkurs. Die Dividendenrendite gibt die laufende Verzinsung des eingesetzten Kapitals eines Investors an, wenn Kursänderungen unberücksichtigt bleiben. Die Dividendenrendite kann sich auf historische Aktienkurse (Anschaffungskurs) oder auf das aktuelle Kursniveau beziehen.

In empirischen Studien wird häufig die ***Ausschüttungsquote*** bzw. ***Payout Ratio*** als Quotient von Dividenden und Gewinnen eines Unternehmens als zu erklärende Variable herangezogen. Alternativ wird gelegentlich auch der reziproke Wert, nämlich das ***Dividendendeckungsverhältnis*** (Dividend Cover Ratio) betrachtet, das angibt, wie oft der Gewinn die Dividende übersteigt.

Zwischen der

$$(7) \qquad \mathit{Ausschüttungsquote} = \frac{\mathit{Dividende\ pro\ Aktie}}{\mathit{Gewinn\ pro\ Aktie}}$$

und der

$$(8) \qquad \mathit{Dividendenrendite} = \frac{\mathit{Dividende\ pro\ Aktie}}{\mathit{Aktienkurs}}$$

besteht der Zusammenhang

$$(9) \qquad \mathit{Dividendenrendite} = \mathit{Ausschüttungsquote} \cdot \frac{\mathit{Gewinn\ pro\ Aktie}}{\mathit{Aktienkurs}}.$$

Die ***Zielausschüttungsquote*** ist häufig Gegenstand der Planungen des Managements der Aktiengesellschaft, während sich die Beschlusskompetenz der Hauptversammlung auf die absolute Höhe der laufenden Dividende bzw. auf die Dividende in Relation zum Nennwert der Aktie, also auf den Dividendensatz bezieht.

11.3 Aktienrückkäufe und Kapitalherabsetzungen

Dividendenzahlungen stellen nur eines von mehreren Instrumenten dar, mit deren Hilfe Zahlungsmittel von den Gesellschaften an die Eigentümer transferiert werden. Die Bezeichnung als Dividende und der Verweis auf die Ausschüttung von Gewinnen deutet bereits den ***Belohnungscharakter der Dividendenzahlung*** an und wird daher sprachlich im Allgemeinen positiv eingeordnet.[11] Andere Formen des Transfers von Zahlungsmitteln von den Gesellschaften an ihre Eigentümer wie beispielsweise Kapitalherabsetzungen sind dagegen sprachlich häufig weniger positiv besetzte Transaktionen. Dabei wurden historisch betrachtet die verschiedenen Formen des Zahlungsmitteltransfers an die Aktionäre teilweise weniger streng getrennt betrachtet als heute.

Aus ökonomischer Perspektive können Kapitalrückzahlungen ebenso wichtige Hilfsmittel zum Transfer von Zahlungsmitteln an die Anteilseigner sein wie Dividendenzahlungen. Ein erster wichtiger Unterschied besteht allerdings darin, dass die gesetzlich verankerte Begrenzung der Dividenden auf den Gewinn dafür sorgt, dass Gläubigerbenachteiligungen vermieden werden. Bei den anderen Formen des Zahlungsmitteltransfers an die Aktionäre müssen dagegen die Instrumente noch diskutiert werden, die dafür sorgen, dass Vermögensverschiebungen zu Lasten der Gläubiger vermieden werden. Der zweite wichtige Unterschied ist darin zu sehen, dass Aktienrückkäufe und Kapitalherabsetzungen auch als Instrumente zur Beeinflussung der Aktionärsstruktur genutzt werden können. Mittelbar kann allerdings auch die Dividendenpolitik zur Steuerung der Aktionärsstruktur eingesetzt werden, sofern der Klientel-Effekt ausgenutzt werden kann.

11.3.1 Zielsetzungen und Techniken von Aktienrückkäufen

(1) Begriff und bilanzielle Auswirkungen des Aktienrückkaufs

Rückkäufe eigner Aktien führen dazu, dass die Gesellschaft selbst Eigentümer der von ihr emittierten Aktien wird. Die Aktien werden dann in der Bilanzposition „Eigene Anteile" als Korrekturposten zum gezeichneten Kapital aktiviert, wobei auf der Passivseite in gleicher Höhe der Posten „Rücklagen für eigene Anteile" gebildet wird.[12] Der Gesellschaft stehen aus den gekauften eigenen Aktien keine Rechte zu. Insbesondere darf die Gesellschaft keine Dividende an sich selbst zahlen und die Aktien auch nicht auf ihrer eigenen Hauptversammlung vertreten.[13]

Eine Rücklage für eigene Aktien wird dann nicht gebildet, wenn die Gesellschaft die eigenen Aktien endgültig zur ***Einziehung*** erworben hat (Redemption of Shares). In diesem Fall wird der Nennbetrag der erworbenen Ak-

---

[11] In einem Newsletter (Dezember 2004) der Sparkassen Saarbrücken wird der Begriff Dividende dem Leser durch die Metapher „Bescherung" nahe gebracht.

[12] Nach IAS/IFRS und US-GAAP werden eigene Aktien, die für eine spätere Wiederausgabe zur Verfügung stehen (Treasury Stocks), regelmäßig nicht als Vermögensgegenstände, sondern als Korrekturposten zum Eigenkapital (Abzugsposten) dargestellt. Zur Cost Method und Par Value Method als alternative Bilanzierungsmethoden vgl. PELLENS / SCHREMPER (2000), S. 136 ff.

[13] Zu den Motiven, Erwerbsalternativen, einigen empirischen Fällen von Aktienrückkäufen und weitergehenden Literaturhinweisen vgl. ACHLEITNER (2002), S. 335-353.

tien offen auf der Passivseite vom Grundkapital abgesetzt (Baetge / Kirsch / Thiele 2003, S. 449).[14]

In den vergangenen Jahren haben sich zahlreiche Gesellschaften von ihren Eigentümern auf der Hauptversammlung zum Rückkauf eigener Aktien ermächtigen lassen. Aktienrückkäufe werden dann im Zuge eines ***Aktienrückkaufprogramms*** vorgenommen und beinhalten den Erwerb eigener Aktien durch die Gesellschaft.

(2) Aktienrechtliche Anforderungen an Aktienrückkäufe

Das zunächst in den Anfängen des Aktienwesens in Deutschland geltende Verbot von Aktienrückkäufen wurde im Lauf der Zeit aufgeweicht, so dass die Gesellschaften während der Weltwirtschaftskrise Ende der zwanziger Jahre immer häufiger dazu übergingen, zur Kurspflege und zur Herabsetzung des Eigenkapitals Rückkäufe vorzunehmen.[15] Dabei kauften die Unternehmen teilweise mehr als die Hälfte der eigenen Aktien zurück. 1931 wurde durch eine Notverordnung ein grundsätzliches Erwerbsverbot für eigene Aktien verhängt, wobei präzise definierte Ausnahmen und für diese eine Höchstgrenze von 10 % des Grundkapitals festgelegt wurden. Die Regelung der Notverordnung ging in die Aktienrechtsnovelle von 1937 ein und prägte auch das ***Aktiengesetz von 1965***, das den Aktienrückkauf als Ausnahmetatbestand zulässt, im Übrigen aber ***Aktienrückkäufe verbietet***. Als zulässige ***Ausnahmetatbestände*** gelten insbesondere die Abwendung eines schweren Schadens, die Ausgabe von Belegschaftsaktien, die Abfindung bei einer Umwandlung, der Aufbau eines Wertpapierhandelsbestandes bei Kreditinstituten und die Umsetzung des Beschlusses der Hauptversammlung zur Einziehung von Aktien nach den Vorschriften über die Herabsetzung des Grundkapitals.

In den USA ist im Gegensatz zu Deutschland der Erwerb eigener Aktien von Anfang an als grundsätzlich zulässiges Mittel zur Anpassung der Finanzstruktur an die jeweiligen Erfordernisse angesehen worden. Gläubigerschutzaspekte spielten bei dieser Entwicklung keine wesentliche Rolle, da man die eigenen Aktien überwiegend als echtes Aktivum und den Erwerb durch die Gesellschaft daher nicht als Ausschüttung interpretierte. Erst später entwickelte das Common Law eine gesonderte Ausschüttungsbeschränkung für den Erwerb eigener Aktien, wonach dieser nur zulässig war, solange er „in good faith and without prejudice to creditors" erfolgte (Bauer 1995).

---

[14] Die von der Hauptversammlung beschlossene Einziehung bedeutet letztlich die Durchführung einer Kapitalherabsetzung.

[15] In der ersten Aktienrechtsnovelle von 1870 wird die Möglichkeit von Aktienrückkäufen ausdrücklich verboten. Das Verbot wurde in der zweiten Aktienrechtsnovelle von 1884 in eine Sollvorschrift abgemildert, die in Notsituationen außer Kraft gesetzt werden konnte. Im Zuge der Weltwirtschaftskrise wurde das Instrument häufig genutzt, um „Free Cashflow" auszuschütten und den Aktienkurs zu stabilisieren.

In Deutschland wurden mit dem Gesetz zur Kontrolle und Transparenz im Unternehmensbereich – dem ***KonTraG von 1998*** – die im geltenden Aktienrecht festgeschriebenen Ausnahmetatbestände zum Rückerwerb von Aktien um die ***Möglichkeit des begrenzten regulären Aktienrückkaufs*** ergänzt. Die neu geschaffene Möglichkeit des Aktienrückkaufs ohne speziellen nachgewiesenen Grund muss allerdings nach § 71 (1) AktG durch eine Ermächtigung der Hauptversammlung gedeckt sein, dass der Vorstand zum Erwerb eigener Aktien im Umfang von bis zu 10 % des Grundkapitals ermächtigt ist. Diese Ermächtigung zum Aktienrückkauf stellt im Übrigen keine Verpflichtung dar. In vielen Fällen in der Praxis wird die Ermächtigung zum Aktienrückkauf anschließend nicht umgesetzt.

Der mögliche Verzicht auf Aktienrückkäufe kann nicht nur durch veränderte ökonomische Rahmenbedingungen, sondern auch durch neue Regulierungen motiviert sein. So sieht beispielsweise das im Oktober 2004 in Kraft getretene Anlegerschutzverbesserungsgesetz vor, dass Rückkaufprogramme und Maßnahmen zur Kursstabilisierung in engen Grenzen zulässig sind. Die Anforderungen an die formulierten „Safe-Harbour" - Regelungen sind aber in der Praxis nur schwer erfüllbar.

(3) Motive des Aktienrückkaufs

Mit Aktienrückkäufen werden von den Gesellschaften unterschiedliche Zielsetzungen verfolgt. PELLENS / SCHREMPER (2000) haben zur Herausarbeitung der Relevanz der (nicht überschneidungsfreien) Motive eine Umfrage durchgeführt und dabei bemerkenswerte Ergebnisse erzielt:

- ***Steuerliche Vorteile*** gegenüber einer Ausschüttung von Dividenden werden nur von wenigen Unternehmen als relevant erachtet.
- Der ***Abbau von Liquidität***, dem als Ausfluss der Free-Cashflow-Hypothese in der Literatur ein hoher Stellenwert zukommt, wird von den befragten Unternehmen erwähnt, aber eher zurückhaltend beurteilt.
- Vergleichbar zurückhaltend wird der Einsatz eines Aktienrückkaufprogramms zur ***Gestaltung bzw. Restrukturierung der Kapitalstruktur*** eingeschätzt, obwohl empirische Untersuchungen in den USA hier auf eine größere Relevanz schließen lassen und auch theoretische Argumente für dieses Erwerbsmotiv sprechen.
- Der Erwerb eigener Aktien zur ***Bedienung von Aktienoptionen und für Belegschaftsaktien*** wird nur gelegentlich als Motiv genannt.
- Der Erwerb eigener Aktien als ***Maßnahme gegen Übernahmeversuche***, der in den USA häufig als Motiv genannt wird, wird in Deutschland nur von einem geringen Kreis von Unternehmen als relevant erachtet.
- Bei Aktiengesellschaften mit einem kleinen Aktionärskreis und engem Markt (Close Corporations) kann bei Ausscheiden eines Hauptgesellschafters ein

Aktienkauf durch einen unerwünschten Außenstehenden verhindert werden. Die ***Verkleinerung des Aktionärskreises*** als Motiv spielt aber nur für sehr wenige Gesellschaften eine Rolle.

- Nicht erwähnt in der Untersuchung von PELLENS / SCHREMPER (2000) als Motiv wird der Erwerb von Aktien als Akquisitionswährung, ein Motiv, das in einer ersten Umfrage des Deutschen Aktieninstituts noch mit Abstand vor der Veränderung der Kapitalstruktur und der Ausschüttung von Liquidität am häufigsten genannt wurde (DEUTSCHES AKTIENINSTITUT 1999, S. 9).
- Dem Einsatz des Erwerbs eigener Aktien als ***Signaling-Instrument*** kommt nach der vorgenommenen Befragung eine erhebliche Bedeutung zu. Danach können die Unternehmensmanager einen dauerhaften Wertzuwachs für die Anteilseigner generieren, weil sie bei einem glaubwürdigen Signal eine Unterbewertung der Aktien beseitigen können. Man muss davon ausgehen, dass sich die Glaubwürdigkeit des Signals durch geeignete Investor-Relations-Maßnahmen steigern lässt.

Empirisch spielt in Deutschland also insbesondere das ***Motiv der Kommunikation*** einer bestehenden Unterbewertung von Aktien eine Rolle. Fraglich ist hier allerdings, ob und wie die Glaubwürdigkeit des Signals sichergestellt werden kann, zumal die gesetzliche Höchstgrenze von 10 % im Vergleich zu den USA niedrig liegt. Die Erfahrungen in den USA zeigen, dass dort die Volumina bei Tender Offers häufig darüber liegen.

Als mögliche Nachteile oder Gefahren eines Aktienrückkaufs gelten im Übrigen insbesondere Gläubigerbenachteiligungen, weil Substanz an die Anteilseigner zurückfließt, sowie die ***Missbrauchsmöglichkeiten durch das Management***, das an steigenden Aktienkursen partizipieren kann, ohne dass sich die reale Situation des Unternehmens verbessert hat. Dies hat auch dazu geführt, dass in Deutschland Aktienrückkaufprogramme auf 10 % des Grundkapitals begrenzt sind.

(4) Technische Durchführung des Aktienrückkaufs

Es gibt verschiedene ***Durchführungsformen von Aktienrückkäufen***, die sich in unterschiedlichen Situationen und für unterschiedliche Motive des Rückkaufs anbieten.

- Der ***Rückkauf über die Börse (Open Market Repurchase)*** ist die gebräuchlichste Form des Buy-Back, bei dem die rückkaufende Gesellschaft den Zeitraum bekannt gibt, in dem sie eine bestimmte Anzahl von Aktien zurückzukaufen beabsichtigt. Der Erwerb erfolgt dann offen über die Börse, ohne dass der verkaufende Aktionär davon Kenntnis erhält. Dieser verkauft zum jeweiligen Marktpreis und erhält somit auch keine explizite Prämie dafür, dass er seine Aktien an die Gesellschaft abgibt. Der Rückkauf über die Börse kann der jeweiligen Marktentwicklung rasch angepasst und bei Bedarf auch abgebrochen werden. Aus technischen Gründen lässt er sich bei illiquiden Werten und großen Volumina nicht realisieren.

- Der Rückkauf über die Börse lässt sich im Rahmen eines ***Accelerated Buy-Back*** besonders rasch realisieren, wenn eine Bank die Aktien mit Hilfe einer ***Wertpapierleihe*** erwirbt und der Gesellschaft zur Verfügung stellt. Die Aktien müssen dann von der Bank im nachfolgenden Zeitraum sukzessive am Markt gekauft werden, um sie dem Entleiher wieder zurückzuerstatten.[16]
- In einem ***öffentlichen Rückkaufangebot (Self Tender Offer)*** unterbreitet die Gesellschaft ihren Aktionären das Angebot, in einer bestimmten Zeitspanne und in gewissem Umfang eigene Aktien zurückzukaufen. Der Rückkauf erstreckt sich dann nicht wie beim Rückkauf über die Börse über einen längeren Zeitraum, sondern erfolgt zeitlich konzentriert. Ein öffentliches Rückkaufangebot kann in verschiedenen Varianten erfolgen. Bei einem ***Festpreisangebot (Fixed Price Tender Offer)*** legt die Gesellschaft den Rücknahmepreis für die vorgegebene Zeitspanne und das angestrebte Volumen fest. Dabei wird der Preis regelmäßig über dem laufenden Aktienkurs angesetzt und beinhaltet somit für den Verkäufer eine Prämie, damit dieser einen Anreiz hat, seine Aktien in dem angesetzten Zeitraum auch wirklich zurückzugeben. Im Gegensatz zum fest definierten Rücknahmekurs beim Festpreisangebot ist das ***Auktionierungsverfahren (Dutch Auction Tender Offer)*** durch die Vorgabe einer Preisspanne definiert. Das Unternehmen sammelt die eingereichten Verkaufsangebote und bedient sie in der Reihenfolge der geforderten Preise. Auf diese Weise bestimmt sie den für alle Aktionäre geltenden (minimalen) Preis (Market Clearing Price), zu dem die gewünschte Aktienanzahl erworben wird.
- Eine weitere Form des Self Tender Offers besteht in der Emission von ***Transferable Put Rights*** als übertragbarer Verkaufsoptionen, die den Aktionären das Recht geben, eine bestimmte Anzahl von Aktien innerhalb einer bestimmten Frist zu einem festen Preis an das Unternehmen zu verkaufen. Aktionäre, die nicht am Rückkaufprogramm teilnehmen möchten, können durch Veräußerung ihrer Rechte ihre Optionsprämie realisieren.

Im Gegensatz zu den genannten Rückkaufsformen sind wegen § 53a AktG Rückkäufe von einem Großaktionär (***Negotiated Repurchases***) in Deutschland prinzipiell nicht erlaubt, da sie den Gleichbehandlungsgrundsatz der Aktionäre verletzen. Eine Ausnahme gilt für „geschlossene" Aktiengesellschaften (Close Corporation), wenn alle anderen Aktionäre ihr Einverständnis erteilen, dass die Aktien von einzelnen Aktionären, beispielsweise von Vorstandsmitgliedern, Gründungsaktionären oder Venture-Capital-Gesellschaften zurückgekauft werden (ACHLEITNER / WICHELS 1999, S. 708).

---

[16] Als Wertpapierleihe (Securities Lending) bezeichnet man die zeitlich befristete Überlassung von Wertpapieren gegen Entgelt. Der Entleiher muss die Wertpapiere nach Ablauf der Frist dem Verleiher wieder zurück übereignen.

Mit der Entscheidung über den Rückkauf eigener Aktien muss also die Gesellschaft auch über das spezielle Verfahren zur Umsetzung des Aktienrückkaufprogramms entscheiden, das sich auf eine oder gegebenenfalls mehrere der vorgestellten Alternativen stützt (vgl. ACHLEITNER 2000, S. 350). Unabhängig von der gewählten Erwerbsmethode dürfte dabei die Kursreaktion auf öffentliche Rückkaufangebote größer als auf Aktienrückkaufangebote über die Börse sein.

(5) Der Vorschlag zur Einführung rückerwerbbarer Aktien

Der deutsche Gesetzgeber hätte über Art. 39 der Zweiten EG-Richtlinie vom 13.12.1976 (Kapitalrichtlinie) im Übrigen die Möglichkeit gehabt, die Emission von Aktien zu gestatten, bei denen der ***Rückerwerb bereits bei der Emission festgelegt*** wird und die Transaktion selbst nur noch von der Ausübung eines der Gesellschaft oder dem Aktionär zustehenden Optionsrechts abhängig wäre (Redeemable Shares).

Redeemable Shares sind in den USA und Großbritannien seit langem verbreitet und werden dort insbesondere in zwei Zusammenhängen eingesetzt. Zum einen geben mit Venture Capital finanzierte Unternehmen häufig rückerwerbbare Aktien aus, die ihnen eine Call-Option für den Fall einräumen, dass bestimmte Ergebnisse übertroffen werden. Damit kann die Gesellschaft verhindern, dass die Investoren „übermäßig“ in einem vorab nicht in Betracht gezogenen Umfang von einer hervorragenden Entwicklung profitieren können. Umgekehrt kann auch den Investoren ein Rückgaberecht für die von ihnen gehaltenen Aktien eingeräumt werden, um ihnen den Ausstieg aus der Gesellschaft zu sichern. Die Emission rückerwerbbarer Aktien findet sich zum anderen bei Vorzugsaktien. Wenn nämlich das Zinsniveau und damit die Renditerwartungen des Kapitalmarktes sinken, kann sich die Gesellschaft durch einen Rückerwerb und die Neuemission günstiger refinanzieren und diese Möglichkeit durch die Ausgabe von Redeemable Shares absichern.[17]

11.3.2 Das Management von Kapitalherabsetzungen

Im Lebenszyklus von Unternehmen kann es zu Reife- und Abschwungphasen kommen, in denen die frei verfügbaren Cashflows den Umfang der kapitalwertpositiven Investitionsprojekte übersteigen. Es besteht dann die Gefahr einer massiven Wertvernichtung, weil das Management einen Anreiz hat, die verfügbaren Mittel in Projekte bzw. Aufkäufe anderer Unternehmen zu investieren, die im Wesentlichen die Expansionsziele des Managements unter-

---

[17] Vgl. BAUMS ET AL. (2001). Der Bericht spricht sich im Rahmen einer Höchstgrenze für die Einführung rückerwerbbarer Aktien im Rahmen des Art. 39 der Kapitalrichtlinie auch im deutschen Aktienrecht aus.

stützen (Empire Building). Es kann dann im Sinne der Zielsetzung der Aktionäre angebracht sein, das Eigenkapital des Unternehmens an die neue Situation anzupassen und dementsprechend an die Eigentümer wieder endgültig zurück zu transferieren. Im vorausgegangen Abschnitt 11.3.1 ist deutlich geworden, dass dies nach den gelten Bestimmungen nur in einem bestimmten Umfang erreicht werden kann.

Ein anderer Anlass zur Anpassung des Eigenkapitals sind im Geschäftsablauf eingetretene hohe Verluste, die bei einer Aktiengesellschaft dazu führen können, dass das buchmäßige Eigenkapital unter die Grundkapitalziffer fällt und dementsprechend eine Anpassung der Grundkapitalziffer fällig wird. Solche bilanziellen Maßnahmen können beispielsweise erforderlich sein, um den Aktienkurs wieder über den Nennwert anzuheben, so dass der Zugang zum Emissionsmarkt von Aktien wieder geöffnet wird. Im Folgenden werden die im Aktienrecht geregelten Formen von Kapitalherabsetzungen kurz vorgestellt und im Hinblick auf ihre finanzwirtschaftlichen Wirkungen charakterisiert.

(1) Arten und Formen der Kapitalherabsetzung

Bei Personengesellschaften unterliegen Kapitalherabsetzungen keinen besonderen Vorschriften. Jeder nicht entnommene Gewinn und jede Einlage aus dem Privatvermögen stellt im Prinzip eine Kapitalerhöhung dar, jeder Verlust und jede Privatentnahme eine Herabsetzung des Kapitals (WÖHE / BILSTEIN 2002, S. 108). Bei Kapitalgesellschaften und insbesondere bei Aktiengesellschaften bestehen dagegen, wie bereits die Vorschriften über die Dividendenzahlungen und Aktienrückkäufe gezeigt haben, detaillierte Vorschriften, die insbesondere verhindern sollen, dass Mittel an die Anteilseigner zu Lasten der Gläubiger des Unternehmens ausgekehrt werden können.

Das Aktiengesetz unterscheidet drei Formen der Kapitalherabsetzung, die ordentliche Kapitalherabsetzung (§§ 222-228 AktG), die vereinfachte Kapitalherabsetzung (§§ 229-236 AktG) und die Kapitalherabsetzung durch Einziehung von Aktien (§§ 237-239 AktG). Das Aktiengesetz bestimmt insbesondere die Voraussetzungen, unter denen die Kapitalmaßnahmen durchgeführt werden dürfen.

- Zweck der ***ordentlichen Kapitalherabsetzung*** ist die Rückzahlung von Teilen des Grundkapitals, wobei die Rückzahlung in bar oder in Form von Sachwerten erfolgen kann. Die Kapitalrückzahlung in Form der ordentlichen Kapitalherabsetzung bedarf einer Dreiviertelmehrheit des vertretenden Grundkapitals auf der Hauptversammlung und ist darüber hinaus streng geregelt, damit eine mögliche Gläubigerschädigung verhindert wird. Insbesondere dürfen Zahlungen an die Aktionäre frühestens sechs Monate nach Eintragung des Herabsetzungsbeschlusses in das Handelsregister geleistet werden.

- Die ***vereinfachte Kapitalherabsetzung*** – ohne Rückzahlungen an die Aktionäre – soll dazu dienen, Wertminderungen auszugleichen, sonstige Verluste zu decken oder Beträge in die Kapitalrücklage einzustellen. Diese Form der Kapitalherabsetzung hat häufig aber nicht nur das Ziel der „optischen" Beseitigung des Verlustvortrages und der Verbesserung typischer Bilanzkennzahlen, sondern auch das Ziel der Vorbereitung einer ***anschließenden Kapitalerhöhung*** durch die Neuemission von Aktien. Die kombinierte Kapitalherabsetzung und Kapitalerhöhung dient dann der ***Sanierung*** der Gesellschaft. Die Notwendigkeit der vorbereitenden Kapitalherabsetzung ergibt sich aus dem Verbot der Unterpariemission, so dass vor der Ausgabe neuer Aktien das Grundkapital an das geschrumpfte Gesellschaftervermögen in Form des buchmäßigen Eigenkapitals angepasst wird.
- Die ***Kapitalherabsetzung durch Einziehung von Aktien einzelner Gesellschafter*** beinhaltet die zwangsweise Einziehung von Aktien, wenn die Gesellschaft die Aktien durch Rechtsgeschäft erwirbt oder wenn die Zwangseinziehung in der Satzung der Gesellschaft von Anfang an vorgesehen war.
- Die strengen Vorschriften des Aktienrechts für Kapitalherabsetzungen haben dazu beigetragen, dass sowohl die ***ordentliche Kapitalherabsetzung*** als auch die Einziehung von Aktien in der Praxis ***kaum Bedeutung*** haben. Faktische Bedeutung hat nur die nominelle (vereinfachte) Kapitalherabsetzung, die zum Ausgleich entstandener Verluste durchgeführt wird.

(2) Kursreaktionen auf Kapitalherabsetzungs-Entscheidungen

Seit dem Wiederaufbau Deutschlands nach dem zweiten Weltkrieg kam es in der Bundesrepublik Deutschland nur bei wenigen börsennotierten Aktiengesellschaften zu ordentlichen Kapitalherabsetzungen, die mit Rückzahlungen an die Aktionäre verbunden waren. Eine empirische Untersuchung von BOLLINGER (1995) ergab dabei, dass die Kapitalherabsetzungen vom Kapitalmarkt überwiegend positiv aufgenommen wurden und zu überdurchschnittlich positiven Kursreaktionen geführt haben. Das schlechte Image von Kapitalherabsetzungs-Maßnahmen in der Öffentlichkeit wird also von den Aktionären nicht geteilt.

Nach der Untersuchung von BOLLINGER haben sich insbesondere solche Unternehmen zu einer Kapitalrückzahlung entschlossen, die erstens bereits vorher gewisse Einschränkungen in der Geschäftstätigkeit zu verzeichnen hatten und die zweitens in Branchen tätig waren, deren Zukunftserwartungen eher schlecht beurteilt wurden. Damit ließ sich offenbar dieser Schritt extern und intern ausreichend rechtfertigen. In der Öffentlichkeit stellt im Gegensatz zu Dividendenzahlungen und Aktienrückkäufen die Kapitalherabsetzung nämlich auch heute noch eine überraschend unpopuläre Maßnahme dar.

Lektürevorschläge zu Kapitel 11

Die Dividendenpolitik ist ein klassischer Gegenstand der Finanzierungstheorie. Daher findet man eine Fülle von Literatur in den Lehrbüchern wie in Einzelbeiträgen. Unter den Lehrbüchern sei verwiesen auf COPELAND / WESTON / SHASTRI (2005), DRUKARCZYK (1993), FRANKE / HAX (2004) und SWOBODA (1991).

Wichtige Monographien zur Dividendenpolitik sind HARTMANN-WENDELS (1986), LEASE (2000), NIEDERNHUBER (1988) und SCHÜTTE (1995). Einschlägige wissenschaftliche Beiträge zur Dividendenpolitik BESSLER / ELLERMANN (2004), BREUER (2001), KRAHNEN (1994) und WILHELM (1993). Diese Arbeiten stützen sich auf die neoklassischen Grundlagen der Dividendenpolitik, wie sie in den Beiträgen von BRENNAN (1970), GORDON (1962), LINTNER (1956), MILLER und MODIGLIANI (1961) und in den neoinstitutionalistisch geprägten Arbeiten von AMIHUD / MURGIA (1997), EASTERBROOK (1984), MILLER (1992) und MILLER / ROCK (1985) entwickelt worden sind. Die rechtlichen Voraussetzungen und Regulierungen der Dividendenpolitik stehen im Zentrum der Arbeiten von PAHNKE / JACHEL (2001), SCHEFFLER (2004) und WAGNER (1987).

Mit den Kursreaktionen von Dividendenentscheidungen beschäftigen sich die Arbeiten von GERKE / FLEISCHER / LANGER (2003), GERKE / OERKE / SENTNER (1997) sowie PELLENS / GASSEN / RICHARD (2003).

Die Ausgestaltung von Aktienrückkaufprogrammen und ihre Wirkung auf den Marktwert des Unternehmens werden untersucht von ACHLEITNER / WICHELS (1999), GERKE / OERKE / SENTNER (1997), PELLENS / SCHREMPER (2000), SCHREMPER (2003).

Zusammenfassung

Bei Personengesellschaften bestimmen die Gesellschafter weitgehend selbst, wie viel sie ausschütten oder thesaurieren. Bei solchen Entnahmen geht die Initiative prinzipiell von dem Empfänger der Zahlungsmittel aus, der zugleich die Management- als auch die Eigentümerfunktion im Unternehmen innehat.

Bei Kapitalgesellschaften spricht man von einer Ausschüttung oder Dividendenzahlung. Als Dividenden bezeichnet man die an die Aktionäre ausgezahlten Gewinnanteile einer Aktiengesellschaft. Die Höhe der Dividende wird in der Regel auf Vorschlag des Vorstands und Aufsichtsrats von der Hauptversammlung beschlossen.

Finanzierungstheoretische Überlegungen betreffen die Entscheidungen über die Dividendenhöhe, wenn das Management und die Aktionäre gegebenenfalls unterschiedliche Interessen verfolgen. Bislang gibt es kein geschlossenes Modell einer optimalen Dividendenpolitik. Die in der Literatur entwickelten Modelle leiten aber jeweils wichtige Teilaspekte einer optimalen Politik ab.

Üblicherweise wird mit dem Begriff der Ausschüttung die Ausschüttung von Gewinnen verbunden (Gewinnverwendung). Insbesondere gesetzliche Vorschriften wie beispielsweise die Ausschüttungssperre des § 58 (5) AktG, die festsetzt, dass vor Auflösung der Gesellschaft nur der Bilanzgewinn an die Aktionäre verteilt werden darf, begrenzen aber die Ausschüttung solcher Zahlungsmittel. Die für Aktiengesellschaften typische Begrenzung der Ausschüttung auf den Gewinn stellt nur dann eine zwingende Restriktion dar, wenn auch die Vorschriften zur Ermittlung des Gewinns gesetzlich fixiert sind. Diese Vorschriften sind Gegenstand des Bilanzrechts.

In den USA waren Dividendenzahlungen bis zur Mitte der achtziger Jahre die einzige Form, um Zahlungen an die Aktionäre zu leisten. Danach sind immer mehr Unternehmen dazu übergegangen, auch andere Instrumente zu nutzen, um Zahlungsmittel an die Anteilseigner auszuschütten. Insbesondere ist es seit dieser Zeit zu einer Vielzahl von Aktienrückkäufen gekommen, die seit geraumer Zeit nun auch in Deutschland als Instrument zur Auskehrung von Zahlungsmitteln an die Aktionäre genutzt werden. Rückzahlungen an die Anteileigner können schließlich auch im Zuge von Kapitalherabsetzungen erfolgen.

Schlüsselbegriffe

Aktienrückkauf
Ausschüttungsentscheidung
Ausschüttungsobergrenze
Dividendenentscheidung
Dividendenhöhe
Kapitalherabsetzung
Klientel-Effekt
Mindestausschüttung
Redeemable Shares
„Schütt aus, hol zurück"-Politik
Signaleffekt der Dividende

Kapitel 12

Unternehmensübernahmen und Going Private

Die Finanzierung des Kaufs ganzer Unternehmen oder von Unternehmensteilen (***Mergers & Acquisitions***) stellt ein wichtiges ***Geschäftsfeld im Bereich Corporate Finance*** dar. Bei solchen M&A-Transaktionen gibt es Beratungs- und Finanzierungsbedarf für die Käufer- und für die Verkäuferseite. Die Transaktionen weisen häufig ein großes Volumen auf und stellen im Lebenslauf eines Unternehmens seltene Ereignisse dar, so dass die Entscheidungsträger in den Unternehmen mit neuen Fragestellungen und Instrumenten konfrontiert sind. Die zu treffenden Finanzierungsentscheidungen betreffen in der Regel Alternativen, die jenseits der Routine der Aufgaben des Finanzmanagements liegen und erfordern daher eine professionelle Unterstützung.

Unternehmenskäufe sind auch Gegenstand rechtlicher Auseinandersetzungen sowie der wirtschaftspolitischen Diskussion. Häufig handelt es sich nämlich bei den Gesellschaften, die ihre ***Eigentümer- und Kontrollstruktur*** ändern, um Unternehmen, die danach bei einem anderen Eigentümer oder in einem anderen Unternehmensverbund anderen Entscheidungsprozessen unterworfen sind als bisher, so dass ganze Geschäftszweige, bestehende Standorte und zahlreiche Arbeitsplätze zur Disposition gestellt sein können. Für die neuen Eigentümer kann es vorteilhaft sein, die strategische Ausrichtung des übernommenen Unternehmens zu ändern und gegebenenfalls sogar die bestehende Ausrichtung des Unternehmens auf den Kapitalmarkt zu ändern oder zu beenden. In diesem Kapitel 12 wird ein Überblick über die Zielsetzungen der Beteiligten an solchen Transaktionen, über die rechtlichen und formalen Alternativen der Transaktionsprozesse und über die Finanzierungsinstrumente für solche Unternehmensübernahmen gegeben.

In Abschnitt 12.1 wird das ***Phänomen der Unternehmensübernahme*** definitorisch abgegrenzt und aus verschiedenen Blickwinkeln beleuchtet. Da die Unternehmensübernahme auf die Erlangung der Unternehmenskontrolle zielt, werden vorab die verschiedenen Kontrollmöglichkeiten und Kontrollgruppen in Unternehmen vorgestellt. Dabei wird auch gefragt, warum Kontrolltransaktionen in den USA anders ausgeprägt und in Deutschland eher selten zu beobachten sind. Darüber hinaus werden besondere rechtliche Regelungen angesprochen, denen Unternehmenskäufe unterworfen sind. Wegen der großen

Bedeutung für Standorte, Arbeitsplätze, Entscheidungskompetenzen und nachfolgende Restrukturierungsnotwendigkeiten ist es nicht erstaunlich, dass viele Beteiligte auf die Entscheidungen über den Kauf von Unternehmen ***Einfluss*** nehmen wollen. Akquisitionen und Fusionen führen zum Teil zu gravierenden Änderungen der Marktstruktur und der Marktmacht der Fusionspartner und sind daher auch Gegenstand staatlicher Kontrollen im Rahmen der Wettbewerbspolitik.

Der Übergang der Entscheidungsmacht und Kontrolle über die Unternehmen auf neue Eigentümer ist für Dritte hinsichtlich der zukünftigen Unternehmensentwicklung mit vielfältigen Chancen und Risiken verbunden. Daher werden die Beteiligten die neue Entwicklung zum Teil außerordentlich begrüßen, während andere versuchen werden, sich der neuen Entwicklung zu widersetzen. Abschnitt 12.2 gibt nicht nur einen Überblick über unterschiedliche ***Formen der Unternehmensübernahme***, sondern auch über mögliche ***Abwehrmechanismen*** des Managements gegen einen Eigentümerwechsel, falls das Management der Zielgesellschaft den angestrebten Wechsel der Eigentümerschaft der Gesellschaft verhindern will.

In Abschnitt 12.3 werden verschiedene ***Hypothesen*** über die Motive und Hintergründe von Kontrolltransaktionen in Deutschland diskutiert. Dabei wird auch der Zusammenhang zwischen dem Marktwert von Unternehmen und der Entscheidung über innerbetriebliche sowie unternehmensübergreifende Restrukturierungen untersucht, wobei dem neoklassischen Grundmodell mit gleicher Informationslage für alle Marktteilnehmer der Ansatz asymmetrisch verteilter Informationen bei den beteiligten Wirtschaftssubjekten gegenübergestellt wird.

Das Kapitel schließt in Abschnitt 12.4 mit einem Blick auf die Gründe, die es zuweilen vorteilhaft erscheinen lassen, den in früheren Jahren unternommenen Gang an die Börse durch ein ***Going Private*** endgültig oder vorläufig wieder zu revidieren, weil beispielsweise die Erwartungen an den Status eines kapitalmarktorientierten Unternehmens nicht erfüllt wurden. Die bei einem weiten Kreis von Aktionären liegende Unternehmenskontrolle geht dann wieder auf einen oder wenige Privatpersonen (z. B. im Zuge eines Management Buy-Out) oder eine andere Gesellschaft über. Das Going Private berührt nicht nur die Beziehungen des Unternehmens zu den Finanzmärkten, sondern unmittelbar auch die Vermögenspositionen und Verfügungsrechte der Minderheitsaktionäre. Daher unterliegt nicht nur der Gang an die Börse, sondern auch der Rückzug von der Börse strengen kapitalmarktrechtlichen Bestimmungen zum Schutz der Anleger.

12.1 Ziele und Motive von Unternehmensübernahmen

12.1.1 Monitoring von Unternehmen durch Aktionäre und Banken

Während viele Modelle der Finanzierungstheorie von einem zerstreuten Aktienbesitz bei Publikumsgesellschaften ausgehen wie dies für den amerikanischen Kapitalmarkt typisch ist, lässt sich in Deutschland bei einer Vielzahl von Unternehmen eine konzentrierte Eigentümerstruktur mit einem oder mehreren Großaktionären beobachten. Großaktionäre verfügen im Gegensatz zu Kleinaktionären über erhebliche Kontrollmöglichkeiten, die von hohem Wert sein können. Umgekehrt halten Kleinaktionäre ihr Vermögen über mehrere Unternehmen diversifiziert, können aber aufgrund der für sie hohen Kontrollkosten wenig Nutzen aus ihren Stimmrechten und Kontrollmöglichkeiten ziehen.

Aktionäre, die über einen signifikanten Anteil an den Stimmrechten auf der Hauptversammlung verfügen, haben einen Anreiz, das Management zu überwachen, um dadurch einen möglichst hohen Wertzuwachs ihrer vergleichsweise konzentrierten Anlage sicherzustellen.[1]

(1) Monitoring durch Großaktionäre

Kontrollierende Anteilseigner üben ihren Einfluss meist über den Aufsichtsrat aus. Durch Mitsprache bei der Ernennung und Entlassung des Managements sowie bei den Verhandlungen über die Vergütungssysteme können sie eine direkte Disziplinierungswirkung erzielen, wobei die realisierten Effizienzsteigerungen allen Anteilseignern zu Gute kommen (Shared Benefits). Empirische Untersuchungen für die USA zeigen, dass bei Existenz von Großaktionären die Gefahr wertvernichtender Diversifizierungsstrategien durch das Management abnimmt und zugleich die Häufigkeit einer Auswechslung ineffizienter Manager wächst. Für deutsche Unternehmen gelangen FRANKS und MAYER (2001) sowie KÖKE (2002) zu vergleichbaren Ergebnissen, dass bei Vorliegen einer konzentrierten Eigentümerstruktur eine höhere Wahrscheinlichkeit der Umstrukturierung in den Vorstands- und Aufsichtsratgremien besteht als bei reinem Streubesitz.

Die Frage, mit welchem Anteil Großaktionäre eine hinreichend mächtige Stellung erlangen, ist nicht allgemeingültig zu beantworten. Man spricht bei einem Anteil von mehr als 50 % der Stimmrechte von einer Mehrheitsbeteiligung. Faktisch bestimmen aber die jeweilige Rechtsordnung sowie die Ausgestaltung der Unternehmensverfassung die Kontrollschwellen. In einer Studie über Eigentümerstrukturen in Deutschland untersucht z.B. KÖKE (2001)

[1] Wegweisende modelltheoretische Ansätze dieser Argumentation liefern SHLEIFER / VISHNY (1986) sowie GROSSMAN / HART (1988).

die Häufigkeitsverteilung der jeweils größten Anteilseigner von Aktiengesellschaften und findet die häufigste Konzentration um die vom Aktiengesetz geregelten Schwellenwerte von 25 %, 50 % und 75 %.[2]

(2) Monitoring durch Banken

Banken nehmen ebenso wie Großaktionäre häufig Positionen im Aufsichtsrat von Unternehmen wahr. Auch die Banken haben dem Unternehmen in großem Umfang Finanzierungsmittel zur Verfügung gestellt und deshalb ein Interesse an der Sicherstellung ihrer Investitionen. Ihr Einfluss resultiert zum einen aus den Rechten im Falle der Zahlungsunfähigkeit des Unternehmens oder bei der Verletzung einzelner Vereinbarungen des Kreditvertrages. Darüber hinaus gilt insbesondere für Länder mit „bankorientierten" Finanzsystemen wie Deutschland oder Japan, dass die Kreditinstitute zusätzlich zu ihren Fremdkapitalanteilen auch gelegentlich noch Aktienpakete halten oder vertreten, weil sie über Vollmachten für die Stimmrechte einer Vielzahl ihrer Depotkunden verfügen. Im Ergebnis kann der Einfluss von Banken auf die Unternehmenskontrolle in Deutschland daher vergleichbar zur Rolle von Großaktionären eingeschätzt werden.[3]

Obwohl die Diskussion über die Bedeutung von Banken im Aufsichtsrat schon lange währt, sind umfassende empirische Analysen über deren Effektivität immer noch spärlich. Es ist aber festgestellt worden, dass Banken ähnlich häufig wie andere Großaktionäre bei schwacher Unternehmensperformance die Auswechslung von Managern durchsetzen.[4] Der Bankeneinfluss auf die Unternehmenskontrolle ist in Deutschland besonders stark ausgeprägt, weil die Banken in einem durch einen strengen Gläubigerschutz geprägten Wirtschaftssystem operieren und die Universalbanken auch Eigenkapitalanteile der Unternehmen halten oder vertreten.

(3) Risiken der Einflussnahme von Großinvestoren

Mehrheitsbeteiligte Investoren haben sowohl den Anreiz als auch die Macht, für eine effiziente Allokation der eingebrachten Mittel im Unternehmen zu sorgen. Andererseits werden sie zum Ausgleich des von ihnen übernommenen hohen unsystematischen Risikos und der beschränkten Liquidität ihrer Anlage versuchen, private Vorteile aus ihrer Vermögensanlage zu erlangen, so dass

---

[2] Vgl. Köke (2001), S. 270. Ein Anteil von 25 % (Sperrminorität) kann beispielsweise vorgeschlagene Satzungsänderungen verhindern.

[3] Vgl. Schmidt (2004).

[4] Vgl. Franks / Mayer (2001).

sich aus der Möglichkeit einer direkten Einflussnahme Vor- und Nachteile für das Unternehmen und die Minderheitsaktionäre ergeben.[5]

Großaktionäre können ihre Einflussmöglichkeiten beispielsweise auch dahingehend nutzen, dass sie ihre eigenen Interessen durchsetzen, die nicht mit denen der übrigen (Minderheits-) Aktionäre übereinstimmen müssen bzw. diesen sogar zuwider laufen können (Private Benefits).[6] Dazu zählen z.B. die Festlegung nicht marktgerechter Transferpreise bei Geschäften mit anderen Unternehmen unter der Kontrolle des Großaktionärs (Sweetheart Deals) oder auch die Realisierung besonders rentabler Investitionsprojekte in Tochtergesellschaften des Unternehmens mit besonders wenigen Minderheitsaktionären (Tunneling).[7]

Neben diesen ex post entstehenden Ineffizienzen kann die Gefahr des opportunistischen Verhaltens durch mächtige Investoren aber auch ex ante zu einem geringeren Engagement des Managements und zu Anreizverzerrungen bei anderen Stakeholdern führen: „If the large shareholder uses his power to hold up employees or managers, the latter may be discouraged from making costly firm-specific investments."[8]

Ist dagegen der Großinvestor ein Kreditgeber, etwa eine Hausbank, so wird die Hauptgefährdung vermutlich in einer nachteiligen Einflussnahme auf das Investitionsprogramm der Unternehmung liegen. Da die Banken als Gläubiger nicht über Residualansprüche auf den Unternehmenswert verfügen, werden sie auf eine vergleichsweise risikoarme Geschäftspolitik drängen.

Im Gesellschaftsrecht existieren zwar rechtliche Schutzregeln für Minderheitsaktionäre, die sie vor Ausbeutung durch Mehrheitsaktionäre bewahren sollen. Bezüglich ihrer Effizienz und Durchsetzbarkeit bestehen aber teilweise erhebliche Probleme.[9] Ein attraktiver Weg kann daher darin bestehen, den Grossaktionär selbst wieder zum Ziel der Kontrolle zu machen. Die häufig zu beobachtende Co-Existenz mehrerer Großaktionäre kann unter Umständen auf diese Zielsetzung zurückgeführt werden, da sich diese in diesem Fall gegenseitig überwachen können.

---

[5] Hinsichtlich der Illiquidität von Blockanteilen argumentiert MAUG (1998), dass ein vergleichsweise liquider Aktienmarkt für die Corporate Governance förderlich ist, da er ex ante das Risiko der hohen Kapitalbindung beim Erwerb von Aktienpaketen mildert und somit c.p. zu mehr Monitoring von Großaktionären führt. Vgl. auch BOLTON / VON THADDEN (1998).

[6] Analog zu den Ergebnissen über Management-Beteiligungen am Eigenkapital ist auch bei Großaktionären ein umgekehrter U-förmiger Verlauf des Shareholder Value in Abhängigkeit von der Höhe der Konzentration in der Eigentümerstruktur zu erkennen. Zunächst sorgt also das Monitoring der Großaktionäre für eine Unternehmenswertsteigerung. Sobald jedoch ein Anleger die Mehrheit der Anteile hält, vergrößert sich die Gefahr einer Einflussnahme, die nur die eigenen Ziele des Großaktionärs verfolgt.

[7] Vgl. JOHNSON / LA PORTA / LOPEZ DE SILANES / SHLEIFER (2000).

[8] Vgl. BECHT / BOLTON / RÖELL (2002), S. 35.

[9] Vgl. hierzu auch Beispiele aus der Praxis von EHRHARDT / NOWAK (2002), S. 339.

(4) Monitoring durch Kleinaktionäre

Im Gegensatz zu Großaktionären verfügen Kleinaktionäre höchst selten über Aufsichtsratmandate oder andere direkte Einflussmöglichkeiten auf die Geschäftspolitik ihrer Gesellschaft. Dennoch kann sich das Management keineswegs vollständig den Interessen dieser Anlegergruppe entziehen. Die wichtigste Institution zu einem Monitoring der Geschäftsleitung durch die Kleinaktionäre stellt die Hauptversammlung mit dort stattfindenden Abstimmungen über Kapitalmaßnahmen sowie der Entlastung der Gesellschaftsorgane dar.[10] Hier kann es gelingen, trotz eines stark zerstreuten Aktienbesitzes die Möglichkeit zu konzertierten Handlungen zu nutzen. So können einzelne Aktionäre ihre Anfragen über zusätzliche Tagesordnungspunkte in die Hauptversammlung einbringen und sich in Redebeiträgen an die übrigen Aktionäre wenden. Für die Kapitalanlagegesellschaften, die den verstreuten Aktienbesitz der Kleinaktionäre vertreten, besteht ebenfalls die Möglichkeit der Einflussnahme. Eine wesentliche Voraussetzung für eine effektive Wirkung dieses Kontrollmechanismus ist ein zahlreiches und regelmäßiges Erscheinen und Auftreten der Minderheitsaktionäre auf der Hauptversammlung und eine dadurch geförderte starke Kommunikation der einzelnen Aktionärsgruppen untereinander.[11]

In der Realität kämpfen deutsche Aktiengesellschaften seit langem mit niedrigen Hauptversammlungspräsenzen. Dieser Trend könnte sich durch die zunehmende Internationalisierung der Aktienanlage in Zukunft noch verstärken. Durch die Zurückhaltung privater, insbesondere auch ausländischer institutioneller Anleger vermindern sich dann die Möglichkeiten der Unternehmenskontrolle. Das Management fürchtet „Zufallsmehrheiten" bei Hauptversammlungsbeschlüssen und die Informationsasymmetrie zwischen den Aktionären verstärkt sich. Zusätzlich sinken die Quoten, die für eine Kontrolle des Unternehmens notwendig sind, weil bereits relativ kleine Aktienanteile faktisch zu einer Kontrollmehrheit auf der Hauptversammlung führen können.

Der Einsatz neuer Kommunikationstechnologien bei der Vorbereitung und Durchführung von Hauptversammlungen könnte der schwachen Präsenz ent-

---

[10] „Proxy fights are potentially very important because they allow dissident shareholders to remove corporate boards protected by a poison pill" BECHT / BOLTON / RÖELL (2002), S. 89.

[11] Die Möglichkeiten der Investmentfonds, ihren Aktienbesitz in den Hauptversammlungen unabhängig von ihren Muttergesellschaften wirksam zu vertreten, erscheinen aus diesem Blickwinkel noch keineswegs ausgeschöpft zu sein. Der Bundesverband Investment und Asset Management BVI hat im Oktober 2002 Wohlverhaltensregeln aufgestellt – geltende Fassung vom März 2006 –, in denen die Kapitalanlagegesellschaften aufgefordert werden, die mit den Anlagen der verwalteten Fonds verbundenen Aktionärsrechte unabhängig und ausschließlich im Interesse der Anteilsinhaber des jeweiligen Fonds auszuüben. Vgl. BVI BUNDESVERBAND INVESTMENT UND ASSET MANAGEMENT (2006).

gegenwirken. Das Internet hat sich in diesem Zusammenhang als Schlüsseltechnologie erwiesen. So erlaubt die zunehmende Verbreitung von Online-Übertragungen die Organisation von Hauptversammlungen, die durch das im Juli 2002 in Kraft getretene ***Transparenz- und Publizitätsgesetz*** (TransPuG) von der Bundesregierung ausdrücklich gestützt sind.[12] Die Frage bleibt offen, welche Bedeutung den sog. „Zufallsmehrheiten" für die Effizienz der Unternehmenskontrolle zukommt, und welche Instrumente zur Verfügung stehen, die Vertretung der privaten wie institutionellen Anleger in der Hauptversammlung zu stärken. Gegebenenfalls steht die Forderung, dass kein Investor einen Informationsvorsprung vor dem anderen haben soll, im Widerspruch zu der Forderung, dass alle Investoren von ihren Informations- und Abstimmungsrechten in der Hauptversammlung Gebrauch machen sollten.

12.1.2 Gegenstand von Unternehmenskäufen und Zusammenschlüssen

(1) Begriffsbildung und Kontrollschwellen in Unternehmen

Unternehmenskäufe als Transaktionen werden in der Literatur regelmäßig unter den Stichworten ***„Mergers and Acquisitions" (M&A)*** diskutiert. Dabei besteht weder Einmütigkeit über den genauen Inhalte dieser Begriffe noch entsprechender deutscher Begriffe wie Unternehmensübernahme oder Unternehmenszusammenschluss. Im Rahmen von Unternehmensübernahmen werden Unternehmensteile und Beteiligungen erworben, die in den Unternehmensverbund des Erwerbers als Tochtergesellschaft (Acquisition, Takeover, Unternehmensübernahme) eingegliedert werden sollen oder bei denen eine Verschmelzung (Merger, Fusion, Zusammenschluss) angestrebt wird. Keine M&A-Transaktion ist dagegen der Erwerb von Anteilen, wenn keine Leitungs- und Kontrollmöglichkeiten angestrebt werden. Dazu gehören alle Käufe von Aktien als Portfolioinvestitionen und Finanzanlagen. Selbst der Erwerb großer Beteiligungen wird nicht unter den Begriff M&A gestellt, wenn die Beteiligung der Finanzanlage ohne die Absicht der unternehmerischen Einflussnahme geschieht.[13] Gegebenenfalls behandelt die Rechtsordnung allerdings den Anleger so, als ob er ein Leitungs- und Kontrollinteresse hätte.

Von einer ***Unternehmensübernahme*** spricht man, wenn eine Privatperson oder eine Gesellschaft als Erwerber hinreichende ***Leitungs- und Kontrollbe-***

---

[12] Das TransPuG ändert insbesondere verschiedene Regelungen zum Konzernabschluss und für die Arbeitsweise des Vorstands und Aufsichtsrats. Darüber hinaus befasst sich das Gesetz mit den Möglichkeiten einer stärkeren Publizität der Unternehmen im Internet. Schließlich ist ein Kernpunkt des Gesetzes die rechtliche Einbindung des in 11.3.4 vorgestellten Corporate Governance Kodex für börsennotierte Aktiengesellschaften durch die Entsprechenserklärung nach § 161 AktG.

[13] Vgl. zu einer Übersicht über verschiedene Begriffsbildungen WIRTZ (2003).

fugnisse über eine Gesellschaft (***Zielgesellschaft, Target Firm***) erworben hat. Bei den meisten Gesellschaftsformen benötigt der Erwerber dazu einen Kapitalanteil von mindestens 50 %, bei Aktiengesellschaften gelten aber differenziertere Abstufungen. Je nach der überschrittenen ***Beteiligungsschwelle*** können bestimmte Entscheidungen auf der Hauptversammlung der Gesellschaft beeinflusst, Kapitalmaßnahmen durchgesetzt oder verhindert, die Machtverhältnisse im Aufsichtsrat verändert oder beispielsweise sogar ein dem Käufer gewogenes Management eingesetzt werden. Das Überschreiten einer Beteiligungsschwelle eröffnet jedenfalls dem Erwerber bestimmte zusätzliche Informations- und Eingriffsrechte, so dass seine Aktien auch wertvoller sein können (***Paketzuschlag***) als ein gleich großer Bestand breit gestreuter Aktien.

Das Aktienrecht kennt verschiedene ***Kontrollschwellen***, die unterschiedliche Bezeichnungen erhalten haben und unterschiedliche Informations- und Kontrollrechte sicherstellen (THEISEN 2000, S. 97).

Art der Beteiligung	**Anteilsbesitz**
Kleinbeteiligung	unter 5 %
Minderheitsbeteiligung	über 5 % bis 10 %
Einfache Sperrminorität	über 10 % bis 25 %
Qualifizierte Sperrminorität	über 25 % bis 50 %
Einfache Mehrheitsbeteiligung	über 50 %
Qualifizierte Mehrheitsbeteiligung	ab 75 %
Eingliederungsbeteiligung	ab 95 %

Abb. 12.1: Kritische Beteiligungsschwellen

Bei Publikumsaktiengesellschaften richten sich die ***faktischen Einflussmöglichkeiten*** eines Käufers von Aktien allerdings häufig nicht nach der Beteiligungshöhe bzw. Beteiligungsquote, sondern nach der Präsenz der umlaufenden Aktien auf der Hauptversammlung. So erfordert beispielsweise der Beschluss über eine Kapitalerhöhung gegen Einlagen eine Mehrheit von mindestens drei Viertel des auf der Hauptversammlung vertretenen Grundkapitals (§182(1) AktG) und nicht etwa eine qualifizierte Mehrheitsbeteiligung. Da bei Publikumsgesellschaften in der Regel nicht alle Anteile auf der Hauptversammlung vertreten werden und häufig sogar nur eine niedrige Präsenz erreicht wird, liegen die faktischen ***Kontrollschwellen*** niedriger als dies in der Auflistung der kritischen Beteiligungsschwellen zum Ausdruck kommt. So kann sogar die ***Kontrolle*** eines Unternehmens bereits bei einem

Prozentsatz von unter 50 % des Grundkapitals der Zielgesellschaft möglich sein, wenn damit regelmäßig die Mehrheit oder sogar die qualifizierte Mehrheit der Stimmen auf der Hauptversammlung verbunden ist. Das im Januar 2002 in Kraft getretene ***Wertpapiererwerbs- und Übernahmegesetz*** WpÜG bindet den Begriff der Unternehmenskontrolle an das Halten von ***mindestens 30 % der Stimmrechte*** an der Zielgesellschaft, weil der Gesetzgeber unterstellt, dass jenseits dieser Schwelle bereits eine Kontrollmehrheit als sichergestellt gelten kann.

Für die faktischen Einfluss- und Kontrollmöglichkeiten auf eine Gesellschaft ist allerdings nicht nur die Quote des auf der Hauptversammlung vertretenen Kapitals von Bedeutung, sondern auch die ***Struktur des übrigen Beteiligungsbesitzes bzw. dessen Präsenz***. Bei der Beurteilung der ***Kontrollschwellen*** sind darüber hinaus die personellen Verflechtungen sowie anderweitige Einflussmöglichkeiten zu berücksichtigen.[14] Dazu gehört auch, dass sich gelegentlich strategische Bieter mit Finanzinvestoren in einem „Club Deal" abstimmen.

(2) Der Erwerb börsennotierter Gesellschaften

Der Kauf eines ***nicht börsennotierten Unternehmens*** wird als ***Private M&A*** bezeichnet (SCHMUCK 2003). Die Transaktion erfolgt im Zuge eines weitgehend autonom zwischen dem Käufer und Verkäufer ausgehandelten Vertrages. Dabei hat der Erwerber keine Erwerbspflichten gegenüber Minderheitsgesellschaftern der Zielgesellschaft oder Mindestpreisvorschriften zu beachten. Ziel des Käufers ist die Übernahme der Kontrolle des Unternehmens, so dass er die zukünftige Geschäftspolitik des Unternehmens bestimmen oder weitgehend mitbestimmen kann.

Der Unternehmenskauf kann entweder dadurch erfolgen, dass alle Vermögensgegenstände und Verbindlichkeiten der Zielgesellschaft einzeln aufgekauft werden (***Vermögenserwerb, Asset Deal***) oder dass eine ausreichend hohe Beteiligung oder sogar alle Anteile am Kapital der ***Zielgesellschaft*** erworben wird (***Beteiligungserwerb, Share Deal***).[15] Soll das gekaufte Unternehmen nach einem Asset Deal als eigenständige rechtliche Einheit weitergeführt werden, dann muss zu diesem Zweck vorher eine gesonderte Übernahmegesellschaft (NewCo) gegründet werden, auf die die Aktiva und Passiva der Zielgesellschaft übertragen werden (vgl. Abschnitt 12.2.1). Statt durch einen Kauf kann eine Private M&A-Transaktion auch in den Formen des

---

[14] Vgl. THEISEN (2000), S. 97.

[15] Unternehmensübernahmen sind begrifflich von Unternehmenskooperationen abzugrenzen, bei denen Unternehmen rechtlich selbständig bleiben, aber in dem vereinbarten Gebiet eng zusammenarbeiten. Eine solche Kooperation kann im Zuge einer Kooperation oder strategischen Allianz erfolgen.

Umwandlungsrechts durch Verschmelzung oder Spaltung durchgeführt werden (SCHMUCK 2003, S. 404).

Der Begriff ***Public M&A*** bezieht sich auf den ***Erwerb börsennotierter Gesellschaften***, der sich erheblich vom Erwerb nicht börsennotierter Gesellschaften unterscheidet, weil die Börsennotierung der Zielgesellschaft ein transparentes und alle bisherigen Aktionäre gleich behandelndes Verfahren und damit weitgehende Anforderungen an den zeitlichen Ablauf und die Organisation des Erwerbsprozesses erfordert (KRÄMER 2003). Rechtlich kann die Übernahme des Unternehmens wie bei einem privaten Unternehmenskauf durch Einzelübertragung der Vermögensgegenstände oder durch einen Beteiligungserwerb erfolgen. Der Beteiligungserwerb einer börsennotierten Gesellschaft ist Gegenstand einschlägiger Vorschriften, die in Abschnitt 12.1.4 gesondert dargestellt werden.

Der Kauf eines Unternehmens wird von Privatpersonen oder von einem anderen Unternehmen angestrebt, das als strategischer Investor oder als Finanzinvestor (Private-Equity-Gesellschaft) auftritt. Sofern einzelne Wirtschaftssubjekte ein Unternehmen kaufen, werden sie häufig ein Interesse daran haben, selbst auch die Geschicke des Unternehmens entscheidend mitzubestimmen. Ein Management Buy-Out (MBO), das in Abschnitt 12.4.2 eingehender betrachtet wird, ist ein typisches Beispiel für eine solche Transaktion. Beteiligungsgesellschaften wie z. B. Private-Equity-Gesellschaften als Finanzinvestoren werden daran interessiert sein, das Unternehmen in eine nicht notierte Gesellschaft umzuwandeln, zu restrukturieren, gegebenenfalls das alte Management durch selbst bestimmte Manager zu ersetzen und das Unternehmen nach einiger Zeit weiterzuverkaufen oder erneut an die Börse zu bringen. Schließlich sind Unternehmen als strategische Investoren häufig daran interessiert, das akquirierte Unternehmen in den eigenen Unternehmensverbund zu integrieren. Typisch dafür sind die Akquisitionen innerhalb eines ***Konzerns***, also einer Vereinigung rechtlich selbständiger Unternehmen unter einheitlicher Leitung.[16]

Eine besonders weitgehende Form des Zusammenschlusses von Unternehmen ist die ***Fusion (Merger)***, bei der auch die rechtliche Selbständigkeit der zusammengeschlossenen Unternehmen aufgegeben wird und die Leitungsebenen zusammengeführt werden. Die Fusion auf der Basis eines von den beteiligten Gesellschaften abgeschlossenen Fusionsvertrages erfolgt aktienrechtlich im Wege der Aufnahme oder durch Neubildung. Während bei der ***Aufnahme*** eine Vermögensübertragung der fusionierenden Gesellschaft auf ein bereits bestehendes Unternehmen erfolgt, gehen im Fall der ***Neubildung*** die fusionierenden Unternehmen in einer neu zu bildenden Gesellschaft auf.

---

[16] Vgl. zu den betriebswirtschaftlichen und rechtlichen Grundlagen der Konzernunternehmen insbesondere THEISEN (2000).

Sind die Transaktionspartner ökonomisch in etwa gleich stark, dann wird von einer Fusion unter Gleichen (Merger of Equals) gesprochen. Eine Fusion unter Gleichen spricht für eine Fusion durch Neubildung.

12.1.3 Betriebswirtschaftliche Motive für Unternehmenstransaktionen

(1) Motive für die Käufer und Verkäufer von Unternehmen

Investitionen mit einem positiven Kapitalwert können nicht allein dadurch entstehen, dass Realinvestitionsprojekte als vorteilhaft erkannt und durchgeführt werden, sondern auch dadurch, dass ein anderes Unternehmen oder ein bestimmter Teil eines anderen Unternehmens gekauft und in das eigene Unternehmen integriert wird. Man spricht im Gegensatz zum internen Wachstum durch Realinvestitionen von einem ***externen Wachstum durch Akquisition***. Andererseits kann es auch vorteilhaft sein, einen bestimmten Teil seines Unternehmens an ein anderes Unternehmen abzugeben und über diesen Schrumpfungsvorgang bzw. die Restrukturierung einen positiven Kapitalwert zu erzeugen, wenn der Liquidationswert des Unternehmensteils über seinem Fortführungswert liegt. Die Übertragung bzw. Übernahme eines Unternehmens kann aus verschiedenen Gründen vorteilhaft sein. Die Vorteile hängen mit den speziellen Zielen zusammen, die von der Käufer- oder der Verkäuferseite oder von beiden Seiten mit der Transaktion verfolgt werden. Die Motive für die Übernahme können auch für den Prozess der Akquisition und die Finanzierung der Transaktion bedeutsam sein. Daher werden im Folgenden wichtige Ziele und Motive zusammengestellt.

- Ein wichtiges Motiv für eine Unternehmensübernahme aus der ***Sicht eines Käuferunternehmens*** als strategischer Investor ist die Realisierung von ***Synergien*** durch die Restrukturierung der Produktionsprozesse und die Zusammenlegung von Produktions- oder Vertriebskapazitäten. Synergieeffekte können quantitative Komponenten beinhalten (Economies of Scale zur Fixkostendegression, Economies of Scope bei der Zusammenfassung von Inputfaktoren), sie werden häufig aber auch auf qualitative Verbesserungen abzielen (Zeiteffekte zur Beschleunigung von Herstellungs- oder Absatzvorgängen, Qualitätseffekte zur Erreichung einer größeren Produktvollkommenheit).[17] Im Zuge der Übernahme eines anderen Unternehmens wird versucht, durch den neu geschaffenen Verbund einen Wertzuwachs zu realisieren. Ein Wertzuwachs kann auch dadurch erreicht werden, dass sich die Risiken im fusionierten Unternehmen besser managen oder die finanziellen und bilanzpolitischen Möglichkeiten erweitern lassen, müssen also nicht auf die Verbesserung der Produktions- oder Absatzprozesse beschränkt sein. Man spricht von einer

[17] Vgl. WIRTZ (2003), S. 58 ff.

strategischen Akquisition, die der Realisierung operativer Synergien dient und vielfach als Hauptmotiv einer Akquisition genannt wird.

- Zu den gerade genannten Motiven können Ziele hinzutreten, die schwerpunktmäßig das ***Management der Käufergesellschaft*** verfolgt. Hier können die Erweiterung der eigenen Machtbasis, eine höhere Vergütung, bessere Aufstiegschancen oder andere persönliche Ziele des Managements von Bedeutung sein. In der Realität ist nicht leicht darüber zu befinden, welche Ziele mit einer Übernahme letztlich verfolgt werden. Das spricht erstens für einen hohen Beratungsbedarf bei solchen Transaktionen und zweitens dafür, dass sich vermutlich nicht wenige Fusionen aus der ex post Perspektive als Wert vernichtende Transaktionen herausstellen. Empirische Befunde in den USA, aber auch in Deutschland, sprechen dafür, dass ***Aktionäre von übernommenen Unternehmen*** in aller Regel von einem Übernahmeversuch oder auch der faktischen Übernahme ***profitieren***, weil ihre Anteile eine deutliche Kurssteigerung erfahren. Die Ergebnisse für die bietenden bzw. übernehmenden Gesellschaften sind allerdings weit weniger eindeutig, weil kurzfristig eher als Ausnahmefall positive und in der Regel sogar sinkende Kurse der eigenen Aktien beobachtet werden, sofern das Käuferunternehmen eine börsennotierte Gesellschaft ist.
- Eine Zusammenschau verschiedener Studien zu Unternehmenstransaktionen kommt zu dem Ergebnis, dass die in Wissenschaft und Praxis zur Untersuchung von Transaktionen angewandten Methoden zwar hinsichtlich ihrer Zeitachse, der Schwankungsbreite und der unterstellten Modelle variieren, aber vergleichbare Ergebnisse erzielen. Im Durchschnitt der Praktikerstudien generieren 62,5 % aller Transaktionen aus Sicht der Anteilseigner des Erwerbers keine zusätzliche Wertsteigerung, im Durchschnitt der wissenschaftlichen Studien sind es sogar 65 %. Für die Anteilseigner des Zielunternehmens dagegen lohnt sich die Transaktion. Bei 90 % aller Transaktionen erreichen sie eine zusätzliche Wertsteigerung (WESNER 2002, S. 481).
- Ein wichtiges Motiv für ein einzelnes Wirtschaftssubjekt als Käufer kann sich daraus ergeben, dass das Wirtschaftssubjekt als Manager in das Unternehmen eintreten (***Management Buy-In***) oder als bereits etablierter Manager dieses Unternehmens zugleich die Eigentümerfunktion übernehmen will (***Management Buy-Out***). In Abschnitt 12.4.2 werden solche Transaktionen ausführlich beschrieben.
- Es gibt weitere Motive des Kaufs von Unternehmen wie die ***Erlangung von Marktmacht*** oder den ***Zugang zu neuen Märkten*** bzw. anderweitig kaum zugänglichen Ressourcen. ***Finanzintermediäre*** wie beispielsweise Private-Equity-Gesellschaften streben die Schaffung eines Wertbeitrags als kontrollierende Eigentümer durch eine Restrukturierung oder Disziplinierung des Managements einer Publikumsgesellschaft an, andere Beteiligungsgesellschaften

wollen die Zielgesellschaft nur für kurze Zeit übernehmen, um sie dann gewinnbringend an einen strategischen Investor weiterzuveräußern.

Finanzielle Akquisitionen dienen also der Ausnutzung tatsächlicher oder vermeintlicher Unterbewertungen der Zielgesellschaften. Die Bedeutung dieser Zielsetzung ist von der jeweils aktuellen Kapitalmarktsituation abhängig. In einer neoklassischen Welt bei vollkommenem Kapitalmarkt gibt es keinerlei Gründe für eine finanzielle Akquisition. Während Transaktionskosten (Konkurskosten) und Steuern eine Präferenz für die ein oder andere Unternehmensgröße und Eigentümerstruktur begründen können, sind eigentlich erst Anreizprobleme bei asymmetrischer Informationsverteilung in der Lage, den Umfang und die gewählten Formen der Eigentümerstruktur zu erklären.

Resultiert die Unterbewertung aus einer schlechten Beurteilung der Qualität bzw. des Verhaltens des Managements der Zielgesellschaft, dann wird es vermutlich zu einer Übernahme gegen den ***Widerstand des Managements*** kommen. Man spricht von einer ***unfreundlichen*** oder ***feindlichen Übernahme (Unfriendly / Hostile Takeover)***. Bei einem Friendly Takeover stimmt dagegen der Käufer die Transaktion zunächst mit dem Management der Zielgesellschaft ab, bevor er dann an den oder die alten Eigentümer mit seinem Kaufangebot herantritt.

Die Ziele beim Verkauf einer Gesellschaft sind häufig aus der strategischen Position des Unternehmens heraus begründet und werden dann in der Regel gemeinsam vom Management und den Eigentümern verfolgt, wenn beispielsweise der Zugang zu einer verbesserten Kapitalbasis oder einem spezialisierten Mitarbeiterstamm gesucht wird oder aber das Management zu der Überzeugung gelangt, dass eine Perspektive für eine rentable Geschäftstätigkeit nur durch das Einbringen in eine andere Unternehmensgruppe einen Erfolg verspricht. Auch der ***Verkauf eines Unternehmensteils*** eines Konzerns kann Ausdruck einer ***Desinvestitionsstrategie*** sein, wenn sich gezeigt hat, dass eine Unternehmenseinheit

- zu geringe Synergien mit den anderen Konzerneinheiten aufweist,
- über eine andere Unternehmenskultur verfügt
- oder über ein zu geringes Potential verfügt, so dass die Koordinationskosten innerhalb des Verbundes zu hoch sind.

Beim ***Verkauf*** von Unternehmen lassen sich gelegentlich ebenfalls die speziellen Motive der Eigentümer von jenen unterscheiden, die das Management des Unternehmens verfolgt. Verkaufsabsichten können Großaktionäre verfolgen, die ihre Beteiligungsposition liquidieren wollen, die ihren Anteilsbesitz neu strukturieren wollen oder die mit anderen Großaktionären zerstritten sind und gegenseitig die wirtschaftliche Entwicklung ihres Unternehmens blockieren. Das Management kann ein Interesse am Verkauf des Unternehmens haben, wenn eine attraktive Vergütung nur in einer größeren oder profitableren Einheit gewährleistet werden kann. Gegebenenfalls kann zumindest ein Teil des Managements in den Führungskreis der Käufergesellschaft übernommen werden.

Die Übersicht über mögliche Motive für Akquisitionen und Verkäufe macht deutlich, dass es sich bei Unternehmensübernahmen um Transaktionen mit vielfältigem Zuschnitt handelt, wobei die ***Initiative für die Übernahme*** vom Verkäufer oder vom Käufer als Eigentümer bzw. bei Kapitalgesellschaften auch vom Management der Käufergesellschaft oder der zu verkaufenden Gesellschaft ausgehen kann. Ja nach den beteiligten Wirtschaftssubjekten und Motiven stellen sich Übernahmen als äußerst differenzierte Unternehmenstransaktionen dar.

(2) Betriebswirtschaftliche Alternativen der Unternehmensübernahmen

Unternehmensübernahmen lassen sich im Hinblick auf ihre ***betriebswirtschaftliche Zielsetzungen*** unterscheiden, die die Basis zur Realisierung der Synergievorteile bilden sollen. Dabei kann man zwischen strategischen und finanziellen Akquisitionen unterscheiden.

Nach der ***Intention der Verwendung des Zielunternehmens*** kann man Unternehmenskäufe unterscheiden in:

- ***Cashflow Deals***, bei denen die Zielgesellschaft in der bestehenden Form möglichst weitergeführt werden soll, und
- ***Break up Deals***, die auf die vollständige oder weitgehende Zerschlagung und Liquidation des übernommenen Unternehmens ausgerichtet sind.

Cashflow Deals findet man in der Regel bei strategischen, Break up Deals gelegentlich bei finanziellen Akquisitionen.

Eine ***industrieökonomisch motivierte Gliederung der Ziele einer Übernahme*** orientiert sich an der Beziehung des Leistungsprogramms der Zielgesellschaft zum Leistungsprogramm des Käuferunternehmens und bezieht sich im Wesentlichen auf strategische Akquisitionen von Unternehmen als Käufer:

- Bei einer ***horizontalen Akquisition*** arbeiten Käufer und Zielgesellschaft in derselben Branche. Mit der Akquisition soll eine Produktausweitung erreicht werden , oder die Zielgesellschaft ist ein Wettbewerber mit weitgehend identischem Produktprogramm, so dass Kapazitäten zusammengelegt werden können.
- Bei einer ***vertikalen Akquisition*** schließen sich Unternehmen unterschiedlicher Produktionsstufen zusammen, so dass die Wertschöpfungskette durch die Zusammenführung einer Zulieferer-Abnehmer-Beziehung (Vorwärts- oder Rückwärtsintegration) vergrößert wird.
- Bei einer ***konglomeraten Akquisition*** treten Unternehmen miteinander in Verbindung, die in anderen Geschäftsfeldern bzw. anderen Wertschöpfungsketten tätig sind und verschiedene Produkt-Markt-Segmente bedienen. Konglomerate Akquisitionen sind häufig auf Unternehmen gerichtet, für die ande-

re Branchenkonjunkturen relevant sind, so dass im Verbund eine stabilere ertragsmäßige und finanzielle Entwicklung erreicht werden kann.

Von der Art der strategischen Perspektive sind insbesondere die Aktivitäten abhängig, die im Rahmen der Post-Merger-Integration durchgeführt werden müssen, um die Übernahme zu einem Erfolg werden zu lassen.[18]

(3) Zum Bedeutungswandel von M&A-Transaktionen im Zeitablauf

Die Motive, Ziele und Formen von Unternehmenskäufen streuen nicht etwa gleichmäßig über alle Unternehmen und in allen Zeitspannen. Vielmehr lassen sich im Zeitablauf immer wieder gewisse Häufungen von Zusammenschlüssen in einzelnen Branchen finden. Diese Häufungen zeigen, dass sich M&A-Transaktionen häufig als Antworten auf gravierende Veränderungen in einem Industriezweig verstehen lassen. So lassen sich beispielsweise seit Beginn des zwanzigsten Jahrhunderts in den ***USA***, wo über die Transaktionen mehr Informationen vorliegen als in Deutschland, mehrere ausgeprägte Wellen von Unternehmenszusammenschlüssen beobachten. Diese Wellen gehen mit großen Veränderungen im Unternehmensumfeld einher.[19]

- So war die Welle ***horizontaler Unternehmenszusammenschlüsse*** in den 1890ern mit der Entwicklung des staatlichen Transportsystems verbunden, das die USA zum ersten großen Binnenmarkt machte.
- Die Unternehmenszusammenschlüsse in den 20er Jahren des zwanzigsten Jahrhunderts waren hauptsächlich ***vertikale Vorwärts- und Rückwärtsintegrationen.*** Diese Welle war mit der Entwicklung des Radios verbunden, das eine Werbung mit nationaler Reichweite möglich machte, und mit dem Autoverkehr, der das Verteilungssystem revolutionierte.
- Die zahlreichen ***konglomeraten Unternehmenszusammenschlüsse*** in den 1960ern lassen sich als Antworten auf Entwicklungen in den Managementtechniken bzw. in der Unternehmensführung deuten, d. h. insbesondere in der Finanzplanung und strategischen Planung. Für die konglomeraten Zusammenschlüsse in den 70er Jahren werden dagegen Veränderungen in der Wettbewerbspolitik und insbesondere Veränderungen in der Kartellpolitik verantwortlich gemacht.
- ***Management Buy-Outs***, über die im Einzelnen noch unter 12.4.2 berichtet wird, bei denen die angestellten Manager ein Unternehmen aufkaufen und dabei gegebenenfalls von einer Publikumsgesellschaft in eine privat gehaltene Gesellschaft transformieren, stellen in gewisser Weise eine Revision des Trends zu konglomeraten Zusammenschlüssen sowie des Trends zur Trennung von Eigentum und Verfügungsgewalt dar. Durch die Zusammenführung

---

[18] Zu den unterschiedlichen Integrationskonzepten und der Integrationsdurchführung vgl. WIRTZ (2003), S. 275 ff. sowie LUCKS / MECKL (2002).

[19] Vgl. WESTON / CHUNG / HOAG (1990), S. 8 ff. sowie JENSEN (1988).

des Eigentums und der Kontrolle sollen typische Anreizprobleme gelöst werden.[20] Die Herauslösung eines Betriebszweiges aus dem Konglomerat erzwingt die Konzentration auf die Kernkompetenz des neuen Unternehmens.

- Ende der 1980er Jahre gab es am amerikanischen Markt verschiedene, zum Teil spektakuläre „***Übernahmeschlachten***", in denen große Konzerne übernommen und zerschlagen wurden, wobei die finanziellen Ergebnisse letztlich wenig positiv waren. Mehr als 50 % aller Akquisitionen der 80er Jahre sollen Misserfolge gewesen sein.
- In den 90er Jahren wurden Akquisitionen und Fusionen zur Konsolidierung großer Industriezweige und als Reaktion auf Deregulierungen durchgeführt. SHLEIFER und VISHNY gehen davon aus, dass bei der Ausprägung der Transaktionen die Überbewertungen der Unternehmen eine große Rolle gespielt haben.[21]

Die Übersicht weist darauf hin, dass der Erfolg oder Misserfolg von Unternehmenstransaktionen auch von dem Umfeld abhängig ist, in dem diese zur Lösung bestimmter Probleme durchgeführt werden.

12.1.4 Die Regulierung von Unternehmensübernahmen

(1) Kontrollerwerb und Regulierungserfordernisse

Ein staatlicher Eingriff in Unternehmenstransaktionen ist nur dann erforderlich, wenn ohne solche Vorschriften ein Marktversagen zu befürchten wäre. Der Kauf eines Unternehmens oder eines Anteils an einem Unternehmen sollte unter diesem Gesichtspunkt über die allgemeinen aktien- und börsenrechtlichen Bestimmungen hinaus keiner besonderen Regelung bedürfen, wenn die Beteiligten bzw. Betroffenen einer Unternehmensübernahme als nicht weiter schutzbedürftig angesehen werden können. Diese Voraussetzung dürfte aber nicht erfüllt sein, wenn es das Ziel des Käufers ist, eine Mehrheit von Anteilen an einer ***Publikumsaktiengesellschaft*** zu erhalten. Hier sprechen allgemeine Gerechtigkeitsgesichtspunkte ebenso wie ökonomische Erfordernisse dafür, die ***Klein- und Minderheitsaktionäre*** des Unternehmens vor einer Übervorteilung oder Schädigung durch die Mehrheitsaktionäre zu schützen. Das Prinzip der Gleichbehandlung spricht dafür, dass alle Aktionäre die gleiche Chance haben sollten, an der Wertsteigerung ihrer Aktien zu partizipieren. Ökonomische Gründe sprechen darüber hinaus dafür, Kleinaktionäre nicht ex post (bei einer Übernahme) zu benachteiligen, weil sie sonst davor beim Kauf ihrer Anteile nur einen niedrigeren Preis akzeptieren wür-

---

[20] JENSEN hat bereits 1989 im Harvard Business Review den Untergang der Publikumsgesellschaften heraufbeschworen. Vgl. JENSEN (1989).

[21] Vgl. SHLEIFER / VISHNY (2003).

den, der für alle beteiligten Anteilseigner zu einer Wertminderung ihrer Anlagen führen würde.

Minderheitsaktionäre sollen durch Übernahmetransaktionen nicht übervorteilt oder geschädigt werden. Beispielsweise könnte sich der Käufer einer Aktiengesellschaft mit einigen Aktionären auf die Übernahme ihrer Aktien zu einem bestimmten Kurs verständigen und, sobald er die angestrebte Kontrollschwelle im Unternehmen erreicht hat, die verbliebenen Kleinaktionäre mit einem niedrigen Kurs abfinden. In einem solchen Fall muss der Kleinaktionär vor der Wertminderung seiner Anteile durch den Erwerber geschützt werden. Im Rahmen eines öffentlichen Kaufangebots (Tender Offer) muss auch sichergestellt sein, dass sich Kaufgebote, die sich an eine Vielzahl von Aktionären wenden, die über keine speziellen Informationen über den Wert des Unternehmens sowie die Vor- und Nachteile eines Verkaufs oder das Halten ihrer Beteiligung verfügen, nicht nur an eine Teilgruppe der Aktionäre richten und die verbleibenden Aktionäre von der Transaktion ausgeschlossen bleiben.[22]

Öffentliche Kauf- und Umtauschangebote sind im Hinblick auf den ***Schutz der Kleinaktionäre*** also regulierungsbedürftig. So muss gewährleistet sein, dass sich ein Kauf- oder Umtauschangebot an alle Aktionäre einer Gesellschaft richtet, dass alle Aktionäre über dieses Angebot informiert und dass die Angebote für alle Aktionäre gleich ausgestaltet sind. Aus diesem Grunde sind Tender Offer im angelsächsischen Bereich seit langer Zeit detailliert geregelt – z. B. in Großbritannien durch den City Code on Takeovers and Mergers oder in den USA durch den Securities Exchange Act von 1934. In Deutschland gab es dagegen lange Zeit keine gesetzliche Regelung. Eine solche wurde erst mit dem ***Gesetz zur Regelung von öffentlichen Angeboten zum Erwerb von Wertpapieren und von Unternehmensübernahmen (WpÜG)*** am 1. Januar 2002 in Kraft gesetzt.

(2) Vom Übernahmekodex zum Wertpapierübernahmegesetz

Seit dem 1.10.1995 galt in Deutschland der ***Übernahmekodex*** der Börsensachverständigenkommission beim Bundesministerium der Finanzen als Empfehlung ***auf freiwilliger Basis*** für die an öffentlichen Übernahmeangeboten beteiligten Parteien. Der Kodex sollte sicherstellen, dass öffentliche Angebote alle ***relevanten Informationen für die unterschiedlichen Interessengruppen*** enthalten. Dementsprechend enthielt der Kodex Vorschriften über Pflichtangebote für Minderheitsaktionäre, über die Pflichten des Bieters und über gewisse Pflichten der Zielgesellschaft.[23] Leitgedanken des Kodex waren

---

[22] Vgl. BAUMS (1999), S. 166.

[23] Der Kodex löst die „Leitsätze für öffentliche freiwillige Kauf- und Umtauschangebote" von 1979 ab, die faktisch allerdings kaum Bedeutung erlangt hatten. Im Gegensatz zu

- der Gleichbehandlungsgrundsatz für alle Aktionäre,
- das Transparenzgebot für alle Aktionäre,
- die Stillhalteverpflichtung (Neutralität) des Managements der Zielgesellschaft und
- die Abgabe eines Pflichtangebots an alle Aktionäre.

Der Übernahmekodex wurde zum 1.1.1998 etwas verschärft, indem zum Schutz der Minderheitsaktionäre nun bei einer die „Kontrolle überschreitenden Beteiligung" die ***Abgabe eines Pflichtangebots*** gefordert wurde. Ein Pflichtangebot dient insoweit dem Schutz der Minderheitsaktionäre, als diese bei einer Übernahme entscheiden können sollen, ob sie Aktionäre bleiben oder sich lieber auszahlen lassen wollen. Die Anerkennung des Übernahmekodex wurde zum DAX- und MDAX-Kriterium sowie zur Zulassungsvoraussetzung für den Neuen Markt gemacht.[24] Von den börsennotierten Unternehmen hatten allerdings weniger als die Hälfte den Kodex anerkannt. Die Börsensachverständigenkommission musste damit feststellen, dass ein „Level Playing Field" unter den Marktbeteiligten trotz der prinzipiellen Bewährung des Kodex in der Praxis nicht erreicht werden konnte.

Die Kommission hat sich daher im Februar 1999 für eine gesetzliche Regelung ausgesprochen.[25] Für eine ***gesetzliche Regelung*** sprachen auch die umzusetzenden Anforderungen entsprechender EU-Richtlinien zur Regelung von Unternehmensübernahmen. Dabei sollte sich die Kontrollschwelle für ein ***Pflichtangebot*** an der durchschnittlichen Mehrheit der Hauptversammlungspräsenz der letzten 3 Jahre orientieren. Auch das Erreichen einer einfachen Mehrheit auf der Hauptversammlung sollte ein Pflichtangebot nach sich ziehen. Der Angebotspreis sollte sich am ***höchsten Börsenpreis der letzten 6 Monate vor Bekanntwerden des Kontrollerwerbs richten***.

Sechs Jahre nach dem Übernahmekodex wurde im November 2001 das ***Wertpapierübernahmegesetz*** (WpÜG) verabschiedet, das mit Wirkung zum 1.1.2002 in Kraft getreten ist. Ziel des Gesetzes ist die Schaffung von Rahmenbedingungen bei Unternehmensübernahmen, die „den Anforderungen der Globalisierung und der Finanzmärkte angemessen Rechnung tragen."[26] Das Wertpapierübernahmegesetz gibt auch den rechtlichen Ablauf von Unterneh-

---

den „Leitsätzen" etablierte der Übernahmekodex mit der Übernahmekommission und ihrer Geschäftsstelle eine Institution zur Kontrolle der Einhaltung der Grundsätze.

[24] Vgl. AG 12 / 1997, R 487-488.

[25] Karl-Hermann Baumann als Vorsitzender der Börsensachverständigenkommission in einer Pressemitteilung vom 2.2.1999. Vgl. auch Börsensachverständigenkommission: Standpunkte der Börsensachverständigenkommission zur künftigen Regelung von Unternehmensübernahmen, Manuskript, Bonn, Februar 1999.

[26] Erklärung des Bundesministeriums der Finanzen vom 2.1.2002 zum Wertpapiererwerbs- und Übernahmegesetz (WpÜG).

mensübernahmen nach einem idealtypischen Modell vor, das folgende wichtige Elemente enthält:

- Die Veröffentlichung der Entscheidung des Bieters zur Abgabe eines Angebots und die Erstellung von Angebotsunterlagen,
- die Stellungnahme des Vorstands der Zielgesellschaft zu dem Angebot,
- die Begrenzung möglicher Gegenmaßnahmen des Vorstands der Zielgesellschaft auf bestimmte eng begrenzte Handlungen wie beispielsweise die Suche nach einem konkurrierenden Angebot (weißer Ritter),
- der Kauf der Aktien gegen eine angemessene Gegenleistung und
- die Ermöglichung eines Squeeze Out durch den Mehrheitsaktionär, der mindestens 95 % der Anteile hält, die Minderheitsaktionäre gegen eine angemessene Abfindung zur Übertragung ihrer Aktien auf den Mehrheitsaktionär zu verpflichten.

Das Übernahmegesetz bezieht sich auf alle Übernahmen, deren Ziel Aktien- und Kommanditgesellschaften auf Aktien mit Sitz in Deutschland und deren Aktien zum Börsenhandel zugelassen sind. Das Gesetz bestimmt, dass alle Inhaber von Wertpapieren derselben Gattung (z. B. alle Inhaber von Stammaktien) gleich zu behandeln sind und ihnen ausreichend Zeit und Informationen zur Verfügung zu stellen sind, damit sie in Kenntnis der Sachlage über das Angebot der Übernahme entscheiden können. Es sind mehrere Kernelemente des Gesetzes erkennbar:

- Das Prinzip der ***Gleichbehandlung aller Aktionäre*** hinsichtlich der Informationsbereitstellung und der Konditionen des Angebots induziert beispielsweise das Prinzip des ***Pflichtangebots***, das eine Ungleichbehandlung der Aktionäre beim Überschreiten einer Kontrollschwelle verhindern soll, die aus der nachlassenden Zahlungsbereitschaft des Bieters resultiert, wenn er sein Kontrollziel erreicht hat.
- Das Prinzip des ***Stillhaltegebots für das Management der Zielgesellschaft*** zielt darauf ab, die Übernahme eines Unternehmens nicht durch einseitige Aktionen des Managements der Zielgesellschaft zu erschweren.
- Das Prinzip der ***Transparenz des Übernahmeprozesses*** wird durch Mindeststandards der Publizität und
- das Prinzip der ***Verfahrensbeschleunigung*** durch Fristsetzungen umgesetzt.

Dass das Wertpapierübernahmegesetz noch nicht zu einem abgeschlossenen Regelwerk geführt hat, zeigen die weitergehenden ***Initiativen auf europäischer Ebene***. Im Oktober 2002 legte die Europäische Kommission den jüngsten Entwurf einer EU-Übernahmerichtlinie vor, die bis spätestens 2005 in allen Mitgliedstaaten umgesetzt sein soll. Der Anwendungsbereich der Richtlinie erstreckt sich auf Übernahmeangebote für Gesellschaften, deren Wertpapiere ganz oder teilweise zum Handel an einer Börse zugelassen sind. Ein Übernahmeangebot liegt dann vor, wenn es sich um ein öffentliches Angebot zum Erwerb eines Teils oder aller Wertpapiere handelt, um die Kontrolle der

Zielgesellschaft zu erlangen. Dabei kann es sich um ein Pflichtangebot oder ein freiwilliges Übernahmeangebot handeln, wobei ein ***Pflichtangebot*** im Gegensatz zu einem freiwilligen Angebot des Bieters dadurch gekennzeichnet ist, dass ab dem Erreichen einer bestimmten Beteiligungsschwelle eine Verpflichtung zur Abgabe eines Übernahmenangebots besteht.

Die Bundesregierung hat den von der EU-Kommission beschlossenen Entwurf einer überarbeiteten Übernahmerichtlinie im Oktober 2002 kritisiert. Aus Sicht der Bundesregierung bestehen erhebliche Zweifel, ob der Entwurf dem Anspruch gerecht wird, faire Wettbewerbsbedingungen zu schaffen. „Durch die vorgesehenen Regelungen würden deutsche Unternehmen zum Verzicht von Abwehrmöglichkeiten gezwungen, während zugleich Unternehmen in anderen Mitgliedstaaten gestattet würde, sich durch die Beibehaltung von Mehrstimmrechten gegen solche Übernahmen effektiv abzuschotten.“[27]

Im November 2003 konnten sich die Regierungen der EU-Mitgliedstaaten auf einen Kompromiss für einen europaweiten Übernahmekodex einigen, der im Dezember 2003 auch vom europäischen Parlament gebilligt wurde. Der Kodex hat allerdings den Charakter eines Minimalkonsenses, weil es in der zentralen Frage der Abschaffung nationaler Schutzregeln vor feindlichen Übernahmen zu keiner Einigung gekommen ist. Insbesondere Deutschland hat sich den Bestrebungen widersetzt, Abwehrmaßnahmen in weitem Umfang zu verbieten. Die nun beschlossene Regelung erlaubt bis auf weiteres ein Nebeneinander des abwehrfeindlichen europäischen Übernahmerechts und der bereits bestehenden nationalen Vorschriften.

Der Aktienerwerb im Rahmen von Unternehmensübernahmen ist im Übrigen auch durch ***wertpapierrechtliche Bestimmungen*** in Bezug auf Mitteilungs- und Publizitätspflichten geregelt. Nach §§ 21 ff. WpHG bestehen nämlich bestimmte Mitteilungspflichten bei Veränderungen des Stimmrechtsanteils an inländischen börsennotierten Gesellschaften. Käufer oder Verkäufer, die eine kritische Schwelle der Unternehmensbeteiligung von 5 %, 10 %, 25 % oder 75 % der Stimmrechte an einer börsennotierten Gesellschaft erreichen, überschreiten oder unterschreiten, haben der Gesellschaft unverzüglich das Erreichen, Überschreiten oder Unterschreiten der genannten Schwellen sowie die Höhe ihres Stimmrechtsanteils mitzuteilen (§ 21, 1 WpHG).

(3) Fusionskontrolle

Unternehmenstransaktionen dürfen nicht allein aus finanzwirtschaftlicher Sicht beurteilt werden, weil sie vielfältige Auswirkungen auf die Absatz- und Faktormärkte haben. Daher sind Unternehmensübernahmen auch Regelungen

---

[27] Vgl. http://www.bundesregierung.de/index-,413.443413/Bundeskanzler-Schroeder-Entwurf.htm.

insbesondere durch das ***Gesetz gegen Wettbewerbsbeschränkungen*** (GWB) unterworfen, in das 1973 Bestimmungen zur Fusionskontrolle aufgenommen wurden.

Das Gesetz gegen Wettbewerbsbeschränkungen verfolgt als Ziel die Sicherung und Stärkung des dynamischen Wettbewerbs, indem es die marktbeherrschende Stellung eines Unternehmens verhindern und zugleich den freien Zugang zu den Waren- und Dienstleistungsmärkten sichern will. Ausnahmen sind allerdings zulässig, wenn der Zusammenschluss die Wettbewerbsbedingungen auch verbessert. Voraussetzung für eine solche Verbesserung ist, dass die fusionsbedingten Wettbewerbsbeschränkungen von den gesamtwirtschaftlichen Vorteilen des Zusammenschlusses aufgewogen werden oder durch ein „überragendes Interesse der Allgemeinheit" gerechtfertigt sind. Die Aufgabe der Fusionskontrolle liegt beim Bundeskartellamt, das die Durchsetzung des Kartellverbots und die Missbrauchsaufsicht über marktbeherrschende Unternehmen als weitere Aufgaben wahrnimmt.

Seit 1990 gibt es auch auf der Ebene der Europäischen Gemeinschaft die Möglichkeit, Fusionen mit einer gemeinschaftsweiten Bedeutung zu kontrollieren, sofern die Unternehmen gewisse Größenordnungen überschreiten. 1997 ist die ***europäische Fusionskontrolle*** auch auf kleinere Fusionsfälle ausgedehnt worden. Die nationalen und europaweit greifenden Fusionsbestimmungen begrenzen vermutlich insbesondere jene Fusionsvorhaben, bei denen die Vermögensvorteile für die Anteilseigner auf kurze Sicht als besonders hoch eingeschätzt werden können, weil mit der Unternehmensübernahme bzw. Fusion eine erhebliche Steigerung der Marktbeherrschung vermutet wird.

12.2 Gestaltungsalternativen von Unternehmensübernahmen

12.2.1 Rechtliche Grundformen der Unternehmensübernahme

Unternehmensübernahmen erfolgen rechtlich in der Form eines ***Share Deal*** oder eines ***Asset Deal*** beziehungsweise durch eine Kombination der beiden Modelle.

Bei einem ***Beteiligungserwerb*** (Share Deal) erfolgt der Kauf des Unternehmens dadurch, dass die Eigentums- bzw. Mitgliedschaftsrechte vom Verkäufer auf den Käufer übertragen werden. Im Zuge dieser ***Gesamtrechtsnachfolge*** findet keine Übertragung der einzelnen Vermögensgegenstände des übertragenen Unternehmens statt und es erfolgt zunächst auch keine Änderung seiner Rechtspersönlichkeit. Der Käufer wird Eigentümer des übertragenen Unternehmens, dessen Vermögen wie zuvor für die Verbindlichkeiten der

Gesellschaft haftet. Beim Käufer wird die neue Gesellschaft prinzipiell mit ihren Anschaffungskosten bilanziert.

Im Gegensatz zum Share Deal erfolgt beim ***Vermögenserwerb*** (Asset Deal) ein Kauf aller Wirtschaftsgüter des Unternehmens sowie aller Verbindlichkeiten. Da der Käufer nun aber gar nicht die ***Einzelrechtsnachfolge*** antreten und somit das persönliche Eigentum an den einzelnen Vermögensgegenständen erlangen will, wird eine neue Gesellschaft, eine NewCo (New Company) als ***Übernahme- oder Erwerbergesellschaft*** gegründet. Diese Gesellschaft, deren Geschäftsanteile vom Käufer gehalten werden, kauft alle Vermögensgegenstände und Verbindlichkeiten auf. Das übernommene Vermögen kann unmittelbar zur Besicherung der Fremdkapitalforderungen des Käufers eingesetzt werden. Da die Vermögensgegenstände mit ihren Anschaffungskosten bewertet werden, die regelmäßig über den aktuellen Buchwerten liegen, bilden die aufgedeckten stillen Reserven in den nachfolgenden Perioden entsprechende Abschreibungsmöglichkeiten.

Ob zur Unternehmensübernahme der Asset Deal oder der Share Deal vorteilhafter sind, ist nicht nur von der verfolgten Zielsetzung abhängig. Während ein Share Deal immer möglich ist, wenn eine Gesellschaft Rechtsträger des Unternehmens ist, scheidet der Asset Deal beim Kauf von Anteilen über die Börse oder bei einem öffentlichen Übernahmeangebot aus. Beim Verkauf des Unternehmens eines Einzelkaufmanns ist der Asset Deal allerdings die einzig mögliche Übertragungsform.

In der Praxis werden auch ***Mischformen*** der Alternativen Beteiligungserwerb und Vermögenserwerb realisiert, von denen insbesondere das Kombinationsmodell und Umwandlungsmodell Bedeutung haben. Dabei wird im Rahmen des ***Kombinationsmodells*** die Vermögensübertragung in den Bereich des Käuferunternehmens verlagert (Interner Asset Deal). Dazu erfolgt eine mehrstufige Transaktion des Anteilserwerbs mit nachfolgender Übertragung des Vermögens des Zielunternehmens auf die übernehmende Gesellschaft. In der ersten Stufe wird eine NewCo als Erwerbergesellschaft gegründet, die sowohl die Geschäftsanteile des Zielunternehmens als auch die Vermögensgegenstände aufkauft. Dann erfolgt in der zweiten Stufe eine Gewinnausschüttung der Zielgesellschaft an die NewCo sowie eine Teilwertabschreibung. Schließlich wird die Zielgesellschaft liquidiert und die bilanzierten Beteiligungen der Gesellschaft bei der NewCo ausgebucht. Damit verfügt die NewCo nur noch über die Vermögensgegenstände (vgl. FANSELOW 1993, S. 390 ff).

Das ***Umwandlungsmodell*** basiert auf den Regeln des Umwandlungsgesetzes (UmwG) von 1995 und dem Umwandlungssteuergesetz. Die Umwandlungsgesetze ermöglichen beim Erwerb einer Kapitalgesellschaft im Zuge des Share Deal und dem ***Übergang zur Rechtsform einer Personengesellschaft*** eine Aufstockung der Wirtschaftsgüter der Zielgesellschaft auf den Teilwert und damit praktisch eine Abschreibung des Kaufpreises am Kaufobjekt. Damit lassen sich insbesondere die steuerlichen Nachteile des Kombinationsmodells vermeiden sowie zivilrechtliche Probleme, die sich beim Erwerb der Wirtschaftsgüter der Zielgesellschaft eines Unternehmens ergeben.[28]

12.2.2 Analyse einzelner Akquisitionsstrategien

(1) Die Initiative für Unternehmensübernahmen

Man kann die Akquisitionsstrategien danach gliedern, ob die Initiative für die Transaktion vom Käufer oder Verkäufer des Unternehmens ausgeht.[29]

Im Folgenden wird der Einfachheit halber von der Initiative des Käufers ausgegangen, der ein anderes Unternehmen, und zwar speziell eine börsennotierte Aktiengesellschaft, akquirieren will. Die vorgestellten finanzwirtschaftlichen Instrumente sind dabei nicht davon abhängig, ob beim Management der Zielgesellschaft Gesprächsbereitschaft besteht oder nicht.

Ist die Zielgesellschaft keine börsennotierte AG, so ist das Instrumentarium stark eingeschränkt. Der Käufer einigt sich mit dem alten Eigentümer bzw. den Eigentümern über den Erwerb der Gesellschaft zu einem bestimmten Kaufpreis. Eine Regulierung des finanzwirtschaftlichen Vorgangs der Unternehmensübernahme findet nicht statt.

(2) Sukzessiver Aktienerwerb über die Börse

Beim Aufkauf der Anteile an einer Publikumsaktiengesellschaft über die Börse im Zuge eines ***schleichenden Kontrollerwerbs*** erwirbt der Käufer die Aktien der Zielgesellschaft möglichst in der Weise, dass zunächst keine Informationen über seine Transaktionen an die Öffentlichkeit gelangen. Ein sukzessiver Aktienerwerb über die Börse erfolgt daher insbesondere als vorbereitende Maßnahmen in Verbindung mit anderen Transaktionen.

Ein vollständiger Beteiligungserwerb über die Börse erscheint wegen der regelmäßig rasch einsetzenden adversen Kursreaktion wenig aussichtsreich. Es wird zwar gelegentlich versucht, der Gefahr einer raschen Börsenreaktion

- durch einen sehr langsamen Ankauf (Creeping Takeover) oder
- durch einen sehr schnellen Kauf (Saturday Night Special)[30]

zu begegnen. Beide Strategien gelten aber nicht als überzeugend. Das liegt auch daran, dass ***börsen- und gesellschaftsrechtliche Bestimmungen*** eine Geheimhaltung erschweren oder verhindern.

---

[28] Vgl. BLUMERS / BEINERT 1995.

[29] Vgl. BERENS / MERTES / STRAUCH (1999), S. 33.

[30] Der Begriff wird auch für Übernahmeangebote verwendet, die vom Raider bevorzugt nach Börsenschluß am Wochenende veröffentlicht werden, so dass dem Management keine Zeit für Gegenmaßnahmen bleibt.

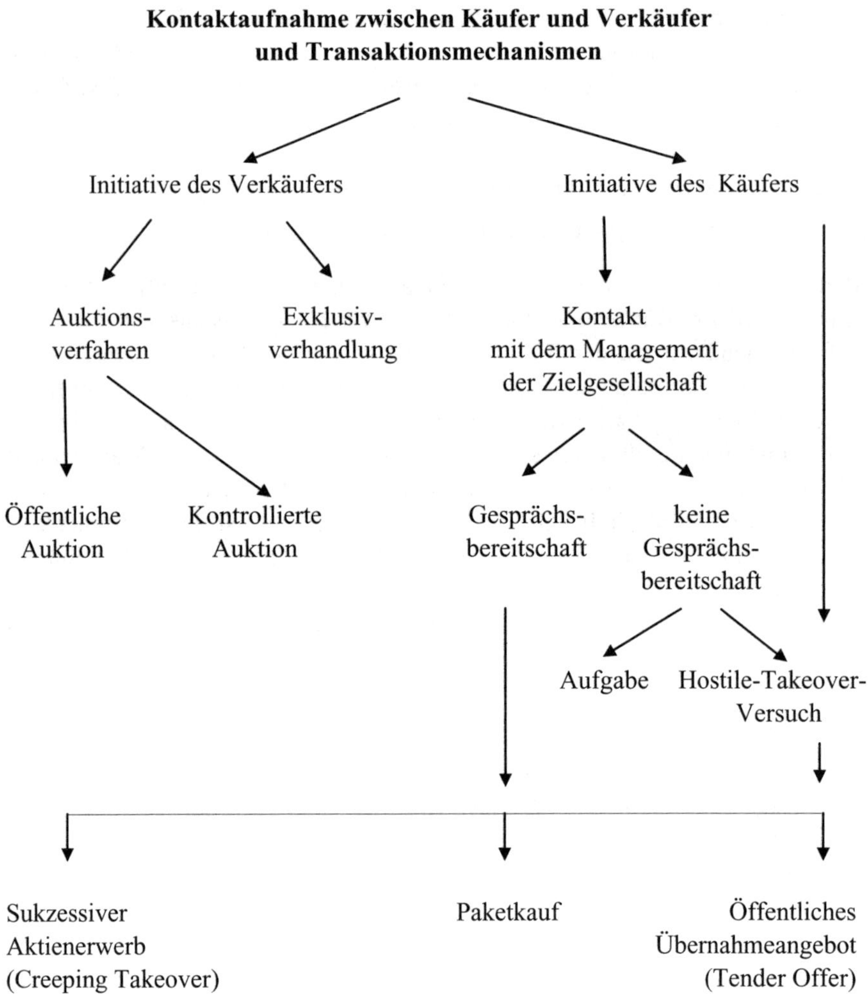

Abb. 12.2: Transaktionsmechanismen der Akquisition

Vor dem Inkrafttreten des Wertpapierhandelsgesetzes von 1995 gab es keine Meldepflichten, so dass der stille Aufbau von Beteiligungen begünstigt wurde. Seitdem sind im Wertpapierhandelsgesetz ***Mitteilungspflichten*** bei bestimmten Veränderungen des Stimmrechtsanteils an inländischen börsennotierten Gesellschaften festgeschrieben.

(3) Der Beteiligungserwerb über Paketkäufe

Wie in Abschnitt 12.3.3 noch ausführlicher behandelt wird, erfolgt die Mehrzahl der Unternehmensübernahmen in Deutschland außerhalb der Börse über eine direkte Verständigung zwischen dem Verkäufer eines Aktienpakets und dem Käufer dieses Pakets. ***Pakettransaktionen*** setzen allerdings verkaufsbereite Großaktionäre voraus, so dass die Transaktionen in der Regel nur dann erfolgen, wenn der Großaktionär seine Beteiligungsstrategie ändert oder in einer wirtschaftlich schwierigen Lage ist. Die Struktur des Anteilsbesitzes an der Zielgesellschaft ändert sich durch eine Pakettransaktion nicht, wohl aber natürlich die Identität des Kontrollaktionärs. Die Informations- und Mitteilungspflichten sind wie beim Kauf über die Börse geregelt.

Ein an den Verkäufer zu zahlender ***Paketaufschlag (Kontrollprämie)*** auf den Börsenkurs ist der Preis dafür, dass der Kontrollerwerb durch eine einzige Transaktion gelingt.

(4) Öffentliche Übernahmeangebote

Bei Publikumsgesellschaften bietet sich als weitere Möglichkeit zur Erlangung der Kontrollmehrheit ein ***öffentliches Übernahmeangebot (Tender Offer, Takeover Bid)*** an. Als Übernahmenangebot bezeichnet man eine von dem Bieter als Käufer ausgehende

- öffentliche, d. h. über Presseerklärungen, Zeitungsinserate und andere Medien bekannt gemachte,
- zeitlich begrenzte und nachträglich nicht mehr abänderbare ***Offerte***,
- die sich an alle Inhaber von Aktien der Zielgesellschaft wendet, ihre Anteile innerhalb einer bestimmten Frist zu einem in der Offerte genannten Preis (Barangebot, Cash Tender Offer) oder durch Tausch gegen andere Wertpapiere (Umtauschangebot) an den Bieter zu verkaufen.

Das besondere Merkmal des öffentlichen Übernahmeangebots ist der Adressatenkreis. Es richtet sich an eine unbestimmte Zahl von Aktionären, deren Identität dem Käufer gar nicht bekannt ist. Die anonymen Aktionäre befinden sich nach Erscheinen der Offerte in einer „Take it or Leave it"-Position, in der ihnen die Wahl zwischen der Annahme oder der Ablehnung der Offerte des Bieters bleibt. Gegebenenfalls können sie während der Angebotsfrist die Annahme des Angebots hinauszögern, wenn sie die Chance einer Verbesserung des Angebots sehen.

Die ***Vorteile*** eines Übernahmeangebots als Instrument zum Erwerb der Kontrollmehrheit über eine Gesellschaft können vor allem darin gesehen werden, dass

- der Beteiligungserwerb erheblich schneller erfolgt als beispielsweise beim Anteilserwerb über die Börse, dass

- ein möglichst großer Kreis von Aktionären zum Verkauf bewogen werden und daher auch eine große Mehrheit erreicht werden kann und dass
- das Angebot auch ohne die Zustimmung bzw. sogar gegen den Willen des Managements der betroffenen Gesellschaft gemacht und angenommen werden kann (feindliche Übernahme).

Typische ***Nachteile*** eines öffentlichen Übernahmeangebots liegen darin, dass im Vergleich zum aktuellen Börsenkurs erhebliche Prämien geboten werden müssen, um die Aktionäre zum Verkauf ihrer Anteile zu bewegen. Der Käufer signalisiert mit einem Aufschlag auf den aktuellen Börsenkurs seine Kaufbereitschaft, so dass sich der Kurs regelmäßig auf das neue Niveau einstellt und damit für den einzelnen Aktionär der Anreiz entfällt, seine Anteile an den Aufkäufer zu verkaufen. Darüber hinaus spielen bei der Beurteilung dieser Alternative nicht unerhebliche Nebenkosten (Gebühren, Regulierungen) eine Rolle. Im Gegensatz zu den USA sind in Deutschland öffentliche Übernahmeangebote eher eine Seltenheit. Spektakuläre Fälle wie die Übernahme von Mannesmann durch Vodafone zeigen aber, dass solche Transaktionen auch in Deutschland nicht ausgeschlossen sind.

(5) Vom Verkäufer gesteuerte Unternehmensübernahme

Nicht selten geht die Initiative zu einer Unternehmensübernahme vom zu übernehmenden Unternehmen bzw. dessen Eigentümern und dem Management aus. Auch hier wird wie in den Fällen, in denen die Initiative von der Käuferseite ausgeht, in der Regel eine Bank eingeschaltet, die die Transaktion vorbereitet und durchführt. Als Transaktionsalternativen bietet sich hier insbesondere die bereits angesprochene öffentliche Auktion an. Daneben gibt es aber, wenn der Kreis der neuen Anteilseigner gesteuert werden soll, eine kontrollierte Auktion. Die öffentliche Auktion entspricht dem herkömmlichen Bietungsverfahren.

Die ***kontrollierte Auktion*** *als* ***beschränktes Bietungsverfahren*** setzt bei der Analyse der denkbaren Kaufinteressenten und der Auswahl anzusprechender potentieller Käufer (Longlist) an. Diesen wird eine Unternehmensbeschreibung durch spezialisierte M&A-Berater oder Investmentbanken übermittelt, woraufhin sie sich als Interessenten zurückmelden und in eine Tabelle (Shortlist) eingetragen werden.

(6) Unternehmensübernahme und Due Diligence

Das formelle Übernahmeverfahren beginnt mit einer ***Vertraulichkeitserklärung*** durch die Kaufinteressenten und der Übermittlung detaillierter Verkaufsunterlagen und Informationen. Dazu gehört auch die Abgabe einer ersten Kaufpreisindikation. Im Anschluss erfolgt die ***Due Diligence***, die mit einer Betriebsbesichtigung, mit verschiedenen Managementgesprächen sowie der Einsicht in vertrauliche Unterlagen – in einem sog. Data-Room zur Sicherstellung der Vertraulichkeit – verbunden ist.[31]

Bei der ***Due Diligence*** handelt es sich um eine sorgfältige Analyse und Prüfung des Zielunternehmens, die im Rahmen der Vorbereitung der Transaktion mit dem Ziel der Informationsversorgung des Entscheidungsträgers erfolgt. Nach der Art der beschafften Informationen unterscheidet man[32]

- ***Financial Due Diligence*** (Analyse der Jahresabschlüsse des Zielunternehmens),
- ***Tax Due Diligence*** (Analyse der Steuerbescheide und Steuerrückstellungen),
- ***Management Due Diligence*** (Analyse der Beziehungen zwischen den Organen des Zielunternehmens),
- ***Legal Due Diligence*** (Analyse möglicher Haftungs- und Gewährleistungsansprüche Dritter gegenüber dem Zielunternehmen),
- ***Environmental Due Diligence*** (Analyse möglicher Umweltrisiken beim Zielunternehmen),
- ***Insurance Due Diligence*** (Analyse möglicher versicherungstechnischer Risiken),
- ***Technical Due Diligence*** (Analyse möglicher produktionstechnischer Risiken bei den Fertigungsverfahren des Zielunternehmens),
- ***Organisatorische Due Diligence*** (Analyse der Führungsstruktur des Zielunternehmens),
- ***Market Due Diligence*** (Stärken- und Schwächenanalyse des Zielunternehmens).

Nach der empirischen Häufigkeit sind in Deutschland insbesondere die Financial, die Legal sowie die Tax Due Diligence von Bedeutung. Mit der Durchführung der Prüfungen werden in erster Linie diejenigen Wirtschaftsprüfungsgesellschaften beauftragt, die das Prüfungsmandat des initiativen Unternehmens, also hier des Verkäufers innehaben. Im Allgemeinen wird dann auch vom Verkäufer ein Kaufvertragsentwurf vorgelegt.

Das Übernahmeverfahren führt mit der Abgabe eines verbindlichen Verkaufsangebots einschließlich der Terms and Conditions zu einem Zwischenabschluss, der zum Ausgangspunkt weitergehender Verhandlungen des Verkäufers mit dem Bieter über den Kaufpreis und die sonstigen Konditionen genommen wird. Das Verfahren wird mit der Vertragsunterzeichnung und dem Closing abgeschlossen.

---

[31] Der Due Diligence geht häufig ein Letter of Intent voraus, in dem eine unverbindlich formulierte Absichtserklärung über den zukünftigen Vertragsabschluss niedergelegt wird. Damit stellen sich die Verhandlungspartner auf eine verbindlichere Verhandlungssituation ein. Vgl. BERENS / MERTES / STRAUCH (1999), S. 35. Einen detaillierten Ablaufplan für das Bietungsverfahren findet man in PICOT (1998), S. 24-26.

[32] Vgl. MARTEN / KÖHLER (1999).

12.2.3 Abwehrmaßnahmen des Managements

(1) Feindliche Unternehmensübernahmen

Adressat von Kauf- oder Übernahmeangeboten sind prinzipiell die Anteilseigner der Zielgesellschaft. Sind diese mit dem Management der Gesellschaft identisch, dann wird mit der Einigung über den Eigentumsübergang auch die Frage des Verbleibs im Management geklärt sein. Bei ***Publikumsgesellschaften*** besteht aber keine Identität von Management und Eigentümer, so dass das Kaufangebot an die bisherigen Eigentümer für das Management persönlich unvorteilhafte Konsequenzen haben kann. Das Management wird durch die Übernahme von einem anderen Mehrheitsaktionär abhängig, ohne dass es in die Verhandlungen über den Eigentumsübergang einbezogen werden muss. Der Begriff „***Raider***" bezeichnete früher einen friedliche Burgen überfallenden Raubritter und wird heute für Käufer verwendet, die eine Publikumsgesellschaft gegen den Willen des Managements dieser Gesellschaft übernehmen wollen.

Ein Übernahmeangebot gilt also als ***feindlich***, wenn der Käufer seine Erwerbsabsicht gegen den Willen des Managements der Zielgesellschaft durchsetzen will. Wenn das Management bislang über einen erheblichen diskretionären Handlungsspielraum verfügen konnte und vermutet, dass es diesen verlieren wird, dann wird es versuchen, den Eigentümerwechsel zu verhindern. Dazu stehen ihm eine ganz Reihe von Abwehrmechanismen zur Verfügung.

Als ***Abwehrmechanismus*** bezeichnet man alle direkten und indirekten Handlungsmöglichkeiten des Managements der Zielgesellschaft, einen Übernahmeversuch und die Übertragung der Kontrollrechte auf einen neuen Eigentümer zu verteuern, zu verzögern oder zu verhindern. Man kann die Abwehrmechanismen danach unterscheiden, ob sie als Gegenmaßnahmen zu einer Übernahmedrohung oder bereits im Vorfeld ohne konkreten Anlass ergriffen werden. Die ***präventiven Abwehrmechanismen*** kann man weiter danach unterscheiden, ob sie im finanzwirtschaftlichen Bereich – z. B. über gesellschaftsrechtliche Vorkehrungen – ansetzen oder in der nicht finanziellen Sphäre des Unternehmens.

Im Folgenden werden die Abwehrmaßnahmen danach unterschieden, ob sie die Eigenkapitalposition des „bedrohten" Unternehmens verändern und somit in der Regel der Zustimmungspflicht durch die Hauptversammlung unterliegen oder an realwirtschaftlichen Maßnahmen ansetzen und damit weitgehend allein vom Management der potentiellen Zielgesellschaft ergriffen werden können.

(2) Die Eigenkapitalposition betreffende Abwehrmaßnahmen

Veränderungen der Eigenkapitalposition oder die Ausgabe besonderer Eigenkapitaltitel erfolgen im weiteren Vorfeld eines möglichen Übernahmeversuchs, weil sie sich kurzfristig kaum umsetzen lassen.

Der in Abschnitt 11.3.1 beschriebene ***Erwerb eigener Aktien*** durch die Zielgesellschaft gilt als naheliegende Transaktion zur Verteuerung der Aktien. Als vorteilhafte Nebenwirkungen des Aktienrückkaufs können der Abbau von Liquidität und die Restrukturierung der Kapitalstruktur genannt werden, so dass die erwartete positive Kursreaktion den „Angriff" auf das Unternehmen erheblich verteuern kann.

Als präventive, die Eigenkapitalposition betreffende Abwehrmaßnahme kann die Ausgabe vinkulierter ***Namensaktien*** gedeutet werden, wenn die Übertragung der Anteile an die Zustimmung des Vorstands geknüpft ist. Auch eine Kapitalerhöhung unter Ausschluss des gesetzlichen Bezugsrechts der Aktionäre kann das Ziel verfolgen, die neuen Aktien bei einem Kreis befreundeter Anleger zu platzieren, um so den Anteil des Streubesitzes abzusenken, der auf den möglichen Aufkäufer übertragen werden kann.

Die Emission von ***Titeln mit speziellen Bezugsrechten***, die sich unter der Bedingung einer Übernahme auf Anteile an der übernommenen, für den Fall einer Verschmelzung sogar auf Anteile an der übernehmenden Gesellschaft beziehen, sind nach amerikanischem Recht möglich, verstoßen aber in Deutschland gegen den aktienrechtlichen Gleichbehandlungsgrundsatz und sind daher ***verboten***.

Es besteht aber immer noch die Möglichkeit, präventiv die für die „Deutschland AG" typischen ***Überkreuzbeteiligungen*** oder ***Ringverflechtungen*** mit einer oder mehreren anderen Zielgesellschaften aufzubauen. Nach der Höhe der Beteiligung unterscheidet man dabei die qualifizierte ***wechselseitige Beteiligung*** von der einfachen wechselseitigen Beteiligung, bei der keinem der Unternehmen an den anderen Unternehmen eine Mehrheitsbeteiligung gehört, die Gesellschaften wohl aber mit mehr als 25 % der Anteile aneinander beteiligt sind. Die genannten Überkreuzbeteiligungen können die betroffenen Manager insoweit vor einer Übernahme schützen, als am Markt nur wenige Beteiligungstitel verfügbar sind und damit der Aufbau einer Kontrollmehrheit erschwert ist.

(3) Ad-hoc-Abwehrmaßnahmen

Abwehrmaßnahmen, die nicht unmittelbar die Eigenkapitalposition der Zielgesellschaft betreffen, werden vom Management als Reaktion auf ein bereits vorliegendes oder kurz bevorstehendes feindliches Übernahmeangebot eingesetzt. Ob solche Abwehrmaßnahmen erlaubt sind oder nicht, ist teilweise im Gesellschaftsrecht geregelt. Die Verbote sind aber in einzelnen Ländern durchaus unterschiedlich, so dass viele Gründe für ein einheitliches Vorgehen bei der Durchsetzung des Verbots solcher Abwehrmaßnahmen sprechen.[33]

Die weitgehend in den USA entwickelten und eingesetzten Abwehrmechanismen sind zum Teil unter spektakulären Begriffen bekannt, so beispielsweise unter den Begriffen ***Giftpillen*** (Poison Pills) oder ***Haiabwehrmitteln*** (Shark Repellents). Häufig sind die Abwehmaßnahmen bereits im Vorfeld gut vorbereitet und werden bei einer drohenden feindlichen Übernahme mehr oder weniger automatisch in Kraft gesetzt, andere sind sogar in den Statuten der Gesellschaft verankert.

Mit der Einräumung einer ***Kronjuwele*** (Crown Juwel Option) an einen Dritten bzw. dem Verkauf der unterbewerteten und daher für den Käufer besonders interessanten Kronjuwele soll der angreifenden Gesellschaft der besondere Anreiz zur Übernahme genommen werden, weil ein besonders attraktives Asset verkauft wurde. Wird ein Großteil der Assets verkauft bzw. sogar verschleudert, so spricht man von einer Verteidigungsstrategie der ***verbrannten Erde*** (Scorched Earth Policy).

Das Abwehrinstrument der ***goldenen Fallschirme*** (Golden Parachutes) räumt dem Vorstand der Zielgesellschaft bei einem Arbeitsplatzverlust aufgrund einer erfolgreichen Übernahme so hohe Abfindungen ein, dass der Kapitalwert der Übernahme empfindlich geschmälert wird („künstliche Transaktionskosten"). Da der Bieter daran interessiert sein muss, Aufsichtsrat und Vorstand der Zielgesellschaft seinen Vorstellungen entsprechend neu zu besetzen, zielen Abwehrmaßnahmen des betroffenen Managements gelegentlich auch darauf ab, eine rasche ***Auswechslung der Mitglieder des Aufsichtsrats zu verhindern***. Das kann beispielsweise dadurch erreicht werden, dass die Berufungszeiträume der Mitglieder des Aufsichtsrats so gestaffelt werden, dass deren Auslaufen in einem breiten zeitlichen Korridor erfolgt. Die Staffelung erschwert dann den Versuch eines Käufers, unmittelbar mit dem Erwerb der Kontrollmehrheit auch die faktische Kontrolle über den Aufsichtsrat zu erlangen.

Die im ***deutschen Aktienrecht*** etablierte Zweiteilung der Organe in Aufsichtsrat und Vorstand sowie die speziellen mitbestimmungsrechtlichen Regelungen bilden im Vergleich zu Aktiengesellschaften im Ausland bereits durch ihre spezielle Konstruktion einen „Abwehrblock", der eine Neubesetzung der Organe und die Erlangung der Gremienmehrheit erschwert.

Als ***Gegenangriff*** (Pac Man) bezeichnet man ein kurzfristig ausgearbeitetes Übernahmeangebot der von einer Übernahme bedrohten Gesellschaft an die Eigentümer der Bietergesellschaft mit der Absicht, die finanzwirtschaftliche Basis des Angreifers zu schwächen. Schließlich soll die Einschaltung eines dem Management der Zielgesellschaft freundlich gesonnenen Bieters

---

[33] Vgl. KUHNER / SCHILLING (2002).

als ***Weißer Ritter*** (White Knight) das bedrohte Unternehmen durch ein eigenes Übernahmeangebot und die damit einhergehende Verteuerung des Kaufpreises für die Zielgesellschaft vor einer unfreundlichen Übernahme bewahren. Das Management vermeidet dann die Kontrolle durch den feindlichen Angreifer zugunsten der Kontrolle durch ein Unternehmen, das dem Management der Zielgesellschaft zugeneigt ist oder scheint.

(4) Präventive realwirtschaftliche Abwehrmechanismen

Neben den Ad-hoc-Maßnahmen des Managements, sich der Disziplinierung durch eine mögliche feindliche Übernahme zur Wehr zu setzen, gibt es ***weniger offensichtliche präventive realwirtschaftliche Möglichkeiten***, die in der Praxis sehr häufig nur schwer als Abwehrmaßnahmen zu identifizieren sind. Man kann sie summarisch als ***Verschanzungsstrategien bzw. Einigelungsstrategien (Management Entrenchment)*** bezeichnen.[34]

So kann beispielsweise das Management bereits bei der Einstellung überaus lange Amtszeiten mit einem hohen Festgehalt vereinbaren oder sich durch Vornahme managerspezifischer Investitionen „unentbehrlich" machen, d. h. hohe versunkene Kosten (Sunk Costs) aufbauen, die den Aufsichtsgremien oder einem neuen Eigentümer die Ablösung des alten Managements erschweren. Die Verfolgung komplexer technologischer Strategien, die laufende Inanspruchnahme von Absatzkanälen auf der Basis privater Beziehungen oder der Aufbau abhängiger Teams oder Mannschaften können ebenfalls wirksame Vehikel der Verschanzung sein, die die Erfolgsaussichten einer Übernahme mit dem Ziel einer Auswechselung des Managements vermindern können.

12.2.4 Zahlungsformen und Finanzierung des Kaufpreises

Bei einer Unternehmensakquisition ist der auf der Basis der Unternehmensbewertung vereinbarte Kaufpreis für das Unternehmen an die Aktionäre des Zielunternehmens zu entrichten. Die ***Bezahlung des Kaufpreises*** erfolgt entweder ***bar (Cash Offer)***, oder indem den Aktionären der Zielgesellschaft die Aktien des eigenen Unternehmens zur Verfügung gestellt werden (***Share Offer***). Daneben gibt es einige Sonderformen der Finanzierung.

Eine andere Frage ist die ***Finanzierung des Kaufpreises***. So kann beispielsweise das Bargeld für eine Cash Offer über eine Innenfinanzierung, eine Eigen- oder eine Fremdfinanzierung aufgebracht werden. Die Frage der Zah-

---

[34] Verschanzungsstrategien können erstens ganz generell auch darauf gerichtet sein, das Management der laufenden Unternehmenskontrolle – z. B. durch das Monitoring durch die Aufsichtsgremien – zu entziehen, und zweitens dann auch über finanzwirtschaftliche Maßnahmen umgesetzt werden, wozu auch der Aufbau von Überkreuzbeteiligungen und Ringverflechtungen gehört. Vgl. BERGER / OFEK / YERMACK (1997).

lung ist zunächst separat zur Frage der Finanzierung in Abschnitt (7) zu entscheiden.[35]

(1) Alternativen der Akquisitionswährung (Zahlungsalternativen)

Abbildung 12.3 stellt die beiden typischen Formen der Bezahlung einer Unternehmensübernahme gegenüber.

Akquisitionswährungen

Aktivtausch	Bilanzverlängerung
Cash Offer Bezahlung in Bar Aktien gegen Kasse	Share Offer Aktientausch Aktien gegen Aktien
(Aktien gegen sonstige Vermögensgegenstände)	(Aktien gegen Fremdkapital oder Hybride)

Sonderformen

Mixed Bids
Vendor Placing, Vendor Rights Issue
Security Packages
Hybride (Convertible Bonds, Preference Shares)

Abb. 12.3: Zahlungsalternativen und Akquisitionswährungen

(2) Das Barangebot (Cash Offer)

Bei einem Barangebot (Cash Offer) wird den Aktionären des Zielunternehmens angeboten, ihre Aktien zu einem bestimmten, im Übernahmeangebot genannten Preis zu kaufen. Damit die Aktionäre einen Anreiz haben, ihre Aktien zu verkaufen, wird der Angebotspreis im Allgemeinen deutlich ***über dem aktuellen Börsenkurs*** angesetzt. Faktisch sind Kontrollprämien von 20 % bis 30 % gegenüber dem aktuellen Börsenkurs keine Seltenheit. Würde der Übernahmepreis mit dem aktuellen Börsenkurs übereinstimmen, dann hätten die

---

[35] Vgl. zum Folgenden RUDOLPH (2000a).

Aktionäre der Zielgesellschaft keinen Anlass, ihre Anteile in dem gewünschten Zeitraum abzugeben. Wird der Übernahmepreis allerdings zur Motivation der Verkäufer sehr hoch angesetzt und verbraucht mehr als den insgesamt vermuteten Fusionsgewinn, dann stellt sich die Übernahme als kapitalwertnegative Investition dar und geht zu Lasten der Aktionäre des bietenden Unternehmens.

Das Ausbalancieren des Übernahmepreises ist ein schwieriges Unterfangen, weil sich auch die Kleinaktionäre in der Übernahmesituation strategisch verhalten. Können nämlich die Aktionäre den Wert der Aktien nach einer erfolgreichen Übernahme gut abschätzen, dann entsteht ein ***Trittbrettfahrerproblem*** in der Weise, dass die Aktionäre den erwarteten Wertzuwachs durch die Übernahme als Prämie einfordern werden. Wäre die Prämie geringer, würden sie ihre Aktien behalten, um an der Wertsteigerung der Aktie nach der Übernahme zu partizipieren. Ein Erfolg dieser Strategie setzt allerdings voraus, dass die geplante Übernahme überhaupt gelingt. Wenn aber alle Aktionäre ihre Aktien zurückbehalten, wird die Übernahme scheitern, es sei denn, die Prämie erfolgt genau in Höhe des Wertzuwachses. In diesem Fall hat die Akquisition aber für den Käufer keinen positiven Kapitalwert.

Im Gegensatz zu dem im nachfolgenden Abschnitt behandelten Tauschangebot sind für die ***Aktionäre der Zielgesellschaft*** mit einem Barangebot bestimmte Vor- und Nachteile verbunden. Insbesondere fließen den Aktionären unmittelbar Zahlungsmittel zu, so dass sie in diesem Umfang ihr Portefeuille neu strukturieren können. Die erzielte Übernahmeprämie ist von den Altaktionären allerdings im Gegensatz zum Aktientausch zu versteuern. Während diese steuerliche Regelung für Kleinaktionäre kein Problem darstellt, können die steuerlichen Belastungen für institutionelle Investoren beträchtlich sein.

Dem ***kaufenden Unternehmen und seinen Eigentümern*** bieten sich andere Vor- und Nachteile. So gilt eine Cash Offer insbesondere in jenen Fällen, in denen ein Widerstand des Managements der Zielgesellschaft erwartet wird oder Mitbewerber auftreten können, als klares Angebot an die Aktionäre, so dass Verzögerungen der Transaktion verhindert werden, die die Übernahme gefährden könnten. Für die Aktionäre des bietenden Unternehmens gibt es bei einem Barangebot keine wesentlichen Veränderungen ihrer Position, weil sich im Gegensatz zur Share for Share Offer die Eigenkapital- und Kontrollstruktur des bietenden Unternehmens nicht verändert.

(3) Das Angebot zum Aktientausch (Share for Share Offer)

Bei einem Aktientauschangebot (Share Offer) wird den Aktionären des Zielunternehmens angeboten, ihre Aktien in einem bestimmten Tauschverhältnis in die Aktien des bietenden Unternehmens zu tauschen, so dass sie nach der Transaktion mit einem bestimmten Anteil an der akquirierenden Gesellschaft beteiligt sind. Das Tauschverhältnis orientiert sich an dem Verhältnis der Marktwerte des Eigenkapitals beider Gesellschaften und soll für die Aktionäre der Zielgesellschaft attraktiv sein. Ob das Tauschverhältnis attraktiv ist, lässt sich schwer abschätzen, wenn in die Börsenkurse beider Gesellschaften bis zum Zeitpunkt der Ankündigung bereits die Erwartungen der Anleger über den erwarteten Mehrwert und seine Aufteilung auf die beiden Gesellschaften eingeflossen ist.[36]

Insbesondere für institutionelle Investoren als ***Eigentümer des Zielunternehmens*** hat die Share Offer gegenüber der Cash Offer den Vorteil, dass eine Besteuerung der Übernahmeprämie vermieden wird. Die Aktionäre des Zielunternehmens bleiben auch nach dem Verkauf ihrer Anteile mit dem finanziellen Schicksal „ihres" Unternehmens verbunden. Das Unternehmen wird nun zwar vom Management der neuen Gesellschaft kontrolliert. Mögliche Erträge und Risiken stehen aber – entsprechend dem Umtauschverhältnis – auch den Aktionären des Zielunternehmens zu.

Für die ***bietende Gesellschaft und deren Aktionäre*** kann sich mit dem Aktientausch die Kapitalstruktur ändern, wobei dies von der Kapitalstruktur des Zielunternehmens abhängt. Die Auswirkungen auf den Aktienkurs bei einer Erhöhung der ausgegebenen Anzahl von Aktien sind unsicher. Fällt der Kurs oder wird ein Kursverfall erwartet, dann muss das von den Aktionären der Zielgesellschaft einkalkuliert werden, wenn sie die Vorteilhaftigkeit des Übernahmeangebots prüfen. Schließlich verändert ein Aktientausch die Kontrollstruktur der bietenden Gesellschaft.

Als besonderer Vorteil der Share Offer wird darauf hingewiesen, dass auf der Liquiditätsebene zunächst keine Auswirkungen zu verzeichnen sind. Langfristig muss natürlich eine Dividendenzahlung erfolgen.

(4) Sonderformen der Kaufpreiszahlung

Bei einem ***gemischten Angebot (Mixed Bid)*** wird ein Umtauschangebot mit einer Zuzahlung versehen bzw. ein Barangebot um die Möglichkeit des Aktientauschs erweitert. Gelegentlich sehen Übernahmeregeln vor, dass die Aktionäre neben einem Aktienumtauschangebot auch ein alternatives Barangebot erhalten müssen (z. B. Regel 9 des City Code on Take-overs and Mergers von 1988).

Bei einem ***Vendor Placing*** handelt es sich um einen Aktientausch, bei dem die Aktionäre der Zielgesellschaft Barmittel von einem Finanzintermediär erhalten können, der im Gegenzug die Aktien des bietenden Unternehmens aufnimmt. Auch bei einem ***Vendor Rights Issue*** können die Aktionäre der Zielgesellschaft neben den neuen Aktien Barmittel erhalten, wenn sie ihre

[36] Ein Fallbeispiel und eine Diskussion der Folgen bei einer aktuellen Über- oder Unterbewertung des Zielunternehmens findet man bei LANGNER (1999).

neuen Aktien einer Gruppe von Altaktionären des übernehmenden Unternehmens anbieten. Damit kann die Kontrollstruktur der übernehmenden Gesellschaft in eine gewünschte Richtung gebracht werden.

Gelegentlich werden ***Security Packages*** angeboten, bei denen andere Finanztitel des übernehmenden Unternehmens als Aktien, also z. B. Vorzugsaktien, ausstehende Schuldverschreibungen oder hybride Titel den Aktionären der Zielgesellschaft angeboten werden. Zu den Security Packages kann man auch Tauschangebote in Aktien anderer Gesellschaften rechnen. So könnte die bietende Gesellschaft beispielsweise Aktien einer anderen Tochtergesellschaft zum Kauf anbieten oder – wie beim Angebot der Vereinsbank an die Hypo-Aktionäre – im Bestand befindliche Aktien (hier Allianz-Aktien).

Hybride Finanztitel, bei denen den Aktionären der Zielgesellschaft Options- oder Wandelanleihen des Käufers angeboten werden, können gelegentlich die Nachteile reiner Bar- oder Tauschangebote für die Aktionäre der Zielgesellschaft und des Käufers vermeiden helfen.

(5) Die Finanzierung von Unternehmensakquisitionen

Die Finanzierung des Kaufpreises ist der finanzwirtschaftliche Kern einer Unternehmensübernahme. Mögliche Finanzierungsinstrumente entspringen wie immer der Innenfinanzierung oder der Außenfinanzierung. Bei der Außenfinanzierung werden die Mittel über die privaten Eigen- und Fremdkapitalmärkte oder über die anonymen Kapitalmärkte aufgebracht.

Da zur Besicherung eines Akquisitionskredites neben der Kapitaleinlage des Investors häufig nur die Vermögenswerte der Zielgesellschaft zur Verfügung gestellt werden sollen, kommt eine ***vollständige Kreditfinanzierung*** in der Regel nicht in Frage. Der Kreditanteil wird daher regelmäßig auf 60 % bis 70 % des Kaufpreises begrenzt.

Wenn nun aber nur ein Teil kreditfinanziert werden kann, müssen zusätzliche Mittel eingesetzt werden, die auch einen Teil des Risikos tragen. Hier bieten sich eigenkapitalähnliche Mittel an. ***Mezzanin-Kapital*** kann in Form von Nachrangkapital eingesetzt werden, so dass eine Nachrangigkeit des Anspruchs im Liquidationsfall gegenüber den besicherten (Senior Debt) und ungesicherten (Junior Debt) Mitteln gegeben ist, aber Vorrangigkeit gegenüber dem „echten“ Eigenkapital. Mit dem Einsatz von Mezzanin-Kapital können auch handels- und steuerrechtliche Vorteile verbunden sein.

Gegebenenfalls ist auch der Einsatz zusätzlichen Eigenkapitals eine Option. Da der Käufer typischerweise die Kontrolle über das Unternehmen übernehmen will, bietet sich die Einbindung eines Finanzpartners auf Zeit als Minderheitsgesellschafter an, der beispielsweise ***Private Equity*** zur Verfügung stellt.

12.3 Finanzwirtschaftliche Analyse von Unternehmensübernahmen

12.3.1 Unternehmensübernahmen bei vollkommenem Kapitalmarkt

Die neoklassische Finanzierungstheorie empfiehlt, alle Investitionsentscheidungen an Hand des Kapitalwertes auszurichten. Diese Empfehlung lässt sich auch auf Entscheidungen über ein externes Wachstum übertragen. Nach der ***Kapitalwertregel*** der Investitionsplanung, die im Übrigen unter den Voraussetzungen eines vollkommenen Kapitalmarktes nur eine andere Formulierung des Shareholder-Value-Ansatzes darstellt, gilt, dass alle Investitionsprojekte und alle Restrukturierungsmaßnahmen durchgeführt werden sollten, deren Kapitelwert positiv ist. Der Kapitalwert einer Investition gibt den Wertzuwachs des Vermögens der Eigentümer an, der sich mit der Investition erreichen lässt.

Kapitalwertkalküle werden typischerweise für mehrperiodige Entscheidungen innerhalb von Unternehmen formuliert, gelten aber unter den Bedingungen vollkommener und vollständiger Kapitalmärkte unternehmensübergreifend (projektspezifisch), wobei natürlich positive und negative Interdependenzen zu den übrigen Aktivitäten der Organisationseinheiten, in die sie eingebettet sind, berücksichtigt werden müssen. ***Investitionsrechnungen lassen sich im Rahmen dieses Ansatzes bei sicheren wie unsicheren Erwartungen problemlos auf unternehmensübergreifende Maßnahmen übertragen***, woraus die einfache Entscheidungsregel folgt, dass alle Unternehmensübernahmen mit positivem Kapitalwert gesamtwirtschaftlich vorteilhaft sind. Die ***formale Grundstruktur der Kapitalwertregel*** lässt sich an einem einfachen Modell mit sicheren Erwartungen demonstrieren.[37]

Es sei EK_1 der Marktwert des Eigenkapitals eines Unternehmens 1. Bei vollkommenem Kapitalmarkt ist der Marktwert des Eigenkapitals gleich den von den Anteilseignern in das Unternehmen eingebrachten Zahlungsmitteln zuzüglich dem Kapitalwert aller im Unternehmen bereits durchgeführten oder in Zukunft noch durchzuführenden Investitionsprojekte. Bei vollkommenem Kapitalmarkt ist darüber hinaus der Wert jedes Eigenkapitaltitels gleich groß, d. h. es gibt keine Paketzuschläge oder andere vom einheitlichen Marktpreis

[37] Eine einfache Modifikation des Modells besteht in der Annahme unsicherer Erwartungen mit rein technologischer Unsicherheit, so dass der Annahmerahmen des neoklassischen Modells nicht verlassen wird. In diesem Fall gelten trotz Unsicherheit alle diskutierten Zusammenhänge weiter, und zwar auch dann, wenn die Annahme eines risikofreien Fremdkapitals fallengelassen wird. Voraussetzung ist aber weiterhin ein vollkommener und vollständiger Kapitalmarkt, was insbesondere bedeutet, daß keine Transaktionskosten oder Steuern zu berücksichtigen sind und sich durch Unternehmenszusammenschlüsse keine Veränderungen in den Bewertungen von Zahlungsströmen in den möglichen Umweltzuständen ergeben.

abweichende gezahlte Aktienkurse – damit kann es auch keine Interessengegensätze zwischen den Aktionäre geben.

Bei vollkommenem Kapitalmarkt und kapitalmarktgerechter Verzinsung des Fremdkapitals kann der Marktwert des Eigenkapitals einerseits als Differenz der Marktwerte des Unternehmens und des Fremdkapitals und andererseits als Summe aus den von den Anteilseignern eingebrachten Zahlungsmitteln und allen Kapitalwerten der Investitionsprojekte berechnet werden:

EK_1 = Barwert der Einzahlungsüberschüsse des Unternehmens MW_1
– Marktwert des Fremdkapitals des Unternehmens FK_1

= von den Eigentümern eingebrachte Zahlungsmittel
+ Kapitalwert aller Investitionsprojekte des Unternehmens 1

Nun wird neben dem Unternehmen 1 noch ein Unternehmen 2 betrachtet, für das vergleichbare Bewertungsbeziehungen gelten. Bei vollkommenem Kapitalmarkt gilt auch für den Marktwert des Eigenkapitals dieses Unternehmens 2 die Gleichheit des Nettobarwertes aller den Eigentümern zuzurechnenden Einzahlungsüberschüsse und der um den Kapitalwert aller Investitionsprojekte ergänzten eingebrachten Zahlungsmittel der Anteilseigner des Unternehmens 2.

Wird von Unternehmen 1 oder Unternehmen 2 in $t = 0$ eine zusätzliche Investition I_0 mit einem positiven Kapitalwert $K^*_0 > 0$ getätigt, dann steigt der Marktwert des Eigenkapitals um diesen Kapitalwert (Wertadditivität), d. h. die Eigentümer dieses Unternehmens werden genau um den Kapitalwert der in ihrem Unternehmen durchgeführten Investition reicher.

(1) $$EK_1^{neu} = EK_1 + K^*_0 \quad \text{bzw.} \quad EK_2^{neu} = EK_2 + K^*_0$$

Bei der Übertragung des einzelwirtschaftlichen Investitionskalküls auf den unternehmensübergreifenden Fall einer Restrukturierung ist es gleichgültig, welche absatz- oder produktionswirtschaftlichen Vorteile (Economies of Scale, Economies of Scope) den positiven Kapitalwert inhaltlich bewirken. Für jede unter finanzwirtschaftlichen Kriterien vorteilhafte Restrukturierung durch einen Unternehmenszusammenschluss gilt die Synergiebedingung, dass der Marktwert des Eigenkapitals des fusionierten Unternehmen $EK_{(1+2)}$ größer sein muss als die Summe der Marktwerte des Eigenkapitals EK_1 und EK_2 der Unternehmen 1 und 2:

(2) $$EK_{(1+2)} > EK_1 + EK_2$$

Gilt Beziehung (2), dann ist mit der Fusion ein positiver Kapitalwert verbunden, so dass es vorteilhaft ist, dass das Unternehmen 1 das Unternehmen 2 übernimmt oder umgekehrt. Die rechtliche Form der Übernahme ist dabei ebenso irrelevant wie die „Übernahmerichtung“, ob also Unternehmen 1 oder

2 die Bieter oder die Zielgesellschaft ist. Die Ratio der Vorteilhaftigkeit wird durch das Kapitalwertkriterium aufgedeckt. Bei einer kapitalwertpositiven Restrukturierung ist der Marktwert des Eigenkapitals des fusionierten Unternehmens größer als die Summe der Marktwerte des Eigenkapitals beider Unternehmen.

$$(3) \qquad EK_{(1+2)} - (EK_1 + EK_2) = K_0^{(\ddot{U}bernahme)} > 0$$

Da die „Richtung" der Übernahme bei vollkommenem Kapitalmarkt für die Vorteilhaftigkeitsbeziehung irrelevant ist, kann beispielsweise Unternehmen 2 die Aktionäre von Unternehmen 1 mit EK_1 auszahlen. Die Aktionäre von 2 würden dann den gesamten Zugewinn des Marktwertes des Eigenkapitals realisieren. Umgekehrt könnte das Unternehmen 1 die Aktionäre von 2 mit EK_2 auszahlen. Der gemeinsame Marktwertzuwachs des Eigenkapitals wäre gleich.

Allerdings bestünde in beiden Fällen für die Aktionäre der Zielgesellschaft kein besonderer Anreiz, ihre Aktien zum bestehenden Marktwert abzugeben. Die Bietergesellschaft wird also in realistischen Übernahmeverhandlungen im Zweifel eine Übernahme nur dann herbeiführen können, wenn den Aktionären der Zielgesellschaft ein gewisser Zugewinn eingeräumt wird mit der Folge, dass der Kapitalwert der Übernahmetransaktion $K_0^{(\ddot{U}bernahme)}$ auf die Beteiligten aufgeteilt wird. Für die Zielgesellschaft selbst ist die Transaktion nur dann eine vorteilhafte Maßnahme, wenn der Marktwert des Eigenkapitals für die eigenen Aktionäre steigt.

Berücksichtigt man zusätzlich Transaktionskosten (z. B. Kosten des formellen Zusammenschlusses, Anpassungskosten in allen Bereichen der Unternehmensorganisationen oder durch die Fusion ausgelöste Steuerzahlungen), dann heißt das, dass $K_0^{(\ddot{U}bernahme)}$ so groß sein muss, dass erstens die Aktionäre der Zielgesellschaft eine Marktwertsteigerung erfahren und zweitens die Transaktion auch nach Berücksichtigung der Transaktionskosten für die Aktionäre der Bietergesellschaft noch lohnenswert ist. Da die Art der Finanzierung für den Marktwert der Unternehmen irrelevant ist, stellt sich nicht die Frage nach der Zusammensetzung des Eigenkapitals. Die Interessen möglicher Mehrheits- und Minderheitsaktionäre sind gleichgerichtet, Kontrollaktivitäten wegen des gleichen Informationsstandes aller Kapitalmarktteilnehmer unnötig.

Zieht man aus dem ***neoklassischen Kapitalwertkalkül der Unternehmensübernahme*** finanzpolitische Schlussfolgerungen, dann erhält man als Ergebnis, dass man Übernahmetransaktionen nur dann erwarten darf, wenn

- erstens der Marktwertzuwachs einer Unternehmensübernahme so groß ist, dass nach Abzug der zu erwartenden Kosten der Übernahmetransaktion und Restrukturierung ein Nettozuwachs für die Aktionäre der Ziel- und der Bietergesellschaft verbleibt und

- zweitens der gemeinsame Nettomarktwertzuwachs so auf die beiden ursprünglichen Eigentümergruppen verteilt wird, dass für beide Aktionärskreise ein Vermögenszuwachs realisiert wird.

Bei homogenen Erwartungen wird man davon ausgehen können, dass sich die Aktionäre beider Unternehmen den erwarteten Zugewinn aufteilen. Von der speziellen Art der Teilungsregel sind – bei symmetrischer Informationsverteilung – der gesamte Zugewinn und damit die gesamtwirtschaftliche Vorteilhaftigkeit einer Unternehmensübernahme aber unabhängig. Die ***Teilungsregel*** ist also ***irrelevant***, solange für beide Aktionärsgruppen ein Anreiz zur Durchführung der Transaktion verbleibt.

Die von der Wirtschaftspresse beklagte deutsche Krankheit würde nach dem Ansatz dieses neoklassischen Modells bedeuten, dass es eine Fülle kapitalwertpositiver Umstrukturierungsmöglichkeiten im Sinne eines Zugewinns für die Shareholder von Bieter- und Zielgesellschaften gibt, die nicht durchgeführt werden, obwohl dadurch zugleich die gesamtwirtschaftliche Effizienz der Kapitalallokation verbessert würde. Gründe für ein solches Defizit könnten in hohen Transaktionskosten oder rechtlichen Rahmenbedingungen bestehen, die Übernahmetransaktionen per Gesetz oder faktisch verhindern.

Wenn auch dieses Ergebnis durchaus ein Licht auf die wirklichen Gründe für die mangelnde Übernahmekultur am deutschen Kapitalmarkt werfen mag, so scheint mit dem Begriff der „Festung Deutschland" doch ein darüber hinausgehendes Phänomen gemeint zu sein. Das skizzierte Modell geht nämlich von einer Interessenharmonie aller Eigentümer an den Märkten aus, die wesentlich auf der Annahme gleich verteilter Informationen basiert. In diese Interessenharmonie ist wegen des hohen Informationsstandes auch das Management der Gesellschaften eingebunden.[38]

12.3.2 Akquisitionen bei asymmetrischer Informationsverteilung

Bekanntlich verlieren bei asymmetrisch verteilten Informationen zwischen den Wirtschaftssubjekten viele Ergebnisse des neoklassischen Modells ihre Gültigkeit.[39] Asymmetrisch verteilte Informationen können zwischen einer Vielzahl von Kapitalmarktteilnehmern und anderen Wirtschaftssubjekten bestehen. Im Folgenden wird nur eine für die untersuchte Fragestellung besonders prägnante mögliche asymmetrische Informationsverteilung und damit

---

[38] Vgl. RUDOLPH (1999).

[39] Insbesondere verlieren die Irrelevanztheoreme ihre Gültigkeit; die Existenz und Strukturierung des Eigenkapitals und Fremdkapitals kann Auslöser für realwirtschaftliche Aktivitäten sein und daher für den Marktwert der Aktien von erheblicher Bedeutung; darüber hinaus kann es sinnvoll sein, Finanzintermediäre in den Prozess der Kapitalanlage und Kapitalaufnahme einzuschalten. Vgl. speziell zur Finanzintermediation bei asymmetrischer Informationsverteilung BREUER (1993).

einhergehende Interessendivergenz analysiert, nämlich jene zwischen dem Management und den Eigentümern von Aktiengesellschaften.[40]

Bei der Analyse möglicher Übernahmefälle ist es zweckmäßig, einerseits Aktiengesellschaften mit einem engen Eigentümerkreis zu betrachten, bei denen die Unternehmenskontrolle von einem oder wenigen Eigentümern wirksam wahrgenommen wird (***eigentümerkontrollierte Gesellschaften***), so dass von den Eigentümern abweichende Erwartungen und Interessen des Managements eher vernachlässigbar erscheinen. Andererseits werden Publikumsgesellschaften betrachtet, die keine solche konzentrierte Eigentümerstruktur aufweisen (***kapitalmarktkontrollierte Gesellschaften***), so dass zu erwarten ist, dass das Management über das unternehmensinterne Geschehen im Allgemeinen besser informiert ist als die Eigentümer. Es wird also angenommen, dass das Management keiner wirksamen Kontrolle durch einzelne Aktionäre unterliegt und prinzipiell gegenüber dem fragmentierten Aktionärsbesitz seine eigenen Interessen durchsetzen kann. Publikumsgesellschaften können allerdings durch Gesetz, Satzung, geeignete Anreizmechanismen oder Selbstbindung des Managements ebenfalls auf die Ziele ihrer Anteilseigner verpflichtet sein.

Empirische Befunde sprechen dafür, dass bei zahlreichen Akquisitionen letztlich nicht der erhoffte Synergiegewinn realisiert wird, was bewirkt, dass die Aktionäre der Zielgesellschaft beim Verkauf einen Kursgewinn realisieren können, während der nachhaltige Marktwertzuwachs bei den Aktionären der Bietergesellschaft bescheiden bleibt oder gar nicht erreicht wird. Der Verhandlungsprozess zwischen dem bietenden Kontrollaktionär und dem Eigentümer der Zielgesellschaft ist aber privat überschaubar, Managerinteressen dürften bei solchen Kontrolltransaktionen nur eine untergeordnete Rolle spielen. Problematisch bleibt die Aufteilung eines Marktwertzuwachses auf die kontrollierenden Eigentümer und die Minderheitsaktionäre.

Im Fall, dass es sich bei der Ziel- und / oder Bietergesellschaft – als typischer Fall für ein kapitalmarktorientiertes Finanzsystem – um eine Publikumsgesellschaft handelt, wird man erwarten können, dass das Management seine eigenen Interessen (auch gegen die Interessen der Aktionäre) durchzu-

---

[40] Neben sog. Prinzipal-Agent-Problemen auf der Eigentümer-Manager-Ebene gibt es vielfältige Prinzipal-Agent-Probleme auf der Ebene der Alteigentümer und der Eigentümer der zu übernehmenden bzw. übernommenen Gesellschaft. Insbesondere ist es denkbar – und im deutschen Übernahmerecht keineswegs ausgeschlossen –, dass die oder einige Eigentümer der übernommenen Gesellschaft nicht den Marktwert ihrer Anteile erhalten, sondern zu einem niedrigeren Wert entschädigt werden. In einem solchen Fall kann es vorkommen, dass das oben genannte Synergiekriterium nicht greift, d. h. die Fusion gesamtwirtschaftlich nicht effizient ist, die Übernahme für die Aktionäre der übernehmenden Gesellschaft aber dennoch von Vorteil sein kann. Die ist der Fall, wenn $EK_{(1+2)} < EK_1 + EK_2$ und zugleich $EK_{1neu} > EK_1$ gilt. Vgl. für eine eingehende Analyse solcher Situationen insbesondere WENGER (1995) sowie WENGER / HECKER / KNOESEL (1997).

setzen versucht. Nun ist zu unterscheiden, ob die Manager ihre Interessen in der Bietergesellschaft, in der Zielgesellschaft oder in beiden Gesellschaften durchsetzen können. Eine Übersicht über mögliche Verhaltensweisen kann der allgemeinen Gliederung von Agency-Modellen folgen, wie sie auch für andere Bereiche der Unternehmensfinanzierung gilt. Dabei wird unterstellt, dass Unternehmen 1 als mögliche Bieter- und Unternehmen 2 als mögliche Zielgesellschaft betrachtet wird.

Umweltzustand / **Manager**	**Übernahme lohnt sich, d. h.** $EK_{(1+2)} > EK_1 + EK_2$	**Übernahme lohnt nicht, d. h.** $EK_{(1+2)} < EK_1 + EK_2$
des bietenden Unternehmens	Manager verzichtet trotz Vorteilhaftigkeit für die Anteilseigner wegen zu hoher Risikoaversion oder „Trägheit" auf Übernahmeaktivitäten.	Manager bemüht sich trotz mangelnder Synergieeffekte um Übernahme, um z. B. seinen Einfluss oder sein Gehalt zu steigern.
der Zielgesellschaft	Manager wehrt sich zur Sicherung seines persönlichen Einflusses und seines Gehalts trotz Vorteilhaftigkeit für die Anteilseigner gegen die Übernahme.	Manager wird trotz mangelnder Synergieeffekte z. B. durch Gewährung persönlicher Vorteile zur Unterstützung der Übernahme gewonnen.

Abb. 12.4: Managerinteressen und Übernahmeentscheidung

Wenn es nach der Verhaltensübersicht der vorliegenden Tabelle auch viele verpasste Gelegenheiten oder ökonomisch nicht fundierte Übernahmesituationen geben mag, so schält sich als für kapitalmarktkontrollierte Finanzsysteme interessierender problematischer Fall jener heraus, in dem die Zielgesellschaft eine Publikumsgesellschaft ist, bei der das Management seine eigenen Ziele wirksam verfolgen und durchsetzen kann und sich aus unterschiedlichen Gründen gegen einen finanzwirtschaftlich vorteilhaften Zusammenschluss zur Wehr setzt. Da das Management fürchten muss, dass sich seine Position im Zuge des Zusammenschlusses verschlechtert[41], wird es Vorkehrungen treffen, um sich gegen eine Übernahme zur Wehr zu setzen. Die Frage, ob und in welcher Weise die Möglichkeiten dieses Arsenals wirklich genutzt werden, ist dann Gegenstand der nachfolgenden Überlegungen.

12.3.3 Der Markt für Unternehmensübernahmen in Deutschland

JENKINSON und LJUNGQVIST (1997) haben in einer empirischen Studie Evidenz für die These von der Bedeutung privater Kontrolltransaktionen für den deutschen Markt zusammengetragen, indem sie den Markt für Unternehmensübernahmen in Deutschland einer empirischen Analyse unterziehen. Dabei stellen sie fest, dass es zwar wenige oder keine unfreundlichen öffentlichen Übernahmeangebote (Tender Offer) gibt, dass aber dafür andere, dem deutschen Finanzsystem angemessenere Mittel des Kontrollaufbaus beobachtet werden können. In der von ihnen studierten Fallsammlung stellen sie nämlich eine Vielzahl von Fällen fest, in denen (feindliche) Blockanteile Gegenstand von Transaktionen sind.

Diese Beobachtung fügt sich in die Charakterisierung des deutschen ***Finanzsystems*** als ***eigentümerkontrolliertes*** System, das überwiegend durch Aktiengesellschaften gekennzeichnet ist, die einen Kontrollaktionär – oder mehrere kontrollierende Aktionäre – aufweisen.[42] Wenn im Folgenden der Einfachheit halber Bietergesellschaften entweder klar als Publikumsgesellschaften oder kontrollierte Aktiengesellschaften gekennzeichnet werden, und ebenso Zielgesellschaften entweder der Gruppe der Publikums- oder der kontrollierten Aktiengesellschaften zugeordnet werden, dann ergibt sich folgende Konstellation:

Bietergesellschaft \ **Zielgesellschaft**	**Publikums-Aktiengesellschaft**	**Aktiengesellschaft mit Kontrollaktionär**
Publikums-Aktiengesellschaft	Für Deutschland untypischer Takeover	In Deutschland häufige Kontrolltransaktion
Aktiengesellschaft mit Kontrollaktionär	Für Deutschland untypischer Takeover (z. B. Krupp-Thyssen)	In Deutschland häufige Kontrolltransaktion

Abb. 12.5: Typische Kontrolltransaktionen in Deutschland

[41] In extremen Fällen wird man davon ausgehen können, dass der positive Kapitalwert des Zusammenschlusses sogar durch die Entscheidung zur Auswechslung des Managements generiert wird.

[42] Vgl. hierzu im Einzelnen Kapitel 14.

Die gesellschaftsrechtlichen Abwehrmaßnahmen betreffen im Wesentlichen Publikumsgesellschaften. Da ***in Deutschland aber Publikumsgesellschaften eher selten*** sind, kann auch nicht erwartet werden, dass eine nennenswerte Anzahl feindlicher (oder freundlicher) Übernahmen im Zuge einer Tender Offer stattfinden kann. Wenn man davon ausgeht, dass die Eigentümerstruktur in Deutschland stark konzentriert ist, so dass kaum Unternehmen als reine Publikumsaktiengesellschaften zu beobachten sind, dann sind auch ***keine öffentlichen Unternehmenstransaktionen zu erwarten***. Vielmehr ist zu erwarten, dass sich die kontrollierenden Aktionäre der Bieter und Zielgesellschaften (Käufer und Verkäufer) verständigen, den Vorstand der Zielgesellschaft in den Verhandlungsprozess einbeziehen und schließlich die Minderheitsaktionäre der Zielgesellschaft informieren und gegebenenfalls abfinden.

Das für den deutschen Kapitalmarkt typische Übernahmeprofil zeigt also seine problematische Stelle in den Interessenkonflikten zwischen alten und neuen, zwischen kontrollierenden und nicht kontrollierenden Eigentümern und weniger in möglichen Interessenkonflikten mit dem Vorstand der Zielgesellschaft.

Die anfänglich angesprochene Diskussion um die Frage einer fehlenden Übernahmekultur in Deutschland geht also an der typischen Grundstruktur des deutschen Finanzsystems vorbei, wenn aus der mangelnden Häufigkeit feindlicher Übernahmeversuche auf ein Defizit in der Transaktionstätigkeit geschlossen wird. Für den deutschen Kapitalmarkt sind feindliche Übernahmen auf Publikumsgesellschaften allein deshalb kaum zu erwarten, weil solche Zielgesellschaften ausgesprochen rar sind. Andererseits lassen sich zahlreiche Kontrolltransaktionen nachweisen, wobei in der Regel bei diesen Transaktionen ein kontrollierender Großaktionär von einem anderen Großaktionär abgelöst wird. JENKINSON und LJUNGQVIST (1997) machen in ihrer empirischen Studie auch darauf aufmerksam, dass beim für das deutsche Finanzsystem typischen Aufbau feindlicher Blockanteile durchaus den Kreditinstituten eine bestimmte Intermediärsfunktion zukommt. Kreditinstitute helfen nämlich einerseits beim Aufbau von Mehrheitsbeteiligungen und unterstützen andererseits Unternehmen, den Aufbau feindlichen Blockbesitzes zu verhindern. Somit übernehmen sie auch in der Unternehmenskontrolle eine wichtige Intermediärsfunktion.

12.4 Rückzug von der Börse und Going Private

Das Going Public stellt häufig nicht den Endpunkt der Entwicklung eines Unternehmens dar, das sich im Lebenszyklus bei der Finanzierung von einem jungen, privat finanzierten Unternehmen zu einer etablierten, an der Börse notierten Gesellschaft entwickelt hat. Die Mehrzahl der Unternehmen zeigt keine geradlinige und abschließende Entwicklung zur Publikumsaktiengesellschaft. Viele Unternehmen streben in keiner Phase des Lebenszyklus an die Börse und etliche börsennotierte Unternehmen ziehen sich im Rahmen von ***Going-Private-Transaktionen*** im Lauf der Zeit wieder von der Börse zurück.

12.4.1 Going Private als finanzwirtschaftliche Alternative

(1) Begriff und Merkmale des Going Private

Nach dem Börsenboom Ende der neunziger Jahre entschlossen sich viele an der Börse notierten Unternehmen in den USA und später auch in Deutschland, den öffentlichen Handel ihrer Eigentumsanteile wieder aufzugeben und sich von der Börse zurückzuziehen. Die Transformation einer börsennotierten Gesellschaft (Public Company) in eine nicht börsennotierte Gesellschaft (Private Company) bezeichnet man als ***Going Private*** oder als ***Public-to-Private-Transaktion***. Es gibt verschiedene Spielarten des Rückzugs von der Börse, die für die Beteiligten mit unterschiedlichen Konsequenzen verbunden sind.

Dargestellt werden soll im Folgenden, welche Vor- und Nachteile mit einer solchen Transaktion verbunden sein können und welche Möglichkeiten und rechtlichen Rahmenbedingungen zur Verfügung stehen.

Ein ***Going Private*** ist regelmäßig durch zwei Merkmale gekennzeichnet, nämlich:

- erstens die Einstellung der Notierung der Anteile an der Börse, die sich nicht allein auf einen Börsenplatz bezieht, sondern generell erfolgt, und
- zweitens die Übernahme der Eigentumsanteile an der Gesellschaft von einem geschlossenen kleinen Kreis von Gesellschaftern.

Nach dem erstgenannten Merkmal erlöschen mit dem Going Private die Notierungen und der Handel der Anteile an der Börse, ein Vorgang, der als ***Delisting*** bezeichnet wird. Da sich ein Delisting aber auf einzelne Börsen oder einzelne Aktiengattungen beschränken kann, muss umgekehrt der Tatbestand des Delisting nicht zwingend zu einem vollständigen Rückzug von der Börse führen und bewirkt dann nur ein partielles Going Private. Im Folgenden geht es um einen generellen Rückzug von der Börse, der mit einem Delisting an allen Börsenplätzen verbunden ist.

Geht man von dem zweiten Kriterium aus, dann handelt es sich bei einem Going Private um eine ***Veränderung der Kontrollstruktur*** des Unternehmens. Großaktionäre, die erheblichen Einfluss auf das Unternehmensgeschehen nehmen, kaufen den übrigen Anteilseignern ihre Anteile ab, man kann sagen, sie kaufen die anderen Anleger aus der Gesellschaft „heraus“ (Buy-Out), um die vollständige Kontrolle über das Unternehmen zu gewinnen.[43] Ein solches

[43] Vgl. KEMPER / SCHIERECK (2002), S. 89.

„Herauskaufen" kann sinnvoll sein, weil sonst wegen des Gleichbehandlungsgrundsatzes in § 53a AktG die Ausrichtung der Geschäftspolitik an den Interessen aller Aktionäre erforderlich bleibt. Diese Bindung kann für notwendige Strukturänderungen, Satzungsänderungen oder Kapitalmaßnahmen, die die Zustimmung der Hauptversammlung erfordern, hemmend sein. Darüber hinaus können auch Beschlüsse angefochten werden, wenn nur noch wenige freie Aktionäre vorhanden sind, so dass die Umsetzung wichtiger Maßnahmen verzögert oder verhindert werden kann. Die Minderheitsaktionäre verfügen jedenfalls über ein Drohpotential, das die vom Hauptaktionär gewünschte Entwicklung des Unternehmens behindern kann.

(2) Motive eines Going Private

Es gibt vielfältige Motive für ein Going Private und den damit verbundenen Rückzug von der Börse.

- Das Going Private einer Gesellschaft kann durch unterschiedliche Gründe motiviert sein, die aber im Lebenszyklus des Unternehmens nicht zwingend Bestand haben müssen. So kann beispielsweise der Aufbau der Produktpalette des Unternehmens für die Anleger am Kapitalmarkt weniger transparent sein, so dass die Nachfrage nach diesen Aktien zurückgeht und Kursrückgänge zu verzeichnen sind. Gegebenenfalls lässt such das Interesse der Analysten an diesen Werten nach, die ***Analysten-Coverage*** sinkt mit der Folge, dass auch die ***Liquidität der Aktie*** sinkt. Mit dem Rückgang der Liquidität ist in der Regel ein weiterer Kursrückgang verbunden, der zu einem Anstieg der Kapitalkosten des Unternehmens führt. Die Bewertungs- und Kontrollfunktion der öffentlichen Notierung verliert ihre Funktion, so dass die Notierung an der Börse keinen finanziellen Wertzuwachs und auch keine Imagevorteile mehr bringt.
- Ein Funktionsverlust der Börsennotierung kann auch daraus resultieren, dass das weitere ***Wachstum*** des Unternehmens ***aus dem im Umsatzprozess erzeugten Cashflow*** bestritten werden kann und soll, so dass keine neuen Aktionäre angesprochen werden müssen und daher die Börsennotiz für die Refinanzierung keine Vorteile mehr bringt. Gegebenenfalls handelt es sich sogar um ein schrumpfendes Unternehmen.
- Der Funktionsverlust wird besonders gravierend, weil die Gesellschaft auch weiterhin die hohen ***Kosten*** der Erfüllung der ***Informationspflichten***, der speziellen ***Publizitätserfordernisse*** und der sonstigen ***Notierungsfolgen*** tragen muss. Diese Kosten und die laufenden Kosten der Notierung können eingespart werden, wenn ein Delisting der Aktien erfolgt.
- Schließlich ist ein häufig genanntes Motiv für ein Going Private die ***Furcht vor einer feindlichen Übernahme***, die besonders bei niedrigem Aktienkurs für einen möglichen Angreifer attraktiv ist. Ein geschlossener Eigentümer-

kreis führt zu einer Kontrollstruktur, die einen solchen Vorgang gezielter steuern kann.

Neben den genannten eher defensiven Motiven eines Going Private stehen die offensiven Ziele strategischer Investoren oder Finanzinvestoren, die für eine unbestimmte oder absehbare Zeit die Führung eines Unternehmens übernehmen, um die möglichen Synergien einer Fusion zu realisieren oder die Gesellschaft nach einer Restrukturierung nach einiger Zeit wieder an die Börse zu bringen.

(3) Rechtliche Verfahrensalternativen des Going Private in Deutschland

Verschiedene börsen- oder gesellschaftsrechtliche Vorgänge können dazu genutzt werden, die Einstellung der Notierung der Aktien einer Gesellschaft zu bewirken.

- Die nach dem Börsengesetz vorgesehene Möglichkeit des Rückzugs von der Börse ist der auf Antrag des Emittenten bei der Börsenzulassungsstelle eingereichte ***Widerruf der Börsenzulassung***. Die Zulassungsstelle prüft dann, ob der Schutz der Anleger bei dieser Transaktion gewährleistet ist, weil beispielsweise den Inhabern der Aktien ein Kaufangebot unterbreitet worden ist, das nicht unter dem Durchschnittskurs der letzten drei Monate liegt.
- Bei der ***Verschmelzung*** einer börsennotierten Gesellschaft nach den Vorschriften des Umwandlungsgesetzes (UmwG) geht das Vermögen auf die übernehmende Gesellschaft (Obergesellschaft) über. Die Aktionäre der übertragenden Gesellschaft sollen für ihre alten Aktien in einem angemessen Verhältnis Aktien der aufnehmenden Gesellschaft erhalten. Ist die Obergesellschaft eine nicht notierte AG oder werden die Aktionäre bar abgefunden, findet in der Konsequenz eine Going-Private-Transaktion statt.
- Die ***Eingliederung*** einer börsennotierten in eine nicht börsennotierte Gesellschaft nach §§ 319–327 AktG setzt voraus, dass sich zum Zeitpunkt der Anmeldung mindestens 95 % der Aktien bereits im Besitz einer inländischen AG als Obergesellschaft befinden. Den Minderheitsaktionären sind für ihre untergegangenen Mitgliedschaftsrechte Aktien der Obergesellschaft zu gewähren. Die Mehrheitseingliederung ermöglicht somit der Obergesellschaft ein Herausdrängen der Minderheitsaktionäre aus der Zielgesellschaft, nicht aber aus dem eigenen Konzern.
- Im Gegensatz zur Verschmelzung und Eingliederung, bei der ein börsennotiertes Unternehmen in einer nicht börsennotierten Gesellschaft aufgeht, wandelt sich beim ***Formwechsel*** die Rechtsform der Gesellschaft. Soll die Zielgesellschaft nicht mehr in der Rechtsform der AG geführt werden, dann kann ein Formwechsel nach §§ 190–213 UmwG erfolgen. Dabei büßt der Anleger zwar nicht den Anteil am Grundkapital der Gesellschaft ein, verliert aber die

Möglichkeit der Veräußerbarkeit seiner Anteile über die Börse. Um die Minderheitsaktionäre vor diesem Verlust der Fungibilität der Aktien zu schützen, muss der Umwandlungsbeschluss ein Barabfindungsangebot enthalten.

- Die ***übertragende Auflösung*** ist in der Weise zweistufig ausgestaltet als der Übertragung des gesamten Vermögens einer AG als Zielgesellschaft auf eine Obergesellschaft beliebiger Rechtsform im Wege der Einzelrechtsnachfolge regelmäßig die Auflösung der Zielgesellschaft folgt. Voraussetzung sind ein Übertragungsvertrag mit Zustimmungsbeschluss sowie ein Liquidationsbeschluss der Zielgesellschaft mit jeweils qualifizierter Kapital- und einfacher Stimmenmehrheit. Die Vermögensübertragung ist regelmäßig mit der Aufdeckung stiller Reserven verbunden und mit einer Wertkontrolle über die Möglichkeit einer Anfechtungsklage verbunden, die erhebliche Risiken einer Verzögerung der Transaktion in sich birgt. Die ***übertragende Auflösung*** stellte vor der Einführung der Regelung eines Squeeze Out die einzige rechtlich vorgegebene Möglichkeit dar, Minderheitsaktionäre auch gegen ihren Willen aus der Zielgesellschaft herauszudrängen und gleichzeitig von der Obergesellschaft fernzuhalten.

Alle genannten rechtlichen Formen des Going Private sind nicht unproblematisch, weil sie einerseits mit erheblichen administrativen Hemmnissen und Kosten verbunden sein können und andererseits nicht sicherstellen, dass die Konzentration des Beteiligungsbesitzes in dem angestrebten Umfang auch gelingt. Mit dem Wertpapiererwerbs- und Übernahmegesetz WpÜG von 2002 ist daher eine in anderen Ländern übliche Regelung zum ***Squeeze Out*** oder Freeze Out durch Barabfindung eingeführt worden, die in Abschnitt 12.4.3 gesondert beschrieben wird.[44]

12.4.2 Unternehmensübernahmen als MBO-Transaktionen

Sofern ein börsennotiertes Unternehmen aufgekauft und dann die Börsennotiz eingestellt wird, hält der Käufer die Form der Publikumsgesellschaft offenbar nicht mehr für optimal. Die im Zuge eines Going Public früher erfolgte typische Trennung des Eigentums von der Kontrolle wird wieder rückgängig gemacht (***Going-Private-Transaktion***). In vielen Fällen ist der Käufer eines Unternehmens ein Konzern, der das Unternehmen eingliedert, die verbliebenen Aktionäre abfindet und das Unternehmen als Betriebsabteilung weiterführt. In anderen Fällen ist der Käufer aber auch eine Privatperson, die das Unternehmen beispielsweise als Manager-Eigentümer weiterführen will.

Going-Private-Transaktionen mit privaten Käufern finden ihren Ausdruck im Wesentlichen in einem ***Management Buy-Out (MBO)*** oder einem ***Leveraged Buy-Out (LBO).*** Unter einem MBO versteht man den Erwerb der Antei-

---

[44] Die verschiedenen Alternativen des Rückzugs von der Börse werden noch ausführlicher ebenfalls in Abschnitt 12.4.3 behandelt.

le an einem Unternehmen durch einen oder mehrere Manager (Vorstände, leitende Angestellte) des Unternehmens. Mit dem erfolgreichen Abschluss der Transaktion werden die Manager zu Manager-Eigentümern. Man spricht von einem ***reinen MBO***, wenn der Manager Alleineigentümer wird, und von einem ***gemischten MBO***, wenn zusätzlich externe Eigenkapitalgeber (z. B. institutionelle Investoren) als Eigenkapitalgeber in die Transaktion eingebunden werden.

Reicht das Privatvermögen des Managers nicht aus, um die Übernahme zu finanzieren, und will er dennoch die alleinige Verfügungsgewalt erlangen, dann bietet sich die Fremdfinanzierung des Kaufpreises an. Man spricht von einem ***Leveraged Management Buy-Out*** (LMBO). Allgemein bezeichnet man als ***Leveraged Buy-Out*** (LBO) einen Unternehmenskauf mit hohem Fremdmitteleinsatz, bei dem der Käufer einen Großteil des Kaufpreises durch Beleihung des Vermögens bzw. des zukünftigen Cashflows des Zielunternehmens finanziert. Nach der Übernahme das Zielunternehmen weist dieses dann einen außergewöhnlich hohen Verschuldungsgrad auf. Der hohe Fremdkapitaleinsatz erzeugt eine Hebelwirkung, die bei positivem Abstand zwischen der Rendite des Zielunternehmens und dem vereinbarten Fremdkapitalzinssatz eine hohe Eigenkapitalrendite für den Käufer generiert (Leverage-Effekt). Da die Gläubiger in einem solchen Fall einen Großteil der Risiken übernehmen, werden ihnen umfangreiche Informations- und Mitspracherechte eingeräumt.

Als ***Management Buy-In (MBI)*** bezeichnet man im Gegensatz zum MBO einen Unternehmenskauf durch eine Gruppe ***externer Manager***, die zukünftig als Manager in das Unternehmen eintreten wollen. Externe Manager besitzen häufig keine firmenspezifischen Kenntnisse, so dass diese Transaktion gegenüber einem MBO als risikobehafteter eingestuft wird. Gelegentlich findet man die Verstärkung einer MBO-Transaktion durch externe Manager und hat dann den Fall einer Mischung aus MBO und MBI. Als ***Employee Buy-Out*** (EBO) / Belegschafts-Buy-Out bezeichnet man schließlich eine Variante des MBO zum Erwerb eines Unternehmens oder eines Unternehmensteils durch eine große Gruppe Beschäftigter.

12.4.3 Rückzug von der Börse und Squeeze Out

(1) Reguläres und Kaltes Delisting

Man unterscheidet das reguläre Delisting, das sich neuerdings nach den speziellen Regeln des Börsengesetzes für den Börsenrückzug vollzieht, von dem kalten Delisting, das sich gesellschaftsrechtlicher Instrumente bedient und über geeignete Maßnahmen die Voraussetzungen für einen ordnungsmäßigen Börsenhandel beseitigt.

Das ***reguläre Delisting*** erfolgt durch den bereits erwähnten Widerruf der Börsenzulassung. Vor der Reform des Börsengesetzes war das reguläre Delisting durch die Zulassungsstelle der Börse nur als Widerruf eines Verwaltungsaktes ohne Antrag des Emittenten möglich. So durfte die Zulassungsstelle die Notierung einer Aktie dann einstellen, wenn ein ordnungsgemäßer Börsenhandel nicht mehr gesichert erschien. Heute ist der Weg für ein reguläres Delisting das offizielle ***Marktentlassungsverfahren*** nach § 43 IV Börsengesetz, das auf Antrag des Emittenten eröffnet wird und an dessen Ende eine Entscheidung im Ermessen der Zulassungsstelle unter besonderer Berücksichtigung der schutzwürdigen Interessen institutioneller und individueller Anleger steht. Das Vorliegen eines Kaufangebots gilt dabei als Gewährleistung für den Anlegerschutz, wobei unklar ist, ob ein solches Angebot von der Gesellschaft oder dem erwerbenden Mehrheitsaktionär zu unterbreiten ist.

Unter einem ***kalten Delisting*** versteht man alle Formen des Rückzugs von der Börse, die sich aus dem Wegfall der Voraussetzungen für eine Börsennotierung ergeben. In solchen Fällen wird der Zulassungsstelle der Börse mitgeteilt, dass die Voraussetzungen für die Börsennotierung nicht mehr erfüllt sind, weil es beispielsweise keine freien Aktionäre mehr gibt. Zu diesen Fällen gehören insbesondere die in 12.4.1 (3) angeführten Transaktionen mit der Verschmelzung durch Aufnahme nach §§ 4–35 UmwG, dem Formwechsel nach §§ 190–213 UmwG, der Eingliederung nach §§ 320–327 AktG und der übertragenden Auflösung.

(2) Squeeze Out von Minderheitsaktionären

Das Wertpapiererwerbs- und Übernahmegesetz WpÜG ermöglicht nun auch in Deutschland ein Squeeze Out von Minderheitsaktionären durch Barabfindung. Das Verfahren ähnelt der Eingliederung und ermöglicht den vollständigen Ausschluss der Minderheitsaktionäre, vermeidet dabei aber die bisher typische Aufnahme der Aktionäre in den Kreis der Aktionäre der Obergesellschaft.

Gehören einem Aktionär 95 % des Kapitals einer börsennotierten Gesellschaft, so kann nach § 327a AktG die Hauptversammlung beschließen, dass Minderheitsaktionäre ihre Eigentumsrechte an der Gesellschaft gegen eine angemessene, vom Mehrheitsaktionär festgelegte Barabfindung verlieren. Damit wird der Mehrheitseigentümer zum Alleineigentümer, ohne dass die Minderheitsaktionäre an der Obergesellschaft beteiligt werden. Die Börsennotiz wird eingestellt, weil ohne Streubesitz kein Börsenhandel mehr möglich ist.

Als Begründung für die neue ***Regelung des Squeeze Out*** nennt der Gesetzgeber selbst drei Motive:

- Erstens mache es keinen Sinn, sehr kleine Minderheiten in Aktiengesellschaften zu belassen,
- zweitens gebe es auch in anderen EU-Mitgliedsländern Regelungen zum Squeeze Out und
- drittens solle einem Bieter, der nach dem Übernahmegesetz auf freiwilliger Basis ein Wertpapiererwerbsangebot bzw. Übernahmeangebot abgibt, im Gegenzug die Möglichkeit eingeräumt werden, Kleinstbeteiligungen abzufinden, um die vollständige Kontrolle der Zielgesellschaft zu erlangen.

Während die Neuregelung allgemein begrüßt wird, zeigt eine tiefer gehende finanzwirtschaftliche Analyse, dass bei der Reglung der Abfindungshöhe die Gefahr einer Benachteilung der Minderheitsaktionäre nicht auszuschließen ist, was hinsichtlich des Schutzes und der fairen Behandlung der Minderheitsaktionäre kritisch zu bewerten ist.[45]

Lektürevorschläge zu Kapitel 12

Akquisitionen als Unternehmenstransaktionen werden aus finanzwirtschaftlicher Perspektive betrachtet in BURGHOF / SCHILLING (2003), EISELE / GÖTZ / WALTER (2003), FAHRHOLZ (1998), KEMPER / SCHIERECK (2002), KESSEL (1995), SIEMES (2003), STORCK (1993). Akquisitionen als Instrumente der Unternehmenskontrolle stehen im Mittelpunkt der Analysen von MANNE (1965) und WENGER (1995). Weitere betriebswirtschaftliche Gesichtspunkte solcher Transaktionen beleuchten LUCKS / MECKL (2002) und WIRTZ (2003), allgemein ökonomische Gesichtspunkte KÜBLER (1989), KÜBLER / SCHMIDT (1988) und RUDOLPH (1999).

LANGNER (1999), MARTIN (1996) sowie RUDOLPH (2000a) behandeln die Entscheidung über die Akquisitionswährung, EISELE / WALTER (2004) und KASERER / BÜHNER (2003) und ROLL (1987) messen die Kursreaktionen auf Unternehmenstransaktionen. KESSEL (1998) und SCHMID (1994) konzentrieren sich auf Leveraged Buy-Outs, HERZIG (1990) auf steuerliche Gesichtspunkte von Unternehmenstransaktionen.

Die rechtlichen Voraussetzungen und Alternativen von Unternehmensübernahmen sowie die neuen EU-Regelungen stehen im Mittelpunkt der Arbeiten von EYMANN / MENICHETTI (1991), HOPT (1997), KNOLL (1992), NICK (1991), PELTZER (1996), RICHARD / WEINHEIMER (2002), SCHMIDT / PRIGGE / SUCKEL (2003), SCHWARTZE (1993), WAGNER (2003) und ZEREY (1994). Mögliche Abwehrmaßnahmen des Managements gegen feindliche Übernahmen werden in HOPT (1992), IMMENGA / NOLL (1990), KUHNER / SCHILLING (2002) und MICHALSKI (1997) diskutiert.

Der Minderheitenschutz und die Möglichkeiten des Minderheitenausschlusses sind Gegenstand der Arbeiten von GAMPENRIEDER (2004), HECKER / KASERER (2003), KNOLL (1992), KÜTING (2003), MOSER / PRÜHER (2002), WENGER / HECKER / KNOESEL (1997).

Zusammenfassung

Unternehmenstransaktionen sind nicht nur Gegenstand rechtlicher Auseinandersetzungen sowie wirtschaftspolitischer Diskussionen, sondern weisen auch häufig auf weitgehende Veränderungen in den entsprechenden Unternehmen hin. Häufig handelt es sich nämlich bei den Gesell-

[45] Vgl. HELMIS / KEMPER (2002), S. 526.

schaften, die ihre Eigentümer- und Kontrollstruktur ändern, um Unternehmen, die danach bei einem anderen Eigentümer oder in einem anderen Unternehmensverbund anderen Entscheidungsprozessen unterworfen sind als bisher, so dass ganze Geschäftszweige, bestehende Standorte und zahlreiche Arbeitsplätze zur Disposition gestellt sein können.

Für die neuen Eigentümer kann es vorteilhaft sein, das übernommene Unternehmen strategisch neu auszurichten und gegebenenfalls auch die vorher bestehende Ausrichtung des Unternehmens auf dem Kapitalmarkt zu ändern oder zu beenden. Da Unternehmensübernahmen auf die Erlangung der Unternehmenskontrolle abzielen, ist zu prüfen, welche Transaktionen unter welchen Voraussetzungen zulässig und mutmaßlich ökonomisch erfolgreich sind. Kurzfristig vorteilhaft ist eine Transaktion, wenn die Käufer und Verkäufer des Unternehmens von dieser Transaktion profitieren und einen Marktwertzuwachs realisieren können.

Der Übergang der Entscheidungsmacht und Kontrolle über die Unternehmen auf neue Eigentümer ist für Dritte hinsichtlich der zukünftigen Unternehmensentwicklung mit vielfältigen Chancen und Risiken verbunden. Daher werden die Beteiligten die neue Entwicklung zum Teil begrüßen, während andere versuchen werden, sich der neuen Entwicklung zu widersetzen. Insbesondere das Management der Zielgesellschaft fürchtet vielfach um seine Unabhängigkeit und setzt daher eine ganze Palette von Abwehrmechanismen ein, sofern es den angestrebten Wechsel der Eigentümerschaft der Gesellschaft verhindern will.

Es gibt verschiedene Gründe, die es vorteilhaft erscheinen lassen, den in früheren Jahren unternommenen Gang an die Börse durch ein Going Private endgültig oder vorläufig wieder zu revidieren, weil beispielsweise die Erwartungen an den Status eines kapitalmarktorientierten Unternehmens nicht erfüllt wurden. Die bei einem weiten Kreis von Aktionären liegende Unternehmenskontrolle geht dann wieder auf einen oder wenige Privatpersonen – z. B. im Zuge eines Management Buy-Out – oder eine andere Gesellschaft über. Das Going Private berührt nicht nur die Beziehungen des Unternehmens zu den Finanzmärkten, sondern unmittelbar auch die Vermögenspositionen und Verfügungsrechte der Minderheitsaktionäre. Daher unterliegt nicht nur der Gang an die Börse, sondern auch der Rückzug von der Börse strengen kapitalmarktrechtlichen Bestimmungen zum Schutz der Anleger.

Schlüsselbegriffe

Abwehrmechanismen
Akquisitionswährung
Beteiligungserwerb
Delisting
Due Diligence
Feindliche Übernahme
Going Private
Kontrollschwellen
Leveraged Buy-Out
Management Buy-In
Management Buy-Out
Pakettransaktion
Squeeze Out
Übernahmeangebot
Übernahmekodex
Unternehmensübernahme
Unternehmenszusammenschluss
Vermögenserwerb

Kapitel 13

Insolvenz und Sanierung von Unternehmen

Die Probleme der Verhaltensunsicherheit in Kreditbeziehungen zeigen, dass Kreditverträge in der Praxis kaum in der Weise ausgestaltet sind, dass die Gläubiger vor einem strategischen Verhalten der Schuldner während der Kreditlaufzeit ganz geschützt werden können. Gläubiger können ebenso wenig vollständig davor geschützt werden, dass ihre Position durch eine Vergrößerung des Unternehmensrisikos verschlechtert wird, wie vor dem Verhalten anderer Gläubiger, die eine Vorrangstellung innerhalb der Gläubigerforderungen oder einen Vorabzugriff im Falle einer drohenden Zahlungsunfähigkeit des Schuldners anstreben. Aus diesem Grund hat der Gesetzgeber eine kollektive Basissicherung für Forderungen an Unternehmen entwickelt, das ***Insolvenzrecht***. Dieses geht insoweit über das für alle Wirtschaftssubjekte geltende Zivilprozessrecht und Zwangsvollstreckungsrecht hinaus, als eine zur weitgehenden ***Gleichbehandlung*** aller Gläubigerforderungen vorgesehene ***Gesamtvollstreckung*** angestrebt wird.

Das ***Insolvenzrecht*** stellt Regeln auf, unter welchen Bedingungen und mit welchen Konsequenzen die Kontrolle, die Verfügungsgewalt über das Unternehmensvermögen und die abgeschlossenen Verträge von den Eigentümern auf die Gläubiger des Unternehmens übergeht. Das Insolvenzrecht spezifiziert auch den Prozess, der nach Auslösung der Insolvenz unter richterlicher oder anderweitiger Kontrolle abläuft, damit eine möglichst ertragreiche und gleichmäßige Befriedigung der Gläubiger erreicht werden kann.

Insolvenzregeln sind staatlich vorgegebene Regeln für das Zusammenspiel der Beteiligten und insbesondere der Gläubiger in der Insolvenz. In der vorausgehenden Krise des Unternehmens besteht für die beteiligten Parteien noch grundsätzlich Vertragsfreiheit, so dass sich insbesondere einzelne Gläubiger an der Sanierung eines Schuldnerunternehmens nicht beteiligen müssen. Die Insolvenzregeln sind in diesem Fall aber ein Drohpunkt, um die Gläubiger zu einer kooperativen Haltung anregen zu können. Die Eröffnung eines Insolvenzverfahrens zwingt allen Beteiligten die Verfahrensregeln des Insolvenzrechts auf.

In diesem Kapitel werden in Abschnitt 13.1 die Ziele und der Prozess des Insolvenzverfahrens beschrieben, bevor dann in 13.2 einige mehr ökonomische Überlegungen zur Gestaltung eines Insolvenzverfahrens in den Vordergrund treten. Schließlich werden in Abschnitt 13.3 Möglichkeiten diskutiert, bereits im Vorfeld einer Insolvenz Sanierungsmaßnahmen einzuleiten und durchzusetzen.

13.1 Ziele und Ablauf eines Insolvenzverfahrens

13.1.1 Grundlagen des Insolvenzrechts

(1) Entwicklung der Insolvenzen und des Insolvenzrechts in Deutschland

In Deutschland galt bis 1999 die ***Konkursordnung*** von 1877, deren Mängel insbesondere in der Rezession im Zuge der Ölkrise der 70er Jahre offensichtlich wurden, so dass sogar vom „Konkurs des Konkurses" gesprochen wurde. Insbesondere wurde beklagt, dass zu dieser Zeit die Mehrzahl der Konkursanträge mangels Masse abgelehnt wurde und die nicht besicherten Gläubiger bei der Verwertung des Schuldnervermögens mit keiner nennenswerten Konkursquote rechnen konnten. Die ***Vergleichsordnung*** von 1935 konnte nie eine nennenswerte Rolle spielen, so dass in der Öffentlichkeit die Meinung vorherrschte, dass zu viele Unternehmen ohne Not liquidiert und zu wenige angeschlagene Unternehmen im Zuge eines Vergleichsverfahrens reorganisiert und erhalten würden.

Mit der ***einheitlichen Insolvenzordnung*** von 1994 sollten die bestehenden Mängel des geltenden Rechts beseitigt und den Beteiligten ein funktionsfähiger rechtlicher Rahmen zur Sanierung notleidender Unternehmen zur Verfügung gestellt werden. Ein Rückgang der Insolvenzziffern hat es aber, wie Abbildung 13.1 zeigt, nicht gegeben.[1]

Die Zunahme der Insolvenzziffern hat verschiedene Gründe. Zum einen ist die Zahl gestiegen, weil die Anzahl der Verfahrenseröffnungen, die mangels Masse abgelehnt wurden, zurückgegangen ist. Während 1998 noch 72 % der Insolvenzanträge mangels Masse abgelehnt wurden, waren es 2001 wegen der geringeren Anforderungen an die Insolvenzmasse nur noch 55 %. Zum anderen hat die ungünstiger gewordene wirtschaftliche Entwicklung viele Unternehmen in eine Existenzkrise getrieben.[2]

Die seit dem 1.1.1999 in Deutschland geltende ***Insolvenzordnung*** von 1994 führt neben der Zusammenführung des Konkurs- und Vergleichsrechts zu einem einheitlichen Insolvenzrecht sowie einer ganzen Reihe materieller Veränderungen auch neue Bezeichnungen ein: Das Insolvenzverfahren hieß früher Konkursverfahren, der Insolvenzverwalter hieß Konkursverwalter, der

---

[1] Quelle: Statistisches Bundesamt Deutschland; Zuordnung nach Klassifikation der WZ 1993, aktualisiert am 27. Juni 2003.

[2] Unklar ist, wie sich die Änderungen der in Abschnitt 13.1.2 vorgestellten Insolvenztatbestände auf die Verfahrenseröffnungen ausgewirkt haben.

Schuldner Gemeinschuldner, statt vom Insolvenzgericht sprach man vom Konkursgericht und statt vom vorläufigen Insolvenzverwalter vom Sequester. Die alten Bezeichnungen werden teilweise auch heute noch verwandt. Außer den neuen Bezeichnungen hat sich allerdings nach Meinung vieler Praktiker noch nicht viel geändert, weil es an Erfahrungen mit dem neuen Insolvenzrecht mangelt, so dass dessen Möglichkeiten in der Praxis nicht ausgeschöpft werden.[3]

Unternehmen	**1999**	**2000**	**2002**	**2004**
Insgesamt	26.476	28.235	37.579	39.213
nach Wirtschaftszweigen				
Verarbeitendes Gewerbe	3.139	3.305	4.344	3.996
Baugewerbe	7.766	8.103	9.160	8.595
Handel	5.668	5.624	7.491	7.831
Gastgewerbe	1.674	1.927	2.655	3.437
Verkehr und Nachrichten	1.299	1.714	2.451	2.538
Kredit- und Versicherungsgewerbe	185	198	383	440
Sonstige Dienstleistungen	6.184	6.846	10.470	11.618
Übrige Wirtschaftsbereiche	561	518	625	758

Abb. 13.1: Statistik der Insolvenzen nach Wirtschaftszweigen

In den diversen ***Vorschriften des Insolvenzrechts*** werden insbesondere folgende Einzelprobleme geregelt:

- Die Auslösung des Insolvenzfalls (Insolvenzgründe / Insolvenztatbestände),
- die Sicherung des Schuldnervermögens in der Zeit zwischen dem Antrag auf Eröffnung des Insolvenzverfahrens und der gerichtlichen Eröffnung,
- die Entscheidung der Gläubiger über die Gesamtvollstreckung (Liquidation) oder die Reorganisation des Schuldnervermögens,

[3] Vgl. BUTH / HERMANNS (1998), S. 51. Die Insolvenzordnung stammt vom 18.10.1994, trat am 1.1.1999 in Kraft und wurde durch ein Gesetz vom 13.12.2001 geändert, das eine zusätzliche Erleichterung bei der Restschuldbefreiung einführte. Eine wichtige Neuerung des Insolvenzrechts betrifft nämlich die Möglichkeit, dass auch natürliche Personen, Selbständige und Verbraucher ein Insolvenzverfahren durchführen können (Verbraucherinsolvenzverfahren). Neben den für 2004 angegebenen 39.213 Unternehmensinsolvenzen weist das Statistische Bundesamt für 2004 noch 79.061 Insolvenzen anderer Schuldner aus.

- die prinzipielle Gleichbehandlung aller Gläubiger in der Insolvenz (par conditio creditorum),
- die Behandlung der Kreditsicherheiten in der Insolvenz und
- die Möglichkeit einer Restschuldbefreiung für natürliche Personen.

(2) Zielsetzung und Grundsätze des Insolvenzrechts

Das gerichtliche Insolvenzverfahren soll der ***gemeinschaftlichen Befriedigung aller Gläubiger*** dienen und stellt somit ein ***kollektives Schuldenbereinigungsverfahren*** dar. Mit dieser Zielsetzung soll erstens die Verwertung einzelner Vermögensgegenstände durch einzelne Gläubiger zu Lasten der anderen Gläubiger verhindert werden. Die Einzelzwangsvollstreckung führt aber nicht nur zu Verteilungsproblemen, sondern schafft auch zweitens Anreize zu einem möglichst frühzeitigen Zugriff einzelner Gläubiger auf das Unternehmensvermögen. Eingriffe nach dem Prinzip „wer zuerst kommt, mahlt zuerst“ erschweren die möglichst gleichmäßige Befriedigung der Gläubiger ebenso wie drittens die möglichst ertragreiche Verwertung des Schuldnervermögens oder die mögliche Fortführung des Unternehmens zu Lasten jener Gläubiger, die nicht „zuerst kommen und mahlen“.

In § 1 InsO werden die ***Ziele des Insolvenzverfahrens*** explizit aufgeführt. Das Insolvenzverfahren dient dazu, die Gläubiger eines Schuldners gemeinschaftlich zu befriedigen, indem das Vermögen des Schuldners verwertet und der Erlös verteilt oder in einem Insolvenzplan eine abweichende Regelung insbesondere zum Erhalt des Unternehmens getroffen wird. Die ***gemeinschaftliche Gläubigerbefriedigung*** kann nach diesem Wortlaut der Insolvenzordnung auf zwei Wegen erreicht werden:

- Erstens kann die Gläubigerbefriedigung durch die Verwertung des Schuldnervermögens und die Verteilung des ***Liquidationserlöses*** an die Gläubiger erfolgen **(*Gesetzliche Zwangsverwertung*).**
- Zweitens kann die Gläubigerbefriedigung alternativ auch durch die Umsetzung eines ***Insolvenzplans*** erfolgen, der die Sanierung des schuldnerischen Unternehmens und eine ***Neuordnung der Eigentumsverhältnisse*** vorsieht.

Die ***Entscheidung*** über die „optimale“ Alternative – nämlich die Zerschlagung und Liquidation bzw. die Erhaltung und Fortführung des Unternehmens – treffen prinzipiell die ***Gläubiger***, die sich dabei üblicherweise auf den Vorschlag eines Insolvenzverwalters stützen. Im Zuge der Insolvenz ist nämlich die Entscheidungsgewalt über das Fortbestehen und die Entwicklung des Unternehmens von den Eigentümern auf die Gläubiger übergegangen. Da ist der Kern des bei der Abgrenzung des Eigenkapitals vom Fremdkapital dargelegten konditionierten Übergangs der residualen Kontrollrechte auf die Gläubiger.

(3) Das amerikanische Insolvenzrecht

Das geltende Insolvenzrecht basiert einerseits auf der alten Konkursordnung, adaptiert aber auch Vorstellungen und Verfahrensschritte aus dem amerikanischen Insolvenzrecht, das gegenüber dem deutschen Recht als schuldnerfreundlicher gilt. Unternehmen in den USA können entweder einen Antrag auf ein Insolvenzverfahren nach Chapter 7 Bankruptcy Code BC – führt zur Liquidation des Unternehmensvermögens – oder nach Chapter 11 BC – erlaubt eine Restrukturierung der Finanzierungsstruktur und Fortführung der Gesellschaft – stellen.

- Nach ***Chapter 7 BC*** bestimmt das Insolvenzgericht einen Insolvenzverwalter, der die Vermögensgegenstände des Unternehmens liquidiert und die Verwertungserlöse an die Gläubiger gleichmäßig verteilt. Erst ein möglicher Mehrerlös steht den Eigentümern zu. Die „Absolute Priority Rule" besagt nicht nur, dass die Gläubiger vor den Eigentümern zu befriedigen sind, sondern auch, dass die gesicherten vor den ungesicherten und die erstrangigen vor den nachrangigen Gläubigerforderungen zu bedienen sind.
- Nach ***Chapter 11 BC*** beantragen Schuldner oder Gläubiger die Verfahrenseröffnung – ohne Nennung oder Nachweis eines Insolvenzgrundes –, so dass der Schuldner i. d. R. das Unternehmen weiterführen kann. Die Gläubigerrechte (Einzelzwangsvollstreckung, Klagerechte) werden ausgesetzt bzw. beschnitten. Neue Kredite können privilegiert aufgenommen werden. Die Verfahrensbeteiligten erarbeiten einen Reorganisationsplan und legen diesen der Gläubigerversammlung vor.

In der amerikanischen Insolvenzpraxis wird kritisiert, dass die häufig gewählte Reorganisationsalternative in vielen Fällen zu einer nicht effizienten Fortführung von Unternehmen führt. Verluste durch die weiterlaufenden Aktivitäten der Manager und durch die Erpressbarkeit der Gläubiger führen zu weiteren gravierenden Positionsverschlechterungen der Gläubiger.[4] Alternativ zum Reorganisationsverfahren nach Chapter 11 BC besteht für Unternehmen in finanziellen Schwierigkeiten wie in Deutschland die Möglichkeit einer ***außergerichtlich organisierten Schuldenbereinigung (Workout)***. Das wesentliche Problem eines außergerichtlichen Workouts stellt die Notwendigkeit der Zustimmung aller betroffenen Gläubiger dar.

Seit den 1980er Jahren ist darüber hinaus in den USA ein hybrides Verfahren populär, bei dem nach einer außergerichtlichen Verhandlungslösung zwischen dem Schuldner und den wichtigsten Gläubigervertretern ein Antrag auf Verfahrenseröffnung eines Reorganisationsverfahrens nach Chapter 11 BC beim zuständigen Gericht eingereicht werden kann.

---

[4] Vgl. BRÜCHNER (1999), S. 27.

13.1.2 Das Phasenmodell einer Insolvenz

(1) Insolvenzgründe und Insolvenztatbestände

Das deutsche Insolvenzrecht geht von einer kriteriengebundenen Eröffnung des gerichtlichen Insolvenzverfahrens aus, so dass ohne den Nachweis des Vorliegens eines anerkannten Insolvenztatbestandes kein Insolvenzverfahren eröffnet werden kann. ***Insolvenztatbestände*** bestimmen, wann die Bedingungen für eine Insolvenzeröffnung erfüllt sind und die Verfügungsrechte über das Unternehmensvermögen von den Eigentümern auf die Gläubiger übergehen sollen (§ 16 InsO).

Die durch einen Insolvenztatbestand festgelegte Beschreibung des Unternehmenszustands bestimmt auch den Zeitpunkt, wann der Gesetzgeber eine Auslöspflicht der Insolvenz durch die Organe der Gesellschaft (Innenlösung) bzw. ein Antragsrecht für die Gläubiger (Außenlösung) vorsieht. „Das Recht der Unternehmensleitung in einer solchen Situation auf einen Vertreter der Gläubiger zu übertragen, zeugt von dem Grundgedanken des Insolvenzrechts, einen ***Gleichlauf von Haftung und Verfügung*** herzustellen, also externe Effekte zumindest zu verringern.“[5] Die Gläubiger, die in einer solchen Situation typischerweise die wesentlichen Risiken der weiteren Unternehmensentwicklung tragen, sollen in die Entscheidungen des Unternehmens fest eingebunden werden.

Das ***Insolvenzrecht definiert drei Insolvenzauslöser***, die Zahlungsunfähigkeit, die Überschuldung und neu in der Insolvenzordnung die drohende Zahlungsunfähigkeit.

a) Zahlungsunfähigkeit ist nach § 17 Abs. 2 InsO gegeben, wenn der Schuldner nicht in der Lage ist, die fälligen Zahlungspflichten zu erfüllen. Zahlungsunfähigkeit ist in der Regel anzunehmen, wenn der Schuldner seine Zahlungen eingestellt hat. Bei Zahlungsunfähigkeit besteht für das Schuldnerunternehmen die Pflicht, einen Antrag auf Eröffnung des Insolvenzverfahrens zu stellen. Die Gläubiger haben nicht die Pflicht, aber die Möglichkeit der Antragstellung. Der Tatbestand der Zahlungsunfähigkeit ist relativ klar definiert, greift aber für den Gläubigerschutz zeitlich vergleichsweise spät.

b) Der Tatbestand der **Überschuldung** liegt nach § 19 II Abs. 2 InsO vor, wenn das Vermögen des Schuldners die bestehenden Verbindlichkeiten nicht mehr deckt. Bei der Bewertung des Vermögens des Schuldners ist dabei die Fortführung des Unternehmens zugrunde zu legen, sofern diese aus betriebswirtschaftlicher Sicht zu erwarten ist. Andernfalls erfolgt die Bewertung zu Liquidationswerten.

Zur Frage der Wertansätze für das Schuldnervermögen bestimmt das Gesetz in § 19 II Satz 2 InsO, dass bei der Bewertung des Vermögens des

[5] Vgl. NEUS (2003), S. 181.

Schuldners die Fortführung des Unternehmens dann zugrunde zu legen ist, wenn diese Fortführung „nach den Umständen überwiegend wahrscheinlich ist." Demnach hängt die ***Prämisse, unter der die Bewertung des Vermögens zu erfolgen hat, von der Prognose der überwiegenden Wahrscheinlichkeit des Fortbestehens des Unternehmens ab.*** Fällt diese Prognose positiv aus, so sind Fortführungswerte anzusetzen, andernfalls die in der Regel niedrigeren Liquidationswerte.[6] Diese Vorgabe einer konditionierten Bewertung ist folgerichtig, in der Praxis aber schwierig umzusetzen.

Der Insolvenztatbestand der Überschuldung greift nur bei Kapitalgesellschaften und nicht bei Personengesellschaften. Es besteht eine Antragspflicht des Schuldners und die Antragsmöglichkeit der Gläubiger. Der Überschuldungstatbestand greift ebenfalls vergleichsweise spät und ist darüber hinaus durch die Vorschrift der konditionierten Bewertung belastet, die viele Zweifelsfälle zulässt.

c) ***Drohende Zahlungsunfähigkeit*** ist gegenüber dem alten Konkursrecht ein neuer Insolvenztatbestand nach § 18 Abs. 1 InsO, der eine möglichst frühzeitige Eröffnung eines Verfahrens ermöglichen soll. Nach § 18 Abs. 2 InsO droht der Schuldner zahlungsunfähig zu werden, wenn er voraussichtlich nicht in der Lage sein wird, die bestehenden Zahlungspflichten im Zeitpunkt der Fälligkeit zu erfüllen. Die drohende Zahlungsunfähigkeit verschafft dem Schuldner die Möglichkeit – verpflichtet ihn aber nicht –, das Unternehmensvermögen unter den Schutz des Insolvenzverfahrens zu stellen (Insolvenz-Auslöseoption für den Schuldner). Die Einschätzung der zukünftigen Zahlungsunfähigkeit basiert auf dem Liquiditäts- oder Finanzplan. Da dieser den Gläubigern nicht vorliegt, gibt es auch keine Antragsmöglichkeit der Gläubiger, die sich auf eine drohende Zahlungsunfähigkeit stützen könnte.

Aus ökonomischer Sicht ist die ***Festlegung des Antragszeitpunktes*** für die Effizienz des Insolvenzrechts zentral, weil nur die Möglichkeit einer frühen Eröffnung des Insolvenzverfahrens die Chance auf ein erfolgreiches Reorganisationsverfahren eröffnet. Andererseits basiert ein früher Insolvenztatbestand notwendigerweise auf wenig nachprüfbaren Erwartungsgrößen und kann den Schuldner sogar dazu veranlassen, in die „Insolvenz zu flüchten", um dadurch Schutz vor den Einzelzwangs-Vollstreckungsmaßnahmen seiner Gläubiger zu erlangen.[7]

(2) Vermögenssicherung und Vermögensfeststellung in der Insolvenz

Durch die Beantragung eines Insolvenzverfahrens wird das sog. Eröffnungsverfahren in Gang gesetzt, das den Zweck verfolgt, die Vermögensmasse –

---

[6] Vgl. WALLMEIER (2002), Sp. 2361. Vgl. zur Prüfungsabfolge auch DRUKARCZYK (2002).

[7] Vgl. EIDENMÜLLER (1999).

grundsätzlich durch Fortführung des Geschäftsbetriebs – solange zu sichern, bis die Voraussetzungen des Insolvenztatbestandes geprüft sind. Während dieser Zeit sollen für alle Gläubiger nachteilige Veränderungen der Vermögensposition möglichst verhindert werden. Einzelne Gläubiger sollen sich auch nicht mehr durch Zwangsvollstreckungsmaßnahmen in eine günstigere Position bringen können. Im Übrigen soll es aber möglich sein, neue Kredite aufzunehmen, um den Geschäftsbetrieb aufrecht zu erhalten.

Eine weiter bestehende Verfügungsgewalt der Eigentümer über das Vermögen nach eingetretener Insolvenz würde Anreize geben, dass diese zu Lasten der Gläubiger gehende Dispositionen treffen. Das Insolvenzrecht sorgt daher mit der Eröffnung des Verfahrens dafür, dass ***nachteilige Veränderungen möglichst verhindert*** werden. Zu den Maßnahmen gehören die Einsetzung eines vorläufigen ***Insolvenzverwalters*** und die Anordnung von ***Verfügungsbeschränkungen*** einerseits sowie die Untersagung von Zwangsvollstreckungsmaßnahmen, die nur einzelnen Gläubigern Vorteile bringen würden, andererseits.

Mit dem Eröffnungsbeschluss werden die ***Insolvenzgläubiger*** aufgefordert, ihre Forderungen anzumelden. Dazu werden die Gläubiger in verschiedene Gläubigerklassen eingeteilt.

- ***Aussonderungsberechtigte Gläubiger*** können einen Anspruch auf Herausgabe von Vermögensgegenständen aus der Insolvenzmasse geltend machen, weil ihre Vermögensgegenstände überhaupt nicht zur Insolvenzmasse gehören.
- ***Absonderungsberechtigte Gläubiger*** (z. B. Grundpfandgläubiger) haben einen Anspruch auf vorrangige Befriedigung aus dem Veräußerungserlös des ihnen verpfändeten Vermögensgegenstandes. Sie können einen Verlustbetrag als normale Insolvenzgläubiger geltend machen, müssen aber einen möglichen Überschuss an die Masse abführen.
- ***Masseansprüche*** als vorrangig zu befriedigende Forderungen bestimmter Gläubiger resultieren aus den Kosten des Verfahrens und den sonstigen Masseverbindlichkeiten, d. h. insbesondere allen durch den Insolvenzverwalter begründeten Zahlungsverpflichtungen einschließlich der Massekredite.

Nach § 38 InsO wird das ***verbleibende Vermögen gleichmäßig zur Befriedigung*** der Gläubiger verwertet. Vorrechte einzelner Gläubigergruppen wie im früheren § 61 Abs. 1 Konkursordnung (z. B. Forderungen des Fiskus oder der Krankenversicherungen) sind abgeschafft worden.

13.1.3 Verwertungsstrategien in der Insolvenz

(1) Die Entscheidung über die Liquidation oder Reorganisation

Nach der Verfahrenseröffnung erfolgt in der ersten ***Gläubigerversammlung*** die grundsätzliche Weichenstellung über das Verfahrensziel, wobei zwei Wege zur Verwertung und Verteilung des Schuldnervermögens eingeschlagen werden können.

– Die Gläubigerversammlung kann mit einfacher Mehrheit die ***Zwangsverwertung und -verteilung*** nach den entsprechenden gesetzlichen Vorschriften beschließen.
– Alternativ gibt es die Möglichkeit zur Erstellung eines ***Insolvenzplans***. Die im Insolvenzplan darzustellenden grundsätzlichen Verwertungsalternativen bestehen in der Liquidation des ganzen Unternehmens oder von Unternehmensteilen, in der übertragenden Sanierung oder in der Sanierung des Unternehmensträgers.

Die Vorteilhaftigkeit einer Alternative über die andere richtet sich formal danach, ob der Liquidations- oder der Fortführungswert größer sind, so dass das den Gläubigern zur Verfügung stehende Vermögen maximiert wird.

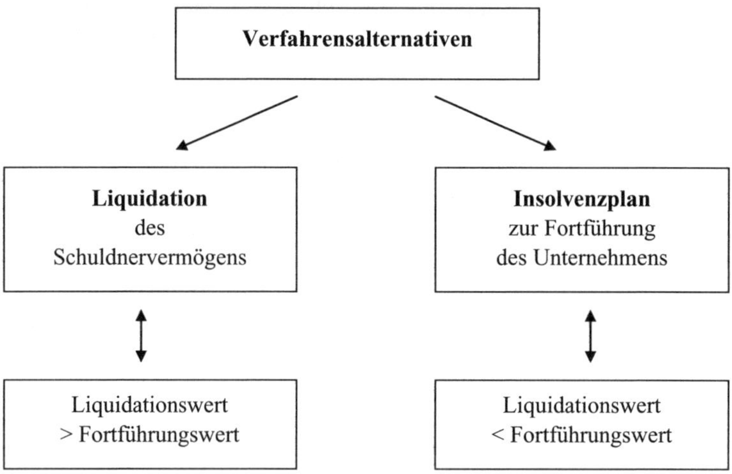

Abb. 13.2: Die Verfahrensalternativen der Haftungsverwirklichung

(2) Der Insolvenzplan

Der ***Insolvenzplan*** war nach den Vorstellungen des Gesetzgebers das eigentliche Kernstück der Reform des Insolvenzrechts. Durch die Einführung des neuen Sanierungsinstruments sollen die Chancen einer erfolgreichen Sanierung im gerichtlichen Insolvenzverfahren verbessert werden. Die Regelungen des Insolvenzplans stellen dafür den rechtlichen Rahmen zur Verfügung.[8]

---

[8] Vgl. BUTH / HERMANNS (1998), S. 85.

Das Insolvenzplanverfahren orientiert sich am amerikanischen Sanierungsverfahren nach Chapter 11 BC, wird aber in der Praxis nur vereinzelt angewandt.

Entsprechend den Vorschriften der Insolvenzordnung (§ 219 InsO) besteht der ***Insolvenzplan aus zwei Teilen***. Im ***darstellenden Teil*** werden die geplanten wirtschaftlichen Maßnahmen beschrieben, während im ***gestaltenden Teil*** die Vereinbarungen der Beteiligten über die Abwicklung des Verfahrens und die Modalitäten der Vermögensverwertung sowie die eigentliche Umgestaltung des Unternehmens in rechtlicher und operativer Hinsicht aufgenommen werden. Um die erwartete Ertrags- und Liquiditätsentwicklung zu dokumentieren, müssen dem gestaltenden Teil Anlagen in Form von Planbilanzen, Plan-Gewinn-und-Verlust-Rechnungen und Finanzpläne beigelegt werden. Der Plan muss mit den im Gesetz genannten Mehrheiten von den Gläubigern und dem Schuldner angenommen und durch das Insolvenzgericht bestätigt werden.
Eine Sanierung und Fortführung des schuldnerischen Unternehmens kann in zweierlei Form erfolgen.

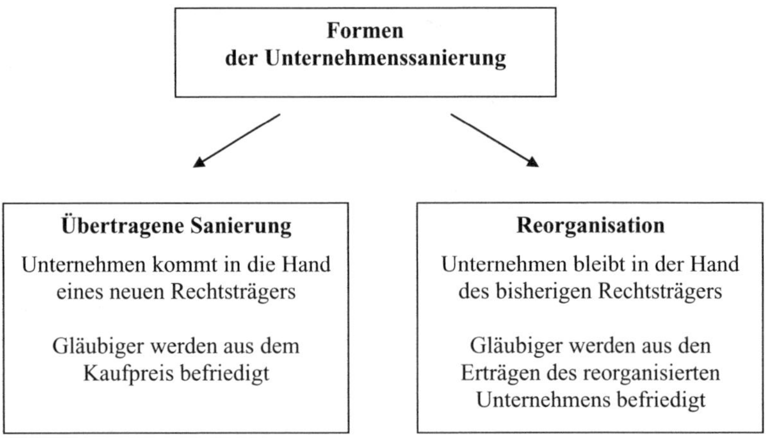

Abb. 13.3: Formen der Unternehmenssanierung

Ob sich die ***Reorganisation*** des Unternehmens lohnt oder die ***Liquidation*** die vorteilhaftere Alternative darstellt, sollte aus neoklassischer Perspektive prinzipiell anhand von Überlegungen entschieden werden, die sich an den Kriterien einer Investitionsrechnung orientieren. Bei der Reorganisation und Fortführung entstehen im Leistungsbereich des Unternehmens zukünftige Ein- und Auszahlungen, deren Erwartungswerte in den Investitionskalkül einfließen. Der Kapitalwert der Einzahlungsüberschüsse bei Fortführung ist mit dem Kapitalwert bei Liquidation zu vergleichen. Die Entscheidung für die

Alternative mit dem höheren Kapitalwert sollte dabei unabhängig von der Struktur der Gläubigeransprüche und damit auch unabhängig von der Höhe der Verschuldung erfolgen.

(3) Durchführung des Insolvenzplans

Die Durchführung der Alternativen Reorganisation oder Liquidation belastet oder begünstigt allerdings die am Verfahren beteiligten Parteien (z. B. die gesicherten und nicht gesicherten Gläubiger oder die Gläubiger mit unterschiedlichen Perspektiven für zukünftige Geschäftsverbindungen), so dass das Insolvenzrecht auch spezielle Verfahrensregeln enthalten muss, welche die Effizienz des Verfahrens sicherstellen und besondere Benachteiligungen einzelner Parteien durch die Entscheidung für eine Alternative verhindern sollen.

Die ***Durchführung des Insolvenzplanverfahrens*** ist dementsprechend durch die Mitwirkung der verschiedenen Gläubigergruppen geprägt. Der Insolvenzverwalter legt den Insolvenzplan dem Gericht zunächst zur Vorprüfung vor, das ihn, wenn es ihn nicht zurückweist, weiterleitet, und zwar an den Gläubigerausschuss, an den Betriebrat, an den Sprecherausschuss der leitenden Angestellten und an den Schuldner. Die angesprochenen Gruppen nehmen in einer gerichtlich bestimmten Frist zum Insolvenzplan aus ihrer Sicht Stellung. Nach einer anschließenden Erörterung wird ein Abstimmungstermin angesetzt, in dem die verschiedenen Gläubigergruppen gesondert nach Kopf- und Summenmehrheit abstimmen. Zur ***Annahme des Insolvenzplans*** ist dabei erstens in jeder Gläubigergruppe die Mehrheit der abstimmenden Gläubiger notwendig. Zweitens muss die Summe der Ansprüche der zustimmenden Gläubiger mehr als die Hälfte der insgesamt bestehenden Ansprüche ausmachen. Ein in § 245 InsO verankertes Obstruktionsverbot soll verhindern, dass eine Gläubigergruppe „missbräuchlich" ihre Zustimmung zu einem wirtschaftlich sinnvollen Plan verweigert.

Wenn auch der Schuldner dem Plan zugestimmt hat, wird der Plan vom Gericht bestätigt und tritt in Kraft. Sein gestaltender Teil wirkt für und gegen alle Beteiligten. Forderungen sind erlassen oder gestundet, Verpflichtungen entstanden, Willenserklärungen abgegeben etc. Die Erfüllung der im Plan getroffenen Regelungen ist Sache des Schuldners. Wenn der Insolvenzplan das bestimmt, wird der Schuldner während der Planerfüllung auf eigene Kosten überwacht.

(4) Die Möglichkeit der Eigenverwaltung

Die Insolvenzordnung sieht in den §§ 270 ff. InsO neben den verschiedenen Kompetenzspielräumen des Insolvenzverwalters – harter bzw. weicher Insolvenzverwalter – als Ausnahmekonstellation die sog. ***Eigenverwaltung*** im Rahmen der Insolvenzabwicklung vor, bei welcher der Schuldner die Verfügungsbefugnis behält und lediglich von einem eingesetzten Sachwalter überwacht wird.[9]

Die Eigenverwaltung muss vom Schuldner gesondert beantragt werden. Gläubiger, die den Antrag auf Insolvenzeröffnung gestellt haben, müssen dem Antrag auf Eigenverwaltung zugestimmt haben. Der Schuldner wird bereits bei der Antragstellung die mit einer Eigenverwaltung verbundenen wirtschaftlichen Vorteile aufzeigen und darlegen, dass die Gründe für die Insolvenz nicht in seinem Verantwortungsbereich liegen. Im Gegensatz zum Regelverfahren schließt die Eigenverwaltung bestimmte Restriktionen aus und ermöglicht eine weitgehend eigenverantwortliche Sanierung und Restrukturierung durch ein ***Turnaround-Management***, das von einem gerichtlich bestellten Sachverwalter kontrolliert wird.

(5) Die Durchsetzung des Gleichheitsgrundsatzes

Der Grundsatz der ***Gleichstellung der Gläubiger*** im Insolvenzverfahren gilt als der wichtigste Grundsatz des Insolvenzrechts (SCHMIDT 1980, S. 41). Die rechtliche Gleichstellung der Insolvenzgläubiger gegenüber dem Gemeinschuldner, die „***par conditio creditorum***" ist im neuen Insolvenzrecht insbesondere durch die Abschaffung der Konkursprivilegien nach § 61 Abs. 1 Konkursordnung erreicht worden. Damit schwächt die Verfahrenseröffnung die Stellung jener Gläubiger, die gegenüber den anderen Gläubigern eine günstigere Ausgangsposition bei der Verfolgung ihrer Interessen haben (z. B. eine fällige Forderung) und stärkt zugleich die Stellung jener Gläubiger, die gegenüber den anderen Gläubigern eine ungünstigere Ausgangsposition aufweisen.

Die Frage nach der ökonomischen ***Rationalität des Gleichheitsgrundsatzes*** lässt sich anhand der realen Auswirkungen der sie verdrängenden Regelung zur Einzelzwangsvollstreckung beantworten, die dem Prioritätsprinzip folgt. Das ***Prioritätsprinzip*** verursacht nämlich bei Knappheit reale Kosten, weil im Falle einer drohenden Insolvenz jeder einzelne Gläubiger ein Interesse daran haben müsste, den Versuch zu unternehmen, anderen Gläubigern bei der Sicherung und Befriedigung ihrer Forderungen zuvorzukommen.

Eine für den Ablauf des einheitlichen Insolvenzverfahrens wichtige Regelung stellt die staatliche Gewährung eines ***Insolvenz-Ausfallgeldes*** dar. Danach sind die Arbeitnehmer gegen das Risiko einer Insolvenz ihres Arbeitgebers dadurch abgesichert, dass sie im Falle der Eröffnung des Insolvenzver-

---

[9] Im Falle der Insolvenz von KirchMedia ist beispielsweise dieser Sondertatbestand mit dem Ziel gewählt worden, den Geschäftsbetrieb kontrolliert fortzuführen und durch Umstrukturierung wesentliche Unternehmensteile dauerhaft zu erhalten.

fahrens maximal für die drei voraus gegangenen Monate Ausfallgeld in Höhe ihres Arbeitsentgeltes erhalten.[10]

13.1.4 Verteilungs- und Anreizwirkungen des Insolvenzrechts

(1) Ökonomische Funktionen des Insolvenzrechts

Das Insolvenzrecht erfüllt verschiedene Funktionen, die die Gestaltung effizienter Gläubiger-Schuldner-Beziehungen erleichtern sollen.

- Die ***Ex-ante-Verhaltensfunktion*** besteht darin, dass vor dem Eintreten einer Insolvenz eine Disziplinierung des Kreditnehmers erreicht werden soll. Dazu sollen Entscheidungen der Anteilseigner verhindert oder erschwert werden, die zu Lasten der Gläubiger mit ihren kontraktbestimmten Ansprüchen gehen.
- Die ***Ex-post-Verhaltensfunktion*** besteht darin, dass nach dem Eintreten der Insolvenz eine die Verluste der Gläubiger minimierende Verwertung des Unternehmens erreicht werden soll – bestmögliche Gläubigerbefriedigung. Die Erhaltung des Unternehmens ist dabei kein absolutes Oberziel, sondern allenfalls ein Mittel zur Verlustminimierung.
- Schließlich kann das Insolvenzrecht eine ***Befreiungsfunktion*** insoweit wahrnehmen, als es mit der Restschuldbefreiung für den „redlichen" Schuldner nach § 1, 2 InsO einen Anreiz setzt, sich besonders kooperativ zu verhalten. Insoweit kann man die Befreiungsfunktion auch als speziellen Aspekt der Ex-post-Verhaltensfunktion interpretieren.[11]

Das ***Grundproblem aller insolvenzrechtlichen Regelungen*** besteht nun darin, dass die Ex-ante- und die Ex-post-Funktionen nicht unabhängig voneinander sind, sondern ineinander wirken.[12]

- Ein Insolvenzrecht, das Schuldner hart sanktioniert, wirkt zwar disziplinierend, löst zugleich aber unerwünschte Anreize bei den Schuldnern aus, die Ingangsetzung des Verfahrens zu vermeiden. Die Konsequenzen sind häufig Entscheidungen zu Lasten des Unternehmenswertes und die Verteilungskon-

---

[10] Im Betriebsrentengesetz ist geregelt, wann ein Unternehmen mit Zusagen auf Leistungen der betrieblichen Altersvorsorge Beiträge zum Pensionssicherungsverein auf Gegenseitigkeit (PSVaG) zu leisten hat. Der PSVaG übernimmt die Betriebsrentenanwartschaften und -zahlungen im Falle der Insolvenz des Unternehmens. Um zu verhindern, dass Unternehmen bei einer drohenden Insolvenz noch schnell hohe Versorgungszahlungen zusagen, greift der Insolvenzschutz erst nach zwei Jahren Beitragszahlung. Zur Geschichte, Entwicklung und Funktion der PSVaG vgl. HOPPENRATH (2004).

[11] Ein „anständiges" und „faires" Verhalten soll mit der Möglichkeit der Restschuldbefreiung belohnt werden, so dass Schuldner, die trotz ihrer Bemühungen um den Geschäftsbetrieb gescheitert sind, durch die neue Insolvenzordnung die Möglichkeit bekommen sollen, im Rahmen eines besonderen Insolvenzverfahrens eine Restschuldbefreiung zu erhalten. Dazu muss allerdings über das Vermögen ein Insolvenzverfahren durchgeführt worden sein.

[12] Vgl. DRUKARCZYK (2001) und (2002).

flikte verschärfende Finanzierungsentscheidungen vor Erreichen eines Insolvenztatbestandes (Gamble for Resurrection).

- Ein Insolvenzrecht, das den Schuldnern im Insolvenzfall gegebenenfalls „eine weichere Landung ermöglicht", führt u. U. zu größeren Zugeständnissen der Gläubiger und damit zu höheren Ex-post-Verlusten.
- Das Insolvenzrecht soll auch die Entscheidungen der von der Insolvenz betroffenen Gläubiger koordinieren. Unterschiedliche Rechtsausstattungen, divergierende Erwartungen über Liquidations- und Fortführungswerte sowie unterschiedliche Erwartungen über künftige Vorteile bei einem Überleben des Schuldners erschweren die Koordination.

(2) Gesellschafterdarlehen und Eigenkapitalersatzrecht

In der Regel wird ein Unternehmen, dem eine Insolvenz droht, eher auf eine Eigenkapitalzufuhr als auf zusätzliches Fremdkapital setzen, damit die Haftungsbasis verbessert wird und nicht neue Verbindlichkeiten entstehen. Dennoch werden solchen Unternehmen gelegentlich zusätzliche Fremdmittel gewährt, und zwar häufig von den Eigentümern der Gesellschaft (Gesellschafterdarlehen). In diesem Fall wird nach § 32a (1) GmbH-Gesetz der Gesellschafter sanktioniert, der ein Gesellschafterdarlehen in einem Zeitpunkt gewährt, in dem „ordentliche Kaufleute" Eigenkapital zugeführt hätten, weil sich das Unternehmen in der Krise befindet. Im Insolvenzverfahren wird nämlich der Anspruch auf Rückgewähr des Darlehens nachrangig.[13]

Das ***Eigenkapitalersatzrecht*** bewirkt, dass Fremdkapital, das dem Unternehmen von den Gesellschaftern oder von Dritten zur Verfügung gestellt wird, die der Gesellschaft nahe stehen, ***als Eigenkapitalersatz umqualifiziert*** wird. Das Eigenkapitalersatzrecht ist als Recht der GmbH entwickelt worden, gilt aber auch für den Aktionär einer Aktiengesellschaft, wenn dieser zu mehr als 25 % beteiligt ist oder über eine faktische Sperrminorität verfügt. Konsequenz einer Einordnung als Eigenkapitalersatz ist, dass der das Darlehen gewährende Gesellschafter die Rückgewähr nur als nachrangiger Insolvenzgläubiger geltend machen kann.[14]

(3) Gleichschaltung von Haftung und Verfügung

Die ***ökonomische Analyse des Rechts*** beschäftigt sich mit der Frage der Auswirkungen alternativer Rechtsgestaltungsmöglichkeiten auf die betroffenen Akteure. Die ***ökonomische Analyse des Insolvenzrechts*** konzentriert sich auf die Frage, ob und unter welchen Bedingungen die Reorganisation

---

[13] Das GmbH-Gesetz stammt von 1892 und gilt derzeit in der Fassung vom 20.5.1898, zuletzt geändert durch das Handelsrechtsreformgesetz vom 22.6.1998.

[14] Vgl. HOFFMANN (2002), S. 259.

gegenüber der Liquidation eines Unternehmens vorzuziehen ist. Eine weitere Fragestellung betrifft den Beitrag des Insolvenzrechts zur Effizienz der Kapitalmärkte, wobei insbesondere die Funktion des Grundsatzes der Gläubigergleichbehandlung (par conditio creditorum) im Mittelpunkt des Interesses steht. Immer dann, wenn ein Schuldner einer Handlungsalternative, die nicht die im gemeinsamen Interesse optimale ist, nur deshalb wählt, weil sie die Möglichkeit der Vermögensverschiebung bietet, tritt ein Wohlfahrts- oder Effizienzverlust ein. Die unmittelbare Verlustgefährdung des Fremdkapitals schafft ein solches Agency-Problem.[15]

Da es im gemeinsamen Interesse von Gläubigern und Schuldnern liegt, die Effizienzverluste einzudämmen, wird im Insolvenzverfahren eine ***Angleichung von Haftung und Verfügung*** angestrebt: Wer die Entscheidungen trifft, soll auch die Folgen tragen. Ziel des Insolvenzverfahrens ist die gleichmäßige, möglichst hohe Gläubigerbefriedigung. Die Gläubiger werden in der Insolvenz zu Residualeinkommensbeziehern und erhalten das, was aus der Verwertung der Masse resultiert. Daher erscheint es konsequent, dass sie mit Eröffnung des Verfahrens die Verfügungsberechtigung über die Masse erhalten und diese stellvertretend für alle Gläubiger dem Insolvenzverwalter übertragen.

13.2 Möglichkeiten der Sanierung im Vorfeld einer Insolvenz

13.2.1 Entwicklungsphasen von Unternehmenskrisen

Praktiker gehen davon aus, dass viele Unternehmenskrisen durch Managementfehler ausgelöst werden und einem typischen Phasenschema folgen. Die Krise beginnt meist mit einigen auf den ersten Blick wenig bedeutenden Fehlentscheidungen. Beispielsweise gelingt es einem Unternehmen nicht, wichtige Produkte an die sich ändernde Nachfrage am Markt anzupassen. Unterbleiben dann in den folgenden Monaten trotz erster Alarmsignale wie beispielsweise dem Rückgang des ordentlichen Betriebsergebnisses oder der Zunahme der Verschuldung die geeigneten Maßnahmen zur Neuausrichtung des Unternehmens, dann kommt es zu einem Margenverfall bzw. zu Verlusten, die in der Folge zu einer Anspannung der Liquidität führen können. „Als Ergebnis wird der unternehmerische Handlungsspielraum immer kleiner. Der Handlungsdruck auf das Management steigt, der Ruf nach „Fresh Money" wird laut. Das Unternehmen ist zum Sanierungsfall geworden."[16]

---

[15] Vgl. SCHMIDT (1980), S. 61.

[16] Abbildung in Anlehnung an STORR (2002), S. 5.

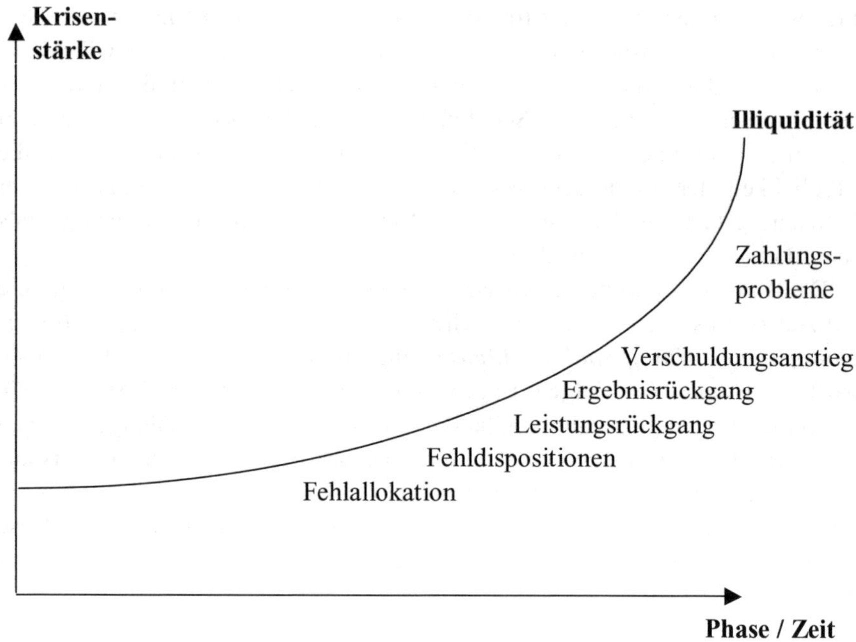

Abb.13.4: Idealtypische Entwicklungsphasen einer Unternehmenskrise

Unternehmenskrisen entwickeln sich häufig über einen längeren Zeitraum kaum sichtbar als Resultat einer Vielzahl externer und interner Einflussfaktoren, um dann relativ überraschend sichtbar zu werden. Für die Kreditinstitute als Gläubiger gilt die möglichst frühzeitige Erkennung der Gefährdung eines Engagements durch ***Frühwarnindikatoren*** als Erfolgsfaktor der Problemkreditbetreuung. „Die aussagefähigsten Indikatoren sind die starke Umsatzminderung, die unterlassene Abgabe unterjähriger Statuszahlen, die Überschreitung der eingeräumten Kreditlinien, die Verminderung der Kooperationsbereitschaft, das Ausweichen von Gesprächen mit dem Firmenkundenbetreuer sowie die Zugehörigkeit des Unternehmens zu einer Krisenbranche. Allerdings ist ein erheblicher Teil der Institute der Auffassung, dass diese Indikatoren die Entwicklung zum Problemkredit erst spät oder sogar zu spät signalisieren. Risikoengagements werden deshalb oftmals nicht rechtzeitig erkannt, so dass zahlreiche Institute mit der Problemkreditbetreuung erst in der Liquiditätskrise beginnen.“[17]

[17] Vgl. SINGER / KPMG (2002). Die Aussagen sind das Resultat einer Umfrage der Universität Leipzig und der KPMG, die im Zeitraum Herbst 2001 bis Frühjahr 2002 bei allen

Mit zunehmender Bedrohung des Unternehmens durch die Krise steigen der Handlungsdruck und die Aufgabenkomplexität für den Turnaround. Gleichzeitig nimmt der verfügbare ***Handlungsspielraum ab***, so dass Unternehmen in einer akuten Liquiditätskrise häufig nicht mehr in der Lage sind, die betriebswirtschaftlich als sinnvoll erkannten Maßnahmen in eigener Regie durchzuführen. Die Situation ist dadurch bedrohlich, dass das Unternehmen in der Regel eine Zufuhr von Eigenkapital benötigt, um die drohende Überschuldung oder Zahlungsunfähigkeit zu vermeiden. Die Aktionäre können aber kaum ein Interesse an einer solchen Transaktion haben, da eine Erhöhung des Eigenkapitals in der Krise zunächst nur den Gläubigern hilft, ihr Ausfallrisiko zu reduzieren. Daher kann man regelmäßig beobachten, dass die Gläubiger den Aktionären insoweit entgegenkommen, als sie auf Teile ihrer Forderungen freiwillig verzichten und so den durch eine Eigenkapitalzufuhr eingeleiteten Vermögenstransfer zu ihren Gunsten vermindern.[18]

Wird das Insolvenzverfahren eröffnet, dann ist über die Alternative Liquidation oder Reorganisation zu entscheiden. Auch im Vorfeld einer Insolvenz kann bei den Beteiligten aber schon die Einsicht wachsen, dass zur Fortführung des Unternehmens grundlegende Veränderungen notwendig sind. Die Planung und Umsetzung dieser Veränderungen bezeichnet man als Sanierung und gliedert sie häufig in finanzwirtschaftliche und realwirtschaftliche Sanierungsmaßnahmen.

13.2.2 Strategien einer finanzwirtschaftlichen Sanierung

(1) Finanzwirtschaftliche Sanierungsmaßnahmen

In der Praxis hat sich eine ***zweistufige Vorgehensweise*** zur Realisierung einer Sanierung herausgebildet. In der ersten Stufe wird das Restrukturierungskonzept erstellt und ein Sofortmaßnahmeprogramm gestartet, in der zweiten Stufe wird das Konzept detailliert und umgesetzt.[19]

Im ***Finanzbereich*** wird mit einer Sanierung insbesondere die Sicherung der Eigenkapitalbasis (Solvenz) und der Zahlungsfähigkeit (Liquidität) angestrebt. Dementsprechend bezeichnet man als ***finanzwirtschaftliche Sanierung*** alle finanziellen Maßnahmen zur Wiederherstellung der Zahlungsfähigkeit des Unternehmens sowie zur Aufstockung des Eigenkapitals auf eine für die weitere Geschäftstätigkeit erforderliche Mindesthöhe.

Universalbanken in Deutschland mit einer gewissen Mindestbilanzsumme durchgeführt wurde.

[18] Vgl. GERTNER / SCHARSTEIN (1991) und zu den gesetzlichen Vorkehrungen zum Schutz der beteiligten Parteien durch die Festlegung eines Nennwertes des Eigenkapitals im Aktienrecht BURGHOF (1998).

[19] Vgl. BERGER / KRAUS (2001), S. 686.

Zu den ***Maßnahmen zur Erhöhung des Eigenkapitals*** gehören die folgenden Transaktionen, bei denen die Kreditinstitute vermittelnd auftreten können oder sich selbst bereit erklären, ihre Kredite in Eigenkapital umzuwandeln.

- Die ***Umwandlung von Fremdkapital in Eigenkapital*** oder in Finanztitel mit Eigenkapitalcharakter (z. B. Genussrechtskapital) soll bewirken, dass die laufenden Belastungen aus der Verzinsung und Tilgung von Krediten zu Gunsten von Residualansprüchen gesenkt werden.[20]
- Die ***Aufnahme von Mezzanin-Kapital*** hat für das Unternehmen den Vorteil, dass die Kontrollstruktur nicht geändert wird, was aber die Kapitalgeber wegen ihrer mangelnden Kontrollmöglichkeiten als problematisch ansehen können.
- Die ***vereinfachte Kapitalherabsetzung*** durch Nennwertherabsetzung, die Zusammenlegung oder Einziehung von Aktien können zur Vorbereitung einer anschließenden Kapitalerhöhung dienen und somit ebenfalls die Möglichkeit einer Erhöhung des Eigenkapitals begünstigen.

Bei den Maßnahmen zur Verbesserung der ***Liquiditätssituation*** werden insbesondere die vorhandenen ***Kreditlinien und Liquiditätsreserven*** geprüft. Die weitergehenden Maßnahmen setzen regelmäßig an den verschiedenen Verbindlichkeiten an und beinhalten den Versuch, Tilgungsaussetzungen oder die Absenkung von Tilgungszahlungen zu erreichen. Auch die Freigabe von Kreditsicherheiten kann die Liquiditätslage des Unternehmens verbessern, wenn es nun beispielsweise über einen Wertpapierbestand frei verfügen kann.

Alternativ können die Gläubiger ihre ***Forderungen aufstocken*** oder in eine ***Kreditprolongation*** einwilligen. Schließlich kann die Liquiditätssituation durch die Rangrücktrittserklärung einer Bank verbessert werden, weil nun das Unternehmen wieder in der Lage ist, Lieferantenkredite oder anderweitige Finanzmittel aufzunehmen. Finanzwirtschaftliche Sanierungen beinhalten also vielfach auch Forderungsverzichte und Änderungen der Rangstellung der Gläubiger, ohne dass die Gläubiger gleich in einen Eigentümerstatus wechseln.

Da die Gläubiger hinsichtlich der Vergrößerung der Überlebenswahrscheinlichkeit des Unternehmens gleichgerichtete, hinsichtlich des Zugriffs auf die Masse bei nicht gelungener Sanierung aber gegenläufige Interessen haben, sind Entscheidungen über Kreditkündigungen, Kreditverlängerungen oder Kreditaufstockungen durch die schwierige Koordination der Gläubiger belastet. Als hilfreich hat sich hier die Bildung sog. ***Gläubigerpools*** herausgestellt, in den die nicht gesicherten Gläubiger ihre Forderungen einbringen, um eine gemeinschaftliche Strategie durchzusetzen. Neben den einfachen

---

[20] Organisatorisch geht dabei häufig die Verwaltung der Kredite vom Kreditbereich einer Bank in die Investmentbanking-Sparte über, die den Exit nach erfolgreicher Restrukturierung bzw. Weiterplatzierung übernimmt.

Gläubigerpools gibt es in der Praxis auch Sicherheitenpools für Gläubiger mit konkurrierenden Interessen an bestimmten Vermögensgegenständen.[21]

In den letzten Jahren haben sich spezielle ***Private-Equity-Fonds*** etabliert, die auf die Eigenkapitalfinanzierung von Restrukturierungen spezialisiert sind. Ein Geschäftsmodell solcher auch als ***Vulture-Fonds*** bezeichneten spezialisierten Intermediäre besteht darin, den angeschlagenen Unternehmen in Krisensituationen Zahlungsmittel zur Verfügung zu stellen, um im Zuge der Restrukturierung oder letztlich der Zerschlagung der Gesellschaft eine möglichst hohe Wertsteigerung zu realisieren.[22] Da der Handlungsdruck in den Krisenunternehmen sehr groß, der Handlungsspielraum aber sehr klein ist, kann das neue Eigenkapital häufig mit attraktiven Ertragsaussichten im Erfolgsfall investiert werden. Zur Absicherung der Erfolgsaussichten bringen die Fonds häufig auch aktives Eigenkapital ein und leisten insoweit neben ihrer Einlage eine Unterstützung des Managements.

(2) Realwirtschaftliche Sanierungsmaßnahmen

Realwirtschaftlich knüpfen Sanierungsmaßnahmen in der Regel an jenen Problemen an, die als Ursachen für die Krise des Unternehmens ausgemacht wurden. Ursachen von Unternehmenskrisen lassen sich nach unterschiedlichen Gesichtspunkten gliedern und beschreiben.

Häufig unterscheidet man ***strategische Ursachen***, hinter denen beispielsweise Technologieumbrüche stehen, auf die das Unternehmen nicht ausreichend vorbereitet war, von ***operativen Ursachen***, wenn das Unternehmen Qualitätsmängel oder zu kostenintensive Produktionsprozesse zu beklagen hat. Eine zu große Abhängigkeit von einzelnen Kunden und dementsprechend ein hohes Einzelausfallrisiko für Lieferantenforderungen kann sowohl auf strategische als auch auf operative Ursachen hindeuten.

Als relativ leicht zu behebende Schwachstellen gelten auch die mangelnde Klarheit über die Erfolgsbeiträge der verschiedenen Kunden- und Produktbereiche sowie eine zu große Produktvielfalt. Hinter den mangelnden Informationen der Geschäftsleitung stehen dabei organisatorische Mängel und ***Defizite im Controlling und Risikomanagement***. Rechtliche Ursachen beinhalten beispielsweise hohe Belastungen aus Prozesskosten aus Gerichtsverfahren oder Konventionalstrafen. Schließlich betreffen realwirtschaftliche Sanierungsmaßnahmen auch die personellen Ressourcen und deren Einsatz im Unternehmen.

Sanierungen werden häufig notwendig, weil mehrere Fehleinschätzungen oder Fehlentscheidungen gemeinsam zur Krisensituation geführt haben. Dann

---

[21] BRUNNER / KRAHNEN (2001) stellen fest, dass die Existenz eines solchen Gläubigerpools die Wahrscheinlichkeit für den Erfolg eines Workout-Prozesses der Banken erhöht.

[22] Zu den verschiedenen Strategien von Vulture Investors vgl. MITTER (2004).

ist es häufig vorteilhaft, die Entscheidungen in den verschiedenen Unternehmensbereichen zu überprüfen und dafür ein spezielles Krisenmanagement einzurichten. Ein Krisenmanagement kann dabei sogar einem eigenständigen Berater übertragen oder von diesem unterstützt werden. Der Sanierungsberater kann letztlich sogar die Kompetenz erhalten, das bisherige Management auszuwechseln, wenn dort die Verantwortung für die Krise festgemacht werden kann. Schließlich kann es hilfreich sein, die Geschäftsleitung auszuwechseln, wenn neue geschäftliche Schwerpunkte gesetzt werden müssen, für die das bisherige Management keine besondere Kompetenz aufweist.

Im Falle ernster und für das Überleben des Unternehmens kritischer realwirtschaftlicher Krisen wird jedenfalls das Sanierungsmanagement die Kapitalgeber des Unternehmens in die Entscheidungen einbeziehen, da deren Interessen in jedem Fall in besonderer Weise tangiert sind. Insoweit lassen sich finanzwirtschaftliche und realwirtschaftliche Sanierungsmaßnahmen in der Regel nicht klar voneinander trennen.

Beispielsweise kann der Verkauf bestimmter Vermögensteile dem Unternehmen zu Liquidität verhelfen, andererseits aber für einzelne Gläubiger oder Gläubigergruppen wenig attraktiv sein. Wenn die Gläubiger ausschließlich daran interessiert sind, eine möglichst hohe Quote ihrer Forderungen zu erreichen, dann kann dies zu Effizienzverlusten führen, wenn die Gläubiger im Zuge der Krise immer stärker Einfluss auf die Investitionspolitik ausüben.

Hinzu kommt, dass Branchenkonkurrenten häufig die naheliegenden Käufer für die Assets des Unternehmens sind.[23] Da Branchenkonjunkturen mehrere Unternehmen betreffen, werden die Erlöse beim Verkauf von Assets weiter nach unten getrieben.[24] Auch die Eigentümer des Unternehmens haben häufig nur ein geringes Interesse an solchen Veräußerungen, weil dadurch der dem Vermögensteil zugrunde liegende Optionswert des Eigenkapitals frühzeitig eliminiert und damit die Hoffnung auf zukünftige Wertsteigerungen zunichte gemacht wird.

Sanierungsentscheidungen stellen sich also nicht nur als komplex dar, sondern müssen häufig auch in einem schwierigen finanzwirtschaftlichen oder realwirtschaftlichen Umfeld erfolgen, so dass die Erfolgsaussichten eher bescheiden sind.

---

[23] Vgl. WILLIAMSON (1988).
[24] Vgl. SHLEIFER / VISHNY (1992).

Lektürevorschläge zu Kapitel 13

Seit 1999 gilt in Deutschland ein neues Insolvenzrecht, dessen Grundzüge beschrieben sind in DRUKARZCYK (2001) und BREUER (2003)

Insolvenzen stehen häufig am Ende eines Prozesses von Sanierungsversuchen. Die Mittel und Möglichkeiten von Sanierungen behandeln BERGER / KRAUS (2001), BRÜCHNER (1999), DRUKARZCYK (2001), EIDENMÜLLER (1999), FELDBAUER-DUSTMÜLLER / STIEGLER (2002), FINSTERER (1999) und HOELL / JOSTARNDT (2005) aus ökonomischer und BREUER (2003), BUTH / HERRMANNS (1998), EHLERS / DRIELING (2000), EIDENMÜLLER (1999) und RITTER (2000) aus rechtlicher Perspektive.

Die Anreize verschiedener Regelungen im Insolvenzrecht werden diskutiert in BREUER / HAUPT (2003), DRUKARCZYK (2002), EGER (2001), HART (1999) und SCHMIDT (1980), empirische Folgen der Anreize in BRUNNER / KRAHNEN (2001) sowie JOSTARNDT (2005) und WRUCK (1990).

Insolvenzauslöser und Insolvenzfolgen sind Gegenstand der Beiträge von BREUER / HAUPT (2003), FRANKE (1984), HAUGEN / SENBET (1987), RUDOLPH (1985) und WILLIAMSON (1988).

Zusammenfassung

Unternehmensinsolvenzen sind staatliche regulierte Verfahren der kollektiven Gläubigerbefriedigung. Das Insolvenzrecht stellt Regeln auf, unter welchen Bedingungen und mit welchen Konsequenzen die Verfügungsgewalt über das Unternehmensvermögen und die abgeschlossenen Verträge von den Eigentümern auf die Gläubiger des Unternehmens übergeht. Es wird auch der Prozess geregelt, der nach Auslösung der Insolvenz unter richterlicher oder anderweitiger Kontrolle abläuft, damit eine möglichst ertragreiche und gleichmäßige Befriedigung der Gläubiger erreicht werden kann.

Das Insolvenzrecht geht insoweit über das für alle Wirtschaftssubjekte geltende Zivilprozessrecht und Zwangsvollstreckungsrecht hinaus, als eine zur weitgehenden Gleichbehandlung aller Gläubigerforderungen vorgesehene Gesamtvollstreckung angestrebt wird.

Insolvenzregeln sind staatlich vorgegebene Regeln für das Zusammenspiel der Gläubiger in der Insolvenz. In der Krise des Unternehmens besteht für die beteiligten Parteien noch grundsätzlich Vertragsfreiheit, so dass sich insbesondere einzelne Gläubiger an der Sanierung eines Schuldnerunternehmens nicht beteiligen müssen. Die Insolvenzregeln sind in diesem Fall aber ein Drohpunkt, um die Gläubiger zu einer kooperativen Haltung anregen zu können. Denn die wirksame Eröffnung eines Insolvenzverfahrens zwingt allen Beteiligten die Verfahrensregeln des Insolvenzrechts auf.

Schlüsselbegriffe

Eigenkapitalersatzrecht
Insolvenzgründe
Insolvenzordnung
Insolvenzrecht
Reorganisation
Überschuldung
Unternehmenskrise
Unternehmenssanierung
Verwertungsstrategien
Zahlungsunfähigkeit

Kapitel 14

Finanzsystem und Corporate Governance

Unternehmen schalten zur Durchführung ihrer Finanztransaktionen verschiedene Finanzintermediäre ein und greifen dabei, um die Transaktionskosten zu senken, vielfach auf etablierte Finanzierungstechniken und Finanzierungsinstrumente zurück. Man bezeichnet dieses Umfeld der Unternehmen, in dem die Finanztransaktionen organisiert, abgewickelt und kontrolliert werden, als Finanzsystem. ***Finanzsysteme*** sind durch die an ihnen handelnden Akteure, insbesondere die typischen Anbieter von Kapital und die Nachfrager nach Kapital sowie durch die verschiedenen Finanzintermediäre gekennzeichnet, die bei der Zusammenführung von Angebot und Nachfrage verschiedene Funktionen ausüben. Nicht nur die Banken als herausragende Gruppe der Finanzintermediäre übernehmen innerhalb des Finanzsystems einer Wirtschaft zentrale Funktionen, sondern auch andere Finanzintermediäre wie beispielsweise die Wertpapierbörsen, die Versicherungen oder verschiedene spezialisierte Finanzdienstleistungsunternehmen.

Ein weltweiter Vergleich der Finanzsysteme zeigt, dass sich in verschiedenen Ländern und Regionen das Zusammenspiel der Akteure an den Finanzmärkten in unterschiedlicher Weise gestaltet. So hat sich in Deutschland mit seinem traditionellen ***Universalbankensystem*** eine andere Arbeitsteilung zwischen den Finanzintermediären herausgebildet als in den angelsächsischen Ländern mit ihrem typischen ***Trennbankensystem***. Das wirft die Frage auf, welche historischen und / oder sachlichen Gründe für die unterschiedliche Organisation und Bedeutung einzelner Institutionen in den verschiedenen Finanzsystemen sprechen. Die Analyse dieser Gründe kann einerseits zu einem vertieften Verständnis der Funktionen eines Finanzsystems beitragen und hat andererseits Bedeutung für die ***Unternehmensfinanzierung*** und den Rechtsrahmen, innerhalb dessen die Finanztransaktionen durchgeführt werden.

Aus der Beobachtung einer unterschiedlichen Arbeitsteilung innerhalb des kontinentaleuropäischen und des angelsächsischen Bankensystems kann nicht geschlossen werden, dass diese Arbeitsteilung quasi zementiert ist. Ein Blick auf die vielfältigen Aktivitäten an den Finanzmärkten und die zum Teil grenzüberschreitenden Geschäfte und Fusionen von Finanzintermediären zeigt, dass das Gegenteil der Fall ist. Betrachtet man die rechtlichen Möglichkeiten, so bewegt sich das angelsächsische System mit der Überwindung der regulativen Schranken des Trennbankenprinzips auf das kontinentaleuropäische System zu. Zugleich scheint sich aus ökonomischen Gründen mit der verstärkten Ausprägung der Aktivitäten im ***Investmentbanking*** das kontinentaleuropäische System noch rascher dem angelsächsischen Typus zu nähern.

Um einen Einblick in die Merkmale unterschiedlicher Finanzsysteme zu erhalten, werden in Abschnitt 14.1 typische ***Merkmale und Aufgaben eines Finanzsystems*** vorgestellt und in 14.2 die von den Finanzintermediären im Finanzsystem wahrgenommenen Aufgaben beleuchtet. Dabei erfolgt auch eine Gegenüberstellung des angelsächsischen marktorientierten mit dem kontrollorientierten Finanzsystem. Neben diesen beiden Prototypen gibt es andere Finanzsysteme und Mischformen von Finanzsystemen. Die Darstellung beschränkt sich aber auf das marktorientierte und das kontrollorientierte Finanzsystem als Prototypen und spezifiziert diese anhand der Finanzmärkte in den USA und Deutschland, wobei gelegentlich noch weitere Finanzmärkte zum Vergleich einbezogen werden.

In Abschnitt 14.3 wird die mit der Art des Finanzsystems zusammenhängende ***Corporate Governance*** der Unternehmen für die Investitions- und Finanzierungspolitik im Kontext der Unternehmensziele diskutiert. Hier zeigt sich für angelsächsische Unternehmen mit ihrem typischen Manager-Eigentümer-Konflikt ein anderer Ausgangspunkt als für deutsche Gesellschaften, die typischerweise einen oder mehrere Großaktionäre aufweisen und daher weniger durch Manager-Eigentümer-Konflikte als durch Interessendivergenzen zwischen den Groß- und Kleinaktionären gekennzeichnet sind.

Die Darstellung in diesem Kapitel 14 wird zwangsläufig abstrakter und zum Teil auch weniger stringent sein als die vorausgegangene Behandlung verschiedener Einzelaspekte der Unternehmensfinanzierung. Die Bedeutung des Finanzsystems und der Ausgestaltung der Corporate Governance sind dennoch so wesentlich für die Unternehmensfinanzierung, dass diese Gesichtspunkte hier und im Finanzmanagement der Praxis nicht vernachlässigt werden dürfen.

14.1 Institutionen und Funktionen eines Finanzsystems

14.1.1 Cashflow- und Kontrollrechte der Finanztitel von Unternehmen

(1) Zahlungsansprüche und Allokation von Verfügungsrechten

Mit der Emission von Finanztiteln ist nicht nur die Veräußerung von ***Zahlungsansprüchen (Cashflow-Rechten)*** verbunden, sondern auch eine bestimmte Allokation von Verfügungs- und Kontrollrechten.[1] So hat ein Kredit-

[1] Vgl. Kapitel 5 und hier insbesondere Abschnitt 5.1.1.

vertrag die Eigenschaft, dass er die Verfügungsrechte an den Vermögensgegenständen des Unternehmens zunächst den Eigentümern überlässt, solange das Unternehmen die Zins- und Tilgungsansprüche der Gläubiger pünktlich und vollständig bedient. Wenn aber Zins- und Tilgungszahlungen nicht pünktlich geleistet werden, so erhalten die Gläubiger die Möglichkeit, Maßnahmen der Zwangsvollstreckung bzw. ein Insolvenzverfahren gegen das Unternehmen einzuleiten. Die Verfügungsrechte über die Vermögensgegenstände des Unternehmens gehen auf die Gläubiger über. Im Unterschied zu Kreditverträgen ist die Emission von Beteiligungstiteln in Form von Aktien unmittelbar mit dem Recht der Aktionäre verbunden, bei bestimmten Unternehmensentscheidungen und insbesondere Kapitalmaßnahmen auf der Hauptversammlung der Gesellschaft mitzuwirken. Bei der möglichen Insolvenz ihrer Gesellschaft werden die Aktionäre dagegen von der Entscheidungsfindung ausgeschlossen.

Die ***Ausübung der Verfügungs- und Kontrollrechte*** eines Unternehmens hängt nicht nur von der Aufteilung der Finanzierungsmittel auf Eigen- und Fremdkapitaltitel ab, sondern auch von der ***Konzentration*** dieser Titel auf einige wenige oder viele Inhaber sowie von der Identität der Inhaber konzentrierter Finanztitel mit ihren typischen Zielsetzungen (Private Investoren, Finanzinvestoren, Banken etc.). So stehen beispielsweise allen Inhabern einer Unternehmensanleihe gemeinsam grundsätzlich dieselben Verfügungsrechte zu wie einer Bank, die einen Kredit im gleichen Umfang zur Verfügung gestellt hat. Aufgrund von Koordinationsproblemen und fixen Transaktionskosten bestehen aber bei zersplitterten Gläubigeransprüchen weniger Anreize und größere Hemmnisse für die Kapitalgeber zur Ausübung der Unternehmenskontrolle. Auch allen Kleinaktionären einer Aktiengesellschaft gemeinsam stehen prinzipiell die gleichen Rechte zu wie einem Großaktionär mit gleich hohem Kapital- bzw. Stimmrechtsanteil. Dennoch verfügt der Großaktionär, der „mit einer Stimme sprechen“ kann, faktisch über mehr Informations-, Einfluss- und Kontrollmöglichkeiten als die zersplitterte Gemeinschaft der Kleinaktionäre.

Ob und in welcher Weise Großaktionäre von ihren Rechten Gebrauch machen, hängt von den individuell verfolgten Zielen ab, die mit der Beteiligung verfolgt werden. So sind Portfolioinvestoren im Wesentlichen an einem attraktiven Ertrags-Risiko-Verhältnis ihrer Anlagen interessiert, während strategische Investoren häufig Ziele im technologischen Bereich oder im Bereich der Beschaffung oder des Vertriebs des Zielunternehmens verfolgen. Dementsprechend werden die Verfügungs- und Kontrollrechte von Portfolioinvestoren und strategischen Investoren vermutlich in unterschiedlicher Weise wahrgenommen.

Die nachfolgende Tabelle macht deutlich, dass in den USA, Großbritannien und Deutschland große Unterschiede in der Eigentümerstruktur der Unternehmen und damit zugleich auch im Konzentrationsgrad der Kontrollanteile an den Unternehmen zu verzeichnen sind.[2]

Beteiligungsanteile am Grundkapital der Unternehmen in %	**USA**	**Groß-britannien**	**Deutsch-land**
Alle Unternehmen	44,5	62,9	64,0
a) Finanzintermediäre	30,4	52,8	22,0
– Banken	-	4,3	10,0
– Versicherungen	4,6	-	-
– Pensionsfonds	20,1	48,5	12,0
– Andere	5,7	-	-
b) Sonstige Unternehmen	14,1	10,1	42,0
c) Privatpersonen	50,2	28,0	17,0
d) Ausland	5,4	6,5	14,0
e) Staat	-	2,5	5,0

Abb. 14.1: Beteiligungsanteile im Jahr 1990

Im angelsächsischen Finanzsystem liegen die Eigentumsanteile an den Unternehmen breit gestreut bei Privatpersonen oder bei den Pensionsfonds als speziellen Finanzintermediären. Diese verfolgen im Rahmen ihres ***Portfolioansatzes*** finanzielle Ziele und keine besonderen Interessen einer speziellen strategischen Ausrichtung der Unternehmen. Bei deutschen Unternehmen erkennt man dagegen eine ***ausgeprägte Anteilskonzentration***, wobei neben Finanzintermediären und Privatpersonen insbesondere andere Unternehmen eine große Rolle als Inhaber von Eigentumsanteilen spielen. Die große Bedeutung des Beteiligungsbesitzes der Unternehmen ist ein Indiz dafür, dass zumindest noch im betrachteten Jahr 1990 die ***Verflechtung*** der großen Gesellschaften in deutschen Unternehmen sehr ausgeprägt war (Deutschland AG).

Auch ***im Bereich der Kreditfinanzierung*** gibt es in Deutschland eine stärkere Konzentration als in den angelsächsischen Ländern. Einerseits greifen die Unternehmen in Deutschland nur in geringem Maß auf die Anleihemärkte mit ihren auf viele Gläubiger zersplitterten Zahlungsansprüchen zurück und bevorzugen stattdessen eine Bankfinanzierung. Andererseits spricht das Leistungsangebot der Universalbanken in Deutschland für eine stärker konzentrierte Leistungsabnahme bei einzelnen Banken als das Trennbankensystem

---

[2] Vgl. PROWSE (1994).

mit seiner größeren Differenzierung und Spezialisierung der Finanzdienstleistungen.

(2) Sichtweise und Begriff eines Finanzsystems

In den vorausgegangenen Kapiteln ist verschiedentlich darauf hingewiesen worden, dass bestimmte Ergebnisse der Finanzierungstheorie zwar in den USA und damit am amerikanischen Kapitalmarkt, nicht aber in Deutschland empirisch bestätigt werden können. Die mangelnde empirische Bestätigung zahlreicher Hypothesen ist das Pendant zu der Beobachtung, dass bestimmte Institutionen des Finanzmarktes wie z. B. Private-Equity- oder Venture-Capital-Gesellschaften in den USA häufiger vorkommen, eine längere Tradition haben und am Finanzmarkt eine größere Rolle spielen als in Deutschland. Für die meisten Unternehmen konzentrieren sich finanzielle Beziehungen und Finanzkontrakte auf das Umfeld ihres Sitzlandes. Da die Bedeutung der finanziellen Institutionen aber von Land zu Land unterschiedlich ist, liegt es nahe, unterschiedliche empirische Beobachtungen des Finanzierungsverhaltens von Unternehmen darauf zurückzuführen, dass die Unternehmen in einem anderen institutionellen Umfeld agieren. Dieses Umfeld wird als ***Finanzsystem*** bezeichnet. Man versteht darunter zunächst einmal den Finanzsektor eines Landes als die Gesamtheit der Banken, der übrigen Finanzintermediäre und der Wertpapierbörsen.[3]

Der ***Begriff Finanzsystem*** bezieht sich über den Finanzsektor hinaus aber auch auf die Nachfrager der Finanzierungsmittel, und das sind insbesondere die Unternehmen. Zwischen den Haushalten als den typischen Überschusseinheiten und den Unternehmen als den Defiziteinheiten für Zahlungs- bzw. Finanzierungsmittel bildet sich nicht nur ein Netz von Strömen aus Zahlungs- und Finanzierungsmitteln, sondern auch ein Netz von Informations-, Einfluss- und Kontrollbeziehungen. Daher ist die in Abschnitt 14.3 behandelte ***Corporate Governance*** als Gesamtheit der Regelungen und Mechanismen der Einflussnahme auf die wesentlichen Entscheidungen in den Unternehmen ebenfalls ***Teil des Finanzsystems***.

Finanzsysteme lassen sich im Hinblick auf die finanzwirtschaftlich relevanten Gesetze, Regeln, Institutionen und Usancen unterscheiden, die bei den Anlegern zu ähnlichen finanzwirtschaftlichen Entscheidungen führen und in dem die Unternehmen ähnlichen finanziellen Restriktionen unterworfen sind. Als ***Finanzsystem*** im umfassenden Sinn bezeichnet man daher nicht nur die Gesamtheit der finanziellen Institutionen eines Landes wie die Banken, Versicherungen, die Börsen und andere zum Finanzsektor gehörende Dienstleistungsunternehmen sowie die Aufsichtsbehörden, sondern das gesamte Zu-

[3] Vgl. SCHMIDT / TYRELL (2004).

sammenspiel bzw. Zusammenwirken des Angebots und der Nachfrage nach Finanzierungsmitteln. Auf das Finanzsystem wirken auch das relevante Zivil- und Strafrecht sowie die Arbeitsmärkte und die Produktmärkte ein. Wenn man von einem solchen weiten Begriff des Finanzsystems ausgeht, dann wird die Anzahl der zu betrachtenden Finanzsysteme deutlich geringer sein als die Anzahl der Länder, die für die Unternehmensfinanzierung von Interesse sind. Es zeigt sich sogar, dass sich die Anzahl der Finanzsysteme auf wenige Prototypen verdichten lässt und sich damit die nationalen Spielregeln inhaltlich einigen wenigen Grundmustern zuordnen lassen.[4]

Es stellt sich die Frage, mit welchen Eigenschaften man den Prototyp eines Finanzsystems beschreiben soll. Hier bietet es sich an, an die Beschreibung von ***Finanzierungstiteln*** anzuknüpfen. Während die Zahlungscharakteristika von Finanzierungstiteln weltweit weitgehend einheitlich definiert sind, unterscheiden sich die mit den Finanzierungstiteln verbundenen Verfügungs- und Kontrollrechte zum Teil erheblich. Unterschiedliche Verfügungs- und Kontrollmöglichkeiten resultieren dann daraus, dass die Rechtsordnungen bestimmte Akteure stärker schützen als andere Teilnehmer des Finanzmarktes, indem sie ihnen weitergehende Informations- und Kontrollrechte einräumen als anderen Akteuren. Ein typisches Beispiel sind die Informations- und Entscheidungsrechte der Gläubiger in der Insolvenz eines Unternehmens. Die Gläubigerrechte in der Insolvenz sind in Deutschland stärker ausgeprägt als in den USA oder in Großbritannien.

Vielfach weichen die faktischen Verfügungsmöglichkeiten von den rechtlich gegebenen ab, weil die Durchsetzung der Rechte einzelner Inhaber von Finanzierungstiteln koordiniert werden müssen. Während sich die Zahlungsstrukturen einzelner kleiner Finanzierungsansprüche an ein Unternehmen meist ohne weiteres aggregieren und zur Zahlungscharakteristik eines Eigenkapital- oder Fremdkapitalpakets zusammenfassen lassen, ist eine solche lineare Aggregation von Verfügungs- und Kontrollrechten im Allgemeinen nicht möglich. So wird ein einzelner Eigentümer mit einem großen Anteilsbesitz leichter von den ihm zustehenden Rechten Gebrauch machen, weil nicht zusätzliche Koordinationskosten anfallen, die man benötigt, um die Interessen verschiedener bzw. vieler Kleinaktionäre aufeinander abzustimmen. Selbst Informationsrechte sind davon abhängig, ob sie durch einen oder sehr viele Aktionäre wahrgenommen werden. Auch wenn Unternehmen nach außen in der Informationspolitik nicht differenzieren sollten, so werden doch die Kosten der Auswertung der Informationen für die Financiers von unterschiedli-

---

[4] Vgl. ALLEN / GALE (2000), FISCHER / RUDOLPH (2000), HACKETHAL / SCHMIDT (2000), HACKETHAL / SCHMIDT / TYRELL (2005) sowie MAYER (1998), die einen umfassenden Überblick über den Stand der Forschung in der Literatur zur Comparative Corporate Governance geben. Zur Einbeziehung Japans in die Diskussion der Corporate Governance vgl. DIETL (1998), zum Einfluss der Kapitalmarktentwicklung GERKE / STEIGER (2001).

cher Bedeutung sein. Während sich ein Großaktionär mit den verfügbaren Informationen auseinandersetzen wird, weil sie den Wert der Finanzanlage wesentlich beeinflussen, wird es für die Kleinaktionäre häufig nicht lohnend sein, die hohen Fixkosten der Informationsaufbereitung zu tragen. Die faktische Verteilung der Verfügungs- und Kontrollrechte in einem Unternehmen hängt also von der Konzentration der Property Rights ab.

14.1.2 Marktorientierte und kontrollorientierte Finanzsysteme

(1) Typische Merkmale von Finanzsystemen

Weltweite Vergleiche der Finanzierungsgegebenheiten von Unternehmen deuten darauf hin, dass sich unter den Industrienationen mehrere Typen von Finanzsystemen herausgebildet haben. Von den bei differenzierter Betrachtung unterscheidbaren Finanzsystemen treten ***zwei Prototypen*** von Finanzsystemen hervor, die sich erstens in gewisser Weise markant gegenüberstehen und die zum zweiten für die Entwicklung in Deutschland von besonderer Bedeutung sind, das marktorientierte und das kontrollorientierte Finanzsystem.

In einem ***marktorientierten Finanzsystem*** werden die unterschiedlichen Interessenlagen der Beteiligten möglichst weitgehend über den Markt ausgeglichen. Die Unternehmen beschaffen sich Finanzierungsmittel an den Märkten, indem sie den Anlegern an der Börse handelbare Eigen- und Fremdkapitaltitel anbieten. Die Anleger ihrerseits entscheiden, ob sie die von den Unternehmen angebotenen Finanztitel in ihr Portfolio aufnehmen wollen und greifen nur indirekt in die Unternehmenskontrolle ein. Sind die Anleger mit der Unternehmensleitung oder Unternehmensentwicklung unzufrieden, so werden sie ihre Anteile verkaufen. Der einsetzende Kursverfall schränkt den Handlungsspielraum des Managements ein. Der Druck wird noch dadurch verstärkt, dass das Unternehmen bei niedrigem Aktienkurs mit größerer Wahrscheinlichkeit das Ziel eines Übernahmeversuchs werden kann. Für den Käufer stellt sich dann nämlich die Unternehmensübernahme als relativ risikoarme Arbitragetransaktion heraus. Er kann, wenn er die Kontrollmehrheit erworben hat, das Management entlassen und ein erfolgreicheres bzw. aktionärsfreundliches Management installieren und das Unternehmen wieder mit einem hohen „Arbitragegewinn" an die Börse zurückführen.

In einem ***kontrollorientierten Finanzsystem*** bestimmen dagegen die Investoren bzw. ein Teil der Investoren die wirtschaftlichen Aktivitäten der Unternehmen maßgeblich mit, indem sie auf die Besetzung des Managements und auf wichtige Unternehmensentscheidungen einwirken. Sie reagieren auf Fehlentwicklungen nicht durch Abwanderung („Exit"), sondern durch Widerspruch („Voice") über die Wahrnehmung von Mitgliedschaftsrechten.[5] Insge-

---

[5] Vgl. hierzu die frühe Arbeit von HIRSCHMANN (1974).

samt spielen sog. Großaktionäre eine aktive Rolle bei der Unternehmenssteuerung und Unternehmensüberwachung. Dies setzt natürlich die Existenz einer geeigneten Gruppe von Anteilseignern voraus, die größere Beteiligungspositionen halten und für die sich die Ausübung eines Kontrollmandates auch auszahlen kann. Wie Abb. 14.1 deutlich gemacht hat, kann man bei deutschen Aktiengesellschaften in vielen Fällen von der Existenz geeigneter Kontrollaktionäre ausgehen.

(2) Typologische Unterschiede der Finanzsysteme im Überblick

Die nachfolgende Tabelle der Abb. 14.2 stellt wichtige Unterschiede der Finanzierung in markt- und kontrollorientierten Finanzsystemen stichwortartig gegenüber.[6] Im nachfolgenden Abschnitt werden diese Stichworte noch ausführlich erläutert.

Ein wichtiges Ergebnis der Gegenüberstellung der beiden Typen von Finanzsystemen ist die Erkenntnis, dass sich die beiden Ausprägungen im dominierenden Agency-Konflikt unterscheiden. So ergeben sich aus der Trennung von Eigentum und Verfügungsgewalt im ***marktorientierten Finanzsystem*** erhebliche Handlungsspielräume für das Management, welches dieses zur Vereinnahmung privater Vorteile nutzen kann. Dazu gehören der Konsum unternehmerischer Ressourcen (Fringe Benefits), die Verminderung des Arbeitseinsatzes (Shirking) zur Vermeidung von Arbeitsleid bzw. zur Umlenkung des Arbeitseinsatzes in Tätigkeiten außerhalb des Unternehmens, Überinvestitionen zur Vergrößerung von Einfluss und Macht sowie zur Vermeidung einer Kontrolle durch den Kapitalmarkt und schließlich eine risikoaverse Investitionspolitik, die dazu führen kann, dass Investitionsprojekte trotz eines positiven Kapitalwertes nicht durchgeführt werden, weil sie risikobehaftet sind und das feste Gehalt des Managers gefährden könnten.

Typisch für das ***kontrollorientierte*** Finanzsystem ist dagegen der Konflikt zwischen den kontrollierenden Eignern und den Minderheitsaktionären. Die Großaktionäre haben einen Anreiz, sich private Kontrollerträge (Private Benefits of Control) anzueignen, und sind dazu wegen eines nur mäßig ausgebauten Schutzes der Minderheitsaktionäre auch in der Lage.[7] Kontrollaktionäre werden eine Unternehmenspolitik unterstützen, die der strategischen Interessenlage ihrer persönlichen Geschäftsaktivitäten dient, auch wenn die Vermögensinteressen der am Unternehmen beteiligten Minderheitsaktionäre be-

---

[6] In Anlehnung an HACKETHAL / SCHMIDT (2000), S. 42. Vgl. auch BERGLÖF (1997), der aus den beiden „generischen" Formen der Finanzierung Grundmuster und Rollenverteilung sowie mögliche Problembereiche beider Finanzsysteme ableitet.

[7] Die Kontrollerträge sind auch die Kompensation für zusätzliche Kosten einer Kontrollposition wie beispielsweise eine mangelnde Liquidität oder Diversifikation der Anlagen. Vgl. BOLTON / VON THADDEN (1998), BOTT (2002), DENIS / DENIS / SARIN (1997a, 1997b), FRANKS / MAYER (2001) und MAUG (1998).

Prototyp	**Marktorientiertes Finanzsystem** Outsider System Arm's Length System	**Kontrollorientiertes Finanzsystem** Insider System Control Oriented System
Bedeutung der Kapitalmärkte	– Publikumsfinanzierung bedeutend, hoher Anteil börsennotierter Unternehmen – Aktienmärkte sehr liquide, hohe Marktkapitalisierung	– Publikumsfinanzierung eher unbedeutend, niedriger Anteil börsennotierter Unternehmen – Aktienmärkte wenig liquide, niedrige Marktkapitalisierung
Zielsetzungen der Eigentümer	– Portfolioorientierung der Anleger – Breit gestreute Eigenkapitaltitel	– Kontrollorientierung der Anleger – Konzentrierte Eigenkapitaltitel
Dominierender Agency-Konflikt	– Eigentümer versus Management	– Kontrollierende Aktionäre versus Minderheitsaktionäre
Informations-regulierung	– Eigentümerorientierte Offenlegungs- und Bilanzierungsvorschriften – Strikte Ahndung von Insidervergehen	– Gläubigerorientierte Offenlegungs- und Bilanzierungsvorschriften – Insiderhandel wenig sanktioniert
Corporate Governance Mechanismen	– Vergleichsweise hoher Schutz von Minderheitsaktionären – Begrenzte Rolle der Kontrollgremien (Ein-Board-System) – Feindliche Übernahmen häufig	– Vergleichsweise niedrige Schutzmechanismen – Wichtige Rolle der Kontrollgremien (Zwei-Board-System) – Feindliche Übernahmen selten
Ziele der Gläubiger	– Ertragserzielung aus einzelnen Transaktionen Arm's Length Lending – Diversifikation; breit gestreute Fremdkapitaltitel – Wechselnde Kreditbeziehungen – Schuldnerorientiertes Konkursrecht	– Ertragserzielung aus der langfristigen Beziehung Relationship Lending – Lock-In des Schuldners; Konzentration des Fremdkapitals – Dauerhafte Kreditbeziehungen – Gläubigerorientiertes Konkursrecht
Ziele der Mitarbeiter	– Maximaler Marktwert des Humankapitals – Wahrung von „Outside Opportunities“	– Maximaler Wert des spezifischen Humankapitals im Unternehmen – Ausübung von „Inside Influence“

Abb. 14.2: Gegenüberstellung wichtiger Elemente der Finanzsysteme

einträchtigt werden. Der Anreiz entsteht, weil die Kontrollaktionäre zwar die privaten Kontrollvorzüge vereinnahmen können, aber nur anteilig einen Rückgang des Marktwerts ihrer Beteiligung mittragen müssen.[8] In diesem Zusammenhang sind Untersuchungen von Bedeutung, die zeigen, dass die Herrschaftsrechte von Kontrollaktionären aufgrund pyramidaler Beteiligungsstrukturen häufig über die direkte Kapitalbeteiligung deutlich hinausreichen.

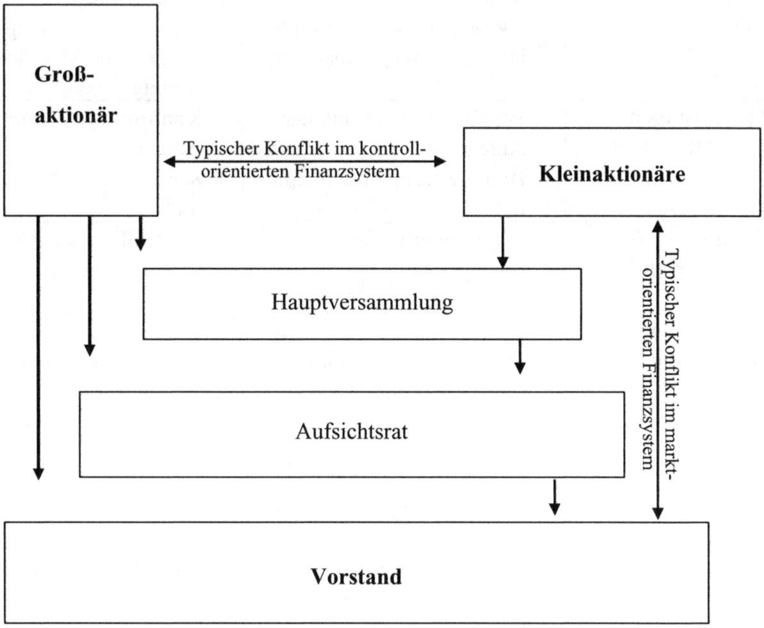

Abb. 14.3: Governance-Konflikte im Modell der Unternehmensführung

(3) Informationsbereitstellung der Unternehmen

Sowohl eine Prognose der zukünftigen Cashflows der von den Unternehmen emittierten Finanztitel als auch die Wahrnehmung mit den Finanztiteln verbundenen Verfügungs- und Kontrollrechte setzt bei den Anlegern und Gläubigern eine ausreichende Informationslage voraus. In der Regel sind die Finanzmärkte mit einer Fülle gesamtwirtschaftlicher Daten gut ausgestattet, haben aber nur wenige verlässliche Informationen über das zukünftige Unternehmensgeschehen. Unternehmensspezifische Informationen sind zunächst nur im Unternehmen selbst verfügbar, welches diese Informationen entweder mehr oder weniger bei sich behält oder möglichst weitgehend an die Öffent-

[8] Vgl. die Darstellung des Modells von JENSEN und MECKLING in Kapitel 6.

lichkeit trägt, so dass man die ***Externalisierung*** und die ***Internalisierung*** unternehmensspezifischer Informationen unterscheiden kann.[9] Externalisierung liegt vor, wenn die für die Bewertung der Ansprüche an ein Unternehmen relevanten Informationen – über die Vermögens- und Ertragssituation und wichtige strategische und personelle Entscheidungen – der interessierten Allgemeinheit zur Verfügung gestellt werden. Von einer Internalisierung kann man dagegen sprechen, wenn der Kreis der Informierten begrenzt wird, so dass nur wenige Entscheidungsträger im Unternehmen sowie einige kontrollierende Financiers informiert sind.

Je breiter die Informationen gestreut sind, umso größer ist die aggregierte Informationsverarbeitungs-Kapazität des Kapitalmarktes und umso besser kann damit die Preisfindung funktionieren. Darüber hinaus werden Informationsasymmetrien abgebaut und Prinzipal-Agent-Probleme vermindert. Allerdings erhalten auch mögliche Wettbewerber Informationen, was zu einer schnellen Erosion von Wettbewerbsvorteilen führen kann. Ein Vergleich der Finanzierungsmuster zeigt, dass im amerikanischen kapitalmarktorientierten Finanzsystem die Externalisierung von Informationen im Vordergrund steht, während im ***bankdominierten*** deutschen Finanzsystem die Internalisierung von Informationen die Finanzierungsbeziehungen prägt. Internalisierung der Information ist Teil der „Relationship" mit den Eigentümern und Hausbanken.

(4) Outsider- und Insider-Systeme

Finanzsysteme definieren auch die Regeln und Mechanismen der Einwirkung der verschiedenen Stakeholdergruppen – insbesondere der Anteilseigner, der Gläubiger und der Mitarbeiter eines Unternehmens – auf die wichtigen Unternehmensentscheidungen und die Durchsetzung ihrer Interessen.[10] Die Anteilseigner, die Gläubiger und die Mitarbeiter greifen auf unterschiedliche Weise und mit unterschiedlichen Folgen in die Unternehmensentscheidungen ein.

---

[9] Vgl. HACKETHAL / SCHMIDT (2000), S. 63 ff.

[10] Der Begriff des Insider- bzw. Outsider-Systems geht auf FRANKS / MAYER (1994) zurück. Er korrespondiert auch mit dem Begriff der Informationsinternalisierung bzw. Informationsexternalisierung. FRANKS / MAYER (1994) beschreiben das Finanzsystem in Deutschland als Insidersystem, das durch Familienbesitz, Überkreuzverflechtungen der Beteiligungspositionen für den konzentrierten Anteilsbesitz und das Vollmachtsstimmrecht der Banken für den breit gestreuten Anteilsbesitz gekennzeichnet ist. Vgl. zur Entwicklung dieses Systems seit dem Ende des 19. Jahrhunderts FRANKS / MAYER / WAGNER (2005), und zur speziellen Bedeutung der Familienunternehmen EHRHARDT / NOWAK (2003). Vgl. zur Begriffsbildung, den grundlegenden Charakteristika der Finanzsysteme und den Besonderheiten des deutschen und amerikanischen Finanzsystems insbesondere HACKETHAL / SCHMIDT (2000).

- Bei den ***Aktionären*** kann man die ***Liquiditäts***- von einer ***Kontrollorientierung*** unterscheiden. ***Liquiditätsorientierung*** bedeutet, dass die Anleger ausschließlich finanzielle Ziele anstreben. Die Aktionäre sind breit diversifiziert und können schnell auf neue Informationen reagieren. Der zentrale Mechanismus zur Interessenwahrung der Anteilseigner ist der Markt für Unternehmenskontrolle – Beschaffung einer Anteilsmehrheit zur Auswechslung des Managements. ***Kontrollorientierung*** bedeutet dagegen, dass die Anleger das Management permanent beeinflussen können. Die Anteilskonzentration mindert die Liquidität und behindert auch die Unternehmenskontrolle. Andererseits können die kontrollierenden Anteilseigner wichtige Informationen erlangen und in formellen Gremien wie dem Aufsichtsrat Einfluss nehmen.
- Bei den ***Gläubigern*** kann man eine ***Arm's Length***- von einer ***Relationship-Orientation*** unterscheiden. Arm's Length-Orientation bzw. Transactional Lending stehen für eine distanzierte Beziehung der Banken zu den Unternehmen. Die Beziehung ist wenig informationsintensiv und im Prinzip auch von kurzfristiger Natur. ***Relationship Lending*** betreiben dagegen beispielsweise Hausbanken, die eine langfristige Geschäftsverbindung mit ihren Kunden eingehen, diesen eine breite Produktpalette anbieten und teilweise auch selbst Anteilseigner der Unternehmen als Kreditnehmer sind. Die enge Beziehung ermöglicht einen aktuellen und breiten Zugang zu Informationen. Empirische Untersuchungen sprechen dafür, dass langfristige Beziehungen zu Kreditinstituten und die Kreditaufnahme bei wenigen Banken eine vorteilhafte Strategie sein kann. „Ceteris paribus, firms with more concentrated borrowing and long-lasting relationships fare better than other enterprises in terms of collateral requirements, interest rates, and credit availability."[11]
- Die Position der ***Mitarbeiter*** wird durch das Gegensatzpaar der ***Outside Opportunities*** bzw. der ***Internal Influence*** der Mitarbeiter gekennzeichnet. Unternehmen generieren langfristige Wettbewerbsvorteile vor allem durch immaterielle und schwer transferierbare Ressourcen wie firmenspezifisches Wissen und Fähigkeiten der Mitarbeiter. ***„Internal Influence"*** als Gewährung und Absicherung von Einflussrechten auf wichtige Unternehmensentscheidungen ist eine Möglichkeit, einen Anreiz für die Mitarbeiter zu schaffen, firmenspezifisches Humankapital aufzubauen. Mitarbeiterinteressen können auch durch ***„Outside Opportunities"*** gewahrt werden. Die Unternehmen können flexibel durch Entlassungen und anschließenden Zukauf neuen Knowhows auf neuartige Technologien und veränderte Marktbedingungen reagieren und Mitarbeiter stärker leistungsabhängig entlohnen.

---

[11] Vgl. HARHOFF / KÖRTING (1998), S. 1353.

(5) Unternehmensstrategien: Kleine Schritte und große Sprünge

Finanzsysteme umfassen nicht nur die Teilsysteme Unternehmensfinanzierung und Unternehmenskontrolle, sondern auch das Teilsystem Unternehmensstrategie. Die Festlegung der Unternehmensstrategie ist davon abhängig, wer Einfluss auf Unternehmensentscheidungen hat, was seinerseits davon abhängt, woher ein Unternehmen seine wichtigsten Ressourcen Finanzkapital und Humankapital bezieht und wie diejenigen, die diese Ressourcen bereitstellen, ihre Interessen schützen. Für Unternehmen, die mit ihren Stakeholdern distanzierte und eher marktmäßige Beziehungen ohne ausgeprägte spezifische Investitionen von beiden Seiten unterhalten, kommt eher eine „Strategie der großen Sprünge" (Big Leaps) in Betracht. Eine solche Strategie hat den Nachteil einer geringen Treffsicherheit aber zugleich den Vorteil der besseren Kommunizierbarkeit gegenüber den Stakeholdern, die nicht immer wieder von der Richtigkeit einer längerfristigen Strategie überzeugt werden müssen.

Der Vorteil einer langen Folge kleiner und präziser Schritte (Small Steps), die sich besser mit einigen wenigen Stakeholdern absprechen und durchsetzen lässt, besteht darin, dass die angestrebte Wettbewerbsposition mit einer größeren Wahrscheinlichkeit auch tatsächlich erreicht wird, ihr Hauptnachteil liegt darin, dass sie für ein gegebenes Maß an Veränderung mehr Zeit beansprucht.[12]

In der Literatur ist keine generelle Überlegenheit einer der beiden Strategien festgestellt worden. Wenn die Veränderungen in der Umwelt, die die Unternehmen zu Anpassungen zwingen, schell und drastisch sind, dann kann die lange Folge kleiner treffsicherer Schritte allerdings zu lange dauern und damit unvorteilhaft werden. Bei einer eher geringen Umweltdynamik erscheint dagegen eine Strategie der kleinen Schritte vorteilhaft. Überträgt man diese Vermutung mit aller Vorsicht auf die Vorteilhaftigkeit eines Finanzsystems, so ist festzustellen, dass offenbar Systemumbrüche und technologische Schocks in einem marktorientierten System leichter umgesetzt werden können, während eine kontinuierliche technologische Entwicklung mehr von einem kontrollorientierten System unterstützt werden kann.

(6) Systemunterschiede und Investitionsanreize

Wie im vorangegangenen Abschnitt beschrieben, sind die Verhaltensrisiken, die sich aus der ***Trennung von Eigentum und Verfügungsgewalt*** ergeben, im ***kontrollorientierten Finanzsystem*** vergleichsweise gering, während dafür die Verhaltensrisiken der Kontrollaktionäre gegenüber den Minderheitsaktionären problematisch erscheinen. Das bedeutet, dass die Risiken, die aus Agency-

[12] Vgl. HACKETHAL / SCHMIDT (2000), S. 79 f.

Konflikten zwischen der Geschäftsführung und den externen Kapitalgebern entstehen sowie die daraus resultierenden Ertragsrisiken, Kreditausfälle und Unternehmensinsolvenzen wenig bedeutsam sein sollten, dass sich dafür aber Wohlfahrtsverluste aufgrund von „***Private Benefits of Control***“ ergeben können.

Ein marktorientiertes Finanzsystem bringt relativ ***bessere Investitionsanreize*** für die Kapitalnehmer mit sich, da die Verhandlungsmacht der Unternehmer in Neu- bzw. Wiederverhandlungen größer ist. Die Unternehmer werden eher geneigt sein, spezifische Investitionen zu tätigen und sich persönlich einzubringen. Wenn der Person des Unternehmers und seiner Fähigkeiten insbesondere für Innovationen und Neuentwicklungen eine große Bedeutung zukommt, dann sollte ein kontrollorientierter Ansatz einen Wettbewerbsvorteil aufweisen. Die Betrachtung der Finanzierung von Gründungsunternehmen zeigt allerdings, dass das generell als marktorientiert apostrophierte Finanzsystem der USA hier offenbar sehr früh besonders leistungsfähige Institutionen herausgebildet hat, die als Venture-Capital-Gesellschaften eine fokussierte und spezialisierte Kontrollorientierung einnehmen. Insoweit können sich unter dem Dach eines marktorientierten Finanzsystems sehr wohl differenzierte Kontrollstrukturen entwickeln.

Eine Marktorientierung kann allerdings auch unerwünschte ***externe Effekte*** mit sich bringen. Ein bemerkenswerter externer Effekt kann sich auf die Entscheidung eines einzelnen Unternehmers auswirken, sein Unternehmen an die Börse zu bringen. Dieser Effekt resultiert aus der Tatsache, dass die Möglichkeiten der Marktteilnehmer, von Risikodiversifikation und Informationsvorteilen zu profitieren, mit der Anzahl der börsennotierten Unternehmen zunehmen. Sieht sich der Unternehmer aber privaten Kosten der Emission gegenüber, so kann der Fall auftreten, dass ein Börsengang zwar gesamtwirtschaftlich vorteilhaft wäre, sich aber einzelwirtschaftlich nicht rechnet. Berücksichtigt man darüber hinaus noch Kapitalmarktunvollkommenheiten, so beeinflusst die Entscheidung des einzelnen Unternehmens für ein Going Public die Nachfrage nach Anteilen anderer Unternehmer. Fehlt ein entsprechender ***Koordinationsmechanismus***, so kann der Gang an die Börse für den einzelnen Unternehmer unvorteilhaft werden, weil andere Unternehmer ebenfalls nicht an die Börse gehen. Das Fernbleiben von der Börse kann damit, gegeben die Strategie der anderen Unternehmer, tatsächlich optimal sein. Gelingt dagegen eine Koordination der emissionswilligen Unternehmen, so werden sie sich aufgrund einer veränderten Erwartungshaltung zu einem Börsengang entschließen und das alternative Gleichgewicht mit einem bedeutsamen Aktienmarkt entsteht. Die Marktorientierung regt das Unternehmen in der Finanzpolitik zu einem zyklischen Verhalten an.

14.1.3 Ursachen und Entwicklung der Unterschiede im Finanzsystem

(1) Rechtssystem und Kapitalmarktentwicklung

Wenn externe Effekte beim Börsengang dazu führen können, dass die einzelwirtschaftliche Rationalität von der gesellschaftlichen Wünschbarkeit abweichen kann, dann lassen sich Unterschiede in der Bedeutung des Kapitalmarkts in ansonsten vergleichbaren Volkswirtschaften erklären. Derartige Unvollkommenheiten (Gebühren, Informationskosten, Illiquidität) werden aber unmittelbar durch Regulierungsmaßnahmen beeinflusst. Der Staat spielt demnach eine entscheidende Rolle in der Kapitalmarktentwicklung. Diese Funktion des Gesetzgebers wird in empirischen Untersuchungen bestätigt. Dabei wird auch untersucht, ob sich die unterschiedliche Kapitalmarktentwicklung in entwickelten wie aufstrebenden Volkswirtschaften ***verschiedenen gesetzgeberischen Traditionen*** zuordnen lässt.

Es stellte sich heraus, dass der Entwicklungsstand des Kapitalmarkts und die Bedeutung der Außenfinanzierung in ***Ländern mit englischem Rechtssystem (Common Law)*** am höchsten ist, gefolgt von ***Ländern mit deutschem und skandinavischem Rechtssystem (Civil Law).*** Am Ende der Skala stehen Staaten französischer Rechtstradition. In den Untersuchungen wird insbesondere das Ausmaß der Durchsetzung von Rechtsansprüchen, die Rechte von Minderheitsaktionären sowie die Einhaltung des Prinzips „One Share – One Vote“ als wichtige ***Erklärungsvariable der Kapitalmarktentwicklung*** identifiziert.[13] Es ist damit offensichtlich, dass der Schutz der Anlegeransprüche die zentrale Voraussetzung für eine breit gestreute Marktfinanzierung darstellt. Soweit Kleinaktionäre eine Enteignung durch Manager oder Großaktionäre befürchten müssen, werden sie kaum gewillt sein, Kapital zur Verfügung zu stellen.

(2) Komplementarität als Merkmal von Finanzsystemen

HACKETHAL und SCHMIDT (2000), die von einem weiten Begriff des Finanzsystems ausgehen, der über den Begriff des Finanzsektors hinausreicht, zeigen, dass die Elemente eines Finanzsystems in gewisser Weise aufeinander abgestimmt sind bzw. abgestimmt sein sollten, was mit dem Begriff der Komplementarität belegt wird. ***Komplementarität*** liegt dann vor, wenn es für die Funktionsweise und die Funktionsfähigkeit eines Systems darauf ankommt, dass dessen Elemente gut aufeinander abgestimmt sind bzw. gut zueinander passen. Je nach der eingenommenen Perspektive sind einige Elemente eines Finanzsystems (wie z. B. das Insolvenzrecht) exogen vorgegeben und andere wie z. B. die Finanzierungsmuster der Unternehmen wählbar.

---

[13] Vgl. zur Bedeutung des Prinzips EASTERBROOK / FISHEL (1983) sowie GROSSMAN / HART (1988).

Komplementarität besteht also dann, wenn die Komponenten eines Finanzsystems in bestimmten Ausprägungen vorliegen, so dass sie eine möglichst große Wirkung entfalten können. So passt z. B. zu einem bankorientierten Finanzsystem ein gläubigerschutzbetontes Insolvenzrecht, während sich für die Banken der Aufbau einer Reorganisationskompetenz nicht lohnen würde, wenn ein schuldnerorientiertes Insolvenzrecht vorherrscht. Der Aufbau einer Kompetenz zur Reorganisation von Unternehmen lohnt nur dann, wenn die Bank diese Fähigkeit auch nutzen kann. Dies wird aber wesentlich durch die Ausgestaltung des Insolvenzrechts beeinflusst.

Damit lässt sich erklären, warum in Deutschland Banken bei der Reorganisation von Unternehmen eine wichtige Rolle spielen: Universalbanken halten im deutschen Finanzsystem als Hausbanken enge Beziehungen zu den finanzierten Unternehmen und besitzen gegebenenfalls auch Eigenkapitalanteile. Die damit vorhandenen hohen Anreize zur Reorganisation im Insolvenzfall werden durch ein gläubigerorientiertes Schuldrecht unterstützt. In den USA ergibt sich dagegen eine andere Situation: Trennbanken verfolgen üblicherweise einen Portefeuilleansatz bei der Kreditvergabe und halten sich bei eventuellen Reorganisationen zurück. Das Insolvenzrecht ist konsistenterweise schuldnerorientiert.

Folgt man dieser Argumentationslinie, so würden politisch motivierte, partielle Angleichungen einzelner Systemelemente Instabilitäten in die Systeme tragen, die zu besonders ineffizienten Konfigurationen führen. So könnten fundamentale Veränderungen des Insolvenzrechts schädlich sein, da in Folge der gesunkenen Reorganisationsanreize sowohl die gesammelten Informationen als auch die aufgebaute Reputation an Wert verlören. Geht man davon aus, dass ein Universalbankensystem an anderer Stelle nachteilig ist, so sollte man die Vorteilhaftigkeit im Bereich der Reorganisation von Unternehmen nicht durch ein schuldnerorientiertes Insolvenzrecht zunichte machen. Wenn überhaupt, wäre nur ein ***vollständiger Systemwechsel*** sinnvoll.

Die These von der Komplementarität von Finanzsystemen impliziert demnach, dass eine Verschmelzung verschiedener Systemausprägungen zu einem neuen Typus in der Zukunft kaum stattfinden wird. Sie vernachlässigt allerdings, dass der derzeitige Status quo nur ein vorübergehender Gleichgewichtspunkt sein könnte, der keine evolutionäre Stabilität besitzt. So können neue Strategienkombinationen der Marktteilnehmer, die erst im Zuge der Liberalisierung und Globalisierung der Kapitalmärkte möglich und überhaupt angedacht wurden, zu überlegenen Marktergebnissen führen. Auch wenn also bestimmte Systemelemente in einer komplementären Beziehung stehen, ist damit noch lange nicht gesagt, dass eine neuartige Bündelung von Systemkomponenten nicht vorteilhafter wäre.

14.2 Funktionen und Organisation der Finanzintermediäre

14.2.1 Universalität und Spezialisierung der Finanzintermediäre

Finanzsysteme stellen sich insbesondere als Finanzmärkte und finanzielle Institutionen (Finanzintermediäre) dar, die die finanziellen Überschuss- und Defiziteinheiten in geeigneter Weise zusammenbringen. Finanzintermediäre treten dabei in unterschiedlichen Ausprägungsformen auf und übernehmen innerhalb des Finanzsystems unterschiedliche Funktionen (BREUER 1993).

- ***Intermediäre als Finanzgutachter*** bzw. Sachverständige oder Analysten schalten sich beispielsweise in der Anbahnungsphase einer Finanztransaktion ein, indem sie durch eine geeignete Informationsproduktion die asymmetrische Informationsverteilung zwischen den potenziellen Vertragspartnern verringern und so den Abschluss eines Finanzierungsvertrages unterstützen. Da an den Finanzmärkten ausgeprägte Informationsasymmetrien herrschen, gibt es einen vielfältigen Bedarf an Finanzgutachten z. B. als Rating, als Due Diligence oder bei der Prüfung der Börsenreife eines Unternehmens.
- ***Intermediäre als Finanzauktionatoren*** unterstützen die Ermittlung der Preise von Finanzierungstiteln, indem sie geeignete Transaktionsplattformen anbieten. Eine asymmetrische Informationsverteilung ist keine Voraussetzung dafür, dass dieser Typ von Intermediär transaktionskostensenkend wirkt. Dennoch ist es denkbar, dass ein Auktionator vor der Preisermittlung Informationen beschafft und als Selling Agent oder als Kursmakler auch gutachterliche Funktionen übernimmt.
- ***Intermediäre als Finanzhändler oder Market Maker*** übernehmen als zusätzliche Partner im Tauschprozess Finanztitel der Tauschpartner und übermitteln sie an den jeweils anderen Tauschpartner. Sie schalten sich also in der Realisationsphase des Finanztiteltauschs ein, ohne eine Transformation der Finanztitel vorzunehmen. Sie handeln in eigenem Namen und auf eigene Rechnung und übernehmen auch wie z. B. Clearingstellen Transaktionsrisiken. Da Market Maker selbst zum Tauschpartner der beiden originären Parteien werden, stellen sie z. B. als Emittenten von Zertifikaten auch entsprechende Informationen und eine Transaktionsplattform zur Verfügung.
- ***Intermediäre als Finanzproduzenten*** betreiben eine besonders umfassende Form der Finanzintermediation. Indem sie die von einem Vertragspartner erhaltenen Finanzierungsmittel einer Transformation unterziehen, bevor sie diese weiterreichen, erhält die jeweilige Vertragsbeziehung unabhängig vom originären Tausch eine ausgeprägte Eigenständigkeit. Finanzproduzenten wie insbesondere die Banken kreieren neuartige Finanzverträge und haben vielfache Anreize, sich an der Informationsproduktion und Preisbildung zu beteiligen.

Geschäftsbanken und Investmentbanken werden häufig als ***Finanzintermediäre im engeren Sinn*** bezeichnet, während beispielsweise Emissionsbanken, Kursmakler oder Ratingagenturen als ***Finanzintermediäre im weiteren Sinn*** klassifiziert werden. Finanzgutachter und Auktionatoren weisen ebenso wie Anwälte, Wirtschaftsprüfer und Ratingagenturen die Gemeinsamkeit auf, dass sie nicht unmittelbar an der Realisation der Transaktion oder Finanzbeziehung beteiligt sind, aber die Vertragspartner bei der Anbahnung, Durchführung und Abwicklung der Finanztransaktionen unterstützen.

Die Fortschritte in der Informations- und Kommunikationstechnik sorgen dafür, dass sich die spezialisierten ***Intermediäre*** immer weiter ausdifferenzieren und dabei insbesondere Skalenvorteile realisieren können. Ihre Bedeutung ist auch davon abhängig, in welchem Finanzsystem sie agieren.

14.2.2 Transformationsfunktionen der Finanzintermediäre

(1) Die Veränderung der Zahlungscharakteristika

Die ökonomische Funktion der Finanzmärkte besteht darin, die in einer Volkswirtschaft verfügbaren und anlagebereiten Mittel zu mobilisieren und sie unter Berücksichtigung der damit verbundenen Risiken jenen Investitionen zuzuführen, welche die höchsten Renditen erwirtschaften. Im Rahmen des dazu notwendigen Tauschprozesses „Zahlungsmittel gegen zukünftige Zahlungsansprüche“ ergibt sich das Problem, die zum Teil gegensätzlichen Interessen der Kapitalgeber und -nehmer aufeinander abzustimmen. Kapitalgeber sind häufig aus Liquiditätsvorliebe, Risikoscheu, Informationsmangel oder unzulänglicher Größenordnung nicht bereit, die ihnen zur Verfügung stehenden Mittel unmittelbar einer Realinvestition zuzuführen. In diesem Fall kommen die ***Transformationsfunktionen*** als wesentliche ökonomische Leistung der Finanzintermediäre zum Tragen.

Durch die Einschaltung der Finanzintermediäre in den Tauschprozess können für die Kapitalgeber attraktive Finanzaktiva entstehen, wobei diese Transformation im Regelfall durch mehrere Akteure entlang einer ***Intermediationskette*** erbracht wird. Zur Vereinfachung seien aber im Folgenden nur Banken (für kontrollorientierte Finanzsysteme) und Börsen (für marktorientierte Finanzsysteme) als Archetypen der Finanzintermediation betrachtet. Die Transformation vollzieht sich in vier verschiedenen Dimensionen, nämlich Losgrößen, Fristen, Risiken und Liquidität.

a) Losgrößentransformation

Typischerweise unterscheiden sich die von den Kapitalnehmern benötigten Finanzierungsmittel von den durch einzelne Kapitalgeber bereitgestellten Finanzierungsmittel allein schon in ihrer Größenordnung. Selbst wenn ein einzelner Sparer einen größeren Betrag anlegt, so wird er aus Gründen der Risikostreuung nicht bereit sein, sich allein und mit seinem gesamten Anlagebetrag an einer Realinvestition zu beteiligen (vgl. auch Risikotransformation) und daher einem einzelnen Kapitalnehmer nur einen vergleichsweise kleinen Betrag zur Verfügung stellen. Ein betragsmäßig umfangreiches Investitionsprojekt erfordert daher viele Kapitalgeber, die gemeinsam die notwendigen Mittel bereitstellen. Hierfür kann ein Unternehmen Aktien oder Schuldverschreibungen in kleiner Stückelung ausgeben, wobei die ***Börsen*** die Emission durch die Bereitstellung eines organisierten und möglichst liquiden Sekundärmarktes unterstützen.

Banken fungieren in ähnlicher Weise als Kapitalsammelstellen vieler kleiner Einlagen, die zu Großkrediten zusammengefasst sinnvoll zur Finanzierung von Investitionen genutzt werden können. Für die Bank ist diese Transformationsleistung nicht mit besonderen Ertrags- oder Geldanschlussrisiken verbunden. Im Übrigen ist es umgekehrt auch denkbar, dass ein einzelner großer Kapitalanlagebetrag mehrere Abnehmer findet.

b) Fristentransformation

Die von den Kapitalgebern bevorzugten ***Kapitalüberlassungsfristen*** können sich von der geplanten ***Kapitalnutzungsdauer*** der Unternehmen als Kapitalnehmer unterscheiden. Während Investitionen häufig eine langfristige Mittelbindung beinhalten, bevorzugen Kapitalgeber aufgrund nicht vorhersehbarer Liquiditätsbedürfnisse häufig kurzfristige Anlagezeiträume. Aufgrund der Ausrichtung an den Markterfordernissen sind die Fristigkeiten von Bankaktiva und -passiva deshalb unterschiedlich. Im Allgemeinen vergeben ***Banken*** sehr viel mehr langfristige Kredite als sie langfristige Einlagen gewinnen können. Sie betreiben dann eine positive Fristentransformation und realisieren damit bei normalem Verlauf der Zinsstrukturkurve auch noch eine positive Zinsdifferenz. Die Fristentransformation ist allerdings mit einem Geldanschluss- und einem Ertragsrisiko verbunden, wenn die Zinsstrukturkurve unerwartet einen inversen Verlauf annimmt oder es zur vorzeitigen Auflösung von Einlagen kommt. Daher werden sich die Kreditinstitute zumindest teilweise am Kapitalmarkt längerfristig refinanzieren und damit die Intermediationskette verlängern.

Eine Fristentransformation lässt sich nämlich nicht nur über die Fristentransformation der Banken, sondern auch über den organisierten Kapitalmarkt erreichen, wenn beispielsweise langfristige Bankschuldverschreibungen ausgegeben werden, die von den Anlegern über die Börse oder Over-the-Counter jederzeit gekauft und verkauft werden können. Den Unternehmen und den Banken stehen dann die Finanzierungsmittel langfristig zur Verfügung, während die Kapitalgeber die Kapitalüberlassungsdauer frei disponieren können.

Die Fristentransformation drückt sich hier in der Handelbarkeit der Finanztitel an der ***Börse*** und der dadurch erzeugten Liquidität aus.

c) Liquiditätstransformation

Sparer werden nicht zu jedem Zeitpunkt wissen, wann sie in der Zukunft in welchem Umfang Konsumwünsche entwickeln werden und umsetzen wollen oder zu welchen Zeitpunkten sie aus anderen Gründen ihre angelegten Mittel anderweitig benötigen. Daher haben sie ein Interesse daran, sich gegen die negativen Folgen einer vorzeitigen Desinvestition ihrer Anlagen zu einem ungünstigen Zeitpunkt zu versichern. Banken bieten ihren Einlegern hier die Möglichkeit, ihre Mittel jederzeit oder nach relativ kurzen Sperrfristen zurückzufordern. Gleichzeitig vergeben sie aber Kredite, die sie nicht kurzfristig zurückziehen oder verkaufen können. Deshalb geht mit dieser Versicherungsleistung die Gefahr eines ***Bank Runs*** einher, wenn die Bankkunden plötzlich in großem Umfang Einlagen abziehen und so die Solvabilität der Bank gefährden.

Eine Liquiditätstransformation kann auch über die ***Wertpapiermärkte*** erfolgen, die als liquide gelten, wenn Kauf- und Verkaufsaufträge schnell, kostengünstig und mit möglichst geringen Auswirkungen auf den Preis (Market Impact) ausgeführt werden können. Auch die Liquiditätsversicherung über die Wertpapiermärkte ist dann problematisch, wenn zahlreiche Wirtschaftssubjekte zeitgleich agieren und mit dem Verkauf der Wertpapiere negative Preiseffekte erzeugen. Es wird dann deutlich, dass Fristen- und Liquiditätstransformation eine geringe Trennschärfe aufweisen, da sie in einer Mittel-Ziel-Beziehung zueinander stehen. Während ***Fristentransformation*** eine langfristige Mittelvergabe bei kurzfristiger Kapitalüberlassung bezeichnet, bedeutet ***Liquiditätstransformation*** die Finanzierung illiquider Investitionen mit hochliquiden Finanzaktiva.

d) Risikotransformation

Typischerweise sind mit der Kapitalüberlassung an ein Unternehmen Risiken verbunden, weil die Investitionsrückflüsse vom leistungswirtschaftlichen Erfolg abhängen und ungewiss sind. Dennoch schlagen die von den Banken im Kreditgeschäft übernommenen Ausfallrisiken im Regelfall nicht auf die Einleger durch. Zum einen übernehmen die ***Banken*** bewusst bestimmte idiosynkratische Risiken und versuchen, diese durch eine geeignete Streuung im Portefeuille zu vernichten. Zum anderen gelingt ihnen durch Vorabprüfung und laufende Überwachung ihres Kreditbestandes (monitoring) sowie durch geeignete Einwirkungen auf die Kreditnehmer eine Risikoreduktion. An ***Wertpapiermärkten*** erfolgt die Risikotransformation durch die Ausgabe klein gestückelter Anteile und die damit verbundene Risikoteilung und Risikodiversifikation. Darüber hinaus ermöglichen Finanzderivate durch Hedging-Geschäfte die Kompensation bereits eingegangener Risiken.

Es zeigt sich, dass Banken und Börsen als konkurrierende Institutionen interpretiert werden können, die beide prinzipiell alle ökonomischen Transformationsfunktionen wahrnehmen können. Auf einem vollkommenen Kapitalmarkt ergibt sich keine Notwendigkeit, Finanzintermediäre bei der Kapitalüberlassung einzuschalten, da der Markt alle Transformationsfunktionen kostenlos erbringt. Bei unvollkommenem Kapitalmarkt wird sich eine Arbeitsteilung herausbilden, in der die spezifischen Vorteile der beiden Intermediationstypen zum Tragen kommen. Diese sind natürlich in hohem Maße davon abhängig, ob die Intermediation in einem bank- oder marktorientierten ***Finanzsystem*** erfolgt.

Durch Transformationsleistungen entstehen im Übrigen an den Märkten und im Bankbereich auch neue Risiken als operative Risiken (Übermittlungsrisiken, Know-how-Risiken) oder als Systemrisiken. Es ist die Aufgabe der Finanzmarktaufsicht, für vergleichbare und effiziente Regulierungen sowohl der Banken als auch der Finanzmärkte im Sinne eines Level Playing Field zu sorgen.

(2) Die Transformation der Kontrollleistungen

Ausgangspunkt der Überlegungen in diesem Kapital war die Beobachtung, dass mit der Emission von Finanztiteln nicht nur Zahlungsansprüche, sondern auch Verfügungs- und Kontrollrechte an die Anleger emittiert werden. Wenn nun neben den Haushalten als Überschusseinheiten auch spezielle Finanzintermediäre die von den Unternehmen emittierten Finanztitel in ihr Portfolio nehmen und mit dieser Investition spezielle Transformationsleistungen verbinden, so muss auch geklärt werden, welche Funktionen diese Intermediäre hinsichtlich der emittierten Kontrollrechte übernehmen. Hier geht es insbesondere um die Herausarbeitung einiger wichtiger für das Universalbankensystem typischer Charakteristika des Relationship Banking. Banken schalten sich aber auch in die Ausübung der Verfügungs- und Kontrollrechte einer marktorientierten Finanzierung ein, in dem sie beispielsweise ihren Kunden anbieten, ihre Stimmrechte auf der Hauptversammlung der Gesellschaften zu vertreten. Auch diese Transformation von Kontrollleistungen soll kurz angesprochen werden.

a) Informationssammlung und Monitoring

Eine asymmetrische Informationsverteilung zwischen den Unternehmen als Kapitalnachfrager und den Banken als Kapitalgeber kann zu einer adversen Selektion und gegebenenfalls zu einem Marktversagen führen. Soweit für die Banken die Qualität des Investitionsprogramms einzelner Unternehmen nicht erkennbar ist, wird sich die in den Kreditzins eingerechnete Risikoprämie an der durchschnittlichen Qualität der Kreditnehmer orientieren. Da somit die Kreditkonditionen für Unternehmen mit qualitativ hochwertigen (risikoarmen) Investitionsvorhaben nicht mehr attraktiv sind, werden sie sich vom Kreditmarkt zurückziehen, anderen Märkten wie den Anleihemärkten zuwenden oder auf ihr Investitionsvorhaben verzichten, so dass nur noch risikoreiche Unternehmen im Kreditmarkt verbleiben.

Neben dem Problem der adversen Selektion kann das Moral-Hazard-Problem bestehen, dass Unternehmen als Kreditnehmer nach Vertragsabschluss und der Bereitstellung der Kreditmittel ihr Verhalten ändern und Investitionsprojekte durchführen, die zwar geringe monetäre Rückflüsse erwarten lassen, dafür aber mit privaten Vorzügen, beispielsweise mit erhöhten Konsummöglichkeiten am Arbeitsplatz oder mit zusätzlichem Prestigegewinn verbunden sind. Damit die negativen Folgen dieses Risikos für die Banken überschaubar bleiben, werden die Unternehmen versuchen, die Qualität ihres Investitionsprogramms und ihr zukünftiges Verhalten glaubwürdig zu signalisieren und den Banken bestimmte Prüf- und Überwachungsmöglichkeiten einzuräumen. Da damit aber zusätzliche Kosten verbunden sind, ergibt sich die Möglichkeit, durch Einschaltung von Finanzintermediären ***Größenvorteile*** (Economies of Scale) zu realisieren.

Finanzintermediäre können als ***„Koalitionen informierter Kapitalnachfrager“*** verstanden werden. Risikoscheue Unternehmer können nämlich durch Verzicht auf eine maximale Diversifikation ihres Vermögens dem Kapitalmarkt eine überlegene Qualität signalisieren. Sie verzichten dann darauf, ihren Anteil am Unternehmen durch Anteilsausgabe an andere Kapitalgeber vollständig zu verwässern, um mit den Emissionserlösen ein breit gestreutes Portefeuille an Wertpapieren anderer Unternehmen zu erwerben und so eine maximale Risikostreuung zu erreichen. Das Signal besteht im „freiwillig“ getragenen unsystematischen Risiko. Es ist glaubwürdig, weil die damit verbundenen Kosten mangelnder Diversifikation für das gute Unternehmen geringer als für das schlechte Unternehmen sind, da das breiter diversifizierte Unternehmen geringere Rückflüsse aus seinem Investitionsprogramm zu erwarten hat.

Der Kapitalmarkt kann in diesem Fall die Qualität der emittierenden Unternehmen besser einschätzen und das Problem adverser Selektion wird abgemildert. In diesem Zusammenhang kann nun eine intermediäre Finanzierung vorteilhaft sein. Wenn sich die guten Unternehmer zu einer Koalition zusammenschließen und gemeinsam die Emissionserlöse investieren und die Investitionsrückflüsse untereinander aufteilen, lassen sich die ***Signalisierungskosten*** reduzieren. Durch die Diversifikation im Investitionsprogramm nimmt die Unsicherheit über den Investitionsrückfluss ab. Je geringer aber die Varianz des zukünftigen Zahlungsstroms ist, umso geringer sind die Gesamtkosten einer mangelnden Diversifikation und damit auch die Signalisierungskosten für die gute Unternehmen.

Unternehmen als Kreditnehmer zeichnen sich gegenüber den Financiers durch einen Informationsvorsprung hinsichtlich der realisierten Überschüsse und der konkreten Rückzahlungsmöglichkeiten aus. Diesem Problem begegnen die Gläubiger durch die laufende Beschaffung und Auswertung von Informationen über die Kreditnehmer. Da die Überwachungsaktivitäten fixe Informationskosten verursachen, kann ein wesentlicher Vorteil der Finanzierung über Banken darin gesehen werden, dass diese den Informationsbedarf vieler Kapitalgeber bündeln und in deren Auftrag Informationen über einen Kreditnehmer sammeln und verarbeiten können (***Delegated Monitoring***). Allerdings bringt die Einrichtung zentraler Informationssammel- und Überwachungsstellen neben der Kostenersparnis auch eine zusätzliche Vertragsbeziehung mit sich, nämlich zwischen originären Kapitalgebern und Intermediär. Da Kleinanleger die Überwachungsanstrengungen der Bank oder das Ergebnis ihrer Überwachung ebenso wenig beobachten können, entsteht für die Bank ein neuer Anreiz für Verhaltensrisiken. Auf den ersten Blick machen diese ***Delegationskosten*** die Vorteile durch Bündelung der Überwachungsaktivitäten zunichte.

Es stellt sich nun die Frage, ob Banken durch eine Konkursdrohung zur Ehrlichkeit veranlasst werden können, so dass die Bankeinleger auf eine Überwachung der Bank verzichten können. Angesichts der Tatsache, dass im Konkursfall illiquide Kredite der Bank aufgelöst werden müssen, ergeben sich hohe Konkurskosten. Damit schädigen die Bankeigentümer und -manager nicht nur die Bankeinleger, sondern auch sich selbst. Damit ist aber noch nicht nachgewiesen, dass die Einschaltung einer Bank keine Delegationskosten mit sich bringt. Denn auch eine ehrliche Bank ist angesichts ungewisser zukünftiger Investitionsrückflüsse bei den Schuldnern grundsätzlich einer Konkursgefahr ausgesetzt. An dieser Stelle gewinnt nun die Fähigkeit der Bank an Bedeutung, die Schwankungsbreite des erwarteten Rückzahlungsstroms durch eine entsprechende Diversifikation ihres Kreditportefeuilles zu reduzieren. Da die Bank durch Risikostreuung die Wahrscheinlichkeit, dass sie selbst zahlungsunfähig wird, drastisch reduzieren kann, verringern sich in gleicher Weise die erwarteten Konkurs- und damit auch Delegationskosten.[14]

Die geschilderte mögliche Form der ***Überlegenheit einer Bankfinanzierung gegenüber einer Marktlösung*** kann sich demnach aus der Bündelung von Informationsbeschaffung und Überwachungsaktivitäten bei gleichzeitiger Diversifikation im Kreditportefeuille der Bank ergeben. Das von den Banken

---

[14] Vgl. DIAMOND (1984). Vgl. auch HARTMANN-WENDELS / PFINGSTEN / WEBER (2004), S. 112 ff.

durchgeführte ***interne Rating*** der Kreditnehmer stellt demnach eine Technologie dar, die im Wettbewerb der Finanzintermediäre als entscheidender Erfolgsfaktor der Kreditinstitute betrachtet werden muss.

Es besteht allerdings auch die Möglichkeit, Dritte mit der Kreditüberwachung zu beauftragen und gleichzeitig den Unternehmen das notwendige Kapital direkt über den Kapitalmarkt zur Verfügung zu stellen. ***Ratingagenturen*** produzieren beispielsweise anlegerrelevante Informationen und ermöglichen den Kapitalgebern eine eigenständige Anlageentscheidung. Dabei ergibt sich aber das Problem mangelnder Glaubwürdigkeit beim Informationsverkauf. Banken stellt sich dieses Problem nicht, da sie ihre Informationen über den Schuldner nicht an die Kunden vermitteln. Sie verwenden die Informationen selbst, da sie Kapital ausgeliehen haben und ihr wirtschaftliches Wohl unmittelbar von den Kreditrückzahlungen abhängt. Für Ratingagenturen beruht der Anreiz, qualitativ hochwertige Informationssuche zu betreiben, auf der Notwendigkeit, ihre Reputation zu erhalten. Der direktere Anreiz der Banken kann in unübersichtlicheren Märkten von Vorteil sein. In Standardmärkten kann es zu Synergieeffekten bei den Ratingagenturen kommen, deren breite Datenbasis und neue Technologie Wettbewerbsvorteile erzeugen kann.

Ein weiterer Einwand gegen den Erklärungsansatz des „Delegated Monitoring" der Banken besteht darin, dass die Transaktionskostenersparnis durch Bündelung von Überwachungsaktivitäten auch erzielt werden könnte, wenn einer der originären Kapitalgeber stellvertretend für die Gesamtheit der Financiers die Überwachung durchführte. Aber auch wenn nur ein einzelner Anleger das Unternehmen überwachen müsste, um den Einzahlungsüberschuss sicherzustellen, so würde sich dieses für ihn nicht lohnen, da er zwar die gesamten Kosten der Überwachungsaktivitäten zu tragen hat, der Nutzen daraus aber allen Kapitalgebern zu gute kommt. Diese Trittbrettfahrer-Problematik (***Free Rider***) kann durch den Einsatz einer Bank entschärft werden, welche die Überwachung übernimmt und dafür von allen Kapitalgebern anteilig entlohnt wird.

b) Banken als Partner in langfristigen Finanzierungsbeziehungen

Verträge können nicht für jeden denkbaren zukünftigen Umweltzustand das Verhalten und die Verpflichtungen der Vertragspartner explizit festlegen. Die Unvollständigkeit eines Vertrages hat umso größere Auswirkungen, je langfristiger er angelegt ist. Banken können sich gegenüber einer Marktfinanzierung darin auszeichnen, dass sie ***Probleme der Unvollständigkeit der Finanzierungsverträge*** bei der Finanzierung langfristiger Investitionsprojekte oder bei der Finanzierung mit offener Vertragsdauer effizienter lösen als Anleihegläubiger als anonyme Marktteilnehmer. In langfristigen Finanzierungsbeziehungen ergeben sich zum einen wegen der Unvollständigkeit der Verträge Handlungsspielräume, die zum Nachteil des Vertragspartners ausgenützt werden können. Zum anderen können unvorhergesehene Entwicklungen eine Anpassung der Vertragskonditionen sinnvoll werden lassen. So kann im Falle der Zahlungsunfähigkeit der Fortführungswert eines Unternehmens über dem Liquidationswert liegen, so dass eine Sanierung unter teilweisem Forderungsverzicht der Gläubiger vorteilhaft wäre. Es stellt sich dann aber das Problem, dass im Rahmen der Wiederverhandlung die Aufteilung der aus der Restrukturierung resultierenden Effizienzgewinne zwischen den Vertragspartnern scheitern kann. Allgemein wird Banken eine besondere Kompetenz bei der Bewältigung der Unvollständigkeit von Finanzierungsverträgen zugesprochen.[15]

Banken können die ***Wieder- bzw. Neuverhandlungsprobleme*** bei der Neukonditionierung von Kreditverträgen gegebenenfalls kostengünstiger lösen, da sie die Zahlungsansprüche der originären Kapitalgeber bündeln und so der Koordinationsaufwand innerhalb der Gruppe der Unternehmensfinanciers drastisch reduziert wird. Neben einer erleichterten Einigung innerhalb der Gruppe der Kapitalgeber hat die Bankintermediation den weiteren Vorteil, dass man gegenüber anderen Anspruchsinhabern wie Staat, Arbeitnehmer oder Lieferanten geschlossen und mit entsprechend größerer Verhandlungsmacht auftreten kann. Zudem wird die Trittbrettfahrer-Problematik gegenüber einer breit gestreuten Kapitalmarktfinanzierung gemildert. Einzelne Gläubiger haben nämlich den Anreiz, von einer für eine erfolgreiche Unternehmenssanierung notwendigen Vereinbarung über einen anteiligen Forderungsverzicht abzuweichen und auf einer Erfüllung ihres ursprünglichen Vertrages zu drängen, soweit die anderen Gläubiger sich an die Vereinbarung halten und so die Sanierung sicherstellen. Da sich aber grundsätzlich alle Kreditgeber diesem Anreiz zum Abweichen gegenüber sehen, kann die Sanierung scheitern. Die Bündelung der Kreditforderungen in der Hand einer Bank bietet einen Ausweg aus diesem ***Gefangenendilemma.***

Bankfinanzierungen können auch dadurch die Probleme unvollständiger Verträge vermindern, dass die Kreditpartner durch die exklusive Verminderung der Informationsasymmetrie ***implizite Bindungen*** eingehen, die nicht durch vertragliche Regelungen bestimmt sind. Der Informationsvorsprung der Bank führt dazu, dass Bankkredite hochgradig illiquide sind und kaum an Dritte veräußert werden können. Der Informationsvorsprung bewirkt darüber hinaus, dass die Kreditnehmer bei einem Bankwechsel eine Verschlechterung der Kreditkonditionen hinnehmen müssen. Potentielle Konkurrenten der Bank bei der Kapitalvergabe werden sich im Wettbewerb um den Bankkunden zurückhalten, da sie befürchten müssen, nur deshalb den Zuschlag erhalten zu haben, weil der Kunde ein schlechtes Kreditrisiko darstellt. Dieser ***Fluch des***

---

[15] Vgl. BURGHOF (2004).

Gewinners kann zu einer dauerhaften Bindung zwischen Bank und Schuldner führen, was sich besonders dann als vorteilhaft erweisen kann, wenn sich ein Vertragspartner zu zukünftigen Leistungen verpflichten müsste, die vorab nicht vertraglich vereinbart werden können.

So wird eine Bank bei einer Krise ihres Kreditnehmers nur dann zu einem teilweisen Forderungsverzicht bereit sein, wenn sichergestellt ist, dass in der Zukunft eine entsprechende Kompensation erfolgen wird. Die Glaubwürdigkeit eines solchen nicht kontrahierbaren Versprechens ergibt sich nun aus der impliziten Bindung zwischen Unternehmen und Bank. Denn der Fluch des Gewinners verhindert, dass sich das Unternehmen selbst nach erfolgreicher Sanierung am Markt zu Wettbewerbsbedingungen finanzieren kann. Wenn aber ein Bankwechsel nicht nach Belieben möglich ist, vermag die Bank Sanierungsverluste durch die auf dieser besonderen Verhandlungsmacht beruhenden günstigeren Konditionen wieder hereinholen. ***Hausbankbeziehungen*** (Relationship Lending) können somit als Instrument zur Finanzierung langfristig profitabler Investitionen gedeutet werden und daher zu einem Wertbeitrag für das finanzierte Unternehmen führen.[16]

Allerdings birgt die Verhandlungsmacht der Bank für den Unternehmer die Gefahr des ***Machtmissbrauchs*** in sich. Die Bank als Informationsmonopolist könnte die Abhängigkeit des Kapitalnehmers durch nachträgliche Zinserhöhungen ausnützen, um die aus einem Investitionsobjekt resultierenden Renten abzuschöpfen. Die Antizipation derartigen Verhaltens durch den Unternehmer kann in der Konsequenz zu einem Investitionsverzicht führen. Exklusive Finanzierungsbeziehungen sind deshalb durch eine gewisse Ambivalenz gekennzeichnet. Die Bank steht vor dem Problem, sich ihrerseits glaubwürdig binden zu müssen, die Monopolsituation nicht auszunützen. Dies kann durch den Aufbau von ***Reputation*** geschehen, die eine Hausbank im Laufe der Zeit erwirbt. Hat eine Bank in ihren bisherigen Kreditbeziehungen ihre Kunden nicht „geschröpft", ergibt sich für sie daraus ein Wettbewerbsvorteil im Firmenkundengeschäft, den sie kaum riskieren will.

Ein weiteres Instrument zur Lösung des Bindungsproblems könnte eine ***Eigenkapitalbeteiligung der Bank*** am Unternehmen darstellen. Da die Bank damit neben der Gläubiger- auch die Eigentümerposition einnimmt, vermindert sich die Interessendivergenz zwischen Bank und Unternehmer, so dass sich der Anreiz, den Kreditzinssatz nachträglich zum Nachteil der Eigner zu erhöhen, vermindert. Schließlich induziert die Möglichkeit, zukünftig Renten im Kreditverhältnis abschöpfen zu können, vor Beginn einer Finanzierungsbeziehung einen ***Preiswettbewerb unter den Banken***, der theoretisch dazu führt, dass die Bank, die den Zuschlag bekommt, nur noch eine marktmäßig

---

[16] Vgl. BOOT (2000) und ELSAS (2001).

angemessene Verzinsung erhält. Einer solchen Lösung stehen allerdings in der Praxis die Bestimmungen zum Gesellschafterdarlehen entgegen.

Die Kontrollrechte aus einer Beteiligung können allerdings auch im Rahmen eines intermedierten ***Vollmachtstimmrechts*** wahrgenommen werden, wenn die Banken von ihren Kunden beauftragt werden, die Stimmrechte der Kleinaktionäre im Kollektiv zu vertreten. Zur Vermeidung der mit der Stimmrechtsausübung verbundenen fixen Kosten oder Unbequemlichkeiten verzichten Kleinaktionäre, vielfach aber auch institutionelle Anleger auf eine Teilnahme an der Hauptversammlung mit der Folge, dass Publikumsgesellschaften ohne Großaktionär zum Teil nur eine Präsenz von 30 % oder 40 % aufweisen und die Meinungsbildung sowie die Abstimmungen auf den Hauptversammlungen daher leicht durch Einzelinteressen dominiert werden können. Es gibt daher durchaus auch umstrittene Überlegungen, besondere Erleichterungen wie die Möglichkeit von Internetabstimmungen oder Vergünstigungen wie eine Zusatzdividende zu schaffen, um einen stärkeren Anreiz für eine Ausübung der Kontrollrechte zu schaffen.[17]

Dabei weist das Vollmachtsstimmrecht der Banken durchaus konzeptionelle Vorteile auf. So kann sich der einzelne Anleger im Lauf der Zeit sehr wohl von seiner Aktie trennen oder seine Bankverbindung wechseln, ohne dass der Stimmrechtsanteil einer Bank auf der Hauptversammlung davon nennenswert berührt wird. Die Bündelung von Stimmrechten könnte von den Banken auch dazu genutzt werden, Kontrollschwellen zu überspringen und insoweit wirkliche Transformationsleistungen in der Weise zu erbringen als die Qualität der Kontrollleistung verändert wird. Solche Strategien sind aber auf den Hauptversammlungen der Gesellschaften derzeit noch die Ausnahme. Im nachfolgenden Abschnitt wird aber deutlich, dass der Ausbau der Corporate Governance in der Zukunft auch den intermedierten Kontrollleistungen der Banken und Fonds eine weitergehende Verantwortung zukommen lassen kann. So hat ein Arbeitskreis „Corporate Governance Kodex für Asset Management-Gesellschaften“ im April 2005 einen Kodex verabschiedet, zu dem sich die Gesellschaften verpflichten sollen und durch den sie dazu angehalten werden, die Rechte aus dem verwalteten Vermögen unabhängig und im Interesse der Anleger auf den Hauptversammlungen auszuüben.

---

[17] Der 2004 vorgelegte Referentenentwurf eines Gesetzes zur Unternehmensintegrität und Modernisierung des Aktienrechts UMAG, der u. a. die Ausübung des Stimmrechts auf der Hauptversammlung erleichtern sollte, ist aus technischer Sicht heftig kritisiert worden.

14.3 Von der Unternehmenskontrolle zur Corporate Governance

14.3.1 Typische Kontrollmechanismen für die Unternehmensführung

(1) Überblick über die Kontroll- und Disziplinierungsmechanismen

Die ***Trennung von Eigentum und Kontrolle*** in der Publikumsaktiengesellschaft kann eine ***effiziente Arbeitsteilung*** ermöglichen, die
- die Spezialisierungsvorteile eines professionellen Managements mit
- den besonderen Kapitalaufbringungsmöglichkeiten von Aktiengesellschaften am anonymen Kapitalmarkt kombiniert.

Die dabei entstehenden ***diskretionären Handlungsspielräume des Managements*** werden unter idealen Bedingungen durch angemessene externe und interne Kontroll- und Disziplinierungsmechanismen begrenzt.

Man kann von einem ***internen Mechanismus*** sprechen, wenn die Einflussnahme auf das Management im Rahmen der Führungs- und Kontrollstruktur des Unternehmens, also gewissermaßen von innen heraus stattfindet (vgl. unter (3)). Dagegen kann von einem ***externen Kontroll- und Disziplinierungsmechanismus*** gesprochen werden, wenn die Beeinflussung durch den Wettbewerb auf dem Kapitalmarkt oder anderen Faktor- und Absatzmärkten erfolgt, die kontrollierend auf die Unternehmen und die darin handelnden Individuen einwirken. Diese sind Gegenstand des nachfolgenden Abschnitts (2).

(2) Direkte und indirekte externe Kontrollmechanismen

Die Übersicht der Abb. 14.4 benennt die Faktor- und Absatzmärkte, den Kapitalmarkt und den Markt für Manager als wesentliche externe Kontroll- und Disziplinierungsmechanismen für das Management der Gesellschaften. Damit ist gemeint, dass der Handlungsspielraum des Managements durch den Wettbewerb an diesen Märkten insoweit eingeschränkt ist, als das Durchsetzen möglicher eigener Ziele des Managements die Existenz des Unternehmens gefährden wird und damit auch das Ziel des Managements, seinen Einflussbereich im Unternehmen zu bewahren.

Der Kapitalmarkt gilt als wichtigster Ansatzpunkt der externen Disziplinierung, der seine Wirkung direkt über die Kapitalbeschaffungsmöglichkeiten und indirekt über den Markt für Unternehmenskontrolle entfaltet. Grundlage der für das Verhalten des Managements disziplinierenden Wirkung des Kapitalmarktes ist die Reaktion des Börsenpublikums auf unternehmerische Entscheidungen und Veränderungen im Umfeld der Unternehmen. Das ***Ergebnis der Bewertung der Ertragschancen und Ertragsrisiken*** spiegelt sich bei den börsennotierten Gesellschaften in den laufenden ***Anpassungen der Aktien-***

kurse wider. Bei perfekt funktionierendem, also vollkommenem und informationseffizientem Kapitalmarkt setzt der Aktienkurs die Signale für die effiziente Allokation des Kapitals. Neben dem Kapitalmarkt sanktionieren aber auch die Gütermärkte und der Markt für Manager mögliche Abweichungen von einer effizienten Allokation des Kapitals.

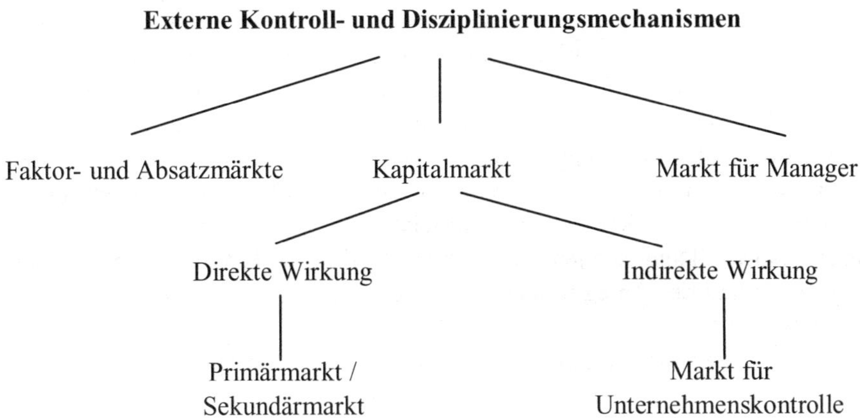

Abb. 14.4: Übersicht über alternative externe Disziplinierungsmechanismen

a) Formen der direkten Disziplinierung des Kapitalmarktes

Die disziplinierende Wirkung des Kapitalmarktes funktioniert über direkte und indirekte Mechanismen. ***Direkte Disziplinierungskräfte*** des Kapitalmarktes setzen bei der Beschaffung der Eigenmittel für notwendige Investitionen an, wobei die Finanzierung der Investition umso teurer wird, je niedriger aufgrund mäßiger Ertragserwartungen die Aktienkurse sind. Risikoadjustiert niedrige Ertragserwartungen schlagen sich also in ***niedrigeren Aktienkursen*** und somit ***erhöhten Kapitalkosten*** bei der Mittelbeschaffung nieder. Wenn nun ein Management Investitionen durchführt, deren Renditen unter denen risikoangepasster Marktrenditen liegen, so ist mit weiter fallenden Aktienkursen zu rechnen. Diese begrenzen den verbleibenden Handlungsspielraum des Unternehmens bzw. des Managements. Effektiv wird die direkte Kontrollwirkung insbesondere dann, wenn das Unternehmen an den Emissionsmarkt als Primärmarkt herantreten muss. Die Kursänderungen am Sekundärmarkt, also an der Börse, geben die Signale für die Bedingungen der Inanspruchnahme des Emissionsmarktes, die allerdings vom Management im begrenzten Umfang übergangen werden können, wenn das Unternehmen wegen mangelnder Wachstumsperspektiven auf eine Inanspruchnahme des Kapitalmarktes nicht angewiesen ist. Hier greift die indirekt wirkende disziplinierende Kraft des Marktes für Unternehmenskontrolle.

Voraussetzung dafür, dass Aktienkurse die Aktivitäten, Entscheidungen und Reaktionen des Managements einer Gesellschaft korrekt widerspiegeln, ist eine zeitnahe und sachlich richtige Bewertung der Positionierung des Unternehmens in seinem Umfeld. Dazu müssen die Anleger möglichst gut informiert sein und es muss gewährleistet sein, dass die den Anlegern zur Verfügung stehenden Informationen nicht fehlerhaft oder missverständlich sind. Die überwiegende Zahl der Studien zur Beurteilung der ***Informationseffizienz*** der Aktienmärkte kommt zu dem Ergebnis, dass Aktienmärkte im schwachen und mittelstrengen Sinne weitgehend informationseffizient sind, nicht aber im strengen Sinn, so dass also alle öffentlich zugänglichen Informationen zeitnah in den Kursen verarbeitet sind, nicht aber Insiderinformationen. Insoweit kann es auch immer zu abweichenden Beurteilungen des Managements und der Anleger über die Bewertung einer Unternehmensstrategie kommen.

Auch die ***Fremdkapitalgeber*** beeinflussen das Verhalten des Managements direkt, indem sie die Konditionen festsetzen, zu denen sie bereit sind, ihre Mittel zur Verfügung zu stellen. Neben den Zeitpunkten, zu denen Fremdkapital aufgenommen wird, gibt es allerdings im Vergleich zum Aktienmarkt weniger Gelegenheiten, an denen die Fremdkapitalgeber eine Neubewertung ihrer Engagements vornehmen. Eine wichtige Ausnahme stellen die Informationen der ***Ratingagenturen*** dar, weil sie erstens in öffentlicher Form und zweitens unabhängig vom Ereignis einer Fremdkapitalaufnahme in gewissen Zeitabständen eine Bewertung des Unternehmens aus der Sicht der Gläubiger der Gesellschaft vornehmen.

Eine ***direkte Disziplinierung*** soll insbesondere verhindern, dass die Unternehmen nach Abschluss des Kreditvertrages weiteres Fremdkapital aufnehmen und damit die Ansprüche der Fremdkapitalgeber verwässern (Claim Dilution), dass nach Abschluss des Kreditvertrages volatilere Unternehmenserträge erzeugt (Asset Substitution) oder risikoreiche, aber kapitalwertnegative Investitionen durchgeführt werden (Overinvestment), dass risikoarme Investitionen trotz positiven Kapitalwertes nicht durchgeführt werden (Underinvestment) oder schließlich Ausschüttungen vorgenommen werden, die die Haftungsmasse des Unternehmens auszehren. Bei Anleiheemissionen und in Kreditverträgen werden in die Anleihe- oder Kreditverträge spezielle Verhaltenssicherungen (Covenants) oder Sicherungsabsprachen (Kreditsicherheiten wie z. B. Pfandrechte) eingefügt, die solche nachvertraglichen Vermögensverschiebungen zu Gunsten der Eigentümer und zu Lasten der Gläubiger verhindern oder begrenzen sollen. Bei konzentrierter Gläubigerstruktur werden darüber hinaus die großen Gläubiger darauf drängen, dass sie durch eine Vertretung im Aufsichtsrat oder einem Beirat frühzeitige Informationen über eine

Änderung der Geschäftspolitik erhalten und gegebenenfalls auf eine weniger risikoreiche Unternehmenspolitik einwirken können.

b) Formen der indirekten Disziplinierung

Eine im angelsächsischen Finanzsystem wichtige Form der ***indirekten Disziplinierung*** der Manager setzt an den Verfügungsrechten an, die auf dem ***Markt für Unternehmenskontrolle (Market for Corporate Control)*** gehandelt werden. Der Markt für Unternehmenskontrolle hat für Aktiengesellschaften seine Basis im Sekundärmarkt für Aktien, weil über den Aufkauf der mit Stimmrechten versehenen Aktien die kontrollierende Mehrheit der Stimmen auf der Hauptversammlung erworben werden kann. Mit dem Erreichen einer Kontrollmehrheit ist es möglich, die Kontrollgremien und das Management des Unternehmens neu zu bilden, was natürlich zu einer Bedrohung des alten Managements führen kann.[18]

Der Begriff des ***Marktes für Unternehmenskontrolle*** geht auf MANNE[19] zurück, dessen Analyse des amerikanischen Marktes zu drei Hypothesen führt.

- Die Unternehmenskontrolle kann als selbständiger Vermögenswert gedeutet werden,
- Unternehmensübernahmen können Ausdruck eines funktionierenden Marktes für Unternehmenskontrolle sein, und
- der Mechanismus des Marktes für Unternehmenskontrolle kann nur funktionieren, wenn eine hohe positive Korrelation zwischen einer erfolgreichen Unternehmensführung und dem Aktienkurs des betreffenden Unternehmens gegeben ist.

In Deutschland betrifft das Phänomen der Unternehmensübernahmen meist nicht die börsennotierten, sondern die eigentümerorientierten Unternehmen, so dass hier die Funktion des Marktes der Disziplinierung des Managements keine besondere Rolle spielen dürfte. Der kontrollierende Eigentümer ist auch in der Ursprungsposition jederzeit in der Lage, den Vertrag mit einem Manager nicht zu verlängern.

Der wesentliche Grund für die ***Unterschiede im Übernahmeprofil*** liegt in einer unterschiedlichen Kapitalkonzentration bzw. der Eigentümerstruktur. Die Diskussion um die Frage einer fehlenden Übernahmekultur in Deutschland („Festung Deutschland") geht an der typischen Grundstruktur des dortigen Finanzsystems vorbei. Aus der mangelnden Häufigkeit feindlicher Übernahmeversuche kann nicht auf ein Defizit in der Transaktionstätigkeit geschlossen werden. Für den deutschen Kapitalmarkt sind feindliche Übernahmeaktivitäten allein deshalb selten, weil Zielgesellschaften mit breit gestreu-

---

[18] Vgl. JENSEN / RUBACK (1983) sowie SHLEIFER / VISHNY (1986).

[19] Vgl. MANNE (1965), S. 110-120.

ter Anlegerstruktur ausgesprochen rar sind. Wie es für ein insiderdominiertes Finanzsystem typisch ist, lassen sich dagegen ***zahlreiche Kontrolltransaktionen nachweisen***, in denen ein kontrollierender Großaktionär von einem anderen Großaktionär abgelöst wird.[20]

Es ist noch auf zwei Zusammenhänge hinzuweisen, welche die Funktionsfähigkeit des Marktes für Unternehmenskontrolle in den USA einschränken. Zum einen steht dem herrschenden Management eine Reihe von ***Abwehrmechanismen*** zur Verfügung. Neben Ad-hoc-Maßnahmen (sog. Kronjuwelen, goldene Fallschirme oder weiße Ritter) bieten sich präventive finanzwirtschaftliche Maßnahmen (Erwerb eigener Aktien, Stimmrechtsbeschränkungen und Mehrfachstimmrechte, Überkreuzbeteiligungen) sowie realwirtschaftliche Maßnahmen (Einigelungsstrategien, Management-Entrenchment) an. Zum anderen weist das Vorhandensein ausgeprägter Zyklen im Ausmaß der Übernahmeaktivitäten darauf hin, dass derartige Transaktionen in der Regel der Zwischenfinanzierung durch Finanzintermediäre bedürfen, die im Fall einer ***Kreditklemme*** aufgrund einer schlechten gesamtwirtschaftlichen Lage kaum darstellbar sein dürfte. Dann stellt aber auch der Markt für Unternehmenskontrolle keinen glaubwürdigen Disziplinierungsmechanismus dar. Dies zeigte sich beispielsweise am Zusammenbruch des Junk-Bond-Marktes in den USA Ende der 80er Jahre. Zu Beginn der 90er Jahre kam in der Folge auch der Markt für Unternehmenskontrolle in den USA praktisch zum Erliegen.

Als weiterer wichtiger ***indirekter Disziplinierungsmechanismus*** gilt der ***Markt für Manager***.[21] Manager werden u. a. dafür entlohnt, dass sie im Auftrag der Aktionäre ihre Gesellschaft so führen, dass für die Aktionäre ein Wertzuwachs erwirtschaftet wird. Am Markt für Manager sollte sich nun die Nachfrage nach Managern an deren nachgewiesenen überlegenen Fähigkeiten und ihrem Einsatz bzw. Erfolg orientieren. Wenn sich diese Kompetenzen der Manager in der Höhe ihres Beitrages zum Marktwert des Eigenkapitals widerspiegelt, dann führen besondere Fähigkeiten zu einer erhöhten Nachfrage und damit zu einem höheren Einkommen der Manager. Daher werden die Manager ihr ***Verhalten*** auch von der ***Bewertung auf dem Markt für Manager*** abhängig machen, der ihre zukünftigen Einkommens- und Aufstiegschancen beeinflusst.

---

[20] Vgl. JENKINSON / LJUNGQVIST (1997).Eine konzentrierte Eigentümerstruktur ermöglicht nicht nur Kontrolltransaktionen, die mehr oder weniger unter Ausschluss der Öffentlichkeit vorgenommen werden können, sondern auch den Einsatz anderer Disziplinierungsmechanismen. So untersuchen JOSTARNDT / RUDOLPH / THIERAUF (2006) den Wechsel im Vorstand bzw. im Vorstandsvorsitz von Gesellschaften bei schlechter Unternehmensperformance und stellen fest, dass die Austauschraten mit wachsender Kapitalkonzentration steigen.

[21] Vgl. ALCHIAN (1984), S. 34-49.

Es kann somit zu einer ***Selbstkontrolle des Managements*** in Abhängigkeit von der Funktionsfähigkeit des Marktes für Managementleistungen kommen. In der Realität gibt es allerdings eine Reihe von Hemmnissen, die sich beispielsweise beim Wechsel eines Managers von einem Unternehmen zu einem anderen Unternehmen bemerkbar machen (persönliche Wechselkosten des Managers, Wettbewerbsklauseln in Arbeitsverträgen usw.), so dass insgesamt der Markt für Manager als nicht besonders effizient eingestuft wird.

Auch der ***Wettbewerb*** auf dem für die Unternehmen relevanten ***Faktor- und Absatzmärkten*** kann einen wirksamen ***Disziplinierungsmechanismus*** darstellen. Der Wettbewerbsdruck auf diesen Märkten kann den diskretionären Handlungsspielraum des Managements begrenzen, weil das Unternehmen bei Erfolglosigkeit Vermögensverluste hinnehmen muss und als Folge gegebenenfalls sogar aus dem Markt ausscheidet. Ein nachlassender Wettbewerbsdruck gewährt dagegen dem Management Freiräume und eröffnet weitergehende Möglichkeiten zu diskretionärem Verhalten, da Ineffizienzen nicht sofort mit einem Verlustausweis verbunden sind oder mit einem Ausscheiden aus dem Markt bestraft werden.

c) Weitere Möglichkeiten der Beeinflussung der Manager

Die Übersicht über die direkten und indirekten Disziplinierungsmechanismen zeigt, dass die ***Möglichkeiten der Disziplinierung des Managements*** vielfältig sind und kaum unabhängig voneinander beurteilt werden können. Wegen der geringeren Bedeutung der Kapitalmarktfinanzierung im deutschen Finanzsystem muss man davon ausgehen, dass die externen Disziplinierungsmechanismen letztlich im angelsächsischen Finanzsystem besser funktionieren.

Unternehmen, bei denen das Eigenkapital in der Hand weniger Wirtschaftssubjekte (z. B. Kapitalsammelstellen, Familien, Unternehmen) konzentriert ist, unterliegen nicht nur über die Kursreaktionen einer besonderen Kontrolle durch die Kapitalgeber, sondern auch über die von ihnen wahrgenommenen Kontrollrechte. Die Verhaltensrisiken, welche sich aus der ***Trennung von Eigentum und Verfügungsgewalt*** ergeben, sind bei solchen Unternehmen im Zweifel geringer als bei reinen Publikumsgesellschaften.

Andererseits werden die Großaktionäre gegebenenfalls andere Ziele verfolgen als die Kleinaktionäre.

- ***Strategische Investoren*** profitieren davon, dass die Unternehmen, an denen sie beteiligt sind und auf die sie einwirken können, auf den Gütermärkten eine Politik verfolgen, die den Zielen der Eigentümer entspricht.
- Auch die Ziele der ***Portfolioinvestoren*** brauchen nicht auf das Ziel der Marktwertmaximierung ausgerichtet zu sein, wenn steuerliche Gesichtspunkte

oder die spezielle Risikoeinstellung eine andere Ausrichtung des Unternehmens ratsam erscheinen lassen.

Alternativ zu einer intensiven externen Überwachung können Eigenkapitalgeber auch eine ***erfolgsabhängige Vergütung*** des Managements vereinbaren, um Anreize zur Wahrung ihrer Interessen zu schaffen.[22] Dies kann mit Hilfe von Bonuszahlungen geschehen, die sich auf Bilanzzahlen stützen, oder über die Ausgabe von Aktien oder Aktienoptionen, so dass das Management unmittelbar an Marktwertsteigerungen partizipiert. In amerikanischen Großunternehmen sind marktorientierte Vergütungsverträge eine weit verbreitete Form der Anreizsysteme. In Deutschland waren sie lange Zeit unbekannt bevor sie dann Ende der 90er Jahre eingeführt wurden.

Aus theoretischer Perspektive stellen erfolgsabhängige Vergütungssysteme eine wirksame Methode dar, um Prinzipal-Agent-Probleme zwischen Kapitalgebern und dem Management zu mildern. Da aber in Deutschland insbesondere bei familiengesteuerten Unternehmen bereits eine ***ausgeprägte direkte Disziplinierung*** möglich ist, gibt es dort eigentlich kein ausgeprägtes Kontrolldefizit, dass mit Hilfe eines besonders attraktiven oder sogar exzessiven Vergütungsprogramms für das Management ausgeglichen werden müsste. Daher können eine ausgeprägte Kapitalkonzentration – und die damit verbundenen Kontrollanreize – und erfolgsabhängige Vergütungsschemata in gewisser Weise als Substitut aufgefasst werden.

(3) Führungs- und Kontrollstruktur der Gesellschaften

a) Das dualistische System der Aktiengesellschaft

Für die Leitung von Aktiengesellschaften gilt in Deutschland ein dualistisches System, wonach der Vorstand als Leitungsorgan und der Aufsichtsrat als Aufsichts- oder Überwachungsorgan der Gesellschaft fungiert. In den USA zeichnet sich dagegen die „Corporation" durch ein monistisches System der Leitung mit einem einheitlichen Board of Directors als Verwaltungsrat aus. Bis in die frühen Gründerjahre des 19. Jh. hinein wurden auch in Deutschland die Aktiengesellschaften durch einen solchen einheitlichen „Verwaltungsrat" geleitet. Danach setzte sich aber die Trennung der Aufsichts- von der Leitungsfunktion und damit die Zweistufigkeit des Leitungssystems durch, wobei insbesondere durch das Aktiengesetz von 1937 eine starke Stellung des Vorstands und das Recht der Bestellung des Vorstands durch den Aufsichtsrat etabliert wurde. Bemerkenswerterweise wird der Vorstand – gemeinsam mit dem Aufsichtsrat – von den Aktionären auf der Hauptversammlung entlastet, obwohl er gar nicht von der Hauptversammlung gewählt worden ist.[23]

---

[22] Vgl. Kapitel 6 und dort insbesondere Abschnitt 6.3.3.

[23] Vgl. FRANKS / MAYER / WAGNER (2005) mit weiteren Details.

Nach § 76 (1) AktG leitet der ***Vorstand*** die Gesellschaft unter eigener Verantwortung und vertritt nach § 78 (1) AktG die Gesellschaft gerichtlich und außergerichtlich, der Vorstand ist ***Leitungsorgan***. Der Vorstand hat im deutschen Aktienrecht bei der Leitung der Gesellschaft nicht nur die Belange der Aktionäre, sondern auch die der Arbeitnehmer und anderer Stakeholder und schließlich sogar der Allgemeinheit zu beachten. Der Vorstand ist also keineswegs nur den Aktionären verpflichtet, sondern allen Stakeholdern. Der Vorstand hat darüber hinaus aufgrund der Regelungen des KonTraG von 1998 in § 91 (2) AktG geeignete Maßnahmen zu treffen und insbesondere ein Überwachungssystem einzurichten, damit den Fortbestand der Gesellschaft gefährdende Entwicklungen früh erkannt werden.

Kontroll- oder Überwachungsorgan der Aktiengesellschaft ist der ***Aufsichtsrat***, der prinzipiell aus drei Mitgliedern besteht und aus einer größeren Anzahl bestehen kann, die bei Gesellschaften über 10 Mio. Euro Grundkapital regelmäßig immerhin bei 21 Mitgliedern liegt. Der Aufsichtsrat kontrolliert, überwacht und berät den Vorstand und hat darüber hinaus die Aufgabe, die Mitglieder des Vorstands zu bestellen und gegebenenfalls abzuberufen. Die von der Hauptversammlung gewählten Mitglieder des ***Aufsichtsrats*** müssen keine Aktionäre sein. Durch die Mitbestimmungsgesetze von 1951, 1956 und 1976 sowie die Betriebsverfassungsgesetze von 1952 und 1972 setzt sich der Aufsichtsrat nicht nur aus den von der Hauptversammlung gewählten Vertretern, sondern auch aus Vertretern der Arbeitnehmer zusammen.

Seit den siebziger Jahren des letzten Jahrhunderts haben die verschiedenen ***Mitbestimmungs- und Betriebsverfassungsgesetze*** die Aufsichtsräte der mitbestimmten Gesellschaften stark verändert und die Macht des Aufsichtsrats teilweise ausgehöhlt. So scheinen beispielsweise durch die Einführung der Mitbestimmung zwei informelle „Bänke“, die Kapitalgeber- und die Arbeitnehmerbank entstanden zu sein, welche die Aufsichtsratssitzungen regelmäßig getrennt vorbereiten und auch separate Vorwegabstimmungen mit dem Vorstand herbeiführen. Dies stärkt die Position des Vorstands, dessen Macht wächst, wenn er die kontrollierenden Aufsichtsräte gegenseitig ausspielen und sich sogar selbst mit dem Ende des Vertrages in die Position eines Aufsichtrates oder sogar Aufsichtsratsvorsitzenden bringen kann. Die widerstreitenden Interessen werden auch dazu führen, dass die Mitglieder des Aufsichtsrats häufig keineswegs besser über das Unternehmensgeschehen informiert sind als die Öffentlichkeit.

Von Praktikern wird darauf hingewiesen, dass das deutsche Mitbestimmungsmodell die Arbeit des Aufsichtsrats insofern behindern kann, als die Vertreter der Kapitalseite zu einer „unsichtbaren“ Kooperation mit dem Vorstand veranlasst werden und damit ihre Kontrollaufgaben vernachlässigen. Die Mitbestimmung unterstützt wohl auch die Tendenz, die Mitwirkung der Kapitalgeber in informelle Zirkel zu verlagern und die Zielsetzungen der Kapitalgeber im Sinne eines ***„verhandelten" Shareholder Value*** mit jenen der Arbeitnehmer außerhalb der Kontrollgremien abzustimmen (VITOLS 2003). Hinsichtlich der Effizienz des Aufsichtsrates ist noch darauf hinzuweisen, dass die schiere Größe des Gremiums mit 21 Mitgliedern bereits eine effiziente Kontrolltätigkeit in Frage stellt.

Die Betrachtung der derzeitigen Struktur und Praxis des Aufsichtsrates macht deutlich, dass die Ursache für die gelegentlich festgestellte strengere Überwachung des Managements in Deutschland gegenüber den USA nicht in der spezifischen Kontrollstruktur zu suchen ist, sondern mit der höheren Kapitalkonzentration verbunden sein dürfte. Der Aufsichtsrat mit seinen gesetzlich vorgeschriebenen Quoten und mit seiner traditionellen Besetzung durch die Kapitalvertreter hat vermutlich in vielen Fällen keine Informationsvorteile vor dem Markt und übt weniger eine Kontrollfunktion für das Management als eine ***Koordinationsfunktion für die Interessen der Kapitaleigner und Arbeitnehmer*** aus.

Die Praxis in deutschen Aktiengesellschaften ist also durch das Zusammenspiel des ***dualistischen Systems der Leitung und der Mitbestimmungspraxis*** geprägt, so dass eine einfache Gegenüberstellung der Effizienzmerkmale des dualistischen Modells im Vergleich mit dem nun vorzustellenden monistischen System der USA nicht möglich ist.

b) Das angelsächsische monistische Board-System

Die Leitungsstruktur einer Corporation in den USA wird im Prinzip durch ein einheitliches bzw. einstufiges Board of Directors gebildet, dem sowohl Führungs- als auch Überwachungsfunktionen zukommen und das quasi im Zuge der Selbstkontrolle eigenständig und ausschließlich alle Befugnisse gegenüber den Aktionären wahrnimmt.[24] Das Board besteht heute aber aus zwei Arten von Mitgliedern, den Executive (geschäftsführenden) Directors und den Non Executive Directors (Outside Directors), die innerhalb des Boards spezielle Überwachungsfunktionen übernehmen, die mit den Kontrollaufgaben des deutschen Aufsichtsrats durchaus vergleichbar sind, ohne dass allerdings die Aufgabenverteilung für Außenstehende immer ganz transparent ist. Wichtige Entscheidungen wie die über die Richtlinien der Geschäftspolitik trifft das Board gemeinsam.

Die Leitungsstruktur der Unternehmen am amerikanischen Markt ist mehr oder weniger auf eine einzige Person zugeschnitten, den Vorsitzenden des Board, der als Chairman in der Mehrzahl der Fälle zugleich die Funktion des ***Chief Executive Officer (CEO)*** übernimmt. Diese Machtkonzentration wird gelegentlich als einer der Gründe für die größere ***Dynamik*** amerikanischer

[24] Vgl. zur Charakterisierung dieses Systems BAUMS / SCOTT (2003).

Unternehmen genannt. Die Machtkonzentration wirkt andererseits einer effizienten ***Kontrolle*** entgegen, so dass manche Satzungen eine Trennung der Funktionen verlangen oder zumindest für ein starkes Gegengewicht im Board Vorsorge treffen. Für die eigentliche operative Führung ernennt das Board bzw. der CEO sog. Executive Officers, die dem Board unmittelbar verantwortlich sind. Die für die Kontrollfunktionen zuständigen Outside Directors scheinen in vielen Fällen weder den Anreiz noch die Möglichkeit einer effektiven Überwachung zu haben. Darüber hinaus streben sie häufig eine enge Verbindung zum CEO an, um eine Wiederbestellung in ihr Amt nicht zu gefährden.

Vergleiche der beiden Systeme fallen unterschiedlich aus, wobei einerseits dem dualistischen Modell gewisse Vorteile in der Wahrnehmung der Kontrollfunktion zugeschrieben werden, andererseits aber festgestellt wird, dass sich die beiden Modelle in den vergangenen Jahren hinsichtlich der Arbeitsteilung im Board doch erheblich angenähert haben und man sogar von einer Konvergenz sprechen kann.[25] Dennoch werden mit beiden Systemen immer noch unterschiedliche Stärken und Schwächen verbunden. Sonst wäre es unverständlich, dass für die in der Zukunft in den europäischen Ländern wählbare ***Europäische Aktiengesellschaft*** ein Wahlrecht zwischen einem monistischen und einem dualistischen Modell der Unternehmensleitung eingeführt wird.[26]

14.3.2 Begriff und Entwicklung der Corporate Governance

(1) Der Begriff Corporate Governance

Der Begriff ***Corporate Governance*** ist in Deutschland erst in den letzten Jahren aus dem angelsächsischen Bereich übernommen worden, aber auch dort noch vergleichsweise jung. Er setzte sich erst in den 1970er Jahren durch, als amerikanische Pensionskassen von den Managern börsennotierter Gesellschaften, an denen sie beteiligt waren, eine konsequente Erfolgsorientierung ihrer Unternehmensführung einforderten. Der Begriff Corporate Governance lässt sich nicht eindeutig ins deutsche übersetzen, steht aber in der Regel als Oberbegriff

- für die rechtlichen und institutionellen Rahmenbedingungen der Führung und Überwachung von Unternehmen,
- für die Entscheidungs- und Kontrollstrukturen im Sinne der Herrschaft über ein Unternehmen und

---

[25] Vgl. BÖCKLI (2003), S. 219.

[26] Vgl. THEISEN / WENZ (2002).

– für die Unternehmenskontrolle zur Durchsetzung der Ziele der Anteilseigner (Shareholder) bzw. auch der anderen Stakeholder eines Unternehmens.[27]

Einen eher weiten Begriff der Corporate Governance findet man auch in den relevanten Berichten und Stellungnahmen der Unternehmen. So stellt beispielsweise die Deutsche Bank ihrem Bericht zur Corporate Governance folgende Aufgabenbeschreibung voraus: „Durch unsere Corporate Governance stellen wir eine verantwortungsbewusste, auf Wertschöpfung gerichtete Leitung und Kontrolle der Deutschen Bank sicher. Vier Elemente sind dafür kennzeichnend: gute Beziehungen zu den Aktionären, eine effektive Zusammenarbeit von Vorstand und Aufsichtsrat, ein erfolgsorientiertes Vergütungssystem sowie transparente Rechnungslegung und frühzeitige Berichterstattung."[28] Die genannten Aufgaben beziehen sich auf die interne wie auf die externe Corporate Governance. Bei der ***Innensicht*** geht es um die Rolle, die Funktionen und das Zusammenspiel der Unternehmensorgane sowie die Vergütungsmodelle für die Führungskräfte, die ***Außensicht*** betrifft dagegen das Verhältnis der Unternehmensführung zu den wichtigen Bezugsgruppen des Unternehmens, insbesondere den Aktionären, sowie die externen Kontroll- und Disziplinierungsmechanismen sowie die gesetzlichen Regelungen.[29]

Im ***angelsächsischen Finanzsystem*** ist der Begriff Corporate Governance mehr oder weniger ausschließlich auf die ***Interessen der Shareholder*** ausgerichtet und thematisiert das Verhältnis zwischen den Aktionären und dem Vorstand der Gesellschaft als Prinzipal-Agent-Beziehung. „Corporate Governance deals with the ways in which suppliers of finance to corporations assure themselves of getting a return on their investment."[30] In diesem Sinne stimmen die Begriffe Corporate Governance und Unternehmenskontrolle weitgehend überein. Corporate Governance soll dafür sorgen, dass die Manager so weit wie möglich im Interesse der Eigentümer agieren. Das in Deutschland vorherrschende ***Stakeholder-Modell der Corporate Governance*** geht dagegen davon aus, dass bei der Leitung, Kontrolle und Überwachung von Unternehmen auch die Interessen anderer Beteiligter, „who have something at stake", explizit berücksichtigt werden müssen.[31] In diesem Sinne ist der Begriff ***Corporate Governance*** weiter gespannt als der Begriff der ***Unternehmenskontrolle***.

---

[27] Vgl. ZINGALES (1998)

[28] Vgl. Deutsche Bank, Corporate-Governance-Bericht (2004), S. 2.

[29] Vgl. VON WERDER (2003), S. 4. Die Europäische Zentralbank versteht unter der internen Corporate Governance alle Verfahren, mit deren Hilfe die Aktionäre die Firmenleitung kontrollieren können, während die externe Corporate Governance den kontrollierenden Einfluss durch die Finanzmärkte bezeichnet. Vgl. EUROPÄISCHE ZENTRALBANK (2005), S. 96.

[30] Vgl. SHLEIFER / VISHNY (1997), S. 737.

[31] Vgl. SCHMIDT / WEISS (2003).

In der deutschsprachigen Literatur findet man für den Begriff Corporate Governance u. a. die Bezeichnungen ***Unternehmensüberwachung***, ***Unternehmensverfassung*** und ***Unternehmenskontrolle***. Will man die häufig synonym gebrauchten Begriffe weiter spezifizieren, so kann man die rechtliche bzw. formale Entscheidungsorganisation in Unternehmen, deren Eigenkapitalanteile Gegenstand eines Börsenhandels sind, als Unternehmensverfassung, und das Erlangen der Herrschaft über ein Unternehmen als Unternehmenskontrolle bezeichnen. Auch der Begriff Unternehmensüberwachung steht häufig gleichbedeutend für Corporate Governance und bezieht sich auf alle Aspekte der Verteilung der Zuständigkeiten, Aufgaben und Kontrollmöglichkeiten der oberen Leitungsorgane einer Gesellschaft mit dem Ziel der Lösung von Interessenkonflikten bei der Unternehmensführung.[32]

Es stellt sich die Frage, ob die Shareholder-Perspektive oder das Stakeholder-Modell aus wissenschaftlicher Sicht tragfähiger ist, wobei in den Prinzipal-Agent-Modellen der Finanzierungstheorie der Anteilseigner-Manager-Konflikt das beherrschende Thema ist. Geht man allerdings von den Überlegungen der Theorie unvollständiger Verträge aus, so ist zu konstatieren, dass nicht nur die Aktionäre mit ihren Residualansprüchen den Hold-up-Risiken unvollständiger Verträge ausgesetzt sind. Auch andere Stakeholder sind trotz der Restriktionen aus dem Arbeitnehmerschutz, dem Gläubigerschutz und dem Verbraucherschutz der Gefahr ausgesetzt, Risiken zu übernehmen, für die sie keine Prämie erhalten, die sich für sie persönlich nicht auszahlen.[33] So können Unternehmenszusammenschlüsse beispielsweise die Karrierechancen der Mitarbeiter, die Gläubigerposition der Banken und gegebenenfalls auch die im Produktionsprozess eingesetzte Umweltschutztechnologie verändern, weil die entsprechenden Verträge nicht vollständig sind.[34]

HACKETHAL, SCHMIDT und TYRELL (2005) weisen darauf hin, dass Corporate Governance ein systemisches Gebilde ist, dessen einzelne Elemente im Hinblick auf ihre ***Komplementarität*** – aufeinander abgestimmte Merkmale eines Systems stiften einen „Mehrwert" – und ***Konsistenz*** – das System befindet sich in einem Gleichgewicht – beurteilt werden müssen. Ein dauerndes Ausbalancieren der Systemelemente ist nur deshalb erforderlich, weil bei der Gründung des Unternehmens nicht bereits alle wesentlichen Entscheidungen über die zukünftigen Strategien und Investitionen des Unternehmens getroffen werden können. Corporate Governance setzt voraus, dass wichtige Verträge eines Unternehmens unvollständig sind und das Management im Lauf der Unternehmensentwicklung die Strategien und Investitionen an die immer

---

[32] Vgl. SCHNEIDER (2000), S. 2413.

[33] Vgl. VON WERDER (2003), S. 8, der auf diese Hold-up-Problematik eindringlich hinweist.

[34] Zu den Möglichkeiten der Messung der Wirkungen eines Corporate-Governance-Systems auf das Unternehmensergebnis vgl. BHAGAT / JEFFERIS (2002).

neuen Umweltsituationen und Interessenlagen der Shareholder und Stakeholder neu anpassen muss.

(2) Entwicklung von Mechanismen der Corporate Governance

Die Diskussion um die Ausgestaltung der Unternehmensüberwachung ist älter als der Begriff Corporate Governance und setzt insbesondere an den Befunden des Rechtsprofessors ADOLPH A. BERLE und des Ökonomen GARDINER C. MEANS in ihrem Buch „The Modern Corporation and Private Property“[35] an, in dem die Autoren sich mit den grundlegenden Beziehungen der Manager zu den von ihnen geleiteten Unternehmen befassen. BERLE und MEANS beschreiben in ihrem Buch erstmals ausführlich die ***Probleme der Trennung von Eigentum und Verfügungsgewalt als „separation of ownership and control“***. Damit verbunden ist der Hinweis, dass die Anteilseigner wenig Anreize haben, das Management zu überwachen, wenn der Anteilsbesitz breit gestreut ist (Collective Action Problem), so dass dem Management ein zu großer diskretionärer Handlungsspielraum zuwächst und es dadurch häufig faktisch die alleinige Kontrolle über das Unternehmen erlangt.[36] Das ist auch der Grundtenor des Buches von ROE (1994).

Die Entwicklung der Diskussion um die Corporate Governance von Unternehmen beginnt also mit der Feststellung, das ***Grundproblem der Publikumsgesellschaften*** bestehe darin, die negativen Folgen der Trennung von Eigentum (Anteilseigner) und Unternehmensleitung (Management) zu beheben oder zumindest zu mildern. Dieser Ausgangspunkt entspricht dem Shareholder-Ansatz der Corporate Governance. Wenn die moderne Debatte über Corporate Governance ihren Weg auch von Amerika nach Deutschland gefunden hat, so heißt das nicht, dass dieses Thema in den USA stets allseits Beachtung gefunden hätte: „It is difficult to escape the conclusion that the corporate governance movement, despite its durability and widely held support, is much ado about nothing.“[37]

Bei der Analyse der Befunde von BERLE und MEANS ist zu bedenken, dass der Tatbestand einer weitgehenden Selbständigkeit der Manager zunächst

---

[35] Das Buch von BERLE und MEANS (1932) wurde während der großen Depression in den USA verfasst, stellte sich als plausible Antwort auf die Frage nach dem Grund für die schlechte Verfassung der amerikanischen Unternehmen zu dieser Zeit dar und setzt sich im Übrigen auch mit den Arbeiten und Aussagen von Walter Rathenau auseinander.

[36] Zur Nachvollziehbarkeit der Thesen des Buches muss man sich vergegenwärtigen, dass damals in den USA die größten Aktionäre maximal 1 % des Grundkapitals einer börsennotierten Gesellschaft hielten und die 20 größten Aktionäre gemeinsam gerade einmal auf 4 % kamen. Da liegt es auf der Hand, dass das Idealbild des für die Aktionäre arbeitenden Managers mit der tatsächlich dominierenden Rolle der Manager nicht in Einklang stand. Im Vergleich zu den 30er Jahren ist heute in den USA die Anteilkonzentration gestiegen, ohne dass sie in die Nähe der in Deutschland zu beobachtenden Konzentration kommt.

[37] Vgl. FISCHEL (1982).

einmal nicht negativ beurteilt werden muss. Die ***„Entfeudalisierung der Managementfunktion“*** in der modernen Kapitalgesellschaft führt zu verschiedenen wünschenswerten Eigenschaften. „Nur das Kapital wird vererbt, der Vorstand dagegen von den Anteilseignern berufen; er ist rechtsgeschäftlich bestellter Sachverwalter fremder Interessen. Entscheidendes Kriterium der Auswahl ist die Qualifikation.“[38] Den positiv zu beurteilenden Aspekten der Verselbständigung des Managements stehen allerdings auf Grund der beschriebenen Prinzipal-Agent-Probleme auch negative Folgen für die Eigentümer des Unternehmens und die Gesamtwirtschaft gegenüber. Dass diese Folgen durch geeignete Vorkehrungen möglichst weitgehend vermieden werden, ist Aufgabe der ***Corporate Governance***.

HOLMSTRÖM und KAPLAN (2001) stellen fest, dass das Zusammenspiel dieser ***Governance-Mechanismen im Zeitablauf höchst unterschiedlich*** verlaufen ist. „Corporate Governance in the U.S. has changed dramatically throughout the 1980s and 1990s.”[39] Während in der Zeit vor 1980 Aktivitäten zur Corporate Governance verhältnismäßig schwach und weitgehend innerhalb von Unternehmen vonstatten gingen, setzte in den 80er und 90er Jahren mit zunehmender Bedeutung des Kapitalmarktes eine Welle feindlicher Übernahmen mit dem Ziel ein, ineffiziente Manager auszuwechseln. Zeitgleich gewannen die Kapitalstrukturpolitik und Aktivitäten in Form des Leveraged Buy-Out zur Disziplinierung des Managements an Bedeutung, wenn auch diese Instrumente Ende der 90er wieder ihre Bedeutung einbüßten. Stattdessen fanden die Bemühungen um anreizkompatible Vergütungssysteme wie Stock-Option-Programme für die Manager, aber auch die direkte Einflussnahme durch konzentrierte Eigentumsanteile größere Beachtung.

Schließlich hat es nach einigen spektakulären Unternehmenszusammenbrüchen mit teilweise kriminellem Hintergrund ***regulatorische Konsequenzen*** gegeben, von denen der ***Sarbanes-Oxley Act*** vom Juli 2002 eine wichtige Rolle spielt. Während die im Sarbanes-Oxley Act entwickelten Bestimmungen zu weitreichenden Veränderungen bei der Unternehmensführung und Unternehmenspublizität geführt haben, wird heute der Gesamteffekt der Regulierungen skeptisch gesehen. So wird beispielsweise festgestellt, dass der mit der Umsetzung der neuen Bestimmungen aufgetretene Marktwertverlust bei amerikanischen Gesellschaften mit über 1.400 Mrd. US-$ angesetzt werden muss (ZHANG 2005).[40]

Für die Zukunft ist keineswegs ausgemacht, wie sich der Schwerpunkt der Diskussion um das Instrumentarium der Corporate Governance weiter entwi-

---

[38] Vgl. KÜBLER (1994), S. 219.

[39] Vgl. HOLMSTRÖM / KAPLAN (2001), S. 1. Zur Pfadabhängigkeit der Entwicklung der Kapital- und Governance-Strukturen in einer Wirtschaft vgl. BEBCHUK / ROE (1999).

[40] Vgl. zum Sarbanes-Oxley Act auch Abschnitt 14.3.4 (6).

ckelt.[41] So sprechen sich beispielsweise RAJAN und ZINGALES (2000) für eine stärkere Gewichtung des ***Faktors Humankapital*** in der Unternehmenskontrolle aus, da langfristige Wettbewerbsvorteile zunehmend auf immateriellen und schwer transferierbaren Ressourcen wie firmenspezifisches Wissen beruhe und weniger auf der Verfügbarkeit von Kapital.[42] Dieser Perspektivenwechsel spricht für eine gewisse Abkehr des amerikanischen Modells der Corporate Governance von der reinen Shareholder-Orientierung.

14.3.3 Corporate Governance und Anlegerschutz

Die Gegenüberstellung des markt- und des kontrollorientierten Finanzsystems einschließlich der Ausgestaltung der Corporate Governance legt die Frage nach deren historischen Wurzeln nahe. Hier ist eine interessante Diskussion mit einem Papier von FRANKS, MAYER und ROSSI (2004) eröffnet worden, die zwei grundlegende Thesen über das Verhältnis von Rechtssystem und Finanzierungsbedingungen der Unternehmen gegenüberstellen. Einerseits wird die von MARK ROE (1994) vertretene These betrachtet, dass die Kapitalmarktregulierung in den USA als Instrument zur Begrenzung der Macht von Großaktionären entstanden ist, und andererseits die These von LA PORTA, LOPEZ-DE-SILANES, SHLEIFER und VISHNY (1998, 2000), dass eigentlich umgekehrt das bei Großaktionären konzentrierte Eigentum der Reflex einer inadäquaten Regulierung ist, d. h. eines zu geringen Anlegerschutzes. So wird für die kontinentaleuropäischen Länder und insbesondere für Deutschland regelmäßig unterstellt, die ***Eigentumskonzentration sei der Reflex eines schwach ausgeprägten Anlegerschutzes*** und diene der Überwindung der damit verbundenen Schwächen bei der Disziplinierung des Managements der Gesellschaften. Nach SHLEIFER et al. ist also der Umfang des Schutzes außenstehender Aktionäre ein wesentlicher erklärender Faktor für die Kapitalmarktentwicklung eines Landes und eine ganze Reihe anderer finanzwirtschaftlicher Phänomene weltweit.[43] Es lassen sich Länder identifizieren, in denen die Ausbeutung der Kleinaktionäre durch die kontrollierenden Großaktionäre beachtlich ist. Die Systeme der Corporate Governance sollen dafür sorgen, dass diese Ausbeutungssituation vermieden oder abgemildert wird. „Corpo-

---

[41] „Will the market's influence continue? We do not have a firm opinion." Vgl. HOLMSTRÖM / KAPLAN (2001), S. 3.

[42] „Given the changing nature of the firm, the focus of corporate governance must shift from alleviating the agency problem between managers and shareholders to studying mechanisms that give the firm the powers to provide incentives." Vgl. RAJAN / ZINGALES (2000), S. 1.

[43] Vgl. LA PORTA / LOPEZ-DE-SILANES / SHLEIFER / VISHNY (1998), SHLEIFER / VISHNY (1997) sowie SHLEIFER / WOLFENZON (2002).

rate Governance is, to a large extent, a set of mechanisms through which outside investors protect themselves against expropriation by the insiders."[44]

Eine genauere Analyse der Situation in verschiedenen Ländern zeigt, dass ein besserer legaler Schutz der Kleinaktionäre mit folgenden Phänomenen korrespondiert:

- Der Aktienmarkt zeigt eine höhere Marktkapitalisierung,
- eine größere Anzahl von Aktiengesellschaften ist börsennotiert,
- gemessen an ihren Assets gibt es größere börsennotierte Gesellschaften,
- im Durchschnitt leisten die Gesellschaften höhere Dividendenzahlungen,
- Eigentum und Kontrolle zeigen eine niedrigere Konzentration und
- mit der Unternehmenskontrolle sind niedrigere private Erträge verbunden.

Die Autoren vertreten die These, dass der Anlegerschutz der eigentliche generische Faktor ist, der die Unterschiede in den Finanzsystemen treibt und erklärt. Daraus schließen sie erstens, dass Corporate Governance weniger der Disziplinierung des Managements und mehr dem Schutz der Kleinaktionäre dienen sollte, und zweitens, dass Finanzmärkte einer ausgeprägten Regulierung bedürfen. „In a nutshell, the fundamental issue concerning governance by shareholders today seems to be how to regulate large or active shareholders so as to obtain the right balance between managerial discretion and small shareholder protection."[45]

Franks, Mayer und Rossi (2005) untersuchen nun die Verhältnisse in Großbritannien mit seinem Common Law, wo während des 20. Jh. keineswegs eine ausgeprägte Eigentumskonzentration festgestellt werden kann.[46] Der Blick in die Rechtsgeschichte zeigt aber, dass in Großbritannien auch kein ausgeprägter Investorenschutz zu verzeichnen war. Das führt zu der Frage, warum in England dennoch ein prosperierender Aktienmarkt und insbesondere ein wachsender Markt für Unternehmensübernahmen entstehen konnten. Die Verfasser zeigen mit ihrer Argumentation also, dass ein weitgehender Anlegerschutz keine notwendige Voraussetzung für das Entstehen eines aktiven Wertpapiermarktes in Großbritannien im 20. Jh. war.

Die Untersuchung der historischen Entwicklung der Finanzsysteme macht deutlich, dass man nicht hoffen kann, einfache Zusammenhänge oder Ursache-Wirkungs-Beziehungen zu finden, wenn die Entwicklung der Corporate Governance in Deutschland und den angelsächsischen Ländern untersucht werden soll. Die unterschiedlichen kulturellen, gesellschaftlichen, sozialen und vor allem rechtlichen Verhältnisse führen im Rahmen der Corporate Go-

---

[44] Vgl. La Porta / Lopez-de-Silanes / Shleifer / Vishny (2000), S. 3.

[45] Vgl. Becht / Bolton / Röell (2002), S. 6.

[46] Nach Meinung der Autoren konnten zu dieser Zeit informelle Beziehungen staatliche Regulierungen weitgehend ersetzen. Eine wichtige Form informeller Beziehungen wurde durch Unternehmerfamilien wahrgenommen, die über Generationen hinweg Entwicklungen von Unternehmen prägen oder mitprägen konnten. Vgl. James (2005), S. 7 ff.

vernance zu unterschiedlichen Modellen.[47] Hinsichtlich der rechtlichen Ausgestaltung waren in Deutschland früher alle wesentlichen Regeln zur Corporate Governance im Gesellschaftsrecht und insbesondere im Aktienrecht verankert. Erst im Zuge der wachsenden Bedeutung börsennotierter Unternehmen wurden die Bestimmungen für börsennotierte und nicht börsennotierte Gesellschaften separiert und die börsennotierten Gesellschaften besonderen Grundsätzen einer Corporate Governance unterworfen.

Der Vergleich der Corporate Governance in markt- und kontrollorientierten Finanzsystemen legt die Frage nach dem „besseren" der beiden Systeme nahe. Die Literatur hat sich in der Vergangenheit bezüglich der Favorisierung eines der beiden Systeme unterschiedlich entschieden, wobei die aktuelle wirtschaftliche Situation der Volkswirtschaft von erheblichem Einfluss war. Die kontrollorientierte Corporate Governance erschien während der 80er Jahre besonders erfolgreich, als Deutschland und Japan höhere Wachstumsraten verzeichneten als die USA. Befürworter der Kontrollorientierung führten diese Umstände auf die engere und langfristigere Beziehung zwischen Unternehmen und Kapitalgebern zurück. Diese senke die Kapitalkosten – bei Fremd- wie Eigenkapital – in den Unternehmen und ermögliche bei vergleichsweise hohen Verschuldungsgraden mehr Investitionen, größere Rentabilität und höheres Wachstum.[48]

Während der 90er Jahre wandelte sich dieses Verhältnis. Die Börsenkrisen in Japan und die Stagnation nach dem kurzen Aufschwung im Zuge der Wiedervereinigung in Deutschland seit den 90er Jahren führten zu einem deutlichen Anstieg der Finanzierungskosten in diesen Ländern. Die USA dagegen erfreuten sich während dieser Zeit eines beständigen Aufwärtstrends, der gemeinsam mit dem durch gesetzliche Regelungen gestärkten Schutz für Minderheitsaktionäre bis zum Ende des Jahrtausends die Eigenkapitalkosten absinken ließ. Darüber hinaus beinhaltete das marktorientierte System der Corporate Governance Vorteile während des High-Tech Booms (Dotcom Bubble) gegen Ende der 90er Jahre, als es für viele innovative Firmen auf einen möglichst frühen Zugang zum Kapitalmarkt und die damit verbundene Diversifizierung der hohen Risiken ankam.[49] In den letzten Jahren, in denen die Überinvestition in die Hochtechnologie-Sektoren während der späten 90er Jahre durch etliche Finanzskandale offenkundig geworden ist und sich die starke Börsenorientierung für viele Kleinaktionäre rückblickend als fatal erwiesen hat, ist die Debatte über Corporate Governance wieder neu entbrannt.

---

[47] Vgl. SCHNEIDER (2000).

[48] Vgl. BECHT / BOLTON / RÖELL (2002), S. 59-60.

[49] Auch die Tatsache, dass so viele ausländische Unternehmen in dieser Zeit eine Notierung an den US-Börsen anstrebten wird auf diesen Umstand zurückgeführt.

Die Entwicklung der Diskussion im Lauf der Jahre legt die These nahe, dass es eine einfache Antwort auf die Frage nach dem besten Governance-System nicht geben kann. „In sum, despite a great deal of controversy, we do not believe that either the theory or the evidence tells us which of the [...] principal corporate governance systems is the best.“[50]

14.3.4 Reform der Corporate Governance börsennotierter Gesellschaften

(1) Corporate Governance der Unternehmen in Deutschland

Ein wichtiger Aspekt der Diskussion um die Corporate Governance in Deutschland betrifft die Spitzenverfassung der Aktiengesellschaften, die in ihren Grundregeln gesetzlich geregelt ist. So wird im Aktiengesetz beispielsweise unter dem Stichwort der ***Verfassung*** der Aktiengesellschaft bestimmt, dass die Aktiengesellschaft über drei Organe verfügt, den Vorstand, den Aufsichtsrat und die Hauptversammlung. Das Aktiengesetz grenzt die Zuständigkeiten dieser drei Organe deutlich voneinander ab.[51] Die Aufgaben von Vorstand und Aufsichtsrat sind in Abschnitt 14.3.1 bereits in ihren Grundzügen dargestellt worden.

Die ***Hauptversammlung*** der Aktionäre besitzt keine umfassende Zuständigkeit, sondern beschließt in den im Aktiengesetz und in der Satzung bestimmten Fällen. Laut Aktiengesetz beschließt sie insbesondere über Satzungsänderungen, über Kapitalmaßnahmen, über die Entlastung der Vorstands- und Aufsichtsratsmitglieder sowie über die Verwendung des Bilanzgewinns. Alle Beschlüsse der Hauptversammlung bedürfen zu ihrer Gültigkeit einer gerichtlichen oder notariellen Beurkundung.

Die Effizienz der Meinungsbildung der Aktionäre in der Hauptversammlung wird insbesondere dadurch in Frage gestellt, dass Publikumsaktiengesellschaften regelmäßig und im Zeitablauf sogar zunehmend unter einer sehr schwachen Präsenz leiden und daher eine ***Mehrheitsmeinung der Aktionäre kaum festgestellt werden kann***.[52] Das hat zu einer ganzen Reihe von Vorschlägen von der einfachen Möglichkeit der Wahl professioneller Anlagevertreter über technische Erleichterungen bei der Wahrnehmung einer virtuellen Präsenz bis zu dem Vorschlag einer Extradividende für Aktionäre geführt, die ihre Mitwirkungsrechte in der Hauptversammlung auch tatsächlich selbst wahrnehmen. Eine einfache Lösung des Problems scheint dabei in absehbarer Zeit nicht in Sicht zu sein. Die vorgeschlagene Einführung von Extradividenden oder Abstimmungsprämien bei einer Teilnahme an der Hauptversammlung würde aber erstens die Kleinaktionäre, für die ein solcher Zusatzbetrag

---

50 Vgl. SHLEIFER / VISHNY (1997), S. 773.

51 Vgl. HOPT (1997), SCHMIDT (2004).

52 Dieser Trend wird durch die zunehmende Beteiligung und Bedeutung institutioneller Anleger begünstigt bzw. beschleunigt. Vgl. SCHNEIDER (1990).

die Transaktionskosten nicht decken könnte, weiter in die Rolle passiver Akteure drängen und zweitens bei den institutionellern Anlegern einen Zwang zur Generierung eines finanziellen Zusatznutzens durch den Besuch von Hauptversammlungen auslösen, der eine eigentliche Unternehmenskontrolle nicht stimulieren könnte. Im Zweifel wird sich das Management auf eine breitere Mehrheit dem Management freundlich gesinnter Hauptversammlungsbesucher verlassen können, so dass die Unternehmenskontrolle letztlich geschwächt würde.

(2) Die Reform der Unternehmenskontrolle

In Deutschland wurde das aktienrechtliche Kontrollsystem für börsennotierte (gegenüber anderen) Kapitalgesellschaften in neuerer Zeit insbesondere durch das am 1. Mai 1998 in Kraft getretene ***Gesetz zur Kontrolle und Transparenz im Unternehmensbereich (KonTraG)*** geändert. Das Gesetz verfolgt das Ziel der Weiterentwicklung des deutschen Systems der Corporate Governance, aber keine prinzipielle Neuausrichtung auf das angelsächsische System. So wurde beispielsweise keine Änderung des dualistischen Systems der Trennung zwischen dem unternehmensleitenden Vorstand und dem überwachenden Aufsichtsrat vorgenommen. Das Gesetz treibt aber die Abgrenzung zwischen börsennotierten und anderen Kapitalgesellschaften voran. Bereits Anfang des Jahres 1998 war mit dem ***Kapitalaufnahmeerleichterungsgesetz*** (KapAEG) eine weitreichende Erleichterung der Eigenkapitalfinanzierung für börsennotierte deutsche Unternehmen erreicht worden. Es gestattet ihnen seit Februar 1998, anstelle der Bilanzierung nach Handelsrecht die Aufstellung des Konzernabschlusses nach international anerkannten Rechnungslegungsnormen – also nach IAS oder US GAAP – und macht somit eine Zweitnotierung an internationalen Börsen, insbesondere der New York Stock Exchange wesentlich einfacher. Die Folge war eine gewünschte, stärkere Internationalisierung deutscher Publikumsgesellschaften. Daran anschließend hatte das KonTraG u. a. die Aufgabe die Sicherung der Aktionärsinteressen im Zuge dieser Internationalisierung zu gewährleisten.

Eine an den Bedürfnissen der Kapitalmarktteilnehmer orientierte ***Unternehmenspublizität*** – empfängerorientierte Rechnungslegung – soll eine intensivere Kommunikation des Managements mit den Marktteilnehmern über die Politik und Entwicklung des Unternehmens ermöglichen sowie eine größere Transparenz und Publizität in allen Bereichen durchsetzen. Dazu zählen einerseits die Angaben der Mitgliedschaft der Vorstände und Aufsichtsratsmitglieder der Gesellschaft in anderen Aufsichtsräten und Kontrollgremien sowie die Angabe aller Beteiligungen an großen Kapitalgesellschaften. Dazu zählen andererseits auch Aussagen zur Unternehmensstrategie und zur Unternehmensentwicklung.

Die Segmentberichterstattung und Kapitalflussrechnung wird für den Konzernabschluss börsennotierter Gesellschaften verbindlich. Neu ist auch, dass die Voraussetzungen für die Anerkennung eines privatrechtlich organisierten Rechnungslegungsgremiums geschaffen werden. Dieses private Gremium soll insbesondere Empfehlungen zur Anwendung der Grundsätze über die Konzernrechnungslegung entwickeln und die deutsche Stimme in internationalen Gremien vertreten. Schließlich sind im Gesetz die Rahmenbedingungen für ein privates Rechnungslegungsgremium geschaffen worden, das 1998 gegründete ***Deutsche Rechnungslegungs Standards Committee*** (DRSC).

Mit § 91 Abs. 2 AktG wird ein „Vorstands-Controlling“[53] eingeührt, wonach der Vorstand für die Einrichtung eines Kontrollsystems verantwortlich ist, mit dessen Hilfe sich das Unternehmen steuern lässt: „Der Vorstand hat geeignete Maßnahmen zu treffen, insbesondere ein Überwachungssystem einzurichten, damit den Fortbestand der Gesellschaft gefährdende Entwicklungen früh erkannt werden.“ Die Verwendung des Begriffs „erkennen“ macht deutlich, dass das ***Risikofrüherkennungssystem*** nicht auf die Vermeidung, die Reduktion oder den Transfer von Risiken ausgerichtet sein muss, sondern auf die Identifikation und Analyse von Risiken. Faktisch machen jedenfalls die aus dem KonTraG folgenden Anforderungen an ein Überwachungssystem die Einrichtung eines umfassenden Controlling- und Reportingsystems erforderlich.[54]

Die ***Ausübung des Vollmachtsstimmrechts*** der Kreditinstitute in der Hauptversammlung soll stärker am Interesse der Aktionäre ausgerichtet werden. Kreditinstitute haben jeweils ein Mitglied der Geschäftsleitung zu benennen, das die Einhaltung der dazu statuierten Pflichten zu überwachen hat. Auch die Angabepflichten der Kreditinstitute gegenüber den Depotkunden bei Interessenkonflikten ist verschärft worden. Dazu zählen obligatorische Hinweise auf Mitarbeiter der Bank im Aufsichtsrat und auf Beteiligungsbesitz an dem betroffenen Unternehmen.

Die verfügbaren ***Vergütungsinstrumente*** für Vorstände und leitende Mitarbeiter sollen an internationale Standards angeglichen werden. Die Einräumung von Aktienbezugsrechten (Stock Options) als Vergütungsbestandteil für Führungskräfte, aber auch andere Mitarbeiter im Unternehmen wird erleichtert (§ 192 AktG). Die wesentlichen Eckpunkte hat die Hauptversammlung zu regeln. Das bedingte Kapital wird auf 10 % des Grundkapitals beschränkt. Der Erwerb eigener Aktien wird im Sinne der zweiten gesellschaftsrechtlichen Richtlinie der EG weiter gelockert (§ 71 Abs. 1 Nr. 8 AktG). Dies soll

---

[53] Vgl. HOMMELHOFF / MATTHEUS (1998), S. 251.

[54] Zum Risikomanagement als Bestandteil der Corporate Governance vgl. THEISEN (2003).

den Unternehmen mehr Flexibilität geben und der deutschen Börse zusätzliche Kursphantasie. Missbrauchsgefahren werden gesetzlich begrenzt.

Die Qualität der ***Abschlussprüfungen*** soll verbessert werden, wobei die Haftungssumme der Abschlussprüfer erhöht wird. Zur Stärkung der Unabhängigkeit des Abschlussprüfers wird die Gesamteinnahmengrenze eines Mandats auf 30 % abgesenkt, bei amtlich notierten Aktiengesellschaften ist nach spätestens sieben Jahren ein interner Wechsel des den Bestätigungsvermerk unterzeichnenden Abschlussprüfers vorgesehen. Der Auftrag an den Abschlussprüfer wird nicht mehr durch den Vorstand, sondern durch den Aufsichtsrat erteilt. Der Abschlussprüfer soll dadurch größere Distanz zum Management gewinnen. Der Bericht ist unmittelbar dem Aufsichtsrat zu Händen des Vorsitzenden zuzuleiten. Die Teilnahme des Abschlussprüfers an der Bilanzsitzung des Aufsichtsrats oder eines Bilanzausschusses wird verpflichtend, die Aushändigung der Prüferberichte an alle Mitglieder des Aufsichtsrats wird verbindlich.

Als Begründung für die ***vielfältigen Neuerungen*** hat der Gesetzgeber insbesondere darauf hingewiesen, dass sich die großen Publikumsgesellschaften an den internationalen Kapitalmärkten finanzieren und die deutschen Emittenten somit im weltweiten Wettbewerb mit anderen Nachfragern von Risikokapital befinden. Der Einfluss ausländischer institutioneller Anleger und ihrer Erwartungen nimmt zu. Dies verlangt von den Unternehmen eine intensivere Kommunikation des Managements mit den Marktteilnehmern über Unternehmenspolitik und -entwicklung sowie mehr Transparenz und Publizität in allen Bereichen.

(3) Reformschritte zur Fortentwicklung der Corporate Governance

Mit der Globalisierung der Kapitalmärkte ist es erforderlich geworden, den internationalen Investoren deutlich zu machen, wie die Entscheidungsabläufe innerhalb eines Unternehmens und zwischen dem Unternehmen und seinen Kontrollorganen (Aufsichtsrat, Hauptversammlung, Wirtschaftsprüfer) prinzipiell organisiert sind. Das hat auch zu Initiativen geführt, Grundsätze einer Corporate Governance zu verfassen, die insbesondere für börsennotierte Gesellschaften von Interesse sind.[55] Große inländische Investoren werden die Kontrolle der Manager u. U. selbst ausüben. Kleinaktionäre und große internationale Portfolioinvestoren sind daran aber nicht interessiert. Sie wollen auf

---

[55] Vgl. ORGANISATION FÜR WIRTSCHAFTLICHE ZUSAMMENARBEIT UND ENTWICKLUNG OECD (2004).

ein System vertrauen, das ihre eigenen Interessen ohne ihr eigenes Zutun schützt (Trittbrettfahrer).[56]

Im Gegensatz zur deutschen Anlagepolitik, bei der häufig die Banken durch Mitwirkung in den Aufsichtsgremien aktiv die Unternehmensstrategien mitverfolgen, beschränken sich supranational agierende Investoren auf die rein kapitalistische Beteiligung. Zur Sicherung ihrer Interessen fordern sie die Einhaltung der von ihnen vorgegebenen Corporate Governance Standards.

Eine Weiterentwicklung der Corporate Governance in Deutschland kann entweder im Zuge des Erlasses neuer bzw. der Novellierung bestehender Gesetze oder aber auf andere Weise, z. B. durch freiwillige Übereinkünfte erfolgen. Bezüglich der Weiterentwicklung des gesetzlichen Rahmens stellt das Deutsche Rechnungslegungs Standards Committee in einem Schreiben an die Regierungskommission „Corporate Governance – Unternehmensführung – Unternehmenskontrolle – Modernisierung des Aktienrechts“ vom 21. Sept. 2000 fest, dass die rechtlichen Vorschriften zur Corporate Governance, namentlich die des Aktiengesetzes, ausreichend sind. Grundsätze der Corporate Governance dienen der Verwirklichung einer verantwortlichen, auf Wertschöpfung ausgerichteten Leitung und Kontrolle von Unternehmen und Konzernen.

Die OECD hat im Mai 1999 ***Leitlinien für Corporate Governance*** vorgestellt, die die international akzeptierten Hauptthemen von Corporate Governance behandeln. Allerdings sind diese Grundsätze sehr allgemein gehalten, so dass in Deutschland eine Grundsatzkommission Corporate Governance im Juli 2000 eine Konkretisierung im Sinne eines ‚Code of Best Practice‘ vorgenommen hat. Die Grundsätze behandeln die Zuständigkeiten und Aufgaben der Organe Vorstand und Aufsichtsrat und ihrer Mitglieder. Dabei geht es nicht nur um die Sicherung der Rechte und der Interessen der Aktionäre.[57] „Corporate governance is only part of the larger economic context in which firms operate, which includes, for example, macroeconomic policies and the degree of competition in product and factor markets.“[58]

(4) Anpassung der Praxis der Corporate Governance

DROBETZ, SCHILLHOFER und ZIMMERMANN (2003) haben einen Index für eine gute Corporate Governance entwickelt und stellen für den deutschen Markt fest, dass sich eine Anlagestrategie lohnt, Unternehmen mit einem hohen Indexstand zu kaufen und solche mit einen niedrigen leerzuverkaufen. Die

---

[56] Gegebenenfalls wollen sie auch auf ein System vertrauen, das wegen seiner guten Corporate Governance eine im Vergleich zu anderen Unternehmen nachhaltig höhere Rendite erwirtschaft. Vgl. hierzu LEHMANN / WEIGAND (2000).

[57] Vgl. SEIBERT (1999).

[58] Vgl. AD HOC TASK FORCE ON CORPORATE GOVERNANCE (1999), S. 2.

Wirkung der Corporate Governance auf die Kursbildung legt es auch für die Unternehmen nahe, sich gezielt diesem Thema zu widmen. Dazu sind in der Zwischenzeit auch Hilfestellungen aufgebaut worden.

Die Deutsche Vereinigung für Finanzanalyse DVFA hat beispielsweise die Corporate-Governance-Grundsätze aufgegriffen und durch die Entwicklung einer ***CG-Scorecard*** konkretisiert.[59] Bei der DVFA-Scorecard handelt es sich um ein Instrument der „Finanzanalyse zum Ausgleich der Defizite tradierter Verfahren", das eine standardisierte, aber subjektive und vergleichende Bewertung der Corporate Governance von Unternehmen ermöglichen soll.

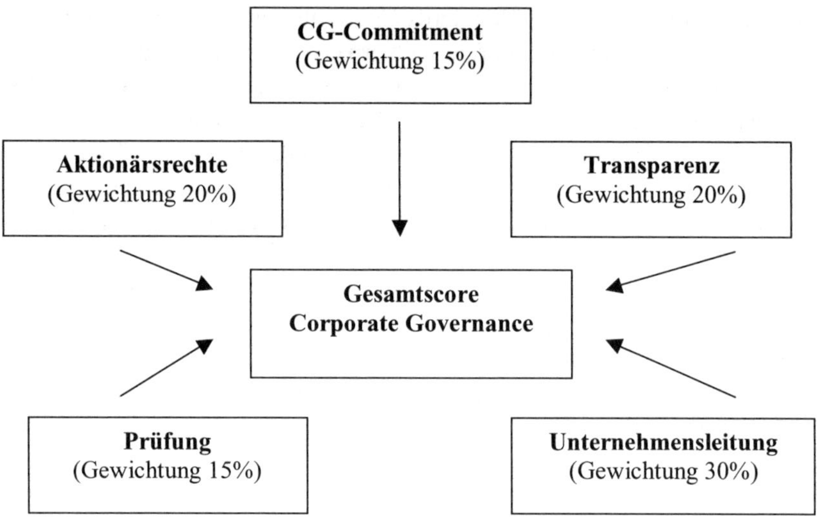

Abb. 14.5: Aufbau einer Corporate Governance-Scorecard

(5) Der Deutsche Corporate Governance Kodex

Im Juli 2001 legte die von der Bundesregierung eingesetzte Kommission ihren Bericht über Unternehmensführung – Unternehmenskontrolle – Modernisierung des Aktienrechts vor.[60] Der Bericht befasst sich ausführlich mit der Verteilung der Verantwortung der Leitungsorgane Vorstand und Aufsichtsrat sowie mit den Rechten der Aktionäre und dem Anlegerschutz. Darüber hinaus

---

[59] Vgl. Abb. 14.5 für einen exemplarischen Aufbau einer Corporate Governance Scorecard und DEUTSCHE VEREINIGUNG FÜR FINANZANALYSE UND ASSET MANAGEMENT (2000).

[60] Vgl. BAUMS (2001). Zur Konzeption vgl. FREY (2003), zur Durchsetzung des Kodex in der Praxis vgl. EHRHARDT / NOWAK (2002).

macht der Bericht auch zahlreiche Vorschläge zur Erweiterung des instrumentellen Handlungsspielraums der Aktiengesellschaften an den Kapitalmärkten.[61]

Die Regierungskommission spricht sich für einen deutschen Corporate Governance Kodex aus, dessen Regeln inhaltlich nicht verbindlich, sondern den Charakter von Empfehlungen haben sollten. Allerdings sollte eine verbindliche Information über die Beachtung der Regeln des Kodex („comply or explain") erfolgen. Bei der Abgabe der ***Entsprechenserklärung*** wären Abweichungen von den im Kodex enthaltenen Empfehlungen zu begründen.

Die im Anschluss an diese Empfehlung eingesetzte Regierungskommission hat dann im Februar 2002 den Deutschen Corporate Governance Kodex veröffentlicht, dessen Regelungen, wie vorgeschlagen, nicht rechtsverbindlich sind, soweit sie über die bestehenden gesetzlichen Vorschriften hinausgehen. Der Kodex beinhaltet aber, ebenfalls wie empfohlen, die durch das zwischenzeitlich in Kraft getretene ***Transparenz- und Publizitätsgesetz*** eingeführte Vorschrift der Abgabe der ***Entsprechenserklärung.*** Die Unternehmen müssen jährlich erklären, dass den Empfehlungen der Regierungskommission Deutscher Corporate Governance Kodex „entsprochen wurde oder wird oder welche Empfehlungen nicht angewendet werden." Über Abweichungen von den Anregungen des Kodex muss nicht berichtet werden.[62]

Mit dem Corporate Governance Kodex werden die in Deutschland seit lange geltenden Vorschriften sowie einige neue Regeln zur Unternehmensleitung und Unternehmensüberwachung insbesondere für internationale Investoren zusammengestellt und transparent gemacht. Der Kodex soll damit in erster Linie das Vertrauen der internationalen Investoren in die Unternehmensführung deutscher Gesellschaften stärken. Dementsprechend spricht der Kodex alle Kritikpunkte und Vorbehalte an, die gegen das deutsche Führungs- und Aufsichtssystem vorgebracht werden, nämlich insbesondere

- die mangelnde Transparenz der Unternehmensführung sowie ihre mangelnde Ausrichtung auf die Interessen der Aktionäre,
- das zweistufige System der Unternehmensverfassung mit einem Vorstand und einem separaten Aufsichtsrat und die oft mangelnde Unabhängigkeit deutscher Aufsichtsräte sowie
- die eingeschränkte Unabhängigkeit der Abschlussprüfer.

---

[61] Vgl. beispielsweise die Vorschläge zum Aktiensplitting, zur Möglichkeit der Sachdividende, zum Erwerb eigener Aktien, zur Kapitalerhöhung gegen Einlagen, zum Genehmigten Kapital, zur Kapitalerhöhung aus Gesellschaftsmitteln sowie zu neuen Finanzierungs- und Gestaltungsinstrumenten wie beispielsweise zu rückerwerbbaren Aktien („Redeemable Shares"), Spartenaktien („Tracking Stocks") oder „Triangular Mergers".

[62] Vgl. BERNHARDT / VON WERDER (2000) sowie BÖCKING / ORTH (1998). Das Transparenz- und Publizitätsgesetz erweitert über die Einführung der Entsprechenserklärung hinaus die Rechte des Aufsichtsrates und verschärft die Berichtspflichten des Vorstands.

Der Kodex stellt alle wesentlichen gesetzlichen Vorschriften zur Leitung und Überwachung deutscher börsennotierter Gesellschaften zusammen und verdeutlicht die Rechte der Aktionäre. Die Regierungskommission Deutscher Corporate Governance Kodex hat darüber hinaus im Juni 2005 noch die Empfehlung ausgesprochen, dass den Aufsichtsräten eine ausreichende Anzahl unabhängiger Mitglieder angehören sollen und dass der Wechsel eines Vorstandsvorsitzenden in den Aufsichtsratsvorsitz nicht die Regel sein und der Hauptversammlung besonders begründet werden soll.

(6) Internationale und europäische Initiativen

Der Absturz der „New Economy" und der damit einhergehende Kursverfall an den Börsen zu Anfang des Jahrhunderts führten zu riesigen Wertverlusten in den Aktienanlagen. Die Talfahrt des Marktes wurde zunächst in den USA durch eine Reihe von Führungs- und Rechungslegungsskandalen (z. B. Enron und Worldcom) begleitet. Um das Vertrauen in den amerikanischen Kapitalmarkt wieder herzustellen, haben die amerikanische Bundesregierung, die U.S. Securities and Exchange Commission (SEC), die National Association of Securities Dealers - als Träger des Nasdaq Stock Market - und die New York Stock Exchange (NYSE) Reformmaßnahmen ergriffen, die ihren Ausdruck in einem Bundesgesetz, mehreren Wertpapieraufsichtsverordnungen und in den jeweiligen Börsenzulassungsregeln der NYSE sowie der Nasdaq fanden.

Am 20. Juli 2002 wurde der oben bereits erwähnte ***Sarbanes-Oxley Act*** über die Verantwortlichkeit von Unternehmen verabschiedet, der die Börsen dazu veranlasste, die Bestimmungen zur Corporate Governance für die notierten Gesellschaften zu verschärfen. Dazu wurden Prüfungs-, Vergütungs- und Nominierungsausschüsse eingesetzt. Abschlussprüfer unterliegen jetzt einer strengeren Aufsicht. Die Aktientransaktionen der Mitglieder des Board wurden eingeschränkt. Obwohl nicht alle Vorschriften des Sarbanes-Oxley Act die Gorporate Governance der Unternehmen betreffen, ist in Deutschland und insgesamt in Europa rasch erkannt worden, dass aufgrund der internationalen Kapitalverflechtungen und der großen Bedeutung des amerikanischen Kapitalmarktes auch auf europäischer Seite eine Weiterentwicklung der Regeln für die Corporate Governance notwendig würde.

Am 4. Nov. 2002 hatte eine von dem Niederländer Jaap Winter geleitete Expertengruppe ihren Bericht „A Modern Regulatory Framework for Company Law in Europe" vorgelegt,[63] auf dessen Basis dann am 21. Mai 2003 die Europäische Kommission einen ***Aktionsplan*** zur Modernisierung des Gesellschaftsrechts und Verbesserung der Corporate Governance in der Europäi-

[63] Report of The High Level Group of Company Law Experts on A Modern Regulatory Framework for Company Law in Europe, Brussels, November 2002.

schen Union vorgelegt hat. Im Aktionsplan werden als zentrale politische Ziele die Stärkung der Aktionärsrechte, die Verbesserung des Schutzes Dritter und die Förderung der Effizienz und Wettbewerbsfähigkeit der Unternehmen genannt.

Der Aktionsplan sieht sechs kurzfristige und vier mittelfristige Maßnahmen vor. Die kurzfristig 2003-2005 geplanten Maßnahmen betreffen:[64]

- Mehr Offenlegung über Vorstand und Aufsichtsrat,
- erleichterte Information und Beschlussfassung der Aktionäre,
- unabhängige nicht geschäftsführende Aufsichtsräte,
- Vergütung von Vorstand und Aufsichtsrat,
- Verantwortung von Vorstand und Aufsichtsrat für den Jahresabschluß sowie
- ein Europäisches Corporate-Governance-Forum.

Die mittelfristig 2006-2008 geplanten Maßnahmen beinhalten:

- Die Offenlegung von Anlage- und Abstimmungsstrategien institutioneller Anleger,
- die Wahl zwischen dem dualistischen und monistischen System,
- Sonderprüfungen, Insolvenzverschleppungshaftung und Tätigkeitsverbote sowie
- Untersuchungen zur Aktionärsdemokratie.

Im Aktionsplan werden also verschiedene Maßnahmen vorgeschlagen, um die Transparenz der Entscheidungsfindung und Unternehmenskontrolle zu verbessern, den Aufsichtsrat und seine Unabhängigkeit zu stärken, die Verantwortung des Vorstands zu erweitern und insgesamt mehr Aktionärsdemokratie zu erreichen. Zu den Vorschlägen der Expertengruppe und damit auch zu denen des Aktionsplans, die weitgehend den Empfehlungen der Expertengruppe folgen, gibt es in der Zwischenzeit eine breite Diskussion.[65] In der Zwischenzeit mehren sich allerdings auch die Stimmen, die eine Tendenz zur Überregulierung in diesem Bereich zu erkennen glauben.

Aus der Perspektive der Prinzipal-Agent-Theorie besonders interessant ist ein für das deutsche Gesellschaftsrecht völlig neuer Vorschlag der Expertengruppe, nämlich Regeln für ein „Wrongfull Trading" aufzustellen.[66] Darunter versteht man geschäftspolitische Entscheidungen eines zugleich die Geschäfte leitenden Mehrheitsaktionärs in der Krise des Unternehmens. In dieser Situation hat dieser Gesellschafter einen starken Anreiz, die Gesellschaft am Leben zu erhalten und dafür auch erhebliche Risiken einzugehen. Tritt dann die vorteilhafte Umweltsituation ein, werden seine Geschäftsanteile wieder werthal-

[64] Vgl. HOPT (2005), S. 466.

[65] Vgl. BAUMS ET AL. (2001). Wichtige Dokumente zur Entwicklung der deutschen, europäischen und amerikanischen Diskussion der Corporate Governance sind zusammengestellt auf der Homepage von KPMG's Audit Committee Institute.

[66] Im englischen Recht sowie in Belgien und Frankreich gibt es solche Regeln. Vgl. BAUMS (2001), S. 9.

tig. Tritt allerdings der „erwartete“ Verlust ein, dann wird dieser Verlust an die Fremdkapitalgeber „durchgeleitet“, weil das Eigenkapital schon vorher weitgehend aufgezehrt war. Eine ähnliche Risikoneigung kann sich für Geschäftsführer und Vorstände ergeben, die ohne maßgeblich am Unternehmen beteiligt zu sein im Fall einer Insolvenz beispielsweise den Verlust ihrer Position befürchten müssen.

(7) Die zukünftige Entwicklung der Corporate Governance

Die Entwicklung der Corporate Governance scheint noch keineswegs zum Abschluss gekommen zu sein. Aktuelle Entwicklungen betreffen u. a. das Enforcement, die Selbstevaluation des Aufsichtsrats und die Organhaftung:

- Die Einführung von ***Bilanzkontrollen (Enforcement)*** sehen vor, dass eine neue eingerichtete Prüfstelle für Rechnungslegung (DPR) bei konkreten Anhaltspunkten für einen Verstoß gegen Rechnungslegungsvorschriften, bei einer Aufforderung durch die Bundesanstalt für Finanzdienstleistungsaufsicht (BaFin) und auf eigene Initiative Prüfungen des Jahresabschlusses von Unternehmen vornehmen kann. Diese Prüfungen bauen inhaltlich zwar auf den vorliegenden Abschlussprüfungen auf und können auch den Abschlussprüfer mit einbeziehen, sind aber prinzipiell davon unabhängig und können sich auch als Überprüfungen der Abschlussprüfungen darstellen.
- Der Deutsche Corporate Governance Kodex empfiehlt im Rahmen einer ***Selbstevaluierung*** eine regelmäßige Effizienzprüfung der Tätigkeit ***des Aufsichtsrates***. Der Verzicht auf die Durchführung solcher Prüfungen ist von den Unternehmen in der Entsprechenserklärung nach § 161 AktG anzugeben.
- Ein geplantes Gesetz zur Unternehmensintegrität und ***Modernisierung des Anfechtungsrechts*** (UMAG) will die Durchsetzung von Haftungsansprüchen gegenüber Organmitgliedern von Aktiengesellschaften erleichtern und damit auch Kleinaktionären den Anspruch verschaffen, den nach § 93 (2) AktG heute bereits die Gesellschaft gegenüber ihren Organmitgliedern hat.
- Das im Oktober 2004 in Kraft getretene ***Anlegerschutzverbesserungsgesetz*** (AnSVG) verschärft wesentliche Vorschriften des Wertpapierhandelsgesetzes (WpHG), insbesondere die Vorschriften zum Verbot von Insiderhandel, zur Ad-hoc-Publizität, zu Directors' Dealings, zum Verbot der Marktmanipulation und zur Erstellung von Finanzanalysen. Darüber hinaus bildet das Gesetz die Grundlage einer Marktmanipulations-Konkretisierungsverordnung (MaKonV), der Wertpapierhandelsanzeige- und Insiderverzeichnisverordnung (WpAIV) sowie einer Verordnung über die Analyse von Finanzinstrumenten (Finanzanalyseverordnung (FinAnV)).

Ein ebenfalls im Jahre 2004 diskutiertes ***Kapitalmarktinformationshaftungsgesetz*** (KapInHaG), das eine persönliche Haftung bis zur Höhe von vier Jahresgehältern der Vorstands- und eine persönliche Haftung bis zur Höhe der

Zuflüsse der vier letzten Jahre für Aufsichtsratsmitglieder für vorsätzliche oder grob fahrlässige Falschinformationen des Kapitalmarktes einführen wollte, wurde nach erheblichen Einwänden aus der Praxis ***zurückgezogen.***

Ob sich die ***Systeme der Corporate Governance*** im Rahmen einer Annäherung der Finanzsysteme weltweit angleichen und ob sich insbesondere das deutsche Corporate-Governance-Modell dem angelsächsischen annähert oder Deutschland letztlich bei einem eigenständigen Weg bleibt, wird sich erst in der Zukunft erweisen. Hinsichtlich der Corporate Governance von Unternehmen kann man insgesamt einen Bedeutungszuwachs des Shareholder Value in Deutschland feststellen. Dies muss aber nicht bedeuten, dass die Umsetzung des Shareholder-Value-Prinzips in den Unternehmen in gleicher Weise erfolgt wie im angelsächsischen System. Dagegen spricht schon die fortbestehende Bedeutung der Mitbestimmung im Aufsichtsrat der Gesellschaften, die eher für ein Konsensmodell des Interessenausgleichs spricht als für eine Marktorientierung. Für eine Änderung des Systems spricht dagegen die schwindende Bedeutung der Großbanken für die Corporate Governance der Unternehmen, die zu einer Kontrolllücke und damit indirekt zu einer ausgeprägten Kapitalmarktorientierung führen könnte.[67]

VITOLS (2003) sieht als wesentliche Konsequenz der Implementierung der Shareholder-Value-Zielsetzung in Deutschland insbesondere die Integration der institutionellen Investoren in die deutsche „Stakeholder-Koalition" und spricht von einem „verhandelten Shareholder Value".[68] Damit will er darauf hinweisen, dass die konkreten Ziele des Unternehmens wie früher möglichst im Konsens der beteiligten Stakeholder festgelegt werden (Relationship-Orientierung), dass aber die Ziele der institutionellen Investoren bzw. Finanzinvestoren dabei deutlicher berücksichtigt werden als früher. Das Ergebnis wird auch sprachlich nicht notwendigerweise als Maximierung des Marktwertes des Eigenkapitals ausgegeben. Man spricht in der Praxis von einer wertorientierten Unternehmensführung und meint damit auch, dass an der Wertentwicklung der Unternehmen möglichst alle Stakeholder partizipieren sollen.

„Having this in mind, we argue that the German corporate governance system, in the sense of a consistent configuration of complementary elements, is still an insider control system with a clear stakeholder orientation. In our option the changes so far have not challenged the fundamental structure of the German corporate governance."[69]

---

[67] Vgl. HACKETHAL / SCHMIDT / TYRELL (2005).

[68] Bei BEYER (2002) findet man den Begriff „koordinierter Kapitalismus".

[69] Vgl. HACKETHAL / SCHMIDT / TYRELL (2005), S. 1.

Lektürevorschläge zu Kapitel 14

Für das Kapitel 14 lässt sich als besonders wichtige Quelle das von JAN P. KRAHNEN und REINHARD H. SCHMIDT herausgegebene Buch The German Financial System (2004) nennen. Das Buch arbeitet nicht nur die grundsätzlichen Charakteristika von Finanzsystemen heraus, sondern befasst sich auch intensiv mit einigen für den deutschen Finanzmarkt wichtigen Institutionen. Darüber hinaus wird auch die Corporate Governance deutscher Unternehmen aus rechtlicher wie ökonomischer Perspektive vorgestellt und beleuchtet. Die neueste Auflage der Principles of Corporate Finance von BREALEY / MYERS / ALLEN (2006) enthält mit dem hinzugefügten Kapitel 34 „Governance and Corporate Control around the World" eine breite Einführung in das Thema, in der ebenfalls verschiedene Finanz- und Governance-Systeme gegenübergestellt werden.

Als weitere Quellen zur Beschreibung von Finanzsystemen seien genannt: ALLEN / GALE (2000), FISCHER / RUDOLPH (2000), HACKETHAL / SCHMIDT (2000), HACKETHAL / SCHMIDT / TYRRELL (2005), HELLWIG (2000), KAPLAN (1996), KÖKE (2002) und RAJAN / ZINGALES (2000, 2003).

Corporate Governance aus rechtlicher Sicht steht im Mittelpunkt der Untersuchungen von BAUMS (2001), BECHT / BOLTON / RÖELL (2002), HOPT (2003), und aus ökonomischer Sicht in folgenden Beiträgen: EUROPÄISCHE ZENTRALBANK (2005), PROWSE (1994), SCHMIDT / DRUKARCZYK / HONOLD / PRIGGE / SCHÜLER (1997), SHLEIFER / VISHNY (1997), WENGER / KASERER (1998), ZINGALES (1998). Corporate Governance wird im Kontext des Finanzsystems diskutiert von MAYER (1998), NOWAK (2001) und VIEWEG (2003) und aus dem Blickwinkel der Investoren von BASSEN / KLEINSCHMIDT / ZÖLLNER (2004).

Zusammenfassung

Die verfügbaren Finanzierungstechniken und Finanzierungsinstrumente sowie die Finanzinstitutionen, die den Unternehmen ihre Leistungen anbieten, bilden das Finanzsystem. Finanzsysteme sind insbesondere durch die Art der Finanzintermediäre gekennzeichnet, die bei der Zusammenführung von Angebot und Nachfrage verschiedene Funktionen ausüben.

Neben den Banken als herausragende Gruppe der Finanzintermediäre übernehmen die Wertpapierbörsen, die Versicherungen oder verschiedene spezialisierte Finanzdienstleistungsunternehmen eine große Rolle.

Länder mit unterschiedlichen Finanzsystemen zeichnen sich durch ein unterschiedliches Zusammenspiel der Intermediäre aus. In Deutschland hat sich mit seinem traditionellen (kontrollorientierten) Universalbankensystem eine andere Arbeitsteilung zwischen den Finanzintermediären herausgebildet als in den angelsächsischen Ländern mit ihrem typischen (marktorientierten) Trennbankensystem. Das Finanzsystem ist von Bedeutung für die Unternehmensfinanzierung und den Rechtsrahmen, innerhalb dessen Finanztransaktionen durchgeführt werden.

Mit der Ausgestaltung des Finanzsystems hängt die Corporate Governance der Unternehmen zusammen. Hier zeigt sich für angelsächsische Unternehmen mit ihrem typischen Manager-Eigentümer-Konflikt ein anderer Ausgangspunkt als für deutsche Gesellschaften, die typischerweise einen oder mehrere Großaktionäre aufweisen und daher weniger durch Manager-Eigentümer-Konflikte als durch Interessendivergenzen zwischen den Groß- und Kleinaktionären geprägt sind.

Schlüsselbegriffe

Corporate Governance
Insider System
Kontrollorientiertes Finanzsystem
Marktorientiertes Finanzsystem
Outsider System
Relationship Lending
Sarbanes-Oxley Act
Trennbankensystem
Universalbankensystem
Unternehmenskontrolle

Literaturverzeichnis

ACHLEITNER, ANN-KRISTIN (2002): Handbuch Investment Banking, 3. Aufl., Wiesbaden.

ACHLEITNER, ANN-KRISTIN / FINGERLE, CHRISTIAN H. (2003): Venture Capital und Private Equity als Lösungsansatz für Eigenkapitaldefizite in der Wirtschaft. Einführende Überlegungen, Manuskript, München.

ACHLEITNER, ANN-KRISTIN / WAHL, SIMON (2003): Corporate Restructuring in Deutschland, Sternenfels.

ACHLEITNER, ANN-KRISTIN / WAHL, SIMON (2004): Private Debt als alternative Finanzierungsform für mittelständische Unternehmen, in: A.-K. Achleitner / C. v. Einem / B. v. Schröder (Hrsg.): Private Debt – alternative Finanzierung für den Mittelstand, Stuttgart, S. 41-80.

ACHLEITNER, ANN-KRISTIN / WICHELS, DANIEL (1999): Aktienrückkaufprogramme – Beratungsaufgabe für Investmentbanken, in: Die Bank, S. 703-709.

AD HOC TASK FORCE ON CORPORATE GOVERNANCE (1999): OECD Principles of Corporate Governance, Paris.

ADAMS, MICHAEL (2003): Vorstandsvergütungen – Die Fälle Mannesmann und DaimlerChrysler, in: H. G. Nutzinger (Hrsg.): Regulierung, Wettbewerb und Marktwirtschaft, Göttingen, S. 295-364.

ADMATI, ANAT R. / PFLEIDERER, PAUL (1994): Robust Financial Contracting and the Role of Venture Capitalists, in: Journal of Finance 49, S. 371-402.

AKERLOF, GEORGE A. (1970): The Market for 'Lemons': Quality Uncertainty and the Market Mechanism, in: Quarterly Journal of Economics 84, S. 488-500.

ALCHIAN, ARMEN A. (1984): Specifity, Specialization and Coalitions, in: Zeitschrift für die gesamte Staatswissenschaft 140, S. 34-49.

ALCHIAN, ARMEN A. / DEMSETZ, HAROLD (1972): Production, Information Costs, and Economic Organization, in: American Economic Review 72, S. 777-795.

ALLEN, FRANKLIN / FAULHABER, GERAD R. (1989): Signalling by Underpricing in the IPO Market, in: Journal of Financial Economics 23, S. 303-323.

ALLEN, FRANKLIN / GALE, DOUGLAS (1999): Diversity of Opinion and the Financing of New Technologies, in: Journal of Financial Intermediation 8, S. 68-89.

ALLEN, FRANKLIN / GALE, DOUGLAS (2000): Comparing Financial Systems, MIT Press, Cambridge.

ALLEN, FRANKLIN / MICHAELY, RONI (2004): Payout Policy, in: G. Constantinides / M. Harris / R. Stulz (Hrsg.): North-Holland Handbook of Economics, S. 337-429.

ALTMAN, EDWARD E. (1984): A Further Empirical Investigation of the Bankruptcy Costs Question, in: Journal of Finance 39, S. 1067-1089.

AMIHUD, Y. / MURGIA, M. (1997): Dividends, Taxes, and Signaling: Evidence from Germany, in: Journal of Finance 52, S. 397-408.

ANDRADE, GREGOR / KAPLAN, STEVEN N. (1998): How Costly is Financial (Not Economic) Distress? Evidence from Highly Leveraged Transactions that Became Distressed, in: Journal of Finance 53, S. 1443-1493.

ARBEITSKREIS „FINANZIERUNG“ DER SCHMALENBACH-GESELLSCHAFT FÜR BETRIEBSWIRTSCHAFT E.V. (2003): Börsengänge von Konzerneinheiten – Handlungsempfehlungen des Arbeitskreises „Finanzierung“ auf Basis einer empirischen Untersuchung deutscher Equity Carve-Outs und Spin-Offs (1997-2000), in: Zeitschrift für betriebswirtschaftliche Forschung 55, S. 515-542.

ARNOLD, MARKUS C. (2005): Anreizwirkungen von Stock Options, Wiesbaden.

ARNOLD, WOLFGANG / BURG, SABINE (1987): Swaps und Ricardos Theorem der komparativen Kosten, in: Die Bank 1987, S. 194-196.

ARROW, KENNETH J. (1964): The Role of Securities in the Optimal Allocation of Risk-Bearing, in: Review of Economic Studies 31, S. 91-96.

ARROW, KENNETH J. (1985): The Economics of Agency, in: J. W. Pratt / R. J. Zeckhauser (Hrsg.): Principals and Agents: The Structure of Business, Boston.

AUGUST, ROLAND / SCHIERECK, DIRK / WEBER, MARTIN (2000): Momentumstrategien am deutschen Aktienmarkt: Neue empirische Evidenz zur Erklärung des Erfolgs, in: Kredit und Kapital 33, S. 198-234.

BACKHAUS, KLAUS / KÖHL, THOMAS (2001): Projektfinanzierung, in: W. Gerke / M. Steiner (Hrsg.): Handwörterbuch des Bank- und Finanzwesens, Stuttgart, Sp. 1715-1735.

BAETGE, JÖRG / KIRSCH, HANS-JÜRGEN / THIELE, STEFAN (2003): Bilanzen, 7. Aufl., Düsseldorf.

BALLWIESER, WOLFGANG (1999): Stand und Entwicklung der Unternehmensbewertung in Deutschland, in: A. Egger (Hrsg.): Unternehmensbewertung – quo vadis? Beiträge zur Entwicklung der Unternehmensbewertung,Wien, S. 21-40.

BALLWIESER, WOLFGANG (2001): Rechnungslegung und Prüfung am Neuen Markt, in: Zeitschrift für betriebswirtschaftliche Forschung 53, S. 840-853.

BALLWIESER, WOLFGANG (2003): Unternehmensbewertung durch Rückgriff auf Marktdaten, in: M. Heintzen / L. Kruschwitz (Hrsg.): Unternehmen bewerten, Berlin, S. 13-30.

BALLWIESER, WOLFGANG (2004): Unternehmensbewertung. Prozess, Methoden und Probleme, Stuttgart.

BALLWIESER, WOLFGANG / SCHMID, HELMUT (1990): Charakteristika und Problembereiche von Management Buy-Outs, in: Das Wirtschaftsstudium, S. 299-305 und S. 358-364.

BAMBERG, GÜNTER / COENENBERG, ADOLF G. (2004): Betriebswirtschaftliche Entscheidungslehre, 12. Aufl., München.

BANK, MATTHIAS / GERKE, WOLFGANG (2005): Finanzierung II: Grundlegende Theorien, Modelle und Konzepte der neoklassischen Finanzierungstheorie, Stuttgart.

BARBERIS, NICHOLAS / HUANG, MING (2001): Mental Accounting, Loss Aversion, and Individual Stock Returns, NBER Working Paper 8190.

BARBERIS, NICHOLAS / THALER, RICHARD (2003): A Survey of Behavioral Finance, in: G. M. Constantinides / M. Harris / R. Stulz (Hrsg.): Handbook of the Economics of Finance, Amsterdam, S. 1051-1121.

BARNEA, AMIR / HAUGEN, ROBERT / SENBET, LEMMA (1985): Agency Problems and Financial Contracting, Englewood Cliffs, New Jersey.

BASCHA, ANDREAS (2001): Hybride Beteiligungsformen bei Venture Capital. Finanzierung und Corporate Governance in jungen Unternehmen, Wiesbaden.

BASCHA, ANDREAS / WALZ, UWE (2002): Financing Practices in the German Venture Capital Industry, An Empirical Assessment, CFS Working Paper, Frankfurt a. M.

BASELER AUSSCHUSS FÜR BANKENAUFSICHT (2003): Konsultationspapier – Die Neue Baseler Eigenkapitalvereinbarung, April 2003.

BASSEN, ALEXANDER / KLEINSCHMIDT, MAIK / ZÖLLNER, CHRISTINE (2004): Corporate Governance Quality Study 2004, in: Finanz Betrieb 6, S. 527-533.

BAUER, MARKUS (1995): Gläubigerschutz durch eine formelle Nennkapitalziffer – Kapitalgesellschaftsrechtliche Notwendigkeit oder überholtes Konzept?, Eine rechtsvergleichende Untersuchung der Gläubigerschutzkonzepte des amerikanischen und deutschen Kapitalgesellschaftsrechts, Frankfurt a. M.

BAUMEISTER, ALEXANDER / WERKMEISTER, CLEMENS (2001): Aktuelle Entwicklungen bei Emissionsverfahren für Aktien, in: Wirtschaftswissenschaftliches Studium 30, S. 225-228.

BAUMS, THEODOR (1994): Vorzugsaktien, Ausgliederung und Konzernfinanzierung, in: Die Aktiengesellschaft 39, S. 1-12.

BAUMS, THEODOR (1997): Lehren aus dem Fall Krupp-Thyssen, in: Wirtschaftsdienst 77, S. 259-260.

BAUMS, THEODOR / MÖLLER, MATTHIAS (2000): Venture Capital: U.S.-amerikanisches Modell und deutsches Aktienrecht, in: T. Baums / K. J. Hopt / N. Horn (Hrsg.): Corporations, Capital Markets and Business in the Law, London, S. 33-87.

BAUMS, THEODOR / SCOTT, KENNETH E., "Taking Shareholder Protection Seriously? Corporate Governance in the United States and Germany", ECGI – Law Working Paper No. 17/2003.

BAUMS, THEODOR ET AL. (2001): Bericht der Regierungskommission „Corporate Governance". Unternehmensführung – Unternehmenskontrolle – Modernisierung des Aktienrechts, Berlin.

BEBCHUK, LUCIAN ARYE / FRIED, JESSE M. (2003): Executive Compensation as an Agency Problem, Discussion Paper No. 421, Center for Law, Economics, and Business, Cambridge, MA.

BEBCHUK, LUCIAN ARYE / ROE, MARK J. (1999). A Theory of Path Dependence in Corporate Ownership and Governance, in: Stanford Law Review 52, S. 127-170.

BECHT, MARCO / BOLTON, PATRICK / RÖELL, ALISA (2002): Corporate Governance and Control, ECGI Working Paper Series in Finance.

BECKER, RALF / HELLMANN, THOMAS (2002): The Genesis of Venture Capital – Lessons from the German Experience, Working Paper, Stanford University.

BEHAVIORAL FINANCE GROUP (2000): Behavioral Finance – Idee und Überblick, in: Finanz Betrieb 2, S. 311-318.

BELLAVITE - HÖVERMANN, YVETTE / HINTZE, STEFAN / LUZ, GÜNTHER / SCHARPF, PAUL (2001): Handbuch Eigenmittel und Liquidität nach KWG, Stuttgart.

BENVENISTE, LAWRENCE M / SPINDT, PAUL A. (1989): How Investment Bankers Determine the Offer Price and Allocation of New Issues, in: Journal of Financial Economics 24, S. 343-362.

BERENS, WOLFGANG / MERTES, MARTIN / STRAUCH, JOACHIM (1999): Unternehmensakquisitionen, in: W. Berens / H. U. Brauner (Hrsg.): Due Diligence bei Unternehmensakquisitionen, 2. Aufl., Stuttgart, S. 21-65.

BERGER, PHILIP G. / OFEK, ELI / YERMACK, DAVID L. (1997): Managerial Entrenchment and Capital Structure Decisions, in: Journal of Finance 52, S. 1411-1438.

BERGER, ROLAND / KRAUS, KARL - J. (2001): Restrukturierung, in: R.-E. Breuer (Hrsg.): Handbuch Finanzierung, 3. Aufl., Wiesbaden, S. 685-706.

BERGLÖF, ERIK (1997): Reforming Corporate Governance: Redirecting the European Agenda, in: Economic Policy 24, S. 91-123.

BERLE, ADOLPH A. / MEANS, GARDINER C. (1932): The Modern Corporation and Private Property, New York, Neudruck 1991.

BERNHARDT, WOLFGANG / WERDER, AXEL VON (2000): Der German Code of Corporate Governance (GCCG): Konzeption und Kernaussagen, in: Zeitschrift für Betriebswirtschaft 70, S. 1269-1279.

BESSLER, WOLFGANG / ELLERMANN, HANS-HEINRICH (2004): Theoretische Ansätze zur Dividendenpolitik, in: A.-K. Achleitner / G. F. Thoma (Hrsg.): Handbuch Corporate Finance, Loseblattausgabe, 2. Aufl., Köln.

BESSLER, WOLFGANG / THIES, STEFAN (2001): Die optimale Kapitalstruktur, in: A.-K. Achleitner / G. F. Thoma (Hrsg.): Handbuch Corporate Finance, Loseblattausgabe, 2. Auf., Köln.

BETSCH, OSKAR / GROH, ALEXANDER P./ SCHMIDT, KAY (2000): Gründungs- und Wachstumsfinanzierung innovativer Unternehmen, München-Wien.

BEYER, JÜRGEN (2002): Deutschland AG a. D.: Deutsche Bank, Allianz und das Verflechtungszentrum großer deutscher Unternehmen, Working Paper 02/4, Max-Planck-Institut für Gesellschaftsforschung, Köln.

BHAGAT, SANJAI / JEFFERIS, RICHARD H. (2002): The Econometrics of Corporate Governance Studies, Cambridge, Mass. - London.

BHATTACHARYA, SUDIPTO (1979): Imperfect Information, Dividend Policy, and the 'Bird in the Hand' Fallacy, in: Bell Journal of Economics 10, S. 259-270.

BIEGEL, ANDREAS / EILMANN, GÖTZ (2005): BGH-Urteil bringt Innenfinanzierung ins Wanken, in: Börsen-Zeitung v. 3. 8. 2005.

BIGUS, JOCHEN (2002): Sicherheitsanreiz des Unternehmers bei der Phasenfinanzierung von Wagnissen, in: Die Betriebswirtschaft 62, S. 398-408.

BIGUS, JOCHEN / LANGER, THOMAS / SCHIERECK, DIRK (2005): Warum gibt es Kreditsicherheiten?, in: Kredit und Kapital 38, S. 573-617.

BILSTEIN, JÜRGEN (1999): Die Bewertung eines Unternehmens, in: R. v. Rosen / W. G. Seifert (Hrsg.): Die Übernahme börsennotierter Unternehmen, S. 223-251.

BILSTEIN, JÜRGEN (2001): Corporate Finance, in: W. Gerke / M. Steiner (Hrsg.): Handwörterbuch des Bank- und Finanzwesens, 3. Aufl., Stuttgart, Sp. 521-529.

BINDER, CHRISTOF U. (1994): Beteiligungsführung in der Konzernunternehmung: Betriebswirtschaftliche Elemente und Gestaltungsmöglichkeiten von Mutter-Tochterbeziehungen, Köln.

BLACK, BERNARD S. / GILSON, RONALD J. (1998): Venture Capital and the Structure of Capital Markets. Banks versus Stock Markets, in: Journal of Financial Economics 47, S. 243-277.

BLACK, FISCHER / SCHOLES, MYRON (1973): The Pricing of Options and Corporate Liabilities, in: Journal of Political Economy 81, S. 637-654.

BLUHM, CHRISTIAN / OVERBECK, LUDGER (Hrsg.): Risikoanalyse strukturierter Kreditprodukte, in: J. Neupel / B. Rudolph / L. Hahnenstein (Hrsg.): Aktuelle Entwicklungen im Bankcontrolling: Rating, Gesamtbanksteuerung und Basel II, in: Zeitschrift für betriebswirtschaftliche Forschung, Sonderheft 52, 2004, S. 116-141.

BLUMERS, WOLFGANG / BEINERT, STEFANIE (1995): Grundregeln für die Optimierung des Unternehmenskaufs nach neuem Umwandlungs(-steuer)recht, in: Der Betrieb, S. 1043-1048.

BÖCKING, HANS-JOACHIM / NOWAK, KARSTEN (1999): Marktorientierte Unternehmensbewertung, in: Finanz-Betrieb 1, S. 169-176.

BÖCKING, HANS-JOACHIM / ORTH, CHRISTIAN (1998): Offene Fragen und Systemwidrigkeiten bei den neuen Rechnungslegungs- und Prüfungsvorschriften des KonTraG und des KapAEG, in: Der Betrieb 51, S. 1873-1879.

BÖCKLI, PETER (2003): Konvergenz: Annäherung des monistischen und des dualistischen Führungs- und Aufsichtssystems, in: P. Hommelhoff / K. J. Hopt / A. v. Werder (Hrsg.): Handbuch Corporate Governance, Köln, Stuttgart, S. 201-222.

BOEHMER, EKKEHART / LJUNGQVIST, ALEXANDER (2004): On the Decision to Go Public: Evidence from privately-held Firms, Discussion Paper 16 / 2004, Deutsche Bundesbank.

BOETTGER, ULRICH (1995): Cash-Management internationaler Konzerne. Strategien – Organisation – Umsetzung, Wiesbaden.

BOLLINGER, IRIS (1995): Ordentliche Kapitalherabsetzungen und ihre Folgen für die Aktienkursentwicklung. Eine empirische Studie, in: Sparkasse 112, S. 208-212.

BOLLINGER, IRIS (1999): Die Entwicklung von Börsenkursen im zeitlichen Umfeld von Kapitalerhöhungen, Berlin.

BOLTON, PATRICK / SCHARFSTEIN, DAVID S. (1998): Corporate Finance, the Theory of the Firm, and Organization, in: Journal of Economic Perspectives 12, S. 95-114.

BOLTON, PATRICK / VON THADDEN, ERNST-LUDWIG (1998): Blocks, Liquidity, and Corporate Control, in: Journal of Finance 53, S. 1-25.

BOOT, ARNOUD W. (2000): Relationship banking: What Do We Know?, in: Journal of Financial Intermediation 9, S. 7-25.

BÖRGMANN, RIKELF (2001): Unternehmensentwicklung und der Gang an die Börse, Frankfurt a. M.

BOTT, CLAUDIA (2002): Aktionärsstruktur, Kontrolle und Erfolg von Unternehmen, Wiesbaden.

BRAKMANN, HEINRICH (1993): Aktienemissionen und Kurseffekte. Deutsche Bezugsrechtsemissionen für die Jahre 1987-1988, Wiesbaden.

BREALEY, RICHARD A. / MYERS, STEWART C. / ALLEN, FRANKLIN (2006): Principles of Corporate Finance, 8. Aufl., Boston.

BRENNAN, MICHAEL J. (1970): Taxes, Market Valuation and Financial Policy, in: National Tax Journal 23, S. 417-429.

BRENNAN, MICHAEL J. / KRAUS, ALAN (1987): Efficient Financing under Asymmetric Information, in: Journal of Finance 42, S. 1225-1243.

BRENNAN, MICHAEL J. / SCHWARTZ, EDUARDO S. (1980): Analyzing Convertible Bonds, in: Journal of Financial and Quantitative Analysis 15, No. 4, S. 907-1715.

BRENNAN MICHAEL J. / SCHWARTZ, EDUARDO S. (1988): The Case for Convertibles, in: Journal of Applied Corporate Finance 1, No. 3, S. 55-64.

BREUER, WOLFGANG (1993): Finanzintermediation und Kapitalmarktgleichgewicht, Wiesbaden.

BREUER, WOLFGANG (1998): Finanzierungstheorie. Eine systematische Einführung, Wiesbaden.

BREUER, WOLFGANG (2001): Dividendenpolitik, in: W. Gerke / M. Steiner (Hrsg.): Handwörterbuch des Bank- und Finanzwesens, 3. Aufl., Sp. 559-567.

BREUER, WOLFGANG (2003): Insolvenzrecht. Eine Einführung, 2. Aufl., München.

BREUER, WOLFGANG / HARTMANN, NORA (2003): Unternehmensfinanzierung und beschränkte Rationalität – Das Beispiel optimaler Dividendenpolitik, in: Zeitschrift für betriebswirtschaftliche Forschung 55, S. 343-363.

BREUER, WOLFGANG / HARTMANN, NORA / KLEEFISCH, ANKE (2003a): Finanzinnovationen der Fremdfinanzierung. Überblick und Würdigung, in: Österreichisches Bank Archiv 51, S. 277-287.

BREUER, WOLFGANG / HARTMANN, NORA / KLEEFISCH, ANKE (2003b): Finanzinnovationen der Beteiligungsfinanzierung. Überblick und Würdigung, in: Österreichisches Bank Archiv 51, S. 325-335.

BREUER, WOLFGANG / HAUPT, MARTIN (2003): Insolvenzrechtsrefom und die Theorie der Unternehmensfinanzierung, in: G. Ashauer (Hrsg.): Bildung – Führung – Veränderung, Stuttgart, S. 125-135.

BREUER, WOLFGANG / STOTZ, OLAF (2004): Behavioral Finance und Betriebliche Finanzwirtschaft, Working Paper, Technische Hochschule Aachen.

BRIGHAM, EUGENE (1966): An Analysis of Convertible Debentures: Theory and Some Empirical Evidence, in: Journal of Finance 21, No. 1, S. 35-54.

BROMAN, KEITH L. (1963): The Use of Convertible Subordinate Debentures by Industrial Firms 1949-59, in: Quarterly Review of Economics and Business, No. 3, S. 65-75.

BRÜCHNER, TANJA (1999): Reorganisationsstrategien für insolvenzbedrohte Unternehmen, Frankfurt a. M.

BRUNNER, ANTJE / KRAHNEN, JAN PIETER (2001): Corporate Debt Restructuring: Evidence on Lender Coordination in Financial Distress, Center for Financial Studies, Frankfurt a. M.

BÜHLER, WOLFGANG / HAX, HERBERT / SCHMIDT, REINHART (Hrsg.): Empirische Kapitalmarktforschung, Zeitschrift für betriebswirtschaftliche Forschung, Sonderheft 31, 1993.

BÜHLER, WOLFGANG / HAX, HERBERT / SCHMIDT, REINHART (Hrsg.): Empirical Research on the German Capital Market, Heidelberg 1999.

BÜHNER, ROLF (1998): Unternehmensspaltung – Motive und Aktienmarktreaktionen, in: Zeitschrift für betriebswirtschaftliche Forschung 50, S. 809-840.

BUNDESVERBAND INVESTMENT UND ASSET MANAGEMENT BVI (2006): Wohlverhaltensregeln, Frankfurt a. M.

BURGHOF, HANS-PETER (1998): Die ökonomische Funktion von Nennwertaktien, in: Die Betriebswirtschaft 58, S. 501-515.

BURGHOF, HANS-PETER (2004): Bankkredit und Kreditrisikotransfer, Frankfurt a. M.

BURGHOF, HANS-PETER / HENKE, SABINE / RUDOLPH, BERND (1998), Kreditderivate als Instrumente eines aktiven Kreditrisikomanagements, in: Zeitschrift für Bankrecht und Bankwirtschaft 10, S. 277-286.

BURGHOF, HANS-PETER / RUDOLPH, BERND (1998): Ein ökonomisches Modell zur Bedeutung des going public für die Finanzierung junger Technologieunternehmen, in: N. Franke / C.-F.

von Braun (Hrsg.): Innovationsforschung und Technologiemanagement, Berlin – Heidelberg, S. 249-258.

BURGHOF, HANS-PETER / SCHILLING, DIRK (2003): Going Private als Corporate Governance-Transaktion, in: Betriebswirtschaftliche Forschung und Praxis 55, S. 117-136.

BURGHOF, HANS-PETER / HENKE, SABINE (2005): Entwicklungslinien des Marktes für Kreditderivate, in: H.-P. Burghof / S. Henke / B. Rudolph / P. J. Schönbucher / D. Sommer (Hrsg.): Kreditderivate. Handbuch für die Bank- und Anlagepraxis, 2. Aufl., Stuttgart 2005, S. 31-52.

BURGHOF, HANS-PETER / PAUL, STEPHAN / RUDOLPH, BERND (2005): Kreditrisiken und Kreditmärkte, in: H.-P. Burghof / S. Henke / B. Rudolph / P. J. Schönbucher / D. Sommer (Hrsg.): Kreditderivate. Handbuch für die Bank- und Anlagepraxis, 2. Aufl., Stuttgart, S. 3-29.

BURKHARDT, IRMELIN (2003): Renditeentwicklung vor und nach Aktienemissionen, Norderstedt.

BÜSCHGEN, HANS E. (1996): Leasing aus theoretischer Sicht, in: Mitteilungen und Berichte aus dem Forschungsinstitut für Leasing an der Universität zu Köln Nr. 24, 1996, S. 53-71.

BUTH, ANDREA K. / HERMANNS, MICHAEL (1998): Handbuch Restrukturierung, Sanierung, Insolvenz, München.

CAMPBELL, JOHN Y., LO, ANDREW W. / MACKINLAY, A. CRAIG (1997): The Econometrics of Financial Markets, Princeton.

CARLS, ANDRRE / HAUTEN, MARTINA (2002). Emissionsgeschäft mit Aktien, in: H. J. Hockmann / F. Thießen (Hrsg.): Investment Banking, Stuttgart, S. 317-376.

CHOWDHRY, BHAGWAN / NANDA, VIKRAM (1994): Financing of Multinational Subsidiaries: Parent Debt vs. External Debt, in: Journal of Corporate Finance 1, S. 259-281.

COASE, RONALD H. (1937): The Nature of the Firm, in: Economica 4, S. 386-405.

COASE, RONALD H. (1960): The Problem of Social Cost, in: Journal of Law and Economics 3, S. 1-44.

COPELAND, THOMAS E. / WESTON, J. FRED / SHASTRI, KULDEEP (2005): Financial Theory and Corporate Policy, 4. Aufl., Boston.

CORNELLI, FRANCESCA / YOSHA, OVED (2003): Stage Financing and the Role of Convertible Securities, in: Review of Economic Studies 70, S. 1-48.

CRÜWELL, CHRISTOPH (2003): Die europäische Prospektrichtlinie, in: Die Aktiengesellschaft 48, S. 243-253.

DAHLHEIM, CHRISTIAN / WIELAND, AGLAIA (2001): Unternehmerische Finanzierungspolitik unter Berücksichtigung von Realoptionen, in: U. Hommel / M. Scholich / R. Vollrath (Hrsg.): Realoptionen in der Unternehmenspraxis, Berlin, S. 95-110.

DAMODARAN, ASWATH (2001): Corporate Finance. Theory and Practice. 2. Aufl., New York.

DAMODARAN, ASWATH (2002): Investment Valuation. Tools and Techniques for Determining the Value of Any Asset, 2. Aufl., New York.

DEBONDT, WERNER F. / THALER, RICHARD H. (1989): Anomalies. A Mean-Reverting Walk Down Wall Street, in: Journal of Economic Perspectives 3, S. 189-202.

DEBREU, GERARD (1959): Theory of Value, New Haven (Conn.).

DEBUS, CHRISTIAN (1990): Haftungsregeln im Konzernrecht. Eine ökonomische Analyse, Frankfurt a. M.

DEMOUGIN, DOMINIQUE / JOST, PETER-J. (2001): Theoretische Grundlagen der Prinzipal-Agenten-Theorie, in: P.-J. Jost (Hrsg.): Die Prinzipal-Agenten-Theorie in der Betriebswirtschaftslehre, Stuttgart, S. 45-81.

DENIS, DAVID J. (2004): Entrepreneurial Finance: An Overview of the Issues and Evidence, in: Journal of Corporate Finance 10, S. 301-326.

DENIS, DAVID J. / DENIS, DIANE K. / SARIN, ATULYA (1997a): Agency Problems, Equity Ownership, and Corporate Diversification, in: The Journal of Finance 52, S. 135-160.

DENIS, DAVID J. / DENIS, DIANE K. / SARIN, ATULYA (1997b): Ownership Structure and Top Executive Turnover, in: Journal of Financial Economics 45, S. 193-221.

DEUTSCHE BÖRSE (2002): Going Public-Grundsätze, Frankfurt a. M.

DEUTSCHE BÖRSE (2003): Ihr Börsengang. Leitfaden für Unternehmen zum Going Public und Being Public, Frankfurt a. M.

DEUTSCHE BUNDESBANK (1999): Zur Bonitätsbeurteilung von Wirtschaftsunternehmen durch die Deutsche Bundesbank, in: Monatsbericht 51, Januar, S. 51-63.

DEUTSCHE BUNDESBANK (2003a): Neue Mindestanforderungen an das Kreditgeschäft: MaK und Basel II, in: Monatsbericht 55, November, S. 45-58.

DEUTSCHE BUNDESBANK (2003b):Validierungsansätze für interne Ratingsysteme, in: Monatsbericht 55, September, S. 61-74.

DEUTSCHE BUNDESBANK (2004): Neue Eigenkapitalanforderungen für Kreditinstitute (Basel II), in: Monatsbericht 56, September, S. 75-100.

DEUTSCHE VEREINIGUNG FÜR FINANZANALYSE UND ASSET MANAGEMENT DVFA (2000): Scorecard for German Corporate Governance, Manuskript, Dreieich.

DEUTSCHES AKTIENINSTITUT (1999): Der Erwerb eigener Aktien in Deutschland. Manuskript, Frankfurt a. M.

DIAMOND, DOUGLAS W. (1984): Financial Intermediation and Delegated Monitoring, in: Review of Economic Studies 51, S. 393-414.

DIETL, HELMUT M. (1998): Capital Markets and Corporate Governance in Japan, Germany and the United States, London – New York.

DIETZ, ALBRECHT (1990): Die betriebswirtschaftlichen Grundlagen des Leasing, in: Zeitschrift für Betriebswirtschaft 60, 1990, S. 1139-158.

DÖRSCHER, MARTIN / HINZ, HOLGER (2003): Mezzanine Capital – Ein flexibles Finanzierungsinstrument für KMU, in: Finanz Betrieb 5, S. 606-610.

DROBETZ, WOLFGANG / SCHILLHOFER, ANDREAS / ZIMMERMANN, HEINZ (2003): Corporate Governance and Expected Stock Returns: Evidence from Germany, ECGI Finance Working Paper No. 11.

DRUKARCZYK, JOCHEN (1993): Theorie und Politik der Finanzierung, 2. Aufl., München.

DRUKARCZYK, JOCHEN (1999): Zur Plausibilität des Shareholder-Value-Konzepts, in: Börsen-Zeitung v. 29. 9. 1999, S. 25.

DRUKARCZYK, JOCHEN (2001): Insolvenz und Sanierung, Art. in: W. Gerke / M. Steiner (Hrsg.): Handwörterbuch des Bank- und Finanzwesens, 3. Aufl., Stuttgart, Sp. 1055-1076.

DRUKARCZYK, JOCHEN (2002): Die Insolvenzordnung als Versuch der Anreizentfaltung und -dämpfung, in: W. Aver-Rizzi / E. Szabo / C. Innreiter-Moser (Hrsg.): Management in einer Welt der Globalisierung und Diversität. Europäische und nordamerikanische Sichtweisen, Stuttgart, S. 443-462.

DRUKARCZYK, JOCHEN (2003): Unternehmensbewertung, 4. Aufl., München.

DRUKARCZYK, JOCHEN / SCHÜLER, ANDREAS (2003): Kapitalkosten deutscher Aktiengesellschaften – eine empirische Untersuchung, in: Finanz Betrieb 5, S. 337-347.

DVFA-KOMMISSION RATING STANDARDS (2001): DVFA-Rating Standards – Transparenz für das Unternehmensrating, in: Finanz Betrieb Beilage 4 / 2001, S. 2-15.

DZ BANK (2003): Genusscheine, Research Publikation, Frankfurt a. M.

EASTERBROOK, FRANK H. (1984): Two Agency-Cost Explanations of Dividends, in: American Economic Review 74, S. 650-659.

EASTERBROOK, FRANK / FISHEL, DANIEL (1983): Voting in Corporate Law, in: Journal of Law and Economics 26, S. 395-427.

EBENROTH, CARSTEN THOMAS (1988): Die Kompetenzen des Vorstands und der Aktionärsschutz in der Konzernobergesellschaft, in: Die Aktiengesellschaft 33, S. 1-7.

ECKBO, ESPEN (1986): Valuation Effect on Corporate Debt Offerings, in: Journal of Financial Economics 15, S. 119-151.

EGER, THOMAS (2001): Bankruptcy Regulations and the New German Insolvency Law from an Economic Point of View, in: European Journal of Law and Economics 11, S. 29-46.

EHLERS, HARALD / DRIELING, ILKA (2000): Unternehmenssanierung nach der Insolvenzordnung, 2. Aufl., München.

EHRHARDT, OLAF / NOWAK, ERIC (2002): Die Durchsetzung von Corporate-Governance-Regeln, in: Die Aktiengesellschaft 47, S. 336-345.

EHRHARDT, OLAF / NOWAK, ERIC (2003): Kontrollrenten in deutschen Familienunternehmen, in: die Betriebswirtschaft 63, S. 361-375.

EICHBERGER, JÜRGEN (2004): Grundzüge der Mikroökonomik, Tübingen.

EIDENMÜLLER, HORST (1999): Unternehmenssanierung zwischen Markt und Gesetz. Mechanismen der Unternehmensreorganisation und Kooperationspflichten im Reorganisationsrecht, Köln.

EIDENMÜLLER, HORST / ENGERT, ANDREAS (2005): Die angemessene Höhe des Grundkapitals einer Aktiengesellschaft, in: Die Aktiengesellschaft 50, S. 97-108.

EISELE, FLORIAN / GÖTZ, ALEXANDER / WALTER, ANDREAS (2003): Motive, Gestaltungsalternativen und Ablauf eines Going Private, in: Finanz Betrieb 5, S. 479-485.

EISELE, FLORIAN / WALTER, ANDREAS (2004): Kursreaktionen auf die Ankündigung von Going Private-Transaktionen am deutschen Kapitalmarkt, Manuskript, erscheint in: Zeitschrift für betriebswirtschaftliche Forschung.

EISENFÜHR, FRANZ / WEBER, MARTIN (1999): Rationales Entscheiden, 3. Aufl., Berlin - Heidelberg.

ELKEMANN-REUSCH, MANFRED / ZICKENROTT, WALTER (2000): Die Praxis der Expansionsfinanzierung des Mittelstands: Direktbeteiligung (IKB) und Mezzanine-Kapital, in: Wilfried Stadler (Hrsg.): Venture Capital und Private Equity. Erfolgreich wachsen mit Beteiligungskapital, Köln, S. 107-116.

ELLERMANN, HANS-HEINRICH (2003): Dividendenpolitik und Long-Run-Performance in Deutschland, Wiesbaden.

ELSAS, RALF (2001): Die Bedeutung der Hausbank. Eine ökonomische Analyse, Wiesbaden.

ELSAS, RALF (2005): Empirical Determinants of Relationship Lending, in: Journal of Financial Intermediation 14, S. 32-57.

ELSAS, RALF / KRAHNEN, JAN PIETER (2001): Grundsätze ordnungsgemäßen Ratings: Anmerkungen zu Basel II, in: Die Bank, 2001, S. 298-304.

ELSAS, RALF / KRAHNEN, JAN PIETER (2004): Universal Banks and Relationships with Firms, in: J. P. Krahnen / R. H. Schmidt (Hrsg.): The German Financial System, Oxford 2004, S. 197-232.

ENTRUP, ULRICH (1995): Kapitalmarktreaktionen auf Optionsanleihen, Wiesbaden.

EUROPÄISCHE ZENTRALBANK (2005): Entwicklung des Regelungsrahmens für die Unternehmensführung und -kontrolle (Corporate Governance), in: Monatsbericht, Mai, S. 93-106.

EVERLING, OLIVER / HEINKE, VOLKER G. (2001): Rating, externes, in: W. Gerke / M. Steiner (Hrsg.): Handwörterbuch des Bank- und Finanzwesens, 3. Aufl., Stuttgart 2001, Sp. 1755-1767.

EWERT, RALF / SZCZESNY, ANDREA (2002): Risikoindikatoren, Rating und Ausfallwahrscheinlichkeit im Kreditgeschäft – Eine empirische Untersuchung vor dem Hintergrund von Basel II, in: Betriebswirtschaftliche Forschung und Praxis 54, S. 574-590.

EYMANN, ANGELIKA / MENICHETTI, MARCO J. (1991): Die Regulierung des Marktes für Unternehmensübernahmen, in: Zeitschrift für betriebswirtschaftliche Forschung 43, S. 1070-1086.

FAHRHOLZ, BERND (1998): Neue Formen der Unternehmensfinanzierung, München.

FAMA, EUGENE F. (1970): Efficient Capital Markets: A Review of Theory and Empirical Work, in: Journal of Finance 25, S. 383-417.

FAMA, EUGENE F. (1991): Efficient Capital Markets: II, in: Journal of Finance 46, S. 1575-1617.

FAMA, EUGENE F. / FISHER, LAWRENCE / JENSEN, MICHAEL C. / ROLL, RICHARD (1969): The Adjustment of Stock Prices to New Information, in: International Economic Review, S. 1-21.

FAMA, EUGENE F. / FRENCH, KENNETH R. (1992): On the Cross Section of Expected Stock Returns, in: Journal of Finance 47, S. 427-466.

FAMA, EUGENE F. / FRENCH, KENNETH R. (1996): Multifactor Explanations of Asset Pricing Anomalies, in: Journal of Finance 51, S. 55-84.

FEINEN, KLAUS (2001): Leasing, in: R.-E. Breuer (Hrsg.): Handbuch Finanzierung, 3. Aufl., Wiesbaden, S. 373-400.

FEINENDEGEN, STEFAN / NOWAK, ERIC (2001): Publizitätspflichten börsennotierter Aktiengesellschaften im Spannungsfeld zwischen Regelberichterstattung und Ad-hoc-Publizität, in: Die Betriebswirtschaft 61, S. 371-389.

FEINENDEGEN, STEFAN / SCHMIDT, DANIEL / WAHRENBURG, MARK (2002): Die Vertragsbeziehung zwischen Investoren und Venture-Capital-Fonds: Eine empirische Untersuchung des europäischen Venture-Capital-Marktes, CFS Working Paper 2002 / 01, Frankfurt a. M.

FELDBAUER-DURSTMÜLLER, BIRGIT / STIEGLER, HARALD (2002): Sanierung, in: H.-U. Küpper / A. Wagenhofer (Hrsg.): Handwörterbuch Unternehmensrechnung und Controlling, 4. Aufl., Stuttgart, Sp. 1727-1735.

FELSENHEIMER, JOCHEN / GISDAKIS, PHILIP / ZAISER, MICHAEL (2006): Active Credit Portfolio Management, Weinheim.

FINK, ALEXANDRA (2003): Corporate Venturing - Kooperationen: Praxisbefunde, Anreizprobleme und Gestaltungsmöglichkeiten, Bad Soden / Ts.

FINSTERER, HANS (1999): Unternehmenssanierung durch Kreditinstitute. Eine Untersuchung unter Beachtung der Insolvenzordnung, Wiesbaden.

FISCHEL, DANIEL R. (1982): The Corporate Governance Movement, in: Vanderbuilt Law Review 35, S. 1259-1292.

FISCHER, CHRISTOPH (2002): Motive des Börsengangs am Neuen Markt. Die Publikumsfinanzierung von Innovationen aus theoretischer und empirischer Sicht, Berlin.

FISCHER, CHRISTOPH / RUDOLPH, BERND (2000): Grundformen von Finanzsystemen, in: J. v. Hagen / J. H. von Stein (Hrsg.): Obst / Hintner: Geld-, Bank- und Börsenwesen, Stuttgart, S. 371-446.

FISCHER, KATHRIN (2004): Aspekte einer empirisch fundierten betriebswirtschaftlichen Entscheidungslehre, Wiesbaden.

FISHER, IRVING (1906): The Nature of Capital and Income, New York.

FISHER, IRVING (1930): The Theory of Interest, New York.

FISHER, IRVING (1932): Zinstheorie, Jena.

FRANCESCHETTI, ALBERTO (1993): Der Turnaround aus der Sicht der Anteilseigner, der Unternehmensleitung und der Banken, Diss. St. Gallen.

FRANCFORT, ALFRED J. / RUDOLPH, BERND (1992): Zur Entwicklung der Kapitalstrukturen in Deutschland und in den Vereinigten Staaten von Amerika, in: Zeitschrift für betriebswirtschaftliche Forschung 44, S. 1059-1079.

FRANKE, GÜNTER (1984): Zur rechtzeitigen Auslösung von Sanierungsverfahren, in: Zeitschrift für Betriebswirtschaft 54, S. 160-178.

FRANKE, GÜNTER (1993): Agency-Theorie, in: W. Wittmannn et al. (Hrsg.): Handwörterbuch der Betriebswirtschaft, Teilband 1, Stuttgart, Sp. 17-49.

FRANKE, GÜNTER / HAX, HERBERT (2004): Finanzwirtschaft des Unternehmens und Kapitalmarkt, 5. Aufl., Berlin – Heidelberg – New York.

FRANKE, JÖRG / ROSEN, RÜDIGER V. (2006): Die rechtliche Ordnung des geregelten Kapitalmarktes, in: H.-D. Assmann, R. A. Schütze (Hrsg.): Handbuch des Kapitalanlagerechts, 3. Auflage, München 2006.

FRANKS, JULIAN / MAYER, COLIN (1994): Corporate Control: A Comparison of Insider and Outsider Systems, Working Paper, London Business School.

FRANKS, JULIAN / MAYER, COLIN (2001): Ownership and Control of German Corporations, in: The Review of Financial Studies 14, S. 943-977.

FRANKS, JULIAN R. / MAYER, COLIN / ROSSI, STEFANO (2005): Ownership: Evolution and Regulation, Maastricht Meetings Paper No. 3205.

FRANKS, JULIAN R. / MAYER, COLIN / WAGNER, HANNES (2005): The Origins of the German Corporation – Finance, Ownership and Control, Working Paper, University of Oxford.

FRANZKE, STEFANIE / GROHS, STEFANIE / LAUX, CHRISTIAN (2003): Initial Public Offerings and Venture Capital in Germany, in: J. P. Krahnen / R. H. Schmidt (Hrsg.): The German Financial System, Oxford, S. 233-260.

FREY, BRUNO S. / OSTERLOTT, MARGIT (2000): Pay for Performance – immer empfehlenswert?, in: Zeitschrift für Führung und Organisation (zfo) 69, 2000, S. 64-69.

FREY, BRUNO S. (2003): Corporate Governance: What Can We Learn from Public Governance, Working Paper, Universität Zürich.

FROMMANN, HOLGER (1995): Venture Capital, in: Dieterle, W. K. / Winckler, E. M. (Hrsg.): Gründungsplanung und Gründungsfinanzierung, 2. Aufl., München, S. 370-388.

GAMPENRIEDER, PETER (2004): Squeeze-out. Rechtsvergleich, empirischer Befund und ökonomische Analyse, Frankfurt a. M.

GARZ, HENDRIK (2004): Event-Studien & Effizienz des deutschen Aktienmarktes, in: M. Bank / B. Schiller (Hrsg.): Finanzintermediation, Stuttgart, S. 123-157.

GEBHARDT, GEORG / SCHMIDT, KLAUS M. (2002): Der Markt für Venture Capital: Anreizprobleme, Governance Strukturen und staatliche Interventionen, in: Perspektiven der Wirtschaftspolitik 3, S. 235-255.

GEBHARDT, GÜNTHER / ENTRUP, ULRICH (1993): Kapitalmarktreaktionen auf die Ausgabe von Optionsanleihen, in: Zeitschrift für betriebswirtschaftliche Forschung, Sonderheft 31, Empirische Kapitalmarktforschung, S. 1-33.

GEBHARDT, GÜNTHER / ENTRUP, ULRICH / HEIDEN, STEPHAN (1994): Kursreaktionen auf Kapitalerhöhungen aus Gesellschaftsmitteln, in: Zeitschrift für Bankrecht und Bankwirtschaft 6, S. 308-332.

GEIGER, ANDREAS (1993): Ökonomische Analyse des Konzernhaftungsrechts, Bergisch Gladbach – Köln.

GERETH, BETTINA / SCHULTE, KARL-WERNER (1992): Mezzanine-Finanzierung, Bergisch Gladbach – Köln.

GERKE, WOLFGANG (1993): Informationsasymmetrien am Markt für Beteiligungen an mittelständischen Unternehmen, in: G. Gebhardt / W. Gerke / M. Steiner (Hrsg.): Handbuch des Finanzmanagements, München, S. 619-640.

GERKE, WOLFGANG (2001): Venture Capital, in: W. Gerke / M. Steiner (Hrsg.): Handwörterbuch des Bank- und Finanzwesens, 3. Aufl., Stuttgart, Sp. 2128-2138.

GERKE, WOLFGANG / OERKE, MARC / SENTNER, ARND (1997): Der Informationsgehalt von Dividendenänderungen auf dem deutschen Aktienmarkt, in: Die Betriebswirtschaft 57, S. 810-822.

GERKE, WOLFGANG / BANK, MATTHIAS (1999): Finanzierungsprobleme mittelständischer Unternehmen, in: Finanz Betrieb 1, S. 10-20.

GERKE, WOLFGANG / ARNETH, STEFAN (2001): Börsenpsychologie, in: W. Gerke / M. Steiner (Hrsg.): Handwörterbuch des Bank- und Finanzwesens, 3. Aufl., Stuttgart, Sp. 420-428.

GERKE, WOLFGANG / FLEISCHER, JÖRG (2001): Die Performance der Börsengänge am Neuen Markt, in: Zeitschrift für betriebswirtschaftliche Forschung 53, S. 827-839.

GERKE, WOLFGANG / STEIGER, MAX (2001): Einfluss der Kapitalmärkte auf die Corporate-Governance-Strukturen in Europa, in: D. Hummel / R.-E. Breuer (Hrsg.): Handbuch Europäischer Kapitalmarkt, Wiesbaden, S. 207-223.

GERKE, WOLFGANG / BANK, MATTHIAS (2003): Finanzierung. Grundlagen für Investitions- und Finanzierungsentscheidungen in Unternehmen, 2. Aufl., Stuttgart.

GERKE, WOLFGANG / FLEISCHER, JÖRG / LANGER, MARTIN (2003): Kurseffekte durch Aktienrückkäufe – eine empirische Untersuchung für den deutschen Kapitalmarkt, in: C. Börsig / A. G. Coenenberg (Hrsg.): Bewertung von Unternehmen: Strategie – Markt – Risiko, Stuttgart, S. 275-304.

GERTNER, ROBERT / SCHARFSTEIN, DAVID S. (1991): A Theory of Workouts and the Effect of Reorganization Law, in: Journal of Finance 46, S. 1189-1221.

GERTNER, ROBERT H. / SCHARFSTEIN, DAVID S. / STEIN, JEREMY C. (1994): Internal versus External Capital Markets, in: Quarterly Journal of Economics 109, S. 1211-1230.

GIBBONS, ROBERT / MURPHY, KEVIN J. (1992): Optimal Incentive Contracts in the Presence of Career Concerns, in: Journal of Political Economy 100, S. 468-505.

GILLENKIRCH, ROBERT M. (2001), Stellungnahme zum Beitrag ‚Stock Options, Managerentscheidungen und (eigentliches) Aktionärsinteresse' von Wolfgang Kürsten, in: Zeitschrift für Betriebswirtschaft 71, S. 249-270.

GILLENKIRCH, ROBERT M. (2004): Gewinn- und aktienkursorientierte Managementvergütung, Wiesbaden.

GIMPEL, HENNER (2004): Mit Auktionen gewinnbringender an die Börse, in: Börsen-Zeitung v. 22. 5. 2004.

GLASER, MARKUS / LANGER, THOMAS / WEBER, MARTIN (2005): Overconfidence of Professionals and Lay Men: Individual Differences Within and Between Tasks?, Working Paper, Universität Mannheim und Universität Münster.

GLASER, MARKUS / NÖTH, MARKUS / WEBER, MARTIN (2004): Behavioral Finance, in: D. J. Koehler / N. Harvey (Hrsg.): Blackwell Handbook of Judgment and Decision Making, Oxford – Boston, S. 527-546.

GLASER, MARKUS / WEBER, MARTIN (2001): Reich mit Value-Strategien? Überblick über empirische Ergebnisse und die Erklärung des Anlageerfolgs, in: Behavioral Finance Group, Universität Mannheim.

GOEBEL, RALF (2003): Basel II und mögliche Konsequenzen für die Konditionengestaltung, in: S. Paul (Hrsg.): Basel II, Mittelstand und Kreditpreise, Frankfurt a. M. 2003, S. 71-82.

GOLDBERG, JOACHIM / NITSCH, RÜDIGER VON (2000): Behavioral Finance. Gewinnen mit Kompetenz, 2. Aufl., München.

GOMPERS, PAUL A. (1993): The Theory, Structure and Performance of Venture Capital, Harvard University, Cambridge MA.

GOMPERS, PAUL A. / LERNER, JOSH (1996): The Use of Covenants: An Empirical Analysis of Venture Partnership Agreements, in: Journal of Law and Economics 39, S. 463-498.

GOMPERS, PAUL A. / LERNER, JOSH (1999): The Venture Capital Cycle, MIT Press.

GORDON, MYRON. J. (1962): The Investment, Financing and Valuation of the Corporation, Homewood Ill.

GÖX, ROBERT F. (2004): Erfolgsabhängige Gehälter, Belohnung für den Zufall und der Einfluss des Managements auf die Gestaltung seines eigenen Vergütungssystems, in: Zeitschrift für Betriebswirtschaftliche Forschung, Sonderheft 51, S. 27-55.

GREEN, RICHARD (1984): Investment Incentives, Debt and Warrants, in: Journal of Financial Economics 13, S. 115-136.

GRINBLATT, MARK / TITMAN, SHERIDAN (2002): Financial Markets and Corporate Strategy, 2. Aufl., Boston, Mass.

GROSSMAN, SANFORD J. / HART, OLIVER (1986): The Costs and Benefits of Ownership: A Theory of Vertical and Lateral Integration, in: Journal of Political Economy 94, S. 691-719.

GROSSMAN, STANFORD / HART, OLIVER (1988): One Share One Vote and the Market for Corporate Control, in: Journal of Financial Economics 20, S. 175-202.

GRUBER, MARC / HARHOFF, DIETMAR / TAUSEND, CHRISTIAN (2003): Finanzielle Entwicklung junger Wachstumsunternehmen, in: A. K. Achleitner / A. Bassen (Hrsg.): Controlling von jungen Unternehmen, Stuttgart, S. 27-50.

GRUNERT, JENS / KLEFF, VOLKER / NORDEN, LARS / WEBER, MARTIN (2002): Mittelstand und Basel II: Der Einfluss der neuen Eigenkapitalvereinbarung für Banken auf die Kalkulation von Kreditzinsen, in: Zeitschrift für Betriebswirtschaft 72, 2002, S. 1045-1064.

GÜRTLER, MARC (2003): Risikoneutrale Bewertung bei risikoaversen Marktteilnehmern, in: Wirtschaftswissenschaftliches Studium 32, S. 101-128.

GUTENBERG, ERICH (1996): Grundlagen der Betriebswirtschaftslehre, Band 3, Die Finanzen, Berlin (Nachdruck der 8. Aufl. 1980).

HACKETHAL, ANDREAS / SCHMIDT, REINHARD H. (2000): Finanzsystem und Komplementarität, in: H.-H. Francke / E. Ketzel / H.-H. Kotz (Hrsg.): Finanzmärkte im Umbruch, Beiheft 15 zu Kredit und Kapital, Berlin, S. 53-102.

HACKETHAL, ANDREAS / SCHMIDT, REINHARD H. / TYRELL, MARCEL (2005): Banks and German Corporate Governance: On the Way to a Capital Market-Based System?, Working Paper Series: Finance & Accounting No. 146, Johann Wolfgang Goethe-Universität, Frankfurt a. M.

HAMADA, ROBERT S. (1969): Portfolio Analysis, Market Equilibrium and Corporation Finance, in: Journal of Finance 24, S. 13-31.

HARHOFF, DIETMAR (1998): Die Finanzierung von Innovationsprojekten, in: N. Franke / C.-F. von Braun (Hrsg.): Innovationsforschung und Technologiemanagement, Berlin – Heidelberg, S. 233-248.

HARHOFF, DIETMAR / KÖRTING, TIMM (1998): Lending Relationships in Germany - Empirical Evidence from Survey Data, in: Journal of Banking and Finance 22, S. 1317-1353.

HARRIS, MILTON / RAVIV, ARTUR (1991): The Theory of Capital Structure, in: Journal of Finance 46, No. 1, S. 297-355.

HART, OLIVER (1995): Firms, Contracts and Financial Structure, Oxford.

HART, OLIVER (1999): Different Approaches to Bankruptcy, Working Paper, Harvard University.

HART, OLIVER / MOORE, JOHN (1990): Property Rights and the Nature of the Firm, in: Journal of Political Economy 98, S. 1119-1155.

HARTMANN-WENDELS, THOMAS (1986): Dividendenpolitik bei asymmetrischer Informationsverteilung, Wiesbaden.

HARTMANN-WENDELS, THOMAS (2001): Finanzierung, in: P.- J. Jost (Hrsg.): Die Prinzipal-Agent-Theorie in der Betriebswirtschaftslehre, Stuttgart, S. 117-146.

HARTMANN-WENDELS, THOMAS / WINTER, JENS (2003): Basel II, internes Rating und die Leasing-Branche, in: Forschungsinstitut für Leasing an der Universität zu Köln: Leasing. Wissenschaft & Praxis 1, S. 3-27.

HARTMANN-WENDELS, THOMAS / GRUNDKE, PETER / SPÖRK, WOLFGANG (2003): Zukünftige Anforderungen an die Kreditvergabe, in: Institut für Bankwirtschaft und Bankrecht an der Universität zu Köln, Mitteilungen und Berichte, Köln, S. 13-50.

HARTMANN-WENDELS, THOMAS / PFINGSTEN, ANDREAS / WEBER, MARTIN (2004): Bankbetriebslehre, 3. Aufl., Berlin.

HARTMANN-WENDELS, THOMAS / WINTER, JENS (2005): Leasing und asymmetrische Informationsverteilung, in: Zeitschrift für das gesamte Kreditwesen 58, S. 286-290.

HAUGEN, ROBERT A. / SENBET, LEMMA W. (1978): The Insignificance of Bankruptcy Costs to the Theory of Optimal Capital Structure, in: Journal of Finance 33, S. 383-393.

HAX, HERBERT (2005): Unternehmen und Unternehmer in der Marktwirtschaft, Göttingen.

HAX, KARL (1966): Langfristige Finanz- und Investitionsentscheidungen, in: K. Hax / T. Wessels (Hrsg.): Handbuch der Wirtschaftswissenschaften, Bd. 1, Betriebswirtschaft, 2. Aufl., Köln – Opladen, S. 399-489.

HEATON, JAMES B. (2002): Managerial Optimism and Corporate Finance, in: Financial Management, Summer, S. 33-45.

HECKER, RENATE / KASERER, CHRISTOPH (2003): Going Privates im Wege des Minderheitsausschlusses: Eine empirisch orientierte Bestandsaufnahme, in: Betriebswirtschaftliche Forschung und Praxis 55, S. 137-162.

HEIDER, FLORIAN (2002): Signalling Risk and Value: A Unifying Approach, Leonard N. Stern School of Business, New York.

HEINKE, VOLKER G. (1998): Bonitätsrisiko und Credit Rating festverzinslicher Wertpapiere. Eine empirische Untersuchung am Euromarkt, Bad Soden / Ts.

HELLMANN, THOMAS (2004): IPOs, Acquisitions and the Use of Convertible Securities in Venture Capital, Working Paper, Stanford University.

HELLMANN, THOMAS / PURI, MANJU (2002): On the Fundamental Role of Venture Capital, in: Federal Reserve Bank of Atlanta Economic Review, 4. Quartal, S. 23-27.

HELLWIG, MARTIN (1980): On the Aggregation of Information in Competitive Markets, in: Journal of Economic Theory 22, S. 477-498.

HELLWIG, MARTIN (2000): Die volkswirtschaftliche Bedeutung des Finanzsystems, in: J. v. Hagen / J. H. von Stein (Hrsg.): Obst / Hintner: Geld-, Bank- und Börsenwesen, Stuttgart, S. 3-37.

HELMIS, SVEN / KEMPER, OLIVER (2002): Squeeze-out in Deutschland, in: Die Betriebswirtschaft 62, S. 512-532.

HENKE, SABINE / RUDOLPH, BERND (2002): Kapitalmarkt und Börse, in: W. Busse von Colbe et al. (Hrsg.): Betriebswirtschaft für Führungskräfte, Stuttgart, S. 577-605.

HERZIG, NORBERT (1990): Steuerorientierte Grundmodelle des Unternehmenskaufs, in: Der Betrieb, S. 133-138.

HIRSCHMANN, ALBERT O. (1974): Abwanderung und Widerspruch. Reaktionen auf Leistungsabfall bei Unternehmungen, Organisationen und Staaten, Tübingen.

HIRSHLEIFER, JACK (1958): On the Theory of Optimal Investment Decision, in: Journal of Political Economy 66, S. 329-352.

HIRSHLEIFER, JACK (1965): Investment Decision under Uncertainty: Choice Theoretic Approaches, Quarterly Journal of Economics 79, S. 509-536.

HIRSHLEIFER, JACK (1974): Kapitaltheorie, Köln.

HOELL, ARMIN / JOSTARNDT, PHILIPP (2005): Kapitalerhöhungen bei finanzieller Schieflage – Eine ökonomische Analyse, Munich School of Management Working Paper Series. Universität München.

HOFFMANN, RALF (2002): Eigenkapitalersatzrecht bei Venture Capital-Finanzierungen: Voraussetzungen, Folgen und Ausnahmen, in: Finanz Betrieb 4, S. 259-272.

HOFFMANN-BECKING, MICHAEL (1999): Gestaltungsmöglichkeiten bei Anreizsystemen, in: W. Bühler / T. Siegert (Hrsg.): Unternehmenssteuerung und Anreizsysteme, Stuttgart 1999, S. 109-128.

HOFMANN, BERND (2005): Kreditrisikomanagement im Spannungsfeld zwischen aufsichtlichen und ökonomischen Zielsetzungen – Drei Beiträge zu zentralen Aspekten der Regulierung, organisatorischen Ausgestaltung und makroökonomischen Implikationen, Diss. München.

HOFMANN, BERND / PLUTO, KATJA (2005): Zentrale Aspekte der neuen aufsichtlichen Eigenmittelempfehlung (Basel II), in: J. Neupel / B. Rudolph / L. Hahnenstein (Hrsg.): Aktuelle Entwicklungen im Bankcontrolling: Rating, Gesamtbanksteuerung und Basel II, Sonderheft 52 der Zeitschrift für betriebswirtschaftliche Forschung, S. 241-270.

HOLLER, MANFRED J. / ILLING, GERHARD (2003): Einführung in die Spieltheorie, 5. Aufl., Berlin – Heidelberg – New York.

HOLMSTRÖM, BENGT / KAPLAN, STEVEN N. (2001): Corporate Governance and Merger Activity in the U.S.: Making Sense of the 1980s and 1990s, NBER Working Paper 8220, Cambridge, MA.

HOMMEL, ULRICH / PRITSCH, GUNNAR (2001): Anreizprobleme zwischen Management und Unternehmenseigner – Implikationen für Investoren und Shareholder Value, in: A.-K. Achleitner / G. F. Thoma (Hrsg.): Handbuch Corporate Finance, 2. Aufl., Kap. 1.4.7, S. 1-22.

HOMMELHOFF, PETER / MATTHEUS, DANIELA (1998): Corporate Governance nach dem KonTraG, in: Die Aktiengesellschaft 43, S. 249-259.

HOPPENRATH, MARTIN (2004): Die Finanzierung der Insolvenzsicherung der betrieblichen Altersversorgung durch den Pensions-Sicherungs-Verein, Versicherungsverein auf Gegenseitigkeit, in: M. Bank / B. Schiller (Hrsg.): Finanzintermediation, Stuttgart, S. 319-351.

HOPT, KLAUS J. (1992): Präventivmaßnahmen zur Abwehr von Übernahme- und Beteiligungsversuchen, in: G. Sieben / H.-G. Stein (Hrsg.): Unternehmensakquisitionen - Strategien und Abwehrstrategien, Stuttgart, S. 39-56.

HOPT, KLAUS J. (1997): Europäisches und deutsches Übernahmerecht: in: Zeitschrift für das gesamte Handelsrecht und Wirtschaftsrecht 161, S. 368-420.

HOPT, KLAUS J. (1997): The German Two-Tier Board (Aufsichtsrat): A German View on Corporate Governance, in: K. J. Hopt / E. Wymeersch (Hrsg.): Comparative Corporate Governance, Berlin 1997, S. 3-20.

HOPT, KLAUS J. (2003): Die rechtlichen Rahmenbedingungen der Corporate Governance, in: P. Hommelhoff / K. J. Hopt / A. v. Werder (Hrsg.): Handbuch Corporate Governance, Köln – Stuttgart, S. 29-50.

HOPT, KLAUS J. (2005): Europäisches Gesellschaftsrecht und deutsche Unternehmensverfassung – Aktionsplan und Interdependenzen, in: Zeitschrift für Wirtschaftsrecht 26, S. 461-474.

HOPT, KLAUS J. / RUDOLPH, BERND / BAUM, HARALD (1997): Empfehlungen zur Börsenreform in Deutschland, in: K. J. Hopt / B. Rudolph / H. Baum (Hrsg.): Börsenreform. Eine ökonomische, rechtsvergleichende und rechtspolitische Untersuchung, Stuttgart 1997, S. 3-14.

HÖSE, STEFFI / HUSCHENS, STEFAN (2003): Sind interne Ratingsysteme im Rahmen von Basel II evaluierbar? Zur Schätzung von Ausfallwahrscheinlichkeiten durch Ausfallquoten, in: Zeitschrift für Betriebswirtschaft 73, 2003, S. 139-168.

HULL, JOHN C. (2002): Options, Futures, and Other Derivatives Securities, 5. Aufl., Englewood Cliffs (N.J.).

HUNGER, ADRIAN (2001): IPO-Underpricing und die Besonderheiten des Neuen Marktes, Frankfurt a. M.

HUSCHENS, STEFAN / LOCAREK-JUNGE, HERMANN (2002): Konzeptionelle und statistische Grundlagen der portfolioorientierten Kreditrisikomessung, in: A. Oehler (Hrsg.): Kreditrisikomanagement. Kernbereiche, Aufsicht und Entwicklungstendenzen, 2. Aufl., Stuttgart 2002, S. 89-114.

HUSCHENS, STEFAN / VOGL, KONSTANTIN (2002): Kreditrisikomodellierung im IRB-Ansatz von Basel II, in: A. Oehler (Hrsg.): Kreditrisikomanagement, 2. Aufl., Stuttgart 2002, S. 279-295.

IBBOTSON, ROGER G. (1975): Price Performance of Common Stock New Issues, in: Journal of Financial Economics 2, S. 235-272.

IBBOTSON, ROGER G. / JAFFE, JEFFREY F. (1975): "Hot Issues" Markets, in: Journal of Finance 30, S. 1027-1042.

IBBOTSON, ROGER G. / SINDELAR, JODY L. / RITTER, JAY R. (1988): Initial Public Offerings, in: Journal of Applied Corporate Finance 1, S. 37-45.

IMMENGA, ULRICH / NOLL, BERND (1990): Feindliche Übernahmeangebote aus wettbewerbspolitischer Sicht. Herausgegeben von der Kommission der Europäischen Gemeinschaften, Luxemburg.

ISAGAWA, NOBUYUKI (2000): Convertible Debt: An Effective Financial Instrument to Control Managerial Opportunism, in: Review of Financial Economics 9, S. 15-26.

JAMES, HAROLD (2005): Familienunternehmen in Europa. Haniel, Wendel und Falck, München.

J.P. MORGAN (1999): The J.P. Morgan Guide to Credit Derivatives, London 1999.

JENKINSON, TIM / LJUNGQVIST, ALEXANDER (1997): Hostile Stakes and the Role of Banks in German Gorporate Governance, Working Paper, Oxford University und CEPR.

JENSEN, MICHAEL C. (1986): The Agency Costs of Free Cash Flow: Corporate Finance and Takeovers, in: American Economic Review 76, S. 323-329.

JENSEN, MICHAEL C. (1988): Takeovers: Their Causes and Consequences, in: Journal of Economic Perspectives 2, S. 21-48.

JENSEN, MICHAEL C. (1989): Eclipse of the Public Corporation, in: Harvard Business Review, No.5, S. 61-74.

JENSEN, MICHAEL C. / MECKLING, WILLIAM H. (1976): Theory of the Firm. Managerial Behavior, Agency Costs, and Ownership Structure, in: Journal of Financial Economics 3, S. 305-360.

JENSEN, MICHAEL C. / MURPHY, KEVIN J. (1990): Performance Pay and Top Management Incentives, in: Journal of Political Economy 98, S. 225-264.

JENSEN, MICHAEL C. / RUBACK, RICHARD (1983): The Market for Corporate Control: The Scientific Evidence, in: Journal of Financial Economics 11, S. 5-50.

JOHNSON, SIMON / LA PORTA, RAPHAEL / LOPEZ DE SILANES, FLORENCIO / SHLEIFER, ANDREI (2000): Tunneling, in: American Economic Review 90, S. 22-27.

JONAS, MARTIN / LÖFFLER, ANDREAS / WIESE, JÖRG (2004): Das CAPM mit deutscher Einkommensteuer, in: Die Wirtschaftsprüfung 57, S. 898-906.

JOST, PETER-J. (2001a): Die Prinzipal-Agent-Theorie im Unternehmenskontext, in: P.-J. Jost (Hrsg.): Die Prinzipal-Agent-Theorie in der Betriebswirtschaftslehre, Stuttgart, S. 11-43.

JOST, PETER-J. (2001b): Der Transaktionskostenansatz im Unternehmenskontext, in: P.-J. Jost (Hrsg.): Der Transaktionskostenansatz in der Betriebswirtschaftslehre, Stuttgart, S. 9-34.

JOST, PETER-J. (2001c): Die Spieltheorie im Unternehmenskontext, in: P.-J. Jost (Hrsg.): Die Spieltheorie in der BWL, Stuttgart, S. 9-43.

JOSTARNDT, PHILIPP (2005): Gläubigerkonflikte und Unterinvestition, Arbeitspapier, Universität München, Januar 2005.

JOSTARNDT, PHILIPP / RUDOLPH, BERND / THIERAUF, MICHAEL (2006): Unternehmenskontrolle und Management-Disziplinierung in Deutschland. Neue Ergebnisse, in: B. Wirtz (Hrsg.): Handbuch M&A Management, Wiesbaden, S. 203-227.

JUNG, AXEL / WACHTLER, FRANK (2001): Die Kursdifferenz zwischen Stamm- und Vorzugsaktien, in: Die Aktiengesellschaft 46, S. 513-520.

KABUTH, ANDREA (2003): Impulse zur Ratingberatung durch Basel II, in: A.-K. Achleitner / O. Everling (Hrsg.): Rating Advisory. Mit professioneller Beratung zum optimalen Bonitätsurteil, Wiesbaden, S. 3-14.

KAHNEMAN, DANIEL / RIEPE, MARK W. (1998): Aspects of Investor Psychologie, in: Journal of Portfolio Management, Summer, S. 52-65.

KAHNEMAN, DANIEL / TVERSKY, AMOS (1979): Prospect Theory: An Analysis of Decision under Risk, in: Econometrica 47, S. 263-291.

KAISER, ULRICH / SZCZESNY, ANDREA (2003): Ökonometrische Verfahren zur Modellierung von Kreditausfallwahrscheinlichkeiten: Logit- und Probit-Modelle, in Zeitschrift für betriebswirtschaftliche Forschung 55, 2003, S. 790-822.

KALLFASS, HERMANN H. (1991): Ökonomische Analyse der Konzernbildung, in: E.-J. Mestmäcker / P. Behrens (Hrsg.): Das Gesellschaftsrecht der Konzerne im internationalen Vergleich, Baden-Baden, S. 19-48.

KAPLAN, STEVEN N. (1996): Corporate Governance und Unternehmenserfolg: Ein Vergleich zwischen Deutschland, Japan und den USA, in: D. Feddersen / P. Hommelhoff / U. H. Schneider (Hrsg.): Corporate Governance, Köln , S. 301-315.

KAPLAN, STEVEN N. / STRÖMBERG, PER (2001): Venture Capitalists as Principals: Contracting, Screening, and Monitoring, in: American Economic Review 91, S. 426-430.

KAPLAN, STEVEN N. / STRÖMBERG, PER (2003): Financial Contracting Theory Meets the Real World: An Empirical Analysis of Venture Capital Contracts, in: Review of Economic Studies 70, S. 281-316.

KASERER, CHRISOPH / AHLERS, MARTIN (2000): Kursreaktionen anlässlich der Börseneinführung von Tochterunternehmen – Signaling oder verbesserte Unternehmenskontrolle in Konzernen? in: Zeitschrift für betriebswirtschaftliche Forschung 52, S. 537-570.

KASERER, CHRISTOPH / BÜHNER, THOMAS (2003): Unternehmensabspaltungen als Wertsteigerungsinstrument, in: C. Börsig / A. G. Coenenberg (Hrsg.): Bewertung von Unternehmen. Strategie – Markt – Risiko. Stuttgart, S. 235-261.

KASERER, CHRISTOPH / KEMPF, VOLKER (1995): Das Underpricing Phänomen am deutschen Kapitalmarkt und seine Ursachen, in: Zeitschrift für Bankrecht und Bankwirtschaft 7, S. 45-68.

KAUFMANN, FRIEDRICH / KOKALJ, LJUBA (1995): Risikokapitalmärkte für mittelständische Unternehmen, Stuttgart.

KEMPER, OLIVER / SCHIERECK, DIRK (2002): Going Privates in Deutschland, in: Das Wirtschaftsstudium 31, Teil I, S. 88-92, Teil II, S. 217-223.

KESSEL, ANNETTE (1995): Der Leveraged Buyout in den USA und der Bundesrepublik Deutschland, Frankfurt a. M.

KESSEL, BERND (1998): Leveraged Buy-out der Aktiengesellschaft, Frankfurt a. M.

KESY, CHRISTOPH (2004): Informationsverarbeitung am Rentenmarkt, Bad Soden / Ts.

KEYNES, JOHN M. (1936): The General Theory of Employment, London.

KIM, E. HAN (1978): A Mean-Variance Theory of Optimal Capital Structure and Corporate Debt Capacity, in: Journal of Finance 33, S. 45-63.

KIRCHNER, CHRISTIAN (1984): Ansätze zu einer ökonomischen Analyse des Konzernrechts, in: Jahrbuch für neue politische Ökonomie 3, Tübingen, S. 223-251.

KIRCHNER, CHRISTIAN (1997): Zur Fehlkonstruktion des deutschen Konzernrechts – Kritik und Neuansätze in interdisziplinärer Perspektive, in: G. Schreyögg / J. Sydow (Hrsg.): Managementforschung 7, Berlin – New York, S. 271-312.

KLEIN, A. / ROSENFELD, J. / BERANEK, W. (1991): The Two Stages of an Equity Carve-Out and the Price Response of Parent and Subsidiary Stock, in: Managerial and Decision Economics 12, S. 449-460.

KLUG, MONIKA (1985): Zur Ableitung von Kapitalkosten aus dem diskreten Optionspreismodell, Berlin.

KNAPP, MICHAEL (2002): Zeitabhängige Kreditportfoliomodelle, Wiesbaden.

KNOLL, HEINZ-CHRISTIAN (1992): Die Übernahme von Kapitalgesellschaften unter besonderer Berücksichtigung des Schutzes von Minderheitsaktionären nach amerikanischem, englischem und deutschem Recht, Baden-Baden.

KOCH, HANS-DIETER / KRAHNEN, JAN PIETER / TERBERGER, EVA (1995): Agency-Theorie in den Niederungen der Praxis: Konzerninterne Steuerung durch virtuelles Unternehmertum, in: R. Elschen / T. Siegel / F. W. Wagner (Hrsg.): Unternehmenstheorie und Besteuerung, Wiesbaden, S. 347-374.

KÖKE, JENS (2001): New Evidence on Ownership Structures in Germany, in: Kredit und Kapital 34, 257-292.

KÖKE, JENS (2002): Corporate Governance in Germany. An Empirical Investigation, Heidelberg - New York.

KORTUM, SAMUEL / LERNER, JOSH (2000): Assessing the Contribution of Venture Capital to Innovation, in: RAND Journal of Economics 31, S. 674-692.

KOSLOWSKI, PETER (1999): Shareholder Value und der Zweck des Unternehmens, in: P. Koslowski (Hrsg.): Shareholder Value und die Kriterien des Unternehmenserfolgs, Heidelberg, S. 1-32.

KOZIOL, CHRISTIAN / SAUERBIER, PETER (2005): Pflichtwandelanleihen: Bewertung und Aktienkursreaktion bei Emission, in: Die Betriebswirtschaft 65, S. 21-42.

KRAHNEN, JAN PIETER (1990): Objektfinanzierung und Vertragsgestaltung. Eine theoretische Erklärung der Struktur langfristiger Leasingverträge, in: Zeitschrift für Betriebswirtschaft 60, 1990, S. 21-38.

KRAHNEN, JAN PIETER (1991): Sunk Costs und Unternehmensfinanzierung, Wiesbaden.

KRAHNEN, JAN PIETER (1994): Überlegungen zu einer Theorie der Innenfinanzierung, in: W. Gerke (Hrsg.): Planwirtschaft am Ende - Marktwirtschaft in der Krise, Stuttgart, S. 299-317.

KRAHNEN, JAN PIETER (1999): Finanzierungstheorie: Ein selektiver Überblick, in: H. Albach et al. (Hrsg.): Die Theorie der Unternehmung in Forschung und Praxis, Berlin, S. 93-114.

KRAHNEN, JAN PIETER (2001): Rating, internes, Stichwort in: W. Gerke / M. Steiner (Hrsg.): Handwörterbuch des Bank- und Finanzwesens, 3. Aufl., Stuttgart, Sp. 1767-1775.

KRAHNEN, JAN PIETER (2005): Der Handel von Kreditrisiken: Eine neue Dimension des Kapitalmarktes, in: Perspektiven der Wirtschaftspolitik 6, S. 499-519.

KRAHNEN, JAN PIETER / WEBER, MARTIN (2001): Generally Accepted Rating Principles: A Primer, in: Journal of Banking and Finance 25, S. 3-23.

KRÄKEL, MATTHIAS (2004): Organisation und Management, 2. Aufl., Tübingen 2004.

KRÄMER, LUTZ (2003): Public M&A, in: W. Breuer / T. Schweizer (Hrsg.): Gabler Lexikon Corporate Finance, Wiesbaden, S. 417-422.

KRÄMER, WALTER (2003): Die Bewertung und der Vergleich von Kreditausfall-Prognosen, in: Kredit und Kapital 36, S. 395-410.

KRAUS, ALAN / LITZENBERGER, ROBERT H. (1973): A State-Preference Model of Optimal Financial Leverage, in: Journal of Finance 28, S. 911-922.

KRAUS, TILO / BURGHOF, HANS-PETER (2002): Post-IPO Performance and the Exit of Venture Capitalists, Münchner Betriebswirtschaftliche Beiträge, Ludwig-Maximilians-Universität, München.

KREPS, DAVID M. / SOBEL, JOEL (1994): Signalling, in: R. J. Aumann / S. Hart (Hrsg.): Handbook of Game Theory, Bd. 2, Amsterdam, S. 850-867.

KRONSTEIN, HEINRICH / CLAUSSEN, CARSTEN PETER (1960): Publizität und Gewinnverteilung im neuen Aktienrecht, Frankfurt a. M.

KRÜMMEL, HANS-JACOB (1964): Bankzinsen. Untersuchungen über die Preispolitik von Universalbanken, Köln.

KRUSCHWITZ, LUTZ (1986): Bezugsrechtsemissionen in optionspreistheoretischer Sicht, in: Kredit und Kapital 19, S. 110-121.

KRUSCHWITZ, LUTZ (2004): Finanzierung und Investition, 4. Aufl., München-Wien.

KRUSE, HERMANN / BERG, ERIK / WEBER, MARTIN (1993): Erklären unternehmensspezifische Faktoren den Kursunterschied zwischen Stamm- und Vorzugsaktien?, in: Zeitschrift für Bankrecht und Bankwirtschaft 5, S. 23-31.

KÜBLER, FRIEDRICH (1989): Aktie, Unternehmensfinanzierung und Kapitalmarkt, Köln.

KÜBLER, FRIEDRICH (1993): Sind zwingende Bezugsrechte wirtschaftlich sinnvoll?, in: Zeitschrift für Bankrecht und Bankwirtschaft 5, S. 1-7.

KÜBLER, FRIEDRICH (1994): Gesellschaftsrecht, 4. Aufl., Heidelberg.

KÜBLER, FRIEDRICH / SCHMIDT, REINHARD H. (1988): Gesellschaftsrecht und Konzentration, Berlin.

KÜHBACHER, ULI (1993): Darlehen an Konzernunternehmen. Besicherung und Vertragsanpassung, Berlin.

KUHNER, CHRISTOPH / SCHILLING, DIRK (2002): Maßnahmen der Unternehmensleitung zur Abwehr von Unternehmensübernahmen in der rechts- und wirtschaftspolitischen Diskussion, in: Betriebswirtschaftliche Forschung und Praxis 54, S. 445-477.

KÜRSTEN, WOLFGANG (1997): Neoklassische Grundlagen „moderner" Finanzierungstheorie, in: A. Pfingsten (Hrsg.): Betriebs- und Volkswirtschaftslehre zwischen Geschwisterliebe und Familienzwist, München, S. 63-98.

KÜRSTEN, WOLFGANG (2001): Stock Options, Managerentscheidungen und (eigentliches) Aktionärsinteresse – Korrekturbedarfe einer fehlgeleiteten Diskussion um „anreizkompatible" Vergütungsdesigns, in: Zeitschrift für Betriebswirtschaft 71, S. 249-270.

KÜRSTEN, WOLFGANG (2005): Finanzierung, in: M. Bitz et al. (Hrsg.): Vahlens Kompendium der Betriebswirtschaftslehre, Band 1, 5. Aufl., München, S. 173-235.

KÜTING, KARLHEINZ (2003): Der Ausschluss von Minderheiten nach altem und neuem Recht - unter besonderer Berücksichtigung des „Squeeze Out", in: Deutsches Steuerrecht, S. 838-844.

LA PORTA, RAFAEL / LOPEZ-DE-SILANES, FLORENCIO / SHLEIFER, ANDREI / VISHNY, ROBERT (1998): Law and Finance, in: Journal of Political Economy 106, S. 1113-1155.

LA PORTA, RAFAEL / LOPEZ-DE-SILANES, FLORENCIO / SHLEIFER, ANDREI / VISHNY, ROBERT (2000): Investor Protection and Corporate Governance, in: Journal of Financial Economics 58, S. 3-27.

LÄGER, VOLKER (2001): Bewertung von Kreditrisiken und Kreditderivaten, Bad Soden / Ts.

LANGNER, SABINE (1999): Mergers & Acquisitions. Kauf in Bar oder gegen Aktien, in: Wirtschaftswissenschaftliches Studium, S. 543-546.

LAUX, CHRISTIAN (1993): Handlungsspielräume im Leistungsbereich des Unternehmens: Eine Anwendung der Optionspreistheorie, in: Zeitschrift für betriebswirtschaftliche Forschung 45, S. 933-958.

LAUX, CHRISTIAN (1996): Kapitalstruktur und Verhaltenssteuerung: Finanzierungsverträge als Bindungs- und Anreizinstrumente, Wiesbaden.

LAUX, HELMUT (1975): Tantiemesysteme für die Investitionssteuerung, in: Zeitschrift für Betriebswirtschaft 45, S. 597-618.

LAUX, HELMUT (1998): Risikoteilung, Anreiz und Kapitalmarkt, Berlin.

LAUX, HELMUT (2003): Entscheidungstheorie, 5. Aufl., Berlin.

LAUX, HELMUT (2006): Wertorientierte Unternehmenssteuerung und Kapitalmarkt, Berlin.

LEASE, RONALD C. ET AL. (2000): Dividend Policy. It's Impact on Firm Value, Boston Mass.

LEHMANN, ERIK / WEIGAND, JÜRGEN (2000): Does the Governed Corporation Perform Better? Governance Structures and Corporate Performance in Germany, in: European Finance Review 4, S. 157-195.

LEIS, JOSEF / NOWAK, ERIC (2000): Ad-hoc-Publizität nach § 15 WpHG, Stuttgart.

LENZ, JÜRGEN / KOPP-COLOMB, WOLF VON (2001): Wertpapierverkaufsprospekte, Frankfurt a. M.

LEOPOLD, GÜNTER / FROMMANN, HOLGER (1998): Eigenkapital für den Mittelstand. Venture Capital im In- und Ausland, München.

LERNER, JOSH (1994): The Syndication of Venture Capital Investments, in: Financial Management 23, No. 3, S. 16-27.

LEROY, S. F. (1989): Efficient Capital Markets and Martingales, in: Journal of Economic Literature 27, 1583-1621.

LEVEN, FRANZ-JOSEF (2001): Der Gang an die Börse – eine Entscheidung von grundsätzlicher Bedeutung, Deutsches Aktieninstitut, Frankfurt a. M.

LINK, GERSON (2002): Anreizkompatible Finanzierung durch Mezzanine-Kapital, Frankfurt a. M.

LINK, GERSON / REICHLING, PETER (2000): Mezzanine Money – Vielfalt der Finanzierung, in: Die Bank, S. 266-269.

LINTNER, JOHN (1956): Distribution of Incomes of Corporations among Dividends, Retained Earnings and Taxes, in: American Economic Review 46, S. 97-113.

LÖFFLER, ANDREAS (2002): Gewichtete Kapitalkosten (WACC) in der Unternehmensbewertung, in: Finanz Betrieb 4, S. 296-300.

LÖFFLER, EUGEN (1991): Der Konzern als Finanzintermediär, Wiesbaden.

LORENZ, MATTHIAS / SEELIGER, CARSTEN (2000): Corporate Venture Capital, in: Finanz Betrieb 2, S. 658-662.

LOUGHRAN, TIM / RITTER, JAY R. (1995): The New Issues Puzzle, in: Journal of Finance 50, S. 23-51.

LUCKS, KAI / MECKL, REINHARD (2002): Internationale Mergers & Acquisitions. Der prozessorientierte Ansatz, Berlin-Heidelberg-New York.

LUTTER, MARCUS (2004): Begriff und Erscheinungsformen der Holding, in: M. Lutter (Hrsg.): Holding-Handbuch, 4. Aufl., Köln, S. 1-29.

LUTTER, MARCUS / SCHEFFLER, EBERHARD / SCHNEIDER, UWE H. (1998): Der Konzern als finanzwirtschaftliche Einheit, in: M. Lutter / E. Scheffler / U. H. Schneider (Hrsg.): Handbuch der Konzernfinanzierung, Köln, S. 1-29.

MACKINLAY, A. CRAIG (1997): Event Studies in Economics and Finance, in: Journal of Economic Literature, March.

MANNE, HENRY G. (1965): Mergers and the Market for Corporate Control, in: Journal of Political Economy 73, S. 110-120.

MARTEN, KAI-UWE / KÖHLER, ANNETTE G. (1999): Due Diligence in Deutschland. Eine empirische Untersuchung, in: Finanz Betrieb 1, S. 337-348.

MARTIN, KENNETH J. (1996): The Method of Payment in Corporate Acquisitions, Investment Opportunities, and Management Ownership, in: Journal of Finance 51, S. 1227-1246.

MATHESIUS, JÖRN (2003): Wertmanagement durch Equity Carve-out, Diss. Flensburg.

MAUG, ERNST (1998): Large Shareholders as Monitors: Is There a Trade-Off between Liquidity and Control?, in: Journal of Finance 53, S. 65-98.

MAYER, BARBARA / PFEIFFER, THOMAS / REICHEL, ASTRID (2005): Zu Anforderungen und Ausgestaltungsprinzipien von Anreizsystemen aus agencytheoretischer Sicht, in: Betriebswirtschaftliche Forschung und Praxis 57, S. 12-29.

MAYER, COLIN (1998): Financial Systems and Corporate Governance: A Review of the International Evidence, in: Journal of Institutional and Theoretical Economics 154, S. 144-176.

MAYERS, DAVID (1998): Why Firms issue Convertible Bonds: The Matching of Financial and Real Investment Options, in: Journal of Financial Economics 47, S. 83-102.

MENKHOFF, LUKAS / RÖCKEMANN, CHRISTIAN (1994): Noise Trading auf Aktienmärkten, in: Zeitschrift für Betriebswirtschaft 64, S. 277-295.

MERTON, ROBERT C. (1974): On the Pricing of Corporate Debt: The Risk Structure of Interest Rates, in: Journal of Finance 29, S. 449-470.

MICHALSKI, LUTZ (1997): Abwehrmechanismen gegen unfreundliche Übernahmeangebote („unfriendly takeovers") nach deutschem Aktienrecht, in: Die Aktiengesellschaft 42, S. 152-163.

MIKKELSON, WAYNE H. / PARTCH, MEGAN (1985): Stock Price Effects and Costs of Secondary Distributions, in: Journal of Financial Economics 14, S. 165-194.

MIKKELSON, WAYNE H. / PARTCH, MEGAN / SHAH, KEN (1997). Ownership and Operating Performance of Companies that Go Public, in: Journal of Financial Economics 44, S. 281-308.

MILGROM, PAUL / ROBERTS, JOHN (1992): Economics, Organization and Management, Englewood Cliffs N. J.

MILLER, MERTON H. (1977): Debt and Taxes, Journal of Finance 32, S. 261-275.

MILLER, MERTON H. (1988): The Modigliani-Miller Propositions After Thirty Years, in: Journal of Economic Perspectives 2, No. 4, S. 99-120.

MILLER, MERTON H. (1992): Behavioral Rationality in Finance: The Case of Dividends, in: J. E. Stern / D. H. Chew, jr. (Hrsg.): The Revolution in Corporate Finance, 2. Aufl., Cambridge, S. 429-438.

MILLER, MERTON H. / MODIGLIANI, FRANCO (1961): Dividend Policy, Growth and the Valuation of Shares, in: Journal of Business 34, S. 411-433.

MILLER, MERTON H. / ROCK, KEVIN (1985): Dividend Policy under Asymmetric Information, in: The Journal of Finance 40, S. 1031-1051.

MITTER, CHRISTINE (2004): Investieren in Krisenunternehmen (Vulture Investing), in: Bank Archiv 52, S. 593-601.

MODIGLIANI, FRANCO (1988): MM - Past, Present, Future, in: Journal of Economic Perspectives 2, S. 149-158.

MODIGILIANI, FRANCO / MILLER MERTON H. (1958): The Cost of Capital, Corporation Finance, and the Theory of Investment, in: American Economic Review 48, S. 261-297.

MODIGLIANI, FRANCO / MILLER, MERTON H. (1963): Corporate Income Taxes and the Cost of Capital: A Correction, in: American Economic Review 53, S. 433-443.

MOERSCHEN, TOBIAS / SCHIERECK, DIRK (2003): Overreaction, Underreaction, Adaptive Efficiency and the German Stock Market, in: Academy of Economics and Finance, Paper and Proceedings 27, S. 1-6.

MÖLLER, HANS PETER / HÜFNER, BERND (2001): Kapitalmarktforschung, empirische, in: W. Gerke / M. Steiner (Hrsg.): Handwörterbuch des Bank- und Finanzwesens, 3. Aufl., Stuttgart, Sp. 1275-1293.

MOSER, ULRICH / PRÜHER, MARKUS (2002): Vorteilhaftigkeit von Squeeze-outs am deutschen Markt, in: Finanz Betrieb 4, S. 361-366.

MÜLLER, OLIVER (2003): Mezzanine Finance. Neue Perspektiven in der Unternehmensfinanzierung, Bern.

MURPHY, KEVIN J. (1985): Corporate Performance and Managerial Remuneration: An Empirical Analysis, in: Journal of Accounting and Economics 7, No. 2, S. 11-42.

MYERS, STEWART (1968): A Time-State-Preference Model for Security Valuation, in: Journal of Financial and Quantitative Analysis 3, S. 1-33.

MYERS, STEWART C. (1977): Determinants of Corporate Borrowing, in: Journal of Financial Economics 5, 147-175.

MYERS, STEWART C. (1984): The Capital Structure Puzzle, in: Journal of Finance 39, S. 575-592.

MYERS, STEWART M. / MAJLUF, NICHOLAS S. (1984): Corporate Financing and Investment Decisions when Firms have Information that Investors Do Not Have, in: Journal of Financial Economics 13, S. 187-221.

NATHUSIUS, KLAUS (2001): Grundlagen der Gründungsfinanzierung.Instrumente – Prozesse – Beispiele, Wiesbaden.

NELLES, MICHAEL / KLUSEMANN, MARKUS (2003): Die Bedeutung der Finanzierungsalternative Mezzanine-Capital im Kontext von Basel II für den Mittelstand, in: Finanz Betrieb 5, S. 1-10.

NEUBERGER, DORIS (1989): Finanzstruktur, Wettbewerb und Kapitalakkumulation, Frankfurt a. M. – New York.

NEUS, WERNER (1991): Finanzierungsleasing aus vertragstheoretischer Sicht, in: Zeitschrift für Betriebswirtschaft 61, S. 1431-1449.

NEUS, WERNER (1995): Zur Theorie der Finanzierung kleinerer Unternehmungen, Wiesbaden 1995.

NEUS, WERNER (2001): Finanzierung, in: P.-J. Jost (Hrsg.): Der Transaktionskostenansatz in der Betriebswirtschaftslehre, Stuttgart, S. 107-153.

NEUS, WERNER (2005): Einführung in die Betriebswirtschaftslehre aus institutionenökonomischer Sicht, 4. Aufl., Tübingen.

NEUS, WERNER / WALZ, UWE (2002): Exit Timing of Venture Capitalists in the Course of an Initial Public Offering, CFS Working Paper 2002 / 07, Frankfurt a. M..

NICK, ANDREAS (1991): Die Regelung öffentlicher Übernahmeangebote, in: Zeitschrift für Betriebswirtschaft 61, S. 859-882.

NIEDERNHUBER, GÜNTER (1988): Ausschüttungsregelungen für Aktiengesellschaften. Eine ökonomische Analyse, Hamburg.

NITTKA, ISABELLA / STICKEL, EBERHARD (1999): Informelles Venture Capital am Beispiel von Business Angels, in: Sparkasse 116, S. 445-453.

NOLL, BERND (1992): Haftungsbeschränkungen im Konzern. Eine ökonomische Analyse, in: Ordo 43, S. 225-237.

NOLTE, BERND / NOLTING, ROGER (2002): Hybrides Kapital: Wandel- und Umtauschanleihe als Finanzierungs- und Anlageform, in: Österreichisches Bank-Archiv 50, S. 767-776.

NORDEN, LARS / WEBER, MARTIN (2005): Möglichkeiten und Grenzen der Bewertung von Ratingsystemen durch Markt und Staat, in: J. Neupel / B. Rudolph / L. Hahnenstein (Hrsg.): Aktuelle Entwicklungen im Bankcontrolling: Rating, Gesamtbanksteuerung und Basel II, Sonderheft 52 der Zeitschrift für betriebswirtschaftliche Forschung, S. 31-54.

NÖTH, MARKUS (2003): Experimentelle Forschung am Beispiel der Informationsaggregation in Märkten, in: M. Schwaiger / D. Harhoff (Hrsg.): Empirie und Betriebswirtschaft, Stuttgart, S. 105-138.

NOWAK, ERIC / GROPP, ALEXANDRA (2002): Ist der Ablauf der Lock-up-Frist bei Neuemissionen ein kursrelevantes Ereignis? Eine empirische Analyse von Unternehmen des Neuen Marktes, in: Zeitschrift für betriebswirtschaftliche Forschung 54, S. 19-45.

NOWAK, ERIK (2001): Recent Developments in German Capital Markets and Corporate Governance, in: Journal of Applied Corporate Finance 14, No. 3, S. 35-48.

NOWAK, KARSTEN (2003): Marktorientierte Unternehmensbewertung, 2. Aufl., Wiesbaden.

OBERMEIER, GEORG (1993): Die Bereicherung der Börsenlandschaft durch Verselbständigung von Konzernunternehmen, Bonn.

OCKENFELS, AXEL (2003): Reputationsmechanismen auf Internet-Marktplattformen, in: Zeitschrift für Betriebwirtschaft 73, S. 295-315.

ODEAN, TERRY (1998): Are Investors Reluctant to Realize Their Losses?, in: Journal of Finance 53, S. 1775-1798.

OEHLER, ANDREAS (2002): Behavioral Finance, Verhaltenswissenschaftliche Finanzmarktforschung und Portfoliomanagement, in: H. M. Kleeberg / H. Rehkugler (Hrsg.): Handbuch Portfoliomanagement, 2. Aufl., Bad Soden, S. 843-870.

OPLER, TIM / TITMAN, SHERIDAN (1993): The Determinants of Leveraged Buyout Activity: Free Cash Flow vs. Financial Distress Costs, in: Journal of Finance 48, 1985-1999.

ORDELHEIDE, DIETER (1986): Der Konzern als Gegenstand betriebswirtschaftlicher Forschung, in: Betriebswirtschaftliche Forschung und Praxis 38, S. 293-312.

ORGANISATION FÜR WIRTSCHAFTLICHE ZUSAMMENARBEIT UND ENTWICKLUNG OECD (2004): OECD-Grundsätze der Corporate Governance, Paris.

OVERBECK, LUDGER (1999): Die Portfolioversion des Asset-Value-Modells für das Kreditrisiko, in: R. Eller / W. Gruber / M. Reif (Hrsg.): Handbuch Kreditrisikomodelle und Kreditderivate, Stuttgart, S. 103-119.

PADBERG, MAX (1995): Der Einfluss von Kapitalerhöhungen auf den Marktwert deutscher Aktiengesellschaften: eine theoretische und empirische Analyse, Köln.

PAGANO, MARCO / PANETTA, FABIO / ZINGALES, LUIGI (1988): Why do Companies Go Public? An Empirical Analysis, in: Journal of Finance 53, S. 27-64.

PAGÈS, HENRI (1999): A Note on the Gordon Growth Model with Nonstationary Dividend Growth, BIS Working Papers No. 75, Basel.

PAHNKE, BURKHARD / KACHEL, PETRA (2001): Einfluss des Steuersenkungsgesetzes auf die Ausschüttungspolitik deutscher Kapitalgesellschaften, DAI Kurzstudie 2, Frankfurt a. M.

PAUL, STEPHAN (1994): Bankenintermediation und Verbriefung. Neue Chancen und Risiken für Kreditinstitute durch Asset Backed Securities ?, Wiesbaden.

PAUL, STEPHAN / HORSCH, ANDREAS (2002): Finanzmanagement, in: W. Busse von Colbe et al. (Hrsg.): Betriebswirtschaft für Führungskräfte, 2. Aufl., Stuttgart, S. 217-255.

PAUL, STEPHAN / STEIN, STEFAN (2002): Rating, Basel II und die Unternehmensfinanzierung, Köln.

PELLENS, BERNHARD (1993): Börseneinführung von Tochterunternehmen – Aktienmarktreaktionen auf die Performance des Mutterunternehmens, in: Zeitschrift für betriebswirtschaftliche Forschung 45, S. 852-872.

PELLENS, BERNHARD (1994): Aktionärsschutz im Konzern. Empirische und theoretische Analyse der Reformvorschläge der Konzernverfassung, Wiesbaden.

PELLENS, BERNHARD / SCHREMPER, RALF (2000): Theorie und Praxis des Aktienrückkaufs in den USA und in Deutschland, in: Betriebswirtschaftliche Forschung und Praxis 52, S. 132-156.

PELLENS, BERNHARD / HILLEBRANDT, FRANCA (2001): Vorzugsaktien vor dem Hintergrund der Corporate Governance-Diskussion, in: Die Aktiengesellschaft 46, S. 57-67.

PELLENS, BERNHARD / GASSEN, JOACHIM / RICHARD, MARC (2003): Ausschüttungspolitik börsennotierter Unternehmen in Deutschland, in: Die Betriebswirtschaft 63, S. 309-332.

PELLENS, BERNHARD / CRASSELT, NILS (2004): Bilanzierung von Aktienoptionsplänen und ähnlichen Entgeltformen nach IFRS 2 „Share-based Payment", in: Kapitalmarktorientierte Rechnungslegung 4 (2004), S. 113-118.

PELTZER, MARTIN (1996): Der Kommissionsentwurf für eine 13. Richtlinie über Übernahmeangebote vom 7. 2. 1996, in: Die Aktiengesellschaft 42, S. 145-151.

PERRIDON, LOUIS / STEINER, MANFRED (2004): Finanzwirtschaft der Unternehmung, 13. Aufl., München.

PETERHANS, OSWALD (1994): Optionsanleihen. Eine empirische Untersuchung, Frankfurt a. M.

PFAFF, DIETER (1989): Zur allokativen Begründung von Ausschüttungsregelungen. Ein Beitrag zur Diskussion um § 58 AktG, in: Zeitschrift für betriebswirtschaftliche Forschung 41, S. 1013-1028.

PICOT, ARNOLD (1991): Ökonomische Theorien der Organisation – Ein Überblick über neuere Ansätze und deren betriebswirtschaftliches Anwendungspotential, in: D. Ordelheide / B. Rudolph / E. Büsselmann (Hrsg.): Betriebswirtschaftslehre und ökonomische Theorie, Stuttgart, S. 143-170.

PICOT, ARNOLD / SCHULLER, SUSANNE (2001): Corporate Governance, in: P.-J. Jost (Hrsg.): Der Transaktionskostenansatz in der Betriebswirtschaftslehre, Stuttgart, S. 79-105.

PICOT, ARNOLD / DIETL, HELMUT / FRANCK, EGON (2002): Organisation. Eine ökonomische Perspektive, 3. Aufl., Stuttgart.

PICOT, GERHARD (1998): Unternehmenskauf und Restrukturierung, Handbuch zum Wirtschaftsrecht, 2. Aufl., München.

PILOTTE, EUGENE (1992): Growth Opportunities and the Stock Price Response to New Financing, in: The Journal of Business 65, S. 371-394.

PODDIG, THORSTEN / DICHTL, HUBERT / PETERSMEIER, KERSTIN (2003): Statistik, Ökonometrie, Optimierung, 3. Aufl., Bad Soden / Ts.

PRANTL, JOHANNES (1994): Konzernbildung, Konzernrecht und Minderheitenschutz in Deutschland - Eine ökonomische Analyse, Frankfurt a. M.

PRATT, MARK / CROWE, ALEX (1995): Mezzanine Finance, in: Bank of England Quarterly Bulletin 35, S. 370-374.

PROWSE, STEPHEN (1994): Corporate Governance in an International Perspective: A Survey of Corporate Control Mechanisms among large Firms in den Unites States, the United Kingdom, Japan and Germany, BIS Economic Papers 41, Bank for International Settlements, Basel.

PRÜHER, MARKUS (2000): Optimales Timing von Barkapitalerhöhungen bei asymmetrischer Informationsverteilung, Berlin.

RAJAN, RAGHURAM G. / ZINGALES, LUIGI (2000): The Governance of the New Enterprise, NBER Working Paper 7958, Cambridge, Mass.

RAJAN, RAGHURAM G. / ZINGALES, LUIGI (2000): In Search of New Foundations, in: Journal of Finance 55, S. 1623-1653.

RAJAN, RAGHURAM G. / ZINGALES, LUIGI (2003): Saving Capitalism from the Capitalist. New York.

RICHARD, JÖRG / WEINHEIMER, STEFAN (2002): Handbuch Going Private, Heidelberg.

RICHTER, RUDOLF / FURUBOTN, EIRIK G. (2003): Neue Institutionenökonomik. Eine Einführung und kritische Würdigung, 3. Aufl., Tübingen.

RITTER, JAY R. (1984): The "Hot Issues" Market of 1980, in: Journal of Business 57, S. 215-240.

RITTER, JAY R. (2003): Differences between European and American IPO Markets, in: European Financial Management 9, S. 421–434.

RITTER, JAY R. / WELCH, IVO (2002): A Review of IPO Activity, Pricing, and Allocations, in: Journal of Finance 57, S. 1795-1828.

RITTER, WOLFGANG (2000): Unternehmenssanierung im neuen Insolvenzrecht, Sternenfels.

ROCK, KEVIN (1986): Why New Issues are Underpriced, in: Journal of Financial Economics 15, S. 187-212.

RÖDER, K. (2000): Informationswirkung von Ad hoc-Mitteilungen, in: Zeitschrift für Betriebswirtschaft 70, S. 567-593.

RÖDER, KLAUS / DORFLEITNER, GREGOR (2001): Der Optionscharakter von Bezugsrechten, Manuskript, Universität Münster.

ROE, MARK J. (1991): A Political Theory of American Corporate Finance, in: Columbia Law Review 91, S. 10-67.

ROE, MARK J. (1996): Strong Managers, Weak Owners, The Political Roots of American Corporate Finance, Princeton.

ROLL, RICHARD (1987): Empirical Evidence on Takeover Activity and Shareholder Wealth, in: T. E. Copeland (Hrsg.): Modern Finance and Industrial Economics, New York, S. 74-91.

RÖPER, BJÖRN (2004): Corporate Venture Capital, Bad Soden / Ts.

ROSEN, RÜDIGER VON (2001): Namensaktie und Investor Relations, in: A. K. Achleitner / G. F. Thoma (Hrsg.): Handbuch Corporate Finance, Loseblattsammlung, 2. Aufl., Köln.

ROSEN, RÜDIGER VON / SEIFERT, WERNER G. (2000), (Hrsg.): Die Namensaktie, Frankfurt a. M.

ROSENFELD, JAMES (1984): Additional Evidence on the Relation between Divestiture Announcement and Shareholder Wealth, in: Journal of Finance 39, S. 1437-1448.

ROSS, STEVEN (1977): The Determination of Financial Structure: The Incentive-Signalling Approach, in: Bell Journal of Economics 8, S. 23-40.

RUBINSTEIN, MARK E. (1973): A Mean-Variance Synthesis of Corporate Financial Theory, in: Journal of Finance 28, S. 167-181.

RUDNICK, BERNFRIED (1997): Drehbuch und Regie im Fall Krupp / Thyssen, in: Börsen-Zeitung v. 31. 12. 1997.

RUDOLF, MARKUS / WITT, PETER (2002): Bewertung von Wachstumsunternehmen. Traditionelle und innovative Methoden im Vergleich, Wiesbaden.

RUDOLPH, BERND (1979a): Kapitalkosten bei unsicheren Erwartungen. Das Kapitalmarktmodell und seine Bedeutung für die Theorie der Kapitalkosten, Berlin.

RUDOLPH, BERND (1979b): Zur Theorie des Kapitalmarktes – Grundlagen, Erweiterungen und Anwendungsbereiche des „Capital Asset Pricing Model (CAPM)", in: Zeitschrift für Betriebswirtschaft 49, S. 1034-1067.

RUDOLPH, BERND (1983): Zur Bedeutung der kapitaltheoretischen Separationstheoreme für die Investitionsplanung, in: Zeitschrift für Betriebswirtschaft 53, S. 261-287.

RUDOLPH, BERND (1984a): Kreditsicherheiten als Instrumente zur Umverteilung und Begrenzung von Kreditrisiken, in: Zeitschrift für betriebswirtschaftliche Forschung 36, 1984, S. 16-43.

RUDOLPH, BERND (1984b): Venture Capital, in: Die Betriebswirtschaft 44, S. 499-500.

RUDOLPH, BERND (1985): Kreditsicherungsrecht und Reform des Insolvenzrechts, in: Die Bank o. Jg., S. 554-557.

RUDOLPH, BERND (1986): Neuere Kapitalkostenkonzepte auf der Grundlage der Kapitalmarkttheorie, in: Zeitschrift für betriebswirtschaftliche Forschung 38, S. 892-898.

RUDOLPH, BERND (1989): Finanzierungstheorie und Allgemeine Betriebswirtschaftslehre, in: W. Kirsch /A. Picot (Hrsg.): Die Betriebswirtschaftslehre im Spannungsfeld zwischen Generalisierung und Spezialisierung, Wiesbaden, S. 281-297.

RUDOLPH, BERND (1994): Betriebswirtschaftliche Behandlung des Insiderhandelsverbots, in: Betriebswirtschaftliche Forschung und Praxis 46, S. 114-123.

RUDOLPH, BERND (1995): Derivative Finanzinstrumente: Entwicklung, Risikomanagement und bankaufsichtliche Regulierung, in: B. Rudolph (Hrsg.): Derivative Finanzinstrumente, Stuttgart, S. 3-41

RUDOLPH, BERND (1998a): Die konzernweiten Finanzierungsregeln und Kapitalstruktur, in: M. Lutter / E. Scheffler / U. H. Schneider (Hrsg.): Handbuch der Konzernfinanzierung, Köln, S. 30-58.

RUDOLPH, BERND (1998b): Projektfinanzierung aus ökonomisch-theoretischer Sicht, in: H. Pohl (Hrsg.): Historische Erfahrungen mit Projektfinanzierungen, in: Bankhistorisches Archiv, Beiheft 32, S. 53-64.

RUDOLPH, BERND (1999): Übernahme und Shareholder Value. Festung Deutschland ?, in: P. Koslowkski (Hrsg.): Shareholder Value und die Kriterien des Unternehmenserfolgs, Heidelberg, S. 47-72.

RUDOLPH, BERND (2000a): Ökonomische Gesichtspunkte für die Wahl der Akquisitionswährung und Akquisitionsfinanzierung, in: A. Picot / A. Nordmeyer / P. Pribilla (Hrsg.): Management von Akquisitionen, Stuttgart, S. 131-151.

RUDOLPH, BERND (2000b): Zur Entwicklung des Marktes für Private Equity, in: M. Riekeberg / K. Stenke (Hrsg.): Banking 2000 - Perspektiven und Projekte, Wiesbaden, S. 143-155.

RUDOLPH, BERND (2001a): Kalkulation von Risikokosten auf Basis des Optionspreismodells, in: H. Schierenbeck / B. Rolfes / S. Schüller (Hrsg.): Handbuch Bankcontrolling, 2. Aufl., Wiesbaden, S. 331-343.

RUDOLPH, BERND (2001b): Venture Capital und Private Equity als Finanzierungs- und Anlageinstrumente, in: Hummel, Detlev / Breuer, Rolf-E. (Hrsg.): Handbuch Europäischer Kapitalmarkt, Wiesbaden, S. 501-515.

RUDOLPH, BERND (2003): Theorie und Empirie der Asset Allocation, in: H. Dichtl / J. M. Kleeberg / C. Schlenger (Hrsg.): Handbuch Asset Allocation, Bad Soden / Ts., S. 3-26.

RUDOLPH, BERND (2004): Mezzanine Finanzierungen im Rahmen der Kapitalstrukturpolitik von Unternehmen, in: W. Gerke / T. Siegert (Hrsg.): Aktuelle Herausforderungen des Finanzmanagements, Stuttgart, S. 153-183.

RUDOLPH, BERND (2005a): Tranchierte Mezzanine-Fonds, Neues Marktsegment in der Mittelstandsfinanzierung, in: Betriebs-Berater Spezial 60, Nr. 5, S. 15-19.

RUDOLPH, BERND (2005b): Risikotransferinstrumente und Unternehmensfinanzierung, in: Zeitschrift für betriebswirtschaftliche Forschung 57, S. 176-182.

RUDOLPH, BERND / FISCHER, CHRISTOPH (2000): Der Markt für Private Equity, in: Finanz Betrieb 2, S. 49-56.

RUDOLPH, BERND / SCHÄFER, KLAUS (2000): Elemente exotischer Optionen in der Ausgestaltung neuer Aktienoptionsprogramme für Führungskräfte, in: Zeitschrift für betriebswirtschaftliche Forschung, Sonderheft 44, S. 39-65.

RUDOLPH, BERND / FINK, ALEXANDRA (2002): Mischformen der Finanzierung, in: W. Ballwieser et al. (Hrsg.): Handwörterbuch der Rechnungslegung und Prüfung, 3. Aufl., Stuttgart, S. 1560-1574.

RUDOLPH, BERND / SCHÄFER, KLAUS (2005): Derivative Finanzinstrumente, Berlin.

RUDOLPH, BERND / HAAGEN, FLORIAN (2006): Die Auswirkungen institutioneller Rahmenbedingungen auf die Venture Capital-Finanzierung in Deutschland, in: W. Kürsten / B. Nietert (Hrsg.): Kapitalmarkt, Unternehmensfinanzierung und rationale Entscheidungen, Berlin – Heidelberg – New York, S. 329-351.

RUHNKA, JOHN C. / FELDMAN, HOWARD D. / DEAN, THOMAS J. (1992): The "Living Dead" Phenomenon in Venture Capital Investments, in: Journal of Business Venturing 7, S. 137-155.

SAHLMAN, WILLIAM A. (1990): The Structure and Governance of Venture-Capital Organisations, in: Journal of Financial Economics 27, S. 473-521.

SALINGER, MICHAEL (1992): Standard Errors in Event Studies, in: Journal of Financial and Quantitative Analysis Vol 27, No 1, S. 39-53.

SAMUELSON, PAUL A. (1965): Proof that Properly Anticipated Prices Fluctuate Randomly, in: Industrial Management Review 6, No. 2, 41-49.

SATTLER, RALF ROBERT (1994): Renditeanomalien am deutschen Aktienmarkt, Aachen.

SAUNDERS, ANTHONY / ALLEN, LINDA (2002): Credit Risk Measurement. New Approaches to Value at Risk and Other Paradigms, 2. Aufl., Chichester.

SAUTNER, ZACHARIAS / WEBER, MARTIN (2005): Corporate Governance and the Design of Sock Option Programs, Working Paper 05-32, Universität Mannheim.

SAXENIAN, ANNALEE (1996): Regional Advantage: Culture and Competition in Silicon Valley and Route 128, 2. Aufl., Cambridge, MA.

SCHÄFER, HENRY (2002): Unternehmensfinanzen. Grundzüge in Theorie und Management, 2. Aufl., Heidelberg.

SCHÄFER, KLAUS (1995): Einsatz und Bewertung von Optionen und Futures, in: B. Rudolph (Hrsg.): Derivative Finanzinstrumente, Stuttgart, S. 45-130.

SCHANZE, ERICH (1991): Konzernspezifischer Gläubigerschutz: Vergleich der Regelungsansätze, in: E.-J. Mestmäcker / P. Behrens (Hrsg.): Das Gesellschaftsrecht der Konzerne im internationalen Vergleich, Baden-Baden, S. 473-504.

SCHARFSTEIN, DAVID S. / STEIN, JEREMY C. (1990): Herd Behavior and Investment, in: American Economic Review 80, S. 465-479.

SCHEFCZYK, MICHAEL (2000): Finanzieren mit Venture Capital, Stuttgart.

SCHEFFLER (2004): Unternehmensbesteuerung und Rechtsform, Skript Universität Mannheim.

SCHEFFLER, EBERHARD (1992): Konzernmanagement. Betriebswirtschaftliche und rechtliche Grundlagen der Konzernführungspraxis, München.

SCHENK GERALD (1997): Ökonomische Analyse des Minderheitenschutzes im Konzern, in: Zeitschrift für betriebswirtschaftliche Forschung 49, S. 652-672.

SCHEULE, HARALD (2003): Prognose von Kreditausfallrisiken, Bad Soden / Ts. 2003.

SCHIERECK, DIRK / DEBOND, WERNER / WEBER, MARTIN (1999): Contrarian and Momentum Strategies in Germany, in: Financial Analysts Journal 55, No. 6, S. 104-115.

SCHIERECK, DIRK / WAGNER, CHRISTOPH (2002): Kursentwicklung von Börsenneulingen am Neuen Markt und die Reputation des Konsortialführers, in: Zeitschrift für Betriebswirtschaft 72, S. 823-845.

SCHIERECK, DIRK / WEBER, MARTIN (1995): Zyklische und antizyklische Handelsstrategien am deutschen Aktienmarkt, in: Zeitschrift für betriebswirtschaftliche Forschung 47, S. 3-24.

SCHIERENBECK, HENNER (1980): Der Pyramiden-Effekt im verschachtelten Konzern, in: Die Betriebswirtschaft 40, S. 249-258.

SCHILLER, BETTINA / TYTKO, DAGMAR (2001): Risikomanagement im Kreditgeschäft. Grundlagen, neuere Entwicklungen und Anwendungsbeispiele, Stuttgart 2001.

SCHIPPER, K. / SMITH, A. (1986): A Comparison of Equity Carve-Outs and Seasoned Equity Offerings: Share Price Effects and Corporate Restructuring, in: Journal of Financial Economics 15, S. 153-186.

SCHLITT, MICHAEL / SMITH, PHILIP D. / WERLEN, THOMAS (2002): Die Going-Public-Grundsätze der Deutschen Börse AG, in: Die Aktiengesellschaft 47, S. 478-489.

SCHMID, HELMUT (1994): Leveraged Management Buy-Out. Begriff, Gestaltung, optimale Kapitalstruktur und ökonomische Bewertung, Frankfurt a. M.

SCHMIDT, HARTMUT / DRUKARCZYK, JOCHEN / HONOLD, DIRK / PRIGGE, STEFAN / SCHÜLER, ANDREAS / TETENS, GÖNKE (1997): Corporate Governance in Germany, Baden-Baden.

SCHMIDT, HARTMUT / PRIGGE, STEFAN / SUCKEL, ROBERT (2003); Erste Erfahrungen mit dem Übernahmegesetz, in: F. Richter / A. Schüler / B. Schwetzler (Hrsg.): Kapitalgeberansprüche, Marktwertorientierung und Unternehmenswert, München, S. 331-359.

SCHMIDT, KLAUS M. (1999): Anreizprobleme bei der Finanzierung von Wagniskapital, Manuskript, Universität München, Sept. 1999.

SCHMIDT, KLAUS M. (2003): Convertible Securities and Venture Capital Finance, in: Journal of Finance 58, S. 1139-1166.

SCHMIDT, REINHARD H. (1980): Ökonomische Analyse des Insolvenzrechts, Wiesbaden.

SCHMIDT, REINHARD H. (2004): Corporate Governance in Germany: An Economic Perspective, in: J. P. Krahnen / R. H. Schmidt (Hrsg.): The German Financial System, London, S. 386-424.

SCHMIDT, REINHARD H. / TERBERGER, EVA (1996): Grundzüge der Investitions- und Finanzierungstheorie, 3. Aufl., Wiesbaden.

SCHMIDT, REINHARD H. / WEISS, MARCO (2003): Shareholder vs. Stakeholder: Ökonomische Fragestellungen, in: P. Hommelhoff / K. Hopt / A. von Werder (Hrsg.): Handbuch Corporate Governance, Stuttgart, S. 107-128.

SCHMIDT, REINHARD H. / TYRELL, MARCEL (2004): What Constitutes a Financial System in General and the German Financial System in Particular?, in: J. P. Krahnen / R. H. Schmidt (Hrsg.): The German Financial System, London, S. 19-67.

SCHMUCK, THOMAS (2003): Private M&A, in: W. Breuer / T. Schweizer (Hrsg.): Gabler Lexikon Corporate Finance, Wiesbaden, S. 403-407.

SCHNEIDER, SEBASTIAN (2005): Übersicht zu einigen Zusammenhängen und möglichen Erklärungsansätzen ausgewählter Renditeanomalien an Aktienmärkten, in: Kredit und Kapital 38, S. 235-283.

SCHNEIDER, UWE H. (1984): Das Recht der Konzernfinanzierung, in: Zeitschrift für Unternehmens- und Gesellschaftsrecht 13, S. 497-537.

SCHNEIDER, UWE H. (1990): Auf dem Weg in den Pensionskassenkorporatismus?, in: Die Aktiengesellschaft 45, S. 317-326.

SCHNEIDER, UWE H. (2000): Kapitalmarktorientierte Corporate Governance - Grundsätze, in: Der Betrieb, S. 2413-2417.

SCHREMPER, RALF (2003): Kapitalmarktrelevanz deutscher Aktienrückkaufprogramme, in: Zeitschrift für betriebswirtschaftliche Forschung 55, S. 578-605.

SCHUHMACHER, FRANK (2002): Unternehmensfinanzierung und Produktmarktwettbewerb, Berlin.

SCHULER, ARMIN (2002): Private Equity, in: H. J. Hockmann / F. Thießen (Hrsg.): Investment Banking, Stuttgart, S. 244-259.

SCHULZ, ECKEHARD (2000): Die Finanzierung von Existenzgründungen, Frankfurt a. M.

SCHULZ, MARION (2004): Wandelanleihen am europäischen Kapitalmarkt – Ein hybrides Finanzierungsinstrument?, Munich Business Research 2004 / 12, Universität München.

SCHÜPPEN, MATTHIAS / EHLERMANN, CHRISTIAN (2000): Corporate Venture Capital, Köln.

SCHÜTTE, BURKHARD (1995): Die Dividendenentscheidung in der Aktiengesellschaft, Berlin.

SCHWAIGER, WALTER S. A. (2003): Konstruktion und Güte von Rating-Systemen, in: R. Eller / W. Gruber / M. Reif (Hrsg.): Handbuch MaK, Stuttgart 2003, S. 239-260.

SCHWARTZE, ANDREAS (1993): Europäische Regelungen für Unternehmensübernahmen. Eine kapitalmarktorientierte Betrachtung, in: C. Ott / H.-B. Schäfer (Hrsg.): Ökonomische Analyse des Unternehmensrechts, Heidelberg, S. 264-284.

SCHWEIZER, URS (1999): Vertragstheorie, Tübingen.

SCHWIENBACHER, ARMIN (2002): An Empirical Analysis of Venture Capital Exits in Europe and in the United States, Working Paper, University of Namur.

SCOTT, JAMES H. (1976): A Theory of Optimal Capital Structure, in: Bell Journal of Economics 7, 33-43.

SEIBERT, ULRICH (1999): OECD Principles of Corporate Governance – Grundsätze der Unternehmensführung und -kontrolle für die Welt, in: Die Aktiengesellschaft 44, S. 337-350.

SERFLING, KLAUS / PAPE, ULRICH / KRESSIN, THOMAS (1999): Emissionspreisfindung und Underpricing im Rahmen des Börsengangs junger Wachstumsunternehmen, in: Die Aktiengesellschaft 44, S. 289-298.

SHAPIRO, ALAN C. / BALBIERER, SHELDON D. (2000): Modern Corporate Finance, Upper Saddle River, N.J.

SHEFRIN, HERSH / STATMAN, MEIR (1985): The Disposition to Sell Winners Too Early and Ride Losers Too Long: Theory and Evidence, in: Journal of Finance 40, S. 777-790.

SHILLER, ROBERT J. (1981): Do Stock Prices Move Too Much to Be Justified by Subsequent Changes in Dividends? American Economic Review 71, S. 421-436.

SHILLER, ROBERT J. (2000): Irrationaler Überschwang. Frankfurt - New York.

SHILLER, ROBERT J. (2003): From Efficient Markets Theory to Behavioral Finance, in: Journal of Economic Perspectives 17, S. 83-104.

SHLEIFER, ANDREI / VISHNY, ROBERT W. (1986): Large Shareholders and Corporate Control, in: Journal of Political Economy 94, S. 461-488.

SHLEIFER, ANDREI / VISHNY, ROBERT W. (1992): Liquidation Values and Debt Capacity: A Market Equilibrium Approach, in: Journal of Finance 47, S. 1343-1366.

SHLEIFER, ANDREI / VISHNY, ROBERT W. (1997): A Survey of Corporate Governance, in: Journal of Finance 52, S. 737-783.

SHLEIFER, ANDREI / WOLFENZON, DANIEL (2002): Investor Protection and Equity Markets, in: Journal of Financial Economics 66, S. 3-27.

SHLEIFER, ANDREI / VISHNY, ROBERT W. (2003): Stock market driven acquisitions, in: Journal of Financial Economics 70, S. 295-311.

SIEMES, MARC (2003): Going Private unter Beteiligung von Finanzinvestoren in Deutschland, Wiesbaden 2003.

SINGER, JÜRGEN / KPMG (2002): Kreditinstitute und Unternehmenskrisen, Ergebnisse der Umfrage 2002, Berlin und Leipzig.

SMITH, CLIFFORD / WARNER, J. (1979): On Financial Contracting: An Analysis of Bond Covenants, in: Journal of Financial Economics 7, 117-161.

SPENCE, MICHAEL (1973): Job Market Signaling, in: Quarterly Journal of Economics 87, S. 355-374.

SPICHER, THOMAS (1997): Kapitalmarkt, unvollständige Verträge und Finanzintermediäre, Diss. Technische Hochschule Aachen.

SPREMANN, KLAUS (1989): Agent and Principal, in: G Bamberg / K. Spremann (Hrsg.): Agency Theory, Information and Incentives, Berlin, S. 3-37.

SPREMANN, KLAUS (1990): Asymmetrische Information, in: Zeitschrift für Betriebswirtschaft 60, S. 561-586.

SPREMANN, KLAUS (2000): Portfoliomanagement, München-Wien.

SPREMANN, KLAUS (2002): Finanzanalyse und Unternehmensbewertung, München-Wien.

STANGER, CHRISTOPH W. (1998): ADR-Programme – Funktion und Vielfalt, in: R. v. Rosen / W. G. Seifert (Hrsg.): Zugang zum US-Kapitalmarkt für deutsche Aktiengesellschaften, Frankfurt a. M.

STEIN, INGRID (2005): Venture Capital-Finanzierungen: Kapitalstruktur und Exitentscheidung, Bad Soden / Ts.

STEIN, JEREMY C. (1992): Convertible Bonds as Backdoor Equity Financing, in: Journal of Financial Economics 32, S. 3-21.

STEINER, MANFRED / BRUNS, CHRISTOPH (2000): Wertpapier-Management, 7. Auf., Stuttgart.

STEINER, MANFRED / STARBATTY, NIKOLAUS (2003): Bedeutung von Ratings in der Unternehmensfinanzierung, in: A.-K. Achleitner / O. Everling (Hrsg.): Rating Advisory. Mit professioneller Beratung zum optimalen Bonitätsurteil, Wiesbaden 2003, S. 15-35.

STEINER, PETER / UHLIR, HELMUT (2001): Wertpapieranalyse, 4. Aufl., Heidelberg.

STIGLITZ, JOSEPH E. (1974): On the Irrelevance of Corporate Financial Policy, in: American Economic Review 64, S. 851-866.

STIGLITZ, JOSEPH E. (1988): Why Financial Structure Matters, in: Journal of Economic Perspectives 2, No. 4, S. 121-126.

STIGLITZ, JOSEPH E. / WEISS, ANDREW (1981): Credit Rationing in Markets with Imperfect Information, in: American Economic Review 71, S. 393-410.

STOIMENOV, PAVEL A. / WILKENS, SASCHA (2005): Die empirische Validierung des Capital Asset Pricing Model, in: Wirtschaftswissenschaftliches Studium 34, S. 269-273.

STOLL, HANS R. / CURLEY, ANTHONY J. (1970): Small Business and the New Issues Market for Equities, in: Journal of Financial and Quantitative Analysis 5, S. 309-322.

STORCK, JOACHIM (1993): Mergers & Acquisitions, Marktentwicklung und bankpolitische Konsequenzen, Wiesbaden.

STORR, HANNS-PETER (2002): Mit Erfolg durch die Krise, in: Deutsche Bank (Hrsg.): Unternehmer spezial, Nr. 1, März, S. 4-8.

STURGESS, BRIAN / LEEN, CATHERINE (1991): Mezzanine-Finance, London.

SUBRAHMANYAM, AVANIDHAR / TITMAN, SHERIDAN (1999): The Going-Public Decision and the Development of Financial Markets, in: Journal of Finance 54, S. 1045-1082.

SÜCHTING, JOACHIM (1995): Finanzmanagement. Theorie und Politik der Unternehmensfinanzierung, 6. Aufl., Wiesbaden.

SWOBODA, PETER (1991): Betriebliche Finanzierung, 2. Aufl., Heidelberg.

TAUSEND, CHRISTIAN (2006): Selektion von Venture Capital-Fonds durch institutionelle Investoren, Diss. München 2006.

TERSTEGE, UDO (2002): Platzierungsverfahren für Aktien, in: Krimphove, Dieter / Tytko, Dagmar (Hrsg.): Praktiker-Handbuch Unternehmensfinanzierung. Kapitalbeschaffung und Rating für mittelständische Unternehmen, Stuttgart, S. 219-259.

TEUBNER, GUNTHER (1989): Recht als autopoietisches System, Frankfurt a. M.

THALER, RICHARD H. (1999): The End of Behavioral Finance, in: Financial Analysts Journal 55, No. 6, S. 12-17.

THEISEN, MANUEL R. (2000): Der Konzern. Betriebswirtschaftliche und rechtliche Grundlagen der Konzernunternehmung, 2. Aufl., Stuttgart.

THEISEN, MANUEL R. (2003): Risikomanagement als Herausforderung für die Corporate Governance, in: Betriebs-Berater 58, S. 1426-1430.

THEISEN, MANUEL R. / WENZ, MARTIN (2002): Hintergründe, historische Entwicklung und Grundkonzeption, in: M. R. Theisen / M. Wenz (Hrsg.): Die Europäische Aktiengesellschaft, Stuttgart, S. 1-50.

THEISSEN, ERIK (2001): Zuteilungsregeln bei Aktienemissionen, Manuskript, Universität Bonn.

THEISSEN, ERIK (2002): Initial-Public-Offerings (IPOs), in: Krimphove, Dieter / Tytko, Dagmar (Hrsg.): Praktiker-Handbuch Unternehmensfinanzierung. Kapitalbeschaffung und Rating für mittelständische Unternehmen, Stuttgart, S. 201-218.

THIES, STEFAN (2000): Finanzierungsentscheidungen, Informationseffekte und Long-Run-Performance am deutschen Kapitalmarkt, Wiesbaden.

TITMAN, SHERIDAN (1984): The Effect of Capital Structure on a Firm's Liquidation Decision, Journal of Financial Economics 13, S. 137-151.

TOLLE, STEFFEN / HUTTER, BORIS / RÜTHEMANN, PATRICK / WOHLWEND, HANSPETER (2005): Strukturierte Produkte in der Vermögensverwaltung, Zürich 2005.

TVERSKY, AMOS / KAHNEMAN, DANIEL (1974): Judgement under Uncertainty: Heuristics and Biases, in: Science 185, S. 1124-1131.

TYKVOVÁ, TEREZA (2000): What do Economists Tell Us About Venture Capital Contracts?, Working Paper, Zentrum für Europäische Wirtschaftsforschung ZEW, Mannheim.

TYKVOVÁ, TEREZA (2003): Is the Behavior of German Venture Capitalists Different? Evidence from the Neuer Markt, CFS Working Paper 2003 / 24, Frankfurt a. M.

TYKROVÁ, TEREZA / WESTERHEIDE, PETER / ZINSER, BETTINA (2005): Private Equity im internationalen Vergleich, Analyse der Rahmenbedingungen und Schlussfolgerungen für Deutschland, ZEW Abschlussbericht, Mannheim.

UHRIG-HOMBURG, MARLIESE (2001): Fremdkapitalkosten, Bonitätsrisiken und optimale Kapitalstruktur, Wiesbaden.

UNSER, MATTHIAS (1999): Behavioral Finance am Aktienmarkt, Bad Soden /Ts.

VIEWEG, HANS-GÜNTHER ET AL. (2003): Finanzmärkte, Corporate Governance, IuK - Technologien: Treibende Faktoren für den Wandel in der Industrie, in: ifo Beiträge zur Wirtschaftsforschung Nr. 11, München.

VIJH, A. M. (1999): Long-Term Returns from Equity Carveouts, in: Journal of Financial Economics 51, S. 273–308.

VITOLS, SIGURT (2003): Verhandelter Shareholder Value: Die deutsche Variante einer angloamerikanischen Praxis, Arbeitspapier, Wissenschaftszentrum Berlin für Sozialforschung.

VOGL-MÜHLHAUS, CLAUDIA (1998): Mehrfachstimmrechtsaktien – Historische Entstehung, gegenwärtige Verbreitung und ökonomische Bedeutung, Frankfurt a. M.

VOIGT, STEFAN (2002): Institutionenökonomik, München.

VOLLMER, LOTHAR (1991): Die Verteilung der Finanzierungskompetenzen bei der Aktiengesellschaft. Ein ungelöstes Problem der aktienrechtlichen Finanzverfassung, in: Die Aktiengesellschaft 36, S. 94-102.

VOLLMER, LOTHAR (1998): Die Unternehmensbeteiligungsgesellschaften nach der Reform des UBGG, in: Zeitschrift für Bankrecht und Bankwirtschaft 10, S. 221-229.

VOSSMANN, FRANK / WEBER, MARTIN (1999): Der Dispositionseffekt. Vom merkwürdigen Charme der Verlierer, Universität Mannheim.

WAGENHOFER, ALFRED (1999): Anreizkompatible Gestaltung des Rechnungswesens, in: W. Bühler / T. Siegert (Hrsg.): Unternehmenssteuerung und Anreizsysteme, Stuttgart, S. 183-205.

WAGNER, FRANZ (1987): Ausschüttungszwang und Kapitalentzugsrechte als Instrumente marktgelenkter Unternehmenskontrolle?, in: D. Schneider (Hrsg.): Kapitalmarkt und Finanzierung, S. 409-425.

WAGNER, HANNES F. (2004): What Determines Market Timing? Evidence from Stand-Alone IPOs and Equity Carve-Outs, Working Paper, Munich School of Management.

WAGNER, HANNES F. (2005): The Equity Carve-Out Decision, Working Paper, University of Oxford, Munich School of Management.

WAGNER, OLIVER (2003): EU-Übernahmerichtlinie – Erfolg nach 30 Jahren Diskussion?, in: Deutsche Bank Research, EU-Monitor v. 22. 5. 2003.

WAGNER, WOLFGANG / JONAS, MARTIN / BALLWIESER, WOLFGANG / TSCHÖPEL, ANDREAS (2004): Weiterentwicklung der Grundsätze zur Durchführung von Unternehmensbewertungen (IDW S 1), in: Die Wirtschaftsprüfung 57, S. 889-898.

WAHRENBURG, MARK (1992): Bankkredit- oder Anleihefinanzierung, Wiesbaden 1992.

WALLMEIER, MARTIN (2000): Determinanten erwarteter Renditen am deutschen Aktienmarkt – eine empirische Untersuchung anhand ausgewählter Kennzahlen, in: Schmalenbachs Zeitschrift für betriebswirtschaftliche Forschung 52, S. 27-57.

WALLMEIER, MARTIN (2002): Überschuldung, in: W. Ballwieser / A. G. Coenenberg / K. v. Wysocki (Hrsg.): Handwörterbuch der Rechnungslegung und Prüfung, 3. Aufl., Stuttgart, Sp. 2359-2369.

WALZ, UWE (2005): Börsengänge, Börsenentwicklung und Venture Capital, in: W. Franz / H J. Ramser / M. Stadler (Hrsg.): Funktionsfähigkeit und Stabilität von Finanzmärkten, Tübingen, S. 61-79.

WARNER, JEROLD B. (1977): Bankruptcy Costs: Some Evidence, in: Journal of Finance 32, S. 337-347.

WATSON, DENZIL / HEAD, ANTONY (2004): Corporate Finance. Principles & Practice, Harlow.

WATSON, JOHN B. (1913): Psychology as the Behaviorist Views it, in: Psychological Review 20, S. 158-177.

WEBER, CHRISTIAN (2003): Diversifikation versus Spezialisierung – Vorteilhaftigkeit von Portfoliostrategien bei Venture Capital Investments, Diss. München 2003.

WEBER, MARTIN / BEHAVIORAL FINANCE GROUP (1999): Behavioral Finance. Idee und Überblick, Universität Mannheim.

WEILER, HANS N. (2005): Silicon Valley und die Hochschulen – Kalifornische Erfolgsstory oder Kommerzialisierungsfalle?, in: http://www.stanford.edu/people/weiler (eingesehen am 14. 8. 2005).

WEITNAUER, WOLFGANG (2001): Handbuch Venture Capital. Von der Innovation zum Börsengang, 2. Aufl., München.

WELCH, IVO (1992): Sequential Sales, Learning, and Cascades, in: Journal of Finance 47, S. 695-732.

WENGER, EKKEHARD (1995): Markt für Unternehmenskontrolle, in: Handwörterbuch des Bank- und Finanzwesens, Stuttgart, Sp. 1409-1419.

WENGER, EKKEHARD (2001): Unternehmenskontrolle, externe, in: W. Gerke / M. Steiner (Hrsg.): Handwörterbuch des Bank- und Finanzwesens, 3. Aufl., Stuttgart, Sp. 2096-2107.

WENGER, EKKEHARD / HECKER, RENATE / KNOESEL, JOCHEN (1997): Abfindungsregeln und Minderheitenschutz bei börsennotierten Kapitalgesellschaften, in: B. Gahlen / H. Hesse / J. Ramser (Hrsg.): Finanzmärkte, Tübingen, S. 93-146.

WENGER, EKKEHARD / KASERER, CHRISTOPH (1998): The German System of Corporate Governance: A Model Which Should Not Be Imitated, in: S. W. Black / M. Moersch (Hrsg.): Competition and Convergence in Financial Markets, Amsterdam, S. 41-78.

WENGER, EKKEHARD / KASERER, CHRISTOPH / KNOLL, LEONHARD (1999): Stock options - Manageranreize zwischen Anspruch und Realität, in: A. Egger / O. Grün / R. Moser (Hrsg.): Managementinstrumente und -konzepte, Stuttgart, S. 481-509.

WERDER, AXEL V. (2003): Ökonomische Grundfragen der Corporate Governance, in: P. Hommelhoff / K. J. Hopt / A. v. Werder (Hrsg.): Handbuch Corporate Governance, Köln – Stuttgart, S. 3-27.

WESNER, PETER (2002): Risiken und Erfolgsfaktoren von Transaktionen, in: Betriebswirtschaftliche Forschung und Praxis 54, S. 478-488.

WESTON, J. FRED / CHUNG, KWANG S. / HOAG, SUSAN E. (1990): Mergers, Restructuring and Corporate Control, Englewood Cliffs, N. J.

WIENDIECK, MARKUS (1992): Unternehmensfinanzierung und Kontrolle durch Banken, Wiesbaden.

WIESE, JÖRG (2004): Unternehmensbewertung mit dem Nachsteuer-CAPM?, Working Paper 2004-01, Fakultät für Betriebswirtschaft, Ludwig-Maximilians-Universität.

WILHELM, JOCHEN (1983): Marktwertmaximierung. Ein didaktisch einfacher Zugang zu einem Grundlagenproblem der Investitions- und Finanzierungstheorie, in: Zeitschrift für Betriebswirtschaft 53, S. 516-534.

WILHELM, JOCHEN (1985): Die Vorteilhaftigkeit des Leasing aus finanzierungstheoretischer Sicht, in: Zeitschrift für betriebswirtschaftliche Forschung 37, 1985, 485-499.

WILHELM, JOCHEN (1991): Spurensuche: Neoklassische Elemente in der „neuen" Finanzierungstheorie, in: D. Ordelheide / B. Rudolph / E. Büsselmann (Hrsg.): Betriebswirtschaftslehre und ökonomische Theorie, Stuttgart, S. 173-196.

WILHELM, JOCHEN (1993): Ausschüttungspolitik, Art. in: Handwörterbuch der Betriebswirtschaft, Band 1, Stuttgart, Sp. 213-227.

WILHELM, JOCHEN (2001): Zinsstruktur, in: Wolfgang Gerke / Manfred Steiner (Hrsg.): Handwörterbuch des Bank- und Finanzwesens, 3. Aufl. Stuttgart, Sp. 2357-2366.

WILKENS, SASCHA / RÖDER, KLAUS (2003): Reverse Convertibles and Discount Certificates in the Case of Constant and Stochastic Volatilities, in: Finanzmarkt und Portfolio Management 17, S. 76-102.

WILLIAMSON, OLIVER E. (1975): Markets and Hierarchies. Analysis and Antitrust Implications, New York.

WILLIAMSON, OLIVER E. (1988): Corporate Finance and Corporate Governance, in: Journal of Finance 43, S. 567-592.

WILLIAMSON, OLIVER E. (1990): Die ökonomischen Institutionen des Kapitalismus, Tübingen.

WINKENS, WERNER (2000): Unternehmensfinanzierung und unvollständige Verträge, Lohmar.

WINTER, STEFAN (2001): Empirische Untersuchungen zur Managemententlohnung, in: P.-J. Jost (Hrsg.): Die Prinzipal-Agenten-Theorie in der Betriebswirtschaftslehre, Stuttgart, S. 491-539.

WINTER, STEFAN (2003): Management- und Aufsichtsratsvergütung unter besonderer Berücksichtigung von Stock Options – Lösung eines Problems oder zu lösendes Problem?, in: P. Hommelhoff / K. J. Hopt / A. v. Werder (Hrsg.): Handbuch Corporate Governance, Köln - Stuttgart, S. 335-358.

WIRTZ, BERND W. (2003): Mergers & Acquisitions Management. Strategie und Organisation von Unternehmenszusammenschlüssen, Wiesbaden.

WISSENSCHAFTLICHER BEIRAT BEIM BUNDESMINISTERIUM FÜR WIRTSCHAFT (1997): Gutachten Wagniskapital, Bonn.

WITT, PETER / BRACHTENDORF, GERMAN (2002): Gründungsfinanzierung durch Großunternehmen, in: Die Betriebswirtschaft 62, S. 681-692.

WÖHE, GÜNTER / BILSTEIN, JÜRGEN (2002): Grundzüge der Unternehmensfinanzierung, 9. Aufl., München.

WRUCK, KAREN (1990): Financial Distress, Reorganization, and Organizational Efficiency, in: Journal of Financial Economics 27, S. 419-444.

YERMACK, DAVID (1997): Good Timing: CEO Stock Option Awards and Company News Announcements, in: Journal of Finance 52, S. 449-476.

ZACHARIAS, ERWIN (2000): Börseneinführung mittelständischer Unternehmen, 2. Aufl., Bielefeld.

ZECHNER, JOSEF (1989): Der Einfluss von Steuern auf die optimale Kapitalstruktur von Unternehmungen, Wien.

ZEREY, JEAN-CLAUDE (1994): Rechtliche Probleme der Finanzierung von Leveraged Buyouts und Tender Offers durch Banken in den USA und in der Bundesrepublik Deutschland, Frankfurt a. M.

ZHANG, IVY XIYING (2005): Economic Consequences of the Sarbanes-Oxley Act of 2002, Working Paper, University of Rochester.

ZIMMERMANN, HEINZ (1998): State-Preference Theorie und Asset Pricing. Eine Einführung, Heidelberg.

ZINGALES, LUIGI (1998): Corporate Governance, in: P. Newman (Hrsg.): The New Palgrave Dictionary of Economics and the Law, London, Bd. I, S. 497-503.

Sachregister

Neue ökonomische Grundrisse
Eine neue Generation von Ökonomik-Lehrbüchern

Herausgegeben von Rudolf Richter

Die moderne Institutionenökonomik in ihren verschiedenen Ausprägungen (Neue Institutionenökonomik, Neue Organisationsökonomik, Ökonomische Analyse des Rechts, Public Choice, Verfassungsökonomik und andere) wird heute zunehmend in weiten Gebieten der Wirtschaftswissenschaft als ein wichtiger neuer Ansatz anerkannt. Die Nobelpreise für James Buchanan, Ronald Coase und Douglass North verdeutlichen das. Dazu kommen die parallelen Entwicklungen auf den Gebieten der Informationsökonomik und der Spieltheorie. Ein neuer Denkstil entwickelt sich, der die neoklassische Lehre der vollständigen Konkurrenz abzulösen oder zu ergänzen im Begriff ist. Die Entwicklung ist nicht nur von intellektuellem oder politischem Interesse, sie eröffnet auch die Chance, Wirtschaftswissenschaftler – Volks- und Betriebswirte – praxisrelevanter als bisher auszubilden.

Für die zentralen Gebiete der Wirtschaftswissenschaft werden Lehrbücher vorgelegt, die die neue Sichtweise der modernen Institutionenökonomik und ihre Randgebiete berücksichtigen und integrieren – selbstverständlich nur soweit dies in dem betreffenden Gebiet sinnvoll ist. Die Manuskripte für die Reihe werden vor ihrer Annahme zur Veröffentlichung anonymen Lesern zur Lektüre und kritischen Stellungnahme vorgelegt.

Die Bände für das Grundstudium und einige andere bieten pro Kapitel Lektürevorschläge, Merkpunkte und Schlüsselbegriffe und am Ende des Bandes ein Glossar wichtiger Begriffe. Alle Bände haben ein Literaturverzeichnis und Register. *Neue ökonomische Grundrisse* sind fadengeheftete Broschuren: flexibel, gut aufklappend und lange haltbar.

Neue ökonomische Grundrisse für das Grundstudium:

Makroökonomik
Eine Einführung in die Theorie der Güter-, Arbeits- und Finanzmärkte
von Lutz **Arnold** (Regensburg), 1. Auflage 2003

Grundzüge der Mikroökonomik
von Jürgen **Eichberger** (Heidelberg), in Vorbereitung für Herbst 2003

Ökonomik
Eine Einführung
von Karl **Homann** (München) und Andreas **Suchanek** (Ingolstadt), 1. Auflage 2000

Einführung in die Betriebswirtschaftslehre
aus institutionenökonomischer Sicht
von Werner **Neus** (Tübingen), 3. Auflage 2003

Neue ökonomische Grundrisse für das Hauptstudium:

Grundlagen der Wirtschaftspolitik
von Friedrich **Breyer** und Martin **Kolmar** (beide Konstanz), 1. Auflage 2001

Öffentliche Finanzen I: Ausgabenpolitik
von Giacomo **Corneo** (Osnabrück), 1. Auflage 2003

Organisation und Management
von Matthias **Kräkel** (Bonn), 1. Auflage 1999

Neue Institutionenökonomik
Eine Einführung und kritische Würdigung
von Rudolf **Richter** (Saarbrücken) und Eirik G. **Furubotn** (Texas A&M University), 3. Auflage 2003

Unternehmensfinanzierung und Kapitalmarkt
von Bernd **Rudolph** (München), 1. Auflage 2006

Gesundheitsökonomik
von Matthias Graf von der **Schulenburg** und Wolfgang **Greiner** (beide Hannover), 1. Auflage 2000

Wettbewerbspolitik
von Norbert **Schulz** (Würzburg), 1. Auflage 2003

Vertragstheorie
von Urs **Schweizer** (Bonn), 1. Auflage 1999

Die Reihe wird laufend ausgebaut.
Neuestes unter ***www.mohr.de/w/noeg/htm***